賈二强　主編

陝西師範大學國際長安學研究院

長安學研究文獻匯刊·考古編·金石卷

第十輯

科學出版社

内 容 簡 介

本書匯編清代金石著作《泉志校誤》《欽定錢録》《古泉匯》《續泉匯》四種，希冀爲長安學、地方史、學術史及中國古代文化研究提供資料，以促進學術研究及社會文化的發展。

本書可供文獻學、中國古代史專業學者及相關專業本科生、研究生學習、參考。

圖書在版編目(CIP)數據

長安學研究文献匯刊. 考古編. 金石卷. 第十輯 / 賈二强主編. —北京：科學出版社，2019.3

ISBN 978-7-03-059905-6

Ⅰ. ①長… Ⅱ. ①賈… Ⅲ. ①長安（歷史地名）-文化史-文集 ②金石學-中國-文集 Ⅳ. ①K294.11-53 ②K877.24-53

中國版本圖書館 CIP 數據核字（2018）第272188號

責任編輯：范鵬偉 / 責任校對：王 媛
責任印製：張克忠 / 封面設計：黄華斌

編輯部電話：010-64011837
E-mail:yangjing@mail.sciencep.com

科学出版社 出版
北京東黄城根北街16號
郵政編碼：100717
http://www.sciencep.com
北京匯瑞嘉合文化發展有限公司 印刷
科學出版社發行 各地新華書店經銷
*
2019年3月第 一 版 開本：889×1194 1/16
2019年3月第一次印刷 印張：49 3/4
字數：750 000
定價：389.00元
（如有印裝質量問題，我社負責調换）

《長安學研究文獻匯刊・考古編・金石卷》編輯委員會

前言

金石文獻上古時即已出現，指以青銅器爲主的金屬器具以及石磚陶器作爲載體的文字、辭句或篇章，是除了竹木簡牘、絲帛、紙質載體形態文獻之外，中國古代文獻的另一重要淵藪，其包涵的歷史文化信息，具有其他形態不可替代的作用，因此受到歷來學者們的高度重視。作爲一個系統並有著自身學理的學科——金石學，其興始於北宋，劉敞《先秦古器記》、歐陽修《集古録》、趙明誠《金石録》，確立了據金石保存文獻、考訂史籍的學術傳統；至南宋時期獲得巨大發展，出現專録漢碑的洪适《隸釋》、備録全國石刻目録的王象之《輿地碑目》、陳思《寶刻叢編》，偏於記録書家石刻的佚名《寶刻類編》，專録古器物的王黼《宣和博古圖》、王俅《嘯堂集古録》和主要著録商周青銅器銘文的薛尚功《歷代鐘鼎彝器款識法帖》等，諸體大致齊備，表明是時金石之學已基本成熟。

元明兩朝，受空談心性、不務實學的學術風氣影響，加之金石器物出土較少之故，經歷了一個相對沉寂的時期。其間雖仍時有金石學者與著作，如元代之吾丘衍《周秦刻石釋音》、楊鈞《增廣鐘鼎篆韻》、潘昂霄《金石例》，明楊慎《石鼓文音釋》、盛時泰《蒼潤軒碑跋》、都穆《金薤琳琅》、趙崡《石墨鐫華》等，或訂石刻之音訓，或采石刻古文奇字，或述碑碣之製作義例，間有考訂經史者，然多疏漏舛謬，罕有新見。

明末清初金石學再度勃興。清代前期中期，經過顧炎武、朱彝尊、錢大昕、畢沅、孫星衍、王昶、阮元等著名學者的宣導，到嘉慶、道光間金石學成爲顯學。有清一代，搜討、收藏、鑒賞、研究金石的風氣盛行不衰，有關金石的著述層出不窮，研究成果蔚爲大觀，重要著述達 1000 多部。其研究方法雖難出宋人窠臼，研究範圍却已全面擴大，體例亦更臻完善，既有存目、録文、摹圖、摹字等環節的材料整理，又有通過題跋方式從内容上進行經史、小學、義例等方面的考訂闡發；既有專門研究，又有通論；既有地域研究之分，又有全面總括。

在金石學研究中，『陝西』是一個特殊區域。關中作爲周秦漢唐故都之所在，碑碣吉金文字之富甲於海内，商周青銅器，秦漢瓦當，唐代昭陵、宋代碑林碑石，匯集了一大批寶貴的金石文獻。加之歷代不時有新的金石出土，因此自北宋以來，陝西一直是金石學家青睞的一方寶地，如吉金之學的開山之作北宋劉敞《先秦古器記》，就是作者根據他在陝西任職期間所獲古器而作；而第一部專記一地金石的北宋田概《京兆金石録》，則是記録長安古碑所在的著作。明末清初以來，更是形成了長久不衰的訪古求碑熱潮。

前代金石著録雖詳於古，直到清代中葉，元明以下金石都不大受到學者關注，然陝西正是漢唐碑石的集中之地，以此在歷代金石著作中，對陝西金石的研究占有很大比重。以清人名家著作爲例，顧炎武《金石文字記》有一半左右的篇幅記録秦地金石，朱彝尊《曝書亭金石文字跋尾》、錢大昕《潛研堂金石文跋尾》、王昶《金石萃編》等也分别有三分之一左右的内容爲陝西金石。又有多種專以秦地金石爲研究對象的著作，如朱楓《雍州金石記》、畢沅《關中金石記》、毛鳳枝《關中金石存逸考》，等等，約有數十種之多。

陝西金石學在整個金石學研究中占有極其重要的地位，自宋至清也經歷了幾個不同的發展階段，呈現不同的特色。

金石文字，可資正經訂史，可評其文之優劣，亦可賞其書體之美。然自劉敞《先秦古器記自序》中提出古器研究有明其制度、正其文字、次其世諡三法，歐陽修在《集古録目序》中指出金石『可與史傳正其闕謬』，趙明誠《金石録序》稱『蓋史牒出於後人之手，不能無失，而刻詞當時所立，可信不疑』，以《集古録》『是正訛謬，有功於後學甚大』，之後論金石者多以『正經補史』爲研究宗旨，爲清代金石考據學的繁榮奠定了基礎。

元明學風空疏，然就陝西地區而言，由於受關學影響，研究風氣稍有不同。明代關中大儒吕柟繼承北宋張載理學傳統，以『文必載道，行必顧言』爲號召，高揚『關學』的旗幟，使『關中自古稱理學之邦』不僅引爲鄉里之榮，也成爲天下公論。關學一向講求經世尚用，强調實踐功夫，影響及於金石之學，形成一種重實地考察，注重金石文獻可靠性的研究風氣。被錢謙益譽爲『關中汲古二士』的趙崡與郭宗昌是其中的典型代表，其金石著作《石墨鐫華》、《金石史》，發論雖然未脱明人空疏積習，但因有著親身實地訪碑著録的研究基礎，所以多能糾正宋人因僅據拓本或輾轉傳抄而導致的文本和考訂失誤。

清初顧炎武、黄宗羲等前明遺老治學以返孔孟真淳爲要旨，大力提倡『經世致用』之學，金石作爲『實學』之一類，重新受到學人關注。顧炎武首開風氣，提倡金石考訂的學術觀念，正與關學的學術風氣相契合。他多次前往關中，晚年定居於陝，整理刊刻了其一系列金石著作，揭示金石可資考證的意義，一開清代金石考據學的先聲，因此可以説，清初金石學的復興實與陝西的學術同氣相求，密切關聯。這一時期關中本土學者，如王弘撰等人的研究興趣却多在金石書法，他們倡導漢碑，其尊碑抑帖的主張對後來的碑學有很大影響，於清代金石學重考據的主流研究之外別開生面。

乾嘉時期漢學發展至高峰，陝西的金石研究在這一時期也發生至關重要的一大變局，對於整個金石學的發展産生很大影響。畢沅是乾嘉學派的領軍人物之一，乾隆三十六年至五十年（1771–1785），其涖陝爲官，位至封疆大吏，且究心於金石之學，將政治權力廣施於學術研究，故群賢畢至，少長咸集，一時蔚爲大觀，也成就了陝西金石學之高峰。畢沅對於陝西金石的研究成就，主要有三：一是有組織地、大規模地搜訪金石，修護金石文物。這一方面促使了金石器物在這個時期的大量出土，同時也使很多金石文物，如碑林、昭陵等得到了很好的修繕保護。二是組織幕府學者編撰方志金石志。宋代方志中金石的相關内容多收録在藝文、碑記或其他相近門類之下，直到明末《吴興備志》『金石』方首次作爲一級類目出現在方志中，然而這種做法仍屬偶然，到清初此種局面未有太大改觀，設立金石類目的方志屈指可數。而畢沅在陝共編纂方志28種，設有『金石』門類者达13種，且其中11種爲一級類目，這種爲金石立志的做法大大提升了金石的學術地位，對於乾嘉時期金石學科格局的確立有奠基之功。三是這類金石專書和金石志，十分純熟地運用金石文字以考經訂史，使得這一宋人提出、在清初由顧炎武倡導的金石考據的學術方法，在此時演變成爲金石之學的主流，同時也使之廣泛推及文字學、音韻學等研究領域，取得了多方面的卓越成就。此外，畢沅陝西幕府中培養出一大批金石學者，如嚴長明、孫星衍、錢坫等，均在金石學研究上取得了不凡的成績。

道光以降，漢學高潮漸至消歇，風光不再，陝西金石學也後繼乏力，故其學漸入低谷。然篳路藍縷，遺風尚存，學人仍孜孜以求，其學術風貌雖蹈其舊，然拾遺補闕，求全求真，精化深化，亦成一時之特色。其中傳統金石考據方面，集大成者則屬毛鳳枝無疑。毛氏長期居陝，遍搜關中金石文字，著成《關中金石文字存逸考》、《金石萃編補遺》、《古誌石華續編》、《關中金石文字古逸考》及《關中金石文字古存考》諸書，以傳統金石考據的方法，對關中遺留金石文獻做了精深考證，堪稱清末陝西金石學的代表。然因其生涯寥落，《關中金石文字古逸考》、《關中金石文字古存考》兩種不知存世與否，其《關中金石文字存逸考》、《金石萃編補遺》、《古誌石華續編》三書，幸得其門生顧家相、顧燮光父子前後歷數十年之功，在毛氏身後梓行於世。

陝西擁有深厚的金石學傳統，充分利用這類豐富的學術資源，對於長安學、地方史、學術史乃至中國古代歷史文化的研究，具有無可替代的價值。由於成書時代綿長，各類文獻性質各異，保存狀況複雜，利用這些材料存在種種不便。有鑒於此，本編意在將歷代陝西金石文獻匯爲一編，俾其爲當今社會文化發展發揮應有的作用。

本編所收宋至清末民初陝西金石文獻 120 餘種，基本涵蓋傳統金石之學的目録、録文、題跋考訂、義例、摹圖、方志相關金石部分等主要類別，賞鑒品評書法藝術之帖學類前代即爲別途，近世之影印則多入現代學術，因而未予收録。各書如有不同版本則以文本完足文字精審可以信據爲主要准的，而前代所謂珍罕秘本，則非主要考慮因素。

編輯過程中，國家圖書館、陝西師範大學圖書館慨允提供資料，俾全書得以成編，謹致衷心感謝。

時間匆迫，思慮未周，所在差謬，尚乞學人讀者指正。

陝西省 2011 協同創新中心

陝西師範大學國際長安學研究院

（李向菲執筆　賈二强審定）

二〇一六年十月

目録

洪氏泉志校誤四卷

觀自得齋刊本

吳大澂題

泉志校誤卷第一并序

彭城金　嘉采　邠

序曰洪氏撰泉志其例有二曰據泉以証書如半兩五銖以下諸泉是也曰引書以名泉如首蔺虞夏商周而下以意所畵皆無文是也今爲校誤當先理董若半兩諸泉可校者也則據諸家所見以校之若虞夏商周而下所畵引書以名者不特洪氏未見是亦世所本無仍之而已無可校也凡今所校其例亦復有二一則編次考說而誤如正用品之漢與僞品之大與平寶不知年代品之一文錢是也誤由洪氏者間引諸說以正之一則洪氏本不誤而後來寫録誤者如泉布諸形制并其文字多含蒙隸而誤眞書又筆畫曲直稍有歧異則爲標舉或重摹錢文或别附鄙說以校之又如周寶貨莽十布皆世本有之而洪氏未見乃據班志之文而以意畵摹是其弊也夫以洪氏之書誤本無多其顯然者僅釋安邑斤一金作安陽之吉貨一語耳遂致終卷紛然觸目皆疑不足據者其蔽在於遑傳援書以意畵泉如序所云嘗得古泉百餘品則又旁考傳記下逮稗官所紀摭擴大備也止豈不惜哉

泉志校誤卷第品目

泉志卷一正用品上

虞錢引書

夏錢引書

商錢引書　校曰虞夏商錢皆啚一錢圜函方未免不典巻意爲之耳觀所引管子云云亦只言幣也

周錢引書　初渭圜曰漢書食貨志云太公爲周立九府圜法錢圜函方又荀悅漢紀周制錢有文外圜函方又鄭樵通志六書略古今殊文啚云周圜法有貨字是周初錢錢文本曰寶貨景王仍承用其文廣爲四貨六貨耳蔡錢耕曰引李奇說謬妄無理竊意兩字必銖字

之誤徑一寸而重九銖形式相稱與莽泉適同

景王錢引書　劉燕庭曰周景王大錢漢書食貨志文曰寶貨而唐固以新莽大泉五十當之鄭司農已糾其繆乃並文曰寶貨亦疑非事實則過也當時未見原錢耳亦非當時無原錢傳於世特無人辨識之耳寶四貨寶六貨二種洪志列於不知年代品厥後或疑爲天贊或疑爲六國迄無定論今觀寶貨及寶四貨寶六貨篆文古樸色澤渾穆若彝器然其爲周錢豪無疑義洪志所啚書以小篆乃以意爲之不足爲據近有依洪志作僞者不可不辨李竹朋曰翁宜泉謂顧烜之說應指景王大錢而言參觀諸說方知景王患輕者葢指小品寶貨而言之也更鑄大錢者指寶四貨寶六貨言之也子母相權者子郎指小品寶貨母郎指寶四寶六言之也然則以小寶貨定爲周初錢不益可決乎馬伯昂曰漢書志曰太公爲周立九府圜法按周官九府皆掌財幣之官統言圜爲圜通之法非指圜爲圜錢也師古曰圜爲均而通之也景王襲九府圜法更鑄大錢外圜函方周初既有定式而列國諸地不遵王制更範作長榆諸形豈反以繒貫爲不便乎然譜錄家不察於此必據班氏爲口實指此爲周初之九府錢謂六貨爲景王所鑄

校曰自初劉以來審定其文咸謂碻不可易悉皆從之獨馬伯昂猶不依其說釋爲燕貨以爲周初既有圜制曷爲列國寂不一見而刀布紛紜直至秦滅六國與半兩代興乎亦未爲無見而陳壽卿以其獨從山東出土無復疑之刻本二文本是意爲玆摹寶貨之文於左以校之其寶四貨寶六貨二品見不知年代品此不重出

齊錢引書

晉錢引書

楚錢　引書
趙錢　引書
秦錢　引書　校曰列國之貨今所見者皆是刀布其文
歷歷可考愚撰有刀布釋文頗備疑斯時安得有圜錢
至於秦惠行錢亦難碻指其物馬伯昂說錢爲象田器
之義以空首布當之亦聊備參稽耳
秦半兩錢　據泉　校曰刻本泉文稍異重摹校之半
兩
英錢　據泉　西清古鑑曰蜀李壽於東晉成帝咸和十
二年改國號曰漢改元漢興此當是之若云漢初錢文

實無所據且形質篆法亦與西京不類校曰此泉今所
見又有作分隸上下書者若漢英錢之文實作半兩但
溥小耳近來陝中出土頗多極小者僅不過徑二三分
葢審正甚碻也因並以兩品摹校如下
校西清古鑑作咸和十三年此作十二年其實成帝咸
和止九年乃咸和四年也作十二年十三年皆誤徐子
靜註
半
兩
漢
興

漢興
八銖錢　據泉　校曰刻本泉文少異重摹校之半
兩
半
兩
四銖錢　據泉　校曰四銖文同八銖亦有文同英錢者
並摹以校之半
兩
半
兩

三銖錢　據泉　李竹朋曰余昔假館滕縣曾見新出土
半兩甚多購得五千間有三銖數枚雜之串皆方折金
旁作三與五銖異校曰今此品入李氏書摹以校之三
銖
半兩錢　引書　李竹朋曰半兩秦制最大漢莢錢最小
高后之八銖倍於四銖者皆不難辨唯文帝武帝錢大
小相似今以無外郭者屬之文帝有外郭者屬之武帝
校曰此武帝錢文與文帝同已見上不復摹校
五銖錢　據泉　李竹朋曰五銖自漢迄隋皆用之今已
雜盡辨爲某代物唯五銖字朱旁皆圓折此錢方折作

串與三銖銖字相近定爲漢製翁宜泉曰漢半兩制甫樸而字古質猶有周秦遺意至武帝作五銖而內外輪郭始備故圜錢之背有輪郭也自武帝五銖始也文景以前庶事草創武帝制作一新五銖遂數百年行之不能廢豈非其制之盡善乎蔡鐵耕曰莽十布丅丌丌丌皆古筆算法直文爲一横文爲五合之得六七八九之數余藏五銖幕文或作亻或作丅卽布文丅皆紀數之六也由封氏三豎文之說推之非紀重卽紀其直而凡二直文二横文一星至五星與夫穿上作十者悉以紀數可知耳又曰穿上下横文當與穿上下一星同例謂

在穿之上穿之下也有兩柱四柱可証也余所藏有穿上二横文穿上二直文而未見穿上横文穿下横文之品近人以好郭一面或上或下者當之則非在穿之上穿之下矣隨白錢五字左邊有一畫餘三面俱無者其例矣此二品當云好有上郭好有下郭其無郭而止留一星或半星者當云好一星在上好一星在下好半星在上好半星在下亦不得混於穿上一星穿下一星也張台所說縱不混已遺却好郭一面好有一星半星六品又曰意五銖面幕有標識者多出三國後歟蓋自角錢作而五銖幕文變矣蜀錢作而五銖面文又變矣校曰刻本泉文不合摹以校之

蔡鐵耕說見癖談作莽十布丅丌丌字皆古筆算法直文爲一横文爲五合之得六八九之數此引增丌增七校十布自有壯布丌百則增之是也徐子靜註

五銖

鍾官赤側錢　引書　校曰愚嘗有之外輪覗泉文更爲高峻其郭於苔繡淺碧之中微見銅質赤色若摩露者形制比他泉爲古文字略同以下五銖凡銖字從金皆作金無有異者刻本所作諸文悉非也並放此不再重摹以校

後漢五銖錢　引書

四出文錢　據泉

泉志卷二正用品中

魏五銖錢　引書

直百錢　據泉　劉燕庭曰蜀漢直百錢皆字在左右洪志所圖誤以直百五銖去其五銖二字故作文在上下耳然字體與大小皆舛謬也此泉有小類小泉直一者校曰刻文不合重摹校之亦有傳形者并摹

直百

百　直

直百五銖錢 據泉　翁宜泉曰潘毅堂說穿右爲字犍爲郡所鑄後漢書郡國志云犍爲郡益州刺史部校曰刻本面背皆不合重摹校之

五　直　百　銖　爲

傳形五銖錢 據泉　蔡鋏耕曰傳形如紙背傳模其文反不特五在左銖在右銖亦朱在左金在右益當戎馬倥傯之際鼓鑄或從省便但反其文以别於正書之五銖而賈亦直百也李竹朋曰五銖傳形舊譜謂是蜀錢然半兩及莽泉皆有傳形者是傳形不始於蜀也今以有由郭同直百五銖者定爲蜀錢無內郭者未必皆蜀製云

大泉五百錢 據泉　校曰刻文微異重摹校之

五　大　泉　百

大泉當千錢 據泉　校曰即今所見有兩品並摹校之

泉　大　當　千　泉　大　當　千

四銖錢 據泉　校曰刻文微異摹以校之

四　銖

當兩大錢 據泉　李竹朋曰今此錢與五銖常品相似唯稍大耳

孝建錢 據泉　校曰刻本泉文甚誤重摹校之

孝　建

二銖錢 據泉　校曰今見二銖錢又有作朱字者兩摹校之

二　銖　二　朱

景和錢 據泉　蔡鋏耕曰永光元年八月改元景和十一月即被弒故其錢流傳絕少而徐氏竟見永光之文而余亦曾得景和之品其文右景左和與永光正同則啟皆沿孝建之制矣可証洪志上景下和之誤校曰几

今所見文皆在左右摹校如下

鵝眼錢 引書 翁宜泉曰泉志於沈郎錢則曰一無字
小錢於鵝眼錢則曰一小錢文曰小泉直一一篆書與
莽錢同一作眞書按洪志本無鵝眼錢文曰小泉直一
及篆楷二種之文或是好事者妄爲之耳謂莽泉傳至
宋時沿用之可也謂鵝眼錢文與莽錢同則諸家譜錄
固未言也校曰吾友顧驥叔新得一枚文曰永光大如
漢初最小之莢錢薄於沈郎眞鵝眼錢也由是而知廢
帝所鑄是永光景和而非文曰二銖但其重一銖爾據

蔡鐵耕之說爲可信又顏竣傳所言廢帝鑄二銖錢形
式轉細官錢每出民間即效之而大小厚薄皆不及無輪
郭不磨鑢如翦鑿者謂之萊子驥叔所得悉與之同乃
知萊子鵝眼正當時一物而兩名耳泉文作篆書摹以附
見如左
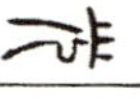
梁五銖錢 據泉
公式女錢 據泉
五銖錢 據泉 翁宜泉曰文雖四出形小而厚非靈
帝錢比也

大吉錢 據泉 校曰大吉大通大富三銖錢今所見紀
少李竹朋書按羅極廣亦復無之其他諸家譜錄所傳
狀如漢五銖者多不可據顧驥叔有大吉大通二錢審
其形制色澤究與五銖錢同斯眞品也刻文少異重
摹校之後二品於此

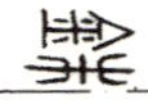
大通錢 據泉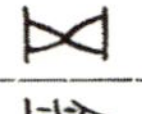
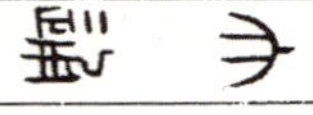

大富錢 據泉

當十錢 引書
四柱錢 據泉
陳五銖錢 引書
大貨六銖錢 據泉 校曰刻文稍岐摹以校之
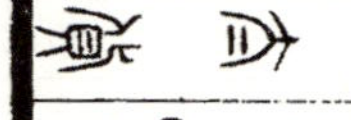

大和五銖錢 據泉 李竹朋曰太和二字篆體近隸和

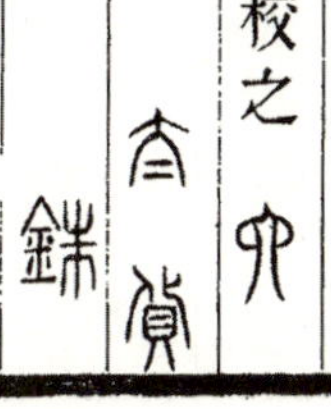

字且有增筆與北魏刻相似可徵書法之變校曰此錢有二種一五字交筆曲仍如五銖一五字交作直筆而太字亦異諸家皆未悟作譜但摹其一便遺其一今因並摹如下

五銖錢 引書　張麗瀛曰魏永平三年鑄五銖錢較漢

略小五字交股作直筆與永安五銖五字同校曰近顧駿叔得一校面無好郭與背周郭極狹五字交股直筆形制色澤與太和五銖相類余審爲魏錢無疑

永安五銖錢 據泉　校曰刻本不合摹以校之

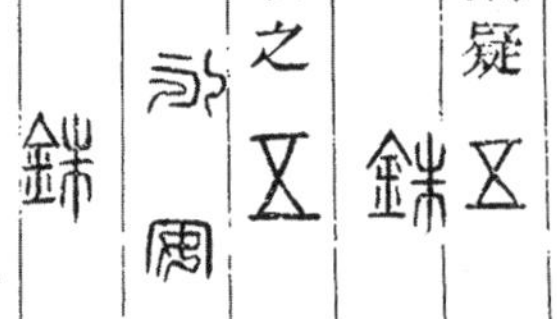

永安土字錢 據泉　益齋主人曰幕有土字者係當時所行土錢通典延昌二年徐州啟奏求行土錢是魏時本有土錢之名以其非由官鑄故以上字別之耳又通典熙平初王澄上言延昌二年徐州人啟奏求行土錢旨聽權依舊用可爲土字明証校曰泉文同上茲不重摹

西魏五銖錢 據泉　校曰駿叔新得五字交筆作直畫與太和五銖永安五銖相同其形制亦頗似之却與隨白錢大異定爲魏鑄爲自來諸家著書所罕見然考洪志魏錢有二一則後魏世宗永平三年鑄一則西魏文帝大統六年鑄且引舊譜曰以赤銅鑄愚細審此錢政復似之故既系於前而復詳於此泉文已見

東魏永安五銖錢 據泉　校曰雖據書重出一種然今

所見永安五銖了無異也

常平五銖錢 據泉　校曰但摹校泉文

布泉錢 據泉　校曰亦摹校泉文

大布錢 據泉　校曰亦校摹泉文

永通萬國錢 據泉　校曰今所見有大小有細郭闊郭

數種泉文則皆同刻本不類重摹校之又有小鉛錢則
篆文微異並附見於後

萬
永　通
國

萬
永　通
國

隨白錢 據泉　西清古鑑曰今雖歲久晦蝕其白處猶
可見蔡錢耕曰洪氏載白錢啚作欵文如猒勝品之長
年太寶嘻白其質也而乃白其文乎李竹朋曰外郭較

闊好郭唯右旁五字有之餘三面皆無背有肉好郭五
字中交互二畫直下不屈與他五銖異校曰刻本實不
合摹校如左

五　銖

泉志卷三正用品下
開元錢 據泉　初渭園曰以三體合爲一體爾非别有
三體也校曰新唐書云其文以八分篆隸三體者誤也
舊唐書云其字含八分隸體其詞先上後下斯爲得之
耳今所見元字有左挑者有不挑者實皆一體其作小
篆者乃南唐元宗所鑄今但校摹唐開元一種

開
寶　通
元

乾封錢 據泉　校曰凡唐錢作隸多含分篆之意刻本
皆失之因摹以校之

乾
寶　封
泉

乾元十當錢 據泉　校曰今所見制有大小其文皆同
重摹校之

重
寶　元
乾

重輪錢 據泉
小乾元錢 據泉　校曰二種文皆與乾元同故不摹
大歷錢 據泉　校曰此但校摹泉文

大
寶　歷
元

開元大錢 據泉　校曰今所見者形制絕大若大觀當
十文與小錢字含分隸元字左挑悉同故不重摹
建中錢 據泉　李竹朋曰大歷錢今已罕見建中尤罕
劉燕庭於道光壬午二月在京師得近畿出土唐錢就

中有大歷建中到唐錢中絕無僅有之品校曰刻本作
上下讀今見燕庭所得者作環讀文字亦古摹校如下

中
建　通
寶

新開元錢背文　據泉　戴醕士曰此范本無地名背文
別鑄一印印之故字多高出輪郭因有倒順上下左右
之異翁宜泉曰泉志楊字從木誤摹然書揚作楊唐時
已有之顏魯公臧懷恪碑揚州作楊州校曰揚從木唐
人本爾如此不但唐人雖漢亦多有之如曹全碑窓蒙

荆揚字亦從本其外若宋刻本書更不勝其據也此錢
見許賓門書載一枚亦正從木是洪志不誤也錢背廿
三品中唯昌字京字宣字潤字丹字體合分隸餘皆眞
書也故不摹校

咸通錢　據泉　校曰此錢希見唯許賓門書有之文合
分隸與志楷書不合校摹如下

通
咸　玄
寶

天成錢　據泉　校曰今所見者近眞書故不校摹
天福錢　據泉　校曰泉文合分隸意刻本亦小異摹校
之下兩種放此

福
天　元
寶

漢通錢　據泉　校曰以開元通寶例之當曰漢元錢讀
漢通元寶者誤也周錢放此

通
漢　元
寶

周通錢　據泉　翁宜泉曰古泉考周元錢毀佛像鑄用以
卜筮或驗秋鐙叢話順治初孝感多病瘧持周元一枚
卽愈水曹淸暇錄周元握之可校瘧兼治難産余按此

錢俗甚以爲珍其說不一周櫟園書影已載其說則其
由來久矣

通
周　元
寶

泉志校誤卷第一

泉志校誤第二

泉志卷四僞品上

項梁大錢 引書

吳王濞錢 引書

鄧通錢 引書　校曰吳鄧所鑄同是漢錢以何別哉亦不過存其名而已

王莽大錢 據泉　益齋主人曰莽錢宜入僭僞而大泉五十栔刀錯刀三種作於孺子在位之時居攝初始尚繫漢年當附之漢末至莽簒後所鑄則別入僭僞 西清古鑑曰盜鑄者不可禁迺重其法蓋官私雜出故自有大小翁宜泉曰鄭康成周禮注云王莽大泉直十五貨泉賈公彥疑其有誤案貨泉作於天鳳五年罷大小泉之後距始作大泉時已隔八年貨布重二十五銖僅直貨泉二十五大泉重十二銖止直貨泉十五理固宜然豈初直五十者後不可改直十五耶且漢志又云乃令大泉與新貨泉俱枚直一是初直五十繼改十五後且直一直之多寡原因時爲變通也校曰按莽泉凡作泉字皆中直不連作𠂀大泉之品所見極多大小不等篆文有作圓折者有作方折者並摹校如左

㐅

大泉

十

㐅

壯泉

十

小錢五等 據泉　瞿木夫曰小泉者說文云小物之微也對大言之幺泉者說文云幺小也漢書訓幺爲小俗作么非幼泉者說文訓幼爲少對壯而言中泉者禮記鄭注訓中爲間此取壯幼之間義壯泉者壯對幼言取禮記三十曰壯之義校曰刻本諸文各異摹校如後

直

小泉

一

一

幺泉

十

二

幼泉

十

三

中泉

十

三

十

貨泉錢 據泉　李竹朋曰按貨泉類夥與大泉同考光武建武十六年後始行五銖則十五年以前猶鑄貨泉可知不比後世以年號爲錢文異代不得用者故其制不一也校曰今所見極多其形制小大皆不同其文則同故但摹一品於左

貨　泉

錢錢 引書　李竹朋曰按四川通志公孫述以鉄錢二當銅錢一今得此泉一仿漢製一似莽製蓋其時相近故制作略同與梁錢五銖迥異定爲公孫述物當不誣也校曰洪氏引舊譜已云文字未聞近李竹朋著泉匯載此鉄錢定爲躍馬氏之物豈不大快縱使不確亦多一異說云文同漢制故不摹

董卓小錢 引書　李竹朋曰此品粗惡無文疑是董卓鑄按王莽爲從古鑄錢第一手精莫精於莽泉而粗莫粗於卓錢兩兩相形亦物極必反之徵也校曰李竹朋書載一枚兩面無文頗與漢初莢錢之大者相等審爲卓錢云

五銖錢 引書　綦錢耕曰洪氏引袁云紀而疑之余爲通其說曰鑄錢本欲有文因輕小太甚不能成也及更鑄之雖有文仍不可辨也傳志謂無文章正以其不可辨耳余藏五銖最輕小者徑僅五分好居四分竟體鮮翠宛若碧環其肉隱約有五銖字每一撿玩眞有不可把持之勢若果仲穎時鑄則此區區不絕如縷者歷千數百年而未壞轉足寶矣校曰此亦即卓錢無二種也洪氏以兩引書遂兩存之

沈郎錢 引書　初渭園曰魏明帝復五銖錢至晉用之沈充第小其製仍用其文也校曰洪氏引舊譜已云文字未聞是古來皆不識也然今有之其錢徑三分形質頗厚面無好郭篆文五銖二字與漢錢同

張軌五銖錢 引書

河陽錢 引書

得壹錢 據泉　校曰泉文含分書刻本作眞楷不合摹以校之今所見有大小數種

壹　得　元　寶

順天錢 據泉　校曰摹校同上

天　順　元

寶
永通錢 據泉　校曰今所見分篆皆有刻文稍異摹校
如後　泉
永　通
貨
永
永　通
貨
開元錢 據泉　李竹朋曰今所見者銅錢鉄而篆書
者未見也校曰篆文無二體皆有微誤摹以校之　通

開　元
寶
唐國錢 據泉　翁宜泉曰大唐居然興朝之制也唐國
稍示貶損之稱也然則唐國似應鑄於大唐之後校曰
今所見又有狹郭闊郭者其文字篆分眞三體咸有之
今但摹校分篆兩體　通
唐　國
寶
通
唐　國

寶
大唐錢 據泉　校曰刻本泉文不合分隸之意摹以校
之　通
大　唐
寶
泉志卷五僞品下
永平錢 據泉　校曰洪氏雖載此泉然未目覩其罕可
知不意近時鮑子年竟得一枚李竹朋刻入泉匯眞同
星鳳矣重摹以校實與意合迥别　平

永　元
寶
通正錢 據泉　校曰泉文皆含分篆之意刻本純寫眞
書去之甚遠因摹校如後後均放此　正
通　元
寶
天漢錢 據泉　漢
天　元
寶
光天錢 據泉　天

光元

寶

乾德錢 據泉　德

乾元

寶

咸康錢 據泉　康

咸元

寶

廣政錢 據泉　通

廣政

寶

鉄錢 引書　李竹朋曰十國紀年云廣政二十五年鑄鉄錢今所見者皆銅錢唯吳我鷗於蜀中得一鉄廣政錢方知鉄錢文亦廣政泉志以無字錢當之誤也校曰此說政可補洪氏之闕凡洪氏之引書者能悉變爲據泉豈不甚妙

乾亨錢 據泉　校曰按亨字中缺二小畫蓋沿唐人避肅宗諱也唐石刻亦有之此泉今所見又有作通寶者刻本無有故但摹重寶一品以校　重

乾亨

鉛錢 據泉　校曰文與銅錢同故不摹　寶

乾封錢 據泉　校曰今銅鉄二種俱有之其背文有曰天曰天府曰策者蓋與天策府寶同鑄欵文有分書二種刻本不類並摹以校之

封

乾泉

寶

封

乾泉

寶

天

天府

策

天策錢 據泉　校曰亦但摹校泉之　策

天府

寶

吳越錢 引書

閩鉛錢 引書

鉄錢 據泉　李竹朋曰按唐德宗開元大錢與此略同然開字從門此從門元字次畫左挑此不挑通字隸書

此近眞楷錢質白銅此銅色昏暗知此決非唐鑄而字體與永隆通寶相類按通考福建用鐵錢與銅錢並行如唐制又曰舊譜無鑄大銅開元之文然既曰並行是當時本有銅錢一種況字體與唐錢不似與閩錢相同故余定爲閩物校曰今所見據李竹朋說亦唯有銅者錢固未見也用以摹校文則一耳

通　開元　寶

永隆錢 據泉　校曰今所見銅鐵皆有之其文分書眞書都有遂摹分書者銅鐵各一種其鐵者背有閩字在穿上又左星下月其銅質眞書者不摹也

通　永隆　寶

通　永隆　寶

閩

天德錢 據泉　校曰刻本不合摹泉文校之

通　天德　寶

大興錢 據泉　校曰洪氏引張台說馮洪鑄誤也劉燕庭已考正爲安南錢見不知年代品大興錢

劉仁恭土錢 引書

應天錢 據泉　校曰此品諸家著錄多不載從張麗瀛書摹校其文尙含分意也

天　應元　寶

万

泉志卷六不知年代品上

平當錢 據泉　鮑子年曰平當五銖向所未覩惟五銖穿上下有小平字者或正或倒或橫置殆所謂平當五銖者也王廉生云滿洲有伊勒布號健菴者言曾獲一枚穿上稿有當字後不知遺誰氏無由斷其眞贋校曰此泉今無可校余亦初疑卽五銖一種有平字在穿上者蓋洪氏本云當字湮漫耳今得鮑子年說是實有平當五銖矣泉志固未可誣也

四出錢 據泉　李竹朋曰莽泉篆皆鐵線此則玉筯筆畫較粗莽泉泉字中直畫斷此不斷莽泉制作精妙此又惡劣或係當時私鑄或後世物而襲其文皆未可定

然決非莽泉也校曰李疑爲漢時私鑄倘然非是蓋質
狀粗劣了無漢製神韻似今無從稿考耳刻本不合摹
校如左

大泉五十

大泉五銖錢 據泉　李竹朋曰形模篆法與莽錢無異
亦大泉別種也校曰大泉二字同莽泉五銖二字同漢
錢文並見上茲不復摹

雙五五銖錢 據泉　蔡鉄耕曰五字連綴肉郭者謂之
雙五五銖余所藏一品輪郭深厚與五字連綴顯然以

命名未當易曰聯文五銖校曰據今刻本仍畐一五銖
錢了無分別失雙五之義矣按洪云五字連綴肉郭是
五字上下二畫粘着於外郭耳何謂雙五字考張麗瀛
書則五字作雙鉤李竹朋書則五字作雙文並書却與
雙五之名殊爲切近愚意張書多从洪說或當以張爲
是今並摹存以備參考以校正刻本之誤

五銖

五五銖

大泉錢 據泉　校曰今無可校當是大泉五十之異製

耳

左右五銖錢 據泉

太元貨泉錢 據泉　翁宜泉曰古太元紀年者三吳大
帝晉孝武帝涼張駿也吳太元止一年方鑄大泉五百
當千二種未必更鑄他錢此殆是晉物蔡鉄耕曰兩晉
未嘗鑄錢晉書食貨志云魏明帝更立五銖錢至晉用
之不聞有所更拟元帝過江用孫氏舊錢輕重雜行是
皆資前代錢爲用耳若張軌之五銖沈充之小錢式非
頒自上名轉屬於下豈復成一朝制度哉故曰未嘗鑄
錢也或言太元貨泉非孝武帝鑄乎余曰太元二字楷

書南北朝錢文所未有也校曰今所見皆粗劣未必有
眞者李竹朋書載一品圓穿作四出文眞書亦不晰泉
字全模糊指爲晉錢不意其謬乃至於是又一品載入
無考類中其文兩眞兩篆頗與洪志相同然亦未必眞
者要之此錢卽眞亦一 得目爲典午之制所見唐季五
代十國錢文倘含分篆之意而況晉時乃作眞書乎其
非晉鑄一無可疑洪氏入不知年代品極爲安當摹校
刻本亦復不同

太元貨泉

通行貨泉錢　據泉　校曰今未見無校又疑卽南唐之
永通泉貨有旋讀者而致誤
兩銖錢　據泉
續銖錢　據泉
兩柱錢　據泉
女錢　據泉
稚錢　據泉
對文錢　據泉　鮑子年曰五銖有僅存邊郭二分許字
畫僅餘十分之三者中作大圜孔名綖環錢余得甚多
無一平正率作凹狀以翦邊五銖合之適成一泉疑此

與翦邊本一泉昔人以圜鑿椎而爲兩故翦邊五銖近
邊字畫皆不全而此泉僅存近邊之字畫其孔圜而凹
者則圜鑿猛椎之故也李竹朋曰今有五銖中鑿圜孔
僅餘外緣如環者予疑爲綖環錢而與舊譜不合近閱
通典魏熙平初尙書王澄上言太和新鑄並古錢內外
全好者不限大小悉聽行之鵞眼環鑿依律而禁環鑿
二字明指鑿孔如環之錢而言殆卽所謂綖環歟
五朱錢　據泉　校曰今所見大小有數種有有郭者有
無郭若翦去者文字與五銖錢皆同但缺金旁耳故並
上四品皆不摹

定平錢　據泉　翁宜泉曰定平一百與太平百錢同決
爲三國孫亮時物校曰詳見太平百錢刻本泉文不合
摹以校之

定平一百

傳形半兩錢　據泉　校曰同漢半兩但其文反耳故玆
不摹
泉志卷七不知年代品下
太平錢　據泉　陸果泉曰太平百錢斷爲孫亮所鑄証

以昭烈之用直百時勢相近故一錢當百亦同葢當千
當五百不便於民故改鑄此也翁宜泉曰陸說誠碻不
可易梁初已謂爲古泉其非梁錢可知古以太平紀元
莫先於吳當五鳳三年冬十月孫亮改爲太平元年顧
烜稱太平百錢爲太平四文錢晉書元帝過江用孫氏
舊錢大者謂之比輪小者謂之四文大者指大泉當千
當五百者言之小者指太平四文錢也且有當千當五
百者此卽是當百者其極小者亦猶蜀直百之有小者
耳校曰今所見泉文有數品篆分各異與刻本悉不合
校摹如左蓋分書實作太平篆書乃作大平緣篆文無

太字古只大太同用耳

百

太 平

錢

百

太 平

錢

百

太 平

錢

百

百

太 平

金

百

太 平

錢

兩畜錢 據泉　江秋史曰漢州輔碑涅而不緇從甾武班碑景君碑皆從甾甾卽甾也說文錙六銖也二十四銖爲一兩半兩者十二銖也兩錙則亦十二銖卽半兩也省金作甾者如五朱之省金作朱乃半兩之别種校曰凡從甾之字作甾不論唐碑宋本時時見之洪志誤爲畜亦是後來傳録所致今所見泉文作甾狀如半兩斯乃眞者摹校於下有依洪志贗鑄者其文則作甾

兩

甾

一文錢 據泉　李竹朋曰史記秦本紀垣爲七國時魏地正義涿有垣縣漢書地理志屬河東郡馬伯昂曰是爲秦始之制開半兩大錢之先特穿未方耳校曰近釋甚確其文居左實垣字也刻文不合重摹校之

垣

四曲文錢 據泉　校曰洪志所有之品今無可校按西清古鑑所載一枚右作文左作㸚李竹朋書一枚左又

作彡俱不可識並摹校如左乃知此泉一品中又有數種也

永光錢 據泉　蔡鉄耕曰宋書廢帝紀永光元年二月鑄二銖錢三月罷案二銖錢文非二銖當曰永光卽洪志此品是也何以知之以其前承孝建而孝建錢或去四銖專爲孝建矣以其後改景和而景和錢亦重二銖文曰景和矣三錢同式又何疑焉至所謂鵞眼錢者卽

世無之屢見元刻如大祐國寺碑云大朝乙巳年慈恩寺塔內陀羅尼幢云大朝丙午年蒙古世祖元年庚申始改元中統前此並無年號乙巳乃太宗后稱制之四年丙午乃定宗元年也金國志明昌五年何大雅說王曰不若求援於大朝已稱蒙古爲大朝矣金泰和八年韓道昇五音篇海序大朝字空格寫宋史云蔡州之役孛使大朝以定夾攻之策然則大朝當爲蒙古未改國號大元以前稱明矣校曰今所見有作小篆者四角有四莊摹校如下

洪氏泉志校誤卷二　六　觀自得齋徐氏校刊

天鎮錢　據泉　劉燕庭曰案安南新刊大越史記黎桓以丁廢帝大平十一年自立即宋太平興國五年改元天福號曰黎朝於甲申五年即宋雍熙元年鑄天福鎮寶背文黎者紀國號也校曰舊有謂石晉錢者誤也劉據以爲安南鑄於是乃定文當曰天福鎮寶

萬歲錢　據泉　校曰按志云面文繆篆而泉作小篆者蓋由傳録之誤況今所見頗有繆篆者重摹校之曰

永光景和兩品之私鑄者也李竹朋曰大明八年廢帝子業即位次年春正月改元永光秋八月改元景和是永光紀元者僅七閱月故此錢少校曰蔡說可謂奇叔稿實然李書并載二銖永光景和豈曰無本今考永光錢與景和錢面皆無好郭形制頗同宋鑄何疑刻本與泉不合據李書校摹之

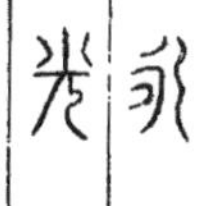

五金錢　據泉　李竹朋曰五銖對文去金作朱茲去朱作金其義一也揔而論之五朱之無外郭者乃初翦五銖所成有外郭者乃後來仿鑄五金之圜孔無內郭者

洪氏泉志校誤卷二　七　觀自得齋徐氏校刊

乃初鑿五銖所成有內郭者後之仿鑄即以此品謂綖環之別種可也校曰凡五銖錢金旁多從全中四點獨此種金字有作金者有作金者刻本唯一品亦不甚合茲並摹如左

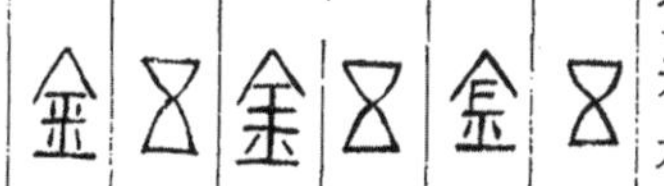

大朝錢　據泉　翁宜泉曰據金石目録云大朝之稱唐

[illegible]

[illegible] [illegible]

[illegible]

大興錢 據泉　劉燕庭曰考大越史記丁部領以宋開寶元年平十二使君建國三年改元大平號曰丁朝蓋大平紀年丁紀國號也校曰此泉志凡三見前誤爲馮洪鑄後又誤文太興獨此品有背文丁字故附校於此蓋安南錢也又有謂是遼聖宗鑄亦非

太千錢 據泉　校曰據背文有丁字必是安南錢太千無義疑卽太平之模糊一種而誤釋

天感錢 據泉　西淸古鑑曰洪志謂不知朝代今自右及上讀之曰感天元寶按西遼天禧帝在位二十年遺命皇后權國稱制號感天皇后此錢蓋其時所鑄也校曰此泉頗罕見今從張麗瀛書摹校

感

天　元

寶

古錢 據泉　校曰按泉文卽寶六貨刻本筆畫歧異當由傳寫之誤校已見景王錢今但摹校於下

[illegible]

六化

古文錢 據泉　校曰按此卽寶四貨校亦並見景王錢

今但校摹泉文　[illegible]

三代

三字錢 據泉　校曰此泉今所未見無可校也當仍之亦不知文有誤謬否

千字錢 據泉

太興錢 據泉　校曰大又誤爲太蓋至此大興錢凡三見矣三說各不同皆非是

黃河錢 引書　鮑子年曰余得戴文節泉拓有一品大如秦半兩兩面均凸起大圓星三云卽洪志所謂黃河錢校曰鮑引戴說庶幾是也蓋洪氏憑肊所畵斯則目擊有據李竹朋書亦載入當卽據是見其三足突起大

於小豆焉

泉志卷八天品

天帝錢 竟第八之卷僅五品皆引書

寶錢

咸陽錢

金五銖錢

五銖錢

泉志校誤卷第二

泉志校誤卷第三

泉志卷九刀布品

曰金三品 引書　校曰不但今無所見卽洪志亦以意啚按三曰復小椭之其文龜師古曰椭圜而長也又史記索隱云肉圜好方則悉作長方形非是當如俗所謂腰圜者方與古義合

契刀 據泉　許賓門曰按刀文栔從木不從大栔刻也對錯以立名校曰漢書作契本是誤文當據今栔刀校之重摹如下然其環下刀形至下太闊與古制不合以愚此書不啚諸狀故闕之他書參觀可也

栔 刀 五百

錯刀 據泉　初渭園曰平與直義同許賓門曰平者取權衡之義猶言權當五千也校曰今所見刀明作平五千而漢書作直五千乃張晏所謂札單差錯耳由是知古泉可以校史不但此新莽二刀也刻本徽異摹以校之有二品亦略有不同　一刀平五千

一刀平五千

十布 引書　瞿木夫曰十布之義其六見六泉而增入次第差序耳次言次於大布第猶云次第也差廣雅云次也取差等之義序取次序之義丅丌丌丌卽六七八九蓋古籌算之數得從橫而成爲一二之數字也錢十蘭曰莽十布余收獲皆全序布漢食貨志譌爲厚布獨此可以証史書傳寫之誤大布可以正時俗解識之謬見古物之存留於世爲功不小豈特供展玩而已哉校曰今所見十布皆四字而洪志乃以意啚爲二字又以序布爲厚布不但形制文字之不合也又此十布當以大布居前小布居末不當如志以小布在首今並重摹以校凡九布其大布卽大黃布刀別摹在後

小一 大百

么二 大百

幼三 大百

序三 大百

差五 大百

中一 大百

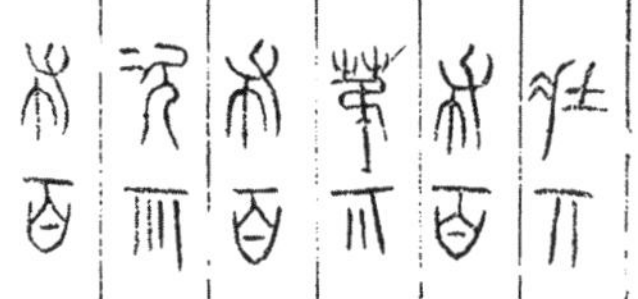

貨布 據泉　許賓門曰其文勁直如懸針戴醽士曰八
各有一絕莽為泉絕蓋其刀布諸品無一弗精美校曰
刻本泉文小異摹以校之

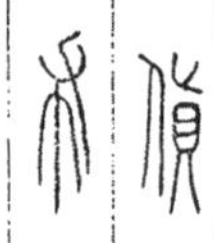

大黃布刀 據泉　翁宜泉曰考諸家注古衡字作横横
亦作黃如檀弓衡縫注讀為横考工記衡四寸注古文
横又禮記緇衣狐裘黃黃徐本作横皆可証也瞿木夫
曰莽之更張漢制皆貌為依古實則好異因契刀而造
一刀於五千加平字則又欲示異於契刀也小泉不足
四字則加直字緣直與平同義也大布不足四字則又
加黃字以足之猶之以直作小泉也黃卽横之有文漢
人訓平直皆為正衡又訓平訓正平直横三字展轉相
訓可知義實相同莽特好異故為異文以區別耳校曰
此卽十布之大布也其文當讀大布黃千舊釋誤也刻

本少異摹以校之合上九布莽之貨布十品備矣

古刀布 引書　蔡鉄耕曰洪志刀品寥寥除莽貨外其
一與布並列曰古刀引管子文及李孝美說此本泛論
非有指實而漫圖其形文字則闕不得為一品也翁宜
泉曰今所見刀布有無字者或一字二字三四五字者
面文多紀其地背文多紀其數可想見春秋列國之泉
制焉又曰當時如齊晋諸國不下數十百邑各以地名
誌之不下數十百品各以錢數紀之自西周迄戰國八

百餘年故雖去今遠而所傳尚多又曰泉志於列國諸
品實無所據妄繪圖以實之今則列國刀布種種可稽
鮑子年曰列國諸布方足尖足近數百種字皆瘦細面
背有郭獨安邑洎當鋖諸布筆畫寬肥類鍾鼎文背亦
平夷斷非一朝之制故劉青園定為虞夏但又頗易識
豈唐虞文字已平易近人如是乎好古者每得一器必
冀愈古愈可珍獨余於泉幣愈尋思愈覺去古未遠彼
謂盡科斗文洎太昊金葛天幣諸說者皆夢囈也校曰
如管子之言卽齊刀也曷為洪志作此圖狀豈實未見
其制乎抑後人傳錄致誤乎觀其形環上無柄頗疑從

錯刀會意妄啚其於布狀亦不合然於後所載刀布皆
有之是卽古刀布也奚必又據管子李孝美而別啚爲
愚竊此校例不摹形制以他書參觀可耳
蒙城古刀 引書　蔡鐵耕曰其二曰蒙城古刀此量藥
器也量藥器有三等大者方寸匕匕正方一寸次者刀
圭十分方寸匕之一小者五匕半五銖錢之積蓋刀圭
以有柄如刀得名而方寸匕因之五匕以錢邊五字得
名而方寸匕又因之此亦不得爲一品校曰蔡說足証
洪誤況明題方寸匕之文乎愚意貨布五百直是偶摹
其文以爲觀美如漢鐎斗並漢洗其中之文多有五銖

貨泉諸形也
長平古刀 引書　蔡鉄耕曰其三曰長平古刀引舊譜
云云此與面文作□之刀分寸盡合唯幕文□□則
此刀無此三字校曰今案洪志面作◎其爲明之誤文
無疑此字舊釋爲莒謂之莒刀初渭圜改釋爲明引漢
志平明屬北平郡爲燕地馬伯昂謂是趙之明邑引史
秦紀與魏王會新明邑謂新拔趙之明邑也洪志引舊
譜云出於長平溪澗中更徵馬說趙地之碻李竹朋言
近於道光中新出無數其形制一種作方折如磬較狹
一種圓折微彎較闊其爲趙明邑之物無疑又按洪志

背文作品夻大者據李竹朋書所收三百餘種背文各
各不同大約以左右外□馬伯昂釋貨爲四類其品字無可
校不審緣何字而誤夻當是右字之誤大則如□□□
下太大諸文頗與仿佛乃知斷非齊吉化三字或後人
誤識遂妄相寫入耳因摹而背文一枚互証 □
□
沂州銀刀 引書　蔡鐵耕曰其四曰沂州銀刀引嘉祐
雜志此雖銀品與銅品異而余謂卽齊吉貨洪氏誤解
之誤啚之也當時刀文止三字首一字讀爲齊無疑義
次一字或離之爲太公或合之爲杏疑而未定故兩存

之互參體勢豈非吉字次讀爲九又申之曰九字中闕
不相屬乃言左右中分之狀其摹化字可云酷肖斷非
字數有九闕其五存其四不相連續如志所啚之式也
且齊吉貨幕或有隱起圜形雜志亦非指其環也以上
數種雖各成品而其文訛誤不足爲據校曰雜志之言
葢闕之辭也今世乃有九字齊刀愚嘗辨其無一眞者
蓋由九字一言之誤遂起贋鑄耳□夻□愚今釋爲齊
吉貨舊有以夻爲寶爲法爲合悉皆不從詳拙撰刀布
釋文又云罷沂州得銀刀疑是洪氏據誤本錄之從未
聞齊刀有銀者當是金字之誤或洪志本不誤原作金

而後人寫録解爲黃金以爲無是事而妄改焉今重摹刀文以校凡刀當刀首居上環向下洪志所有悉刀環居上亦誤

長平異布　引書　戴醕士曰自路史以來考古金文字悉有伏羲神農之號至今日出土愈多乃知是周秦地名校曰按此布文當是宅陽二字疑洪志引舊譜並形制長廣分寸俱誤摹校如下凡古布文悉是周秦之時地名詳見愚所撰刀布釋文玆不說解後放此

異布一　凡十四品洪氏統曰異布無次今以一二三四名之　據泉　校曰此卽

洪氏泉志校誤卷三　七　觀自得齋徐氏校刊

鄭漁仲所謂商貨莊布也向來謬說極多愚今參稽諸家釋爲扶布當十貨背文曰十貨布文作𠂆又作傎蓋古文同而結異也實爲一字刻本頗誤重摹校之

十

異布二之四　引書　校曰志本無文無可校也

異布五　據泉　校曰刻本布文右多誤筆以意度之疑卽晉陽貨一金者是也又有小布作晉陽分貨其晉作□晉陽作□□文多不同今並摹兩種布文如左以備參校

一

異布六　據泉　校曰據布文度之當是倒文□金貨三字□李竹朋釋頴省文許賓門釋棣省木馬伯昂釋梁卽□別體愚皆不從釋爲禾字通利以漢書地理志涿郡所屬利鄉當之貨古作化或作斤如此布文是也

洪氏泉志校誤卷三　八　觀自得齋徐氏校刊

馬伯昂以古一斤金之義卽釋爲斤劉青園又合於金字釋爲釿曰𣂪斷也近王廉生吳清卿尙其說皆作說釿一篇頗申經義愚今仍釋金貨從同也布文摹校如下

一

異布二品七　據泉　校曰據上一品布文乃□貨一金也□馬伯昂釋爲趙今從之李竹朋作京謬矣其下一品中作□子金二字竟作眞楷倒書左右必誤無疑按西淸古鑑路史又言堯布文作上十全□此文字近

之古即乎亦倒書也又一品云說者謂𠃊化字乊𠂆字𠄞金字亦本路史今據以合而詳校之疑即倒文之𠂆全耳蓋輾轉淆譌乃至於斯雖未敢僅定爲稿亦恐不遠矣已見前布不摹但摹上䢔貨一枚

異布八　據泉　校曰據布文疑是宧陽布也宧舊釋爲陶今皆從之馬伯昂改釋爲宖愚嘗據摭古遺文必作𠂤重校以審此文宀下從𠂤爲必無疑又疑是安陽布文之蒼莽一種安字借中直文作㑒者然陽字有𠂤旁今刻本無之知其非也故但摹宧陽一品

異布九　據泉　校曰按此布文面背今所未見無可校也然李竹朋書有一品與相仿佛其文則不可識摹校於左以備參考又此背文所謂了旁斜畫者疑即尋常布之背文三直而左有二字紀數與之相粘或由模糊致誤耶

異布十　據泉　校曰此即今所見安邑貨二金作正文背有安字者刻本不合摹以校之

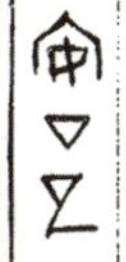

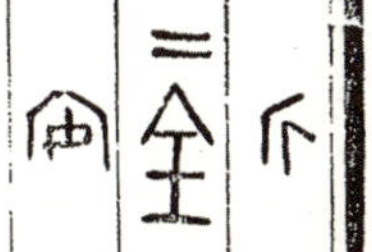

異布十一　據泉　校曰此即今所見倒文者其背無文亦曰安邑貨二金洪氏釋爲安陽之吉貨誤矣玩其安邑二字作蟬聯之形今亦頗見之但刻本有誤耳摹以校之

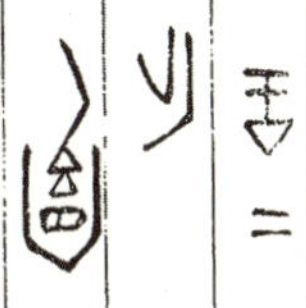

異布十二　據泉　校曰此即今所見文曰梁正當金當鍰者刻文筆畫歧異重摹校之

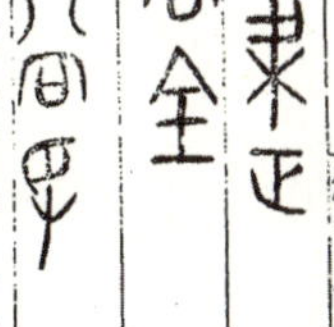

異布十三　據泉　校曰按此約略其長廣視上安邑貨二金微綱據今所見度之即安邑貨一金之倒文者凡洪志所言分寸皆不甚相合當有差謬不能細校但摹校其文如左

異布十四　據泉　校曰此即今所見文曰梁充貨金

五十二當鋝者刻文歧訛重摹校之舊說安邑梁二種爲舜禹所鑄近馬伯昻曰梁則魏惠王遷都大梁所鑄安邑則未遷時所鑄愚撰刀市釋文証以元人陸友仁先秦貨布之言遂從之

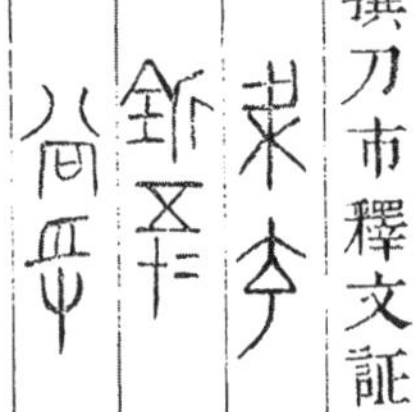

藕心錢 據泉　鮑子年曰藕心非錢也秦中出土小銅器有形方長三寸餘寬四分許厚如之中空如筩面作八分書干金氏三字陽文甚工背或缺寸許余曾見一校中藏一藕心牝壯相銜如鑰與匙者然或云此爲藕

洪氏泉志校誤卷三　十一　觀自得齋徐氏校刊

心之郭余疑與藕心合而爲一物究不知作何用舊譜强名爲泉李竹朋曰昔年得黃小松藏泉數百並拓本二帙內郤有藕心泉一兼有外函形方泉長及函之半函長倍之泉齒與函之空處牝牡相乘如鎖之有匙然不知其用如何似漢倘方銅器葢阮文達公亦莫能名之也校曰刻本所畫雖不甚似然度其形制上有鼻孔可懸是卽函也愚此書例不校畫狀故遂闕如

蟻鼻錢 據泉　馬伯昻曰貝非海介蟲是亦範銅爲之古之貨貝錢卽此是也按貝文三字第一作●爲古文丁字見彝器欵識義通當詩曰甯丁我躬爾雅昌敵强應丁當也其爲當字明矣第二作[glyph]又或作[glyph]爲半字之省文其下作厸卽兩字見薛氏欵識晉姜鼎銘合讀之爲當半兩三字碻合洪志重十二銖之說據此可証古文貝字作[glyph]合從[glyph]二字爲指事諧背聲之文非象海介蟲也校曰據志所畫卽此是也但有訛謬耳重摹校之今所見又有二種洪所未見因並附載一種文作[glyph]米馬釋爲當各六銖乃分半兩爲二故其質重僅得半兩之半也其一初渭圜書所收文作[glyph]讀爲陶愚今據宧陽布改釋爲宼馬伯昻又曰始皇兼并而後鑄此法古貨貝之形而範以銅爲自直之錢按六銖米字似

洪氏泉志校誤卷三　十二　觀自得齋徐氏校刊

蟻形之多足半兩厸字象人鼻之有兩孔因世俗不能識其文字乃合米厸二種相象名之曰蟻鼻相傳至洪氏所譜乃僅一鼻之半兩猶未見蟻之六銖而言也其曰不類字世謂之蟻鼻錢者葢未嘗研究其義不過人云亦云耳

古銅片 據泉　校曰古銅片而有文字非古布而何唐人簡質姑妄名之洪志所畫形制文字例與古物不合知皆誤也以意度之當是今所見之空首布文曰濟金貨者摹校如左由知寫錄之誤乃至若斯

泉志校誤卷第三

洪氏泉志校誤卷三　十三　觀自得齋徐氏校刊

泉志校誤卷第四

泉志卷十外國品上

罽賓國錢竟此第十之卷皆引書

烏弋山離國錢

安息國錢

大月氏國錢

泥婆羅國錢

何國錢

康國錢

拔汗國錢

洪氏泉志校誤卷四　一　觀自得齋徐氏校刊

條支國錢

拂菻國錢

大食國錢

泉志卷十一外國品中

因墀國天壽錢引書

和同錢據泉　劉燕庭曰案日本和漢三才啚會和同開珎日本元明天皇鑄又日本大成年代廣紀四十三代元明當唐景龍二年立改元和銅今銅省作同寶省作珎錢仿開元式校曰愚按日本新刊和漢年契云元

明天皇係女主和銅元年武藏國獻銅鑄銅錢廢銀錢和銅元年當唐景龍二年與廣紀合又和漢三才圖會云和銅元年正月武藏國始獻和銅因改年號爲和銅七月令近江國鑄和銅開珎錢此木朝銅錢之始又居文字之初也今所見和字有作稐者亦有作和者兩摹以校之

稐同開珎

和同開珎

神功錢　據泉　劉燕庭曰案和漢三才圖會神功開寶稱（李竹朋書作标誤不可識）德天皇鑄唐永泰元年立翁宜泉曰珎乃寶之省猶作珎也校曰按和漢年契天平勝寶元年孝謙天皇嗣位當唐天寶八年改明年爲天平寶字元年在位八年立大炊爲皇太子明年禪位太子是爲淳仁天皇不改元至天平寶字八年孝謙復位廢帝爲淡路公遂改明年爲天平神護元年當唐永泰元年至三年又改爲神護景雲元年又按和漢三才圖會云稱德天皇神護景雲二年云云是神護景雲紀元即孝謙天皇也當由初稱孝謙及後復辟乃號稱德爾夫聖德神功皆頌美矜誇之詞此泉亦當是復位後鑄今所見神功泉文有二種有明作寶字不省者知本不作珍字讀也並摹以校之刻本殊誤

神功開珎

神功開寶

萬年錢　據泉　劉燕庭曰案和漢三才圖會云廢帝鑄新錢三種金爲開甚聖寶銀爲太平元寶銅爲萬年通寶校曰按年契廢帝即淳仁天皇廢爲淡路公者是也又三才圖會云天平之世金錢一枚買銀錢十枚銀錢一枚買銅錢十枚銅錢一枚買米一升是此品乃淳仁天皇天平寶字年鑄也據今所見摹校如左

萬年通寶

隆平錢　據泉　劉燕庭曰案日本和漢三才圖會醍醐天皇鑄隆平永寶大成年代廣紀云六十代醍醐唐光化年立校曰按和漢年契云醍醐天皇諱敦仁當唐光

化云年嗣位先改元昌泰昌泰四年改爲延喜延喜七年鑄延喜通寶錢至十五年又鑄隆平永寶錢延喜十五年當梁貞明元年也翁宜泉云延歷乃日本紀元當中國唐元和年然今詳考四錢無當元和者乃知舊譜之誤刻本校泉文亦不合重摹之

隆平永寶

乾文錢　引書　西清古鑑曰宋史雍熙元年日本國僧奝然與其徒五六人泛海而至獻銅器十餘件并國職貢今王年代紀各一卷云其國交易用銅錢文曰乾

文大寶按今所收歛大字如洪氏所畫亦隸書與前四種同校曰據西清書由是知洪志引會要曰乾文寶者直脫去一字乃誤引耳又按三才畐會云歷代倭錢凡二十餘種渡唐所用六種其一曰乾元大寶然則此品當作乾元大寶洪志非但脫一字又誤一字也今此錢未見無校

屋馱國梵書錢　據泉　校曰今未見其錢無可校

疏勒國五銖錢　引書

龜茲國五銖錢　引書

吐蕃國胡字錢　據泉　校曰今亦無其錢

倭國延喜錢　據泉　西清古鑑曰按舊唐書倭國者古倭奴國也去京師萬四千里頗有文字俗敬佛法又按新唐書言倭惡其名更號日本咸亨元年遣使來賀自云近日所出以爲名或云日本乃小國爲倭所并冒其號則日本卽倭耳故宋祁不別爲立倭國傳校曰今復改曰和若中國有天下之號焉延喜據和漢年契乃醍醐天皇元號延喜七年鑄延喜通寶錢考已見上隆平錢又按和漢三才畐會云歷代倭錢凡二十有餘種而渡唐所用倭錢六種和銅開珎萬年通寶神功開珎延喜通寶隆平永寶乾元大寶此便是日本錢次弟今則

當據益本國所言豈有誤者不但乾元大寶可校上乾文寶之誤卽當知神功開珎實在萬年通寶之下此錢所見頗罕今據張麗瀛書摹校之

延喜通寶

梵字錢　據泉　劉青園曰涼州人掘地得古錢數瓮其中梵字百枚又嘗於涼州大雲寺訪古碑碑陽正作此等字碑陰楷書捫讀之則天祐民安五年所立乃知此錢爲西夏書劉燕庭曰曾以所藏天祐民安碑字証之筆法無異其爲西夏錢無疑李竹朋曰此錢尙在元德

以前當是開國時物尙與中華文字不通迨後改用漢字始有元德以下諸品也許賓門曰景嚴作泉志卽不之識數百年後破此疑竇亦一快事鮑子年曰西夏梵字錢文不可識秦中時有之余得數種細審其穿下及穿左兩字點畫並同疑卽元寶二字其穿上穿右兩字必係年號也校曰李竹朋書載三枚皆不晰故不摹顧駿叔藏一品極明今以校之

[illegible]

契丹國天贊錢 據泉　翁宜泉曰遼錢今世絕少一代典章文物卽史亦多云未詳校曰今所見凡遼錢皆右旋讀唯開泰天贊則否元字皆仿開元左挑字體亦微含分篆之意刻本俱作眞楷誤矣重摹校之後皆放此

贊　天　通　寶

應歷錢 據泉　校曰此從張麗瀛書摹校

重　應　曆　寶

重熙錢 據泉

熙　重　通　寶

清甯錢 據泉

甯　清　通　寶

大康錢 據泉

康　大　通　寶

康　大　元

寶

大安錢 據泉

安　大　元　寶

壽昌錢 據泉　李竹朋曰遼史食貨志言道宗之世錢有四等曰咸雍曰大康曰大安曰壽隆而泉志以爲壽昌錢竹汀曰安德州靈巖寺碑云壽昌初元歲次乙亥而泉志有壽昌元寶錢引東北諸蕃樞要北遼通書俱云壽昌今遼史作壽隆初疑泉志之誤然所見遼時石刻稱壽昌多矣無云壽隆者東都事略文獻通考皆宋

入書亦稱壽昌其以為壽隆者遼史之誤也况遼人謹
於避諱道宗者聖宗之孫而以壽隆紀元犯聖宗之諱
此理之必無矣今亦未見壽隆錢也

壽　元　寶　昌

乾統錢　據泉

統　乾　元　寶

天慶錢　據泉　校曰今所見亦有作通寶者其文上下
讀

慶

天　元　寶

千秋錢　據泉

海東三錢　據泉　校曰今所見通寶有篆眞二種重寶
未見篆書但有眞書耳文俱不合摹校如左其眞書二
品不摹又見顧駿叔有一枚文作通寶行書甚為罕見
亦不摹

東　海　通　寶

三韓錢　據泉　校曰今所見通寶亦有篆眞二種又有
重寶作眞書者今但摹洪志所有一品并附篆書一品

通　三　韓　寶

韓　寶　三　通

東國錢　據泉　校曰今所見又有作通寶者字合分篆
如開元體又見顧駿叔一枚作行書又見金硯雲書一
枚作篆書均為罕覯今皆不摹但校刻本所有一品

重　東　國　寶

闍婆國梵書錢　據泉

交趾國黎字錢　據泉　校曰按天福鎮寶背有黎字者
卽交趾錢也此錢僅一黎字疑是背文但天福在穿上
此在穿下耳斷非面文可知

泉志卷十二外國品下

大秦國錢　竟此第十二之卷皆引書

三佛齊國錢
佛涅國錢
東沃沮國錢
新羅國錢
高昌國錢
波斯國錢
女國錢
大月氏國錢
小月氏國錢
中天竺國錢

于闐國錢
投和國錢
阿耆國錢
屈支國錢
覩貨邏國錢
梵衍那國錢
迦畢試國錢
那揭羅曷國錢
徙馱邏國錢
室邏伐悉底國錢

羯若鞠闍國錢
鉢邏那伽國錢
婆羅痆斯國錢
尼波羅國錢
摩揭陀國錢
伊爛拏鉢代多國錢
橋薩羅國錢
摩突羅國錢
乾陀越國錢
杜薄國錢

康居國錢
末祿國錢
軒渠國錢
三童國錢
阿鈎羌國錢
含衛國錢
層檀國錢
裸人國錢
砕葉國銕錢
驃國錢

巴氏錢
偨錢
賓錢
沙州玉錢

泉志卷十三奇品
臺主衣庫錢 據泉 西清古鑑曰舊譜謂五銖卍千今按篆文乃十千耳蓋鑄錢者偶爲之今鑪工凡新開鑄必先造一二枚大者名母錢意即此類又按顧烜梁入其時已有此錢則爲六代前製也校曰按南朝所稱臺城猶禁城也所謂臺主者臺城之主也今所見諸品各異有作卍千者又有作十千者並摹以校之

王
錢之
中
五
卍千
銖
王
錢之
中

洪氏泉志校誤卷四 十三 觀自得齋徐氏校刊

五
卍千
銖
王
錢之
中
五
卍千
銖
萬

洪氏泉志校誤卷四 十三 觀自得齋徐氏校刊

五
銖
千

羅紋錢 據泉 校曰以下諸品時亦見之以非所要不悉校也他皆放此
翅紋錢 據泉並下凡十三品無校語悉同
北斗錢
軒轅錢
柄文錢
日月錢
井文錢

雙五錢
雙十錢
星月錢
四五錢
八星錢
鯨文錢
兔犬錢
明月錢 據泉　李竹朋曰其文釋爲明刀與明字刀從趙新明邑作者同鑄鮑子年曰今改釋明貨陳壽卿曰古唯形則刀而文則貨無以刀名者有之自新莽始校曰釋明貨是也貨古作化變作ㄟ七ㄇ㇁乂以爲文曰刀布泉是貨之形卽以爲名郤不以爲文也今見三品並摹以校

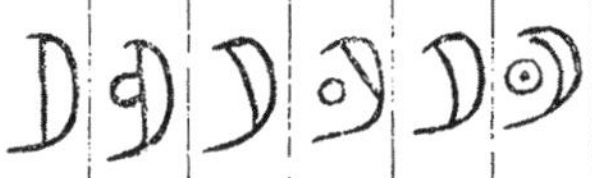

四神錢 據泉　校曰今所見左龍右虎上雀下武與此異

萬國錢 據泉　校曰嘗見一枚左右萬國二篆上下如符篆不知爲何也
龍文錢 據泉
三雀錢 據泉
龜背錢 據泉　校曰此卽太平百錢葢其背有文如龜背故名刻本作六角形紕繆極矣按西清古鑑實作錢形不誤
水波紋錢 據泉　校曰此錢今尚有之背作波浪細紋極古雅上有一點如日頗似海天浴日之象
雙星錢 據泉
元武錢 據泉　翁宜泉曰大泉五十常平五銖五行大布永通萬國之屬背皆有龜蛇等象雖不必定爲當時所鑄而其制古雅非出於近代所爲校曰顧駿叔藏一枚背作劍斗龜蛇並面文四字皆精絕無倫斷非後來仿鑄所能及觀祥瑞志云云知當時泉背頗尚繪畫也
千秋錢 據泉
龍鳳重輪錢 據泉
雙鳳錢 據泉
雙魚錢 據泉
四事錢 據泉

單面龍鳳錢　據泉
龍鳳錢　據泉　校曰嘗見吳退樓藏數枚古樸極矣其
狀不逕㮚半兩云
藕心錢　據泉　校曰刀市品所有一品是外郭此四品
則所謂如藕挺中破狀者大小無一相同不能校也

泉志卷十四神品
輕影錢　引書
清水錢　引書
會稽船錢　引書

青溪宅錢　引書　西清古鑑曰北斗錢文作九星其二
麗於旗蓋北斗原九星七見二隱道家謂之內輔一星
外輔一星見之者吉又交劍上舉又一人帶劍屹立洪
志謂之青溪宅錢校曰觀洪氏據南史更正之語恐尚
是未見其錢者然諸家著錄皆有之豈於今尚存乎抑
後來仿鑄耶
太平錢　引書
齊興郡錢　引書
齊安郡錢　引書　校曰按引祥瑞志既云四文大錢何
以李孝美仍言文字大小未審豈不知四文即太平百
錢耶
令公百鑪錢　據泉　校曰摹校已見正用品
廣宗郡錢　引書
僞趙錢　引書
軒轅錢　引書
孫先生錢　引書竟此十四卷俱同
桐城錢
白雀錢
壽春錢
應元錢

北海鉄錢
嚴君平錢
科斗錢
蘆口洞錢

泉志卷十五厭勝品
永安五男錢　據泉　校曰今所見粗劣不徵背文即四
神寫刻之誤遂至於是錢背之文實不如斯也
七夕錢　據泉
福慶錢　據泉　西清古鑑曰按周禮揚州其民二男五

女又五男二女見東京夢華錄三公九卿語本禮記又三公上應垣宿九卿下括河海後漢李淑語也校曰今所見文作右旋讀與洪志異其二三五九作貳叁伍玖則同所云好郭邊作連珠文於外分爲八分若錢形者蓋與長命守富貴形相同以彼五字故作五瓣如梅花此有八字故作八瓣瓣多則外郭粒粒如貫珠也內作方穿穿外又作圓好與之相沓又有八道外屬於郭實於一八瓣之花形爾文作篆書

撒帳錢 據泉　校曰銅鑄者今嘗見之

男錢 據泉　翁宜泉曰敘素之說甚精不得以史偶失

載而疑之鮑子年曰布泉二種有懸針玉筯之殊舊說以懸針屬新莽余謂是也莽泉萃於秦余寓秦最久見懸針布泉時與莽貨泉大泉同出土且布字視貨布同泉字視六泉貨泉同泉字中豎畫斷而不連莽後無此式一也貨泉每作重好郭此莽之創制是泉亦然玉筯泉從無有一作重好郭者二也貨泉傍好多作半星或決文是泉則穿上兩決文穿下兩決文穿上半星綦多六朝未聞有是三也二泉不特篆法迥殊輪郭亦異斷非一朝之制云校曰此泉文極精妙摹校如左

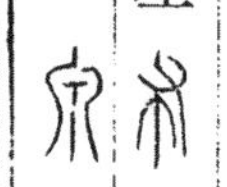

辟兵錢 據泉　校曰見數品皆右旋讀左旋者未有也摹校如左

千金錢 據泉　西淸古鑑曰按公羊注百金猶百萬也古者金重一斤若今萬錢又史記平準書注黃金一斤直萬錢非也秦以一鎰爲一金漢以一斤爲一金校曰

凡此等錢多有上柄下環據之皆當從穿右讀始洪志間作穿上讀始亦小誤今摹如左

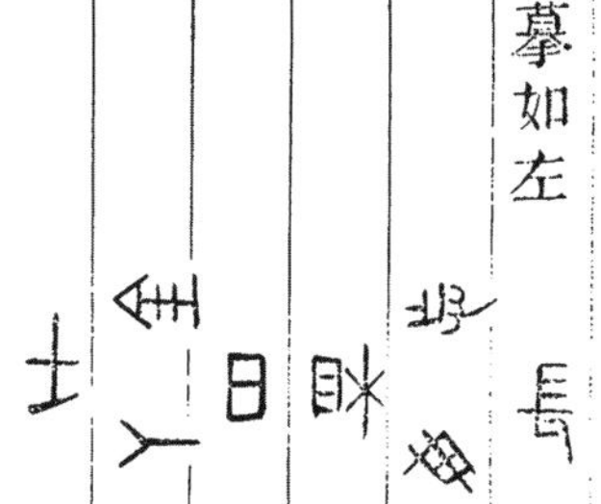

豐樂錢 據泉　校曰按天淸豐樂舊釋已確然余竊疑之古大字象人形上作圓點爲首則以爲天字天字下無從二畫者唯古文太字有之是泉文當作太淸道書

有三境之說一曰玉清聖境元始天尊居之次曰上清
眞境靈寶天尊主之三曰太清仙境道德天尊主之隋
疑泉文出此且係再考今所見此泉罕有斷者諸書或
篆偽品李竹朋所有雖眞然亦不晰獨顧駿叔藏一枚
極明白今據以校纂知向來多誤筆也　豐
太　清
樂
君宜侯王錢 據泉 西清古鑑曰字上下橫出君宜侯
王四字猶詩稱宜君宜王耳校曰五銖二字已見君宜
侯王四字却不甚誤

洪氏泉志校譌卷四　三　觀自得齋徐氏校刊

長年錢 據泉 西清古鑑曰按宮闕記未央宮有宣明
長年溫室昆明四殿又唐書禮樂志王㬎以通意於天
或祈長年錢文蓋祈年意也
富錢 據泉 蔡鐵耕曰晉不鑄錢而十六國有鑄者
如石勒之豐貨見晉書載記洪氏因有富錢之名列
之厭勝品非也校曰今世所傳頗罕然其文亦有數種
李竹朋又云翁宜泉書有作豐字者今則未見餘纂如
左凡兩品　豐
貨
豐
貨
五男二女錢 據泉 校曰刻本都合
天下太平錢二品 據泉 西清古鑑曰或二人或四人
九八皆如舞蹈狀形容太平之樂事紀盛德也許寶門
曰按舊唐書李希烈既平淮西節度使陳仙奇進錢一
枚大如開元之狀文曰天下太平云於希烈庭中得之
是唐時已有此校曰今據顧駿叔所藏校之其文如左
太
天　下
平

洪氏泉志校譌卷四　三　觀自得齋徐氏校刊

泉志校譌卷第四

欽定錢録

序

臣等謹按歷代錢文前世纂述如顧烜封演姚元澤張台陶岳金光襲李孝美諸人所著第散見於載籍久無專書董逌譜則缺而弗全人或疑其贋作今單行於世號爲完書者惟南宋洪遵泉志一編而已顧五代十國同一偏安而或列爲正品或列爲僞品則分類未爲悉當其不知年代品與奇品既多混淆而天品神品彌近於誕即其援據紛綸如虞錢夏錢乃下與春秋六國之齊管楚諸錢更無分別夫秦之半兩則重如其文也初之半兩則八銖文帝之半兩則四銖而洪志所載又有吳王濞鄧通之半兩究其形模實無徵信武帝創五銖迄於隋室紛起疊出其有可據者亦只白錢四出兩柱而外多統同莫辨而洪志必强爲分屬曰某爲某鑄遠及於西涼外至於龜茲則亦未敢以爲信矣乃至漢興錢文曰漢興攷晉書載記東晉成帝咸和十三年蜀李壽改國號曰漢改元漢興則當爲李壽鑄無疑而洪志顧謂之漢初錢引史記平準書漢興以爲秦錢重難用云云則鄰於兒童之見凡此數端率多訛謬臣等奉
敕纂輯錢錄一書自維荒陋不足仰繼前人而兢兢乎不敢執一己之見强爲附會則亦有可言者外域撒帳厭錢厭勝此數種畧仍其舊各爲一門其他則一以編年之法行之要使世次相承瞭如指掌固不必多分品類至

於考稽遐引則上古傳記寥寥不得不采之路史參以諸家若夫周秦而下下逮有明繫年繫月繫日數千餘歲間班班可攷立制改作有廢有興衰旺相承因革遞變一展卷而列朝政事之大端畢著於此通典通考參差互見之處亦得以探討其源流而究其詳畧是亦考鏡之林也又洪氏所志不必原有是錢今則
內府之藏周羅几席按狀成圖因自不侔是書也始事於乾隆庚午之冬月凡疑義斷文臣等涯迴而不能論定者悉仰稟
睿裁重爲釐正越辛未夏仲始克告竣爲書十六卷爲錢五百六十有七枚輪郭肉好廣狹長短之制形諸繪畫並如其眞篆籀分楷行草一仍本文摹之付之剞劂用廣流傳後之覽者無徒悅其古澤等於器玩之末觀則是書之成固九府之鴻規而利用前民之職志矣臣梁詩正臣蔣溥臣汪由敦臣嵇璜臣觀保臣裘曰修臣董邦達臣金德瑛臣錢維城臣于敏中謹序

欽定錢錄總目

欽定錢錄提要

臣等謹案

欽定錢錄十六卷乾隆十五年奉

勅撰卷一至卷十三詳列歷代之泉布自伏羲氏迄明崇禎以編年爲次第十四卷列外域諸品第十五十六卷以吉語異錢厭勝諸品殿焉考錢譜始見於隋志不云誰作其書今不傳唐封演以下諸家所錄今亦不傳其傳者以宋洪遵泉志爲最古毛氏汲古閣所刊是也然所分正品僞品不知年代品奇品神品諸目既病淆雜又大抵未覩其物多據諸書所載想像圖之如聶崇義之圖三禮或諸書但有其名而不言其形模文字者則槩作外圓內方之輪郭是又何貴于圖耶至所箋釋率多臆測尤不足據爲定論是編所錄皆以

內府儲藏得於目覩者爲據故不特字跡花紋一一酷肖即圍徑之分寸毫釐色澤之丹黃青綠亦窮形盡相摹繪逼真而考證異同辯訂真僞又皆根據典籍無一語鑿空葢一物之微亦見責實之道與稽古之義焉至於觀其輕重厚薄而究其法之行不行觀其良楛精粗而知其政之舉不舉于五行錢幣之利弊一覽具覩又不徒爲博物之資矣乾隆五十二年二月總纂官臣紀昀臣陸錫熊臣孫士毅總校官臣陸費墀恭校上

欽定錢錄卷一

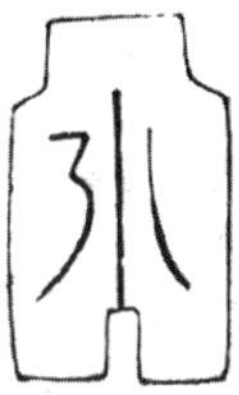

右一品洪遵泉志云張台見於寶鼎尉王鑄處然不能名爲何代也按路史太昊伏羲氏聚天下之銅仰視俯觀以爲棘幣注曰刂旻乃帝昊字幕文作孓李孝美所謂ㄋ傍斜畫盖羲字此布文適合其刂字旻

錢錄卷一　一

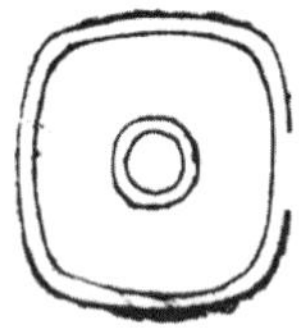

字引盂鍾豎封禪文似不爲無據此貨幣之始

神農氏聚天下之貨交易而退說者謂貨即貨布此品有引字勾畫甚精路史云是字神農布也又言好圓形制亦合

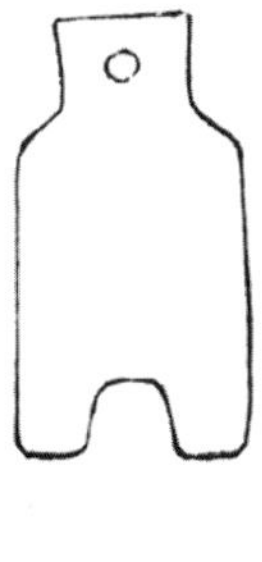

路史又謂神農錢無周郭面七字縱橫此名近之而文不可讀

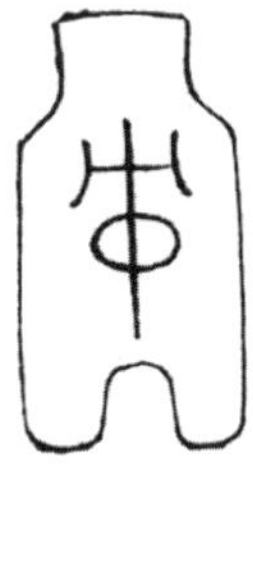

錢錄卷一　二

路史黄帝有熊氏作貨幣其文爲串呂二斤全背文串據張台云有如二字者金邊安爪者山下安中者两口相重者盖四字也而路史則云五字不可攷背文與面文一字同

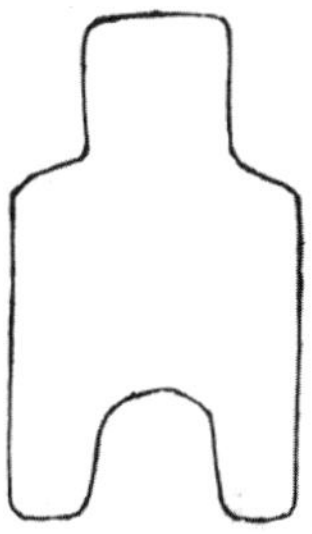

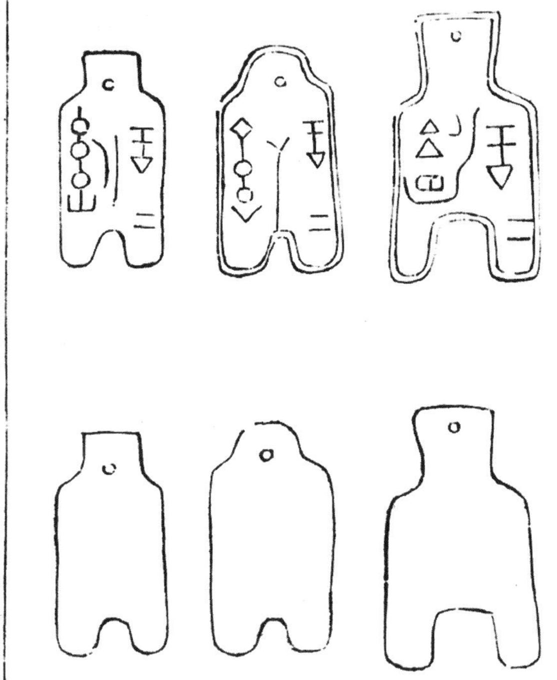

右四品文字同前一品但倒置耳洪志謂是安陽之
吉貨五字二品大者一柄中有竪一柄上有穿二品
小者一有穿一無穿皆無背文路史亦以爲黃帝貨
也

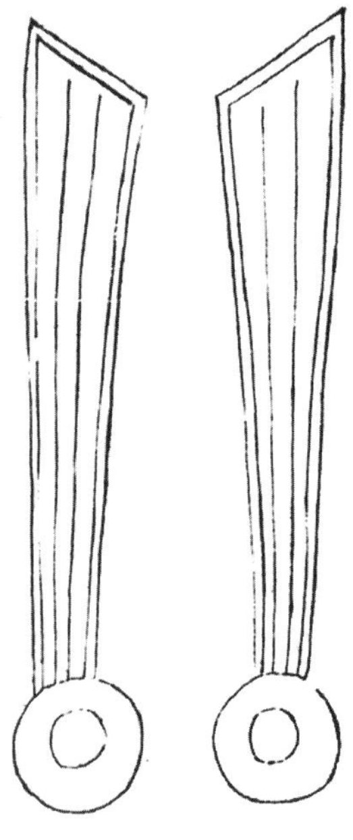

右金刀劉恕外紀謂黃帝範金爲貨製金刀洪志載
吉刀其直文大小俱合

少昊氏作布貨面文有𠄌舌出此品文字合說者謂
𠄌作化字出所字舌金字亦本路史

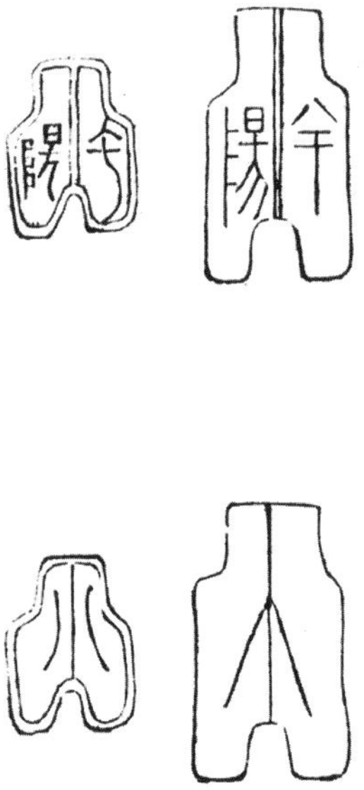

按羅氏論幣所起一篇長平布中有作𨇾以舌一及
作允陽平陽俞陽侖陽者有肉郭皆高陽金右二品
午字類平今類允而左文並同幕作斜直文象水蓋
泉耳

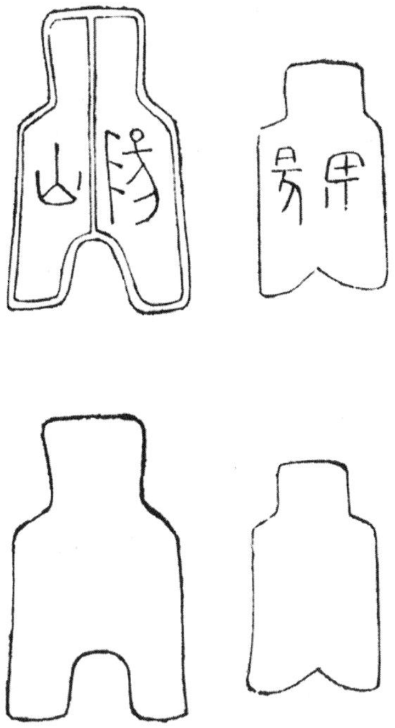

按高陽金有十等此二品有文類陽字與前品同因識於此

路史又言堯布文作上十全夕此文字近之壬郎乎亦倒書也

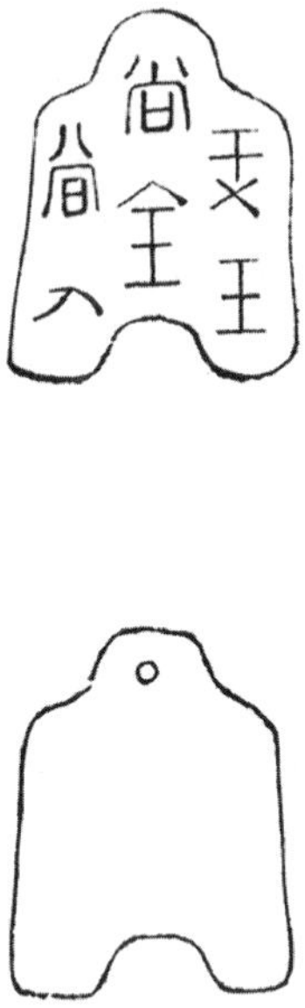

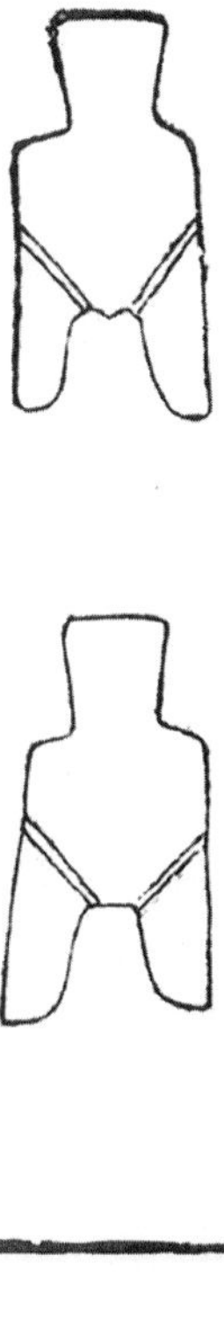

洪志異布一文曰尙全朩尙㔾𠂎與此類而李孝美譜謂不可識按舜得策乘馬之數乃割高隆𣪘太衍軨羣害以作策馬貨當金貨一金二金三四金三五金策乘馬幣故董逌謂文當爲尙金爲全策爲乘馬爲正策字釋未詳正字則此乃王字當金明白可曉當金者當重金說見管子

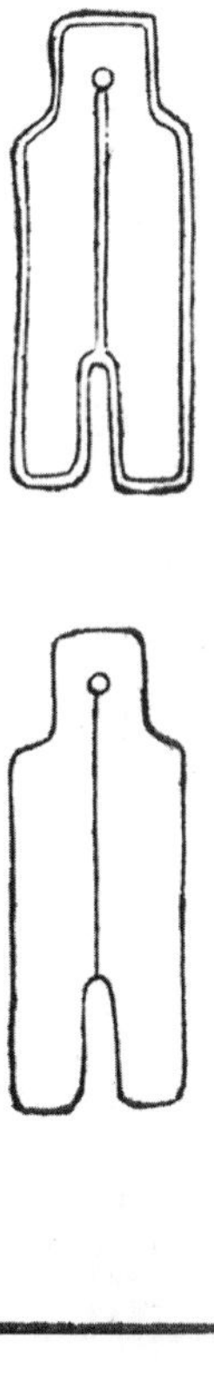

右二品面背無文字姚元澤譜云三代以上布也

高陽氏金有文作陰陽者此左文稍彷彿而右文不類

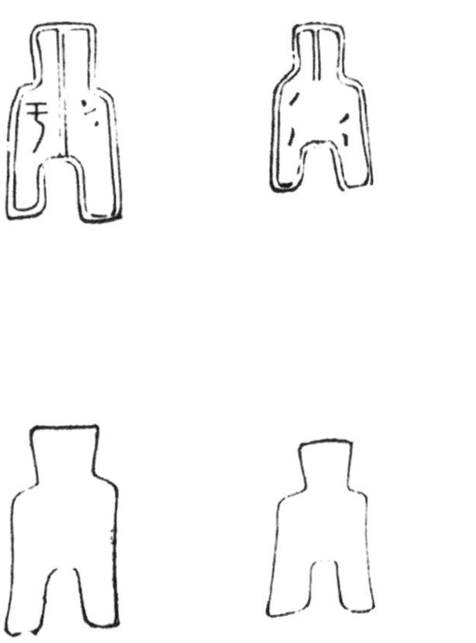

右二品面皆有文字而青綠剝蝕不可摹寫

右一品有好無輪郭好下作竪文足間圓形

右一品無好郭足間亦圓形

右一品朿疑泉字又類張台所謂山下安巿者至郎舌倒書之金字也

洪志據舊譜謂此布面文五字不可識今按左文與前金字同

右一品面文類堯布面鈌一字洪志所未載合前品爲十種其原始莫可攷録之三代之前不敢臆爲斷也

欽定錢錄卷一

欽定錢錄卷二

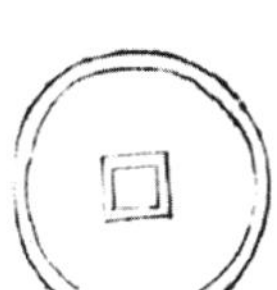

右周景王錢按國語有景王鑄大錢之文而漢書謂景王更鑄大錢其文曰寶貨此一品差大而文字適合

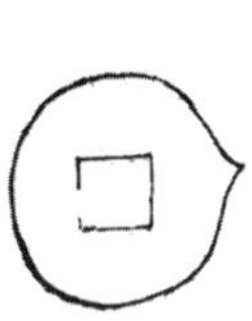

右一品文字漫漶細玩與寶貨二字相近而色澤奇古非秦漢以下製也

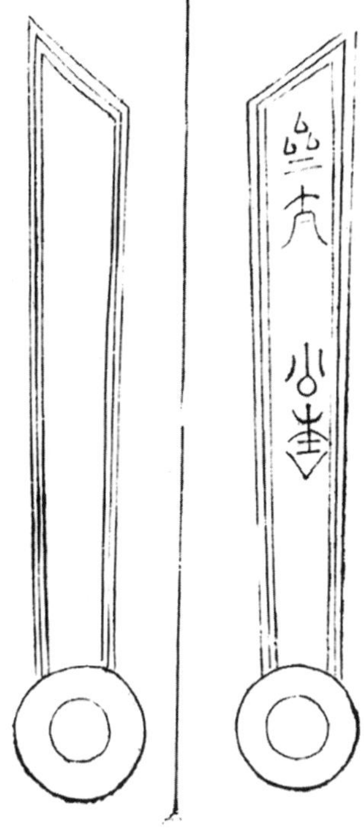

右銀刀一嘉祐雜志曰王公和學士罷沂州得銀刀一有齊太公杏九字中闕不相屬今按齊太公三字是蚩字曰杏古篆義雲章有之春秋莊公十三年齊侯會于北杏是其地也但云九字殊不可曉然既銘齊而杏又其地當為齊國物無疑稱太公者蓋其後世所鑄又九府法錢圜函方始於太公今其錢無可攷洪志以無文錢當之然據其所載則虞錢周初錢秦晉諸國錢下至項梁錢悉無分別未敢以為是也按路史神農氏已肇圜法特穿孔不方耳內府所收無文圜錢有數種緣無徵咸弗登錄今存齊刀用誌大概云

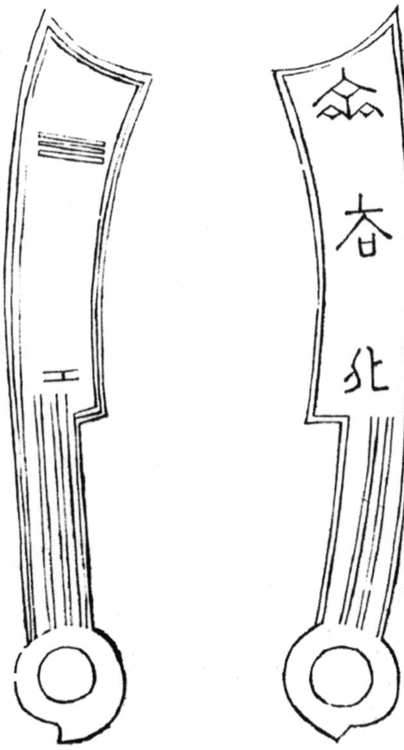

右一品銘三古文皆齊字厺字不可識𠤎字疑鐘鼎文爲北說文爲鏽然於錢刀無取舊釋爲貨尤未安意是化字郎貨字也背文一字如工

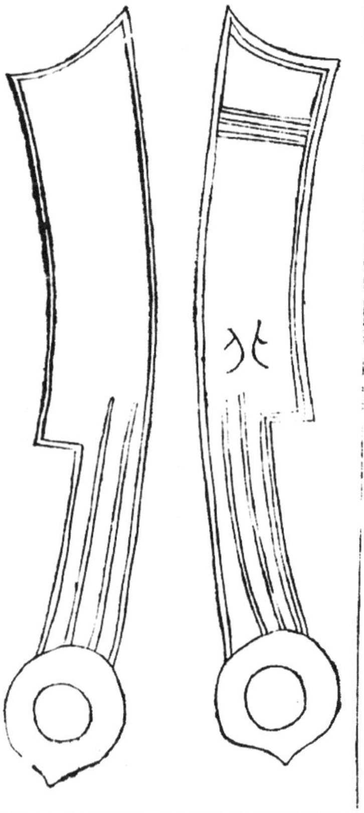

右二品化字與前類只上二字欽

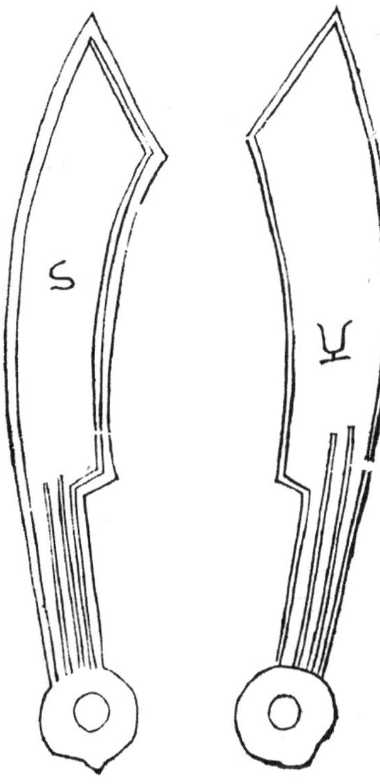

右一品銘作ㄇ按篆法爲工其背文ㄎ字不可識形制與前數品畧相等

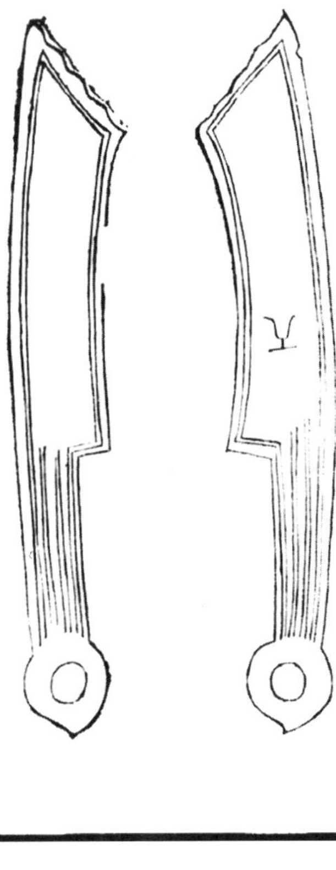

右一品面文同前按管子鑄齊大刀皆有銘文此類是也

右一品洪志所載引舊譜云唐咸通中詔翰林辨其文爲齊歸化今按古篆化字無傍作ヒ者以其銘齊入於齊大刀之後

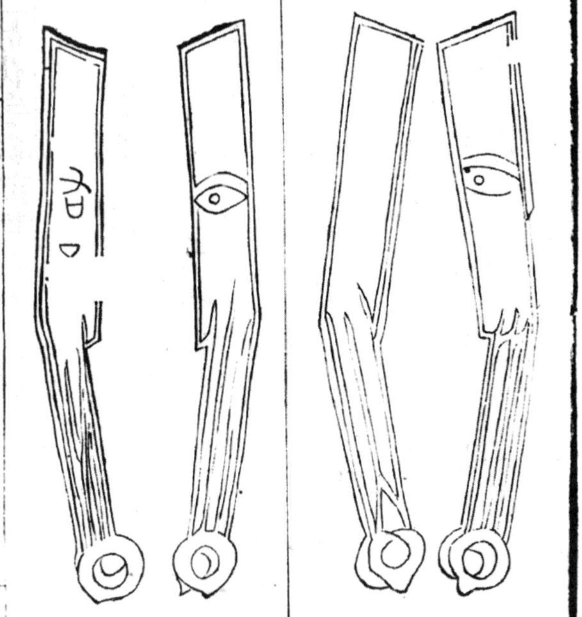

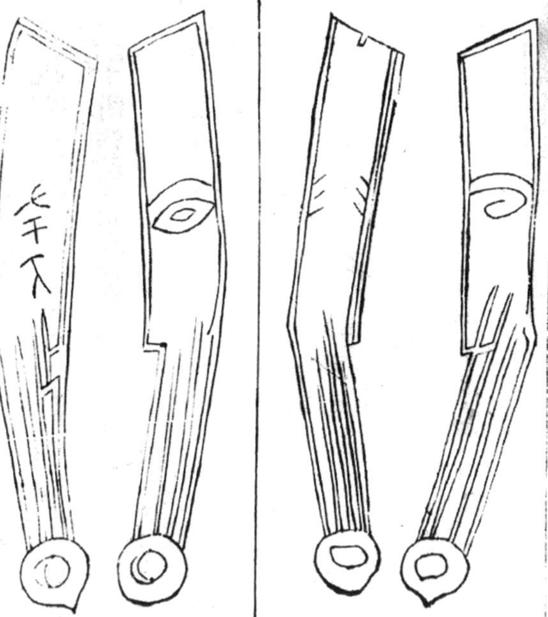

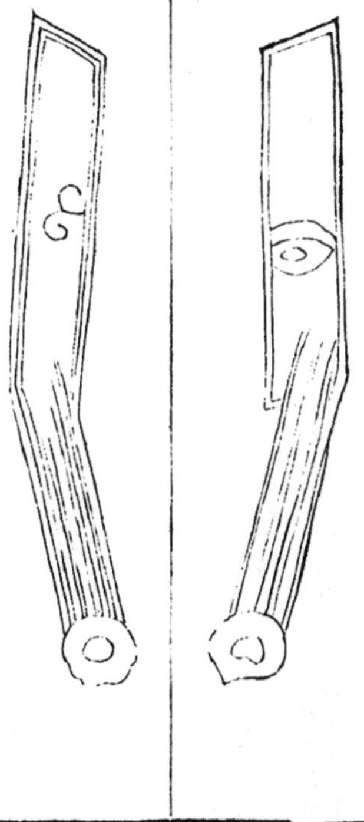

右五品差小而面背作刻畫狀無文字按莒小刀俱
無銘此蓋莒小刀耶

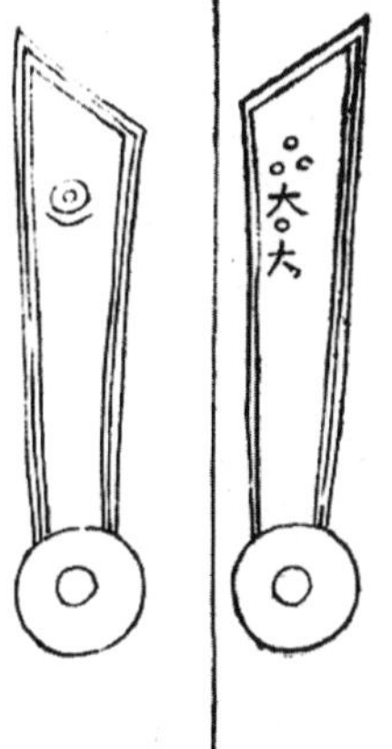

右一品銘三字與洪志所載合云天寶元年西河郡
別駕李幼奇於長平溪澗中得之因名爲長平古刀
然其時代不可考矣附於莒小刀之後

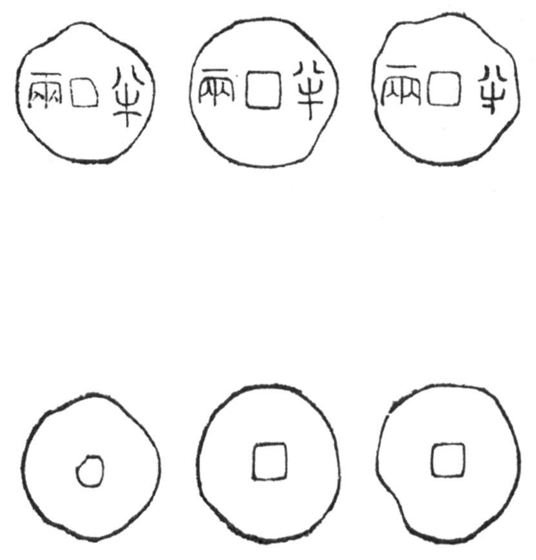

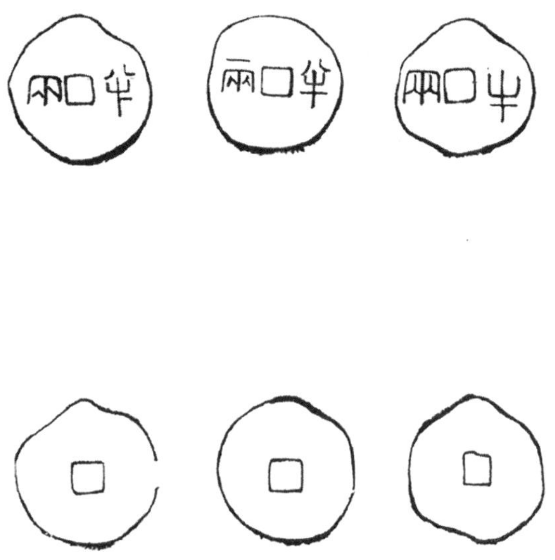

右六錢皆半兩也以歲久青綠剝蝕遂各成一狀因並錄之按漢書秦兼天下銅錢質如周錢文曰半兩重如其文據通典云古稱比唐時三之一一開元錢為古之七銖以上今以開元錢較半兩錢則凡今稱一錢五分左右之半兩大抵皆秦半兩今稱一錢者漢八銖之半兩今稱重五六分以上者漢四銖之半兩也又按史記平準書漢興以為秦錢重難用令內府所收半兩有數種此六錢較重固當是秦半兩耳

欽定錢錄卷二

欽定錢錄卷三

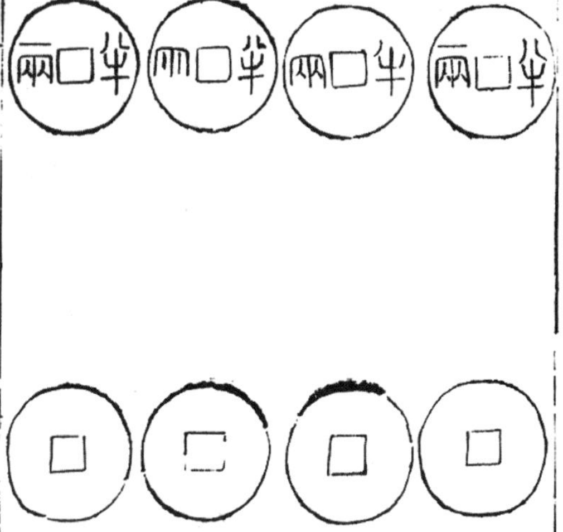

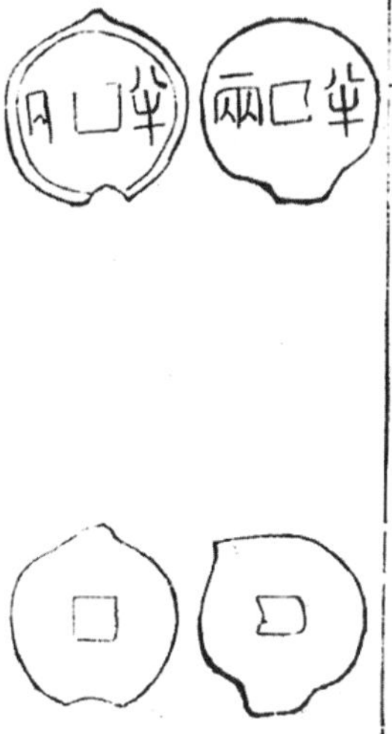

右漢初半兩錢較秦錢稍輕狀亦各不同並錄之按漢書高后二年秋七月行八銖錢應劭注曰本秦錢質如周錢文曰半兩攷二十四銖爲一兩今曰行八銖錢而文作半兩然則襲其名耳實非半兩也馬端臨謂漢初患秦錢重更鑄榆莢人患太輕故改行此

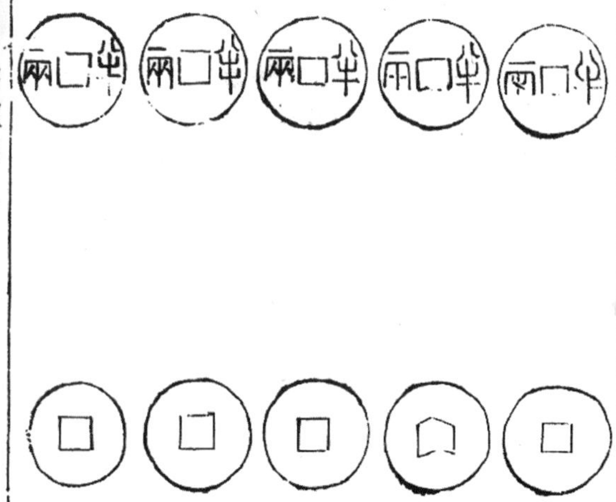

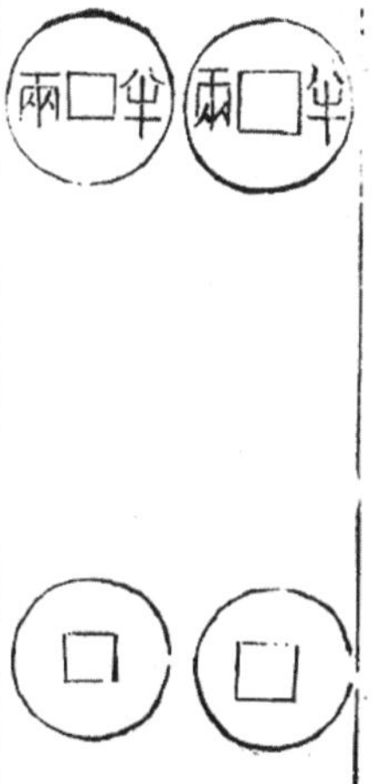

右文帝半兩錢較漢初更輕小形模字畫各異亦並錄之按漢書文帝五年更鑄四銖錢其文爲半兩然則文半兩而稱曰四銖亦猶前八銖但仍半兩之名耳又與王濞鄧通並盜鑄錢西京雜記謂文字內郭與漢錢同洪志輒謂其爲濞錢某爲通錢實無據因錄此併政之

右武帝三銖錢按漢書武帝建元元年行三銖錢顔師古注曰新壞四銖錢造此錢也重如其文

右一品爲武帝有郭半兩錢按漢書武帝建元五年罷三銖錢行半兩錢顔師古注曰又新鑄作也明非八銖四銖之舊然其異同莫辨此品則以有郭爲異故錄之李孝美曰張台說有傳形者有肉郭者有對文者有隱起字者

右一品爲三豎文半兩錢洪志曰封氏云半兩錢有穿下三豎文者

右一品爲傳形半兩錢張台說是也謂之傳形者半字居左兩字居右如紙背傳模然

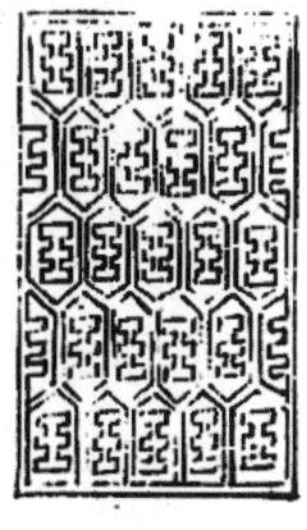

右武帝金錢三品按武帝紀元狩四年有司請收銀錫造白金皮幣以足用此即白金也又食貨志造銀錫白金以爲天用莫如龍地用莫如馬人用莫如龜故白金三品其一重八兩圜之其文龍名白撰直三千其二以重差小方之其文馬直五百其三復小橢之其文龜直三百

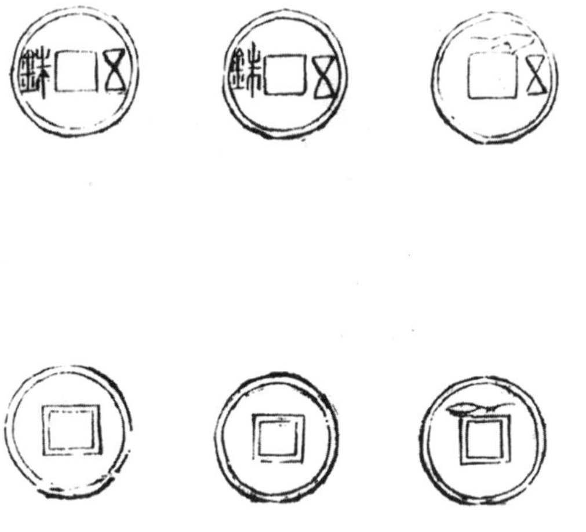

錢錄卷三　五

右皆五銖錢按武帝紀元狩五年罷半兩錢行五銖錢世謂五銖輪郭周正輕重得中可以爲法然行五銖後因民多姦鑄乃鑄赤仄五銖食貨志言後二年赤仄又廢於是禁郡國毋鑄錢專令上林三官鑄故有三官五銖之名蓋漢之錢法屢變惟三官五銖爲無弊顧今所收五銖甚夥惟赤仄其輪郭色赤後漢靈帝五銖有四出文昭烈帝有直百字梁敬帝有四柱文隋文帝五銖錢色白尚可辨至於後漢世祖建武十六年復行五銖曹魏明帝從司馬芝請行五銖五代宋文帝錢名當兩亦文曰五銖梁武帝亦鑄五銖又陳文帝天嘉三年元魏世宗永平三年西魏文帝大統六年並鑄五銖乃至董卓亦鑄五銖見袁宏漢紀涼張軌鑄五銖見晉書載記又疏勒龜茲以地近西涼並有五銖錢其形制無攷不能名某錢爲其代所鑄也而洪志必強爲分屬臚列於各朝之下實爲臆斷茲錄其稍有等差者三種如右繫之漢武明創始耳

錢錄卷三　六

右一品所謂赤仄五銖也漢書武帝元鼎二年令京師鑄官赤仄注曰以赤銅爲其郭也此錢郭稍赤色雖年久仍與他錢異未知作法云何

欽定錢録卷三

欽定錢録卷四

右王莽大錢按漢書食貨志莽以周錢有子母相權於是更造大錢徑寸二分重十二銖文曰大泉五十按今尺得徑九分有歉大約是時尺度每寸爲七分餘惟重只六銖稍羸盖尺寸猶可尋而輕重則閱歲久遠銅質銷蝕固難執一以定之矣

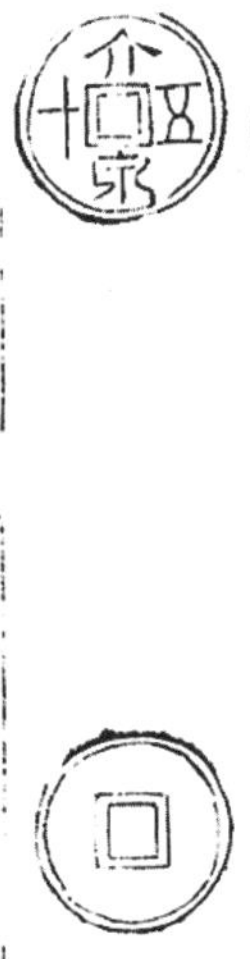

右錢文與前大錢同而形制遞小按莽傳莽造寶貨後百姓不從但行小大錢即前品與此錢也又云盜鑄錢者不可禁迺重其法盖官私雜出故此二品又自有小大耳莽錢最多而大泉五十爲初鑄攷漢自武帝鑄三官五銖後閱宣元成哀平五世無所變更至是莽始變漢法與作紛紜爲改制之漸矣

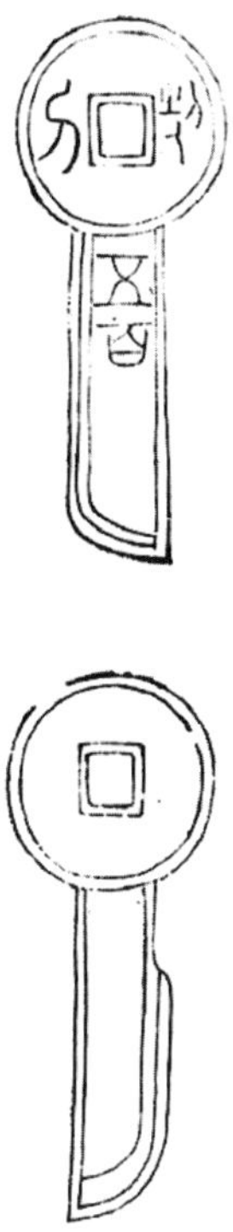

右莽契刀食貨志契刀其環如大錢身形如刀長二寸文曰契刀五百

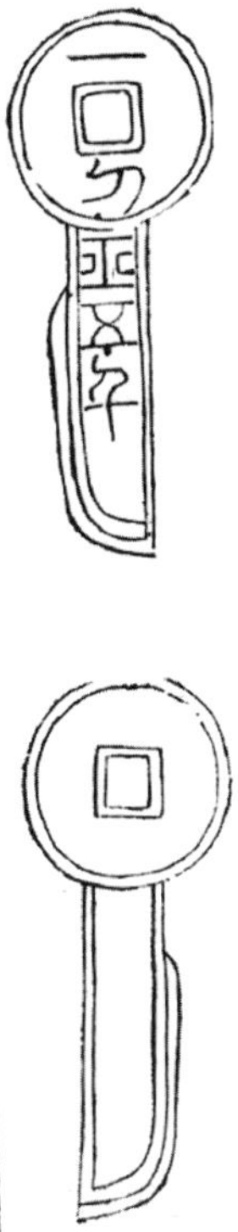

右莽錯刀文曰一刀直五千與志合

右一品泉志引張台說亦王莽所鑄文曰大黃布刀莽自言黃虞之後大黃莽之自稱也意者莽初謂布刀爲一物後乃分爲二耶

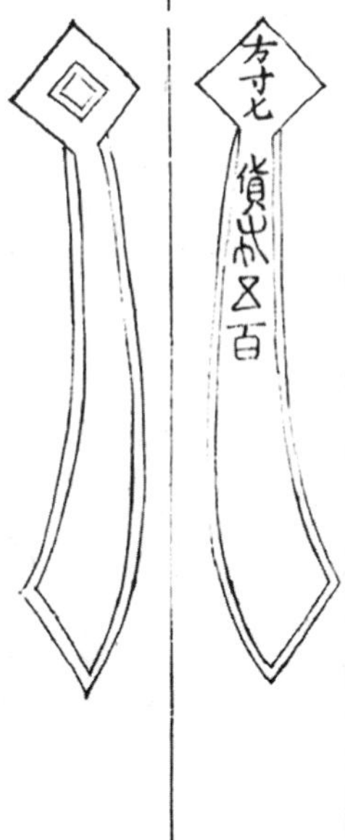

右一品亦泉志所有言宣和五年郭偃爲亳州蒙城令邮人得之田中柄端有方寸匕三字仿彿隸書背有方孔不透身形如刀文曰貨布五百疑王莽鑄令按莽因劉氏爲金刀遂改作布不應復有刀形而五百字與契刀適合前大黃布刀亦統言布刀是或其居攝時所爲張台謂莽初以刀布爲一物者也

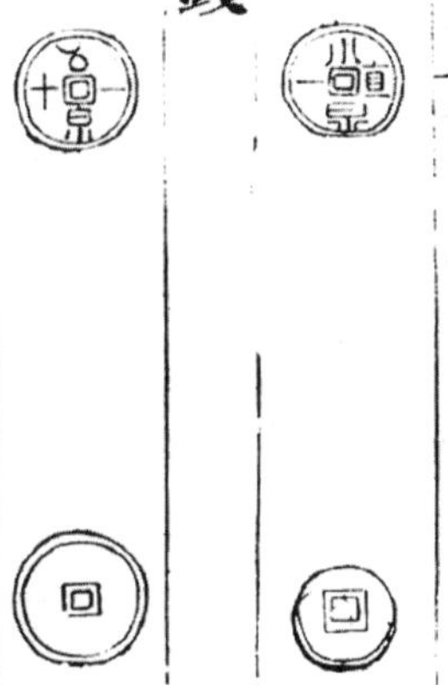

右莽小錢

右幺錢

右幼錢

右中錢

右壯錢按莽既僭眞罷錯刀契刀及五銖而更作金銀龜貝錢布之品名曰寶貨小錢徑六分重一銖文曰小泉直一次七分三銖曰幺泉一十次八分五銖曰幼泉二十次九分七銖曰中泉三十次一寸九銖曰壯泉四十同前大泉五十是爲錢貨六品

右莽大布

右次布

右弟布

右壯布

右中布

右差布

右厚布

右幼布

右幺布

右小布按志小布長寸五分重十五銖自小布以上各相長一分相重一銖文各爲其布名直各加一百上至差布長二寸四分重一兩而直千錢矣是爲布貨十品

右莽貨布按莽僞天鳳元年罷大小錢改作貨布其文右曰貨左曰布

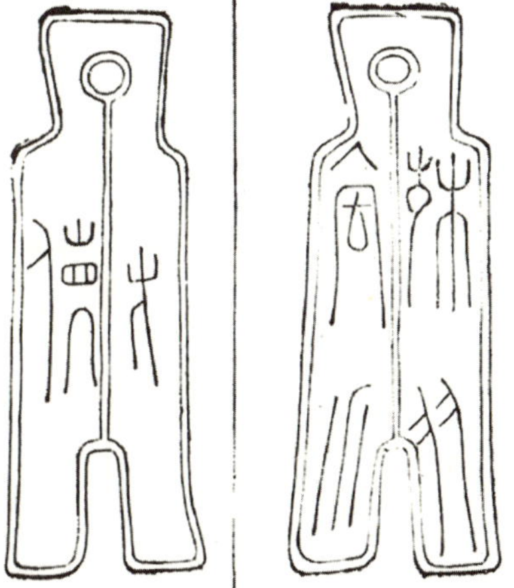

右一品洪志載入異布類形制分寸均合特面文𠂇字作羽字作𣥺字作𣏂背文𠂇字作十當由傳寫之誤洪遵及李孝美譜俱言不可識今按𠂇字與舜當金𠂇字相近其背文𣥺字卽貨字𣏂卽布字也孝美亦言與大黃布刀規制相似而貨布二字復合且莽動輒引黃虞自謂舜後或曾仿當金而又變其文也緣列於莽貨布之後

右莽貨泉按貨布直貨泉二十五貨泉徑一寸重五銖文右曰貨左曰泉枚直一與貨布二品竝行

右貨泉按凡志云徑一寸者寸爲今七分餘則此品稍大爲巽於前因文同併識於此

右一品重十三銖有贏右文貨字猶可辨其左隱起亦泉字色澤奇古非漢以後物疑貨泉別種也

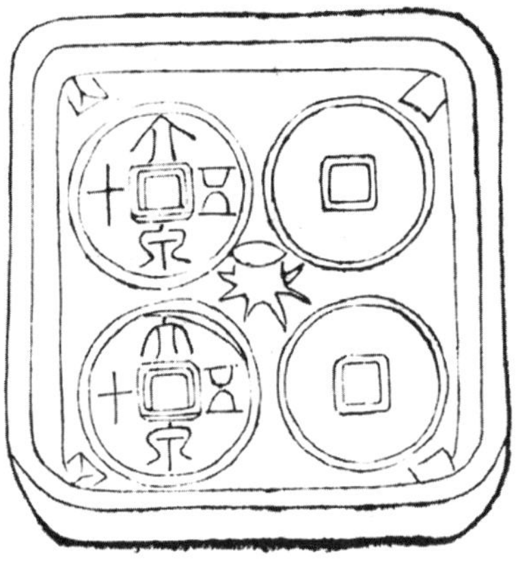

右泉錢笵左列錢文二曰大泉五十以是知爲莽物也前此圖志俱未收錄惟我朝秀水朱彝尊曝書亭集有之攷其所記與此器無纖豪之差命之曰錢笵者範金必先合土寘笵於此摶土印笵上覆之則錢函方圓皆爲凹文然後煎銅液澆其上則錢爲凸文而錢文以成故謂之笵此器既不見於他書彝尊之說復未詳其用爰圖於莽諸錢之後并識之如此

欽定錢錄卷四

欽定錢錄卷五

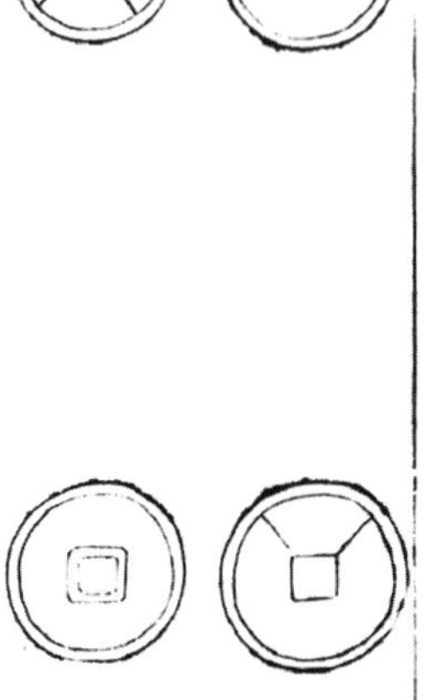

右漢靈帝四出五銖按終後漢數百年俱行五銖錢桓帝時議改鑄大錢劉陶言其不便乃止至靈帝中平三年鑄四出文錢而獻帝春秋曰靈帝作角錢錢猶五銖而有四道連於邊輪今所收或止背文之一道其四出者短不及郭是爲小異耳

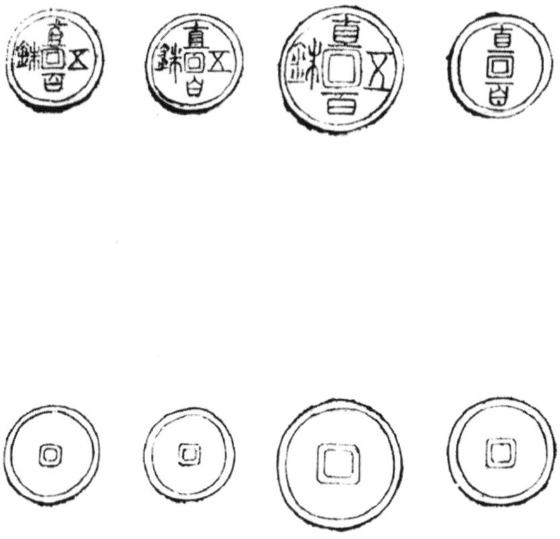

右蜀漢昭烈帝直百錢按昭烈帝取蜀從西曹掾劉巴議鑄直百錢文曰直百亦有勒爲五銖者今首一品文直于是已曰直百五銖則所云勒爲五銖者也洪志引舊譜徑七分重四銖今所收大小輕重不一不盡如舊譜所言也

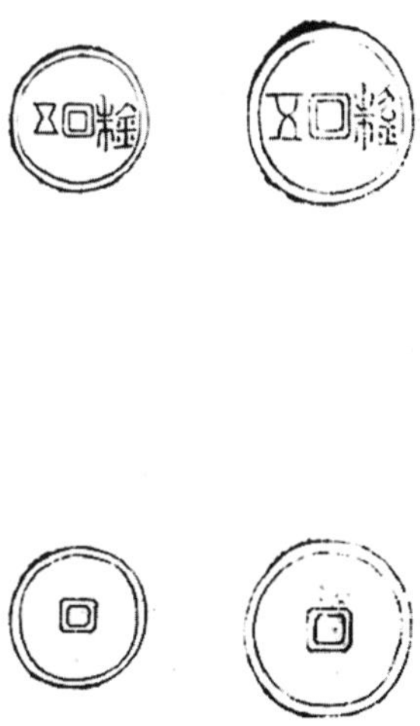

右傳形五銖錢大小二種銖字篆法微不同按顧烜譜謂昭烈鑄傳形五銖蓋五字居左銖字居右仿傳形半兩爲之

右昭烈帝爲字錢按洪志言昭烈錢凡四種有一種面文相類背肉粗惡穿左有一爲字此品面無文背有爲字附錄於此

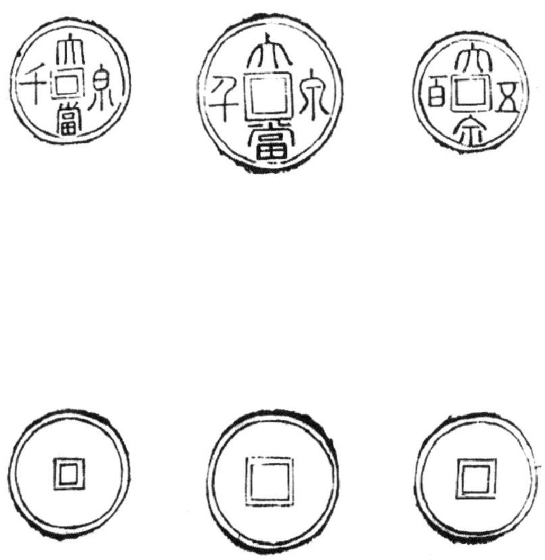

右三國吳大帝大錢按吳志嘉禾五年鑄大錢一當五百至赤烏元年又鑄當千錢而洪志謂當千錢有兩品攷晉書大者謂之比輪小者謂之四文今大小二等是已

右太元貨泉洪志謂不知年代今按東晉孝武帝寧康三年丙子改元太元則此爲孝武所鑄顧東晉鼓鑄事不見於史傳攷太元三年詔曰錢國之重寶云云亦止禁百姓銷壞及商賈轉貨與夷人不聞開鑄也又攷涼張駿於晉明帝太寧二年亦改元太元則此錢究未知誰氏鑄後人謂以年號繫錢始於五代宋孝建若據此錢則孝建又在後當以此錢爲始矣

右後趙石勒豐貨錢石勒鑄豐貨錢見晉書按此錢梁初猶行之通考謂豐貨錢徑一寸重四銖半代謂之男錢是也

右一品文曰漢興洪志以爲漢莢錢蓋緣顧烜李孝美之誤按蜀李壽於東晉成帝咸和十二年改國號曰漢改元漢興此當是李壽鑄若云漢初錢文實無據且形質篆法亦與西京全不類今改之謹錄於此

定錢錄卷五

欽定錢錄卷六

右五代宋文帝四銖錢按文帝紀元嘉七年鑄文曰四銖重如其文

右武帝孝建四銖錢按武帝紀孝建元年鑄顧烜譜云一邊爲孝建一邊爲四銖洪志引舊譜孝建二字薤葉文四銖則大篆也

右廢帝子業二銖錢按子業紀永光元年二月庚寅鑄二銖錢三月甲辰罷

右廢帝永光錢洪志引徐氏說辨其文曰永光

右廢帝景和錢按通考廢帝景和二年鑄二銖錢文曰景和考大明八年閏五月子業卽位其次年乙巳春正月乙未朔改元永光秋八月改元景和十一月被害明帝自立十二月改元泰始則景和無二年甚明通考所稱疑有誤此錢蓋改元景和後所鑄非二年也輪郭肉好亦與二銖不同與二銖固當爲兩種而馬氏誤合之爲一耳

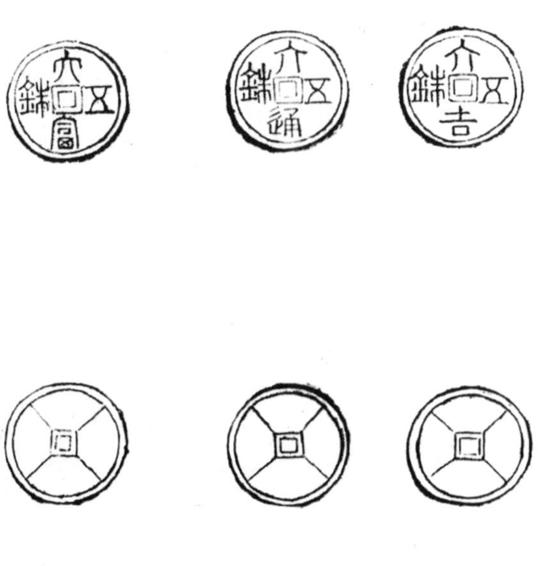

右梁武帝鐵錢按本紀普通四年十二月戊午用給事中王子雲議鑄鐵錢而隋食貨志亦言普通中鑄鐵錢顧烜言有五銖及孫銖大吉大通大富等文此數品皆是

右五銖女錢按食貨志梁五銖錢肉好周郭又別鑄除其肉郭謂之女錢即公式女錢也以其肩鑄故謂之公式曰女錢者因其時有豐貨名男錢也張台曰背有好郭者公式女錢無好郭者女錢是誤以公式女錢爲一而不知其固是一種今改之

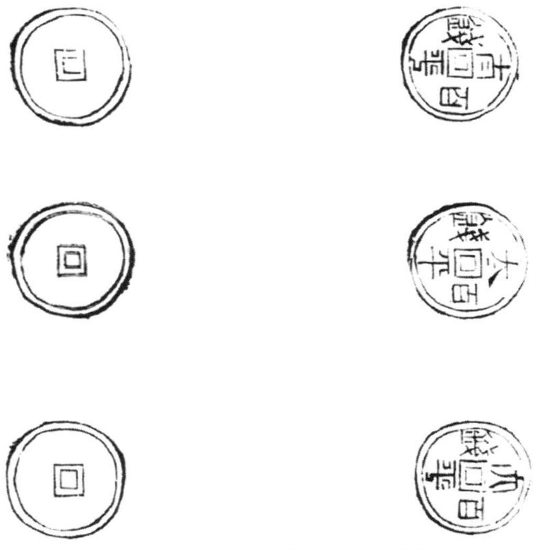

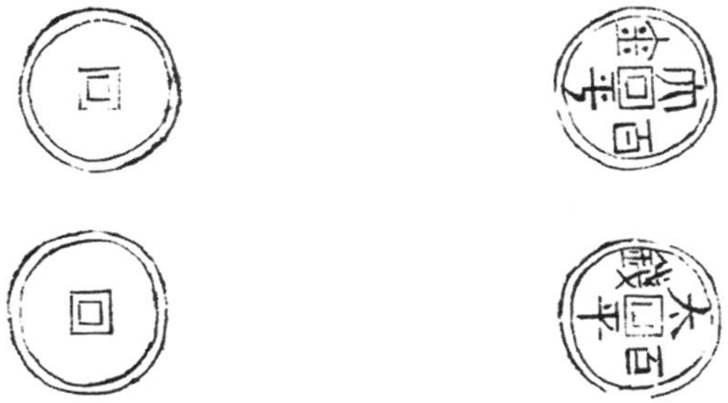

右太平百錢凡五種篆法各不同大小有間未一品錢字作金

右定平一百定平字漫缺

右錢文曰五朱

右對文五銖錢面背皆文曰五銖按隋書食貨志梁武帝時百姓或私以古錢交易有直百五銖五銖女錢太平百錢定平一百五銖稚錢五朱對文等號輕重不一又通考定平一百五銖文曰定平稚錢五銖文曰五銖又五銖文曰五朱又有對文錢其原未聞豐貨錢代謂之男錢云婦人佩之即生男也今詩錢皆梁以前鑄以其爲武帝時民間所用爰錄於此惟稚錢五銖與五銖品同異莫辨故弗志其直百一種入於右趙此不重出也

右敬帝四柱五銖按本紀太平二年夏四月己卯鑄四柱錢一准二十壬辰改一准十

右兩柱五銖按隋書食貨志梁末又有兩柱錢與四柱同

錢錄卷六　五

右陳宣帝大貨六銖錢陳書本紀大建十一年秋七月辛卯初用大貨六銖錢隋書食貨志云以一當五銖之十與五銖並行後還當一

右後魏高祖太和五銖錢北史食貨志高祖始詔天下用錢十九年公鑄粗備文曰太和五銖

右孝莊帝永安五銖錢按通考孝莊帝初私鑄者益更薄小從秘書郎楊侃議乃鑄五銖錢文曰永安五銖官自立鑪亦聽人就鑄又隋書食貨志齊神武霸政之初承魏猶用永安五銖蓋此錢行用頗久故董逌又謂爲北齊永安五銖而洪志乃別繫於東魏之末其實非二種也

右永安土字錢有四出文洪志面文永安五銖幕文土字計後魏所鑄

錢錄卷六　六

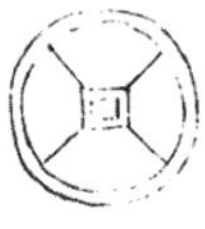

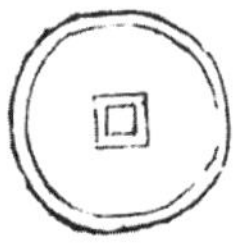

右永安錢四出文同前無土字洪志引三國典畧云是令公百鑪錢未可爲據今附於土字錢之後

錢録卷六　七

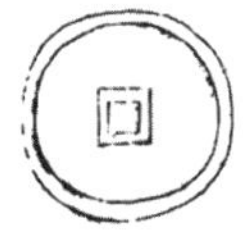

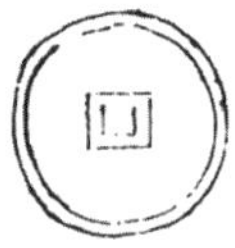

右北齊文宣帝常平五銖錢按北史天保四年春正月鑄新錢文曰常平五銖又隋書食貨志文宣受禪除永安之錢改鑄常平五銖重如其文其錢甚貴且製造甚精至乾明皇建之間往往私鑄

右後周武帝布泉一種篆各不同按後周書武帝紀保定元年秋七月更鑄錢文曰布泉以一當五與五銖並行又隋書食貨志後周之初尚用魏錢及武帝保定元年乃更鑄布泉之錢

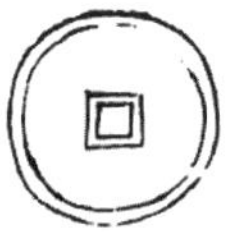

右武帝五行大布錢本紀及隋志並稱建德三年六月更鑄五行大布錢以一當十今按大字據篆法乃泉字殊不可曉

錢録卷六　八

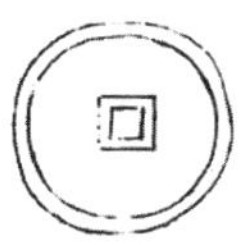

右宣帝永通萬國錢本紀及隋志並稱大象元年鑄以一當十通考謂大成元年又鑄永通萬國錢以一當千與五行大布五銖三品並用今按宣帝大成元年二月辛巳改大成元年爲大象元年此錢爲十一月所鑄自應稱大象通考稱大成非是又千字亦十字之誤

右一品篆文甚古異面文萬字鐘鼎篆背文可識者明字
萬字餘黯蝕莫能辨以其面文同前附錄於此

錢錄卷六　九

欽定錢錄卷六

欽定錢錄卷七

右隋文帝五銖白錢本紀開皇五年行五銖錢而隋書食
貨志言高祖既受周禪以天下錢貨輕重不等乃更鑄新
錢背面肉好皆有周郭文曰五銖重如其文每錢一千重
四斤二兩三年四月詔四面諸關各付百錢為樣四年嚴
舊錢之禁詔不禁者縣令奪半年祿五年詔又嚴其制自

錢錄卷七　一

是錢貨始一所在流布則此錢為五年以前所鑄本紀所
稱蓋止就五年詔書言之非始鑄也又通考謂後魏食貨
志齊文襄令錢一文重五銖者聽入市用計一百錢重一
斤四兩二十銖則一千錢重十二斤以上而隋代五銖錢
一千重四斤二兩當是大小稱之差據此則隋代乃以三
斤為一斤也又隋志謂是時見用之錢皆須和以錫鑞云
云故唐書謂隋行五銖白錢絲錫鑞和鑄故錢色白入遂
謂白錢耳今雖歲久晦蝕其白處猶可見

右一品差輕小其五字左有竪文與他品異洪志引舊譜謂五字右邊傍好有一畫餘三面無郭者也舊譜右字當作左今仍原文後倣此諸錢倣此

右五銖穿上橫文

右五銖穿下橫文

右五銖穿上一星

右五銖穿下一星

右五銖背穿下右一星

右五銖背穿下左一星

右五銖穿上二星

右五銖穿上三星

右五銖穿角三星

右五銖穿下三星

右五銖穿上四星

右五銖穿下四星

右五銖穿上二直文

右五銖背穿上二直文

右五銖背穿下二直文又穿角一星

右五銖細緣

右五銖闊緣以上各種五銖計一十八品按自漢武帝造五銖錢後世形製岐出難以枚舉亦不以五銖爲準但存其名而已又况南北朝民間私鑄益盛其源流弗可探討張台曰五銖錢有穿上一星至五星穿下一星穿上下各一星漫面穿傍一星至三星五字之內上下各一星穿上横文穿下横文細緣闊緣等名今傳者尚多以府所收各錄其一其間無穿上五星並上下各一星者穿下三星缺銖字四星一枚面文全蝕且微小並錄於此

右平當五銖洪志云平當肉郭夷坦當字湮漫或曰漢代所鑄今按平當二字作直楷非漢製也

右五銖錢去朱如梁初所行五朱去金以朱為銖也洪志引徐氏說名曰五金錢非是

右小錢一品右文曰五左如壬意不可曉疑亦五銖字增減也與前品蓋俱是五銖別種

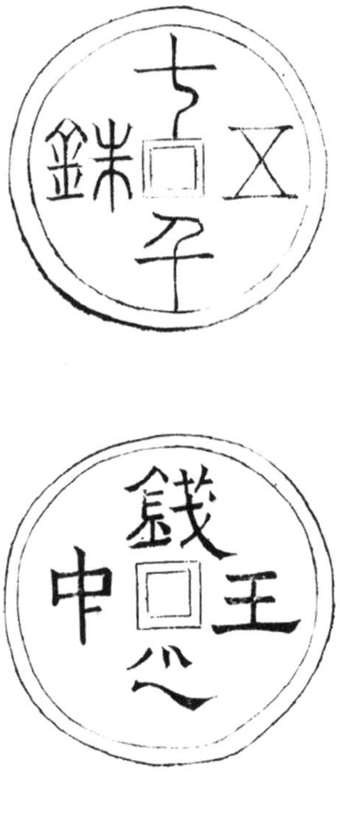

右大錢一品洪志有之引顧烜說梁王衣庫有此錢文曰五銖七千曰中王之錢而舊譜謂五銖已千今按篆文乃十千耳至敦素云此錢最大文為錢中之王亦較顧說為勝蓋鑄錢者偶為之今鑪工凡新開鑄必先造一二枚大者名母錢意即此類又按顧烜乃梁人其時已有此錢則當是六代前製也

右五銖大泉亦顧烜譜異錢七種之一

右兩銖顧烜曰劉氏錢志所載異錢之一

右續銖洪志云形制頗類五銖而無好郭其文右曰續左曰銖今案面文好郭全惟漫平應云漫無好郭也

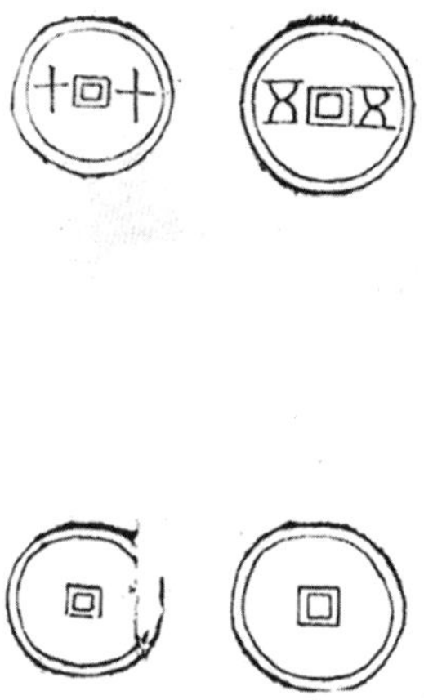

右二種曰雙五曰雙十並見顧烜譜

右一種作五字凡四董道謂之四五錢皆五銖之變文也

附于五銖諸品之末

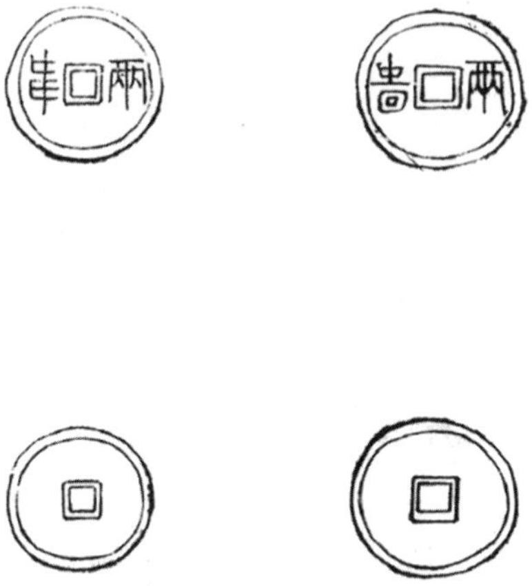

右二品洪志俱名曰兩畜錢董道曰考字書無畜字又不與篆合乃引釋眞觀書拔繙翦髮謂自梵書中出今按畜字漢甘泉鐙銘原有之然圭字則又未可並讀作畜矣至梵書繙字與錢文無涉董說附會蓋好奇之過意此二品皆左文讀與半兩錢類曰畜兩圭兩者如前品續銖此等固不得強爲之解矣

右大泉二品其一泉字居右曰大泉二十後一品泉字居下曰大泉五十篆法如王莽大泉而面背皆作四出文

右一品右曰文左一字不可識穿角作曲文如四出

右通行泉寶其漫有仰月形亦洪志所有今按錢文類寶字始於周景王寶貨後王莽襲用之至唐以後乃概稱寶如通寶元寶是也此錢文曰寶又仰月形亦與唐鑄相近

欽定錢録卷七

欽定錢録卷八

右唐高祖開元通寶錢按舊唐書高祖即位仍用隋五銖錢武德四年七月廢五銖錢行開元通寶錢給事中歐陽詢制詞及書其字含八分及隸體其詞先上後下次左後右讀之自上及左迴環讀之亦通流俗謂之開通元寶錢

右開元錢左挑文

右開元錢穿上仰月文

右開元錢穿上偃月文

右開元錢穿下偃月文

右開元錢穿下斜月文

右開元錢雙月文

右開元錢穿右立文以上凡七種舊譜統謂之甲文錢寶實錄云初進蠟様日文德皇后掐一甲跡故錢上有掐文李孝美曰此錢元字夬畫端或有挑向左者世謂之左挑俗甚愛重背文亦有兩甲痕者今按新舊唐書並云置錢監於洛并幽益等州又賜秦王齊王三鑪右僕射裴寂一鑪以鑄又五年五月又於桂州置監則此背文各種意錢者私為標識以别之耳不盡如前人所云也即内府所收各錄其一以資考古者觀覽焉

右高宗乾封錢舊唐書乾封元年封嶽之後又改造新錢文曰乾封泉寶乾字直上封字在左時新錢一文當舊錢之十周年之後新錢並廢其後以商賈不行米帛涌貴復下詔乾封新鑄之錢令所司貯納更不須鑄仍令天下置鑪之處並鑄開元通寶錢

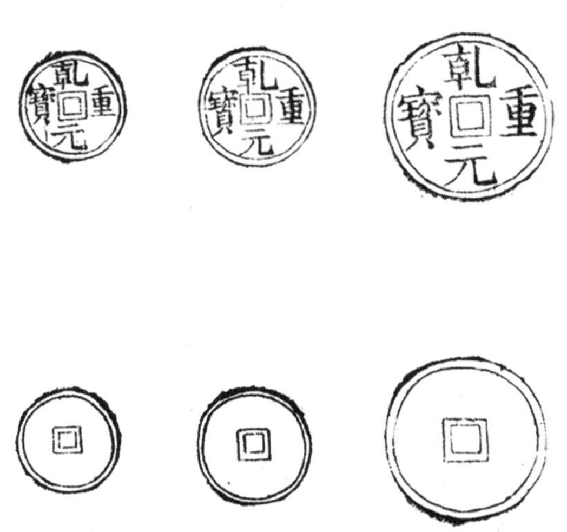

右肅宗乾元錢舊唐書乾元元年詔曰御史中丞第五琦奏請改錢以一當十別爲新鑄不廢舊錢宜聽於諸監別鑄一當十錢文曰乾元重寶二年三月琦入爲相又請更鑄重輪乾元錢一當五十詔從之按此則乾元錢似止於當十當五十小大二種然考寶應元年改行乾元錢一以當二乾元重稜小錢一以當二重稜大錢亦一以當三尋又改行乾元大小錢並以一當一則當日所鑄大小雜出而重輪又名重稜且非獨大錢名重輪明矣今所收約有四等並錄之

右代宗大曆錢按大曆四年正月於絳州汾陽銅原兩監增置五鑪鑄錢亦從第五琦請也

右德宗建中錢先是江淮錢監歲鑄錢輸京師而工用轉送之費每貫至二千於是戶部侍郎韓洄言商州紅崖冶銅多請復洛源廢監起十鑪鑄錢每千錢費九百德宗從之見舊唐書

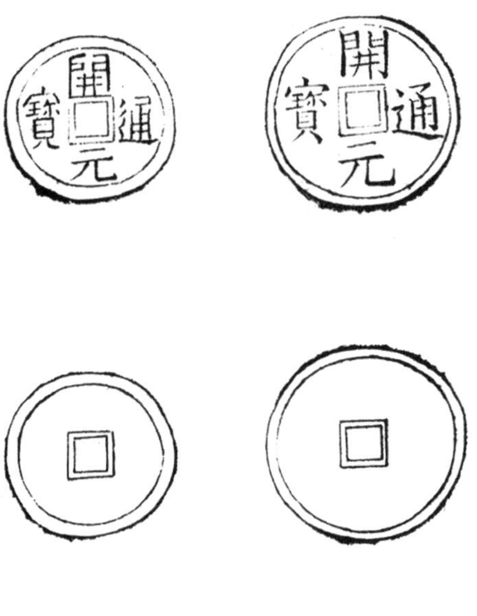

右德宗開元大錢二種前一品闊緣者差小按開元錢終唐之世未嘗斷鑄非若宋以後專用年號鑄錢改元則須別鑄也據舊唐書食貨志建中初判度支趙贊採連州白銅鑄大錢一當十以權輕重亦未言錢文若何然開元不聞有別種大錢則是時所鑄無疑耳

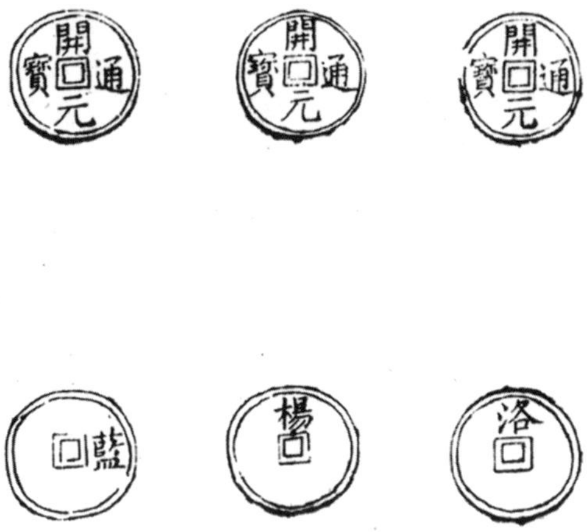

錢錄卷八 六

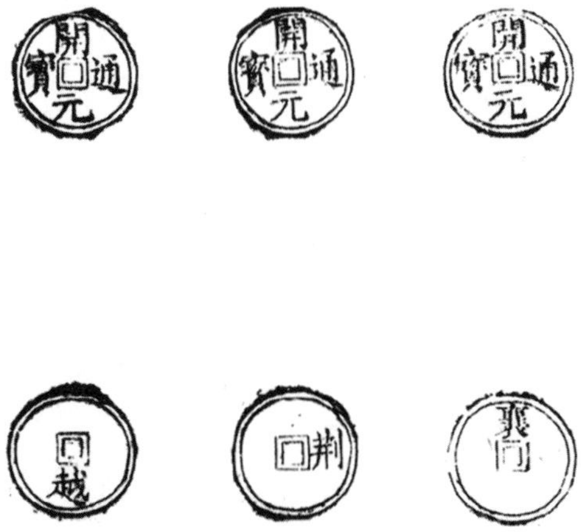

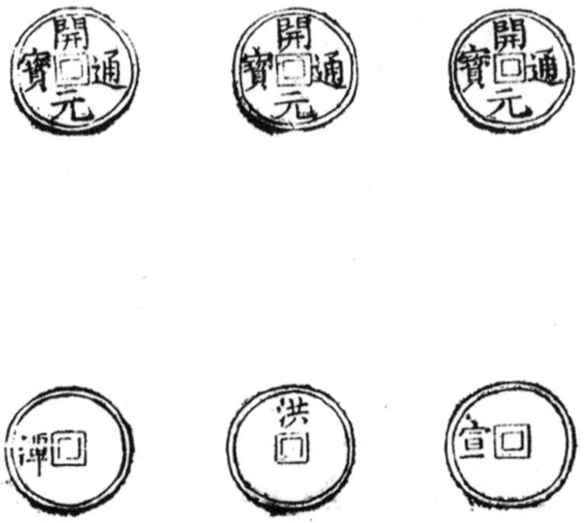

錢錄卷八 七

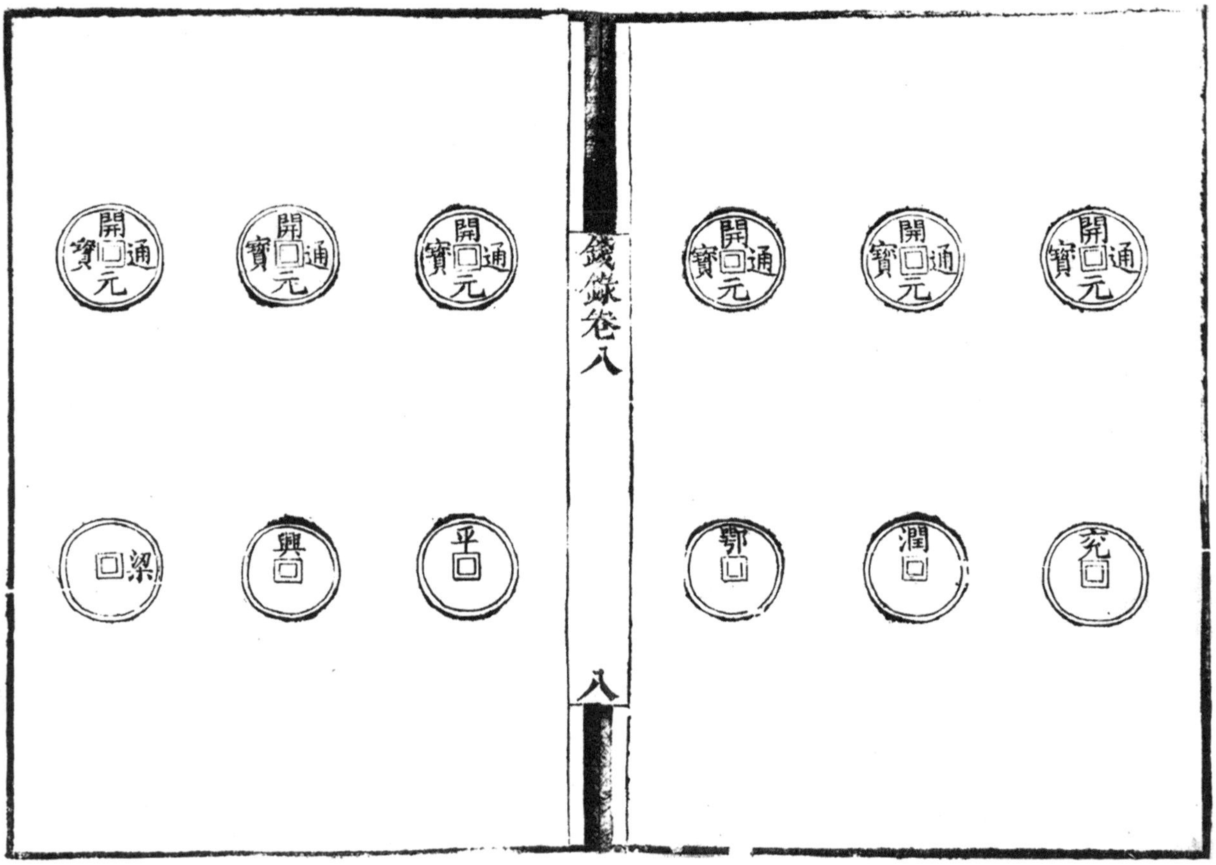
開元通寶
開元通寶
開元通寶
兗
潤
鄂
錢錄卷八
八
開元通寶
開元通寶
開元通寶
平
興
梁

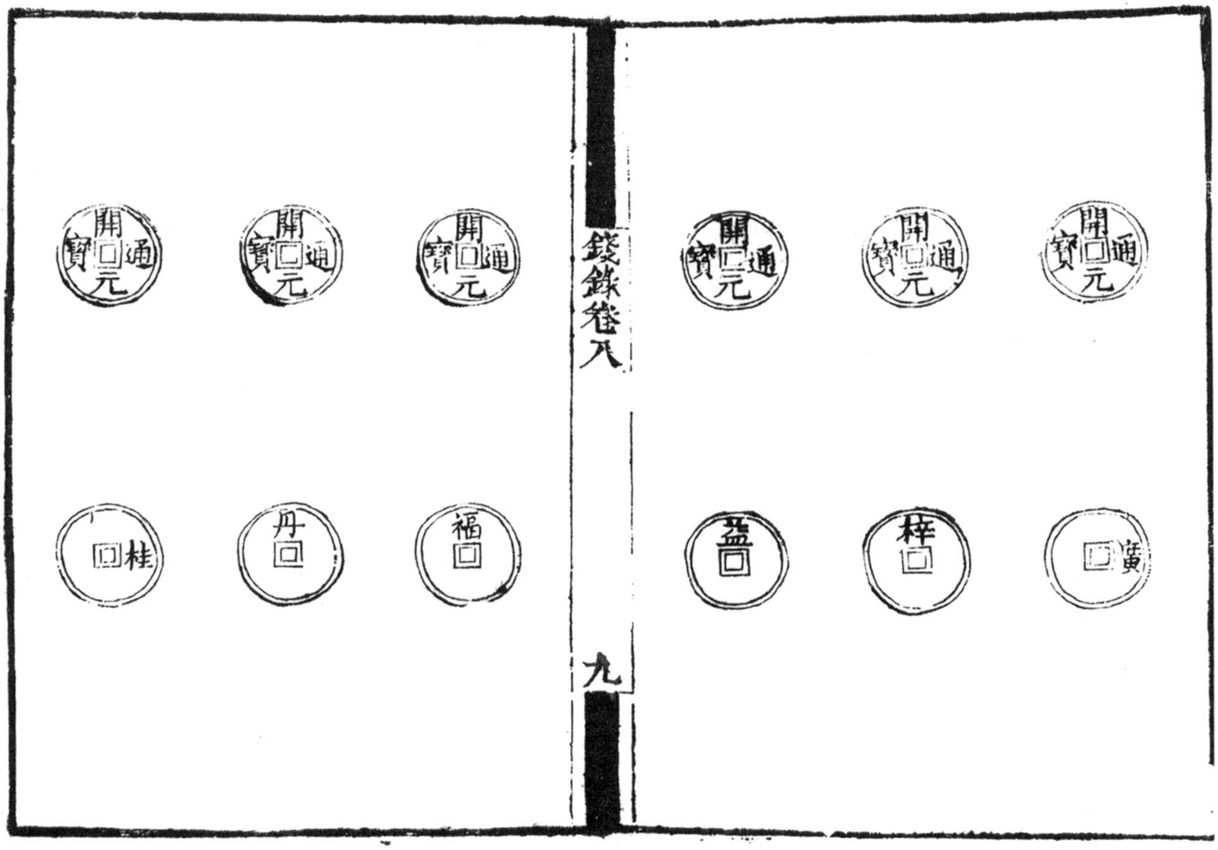
開元通寶
開元通寶
開元通寶
廣
梓
益
錢錄卷八
九
開元通寶
開元通寶
開元通寶
福
丹
桂

右武宗會昌開元錢二十三品新唐書食貨志武宗廢浮屠法永平監官請以銅像鐘磬鑪鐸皆歸巡院州縣銅益多鹽鐵使以工有常力不足以加鑄許諸道觀察使皆得置錢坊淮南節度使李紳請天下以州名鑄錢京師爲京錢大小徑寸如開元通寶交易禁用舊錢今背文昌字則李紳所進新錢以表年號者也京字則京兆府洛字則洛陽揚字則揚州當諸謂改以揚字者藍田縣以藍字襄州以襄字江陵府以荊字越州以越字宣州以宣字江西以洪字湖南以潭字兗州以兗字浙西以潤字鄂州以鄂字平州以平字興元府以興字梁州以梁字廣州以廣字東州以梓字西川以益字福州以福字丹州以丹字桂陽以桂字又李孝美謂楊字錢終莫之見遂疑當時已行昌字而未嘗改今則實有此錢臚列可考也

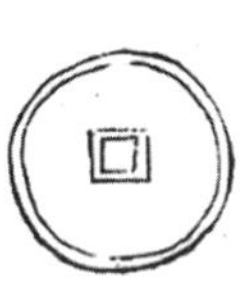

右懿宗咸通錢文曰元寶與他種異洪志引唐譜曰唐咸通十一年桂陽監制錢官王彤進新鑄錢文曰咸通元寶尋有勅停廢不行

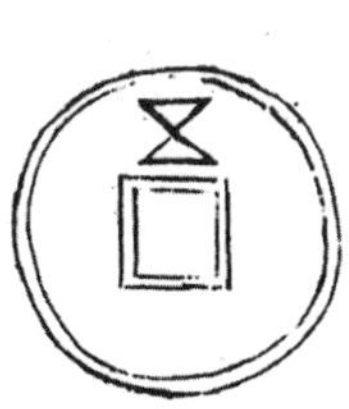

右天佑錢按昭宗天復四年辛酉八月子柷立改元天佑是爲哀宗立四年唐亡不復有鑄錢事後唐莊宗仍用天佑年號至癸未始改元同光遂亦未嘗聞鑄且以一當幾見於背文者在唐末之有考元至正時張士誠據吳改元天祐或疑此錢爲士誠造顧佑字非祐不敢臆斷也今錄於李唐之末還以錢文爲据耳

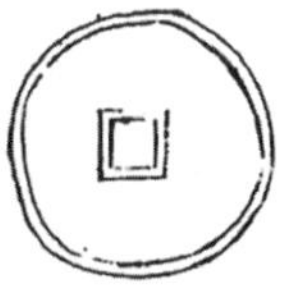

右史思明得壹錢按新唐書思明據東都日亦鑄得壹元寶錢以一當開元通寶之百

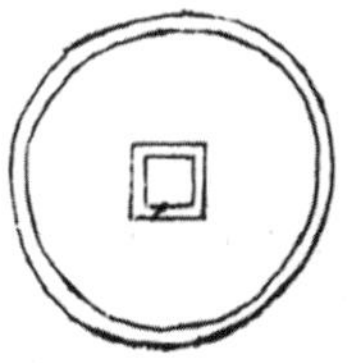

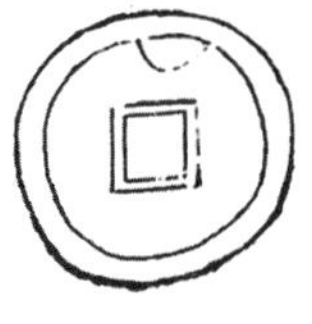

右史思明順天錢二種後一種背文有仰月形按思明鑄得一錢後既而惡其文兆不佳改曰順天元寶張台曰得一順天錢思明並銷洛陽佛銅所鑄賊平之後還將鑄佛

欽定錢録卷九

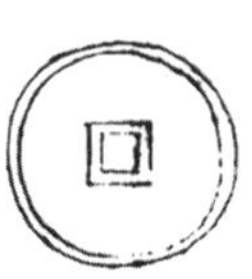

右後五代後唐明宗天成錢按同光四年丙戌明宗即位改元天成禁鎔錢爲器二年令買賣使八十陌錢四年禁行使鐵鑞錢庚寅改元長興則此錢當是長興前所鑄而五代史後唐紀皆未載

右後晉高祖天福錢按五代史天福三年除鑄錢令又敕曰國家所資泉貨爲重宜令三京鄴都諸道州府聽示無問公私應有銅者並許鑄錢仍以天福元寶爲文左環讀之委鹽鐵司鑄樣頒下諸道

右天福錢自上及下讀之曰鎮寶者蓋如通寶重寶之變易其文而李孝美讀作天鎮竊恐不然董逌曰天福鎮寶斯得之矣然云見晉氏舊史今不可考背文黎字意所鑄之地也

右後漢漢元錢按後漢高祖劉知遠於天福十二年丁未稱帝不書元未聞有鑄錢之令戊申隱帝立改元乾佑膳部郎中羅中引請在京置監鑄錢俾銅盐爲錢以濟軍用疏奏不報則隱帝亦未嘗鑄錢也然此錢文曰漢元通寶意與後周周元宋初宋元同特未知鑄於何歲時耳洪志讀作漢通元寶非是又背有仰月文仿開元制也

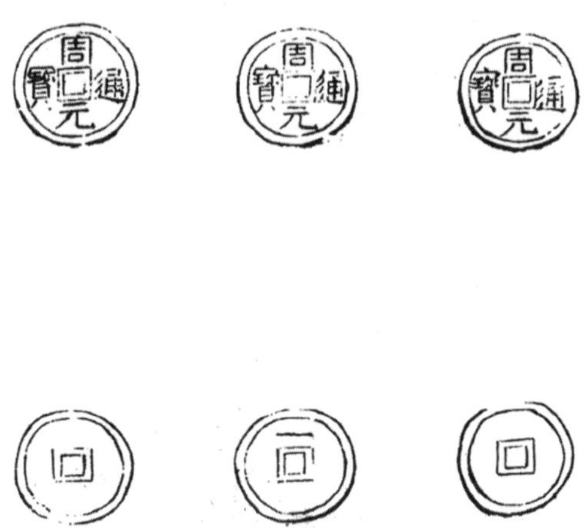

右後周世宗周元錢按五代史世宗即位之明年廢天下佛寺三千三百三十六是時中國乏錢乃詔毀銅佛鑄錢又洪志引蘇耆開譚錄謂世宗朝鑄周通元寶錢於後殿設巨鑪數十親視鼓鑄今按此錢凡四種一其幕無文一爲橫文在穿上一爲星文在穿右一爲仰月文在穿左角

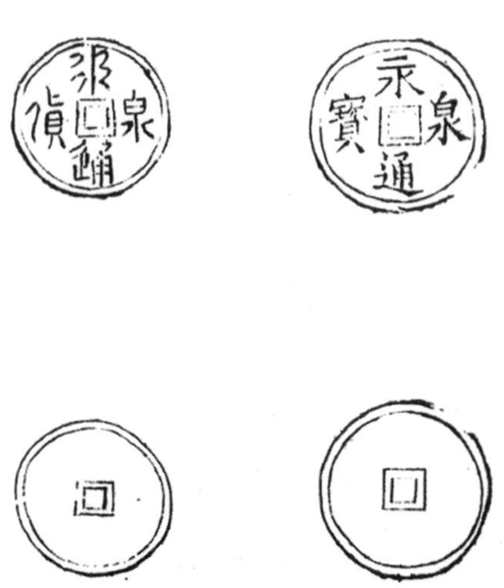

右南唐元宗永通錢按通考李璟旣失江北困於用兵鍾謨請鑄大錢以一當十文曰永通泉寶令前一種是也後一種差小篆書文曰泉寶

右元宗開元鐵錢按鍾謨旣得罪韓熙載又請鑄鐵錢以一當二陶岳貨志錄元宗時以鐵爲錢大小一如開元通寶文亦如之徐鉉篆其文比於舊錢輪郭深闊旣而是錢大行公私以爲便

錢録卷九　四

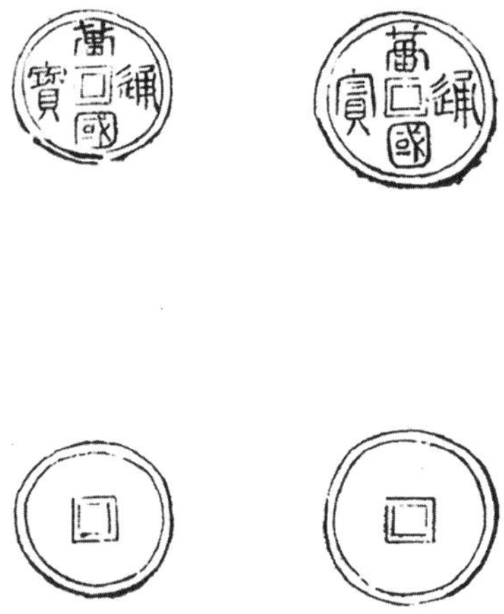

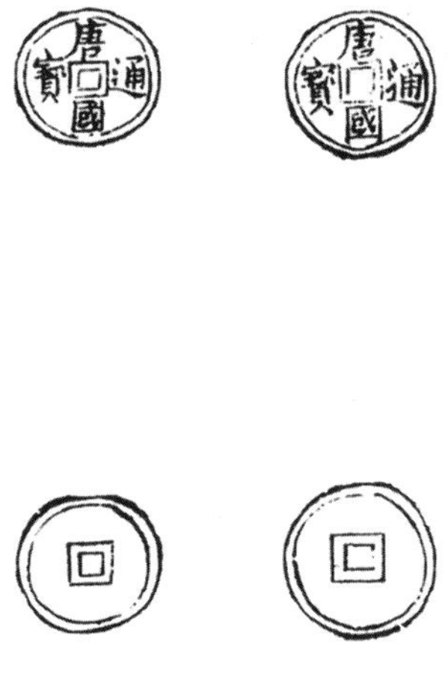

錢録卷九　五

右元宗唐國錢大小凡五按通考五代相承用唐錢諸國割據者江南曰唐國通寶又別鑄如唐制而篆文

右元宗大唐錢馬令南唐書元宗鑄大唐通寶錢與唐國錢通用

右前蜀高祖王建錢凡四品五代史蜀世家武成三年八月有龍見洵陽水中十月麟見壁州十二月大赦改明年爲永平元年六年黃龍見大昌池十一月大赦改元通正十二月又改明年元曰天漢國號漢天漢元年十二月大赦又改明年元曰光天復國號蜀此錢文曰永平曰通正曰天漢曰光天並自上及右讀之

右後主衍錢乾德咸康二品按光天元年六月建卒子衍立明年改元乾德乾德五年改元曰咸康

右後蜀主孟昶廣政錢按孟知祥明德元年卒子昶立不改元仍稱明德至五年改元廣政十國紀年謂四年改元者誤也

右南漢高祖劉龑乾亨錢梁貞明三年龑即位國號大越改元曰乾亨

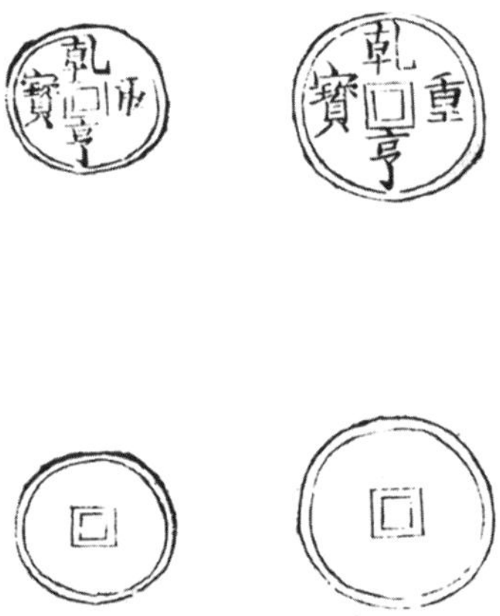

右乾亨鉛錢大小二種十國紀年劉龑以國用不足鑄鉛錢十當銅錢一乾和後多聚銅錢摧外城得用之城內專用鉛錢禁其出入俸祿非特恩不給銅錢今按龑子晟應乾元年又改元乾和

右楚馬殷天策大錢五代史殷請於梁依唐太宗故事開天策府置官屬太祖拜殷天策上將軍董遹曰馬殷據湖南八州地建天策府因鑄天策府寶

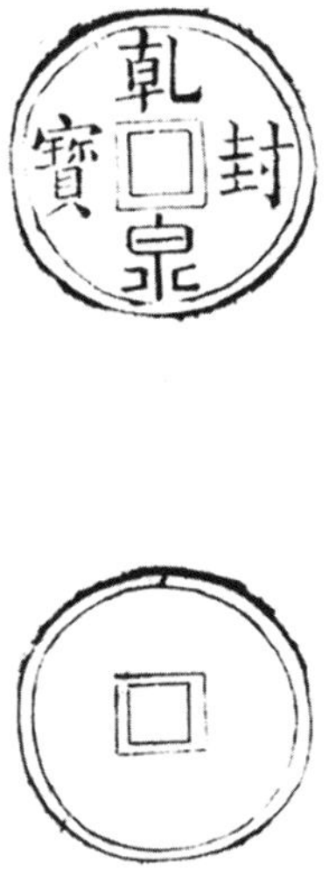

右馬殷乾封錢按殷未嘗建號改元史稱高郁諷殷鑄鉛鐵錢以十當銅錢一亦未言錢文若何十國紀年及湖南故事皆言殷鑄鉛鐵錢文曰乾封泉寶足知此錢爲殷鑄蓋襲用唐高宗錢文也然今所收乃銅質意當時原有銅鑄一種而舊史未之及又按洪志亦云以銅爲之

右閩王審知開元大鐵錢陶岳泉貨錄云王審知鑄大錢錢闊寸餘甚麤重亦以開元通寶爲文五百文爲一貫俗謂之銠錢與銅錢並行銠錢蓋閩語無正字也

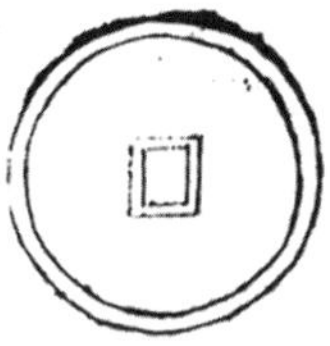

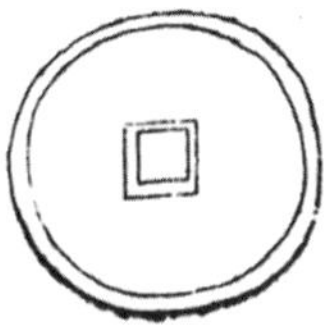

右延羲永隆錢按五代史延羲審之少子也既立更名曦改元永隆鑄大錢以一當十又十國紀年亦云延羲永隆四年八月鑄永隆通寶大鐵錢一當鉛錢百俱不言銅錢今此品乃銅質與洪志所載同據錢文蓋延羲鑄無疑

右延政天德鐵錢凡二種按延政延羲弟也延政於晉天福八年改元天德十國紀年曰天德二年鑄天德通寶大鐵錢一當百今所錄前一品是已後一種則董逌譜謂建州王氏錢而文天德重寶者也又延政據建州稱帝國號殷故背文有殷字

右幽州劉守光應天錢按遼史聖宗本紀統和十四年夏四月己亥擊大安山取劉守光所藏錢不言其形制文字也惟董逌謂文曰應天元寶背文曰万此品適合

欽定錢錄卷九

欽定錢録卷十

右宋太祖宋元通寶錢宋史食貨志太祖初鑄錢文曰宋通元寶今按唐鑄開元錢舊唐書言歐陽詢制詞日開元流俗讀爲開通元寶然則此錢亦嘗自上及下讀之而史緣淳化以下諸錢多右旋讀故併此稱爲宋通元寶也

右太宗太平通寶錢按食貨志太宗改元太平興國更鑄太平通寶錢

右太宗淳化元寶錢三體書按端拱二年改元淳化及鑄錢文太宗親書淳化元寶作眞行草三體又律歷志淳化二年詔定秤法以御書三體淳化錢校實二銖四絫爲一錢者二千四百得十有五斤爲一秤之則又按眞書元字亦左挑如開元錢

右太宗至道元寶錢亦三體書按淳化六年改元至道

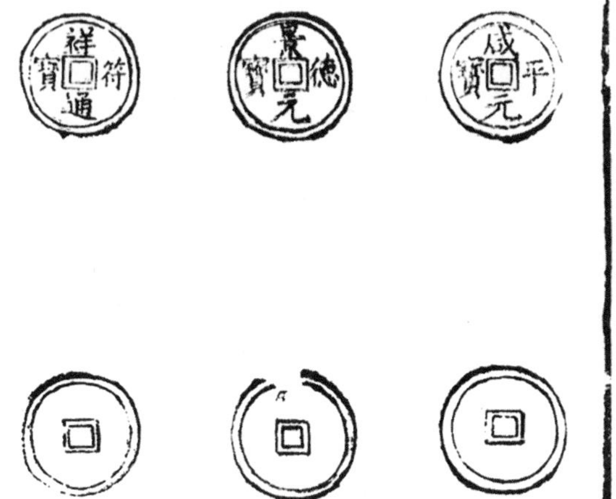

錢錄卷十　三

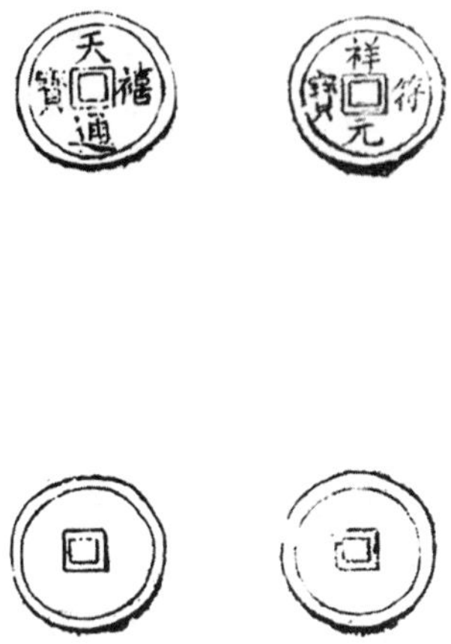

右眞宗錢咸平元寶有大錢一種祥符有通寶元寶二種景德文曰元寶天禧曰通寶凡六枚按眞宗朝凡五改元皆著於錢文至天禧六年改元乾興未開鑄

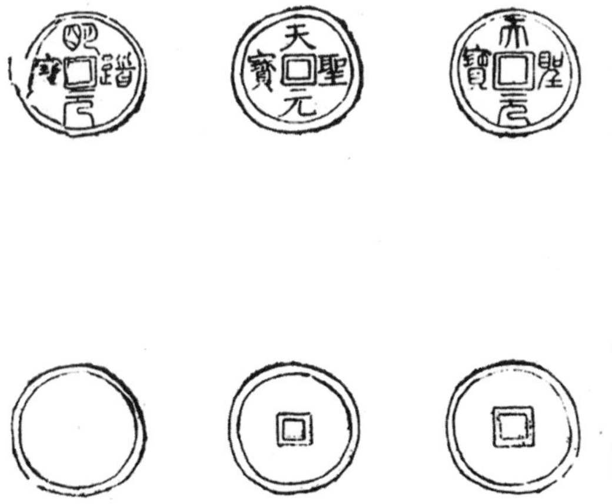

錢錄卷十　四

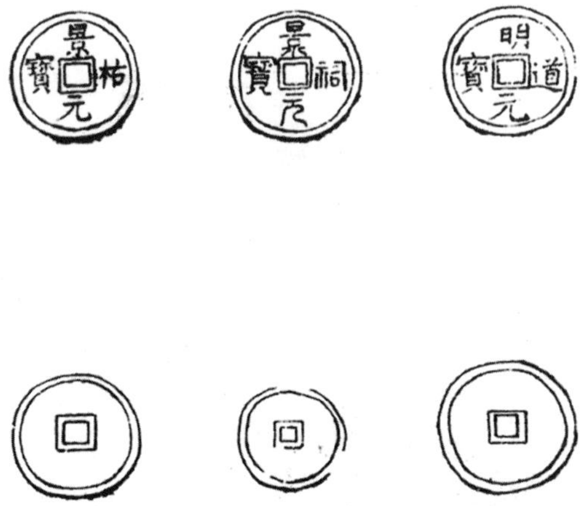

右仁宗錢三品凡六枚篆書真書二體文俱爲元寶按仁宗即位之次年改元天聖十年改元明道三年改景祐

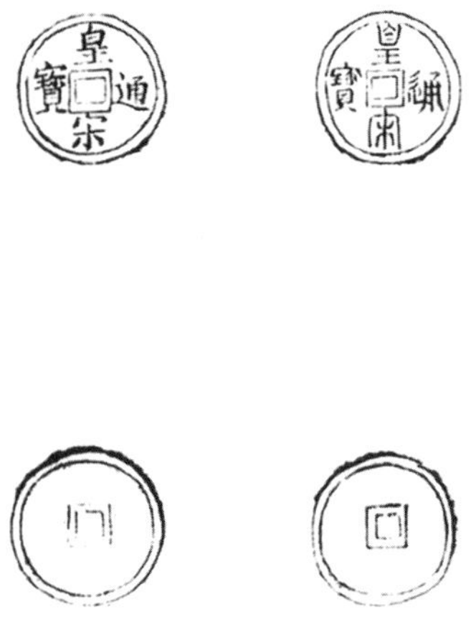

右仁宗皇宋通寶錢亦二體書其真書者又一種差小按景祐五年改元寶元食貨志謂改元更鑄皆曰元寶而冠以年號至是改元寶元文當曰寶元元寶仁宗特命以皇宋通寶爲文

右仁宗慶歷大錢二種文俱曰重寶而讀各不同按史慶歷末葉清臣爲三司使與學士張方平等上陝西錢議曰關中用大錢本以縣官取利太多致姦人盜鑄其用日輕請以江南儀商等州大銅錢一當小錢三云云蓋其時大錢皆當十當五工費輕而民間邀利者多毀小錢私鑄故清臣等言之

右仁宗皇祐元寶錢按慶歷九年改元皇祐

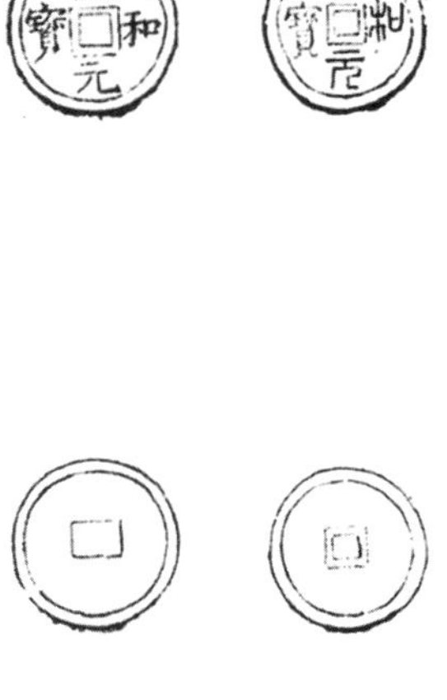

右仁宗至和元寶錢篆書眞書二體按皇祐九年改元至
和

右至和通寶錢眞書

右仁宗嘉祐通寶錢篆書眞書二體按至和二年改元嘉
祐

右嘉祐元寶錢眞書

右英宗治平元寶錢篆書眞書二體按嘉祐八年英宗即
位次年改元治平食貨志治平中饒池江建韶儀六州鑄
錢百七十萬緡

右治平通寶錢亦二體書特大小有間

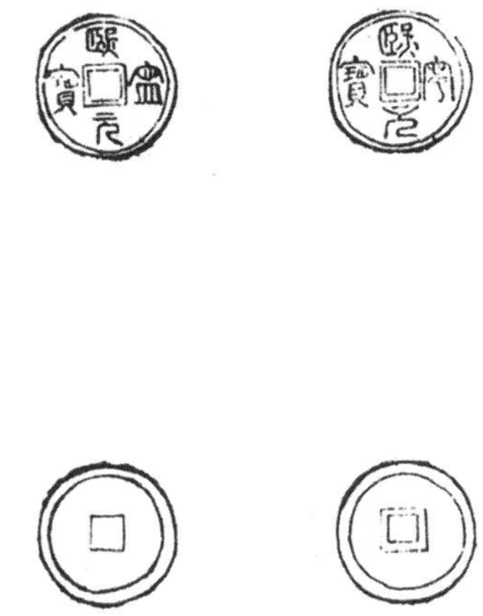

右神宗篆書熙寧元寶錢前一種稍大後二種篆法各不同並錄之按治平三年神宗即位次年改元熙寧

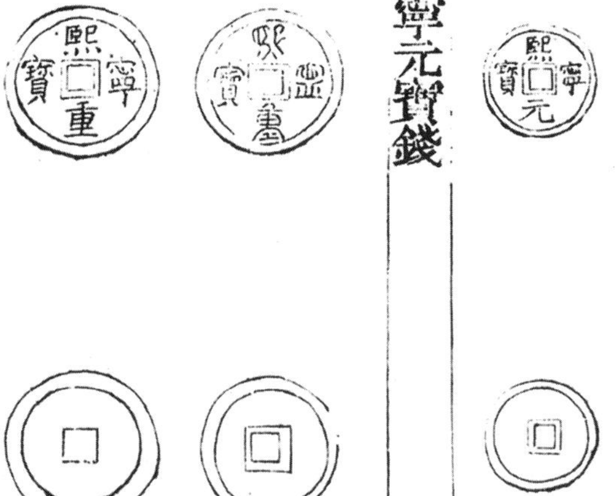

右眞書熙寧元寶錢

右熙寧重寶大錢亦二體書按通考神宗熙寧四年陝西轉運使皮公弼言頃歲西邊用兵始鑄當十錢後兵罷多盜鑄者乃以當三文減作當二行之至今銅費相當盜鑄衰息請以舊銅鉛盡鑄當二錢從之折二錢遂行天下云云則此大錢前爲當十後減作當二者也餘品悉謂之小平錢矣

右神宗元豐通寶大錢較熙寧大錢畧相等按熙寧十一年改元元豐食貨志言元豐以後西師大舉邊用匱缺徐州置寶豐下監歲鑄折二錢二十萬緡

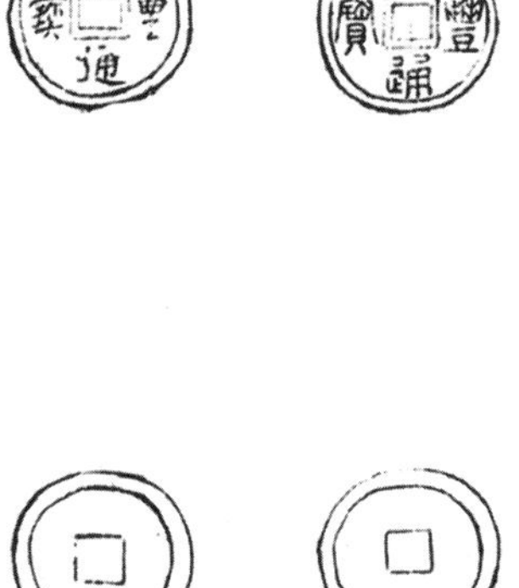

右元豐通寶錢篆書行書二體按神宗朝鼓鑄最繁食貨志言諸路大率務於增額而通考載諸路鑄錢總二十六監每年鑄銅鐵錢五百四十九萬九千二百三十四貫

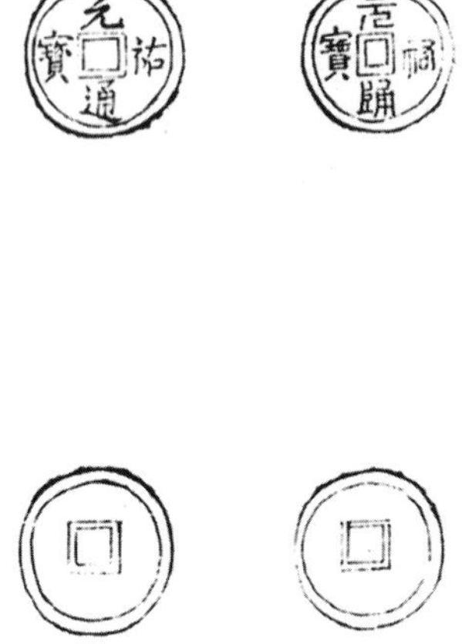

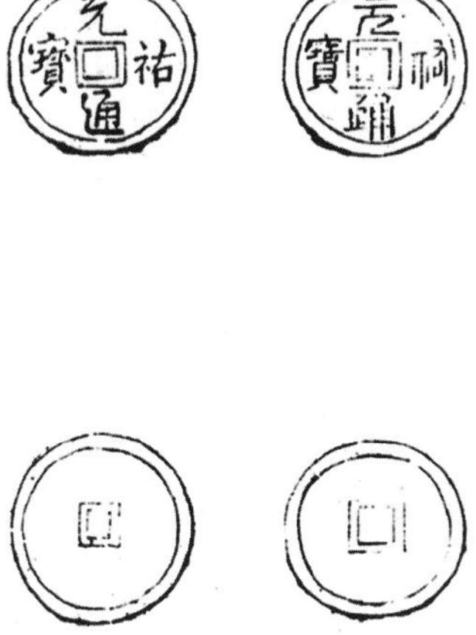

右哲宗元祐通寶錢二體書按元豐八年哲宗即位罷舊所增置鑄錢監凡十四次年改元元祐至元祐八年八月庚午乃詔陝西復鑄小銅錢

右元祐通寶大錢蓋折二錢也亦二體書按食貨志元祐八年令折二銅錢許行於陝西及河東京西諸路仍限二年毋更用尋以人言折二錢不通行非便乃聽行使如舊

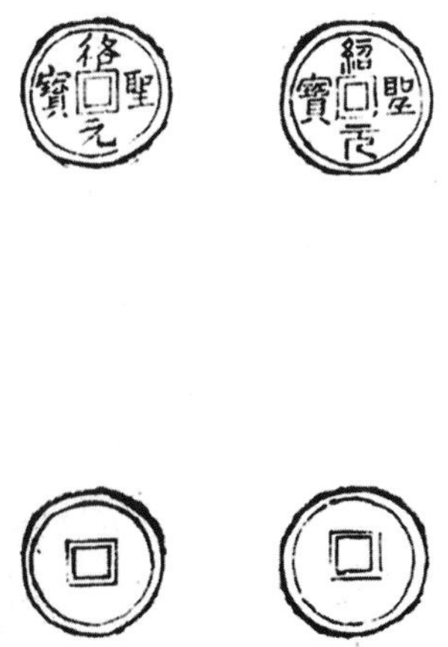

右哲宗紹聖元寶錢亦二體書按元祐九年改元紹聖又考哲宗本紀紹聖元年正月辛丑罷河東大銅錢二年十二月癸酉置施州鑄錢廣積監

右紹聖通寶錢行書

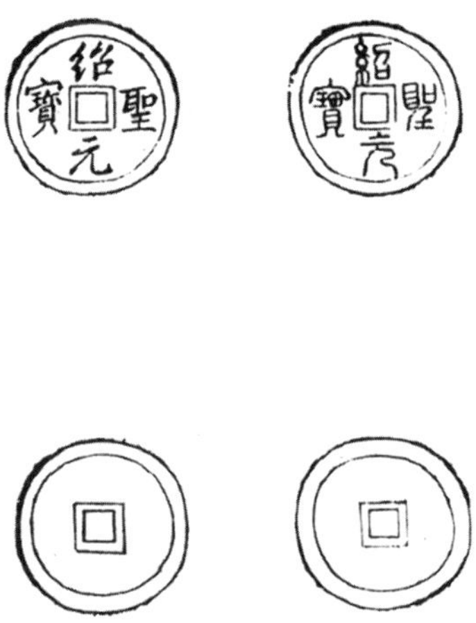

右紹聖元寶大錢折二也亦篆書行書二體

右哲宗元符通寶錢亦二體書食貨志元符二年下陝西諸路博究利害於是詔陝西悉禁銅錢在民間者盡送官而官銅悉取就京西置監

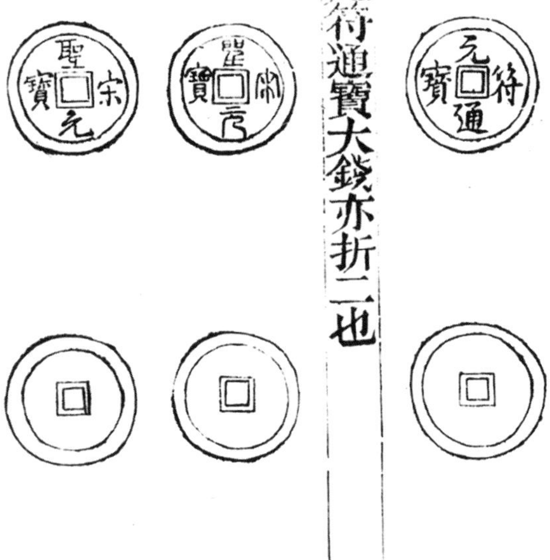

右行書元符通寶大錢亦折二也

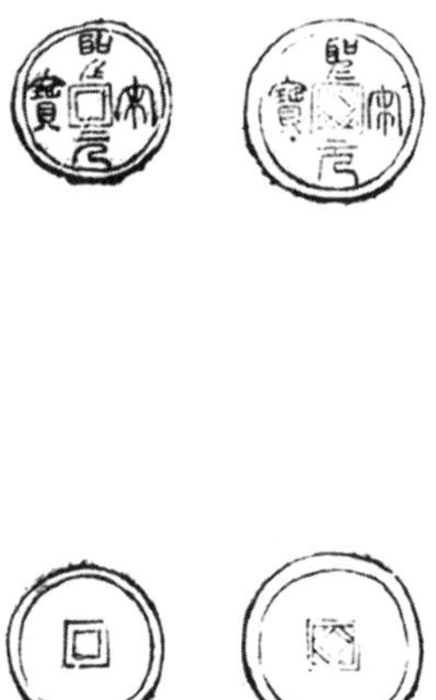

右徽宗聖宋元寶大錢篆書行書二體按徽宗本紀崇寧元年十二月庚申鑄當五錢又食貨志崇寧二年五月令陝西及江池饒建諸州以每歲所鑄小平錢增料改鑄當五大銅錢以聖宋通寶爲文今所錄二種皆文曰元寶意當時原有通寶元寶兩品耶

右聖宋元寳錢亦二體書篆書者後一種更輕小皆小平錢也按此錢與前折五錢皆一時所鑄食貨志稱三年遂罷鑄小平錢及折五錢置監於京城所復徐州寳豐衛州黎陽監並改鑄折二錢爲折十蓋此錢與折五錢鑄於崇寧三年以前及蔡京秉國鋭意欲興當十錢遂未久與舊折二錢咸罷廢不行也

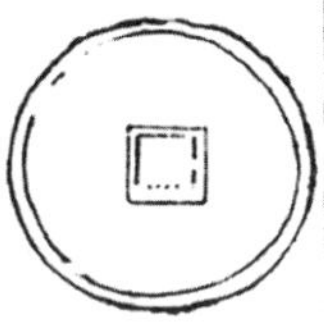

右徽宗崇寧大錢隷書眞書二體文曰重寳曰通寳而讀各不同按本紀崇寧三年正月戊子鑄當十大錢又食貨志崇寧四年立錢綱驗樣法崇寧監以所鑄御書當十錢來上緡用銅九斤七兩有奇鉛半之錫居三之一詔頒其式於諸路令赤仄烏背書畫分明又通考尚書省言崇寧監鑄御書當十錢毎貫重一十四斤七兩用銅九斤七兩二錢鉛四斤一十二兩六錢錫一斤九兩二錢去火耗一斤五兩每錢重三錢

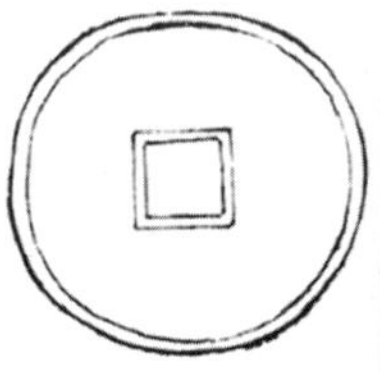

右徽宗大觀通寳大錢眞書按崇寧六年改元大觀先是崇寧所鑄當十錢不便於民而私鑄日衆重罰不能止右僕射趙挺之御史沈畸輩以爲言遂減作當五或當三繼復罷鑄至是蔡京復相再主用折十錢食貨志稱大觀元年二月首鑄御書當十錢以京畿錢監所得私錢改鑄尋興復京畿兩監以轉運使宋喬年領之喬年鑄烏背漉銅錢來工詔以漉銅錢頒行諸路

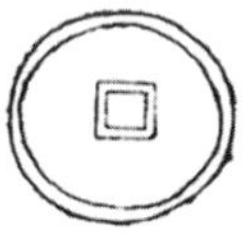

右大觀通寳錢亦眞書按本紀大觀四年正月癸卯罷改鑄當十錢二月庚辰罷京西錢監食貨志稱蔡京復罷政矣詔止鑄舊額小平錢是也

右徽宗政和通寶錢篆書分楷二體按大觀五年改元政和食貨志稱政和元年詔往歲圖利之臣鼓鑄當十錢苟濟目前不究悠久公私爲害行之幾十年其法日弊見在當十錢可並作當三而張商英請收當十錢母更用俟錢入官擇其惡者鑄小平錢從之此錢是也

右政和通寶大錢亦二體書按食貨志初蔡京主行夾錫錢詔轉運副使許天啟推行其法以夾錫錢一折銅錢二會京罷政遂不行至政和二年京復相奏昨鑄夾錫錢精善請復鑄如故遂以政和錢頒爲式此錢是也

右徽宗宣和通寶錢四種前一種篆書後三種以次遞小俱作分楷按政和七年改元重和次年改宣和食貨志稱東南錢額不敷宣和以後尤甚乃令饒贛錢監鑄小平錢

右宣和通寶大錢三種前二種篆書分楷二體後一種亦分楷而細緣稍大於前按食貨志鑄小平錢後又令江池饒錢監盡以小平錢改鑄當二錢以紓用度此錢即當三也

右欽宗靖康元寶大錢與宣和當二錢規制相等按宣和七年徽宗內禪次年改元靖康

欽定錢錄卷十

欽定錢錄卷十一

右南宋高宗建炎通寶錢靖康二年康王即位於南京改元建炎按食貨志建炎經兵鼓鑄皆廢然考本紀建炎元年九月壬辰鑄建炎通寶錢則此錢是也

右建炎通寶大錢篆書真書二體此錢蓋與前品同鑄本紀建炎元年九月庚戌始通當三大錢於淮浙荆湖諸路按高宗朝只當二及小平錢二種不聞別鑄此大錢意即當二本紀蓋指先朝大觀等舊錢後改為當三者非新鑄也

右高宗紹興元寳錢按建炎五年改元紹興本紀紹興元年八月壬午鑄紹興錢

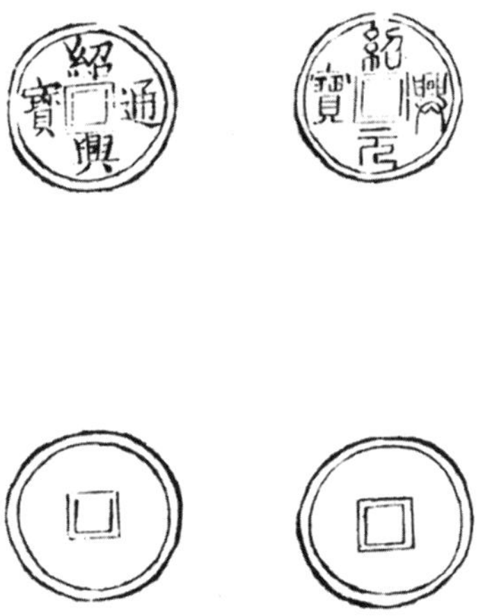

右紹興大錢二楷書一曰元寳一曰通寳讀各不同按食貨志以李植提點鑄錢公事植言今泉司小平錢一萬八千緡折二錢六萬六千緡云云則前品蓋小平錢而此大錢則折二與建炎二種同也

右紹興元寳大錢與前通寳一種同皆折二也背有星月文如開元製

錢録卷十一　二

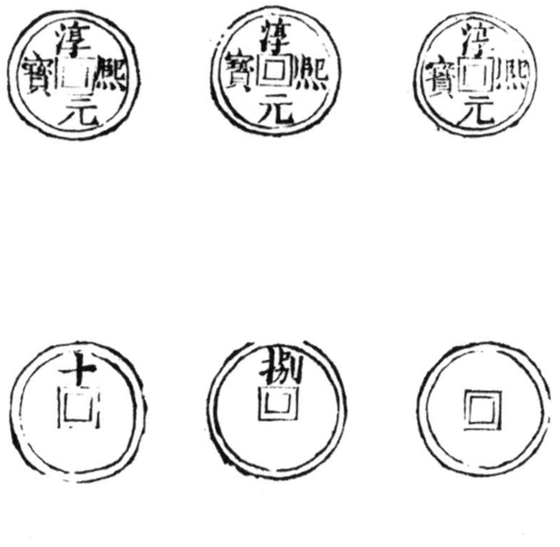

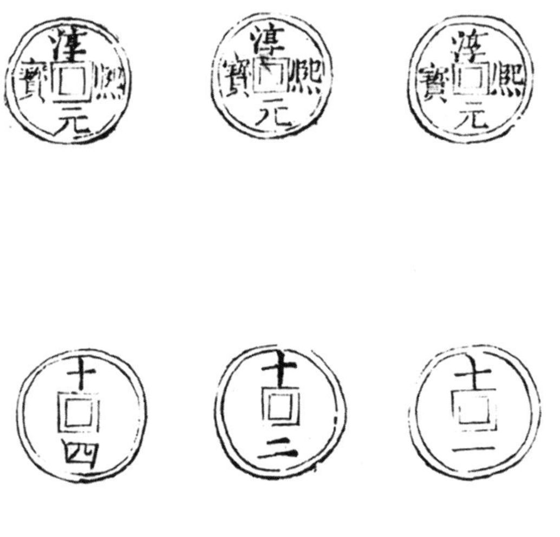

錢録卷十一　三

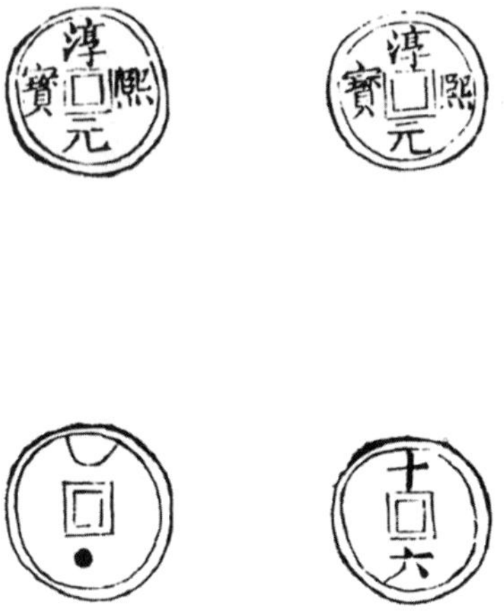

右孝宗淳熙元寶大錢按乾道十二年改元淳熙本紀淳熙元年十二月丙辰罷鐵錢改鑄銅錢食貨志孝宗隆興元年詔鑄當二小平錢如紹興初注謂乾道淳熙迄於嘉泰開禧皆如之則此錢實與紹興折二同其背文八字十字十一字十二字十四字十六字則紀是年所鑄蓋淳熙十六年之歲年即改元紹熙也至本紀又載六年十月庚子四川行當三錢意是別鑄或舊錢只行於蜀耳

右孝宗紹熙元寶錢小平錢也

右紹熙元寶大錢折二錢也

右寧宗慶元通寶錢背文穿上增漢字蓋即據地如漢陽監是也食貨志稱併富民監於漢陽監可據

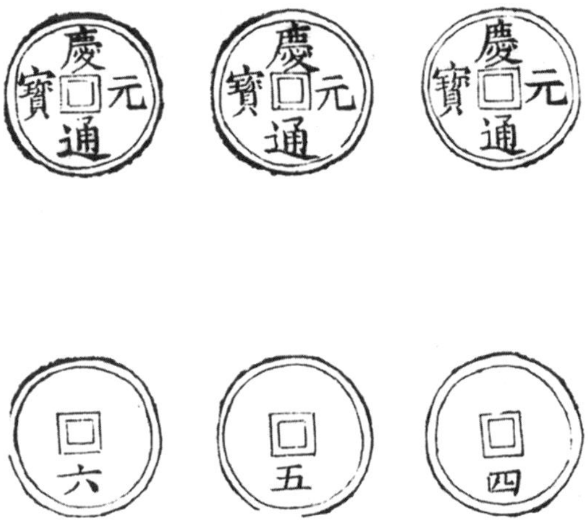

右慶元通寶大錢按此錢大於前折二諸品考食貨志慶元三年復神泉監以所括銅器鑄當三大錢明此錢是也

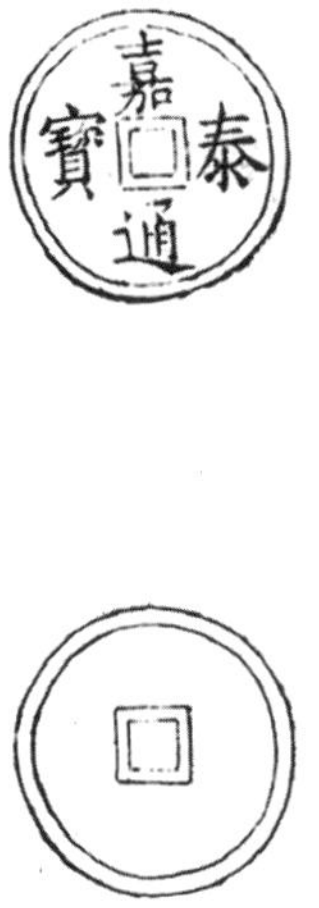

右寧宗嘉泰通寶大錢按慶元七年改元嘉泰此錢蓋當三與慶元當三錢同

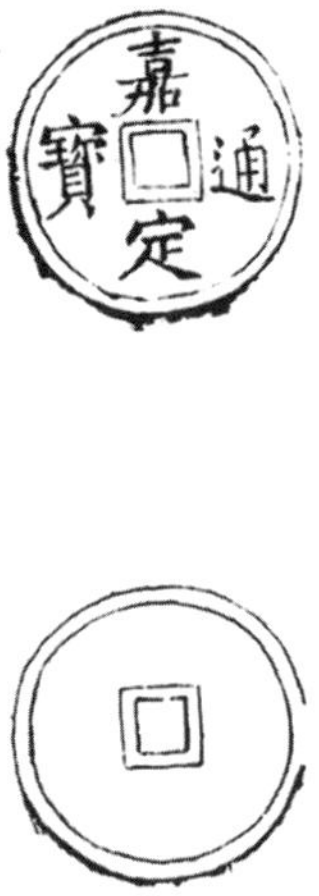

右寧宗嘉定通寶大錢較前品稍大按開禧四年改元嘉定本紀嘉定元年十二月庚午四川初行當五大錢食貨志嘉定元年卽利州鑄當五大錢是錢蓋當五也

右嘉定通寶大錢折二錢也

右理宗大宋元寶錢按嘉定十八年理宗卽位改元寶慶本紀寶慶元年秋七月乙酉詔行大宋元寶錢食貨志寶慶元年新錢以大宋元寶爲文

右理宗紹定通寶大錢按寶慶四年改元紹定此亦折二錢也

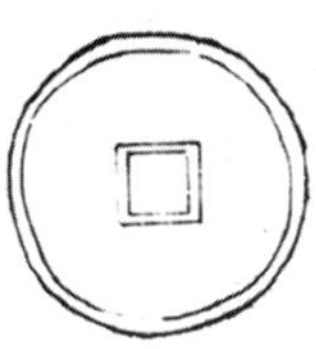

右理宗端平通寶大錢按紹定七年改元端平此錢與嘉泰當三錢同應是當三錢也理宗朝專措置楮幣而銅冶大衰考本紀端平元年六月癸巳禁毀銅錢

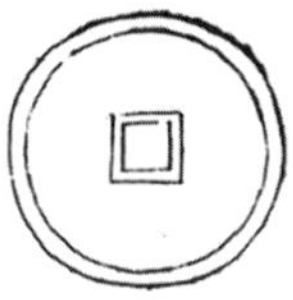

右理宗嘉熙大錢二種曰通寶曰重寶按端平四年改元嘉熙食貨志嘉熙元年新錢當二并小平錢並以嘉熙通寶爲文當三錢以嘉熙重寶爲文今前一種蓋當二後一種則當三也

右理宗淳祐元寶大錢按嘉熙五年改元淳祐淳祐二年三月詔在外諸軍請給楮幣權以十八界三分增給又三年命淮東西總所餉軍券錢並給楮四分則當時用楮仍與錢並行特楮賤不得不以錢權之故分配支給食貨志謂之品搭是也

右淳祐通寶大錢背文有當百字錢質厚重過於諸大錢數倍而史無明文按本紀淳祐九年三月乙酉以程元鳳爲江淮等路都大提點坑冶鑄錢公事蓋是時所鑄又按淳祐十二年從監察御史劉元龍言遂令純用楮及至公私交弊明年仍用錢會中半則前此所云三分增給與給楮四分者又非定額矣賈似道當國主用會子亦曰交子後又變而爲關子其意在於廢錢用楮故元龍純用楮之議顯爲迎合然勢雖入行卒不能盡廢圜法也

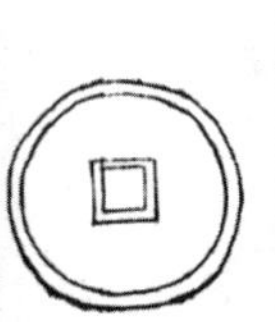

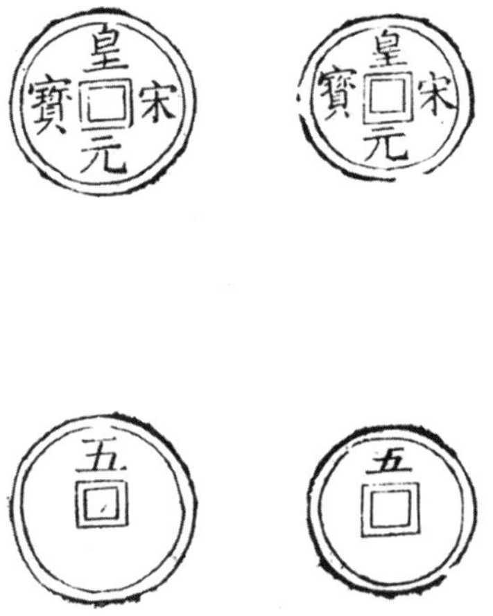

右理宗皇宋元寶錢按淳祐十三年改元寶祐食貨志寶祐元年新錢以皇宋元寶爲文

右皇宋元寶大錢二種微有小大

右理宗開慶通寶錢按寶祐七年改元開慶本紀開慶元年五月乙丑行開慶通寶錢

右理宗景定元寶錢按開慶二年改元景定王圻續通考景定元年九月詔鑄新錢以景定元寶爲文

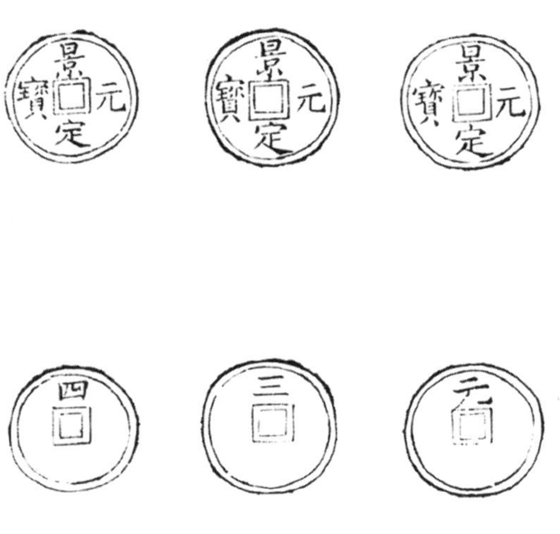

右景定元寶大錢三種

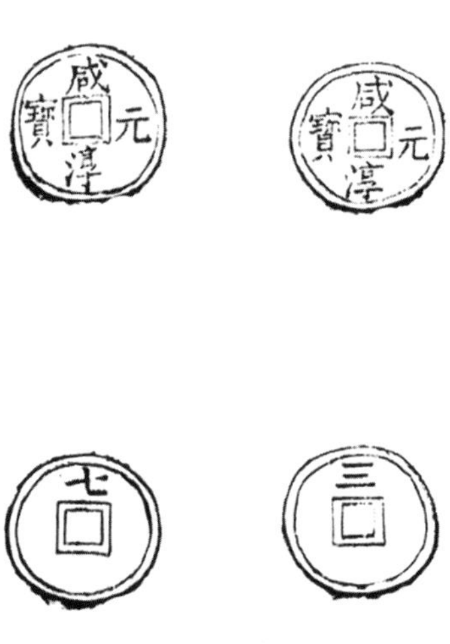

右度宗咸淳元寶大錢二種按景定六年度宗即位改元咸淳此錢背文三字七字考咸淳七年元建國號越三年少帝顯德祐元年又一年景炎一年祥興而宋皆無復置監開鑄之事矣

右錢牌一面曰臨安府行用一面曰準三百文省考元人孔行素至正雜記言南宋有錢牌長二寸有奇闊二寸令此尺度雖不同然爲錢牌無疑曰省者建炎三年四月正官名合中書門下省尚書省爲一謂之知三省此蓋三省所鑄也南宋自建都杭州升爲府終南宋一百五十餘年皆稱臨安府此錢不審爲何時造據此則南宋當二當三當五當百諸大錢而外又有準三百文之錢牌而志傳俱未之錄想未久即罷廢不行耳今附入于南宋諸品之末可以補舊史之所未備

右遼太祖天贊通寶錢按遼耶律阿保機於後梁末帝貞明二年稱神冊元年至龍德二年改元天贊遼史食貨志鼓鑄之法先代撒剌的爲夷离堇以土產多銅始造錢幣太祖襲而用之遂致富強以開帝業

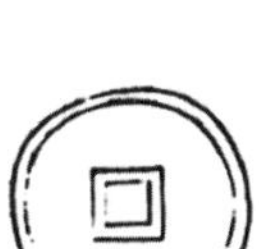

右二品篆文奇古洪志謂不知年代今按亦天贊二字特左文讀耳

右穆宗應曆重寶錢遼史穆宗本紀天祿五年九月丁卯即位改元應曆今按是歲辛亥爲後周太祖廣順元年也

右景宗乾亨元寶錢按景宗保寧十一年改元乾亨是爲宋太宗太平興國四年食貨志景宗以舊錢不足於用始鑄乾亨新錢錢用流布

錢録卷十二　二

右聖宗太平元寶錢乾亨四年聖宗即位改元統和二十九年改開泰開泰元年改元太平則宋眞宗天禧五年也

按食貨志聖宗鑿大安山取劉守光所藏錢散諸五計司兼鑄太平錢新舊互用

右太平興寶錢與前元寶錢正相類曰興寶者或如石晉之天福鎮寶別爲一種背文丁字疑即聖宗之太平七年歲在丁卯也洪志讀作大興平寶義未安

右興宗重熙通寶錢按宋仁宗明道元年爲遼興宗景福元年次年遼改元重熙興宗本紀重熙二十二年閏七月己亥長春州置錢帛司

錢録卷十二　三

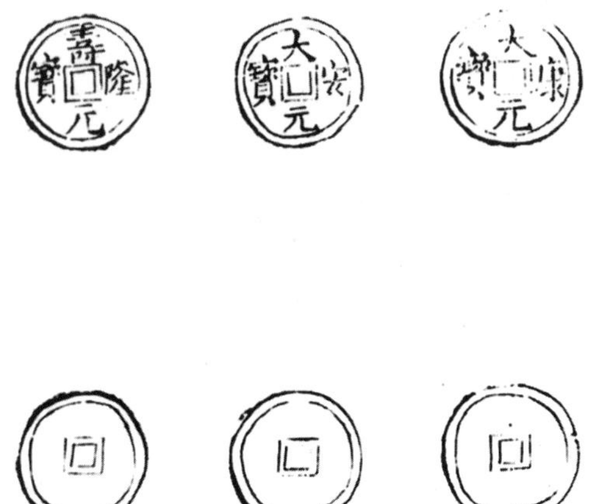

右道宗錢五種凡六枚大康有通寶元寶二品按道宗以重熙二十四年即位改元清寧清寧十年冬改明年爲咸雍咸雍十年冬改明年爲大康大康十年冬改明年爲大安大安十年冬改明年爲壽隆食貨志言道宗之世錢有四等曰咸雍曰大康曰大安曰壽隆皆因改元易名而不言清寧今此錢具在則清寧中蓋亦嘗鼓鑄而史書軼之也

右天祚帝乾統天慶錢各一按天祚帝壽隆七年即位羣臣上尊號曰天祚皇帝改元乾統乾統十年改元天慶則宋徽宗政和元年也食貨志天祚之世更鑄乾統天慶二等新錢

右西遼壽昌錢按李季興東北諸蕃樞要云契丹天祐年號壽昌今考天祐帝則西遼耶律大石也據天祚帝紀百官册立大石爲帝號葛兒罕復上漢尊號曰天祐皇帝改元延慶無壽昌紀元之說豈正史失之而樞要所云或別有據歟至洪志引北遼通書曰天祚即位壽昌七年云云壽昌蓋壽隆之誤耳

右小大二品舊譜及洪志俱謂不知朝代今自右及上讀之曰感天元寶按天祐帝在位二十年遺命皇后權國稱制號感天皇后此錢蓋其時所鑄也

右千秋萬歲錢董逌曰亦遼國錢遼宋通使時其國人頗攜此錢入中國

右一種穿下字曰二右文近天字左文不可識規制篆體類天贊錢疑亦初遼所鑄

右大千通寶錢通寶二字倒書之亦見洪志右文丁字與太平興寶錢同

右千字錢李孝美曰體如遼錢疑其同出今併附於遼代諸錢之後

右夏仁宗天盛元寶錢按夏人慶六年改元天盛時則南宋高宗之紹興十九年而金煬王之天德元年也

右金煬王正隆元寶錢按煬王天德五年改貞元貞元四年改正隆則宋紹興之二十六年也食貨志金初用遼宋舊錢天會末雖劉豫之阜昌錢亦用之至正隆二年閲四十餘歳始議鼓鑄三年中都置錢監二京兆置監一三監鑄錢文曰正隆通寶輕重如宋小平錢與舊錢通用

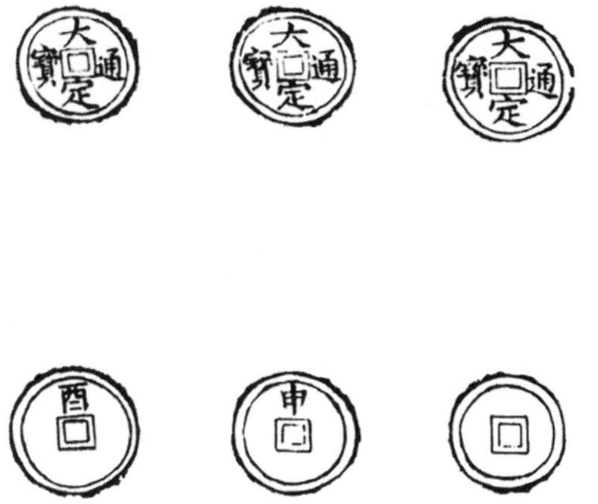

右世宗大定通寶錢背文曰申曰酉亦紀年也正隆六年世宗即位改元大定按史大定十年令戸部流通官錢十五年諭宰臣增鑄新錢十八年代州立監鑄錢其文曰大定通寶文字肉好又勝正隆之制又二十年名代州監曰阜通又二十二年設官提控阜通監又二十三年以節度領監事又二十七年曲陽縣鑄錢別為一監以利通為名又二十八年京府及節度州增置流泉務蓋金代鼓鑄惟是時最盛

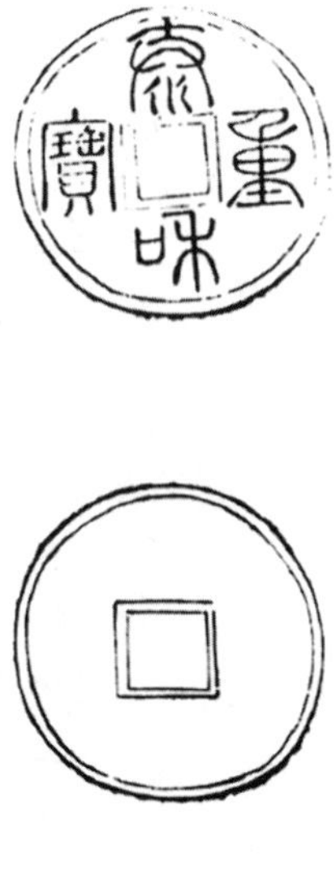

右章宗泰和大錢按宋寧宗慶元七年為章宗泰和元年食貨志稱泰和四年八月鑄大錢一直十篆文曰泰和重寶與鈔並行此錢是也蓋章宗即位罷鑄錢承安二年鑄銀名承安寶貨一兩至十兩分五等每兩折錢二貫尋以私鑄多僞不能行亦罷之至是始鑄錢計自明昌改元以來凡十二年無置監鑄錢之事

欽定錢錄卷十三

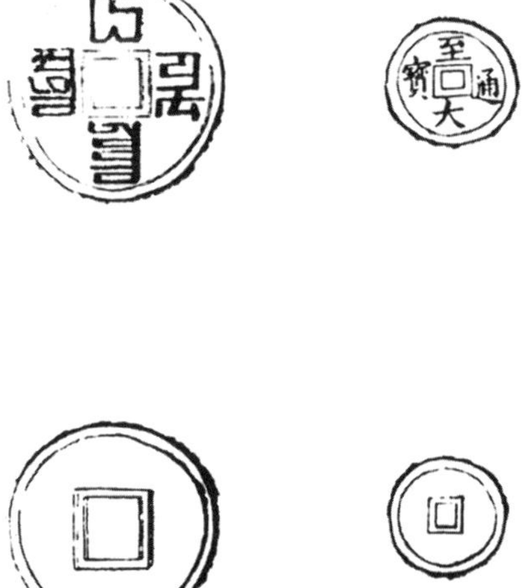

右元武宗錢二品前一品曰至大通寶楷書後一品曰大元通寶西番篆書按元史食貨志武宗至大三年初行錢法立資國院泉貨監以領之其錢曰至大通寶者一文準至大銀鈔一釐曰大元通寶者一文準至大通寶錢一十文

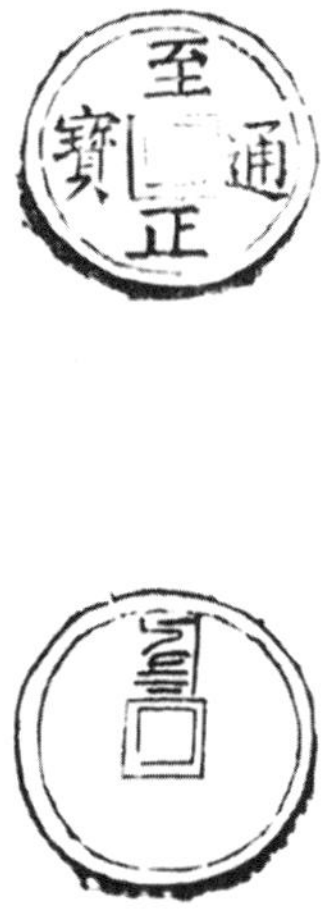

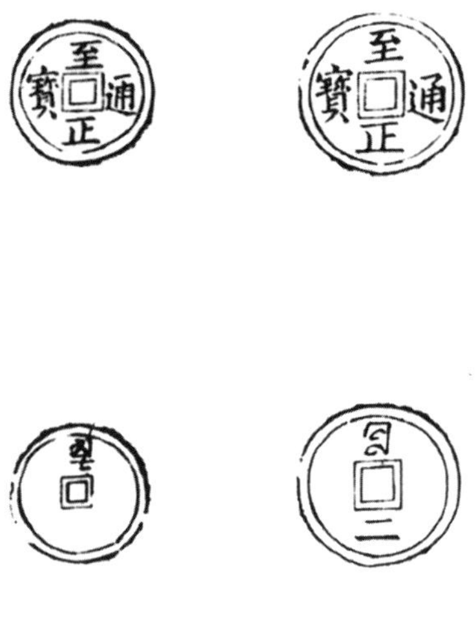

右順帝至正通寶錢凡三種以次遞小前一種文最下一種背文西番篆讀作巴納蓋梵語錢字也其第二種背文上一字亦西番篆讀作額下楷書曰二蓋當二耳按史元世交鈔寶鈔皆印造錢文無鼓鑄之事惟武宗一置監鑄錢然仁宗皇慶元年即下詔廢不行所立院監悉皆罷革而專用至元中統鈔順帝至正十年丞相脫脫始復建議開鑄置寶泉提舉司鑄至正錢與交鈔通用謂子母相權顧所鑄不能流通至其後乃並鈔亦不行所在郡縣皆以物貨相貿易公私所積之鈔人視之若廢楮蓋自錢法敝而鈔法亦壞矣

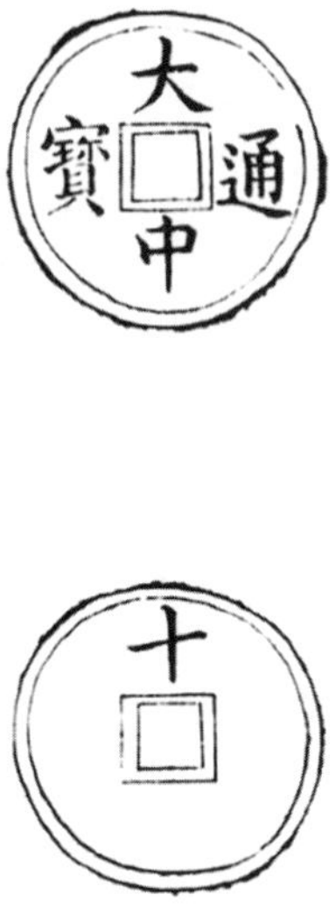

右明太祖大中通寶大錢按明會典太祖初置寶源局於應天鑄大中通寶錢及平陳友諒命江西行省置貨泉局頒大中通寶錢大小五等錢式此其大錢也明太祖始建國號意在大中既而祈天乃得大明故當時錢文有此蓋未紀元以前自稱吳王時所鑄耳

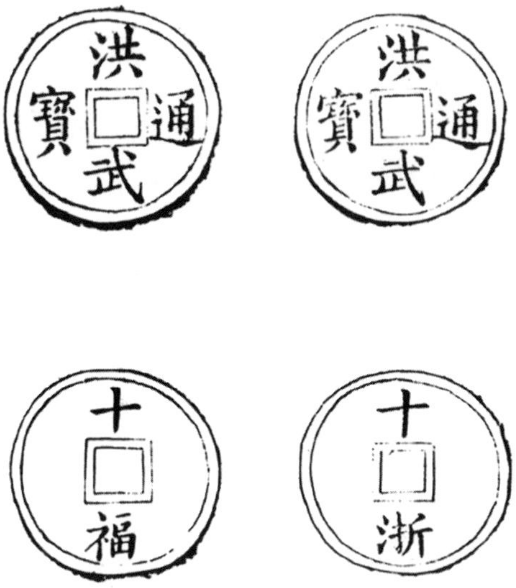

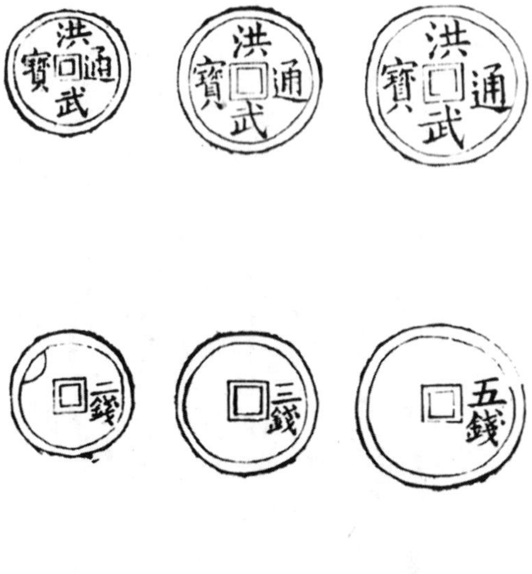

右太祖洪武通寶錢五品凡六枚背文曰十曰五錢曰三錢二錢一錢按會典太祖即位令户部及各行省鑄洪武通寶錢其制爲五等當十錢重一兩當五重五錢當三當二重如其當之數小錢重一錢首一枚背文又浙字福字蓋各行省所記如唐會昌錢制也

右洪武通寶小錢按洪武四年改鑄小錢此錢背無文較前五等式小錢稍重而肉好更工緻

右成祖永樂通寶錢按會典永樂九年鑄

右仁宗洪熙通寶錢

右宣宗宣德通寶錢按會典宣德九年鑄

右英宗正統通寶錢

右英宗天順通寶錢

右憲宗成化通寶錢

右孝宗宏治通寶錢按會典宏治十六年鑄

右世宗嘉靖通寶錢按會典嘉靖六年題准鑄造嘉靖通寶錢事例七年鑄嘉靖通寶錢又差官於河南閩廣鑄造嘉靖通寶錢三十四年題准雲南鑄錢事例四十四年寶源局鑄嘉靖錢其時所鑄錢有金背火漆鏇邊三種又按嘉靖三十二年令照新式鑄洪武以下紀元九號錢云云今考仁宗英宗憲宗諸朝其鼓鑄事蹟悉別無明文然則以上洪熙正統天順成化等錢諒皆嘉靖時所補鑄而景泰以出廟遂獨無錢文也

右穆宗隆慶通寶錢按會典隆慶四年鑄考明初沿宋元之舊錢鈔互用至宏治後多用銀而鈔法不行惟俸錢獨支鈔如故至是時始以新鑄隆慶錢給京官俸云

右神宗萬曆通寶錢按會典萬曆四年命戶工二部准嘉靖錢式鑄萬曆通寶錢金背火漆一文重一錢二分五釐鏇邊一文重一錢三分又命十三布政司南北直隸俱開局鑄錢

右光宗泰昌通寶錢按萬歷四十八年八月丙午朔光宗即位詔以明年為泰昌元年九月乙卯朔熹宗即位詔以明年為天啓元年改萬歷四十八年八月為泰昌元年光宗之立甫閱一月此錢或熹宗即位後所鑄然是否前未改天啓故仍稱泰昌也

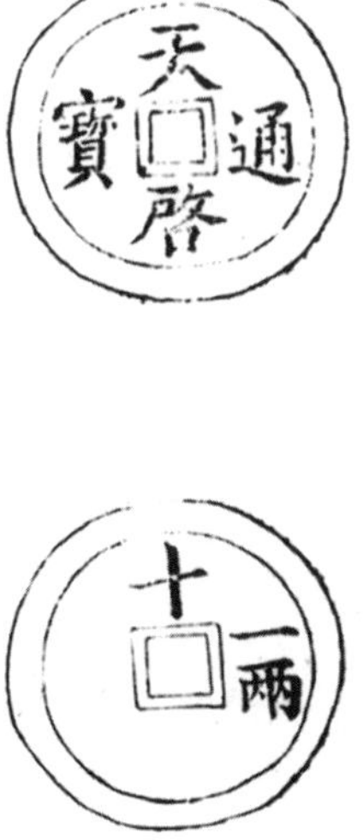

右熹宗天啓通寶錢二品小者制如泰昌錢大者背文穿上有十字旁曰一兩按是時兵部尚書王象乾請鑄當十當百當千三等大錢仿白金三品之制於是兩京皆鑄大錢後有言大錢之弊者詔南京停鑄大錢收大錢發局改鑄則此錢旋鑄旋罷固未嘗行使也

右莊烈帝崇禎通寶錢二品微有小大按是時定錢式每文重一錢每千直銀一兩南都所鑄輕薄乃定每文重八分此二錢是也

右崇禎通寶大錢背文有監字五字按莊烈帝末年勅鑄當五錢此錢蓋當五

欽定錢録卷十三

欽定錢録卷十四

右罽賓國錢前漢書罽賓國王治循鮮城去長安萬二千二百里以金銀爲錢文爲騎馬幕爲人面自武帝時始通中國

右烏弋山離國錢前漢書烏弋山離國去長安萬二千二百里東與罽賓國接自玉門陽關出南道歷鄯善而南行至烏弋山離南道極矣其錢文爲人頭幕爲騎馬

右安息國錢前漢書安息國王治番兜城去長安萬一千六百里東與烏弋山離國接亦以銀爲錢文爲王面幕爲夫人面而史記大宛傳只言錢如其王面此錢爲人面而幕文無形象如史記説

右大月氏國錢前漢書大月氏國王治監氏城去長安萬一千六百里民俗錢貨與安息同此錢爲人面幕文如之意所謂幕爲夫人面也又拾遺記三壇國金幣效國王之面亦效王后之面又云軒渠國貨幣同

錢錄卷十四　二

右條支國錢前漢書安息長老傳聞條支有弱水西王母亦未嘗見也自條支乘水西行可百餘日近日所出又太平寰宇記條支國市利錢貨其文爲人幕爲騎馬

右何國錢隋書何國都那密水南數里舊是康居之地大業中遣使貢方物洪志云何國錢以銀爲之不開孔文爲人面背爲草木狀

右拔汗國錢隋書作鏺汗云在葱嶺之西五百餘里古渠搜國也新唐書拔汗至天寶三年改其國號寧遠洪志曰拔汗錢以金爲之無文字又一種有三旋文並不開孔今所收面無文字背爲三旋文

錢錄卷十四　三

右康國錢舊唐書康國即漢康居國也其俗生子以明膠置掌內言掌持錢如膠之黏物而洪志引徐氏譜云以銀爲錢徑九分不開孔背面皆作人面形面文側而背文正面文繞以連珠之狀今此品適合

右闍婆國錢面曰一文新唐書訶陵亦曰社婆曰闍婆有文字以貝多葉寫之宋史闍婆國在南海中鎔銀葉爲錢博易官以粟一斛二斗博金一錢今按此錢輕甚不類鑄造蓋宋史所云翦葉爲之者

右泥婆羅國錢舊唐書泥婆羅國在吐番西以銅爲錢面文爲人背文爲馬牛不穿孔新唐書並同又洪志引西域記曰泥婆羅出赤銅

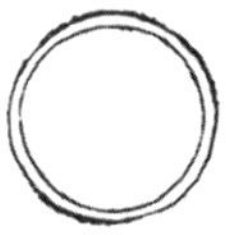

右大食國錢舊唐書大食國在波斯之西又廣州記曰生金出大食國凡諸貿易並使金錢洪志云此錢以金爲之面文作象形形制甚小

右驃國錢新唐書驃古朱波也自號突羅朱闍婆以金銀爲錢形如半月號登迦陀亦曰足彈陀今所收只銀錢一種

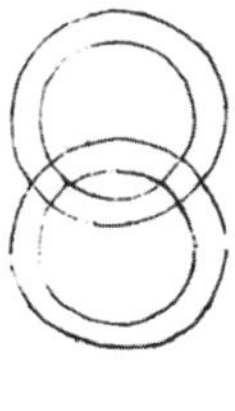
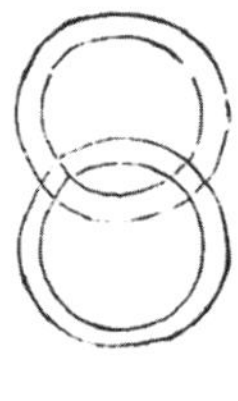

右碎葉國錢洪志曰鑌鐵爲之形如連環聖歷中御史封思業使西域得之按新唐書西域傳出安西南地千里東曰熱海西有碎葉城

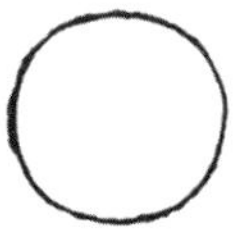
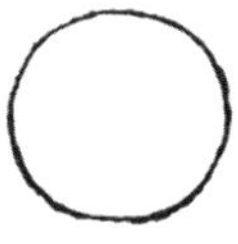

右天竺國錢新唐書天竺漢身毒國也或曰摩伽陀曰婆羅門宋史婆羅門僧永世自云本國市易銅錢圜徑如中國之制但實其中不穿貫洪志載天竺錢亦不穿貫面無文與此錢合

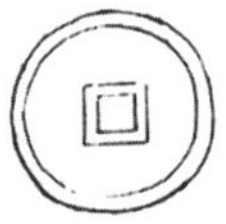

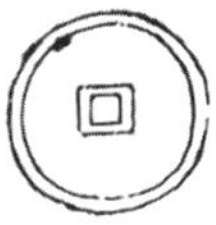

右梵字錢一洪志曰此錢銅色純赤文不可辨大抵類屋馱吐番錢今按此錢蓋以赤銅爲之與泥婆羅錢同

右梵字錢二俱不可識或曰後一種爲空界起雲四字洪志圖一爲屋馱國錢一爲吐番錢按屋馱即伏陀近吐番並西域境多浮屠文字吐番與唐世爲昏姻故其錢背文有甲痕仿開元也然於諸史皆無證今附入於天竺錢之後

右倭國延喜通寶錢詳見洪志按舊唐書倭國者古倭奴國也去京師萬四千里頗有文字俗尚周制

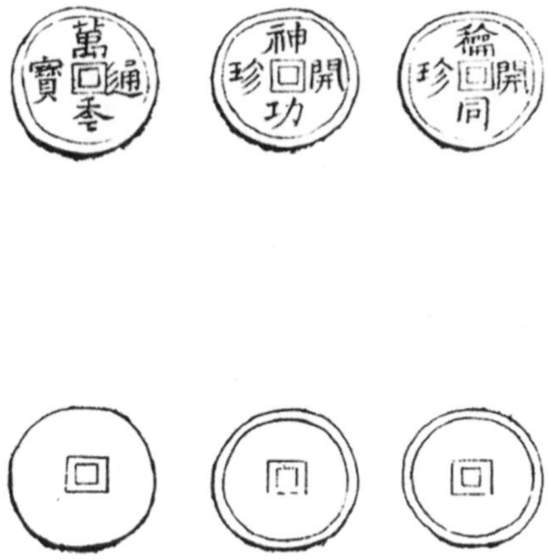

右日本國錢四種曰和同開珍曰神功開珍曰萬年通寶曰隆平永寶皆隸書洪志引舊譜言並徑寸重五銖按新唐書言倭惡其名更號日本咸亨元年遣使來賀自云近日所出以爲名或云日本乃小國爲倭所并因其號則日本即倭耳故宋祁不別爲倭國傳

右日本國乾文錢宋史雍熙元年日本國僧奝然與其徒五六人泛海而至獻銅器十餘件并國圖職貢令王年代紀各一卷奝然善隸書云其國交易用銅錢文曰乾文大寶按今所收錢鈌大字如洪氏圖亦隸書與前四種同

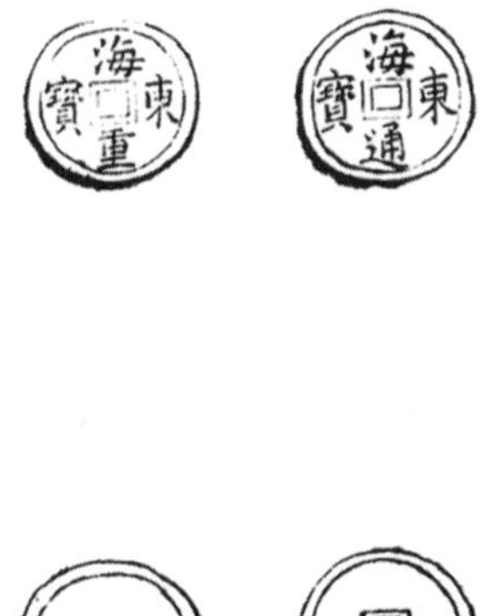

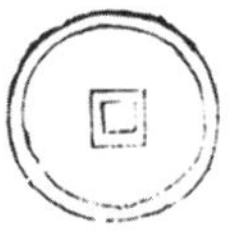

右高麗國錢三種宋史高麗一曰高句麗地産銅崇寧後始知鼓鑄有海東通寶重寶三韓通寶三種錢又按朝鮮史略三韓馬韓辰韓弁韓也

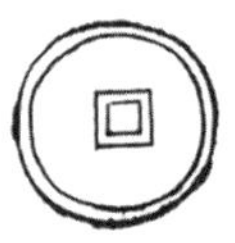

右篆書海東通寶錢洪志有此引雞林類事云通寶錢有篆文者製作特精

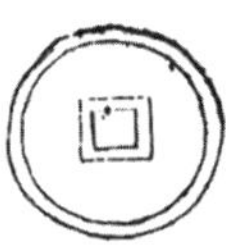

右東國重寶錢董譜洪志並謂高麗所鑄

右交趾黎字錢宋會要載秘書丞朱正臣言前通判廣州時交州人貿易多擕黎字錢及砂蠟錢按宋史太平興國八年黎桓自稱權交州三使留後雍熙三年賜桓節鉞蓋黎氏據交趾最久此錢穿下黎字記所鑄也

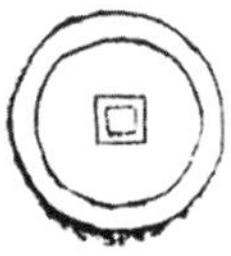

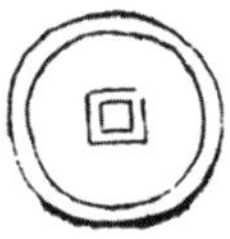

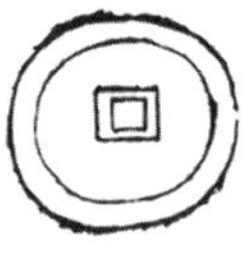

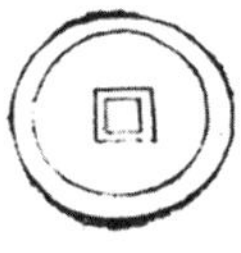

右無文金銀錢按巴氏俠氏賨氏小月氏大秦國東沃沮河鉤羌波斯國高昌女國于闐杜薄新羅佛尼呵耆尼屈支迦畢試靚貨邏梵衍三佛齊層檀南毗俱以金銀爲錢悉無文而莫可分别今名録一品不敢如洪氏强爲綴屬也

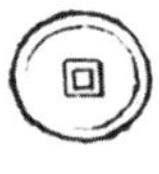

右無文小銀錢按新唐書投和在眞臘之南以農商自業銀作錢類榆莢此小錢倘是耶

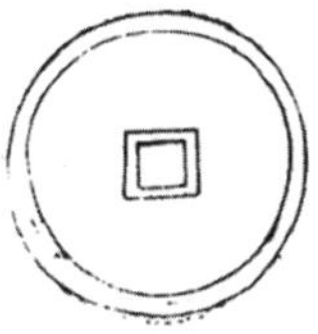

右一品洪志有之引李孝美説此錢徑寸五分重十五銖其文直書下注云或曰是外國鑄今錄於異域諸錢之後

右四品文俱曰天下太平背作水紋及迴波或二人或四人九人皆如舞蹈狀形容太平之樂事紀盛德也

右一品李孝美謂文曰皇帝萬歲曰忠孝傳家洪志所錄有此錢按前漢書高帝紀殿上羣臣皆稱萬歲稱天子曰萬歲始此

右一品文曰長命富貴背文有仰月形按崇高莫大乎富貴富貴二字相聯屬始此又風土記端午造百索繫臂名長命縷

右一品文曰長[illegible]李孝美曰見此錢於汝海王寀家

右一品文曰五男二女三公九卿按周禮揚州其民二男五女又五男二女見東京夢華錄三公九卿語本禮記又三公上應垣宿九卿下括河海後漢李淑語也

右一品文亦曰五男二女面背同

右一品文曰金玉滿堂老子道德經語也背文作雙螭蟠繞謂有所謂異錢雖不見於傳記然制作之近古者錄之如李唐撒帳錢其文曰長命富貴金玉滿堂忠孝傳家五男二女天下太平云云以上數種皆是按唐睿宗女荆山公主出降鑄金銀錢撒帳故董逌謂李唐撒帳錢然此則並以銅爲之特仿其制度耳今内府所收正用諸品而外岐出不同亦莫識其何所用之如洪志奇品神品諸類併著之於圖亦好古者所不廢也

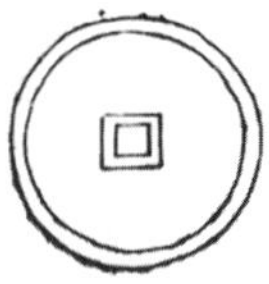

錢錄卷十五　四

耳

右一品文六出六字按晉書石勒載記建德校尉王和掘得一鼎容四斗中有大錢三十文曰百當千千當萬故洪志謂之鼎錢此錢制不爲大而文同蓋後人仿造取吉語

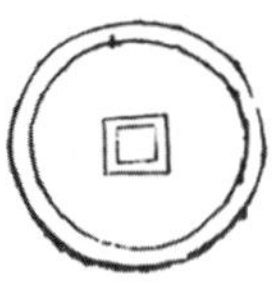

右瑞錢按南齊祥瑞志泰始中世祖治盆城得一大錢文曰太平百歲此文同

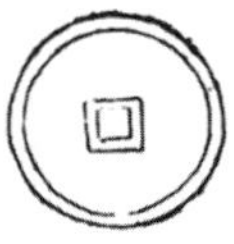

右瑞錢按三國典略北齊文宣帝即位廣宗郡獻瑞錢文曰歸于聖帝此文同

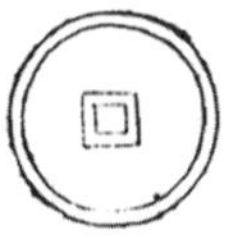

右一品洪志謂之長年錢文曰長年太寶按宮閣記未央宮有宣明長年温室昆明四殿又唐書禮樂志玉牒以通意於天或祈長年錢文蓋祈年意也

錢錄卷十五　五

右一品仿五銖制故文曰五銖穿上下横出君宜侯王四字猶詩稱宜君宜王耳

右一品文曰定生貴子按公羊傳子以母貴母以子貴則貴子其說已古非近代語也

右一品一面曰日入千金一面曰長毋相忘按公羊傳注百金猶百萬也古者金重一斤若今萬錢又史記平準書注黃金一斤直萬錢非也秦以一鎰爲一金漢以一斤爲一金云云今人但知以二十四銖爲一金因録此錢並誌之

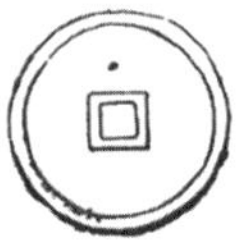

右一品洪志謂之豐樂錢李孝美曰有辨古文者謂是天清豐樂四字亦吉語也

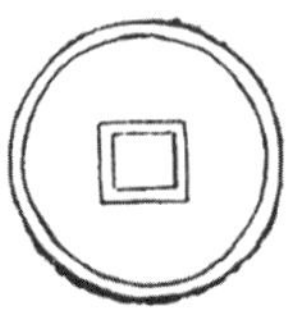

右一品文曰千秋萬歲背文夷漫

右一品文與前同一面作蟠龍抱珠之狀

右龍鳳錢二種背文一作翔鶴四一爲四人各執刀楯之象象武舞也

右龍鳳重輪錢永通泉貨用南唐後主錢文也

右龍鳳錢刻鏤瑩璀面背無異

右雙龍錢二種微有小大俱空鏤與前品同

右雙龍錢面文凸起背無文

右雙鳳錢空鏤面背同

右雙鳳錢

右龍文錢

右一畫龍文錢與前品並如洪志

右一品一面爲龍鳳各一一面爲雙魚

右雙魚錢二種按漢唐器多爲雙魚形此前一品洪志有之引洞冥記名輕影錢後一種面背並空鏤如一

錢録卷十五　十

右臺閣錢空鏤爲樓閣人物之象

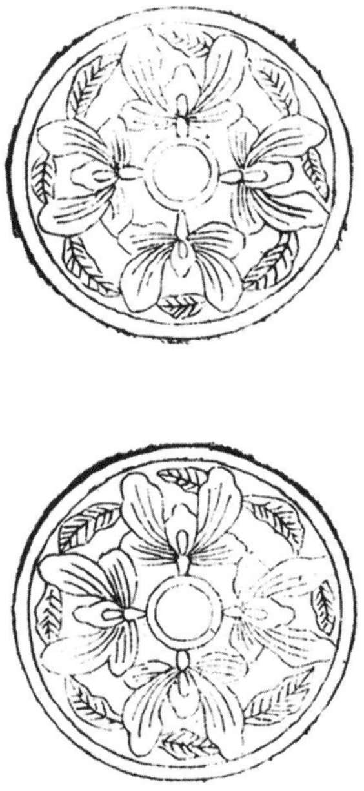

錢録卷十五　十一

右二種舊譜謂之花錢並空鏤二面與前同意皆撒帳錢也

右龜背文錢太平百錢四字用梁武帝時錢文也

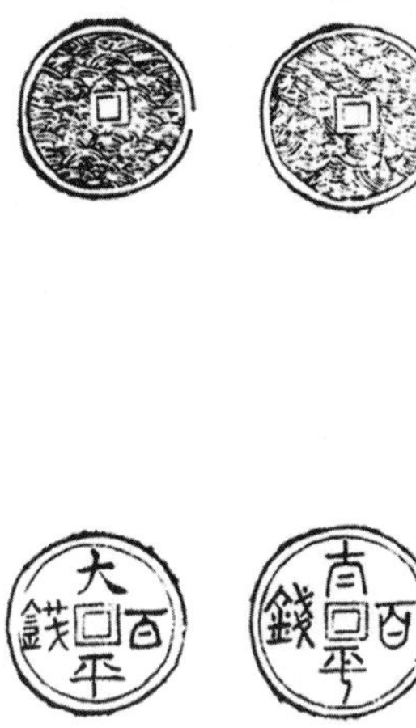

右水紋錢亦曰太平百錢作篆隸二種

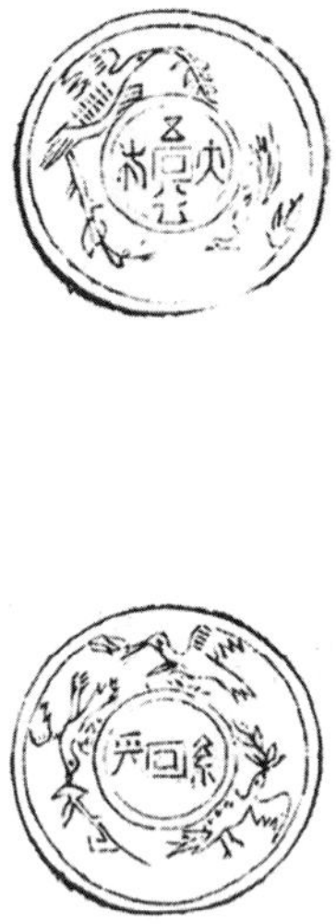

右雀錢一面爲雀形二翩飛上下一面作三雀銜花之狀洪志謂之三雀錢中篆五行大布四字用後周武帝錢文也又二字不可識

右一品洪志謂之四事錢二人相向一立一跌坐上下作飛走物各一背文茀漫

右井紋錢面背同亦見洪志

右羅紋錢

右翅紋錢並與洪志所錄同

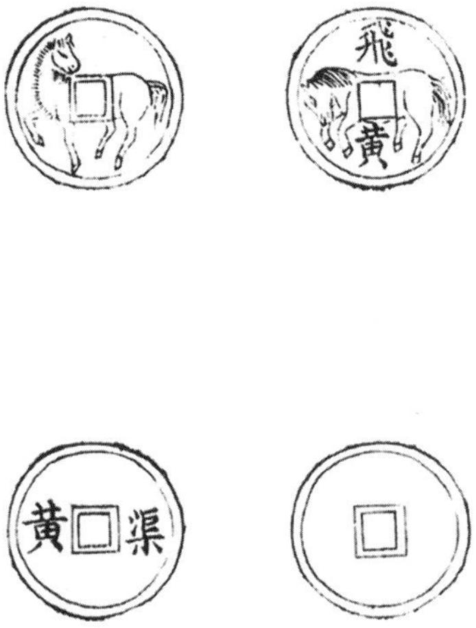

右二種曰飛黃曰渠黃按飛黃爲六閑之一渠黃爲八駿之一所謂地用莫如馬耶

右一種周郭如常制別作三柱外出按舊唐書元和元年黃河岸塌處得古錢方孔三足豈即此錢耶從洪志附錄於此

右一種名蟻鼻錢亦詳洪志

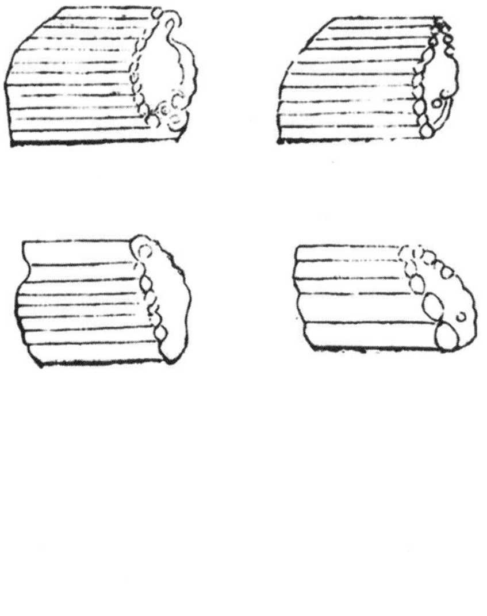

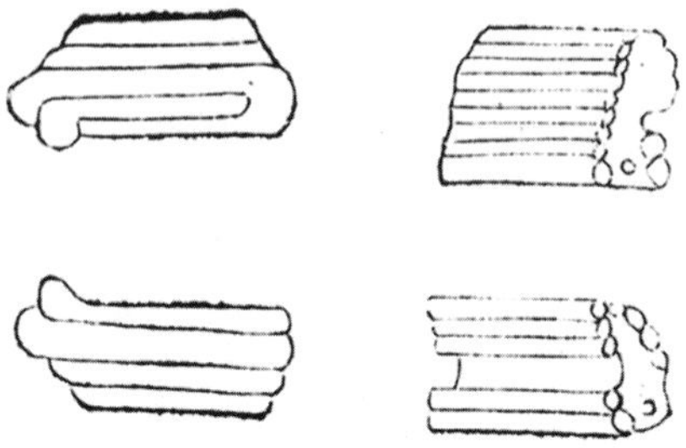

石藕心錢凡五按洪志引舊譜曰世有此錢狀如博棊下闊如藕挺中破狀其上有首形如稱錘身有孔號爲藕心錢此前一品是也後四品俱見宣和博古録

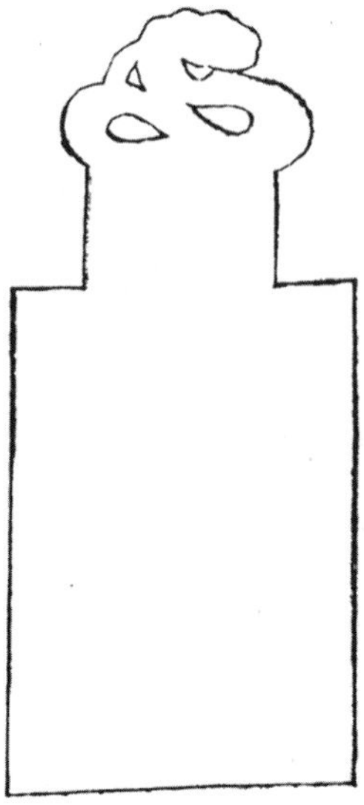

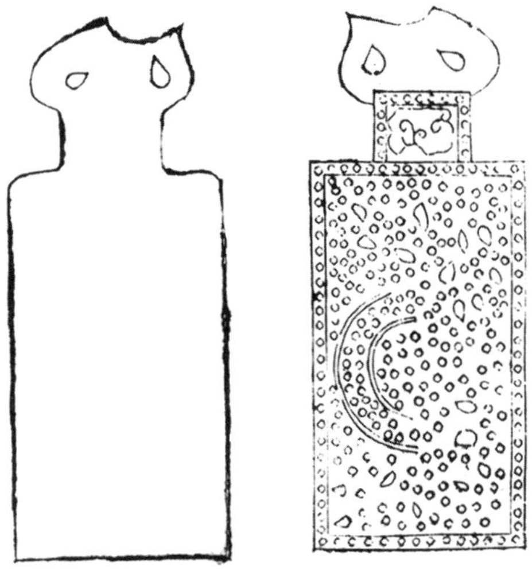

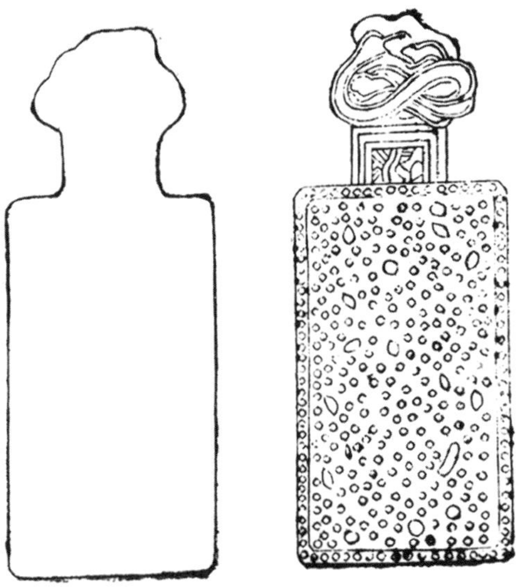

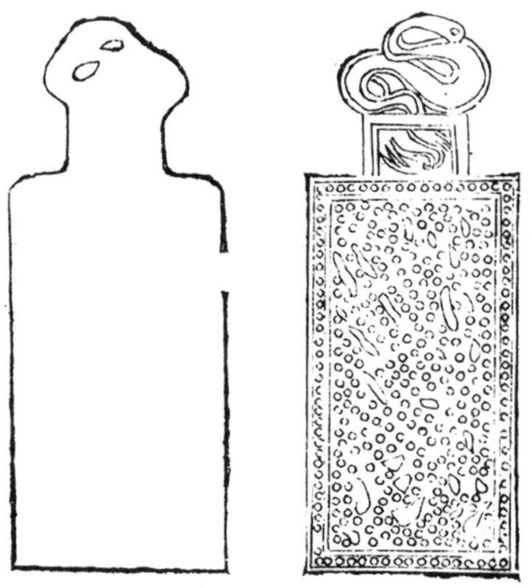

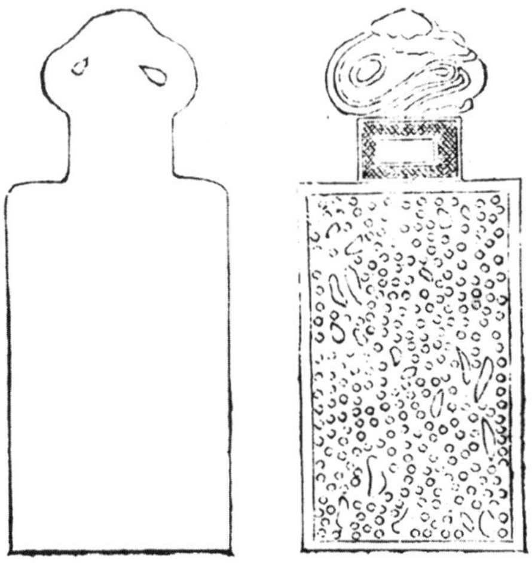

右五錢並見博古圖錄謂是厭勝錢今仍之

右辟邪錢中作符篆上下書福德二字一面作立獸如辟邪又方圓各一孔蓋以施組紃佩之用祓除不祥西京雜記史良娣合采宛轉絲繩繫身毒國寶鏡即此義也

右辟兵錢一面曰去災除凶一面曰辟兵莫當旁作星文繞之務成子所謂琢琢如玉連連如珠者耶

錢錄卷十六　四

右太上咒字錢道家有太上太初太始太素太清諸名號按雲笈七籤太上者大道君誕於西那天鬱察山浮羅嶽丹元之阿云云其說至爲虛誕此錢稱太上是也背上書符一人作叱鬼狀二人俯而聽命外爲三孔取其可繫用以作耳

錢錄卷十六　五

右虎符錢按道家有神虎上符消魔智慧經其釋文曰神者靈也虎者威也上者太上符者信也銷魔者滅鬼也智者日中之星也慧者宜以生生爲急也此錢面文書符上作虎頭背文揚旗按劒勢若擒捕鬼物上麗以星文與釋文本義俱合

右符印錢背孫思邈作入山符文畧彷彿背文爲星官又一人跽而供花隨以一鶴

右符印錢背文爲壽官又肖生二

右天罡錢漢書玉衡杓建天之綱也又晉書北落西南一星曰天綱參同契注天綱即北斗也道家以禮斗爲修攝而白玉蟾琅書序云作爲符圖印訣罡咒之文此錢文葢罡咒耶

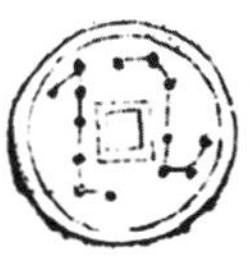

右北斗錢一面作七星文凡二一面曰大泉五十用新莽錢文也舊譜謂蓄之辟水

右北斗錢一面作七星又龜劒各一一面曰大泉五十與前同

右北斗錢與前品同背文曰永通萬國用後周宣帝錢文也洪志又謂之元武錢

右北斗錢文作九星其二麗於旗蓋北斗原九星七見二隱道家謂內輔一星外輔一星見之者吉又交劒上舉又一人帶劒屹立洪志謂之青溪宅錢緣南齊書祥瑞志所載齊世祖於青溪宅得錢一枚文與此合也

右北斗錢一面爲七星縈繞中作交劒下爲龜蛇糾結之狀蓋元武象北辰方位也一面爲十二地支並肖生爲之

右北斗錢洪志有之引顧烜說云此錢面文爲北斗軒轅之象背文爲立戟龍鳳之形謂之北斗星錢亦謂軒轅錢

右星官錢一面作星官符印朱雀龜蛇之象一面文曰皇帝萬歲其制亦出於道家爲祈祝製也

右一品楷書本命星官四字按道家有祭星法常以其受生所直之日祈請司命語詳於洞章諸編下作星官一盞南極北極中央一則旁作龜鶴皆道家養生之說著之錢文亦祈壽之意一面爲十二屬

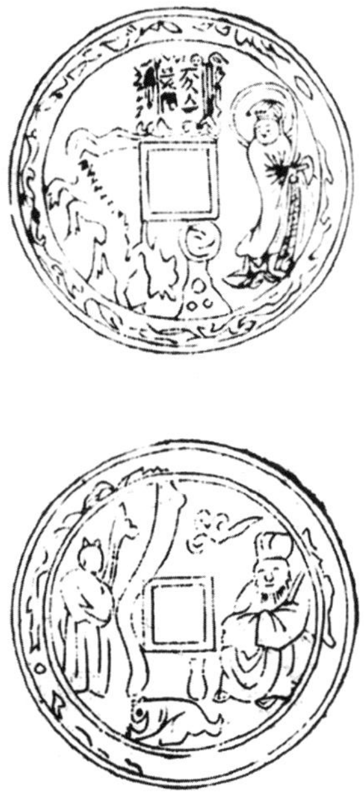

右一品與前同亦作星官狀下爲鼎旁有一龍取象辰位也一面爲一人趺坐一人執杖侍蓋南極老人之義

右一品一面作星官又龜鶴各一上爲玉兎一面作水紋篆書凡四可辨者萬國二字

右支錢一面爲十二屬一面作樹下一人趺坐前一獸爲俯伏狀

右支錢二前一品背文闇湛不甚可辨下仿彿作龜鶴形

右支錢二亦肖十二屬特錯綜參伍與他品異前一品無字背文爲神仙龜鶴之象後一品背文全蝕不可辨

右四神錢朱雀元武青龍白虎並肖生爲之

右一種亦肖生洪志並謂是四神錢一面曰永安曰五男意如諺稱永保平安者而李孝美謂篆文如後魏永安五

銖此錢蓋爲祈祝用不必泥永安二字遂謂後魏紀元年號也

右一種作兎犬各一亦地支所屬也

右一種右文卓劒左文爲龜蛇各一背文大泉五十與前北斗錢同

右三辰錢日月各一又爲北斗七星元門寶海經曰陽精爲日陰精爲月分日月之精爲星辰一面曰常平五銖用北齊宣帝錢文也

右日月錢日東月西作麗天之象

右明月錢如篆書明月二字

右星月錢作刀從星狀

右雙星錢穿四圍俱作二星連珠洪志謂之八星錢

右雙星錢二星在穿上

右三星錢穿上下俱作三星連珠洪志謂之柄文錢

右七夕錢牽牛織女取會合意也亦見洪志引舊譜謂穿上爲花穿下爲草

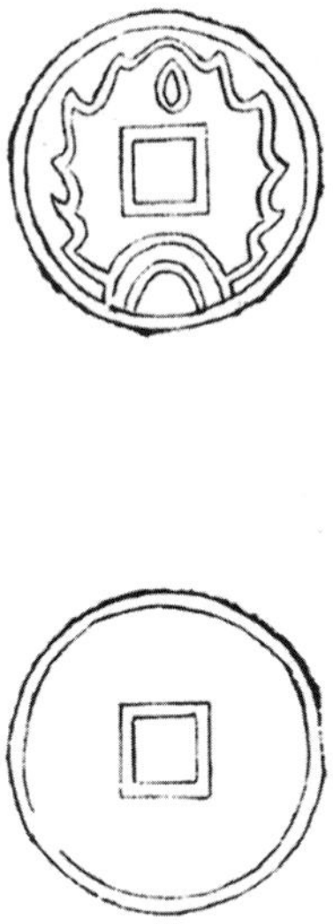

右一品穿下規作半月形有光燄燄騰上如火珠

右一品爲八卦位列一如文王後天圖外環以十二屬面爲星官符印亦道籙也

欽定錢錄卷十六

同治甲子年鐫

古泉匯

利津李氏石泉書屋藏板

前序

李竹朋先生為余序泉選亦索余序
其書余經年未敢下筆以泉之為用
先生已備言之歷代譜家皆備言之
余復何言近代譜家之得失余為劉
文燕庭序泉苑亦備言之今更何言
頤余荷先生下交且先生之書又不
可無余一言無已姑就余所見諸家

之泉其詳略有不同等者述之以塞
責可乎夫泉譜不備不足傳不精不
可傳備且精而無新奇可喜之品為
諸譜所未載亦不得以傳余雖長貧
賤而諸名流之謬相引重匯朝夕矣
戴醇士大司馬吴子苾閣學吴我鷗
觀察僅以神交葉東卿世丈陳壽卿
前輩富於金石於泉也不尚專门李

古農前輩陳式甫明府吴霖宇徐諫
何錢海内兄所獲皆少於余古農善
疑所收惟齊刀為勝式甫霖宇嗜泉
均非余選定不可式甫但取備格不
貪多霖宇為先生高足曰予賜以豐
貨泉遂訂交選泉必取其精錢海與
余則時相誇耀剖觀感捧腹獨劉子
敬姻丈藏泉最富與翁文宜泉稱石

友余嘗慫慂其著譜至引後毋誰知
梓定吾丈者為勸措乎不果念之慨
然集大成者厥惟劉丈燕庭余獲徧
觀之其所得之奇不下數十品而宦蜀
所收南宋錢泉出奇制勝至三百種
尤昔人所未見未聞有古泉苑一百
卷藏諸家呂堯仙中丞稍次之曾寄
示孝建四銖五十四種使人拍案稱

快覩後從因霖宇獲交於先生盖耳先生名者十餘稔矣先生一見即引為入室每過從輒出所藏相示其精且多與燕庭丈相埒而詳人所畧莫過於列國幣小刀各多至三四百種視燕庭丈之鐘幣百餘種洵足為向來譜家補憾嘗與先生徧舉諸譜所載刀幣寥寥獨先生之方足幣尖

足幣磬折刀背文紀數皆有自一至十及廿卅諸字不特人所未備亦多人所未知矣首刀文字亦影疑數者多歷年所銅質久朽不及早裒集以廣其傳恐更百十年必無有知前代制作如是其詳至者不大可惜乎初思與先生共輯一譜以諸家之泉余所人曾徧拓之又各有創獲合之可四

五千品於裒衆說彙為巨觀惟其顧太奢憚不克副莫若先其所易就先生獨得之秘自來略焉弗詳之刀幣壽之棗梨俾無負數十年搜抉之苦心而亦實足為後來者擴充眼界既備復精視劉之錢泉呂之孝建又同一新奇可喜於諸譜外自樹一幟兼以見一刀一幣之細掉以輕心即無由

周知其故推之入而讀書出而涉世一端稍稍忽略必終其身芒芒然斯即小可以觀大矣世之讀先生譜者當勿河漢斯言咸豐八年秋歙鮑康序

後序

余既為竹翁序泉匯矣念同好零落殆盡惟吾兩人得聚首京師無數日不相見見輒談泉以為樂適有友携泉至都者余為竹翁作緣購百數十品由是古泉之興日以熾竹翁嘗笑謂余曰吾輩皆百年過半之人偶得一小如榆莢之泉傳觀歎賞詫

為得未曾有旁觀必有大笑為癖絕者此中真樂洵不足為外人道也余以竹翁所藏刀幣甲於同人勸其先著一譜竹翁曰善矣然猶有憾也以吾兩人生古泉極盛之時又偏識海內藏泉家凡奇異之品得一一拓而存之繁富夥莫可殫究時哉弗可失不早為訂一全譜數十年後日就散

佚未必有集大成如今日之盛者近代刊行之譜惟初氏吉金所見錄為最多他如翁氏之彙考劉氏之泉苑惜乎皆未成編而初氏所輯幼時歎為巨觀者實祗千數百品今吾兩家之泉拓殆過之三倍盍同著一譜以永其傳乎余聞而欣然頃日馳逐軟紅塵中百務紛乘栖遑從事不得不以

此事推袁竹翁亦遂奮然濡翰每脫一稿先以相示余有所正即時改定參互考證不憚至再至三薈萃衆說折衷一是不詭異不茍同稍有可疑者輒置弗錄並遂都藏數百種益以諸家墨本得泉凡五千有奇洋洋乎大觀哉後來者不可知而空前一語信足以當之矣雖余也抗塵走俗而

得暇輒與竹翁羅列泉幣斷其時代之先後證其筆画之異同辨析其輪郭面背之各從其制往往剥及毫釐至忘晷刻尤喜竊名卷裏附驥以傳其欣幸有不可殫述者遂濡筆而為後序咸豐九年秋歙鮑康又序

自序

今天下有一無所好之人也哉信而好古者聖人也敏而好學者賢人也下此則名利之好食色之好常人也乃世人動曰無好豈無好乎抑不能好聖賢之好而好常人之好其好有不可告人者乎余不然不特為好且多所好童年好音律好圍棋好花木以及印章硯石紛然雜陳而好且鶩廣而荒而不能自禁也弱冠後複有金石書畫之好而金石中尤以古泉爲專好以家貧不

能鼓鑄罕此種微者或易致也初居里門囿於偏隅見聞未廣從游歷下之任城往來齊魯鄒滕間隨地訪求漸有增益通籍後供職都門所見日富仍苦好之而無力然遇賞心動目者每不惜重直購之雖輟

衣減食弗恤也而海內同好者如劉子敭吳我鷗戴醇士三君暨呂堯僊中丞李古農司馬顧湘舟參軍及吾鄉之劉燕庭方伯吳子苾陳壽卿兩同年皆得訂交諸君子亦互有投贈於是乎積而多矣且謂家

異泉俱經借拓裒然成帙紙墨之富尤足償所好焉每當窗明几淨展轉摩挲覺古香古色深溢几硯間引人入勝視尋常嗜好殊醰醰其有味也迨出守臨汀僻處山隅孤陋寡聞向所好者度閣數年幾

澹焉忘之今春重入春明曩昔良朋或歸道山或返故里即欲續古歡訂舊好亦不獲壹晤一人撫今追昔又不禁感慨係之矣而幸遇鮑子年中翰子年亦與予同好者也出所藏泉相與質證往往見所未

見新志劍解亦或聞所未聞且助
余搜羅間有新得而夙好復怦怦
欲動烏子年曰吾兩人之用力勤
矣子閒居多暇盍彙為一編乎余
曰唯因念泉譜著錄隋經籍志唐
宋藝文志鄭氏通志馬氏通考王
氏玉海皆收之而顧烜張台陶岳
李孝美董逌諸譜錄僅存其名今
世所傳者惟宋洪遵泉志一書為
最古又往往為人所訾明代邱濬胡
我琨徐象梅諸家之譜亦不槪見
我

朝著錄者所見甚夥各抒臆見俱
成一家言然精嚴者或失之簡略
賅博者或失之繁蕪未免不備不
醇之憾況幸際
昌期地不愛寶近者出土刀布多
為古所未有者而圜錢出愈出愈
奇使非續為著錄聽其散佚豈不重
可惜哉因取歷年拓本參攷諸譜
逐加詮釋共為六十四卷或有誚余
者曰以有用之精神坐消於阿堵
中子之好不亦癡乎余曰否夫泉
之為物雖薄而用可重也間世

有一物而無歷代之文字者乎曰無有也問世有一物而閱歷朝之制作者乎曰無有也刀布之古文奇字多六書說文所未備漢唐以後之泉則篆隸真行一代之書法俱在是文字變化之無窮更勝於碑版也範金合土歷朝之制度見焉利用厚生歷朝之利弊見焉况標新領異之泉尤多舊史食貨志所未載者論古者按圖考稽亦可補志乘之缺而正其譌是制作沿革之所關尤重於彝鼎也則余是編竊

附於不賢識小之列而即小見大固不僅快一人之嗜好亦不僅供同人之玩好已也雖不能好聖賢之好較諸所好不可告人者不有差勝一籌者乎遂付剞劂以公諸當時之同好並貽天下後世之同好者

國史館舊史李佐賢自序

題詞

同癖易締交不以秦越限御李雖已遲聰燭欣快覩珍奇互餉遺所得亘不淺（蒙惠孝建四銖諸奇品）阮囊余自嘆羨君泉萬選海內幾同心一一尙青眼吳（我鷗方伯）劉（青田燕庭）方伯觀察嗟宿草陳（壽卿前輩）呂（堯仙中丞）渺雲巘靈光幸有君壯歲躋通顯視草玉署寒作霖名郡典閒年未五十遽爾輕軒冕獨於金石親晨夕一編展奇文補續斯古香剔苔蘚渾忘夏日長相對吟髭撚壽世豈在多片長亦宜勉悠悠千歲名努力事刪撰　子年弟鮑康

九天閶闔排帝都茫茫人海誰通儒吾鄉贊皇李學士一時隆望名寰區玉堂上仙藥榜首臨汀五馬飛輕鳧文章經濟所植厚鳳毛先輿繼大蘇識荆葦下拜山斗陳遵介紹言不誣（荃聞陳壽卿太史推許龍門至都幸慰仰止）入座春風荷噓拂對非自棄羞故吾束修未奉先生饌晝寢深慚弟子愚（荃夙願以帖括受業門下）別來天末感離索挑鐙快讀藏泉圖自古泉法恒河數一一考究詳錙銖大布安陽辨魚腸山中金爪誤可吁沂州銀刀即齊化太公杏九眞牽拘周室圜法寶三六以次銖兩與莢榆正品僞品及外域不遺山陬逮海隅藏古更具論古識豈忽亥豕昧焉烏積累富非和嶠侶賁鬻諷唫頳炟徙元圃舊弆出所有無非木難同珊瑚當年

劉寵精入選廉泉飲水羸金無（謂劉燕翁年丈）同時參軍詩俊逸幸得邂逅來天衢（謂鮑子年先生）諸公大雅博古學豈第玩物爲嬉娛形上悟道形下器此譜述古情何殊示我大發季札歎急請前席拜氍毹廿年痴嗜享敝帚靦顏獻醜愧小巫風塵潦倒燕市月幾輩交遊終不渝荷公忘年許追侍評詩瀹茗時徵呼蒙公乘暇與討論高齋書響同捶摹（今夏於人海藏廬拓泉竟日）遺我此冊楷模具什襲豈僅雙南珠他年載酒問奇字公門濟濟容濫竽感恩更有征西老（杜筠翁先生實深知己之感）同公青眼忽拙迂相見乎泉乞問訊詩成寄上應胡盧　東武後學鍾淦

我聞毘陵承氏家藏秘不數洪遵有泉志君今續作博古圖往往一枚售百銖冪文深淺土花豬拓成蟬翼工鉤摹我家舍人有錢癖（謂家兄子年）嗜古與君稱莫逆都門遥寄吉金編欲與君書誇合璧想見軸風吹劫灰靈蛇夜語銅山開晁則腰纏今雅玩顧廚應訝明星來嗚呼神物茫茫那易得剪鑿年深眞贗積摩挲古字認前朝歷歷興亡歸一滴君不見陰陽爲炭天地鑪五金之氣青不枯他時索驥圖重按好辨人間蝌斗書

桐舟弟鮑瑞駿拜稿

賤子素抱古泉癖何期雅嗜逢先生先生辟縈啟清閟日設寒

具招友朋法書名畫列珍品商彝周鼎蒐殘銘卌載收藏儲秘
笈其中古幣錚有聲拓將繭紙每示我開函一陌鯨文騰我思
有梁顧氏烜始訂譜作考歷歷相代興封演張台陶岳杜鎬半
庵擬李元董逌十卷多無徵文安泉志詡精覈亦復天神品目
臚縱橫萊陽初翁捃餘論好古一家傳慧燈此卷更發天地秘
標新領異搜羅精豈徒年號辨三體廬山面目開真形史擂相
斯慎選擇生沙活碧工品評嗚呼帝王法物數千載水侵土蝕
兵燹經先生磨洗出光怪九府一一標其名編成壽世定千古
金石錄漫誇明誠如許腰纏上掩漢唐宋跨鶴何必揚州城合
看畫星夜月光滿室定有童子衣銖來上清

後學周士澄未定草

古泉滙　卷首　題　三

題李竹朋同年古泉匯長歌用禁體避金旁字

富有四海已稱首富有千古古未有儒生囊括百世王賀哉汀
州貪太守太守眼光直出三代前總攬四千餘年天子所執之
利權太守心力足以資論討能辨七十二家升中而王之國寶
陶虞冶夏煉商煆周所不待言太昊以來之泉刀布幣罔弗條
貫其輪郭與肉好狀之以書繪壽之以梨棗使之流傳天地間
無不家喻而戶曉昔在長安十二秋海王村裏苦搜求今日寶
駿馬明日質貂裘博古齋中洛陽賈坐獲重價如山邱歸來檢
點尚缺某朝與某帝求之不得攢眉愁天外得之出意表摩挲
大笑輕王侯藏之每嫌縑箧隘夜吐精芒發光怪依樣寫出三
萬六千餘滿紙動色若與鬼神會千府百庫取諸腹笥而有餘
吐納於其胷中而曾不芥蒂太守博物才圖說先草創大兒箋
註工快劍利矛森相向小兒筆有神雙管齊下難名狀奚奴書
婢滌染麝盥吮毫頻擘窮形盡象一家材藝世無雙太守掀髯
一神王刊布人寰我所獨著作名山豈多讓開卷寧莫當掩卷
貧如洗畫餅充飢飢難充望梅止渴渴不止方今戎馬遍四郊
十村萬落生荊杞大兵所過皆荒年民生凋敝伊胡底欲尊之
爲神寒不可以衣人餓不可以食人欲親之爲兄呼將呼伯總

古泉滙　卷首　題　四

不屬絶交之書太無情側聞三秦滇黔方岀師飛芻挽粟大農日夜愁度支何不捆載此書稽首獻丹墀俾得權其宜古宜今之法而用之

年愚弟張銓

古泉滙總目

古泉匯首集卷一

凡例

一是編分爲四集曰元亨利貞元爲布亨爲刀利爲圜法正品貞爲異泉雜品而四集之中又各從其類如布則有方足尖足圜足空首之別刀則有齊刀明刀尖首列國異刀之別圜法則有正品附品外國之別雜品則有無考變體厭勝仙佛花紋馬錢泉范之別分門別類一目了然四類之外別以凡例目錄歷代著錄古泉臆說諸家泉說爲首集

一古布文字奇詭路史溯自三皇五帝諸譜有從其說者然代遠年湮考古者不免滋疑吉金錄則斷自周列國爲始然考其制作色澤似有商周以前者今未敢臆斷統名之曰古布以免後人聚訟至刀則確屬周列國物從來未有異說圜法自周秦以下有年代可稽者亦無異說其無年代可稽者間有一二不從舊譜非敢好爲苟異譬經傳之有別解章句之有外注各抒己見不妨姑存此說也

一泉譜自梁隋唐宋以迄明代著錄者不乏人今多不傳傳者惟宋洪遵泉志一書迨我

朝汲古之學超軼前代

西清古鑑泉錄食貨作經燮乎尚已至諸儒著錄者不下數十家就中初渭園之吉金所見錄決擇精審翁宜泉之古泉彙考搜羅宏富此外諸錄亦各有心得今所摹之泉凡舊譜所未見者斷以臆見凡舊譜所已見者多採取各譜之說仍爲註明不敢掠美也

一舊譜之泉近代已不能盡見而近代新出之泉亦多有古人所未見者況作僞者愈出愈奇其精者足以炫法眼於中決擇不敢不慎茲編取所及見間有一二從搨本者亦必確知其非僞而後收之凡未經目覩及見而生疑者概不濫入或不免寡陋之譏然課虛失實之誚吾知免矣

一按通志大昊氏謂之金高辛氏謂之貨陶唐氏謂之泉商周謂之布齊莒謂之刀周九府圜法始謂之錢又按管子上古通謂之幣周初圜法謂之布國語景王始謂之錢其說小異要之泉之稱在前錢之名在後言泉可以概錢言錢不可以概泉也故此譜以古泉匯名之

一考古雖祇重文字而制作之大小形模之長橢字畫之變通非按圖索象則註解難明故先繪其形後釋其義

一泉之面背俱異者固需盡摹若面異背同者則盡摹面文祇

摹一背文若面同背異者則盡摹背文祇摹一面文以免繁複
一面背俱摹之泉則用通格其專摹面文與背文者上下二泉易致混淆則用横格界之若刀之專摹面與背者則用竪格界之俾閲者一目了然
一刀布古文奇字有不可盡識者姑闕疑以俟考不敢附會强作解人也
一舊譜於泉之銖兩輕重徑圍尺寸有載之甚詳者余性懶頗憚其煩且尺寸有圖可按輕重則歷年久遠間有磨滬未可刻舟求劍故概置弗論

一凡舊譜泉今未見者不圖其形以徵信也仍存其目以備品也元亨利三集刀布卽附刀布之末圜法卽按時代附各朝之末若面文大同小異或背文異者卽附注於各品之末惟貞集異品種類繁夥時代無考今有古無者固多古有今無者亦復不少若按譜細載終不免掛漏且厭勝等錢無關制度卽無足重輕今第摹已見若未見者卽從略不載其目
一古字難識故先釋其文後解其義秦漢以後之泉字畫易辨故不復釋文周圜法與刀布同亦注解不先釋文者以歸利集一類也
一自周秦以及明代皆爲圜法就中惟新莽之刀布南宋之錢牌稍變其制亦併附圜法之內以時代爲次序也
一半兩秦制最大漢莢錢最小高后之八銖倍於四銖者皆不難辨惟文帝武帝錢大小相似今以無外郭者屬之文帝有外郭者屬之武帝
一五銖自漢迄隋歷時最久形製亦最繁今以確有可憑者屬之某代如四出兩柱女錢白錢之類其無確據者亦皆六朝以前物故統附六朝之末

一歷朝分據各國及僭竊之品皆屬附品蓋彼雖未承大統而所鑄之錢固屬正用不比厭勝也故亦以時代爲次卽附正品之後
一泉之文同而大小異制者以小平錢冠首其過小過大者以次附後其非小平錢者則以初鑄者冠首而後鑄者附之如大泉五十大泉當千之類所直既多自應重大重大者確係初鑄輕小者非後鑄卽盜鑄也
一唐宋以後錢法愈繁其銅鐵兩種者則先銅而後鐵其大小迭增者則先小平而後當二當三當五當十以次迭加其所

直均而文小異者則先元寶而後通寶重寶先篆書而後隸書眞書行書先正品而後別品

一正品錢之奇異者如大泉五十永通萬國五行大布背文星劍之類皆歸入厭勝品如半兩一二三畫五銖星開元月之類並非厭勝仍歸入正品

一明末僭僞之品本不應存茲仍循舊譜之例全存其目而不盡摹其形

一無考錢及外國錢多有銅質粗劣字體漫漶不堪摹刻者今亦存其目而不摹

古泉滙　首一　五

一厭勝等錢日出不窮收不勝收摹不勝摹今特就所見之字畫精而色澤古者摹之此外遺漏者尚多不求備也

一塗金錢所見五銖及傳形五銖永通萬國開元等錢皆有之當時或備宮闈之用或民間吉禮所用皆未可知仍係正品並非別品故皆不摹

一錢鈔舊譜有收入者元鈔今已罕見明鈔所見尚多皆以紙爲之並非錢質故不錄

一泉背曰幕集韻幕音縵平而無文曰幕如周圜法秦漢半兩背平者皆可稱幕若背有郭及有文者似不應以幕稱之今則統稱曰背以別於面文

一泉範所以鑄錢故附於泉譜之末此外如漢洗內有五銖錢文者王莽威斗內有大泉貨泉文者以及歷朝錢鏡各有歷朝錢文者所見繁賾雖具錢形究與錢異用皆從略不載

一外洋錢自泉志已載之近時劉氏泉苑所藏多至數百品摹刻既難字畫復不可識愚意是編重在文字凡與中國文字通者載之不相通者姑從闕如

一是編專爲考古徵信至我
朝錢法酌古準今永垂模楷寰宇咸遵業已家諭戸曉故不復摹刻

古泉滙　首一　六

一錢文間有應敬避之字因用本錢榻墨上板不便改易但就原字上刊缺一二筆以昭敬謹

一茲編所摹自存者居其大半此外異品則劉燕庭方伯所藏者爲多而劉吉園戴春士吳我鷗三前輩呂堯仙中丞鮑子年中翰諸家所藏者亦復不少陳壽卿侍講吳子苾閣學顧湘舟參軍李古農司馬韓淥卿孝廉鍾麗泉農部張半癡貳尹所藏者亦間有採取焉雖不敢自謂好古精鑒然諸家多當代所共推法鑒者共不致以贗爲眞庶乎可信

一是編所收泉有一種數品或數十品者皆同中有異複者不收然目錄繁賾殊難備載今各從其類如文同而式有大小或有郭無郭之類統名之曰異製字體有變化者曰變體背有文者曰背文背文數品不同者曰背異反書者曰傳形面背同文者曰合背面背無文者曰無文字有缺者曰缺文連二枚未剪者曰連布連刀連泉每一類共爲一總目曰共若干品以歸簡易

一古泉浩繁一人之見聞有限諒挂漏處固多紕繆處亦復不少況繕寫刊刻校對偶疎卽魯魚亥豕亦所不免尙望海內

博雅君子幸勿吝教或益所未聞俾得續增或匡所不逮俾得改正幸甚幸甚

古泉滙首集卷二

目錄

元集十四卷　古布

卷一方足布

虞一化金異製共二品　虞化一金

虞金化異製共二品　虞化半金

乘正尙金尙爰異製變體共四品　乘半尙二金尙爰異製共二品

乘充化金金尙爰背文共二品　乘充化金五二十尙爰背文異製共三品

安邑化一金背文變體共三品

安邑貨二金背文變體共六品　山陽異製共四品

安陰二　城

甫反化一金　泉一金化異製共二品

泉半金化　京化一金

晉昜化二金變體異製共三品　殊布當十化背十貨變體共三品

四布背當十化又連布共二品　垂背文共二品

公背文共二品　涅金

盧化涅金　口口字不可識共三品

羞陰異製共二品　盖昌異製共二品

卷二方足布
平陽又變體異製傳形共二十六品　安陽變體異製傳形共十七品
宅陽又變體傳形共十四品　觬昜傳形異製變體背異共十品
曾陽又變體鈌文共六品　尹陽
宜昜　𠃊陽
陽𠃊　陽邑變體共二品
平陰變體背文共三品　大陰變體背異傳形共五品
壤陰

卷三方足布

戈邑又傳形變體背異共四品　乘邑變體合背異製共七品
郱作邾又變體傳形共三品　郱子
郱作郔又變體背文共二品　汖邑
鉎邑變體鈌文背異共十三品　鄔變體背異傳形共十品
口邑變體共二品　祁變體背文傳形共四品
共邑　鄧變體共二品
郎變體共二品　莘邑
中邑　木邑
干邑　郝

口　鱳氏八七背異傳形共九品
鱳城變體背文共四品　王氏變體傳形共六品
王毛　土毛變體共三品
王口　皮氏背異共三品
郜氏變體共二品　奇氏
平周變體異製傳形背異共十四品　平工
平原變體共二品

卷四方足布

中都變體背異共十三品　高都變體傳形共七品

莆子變體共三品　鄤子變體共二品
鄍子　北屈變體共三品
亓北變體共二品　周是又傳形變體共六品
同是變體背文共四品　屯留變體共七品
馬服邑變體傳形背異共八品　貝丘變體共三品
貝丘一　貝丘二變體鈌文共四品
貝丘工　敹垣背異鈌文變體傳形共十四品
二口一　必如變體共二品
口口共六三品　豊在右

豐一變體共二品　豐在左
露變體共五品　涅變體傳形共七品
涿變體共三品　關變體共五品
關中
卷五 尖足布
武平背異共十品　武安背異共十一品
晉昜變體背異異製傳形共十七品　晉昜八七八七在左又變體背異共九品
晉昜八丫　晉昜八七八七在右又變體背異共五品
晉昜八七晉昜在左右又變體背異共四品　晉昜八化
古泉滙　首二　四
晉陽八化　晉
文昜　文陽變體背異共三品
文昜傳形　文昜八七
中陽變體背文共四品　昜七傳形變體背異鈇文共十三品
陽七背異鈇文共四品　七
七七
卷六 尖足布
大陰品變體背異傳形共三十七品　大陰在左又背異共三品
大陰八七　大陰八丫又鈇文共二品

大陰大品又背文共二品　壽陰背異變體共五品
平周品變體背異傳形共二十九品　平州品變體背異傳形共四十八品
卷七 尖足布
䢵氏八七背異共四十三品　䢵氏大品
䢵氏八七傳形又背異共九品　䢵變體背文共三品
兹金化變體背異共六品　郛變體背異共十四品
邪山變體背異異製共十一品　城大品
卷八 尖足布
商城變體背異共十七品　口城
古泉滙　首二　五
中都　自都變體背異共六品
閵丫變體背異共五品　閵八丫共五品八丫在左又變體背異共二品
閵八七變體背異共二品　閵八丫品八丫在右又背文共二品
閵八化　閵異製背異共五品
榆八化變體共二品　榆八七變體背異共二品
榆八丫　榆八化背異共二品
口八化八化在左　口八七變體共四品
口八丫品八丫在左又變體共二品　口八化在右鈇文背異共二品八化
口八丫八丫在右　廿八七鈇文共二品

子八七　八七變體共二品
八丁變體背異共五品　萬石
邯丹大品又背異共三品　節背異共四品
口口共二品　卌
口口共四品　八
無文
卷九　圓足布
兼正尚金尚𡙁變體共二品　萬石背異異製共三品
關背異異製共八品　魯易二

魯易變體共二品　私背宰
晉易變體共二品　大陰背文共二品
箴氏　無文
卷十　空首布
安藏變體共六品　文貨
官考　戈
武變體異製共六品　盧化變體共五品
齊𡿪金化變體共四品　無文
商變體共七品　宋變體共三品

周變體共三品　亳變體共二品
㚔　學變體共二品
文變體共二品　同變體共三品
是　留變體共四品
阜變體共二品　示
卷十一　空首布
戈　成變體共四品
羽　高變體共三品
來變體共二品　木變體共二品

自變體共三品　智變體共四品
向變體共二品　合
一　四變體共三品
五　六
入變體共二品　十
丙　戊
己　辛變體共二品
壬變體共三品　癸變體共二品
子　丱變體共二品

卯六　午變體共三品
末
卷十二空首布
行　貨
化　七
貝變體共二品　貿
青變體共五品　朱
倘　泉變體共二品
刀　公變體共二品
古泉匯　首二　八
富　寶變體共二品
工　上
下　山
土變體共四品　于
松變體傳形共四品　古
侯傳形共二品
卷十三空首布
美　室變體共七品
室變體共二品　代變體傳形共三品

牽　君變體共二品
羊變體共二品　昜變體共二品
南　非變體共三品
琣　金
廿　甘
空　代
鼎變體共三品　熏變體共二品
口似彝器象形又變體共四品　弓矢象形又變體共二品
几象形
古泉匯　首二　九
卷十四
口共八品　叔
雲　益
小　冂共九品
無文　廿丹以下大品
一　口
無文　丄
山　山八
無文異製共二品　商以下小品

白

共九百九十四品

古泉匯　首二　十

亨集十四卷　古刀

卷一　齊刀

齊建邦就去化變體背異共十二品　齊之去化背異共五品

齊之化　齊去口

齊呂陵昌左巴之去化

卷二　齊刀

齊去化變體背異共四十二品

卷三　節墨安陽刀

節墨巴之去化變體背異共十六品　節墨巴去化變體背異共六十品

古泉匯　首二　十一

安昜之去化變體背異共十一品

卷四　明刀

明異製又面無文共二品　明變體背異異製共四十一品

卷五　明刀

明背左下文各異又變體異製共七十三品

卷六　明刀

明背右下文各異又變體異製共六十八品

卷七　明刀

明背右下文各異又變體異製共五十二品　明背外下文各異又變體共十五品

卷八

明背8 下文各異又變體異製 共八十品

卷九列國尖首刀

一在面背又變體共三品　二在背又變體共二品

三在面　五在面背又變體異製共三品

六在面背又變體異製共九品　七在背又變體共四品

八在面背又變體共五品　九在面背又變體共七品

廿在面背又變體共三品　非背八

非背一　六背一

古泉匯　首二　十二

九一在背　五在面字内二點

六丁在面背　口六在面

六一變體共二品　丌背城〇

丙背七　八木在背

八背一　八一品在面背又變體異製共八

九土在背　廿背廿

卷十列國尖首刀

乙在面背又變體異製共二品　丙在面又異製變體共七品

丁在面背又變體共六品　丁昜

己在面背又變體共九品　壬在背又變體共二品

卯　化在面背又變體共六品

七在面背又變體異製共四品　丁在面背又變體異製共九品

七一在背　化在面背又變體共二品

邑化在面　工化在面

卷十一列國尖首刀

上在面背又變體共三品　中

下在面背又變體共五品　行在面背又變體共四品

非在面背又變體共六品　土在面背又變體共六品

古泉匯　首二　十三

大在面背又變體共五品　木在面背又變體共三品

土在面背又變體異製共六品　吉在面

卷十二列國尖首刀

昜在面背又變體共七品　勿在面背又變體共七品

生在面背又變體共五品　于在背又變體共四品

工在面又變體共二品　水在面

山在面背又變體共二品　王在背又變體共二品

氏在面　文在面背又變體共二品

井在面　公在背

日在面背叉變體共九品

卷十三　列國尖首刀

刀在面象形　城在面象形叉變體共二品

七在面背叉變體異製共五品　口在面背叉變體共七品

万在面背叉變體共十品　门品在面背叉變體異製共十五

魚在背象形　在背

無文異製共二品

卷十四　列國異品刀

甘丹變體異製共六品　成白變體異製共五品

古泉匯　首二　古

白七異製背異鈇文共十品　白亻背異共二品

白化　白七背異鈇文共八品

無文　口口口變體共二品

共七百零五品

利集十八卷　圜法正品

卷一　周　秦

寶化變體共三品　寶四化變體共二品

寶六化變體共二品　西周

東周變體共二品　垣異製變體共七品

長垣一金化變體共六品　共變體共五品

共口金化　共屯赤金變體共二品

濟陰變體共二品　無文

明刀變體異製傳形共四品　明四

古泉匯　首二　圭

一刀背文傳形共三品　半兩變體異製共九品

兩甾異製共二品　重一兩十二珠變體共二品

重一兩十三珠　重一兩十四珠變體共三品

重十二朱　第一重四兩

第五重四兩　第九重四兩

第一　第十

第十一　第十六

第十八　第十十

第十九異製變體共三品　半貟變體共二品

卷二　西漢

半兩榆莢錢又異製變體缺文傳形無文共二十品顛倒文共十三品　半兩八銖錢又變體異製下二畫下化字傳形上下口口

半兩文帝無郭錢又變體異製缺文上下一二四星上星下二畫上下一二三畫傳形共四十品　半半

兩兩變體共二品　半兩兩在下

半兩兩　半兩半兩變體共二品

半兩合背又變體背陰文上下朋月上工字上下雙柱無文共九品　半兩武帝有郭錢又變體異製上下雙柱下一二畫上四畫下五字上陰文五字傳形共二十七品　半半

三銖

古泉匯　首二　共

五銖異製共四品

卷三　新王莽

栔刀五百又刀環連刀共三品　一刀平五千又缺文刀環異製共四品

大泉五十異製變體陰文傳形合背無文共三十八品

大泉五卌　大泉五卅

大泉五一十　大泉五十一

大泉五十鐵錢　大泉五銖

小泉直一異製合背變體無文共五品　幺泉一十

幼泉二十變體共二品　中泉三十

壯泉四十異製共二品　小布一百異製共二品

幺布二百異製共二品　幼布三百異製共二品

序布四百異製共二品　差布五百異製共二品

中布六百異製共二品　壯布七百異製共二品

第布八百異製共二品　次布九百異製共二品

大布黃千異製共三品

卷四　新王莽　公孫述

貨布一書背異下一畫傳形合背共五十五品　貨泉貨泉　貨泉異製變體上下圜上星下星四角兩角一角決文上

古泉匯　首二　老

貨泉泉　貨泉缺文貨字泉字共二品

貨貨變體共二品　泉泉

無文異製共二品　貨泉連泉又異製共二品

貨泉鐵錢　布泉上星上角下角二決文合背共五品

五銖鐵錢又異製上星共三品

卷五　東漢　蜀漢　吳　晉　趙石勒　漢李壽　前涼張軌　北涼沮渠蒙遜

五銖四出文錢又異製傳形共五銖四品

五銖

無文　直百五銖異製背異共七品

直百異製背文傳形共四品　直百背五銖

五銖傳形　大泉五百又合背共二品
大泉當千異製上二星共五品　太平百錢隸書
大平百錢篆書又變體異製共四品　大平百金又傳形共五品
定平一百異製共二品　太元貨泉
五銖小錢又異製下星背異傳形共七品　豐貨異製共二品
漢興　涼造新泉
永安一百　永安一百鐵錢
永安一千鐵錢又異製共二品

卷六宋　梁　後魏　北齊　陳　後周　隋

四銖異製上下星合背無文共十八品　四銖四銖
四銖背異　五銖背兩鐵
孝建背四銖異製上下豎畫斜畫左右橫畫三角決文背異下星上下星變體兩角決文上下圓傳形上星四角泉共二十八品　孝建異製合背變體缺文共七品
二銖變體共二品　二朱
永光　景和
五銖有郭錢又異製面下星　五銖背異異製共三品
五銖稚錢又異製傳形共五品　五朱傳形異製變體背異上星合背共十三品
五銖鐵錢又變體背異共三品　五銖四柱錢又異製共二品

五銖兩柱錢又異製背異共四品　太和五銖異製共二品
永安五銖異製背異合背共六品　土
太和六銖　常平五銖異製背異共三品
布泉又背文共二品　五行大布異製背異合背共六品
永通萬國異製合背共七品　永通萬國鉛錢
五銖白錢又異製共三品

卷七五銖別品

五銖上一星至五星下一星至五星背異上下各數星兼豎畫上十字下星上下一字至七字十字陰文一至八字十字上下平字上字兼陰文王字兼陰文土字兼陰文小字兼豎畫異製上巳下月傳形合背無文共一百三十七品

五銖五銖　五五銖
五銖銖在下　五五銖
五銖　五五異製背異共三品
五五五五　銖銖變體共二品
五金異製變體共四品

卷八唐　史思明　黃巢

開元通寶變體異製背異上下二星一星缺文合背無文共五十品
乾封泉寶　乾元重寶異製背異共二十品
乾元重寶鐵錢　大歷元寶異製共二品

建中元寶　中
元　開元通寶大錢又異製共二品
開元通寶會昌錢背異面下一品星二星共五十六品
得壹元寶異製背異共三品　順天元寶背異共二品
大曆通寶
卷九　後唐　後晉　後漢　後周　前蜀王衍　楚
後蜀孟昶　南漢劉龑　南唐李昪　楚馬殷
閩王審知　延羲　延政
天成元寶　天福元寶
漢元通寶下星背異共五品　周元通寶背異異製合背共十九品
古泉匯　亨　首二
周元通寶鐵錢　永平元寶
通正元寶　天漢元寶背異共二品
光天元寶背異共三品　乾德元寶
咸康元寶　大蜀通寶
廣政通寶篆隸共二品　乾亨通寶
乾亨重寶　乾亨重寶鉛錢
永通泉貨異製共三品　大唐通寶異製背異共四品
唐國通寶異製篆隸共七品　唐國通寶鐵錢
開元通寶又背隸文共二品　開元通寶鐵錢又背異共四品

天策府寶　乾封泉寶
乾封泉寶鐵錢又背異共三品　開元通寶異製共二品
開元通寶大錢　永隆通寶篆隸異製共二品
永隆通寶大錢　天德通寶
卷十　北宋
宋元通寶背異共十品　宋元通寶鐵錢
太平通寶背異合背異製共五品　太平通寶鐵錢
淳化元寶篆隸共三品　淳化元寶鐵錢又異製共二品
至道元寶篆隸共三品　咸平元寶背異異製共四品
古泉匯　亨　首二
景德元寶異製共二品　祥符元寶背異共二品
祥符通寶又合背共二品　祥符元寶異製共二品
祥符元寶鐵錢　祥符通寶鐵錢
祥符元寶大錢鐵錢又異製共三品　祥符通寶大錢鐵錢
天禧通寶篆隸共二品　天禧通寶鐵錢又異製共二品
天聖元寶篆隸異製共四品　天聖元寶鐵錢又篆隸共二品
明道元寶篆隸背異共三品　景祐元寶篆隸共二品
景祐元寶鐵錢　皇宋通寶篆隸背異共六品
皇宋通寶鐵錢又篆隸共三品　康定元寶鐵錢

慶曆重寶變體共二品　慶曆重寶鐵錢
皇祐元寶變體共二品　至和元寶變體異製共三品
至和通寶變體共三品　至和重寶變體背異共三品
至和重寶鐵錢　嘉祐元寶變體共三品
嘉祐通寶變體共三品　治平元寶變體共三品
治平通寶變體共三品　治平元寶鐵錢
熙寧元寶變體背異共八品　熙寧重寶變體背異異製共七品
熙寧元寶鐵錢　熙寧通寶大鐵錢
元豐通寶變體異製背異共十一品　元豐通寶鐵錢又變體異製共四品

卷十一　北宋

元祐通寶變體背異異製共十八品　紹聖元寶背異變體共八品
紹聖通寶　紹聖元寶大錢又變體共二品
紹聖元寶鐵錢又變體共二品　紹聖通寶鐵錢
紹聖元寶大鐵錢又變體共二品　元符通寶變體異製共四品
元符通寶鐵錢又變體異製背異共六品　聖宋元寶變體異製背異共六品
聖宋元寶鐵錢又變體異製背異共七品　崇寧通寶背異變體異製合背共十品
崇寧通寶鐵錢　崇寧重寶大鐵錢又異製共二品
大觀通寶背異異製合背無文共十四品　大觀通寶鐵錢又背異異製共三品

政和通寶變體背異異製共十品　政和通寶鐵錢又變體異製共四品
政和重寶鐵錢　政和通寶銀錢
重和通寶變體異製合背共四品　宣和元寶變體共二品
宣和通寶變體異製背異缺文共十品　宣和通寶鐵錢又變體背異異製共四品
靖康元寶　靖康通寶
靖康元寶大錢又變體異製共三品　靖康通寶鐵錢

卷十二　南宋

建炎通寶變體背文異製共十品　建炎重寶
建炎通寶鐵錢　紹興元寶變體背異異製共八品

紹興通寶異製共三品　紹興通寶鐵錢又背異異製變體共五品
隆興元寶變體共二品　隆興元寶異製共二品
乾道元寶背異變體共五品　乾道元寶鐵錢又變體異製背異共五品
淳熙元寶背異變體異製共二十六品　淳熙元寶鐵錢又背異變體異製共二十七品
淳熙元寶大鐵錢　紹熙元寶背異異製共十一品
紹熙通寶鐵錢又背異共二品　紹熙元寶鐵錢又背異共六品
紹熙通寶鐵錢又變體背異共二品　紹熙元寶大鐵錢又背異變體異製共二十二品

卷十三　南宋

慶元通寶背異異製共十六品　慶元元寶鐵錢又背異共十五品

慶元通寶鐵錢又異製背異共十六品　慶元元寶品大鐵錢又背異共七
慶元通寶品大鐵錢又背異共七　嘉泰通寶二品背異異製變體共十
嘉泰通寶鐵錢又背異共三品　嘉泰元寶七品鐵折二錢又背異共
嘉泰通寶七品鐵折二錢又背異共　嘉泰元寶品大鐵錢又背異共四
開禧通寶背異異製共六品　開禧通寶十品鐵錢又背異異製共
開禧元寶品大鐵錢又背異共五　聖宋重寶品大鐵錢又背異共四
嘉定通寶品背異異製共二十九　嘉定元寶大錢又背異共二品
嘉定元寶十二品鐵錢又背異異製共　嘉定通寶二十六品鐵錢又背異變體共
嘉定元寶異共四品鐵當三錢又變體背　嘉定新寶鐵當三錢

古泉滙　首二　西

嘉定永寶三品鐵當三錢又背異共　嘉定眞寶鐵當三錢
嘉定珍寶鐵當三錢　嘉定崇寶鐵當三錢
嘉定洪寶鐵當三錢　嘉定興寶鐵當三錢
嘉定万寶二品鐵當三錢又背異共　嘉定正寶二品鐵當三錢又背異共
嘉定安寶鐵當三錢　嘉定全寶鐵當三錢
嘉定之寶三品鐵當三錢又背異共　嘉定元寶品鐵大錢又背異共九
嘉定通寶共六品鐵大錢又變體背異　嘉定重寶共五品鐵大錢又變體背異
嘉定珍寶鐵大錢　嘉定興寶鐵大錢
嘉定全寶鐵大錢　嘉定之寶鐵大錢

嘉定至寶鐵大錢
卷十四　南宋
寶慶元寶　寶慶元寶三品鐵錢又異製背異共
大宋元寶背異異製共七品　大宋元寶七品鐵錢又背異異製共
紹定通寶背異異製共十三品　紹定元寶
紹定通寶七品鐵錢又背異異製共　紹定元寶大鐵錢
端平元寶　端平通寶變體異製共二品
端平重寶　端平元寶十品鐵錢又變體背異共
端平通寶鐵錢又背異共六品　端平元寶大鐵錢

古泉滙　首二　亖

嘉熙通寶背異異製共八品　嘉熙重寶
淳祐元寶品背異異製共二十四　淳祐通寶背異變體共四品
淳祐口寶鐵錢　皇宋元寶背異異製共十二品
皇宋元寶鐵錢　開慶通寶異製共二品
景定元寶背異異製共十品　咸淳元寶背異異製共十五品
德祐元寶異製共二品　景炎通寶
臨安府行用背異異製共二品
卷十五　遼　遺珥　偽齊劉豫　金　西夏李乾順元孝純祐安全
天賛通寶　乾亨元寶

統和元寶　開泰元寶
太平元寶　重熙通寶
清寧通寶　咸雍通寶
大康元寶　大康通寶
大安元寶　壽昌元寶
乾統元寶　天慶元寶
天慶通寶　阜昌元寶變體異製共九品
□□□□變體共三品　元德通寶
天盛元寶　天盛元寶鐵錢

乾祐元寶　乾祐元寶鐵錢
天慶元寶　皇建元寶
光定元寶　正隆元寶背異共二品
正隆元寶鐵錢　大定通寶背異異製合背無文共十四品
申背中　大定
大定通寶背聖宋元寶　大定通寶背正隆元寶
大定通寶大品　大定通寶鐵錢
泰和通寶變體異製背異合背共十一品　貞祐通寶

卷十六　元　僞宋韓林兒　僞漢陳友諒　僞周張士誠

元貞通寶異製共二品　大德通寶異製共四品
至大元寶異製共四品　至大通寶異製共二品
大元通寶異製共三品　延祐元寶
延祐通寶異製共二品　延祐三年
至治元寶　至治通寶異製共三品
至治元年變體共二品　泰定通寶異製共三品
致和通寶　致和元寶
至順元寶　至順通寶背異共三品
至順壬申　元統元寶

元統通寶　至元通寶異製背文共四品
至元元寶　至元戊寅又背文共二品
至元通寶篆古書又異製共二品　至正通寶異製背異共二十五品
至正之寶異製背異共四品　至正
龍鳳通寶又合背異製共四品　天啟通寶異製共三品
天定通寶異製共三品　大義通寶異製共三品
天佑通寶異製背異共四品

卷十七　明

大中通寶背異異製共二十三品　洪武通寶背異異製共三十三品

建文通寶異製共二品　永樂通寶
洪熙通寶　宣德通寶
正統通寶　天順通寶
成化通寶異製背文共三品　宏治通寶
宏治之寶　正德通寶背異共二品
嘉靖通寶異製背異共六品　隆慶通寶
萬歷通寶背異異製合背共十二品　萬歷通寶銀錢
泰昌通寶背異異製合背缺文共六品　泰昌通寶背萬歷通寶背異共二品
天啟通寶背異異製合背共二十一品　一錢一分背一錢二分

古泉匯　貞二　天

天天背啟啟　天啟通寶背泰昌通寶
天啟通寶大錢又背異共八品　天啟通寶銀錢
崇禎通寶背異異製合背共八十二品　崇寶背禎通

卷十八　明藩僭王　福王　唐王　永明王　李自成
張獻忠　吳三桂　世璠　耿精忠　外國　高
麗　日本　安南　高昌

大明通寶背異共五品　宏光通寶變體背異共四品
隆武通寶背異異製共四品　隆武通寶鐵錢
永歷通寶背異異製共二十一品　永昌通寶異製共二品
大順通寶背異共三品　興朝通寶背異異製共四品

利用通寶背異異製共六品　昭武通寶背文異製共三品
洪化通寶背異共三品　裕民通寶背異異製共四品
海東通寶變體共二品　海東重寶
三韓通寶　三韓重寶
東國通寶　東國重寶
朝鮮通寶　常平通寶背異異製共七十六品
和同開珎　神功開珎變體共二品
萬年通寶　慶長通寶
寛永通寶異製背異共十五品　寛永通寶鐵錢又背異共二品

古泉匯　貞二　兲

寳永通寶異製共二品　仙臺通寶
天明通寶　大平興寶
天福鎮寶　順天元寶
紹平通寶　紹平豐寶
大寶通寶　大和通寶異製共二品
延寧通寶　天興通寶
光順通寶　洪德通寶
景統通寶　端慶通寶
洪順通寶　元和通寶

明德通寶　大正通寶
景興通寶背異共十五品　景興巨寶
景興大寶　景興太寶
景興中寶　景興內寶
景興永寶　景興順寶
景興泉寶　景興至寶
景興重寶　景興正寶
景興用寶　昭統通寶背異共三品
嘉隆通寶　泰德通寶

光中通寶　景盛通寶
寶興通寶　明命通寶
保泰通寶　高昌吉利
共二千二百九十七品

貞集十四卷　異泉雜品

卷一　無考正品

寶貨　艮金一朱
艮金四朱　小泉直一
大泉五十異製合背背異共八品　貨泉異製共二品
貨布　大元貨泉
大口口銖　天平元寶
五行大布　開元通寶異製共二品
周元通寶背異共二品　太平通寶背異共五品

太平聖寶　太平豐寶
太平通寶大錢又異製共二品　至道元寶
咸平元寶　祥符元寶
天聖元寶變體共二品　治平聖寶異製共二品
熙寧元寶　元豐通寶合背背異變體共八品
元祐通寶變體共二品　紹聖元寶
元符通寶　正隆元寶
大定通寶異製共二品　建文通寶
成化年造　天啟正寶

明定宋寶　紹宋元寶
金世圓寶　大世通寶
世高通寶　永盛通寶
永壽通寶　福平元寶
竟寍元寶　壯國元寶
應感通寶　神冊通寶
景元通寶　紹治通寶
保立通寶　丹巡貼寶以上係已摹泉以下係未摹泉
乾元通寶　天元通貨　定元通寶　正元通寶

太元通寶　皇元通寶　紹元通寶　紹元豐寶
聖元通寶　立元通寶　熙元聖寶　治元通寶
元通至寶　元通通寶　元隆通寶　元貞通寶
祥元通寶　祥聖通寶　祥光隆寶　太和通寶
太聖通寶　大治元寶　大治通寶　天符元寶
天瑞元寶　天宋宋寶　永治通寶　永治之寶
永定通宝　永定之宝　永定久寶　宣定通宝
一定通寶　建康豐寶　建順通寶　開建通寶
平南通寶　平安通寶　安法元寶　乾符元寶

皇恩通寶　治和通寶　正和通寶　立聰道寶
酉降通寶　寍民通寶　廣和通寶　崇明通寶
堅利通寶　咸勳通寶　允裕通寶　嘉興通寶

卷二　無考別品

四寶宜田宜用　文口
長安　二泉一十
戎通　五口
十千五銖背異共二品　卍千五銖
萬千五銖　永通萬國異製背異共二品

一銖　兩銖
續銖　國寶金匱
宜泉　騶虞峙錢
天口门銖　政和通寶
太平小打　王
大朝金合　太夏眞興
天啟元年　一兩
伍兩　一錢
三　二十

十十　廿
木　土
乾　元亨利貞異製共二品
乾天聖寶　無文
立口結約　天文
風花雪月　國王父母
意馬背心猿

卷三變體奇品

貝金一朱錢牌　貝金四朱錢牌

藕心有字者一無字異製共十六品　藕心有外函
藕心外函有字者二無字者二　厭勝牌異製共八品
蟻鼻異製變體合背共七品

卷四厭勝正品

大泉五十異製背吉語各異共十品　大泉五十左右星
大泉五十背異共四品　大泉五十上鉤下星
大泉尺籤祿命長壽　大泉五十異製背花紋各異共六品
大泉半兩　大泉五十異製背花紋各異共十二品
大泉五十上下柄各異共七品　幼布三百

銖券布形　貨布面背文各異共九品
貨布形面背各異共四品　貨泉面星斗鉤形背異合背共三品
五銖鐵錢背龜形　五銖長樂未央傳形
直百五銖背異　五銖面背各異異製合背共九品
太平百錢背水紋　永安五男異製背異共五品
常平五銖異製背異共五品　常平五銖下雙貨布
常平銖朱　常平五辰異製背異共三品

卷五厭勝正品

五行大布異製背異變體共十八品　五行大布上下有柄異製共二品

永通萬國背異異製共十一品　開元通寶背花
順天元寶背花　永通泉貨背花
天策府寶背花　周元通寶背異共十一品
宋元通寶背異共二品　太平通寶異製變體背異共三品
太平背花　太平通寶又開元通寶錢牌
太平通寶上有柄　咸平元寶背花
天聖元寶背花　熙寧元寶背花
崇寧元寶變體背異共四品　大觀通寶異製背異共十八品
大觀通寶鐵錢　宣和通寶背花

正隆通寶背花　大定通寶背花
申下葫蘆形　大元面背花
至元通寶背異變體異製共四品　正德通寶異製背異共四品
卷六　厭勝吉語
辟兵莫當異製背異共五品　辟兵莫當除凶去央異製變體共三品
辟兵莫當背富貴未央　日入千金異製背異共四品
子天無極背宜子保孫　長樂未央背異異製共二品
天清豐樂　皇帝萬歲異製變體背異合背共七品
重臣千秋合背共二品　千秋万歲異製背異共三品
古泉滙　首二　亨
千秋萬歲背花　千秋万歲異製背異變體傳形共十一品
郭勳印鈕錢　田龍仝上
王貴仝上　傅俟仝上
父慈子孝合背背異共二品　孝悌忠信
夫妻偕老背異共二品　夫妻相保
如魚似水異製共二品　弄璋添喜
早生貴子背異共二品　五男二女異製合背背異共十品
伍男貳女叁公玖卿　天下太平異製背異共十品
天下太平国太人安　天下和平

太平如意　風調雨順
日月合璧　日月金光
大吉上上變體異製背異共五品　大吉
出行大吉　出入吉利
新春大吉　合家清吉
去凶除災　万災永滅
万病不侵　驅邪辟惡
辟邪　承華普慶
龍飛鳳舞
古泉滙　首二　亨
卷七　厭勝吉語
福生通寶　百福齊生上有柄
壽山福海背異共二品　福如東海背壽比南山異製共二品
福祿壽星　增福添壽
福壽延長　福德長壽背異共二品
福德貨布　辰福德
辰福德背巳長壽　戌福德背亥長壽
福壽長永　福壽永昌
福鹿形保祐　福鹿形

壽添福祿　福祿緣神
南極祝壽　眉壽無害
百年長壽　龜鶴齊壽 變體共二品
龜鶴齊壽 形形　龜齡鶴壽
口口長壽　長壽富貴 背異變體共五品
長壽富貴 上有柄背異異製共三品　百千長壽
長命富貴 合背異製背異共十三品　長命富貴 上下有柄異製共三品
長命守富貴　守長命富貴
長命百歲　長生保命

長樂貴富延年益壽　花生不老
勝花藏葉　狀元及第 變體異製共二品
三元及第　官印 鹿形 馬形
宜利大富　金玉滿堂
地不愛寶　利市仙官

卷八　厭勝生肖

生肖 小錢上子至亥字下物形共十二品缺巳酉兩種　生肖 小錢上子至亥中物形共七品缺寅辰午未酉五種
生肖 符小錢上子至亥下物形背十二品全　生肖 星劍共十一品缺丑一種
寅生人　巳生人

申字猴形　兔形
人與蛇形　子丑寅卯
辰巳午未　申酉戌亥
子午卯酉　辰戌丑未
寅申巳亥　辰戌丑未物形
子生 異製背異共二品　丑生 異製背異共二品
卯生　辰生 背異共二品
午生　未生
申生　戌生

亥生　生肖 上巳午未亥中物形共四品缺八種
生肖 無字牛形蛇形二品缺十種　生肖 穿在上子丑寅午未及人物形共五品缺七種
未 穿在上　酉生 下雞形穿在上
午生 人物形穿在上　酉 人物形穿在上
子生人至亥生人庫錢十二品缺卯　寅 在上左右及下人物形
本命星官 背異異製共三品　本命星官 字在上人物形異製背異共十三品
本命星官香花供養人及兔龍猴三品　本命星官 人馬形
香花 人犬形

卷九　厭勝生肖

支辰生肖八卦變體異製背異共五品　支辰生肖七品變體異製背異共十
干支生肖　無字生肖品變體異製背異共九

卷十　神聖仙佛

三清上聖　清淨聖賢
天濟聖帝　靈應眞武
觀音菩薩　諸尊菩薩
賢聖菩薩　南無阿彌陀佛
供養諸佛　佛法僧寶變體背異共二品
萬國佛背異共二品　香花供養品變體異製背異共七

古泉滙　首二　四十

清淨道德　樞神
神通感應　陰陽靈應
陰陽神靈背異共二品　天罡異製共二品
太上咒異製變體共三品　大悲神咒
斬鬼大將　魑魅魍魎
詩仙　詩仙伴飲
醉仙變體共二品　琴仙變體異製共三品
碁仙　壺仙
壺中仙變體異製共三品　拔宅仙面無字又變體共三品

散仙變體共二品　王母變體共二品
王母蟠桃　雙成變體共二品

卷十一　無字花紋

鼎足　下座異製共三品
月星符變體共二品　斗星異製變體共二品
斗劍龜蛇　七夕牛女
人物變體異製共十一品　人物宮室變體異製共二品
人物變體共二品　雙龍異製變體共三品兼鐵錢
雙螭　龍鳳變體異製共二品

古泉滙　首二　四十一

雙鳳變體異製共二品　雙獸
盤螭　雙魚變體異製共二品
三魚變體異製共四品　三足獸
雙雀　花紋變體異製共十三品

卷十二　馬錢

將馬變體共二品　將背異共二品
齊將孫臏　齊將田单
燕將樂毅　趙將廉頗
魏將吳起　梁將張奕

吳將孫武　強將

秦將王猛　苗將聖徒

漢將韓信　漢將班超

漢將彭越　漢將術書

後漢耿弇　蜀諸葛亮

蜀將馬超　唐將尉遲

唐將千里　鎮東將軍

破虜將軍　虎牙將軍

建威將軍　晉侯之駿

太叔背乘黃　鄧公特勒

伏波　齊騎青駒

趙騎特勒　吳騎渥洼

吳騎　魏騎驥足

燕將散騎　秦將散騎

漢將散騎　淮陰散騎

武安飛練　大金菀馬

天駉橫行　颯露紫馬

逐日　追風變體共三品

追風之馬異製變體共二品　追風

浮雲　躡雲

追電變體異製共二品　走電之馬

絕景　黃芝

飛黃　青驄

異驥　烏騅馬

烏騅　綠耳異製變體共五品

白鶴　白騏

白驥　白義

白藥　白蟻

紫燕　紫口

赤兔　赤冀

汗血異製變體共三品　龍駒

俊馬龍居　龍駒之馬

龍駒異製共二品　龍媒

魚目　飛兔

千里異製變體共三品　日行千里

千里之馬　京兆

御史　驌驦異製共二品
騏驥異製共二品　驊騮
華留　腰褭異製共二品
騧騟　俞侖異製共二品
盗麗　山子
驃騎　挑駼
蒲梢　渥洼
無文馬形異製共六品

卷十三泉笵

齊刀笵　寶六化笵
半兩笵莢錢變體異製共三品　半兩笵變體異製共九品
五銖笵變體異製共七品　契刀笵變體異製背異共二品
大泉五十笵變體異製背異共十八品　壯泉四十笵
小泉直一笵

卷十四泉笵

大布黄千笵變體異製背異共六品　貨布笵變體異製背異共三品
貨泉笵變體背異異製共十一品　布泉笵
五銖笵變體異製背異共八品　五銖笵小錢

常平五銖笵　無文錢笵
共一千零零七品
四集共五千零零三品

古泉匯首集卷三

歷代著錄

恭讀我

朝西清古鑑內泉錄一編考据典核圖繪精妙無以復加洵堪折衷百代而歷代著錄家即一知半解亦有未可盡廢者特列其目於後

劉氏錢志　張端木錢錄按梁顧烜錢譜竒異諸品每引劉氏錢志未知何代人也

顧氏錢譜　隋書經籍志錢譜一卷顧烜著又錢圖一卷張端

木按洪文安公云烜梁人

封氏續錢譜　唐書藝文志續錢譜六卷封演著

張氏錢錄　宋史藝文志錢錄一卷張台著張端木按諸書皆以台爲唐人然台所錄已及湖南馬氏則五季人而宋初猶或在也

姚氏錢譜　唐姚元澤著見陳萊孝鍾官圖經

陶氏貨泉錄　宋史藝文志貨泉錄一卷陶岳著邵公武郡齋讀書後志貨泉錄記五代諸侯擅改錢幣之由張端木按岳祁陽人官太常博士知端州有文集

金氏錢寶錄　張端木按金光襲宋人見洪遵泉志序

李氏歷代泉譜　宋史藝文志古今錢譜十卷李孝美著周煇清波雜志歷代泉譜十卷乃紹聖間李孝美所著蓋顧烜張台先有撰說孝美重修也周秦後泉之品樣具載於帙

錢氏錢譜　周煇清波雜志言朝士王儀宗家有錢氏錢譜

鑄錢故事　宋杜鎬撰見通志藝文類

錢幣考　羅泌撰路史內之一種布幣溯自上古後之著錄者多宗之

董氏錢譜　宋史藝文志錢譜十卷董逌著張端木按逌字彥

遠官書學博士著廣川書跋爲攷古者所重金倩穀按此譜全帙無傳今所見說郛中寥寥數繙非廬山眞面也

洪氏泉志　四庫全書提要泉志十五卷宋洪遵撰是書彙輯歷代錢圖凡有文字可紀形象可繪者莫不畢載頗爲詳博然歷代錢不盡傳於後遵自序皆得古泉百餘品是遵所目驗宜爲之圖他如周太公泉形圜函方猶有漢食貨志可据若虞夏商錢何由識而圖之至道書天帝用泉語本俚妄遵亦意爲繪形則誕罔甚矣張端木按洪遵字景嚴鄱陽人官至同知樞密院謚文安今此書刻入津逮祕書中分爲九

品曰正用品僞品不知年代品天品刀布品外國品奇品神品厭勝品足資考證然所載多未經見之錢且天品神品未免失之誣也

于氏錢譜　宋于公甫著見陳萊孝鍾官圖經

錢法纂要　計一卷　四庫全書提要舊本題明邱濬撰諸家所錄皆不載以其文考之即濬大學衍義補中之一篇也

錢通　計三十二卷　四庫全書提要明胡我琨撰我琨字自玉明末人其書專論明代錢法而因及古制首曰正朔一統次曰原曰制曰象曰用曰才曰行曰操曰節曰分曰異曰弊

曰文曰閏凡十四門其載明制徵引該洽於明代錢法沿革言之尤詳多明史食貨志及會典諸書所未備其敘述古制亦足補唐宋各史所未詳董逌洪遵李孝美顧烜各家所未載皆足以資考證

徐氏錢譜　明徐象梅撰今其書不傳以上皆古譜以下皆國朝人所著

泉刀匯纂　四庫全書提要　國朝邱峻撰無卷數泉譜創自顧烜封演諸人惟洪遵之書存然考形繪文而未及政典沿革之詳峻是書自邃古迄有明典故藝文悉爲採錄分六門曰沿革曰利弊曰建元曰圖異曰官監曰雜編搜採頗詳亦多考證而編次雜亂亦未分卷蓋未成之書

歷代錢法年號通考　金楷穀按此書桐川盛志達書城撰輯抄本無卷數得之松江張氏端木家始高陽金迄明末附張獻忠據蜀鑄錢之文

錢錄　計十二卷　四庫全書提要張端木撰端木字昆喬上海人乾隆壬戌進士官諸暨縣知縣此書卷一至卷七載歷代錢幣并及僞朝僭號所鑄卷八至卷十載錢之不知年代者卷十一專載外國錢卷十二則敘述古來作志之人而以洪遵泉志終焉書中頗引洪說宋元以後則端木所自蒐羅

歷代錢圖　趙彪詔著見郤齋畫玉芝堂詩集中

方氏錢譜　計十卷方嵩年著見萬光煒古今錄

歷代錢譜　華師道著見萬光煒古金錄

古金錄　計四卷無錫萬光煒子昭著專紀刀布而秦漢及莽泉附焉

歷代鍾官圖經　陳萊孝譙園著計七卷卷一古刀布卷二至卷七歷代正品附僞品而以外國及不知年代品終焉其自序云貨幣出於黃帝之前沈演論布以爲興於周代班固桓譚皆謂商周靡記何耶羅長源路史載有葛天軒轅之幣太

吴神農之金由來久矣梁顧烜始志唐封演張台姚元澤宋陶岳董逌李孝美金光襲于公甫之徒從而廣之或傳或佚或闕而不全惟洪氏泉志稱完書顧猶有謬誤之處乾隆庚午錢唐梁公虞山蔣公奉　勅撰書附列　西淸古鑑之末攷覈精博余蒐羅所得編成七卷定名歷代鍾官圖經纂述稍加詳焉金蘭𣪍按此書未刻其秦以前布悉以羅氏爲宗或以爲未盡然也

續泉志　計八卷宋振譽葯川著其序曰洪鄱陽泉志自虞夏商周迄五季既詳言圖繪矣第趙宋歷八百年泉府流布非

續無以傳遠久僅將累積秦漢前後唐宋元明暨異域各種悉摹其樣計五百八十餘種釐爲八卷更圖大錢二枚於首以表尊王之義列　國朝第一

續泉志續補　宋慶凝悳村著悳村葯川之子也其自序曰余父續志當年搜求古錢時余亦竭力留心購得一枚即呈左右見背後續覓五十多種不及早摹搨必散佚無稽且續志中尚有小誤亦當改正重錄計錢圖在六百以外予書其說并記續補之始末云

古金待問錄　杭州朱楓近漪著於刀布一類有所引据

古錢考　計四卷休寧金忠淳古還著金蘭𣪍按忠淳又號礪雲爲正希先生支族檜門先生德瑛之子其自序曰古錢譜自顧烜始洪景嚴集其大成竊怪泉志終於五代而續者無人余故續以金元明廣搜詳考勒成一書云

江氏錢譜　江都江德量秋史著按秋史乾隆庚辰鼎甲授編修其書有圖以上多從晴韻館古錢述記摘錄

古泉彙考　計八卷大興翁樹培宜泉著宜泉爲覃溪閣學方綱之子嘉慶己未進士由庶常官刑部員外專愛古泉積數十年不倦所著彙考八卷卷一屬刀布卷二至卷七自周

秦以迄明季并外國無考者俱載卷八則厭勝之類視諸家錢譜蒐羅宏富可稱大觀惟刀布少於今所見者又無倫次且八卷俱有注而無圖閱者不能一目了然其注又以多爲貴凡有一說見諸載籍者無不備載不免繁複則仍係未成之書未及刊刻而宜泉謝世其草本被藏獲竊出幸爲劉燕庭方伯所購得爲之補缺訂訛抄錄成帙其書之幸未湮沒而余之得所考證者皆燕庭之力也

虞夏贖金釋文一卷　洪同劉師陸靑園又號子敬撰專載虞布安邑布當鋝等布數種以書有金作贖刑之語斷此爲上

古贖罪之金其他刀布皆未及載公由庚辰庶常官至[illegible]
道

癖談　國朝蔡雲撰號鐵耕元和人癖談一編兼論刀幣圜法往往獨抒己見發前人所未發

泉史　鎮洋盛大士子履撰

錢志新編二十卷　雲間張崇懿麗瀛撰自上古以迄明季兼及外國厭勝各品就中如唐錢有顯慶長慶寶歷五代錢有開平鳳歷保大永和大有等品皆近代藏泉家所未見者不免令人滋疑

貨布文字考四卷　華亭馬昂伯昂著專論刀布分屬列國然必謂列國以前全無刀布論古者未盡以為然

吉金所見錄十八卷　萊陽初尚齡渭園著自周初以迄明末兼及外國厭勝諸品所收殊少偽品持論亦多精確較諸譜為勝惟以刀布盡屬列國亦不免武斷也

泉志辨誤補遺兩集　嘉興瞿木夫仲容著辨誤正泉志之紕繆補遺收泉志所未備體例頗精嚴惜未刊行

古泉叢話四卷　錢唐戴熙醇士著前三卷自周迄明兼及外國後一卷補論刀布專載正品而汰厭勝自注云余之著叢話特戲耳不求備也故余於摹拓亦有例焉凡余有說焉而家無其泉勿拓也家有其泉而無說焉亦無拓古今泉譜甚多著者濫而闕者厭矣此叢話乃泉譜中逸書蓋藉以傳耆舊風流交游韻事耳非考古全書也公由壬辰翰林官至大司馬同治初年杭州城陷殉節

晴韻館古泉述記　仁和金錫鬯倩穀撰起周秦逮明末專記圜法不載刀布

嘉蔭簃論泉絕句二百首　諸城劉喜海燕庭著仿論詩絕句之例於古泉典故攟摭略備談者辨之近人說亦兼有採取

與戴醇士之古泉叢話皆論泉之創格也公為文正曾孫由丙子孝廉官至浙江布政使藏泉最富又有泉苑一編計一百卷集諸家拓本之大成但未注釋亦未成之書也

古泉臆說

吉金錄云列國布與鐘鼎文字相同者二十有一字今按尚不止此背參觀宣和博古圖與布刀圜法字同者不少如仲丁壺尚作尚與尚爰布同吉作吉與齊刀背文同丁作丁與尖首刀同六作亣與刀布背文同文王鼎王作王與王氏布尖首刀並同晉姜鼎晉作𣅀與晉昜布同君作君與空首布同千作千與明刀背文同九作九與刀布背文同南宮中鼎土作土與土毛布空首布尖首刀並同生作生與尖首刀同三作三與刀布背文同高廟鼎高作高與高都布同尹卣尹作尹與尹昜布同淮

父卣文作文與文昜布同山作山與尖首刀同敔敦陽作陽與平陽安陽山陽等布同田作田與空首布同大作大與尖首刀同乙毛鼎毛作毛與王毛布同乙作乙與明刀背文同仲偁父鼎五作五與布刀背文同媍氏鼎氏作氏與截氏皮氏等布同父己鼎祖己爵己作己與空首布尖首刀並同散季敦八作八與刀布背文明刀尖首刀面背文並同四作三與寶三化泉同毀敦十作十與布刀背文同于作于與尖首刀同東西作東西與東周西周泉同宋公䪭鐘欒鼎宋俱作宋皇父丁盉皇作白兄癸卣丙作丙世母辛卣辛作辛商癸鼎癸作史雁侯鼎侯作

侯與空首布並同齊侯鎛鐘齊作齊之作之與齊刀同齊侯鐘穆公鼎左右作左右與明刀背文同公非鼎非作非父乙爵乙作乙與明刀背文同子父壬爵壬作壬樂司徒卣大作大與尖首刀並同王伯鼎剌公敦姜敦伯俱作白與白匕刀同又背參觀薛尚功鐘鼎款識其文同者亦多如伯仲考壺尚作尚圜寶鼎金作金與當爰布同宰辟父敦周作周與平周布同晉姜鼎晉作晉與晉陽布同父乙甗州作州與平州布同郁敦邑作邑與乘邑戈邑等布同寶和鐘文作文與文陽布同貪侯鐘芝卬仲南和鐘王作王與王氏布同齊侯鐘馬作馬與馬服布同龍

敦氏作氏與皮氏奇氏等布同宋右君田鼎宋作宋齊侯鎛鐘與作與武作武父丙卣丙作丙父辛卣辛作辛父壬爵壬作壬與空首布並同父乙鼎四作三已酉戍命彝五作五九作九高克尊六作亣唯叔鼎八作八兄癸卣十作十與各布及明刀背文尖首刀寶三六化泉並同遲父鐘齊作齊許子鐘吉作吉與齊刀面背文同盄和鐘生作生齊侯鎛鐘行作行與齊刀節墨刀明刀背文尖首刀並同卬仲盦午作午父乙爵母乙卣乙俱作乙祖己爵己作己師淮父卣于作于仲斯鬲大作大與明刀背文尖首刀俱同伯威鼎伯作白與白匕刀同東宮鼎東作東

伯姬鼎周作周與東周泉同齊侯鐘共作共與共字泉同又嘗
觀積古齋鐘鼎欵識其文同者亦多如綏妊壺安作安與安邑
安陽布並同頌鼎屯作屯與屯留布同拍盤平作平與平陽布
同寰盤戈作戈與戈邑布同鬲攸从鼎二作二散氏盤一作一
二作二千作千與各布明刀背文尖首刀並同同作同與同是
布同西作西與西周泉同向彝向作向宂鼎吳作吳留君簠君
作君曶鼎羊作羊南宮鼎伐作伐與空首布並同旂鼎日作日
與齊刀背文尖首刀並同卯作卯與尖首刀同甲午簋明作明
與明刀同中鼎中作中木鼎工作工𣐉鼎山作山康彝公作公

與尖首刀並同此外各譜錄不能悉載而近代出土鼎彝其同
文者更難枚舉總之布刀文字實與鐘鼎互相發明今人於晉
唐石刻尚知寶重況三代以上之古篆籀文眞蹟猶在其爲珍
愛當何如哉
山陽布自左讀然漢地理志桂陽郡有陽山平陽布有自左讀
者然漢地理志陽平屬東郡是二種布自右讀亦屬地名矣
桂未谷繆篆分韻文陽長印文省水旁漢斷碑陰俗稱竹葉碑
者凡汝陽皆作文陽與文陽布同
共字布註鄭邑名考路史注厲王後有共伯和盖周室無君和

以三公攝政共今衛之共城故漢之共縣隋曰共城東北百步
有共山名共者又非徒叔段邑也
古刀布背文多紀數自一至十作一二三亖乂介𠆢)(九十一
至四累增一畫五間有作乂者見古孝經注六七八有作丄亠
三者與莽布可互證六有作入者九有作弓者皆減筆與十字
均無可疑惟以ㄋ爲七則余臆斷前古未聞也然既有九品不
應獨缺七字而此外又別無七字者則以此爲七固不必有徵
而後可信也
齊刀背有廿字者金石志釋作廿今姑從之而意有未安近賠

徐伏仲司馬文焯云應釋爲基字減筆似較舊說爲長按爾雅
初哉首基始也此或取託始初鑄之義歟
泉有古有今無者亦有古無今有者古有今無者各集附載未
見之泉目是也古無今有者如方足尖足各布明刀尖首刀各
種近皆於直隸出土燦然大備劉燕庭之空首布多至百數十
品呂堯仙之孝建四銖多至五十品南宋鐵錢三百餘品燕庭
得諸西川他如榆莢半兩六朝五銖及泉范各品多古譜所無
者予與鮑子年皆經子細審定眞品無疑嚮於古有今無之泉
輒疑古譜之不足據乃今新出如許之多倘後世不見此泉安

知不亦疑爲臆說乎方知古譜未必無徵特年遠不免散失耳而猶幸有譜尙存其形然則今出之泉數百年後能必不散失乎則古泉匯之作何容已乎

顧亭林日知錄曰漢書食貨志單穆公諫景王鑄大錢王弗聽此廢輕作重不利於民之事班氏乃續之曰以勸農贍不足百姓蒙利失其指矣愚按大錢始於景王後世踵而行之者變本加厲如蜀漢則以一直百孫吳則以一當千皆一時權宜之計可暫不可長者至王莽錯刀一當五千錢法之壞已極百姓之困愈甚天下安得不亂然則大錢之作何所取義乎計利之臣

以爲利國然徒知利之爲利而不知不專利之爲利其弊有不可勝言者何也以一當十或當百當千若不減其銅質何必改作若減其銅質是以輕作重利之所在民所必爭雖嚴刑峻法不能禁也是以初似有利者後必有害初則害及於民者後必害及於國如王莽之大泉直五十者後改爲直一宋徽宗之大觀當十者後改爲當三倍折其直是其明證也而民貨財匱釀成亂階更不待言在易損下益上謂之損損上益下謂之益孟子曰上下交爭利而國危矣歷觀前代錢法之得失殷鑒不已昭然乎

前漢書食貨志太公爲周立九府圜法注圜一寸重九兩顧烜錢譜云重十二銖李孝美曰若謂九兩則景王時不患輕也若謂止十二銖則更鑄者又何加焉兩說駁之甚是翁宜泉謂顧烜之說應指景王大錢而言參觀諸說方知景王患輕者蓋指小品寶化言之也更鑄大錢者指寶四寶六言之也子母相權者子即指小品寶化母即指寶四寶六言之也然則以小寶化定爲周初錢不益可決乎

漢文帝令民得自鑄當時鄧通吳王濞以鑄錢富埒天子漢書賈山傳山上書諫以爲變先帝法錢者亡用器也而可以易富

貴富貴者上之操柄也令民爲之是與人主共操柄不可長也其後復禁鑄錢山之論乃不易之論也

封氏聞見錄古享祀鬼神有圭璧幣帛事畢埋之後世既寶錢貨遂以錢相賻漢書盜發孝文園瘞錢是也又宋人白家說云北宋時享祀鬼神多以銅錢南宋則以紙易之故今出土多北宋錢大抵上古尙質而近實後世尙文而近虛瘞錢者質而實也用紙者文而虛也即此可以覘世變矣

漢書食貨志王莽時尙有龜寶十品貝貨五品今世所見莽泉不少而龜貝寶貨竟無一見何也或以螺蚌之屬爲貝無確據

彙考云曾見一拓本乃以銅爲貝形者未知卽莽貝否
莽布泉世人謂之男錢言婦人佩之則生男也梁無郭五銖謂
之女錢恰好爲對
布泉斷爲莽制鮑子年辨之極詳按王莽傳始建國二年盜鑄
錢者不可禁乃重其法吏民出入持布錢以副符傳不持者廚
傳勿舍關津苛留又按漢書大泉貨泉泉皆書作錢然則布錢
或卽布泉歟
新莽契刀今刀文作栔刀厚布今布文作序布遼道宗改元壽
隆今錢文作壽昌張士誠僭號天祐今錢文作天佑據錢文可
證史傳之誤

萊子侍葉爲眼綖環何以爲六朝小錢之通稱今有五銖中鑿
圜孔僅餘外緣如環者予疑爲綖環錢而與舊譜不合近閱通
典魏熙平初尚書王澄上言太和新鑄並古錢內外全好者不
限大小悉聽行之鵝眼環鑿依律而禁環鑿二字明指鑿孔如
環之錢而言殆卽所謂綖環歟
梁大吉大通大富五銖三種余未見眞者而劉燕庭謂大吉大
富兩種顧湘舟均有之文字制作均極精好並非僞作是世間
尚有此錢也

常平五銖內三面有郭惟五字一邊無郭五銖白錢三面無郭
惟五字一邊有郭如相對待
日知錄曰錢者歷代通行之貨雖易姓改命而不得變古後世
不知此義而以年號鑄錢於是易代之君遂以爲勝國之物而
銷毀之自錢文之有年號始也考年號之興皆自季世宋孝武
帝孝建廢帝景和魏孝文帝太和五銖孝莊帝永安五銖此非
永世流通之術而高道穆乃以爲論今據古宜載年號何也顧
亭人論雖創而所見者大
元豐小平錢只見篆書行書二種其眞書一種豐字上从曲舊
譜亦歸入宋錢然銅質較新且篆行錢靑綠者多此錢無一靑

綠者故予以爲近代所鑄不嫌臆斷也彙考有豐字上从曲眞
書者今未見
數目字用增筆大寫不知起於何時洪志五男二女三公九卿
錢作伍貳叁玖淳熙錢背文七八作柒捌銅鋑牌準壹伯文省
以及貳伯叁伯伍伯文者均大寫是宋時已有之矣
宋史劉光世傳完顏昌屯承楚光世知其衆思歸欲攜貳之乃
鑄金銀銅錢文曰招納信寶獲敵不殺令持錢示其徒有欲歸
者執錢爲信歸者不絕金銀者或已銷毀乃銅者亦無一存何

也嘗見一枚面文四字背𠀤使字下押似近代僞作也

凡大錢自當二當三當五至當十不聞有當四等錢也又有準二百三百五百至當千不聞有當四百等錢也惟莽十布有四百六百至九百等名錢法愈繁滋亂彌甚蓋錢爲人間日用所必需而小民無知簡明則易曉紛繁則滋疑況利之所在巡鑄更不可禁乎

亭林文集曰自洪武至正德十帝而僅四鑄翁宜泉據嘉靖二年詔洪武永樂宣德宏治與歷代舊制好錢每七十文當銀一錢是嘉靖以前只此四種錢耳然今洪熙正統天順成化錢俱

存惟天順薄小餘俱與明錢無異決非近代僞爲者豈盡嘉靖時所補鑄耶何以薄小者爲嘉靖補鑄之九號錢豈補鑄亦有大小兩種耶抑歷朝皆有鼓鑄而史策遺之耶考食貨志崇禎末年救鑄當五錢不及鑄而明亡乃今戶五工五監五等錢俱在是當時已鑄此錢史策之不可盡信固如是夫

面背同文之錢竟有以兩錢磨極薄用錫蠟粘合者然細視其邊究有粘合細縫無縫者乃眞合背錢也

近代僞泉愈出愈奇新鑄者銅質色澤不難立辨惟以眞古泉改作者頗有魚目之混其作法詳後觀古閣僞泉辨今就所見者略舉其概如齊法化刀剗去上兩字改作九字刀或作建邦六字刀半兩錢就上下凸起銅塊改作日月字或作明刀字王莽未錯刀補嵌金字作已錯刀大泉五十剗去大泉二字作五十或將十字改千字作大泉五千或將五字去中畫作大泉二十五銖錢或將五字改二三字作二銖三銖他如嘉祐改爲皇祐大順改爲天順永歷改爲大歷如是者不可枚舉鑒古者不愼加選擇未有不爲所眩者卽當時新鑄之泉雖屬易辨百餘年後或經入土剝蝕或經手澤撫摩亦卽足以亂眞則今日之奇品以爲古人未見者安知非古昔之僞泉乎今日之僞品安

知數百年後不珍爲奇品而謂今人所未見乎論古者勿膠柱鼓瑟可也

古泉匯首集卷四

節錄各家泉說

古泉叢考　翁樹培 宜泉

刀布之制秦漢以後惟王莽一行之故今世之古刀異布皆三代以上物也今所見刀布有無字者或一字二字三四五字者面文多紀其地背文多紀其數可想見春秋列國之泉制焉朱氏待問錄齊刀莒刀而外盡屬之上古論異布曰說者謂是周列國物非是景王鑄大錢而有二品是周僅有圜錢而無貨幣云云不知周之先立九府景王更鑄而泉品有二特就一時一

地言之第行於王畿之内是時諸國未聞一例皆更鑄也史記孫叔敖爲楚相莊王以爲幣輕更以小爲大百姓不便相言之王復如故莊王在周景王前其時輕重大小已有不同豈有謹守王朝之制至數百年而不改者此列國得各自鑄錢之明證也當時如齊晉諸國不下數十百邑各以地名誌之不下數十百品各以錢數紀之自西周迄戰國八百餘年故雖去今遠而所傳尚多若夫黃農以上荒遠難稽太昊以前尚無文字百事未備安得獨有錢制即使有錢亦安得存於今者比比皆是乎夏商之世安邑貨商貨今世尚存朱氏以安邑貨爲黃帝金而夏商貨幣竟闕如焉豈夏商布反無一傳者乎泉志於列國諸錢實無所據妄繪圖以實之今則列國刀布種種可稽即謂多於後世之錢品可也

貨字古皆作化蔡氏化清經云貨者化也變化交易之物也即墨刀𠨍字似邑之省䢵亦墨字而从邑者耶鄑字簠鄑作𨛜从ㄓ與此略同

漢半兩制簡樸而字古質猶有周秦遺意至武帝作五銖而内外輪郭始備故圜錢之背有輪郭也自武帝五銖始也文景以前庶事草創武帝制作一新五銖遂數百年行之不能廢豈非

其制之盡善乎歐陽永叔謂西京文字不易得然半兩三銖之字豈不可冠西京款識之首乎

大泉五十常平五銖五行大布永通萬國之屬背皆有𧋊蛇等象此後世太平正德諸錢所由昉也雖不必定爲當時所鑄而其制古雅非出於近代所爲

栔刀錯刀各有有柄無柄二種其無柄者宛爲錢形並非失其刀而存其環也又見有柄者蔵久損壞後人就而磨之磨處痕跡顯然此偶爲之耳未可執一而謂盡屬後人磨去也

樹培按益齋主人貨泉備考云莽錢宜入僭僞而大泉栔刀錯

刀三種作於孺子在位之時居攝初始尙繫漢年故附之漢末至莽篡後所鑄錢則別入僭僞門此說甚是然則昭烈直百五銖等錢亦應屬之獻帝矣

光武建武十六年始行五銖則十五年以前猶鑄貨泉可知矣不比後世以年號爲錢異代不得用也故今貨泉不必盡莽時物間有東漢初年所鑄者

泉志於沈郎錢則圖一無字小錢於鵞眼錢則圖二小錢文曰小泉直一一篆書與莽錢同一作眞書按洪志並無鵞眼錢文曰小泉直一及篆楷二種之文或是好事者妄圖之耳謂莽小

泉傳至宋時沿用之可也謂鵞眼錢文與莽泉同則諸家譜錄罔未言也

五行大泉錢五字有作亙者魏輿和間李仲璇修孔子廟碑五字作亙可互證

白錢用鑞猶大定之用銀故色白細審其制作文字與魏永安五銖相近開皇辛丑距永安已酉纔五十三年蓋永安五銖已有用鑞鑄者故銅亦多白今所見開元錢色青白有似白錢者皆唐初之錢也是以培謂白錢上沿魏制下啟唐規

布泉之爲男錢只此一種以有五銖女錢而得名或以豐貨爲男錢者誤也

天下制之變者其後必歸於一三代列國刀布紛然秦并天下而一之莽錢繁賾光武中興而一之六朝泉指不勝屈矣隋有天下而一之勢使然也

重寶之名始於乾元但重寶以大錢得名乃小錢亦仍之似不得云重寶也然晉太元中詔曰錢國之重寶則又爲錢貨之通稱矣

錢文通寶取流通之義至元寶元字義無所取不過沿用開通錢文耳當時官人有元寶之名元中統鈔有元寶之稱後世銀

錠遂以元寶爲號

乾封大歷建中雖一曰泉寶一曰元寶一曰通寶而錢紀年號二字自上及右讀之之例莫先乎此矣

泉志所圖會昌開元背楊字者从木誤摹然書揚作楊唐時已有之顏魯公臧懷恪碑揚州作楊州

古泉考周元錢毀佛像鑄用以卜筮或驗秋燈叢話順治初孝感多病瘧持周元一枚卽愈水曹清暇錄周元握之可禁瘧兼治難產培按此錢俗甚以爲珍其說不一周櫟園書影已載其說則其說由來久矣

南唐錢曰大唐始於興朝之制也又曰唐國稍示貶損之稱也
然則唐國似應鑄於大唐之後
嘗精選所藏宋錢頗費苦心字稍漫漶輪稍夷坦質稍剝缺必合數十百千錢反覆印證然後可信其稍介疑似者削缺之故辨之於其字於其形於其色於其質於其聲蓋決擇之心密矣所謂字者篆與楷或篆與草字體不同而位置大小濃淡粗細必有精神融貫如出一手者焉所謂形者如輪有濶細好有大小邊有厚薄可類推矣所謂色者如同爲一地所鑄其神味韻致總有自成一片者非熟閱不知也所謂質者或赤銅白銅雜

銅銅之精者則明湛清露而癥薄者鮮矣銅之陋者多斑駁麁野而完善者鮮矣所謂聲者專辨鐵錢其精整明晰望而知爲鐵者十之一耳餘多黑澀昏黯剝蝕泐缺或有銅經火燒黑者或有銅入土作黑漆斑者又有銅鐵和鑄兩面鐵而邊露銅色者及泥土深漬銅鐵莫辨者於是辨其聲銅輕清鐵重濁也否則色類鐵而聲似銅聲似鐵而色近銅者勿取也然非聚數十之多則五者不備而決擇又何以爲確據乎故貴博觀而約取云
培按淳熙錢背文嚴鐵橋云有二字者姜怡亭云有五字者又見其書大錢伍字者陳萊孝謂自元字至十六字張端木云有元二之四五六等字皆不足信今所見者自柒至十六十種
遼錢今世絕少一代典章文物即史亦多云未詳金錢最精章宗留意書畫而泰和大錢特仿大觀爲之蓋金源極盛時也明宏正以前鑄錢未廣古錢與鈔並行故洪永宣宏諸錢所有無多其後鈔法壅而鼓鑄徧天下矣明初錢制近古神宗以後文多板正輪郭粗礪亦世風一變也天崇以後錢品益繁非治世所宜叔向曰國將亡必多制其是之謂乎
大定錢背申酉字陳萊孝謂申酉屬金完顏以金紀國或取此

義培按皆紀年支陳說近穿鑿矣考金史大定錢鑄於二十八年戊申罷於二十九年己酉豈非此二年所鑄耶或謂十二支皆有之今未見
今所收古泉范皆兩漢六朝者唐宋以下錢范未見而形制遂無傳焉江秋史云吳中有大中錢范亦未言其形制若何觀唐宋錢背文輪郭欹斜者甚至有彼錢背之輪郭錯出於此錢之背者其兩錢之相距最近豈唐宋之范式與漢代無以異乎
朱紀元四字者三以錢文不能備四字也故太平興國祇曰太平大中祥符祇曰祥符建中靖國則曰聖宋因避唐號故不曰

大中建中也宋紀元有寶字者四開寶則曰宋元寶慶則曰大宋寶元寶祐則曰皇宋而有通寶元寶之别惟嘉定時别鑄聖宋重寶耳

嘉蔭簃泉說　劉喜海燕庭

周泉主大錢漢書食貨志文曰寶貨而班固以新莽大泉五十當之鄭司農已糾其繆矣乃並文曰寶貨亦疑非事實則過也當時未見原錢耳亦非當時無原錢傳於世特無人辨識之耳寶四化寶六化二種洪志列於不知年代品厥後或疑爲天贊或疑爲外國迄無定論今觀寶化及寶四化寶六化篆文古樸

色澤渾穆若彝器然其爲周泉毫無疑義洪志所圖書以小篆乃以意爲之不足爲據近有依洪志作僞者不可不辨

後漢書趙彦傳莒有五陽之地注五陽謂城陽南陽武陽開陽安陽也安陽莒地齊莒謂之刀安陽刀即莒刀也今世所謂莒刀與齊刀形製迥殊且多於燕地出土山左齊莒舊地無出土者其非莒刀明矣

半兩錢有穿上明下月者可證明月泉與半兩同時無疑

蜀漢直百錢皆字在左右洪志所圖誤以直百五銖去其五銖二字故作文在上下耳然字體與大小皆舛繆也此錢有小類小泉直一者

道光壬午二月三日陳南未於齊化門小市得古泉百餘土花繡蝕詢係近畿出土者審眎之五銖開元乾元最多而五銖皆不清晰輪郭亦不定且或正或幕穿上下有圖畫不類文字與六朝制作不同是唐時亦曾鑄五銖與開元並行而前人未經言及也就中有大歷八枚建中一枚又中字元字各一枚洵爲創見奇逢也

太平興寶董氏據張台云馮宏鑄又疑五代僭僞所鑄已游移其說案馮宏在宋孝武帝孝建以前其時錢制皆存五銖半兩

遺意此錢與之迥别其非北燕物可決洪志於此錢凡三見二列不知年代品一列僞品已疑張說而無確指也或以爲遼太平之别種太平五年丁卯所鑄更屬非是遼錢存於今者曰通寶元寶重寶斷無獨於太平曰興寶之理况遼聖宗於庚申改元太平在位十二年斷無獨於五年所鑄背紀天干之理且太平元寶今世甚少亦斷無五年所鑄之興寶反多於十一年所鑄元寶之理天福鎮寶洪志引董逌云天福石晉年號當時所鑄自有天福鎮寶見晉氏舊史洪云晉史今無其書考董譜作於紹聖元年洪志作於紹興十九年相距僅五十六年何遽不

見其書余以爲董氏所云見晉史者蓋謂天福爲石晉年號非專指天福鎮寶而言也自古書目未見有晉氏舊史之名即有其書亦當云石氏舊史或晉舊史今云晉氏義有未協董氏殆信筆書之未深檢校耳李孝美言此泉體制與石晉天福元寶不侔其非石氏物亦確無疑義此二泉舊說之不足信也

宋錢近世出土者動以千萬計類皆習見之品而熙寧大觀崇寧等泉尤多若皇祐康定重和靖康各泉千萬中不一見也嘗總而計之太平無元寶淳化咸平景德三種無通寶且無篆書祥符無篆書天禧天聖明道景祐四種無通寶皇宋無元寶慶

歷止有當二錢重字或在右或在下無元寶通寶無篆書且無小平錢熙寧紹聖聖宋三種無通寶崇寧大觀政和三種無元寶宣和有元寶而甚罕見建炎無元寶紹興小平亦甚罕隆興無通寶無小平錢乾道無通寶無小平錢淳熙紹熙無通寶嘉泰開禧嘉定三種無元寶大宋無通寶端平大者無元寶小平錢無通寶嘉熙無元寶淳祐皇宋無通寶開慶無元寶景定咸淳無通寶茲就所見者記其大略如此

馮晉魚比部起泰於都市得一錢面文延祐三年背文大昊天寺按遼秦越大長主捨棠陰坊爲大昊天寺見書史會要故址在今西便門內此錢當是延祐三年鑄以施於寺中者亦奇品也

古泉叢話

戴　熙　醇士

自路史以來考古金文字悉有伏羲神農之號至今日出土愈多乃知是周泰地名空首化前人概未之見故未有確定爲何代物者余以爲當在邑化之前自來錢法必先大後小先精後粗先繁後簡以空首化較邑化固大而精且繁者也

字書以說文爲最古而古金文字率在說文之前以後人之形聲繩前人之波磔未有不支離穿鑿而鮮通也故余釋古字不

尊恃乎有所據可識者無論已即不可識者每以意求之然而世之究小學者或亦不遽誚我也

刀面有作小刀形者勾勒極精三代時書與畫尚不分如此類者謂爲字可也謂爲畫亦可

東南好事者多古泉倏忽聚散逸品異種往往有之特不可多得西北出土者多掘得一種則纍纍數十百或至數千萬蓋有絕無泉無僅有泉此南北之不同

古人論泉有極迂處如八銖四銖當時即不差毫釐至今日剝蝕之餘豈堪盡信今人得一泉必載其大小輕重辨芒析毫縷

若聚訟非迂耶而好事者復欲以一泉定古今尺量沿革不更迂耶

唐封演譜以半兩三豎爲三銖蓋未見三銖耳古泉有今人多有古人罕覯而實非僞作者行用日少出土日多故也如小幣前人多太昊葛天之號今出土多種類繁方知皆周秦地名强半兩爲三銖亦此類耳

鐵泉最難辨近射利者知銅不可贋轉而範鐵幸以徐氏圖纂爲藍本三尺遠即知若以眞泉翻沙鐵以精火以烈範以深工以良銅磨之鹽繡之衣帶和之可以術法眼鑒古者其愼旃

藏泉以足補史傳之缺者爲貴故異泉可考者上也無可考者次也厭勝者下也余所知未列舊譜之異泉如初渭園有東周泉又聞有長安泉在長下安劉青園有騶虞時錢梁造新泉馬燮林之姪有第一重四兩第九重四兩又翁宜泉有招納信寶劉燕庭有至元戊寅厂日香殿又延祐元年皆異泉也

徐貞一天啓錢與明泉逈異余在都門有晉賈以重價購泉而此泉乃爲所棄不知是徐鑄也余因而收之明天啓時泉局出一天啓古泉廷臣皆不知所自來搢紳尚不讀書又何尤乎晉賈

正德錢世人有天下祇有兩个半之說于是競起而僞焉至今雖有眞泉亦無從辨矣于是又競言眞泉雞見之不鳴試問誰取天下之正德泉而一一試之此所謂齊東野人之語也余藏此泉甚舊制作文字實是明錢銅質似隋白錢此種未見其絕少其武宗泉歟抑後世黠者所爲歟

歷代皆用銅錢漢有金幣鐵泉始於公孫述劉龔乃用鍚泉至萬愍礦銀錢而五金具矣

外國錢多惡而易僞私鑄錢往往杜撰年號世人不知悉疑爲外國者鄉梁曜北先生著元號略收泉文其實泉文不盡可信

也而同時又有因略中所收不見泉文之元號鑿泉而獻者由是以推爲鬼爲蜮天下泉之不可信者多矣

觀古閣泉說　　鮑康子年

泉範著錄自曝書亭集始予所見泉範以劉燕庭爲最多凡二十餘枚陽文者居其九每泉必一面一背其鑄法不外模蠟合土翁氏古泉彙考言之甚詳獨馮氏金索謂陰文者乃能鑄泉陽文者乃小洗之屬戴醇士張叔未又謂陰文者不可用若鎔銅入範則範必銷至云二者可以聚訟不知皆古人鼓鑄所需也嘗見陰文五銖範平列二十餘泉其制如板下足旁補詢之

肆人云銅汁遇冷則縮初無鎔合之理數鑄後範必熱以水沃之冷則又可更鑄雖所見止面文度亦必有背文者大抵陽文範不過數泉且模蠟合土其勢勞陰文範多至數十一鑄遂成其勢易人事日趨簡易有不舍難就易者乎 範說一

古鑄泉必以銅爲範而燕庭之寶六化範余之四銖半兩範則以石壽卿之大泉五十範則以鐵秦中近出五銖範穿上一橫者及栔刀大布諸範則以泥範至紛矣好古者多有之顧有範之泉如半兩五銖大泉貨泉之類其筆畫皆不甚懸殊以一範可鑄千萬泉也獨列國幣其文多至百餘種筆畫肥瘦參差無

一相肖若一幣必有一範當必有千百範何近代藏泉家無一列國幣範也秦半兩亦參差不類若一泉一範亦當有百餘範何近代亦無秦半兩範耶他如明字刀尖頭刀亦然以意揆之疑當時初無一定之範工人於鑄泉時就沙土以意刻字旋刻旋鑄亦旋棄故參差不齊沙土不能經久致後世無傳焉不然何紛紜其若是 範說二

所見陰文泉範有銅有鐵有石其制率如板多者數十泉少亦不下十餘泉字皆反文以鑄就則正也陽文銅範其制率如盤少或二泉多或六泉皆一面一背惟半兩背平無郭不用背範有多至八九泉者字皆正文以尚須模蠟合土故也新莽泉制最精其範多用陽文不憚模蠟合土之勞陰文大泉範僅一見

道光壬寅癸卯間長安掘得五銖泥範甚多殘缺無復全者皆正文凸起無背文泥質弗堅字畫不免剥蝕泉之穿上輒作一橫文復得小五銖泥範一角亦正文凸起穿上作橫文應係一朝之制攷五銖自漢迄隋形制非一除角錢四出梁五銖陶白錢外餘皆難辨爲某朝物獨穿上傍好一橫文者秦中多有近時泥範亦皆如此並見一二有款識者確非僞造亦陽文而反書之其紀年乃元康神爵諸字然則此種五銖爲漢宣帝時物

雖書缺無徵未始非考古之一助矣 範說三

布泉二種有懸鍼玉筯之殊舊說以懸鍼屬新莽玉筯屬周而盛氏泉史持駁甚力余則謂舊說是也莽泉萃於秦余寓秦最久見懸鍼布泉時與莽貨泉大泉同出土且布字視貨布同泉字視六泉貨泉同泉字中豎畫斷而不連莽後無此式一也貨泉每作重好郭此莽之創制是泉亦然玉筯泉從無一作重好郭者二也貨泉傍好多作半星或決文是泉則穿上兩決文穿下兩決文穿上半星者甚多六朝泉未聞有是三也二泉不特篆法迥殊輪郭亦異斷非一朝之制且宋董逌譜云自梁武以

來已有之其古可知四也舊譜或列不知年代品余按是泉班志雖無明文而制作既精流傳亦夥其爲用品無疑

秦中僞泉率以舊泉磨而改刻有薛氏父子皆工鐫字每磨厚泉令稍薄釘之几上以利刃依方孔圜刻之無斧鑿痕而時作青紅色殊有佳致每得一泉必仿作一僞者售之而私其眞者寶見至和重寶重和通寶大泉色澤甚古訪之乃以崇甯重寶所改竭十日之力而後成幾與舊泉無二既而又取五銖貨泉大泉五十之堅厚者於泉幕添刻吉語兩字則有延年上林之屬四字則有與天無極富貴未央長生未央長樂未央君宜侯

王宜官大吉宜子保孫五男二女之屬七字則有惟王子孫永保民王宜民宜子保孫之屬八字則有承天之祐子孫之福與天無極長樂未央宜爾子孫子孫永福之屬貨布之幕亦作種種花紋及長命富貴天下太平諸吉語唐宋泉幕則刻爲人物名馬大率工致可喜埋土中數年而後出之面文既眞添刻亦乃復蝕以土繡大可亂眞惟縮視之神味或不足字體或太工筆法不必相稱色澤不免稍滯能明斷不能模糊能精整不能爲姿態執是數者稍足以別之

磬折小刀舊呼首刀翁宜泉曾見新出土者知古人皆於刀柄近刃處以繩縛之十刀爲一束土花上繩索痕宛在斯亦考古者之軼聞

東周泉惟劉靑園與余有之字畫如出一模圜孔幕平不能斷其時代余友費君云十六國時有築東周城鑄錢者疑爲斯時然詢其見於何書則亦不能確指其制作絕類半兩似非漢以後物也

唐以前泉多有傳形所謂如紙背傳模者是也獨辨談云他泉可傳形大泉五十不可傳形傳形則爲十五斷爲周景王所鑄然則半兩傳形豈一兩有半乎五銖傳形豈一銖有五乎況直

百太平百金孝建皆有傳形當作何解辨談一書不失淵雅惟好奇太甚至云貨布貨泉人皆倒讀宜讀爲布貨泉貨永通萬國宜讀爲萬國永通斯眞一家之言也

戴文節泉話云人各有一絕莽爲泉絕並新莽之刀布諸品無一不精余謂新莽事事法古我輩好古者無妨癖香祝之聞者皆大笑

五銖有僅存邊郭二分許字畫僅餘十分之三者中作大圜孔名綖環泉余得甚多無一平正率作凹狀以翦邊五銖合之適成一泉疑此與翦邊五銖本一泉昔人以圜鑿椎而爲兩故翦

邊五銖近邊字畫皆不全而此泉僅存近邊之字畫其孔圜而四者則鬭鑿猛椎之故也

北宋泉無地無之每種隸書正書行書筆皆多不同宜泉析及宅蔭或隸與正書配或隸與行草配分爲若干種斷爲各冶之別自余於北宋泉竭十餘年心力考核最詳嘗聞劉青園云曾以北宋泉幕無文者裂几上屬斷其面文十能得其八九可謂精矣

燕庭官秦時得篆書義通大泉制作色澤並佳與青園所藏騐虞峙錢余均疑爲六朝時物諸家所未見也

余嘗得慶元通寶大錢重五兩幕穿上一敕字甚大穿下五十料三字穿左右慶元元年夏改鑄此號錢十字自來泉幕無紀年及多至十四字者以示同人無不嘖嘖羨

西夏梵字錢文不可識秦中時有之余得數種細審其穿下及穿左兩字點畫並同疑即元寶二字其穿上穿右兩字必係年號也

藕心非泉也秦中出土小銅器有形方長三寸餘寬四分許厚如之中空如筒面作八分書于金氏三字陽文甚工背或缺寸許余曾見一枚中藏一藕心牝牡相銜如鑰與匙者然或云此爲藕心之郭余疑與藕心合而爲一物究不知作何用舊譜蓋强名泉

古泉匯元集卷一

古布類共十四卷　利津李佐賢竹朋編輯

男貽良儷校字

方足布

虞一金化　此布倒書其文傳形自左及右讀之面背俱有周郭介者虎也或若吳也應釋文之言可取仍乃貨字之省書懋遷有無化居以化去口可證凡刀布化字皆倣此一金言此可值一金也或疑此爲虞號之虞然形模迥別國小布不類且古刻書籍罕言布或卽有虞氏物歟

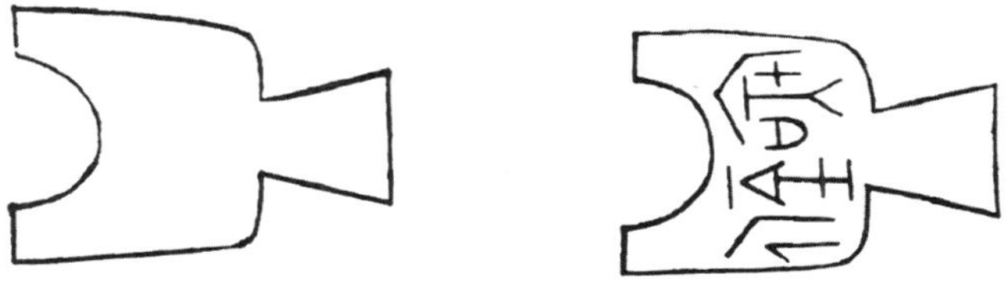

虞一金化　文同前面無郭背有郭柄有好虞字小異

虞金化　亦自右讀俱缺一字一面無郭背有郭柄有好不透

虞字半泐次面背有郭柄無好虞字口作乂亦異

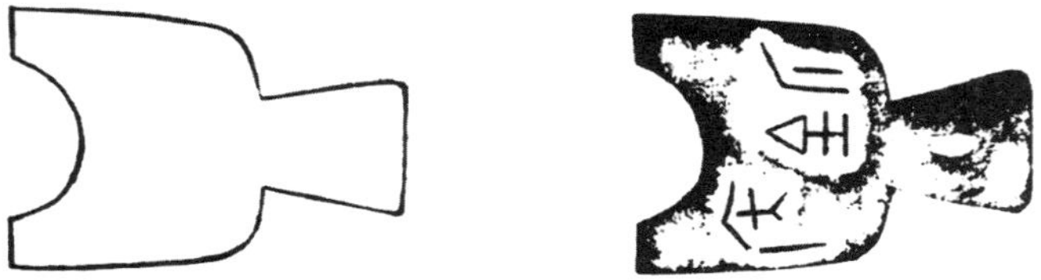

虞化一金　文自右讀曰化一金化反書面背有郭上有好

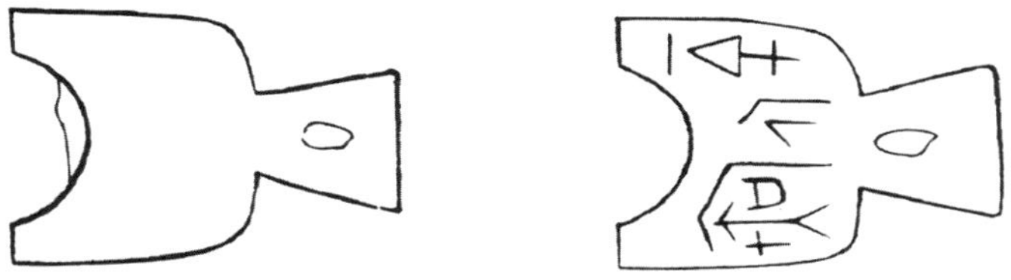

虡化半金　亦自右讀製同上而較小柄亦有好面背周郭文曰半金葢直前品之半也半金化爲古布所僅見舊譜無徵今爲吳子苾閣學所藏又有文曰虡化一金製更小於半金者僅見拓本未定眞僞故不摹

乘正尙金尙爰　正書面背無郭考管子有虞筴乘馬及請問

古泉匯　元一　三

幣乘馬云云路史以此幣當之諸譜多從其說贖金釋文乘之爲言四也猶四矢曰乘矢四壺曰乘壺之類此只取四馬爲乘之義故得策乘馬之稱正者其文皆正不同倒書者也尙同上言上等之金也尙卽當省敵也爰乃鍰省合而言之此布直四枚止書一金之貨乃最上之金可敵贖罪之鍰也

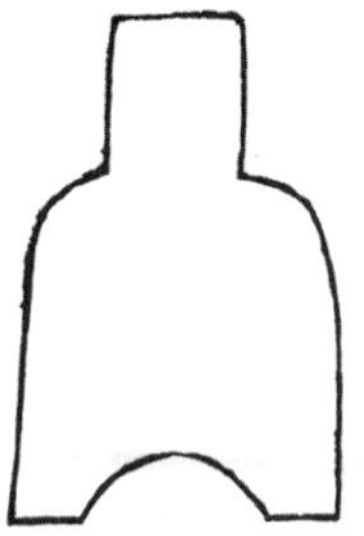

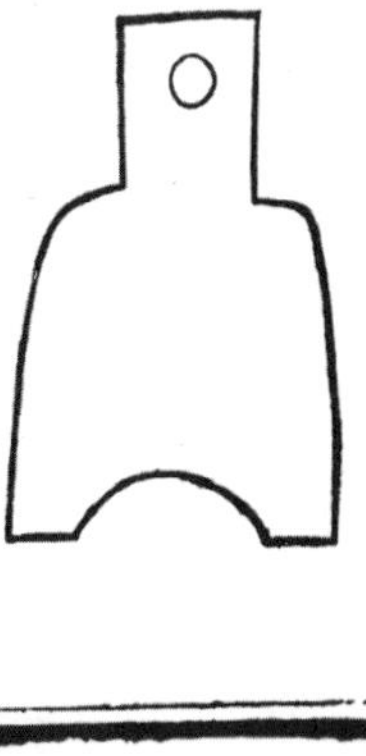

乘正尙金尙爰　三品文製同前惟面背俱有周郭次金字缺

古泉匯　元一　四

下畫背同一品故不摹下倣此三柄上有好乘字中畫斷

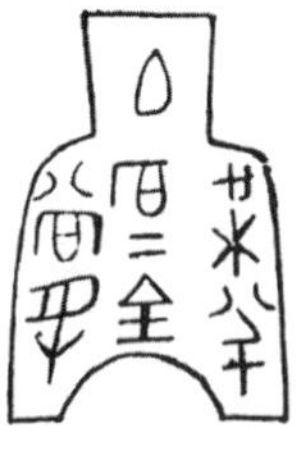

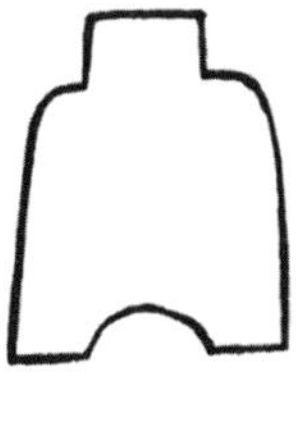

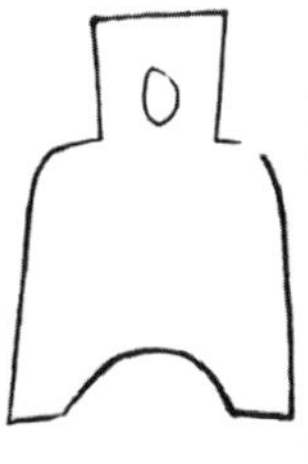

乘半尙二金尙爰　此二布絶小面背周郭亦自右讀次品柄有好乃乘馬幣之別種乘半者言此幣可直乘馬幣之半也尙

二金者言上等之第二品金也

乘充化金金當爰　背陰文充　此亦乘馬幣之別種面背無郭次背有陰文充字乘充化金者言此布可充當直四枚之化金也金當爰者言此亦可當贖罪之鍰也或疑兩金字豈不犯複然安邑金背復有安字齊法化背復有化字十貨大布面背皆曰十貨卽此布背復有充字則正面又何妨兩金並用蓋金以利用恐小民愚昧故重言以申明之免致錯誤不厭其複也

乘充化金五二十尙爰　背陰文充　二品亦乘馬幣別種形製同前而較大面文五二十爲異次品背陰文充字亦同前五者謂一枚可直一金之五枚二十者謂二枚可直一金之十枚也一枚直五二枚直十數目了然令民易曉贖金釋文言此自有書契以來夾行子注之始背充字有作㚔者

乘充化金五二十尙爰　文製同上惟面有周郭爲異

安邑化一金　背安　正背自有讀面背無郭背複安字

安邑化金 背安陰文充　製同上面無一字而背上有充字路史舜禹皆都安邑或即虞夏時物背復有安字者贖金釋文言所以別於刲罪者也不識不知之民豈能文義正書倒書布之貴賤分焉即背文以示區別俾易識而無濫用前民利用之精意寓焉矣其說近理背有陰文充字者與乘馬幣同言此布亦可充當贖金也

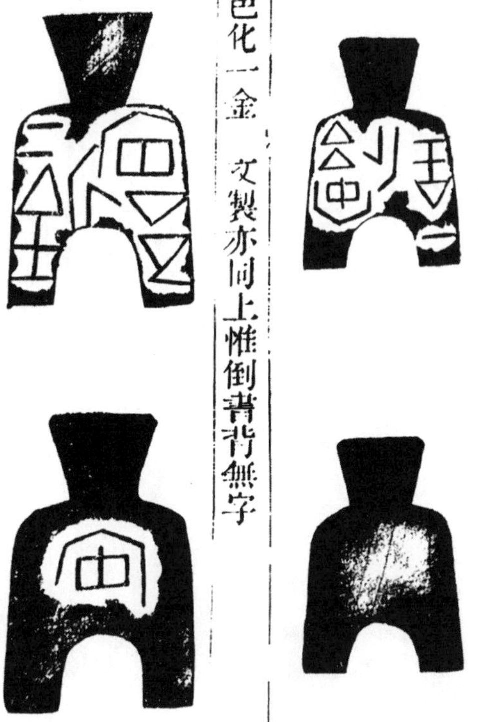

安邑化一金　文製亦同上惟倒書背無字

安邑化二金 背安　正書自右讀形類前品而較大此作二金言倍一金之直也即後世當二錢之權與化金二字或讀爲釿然虞布及此布一金二金皆作一行貫化字另作一行不與一二字貫則化金確爲兩字無疑又見皖江倪氏譜有一品小及此布之半亦猶乘馬幣之有小品者頗奇未見其泉故不摹

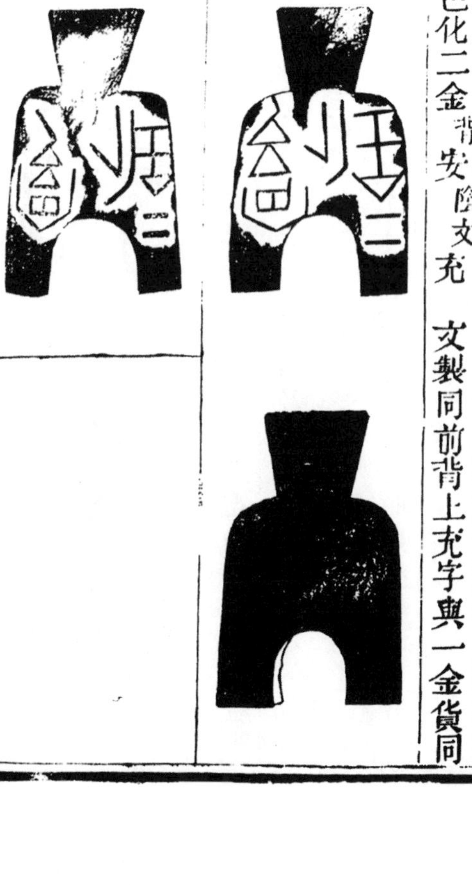

安邑化二金 背安陰文充　文製同前背上充字與一金貨同

安邑化二金　倒書自左讀製同正書者惟背無安字次品安邑二字連綴書此布正書者罕倒書者所見甚夥篆法亦多小異者摹二品以概其餘不求備也又有柄有好者乃後人所鑿並非別品故不摹

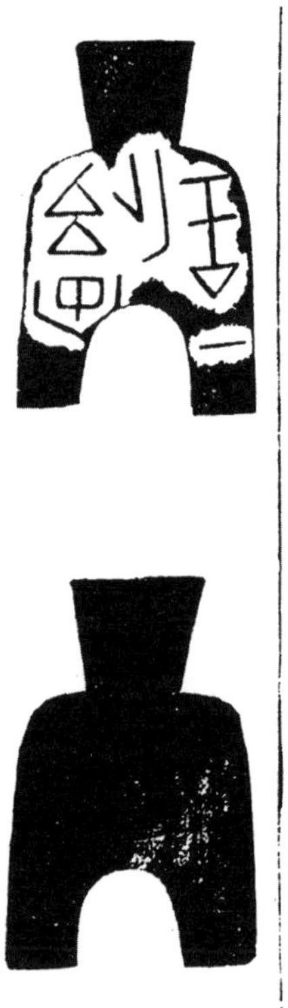

安邑化二金　一二字缺一畫次全缺皆鑄範不精所致

山陽　二品文同一面無郭次面有郭俱中一豎畫背平貨布文字放按史記始皇八年嫪毐封爲長信侯與之山陽地遂斷爲秦幣然形與列國布不類方首圓肩頗類古金故附於此詩在南山之陽山陽者山南之通稱未必定屬秦地也

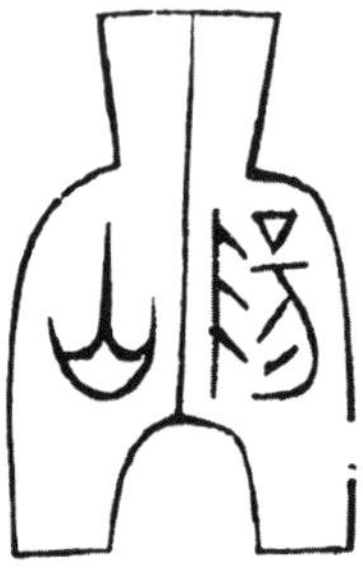

山陽　二品文製同上以次遞小一面有郭次面無郭背俱平

安陰二　地名無攷或即安陽之北邑二即當二之義以上布

背方首圓有以下俱方肩

口　面背俱平上有好文作口陳壽卿侍讀釋爲城字象形愚

古泉匯　元一　土

意或國字減筆其義皆同列國刀及錢字布皆有此字

甫反化一金　面背俱平甫反即蒲坂詩地理考舜都蒲坂疑

是虞布然形模與下二品同似一時之制且漢書地理志有蒲

坂縣是蒲坂地名經久未改爲知非後世所鑄故與京頼等布

連類及之吉金録讀爲涑城引左傳伐我涑川爲晉地其義亦

通

泉一金化　形類蒲坂布而倒書一面無郭次面有郭柄有好

不透背俱無郭頼省偏旁作泉左傳隱元年置姜氏於城頼注

古泉匯　元一　圭

鄭邑

泉半金化　餘同上而小柄亦有好半金者一枚直頼貨之半

枚亦猶虞化之半金也亦吳子苾所藏

京化一釿　形類前品京字倒書餘正書左傳隱元年謂之京城大叔注鄭邑

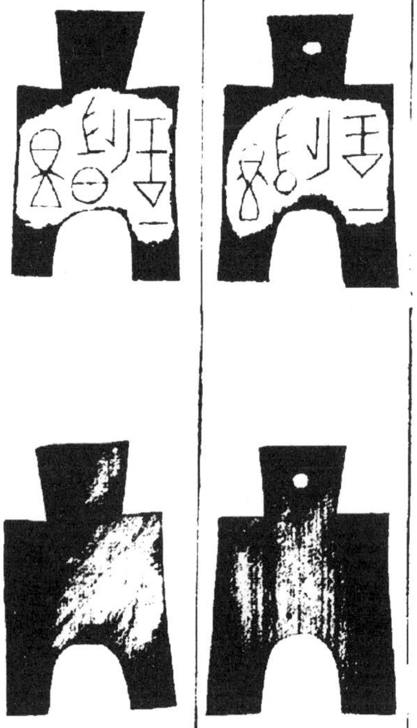

晉昜化一釿　二品文製同面背俱無郭倒書陽省作昜昜一柄有好國語趙簡子使尹鐸爲晉陽國策智氏信韓魏從而伐趙攻晉陽之城係晉地後屬趙

晉昜化一釿背二　同前品而昜字傳形背三直文二字斜書曾見皖江倪氏泉譜有小布經五六分文與大晉陽布無異惜僅見拓本眞僞未決也

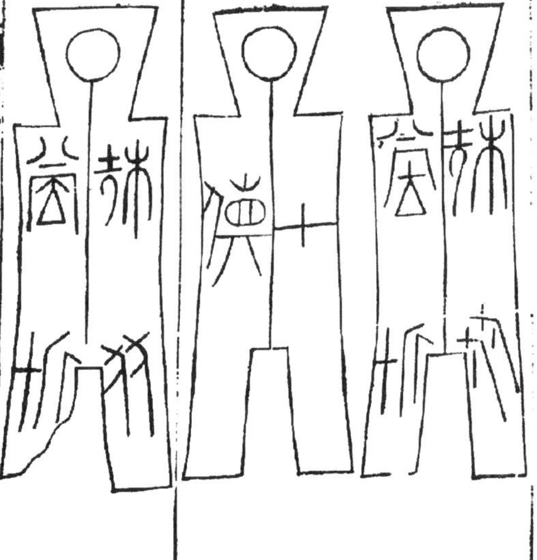

殊布當十化 背十貨　三品製同篆異面背周郭上有好中有豎畫此布通志謂商貨莊布諸家聚訟迄無定論第一字類殊字言此迥異諸布乃殊尤之品也第二字古泉彙考釋爲布字畫縱橫如織布文當是布字象形其說可取殊布當十化言一枚可直十化金也背作十貨者恐愚民易惑復重言以申明之也至化貨二字繁簡互異彙考云古器銘同一器同一字往往筆畫多寡偏旁位置上下不一乃知秦以後文歸一律古文未必盡同非小篆說文所能賅括也彙考又摹篆文各異者十餘種吉金録又有兩面十貨同文者今未盡見摹三品以概其餘

古泉匯　元一　十五

四布 背當十化　兩面五字製同前而小四布當十化猶言四枚可直十化金也與前品大小懸殊故一當十四當十所直亦懸殊此即後世當一當十錢所由昉此布確係連幣之翦斷者

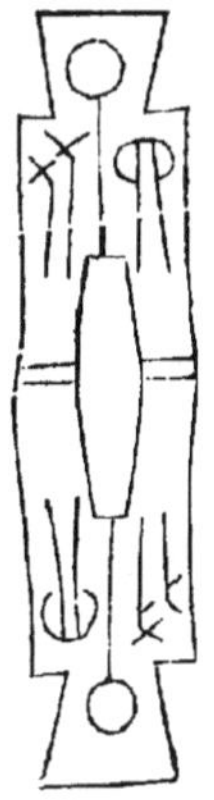

四布四布 背當十化當十化　此即前品未經翦斷者俗名曰連布以其連而不斷名之也十字劃其橫畫彙考又載有兩面四布四布同文及兩面當十化當十化同文二種世或有之今俱未見凡同文泉皆錯用泉範乃工匠之誤非別種也

古泉匯　元一　十六

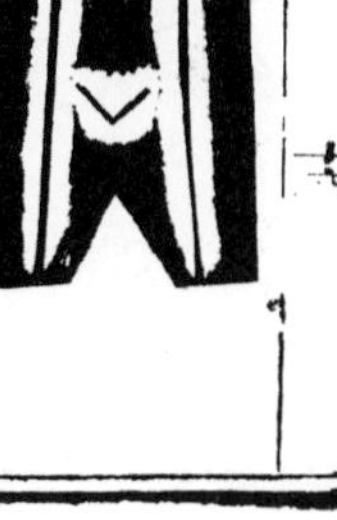

垂 背六　二品同面背無郭背二直文首雙尖左右歧出兩足間作人字形較異他布次背文六字省文倒書春秋隱八年宋公衛侯遇於垂桓元年公會鄭伯於垂注皆衛地

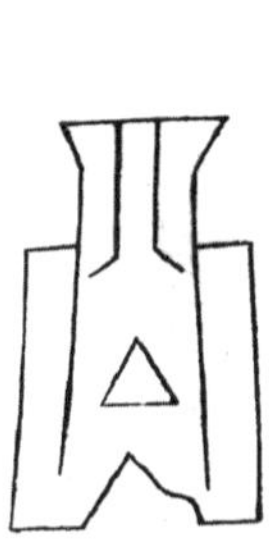

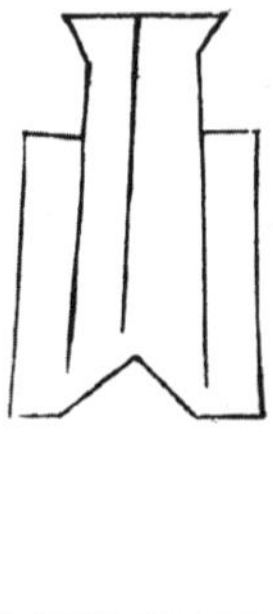

公　形同前品而面背有郭面兩直文背三直文公或取公所之義如公府公田之類猶鏟布之有官考也

公背一　面同上而背有一字亦似通中直作十字或疑爲上字合面文讀爲上谷非也古幣背文紀數者多如垂字背有六字此布背有十字想俱有自一至十各品今特未盡見耳

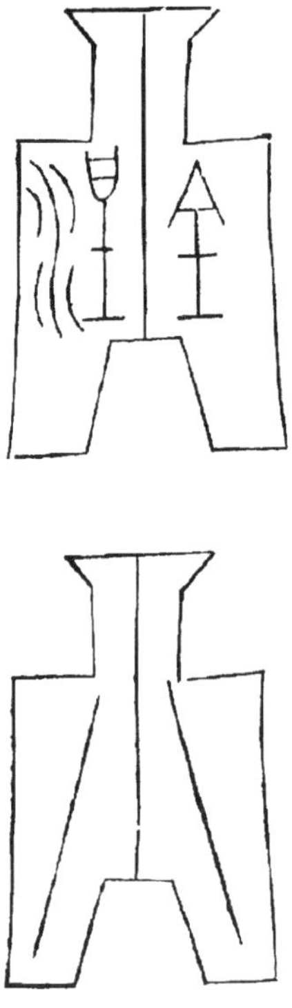

涅金　形仝前品而差大二字左讀背一直文二斜文吉金録攷水經注涅陽在西北岐棘山東春秋屬鄧國戰國秦穰邑小布涅字者頗多當係一地所鑄或鑄有先後故形模各異歟

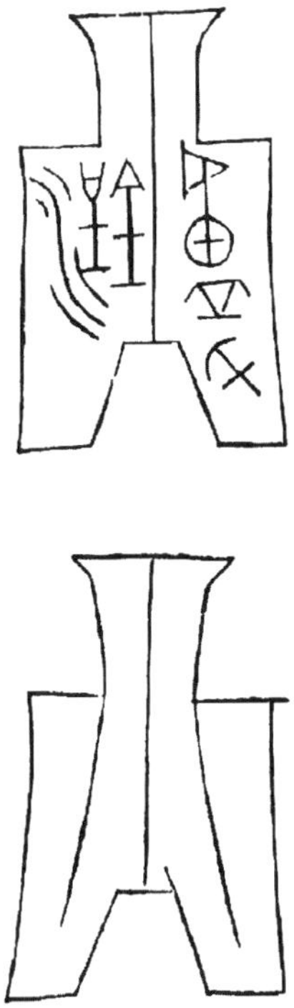

盧化涅金　四字左右讀形製同前涅金亦見前左傳成十七年高弱以盧叛注齊邑化字亦似氏字路史國名記有盧氏按地道記郡國志云西號之别然一布而兼兩地名義不可解各布亦無此式此劉燕庭方伯所藏色澤極古洵僅見之品

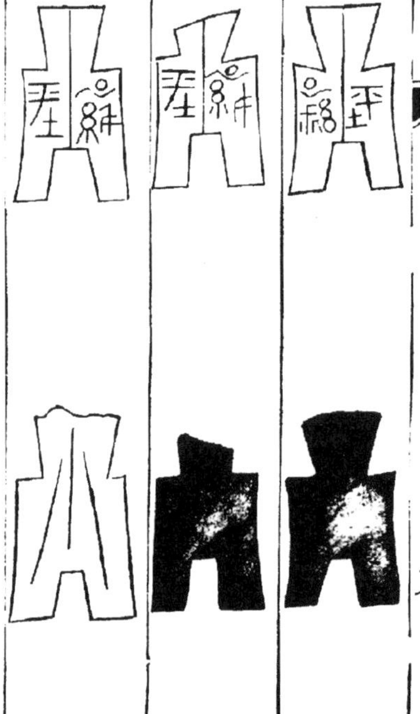

此布字不可識一二品一正書一傳形而有郭背俱平三亦傳形而背有郭並三直文或謂孝係平土二字

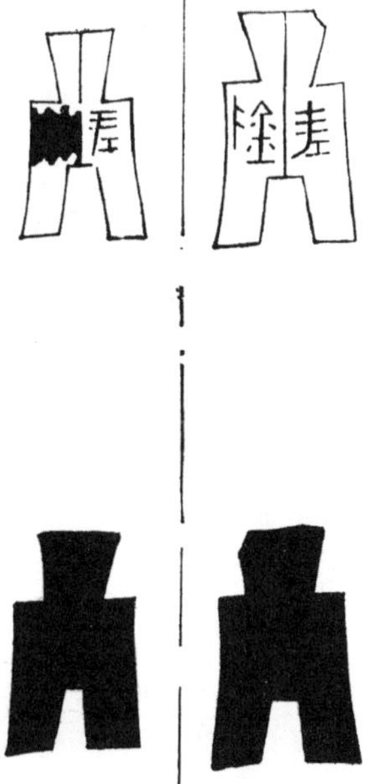

差陰　二品文同次品較小吉金録釋爲漾陰漾減水旁今姑
從之左傳楚令尹鬬祁莫敖屈重除道梁漾注漾水在義陽此
布所見文皆不晰陰字从金尢異差字與前品差字相似

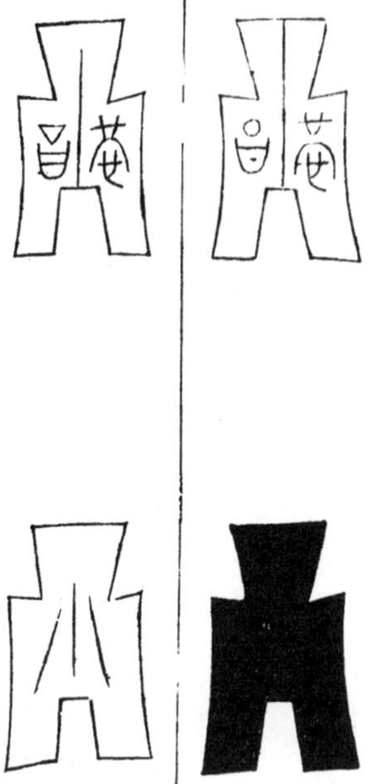

蓝昌　面文同一背平次三直文此布或曰恭昌或曰燕昌吉
金録釋爲蓝昌今從之地理志蓝昌屬涿郡春秋爲燕地此布
與涿字布當一處所鑄

附　未見方足異布
奐二　二作兩豎畫
子午金　午正書在中子金倒書在下
束貨一金　貨作化
平昜金鍰法正　鍰作爰法作去正作此以上皆圜有方足
枚八貨　枚作杺貨作七俱倒書方有方足
舊譜所載尚不止此字不可識者不録下倣此

古泉匯元集卷二

方足布

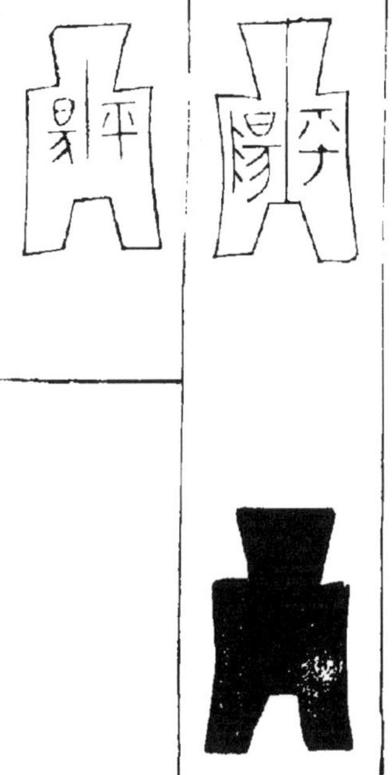

平陽　平昜　自右讀背平二品同惟次昜字減筆

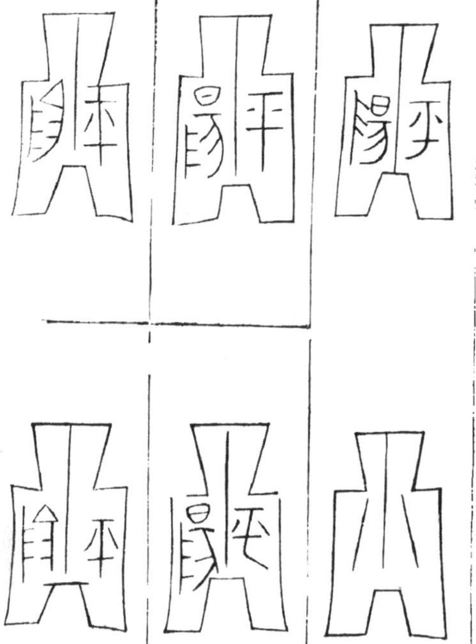

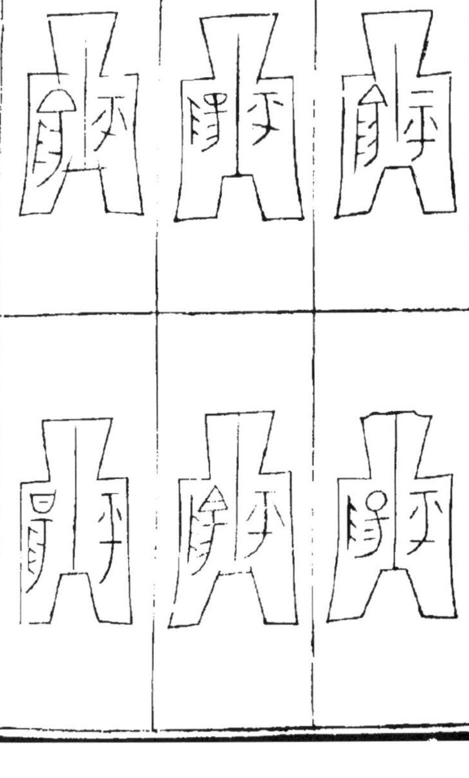

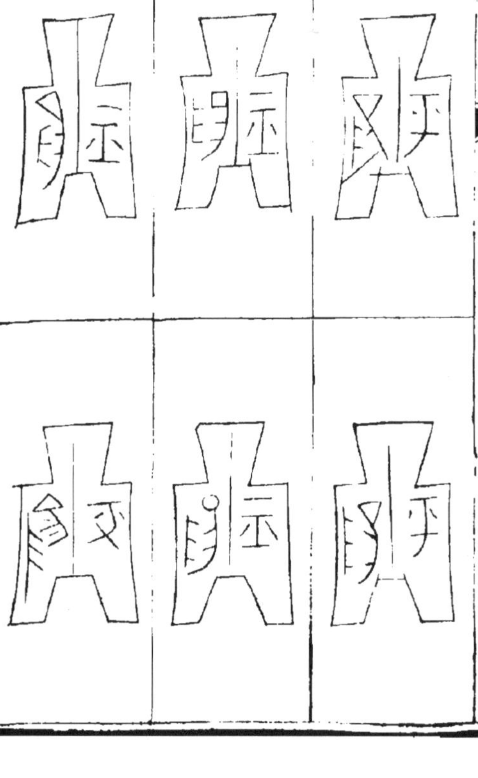

平陽　平陽一　各品篆法互異末品面上多一橫畫背三直文各品俱同摹一品以概其餘春秋宣八年城平陽注東平陽左傳哀二十七年公及越后庸盟於平陽注西平陽史記秦本紀十三年桓齮攻趙平陽應劭曰在平河之陽堯所都也吉金錄曰近時此布多與長子屯留諸布同出應是趙鑄然今所見品類繁多應非一處之物

古泉匯　元二　三

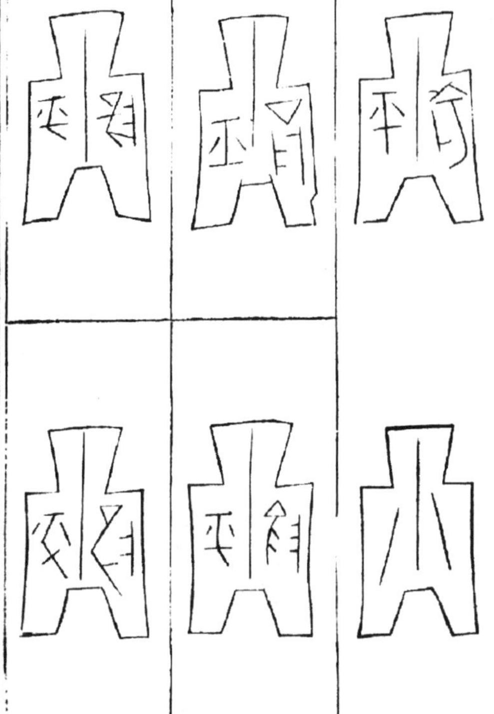

平陽　文全上前二品自左讀後三品傳形

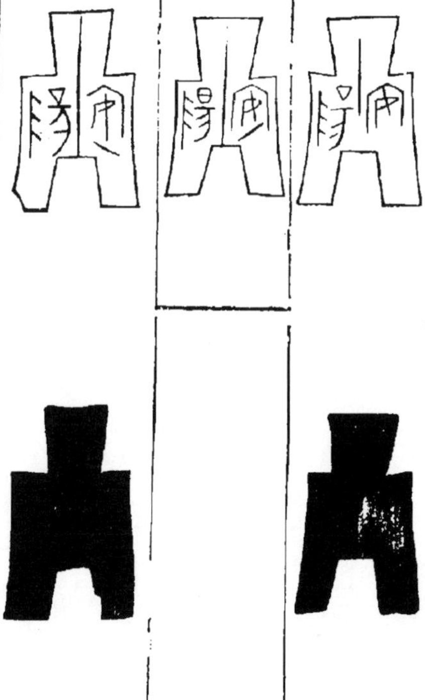

古泉匯　元二　四

安陽　前二品較小後三品差大背俱平五陽字傳形

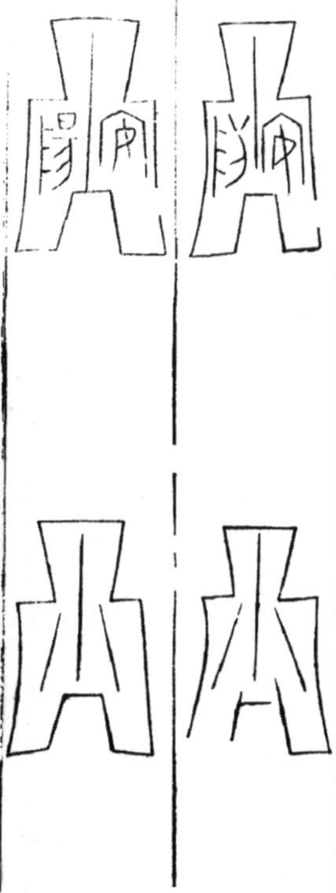

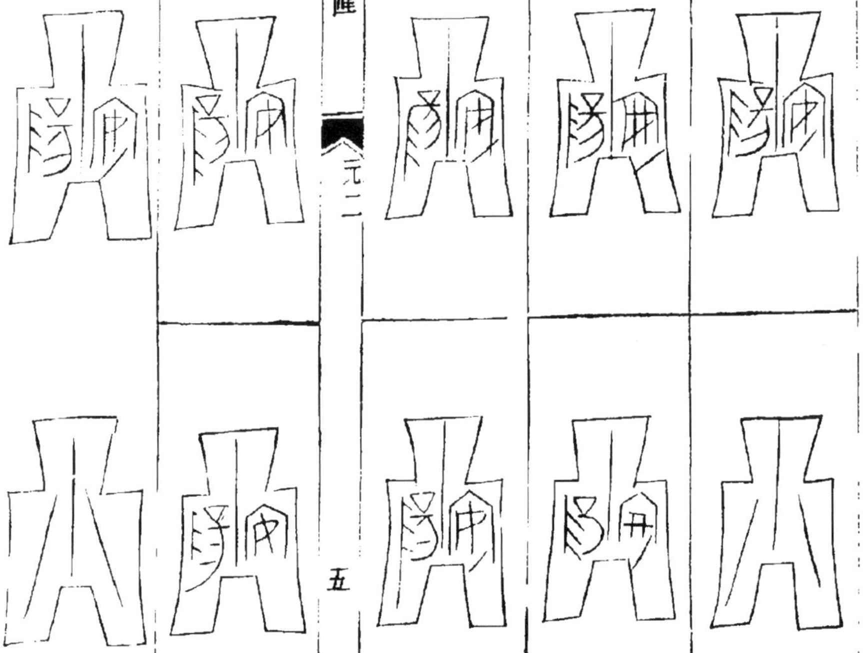

安陽 前三品以次迭大四品至九篆各異十更大史記秦昭襄王五十年拔甯新中地志曰甯新中七國時魏邑秦昭王拔之更名安陽

安陽 傳形亦大

宅陽 八品形同錢異史記韓世家懿侯五年與魏惠王會宅陽正義曰在鄭州宅字或爲氏然究在西陽此布多出北首故仍從舊譜釋文

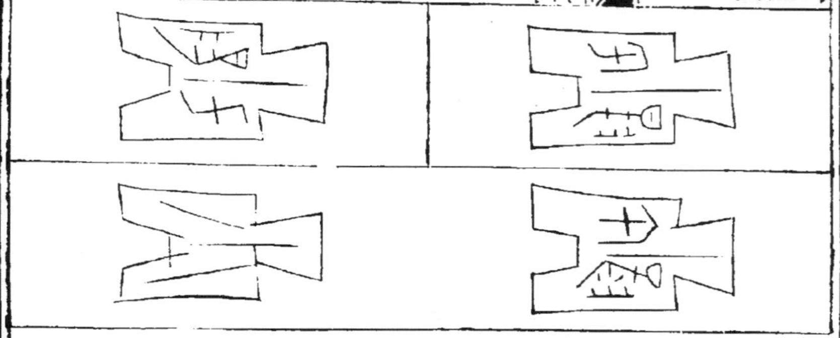

古泉匯 元二 七

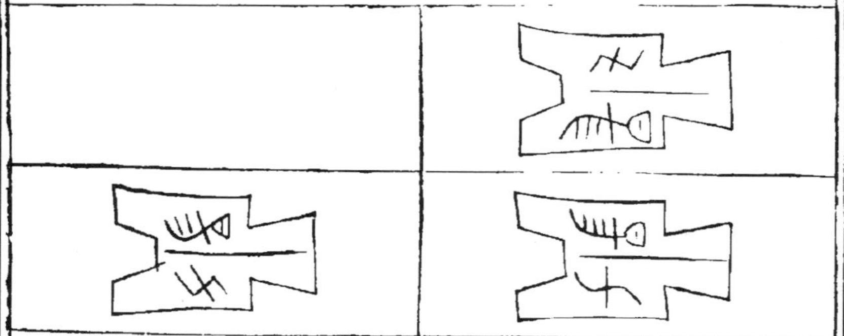

宅陽 乇易 一二三品傳形三宅字減筆四五二字俱減亦猶貨之作化錢之作爰也六朝錢並傳形最異乃鮑子年中翰所藏

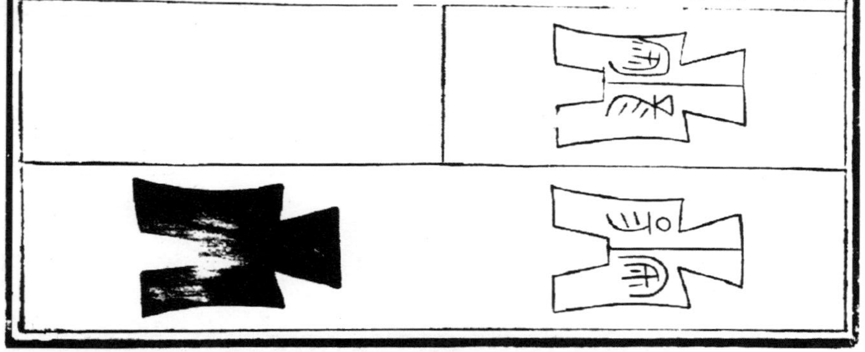

匋昜 陶陽省文二品次傳形背俱平書東出於陶邱北說文陶邱在濟陰國策秦封君以陶接邑名布背皆三直文背平者殊少乃異品也

古泉匯 元二 八

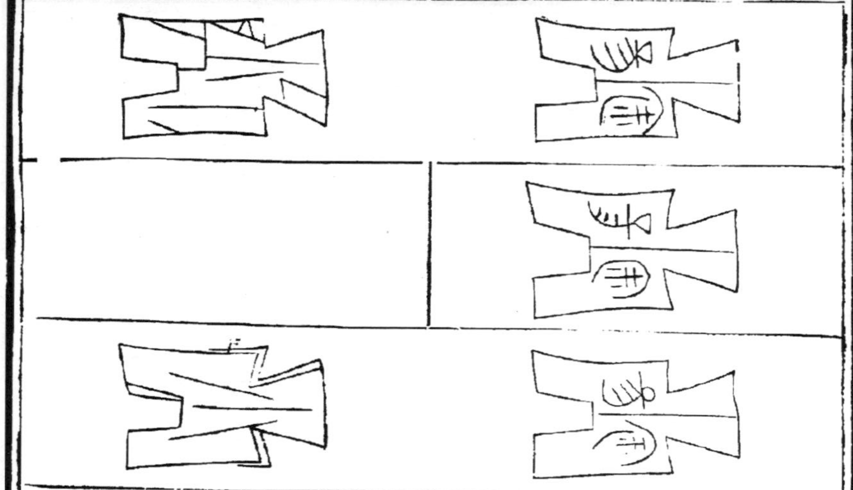

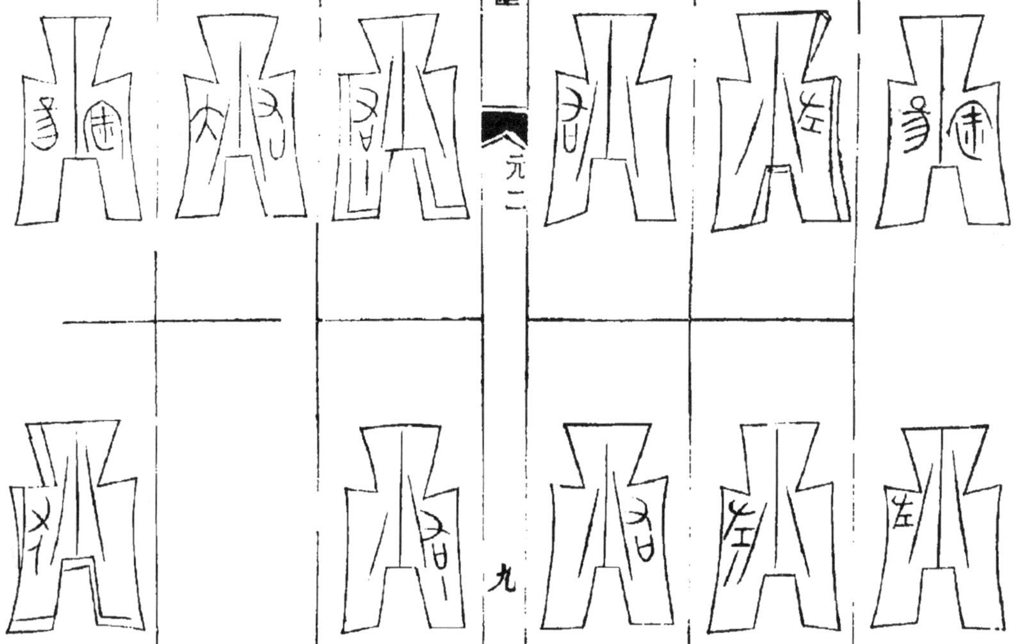

布易　背左　左　右　右一　右大　而文同前背一二三直文三錯範四五左在左右六左一七八右在左右九十右一在左右十一右大十二右變體凡面同背異者只舉背文下倣此

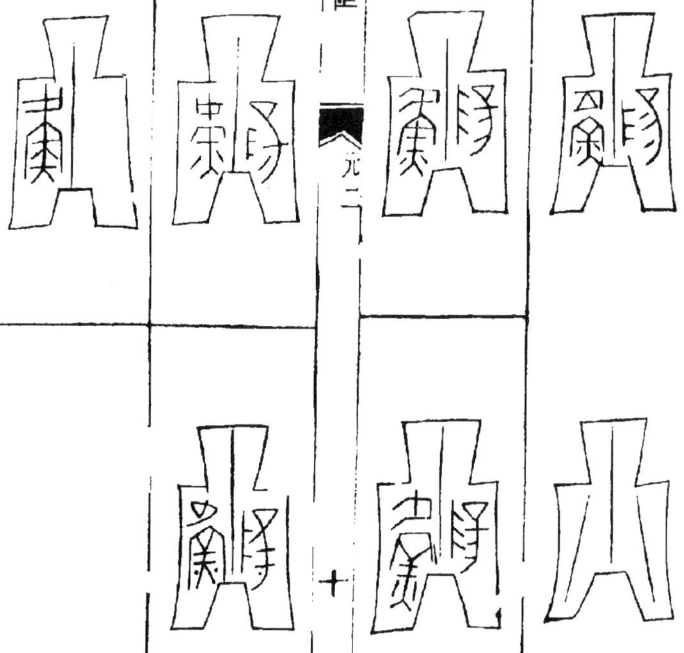

魯陽　五品面文小異六魯字無陽字背俱同竹書紀年孔甲七年劉累遷魯陽戰國屬韓

陽丘　左傳文十有六年楚大饑戎伐其西南又伐其東南至

兀陽　傳形吉金録謂兀即其字省左傳定十年公會齊侯於
祝其共[illegible]夾谷齊地

宜陽　宜字下助陽字瑊筆傳形國策秦攻新城宜陽

尹陽　尹即伊之省書又東北會於伊左傳文八年遂會伊雒
之戎路史伊今洛之伊陽縣有伊水

於陽丘陽丘自係楚地

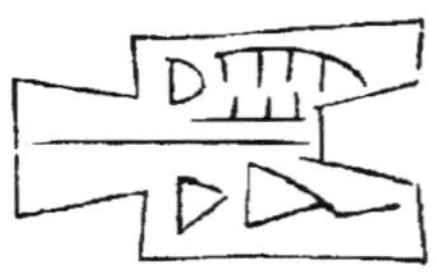

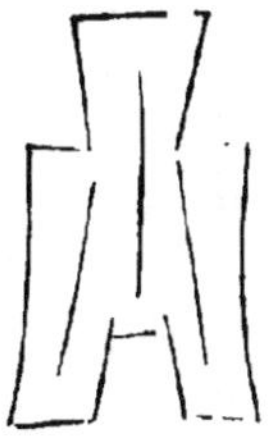

陽邑　二品陽字篆體異漢書地理志陽邑屬太原郡

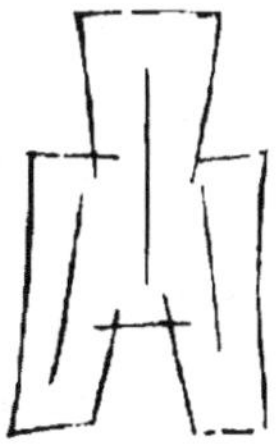

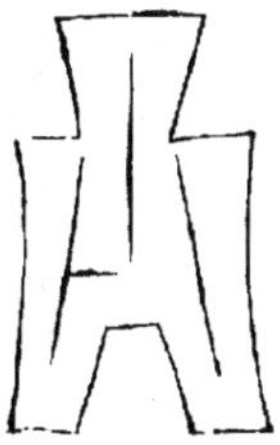

平陰　背一　二品面異背同三背文一左傳襄十八年齊侯禦諸平陰注在濟北昭二十三年齊師在平陰春秋地名考故城在今河南孟津縣

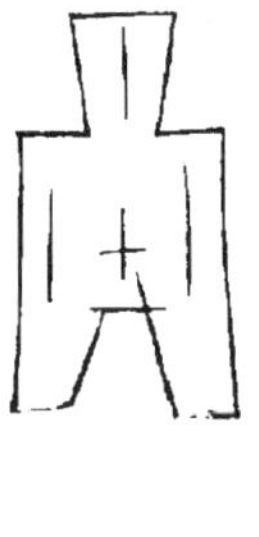

大陰　背五　十　面文同一陰字居中次中分直畫背文五三背文十路史陰古國名左傳哀四年使謂陰地之命大夫士蔑注陰晉地或亦名大陰歟方小東謂太行之陰義亦通

大陰　背九　仝前一傳形次二字居左陰字尢離奇背文九

壤陰　篆與敷垣同惟去文旁易土旁應屬壤字壤陰者壤之北也春秋公會晉侯宋公衛侯鄭伯曹伯於黑壤公羊傳狐壤之戰隱公獲焉狐壤屬鄭地

古泉匯元集卷三

方足布

戈邑背一八　自右讀背文一八減化字

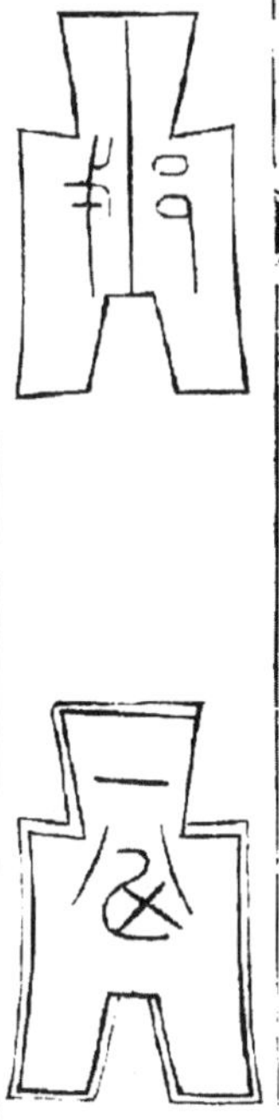

戈邑背八化　一八化　自左讀一二邑字以傳形背文八化
一八化三戈字傳形背三直文錯范左傳寒泥處其字於戈注
在鄭宋之間一八化謂此布厚重一可當小布之八也

乘邑　自右讀舊譜釋爲梁邑按第一字即乘馬幣之乘字春
秋莊十年公敗宋師於乘丘注魯地今多出鄒魯燕趙之間當
係魯幣

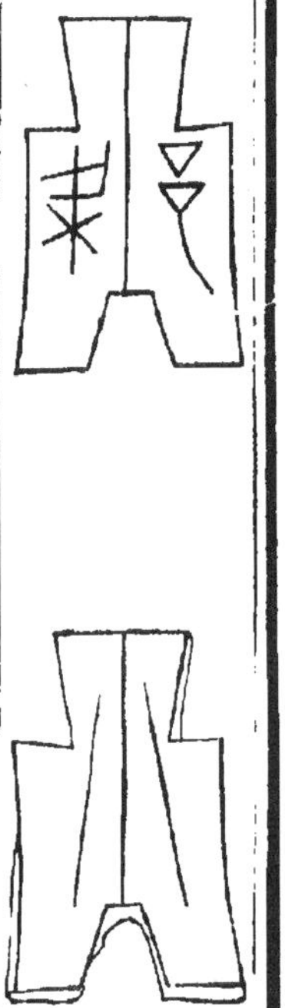

乘邑　背乘　乘口　自左讀一二邑字小異三乘字減筆四背左乘字五左乘右邑邑字減筆古布從來未見合背同文者僅見此品六形製差大

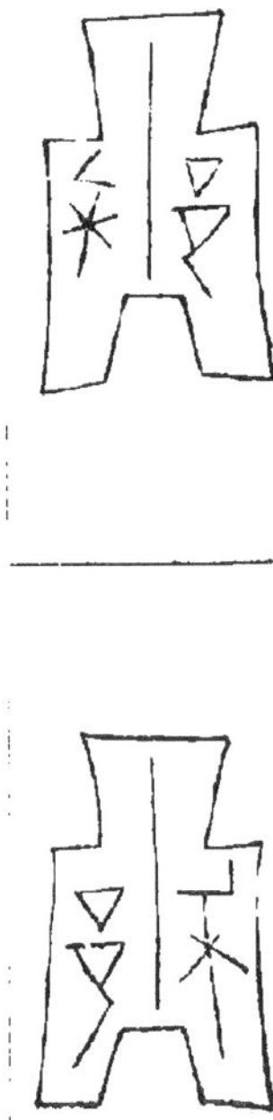

郲　左右合爲一字一二三品篆微異三傳形左傳隱元年欲求好於郲又襄四年使我敗於郲韻府郲係國名又係地名

朱子　朱卽郲之省兩字俱傳形左傳莊五年郳犂來來朝注

王命爲小郲子

郲　背一　一二品亦郲字變體與前品異然旣有國名地名之別安知非兩地所鑄故篆亦不同歟次背紀數又有人字者僅

見拓本

未邑　未卽妹省書酒誥明大命於妹邦注妹土商之都邑武王以封康叔應屬衛地或釋爲郲字減筆亦可

古泉匯　元三　五

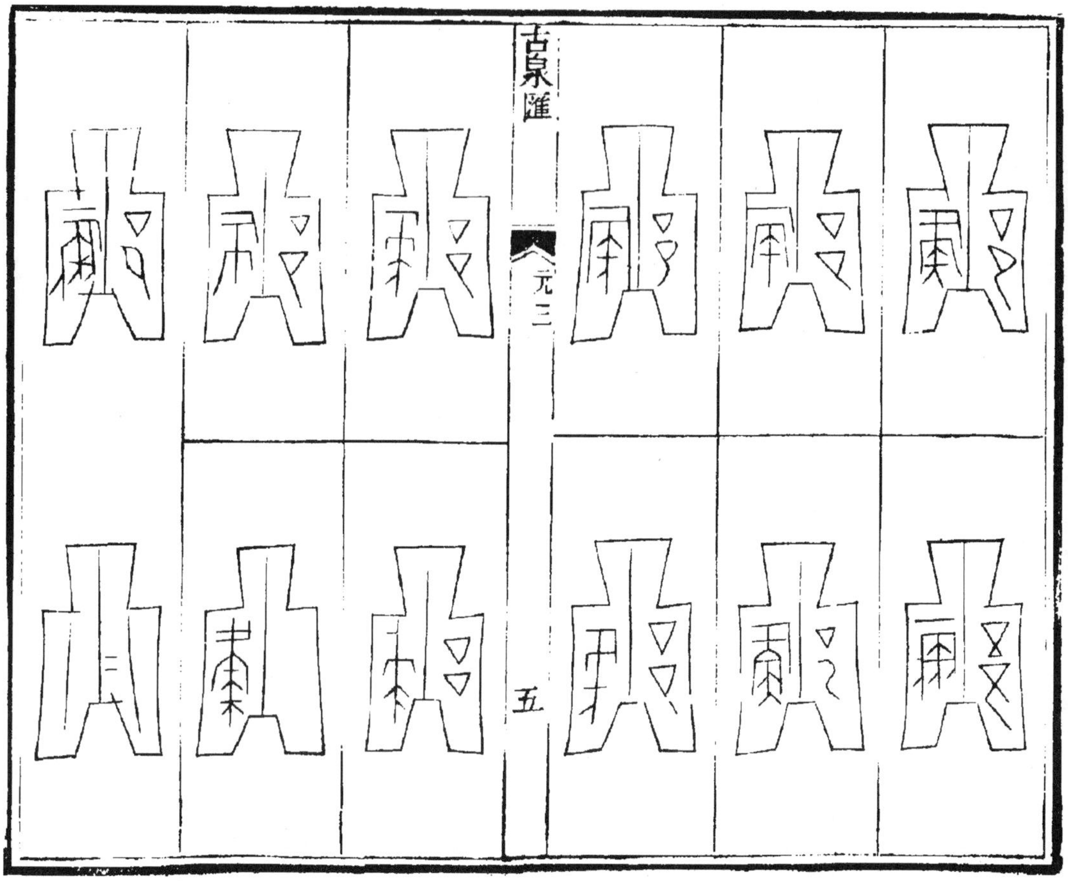

鄤邑　背二　十　十三品面文各異惟十一缺邑字自一至十一背皆同十二背二十三背十吉金錄釋爲鄤邑攷厲王居於鄤國語注鄤晉地鄤字筆畫繁簡無定蓋信古文增減不拘六書之法凡背文數目字皆自一至十俱全此僅見二品癖談云小幣幕紀數非紀直也箆之次第也不然大小輕重同何直一直十如此相懸乎信然以下做此

古泉匯　元三　六

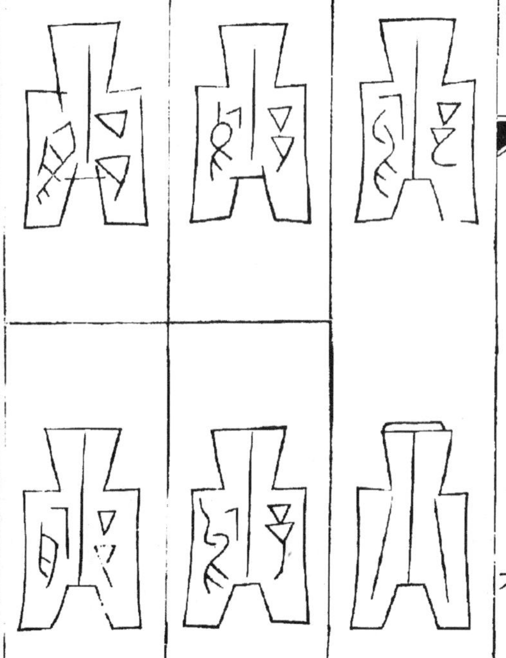

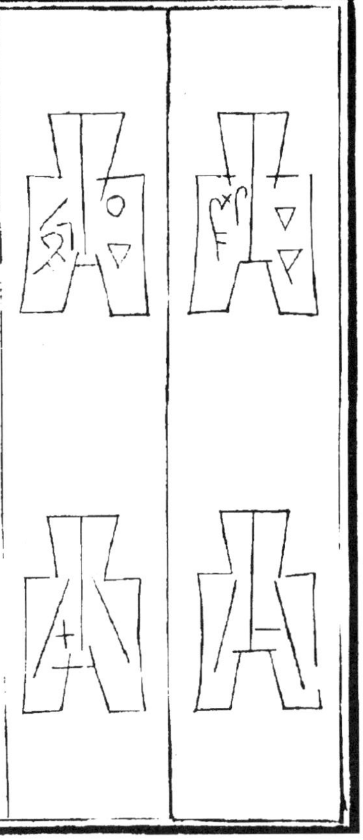

郇　背一　十　七品面文各異自一至五背同六背一七背十左傳昭二十八年晉司馬彌牟爲郇大夫注晉邑春秋隱十一年王取郇劉注鄭邑

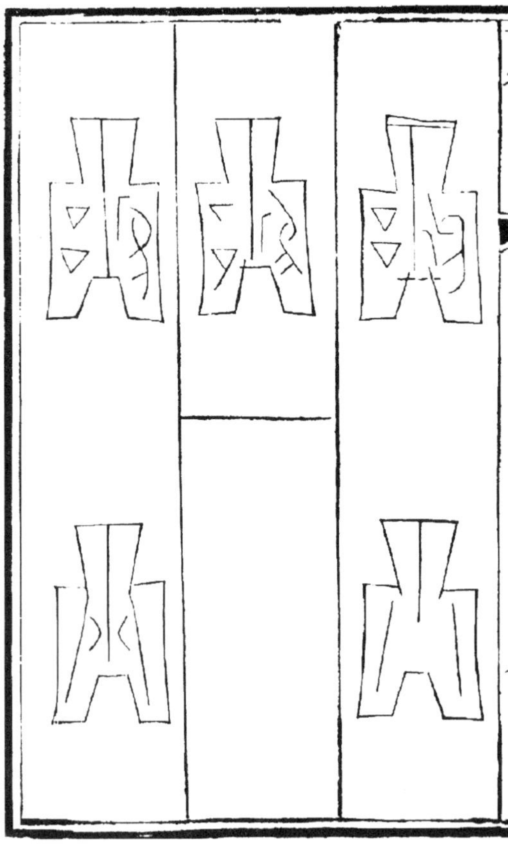

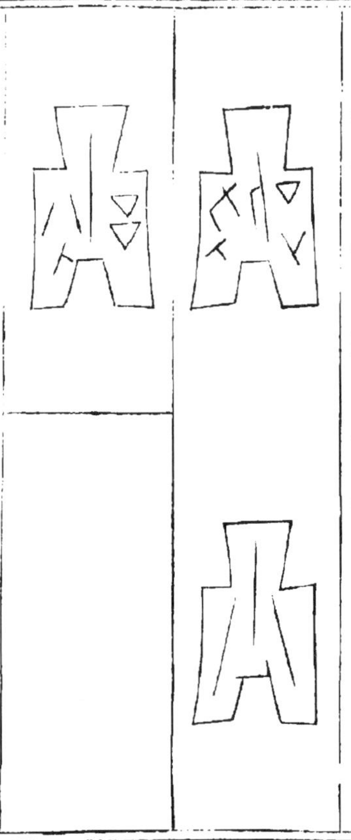

郇　傳形二品面文小異背同三背八

囗邑　二品左不可識疑亦郇之變體姑附於此

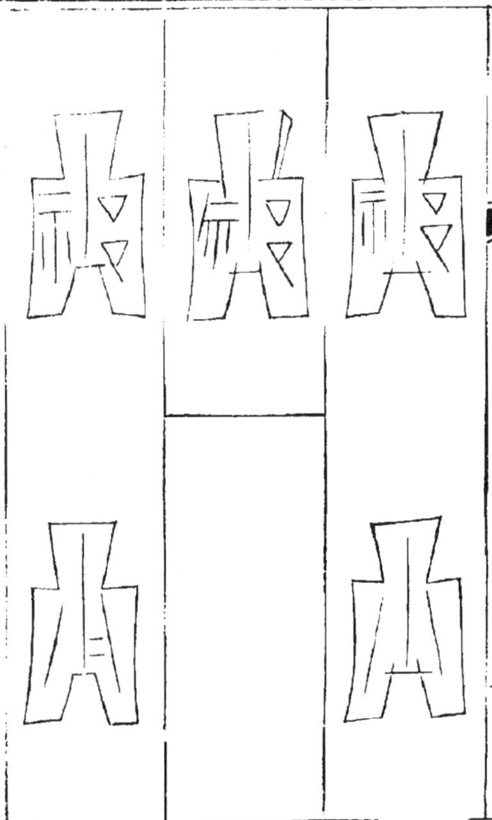

祁　背二　一二面文小異三背文二左傳昭二十八年賈辛
爲祁大夫注太原祁縣

祁　傳形

古泉匯　元三　九

共邑　左傳隱元年太叔出奔共注今汲郡屬鄭地

鄧　二品面異背同舊譜未見左傳桓二年蔡侯鄭伯會於鄧
始懼楚也莊六年楚文王伐申過鄧鄧係近楚小國亦似鄧字

互見鄤字布注

郎　面異背同郎魯地春秋隱九年夏城郎吉金錄釋爲鄍左
傳僖二年冀伐虞至鄍注虞邑後屬晉説可並存

古泉匯　元三　十

莘邑　貨布文字考釋爲莘邑孟子伊尹耕於有莘之野春秋
莊三十三年有神降於莘地名考屬陝州莘原

中邑　方小東刺史云邑當爲都之省注互見卷四中都布

木邑　木卽沐省公羊傳天子有事於泰山諸侯皆有湯沐之邑焉去湯字省文也方小東云此卽今之沐陽說亦可參

干邑　方小東據路史云蹇叔處干干國也又云段干李姓邑也初邑段後邑干因邑而氏

郲　郲國名爲齊所滅左傳襄十四年齊人以郲寄衛侯

口邑　陳壽卿謂似戉字分爲二卽越字省文

𢦏氏八七　背　一　二　六　三品自右讀面文略同背文各異

舊譜釋爲茲氏屬趙地至十八七則向無確解愚意此88下有十字應連綴看是𢦏之省𢦏氏者𢦏內之民所鑄十或取道路四達之象亦通手尖足布有茲化二金茲字从艸乃茲邑所鑄與𢦏布殊七卽化省八化言此八枚可當古一化也此布輕小古布厚重故以一抵八適足相當以下凡有八化者倣此方小東云太原有茲氏城見晉志仍當釋爲茲氏今並存兩說俟考

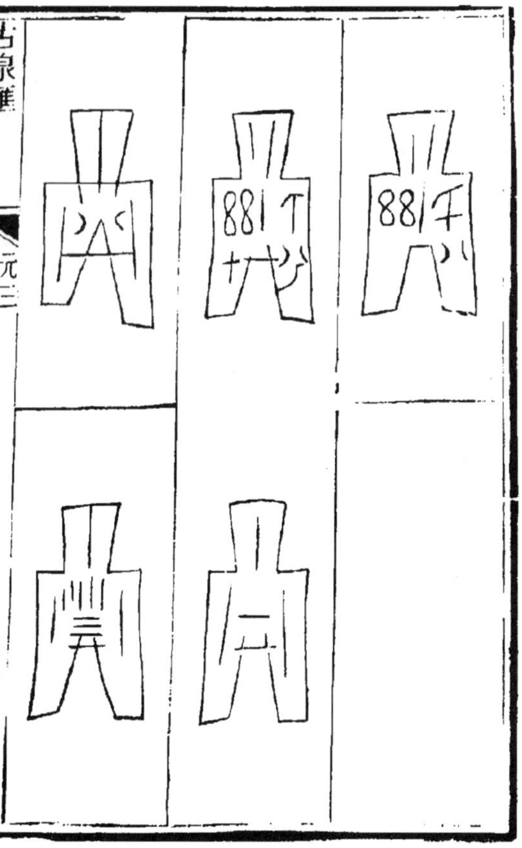

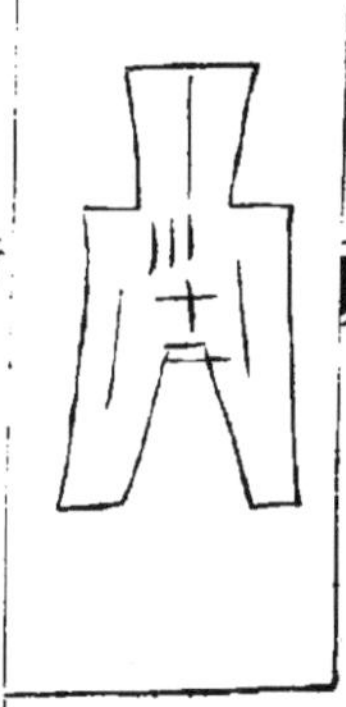

錢氏八七　背一　八　㗊　丗　六品自右讀一鉄十字二鉄十七字背俱平三至六面同背一八上五豎畫下三上三字橫畫下十各異此布尖足者多方足者不數數覯也

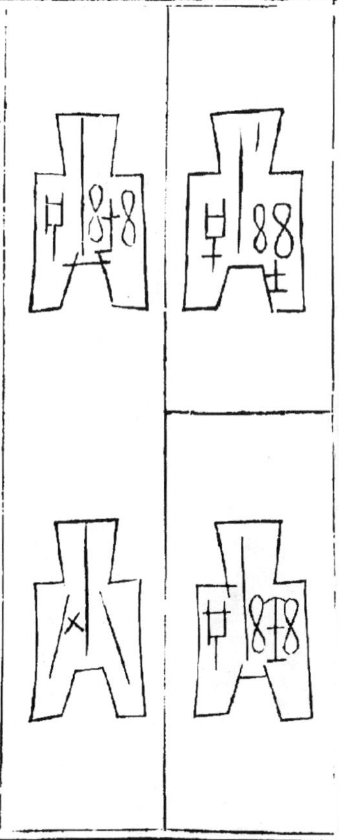

幾城　背五　四品幾下作土字與前作十字者小異大同三面作王字葢信爲王幾之物背三品同四品五字作乂見古孝經口郎象形之城丨十丄皆象入城之路也前品幾氏應幾甸所鑄此言幾城乃城內所鑄所以别於幾氏者也

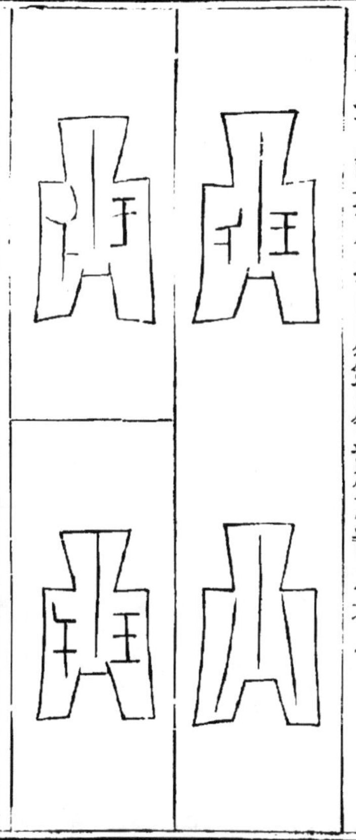

王氏　氏字各異背同此亦王幾之物前曰幾氏此曰王氏其義一也與列國布並列無異亦猶國風之有王風也

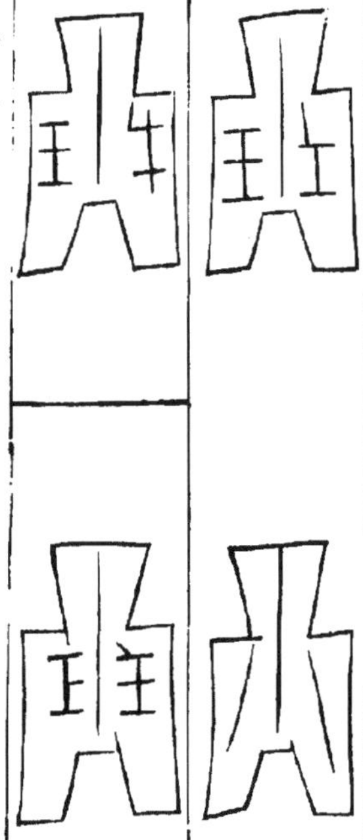

王氏　傳形面文各異

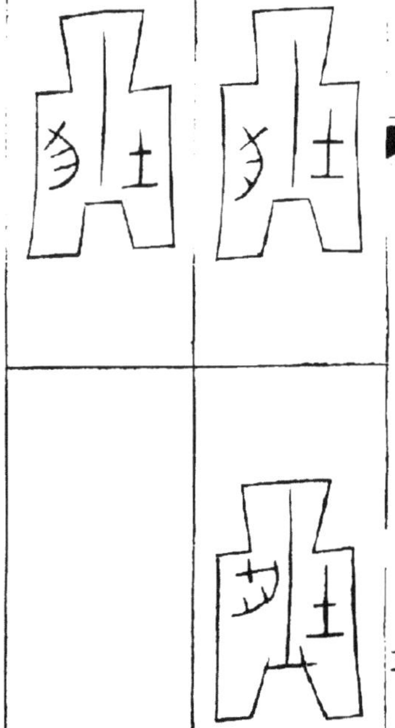

王毛　土毛　一曰王毛二三四曰土毛當取踐土食毛之義亦王畿之物王氏之變體也方小東據路史云毛伯爵河南籍水傍有毛泉近上郡說亦可參

王口　左王字右文未識疑亦土毛二字合書

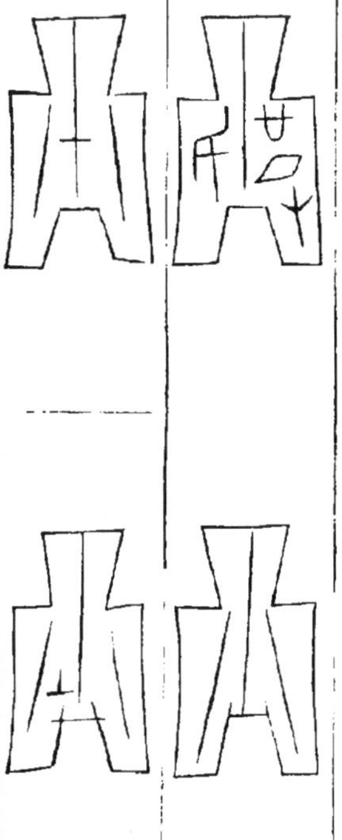

皮氏　背一　六　面同次背一三背六減笔此布舊譜曰皮氏史記本表魏哀王十三年秦擊皮氏地志春秋晉大夫之采邑

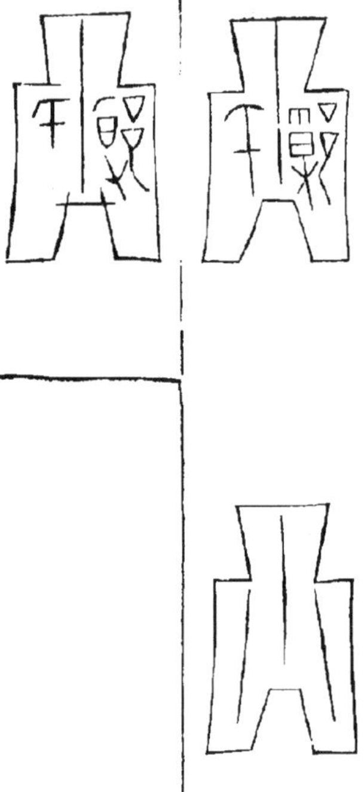

鄇氏　文小異左傳昭二十三年二師圍郊癸卯郊鄇潰注鄇周邑彙攷釋爲鄇云左傳戎蠻子公羊作戎曼子此加邑旁

奇氏　奇疑猗之省漢志上黨郡有猗氏地名或漢前已有之

古泉匯　元三　七

平周　背四　面同次背文三郎四字史記本表魏襄王十三年秦取我曲沃平周蓋魏地爲秦所并也

平周　背二　傳形

古泉匯　元三　朩

平周　背一　四　七　八　九　面文在右背一無文二至

六紀數五種鈌五種

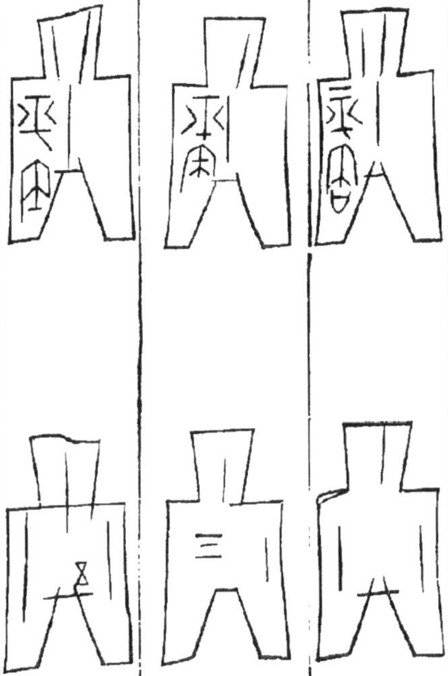

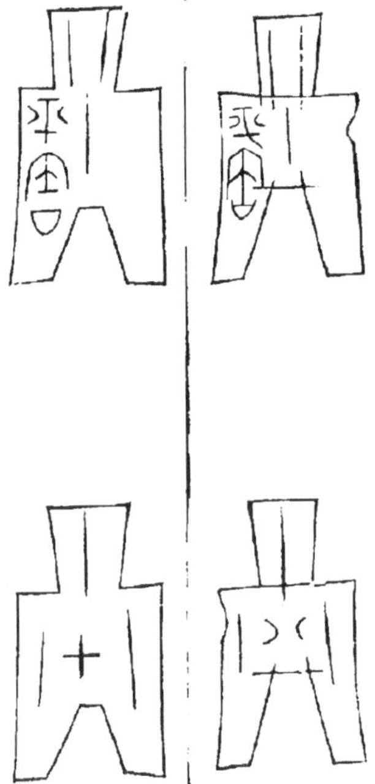

平周　背三　五　八　十　面文在左背一無文二至五文紀數四種鈌六種道光年都市古小布甚多皆新出土者就中此品字畫細如毫芒數千年竟未漫滅亦僅見之物也

平工　工當係江字省文宋時蘇州名平江而上古地名無可考惟春秋僖二年秋齊侯宋公江人黃人盟於貫注江國在汝南此布或即彼處故物歟

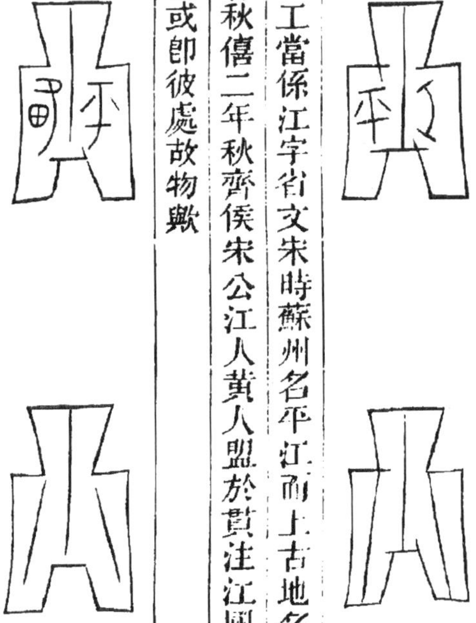

平原　二品面文小異方小東云备即古原字石鼓文邍之省愚按賈誼過秦論趙有平原係戰國平原君所封之地

古泉匯元集卷四

方足布

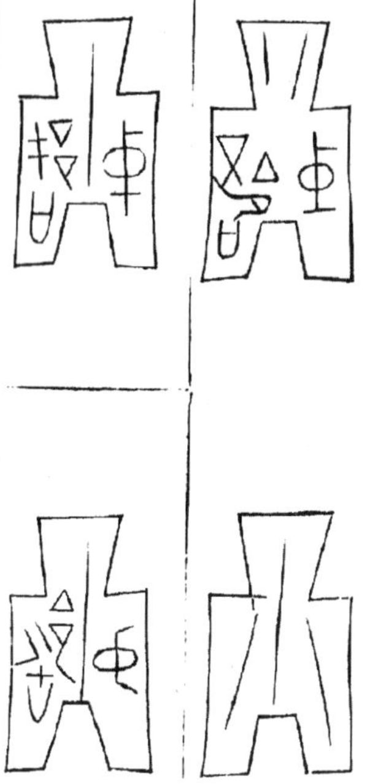

中都 三品篆異禮記夫子治於中都注曾邑今屬汶上縣

古泉匯 元四 一

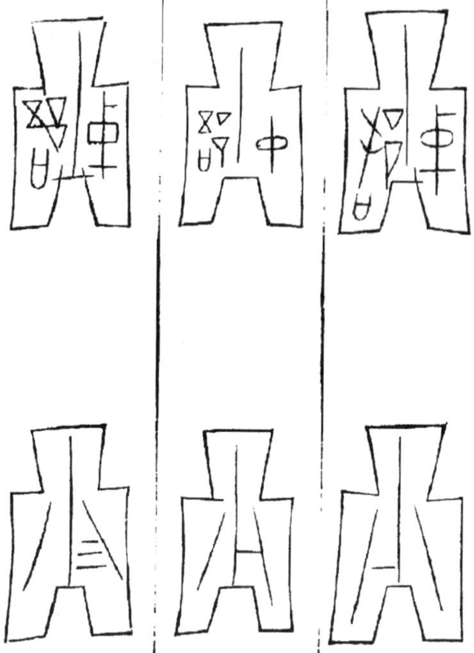

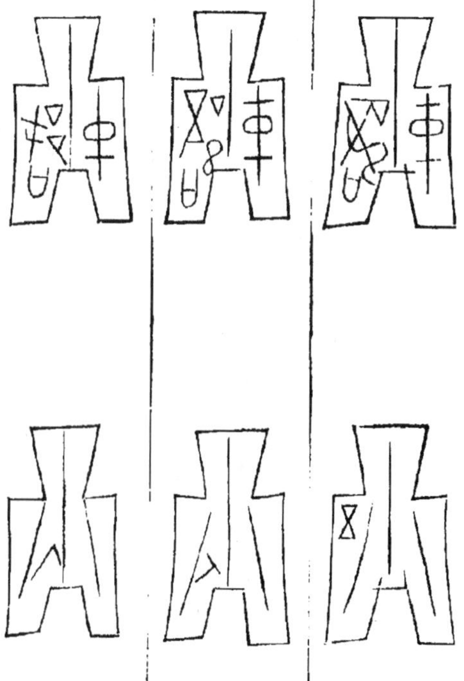

古泉匯 元四 二

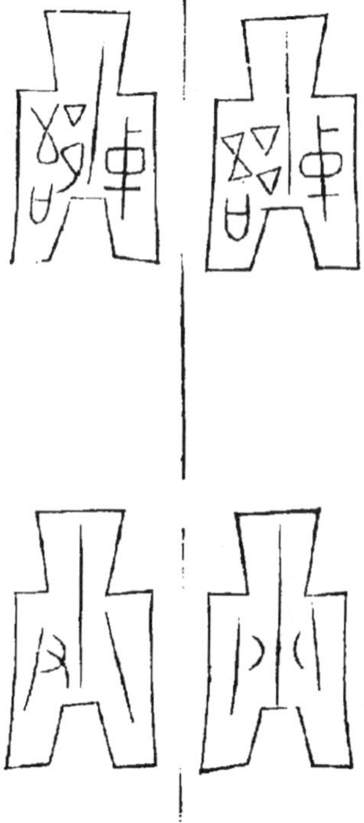

中都背一 三 五 六 八 九 面背各異背文一二二

在左右三三四五五六六七八八九鈌二四七十四種

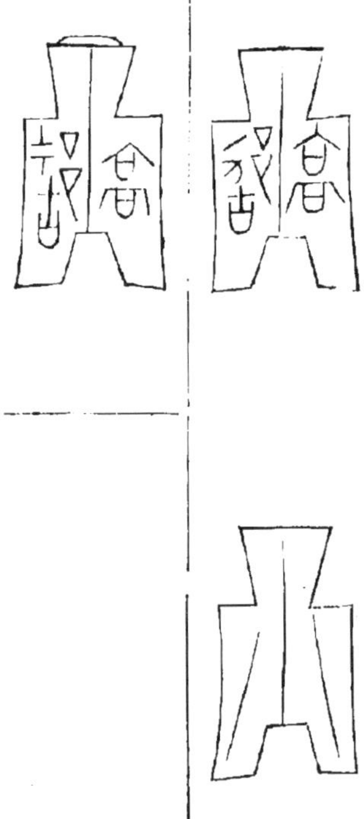

高都　自右讀都字篆異史記蘇氏曰臣能爲君得高都索隱曰韓邑又秦昭王三年攻魏高都則又屬魏邑

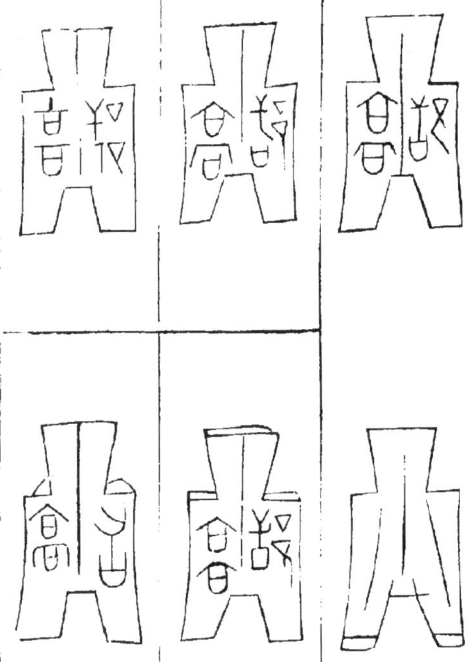

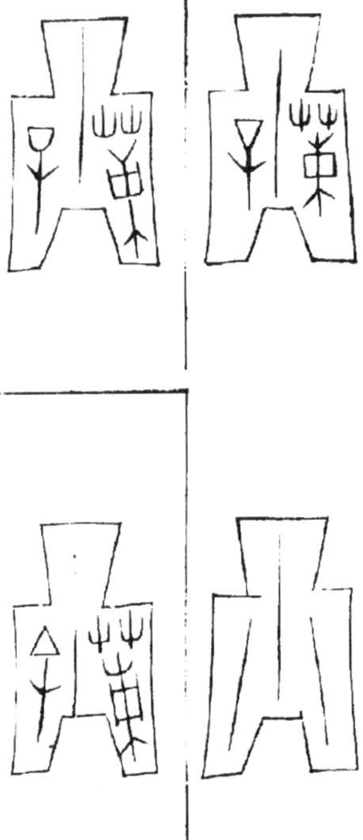

高都　自左讀都字各異四高字亦異五都省邑旁尤異古文繁簡無定往往以意爲增減觀此類益信

蒲子　面文小異蒲即蒲之省與蒲坂幣篆同左傳莊二十八年晉侯使重耳居蒲注今平陽蒲子縣

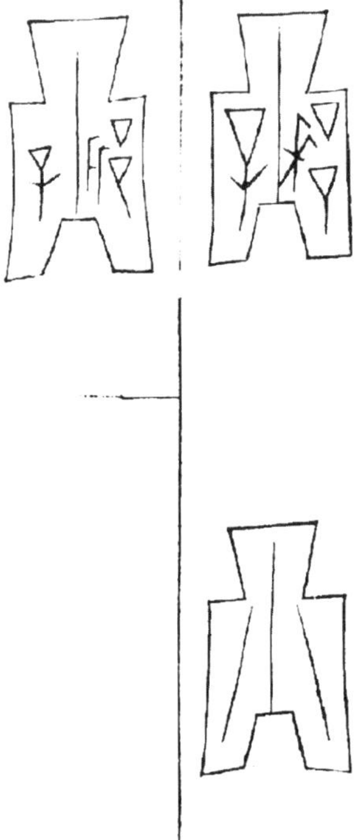

鄔子　鄔字各異左傳襄十八年晉執衛行人於長子春秋地名考周史辛甲所封國後歸晉爲趙地其城爲丹朱所築故名

長子城茲因地名故加邑旁

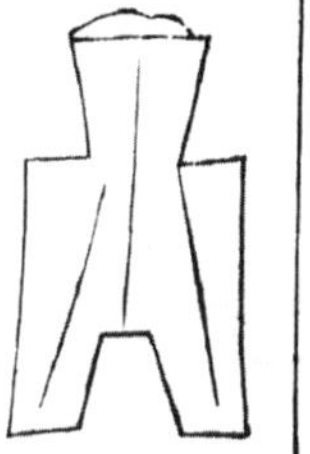

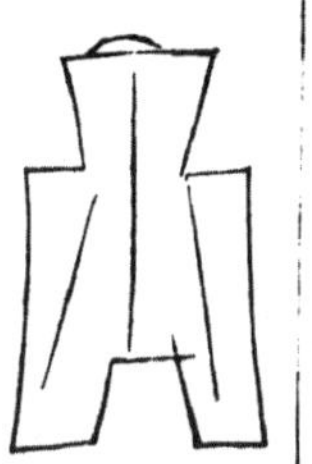

鄭子　左傳成二年公會晉師於上鄭時當伐齊或屬齊地子屬通用之字亦如鄭布之稱鄭子蒲布之稱蒲子也

古泉匯　元四　五

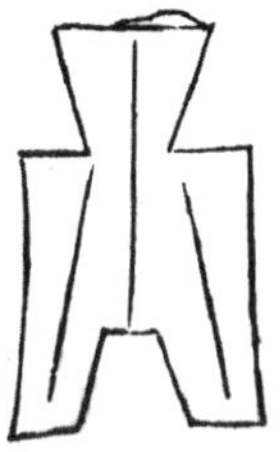

北屈　一二篆異三減筆左傳莊二十八年公使夷吾居屈又蒲與二屈君之疆也注二當作北而路史國名紀隰之吉鄉北有古屈城北屈也注晉二屈是二字并非誤筆

亓北　篆小異吉金録云地理志祝其屬東海郡禹貢羽山在其南故曰北愚意亓陽亓北乃南北二邑互見亓陽布注

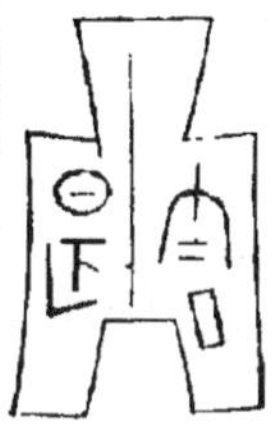

古泉匯　元四

周是　是即隄省地名未詳

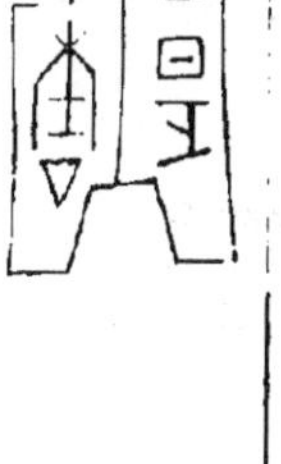

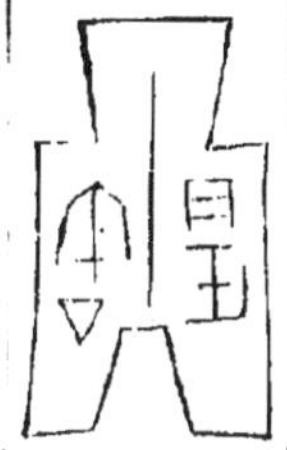

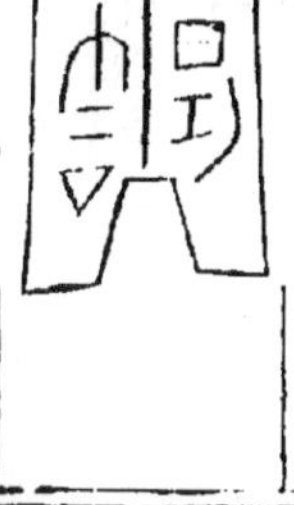

周是　傳形各異

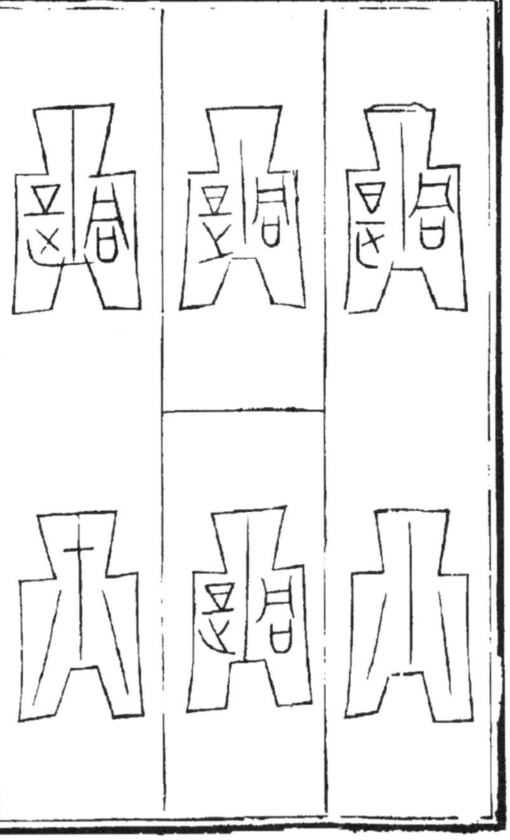

同是　背十　一至三篆小異四背上十字同是乃銅鞮省文

左傳成九年鄭伯如晉執諸銅鞮注晉別縣路史云羊舌邑

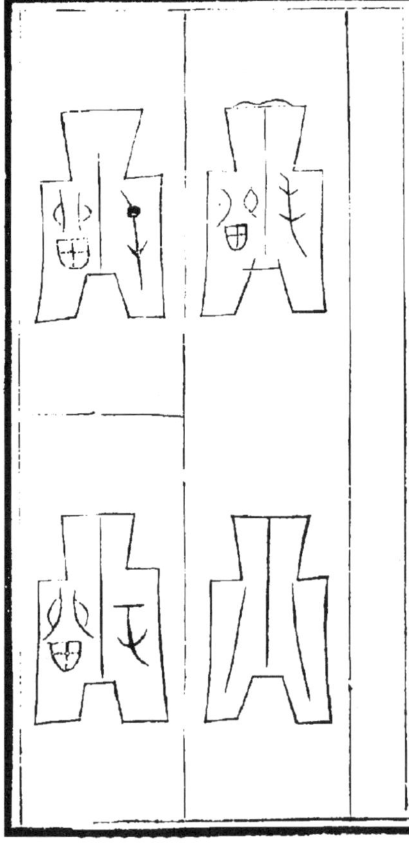

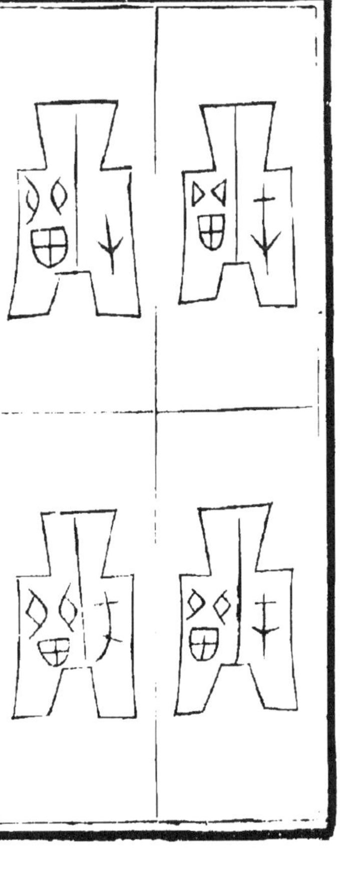

屯留　一至六篆小異七屯字傳形屯卽純省左傳襄十八年

晉人執孫蒯於純留

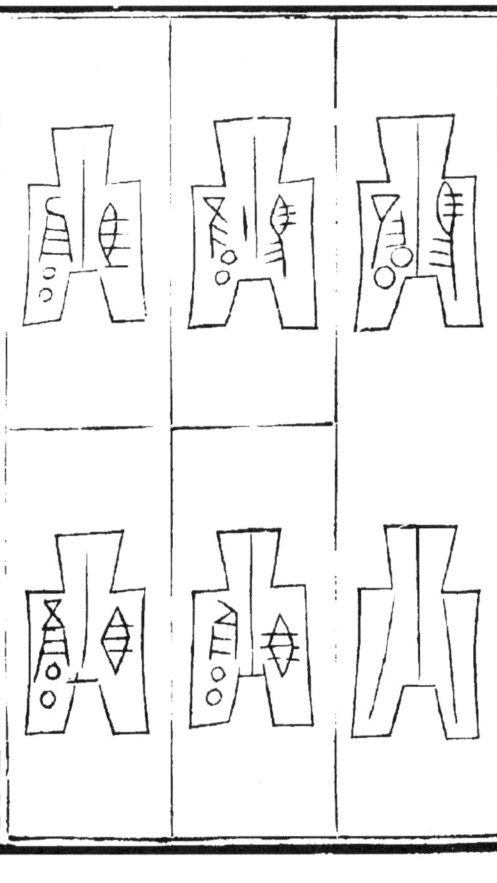

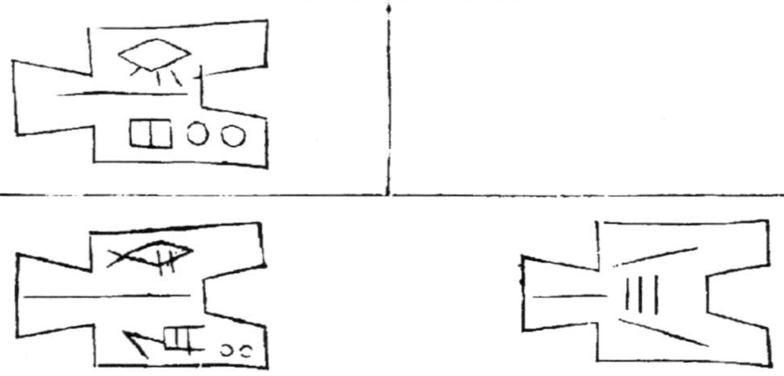

馬尽呂　背三　白右讀一至五篆異六七馬字傳形七背文
二尽即服省呂即邕省邕者市居也此布舊譜或曰馬陵或曰
馬字文字攷釋爲馬服邕今從之史記趙惠王二十九年使趙

奢擊秦賜號馬服君括地志馬服山在邯鄲西北

馬尽呂　背八　白左讀背文八又有背無字者見貨布文字考

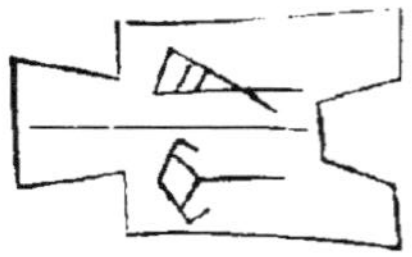

貝丘　白右讀篆合異左傳莊八年齊侯田於貝丘注在齊西
北

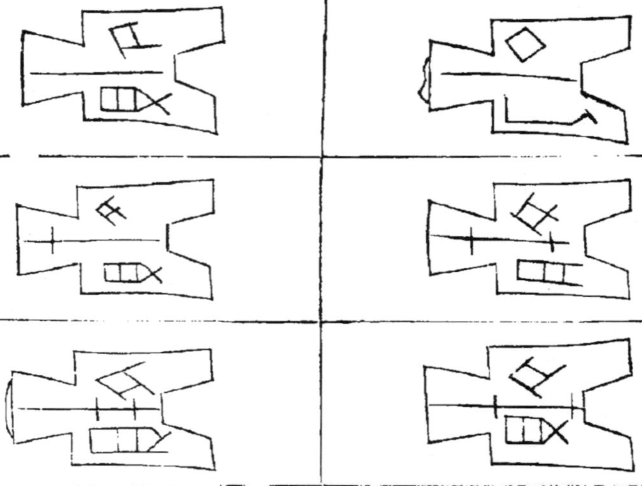

貝北　貝北一　貝北二　貝北工　九品自右讀一至三小
異四中直上一畫五六七上下二畫皆紀數八省邛字九邛字
增工旁尤異

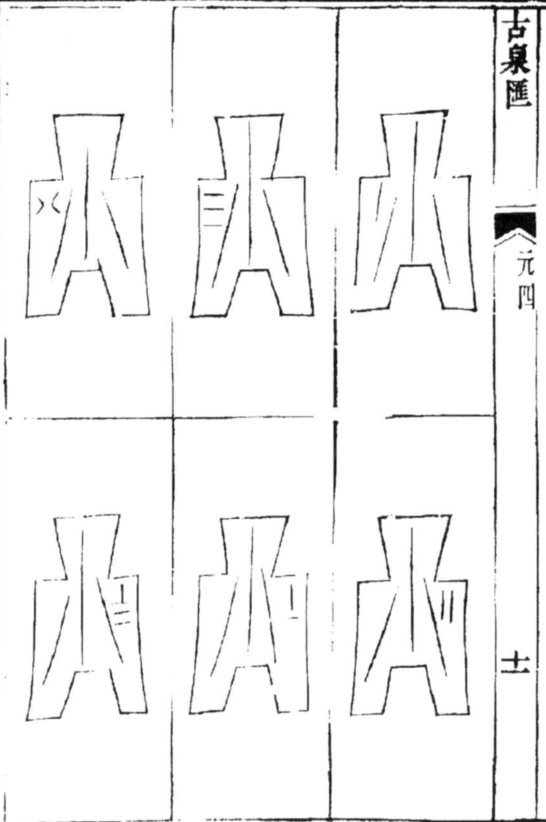

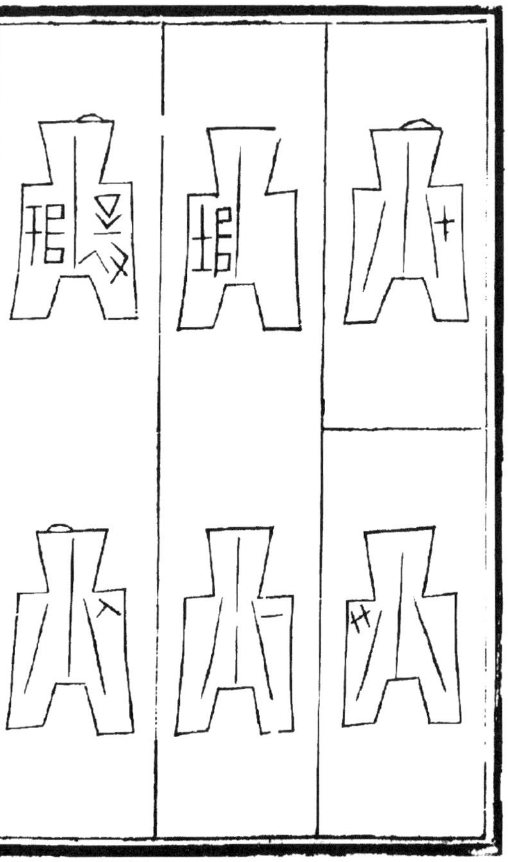

戴垣　背一　二　三　六　八　十　廿　一　六　九品
面同背異戴郎襄加支旁背自一至十鉄四五七九四種上三
郎六八如今世所謂馬子者王莽事事法古其十布六七八作
丁丌丌是其明證十品鈌襄字背一十一垣土旁倒書背六地
志云襄垣縣北韓城以趙襄子所築故名垣字與圜法垣字同
當屬一處所鑄

數垣　背二　傳形次背文二

二口一　三字左不可識中一字紀數

殳奴　呇字省口字如字作奴字左傳成三年晉郤克伐廧咎如注亦狄餘民散入廧咎如故討之僖二十五年狄人伐廧咎如注赤狄别種

左似鄔字布之烏右不可識

左似廿字右下半係貝字

字不可識陳壽卿謂似桃原

豐　字在右酆省邑旁左傳僖二十四年畢原酆郇文之昭也注酆國在始平鄠縣東

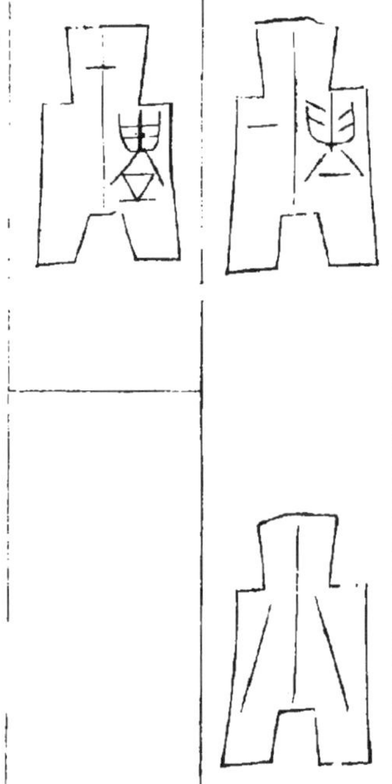

豐一　字亦在右一左有一字次上有一字此亦舊譜所無此

注　字與鄧字布偏旁畧同郎釋為鄧字減阝旁亦可互見鄧字布

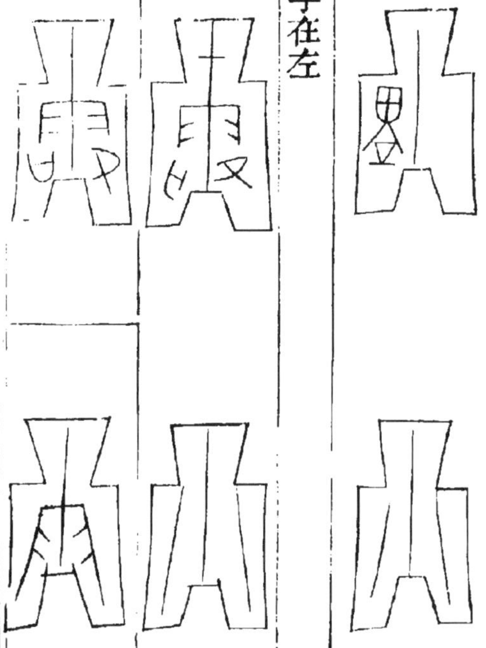

豐　字在左

露　雨　露即潞次鈌上畫三省下半地理志春秋赤翟有潞子國後屬晉戰國屬韓左傳宣十五年晉荀林父滅潞又哀公八年齊悼公使鮑子居潞注齊地

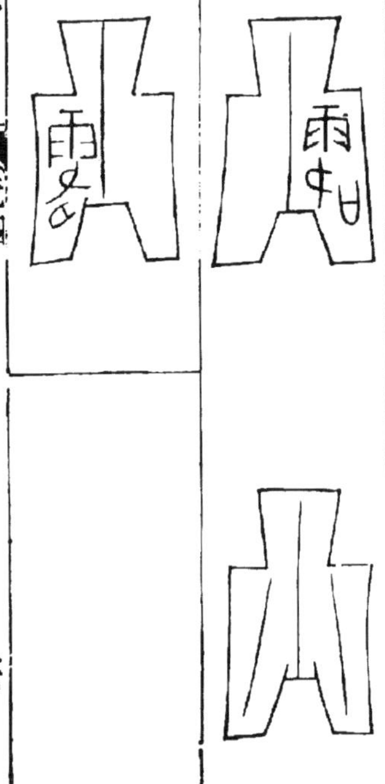

露　一字在右二在左

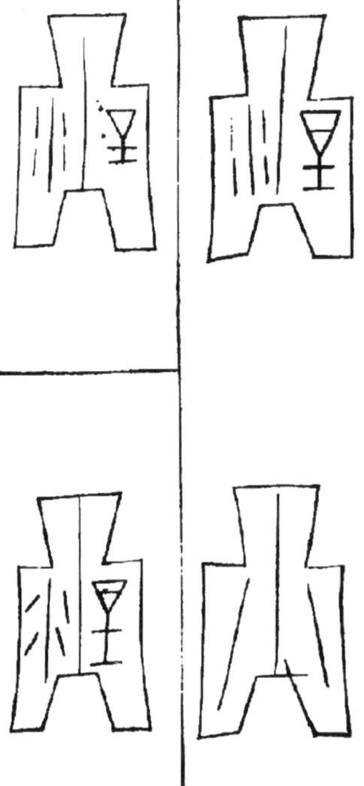

涅　三品微異注見前涅金大布

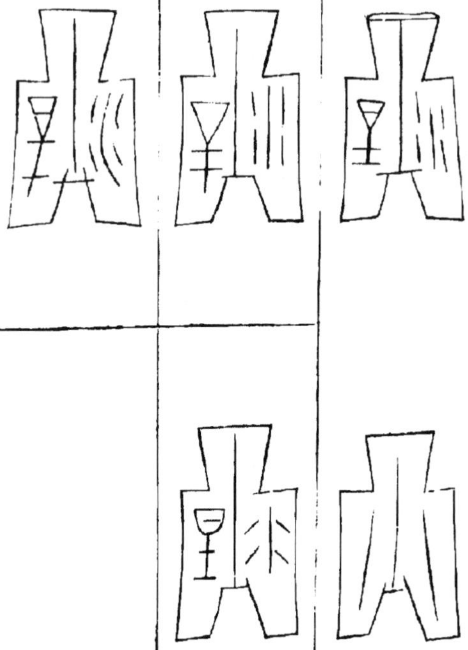

古泉匯　元四　七

涅　四品傳形

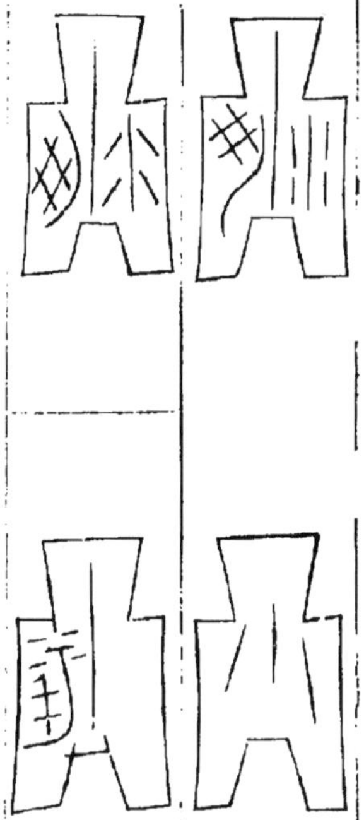

涿　涿字水旁反寫在右一二小異三或曰易或曰河愚意仍是涿字水旁移上耳古鐘鼎文往往以意布置上下無定甚當時文字尚未盡一刀布何獨不然漢地理志鄗鄚北通涿州

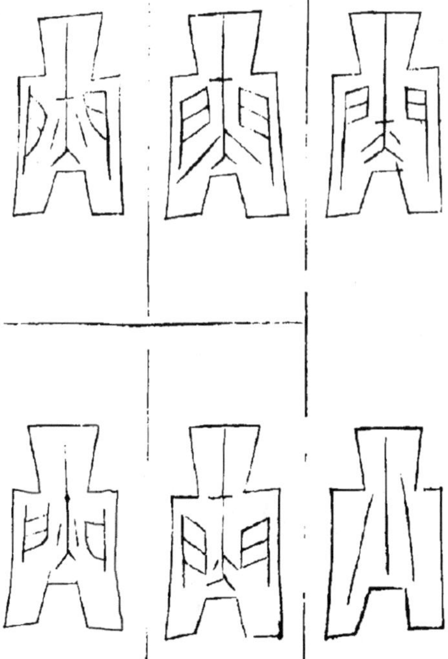

古泉匯　元四　六

關　五品小異此布或曰魯或曰藺或曰黄炎迄無定論貨布文字考釋爲關謂舜即丱今之丱古从夾隸作亦象人臂兩夾之形舜爲諧聲夾爲會意其義一也今从之史記秦王自以爲關中之固屬秦地

關中　兩字不晰關字與前品小異中字與中都布同其爲關中兩字無疑注見前

附 未見方足布

足 字在右上多一豎作足

燕邑 燕作𡗝

此譜本擬與鮑子年中翰同編乃甫成四卷余旋因事出都不復獲商摧之益此以前者猶曾經子年商訂者也

古泉匯元集卷五

尖足布

武平 面上二直中一直文背上一直旁二直文尖足布略同

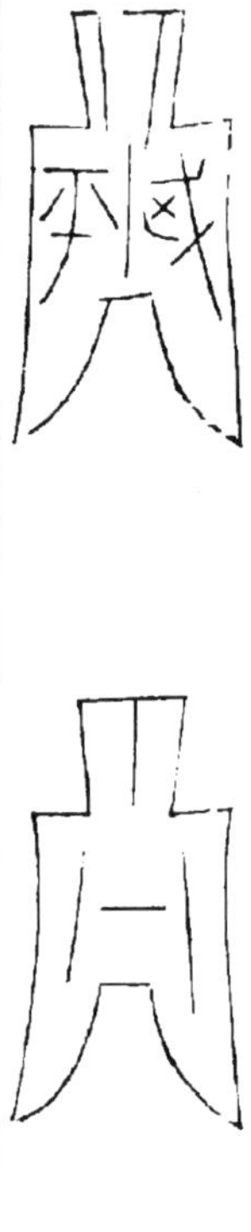

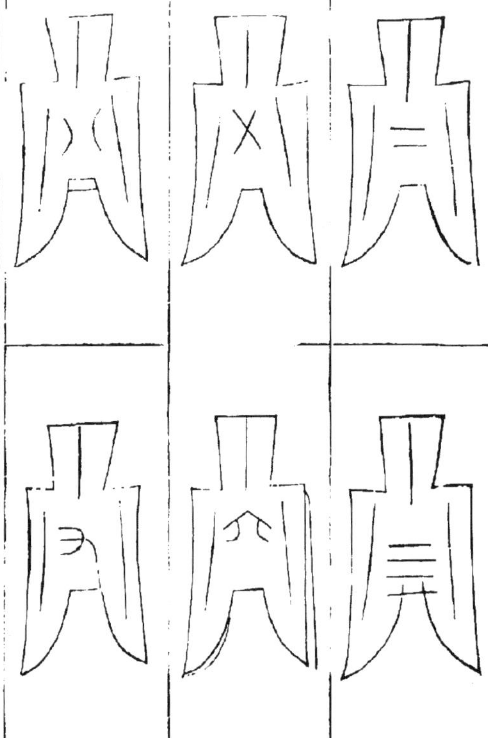

武平背一　二　三　五　六　八　九　十　六　此各品
面文同上背鈇四七未不可識史記趙惠王二十一年徙漳水
武平西幽王二年秦攻武平陽當屬趙地邑布背文每有紀數
者尖足尤多往往自一至十俱備癖談云皆紀範之次第非紀
直也良然

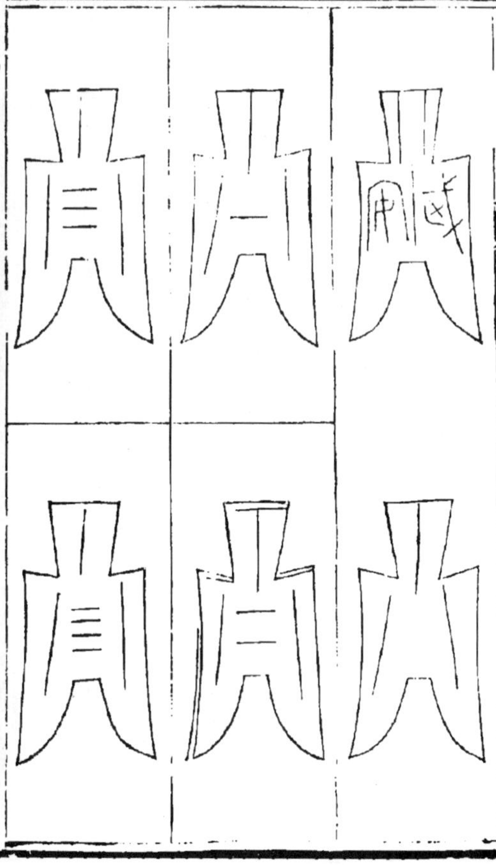

古泉匯　元五　二

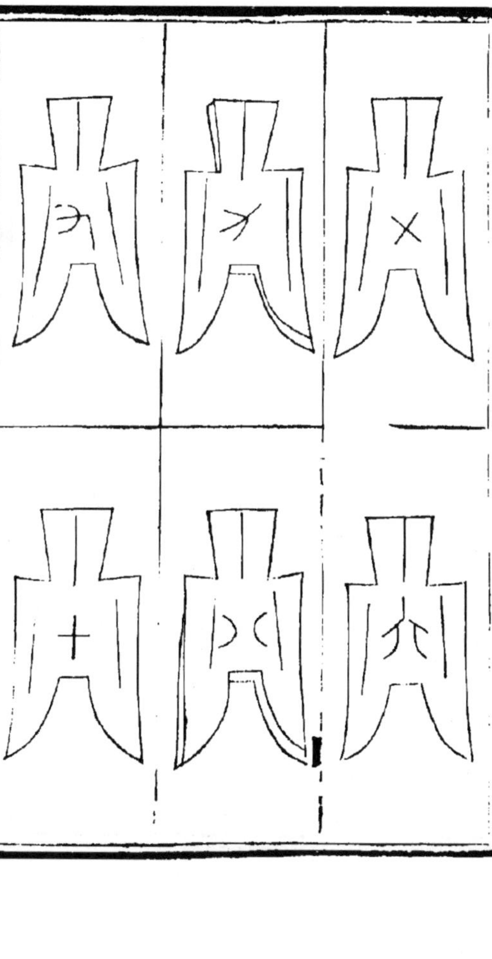

古泉匯　元五　三

武安　背　一　二　三　四　五　六　七　八　九　十
各品面同背自一至十全史記蘇秦傳趙肅侯封爲武安君通
鑑赧王四十五年秦師軍武安西屬趙地

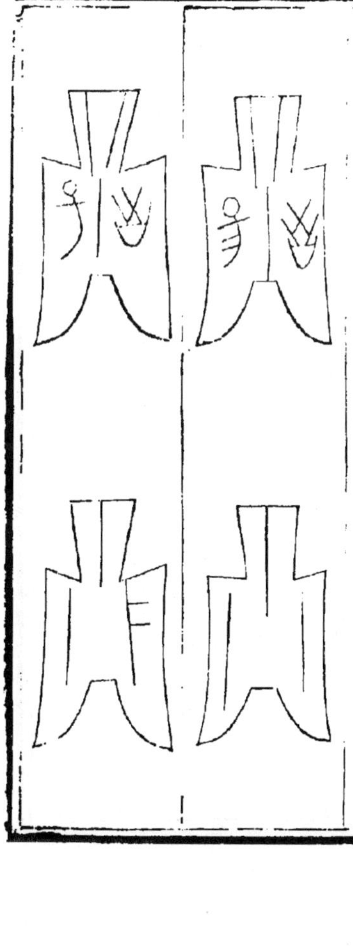

晉昜　背二　五　晉陽陽減筆自右讀地名見方足布背亦紀數

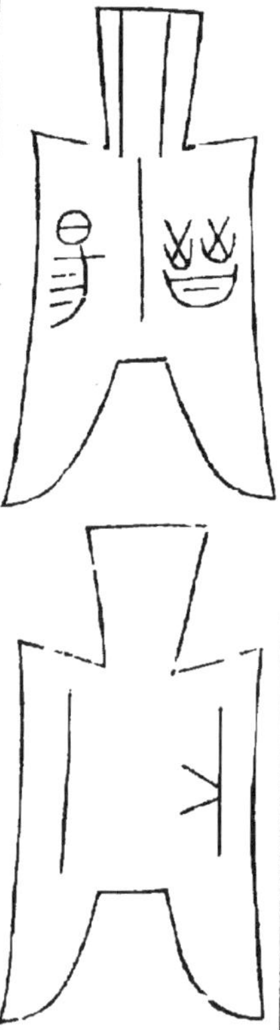

古泉匯　元五　四

晉昜　背〉　同前而大倍之晉字增筆

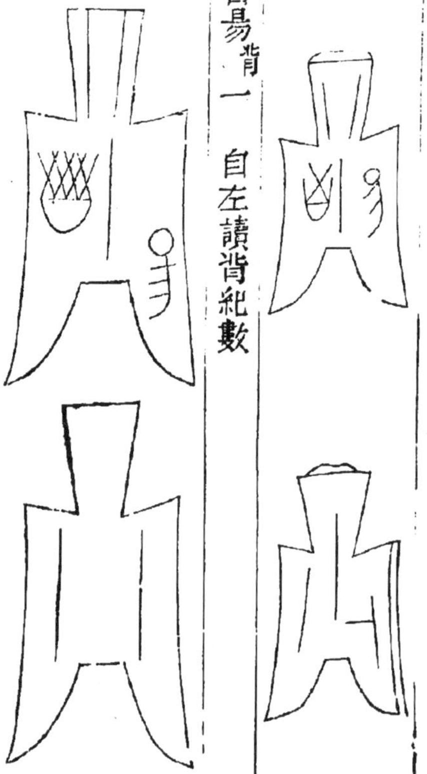

晉昜　背一　自左讀背紀數

晉昜　亦左讀晉字增筆製大於前尖足布凡大品亦薄同小品皆一時之製非若方足之厚薄相懸也然大者絕少此品兩字錯綜尤少

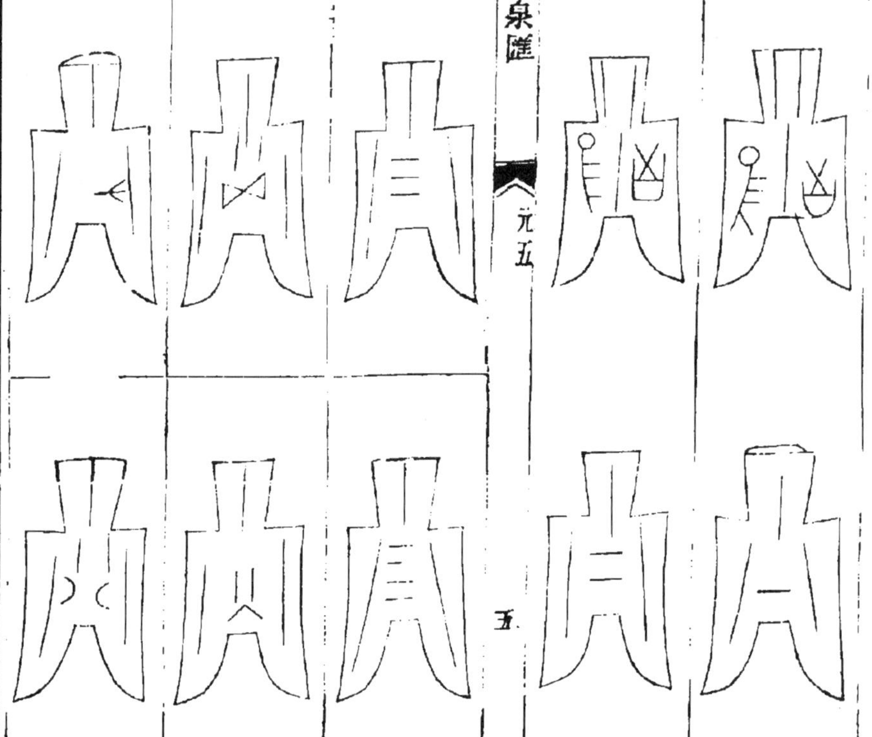

古泉匯　元五　五

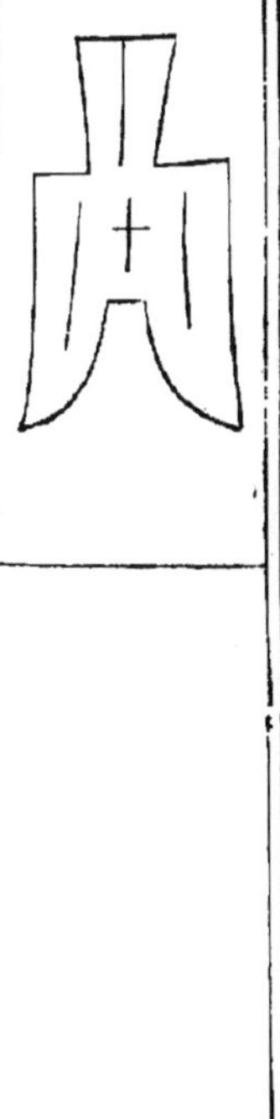

晉昜背一　二　三　四　五　六　乂　七　八　十　昜

字傳形各品略同背自一至十缺九

晉昜　兩字傳形

古泉匯　六五　六

背昜背匕　同前背貨字減筆晉昜背多紀數紀貨字者僅見

此

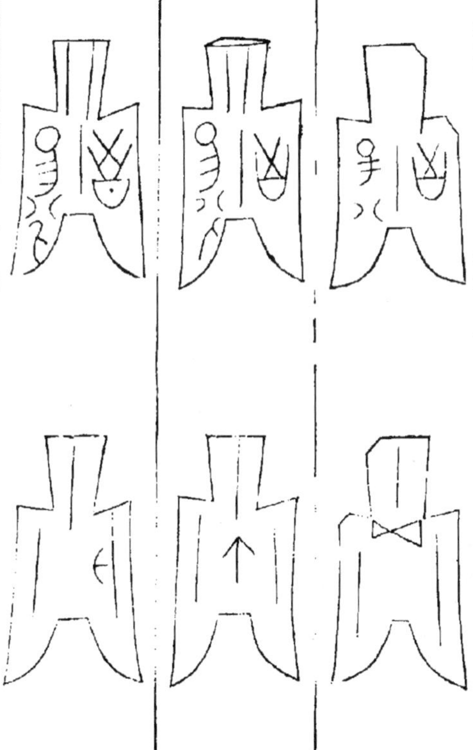

古泉匯　六五　七

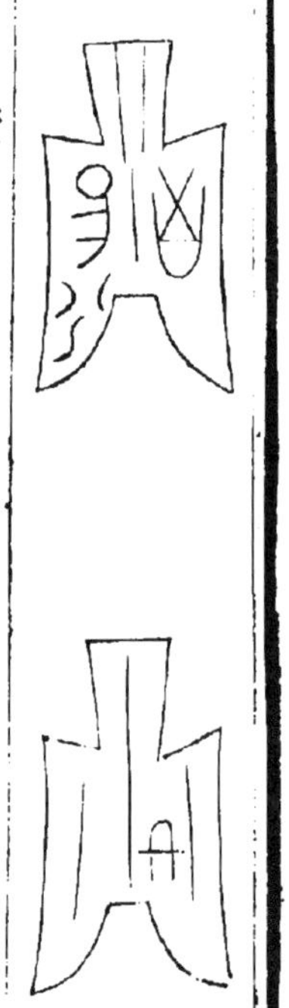

晉昜八匕背二　五　七　九　十　ㄓ　<　廿　晉陽自右讀八匕在左八品背文紀數六品右似六字減筆左似口字七亦似六字橫書八廿字倒書八匕注見方足幾氏布

晉昜八匕背七　同上惟昜字傳形背文七

晉昜八亻背六　自左讀八亻在右背文六似馬子

晉昜八匕背七　自右讀八匕在右昜字傳形背七類馬子

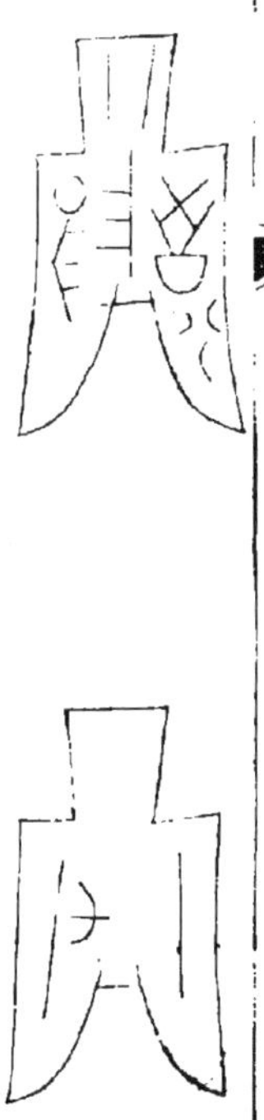

晉陽八匕背㐫　六　八　九　自右讀陽字傳形但不減筆借中豎畫作匕旁背皆紀數

晉昜八匕　晉昜在右八匕在左昜字反書傳形

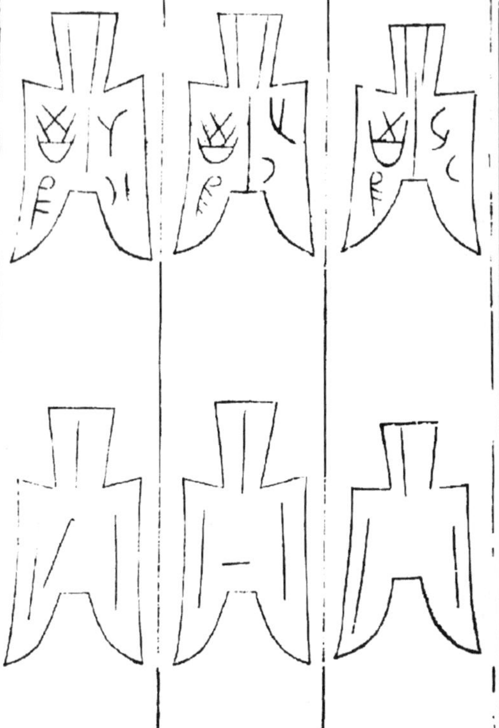

晉昜八匕　背一　丅　晉昜在左八化在右昜亦傳形八匕

倒書背文次一三似丅字反書亦貨之省

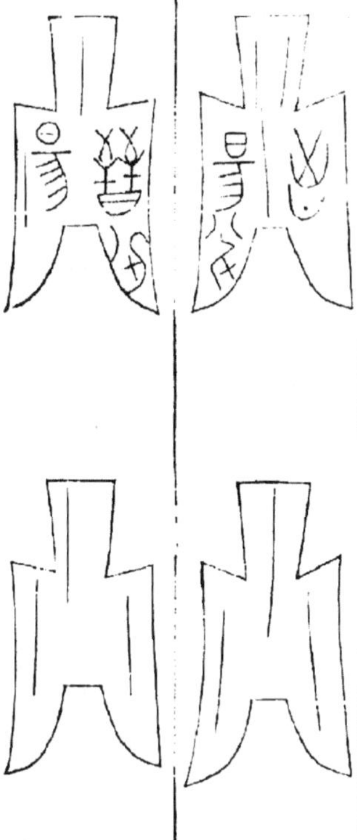

晉昜八化　晉陽八化　晉陽一減筆次晉增筆陽不減八多

一在左次在右多亦化字變體方足戈邑布空首虛化布皆同

晉　晉字在右缺昜字

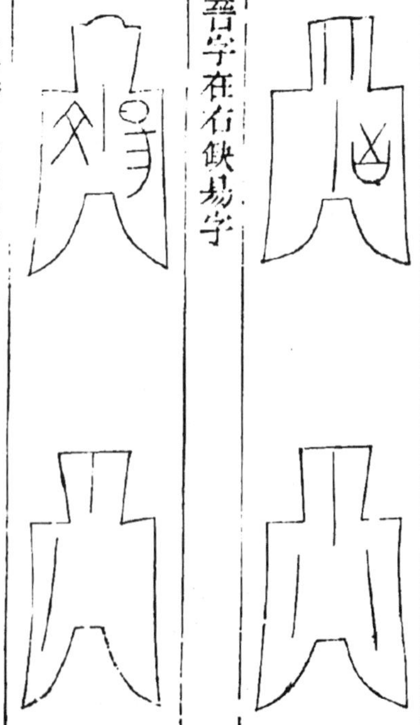

文昜　孜陽自左讀俱省偏旁

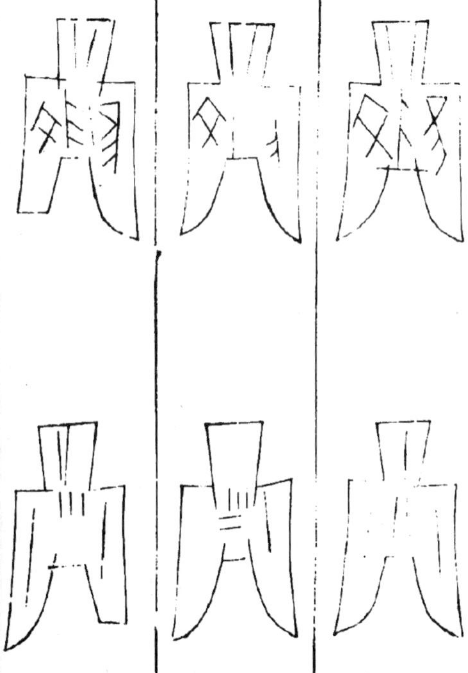

文陽背二　丗　三　汶陽自左讀汶字省次陽字缺背皆紀數左傳僖元年公賜季友汶陽之田及費係魯地

文易背二　自右讀兩字俱減筆易字傳形

文易八七　亦自右讀文字倒書尤異左有八七字亦猶晉易之有八七也

中陽　三品面文小異史記趙惠王十四年與秦會於中陽

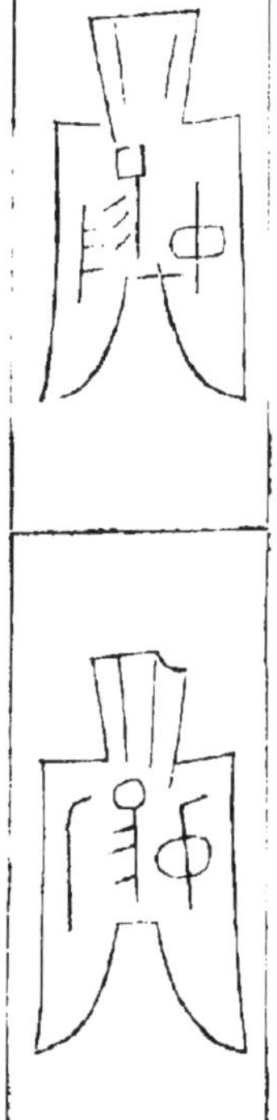

中陽背八　面同前背紀數

易匕背六　陽貨減筆作易匕者陽邑之貨也說見方足布背乃六字倒書莽中布六百作丁可證

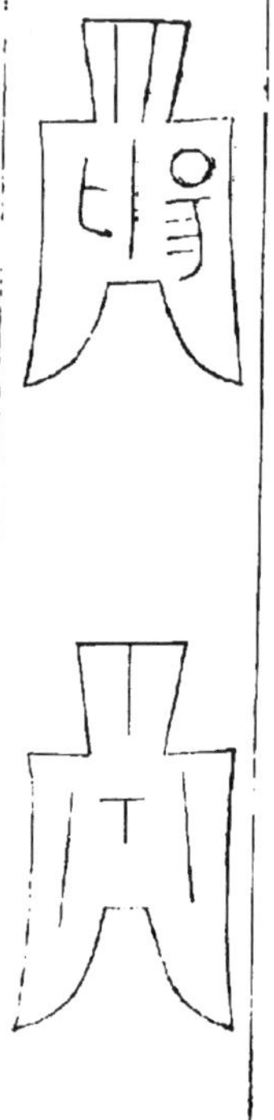

易匕　同前傳形

易匕背丌　易在左貨在中俱倒書匕傳形背六字與正書者同惟作雙六為異

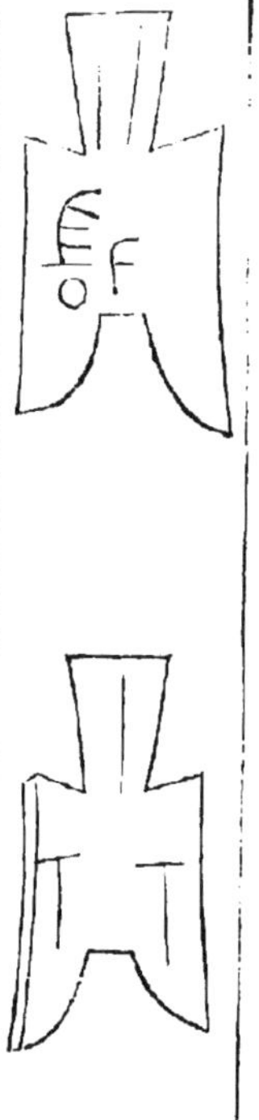

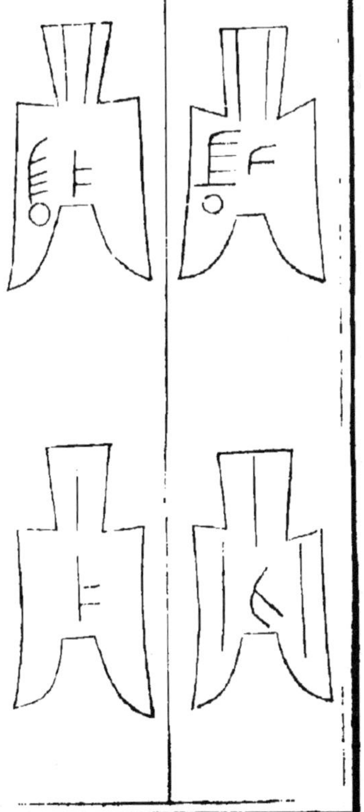

易匕背匕　卜　同前背一作匕次與面文同亦化字變體面背匕者亦猶安邑布之背作安充化金之背作充不嫌其複也

或疑卜類七馬子横書亦紀數也

古泉匯　元五　古

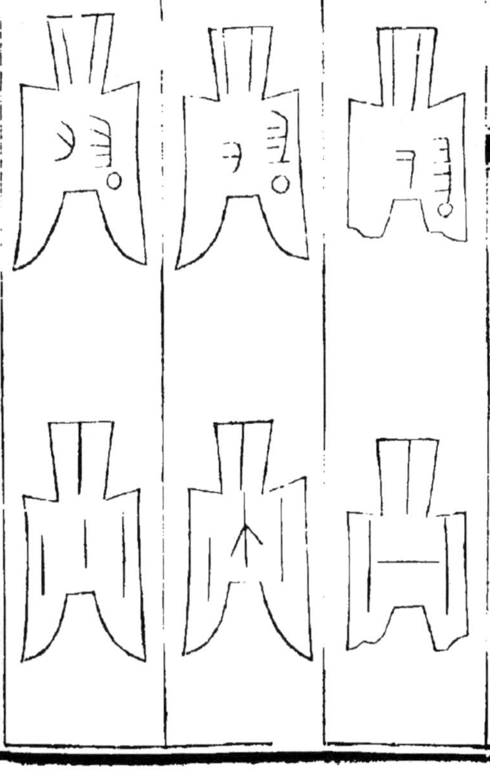

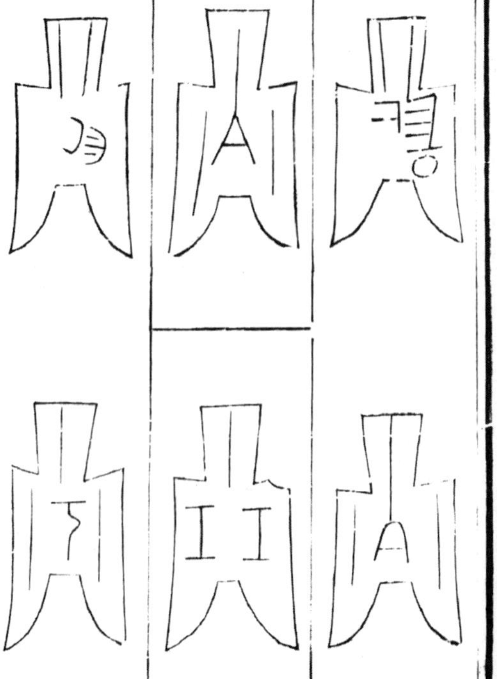

古泉匯　元五　圭

易匕背一　七　十　凵　△　工工　丅　易在右匕在中亦倒書背一至三紀數四五不可識六雙工字七丁字

易背匕　易在面之右倒書匕在背傳形

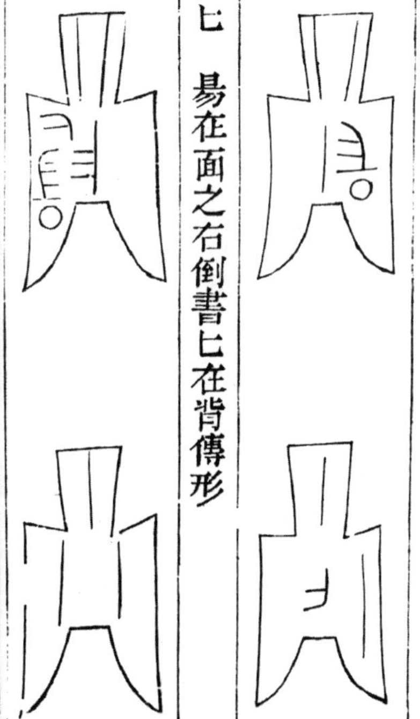

陽匕 背六 八　文在右亦倒書陽字不減筆一用中畫作

乃旁與文陽布同背二三皆紀數

陽　陽在右不減筆亦倒書無匕字

匕 背工工　匕在中亦倒書無昜字背亦雙工字

匕匕 背工　匕匕二字一正一反背工字

古泉滙元集卷六

尖足布

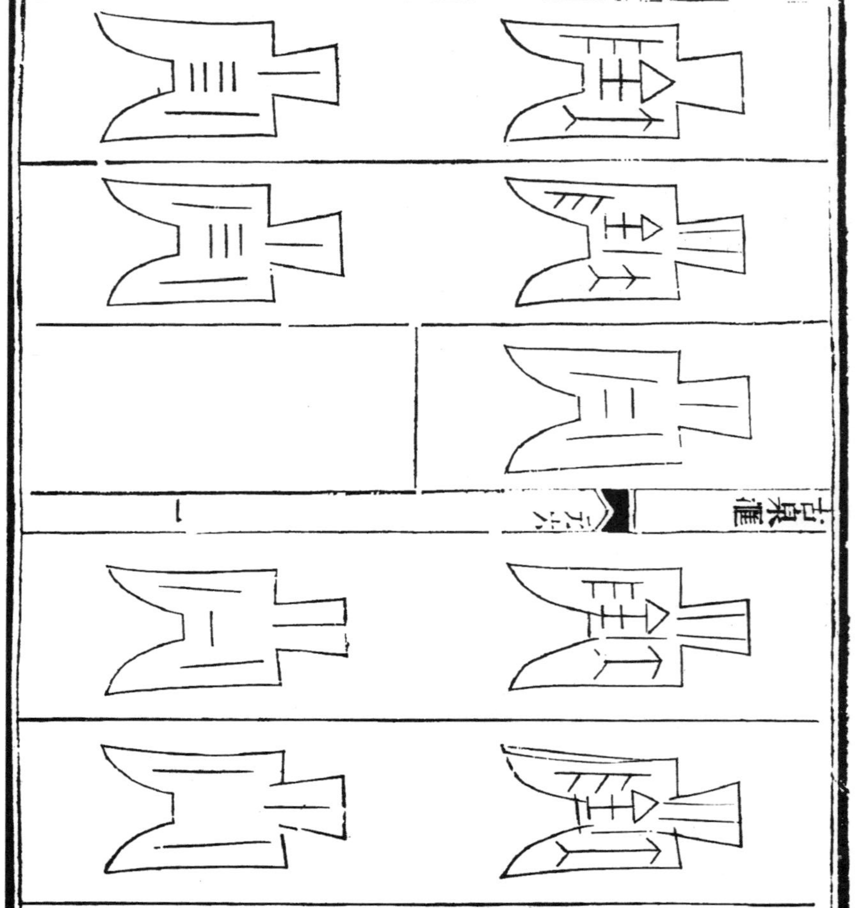

古泉滙 元六

大陰 背一 二 三 四 五 七 十 一 背無文二及

十面文或同或小異背文自一至十鈌六八九三種大陰地名

注互見方足布又春秋僖十有五年晉陰飴甥會秦伯盟於王

城注陰飴甥食采於陰应係晉地貨布考據漢志大陽在大河

之陽以此推之當在大河之陰說亦可參

二

古泉滙

元六

三

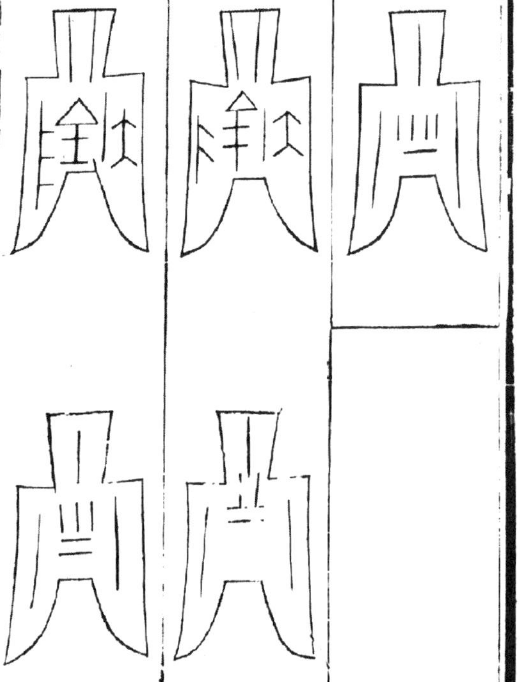

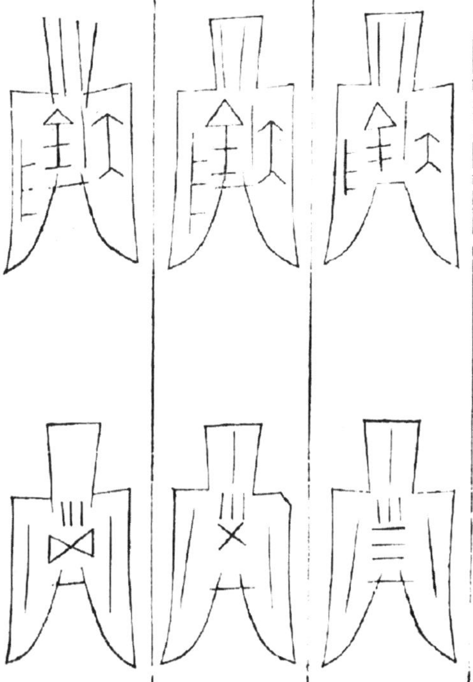

古泉滙

元六

四

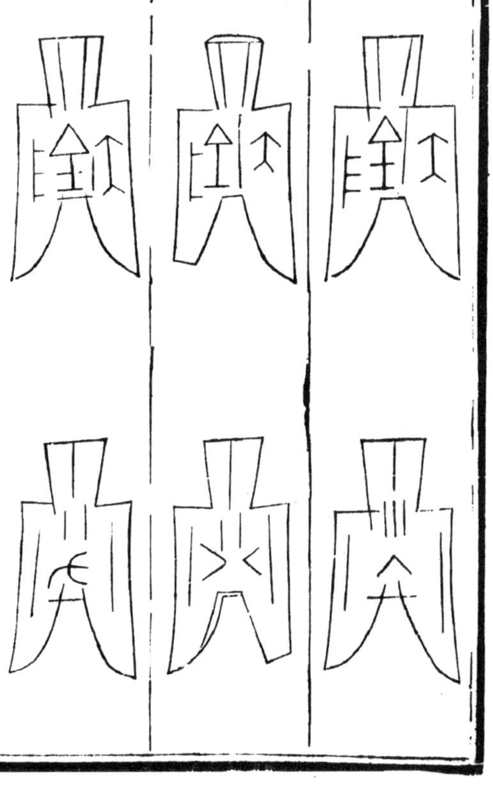

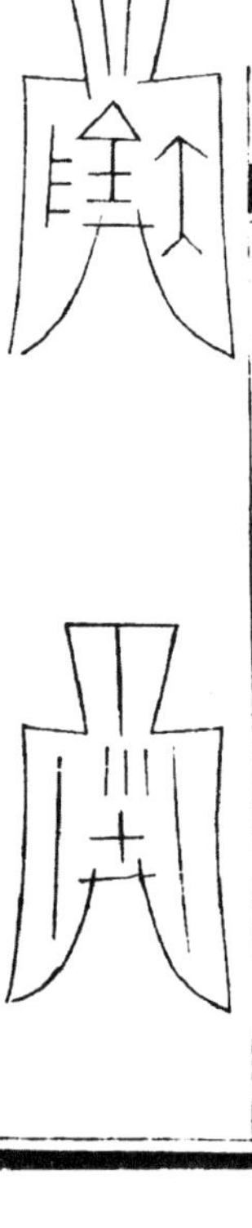

大陰背[illegible] [illegible] [illegible] [illegible] [illegible] [illegible] 共 八 九 半 面

文同前間有小異背亦紀數筆畫類今之馬子横豎兼用亦數之累加者尖足布多有之明字刀亦然可見當時鼓鑄之繁

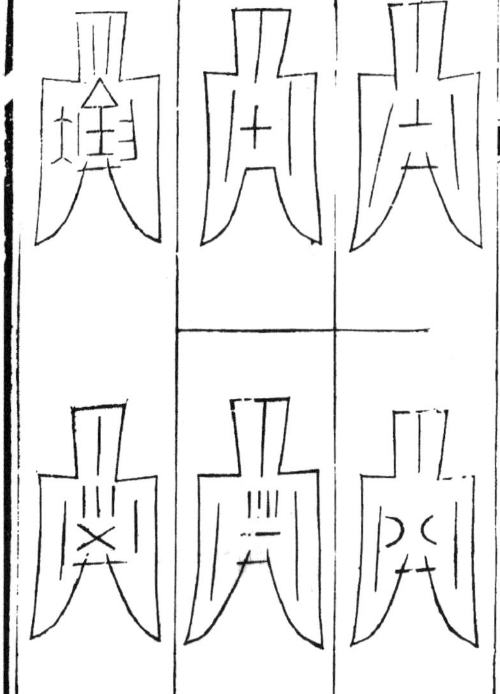

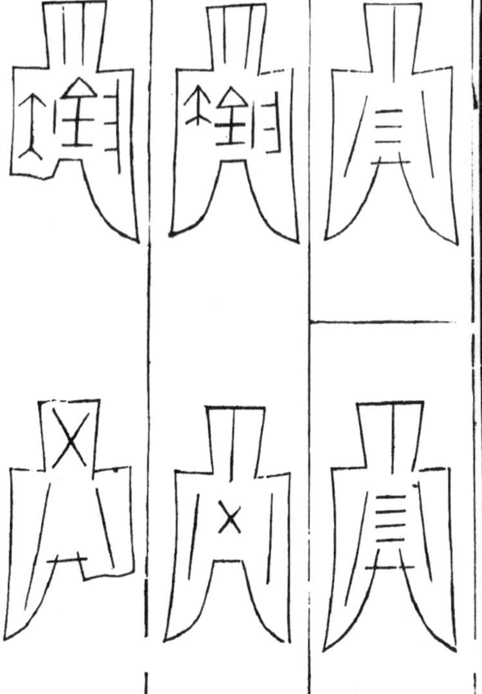

大陰　背三　四　五　六　八　十　四一　廿　同前傳形

背二至九俱紀數五字在柄者特異

大阝背一　陰省右旁阝乃尤異亦猶中都布之作中邑也

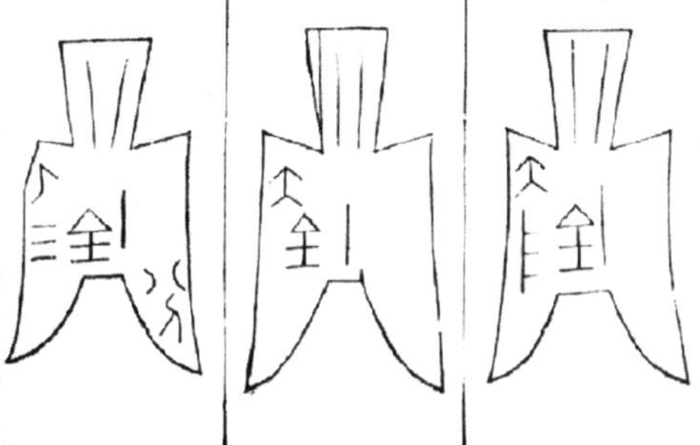

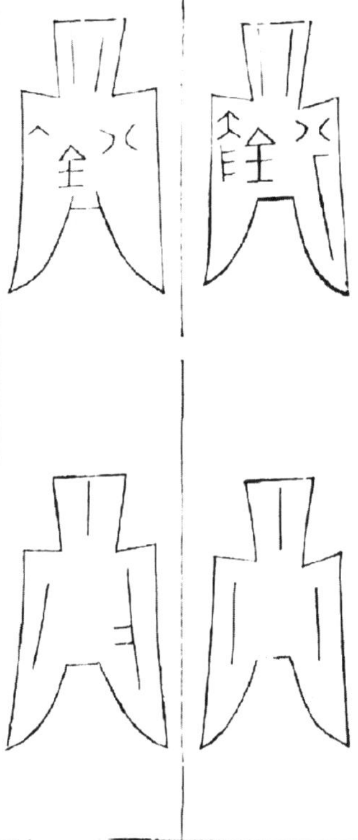

大陰　大陰八七　大陰八丁　背一[illegible]三　六　二　此六品亦大陰布兩字俱在左三陰省阝旁六大字半泐匕字全泐背一及五無文餘皆紀數

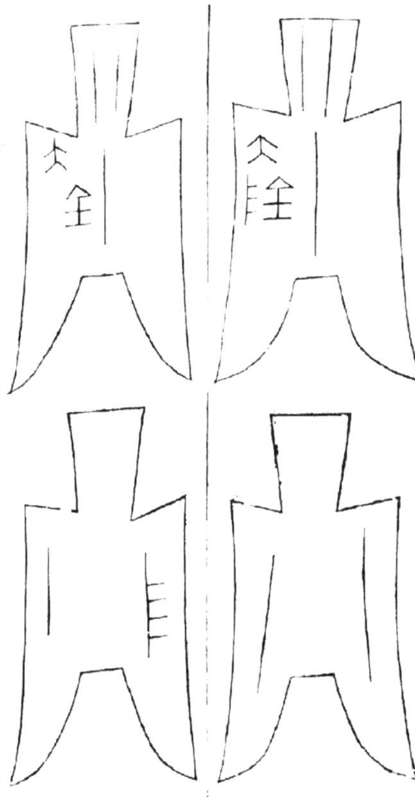

大陰　背四　同前而製倍大次陰亦省阝旁背文四

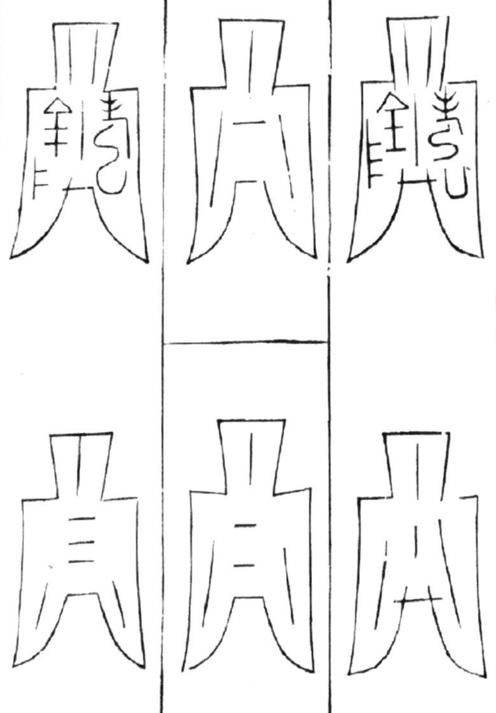

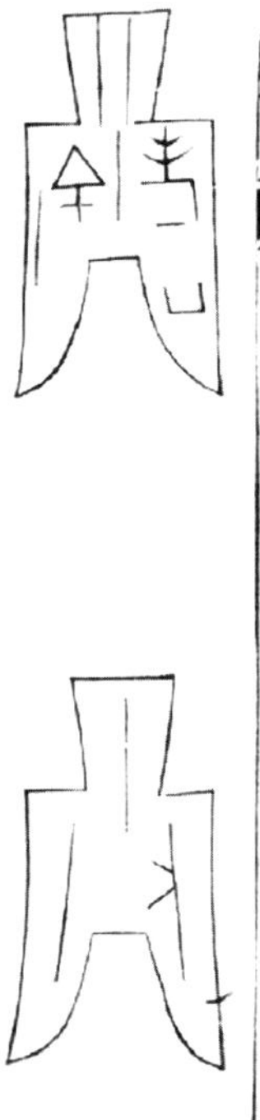

壽陰　背一　二　三　八　壽陰背紀數八橫書地名無考惟左傳衛侯在平壽注平壽衛下邑史記趙世家減中山遷其王於膚施起靈壽北地方漢書地理志雲中郡縣十武泉陽壽三邑皆以壽為名或即此邑之北所鑄陰陽二字古地名往往有之如華陰汝陰濟陰之類邑之南為陽北為陰也

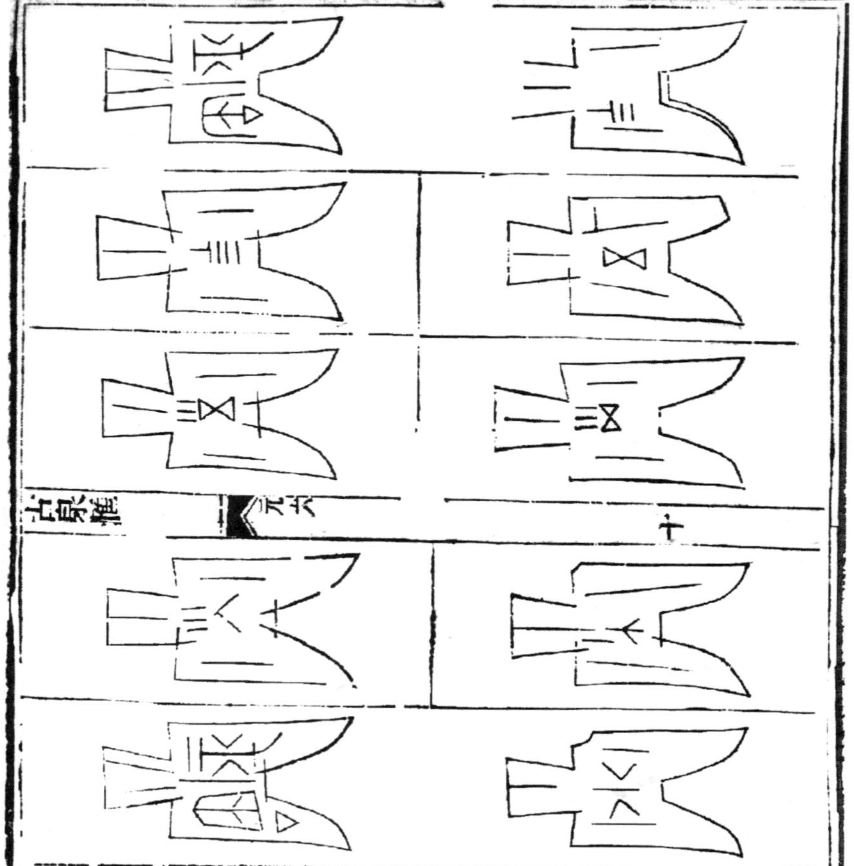

古泉匯　元六　十

平周背　一　二　三　四　五　十　十三　十四　十五　廿　卅

匕　八　平周自右讀背紀數鉄九地名註見方足布平字

有上多一畫者與方足平陽布同

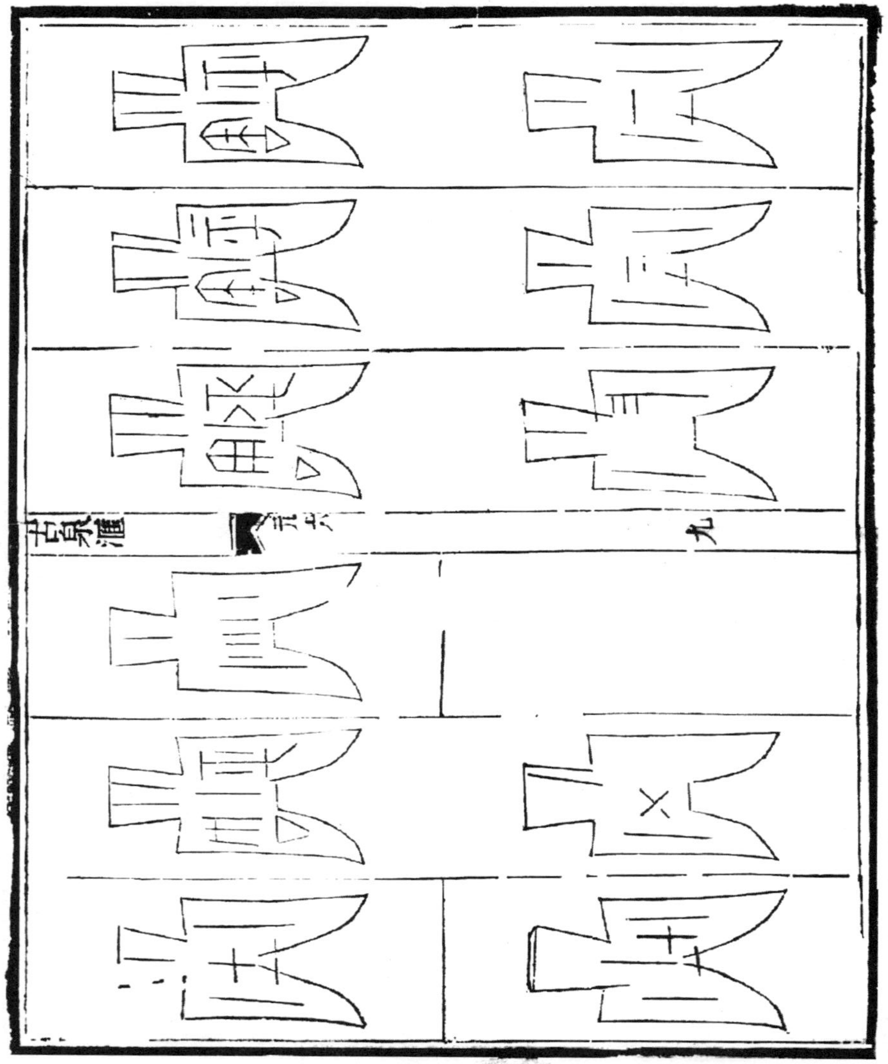

古泉匯　元六　九

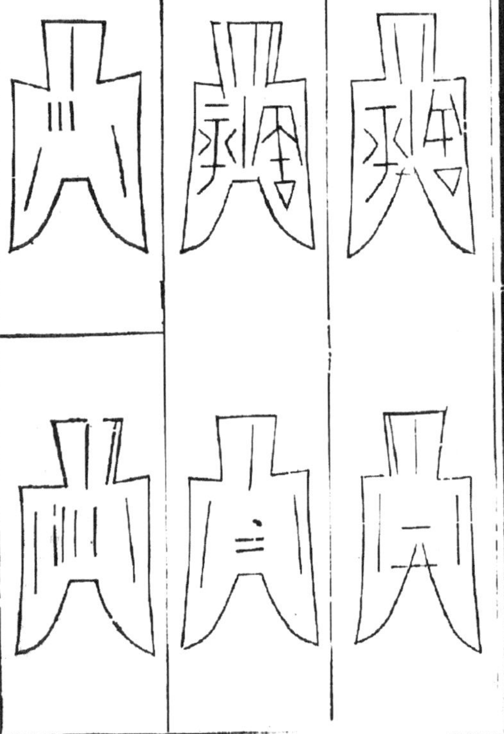

古泉滙　元六　十一

古泉滙　元六　十二

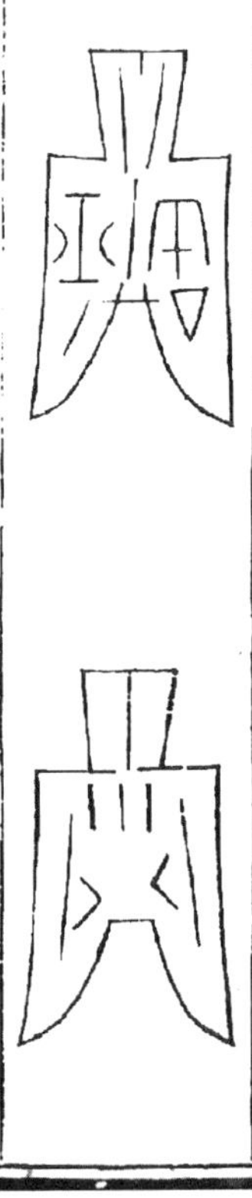

平周背一　二　三　四　五　六　七　十　廿　卅　卌

以　同上傳形背紀數亦缺九

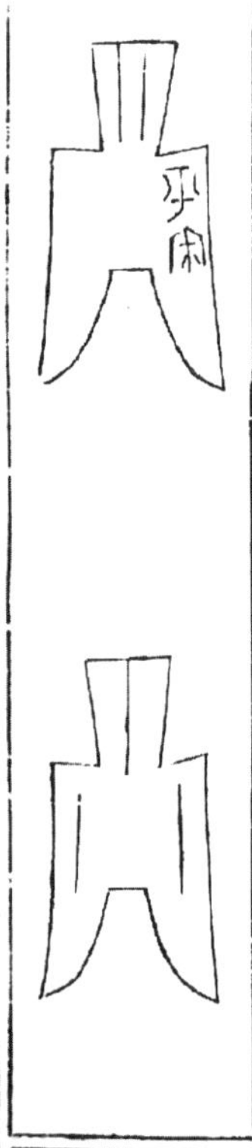

平周　背四　兩字在右次在左周字俱泐下半次背四此式

平周多方足者尖足者僅見此

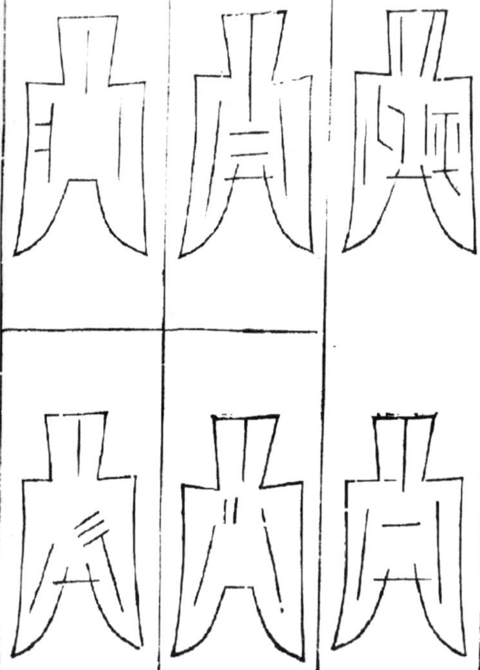

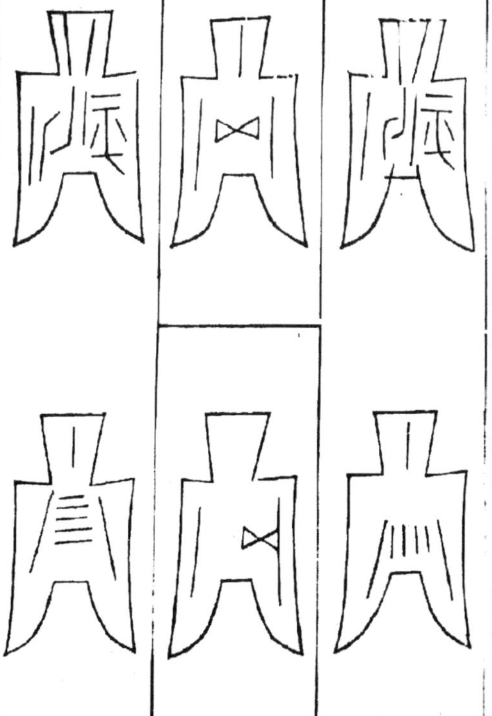

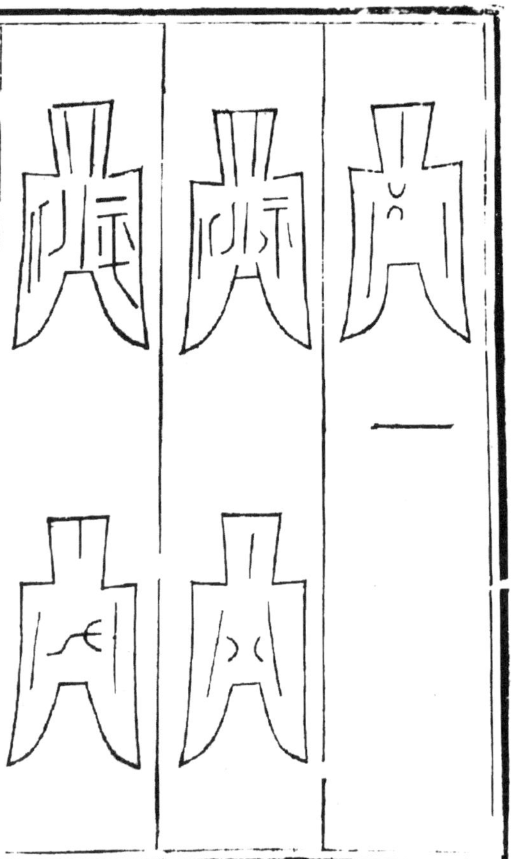

古泉滙　元六　十五

平州　背一　二　三　四　五　六　七　八　九　十

地名自右讀背紀數自一至十全春秋宣元年公會齊侯於平州注齊地

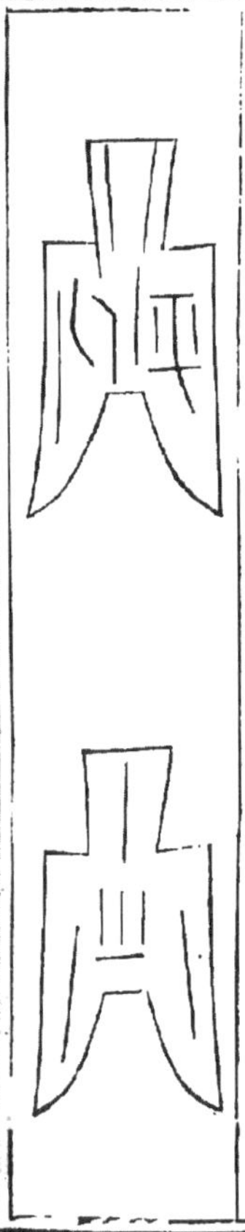

古泉滙　元六　十六

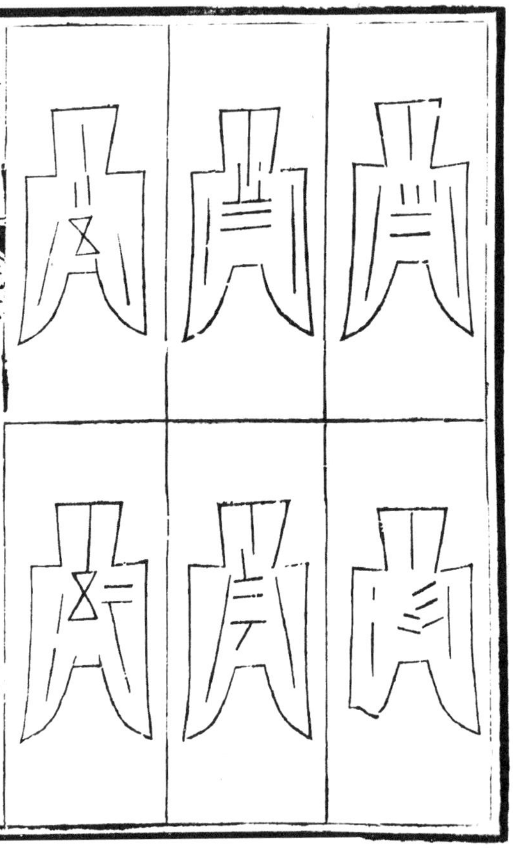

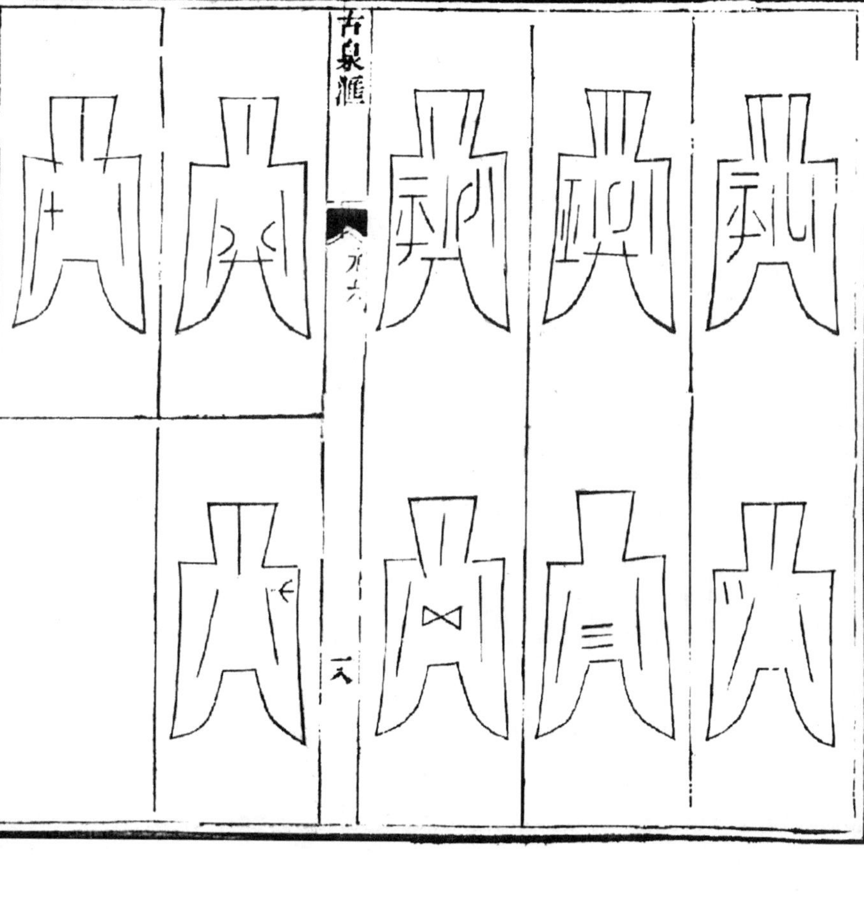

古泉滙　元六　八

平州　背一　二　三　五　八　九　十　面文傳形背自一至十鉄四六七三種此類平字亦多上加一畫者與平周布同

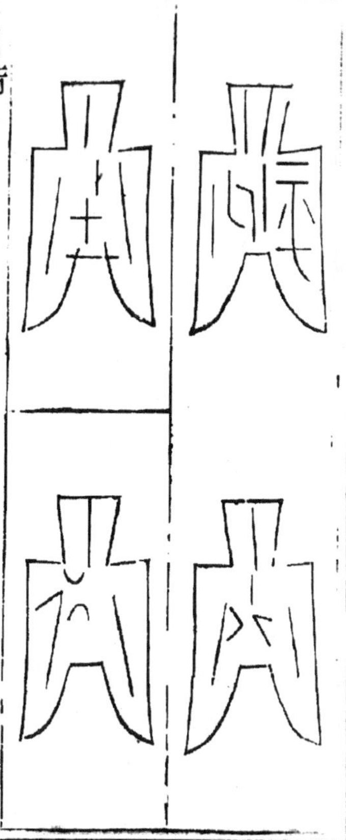

平州　背十一　十二　十三　十四　十五　十六　十七　七　八　廿　八

亻　同前背亦紀數之累加者惟末品作入貨貨減作亻為異

古泉滙　元六　七

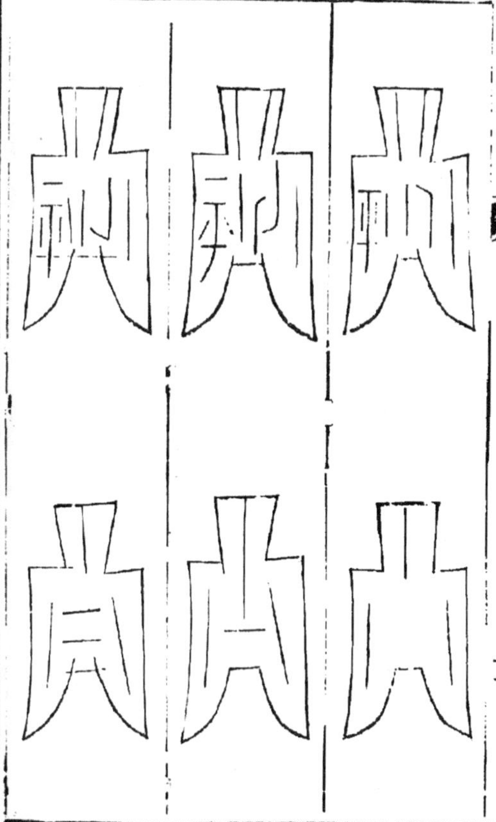

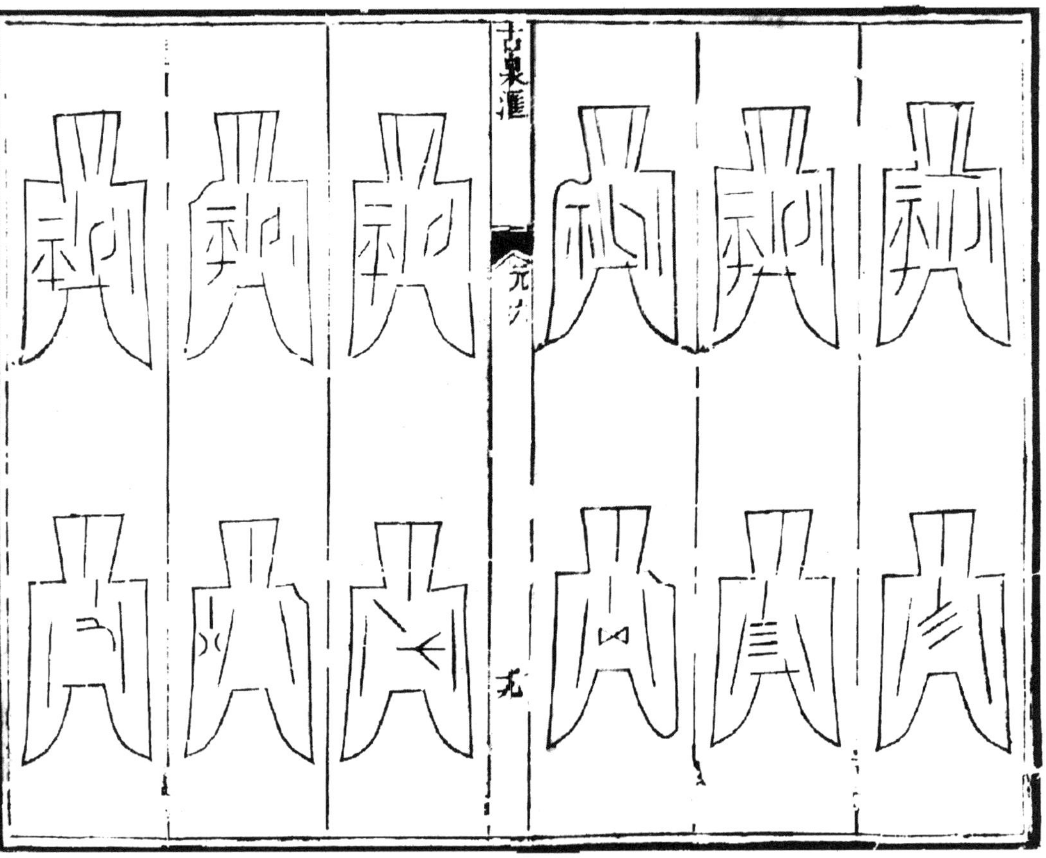

平州背三　四　五　七　八　九　面傳形同前背亦紀數

累加

古泉滙元集卷七

尖足布

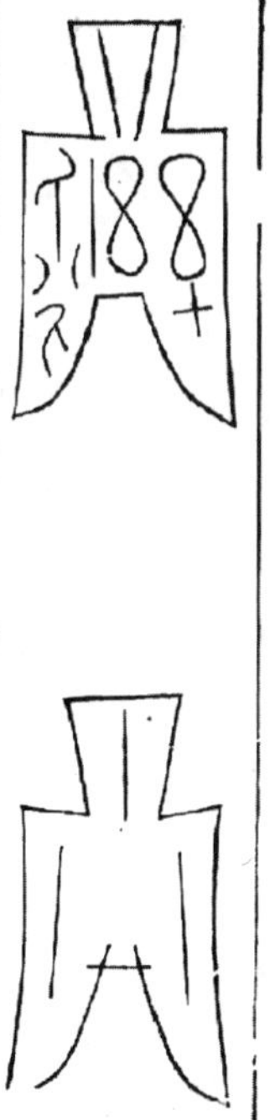

畿氏八七　畿氏布注見方足布

古泉滙　元七　一

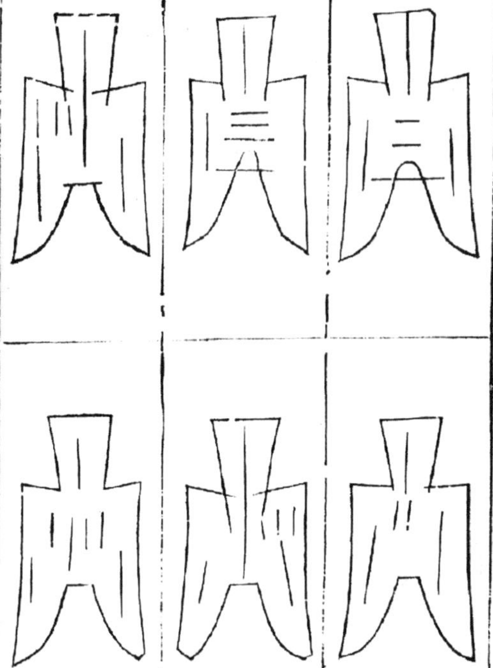

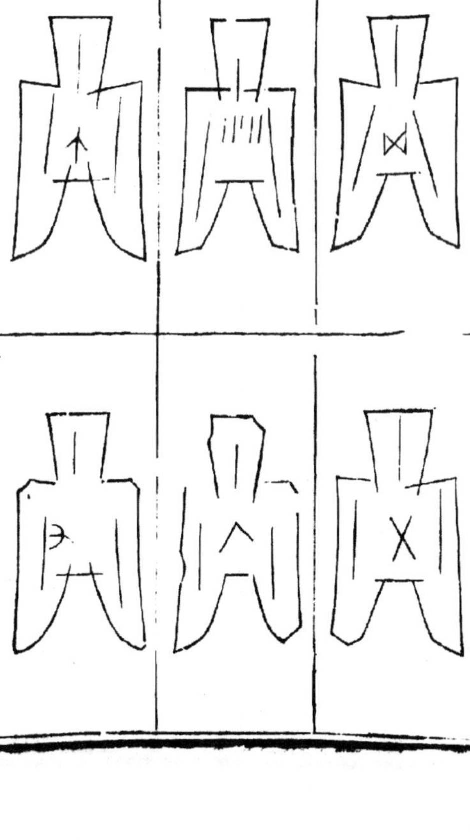

古泉滙　元七　二

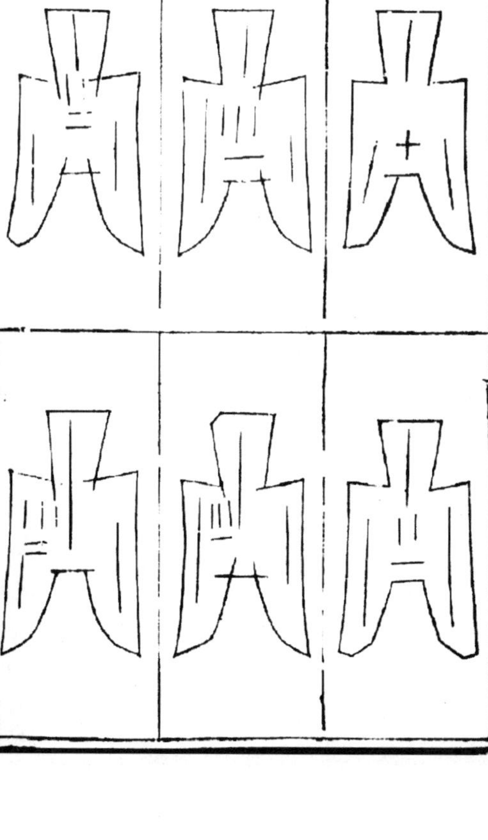

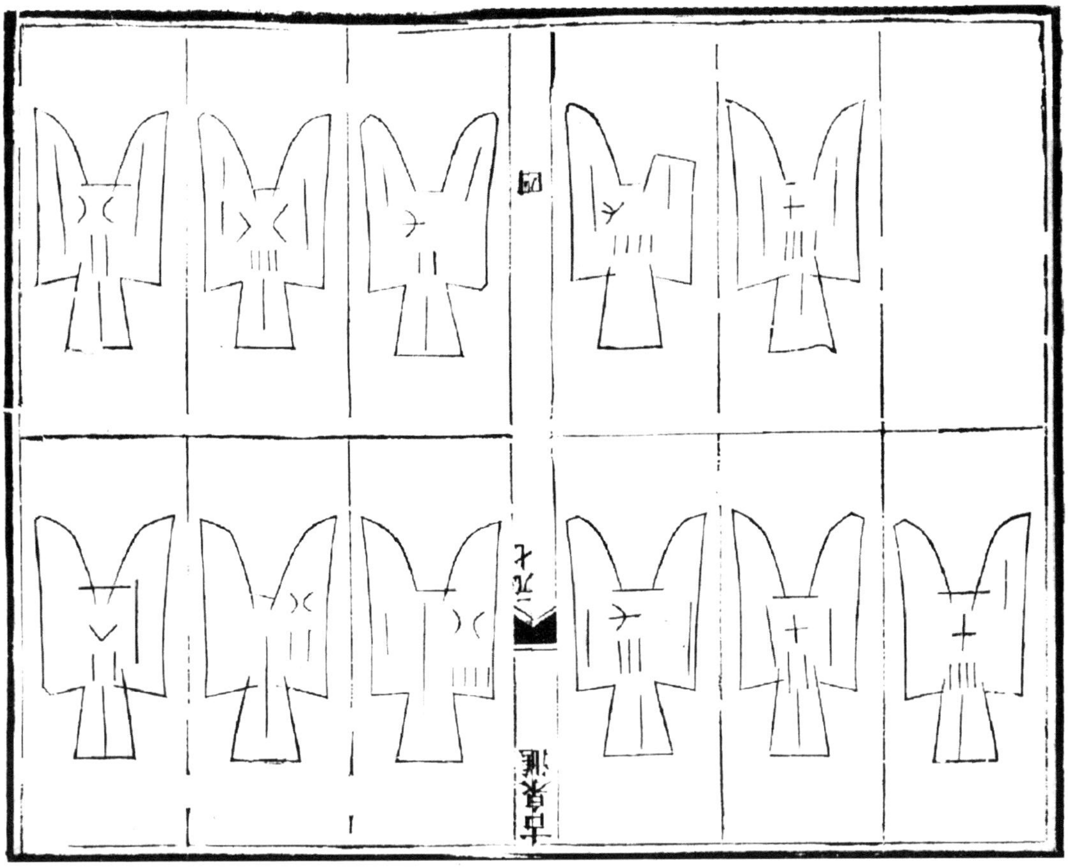
四
元七
古泉匯

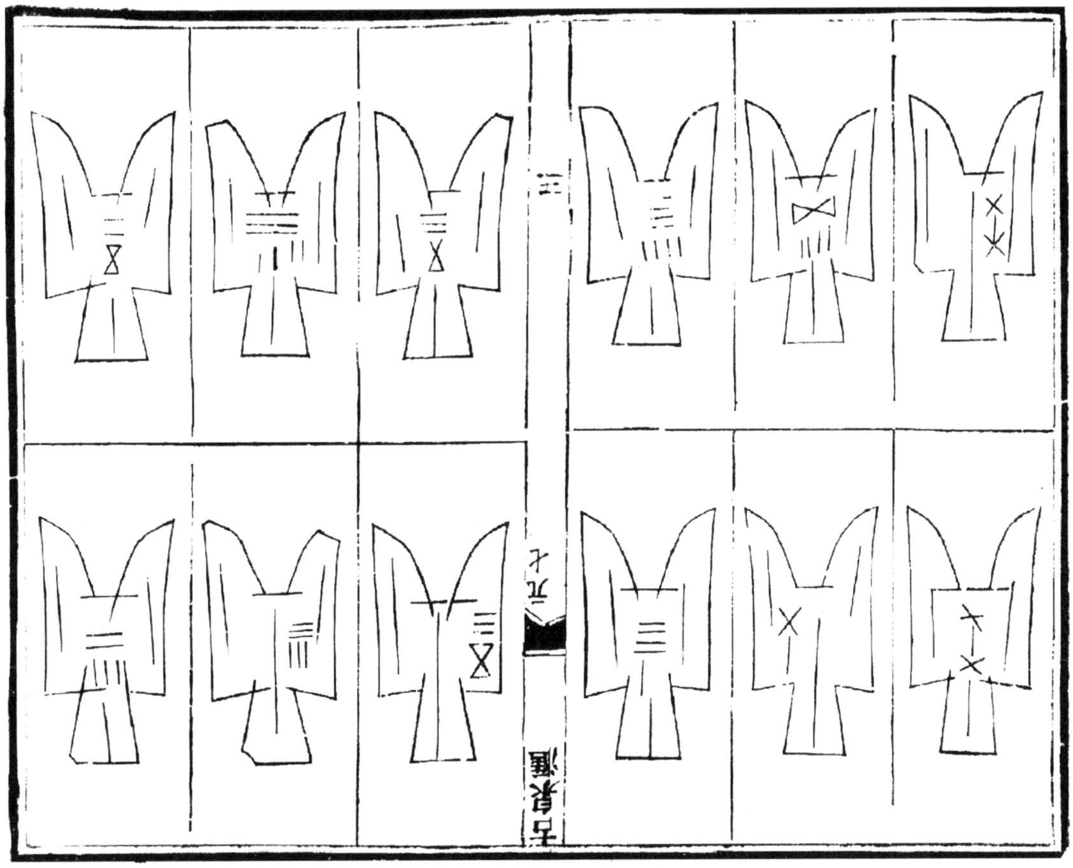
三
元七
古泉匯

幾氏八匕背一　二　三　四　五　六　七　九　十　廿
丑　丗　丗　㐅　丗　丗　卤　図　五　罒　五
共　只　只　五　五　五　辛　辛　甲　面文小異大
同故从略不摹背紀數全多累加者其作㐅者應係五十五僅
此布有之

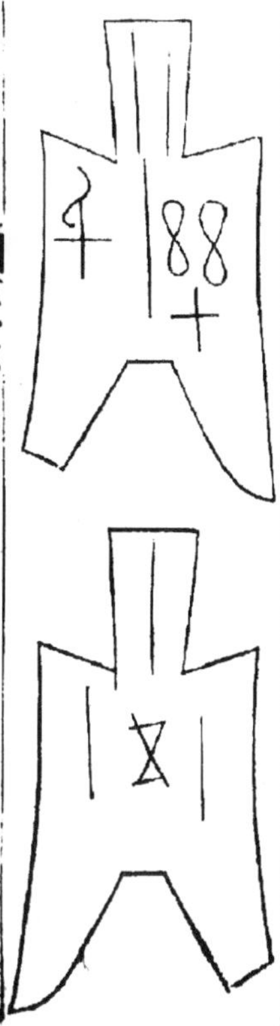

古泉滙　元七　五

幾氏背五　同前而省八匕製亦倍大前品輕小故八枚僅當
古金之一化此重大則所直較多或一枚即可直一貨故减去
八七字對覿可證背亦紀數

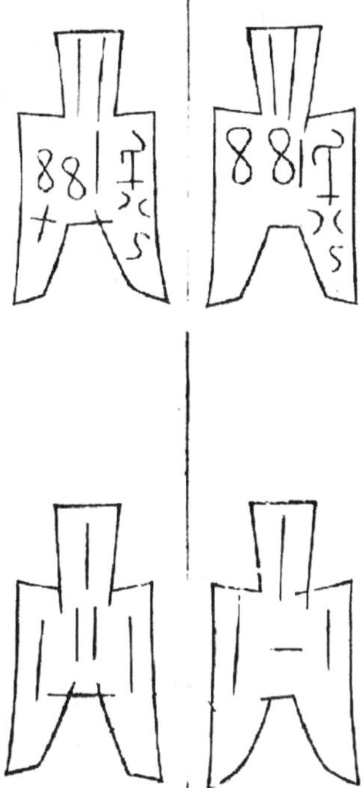

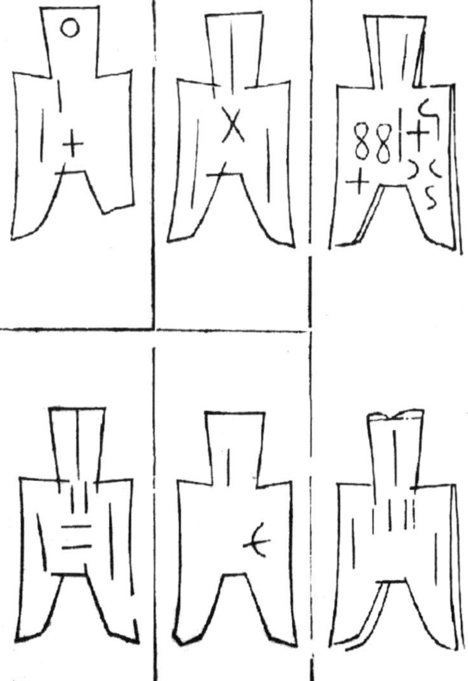

古泉滙　元七　六

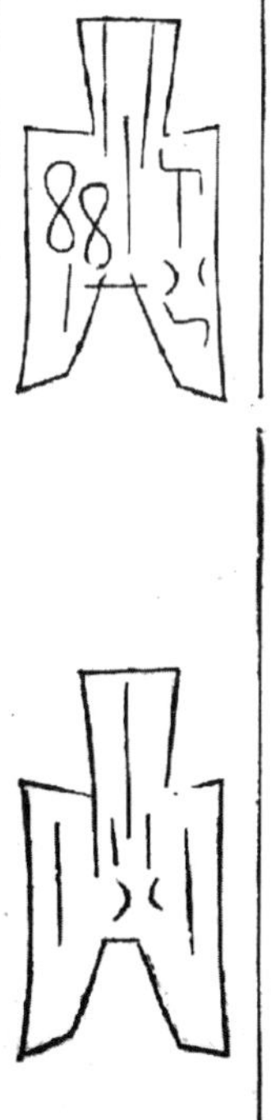

幾氏八匕背一　二　四　五　九　十　廿　六　共　同
前傳形一二氏字仍正書背紀數缺三七

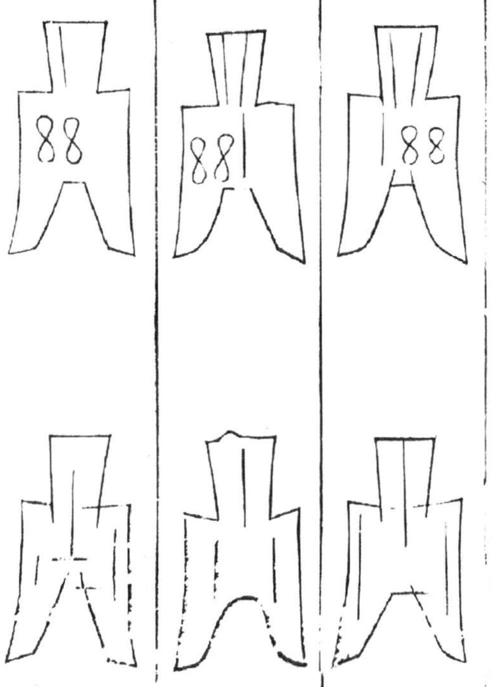

畿　背一　一文在右二三文在左三背文一面僅一字或畿之省或茲字之省皆未可定乃此布之别品也

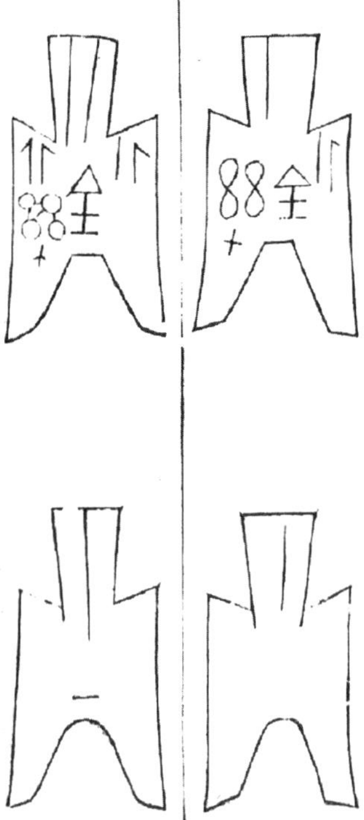

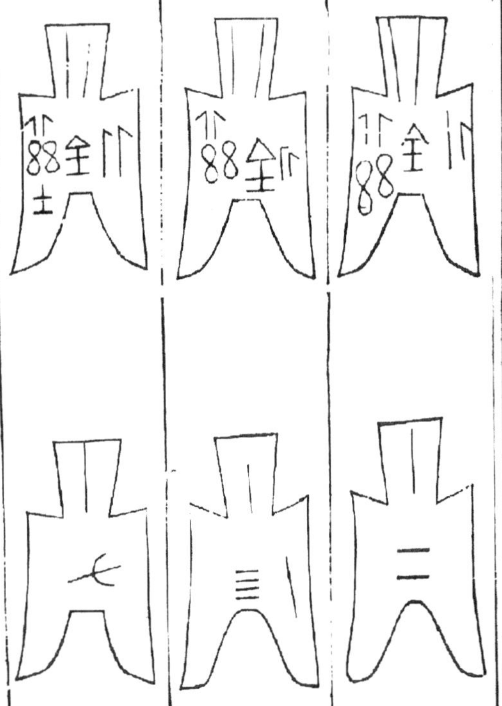

茲金化　背一　二　四　九　廿　茲金化仿古大布文爲小布所罕亦有十字土字者象路形非字也背紀數舊譜釋此爲北茲金化攷春秋昭五年莒牟夷以牟婁及防茲來奔而北茲二字不見於經未敢深信愚意此茲字不減筆上係从艸非北字也況金化爲文與畿氏布迴别其爲兩地所鑄顯然爲得合而爲一今故以前品屬王畿此屬茲邑

古泉滙　元七　九

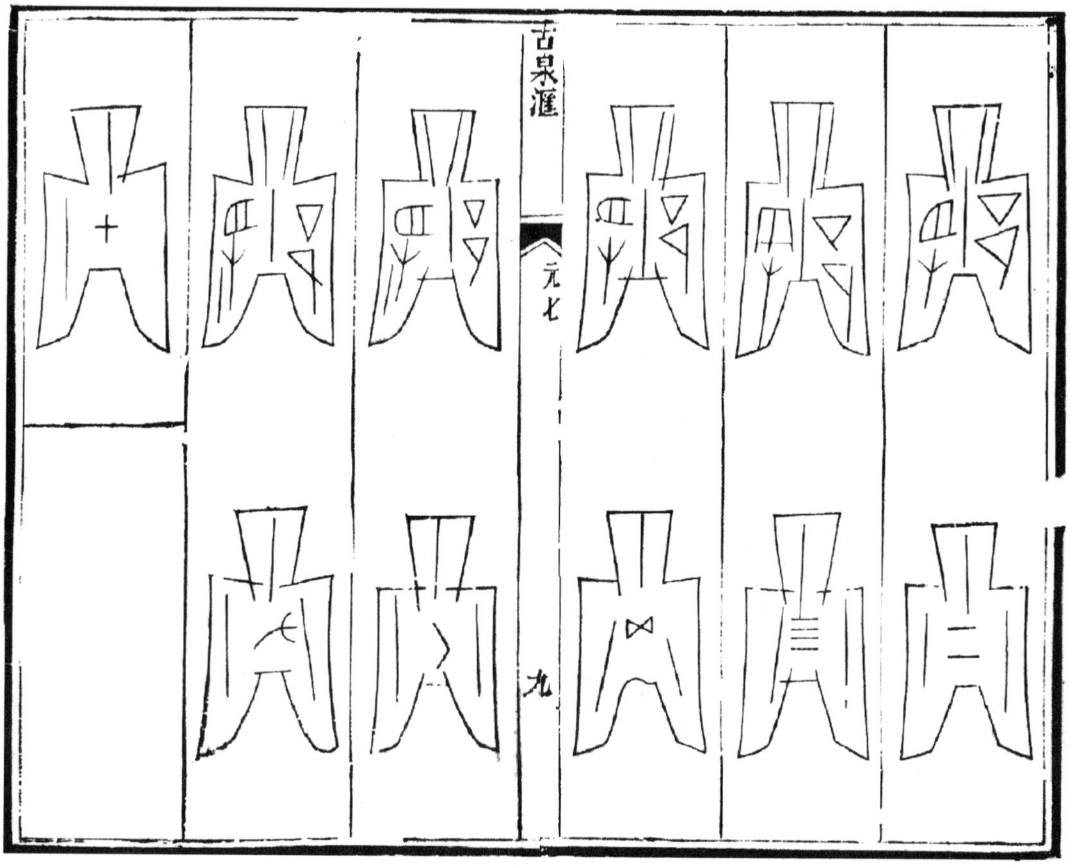

古泉滙　元七　十

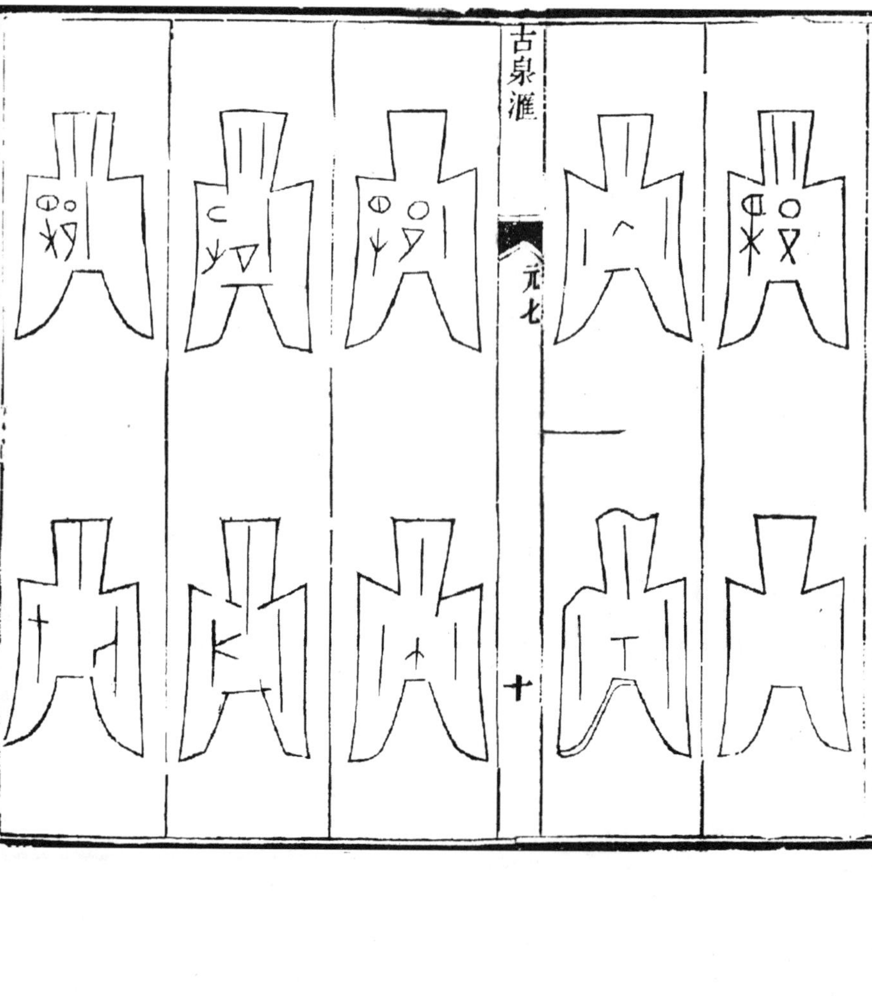

郛背二　四　五　六　九　十　郛左右合作一字類鄔字
郛字布即號字變體考古地名皆可从乃如長子作鄔可證公
羊傳今日取郭明日取虞號可作郭故亦可作郛也背亦紀數

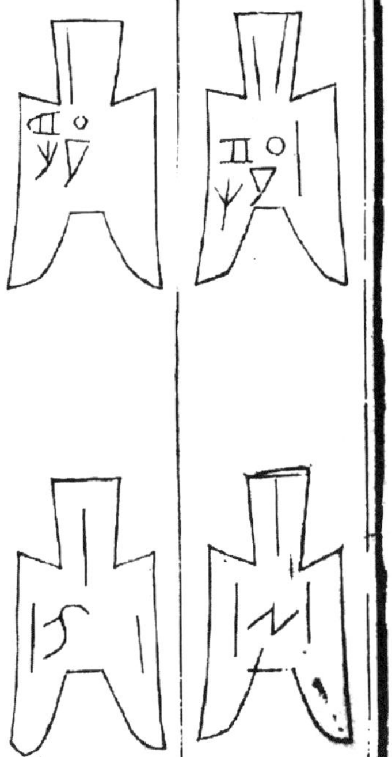

郛　背六　七　八　夫　乙　匕　郛字在左背紀數六品左借旁畫作十右作六七作乙或係二字斜書設筆連綴者八作匕亦貨之省

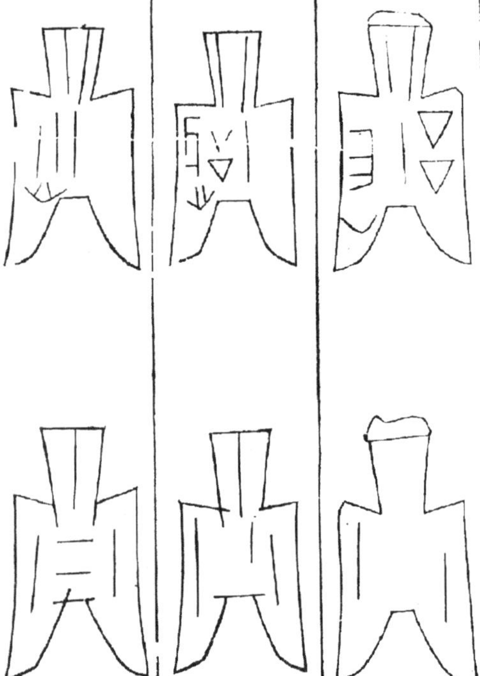

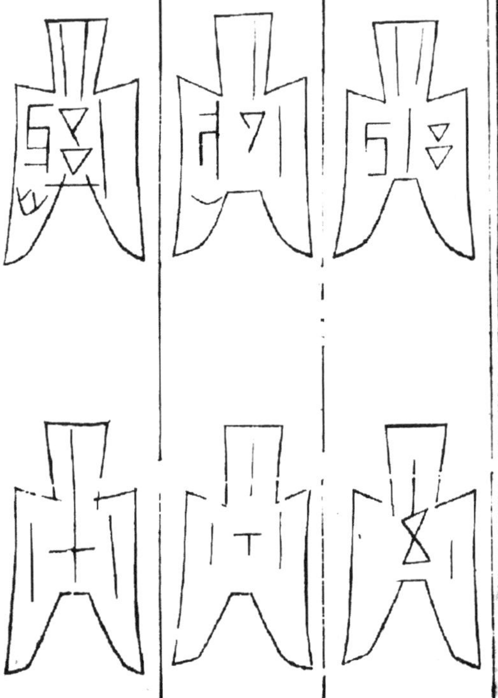

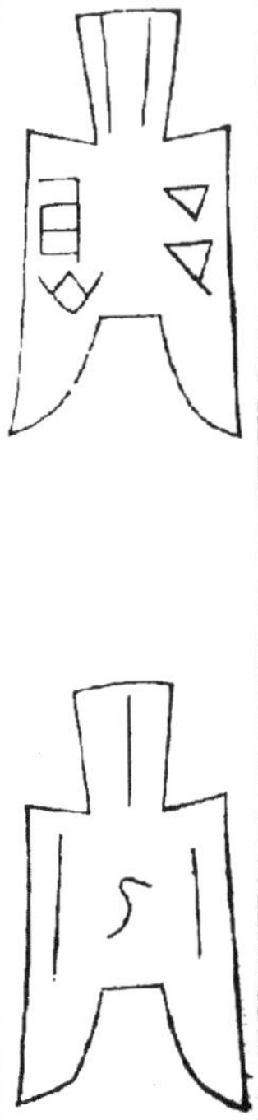

邪山　背一　二　五　六　十　S　背紀數七品似七字

傳形瑯邪齊地邪山未詳惟水經注鏡波水源出南邪山

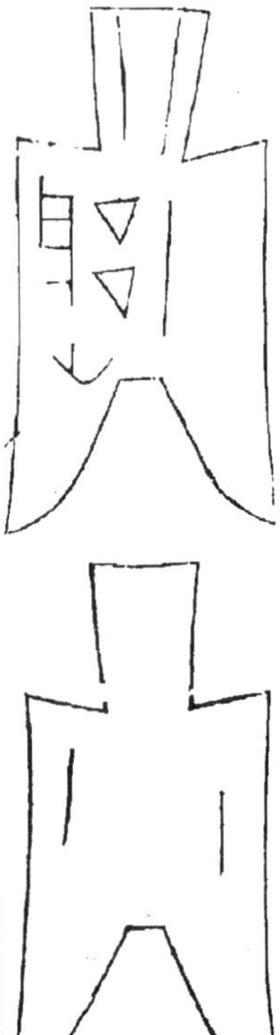

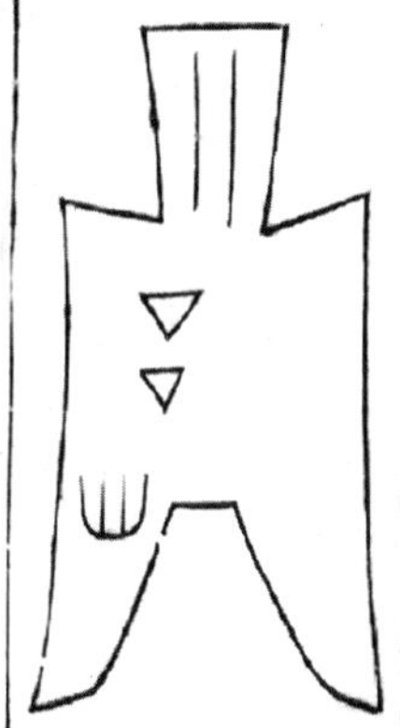

邪山　仝前而倍大文在左

古泉滙　元七　圭

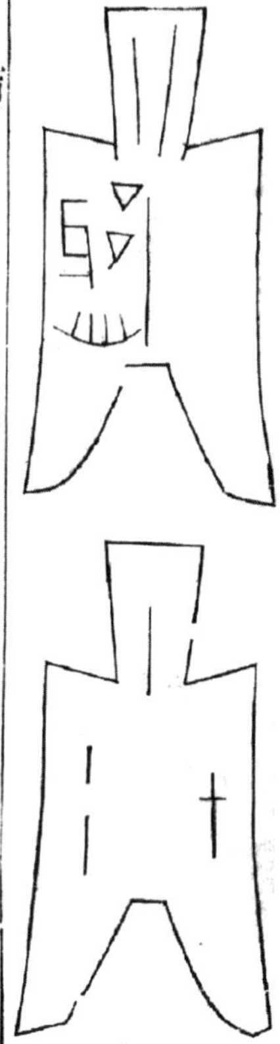

邪山　背五　十　同前背紀數在右二偕旁畫作十

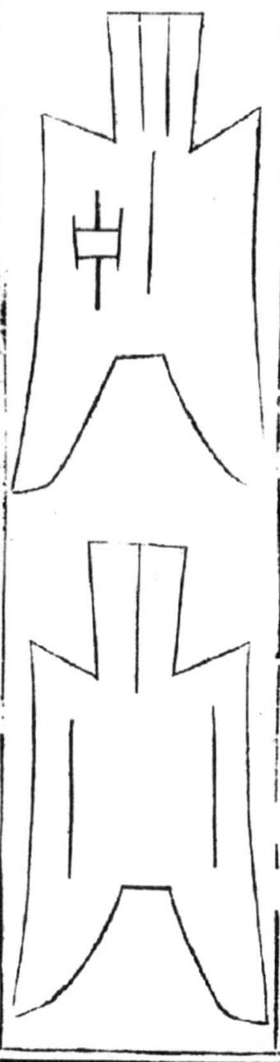

城　一字在左亦象形之城或係商城布而泐其右文者與布形大於常品

古泉滙　元七　吉

古泉滙元集卷八

尖足布

商城　自右讀商字減筆城字象形

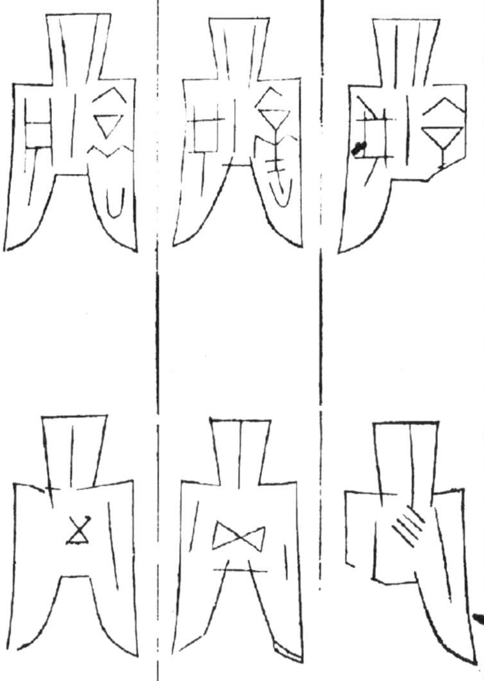

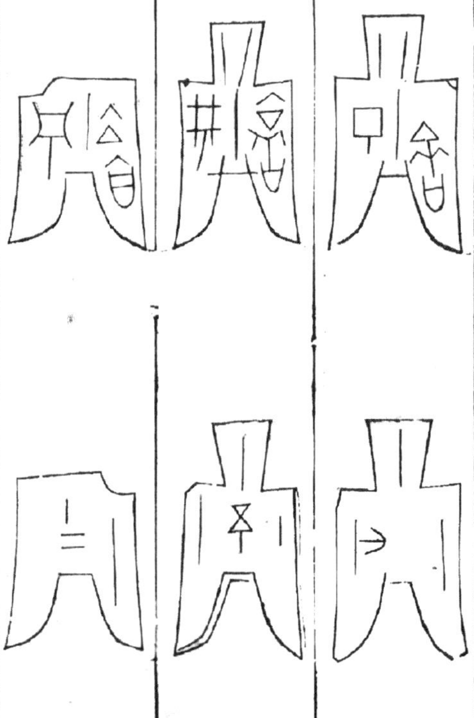

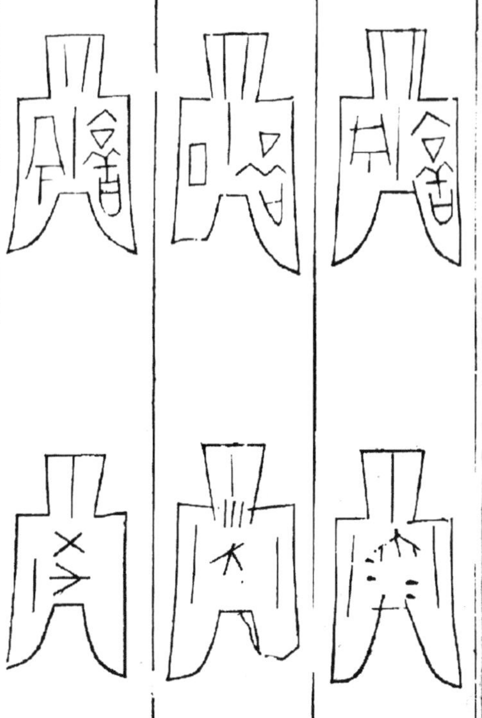

商城背二　四　五　九　十五　十二　廿二　廿五　廿三　六十　七十

老　字　同上背紀數十一品卆應是六四各布紀數四多

作三此錯刻兩二字更奇可見古文之結搆原無一定商城舊

譜竿見今河南有商城縣考地志春秋時屬吳雩婁邑宋建隆

初始改商城其非此地物明甚愚意當是宋布宋爲殷商舊墟

城則邑之統名也空首商字布應與此布爲一處所鑄

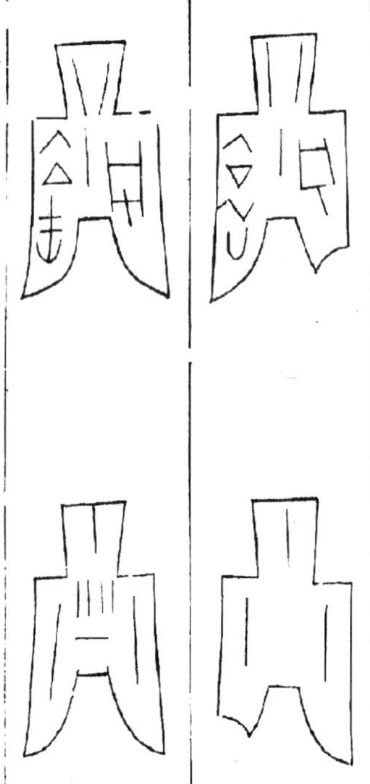

商城　背皿　同上自左讀背一無文次紀數商城布自左讀

者僅見此二枚

口城　此布右亦城字下十字象入城之路左不可識

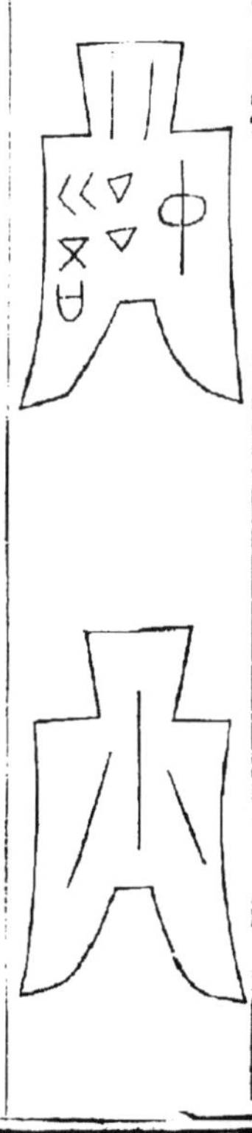

中都　方足布中都注晉邑攷左傳昭二年晉人執陳无宇於

中都注晉邑是兩地同名方足尖足或兩國所鑄

古泉滙　元六

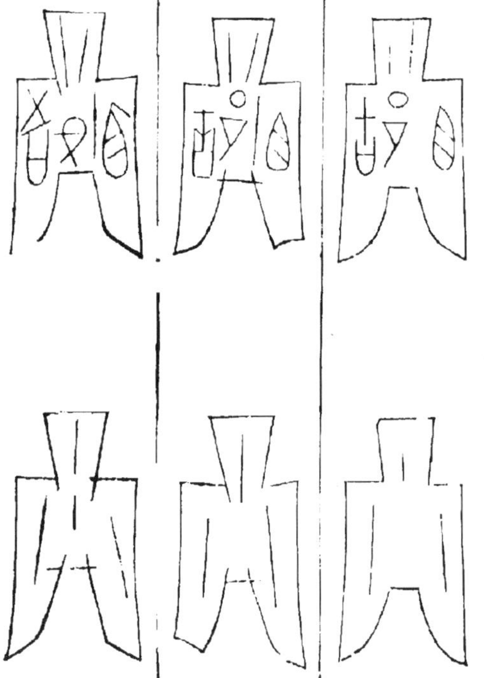

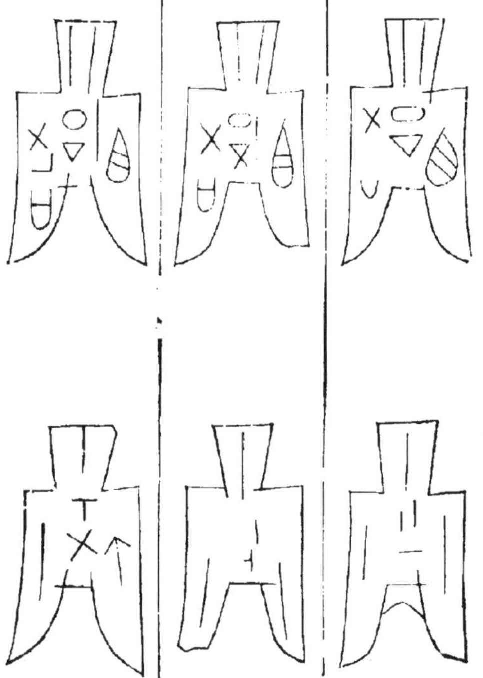

五

古泉滙　元六

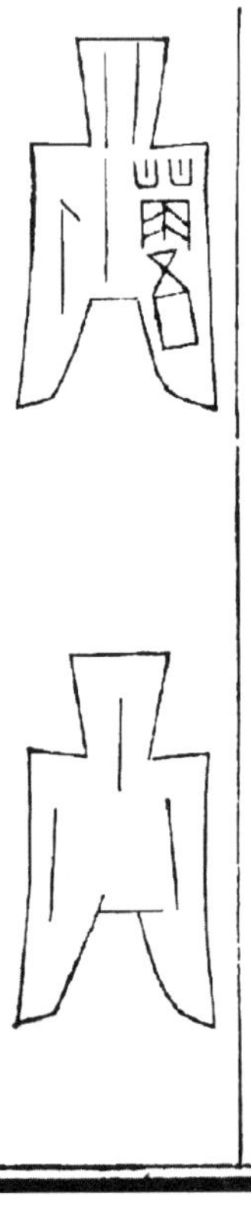

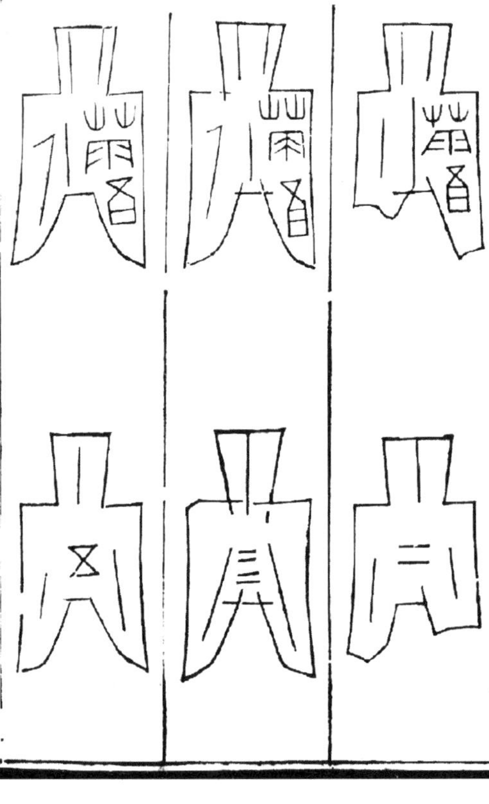

六

白都　背　一　丄　十　亳　息字減心字背三至五紀數六作六五七更異此布舊譜所無或釋爲西都但左傳稱成王城成周以爲東都而西都不見於經愚意不若釋爲息都左傳莊十四年楚子如息遂滅息或疑小國何以稱都不知都卽大邑之通稱二年成邑三年成都可證中都高都之類皆是不必皆都城也

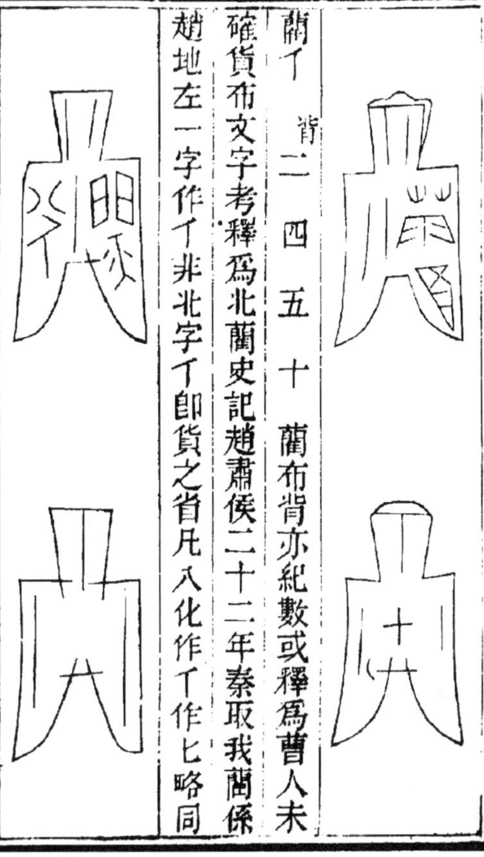

藺亻　背二　四　五　十　藺布背亦紀數或釋爲曹人未確貨布文字考釋爲北藺史記趙肅侯二十二年秦取我藺係趙地左一字作亻非北字亻卽貨之省凡八化作亻作乚略同

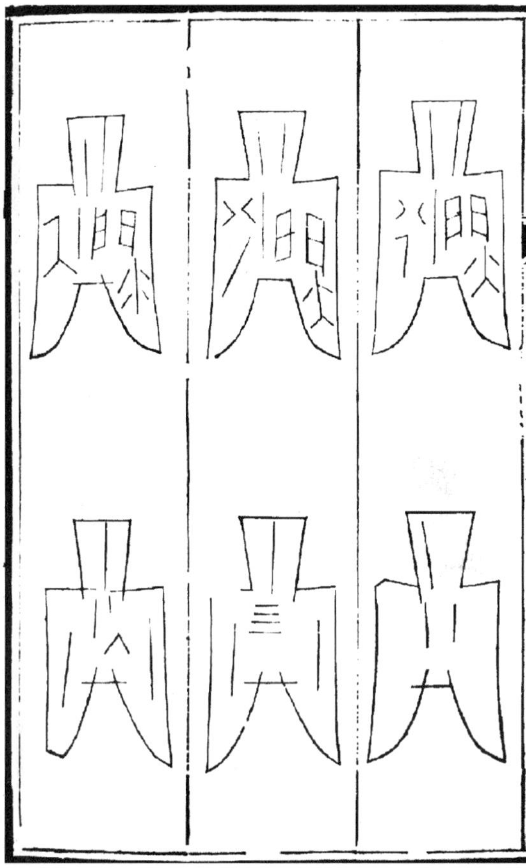

古泉滙　元八　七

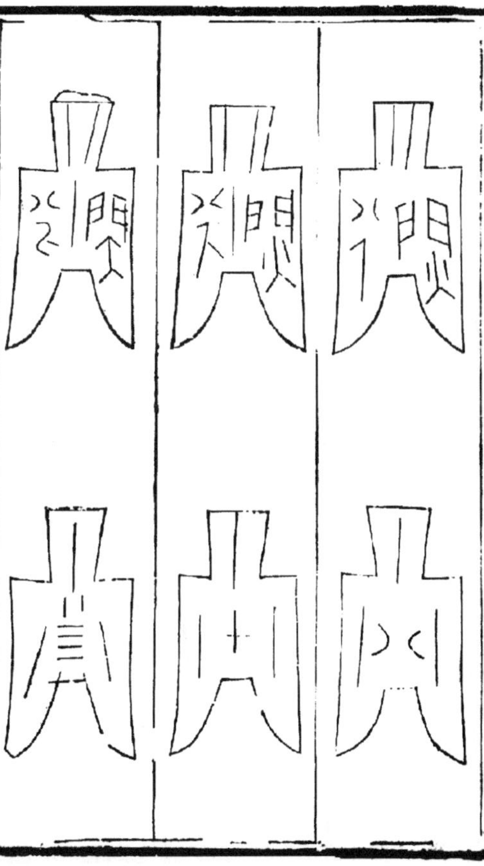

關八亻　關八乚　背二　四　六　八　十　卤　自右讀

背紀數注見方足關字布此化字或作亻或作乚與藺貨布可互證

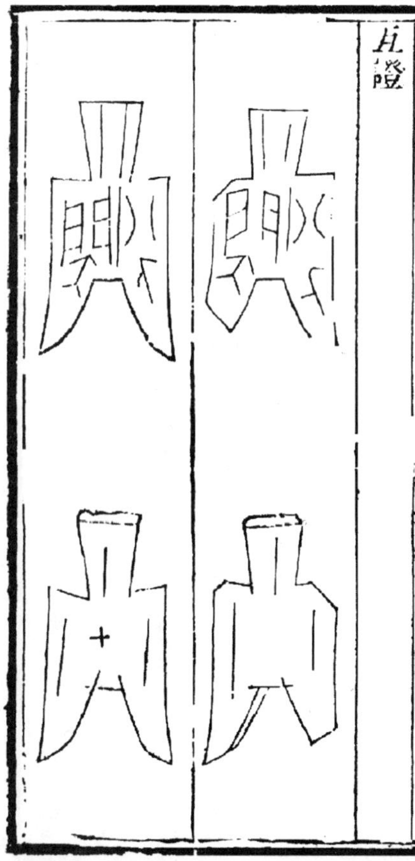

古泉滙　元八　八

關八亻　關八化　背十　去　自左讀三品化作匁與方足
戈邑布背文可互證背亦紀數

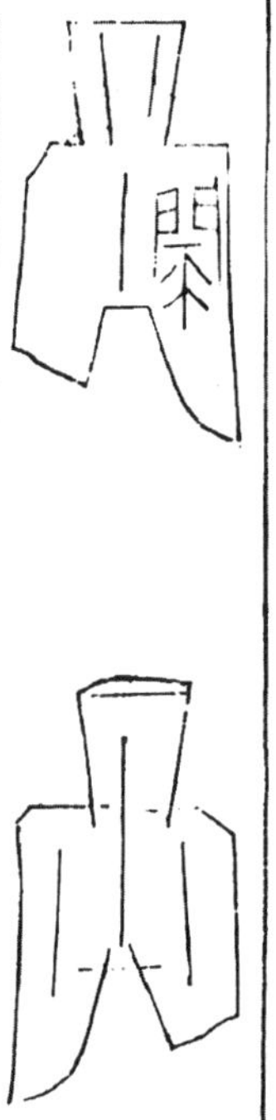

古泉滙　元八　九

關　背六　一字在右次背紀數

關　一字在左形製較小背平

關背五　究　字亦在左背紀數形製倍大

古泉滙　元八　十

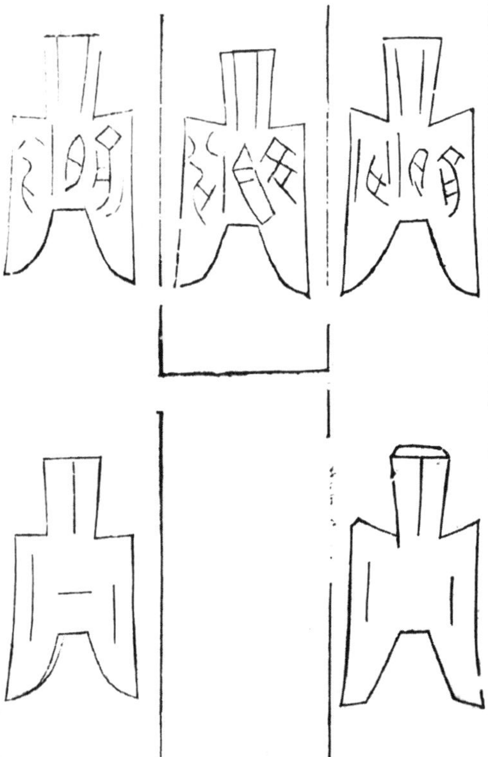

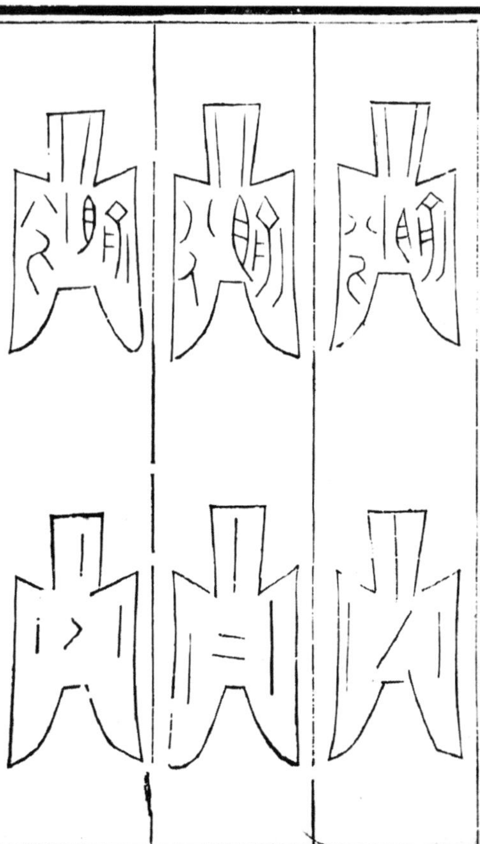

古泉滙　元八　十一

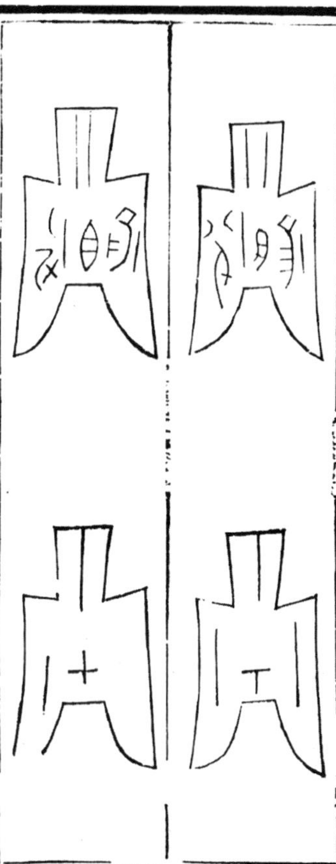

榆八化　榆八匕　榆八亻　背一　二　六　十　一二面

文異三至八背紀數面右一字或釋爲榆姑从之國策智氏見

伐趙之利而不知榆次之禍也

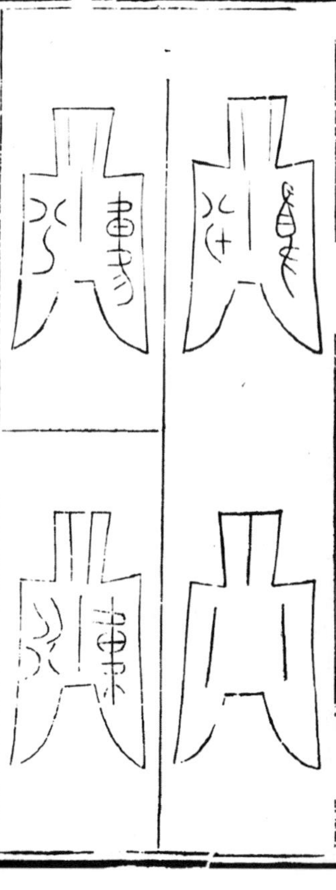

口八化　口八匕　右方字不可識左文八化一品傳形三品

八化倒書背俱無字

古泉滙　元八　十二

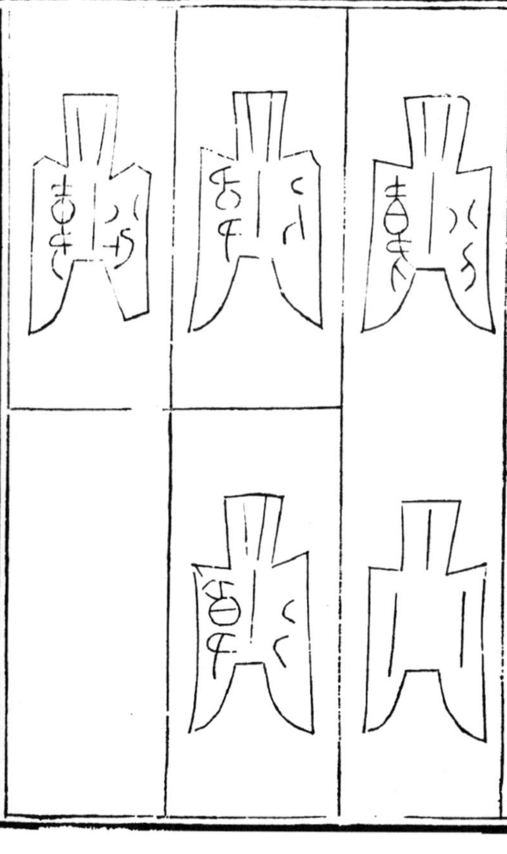

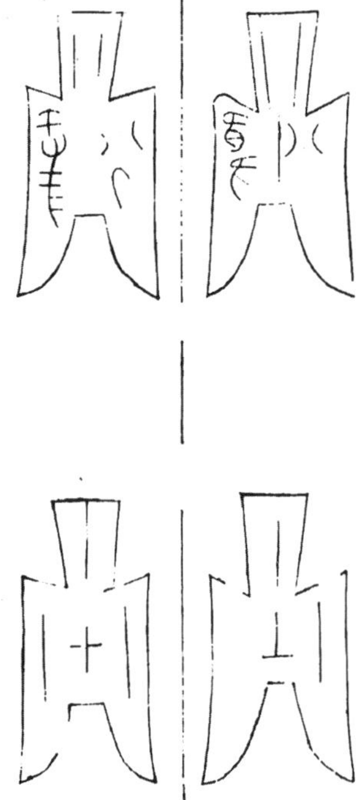

口八匕　口八丅　口八化　背六　十　同前傳形各異五
缺化字六化字半泐背五六紀數陳壽卿謂面文是韓字減筆

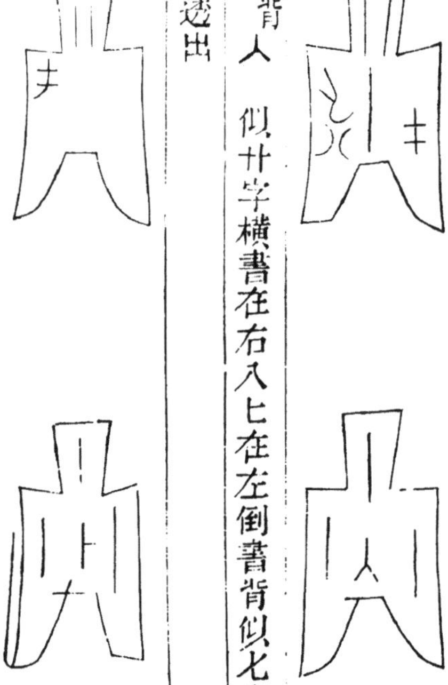

廿八匕背人　似廿字横書在右八匕在左倒書背似七字而
中畫未透出

斤背卜　同前在左右無字背似十字泐半畫

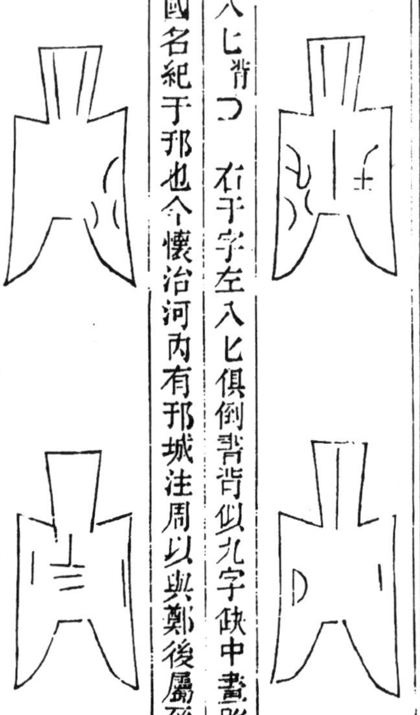

邘八匕背𠃍　右邘字左八匕俱倒書背似九字缺中畫路史
周國名紀于邘也今懷治河内有邘城注周以與鄭後屬晉

八匕背三　八匕在右倒書背紀數

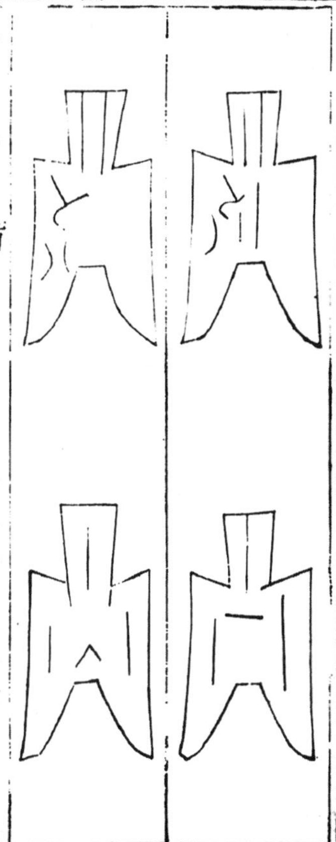

八匕　八丁　背一　六　同前字在左一至三俱正書背無
字三鈌化字四至六倒書五六背紀數

离石　註見倒足布

甘丹　此布較大邯減筆鄲作丹諸聲亦減筆也國策吏使王

趙代王陵伐趙圍邯鄲係趙地

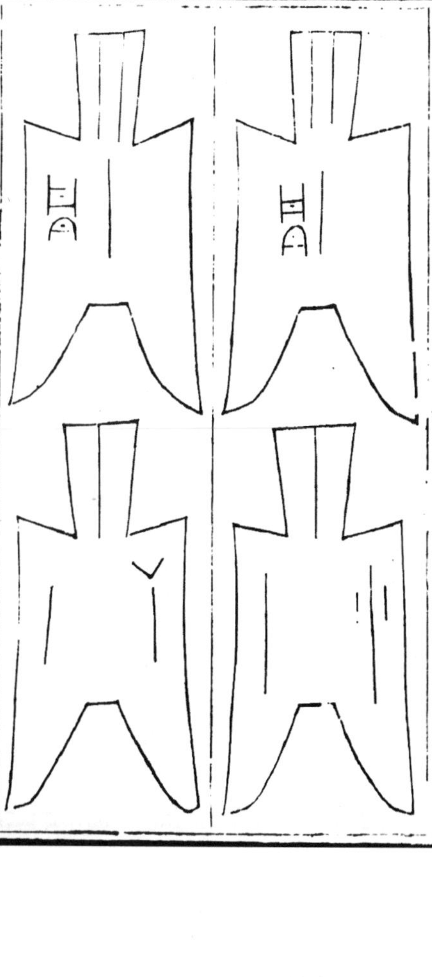

甘丹　背二　六　同前背紀數在右文字考釋爲甘井引史記
索隱屬涿郡戰國時爲趙地其說亦可參

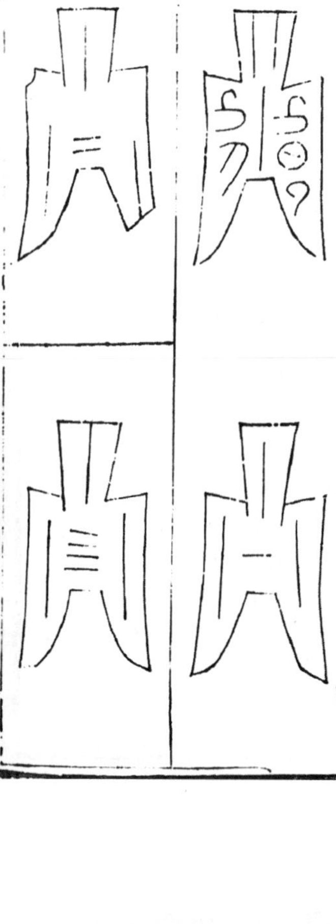

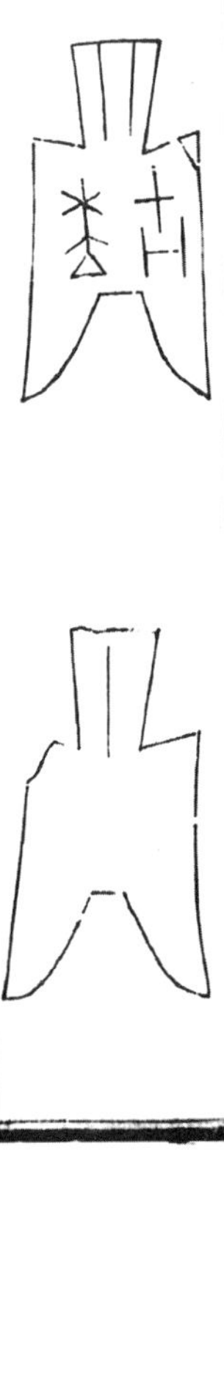

陳壽卿謂是新城倒書減筆

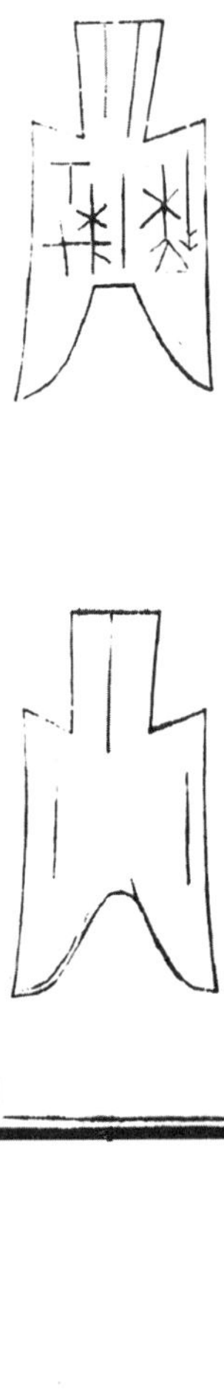

同前傳形陳壽卿謂是新城倒書不減筆

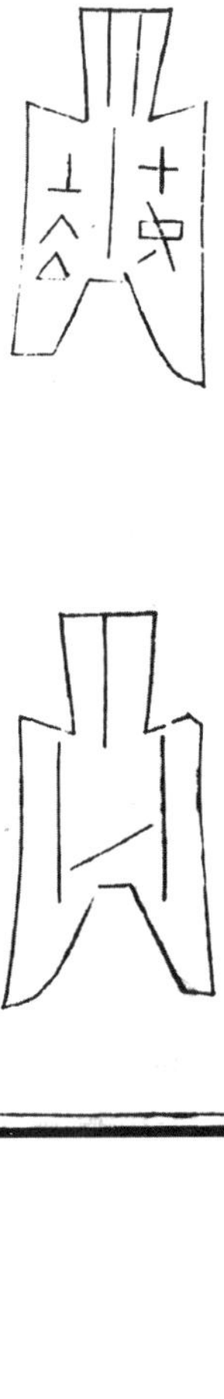

口背一　兩字不可識背一字

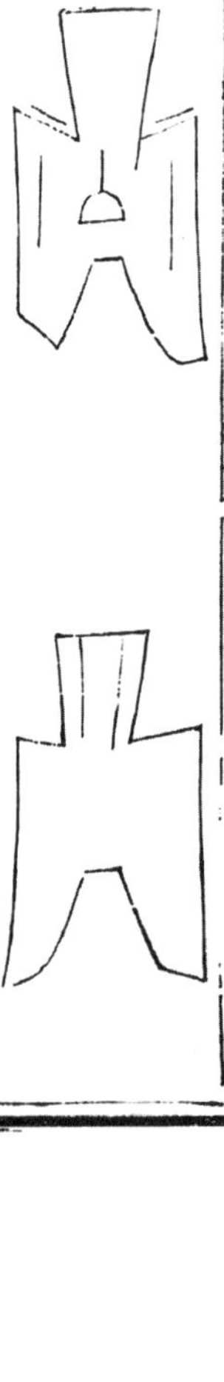

字不可識係背文面文巳漫滅

節背一　二　四　五　節字傳形呂堯仙中丞謂是節𦤎布以節𦤎刀俱作節爲證今从之背紀數注見齊刀

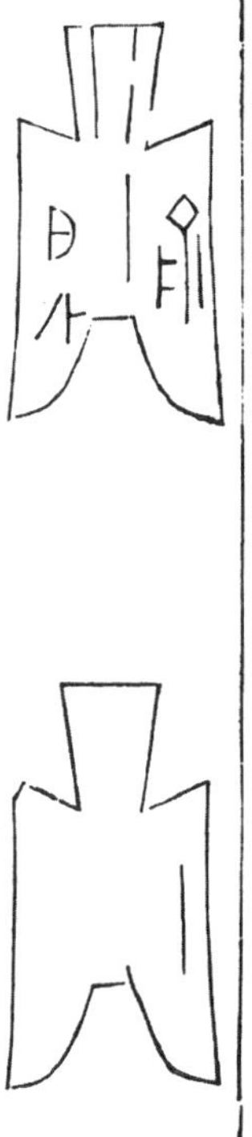

右似俞字左不可識

右似豖字減水旁左不可識

卄　卄横書似面文泐而僅餘背文者

八　亦背文

面背無文

附　未見尖足布

古泉滙　元九　九

布一字居中

古泉滙元集卷九

圜足布

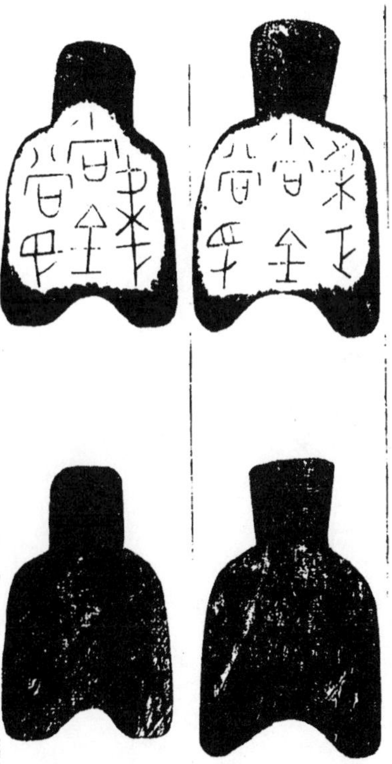

古泉滙　元九

坿正尚金當爰　一　一品篆微異注見方足布面背俱無郭

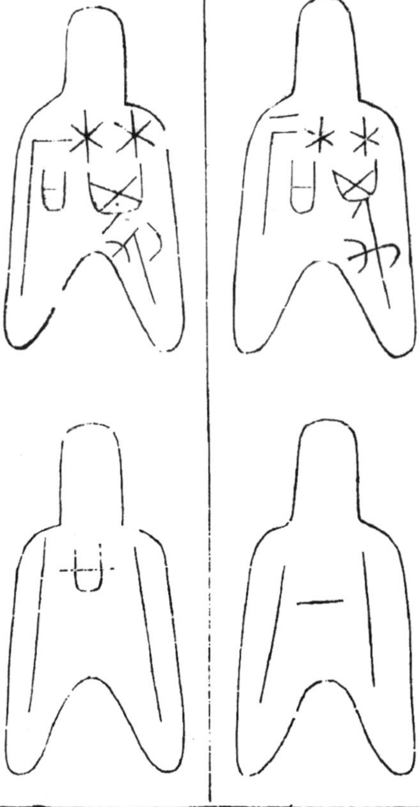

萬石背一　廿　首似萬一石背一次萬石背廿面背周郭一石義不可解愚意古文往往任意增減汗簡文石字作后增二畫在中此增一畫在上仍係石字非一石也漢書石奮傳號萬石君而漢無鑄布明文吉金錄引水經注湘浦北有萬石戍按一統志萬石戍列國屬楚或即芊氏故物歟

萬石　同前製較小吉金錄所載一品大小與此布埒背作廿

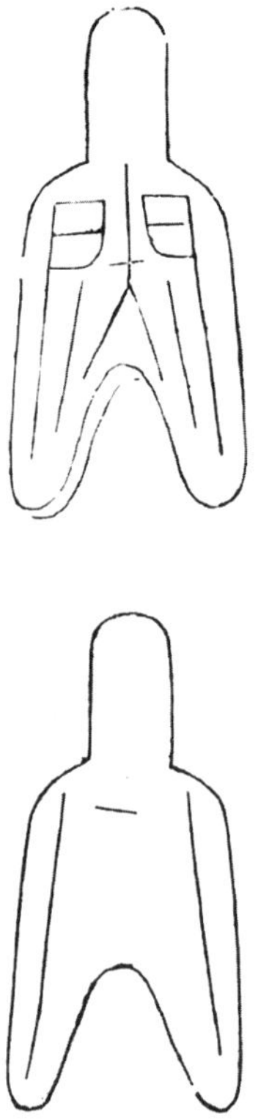

十今未見

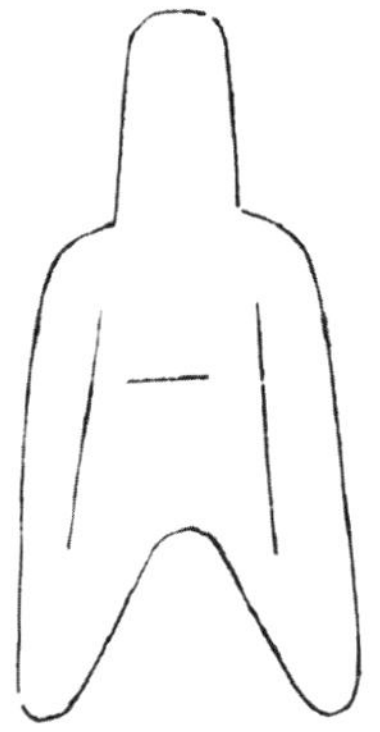

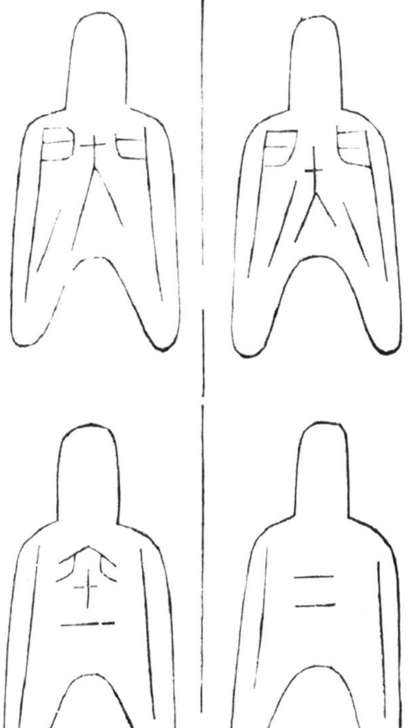

闕背一　二　全　面文同背紀數面背俱周郭注見方足闕

字布

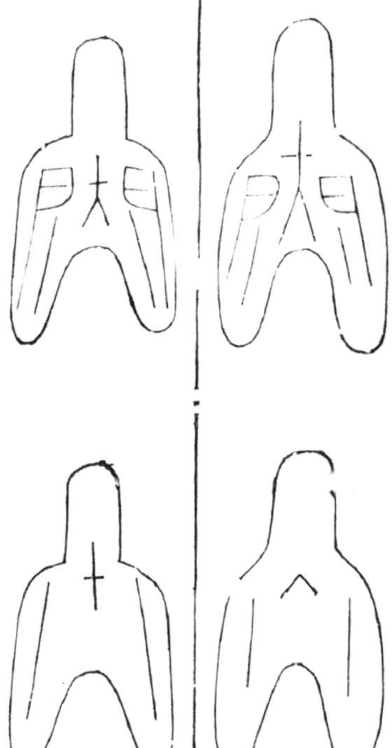

闕背六　十　同前而製差小背亦紀數

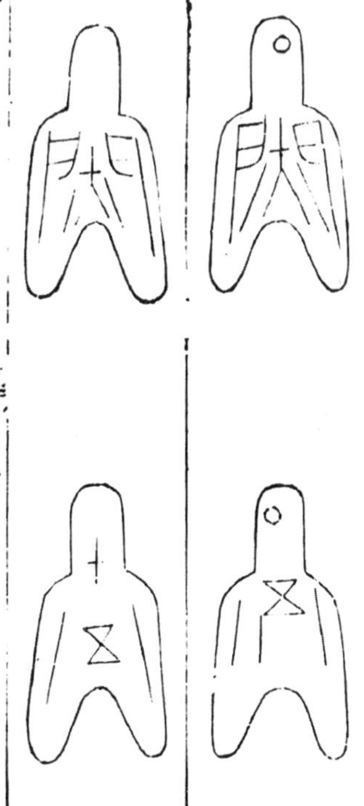

闞背五　圭　同前而製更小背紀數一柄有穿孔穿孔下五字次上十字下五字又有上穿孔下十五者僅見拓本

古泉滙　元九　四

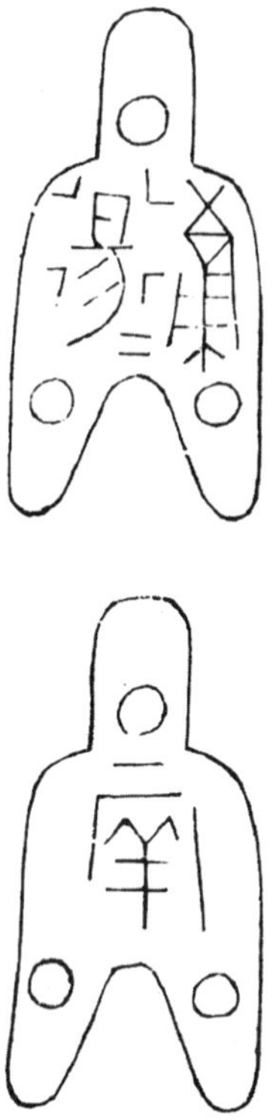

魯昜二背宰　陽字減阝旁而四隅有四曲文爲異下有二字應係當二紀直非紀數也此布較大與下品對觀其爲當二無疑背文似宰字如費宰武城宰之類當是爲宰者所鑄柄足三穿孔亦面背周郭魯陽地名注見方足魯陽布

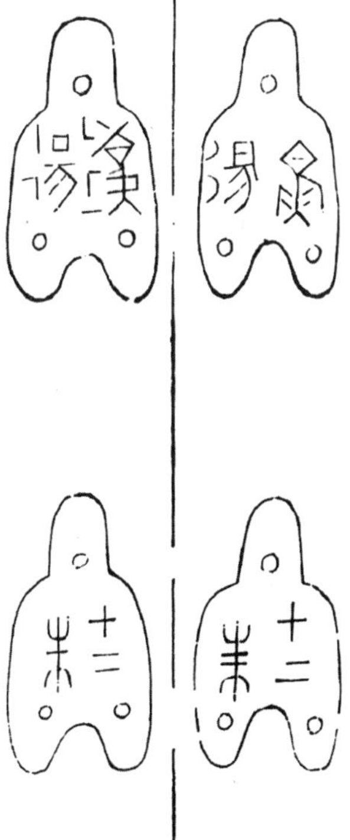

魯昜　魯昜一背十二朱　面文同前首昜字旁有兩曲文次四曲文下有一字乃當一也製亦同前而差小故前當二此當一其義明甚背俱作十二朱朱卽銖之省銖兩計較起於秦古刀布計銖者未見有之自此布始

古泉滙　元九　五

私背宰　面私字上下耆之禾減作木背與魯陽大布文同亦具三穿孔俱面背周郭古大央皆有食采之邑曰私邑此曰私宰或係私室爲宰者所鑄

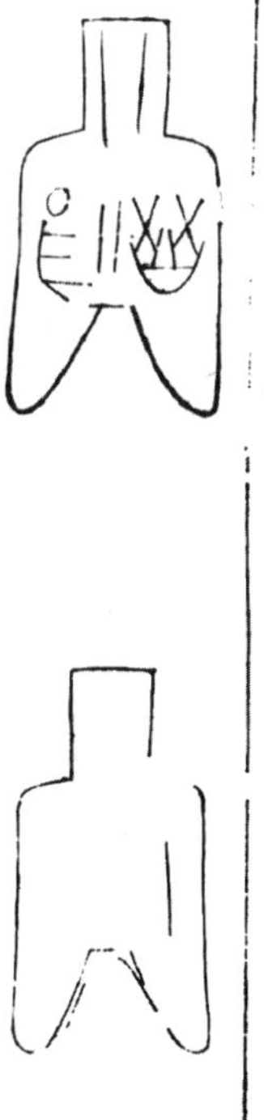

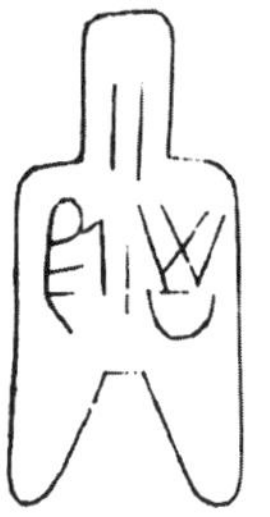
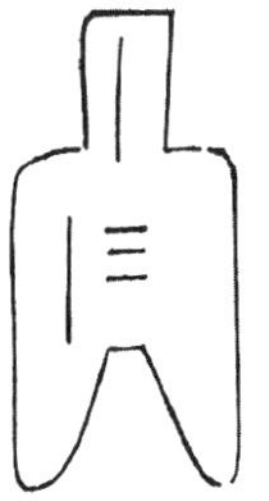

背㫧　背三　首晉字不減次減筆陽字俱減筆反書次背文

三晉陽地名注見尖足布

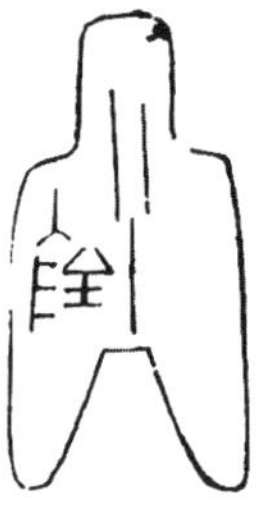
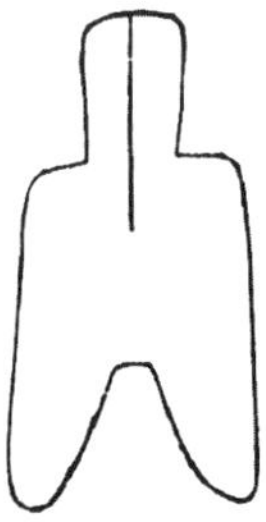

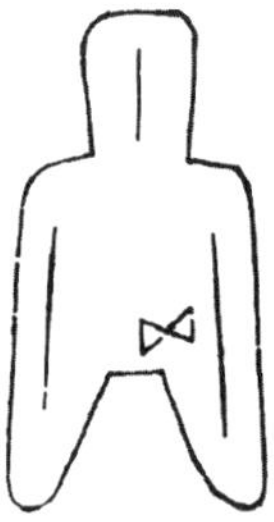

大陰　背五　二字在左首大字泐次背文五與尖足者確係

一地所鑄注見尖足布

幾氏背三　幾氏背紀數注見方足幾氏布方足尖足者多圓

足者僅見晉陽大陰及此三品

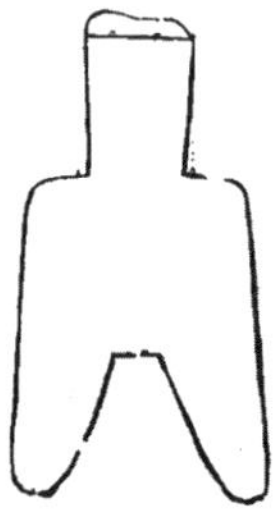
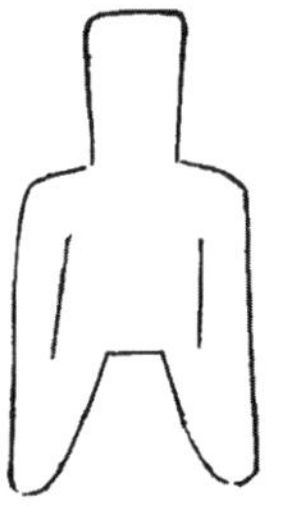

此亦邑布而面背俱無文

附　未見圓足布

商貨　剅書貨作化

㝬金　兩字平列上有○

㝬二　二字作竪畫

孚貨金　孚作孚貨作化

潁金貨　潁作𣲖貨作化

陽氏貨一金　陽作昜貨作化

吉貨　吉字下口內多一點貨作化

午　字居中

東貨一金　字與方足布同貨作化

于一　于字傳形

田至　兩字平列

齊歸化　形製異常品無柄旁作三曲

古泉滙元集卷十

空首布

安藏　二字在右安字與安邑布同藏古篆作㢈與此同面背俱作三豎文安或取物阜民安之義藏或取周禮外府注行曰布藏曰泉之義布形類鏟故俗呼鏟布其首中空吉金錄謂空處納柄抱以行市引詩抱布貿絲爲證貨布文字考謂空處納竹籤從穿孔横貫其籤令無脫説俱近理此布多從中州出土故疑是宋衛之物然大小形製不同今所見共七類似非一處所鑄且或紀數或紀干支或紀地名地名列國俱有之是又不盡屬衛宋遺製矣

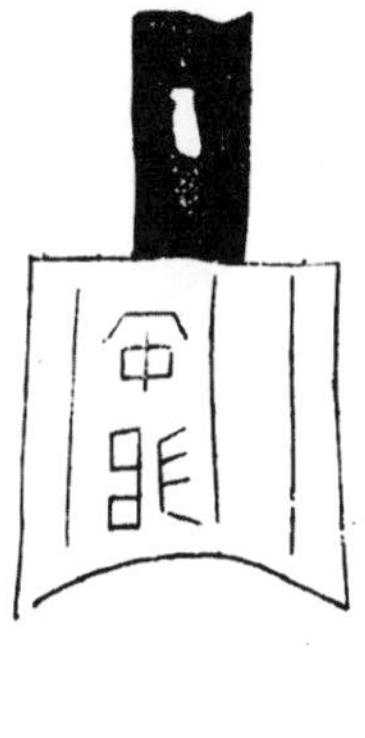

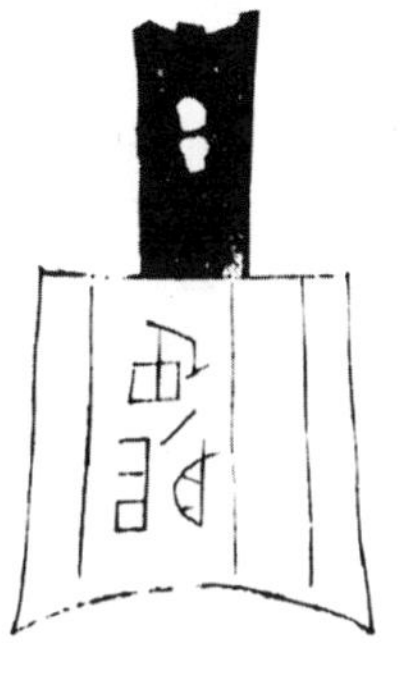

安藏　同上文在左

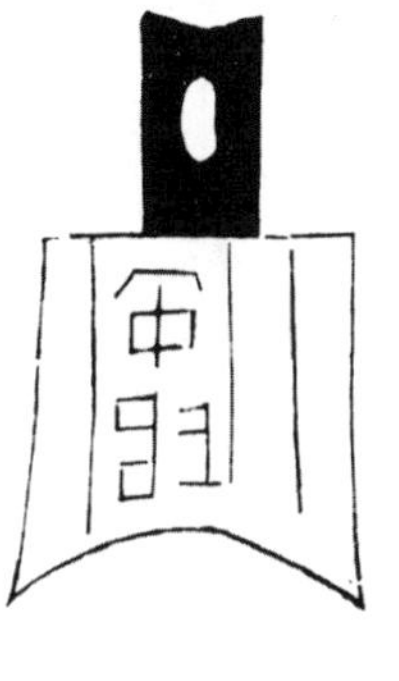

安藏　同上而篆微異

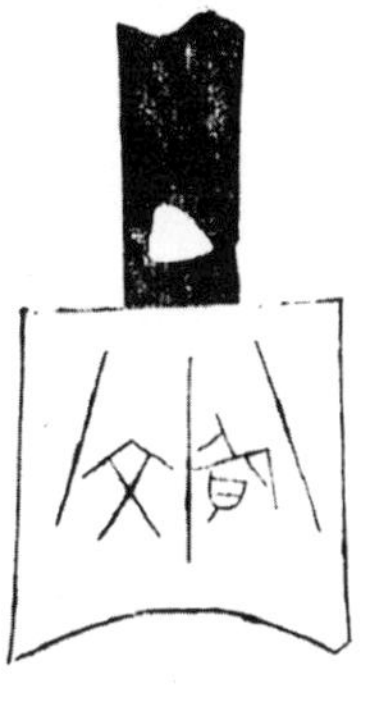

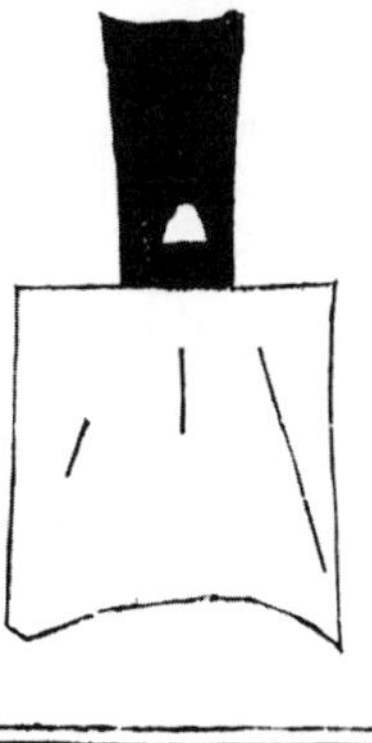

文貨　汝省水旁汝陽所鑄地名見方足汝陽布貨布文字考釋爲貨文猶言錢文也說亦可通

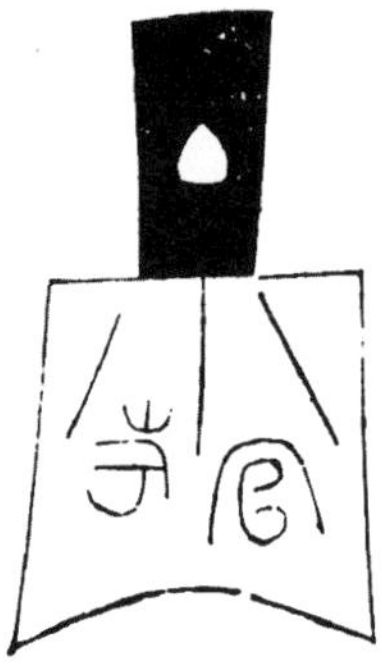

官考　古金錄釋爲官考貨布文字考云明示經官考定其制直可通用也竊意古不禁私鑄或官府所鑄曰官考如小布之有公字者歟

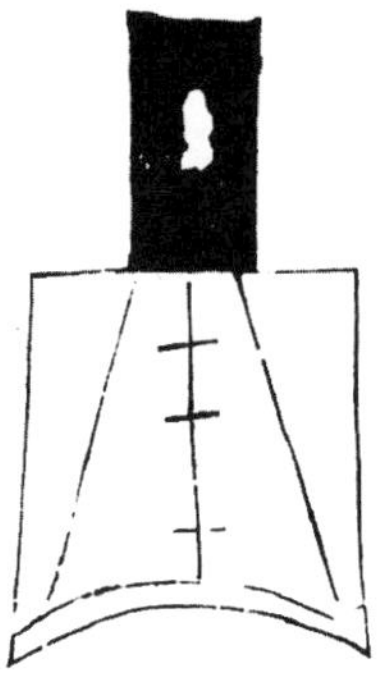

戈　武字在中借中直畫成字減止字以上係此布之小者

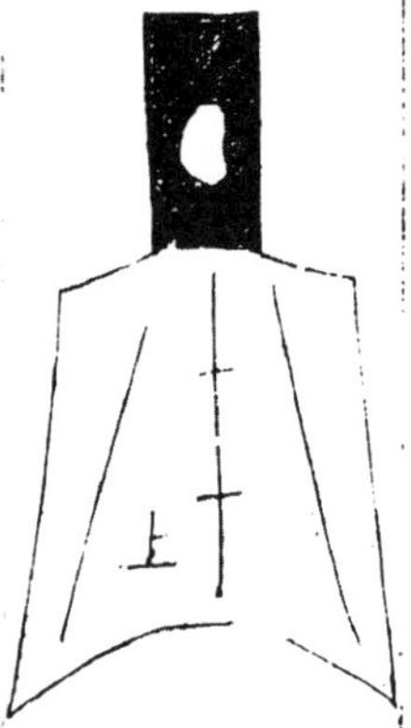

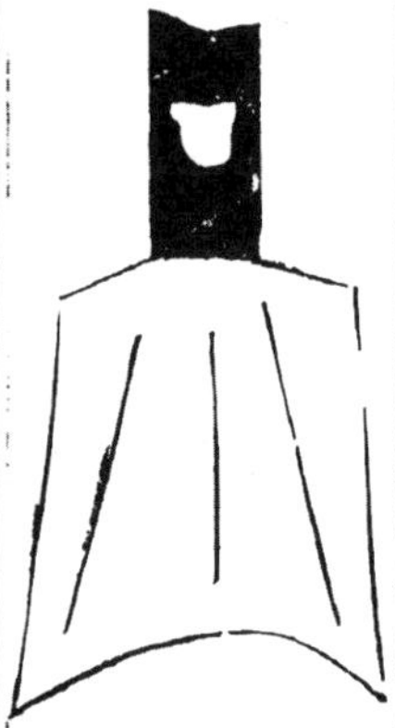

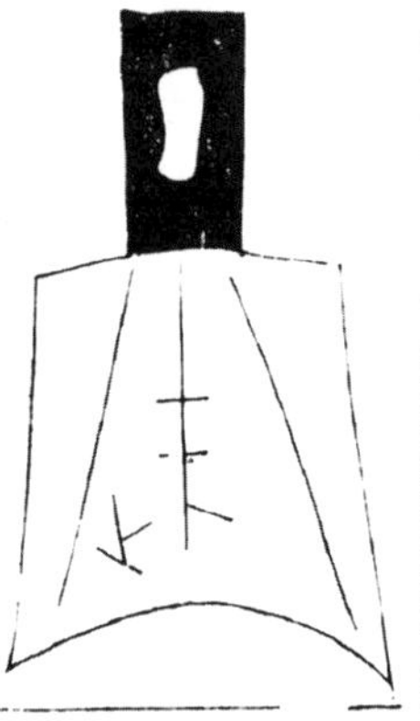

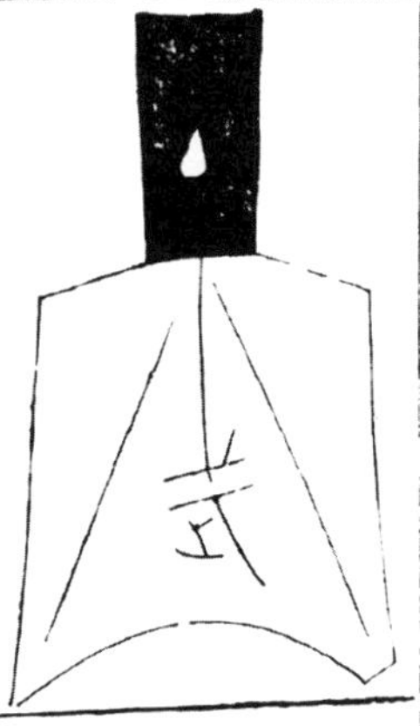

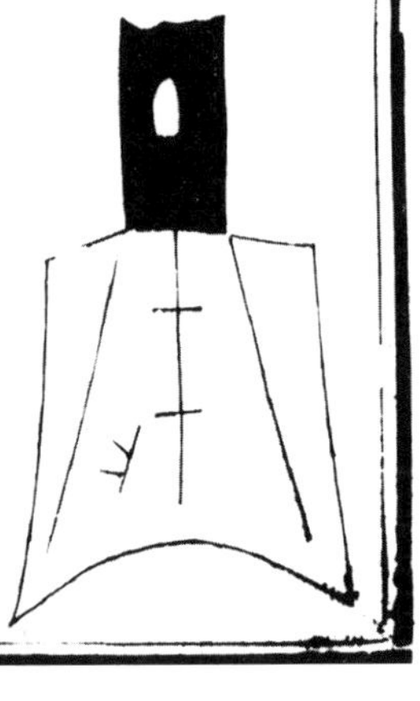

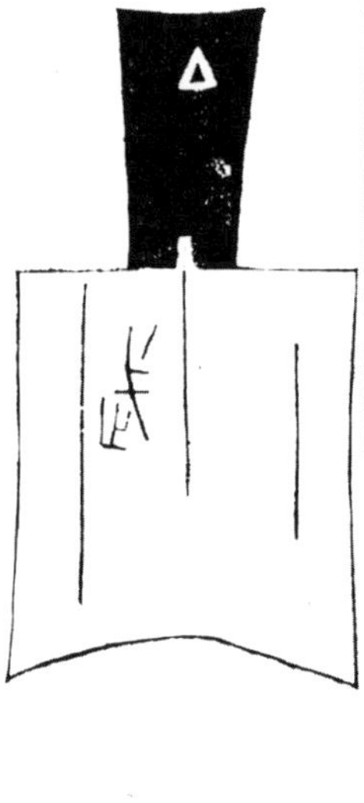

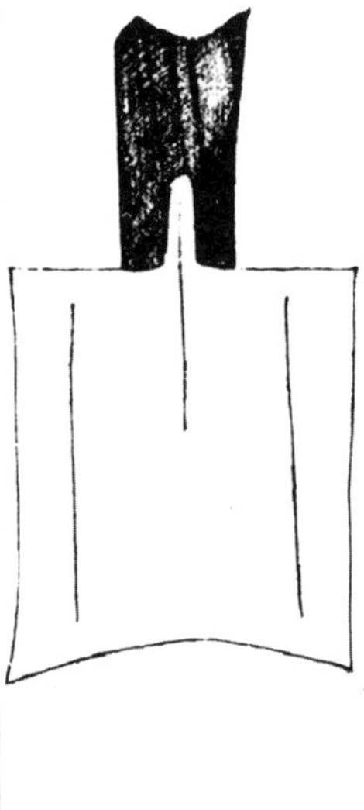

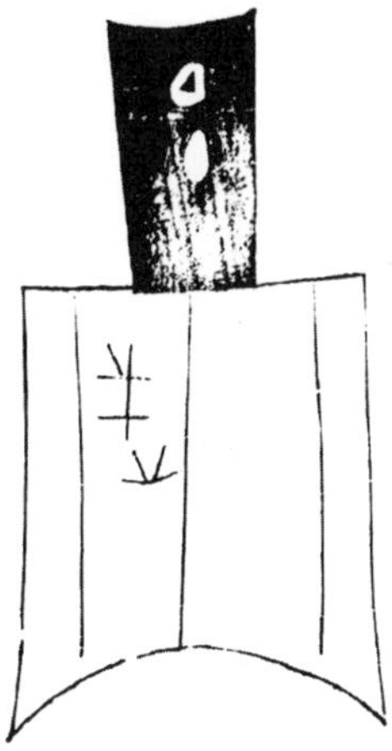

武　同上一及四字亦在中彖各異製差大於前五六字在左製更大六傳形較與按空首布大小各品文字迴殊小中大三類文同類異者惟此一種武城係魯地武平武安係趙地路史國名紀武夏武羅國一云衛北境此或非一處之物故不盡同

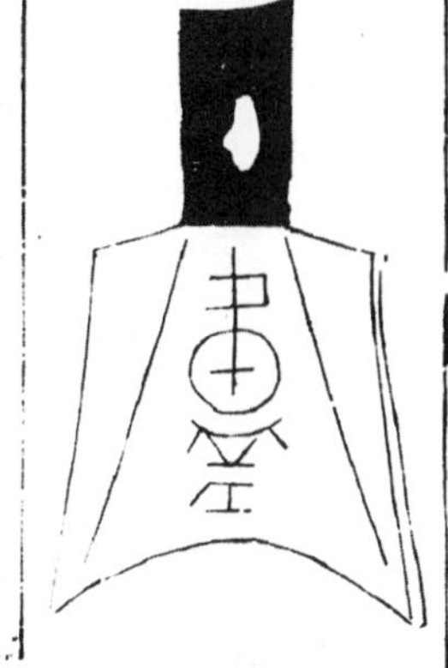

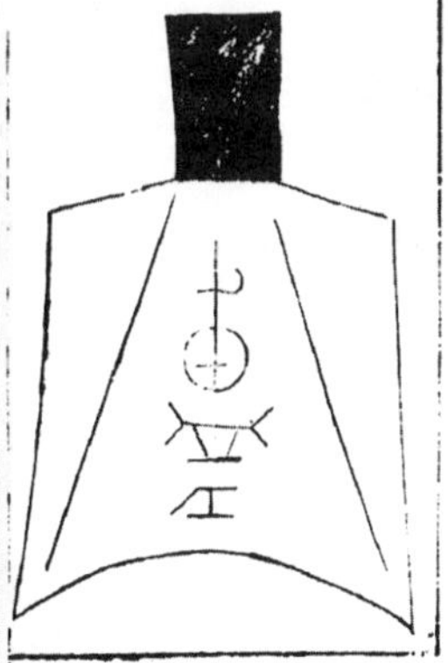

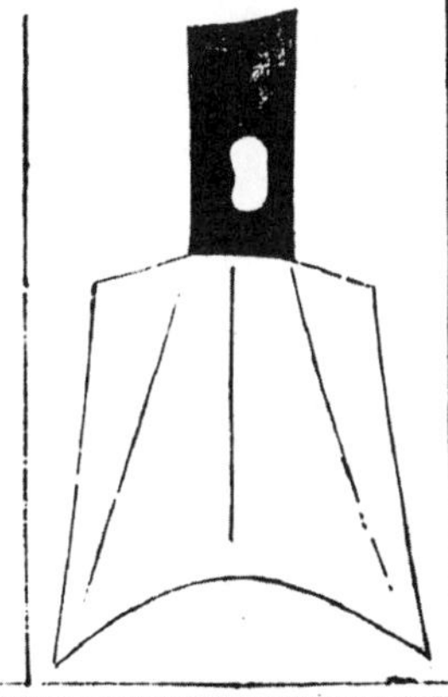

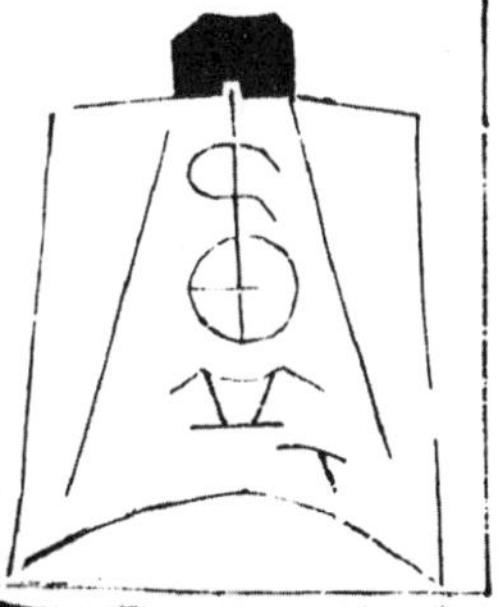

古泉滙　元十　五

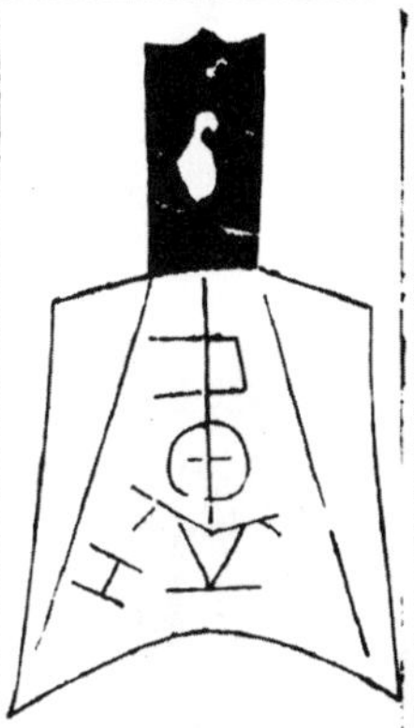

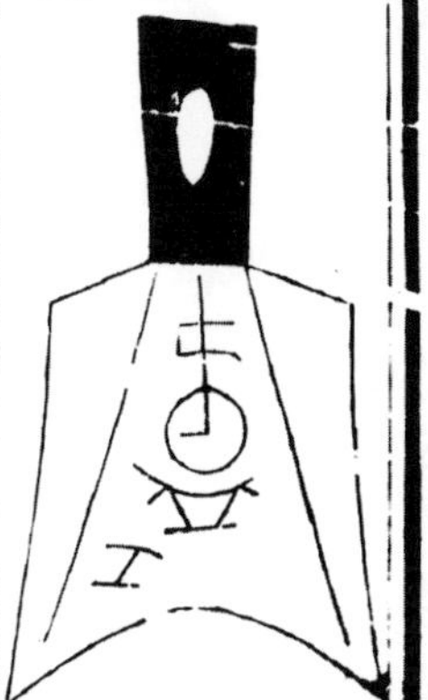

盧化　首二字在中次首不空爲異三盧字傳形化在右上鈌柄四化在左五盧亦傳形化亦在左形製大小俱同此品舊譜釋爲盧氏然方足盧氏涅金布氏字與此小異參覯各小布入化化字往往作工此猶言盧邑之化也左傳隱三年尋盧之盟注齊地與下齊金布均屬一國之物故製亦同

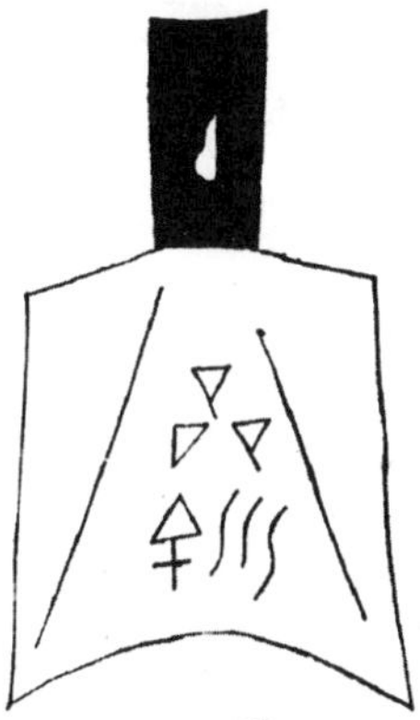

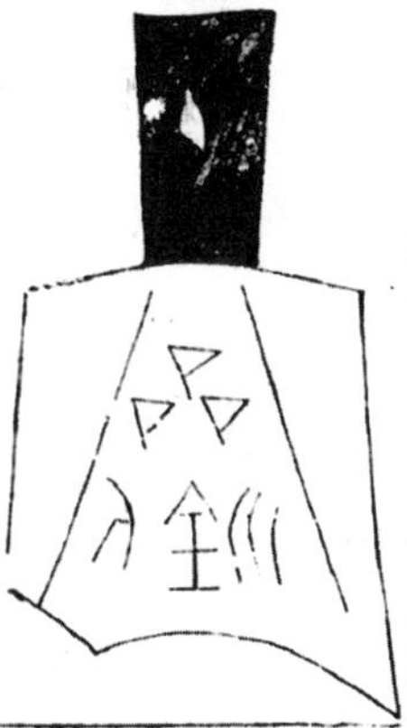

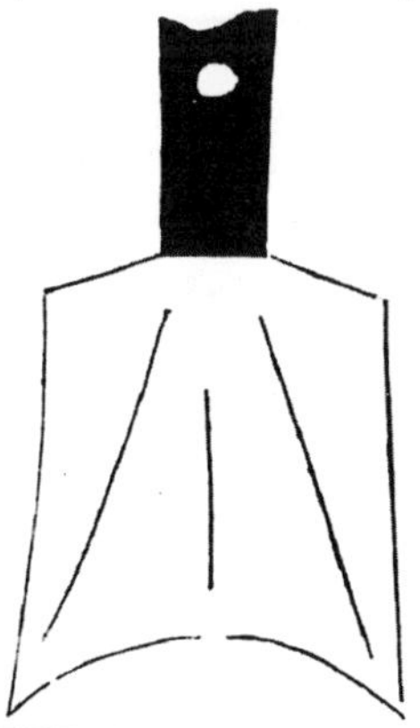

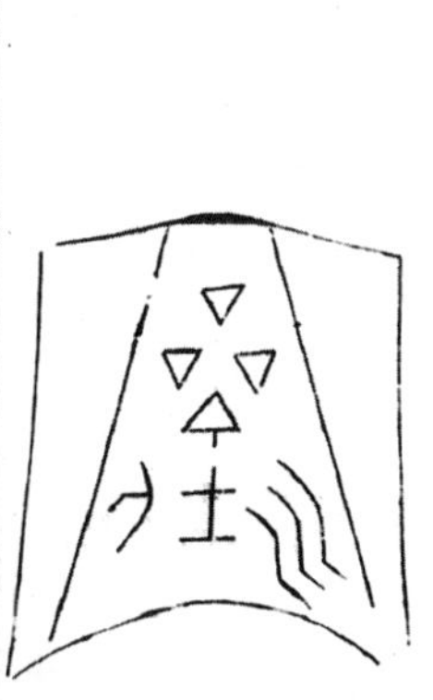

古泉滙　元十　六

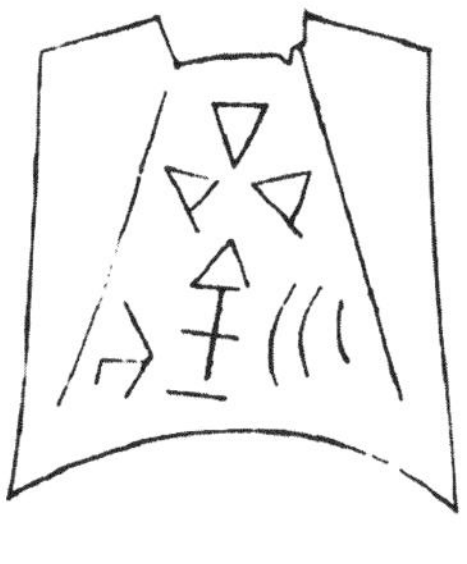

齊巛金化　首無化字次及四篆小異三四上缺柄齊字與齊刀同金化與小布同惟巛字向無定論考漢碑司隸校尉楊孟文頌巛靈定位坤作巛坤即地也猶云齊地金化也所見拓本又有作齊金兩字者

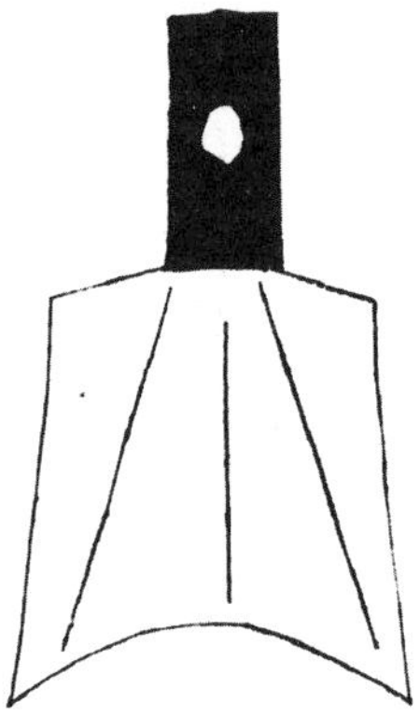

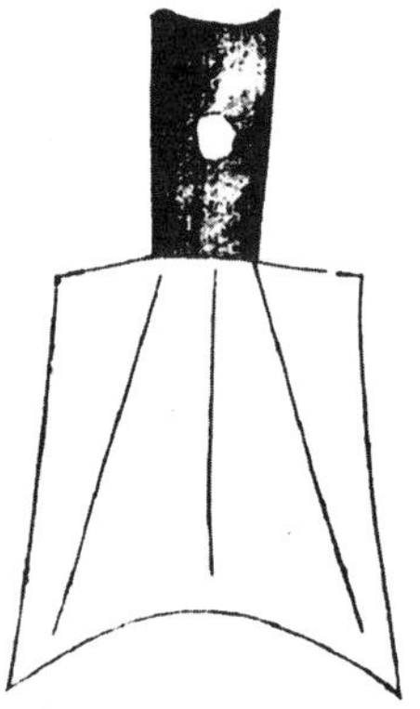

空首布大者最多小者惟安藏文貨武字三種中者惟盧化武字齊金三種此品形製與中者同惟面背不分俱作三竪文而無字或錯范所鑄歟後代泉每有兩面無文者此其權輿也

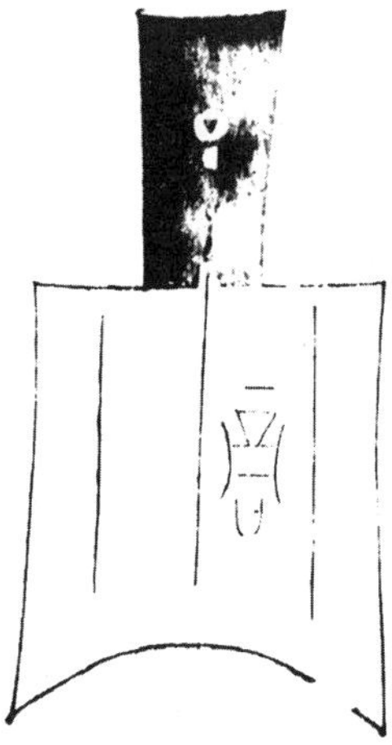

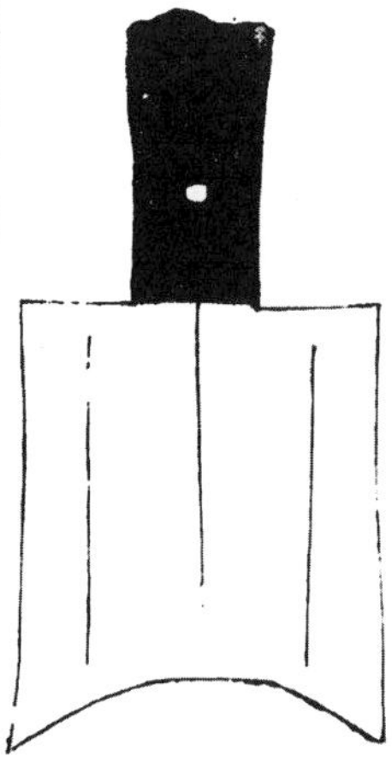

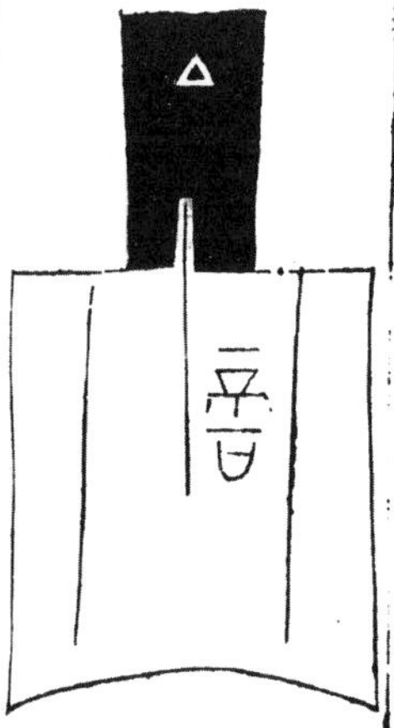

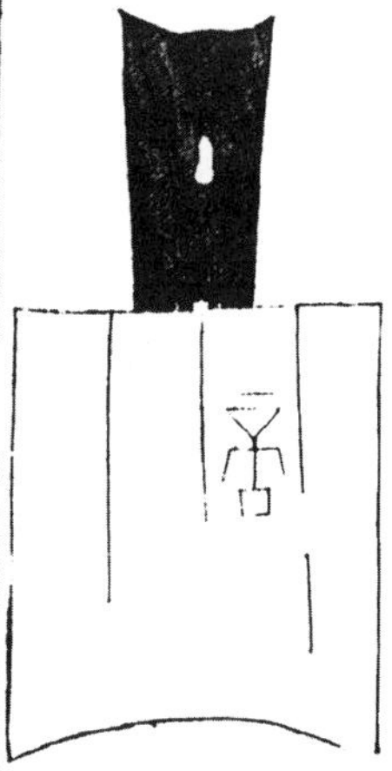

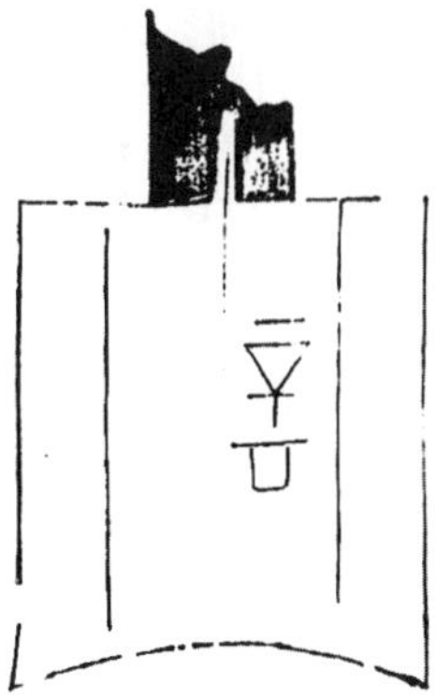

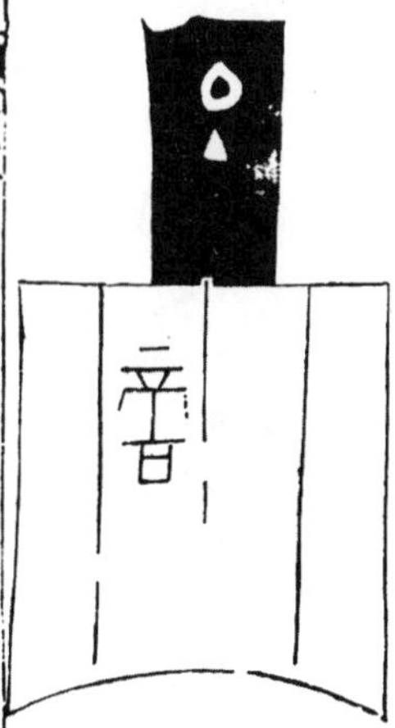

商　一至四字在右五字在左商即宋也古泉彙考引左傳昭八年自根牟至於商衛哀二十四年孝惠娶於商謂宋爲商之明驗頁然空首布之大者背皆三直文摹一以例其餘以下皆只摹面文背從省勿摹柄上有凸起銅柱間有穿孔各布略同

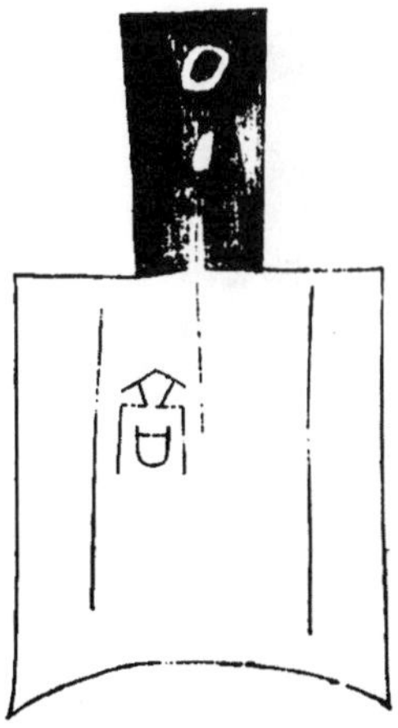

商　一字在右二在左似商字之減筆者或釋爲高亦通高都商唐皆地名

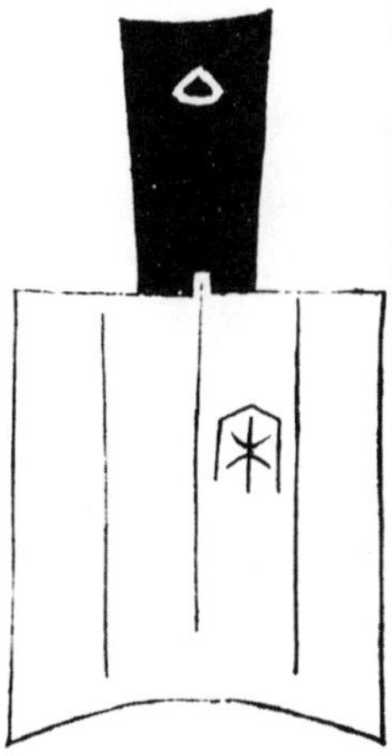

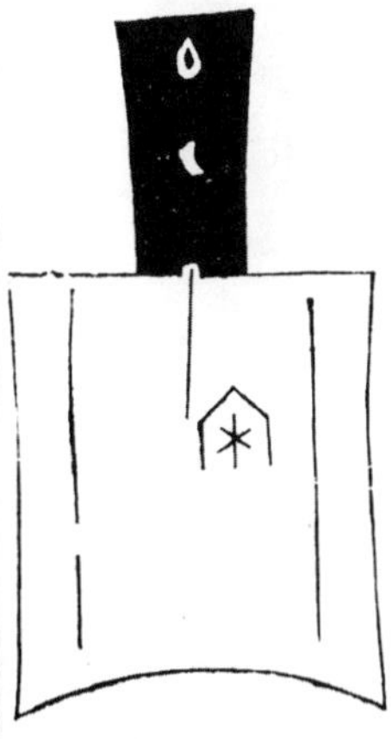

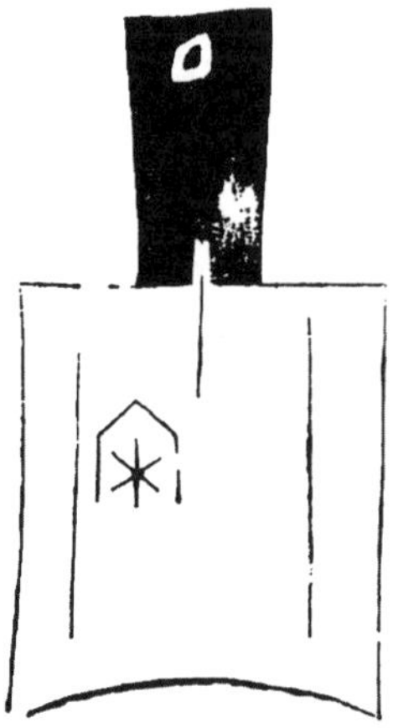

宋　一二字在右三在左與前商字布係一國所鑄或疑空首布爲商物然宋爲商後而封於周觀此乃知不盡屬商或係周列國物或自商迄周沿鑄未改均未可知矣

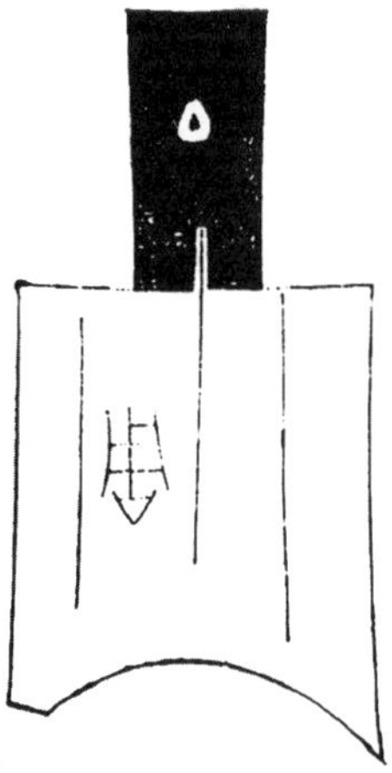

古泉滙　元十　十一

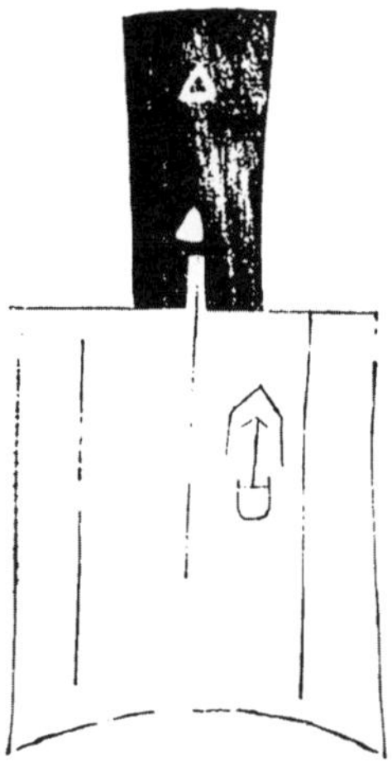

周　三品字在左右三與平周布周字同乃變體也地名見方足平周布又成周東周西周皆王畿地名或與畿氏王氏布爲一處之物

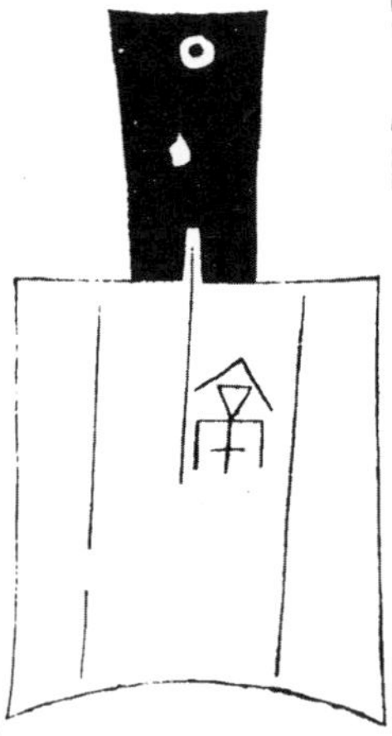

古泉滙　元十　十二

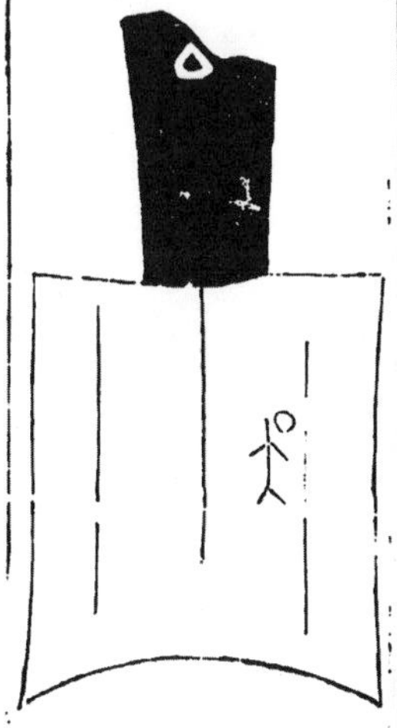

古泉滙　亨十　圭

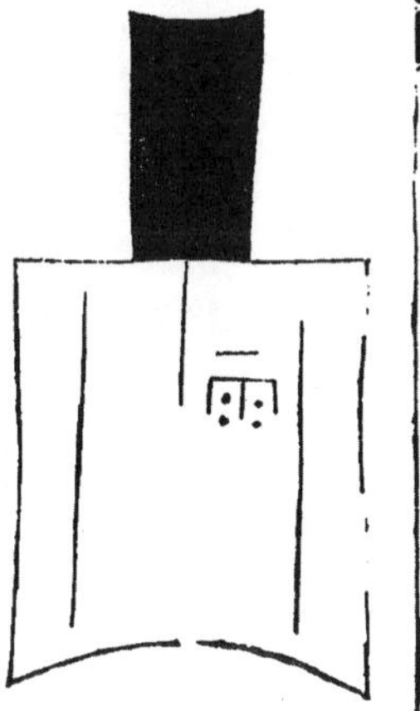

亳　吳　雩　雨　一二亳在左右孟子湯居亳此字或釋爲
亭或釋爲京亦可三吳字吳爲夫差之國四粤字古與越通越
爲勾踐之國五似粤字減筆亦似露字減筆方足露字布有減
作雨者可互證粤陳壽卿謂應釋雩雨亦雩之省

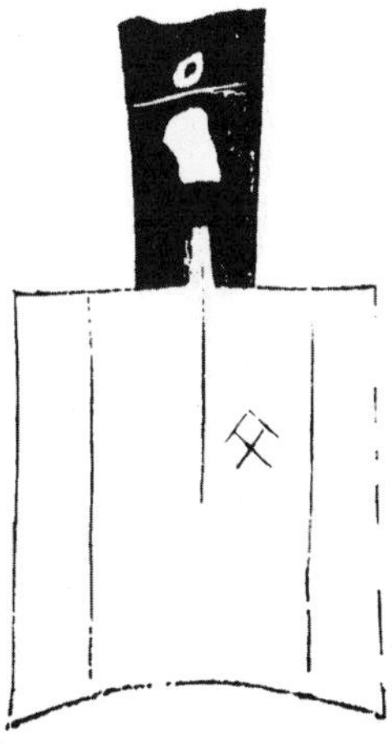

古泉滙　亨十　古

父　字在左右汶減水旁注見方足汶陽布

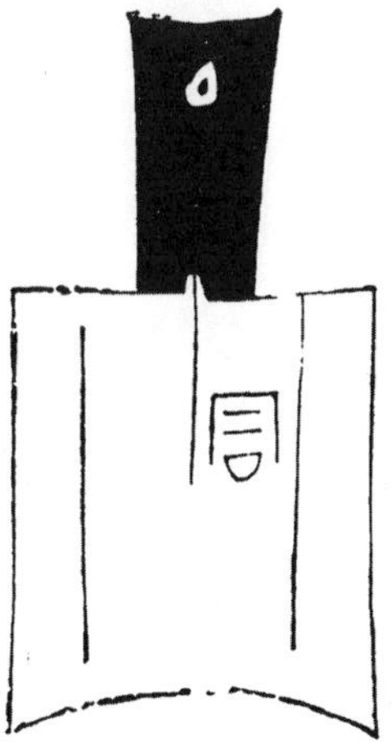

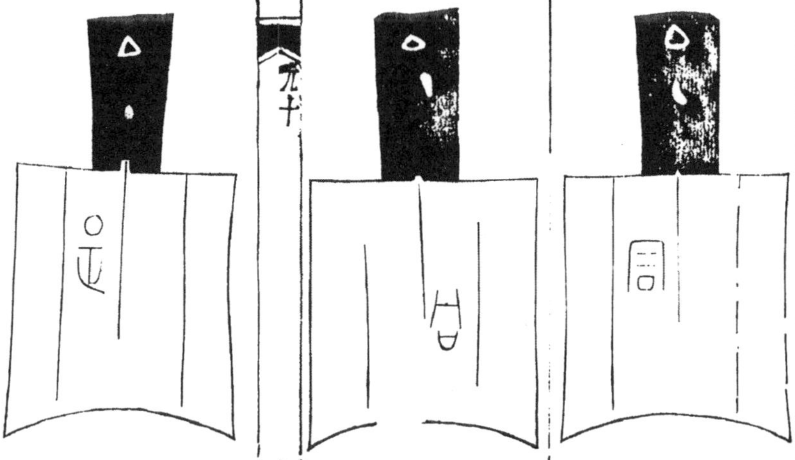

同　是　一二在左右增一畫三在右減一畫乃銅隄之銅省去金旁與同是布同四是乃隄字減阝旁與周隄布同注見方足布

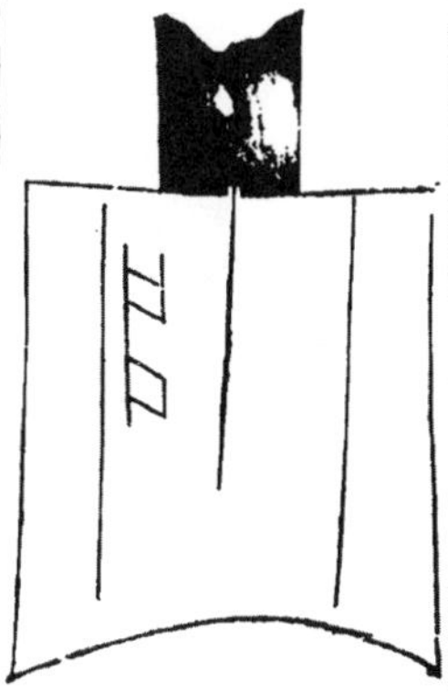

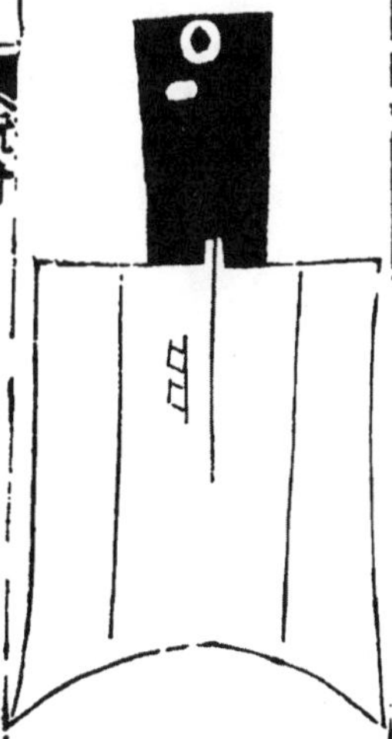

留　皋　一二留在右三四在左與古留布篆同注見元集卷四乂左傳襄元年役宋呂留注二縣戰國屬楚亦地名五皋字減筆亦傳形堂皋齊地桓公釋管仲處

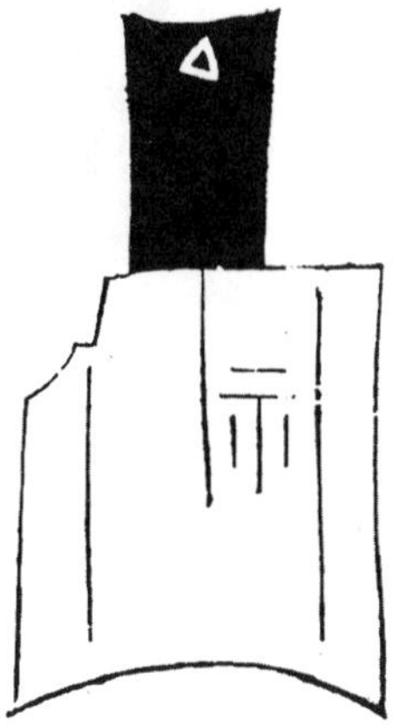

祁　減邑旁注見方足祁字布曰武字至此皆紀地名

古泉滙元集卷十一

空首布

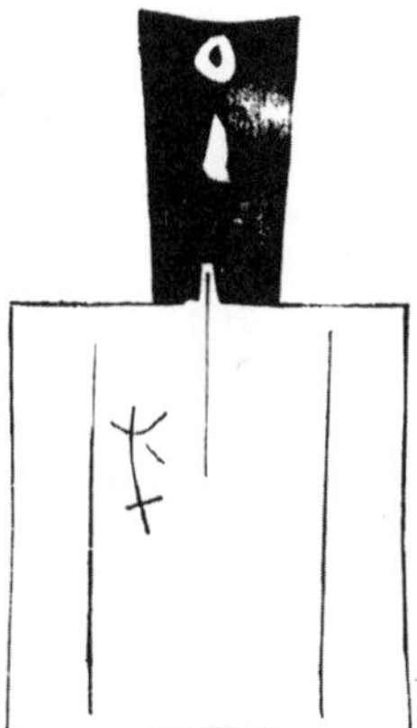

戈　注見方足戈邑布或曰武字之減筆

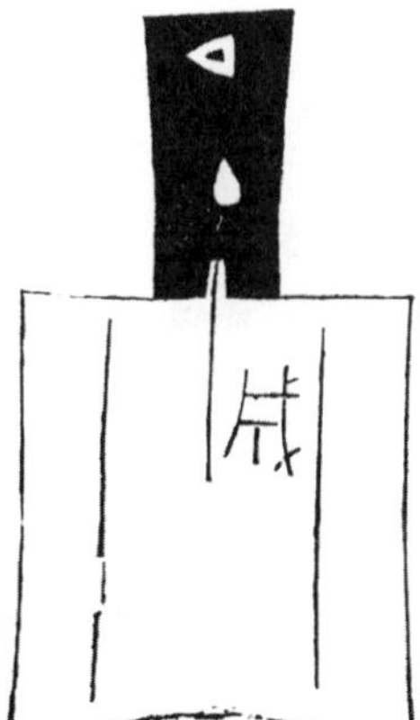

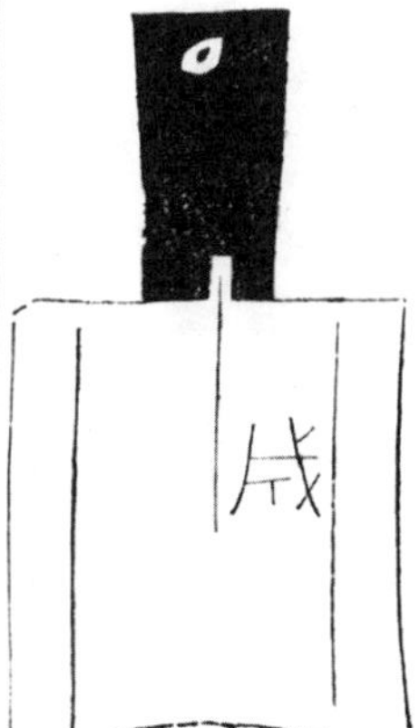

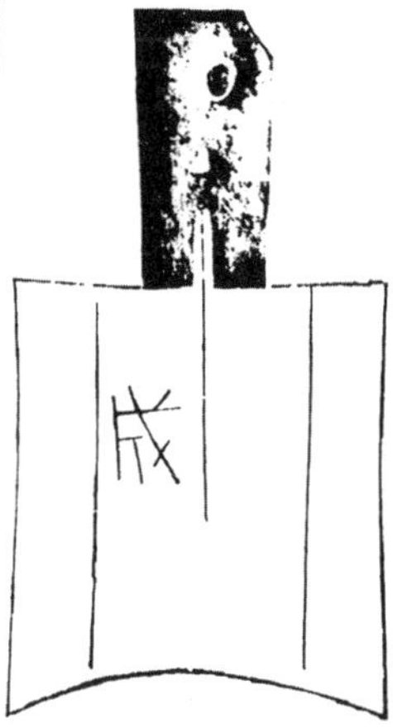

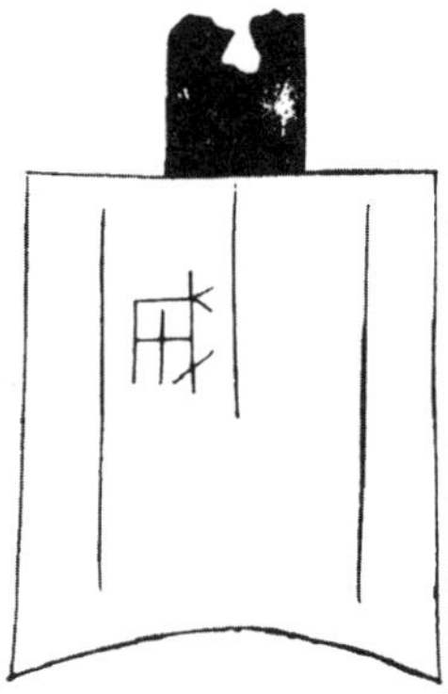

成　一二字在右三四在左四中作十字左傳桓六年會於成

注魯地

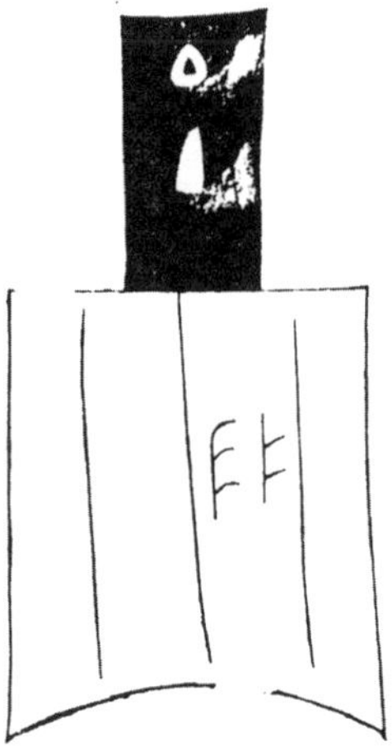

羽　羽字傳形書亟鉩於羽山

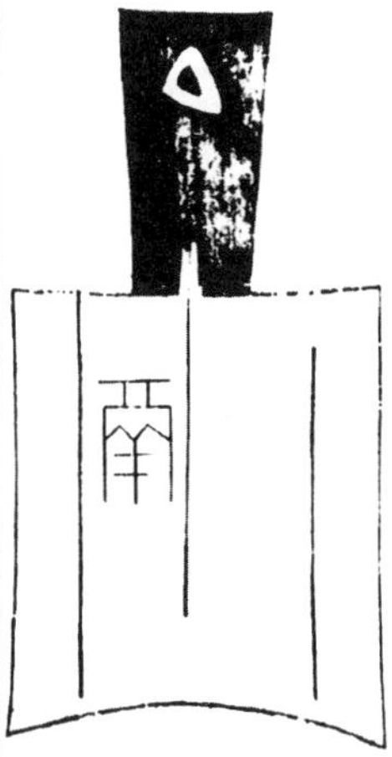

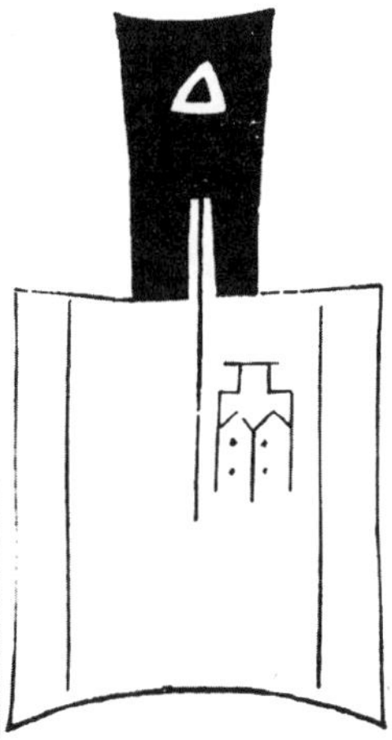

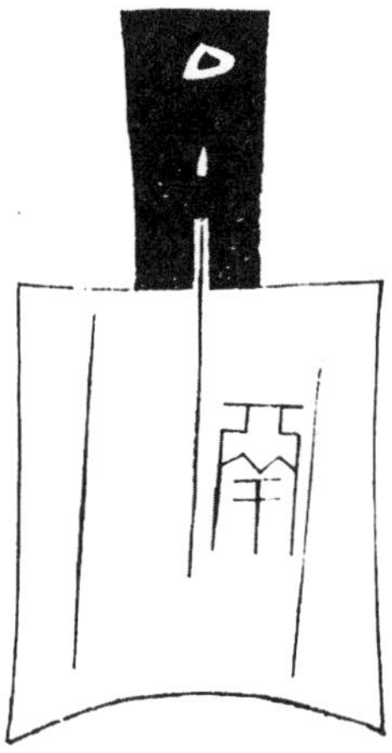

鬲　一在左二三在右字形與圜足小布寽字略似古泉叢話釋爲鬲姑从之路史國名紀有鬲氏夏諸侯近鬲津今安德西北有故鬲城

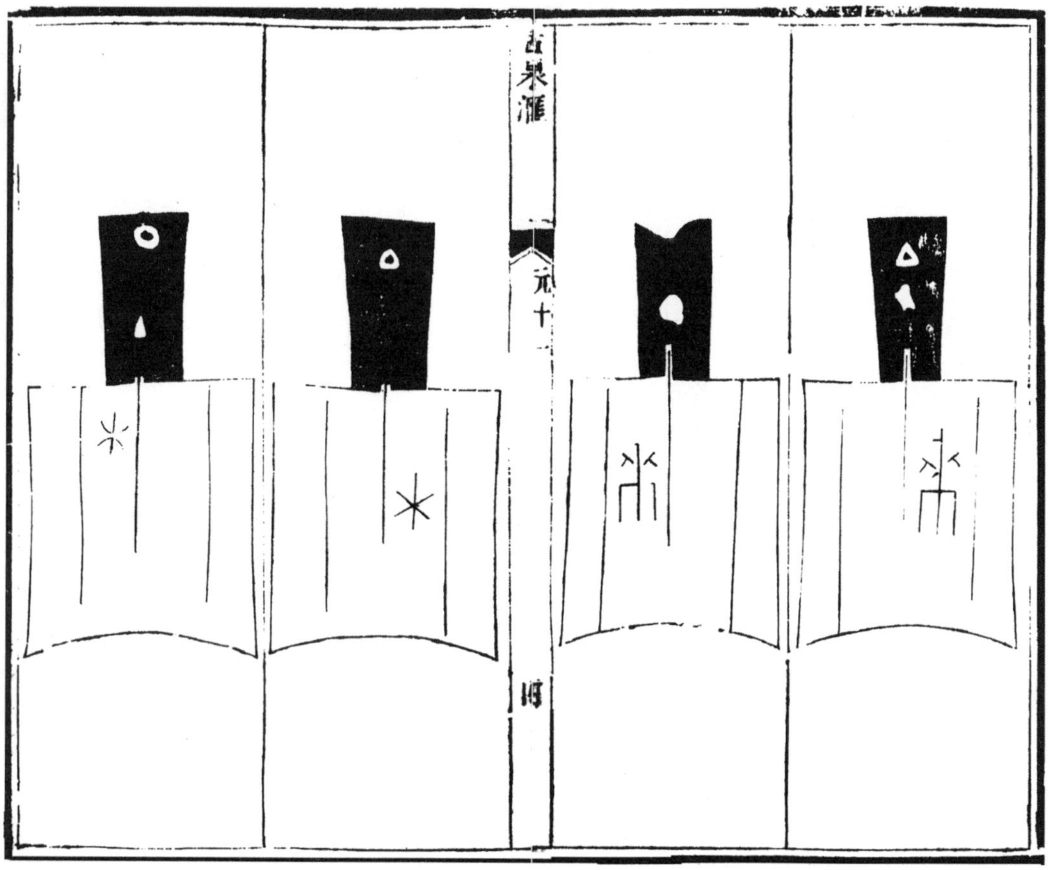

來　木　一二來在左右三四木在左右來即郲木即沐俱省
偏旁注見方足郲字及木邑布

白　一字在右二在左三在右之邊所見此類布百餘品字在邊者僅見此品自乃息之省注見尖足息都布或釋爲西

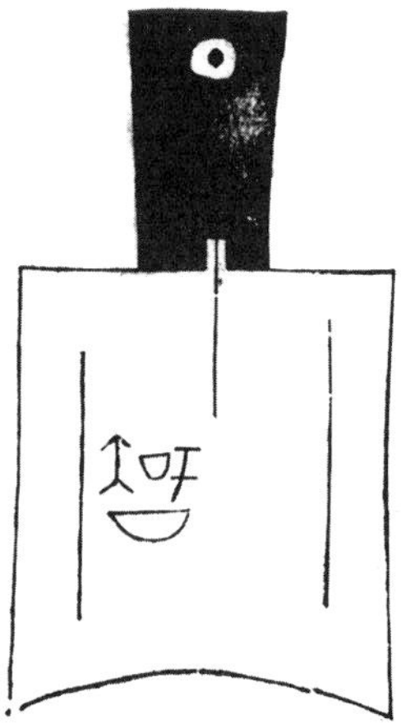

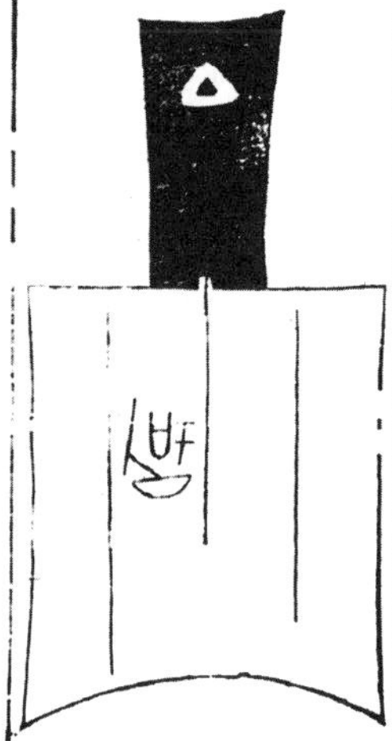

智　一二字在左三四在右此布頗多篆小異大同摹四品以概其餘路史周國名紀有智字而未詳其地彙考引鄭氏通志荀首别食知邑係晉地

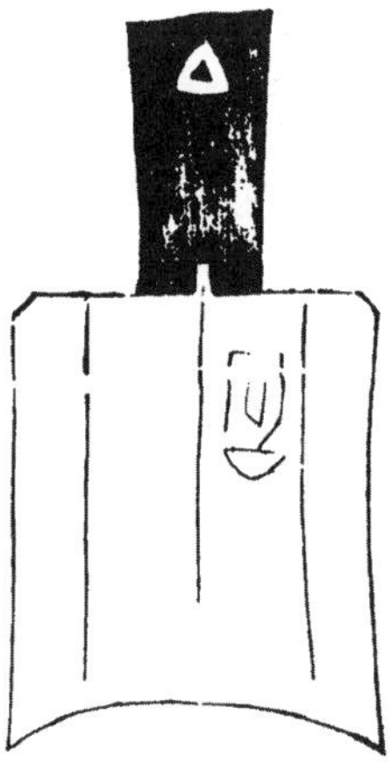

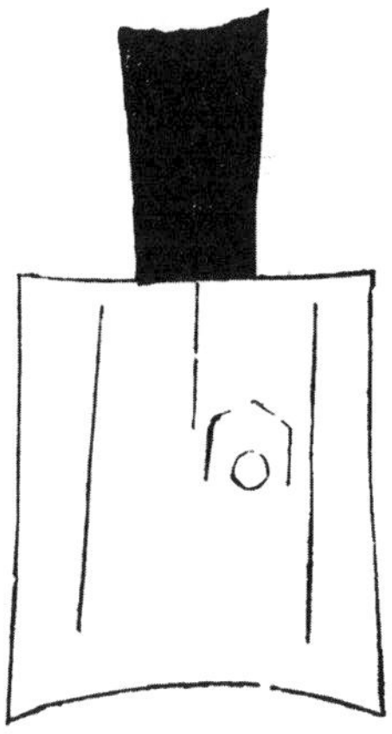

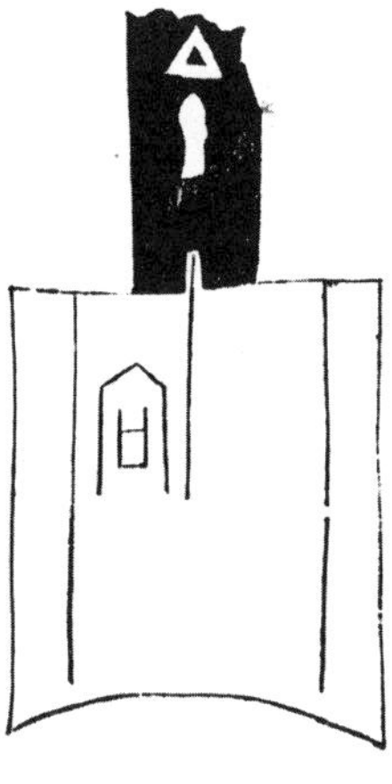

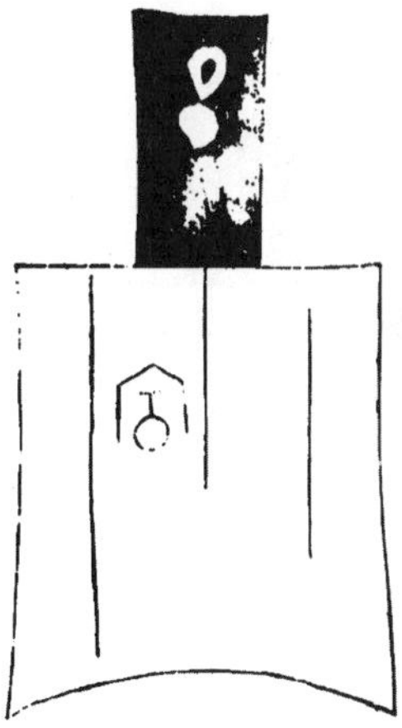

向合 一二向在左右三合在右合即洽省水旁春秋隱二

年莒人入向宣四年公伐莒取向解曰向莒邑顧炎武日知錄

曰先爲國後并於莒詩在洽之陽注水名自戈字至此亦係地

名布

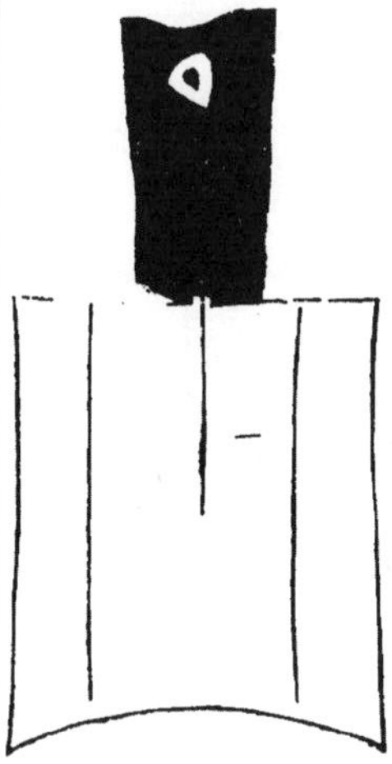

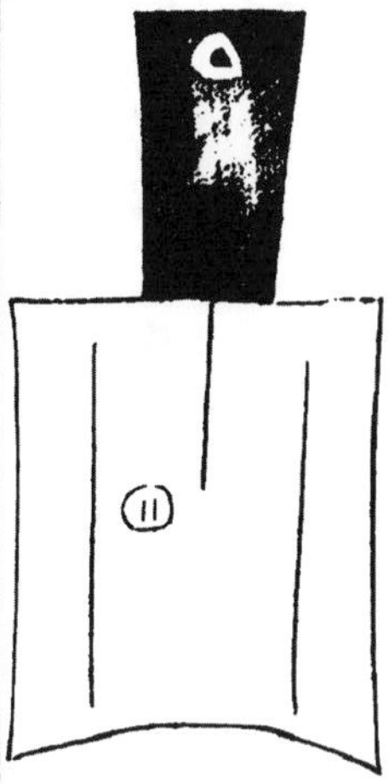

古泉滙 元十一 入

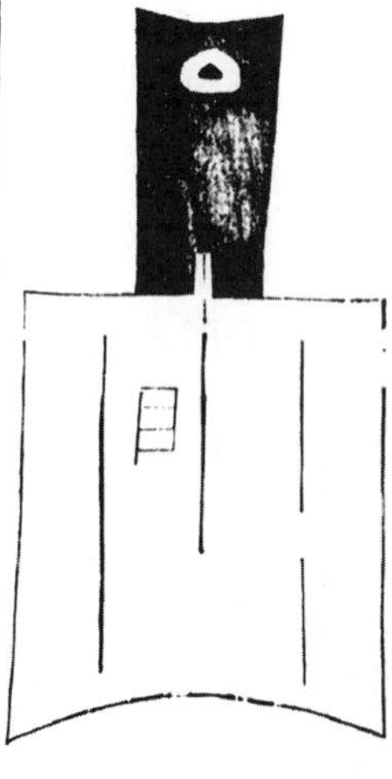

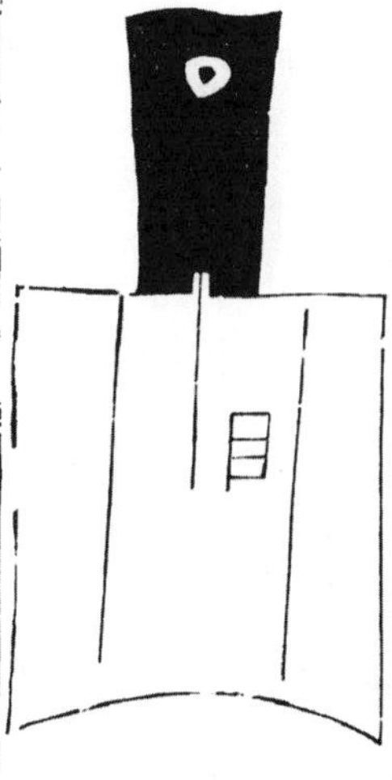

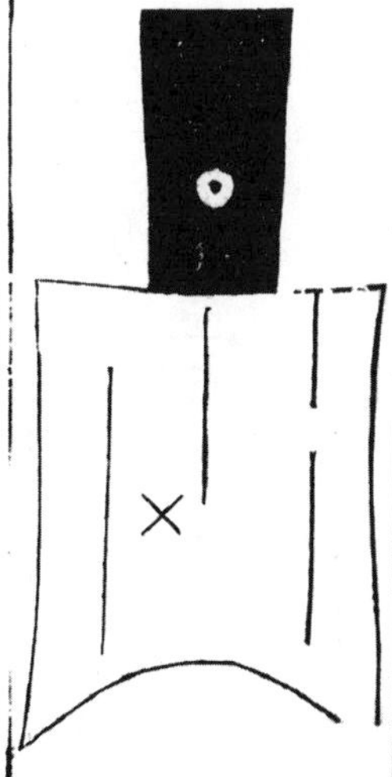

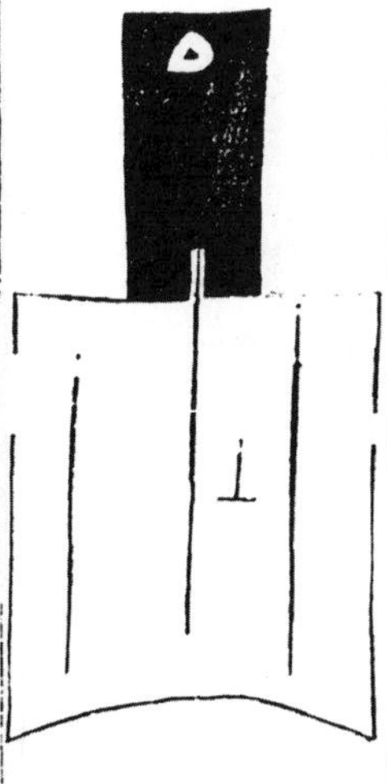

古泉滙 元十一 九

一四五六八十一一在右二四在左三四四字橫書在左右五五六六七八俱八九十以上背紐數目字今所見者缺二三七九四種

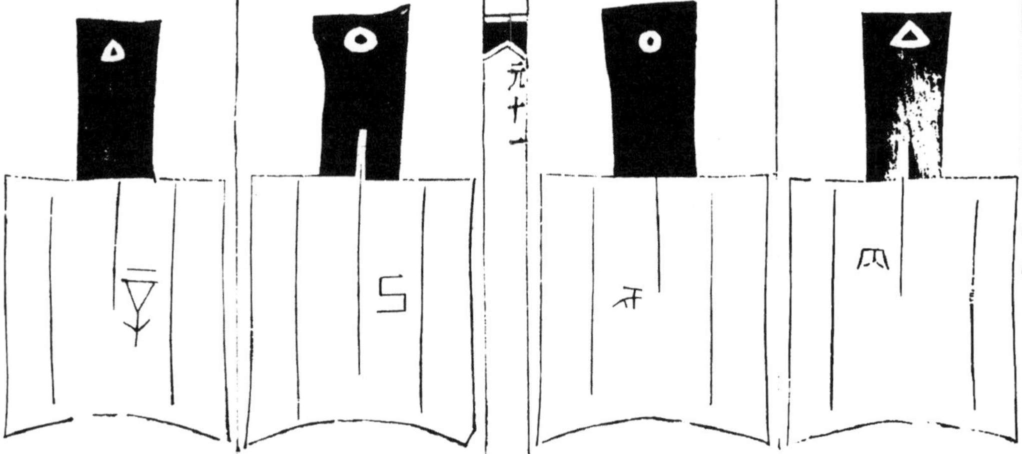

古泉滙　元十一　十一

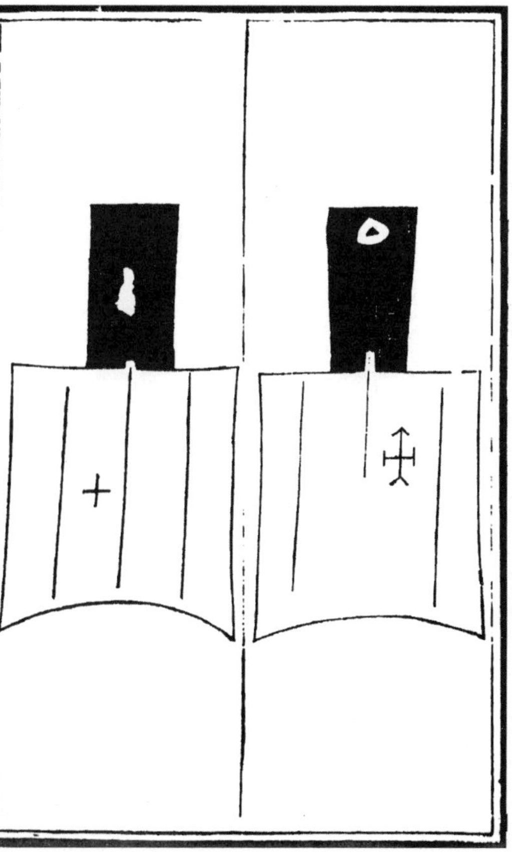

古泉滙　元十一　十二

丙　戊　已　辛　壬　癸　一丙字減筆二戊字橫書三已反書四五辛字六七壬在右八在左九十癸在左右以上背紀天干字鈌四種鐘鼎文字凡紀天干者多疑爲商器觀此乃知係紀其鼓鑄之時不必盡屬商也

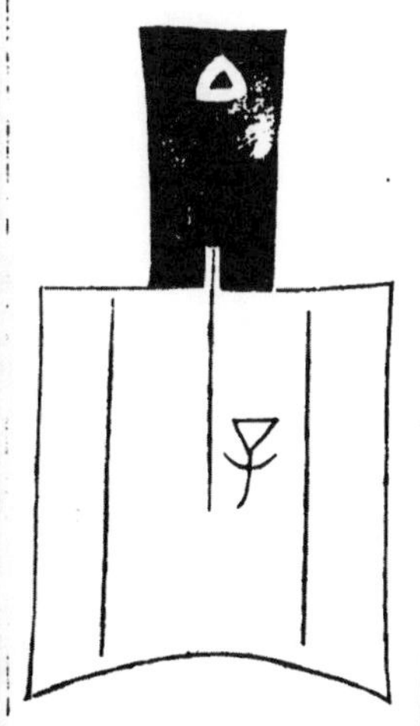

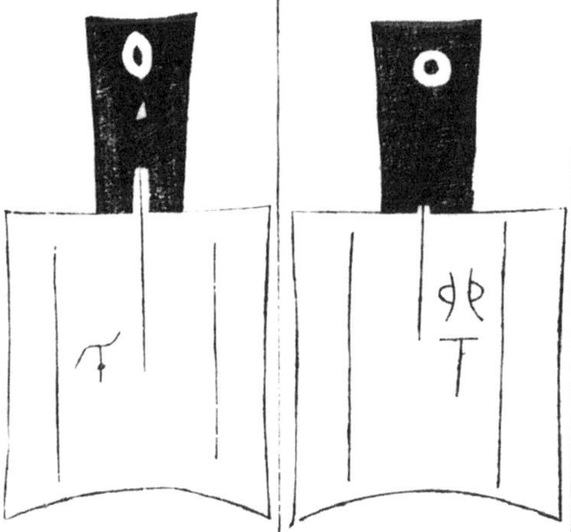

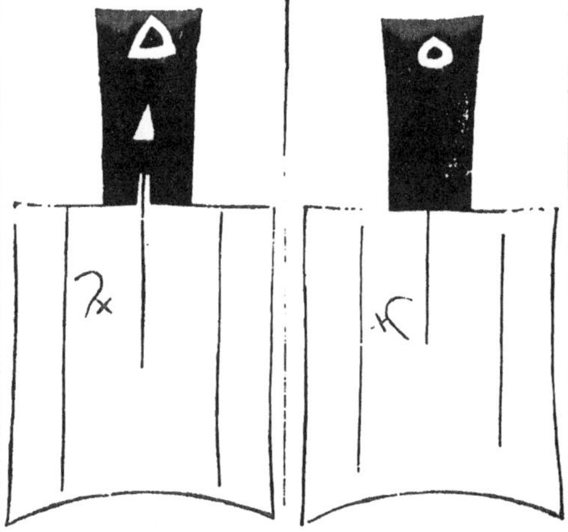

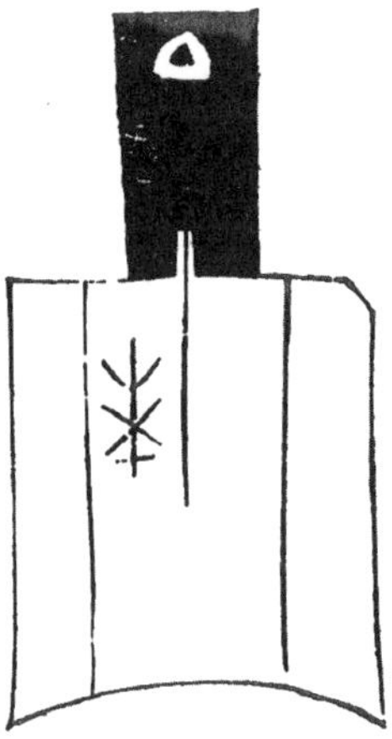

子　卯　卯　午　未　一子二三卯在左右四卯字下似六字例書五至七午上六向左書七向右書八未以上皆紀地支字

鋏八種

古泉滙元集卷十二

空首布

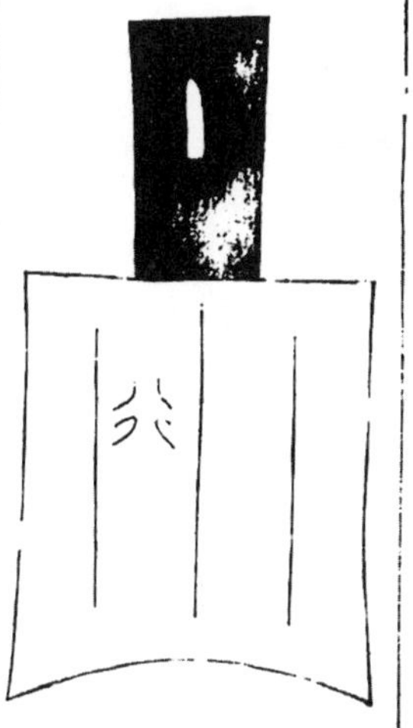

行　行字泉刀往往有之此當係一時所鑄或取行用之義

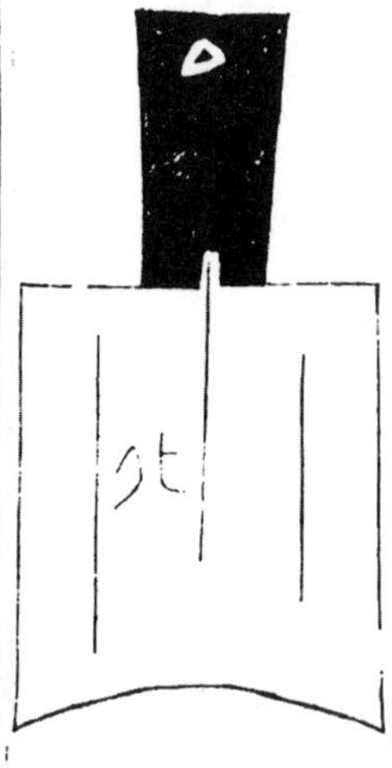

貨　化　匕　一貨省丁字二省貝字三省作匕傳形貨者古刀布之通稱

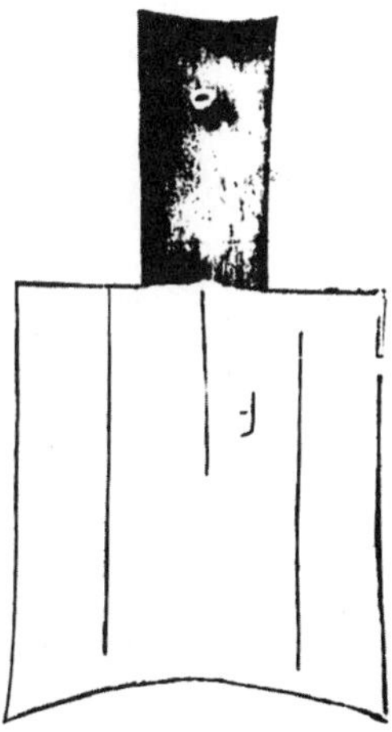

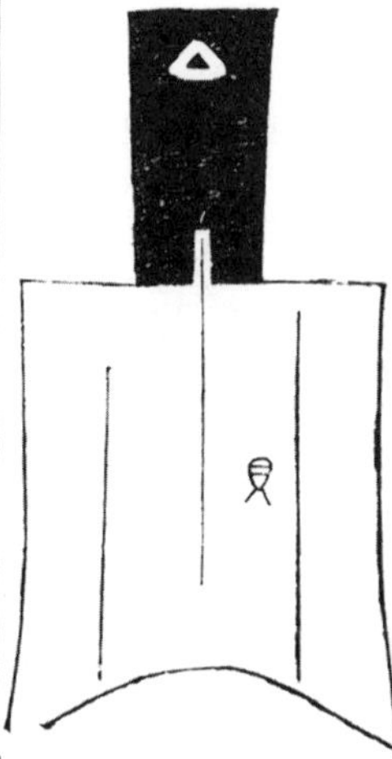

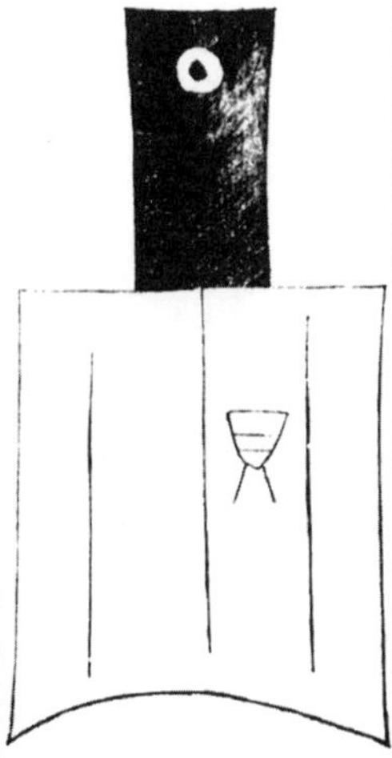

貝　財貝之貝或卽貨之省文可以省貝作化獨不可以省化作貝乎

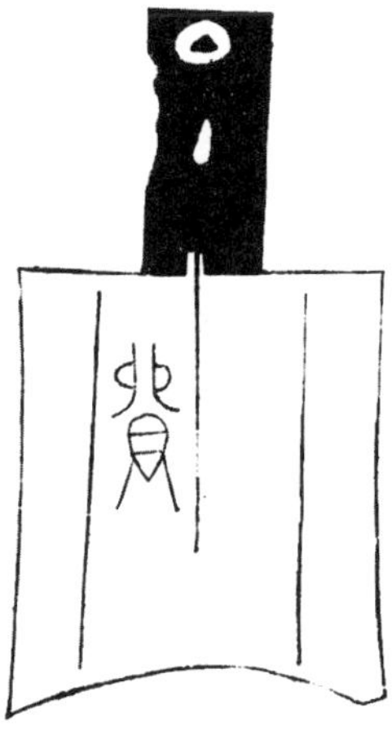

貿　貿遷有無亦取流通貨物之義

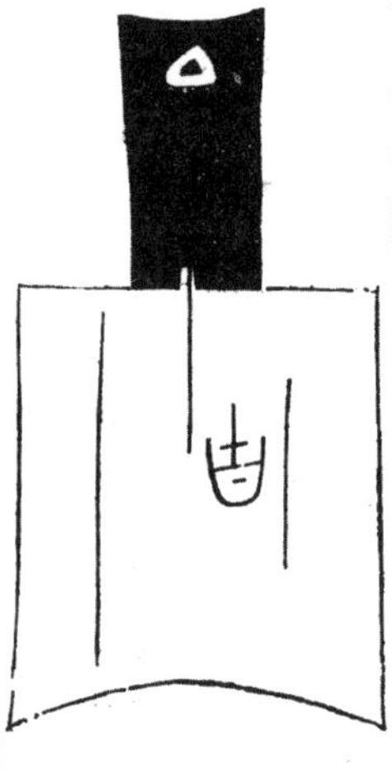

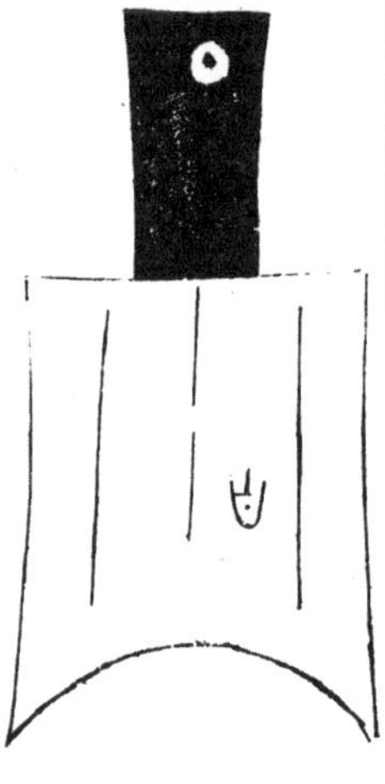

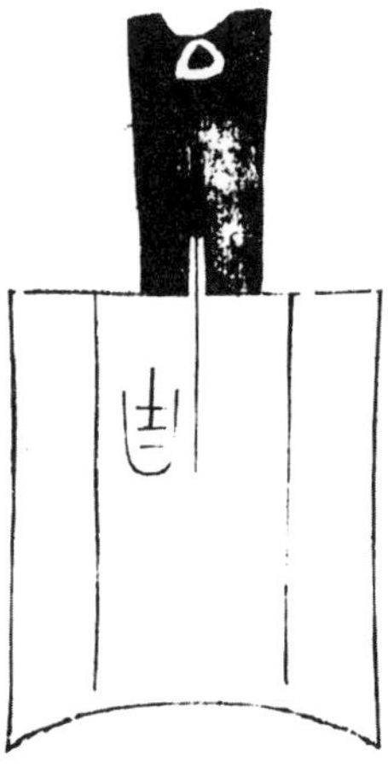

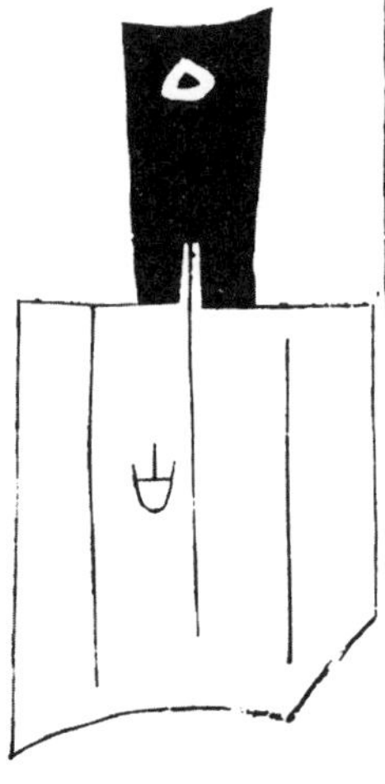

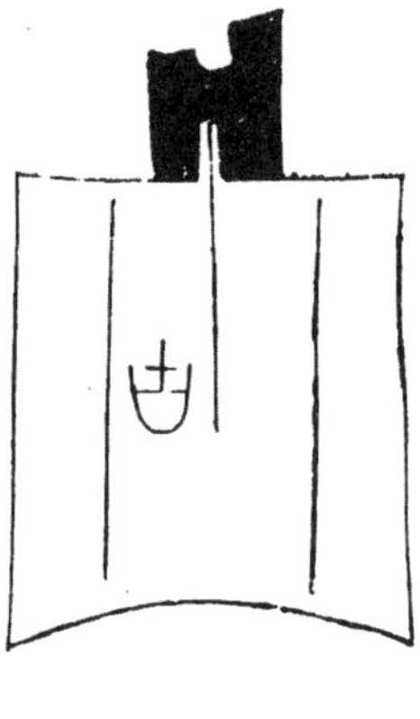

吉　一二在右三四五在左二四五俱減筆古金皆稱吉金故齊刀及小刀皆有吉字者此布義同或有釋爲古字者

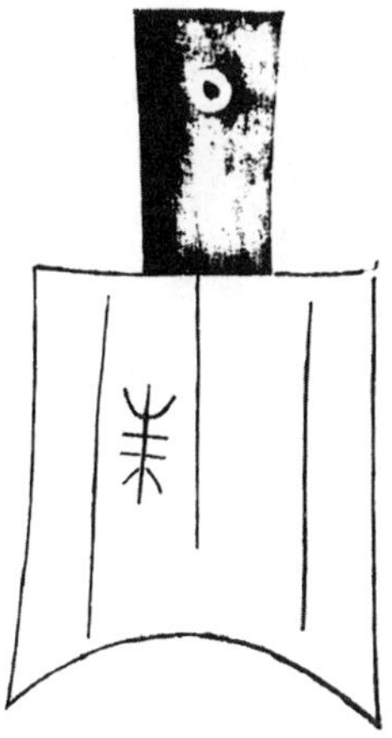

朱　省金旁論古者謂銖兩計泉始於秦覩此及圓足魯陽背
亦有十二朱之文又在秦前矣

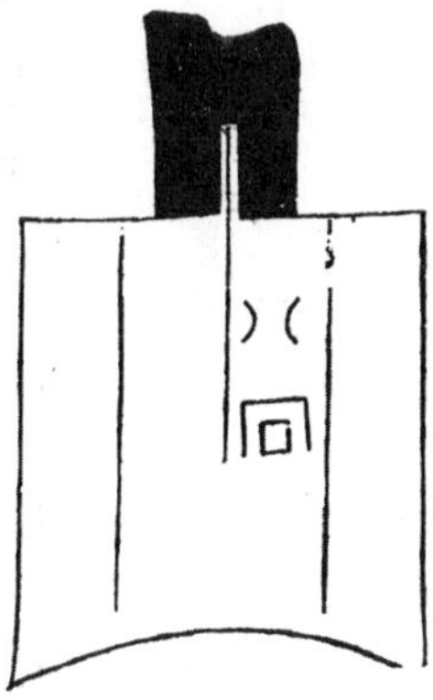

尙　乘正尙金當鏠布作尙此將豎畫作橫畫古篆位置上下
無定往往有之義見乘正布

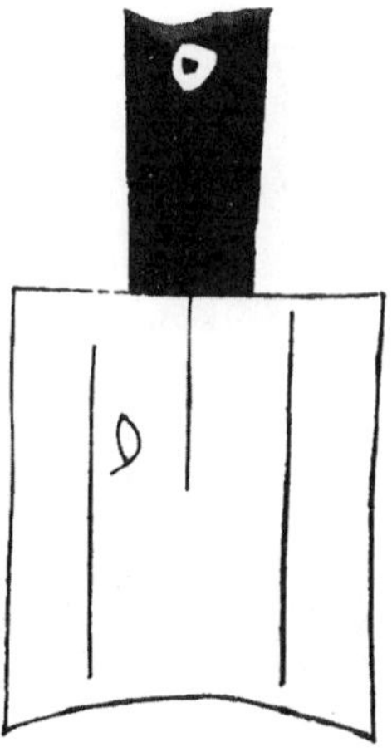

泉　刀　一二字在左右貨布文字考釋爲泉古篆泉作㲾此
易曲爲直其說近似葢取泉貨之義三與明刀錢刀字同布亦
稱刀者言其利用則一也

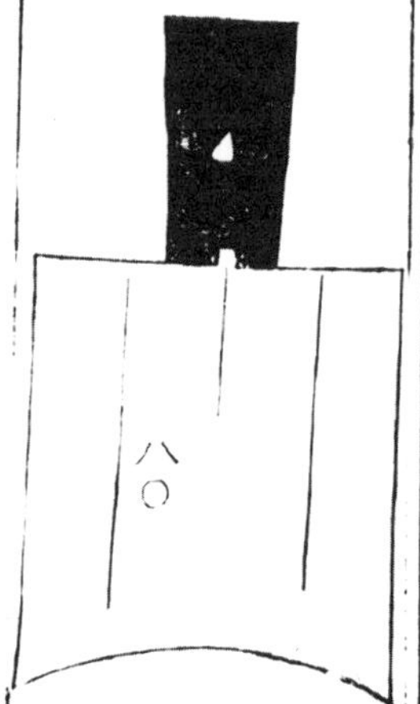
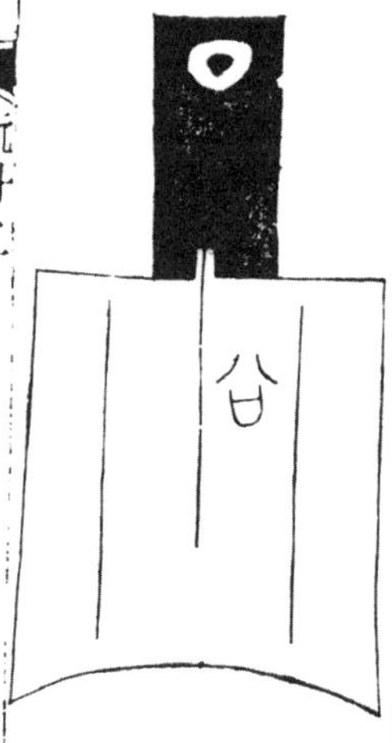

公　字在左右義見方足公字布又與侯字布互證或係紀爵

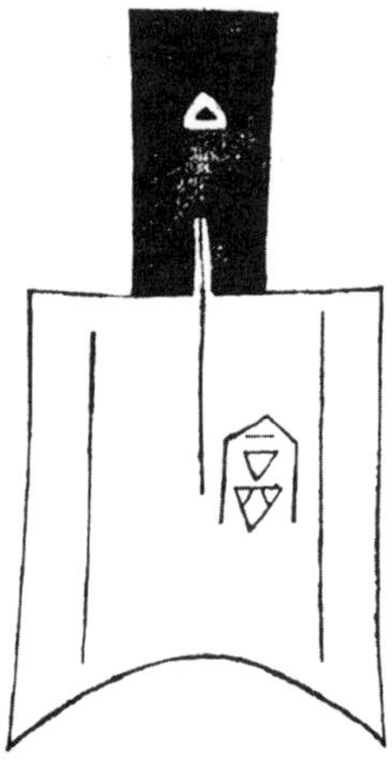

啚　或取豐啚之義

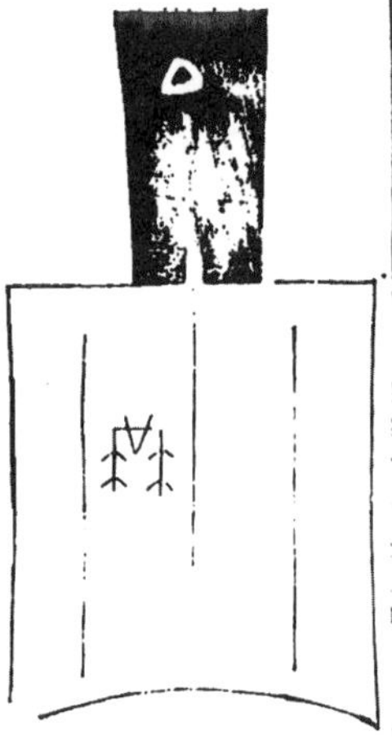
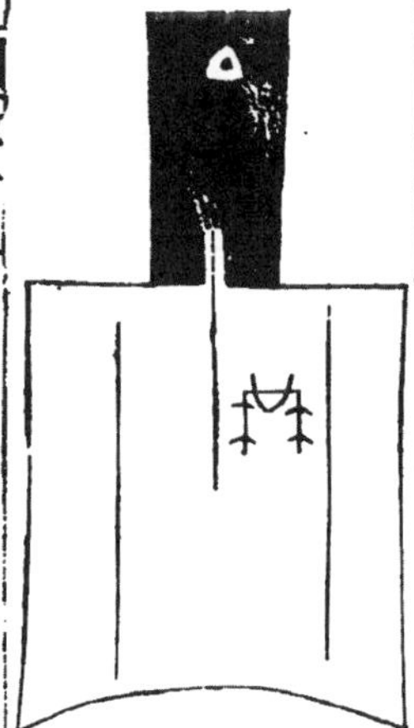

寶　二品字在左右與寶貨寶字同省去貝字取貨寶之義亦有釋爲朋字者

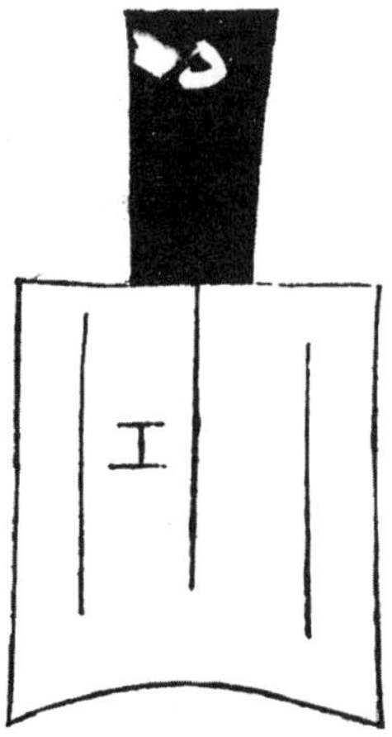

工　工字小刀及齊刀背皆有之周禮有考工氏禮稱物勒工名或取此義

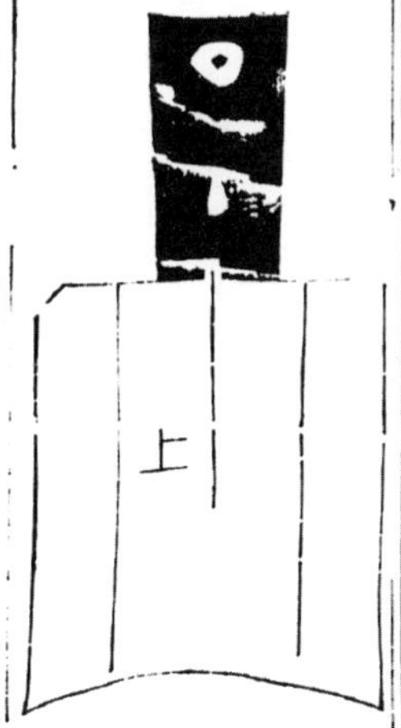

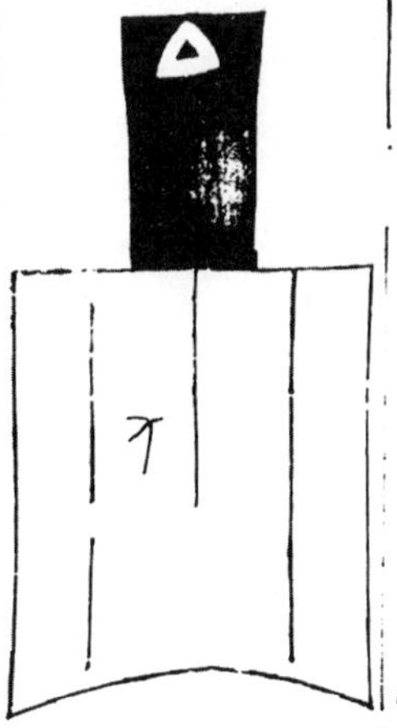

上　下　丄上字正書次下字反書或釋爲上字倒書亦可齊刀背多上字列國各刀多有上下字與此正同或紀笵之次第非有低昂也

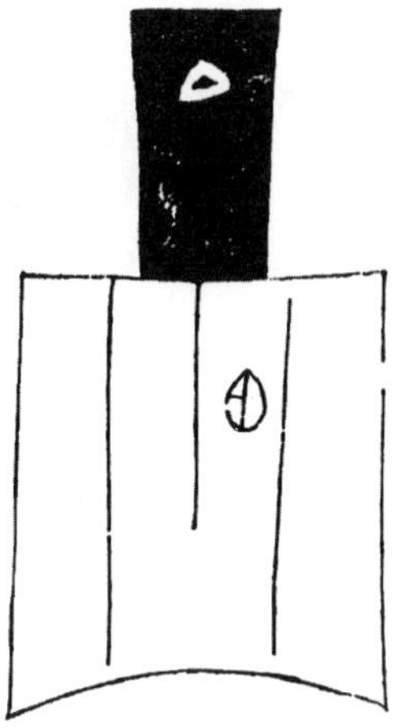

田　與下土字布均取土田之義或係男字減筆亦紀爵也

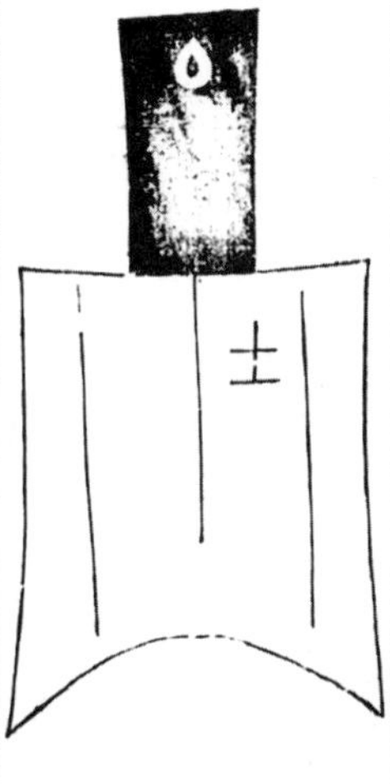

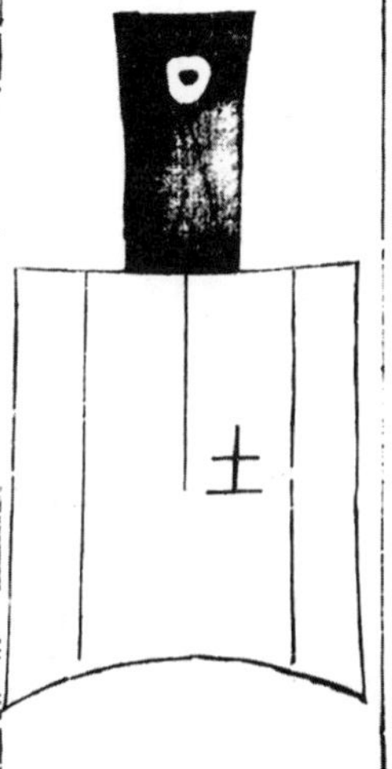

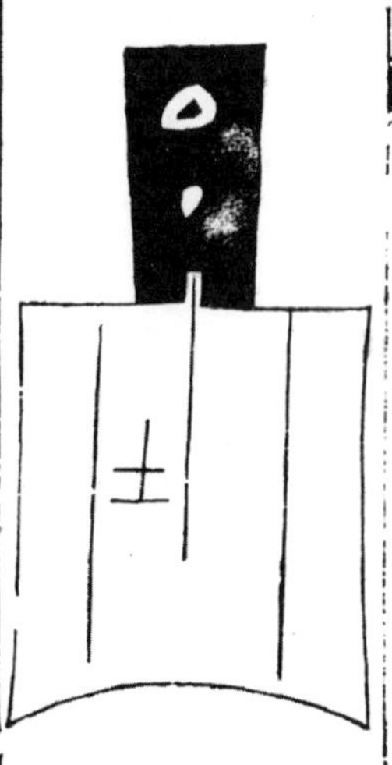

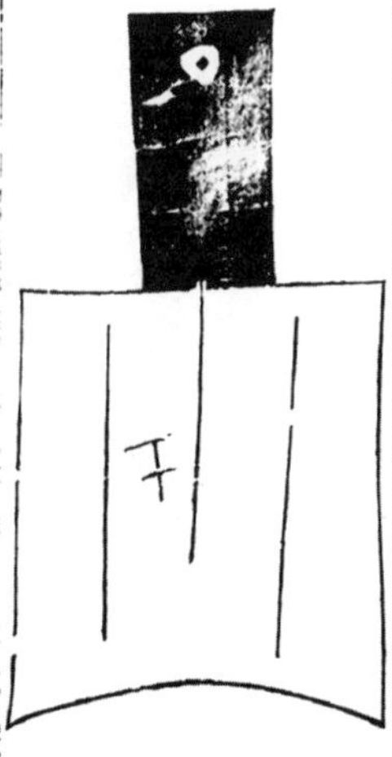

土　一二在右之上下三在左四倒書亦在左土列五行六府有土此有財此推本言之歟

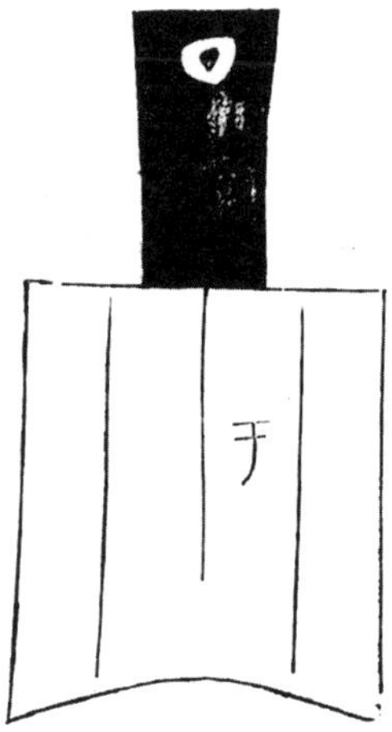

于　于字與小刀同中畫左向確非土字方小東云此布亦紀地也按路史周国名紀于邗也或作邗誤注互見矣足于字布

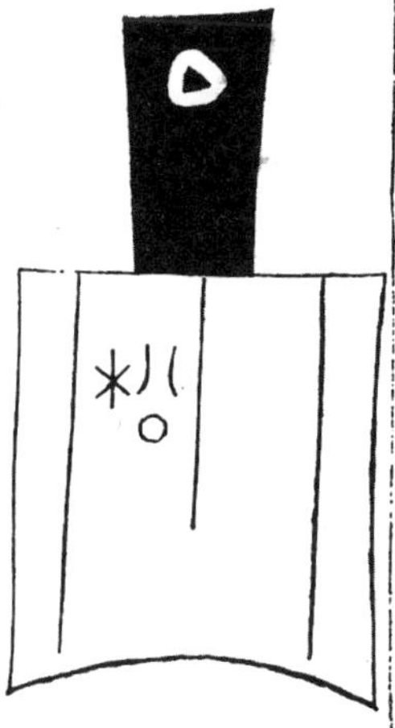

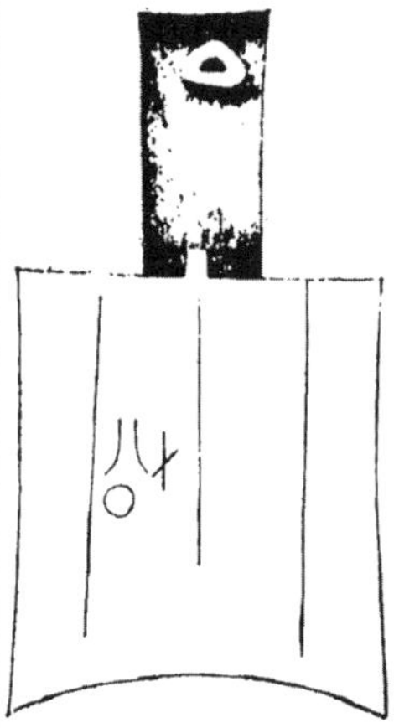

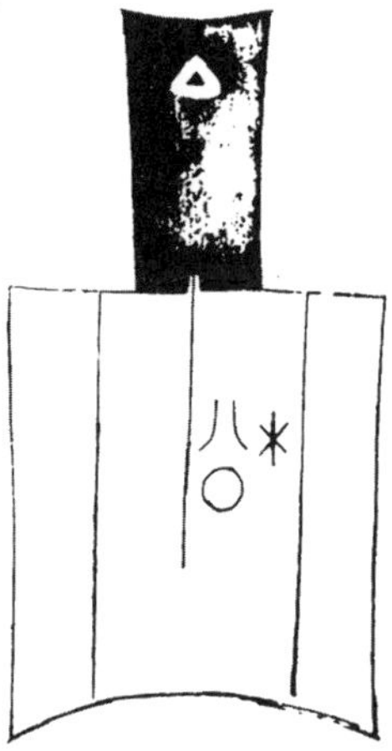

松　一二在左右三四傳形亦在左右松疑亦地名俟考

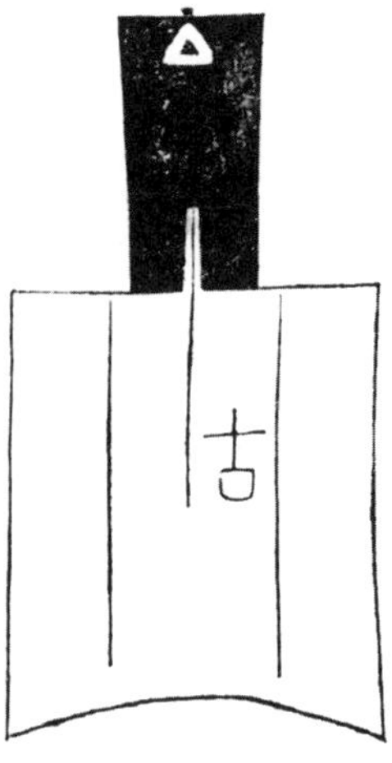

古　古字與前古字異

古泉滙　元十二　圭

侯　一在左次在右傳形侯或係侯國所鑄亦猶小刀之有伯貨爲伯國所鑄也

古泉滙元集卷十三

空首布

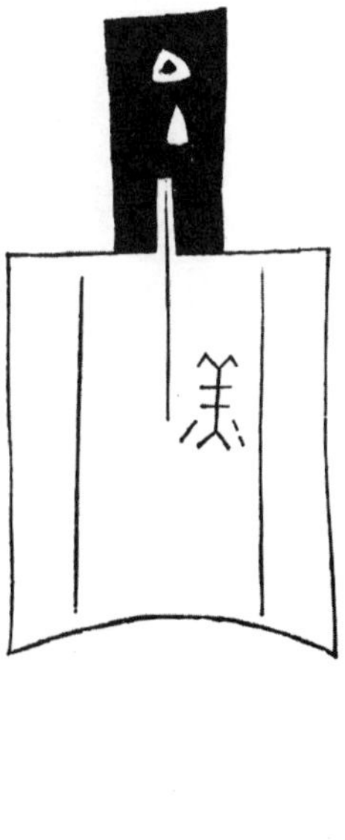

美　此字頗似羔羊之羔然義無可取今釋爲美取美富之義

古泉滙　元十三　一

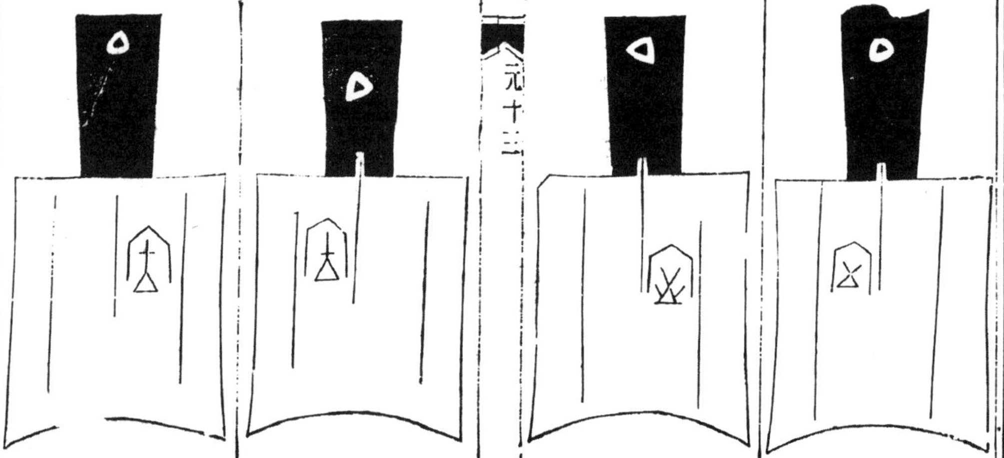

室　室　一二三在左四在右五六七室字變體亦在左右八九室在左

古泉滙　元十三　四

代　一在右二三在左三傳形古有勲勞曰勲伐往往勒銘於

鐘鼎此或亦紀功者歟

古泉滙　元十三　五

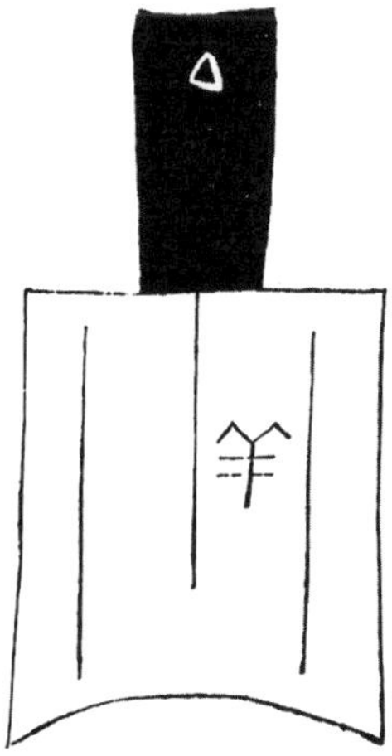

䔵　君　羊　一䔵字取䔵萃州處之義二三君字四五羊字在左右二品疑俱䔵字之省文又漢器吉祥字皆作羊此羊字釋爲祥字之省亦可

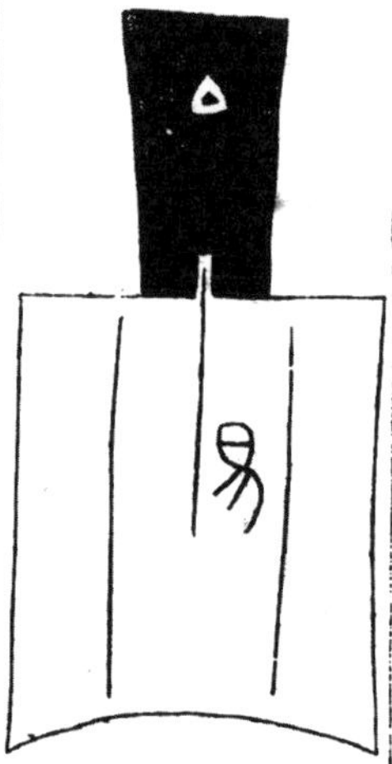

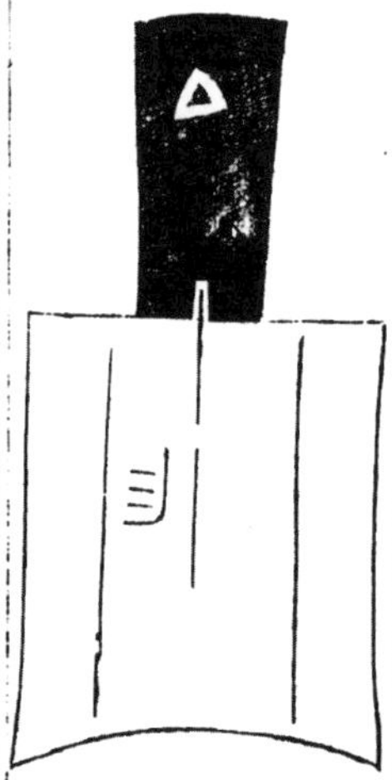

昜　首陽省乃旁小布多有之次省作勿亦昜字省與尖首刀同

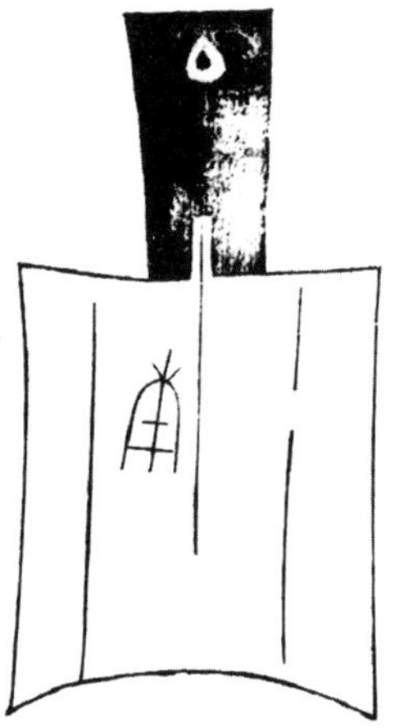

南　南字義與陽通與前品皆紀其鑄之方也

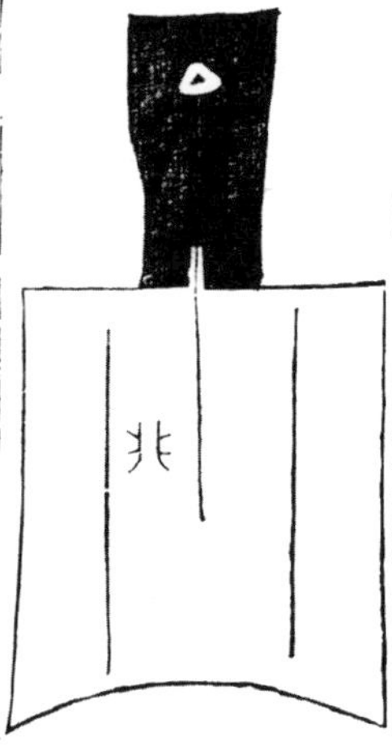

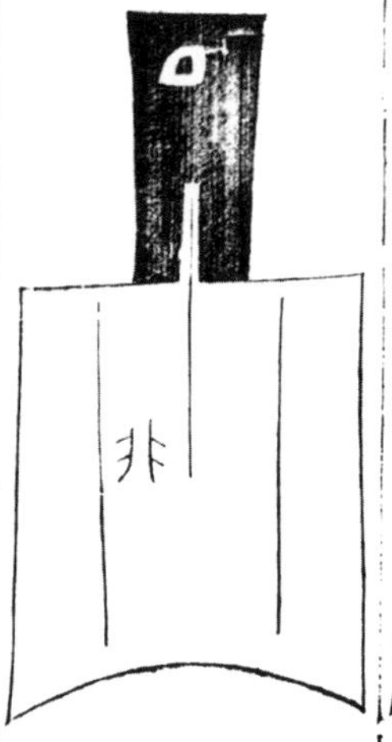

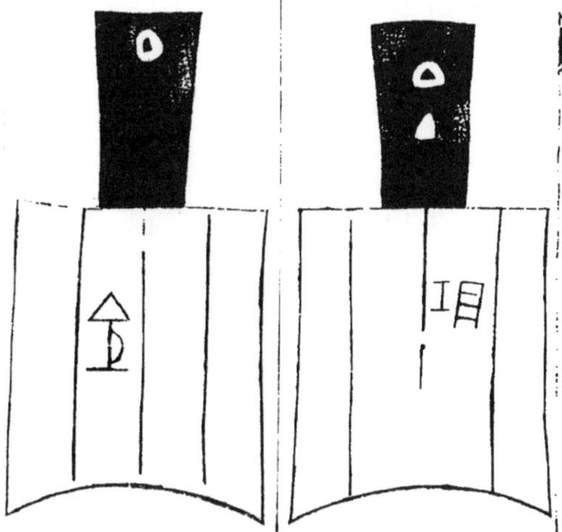

非　貳

一二在左三在右尖首刀多有非字者此或屬一時所鑄

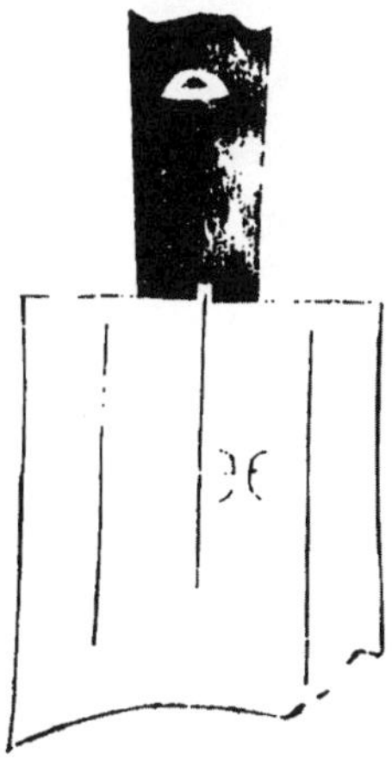

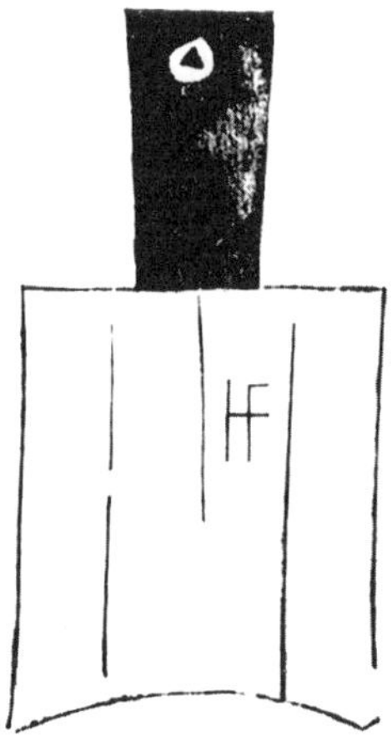

一似瑁字二似金字變體貨布文字考釋作倉三類廿字又類共字減筆四類甘字五六類空字又似窒字變體七似氏字古泉叢話釋作代以上六種字均未敢定以俟知者

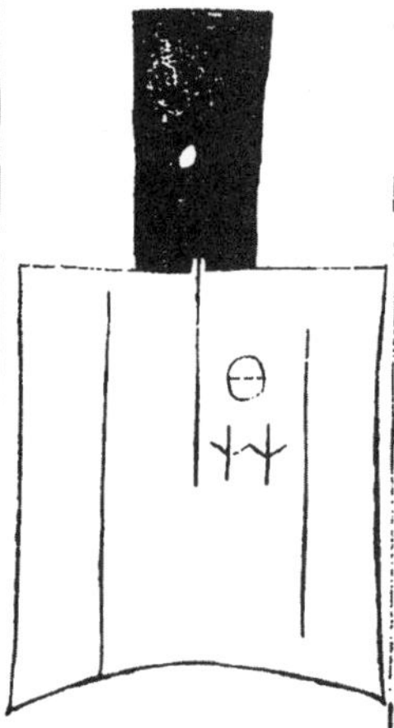

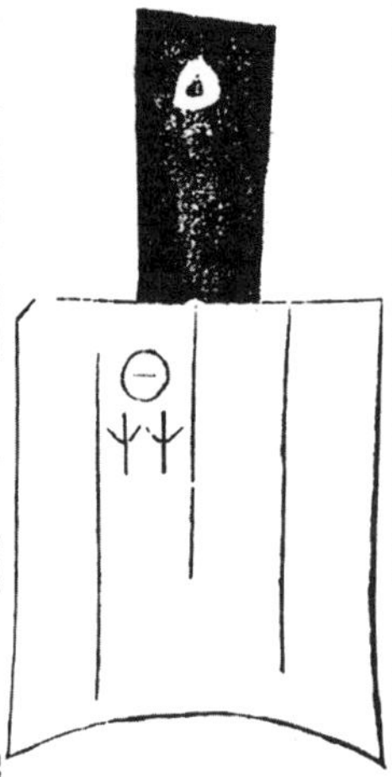

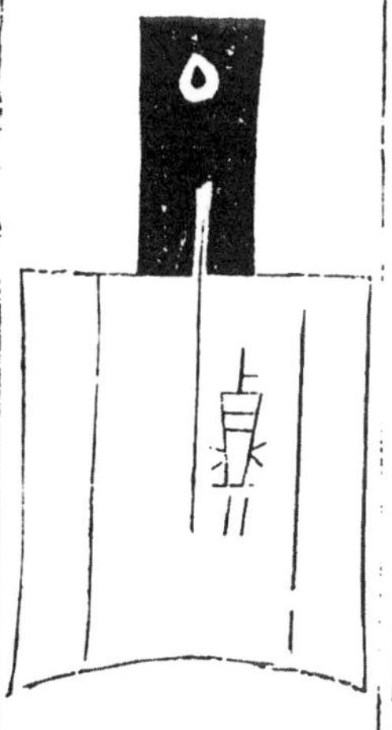

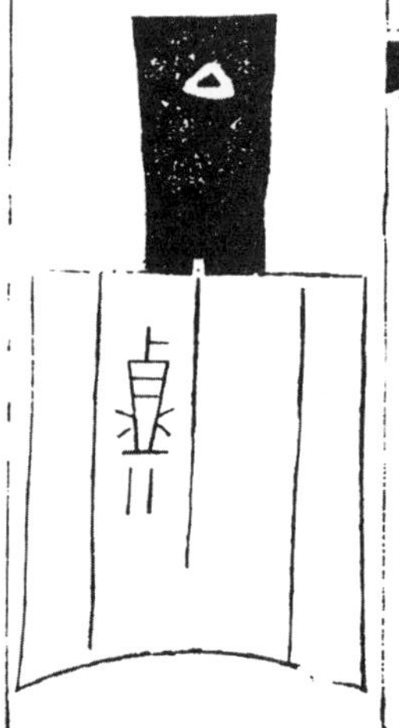

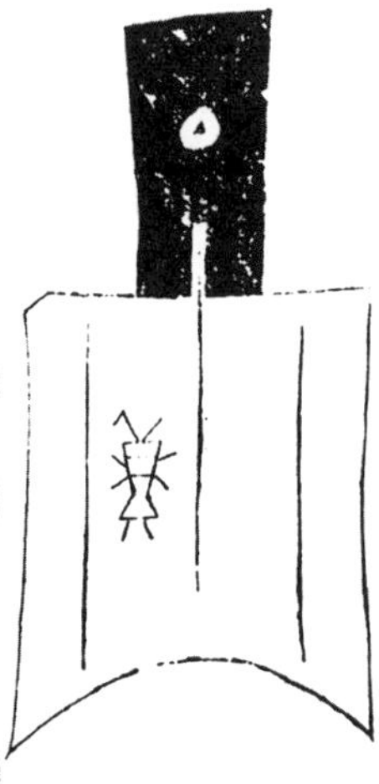

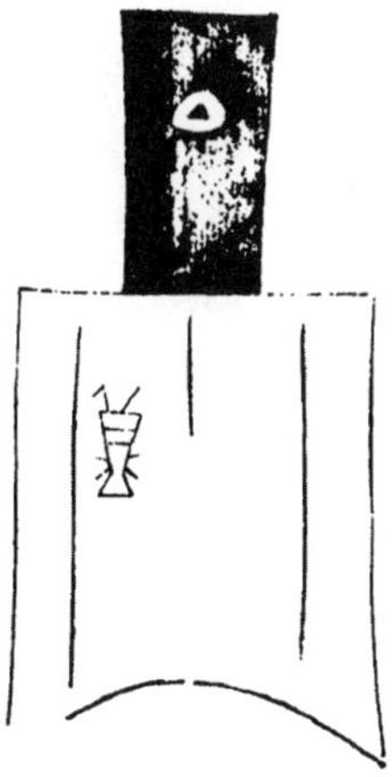

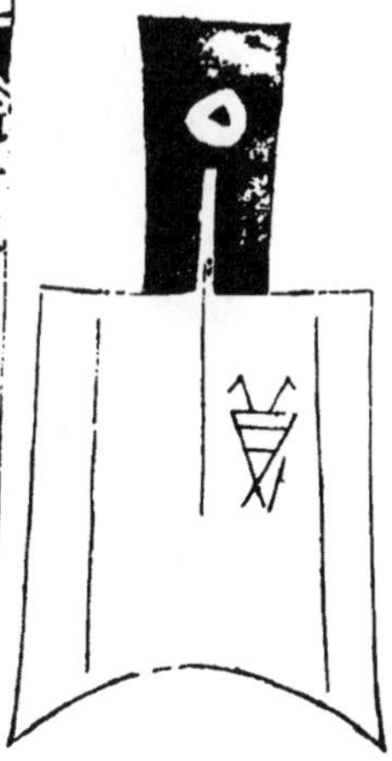

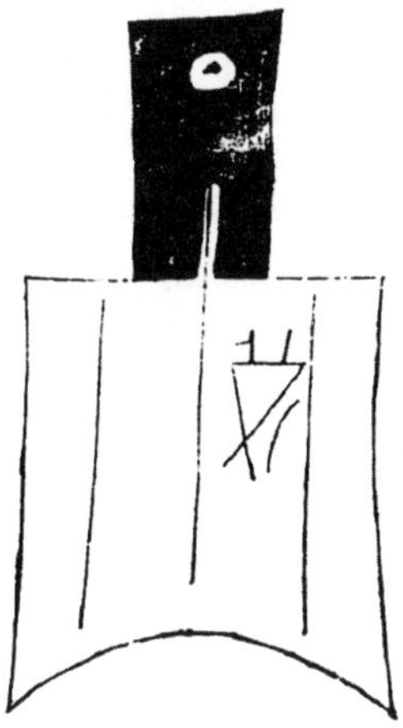

一二三似鼎字在左右四五亦在左右類鼎字兼象形六七似

尊彝之象形八九亦似彝器象形之字貨布文字考釋作貨均

未可定

一二品類弓矢之象形

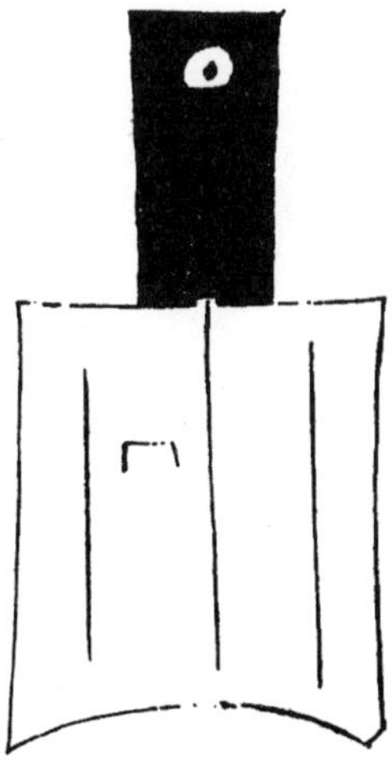

似几之象形

古泉滙元集卷十四

空首布

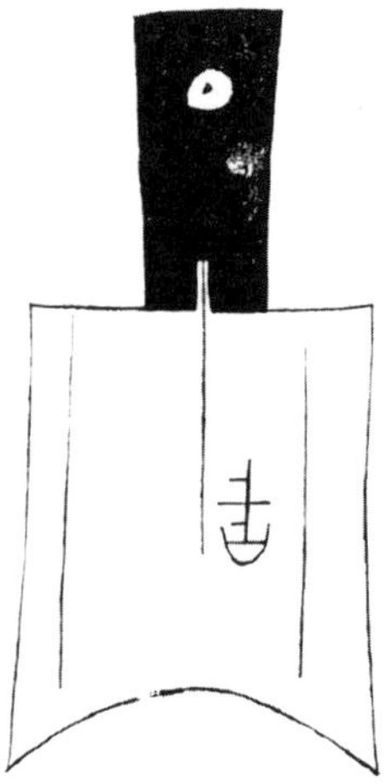

字未識貨布文字考釋爲周未確或釋匋

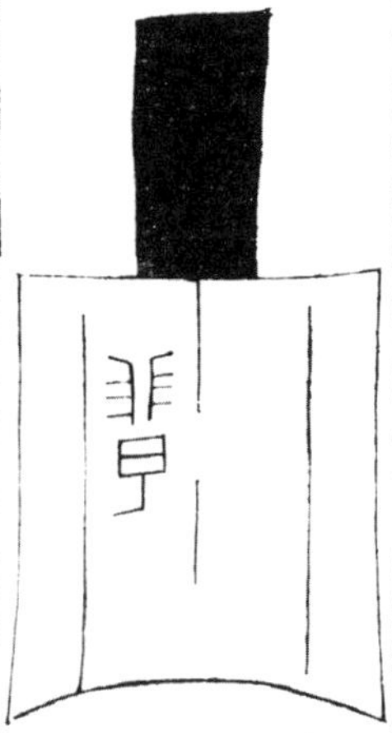

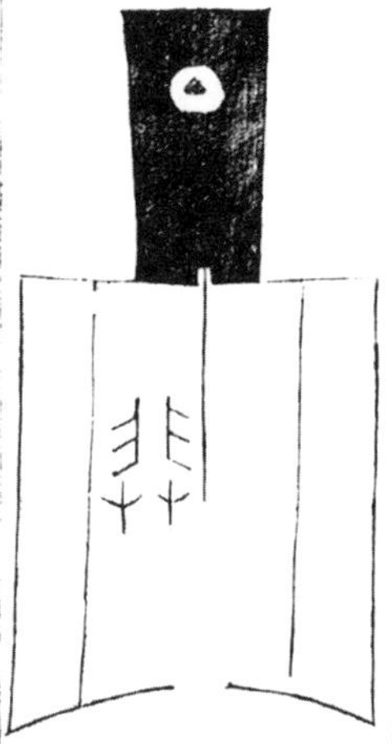

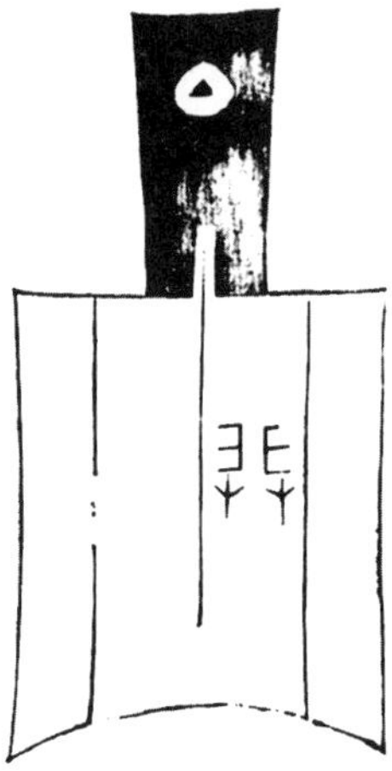

一上半疑非字下半不可識二三字在左右上半與前品相類
或疑爲發字陳壽卿疑爲羿字

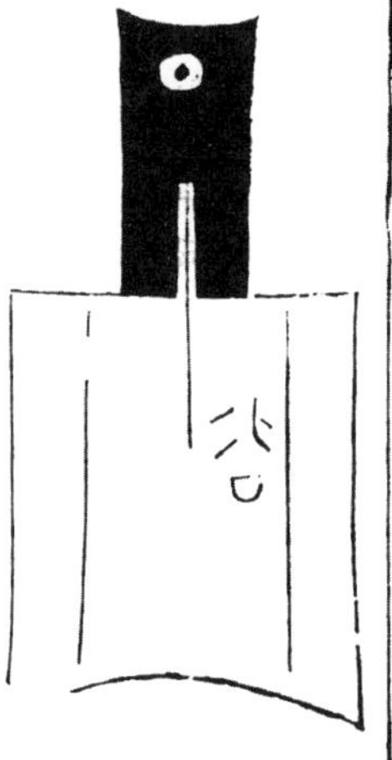

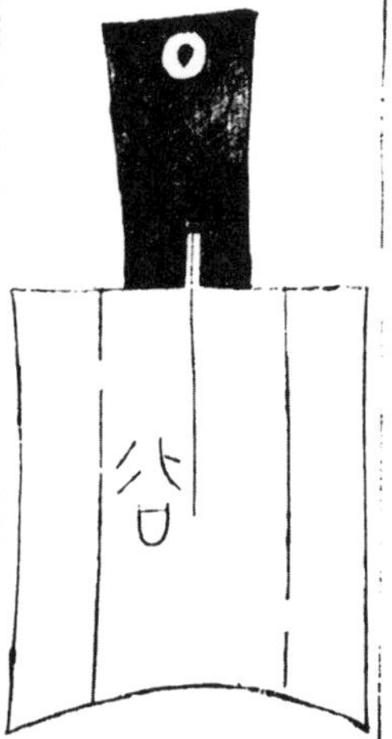

古泉滙　元十四　三

一字在右二三四在左或釋爲谷字然四品从日不从口則又非谷字矣

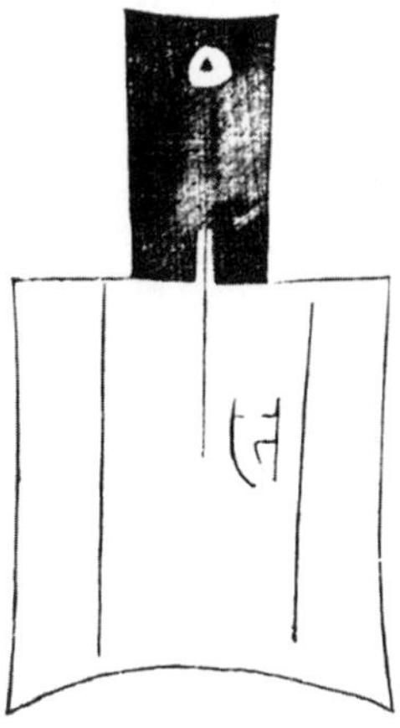

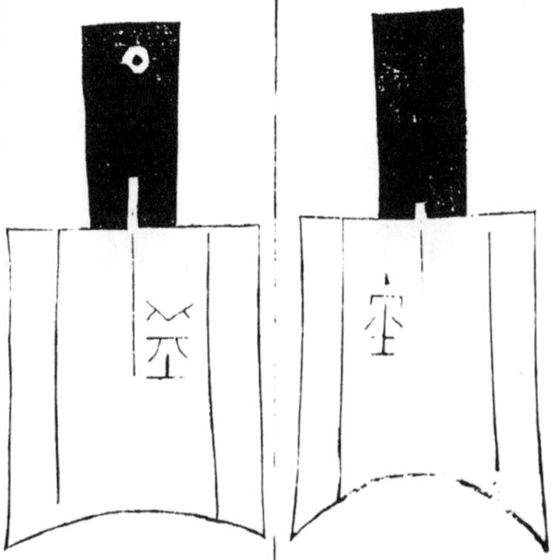

古泉滙　元十四　四

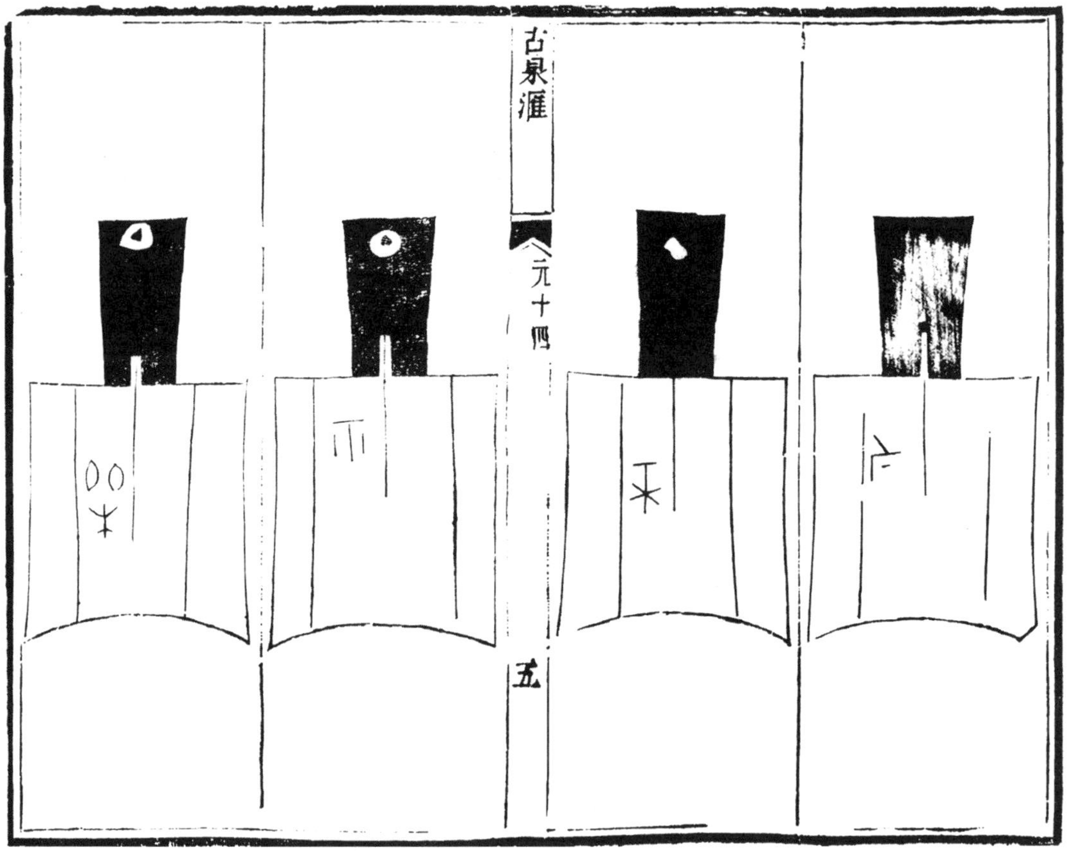
古泉滙
元十四
五

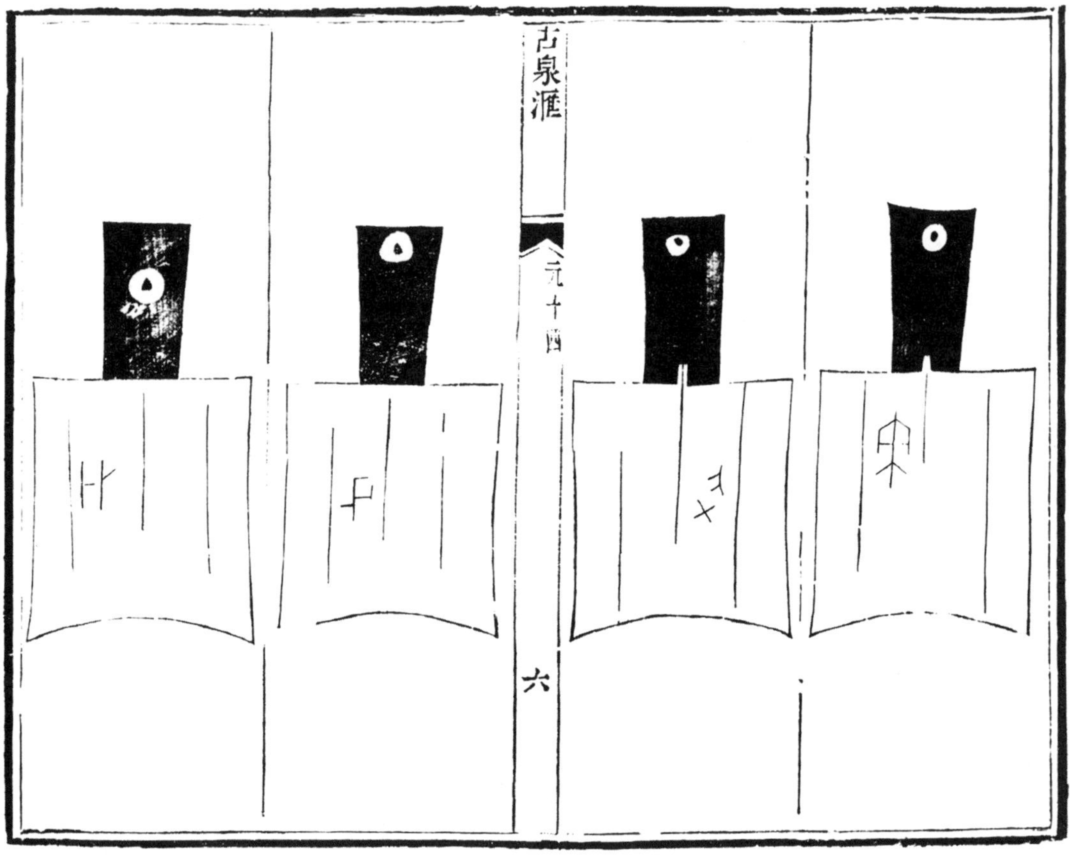
古泉滙
元十四
六

一似叔字傳形二似雲字三似益字四類小字五及十三均不
可識陳壽卿謂五學字七禾字八禾字九幾字十宋字

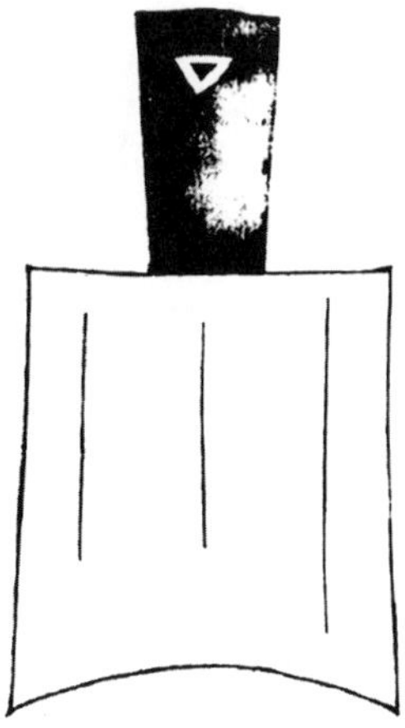

此品面背無文尖足布亦有之凡鼓鑄皆面背兩笵合成此當

係誤合兩背所鑄者

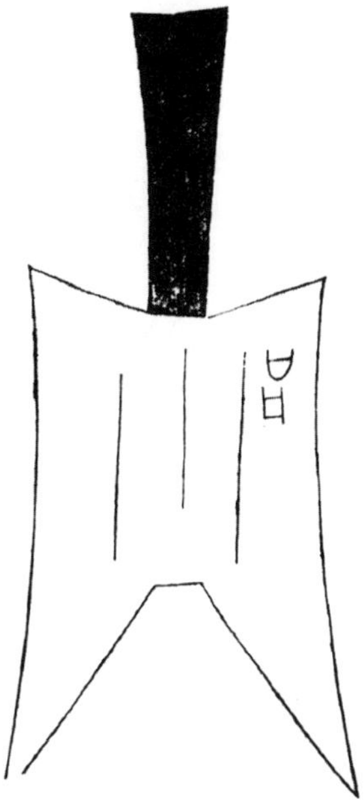

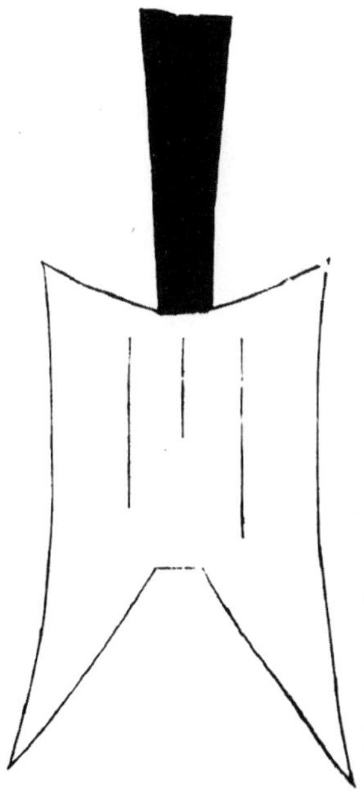

甘丹　甘丹邯鄲注見尖足甘丹布茲二字在右之上背亦
作三直文與面同布之大倍常品而輕薄如葉乃空首布之奇
品與尖足甘丹布應是一處之物爲劉燕庭所藏

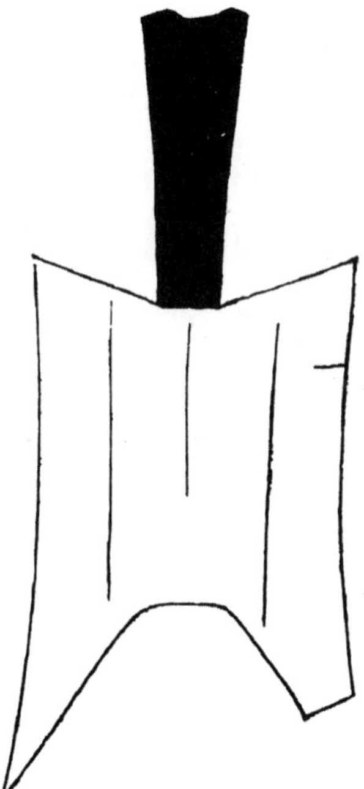

一字亦在右上紀數背文同前不摹

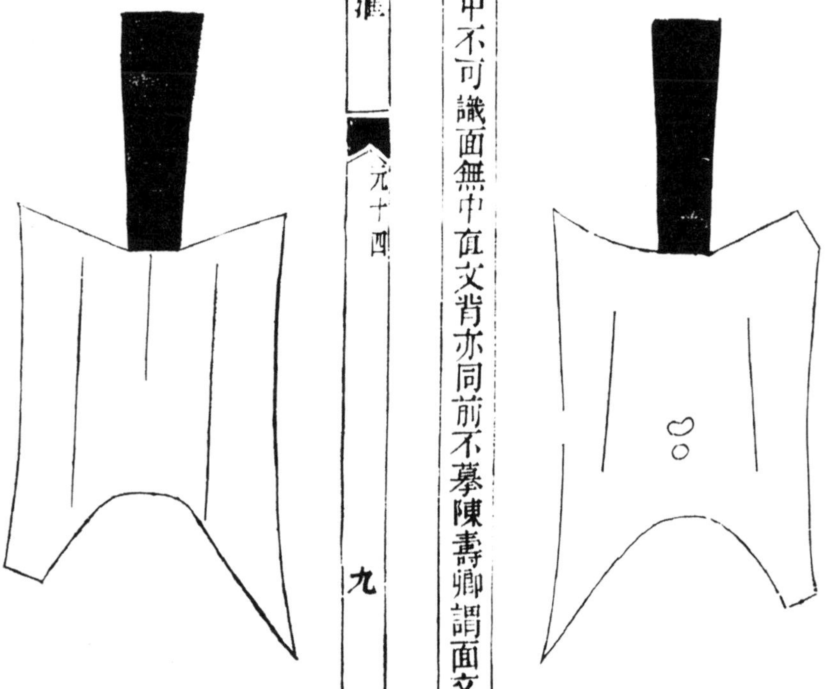

字在中不可識面無中直文背亦同前不摹陳壽卿謂面文吕
即莒

此品無字面背俱三直文以上四品製作大小輕重俱同

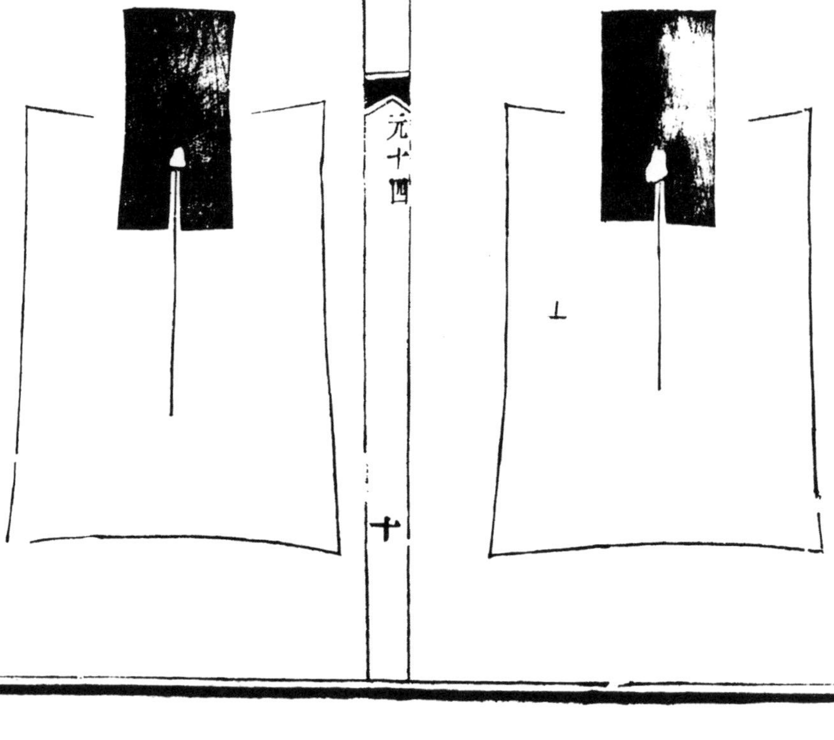

六　字在左或釋為上然小布及刀六字多減作上仍紀數非
上字也布之厚重數倍常品背無字有中直文與面同

山一 字在右背同前不摹

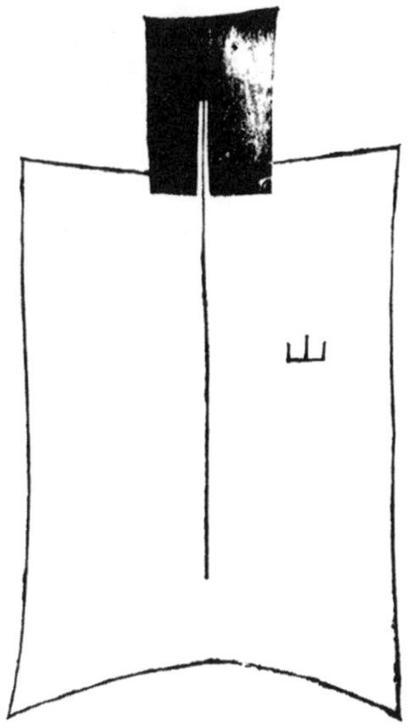

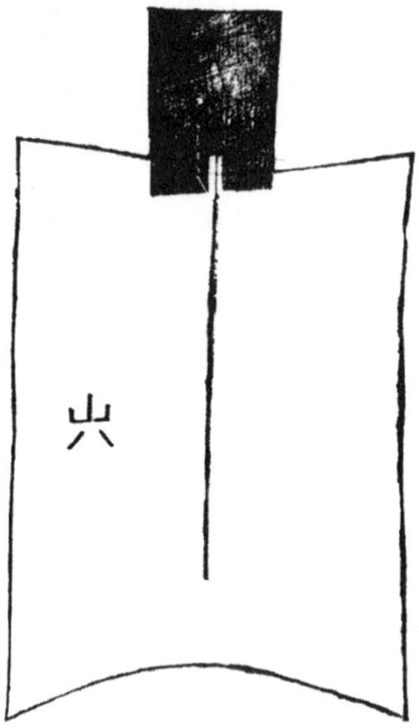

山八 字在左山下兩畫類八字或亦紀數背亦同前不摹二

品形製亦同

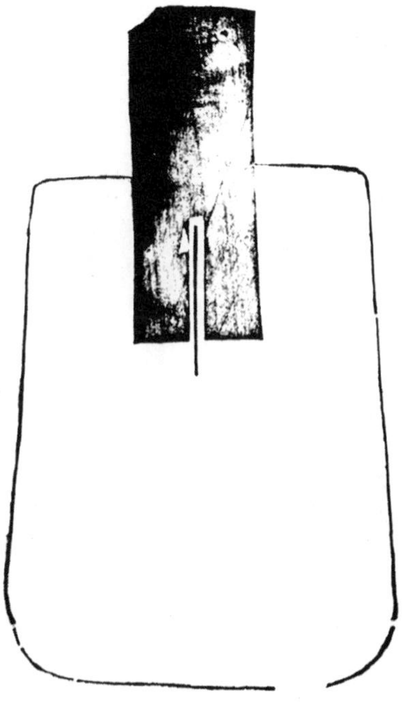

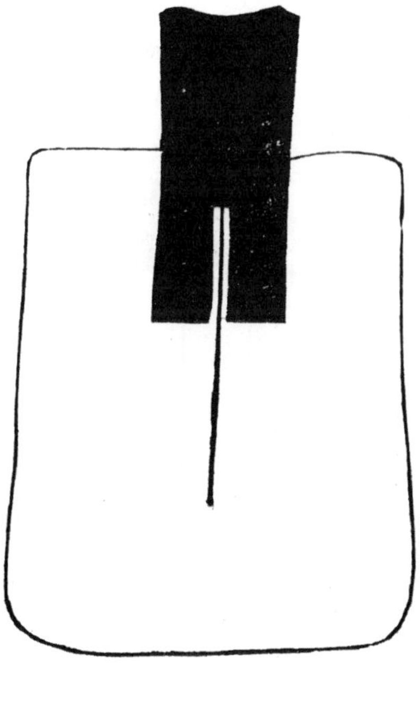

此布加大面背作一直文俱無字

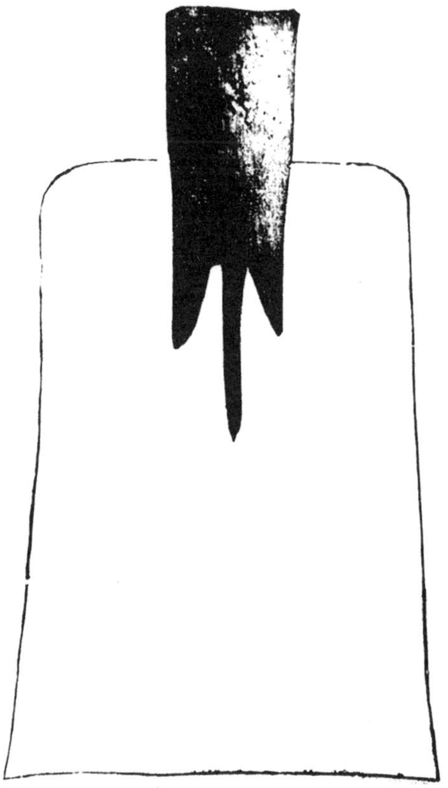

此布更大面背同但無文

商　此品最小注見空首商字布

白　伯字減筆或係伯國所鑄歟二品均小而首不空因其形

製與空首者同故附於後

附　未見空首布

廿　字在中向左書布形與安藏官考相類

安周　自右讀形亦類安藏布

陽　在左傳形大類常品

鄢　在左右似郎字不晰亦常品

古泉匯亨集卷一

古刀類共十四卷　利津李佐賢竹朋編輯

男貽艮雋校字

齊刀

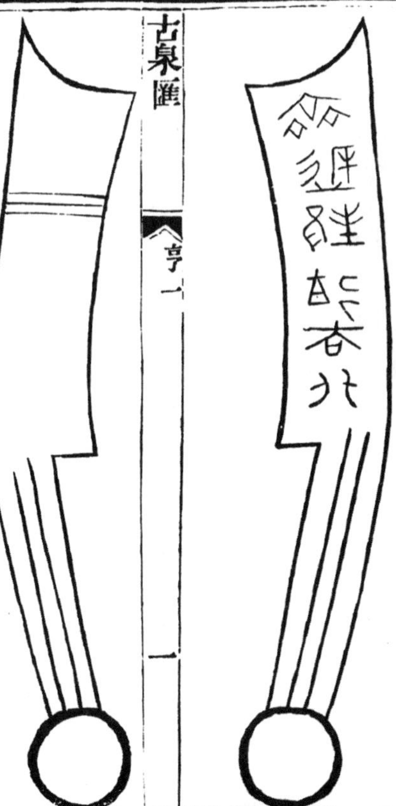

古泉匯　亨一　一

齊建邦就去化　第一字恭讀　西清古鑑𠫑古文齊字二三字或釋造邦今釋爲建亦造字之義邦字劉青園謂傳形信然四或釋爲始今釋爲就法字省水旁貨字省貝與古布同法化古法制所關猶云齊建邦初就時之法貨也背三橫畫非文字諸刀盡同此類刀皆出齊地其爲太公九府舊制無疑三字者多四字者少六字者更少蓋始鑄文義較繁後隨漸歸簡易也

古泉匯　亨一　二

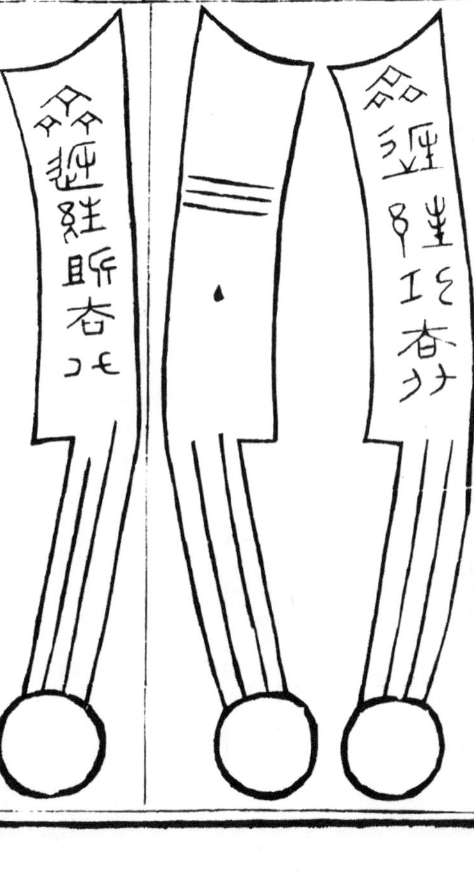

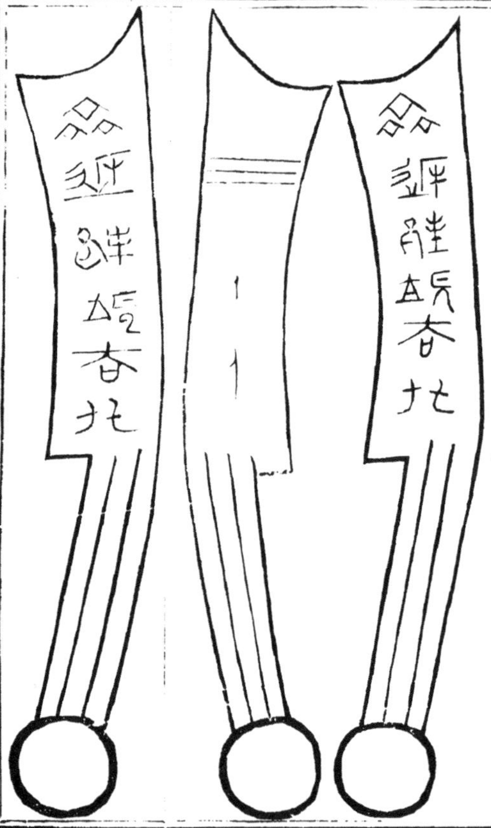

齊建邦就去化　面文仝前象法各異背一三横畫一星次三
一星無三横畫金石志釋一星爲丁字愚意與三横皆一時之
制作如此非文字也

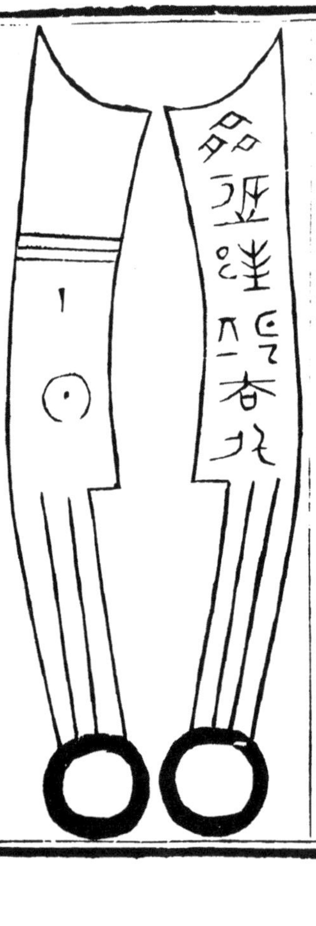

齊建邦就去化背亻　六　面文同前背一二貨省作亻而中
畫長亦亻字變體列國布貨作亻者甚多且齊刀背有省作匕
字者此省作亻其義一也三四作卜十似六字減筆横書

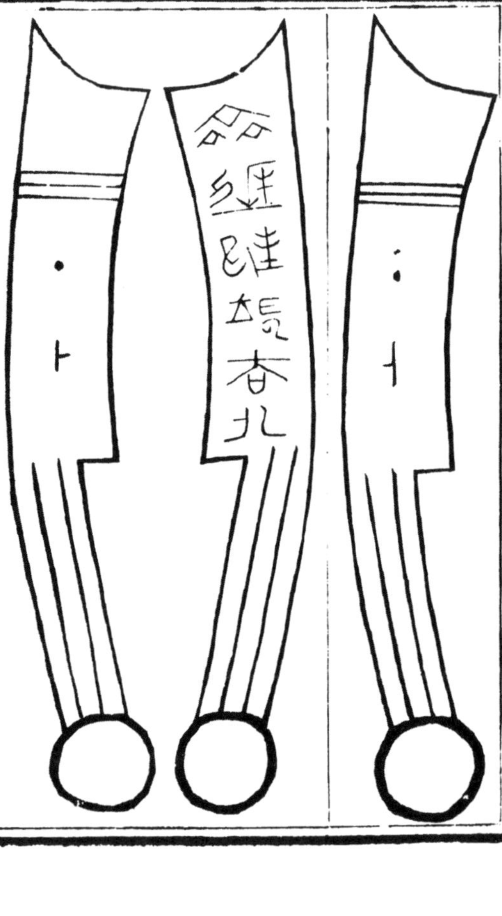

古泉匯　亨一　五

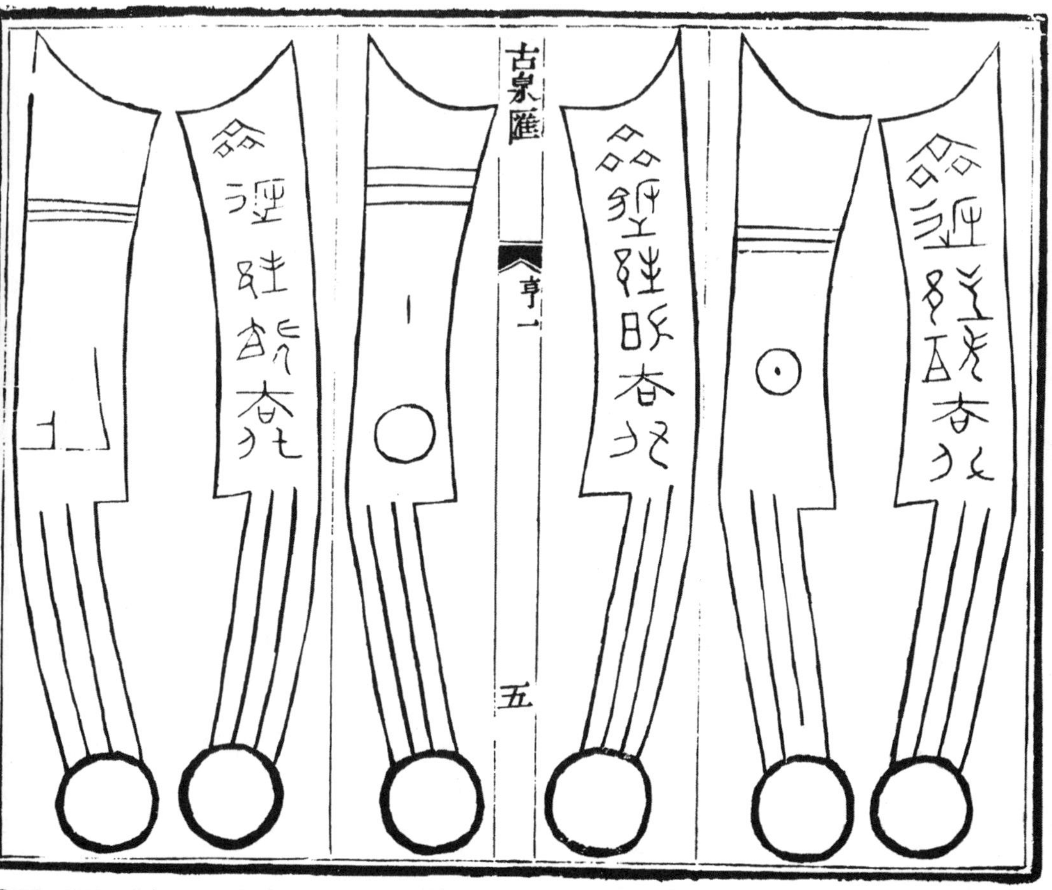

古泉匯　亨一　六

齊建邦就去化　背日　上　面文同二品就字尤易辨背一二日字三似日省中筆金索引古詩何日大刀頭刀頭有環此復作環形取回環之義亦通四上字傳形右多一直畫

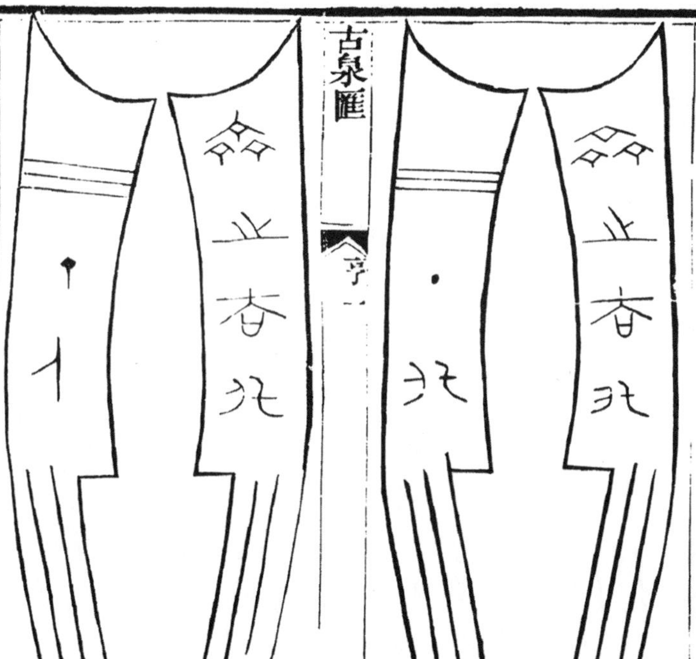

齊之去化　背化　亻　此改去建邦作之字已非初年所鑄背貨字亦省作化亻上俱三横畫與建邦刀同制作大小輕重亦無異均屬呂氏物無疑

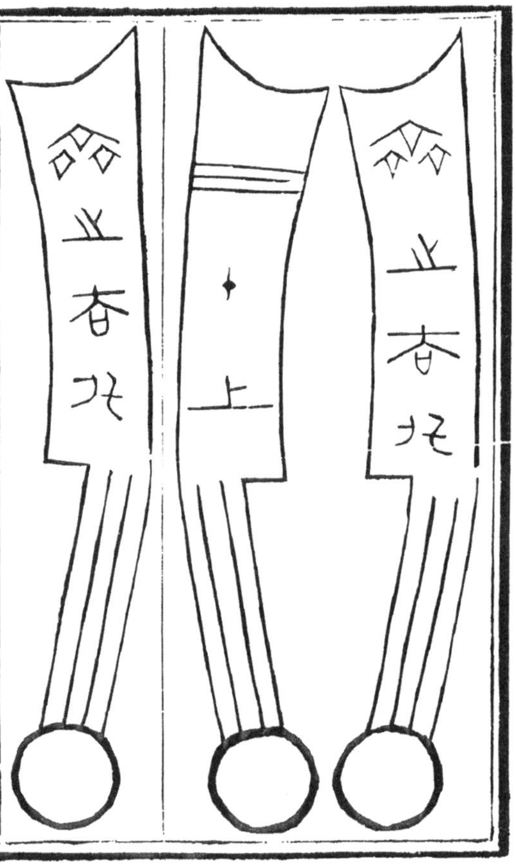

齊之去化背上日　面文同上背上字日字亦與建邦刀同

齊之去化背去廿　背文法廿即墨刀亦有之山左金石志釋作廿謂紀法物次第也貨布文字考此刀背有二字者彙攷背有十字者金石志有三〇者今俱未見

齊之化背匕　面文減法字背亦貨字減筆傳形按齊刀三字者多背作齊法貨此刀異常品僅一見也

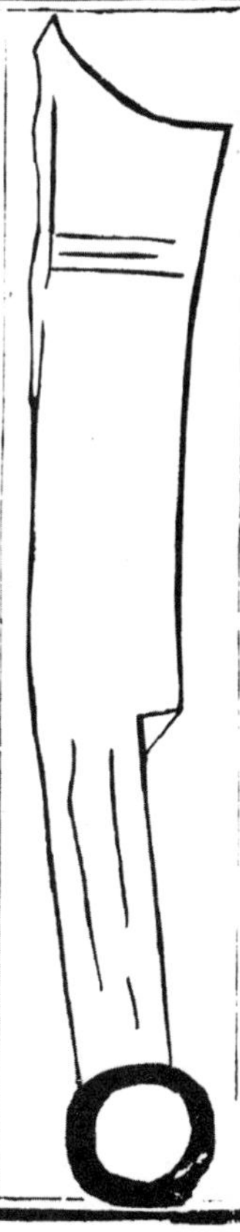

齊去口　面第三字模糊似生字確非化字亦僅見之品背無字

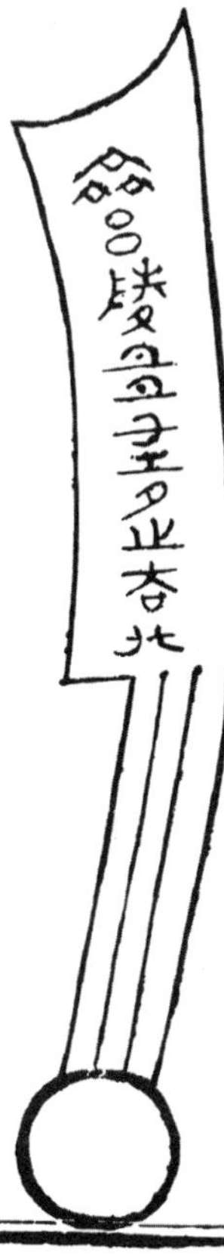

齊呂陵昌左巴之去化　營字省作呂邑字省作𠂈與節墨刀同史記荊燕世家劉澤以將軍擊陳豨得王黃爲營陵侯漢書地理志北海郡縣營陵或曰營邱師尚父封於營邱陵亦邱也春秋齊師遷紀郱鄑郚注郱在北海都昌班志又載漢都昌縣在今昌邑至今確屬齊地可證此猶言齊營陵乃都昌左方之邑所鑄之法貨也齊刀六字者已罕九字者僅見此品爲鍾麓泉農部所藏又見拓本面齊𨑓易邦跅𣱵之法貨第二字似建邦刀之建字四六兩字似就字義不可解且未見此泉真僞莫決故不摹又有作面文齊由杏昜左成之法貨者乃僞造好奇者爲之也

古泉匯亨集卷二

齊刀

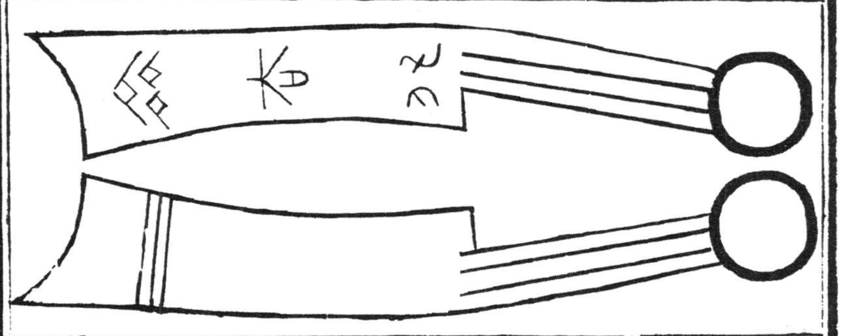

齊去化　三字齊刀減去之字但作法貨今所見尚多制作不

及六字四字之精藝彼係開國之物後世漸趨簡易故不及初年之制作也荀子曰厚刀之斂以奪之財淮南子曰桓公畏甲兵不足令罪輕者贖以金刀桓公以此富強終齊之世相沿不間改鑄至今稍多圓宜背上亦作三橫文下皆一字此品下平無字不多見

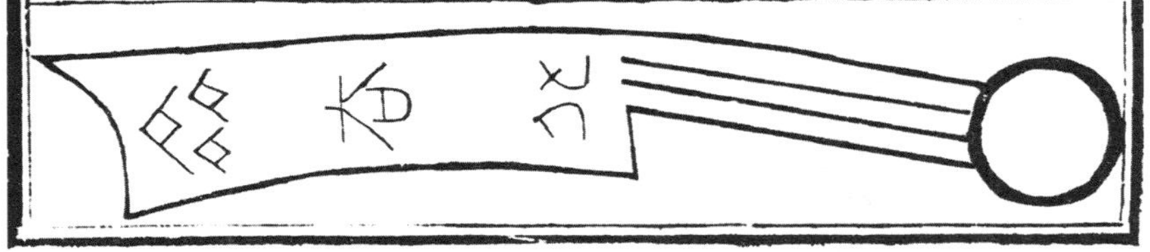

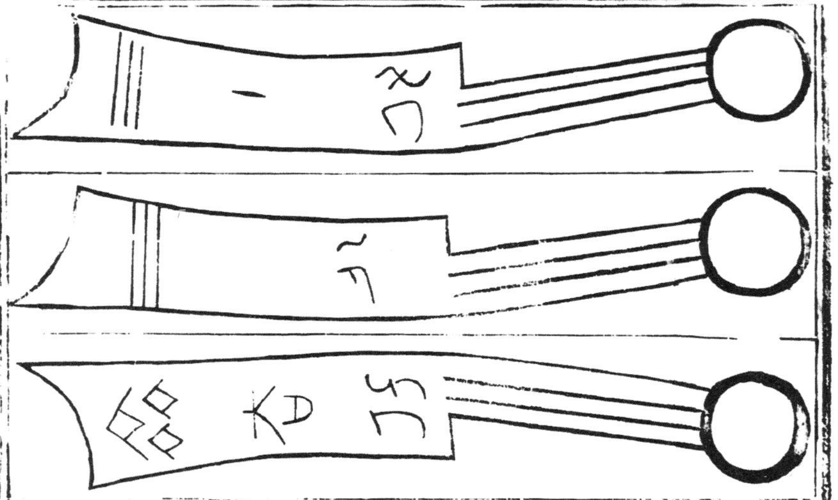

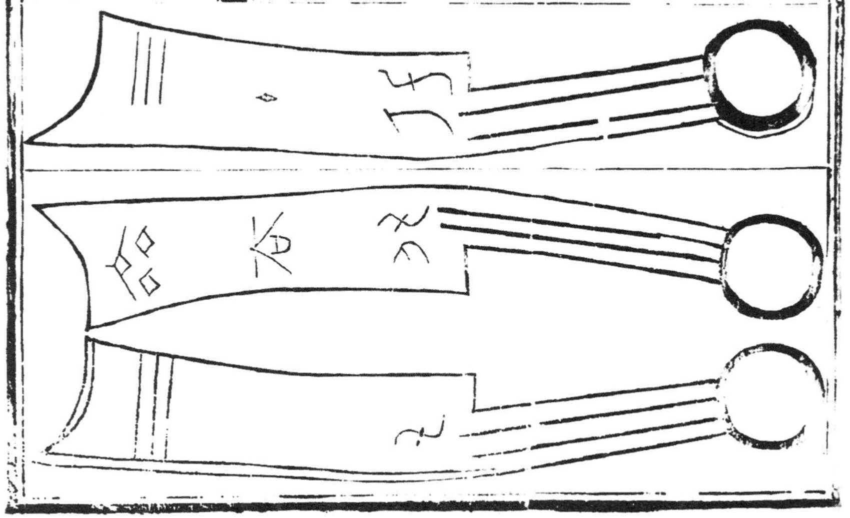

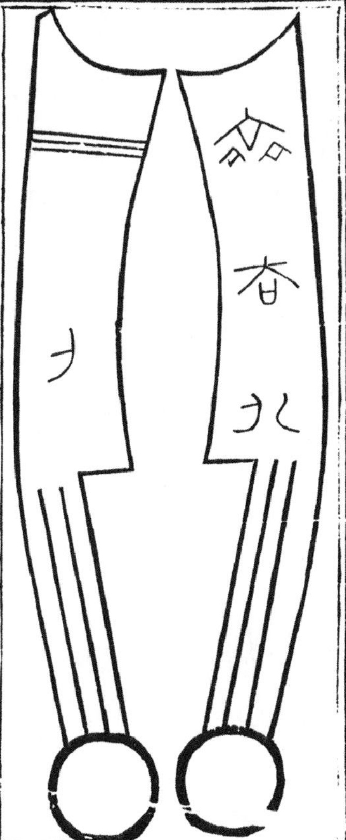

古泉匯　亨二　三

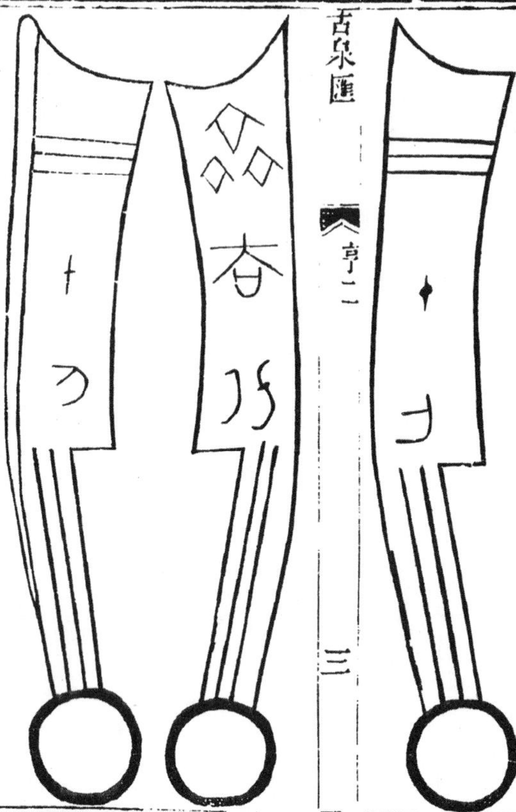

齊去化背化　七　一二三背文貨作化四省作七五六七傳
形三七化字篆法俱異金石志又冇上⊕下化者

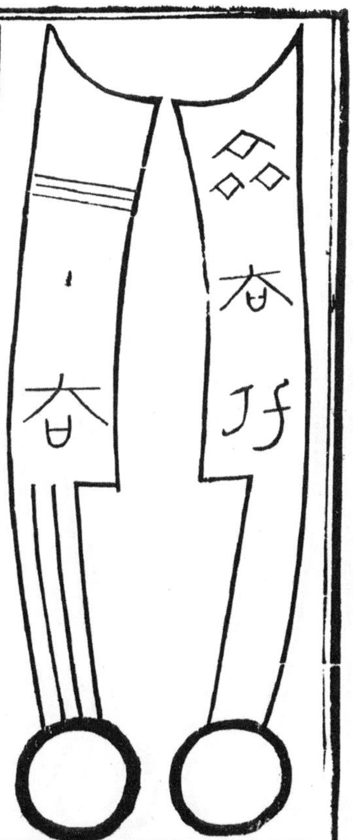

古泉匯　亨二　四

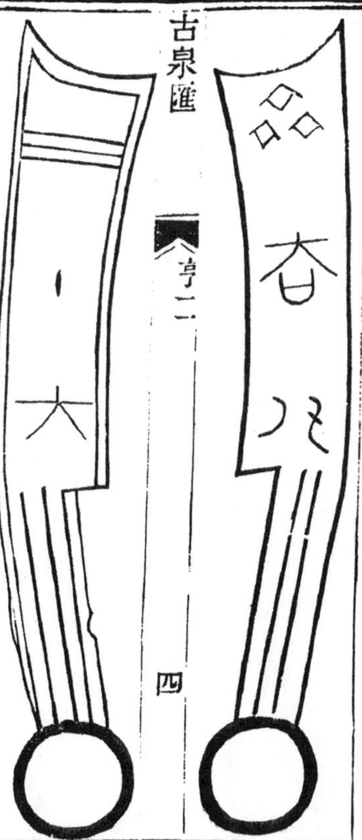

齊去化背去　土　背一法作去次省作大前貨字取貨財之
義兹取法度之義與面文不厭複者亦猶安邑布背之安字重
言以伸明之也

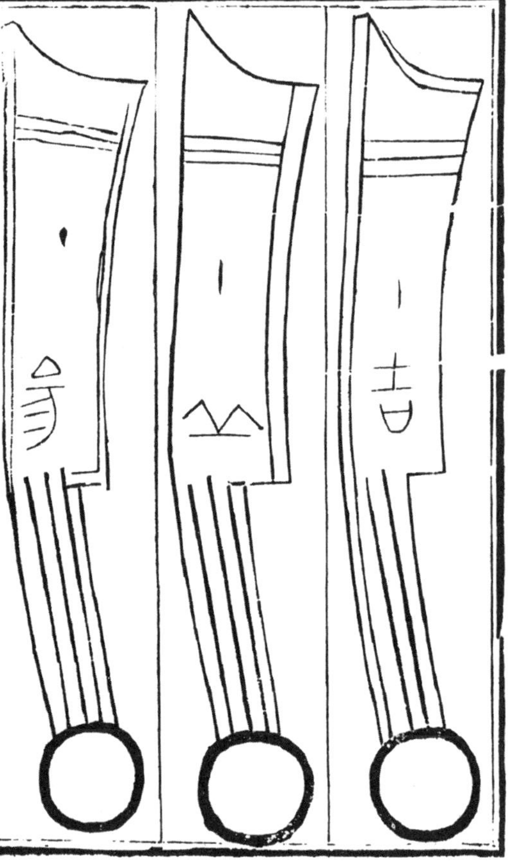

齊去化背吉　北　昜　司　一背吉商書惟貨其吉古金多
取吉祥之義次邸三陽減筆四彙攷釋作司似皆祀地

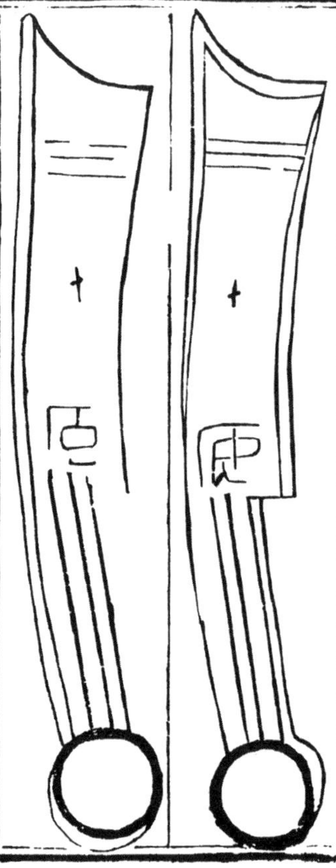

齊去化背安　背安字谷異疑取安民和衆豐財之義抑或與
安陽刀一處所鑄均未可定

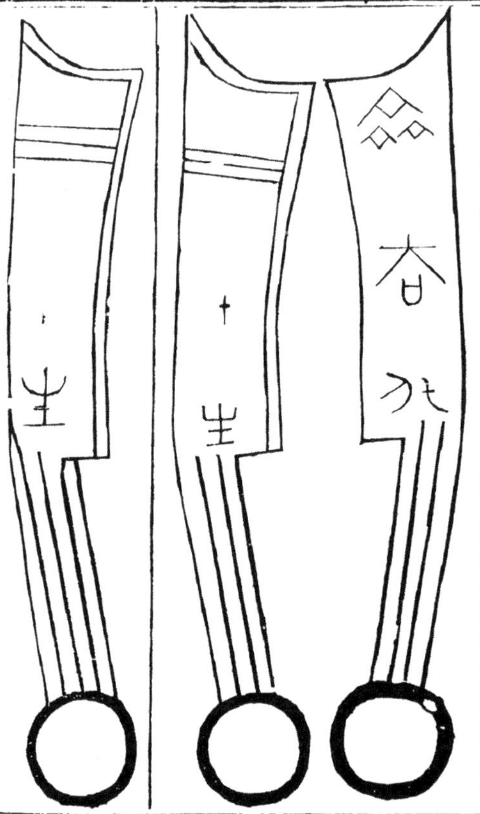

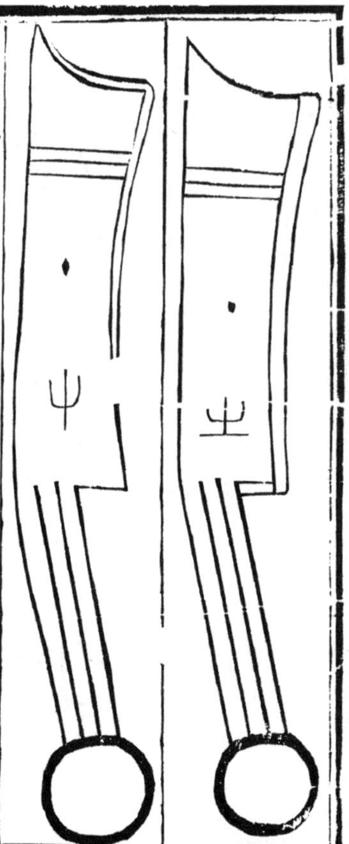

齊去化背生　㞢　屮　一二背文生當取大道生財之義三
四頻似生字減筆金石志屮釋作三未敢遽定篆書屮象艸木
初生之貌於生字義亦通

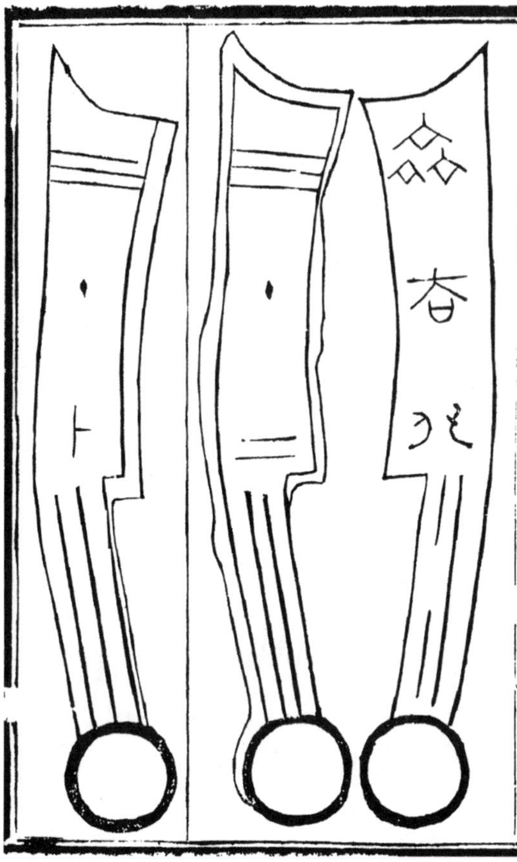

古泉匯　亨二　七

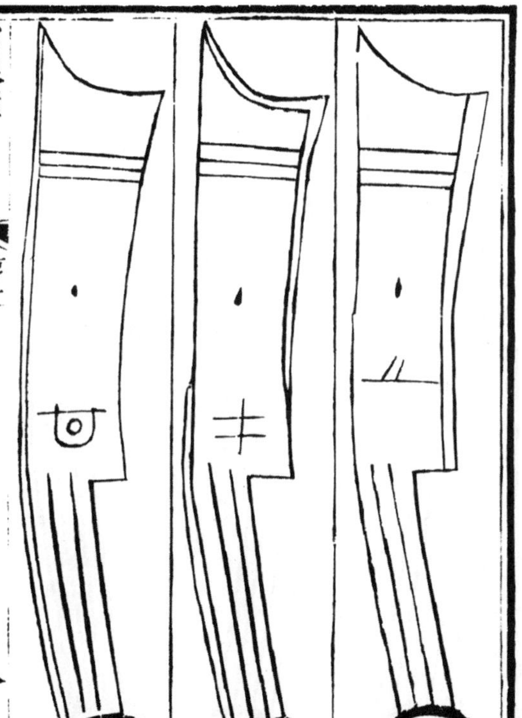

古泉匯　亨二　八

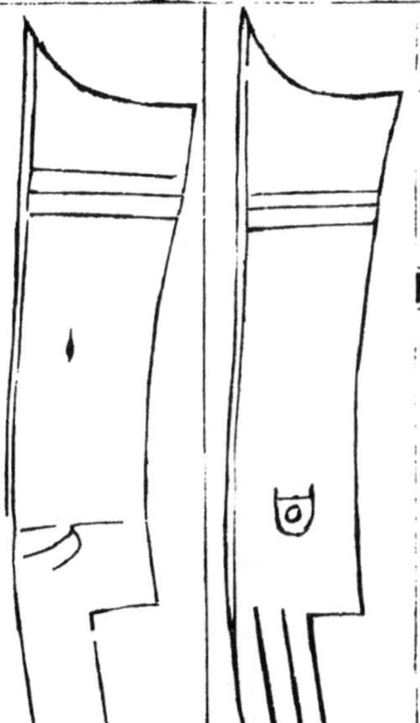

齊去化背二　六　七　卄　廿　万　背一二字二三六七
字若今之馬子邑布小刀皆有之可互證四卄字横書五六金
石志亦釋作廿七萬字皆紀數或范之次第也

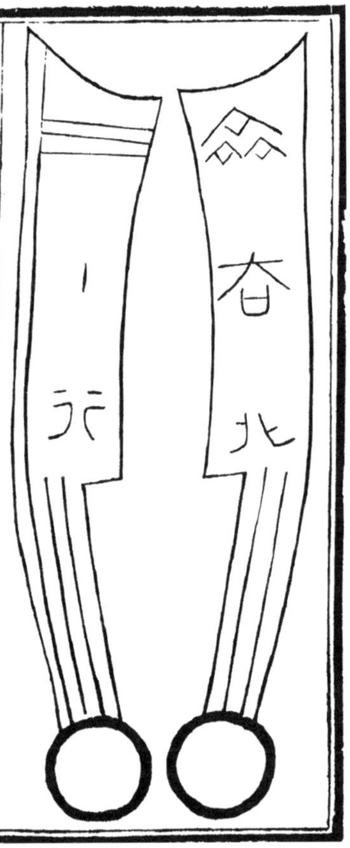

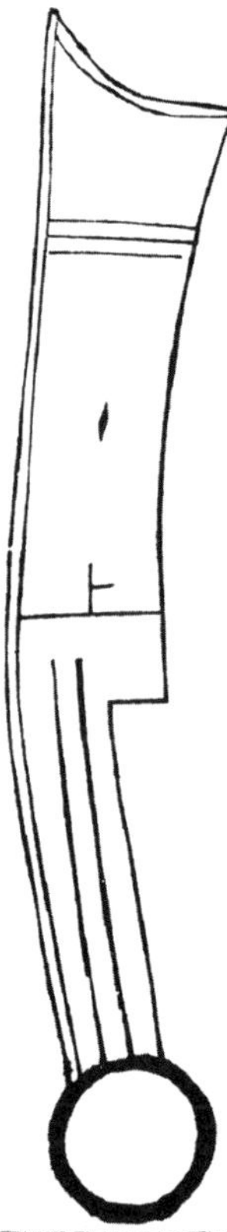

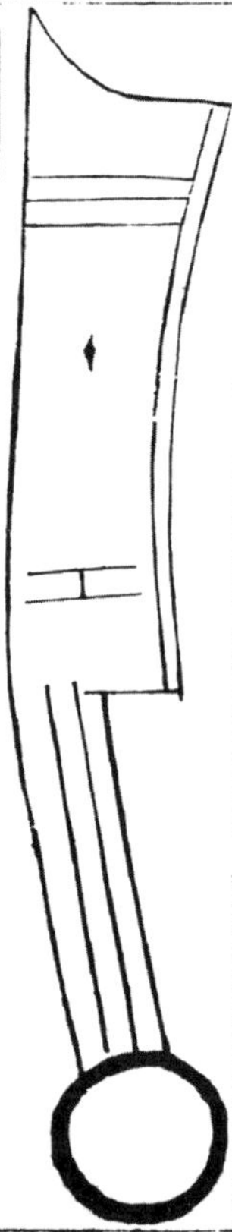

齊去化背行　上　工　背文一行二上三工藏曰布行曰泉行義取行用上記次第小刀有中下字者可證工或物勒工名之義

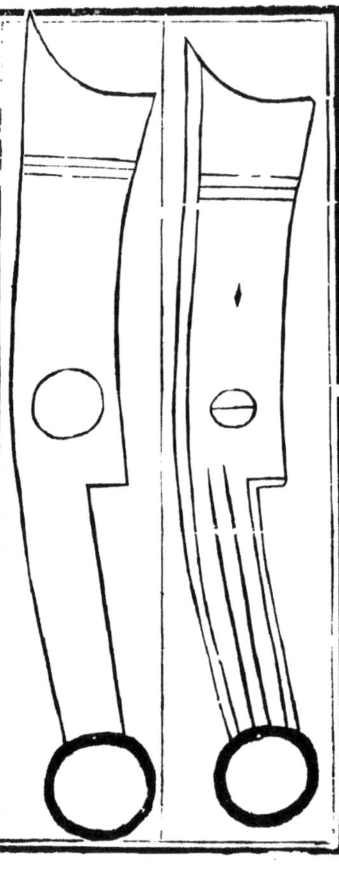

齊去化背日　背一日字當紀日月次或釋爲日或以爲環形

註見建邦刀

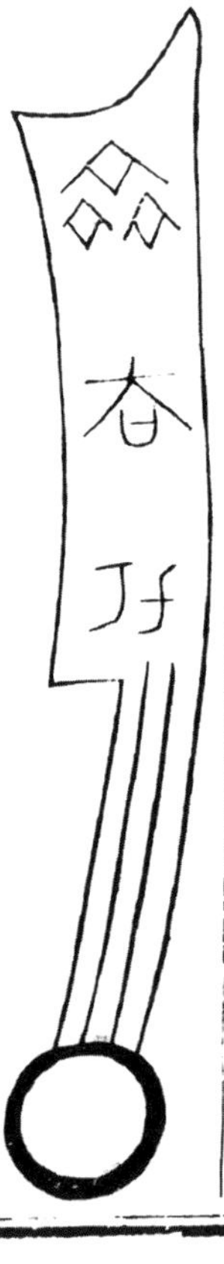

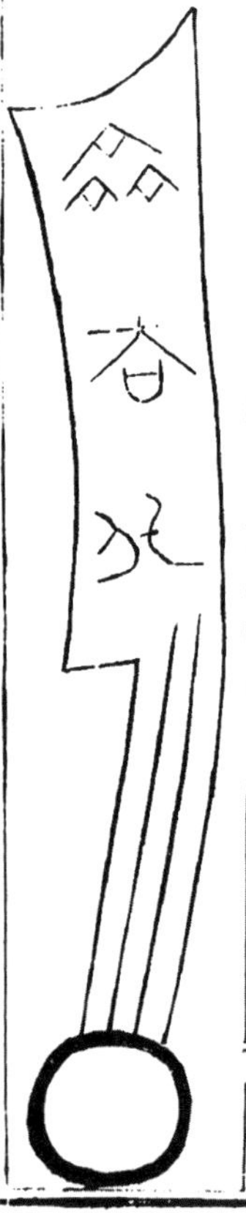

古泉匯　亨二　十二

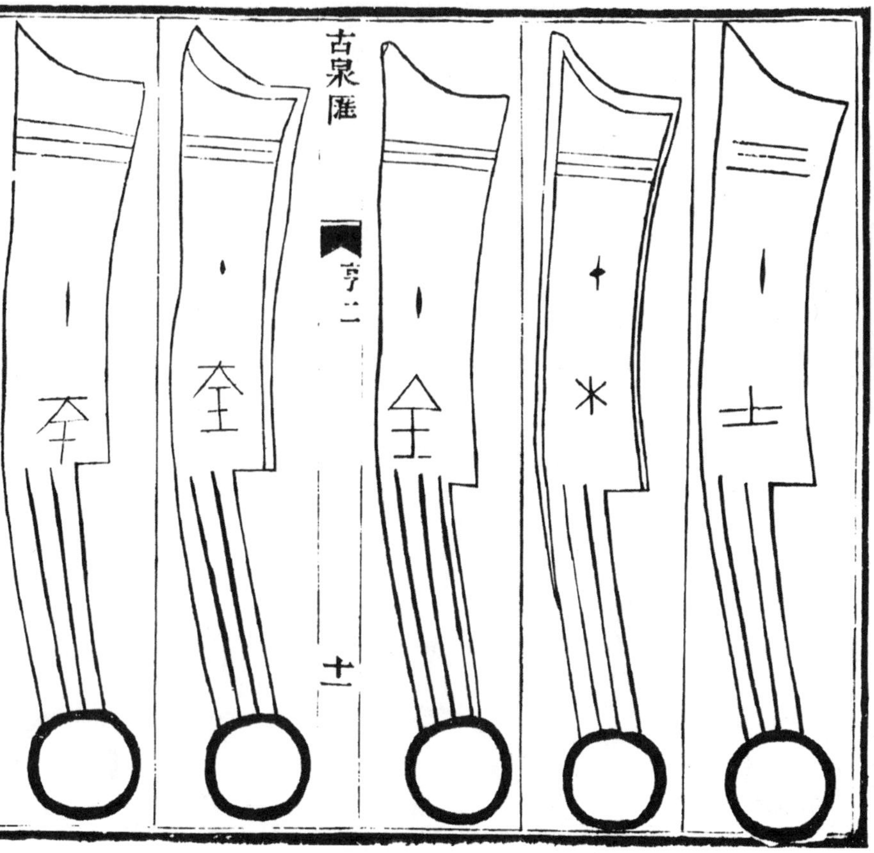

齊去化背土　木　金　金　背一二三四以五行爲紀五金字上多一畫釋爲一金六下缺一畫土字或釋爲吉字減筆

古泉匯　亨二　十三

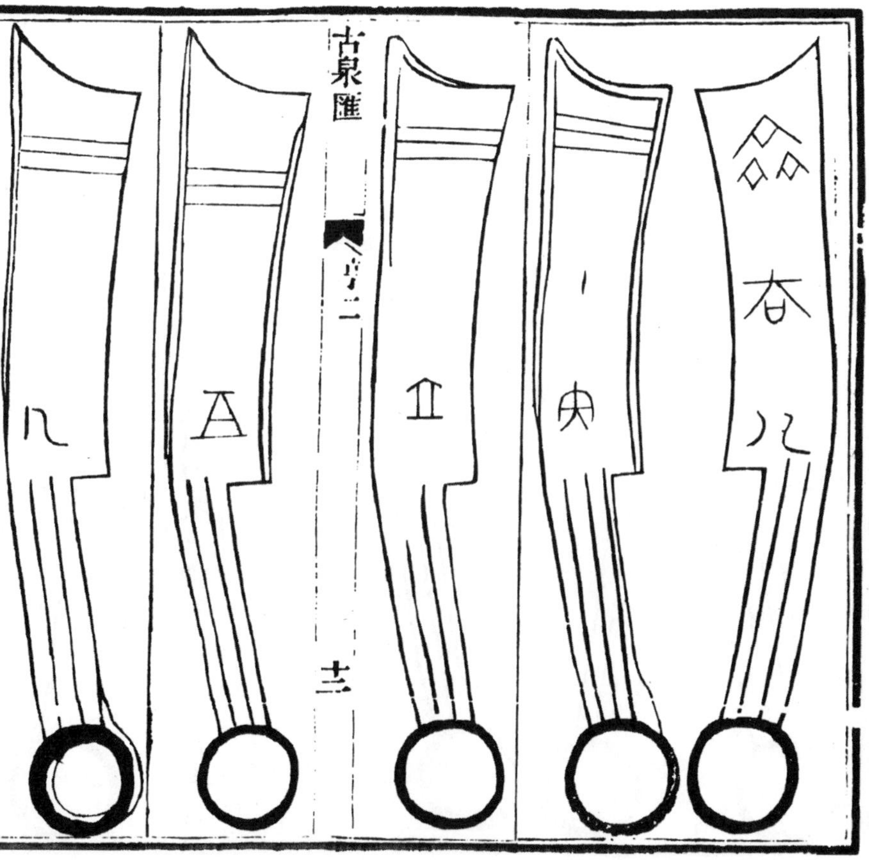

齊去化背央　立　至　化　背一之三義未詳四不可識或即化字減筆金石志又有本字者

古泉匯亨集卷三

齊刀

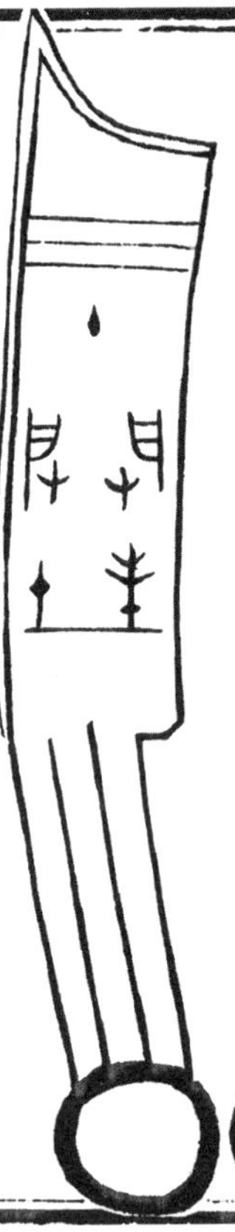

節墨巳之去化　背開邦　金石志節卽古字通節墨卽卽墨刀

策考釋邑謂古地名多从邑旁良是長子作鄅來作郲號作郛背可證背上三橫文一星與齊刀同大小制作均同史記田太公世家齊威王九年卽墨大夫云云考古錄卽墨爲齊之大都今屬萊州府開邦者乃開創時所鑄邦字與建邦刀同爲齊製無疑

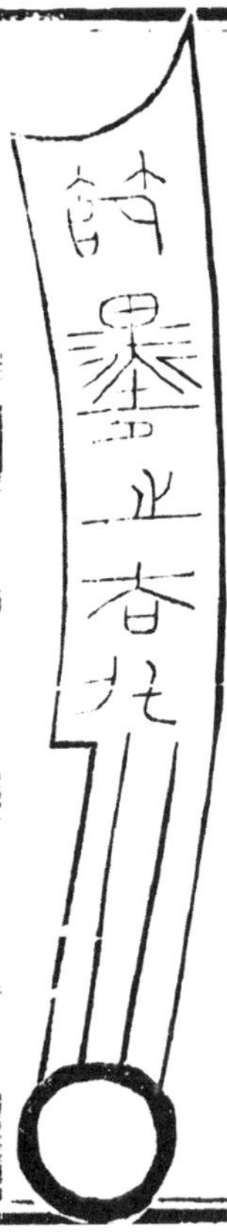

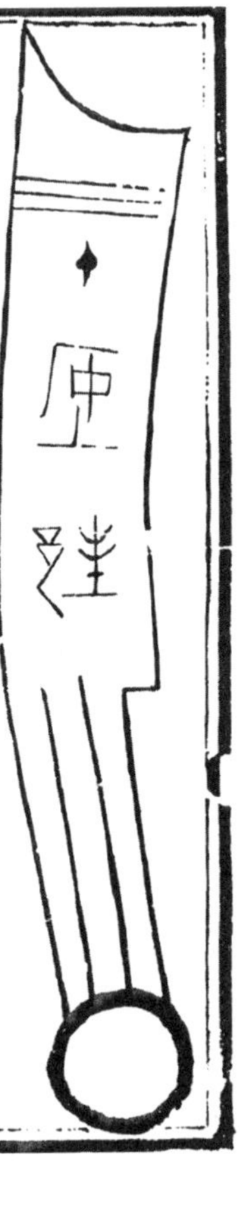

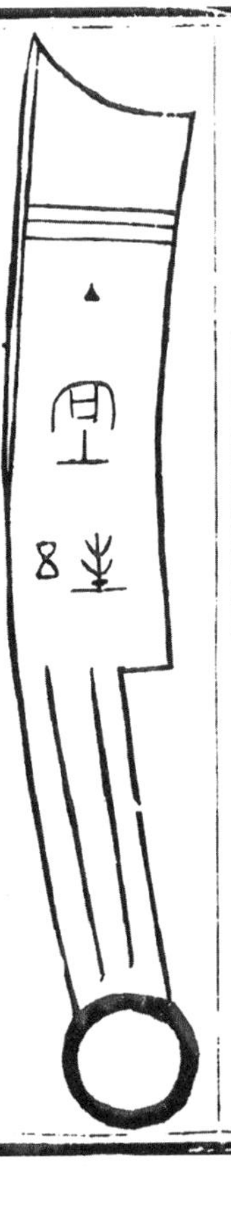

節墨巳之去化　背安邦　背安字與安邑安陽布略同三品安字變體取安邦定國之義歟

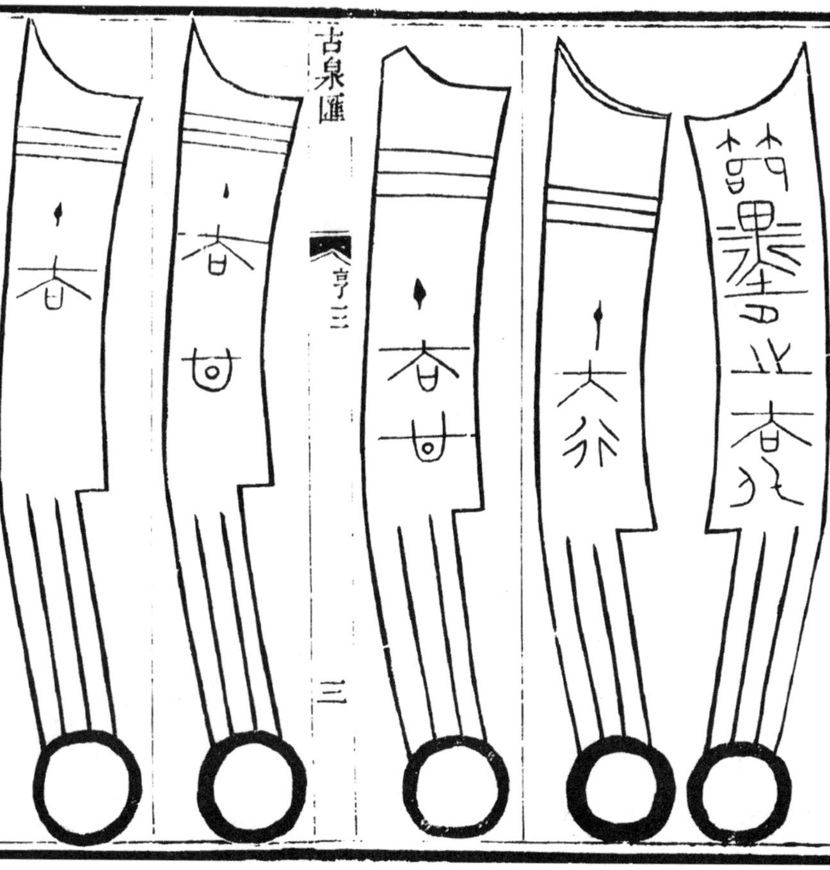

古泉匯　亨三　三

節墨邑之去化背大行　去廿　去　背一二大行亦取行用

之義三四法廿注見卷一齊之法貨刀五減去廿字

古泉匯　亨三　四

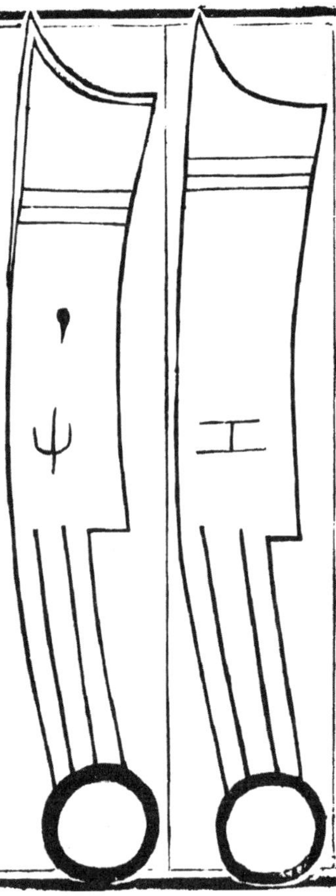

節墨之去化背化　亻　上　吉　日　工　中　背與齊法

貨文同法見卷二一貨減作化二作亻

古泉匯　亨三　五

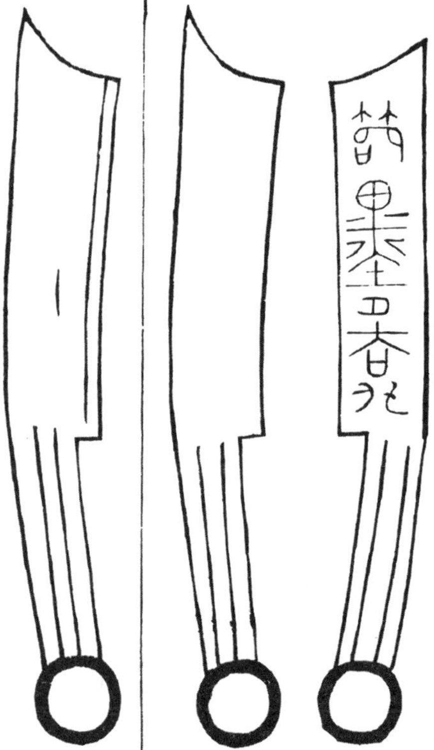

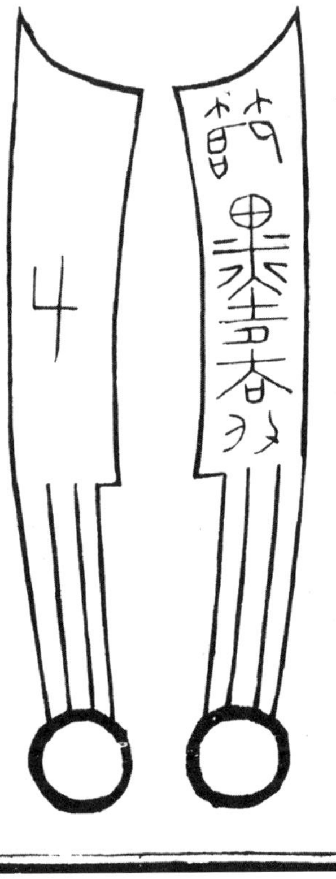

古泉匯　亨三　六

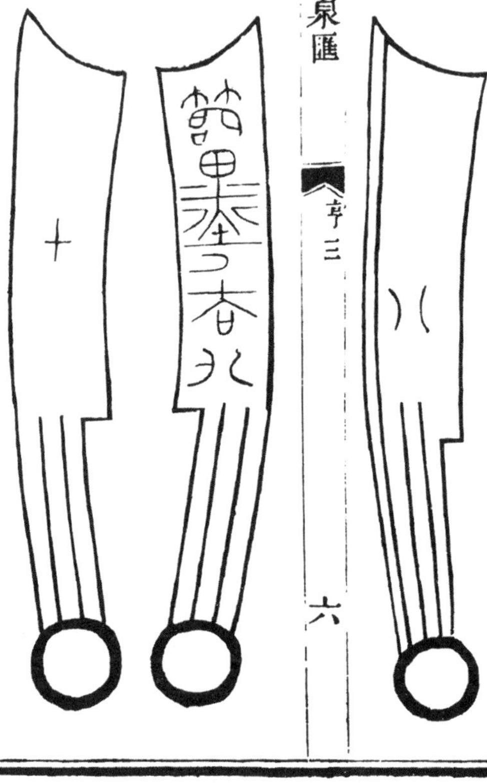

節墨巳去化　背一　七　八　十　此刀厚重與前品同而

制狹小面五字減去之字背上減去三橫畫一無文餘皆紀數

七字傳形橫書金石志尚有九字者想皆紀范次第自一至十

應俱全特今未見耳又有作魚鱗紋及日字重輪者亦未見

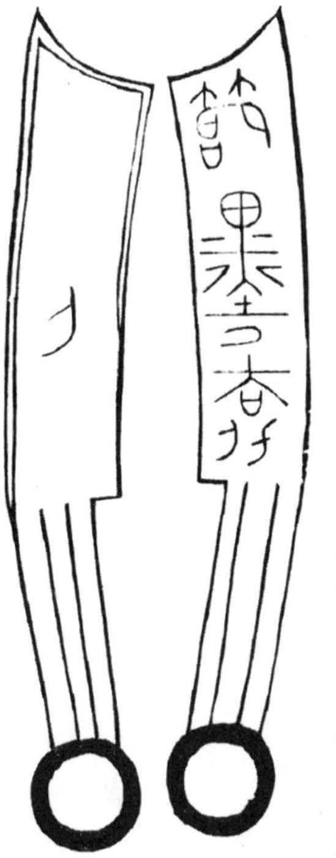

古泉匯 亨三 七

節墨巴去化背匕 貨減作匕傳形次多一畫

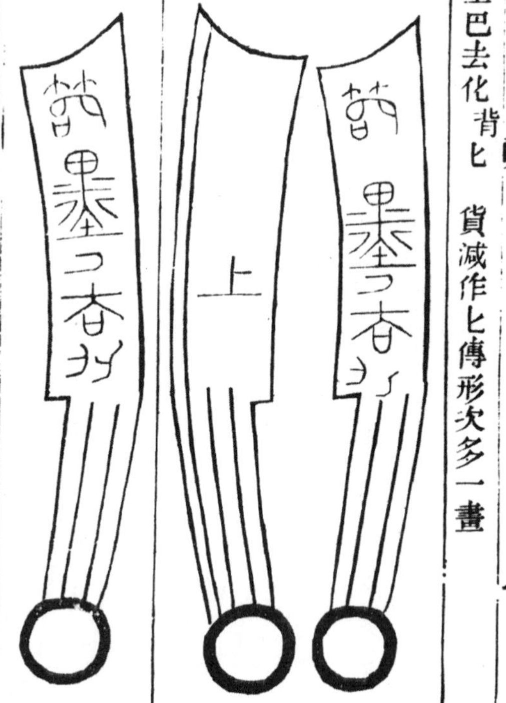

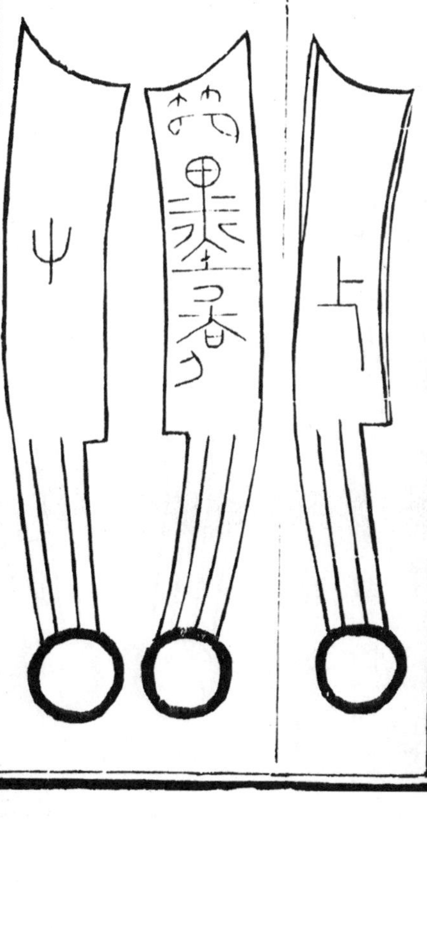

節墨巴去化背上 中 背文註見卷二次上字多一畫

古泉匯 亨三 八

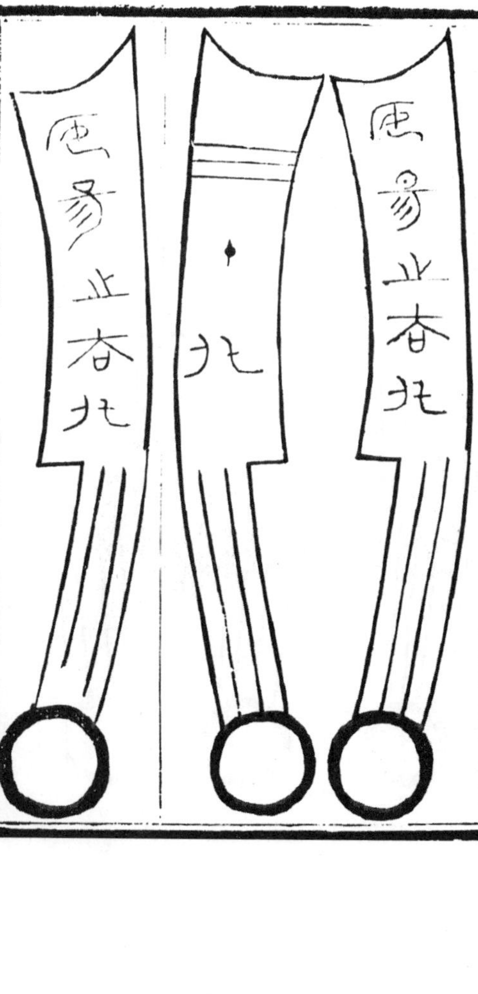

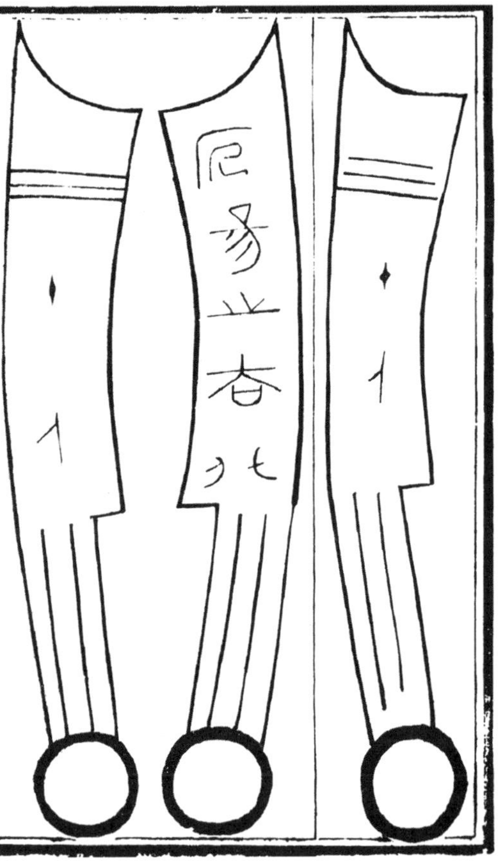

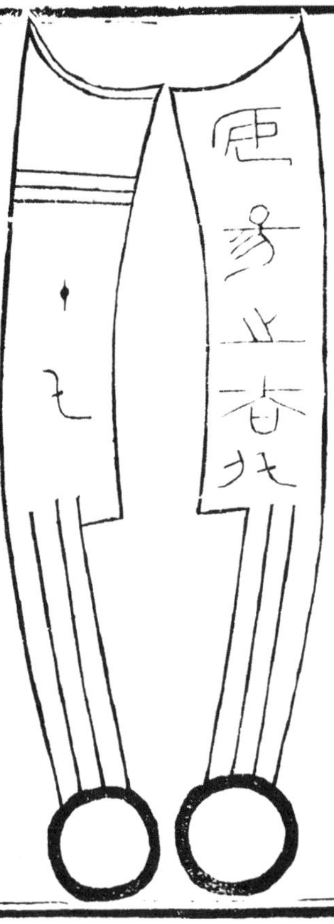

安昜之去化　背化　亻七

安陽省阝旁與布同背文貨作化亻七與齊刀同吉金錄安陽布屬秦晉乃此刀亦曰安陽與齊刀規制無二似齊别有安陽矣春秋成二年及齊師戰于鞌

注齊地古多省偏旁陽作昜法作去貨作化則鞌亦可作安加陽字者亦猶布中之陶曰陶陽亓曰亓陽耳劉燕庭云後漢書趙彥傳莒有五陽之地宜發五陽郡兵討之注城陽南陽武陽開陽安陽也安陽莒地齊莒謂之刀安陽刀即莒刀也齊莒相近故規製相同且今盡出吾鄉尤可信背文注俱見卷二

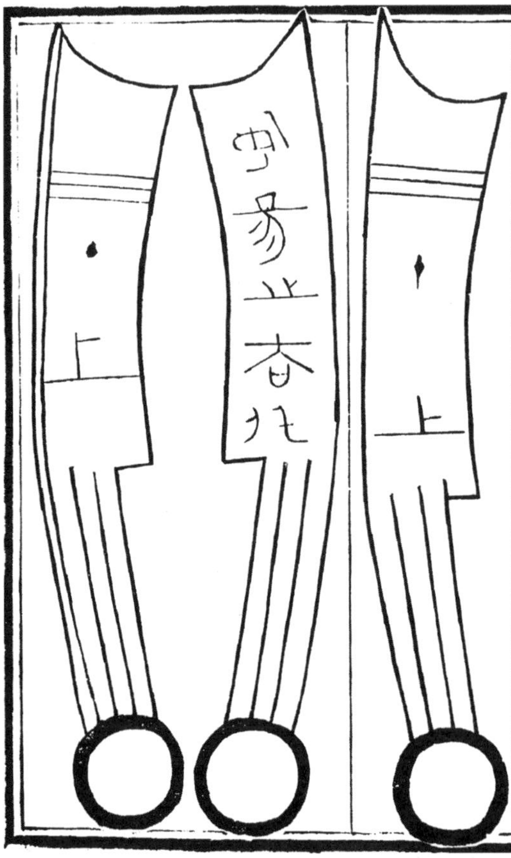

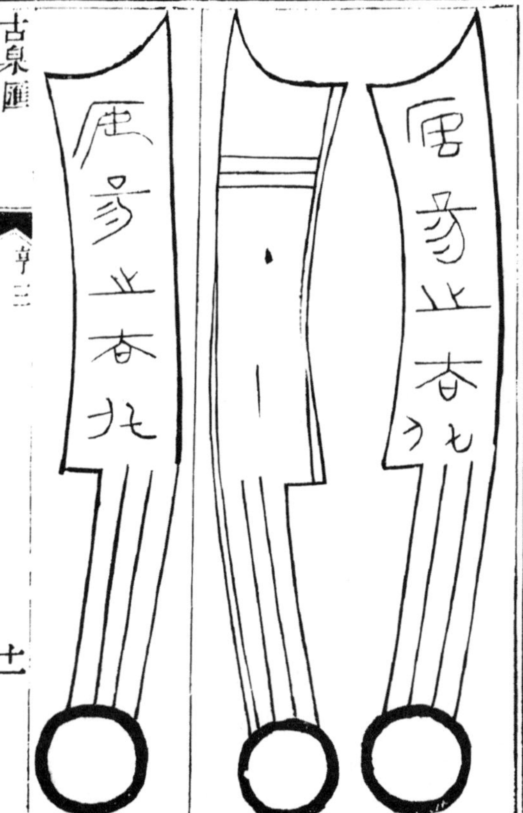

古泉匯　亨三　十一

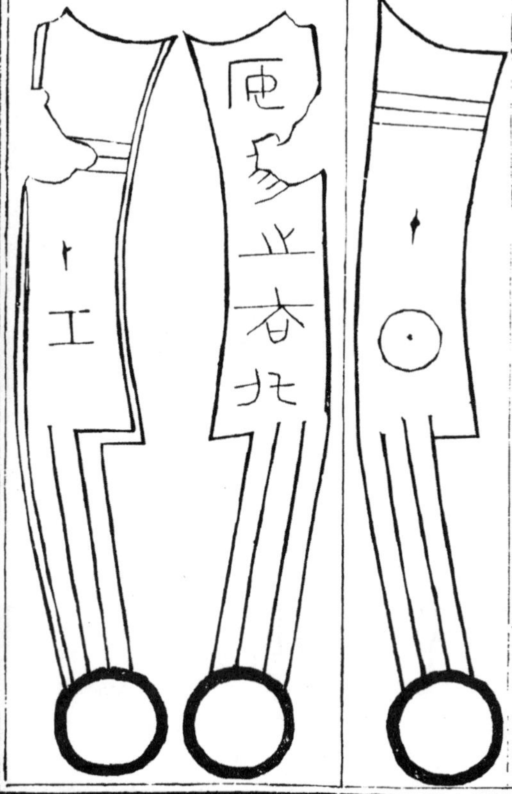

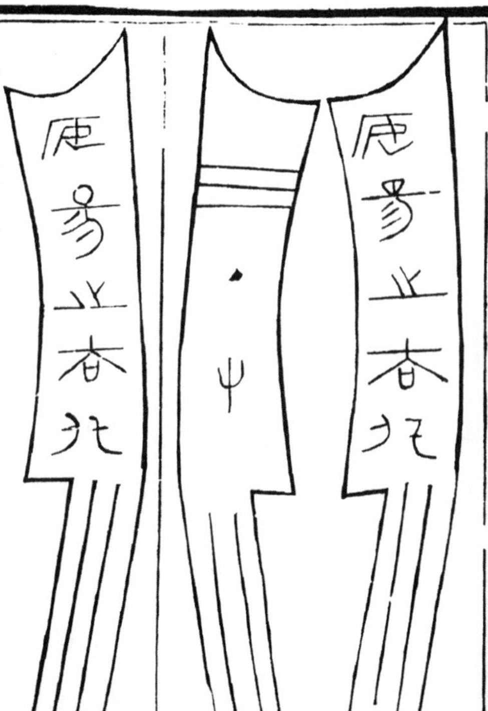

古泉匯　亨三　十二

安易之去化背上一　日　工　中　面文略同次安字傳
形特異五有殘缺背文注俱見卷二七無文按齊刀面內外周
郭一律而齊之法貨及卽墨安陽三種皆內緣與刀柄直文平
外緣隆起高於刀柄直文制作較異

古泉匯亨集卷四

明刀

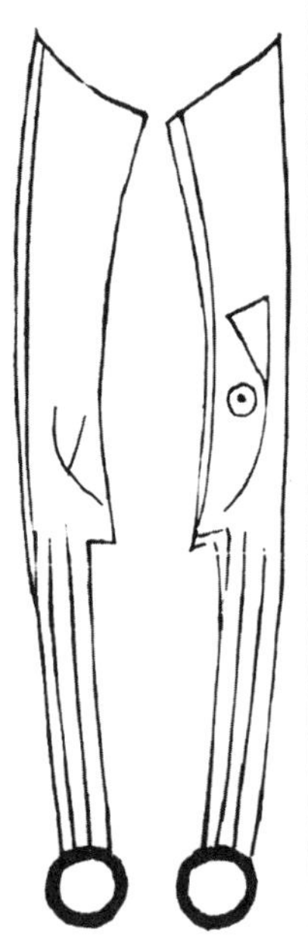

明背七　文字考釋爲明字據史記秦昭襄王二十五年拔趙二城與韓王會新城與魏王會新明邑新明邑者趙之明邑也背文七倒書傳形乃貨字減筆按明刀最夥明字皆圓折此獨方折且刀形亦與諸明刀小異誠罕覯之品

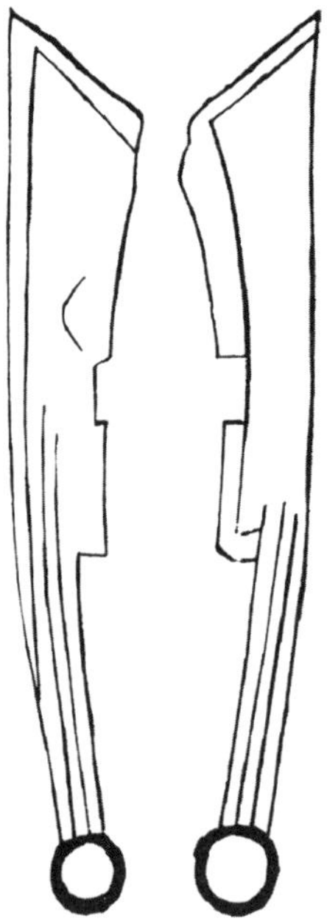

此刀面無文背一曲畫或亦七字之鈌筆形模與前品無異知屬一時之製惟有溢出笵外之銅乃鑄造之不精也此二品周郭停勻無隆起處與諸明刀異

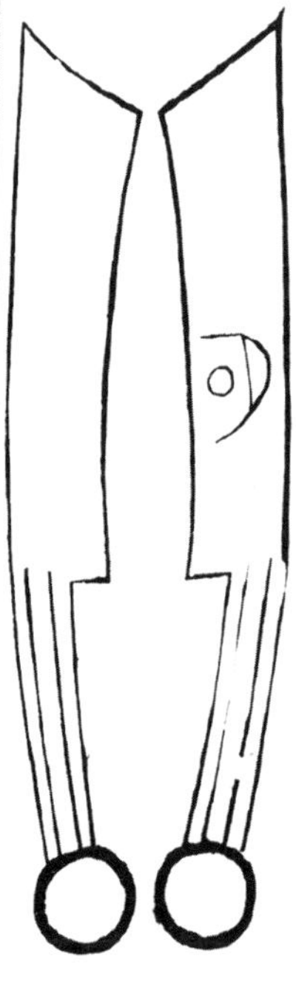

明　面明字背無字吉金錄稱河間易州於敗井頹垣中每有所獲動輒數千近於道光年間直隸境內新出無數直定李君寶臺得數千餘擇精者數百貽余其形製約有二種一種形作方折如磬製較狹一種圓折微彎製較闊面文皆一明字背文異者得二百餘枚此刀盡出直隸其爲趙明邑之物無疑

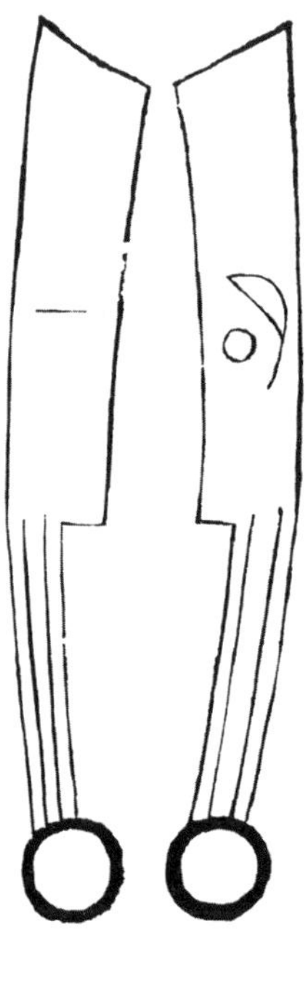

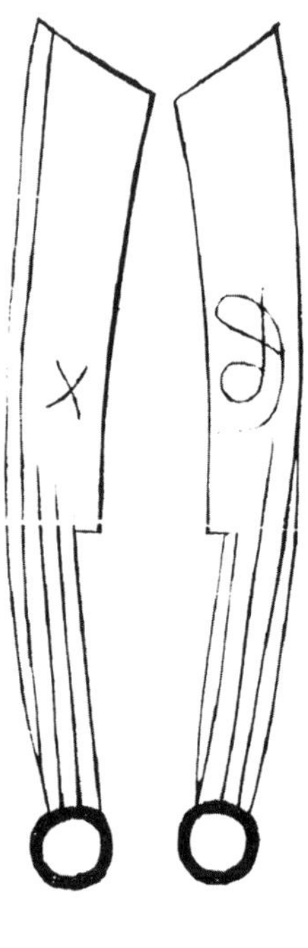

古泉匯　亨四　三

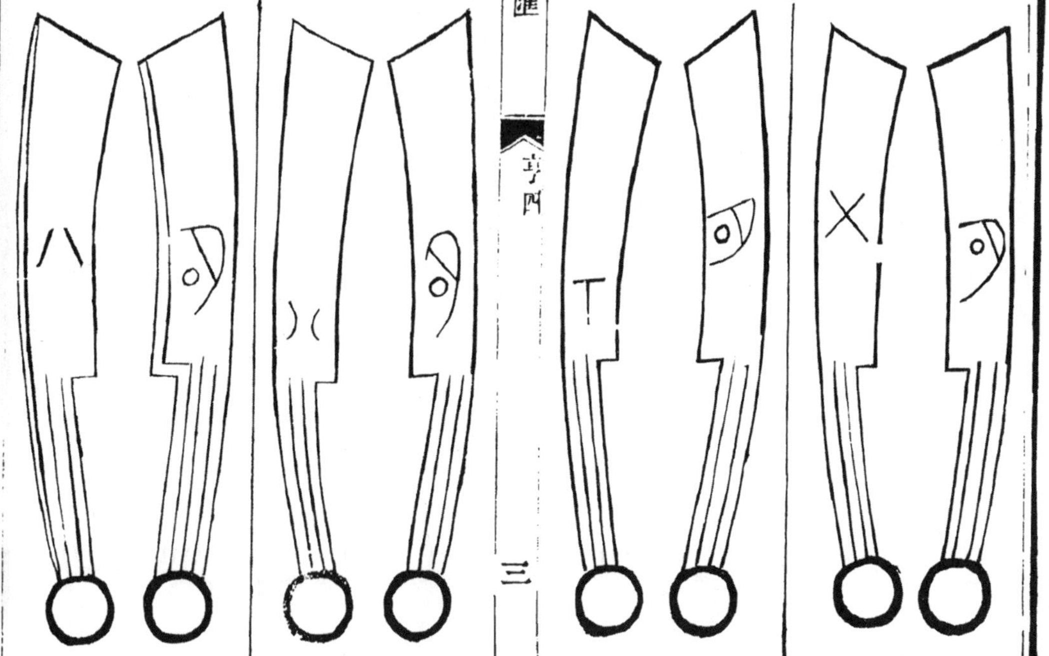

明背一　五　六　八　背文一　一　二　三　五　四　六字若今之馬
子方足襄垣布背文亦有之五六八紀數共四種

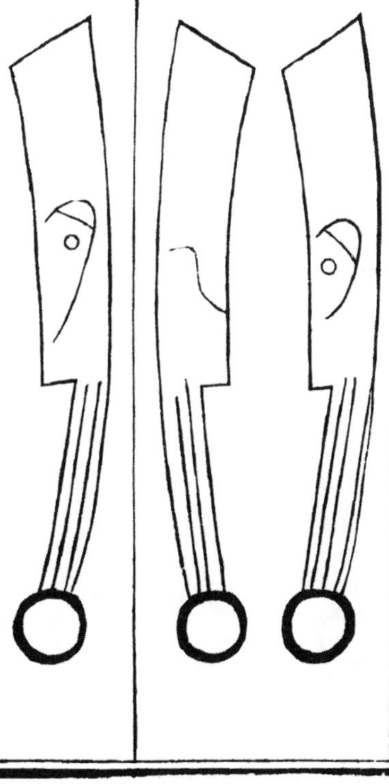

古泉匯　亨四　四

明背乙　二品背乙字

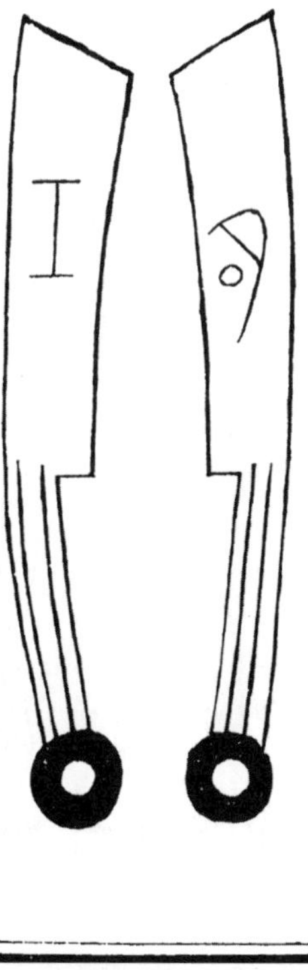

明背工　背工字注見齊刀

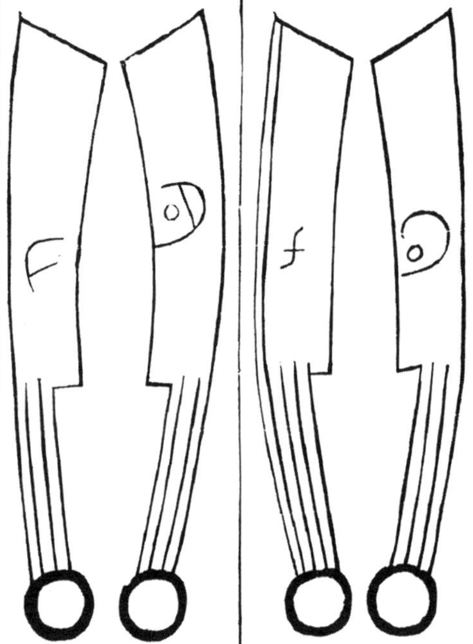

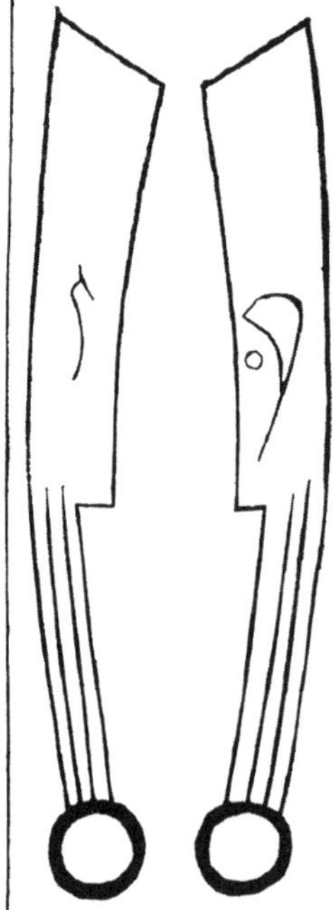

明背匕　亻　三品背俱傳形一二匕二倒書三作亻俱貨字
之減筆

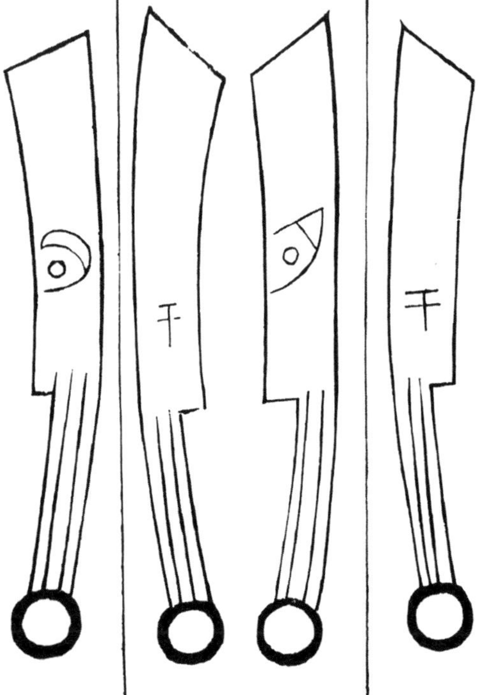

明背干　于　一二干字亦似土倒書三子字傳形

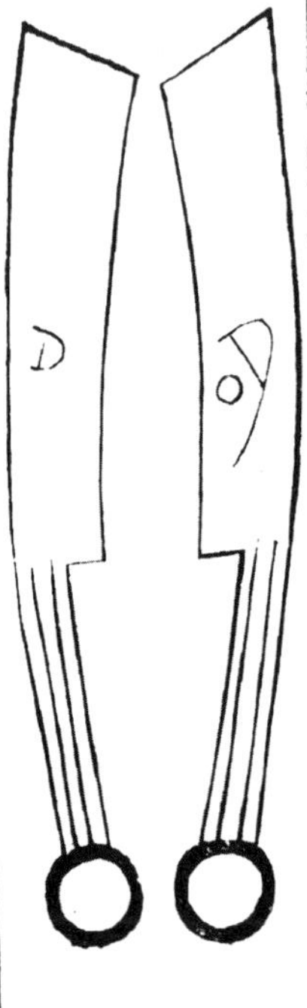

明背口　背口字横書按明刀背文異者多面文異者少以上
十餘品面雖皆一明字而篆法離奇變化乃此刀之最異者

古泉匯　亨四　七

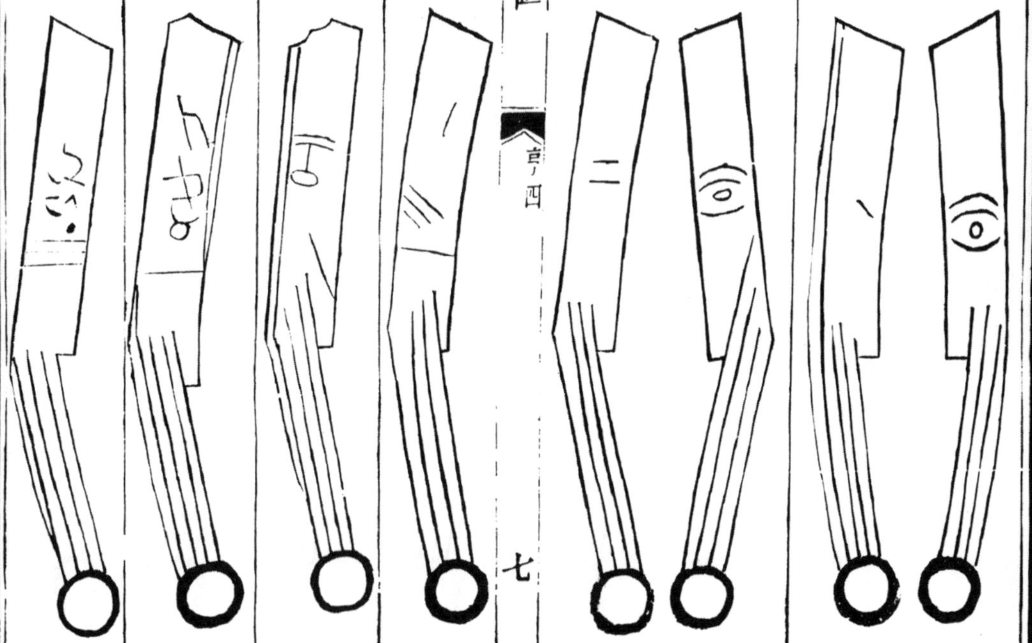

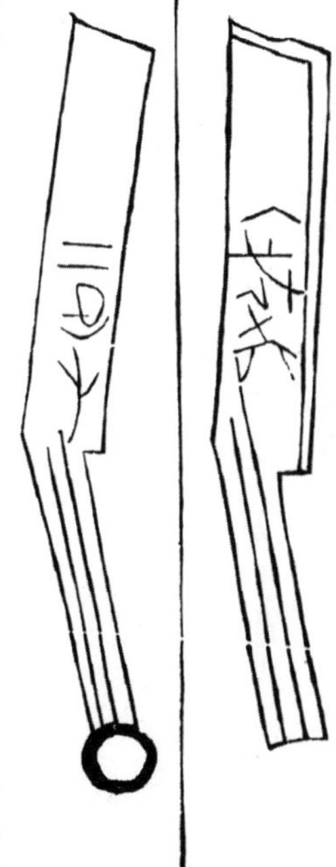

明背　一　二　三　二口一　口一　口三　口六　二口

七　一圜折二及八方折背紀數四至八上下紀數中不可識

古泉匯　亨四　八

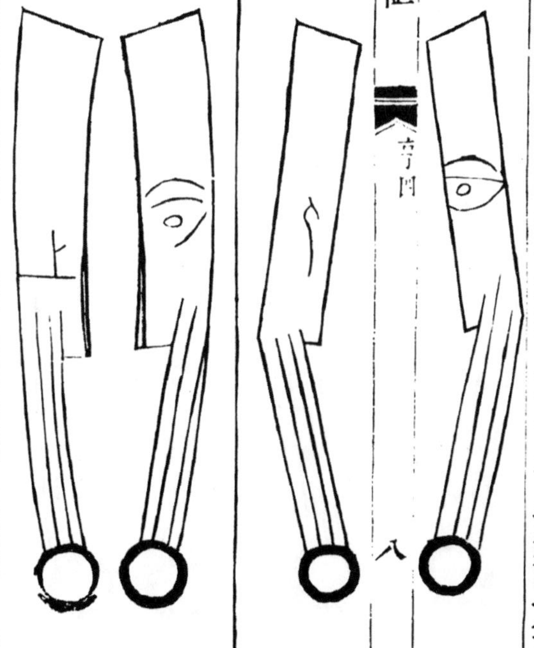

明背　亻　上　一方折貨字亦減作亻次圜折上字法俱見齊

刀

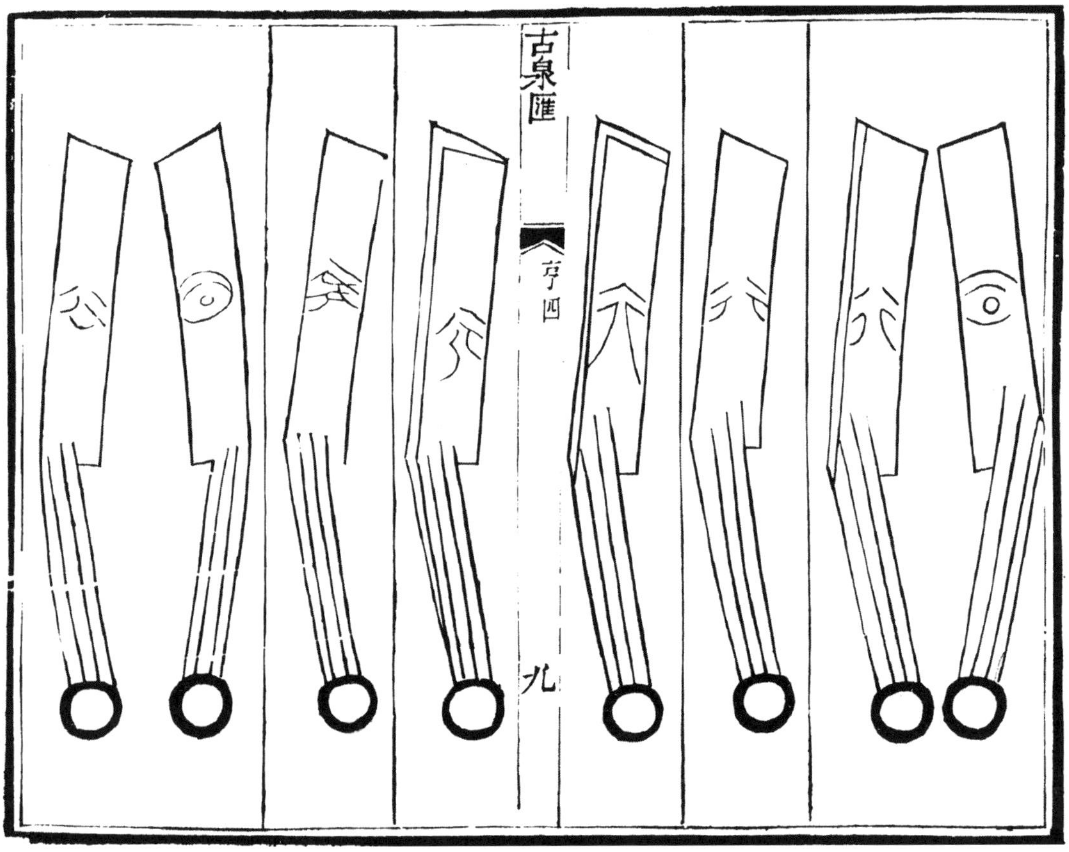

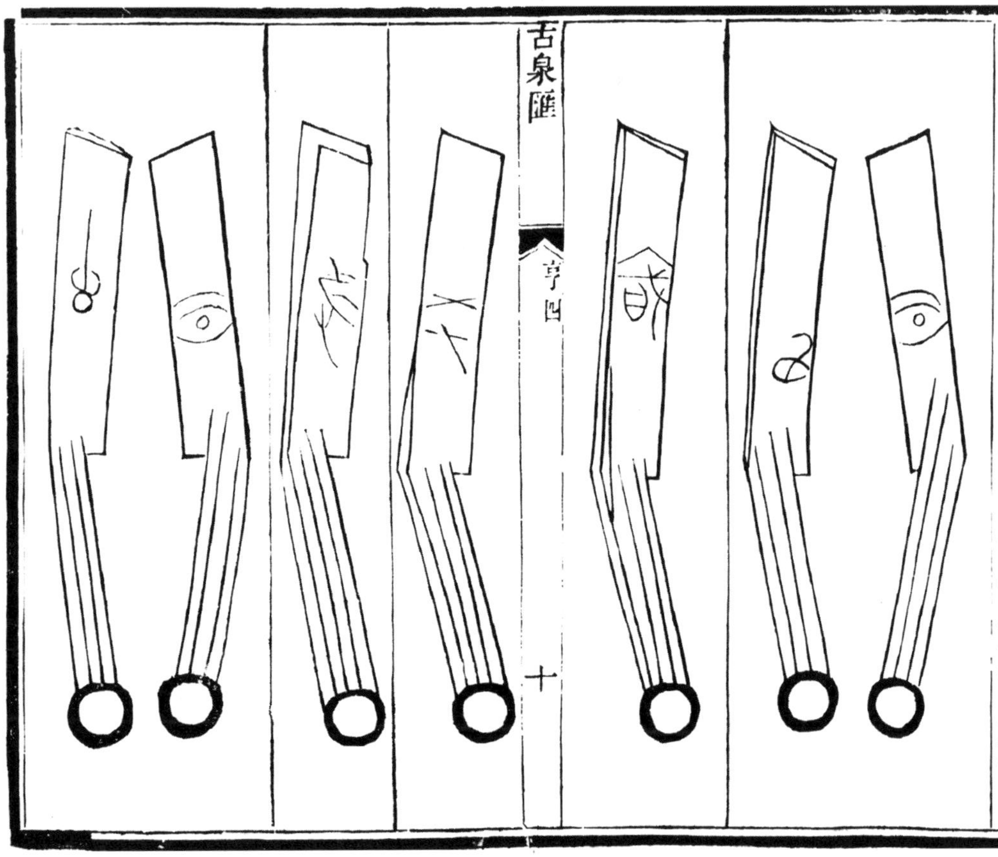

明背行　一及五皆方折六圓折背皆行字五多數橫畫

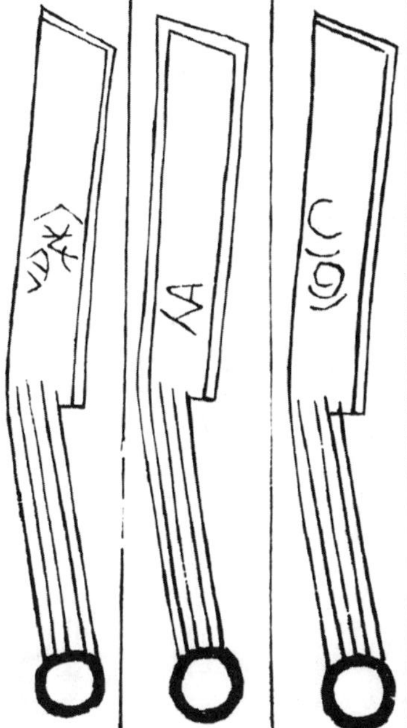

明　一及四方折五及八圓折背文均不可識三似五五兩字

按明刀以左右外𠙴爲四類此以上無左右等字爲異

古泉匯亨集卷五

明刀

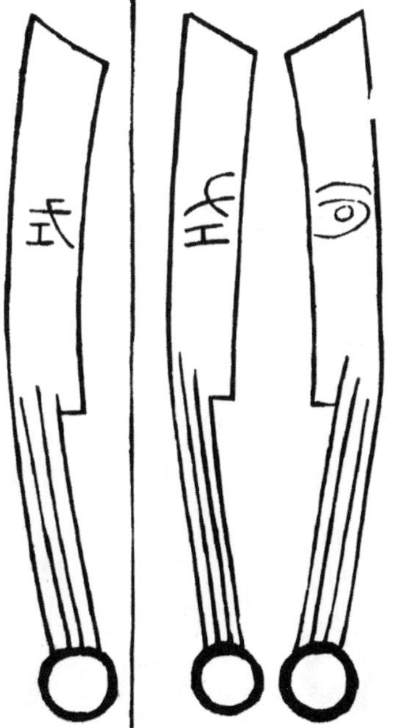

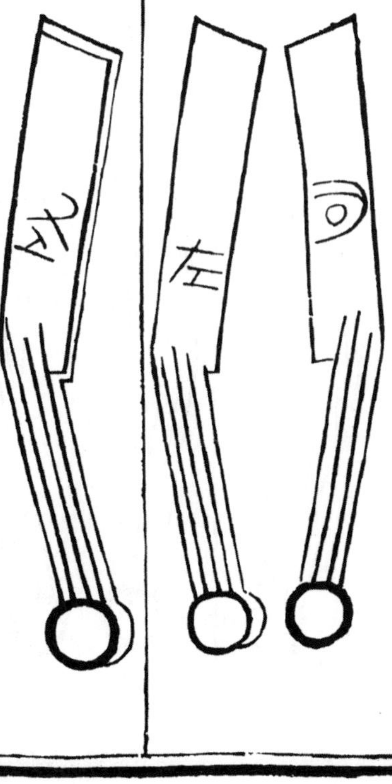

明　背左　面同背一篆書二反書三正書四變體俱左字一二

刀形圓折三四方折

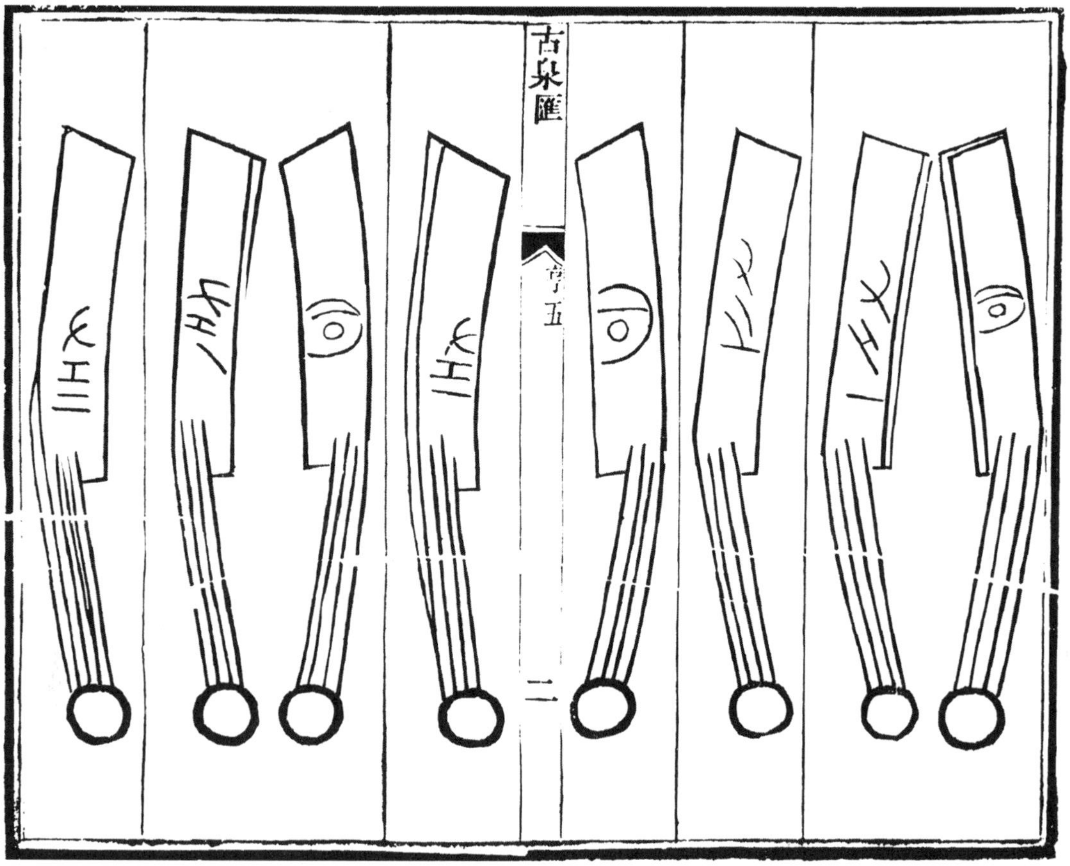
古泉匯
亨五
二

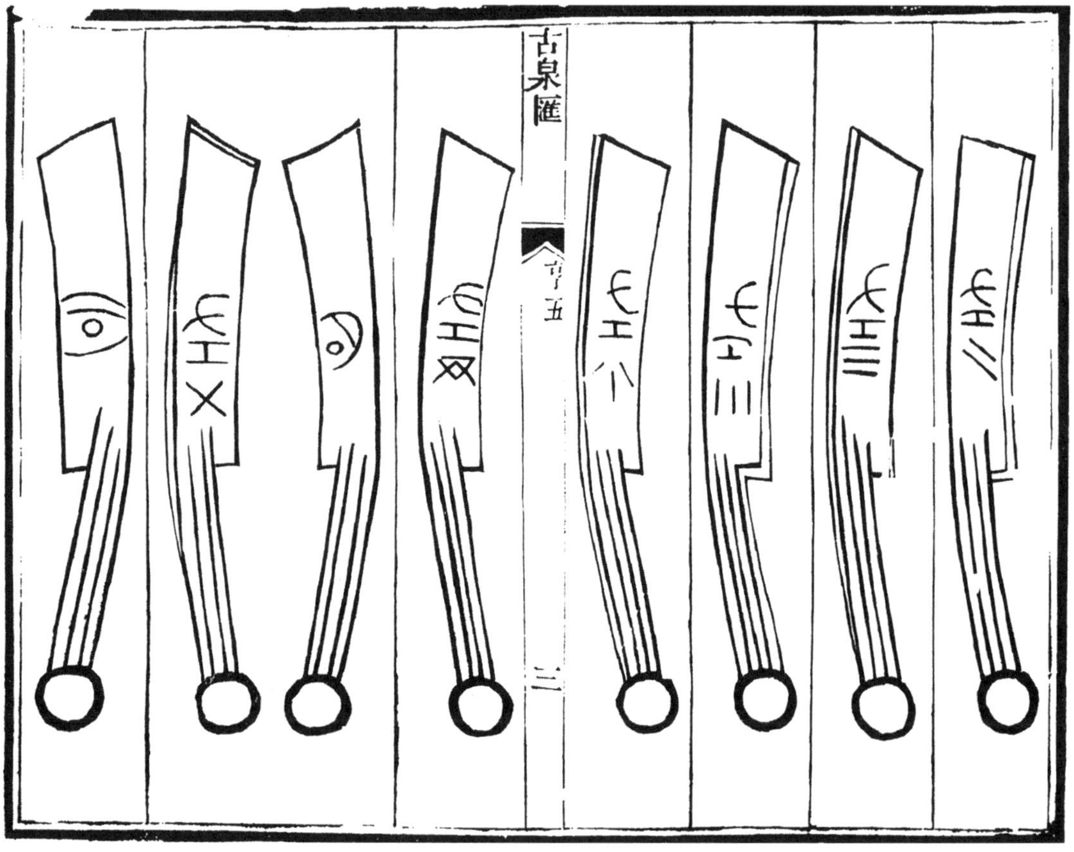
古泉匯
亨五
三

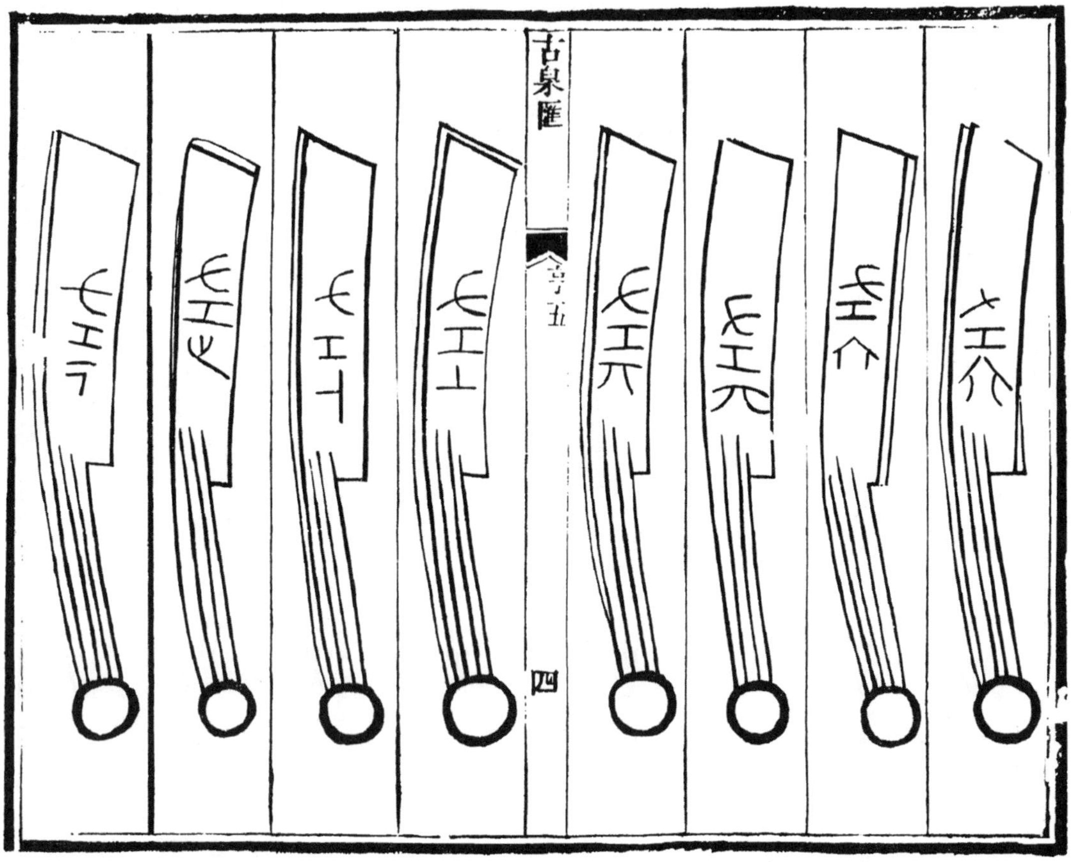

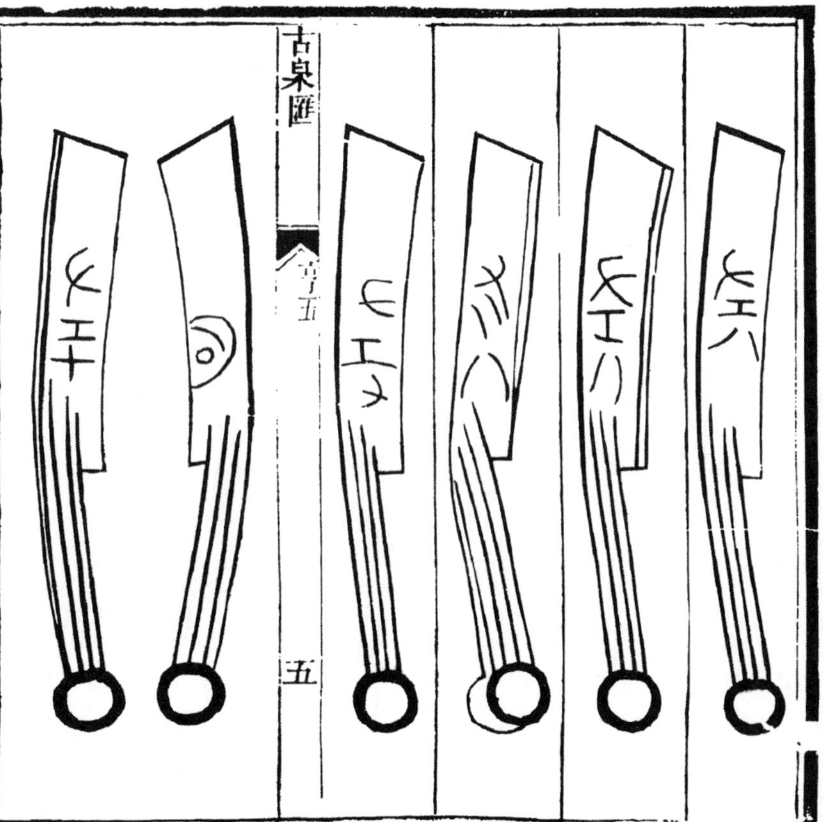

明背　左一　左二　左三　左四　左五　左六　左七　左八　左九　左十　面文三及十一廿四小異餘俱同背一至十數全二左字缺小豎畫四一字六二字均斜書八三字橫書九斜書十五六字缺上畫十六七缺下兩畫類馬子十七橫書

十八七字與小布同十九七亦類馬子倒書廿二左字斜書亦
缺豎畫一二形方折餘圜折

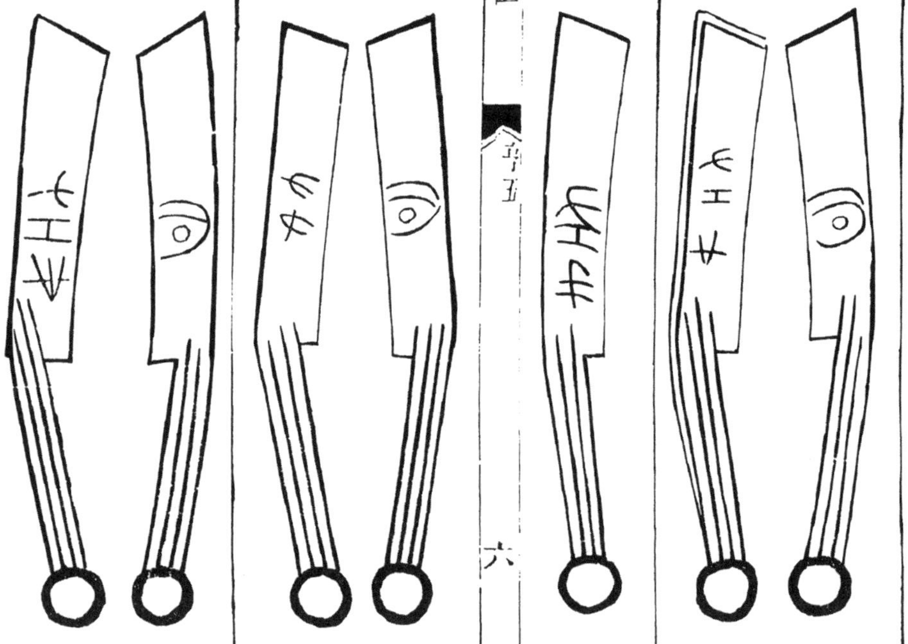

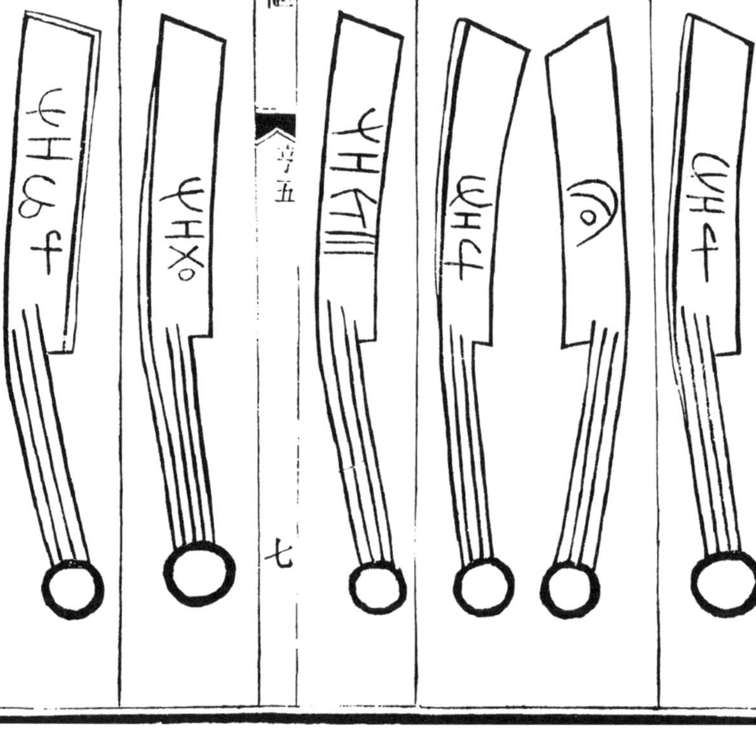

明背左廿　左世　左千　左下三　左五○　左口千　面
文六小異餘同背一廿字正書二三橫書三左省工字四世五
六千七下三八五字下○九千字上一字不可識三形方折餘
圜折

古泉匯　亨五　八

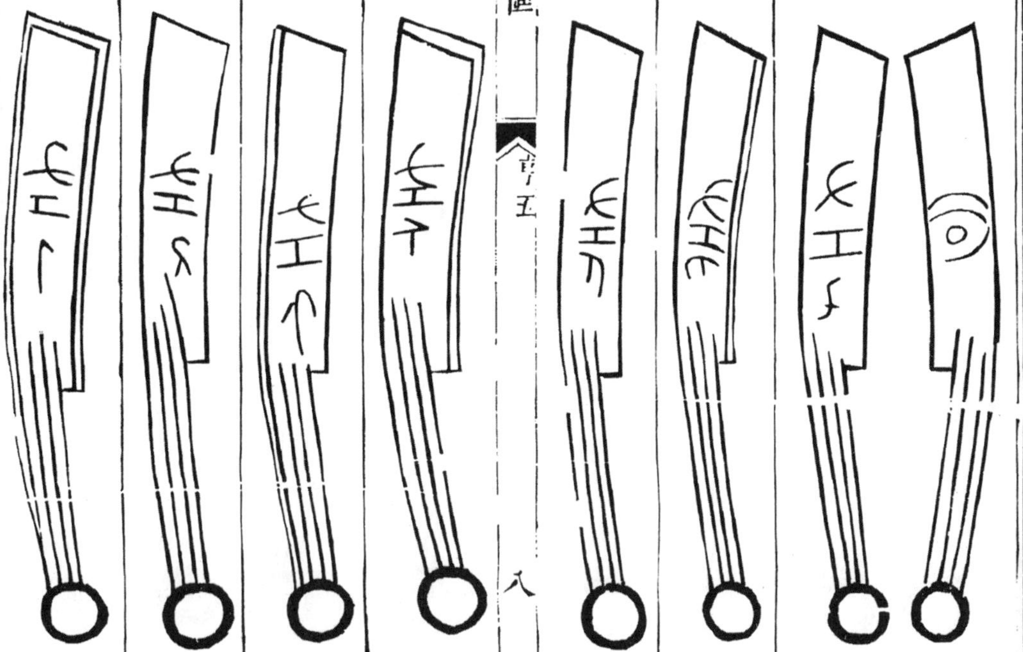

古泉匯　亨五　九

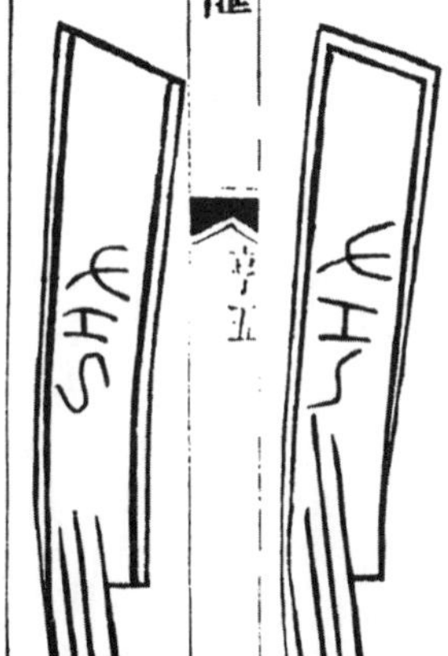

明背左七　左亻　背一貨作七反書二三橫書四及七省作亻四正書餘反書

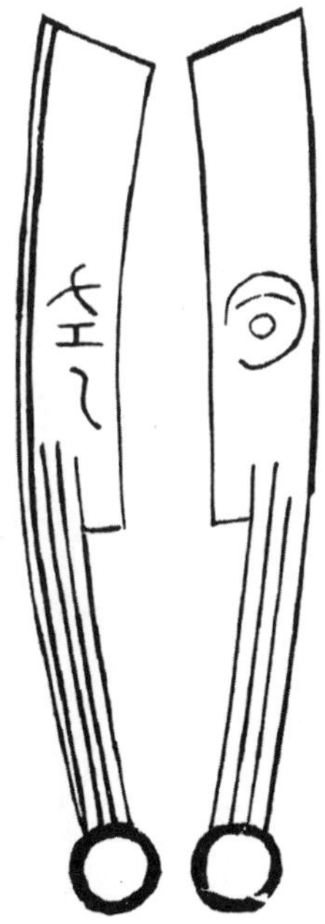

明背左乙　左巳　背乙字一正書二反書三已字皆紀干支

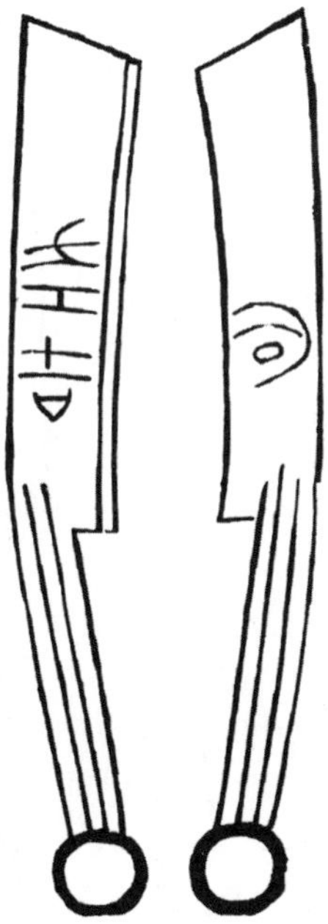

明背左吉　背左字雙畫誤筆吉字與齊刀同

明背左上　左下　左下工　背一上字正書二反書三下字
正書四反書五六亦反書上横畫作折筆六下多一工字

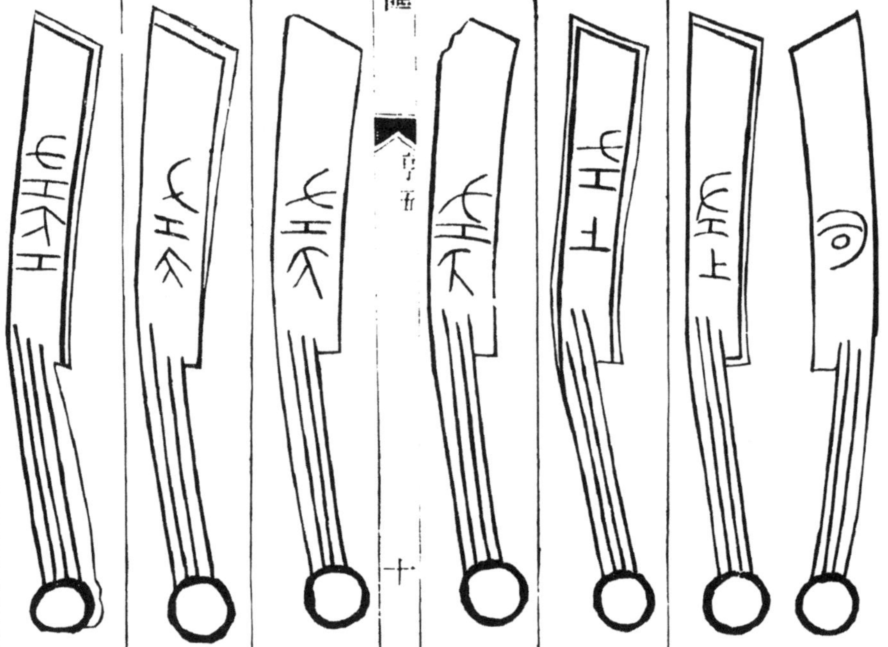

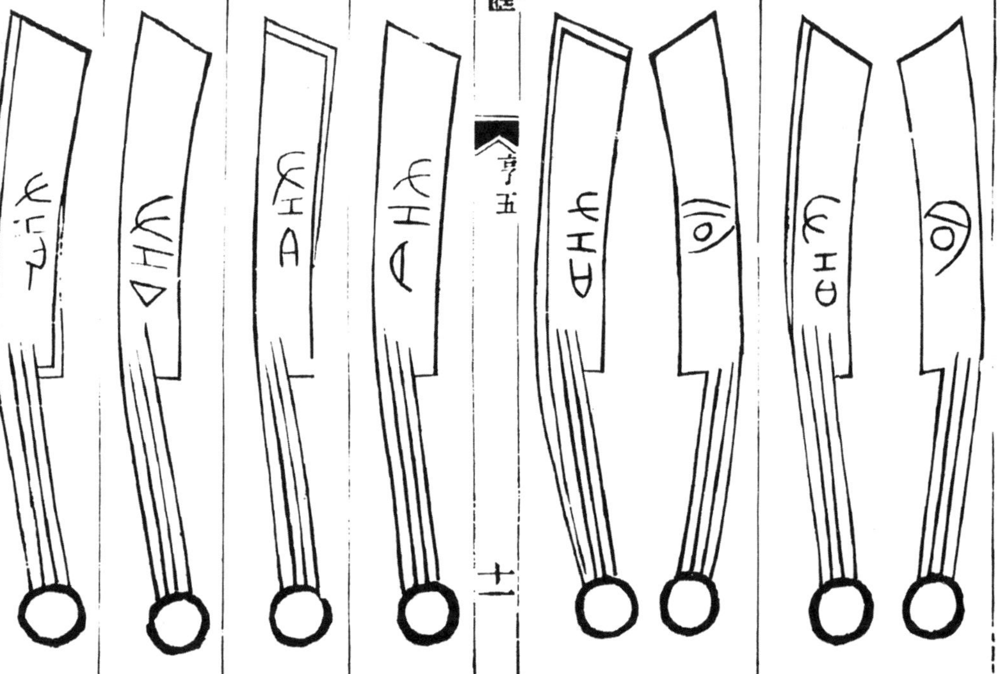

明背左口　一面文異餘同背口字一二正書三橫書四倒書

五變體六多一竪畫又有左△者

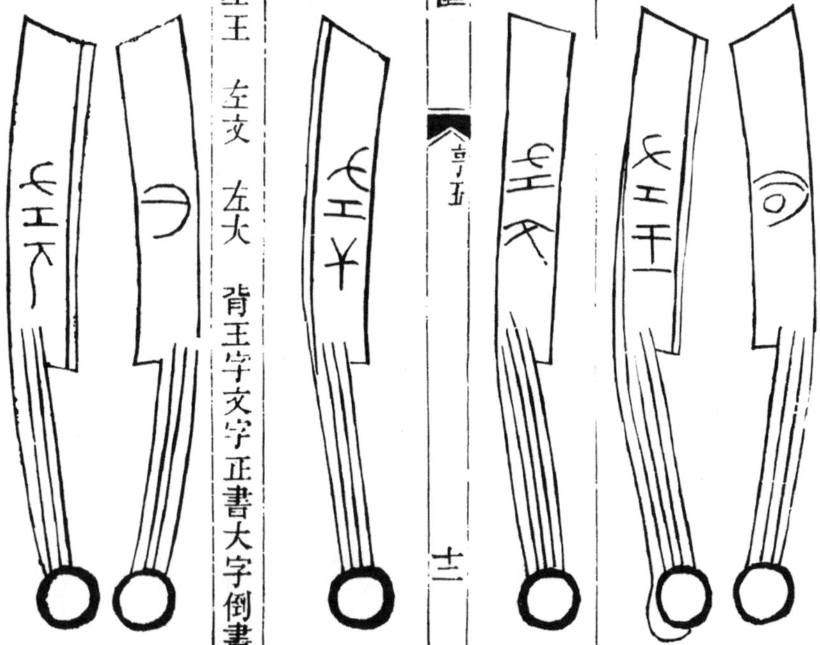

明背左王　左文　左大　背王字文字正書大字倒書

明背左口　面文缺○背左字下一字不可識或疑下字

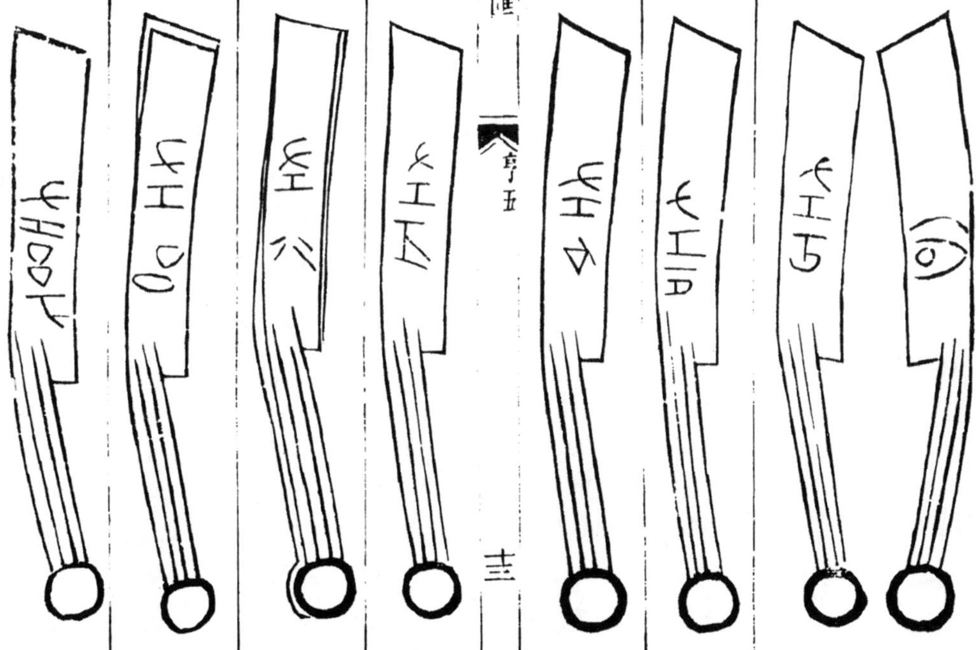

明背左口　七品面文同背左字下一字均不可識

明背下左　背文左字均在上在下者僅見此

古泉匯亨集卷六

明刀

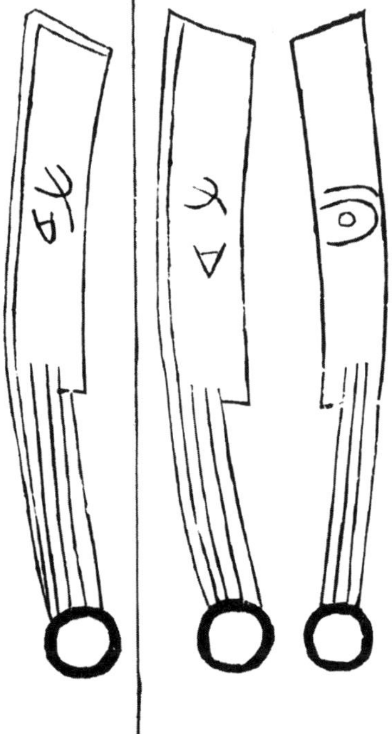

明背右　面同背俱右字

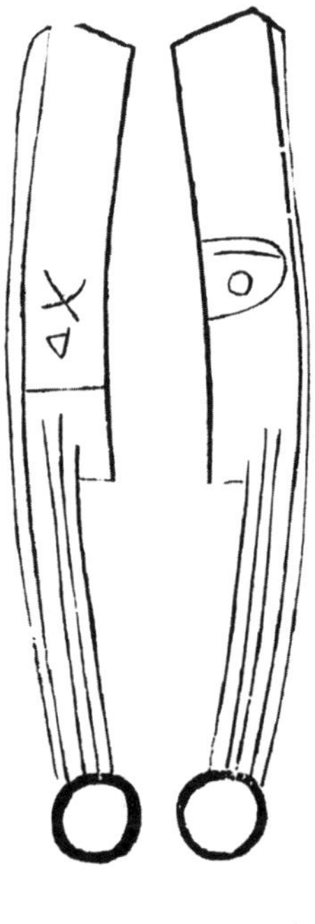

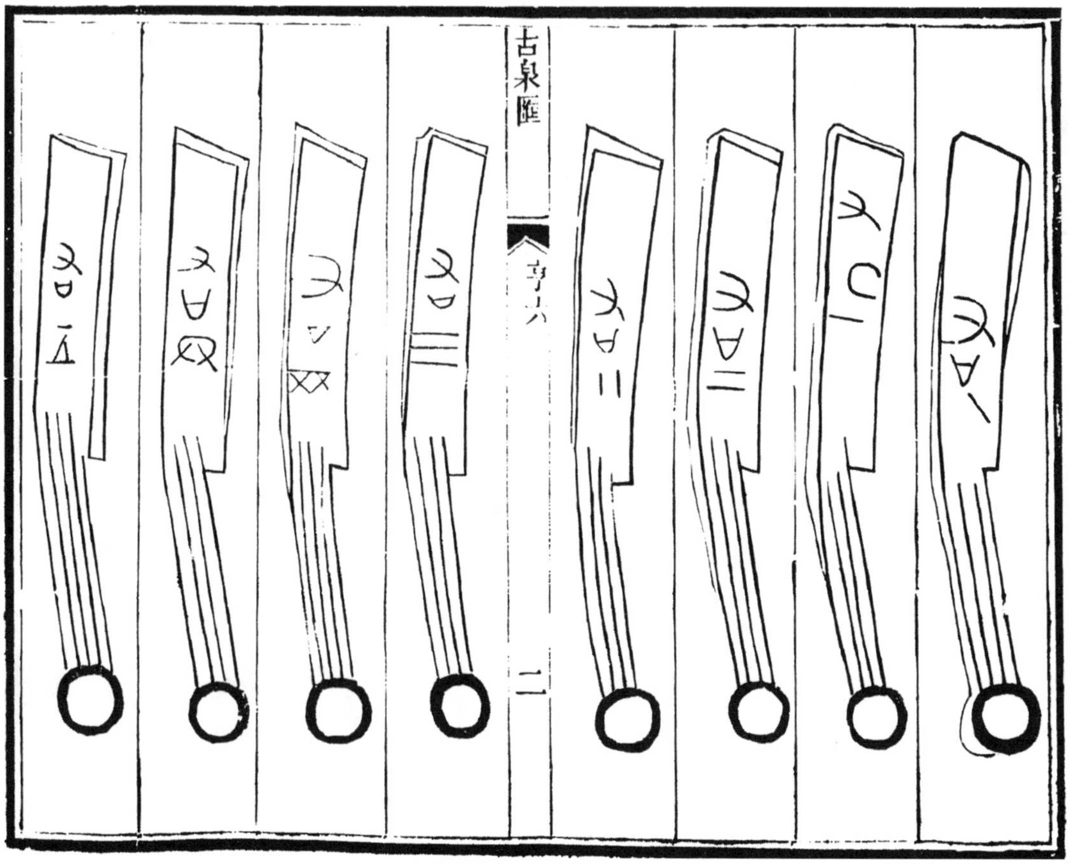
古泉匯
亨六
二

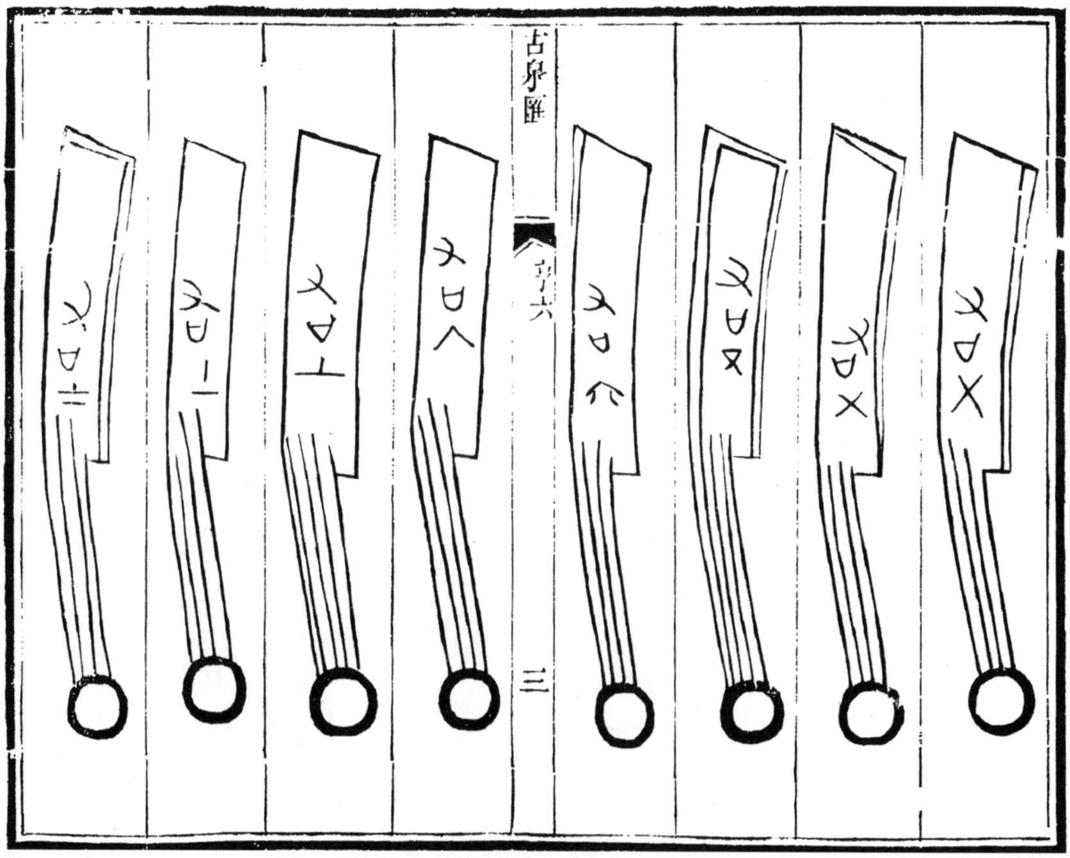
古泉匯
亨六
三

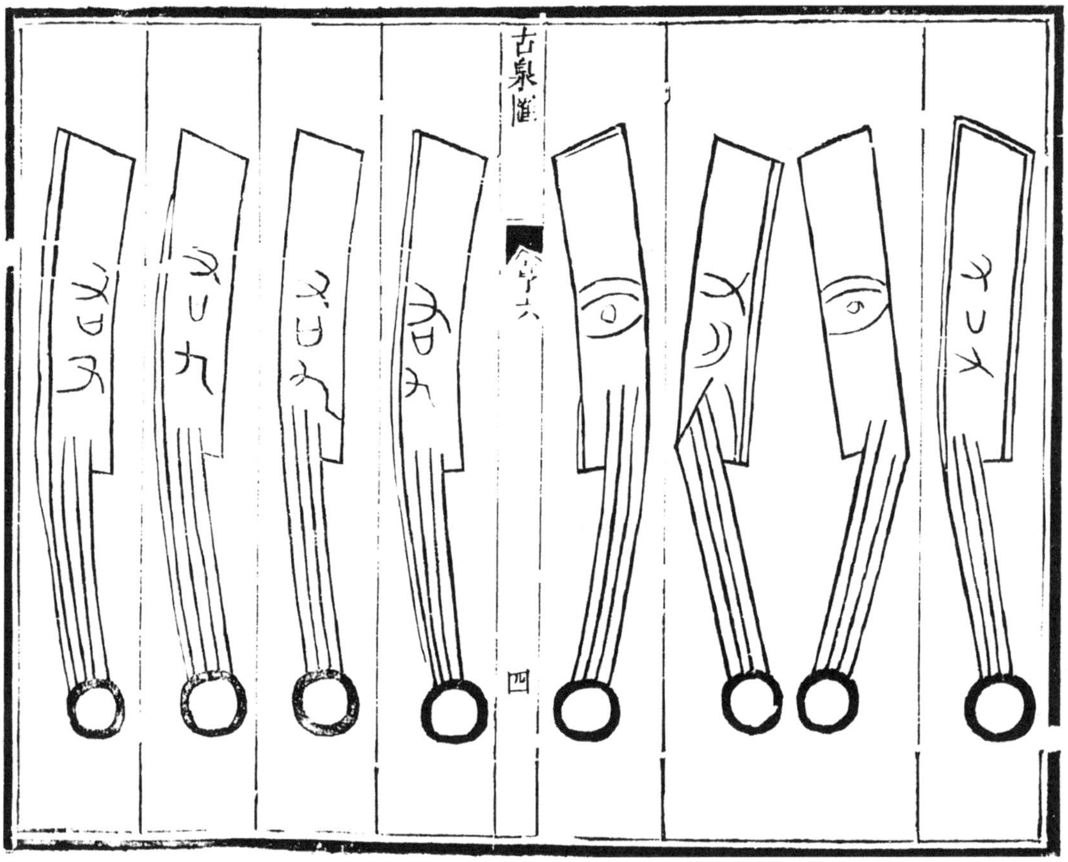

明背　右一　右二　右三　右四　右五　右六　右七　右八　右九　右十　面文同背上右字下自一至十紀數全二一字斜書三右字變體五二字橫書十十一十二五字減筆十四六字減筆十五至十七六七字類馬子廿三九字變體廿四倒書廿五反書十九形方折餘圜折按明刀有左右字者甚夥左右字下紀數者尤夥圖此聊存大概仍不能備也

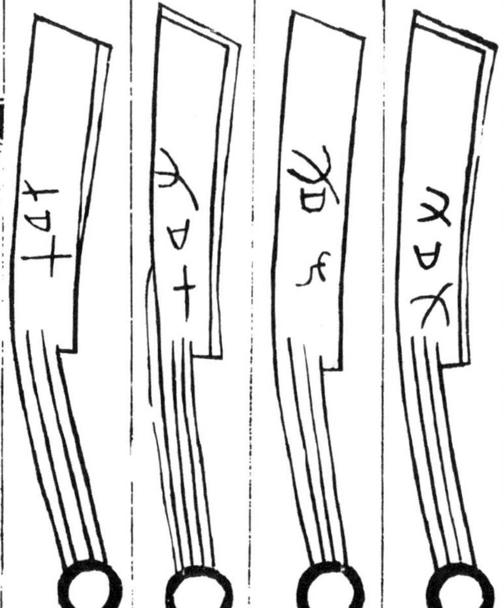

古泉匯　亨六　六

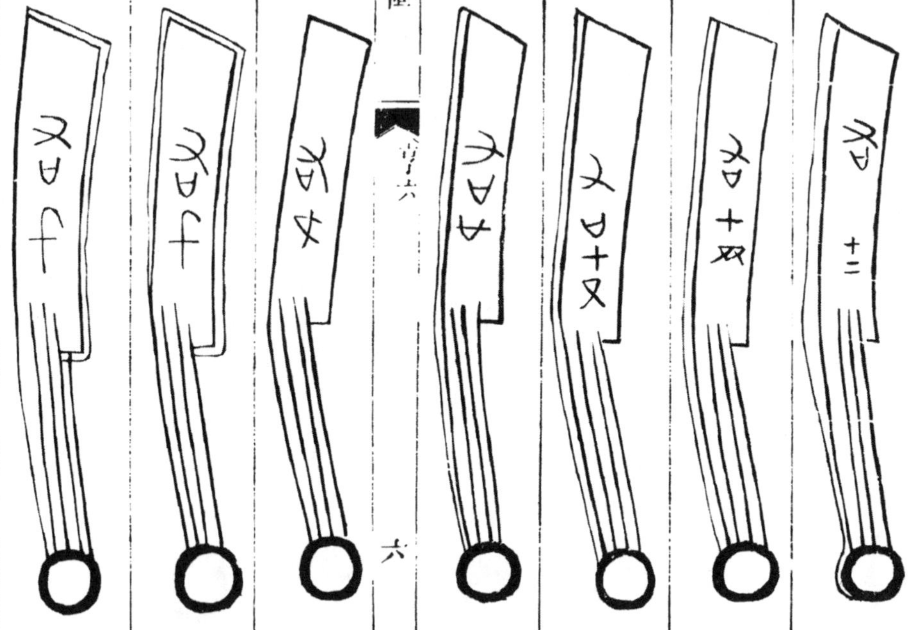

明背右十二　右十四　右十五　右廿　右千　背亦紀數

三五字缺筆五廿字橫書六七千字俱傳形

古泉匯　亨六　七

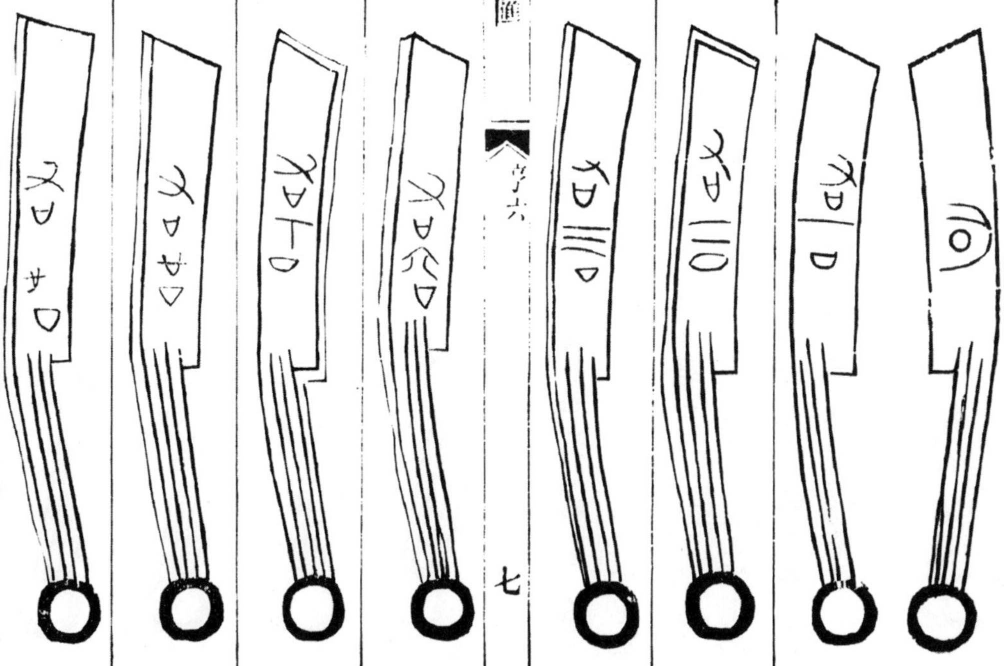

明背右一口　右二口　右三口　右六口　右廿口　右丗

口　背紀數下一字類口字

八

明背右下二　右口一　右口三　背亦紀數次三中之字不可識

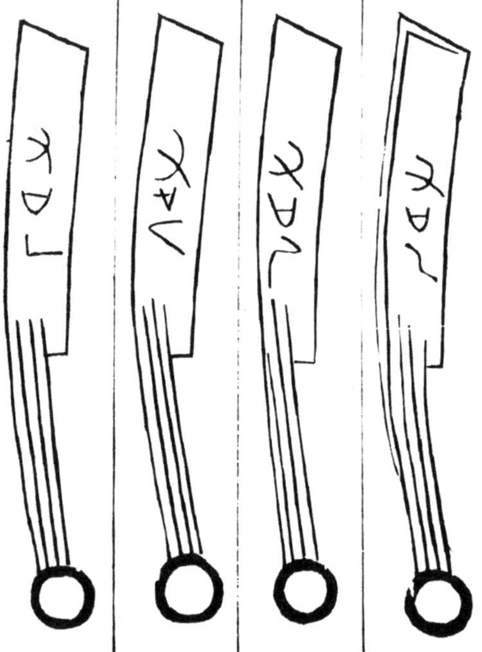

九

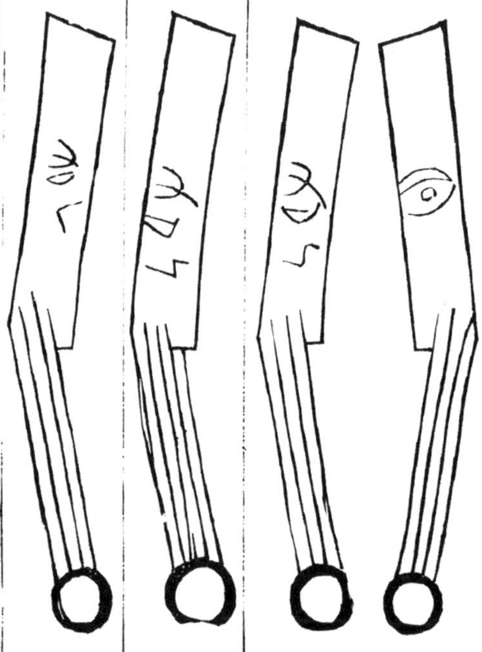

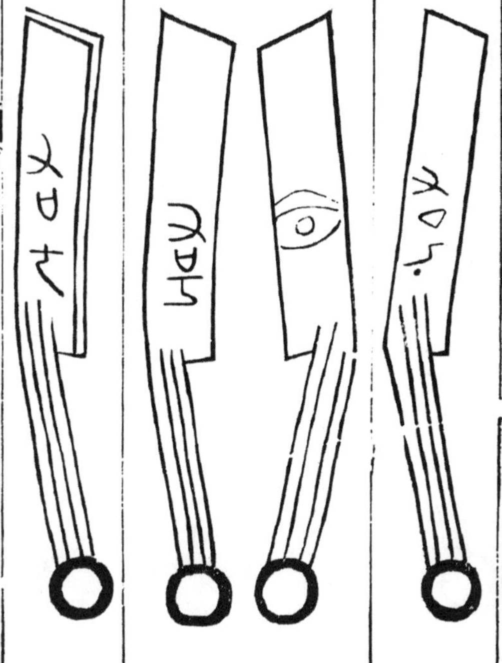

古泉匯 亨六 十

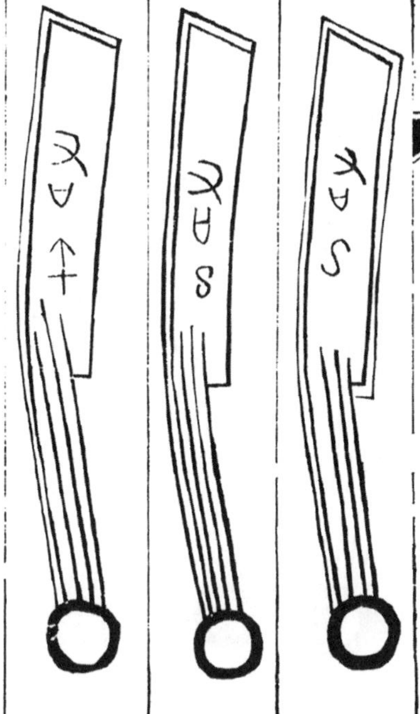

明背右乙 右丁 右巳 右午 背文皆干支與空首布同

一乙二二横書三四變體五及八皆反書八多一點九丁十反書

十一二已字反書十三午字五六七八形方折餘圜折

古泉匯 亨六 十一

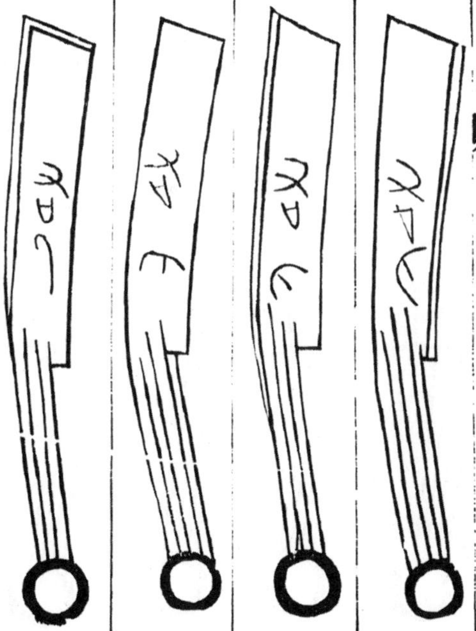

明背右匕　右亻　面一六異背文一及四貨作匕五六作亻

七反書

古泉匯亨集卷七

明刀

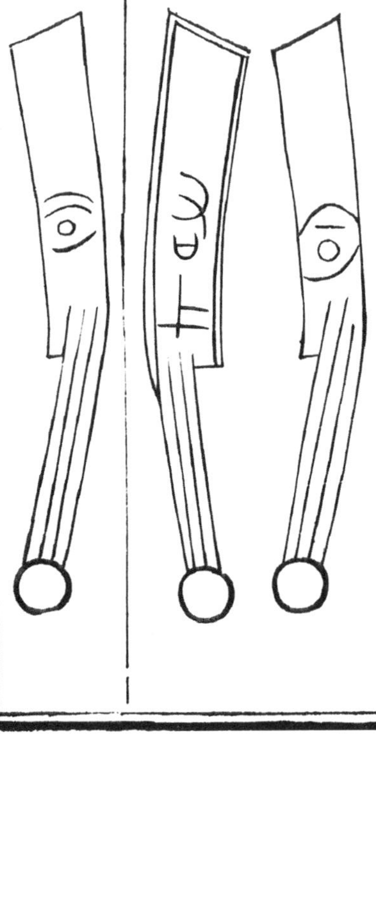

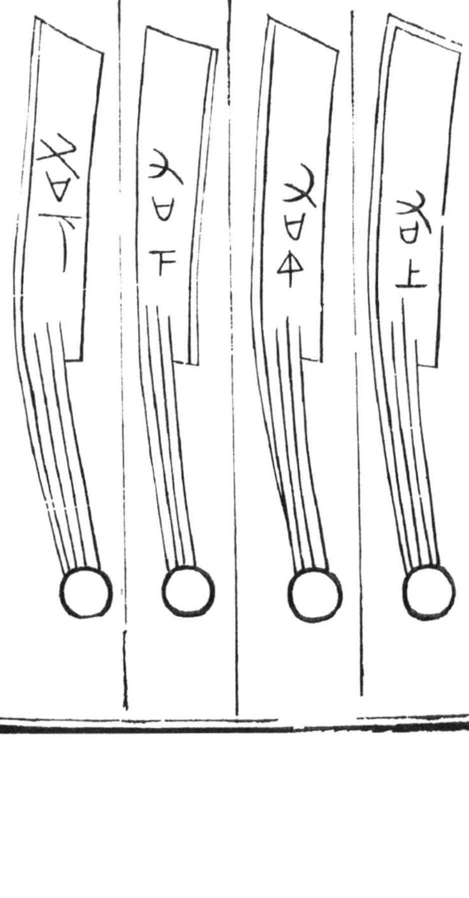

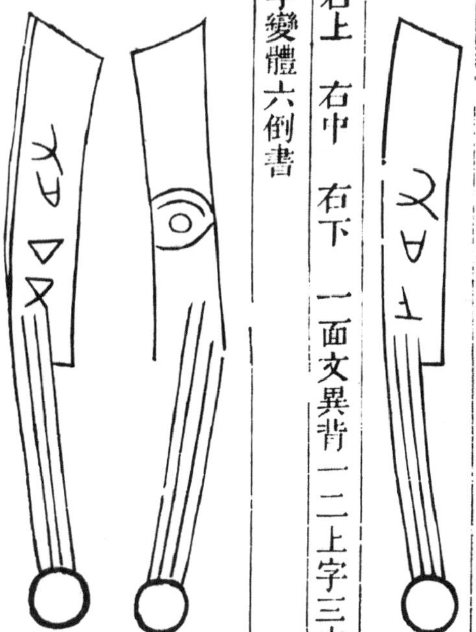

明背右上 右中 右下 一面文異背一二上字三中四下五下字變體六倒書

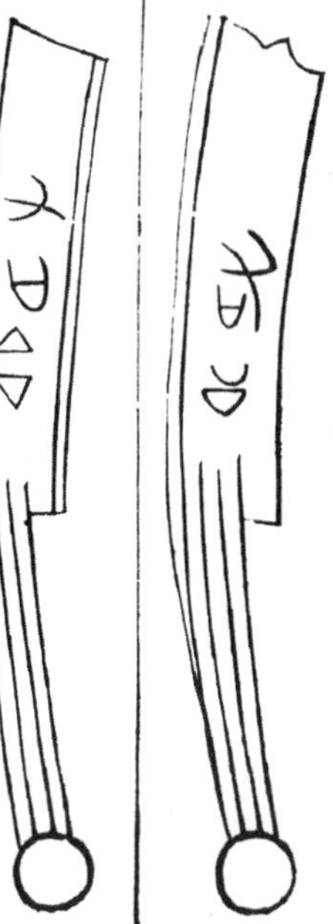

明背右邑 背一二邑字與小布同三變體

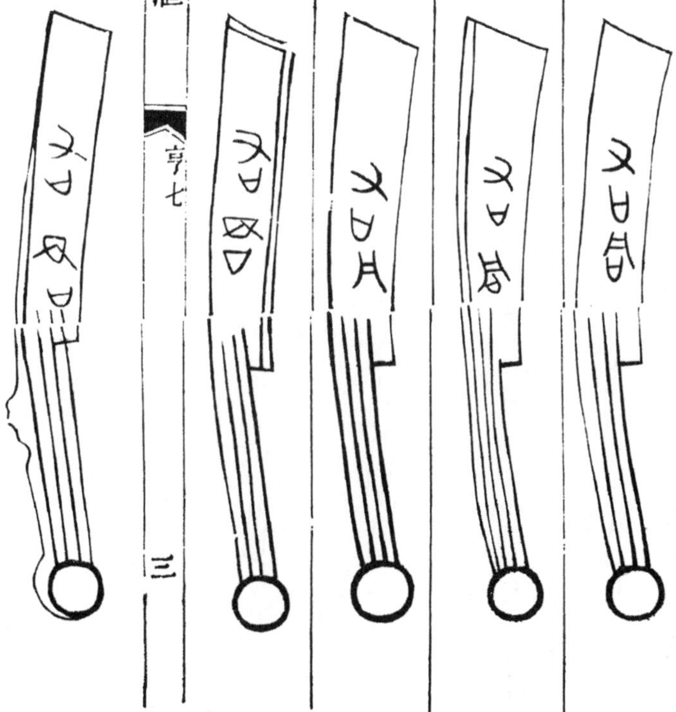

明背右同 右君 背一二同字與銅陇布同三減口字四五君字君疑羣省注見元集十三卷空首君字布

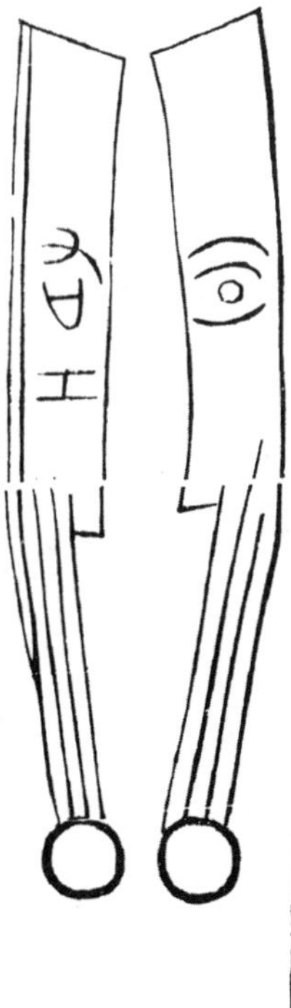

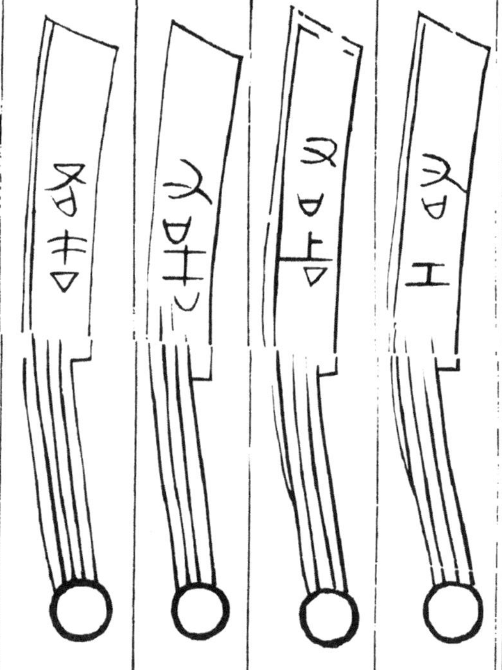

明　背右工　右吉　背工字吉字與齊刀同四吉字缺筆

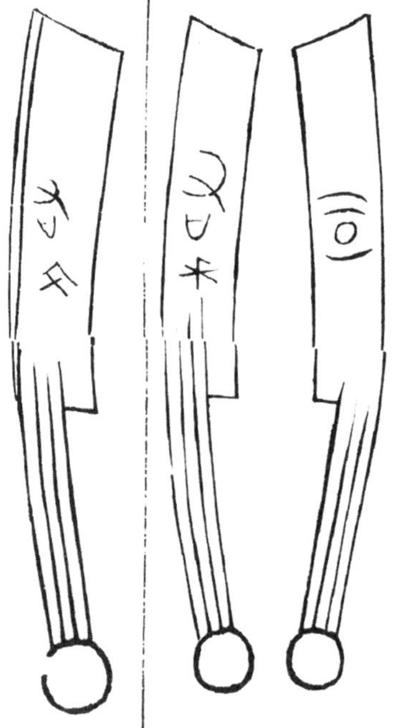

明　背右長　右文　背長字與長子布同文與汶陽布同

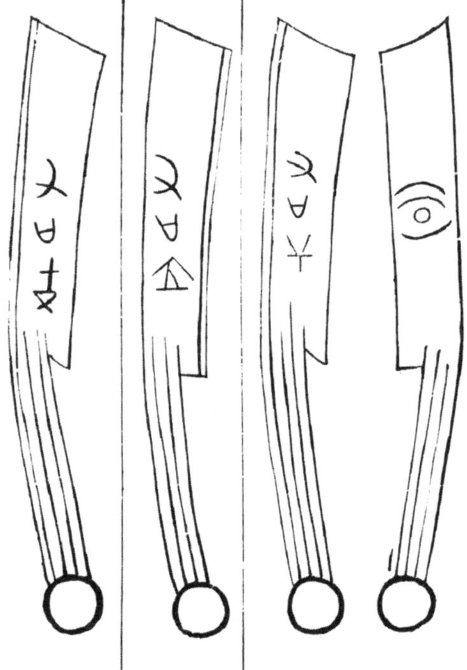

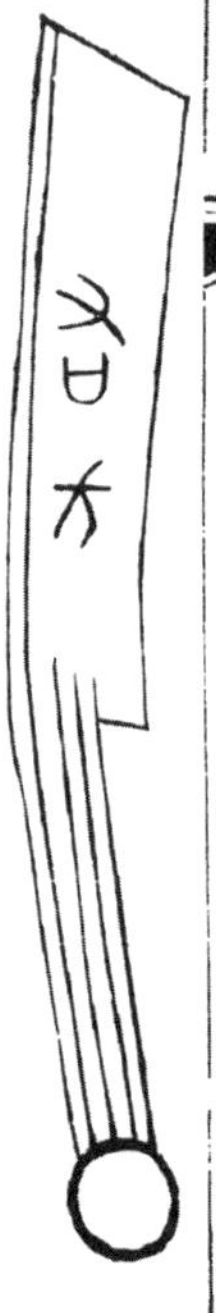

明　背右大　右立　右古　右方　背一大字倒書餘正書

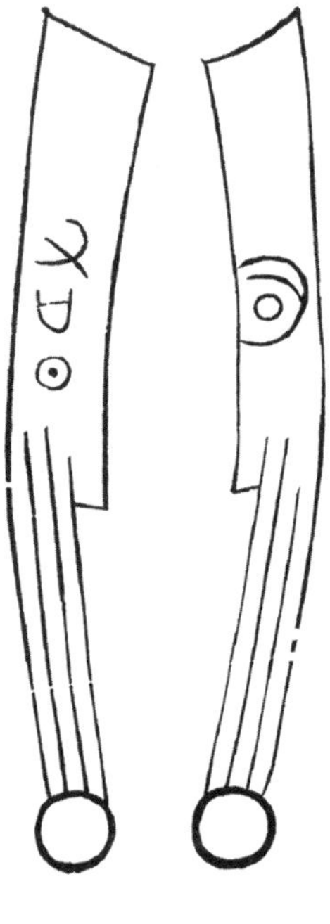

明背右日　面文小異背一日字次日字減中畫均與齊刀同

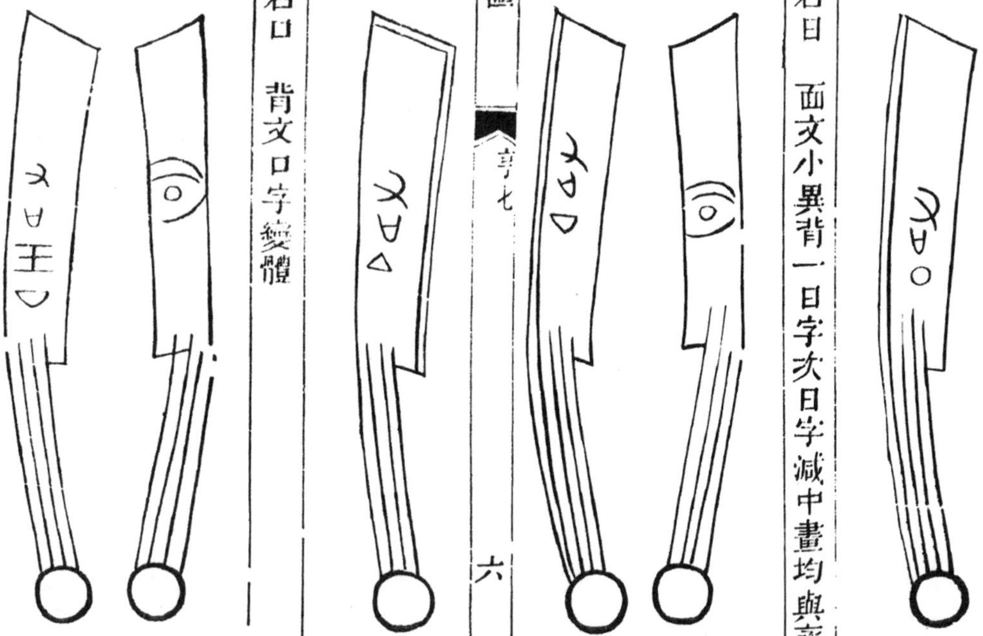

古泉匯　亨七　六

明背右口　背文口字變體

明背右王口

明背右可

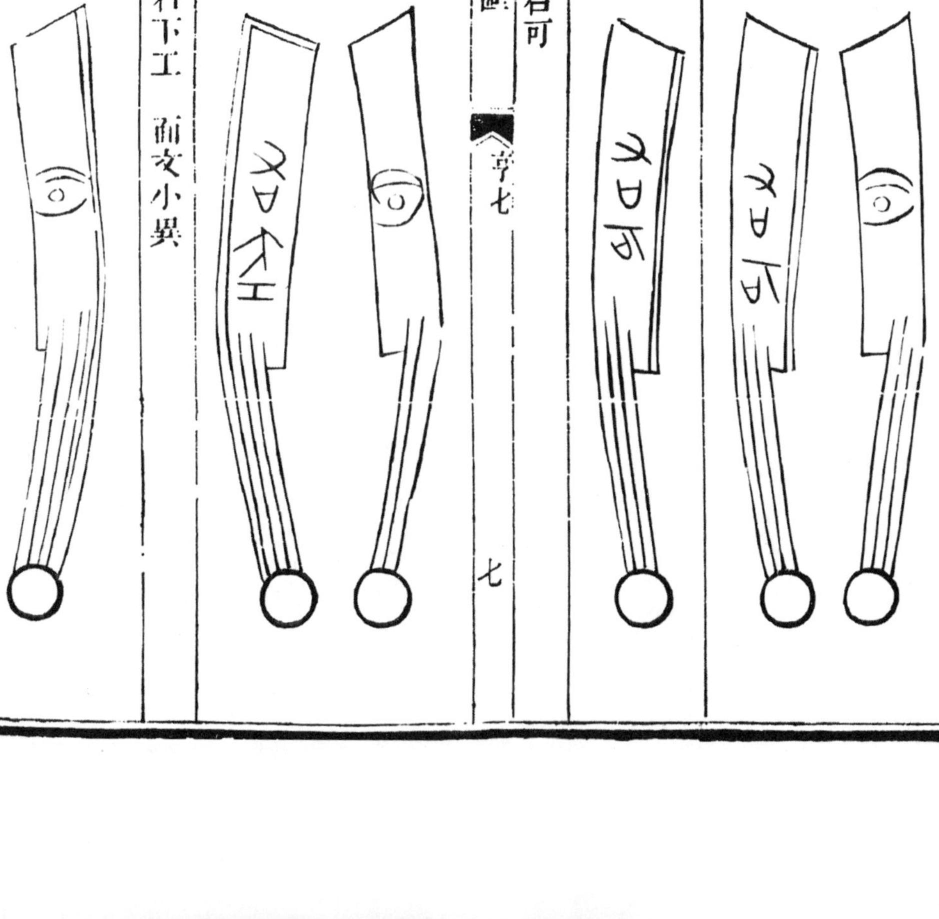

古泉匯　亨七　七

明背右下工　面文小異

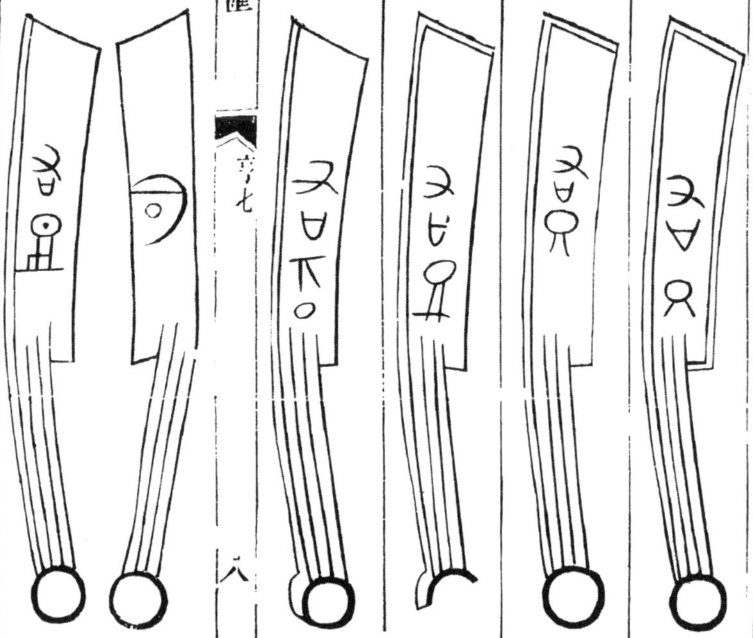

古泉匯　亨七　八

明背右只　右口　一二背文只三多一畫四倒書五面文異

背多二畫均不可識

古泉匯　亨七　九

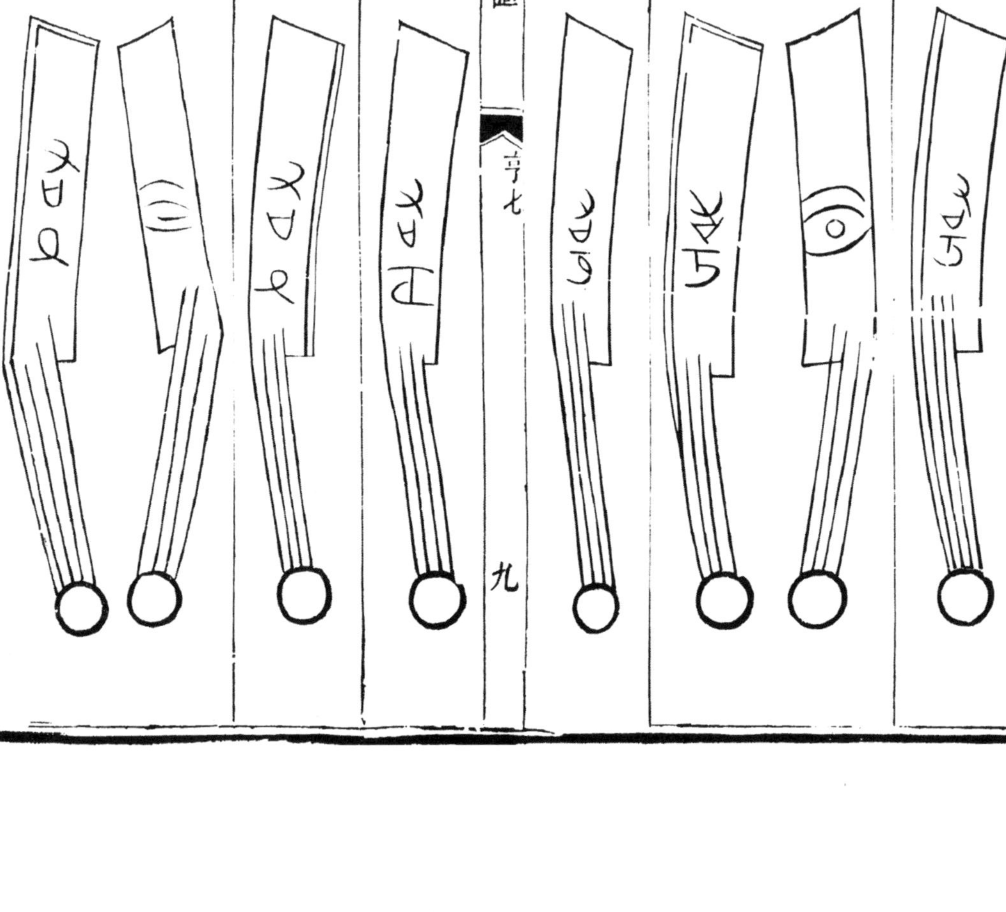

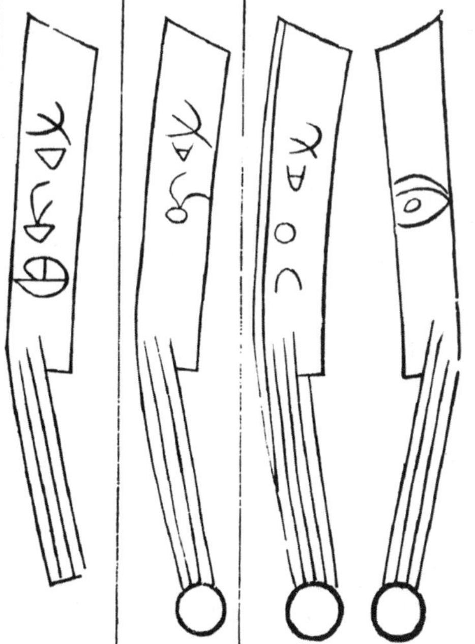

明背右口　一面文異背文均不可識四傳形六形方折餘圓

折

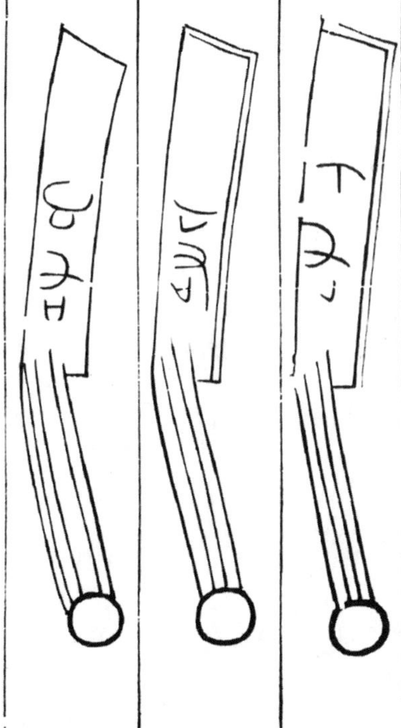

明背下右　口右　背一下右二下字變體三減筆四五上一字不可識按右字皆在上在下者僅見此

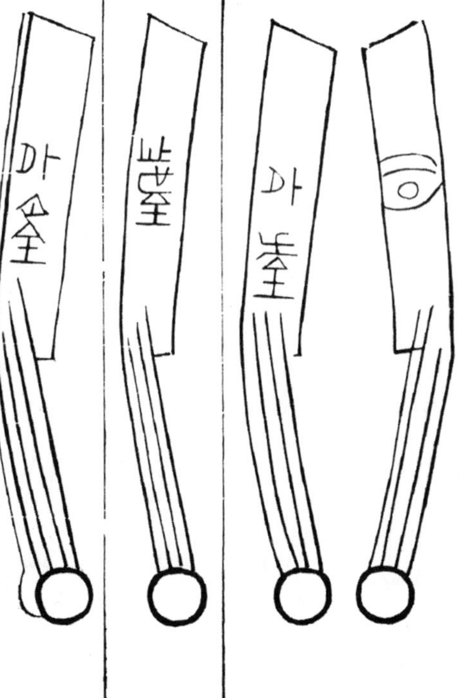

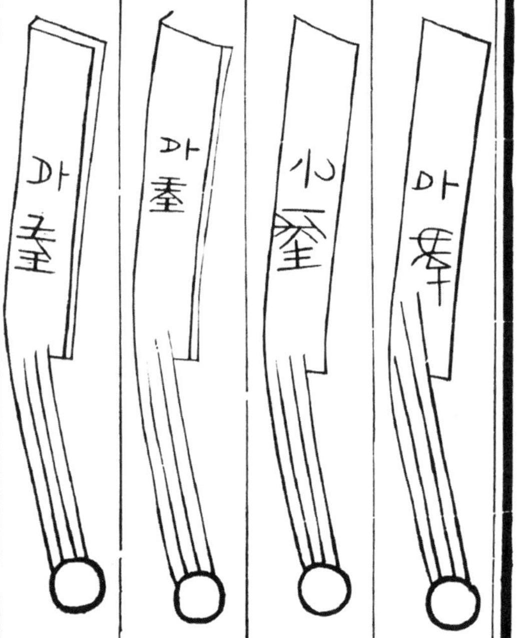

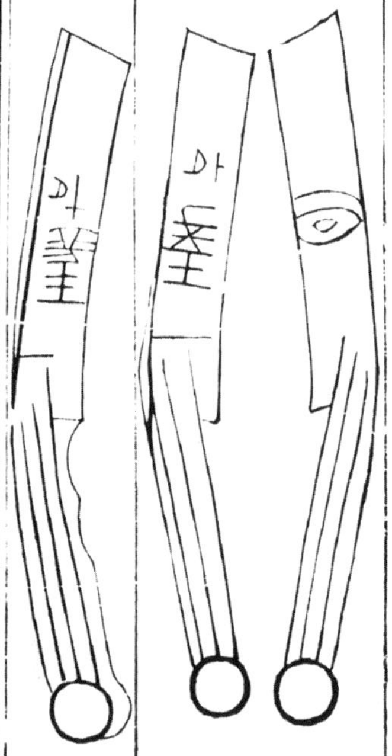

明背外口金　背上外字下四似丑五似亥六似壬

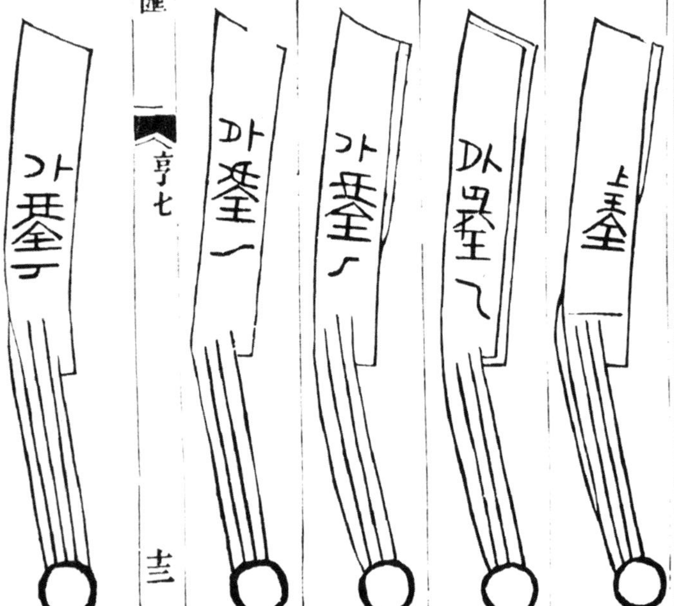

明背外口金一　外壬金一　外口金乙　外丑金乙　外丑金丁　前三品一字四乙字五六乙字傳形七丁字此以上十五品皆以外字冠首爲一類陳壽卿謂據此則古以刀背爲外以面爲内外下三似壬五六七似丑皆以干支紀

明刀

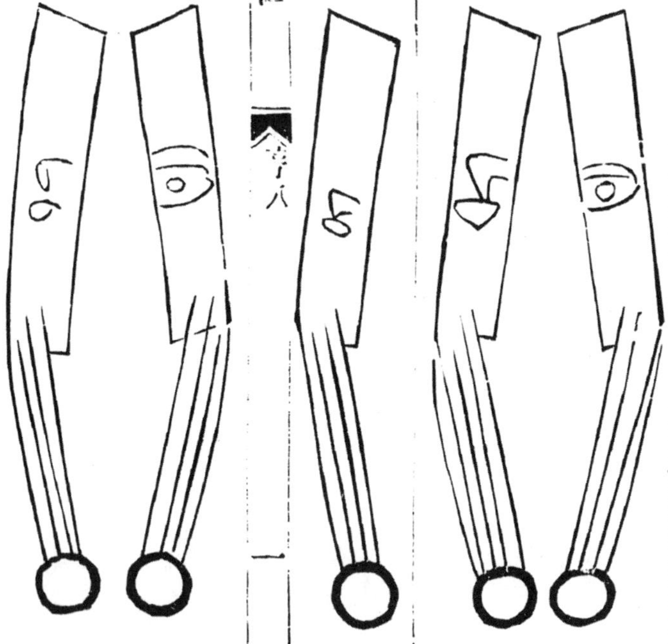

明背口　一二方折三圓折背文均不可識　按明刀左右字者多外字者少此與左右字者相埒凡四類四類之外尚有行字貨字上字數目字及不可識十餘種此外或尚有未見然已可得其大概矣

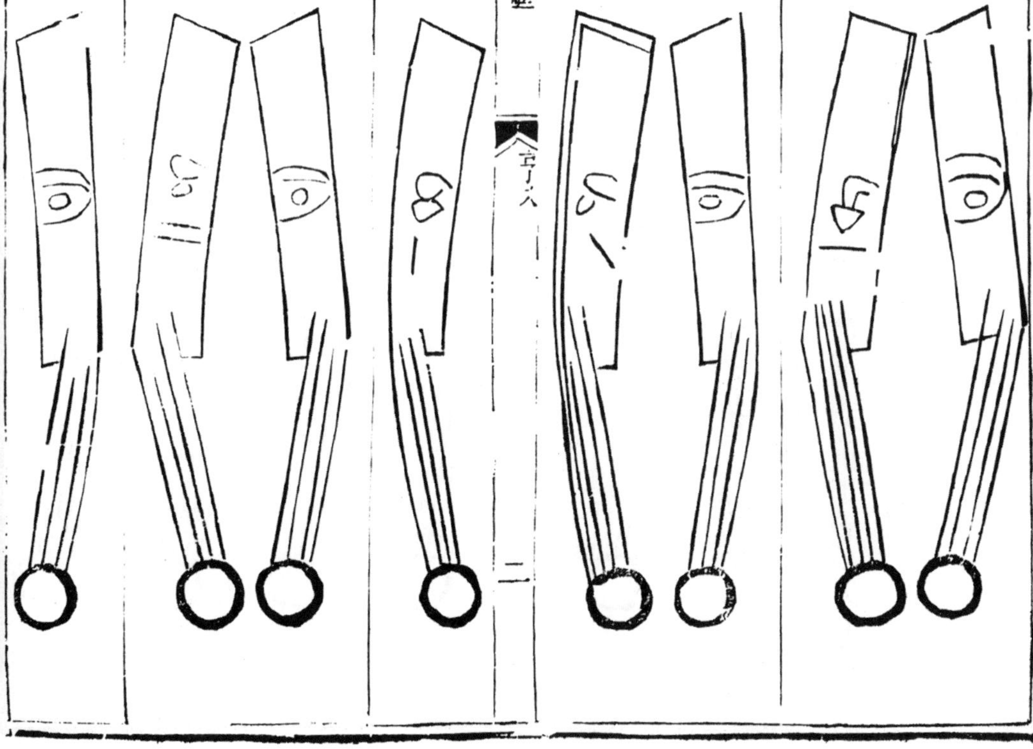

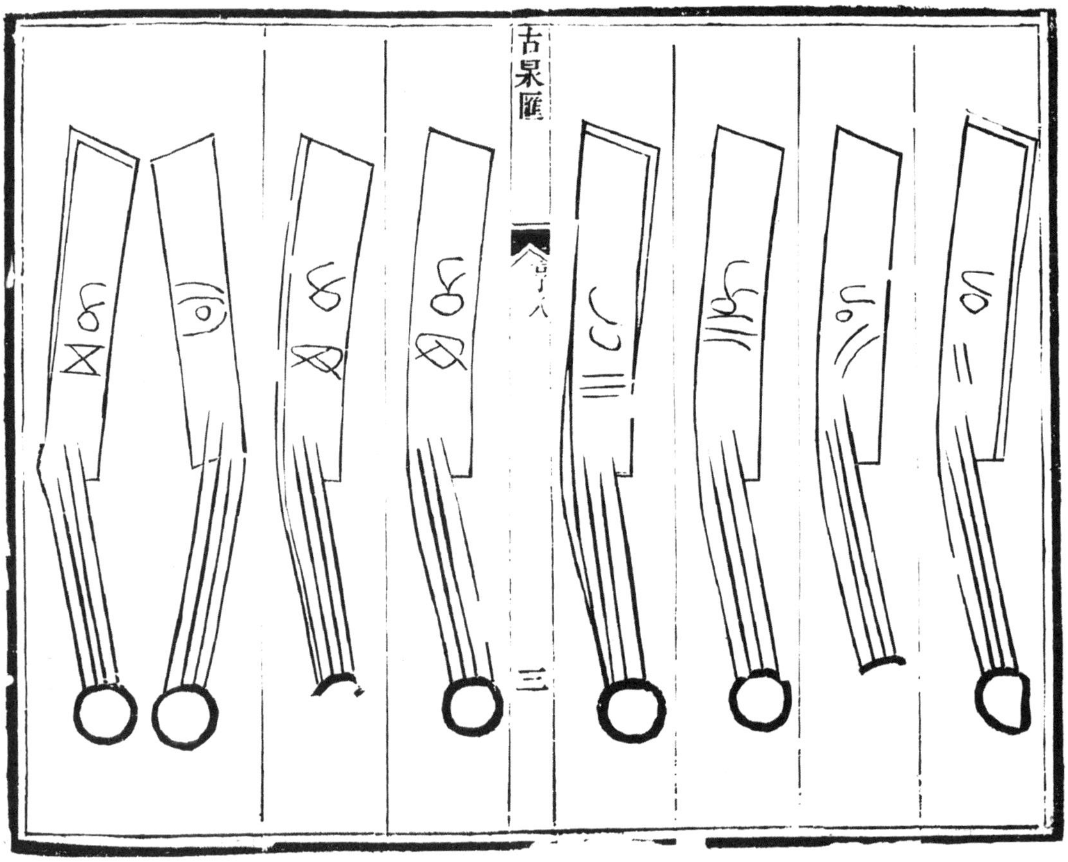
古泉匯
亨八
三

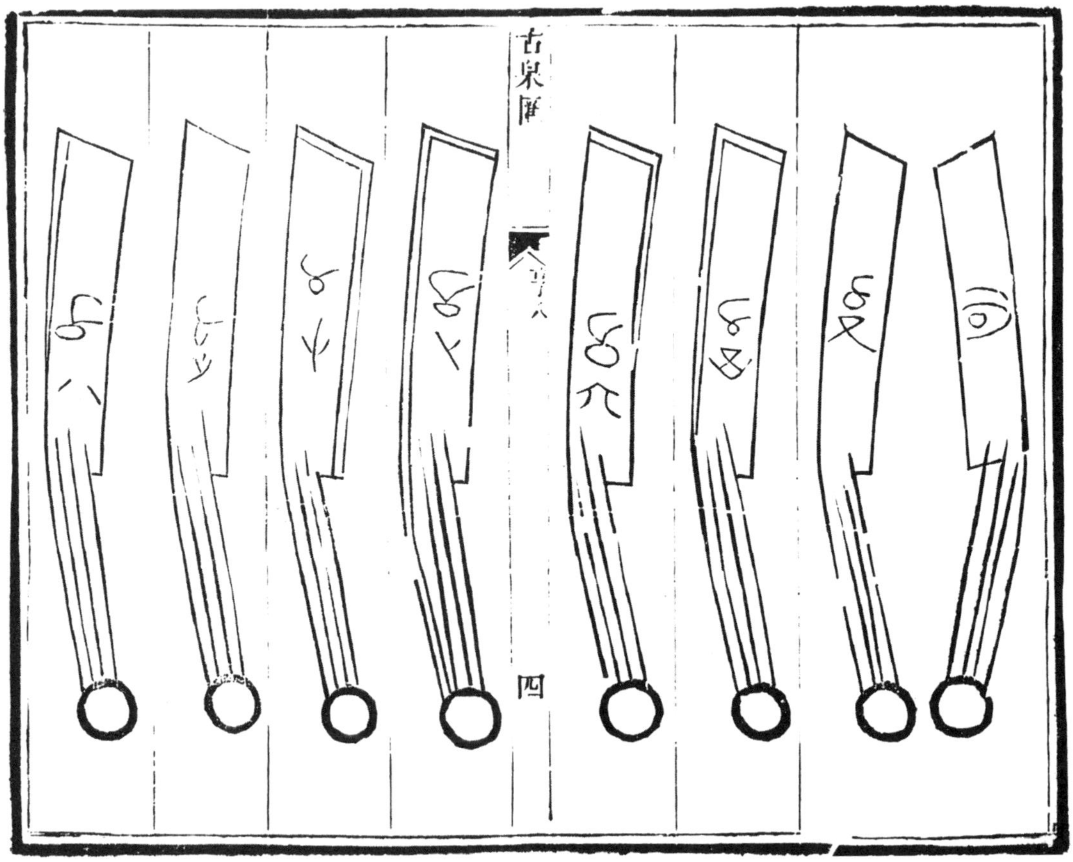
古泉匯
亨八
四

明背口一　口二　口三　口四　口五　口六　口七　口
八　口九　口十　背上一字仝前下一至十紀數仝二一字

古泉匯　亨六　五

斜書三橫書五六二字斜書十二五字下畫鈌十三下畫曲十
五六字減筆斜書一四十一形方折餘圜折

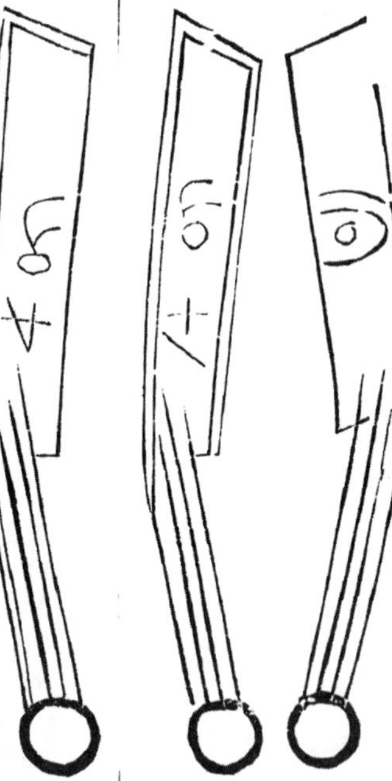

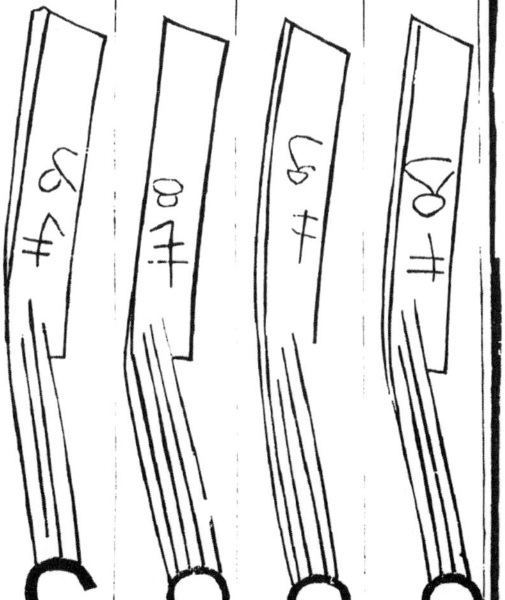

古泉匯　亨六　六

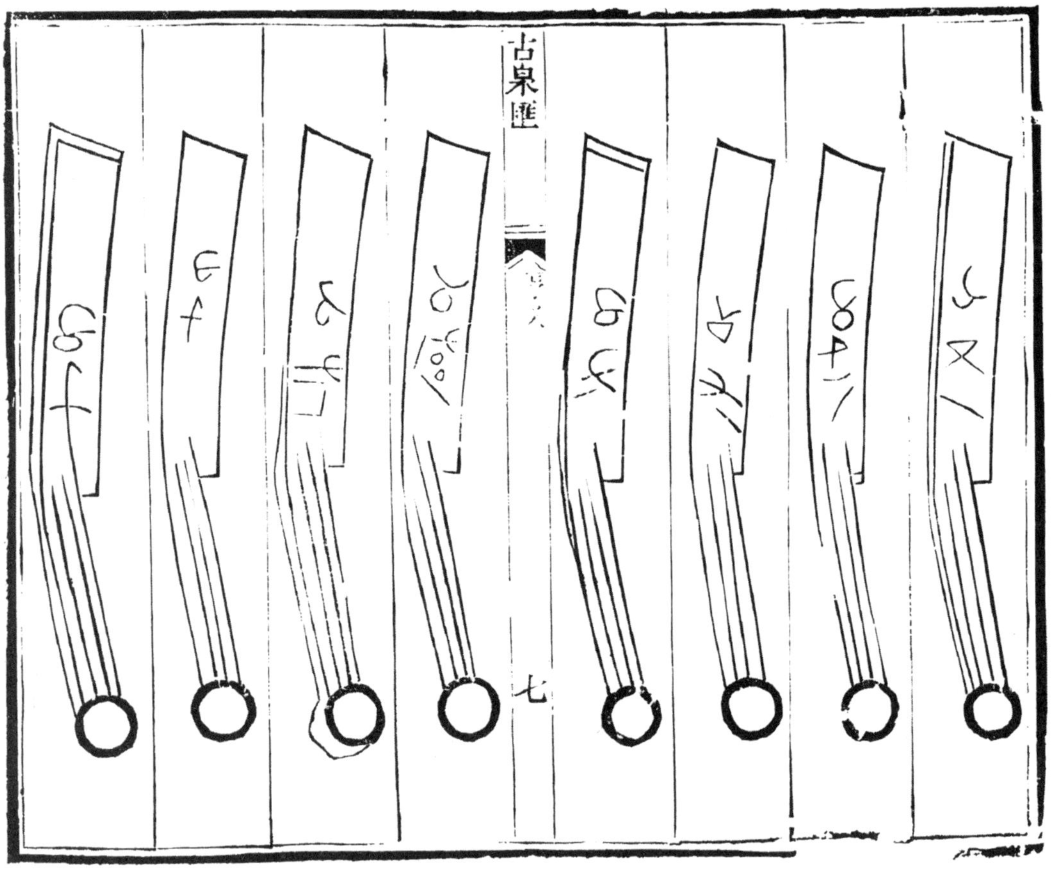

明背　口十一　口廿　口廿一　口廿一三　口卅　口五一
口五八　口九一　口千　背亦紀數三四廿字橫書五六多
兩曲畫七廿一十二五八亦橫書十一二五字俱欹畫十三九
一十四反書十五多兩○十六多一曲畫十八千竪畫貫刀柄

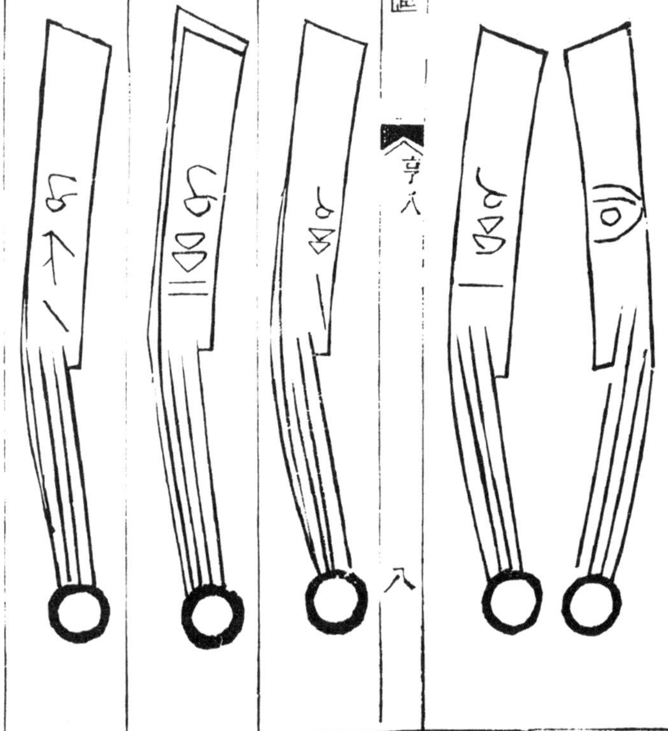

明背　口邑一　口邑二　口下一　背一邑一二二字橫書三
邑二四下一斜書二三四邑字下字皆變體

明背七　貨作乚同齊刀似楷書

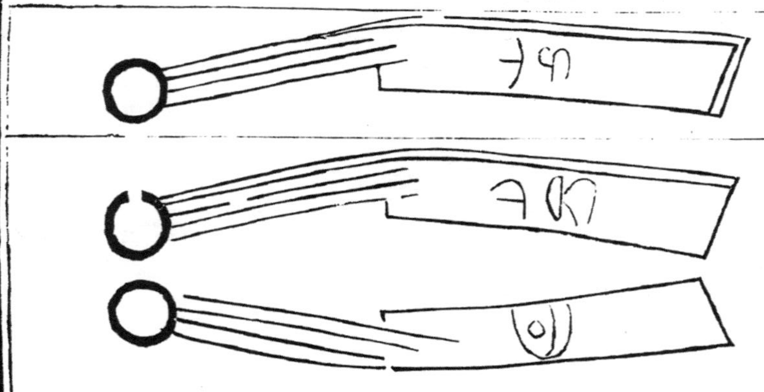

明背乙　口丁　背一乙字傳形一變體三丁字

古泉匯　亨八　九

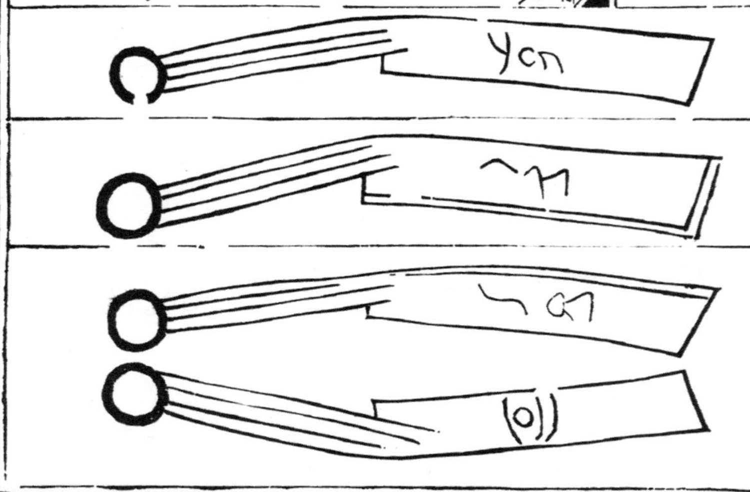

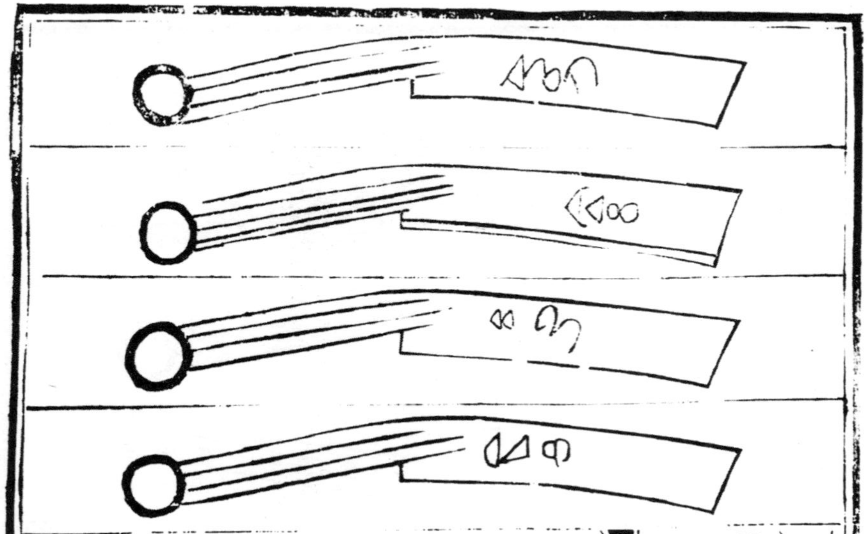

古泉匯　亨八　十

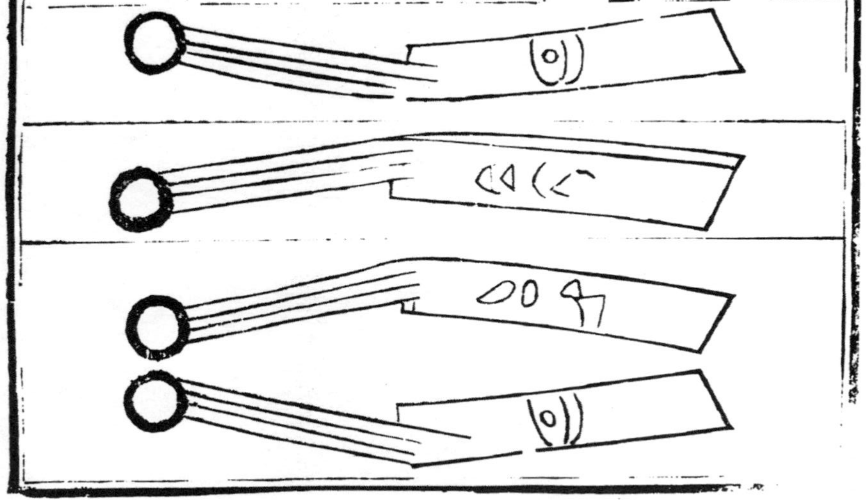

明　背口邑　口邑下　背一至六皆邑字俱變體七爻一下字
一二形方折餘圓折

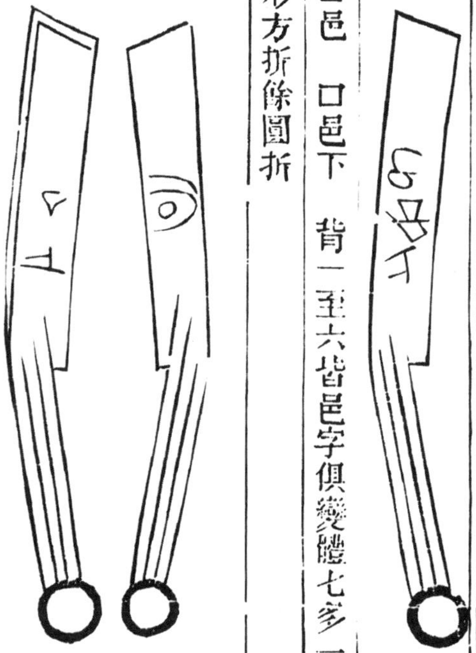

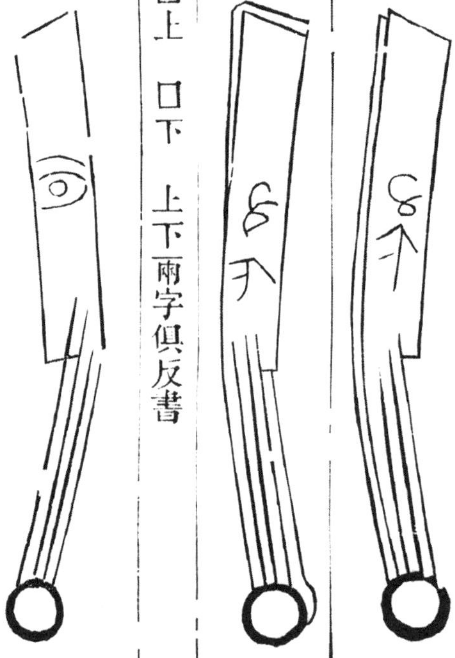

明　背口上　口下　上下兩字俱反書

明　背司　背一二司字俱反書三變體似右字

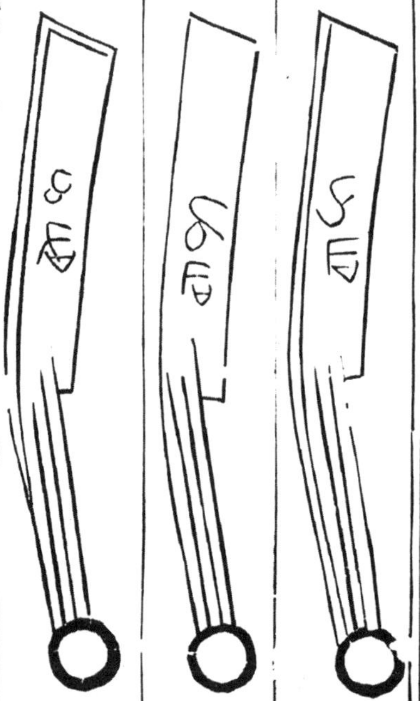

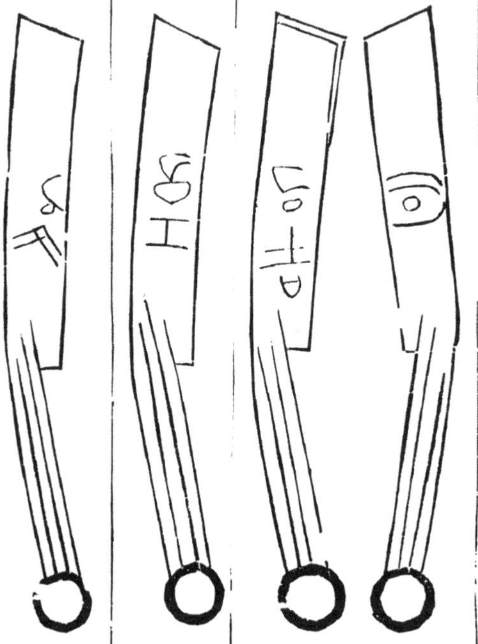

明背口吉　口工　口文　口于　背吉工字與齊刀同于字倒書

古泉匯　亨六　十三

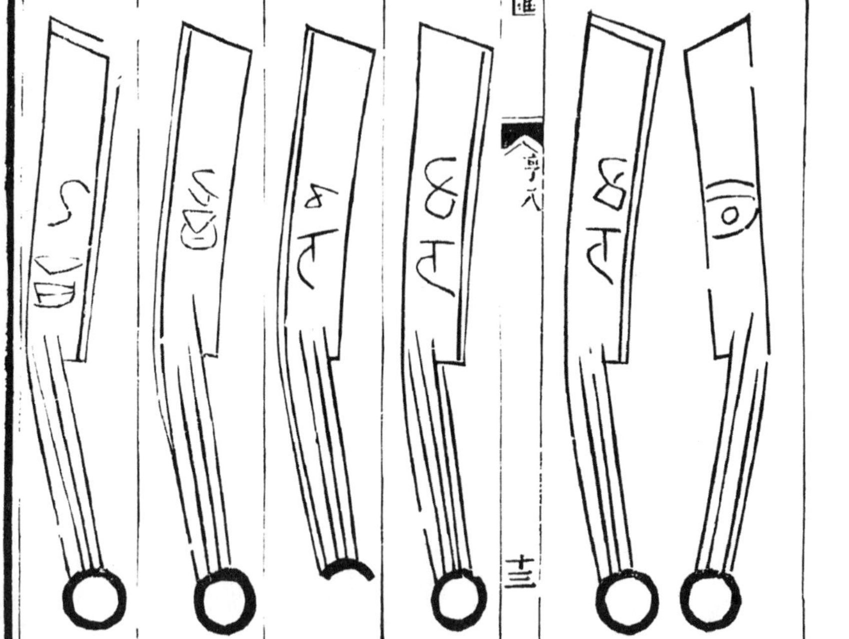

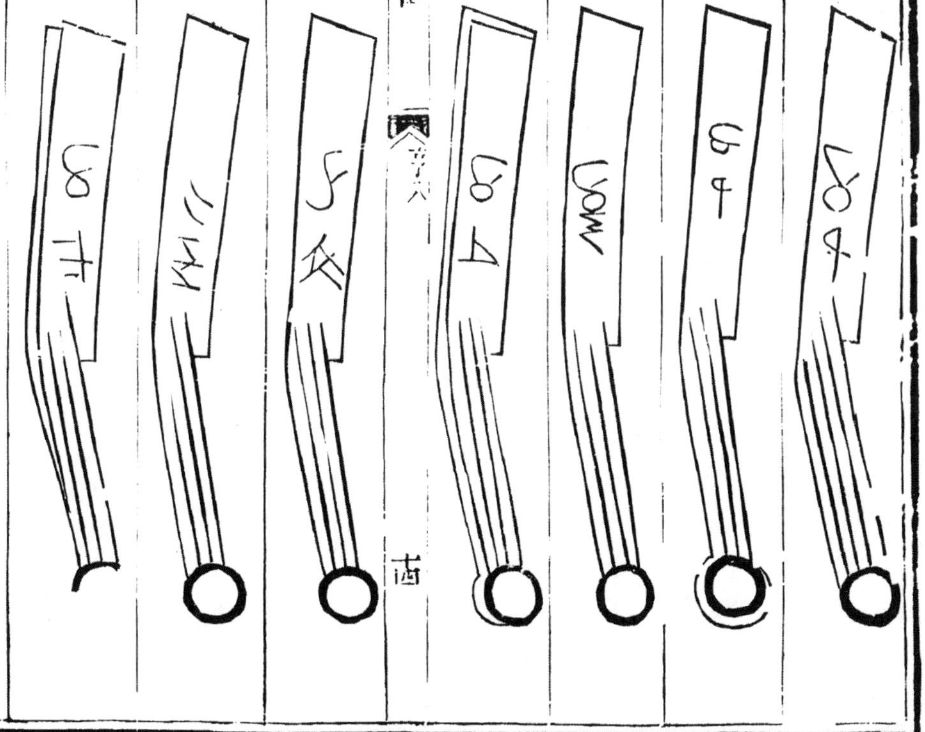

古泉匯　亨六　十四

明背口口　背文一二三同四五同六七同八至十二異均不可識按諸明刀亦外緣高於刀柄直文與安陽邱畾刀同

古泉匯亨集卷九

列國刀尖首類

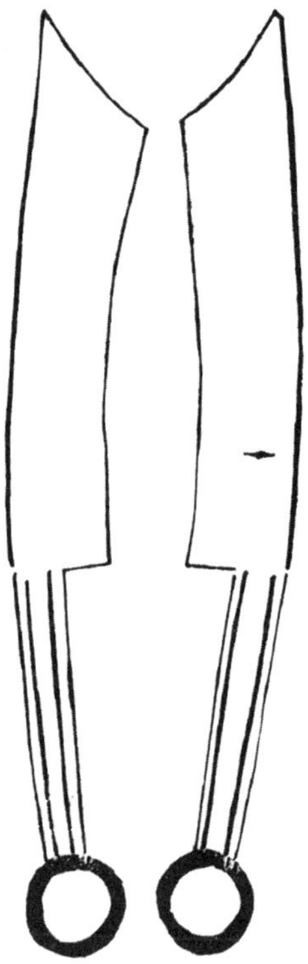

一　面一字背無文此刀舊譜少見惟吉金錄載四枚文字考載六枚近時燕市所見頗多係與明刀白貨邯鄲各刀同出直隸境內其爲燕趙之物無疑刀形上銳故以尖首名之文在面或在背一字者多兩三字者少面背有字者尤少

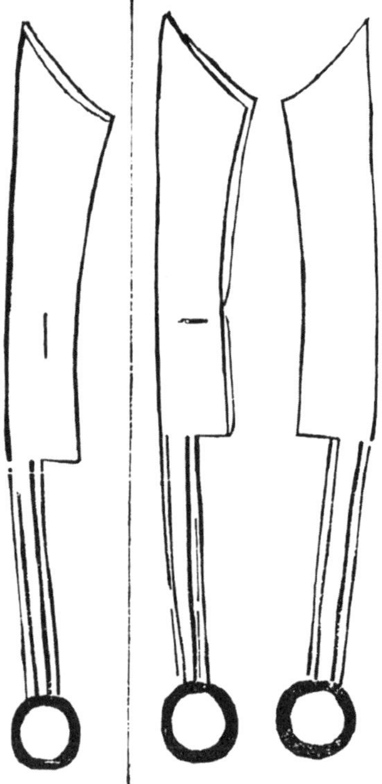

一　一字在背面無文一正書二横書

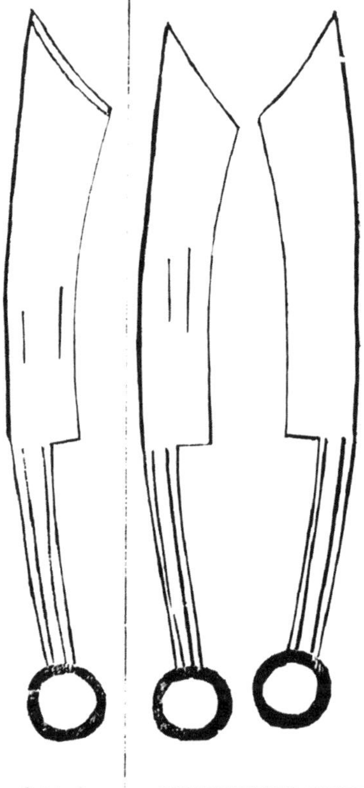

二　字在背俱横書

三　字在面

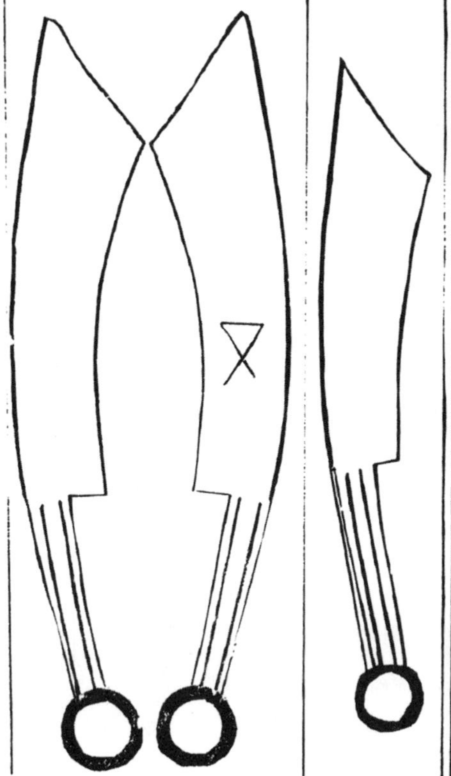

五　字在面次品製較大五字鈌下畫

古泉匯　亨九　三

五　字在背鈌上下畫

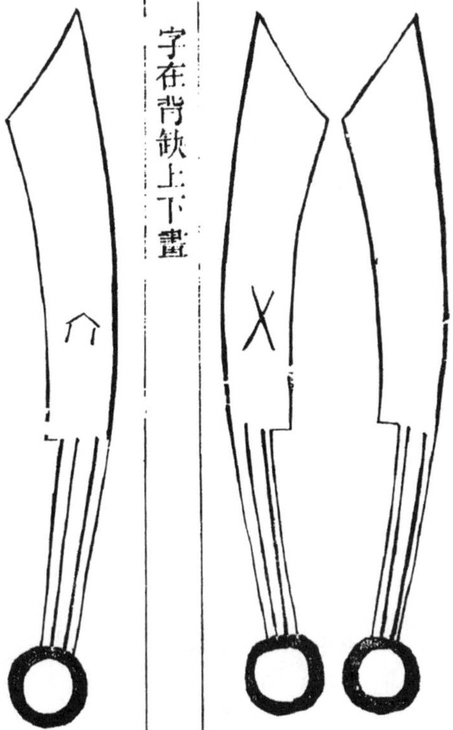

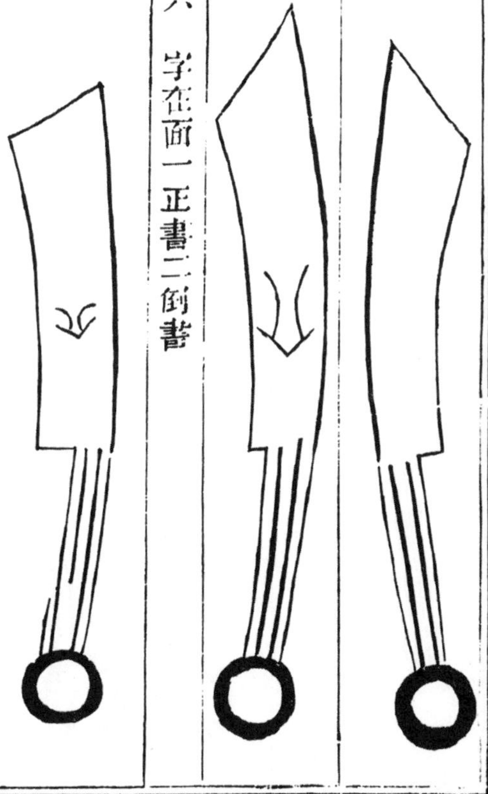

六　字在面一正書二倒書

古泉匯　亨九　四

六　亦倒書而首不鋭製類明刀較異

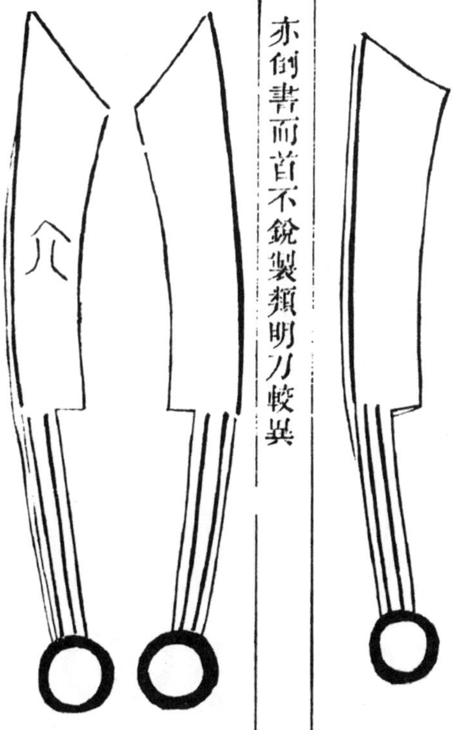

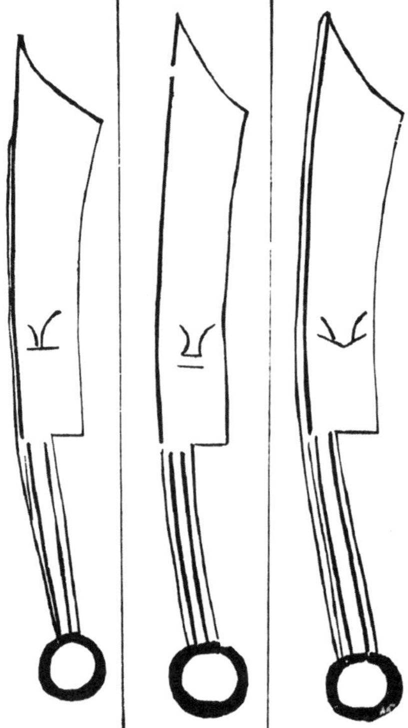

六字俱在背一正書二三倒書四鈌上畫

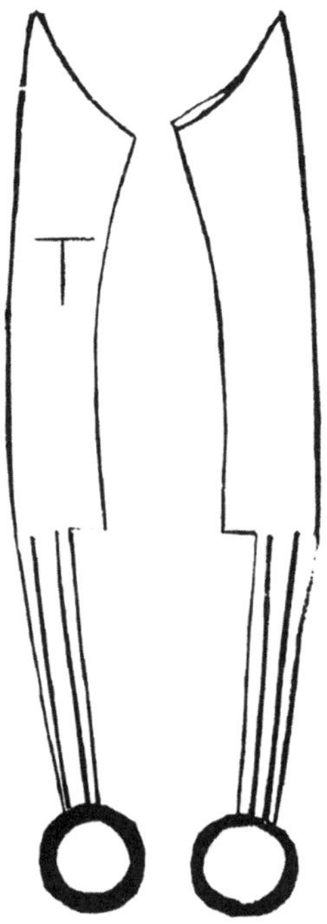

六字亦在背類馬字與明刀小布同

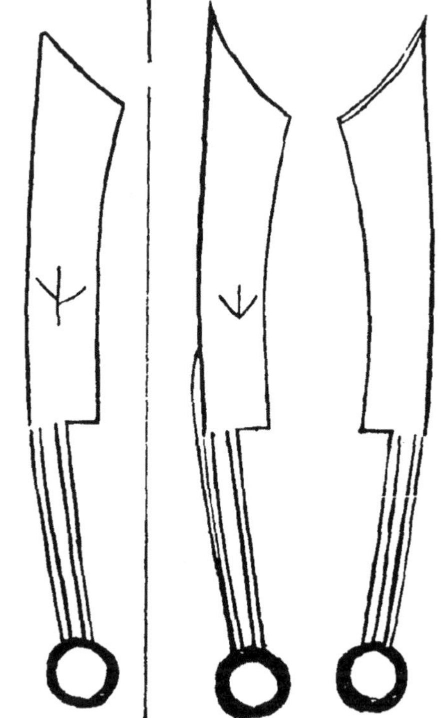

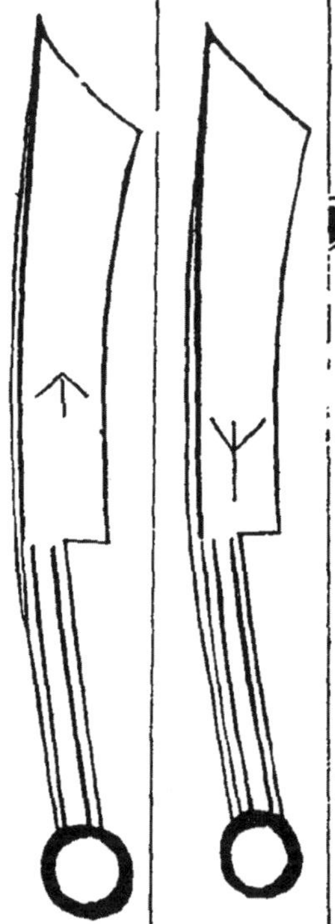

七字俱在背一至三正書四倒書七字與明刀小布同

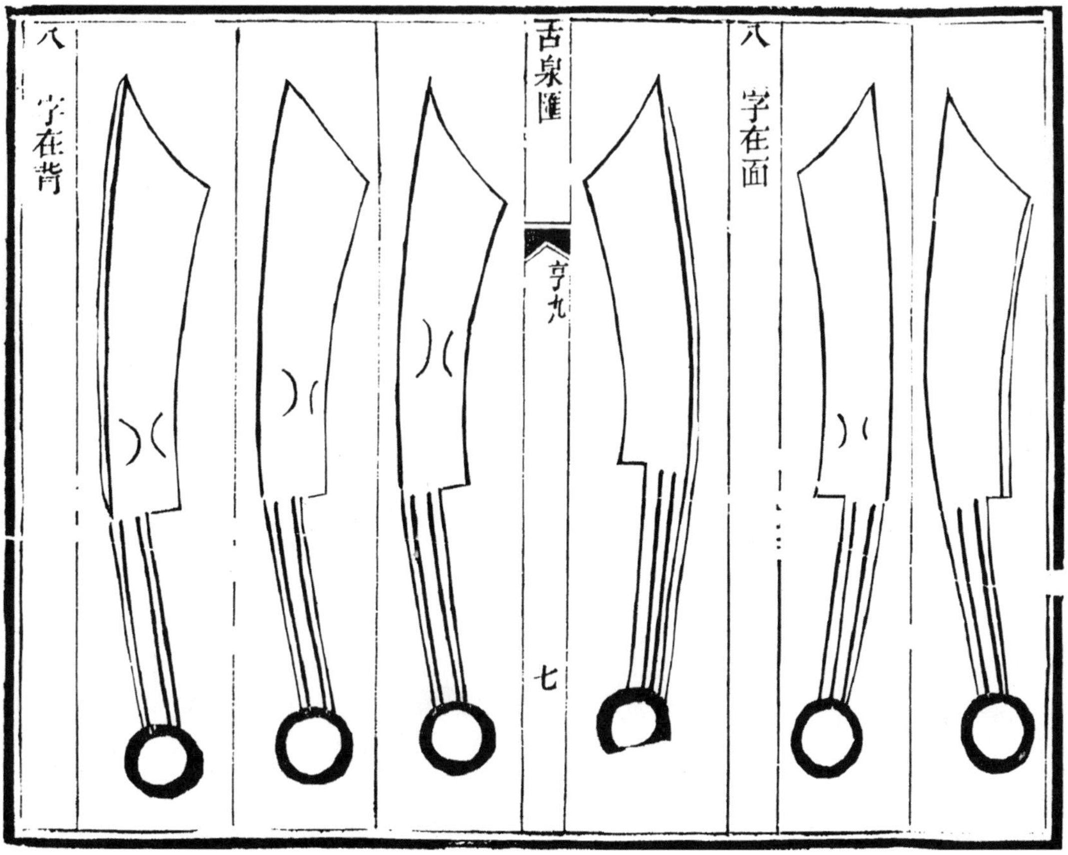
八　字在面
古泉匯
亨九
七
八　字在背

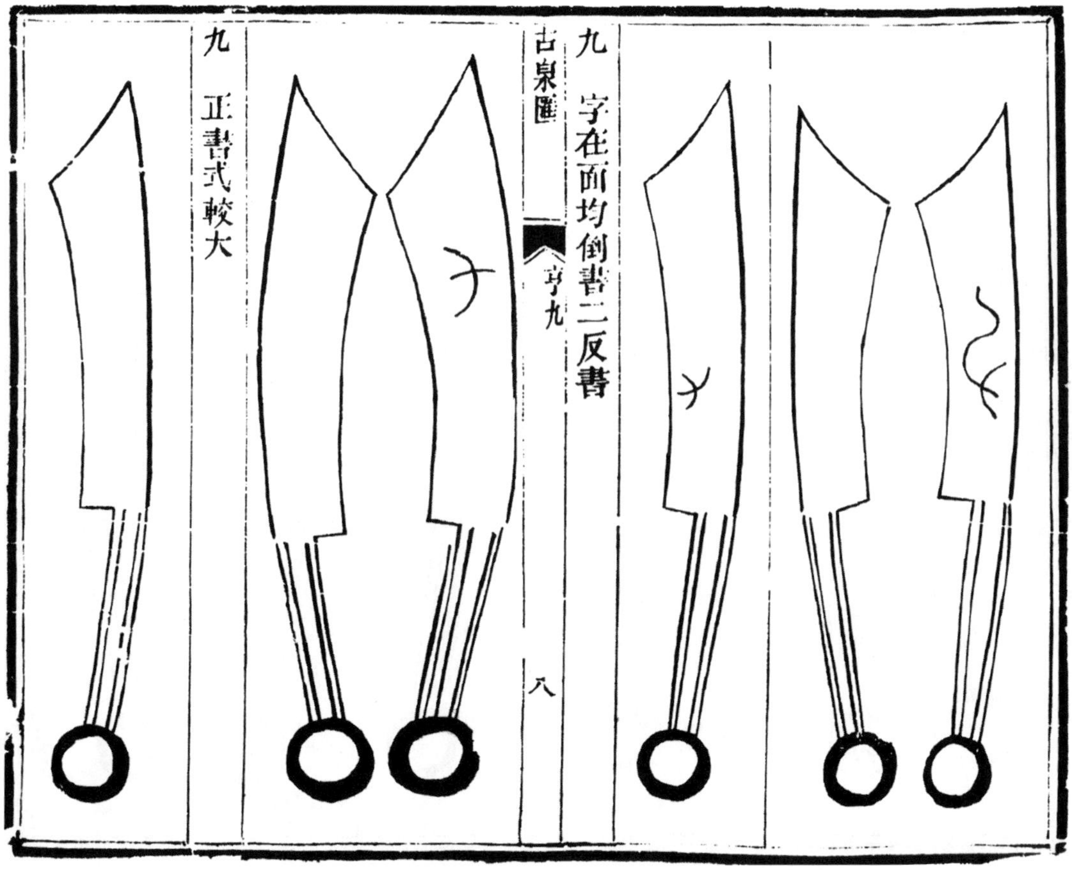
九　字在面均倒書二反書
古泉匯
亨九
八
九　正書式較大

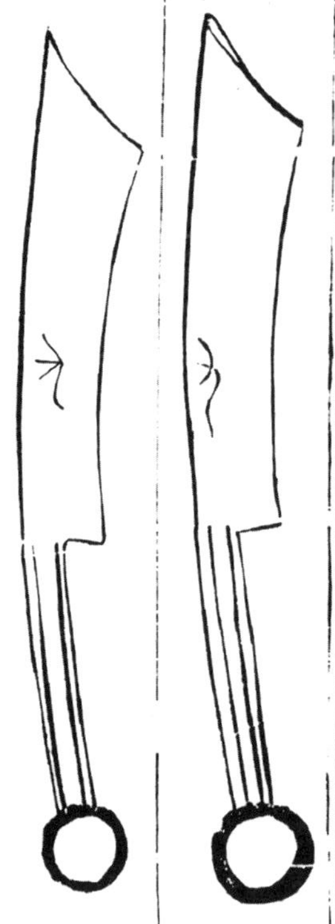

九　字在背正書

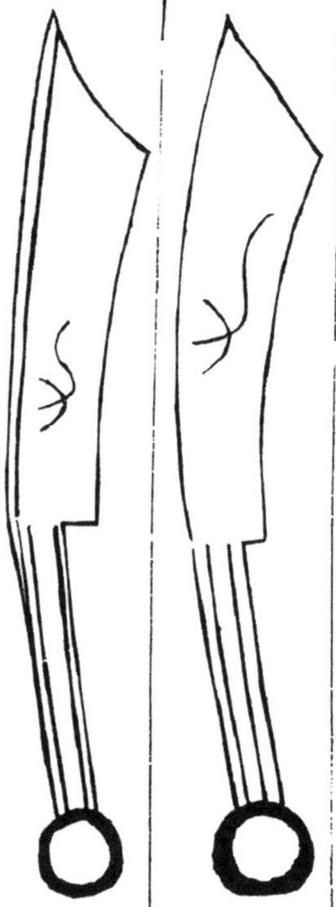

九　倒書亦反書以上紀數自一至九惟缺四十當亦有之

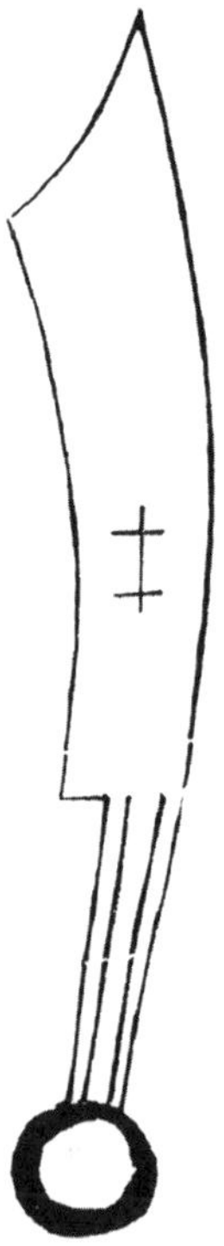

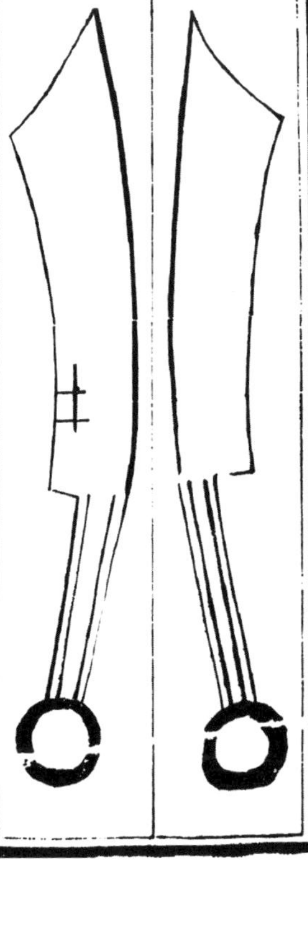

廿　字在面橫書

廿　字在背正書

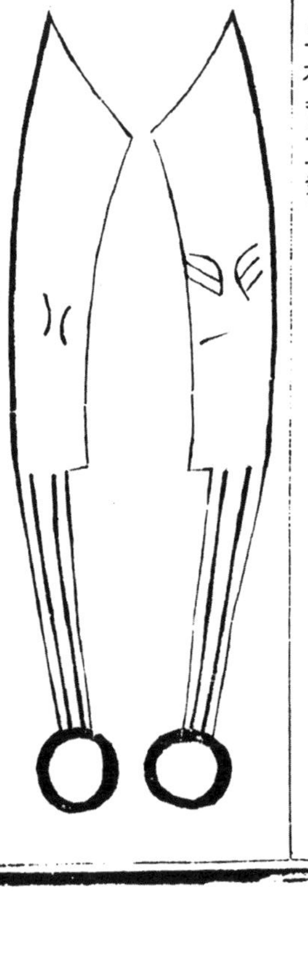

非一背八　一斜書非一二字在面背八

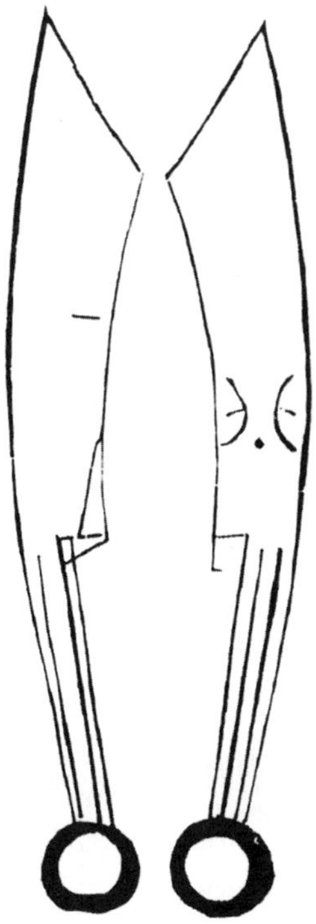

非背一　非字變體下多一點背一字下一斜畫

古泉匯　亨九　十一

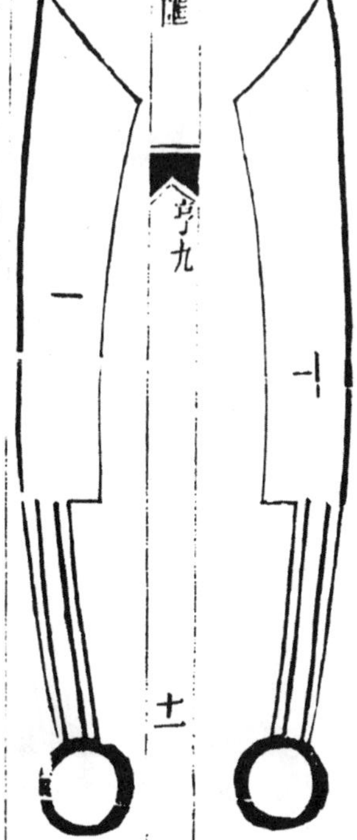

六背一　六字橫書鈌筐類馬子

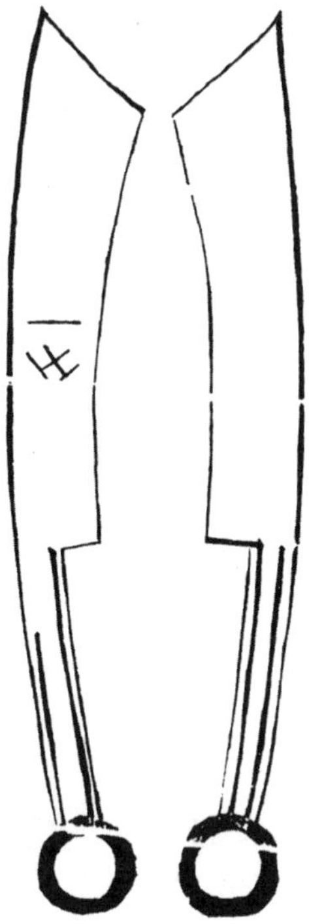

文一　在背倒書文字與方足文陽布同

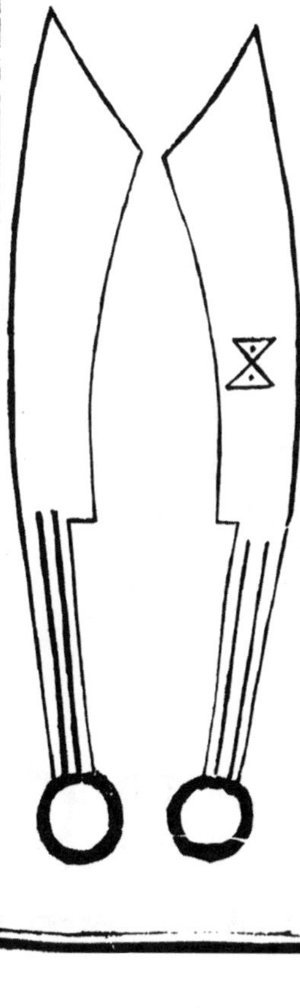

五　字在面內有二點五銖五字有此式此其權輿也

古泉匯　亨九　十二

丁　一文在面六倒書丁正書次文在背均倒書

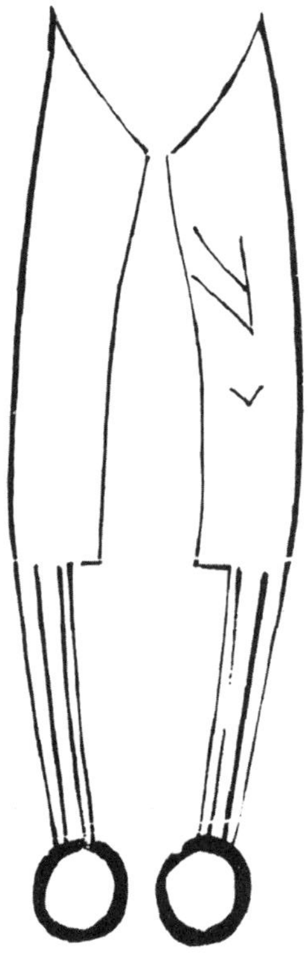

口六　六在面倒書減筆上一字不可識

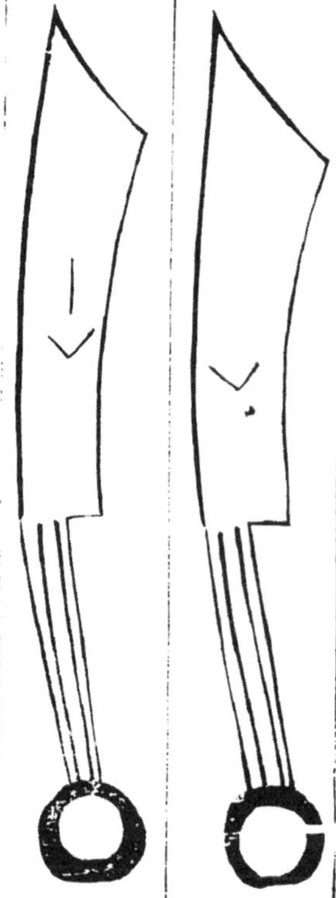

六　六一　字在背亦減筆倒書一多一點次一字橫書

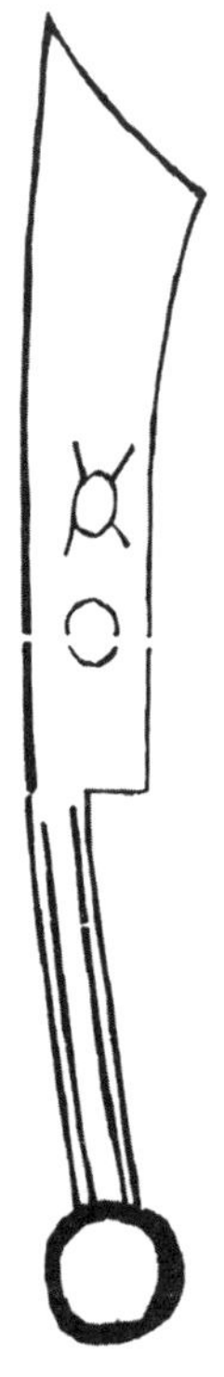

丌背城〇　面文似六字缺點亦似七馬字橫書莽布七作丌與此同王莽事事法古必有所據且刀布紀數六作丄七作亠八作亖巧有之此丄加一畫爲七皆古馬子也背文〇一有四出文一無按兹城布有一出文商城布有二出文城字布無出文雖方圓不同皆象形之城也兹四出者乃道路四達之義下減筆乃連城之象亦似廿字缺一點

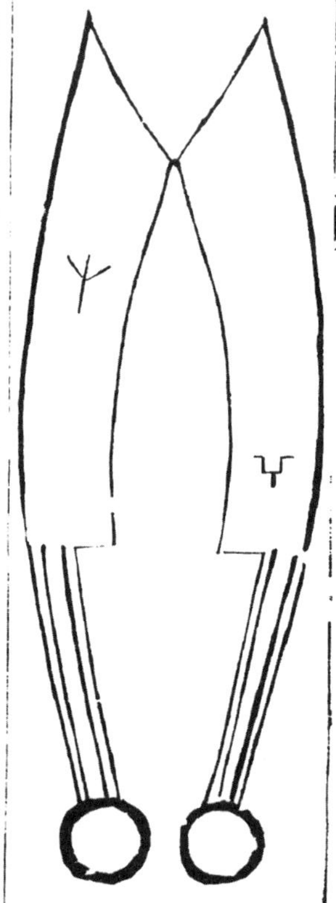

丙背七　大品面文丙字減筆倒書背七與小布明刀同

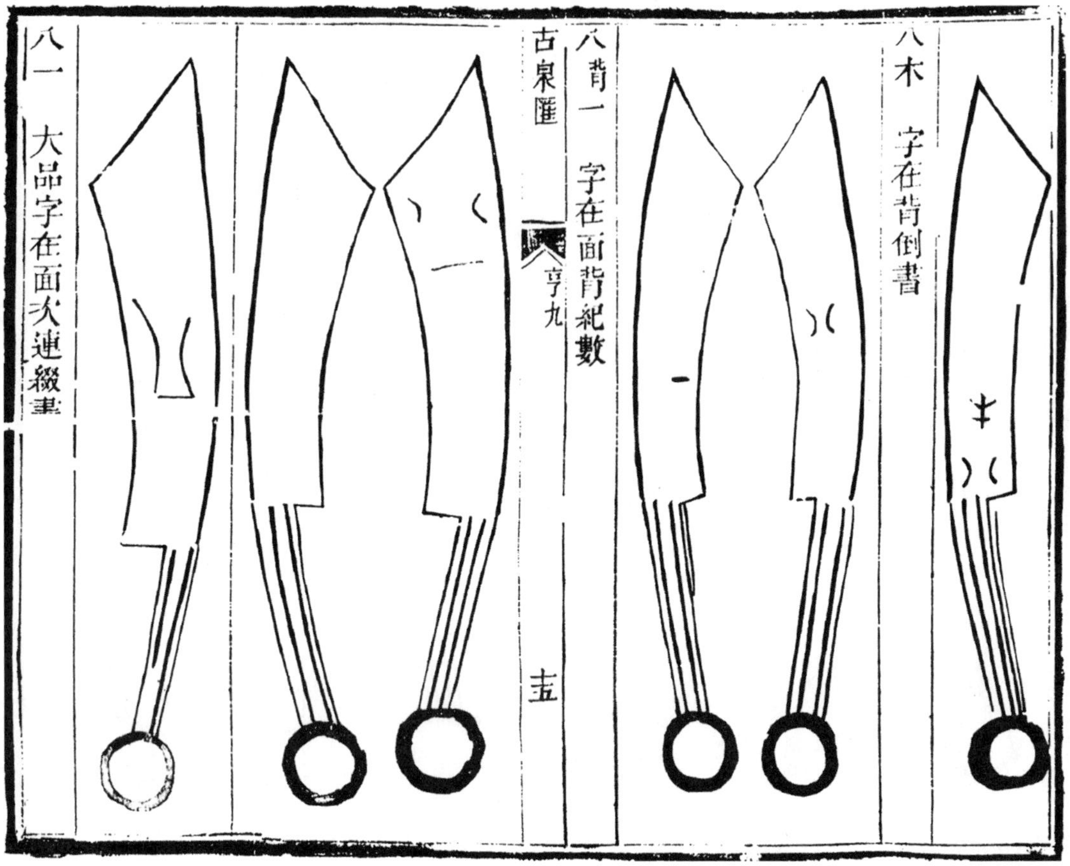
八木　字在背倒書
八背一　字在面背紀數
古泉匯　亨九
十五
八一　大品字在面次連綴書

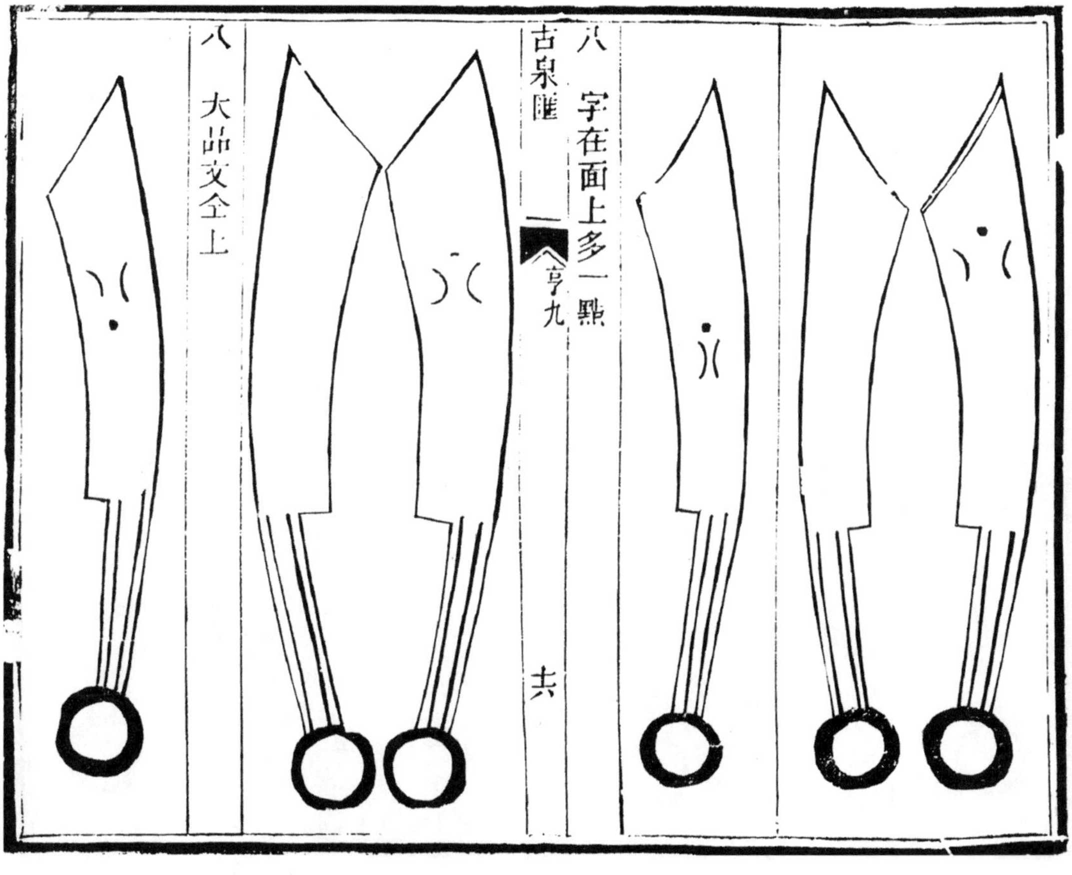
八　字在面上多一點
古泉匯　亨九
十六
八　大品文全上

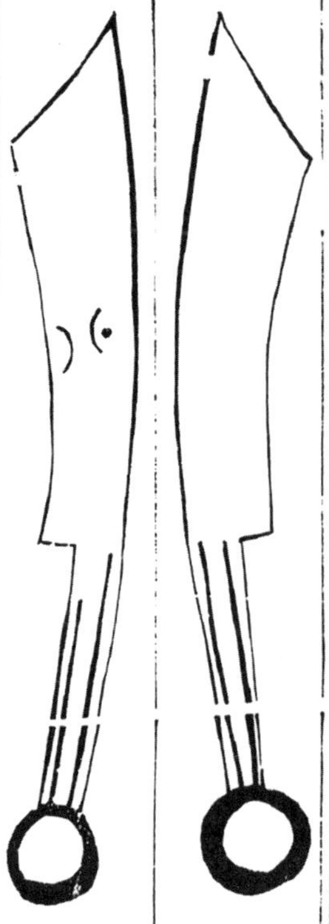

八　一八字多一點在下次在旁

八　字在背下多一點

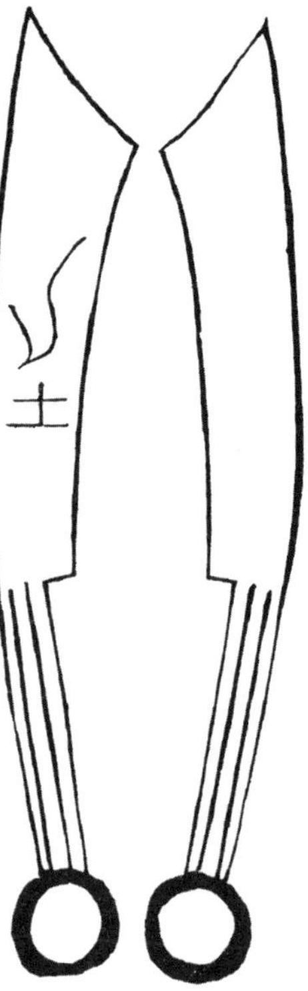

九土　字在背九字倒書亦反書

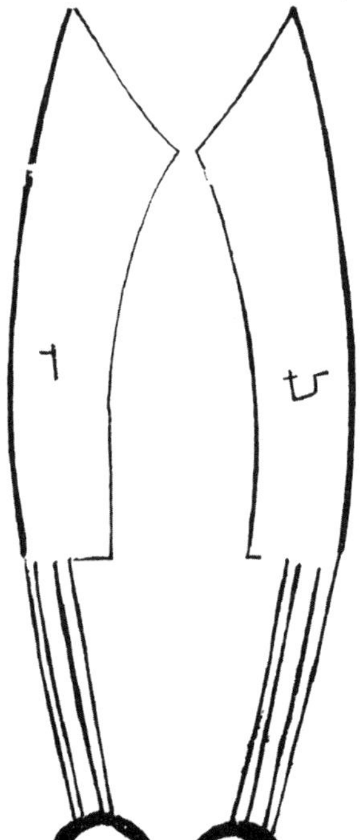

廿廾　十　面背有文似廿而中畫斷背泐其半

古泉滙亨集卷十

列國刀尖首類

乙　大品字在面反書

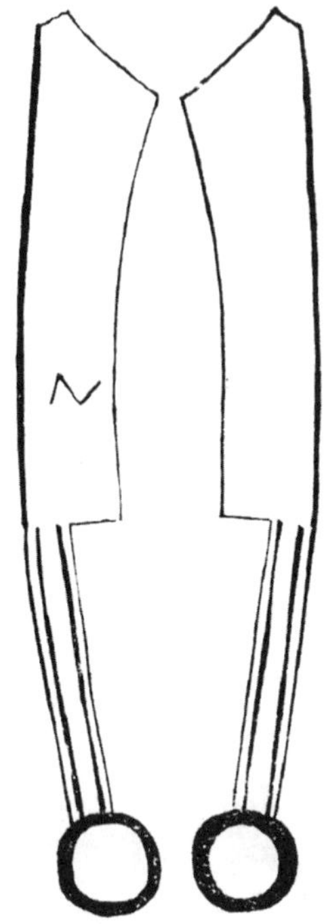

乙　字在背斜書

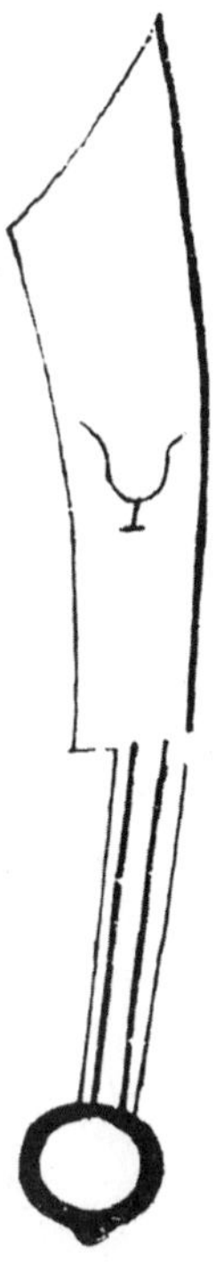

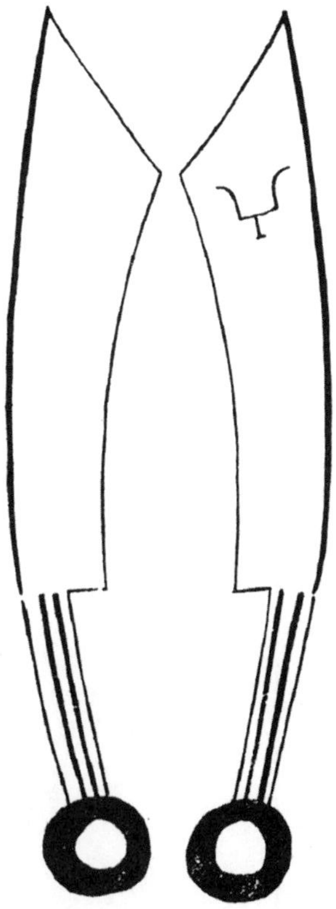

丙　字在面倒書減筆次三較大

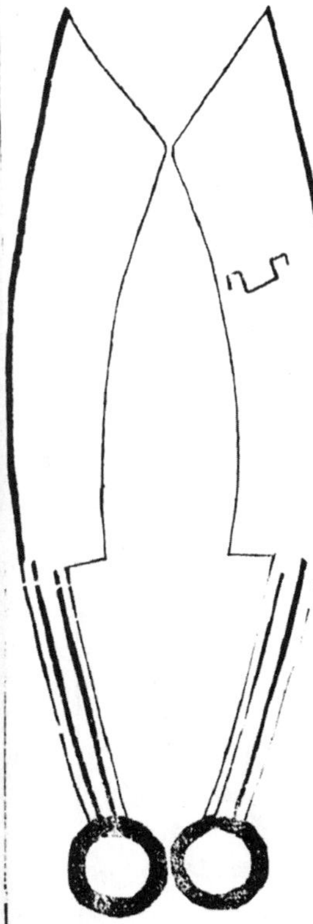

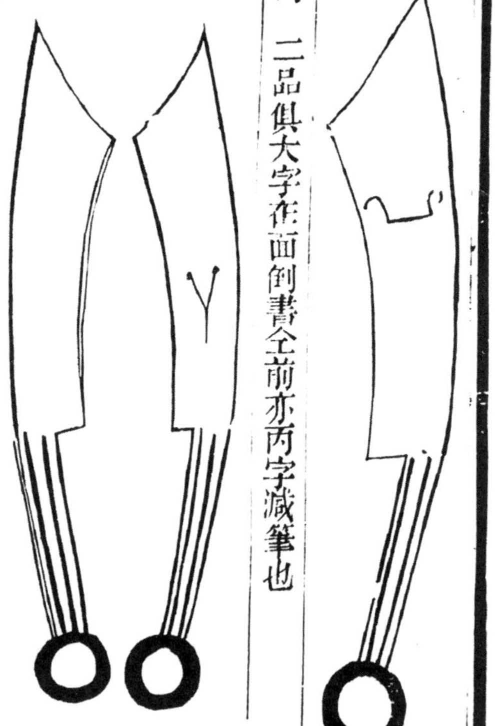

丙　二品俱大字在面倒書全前亦丙字減筆也

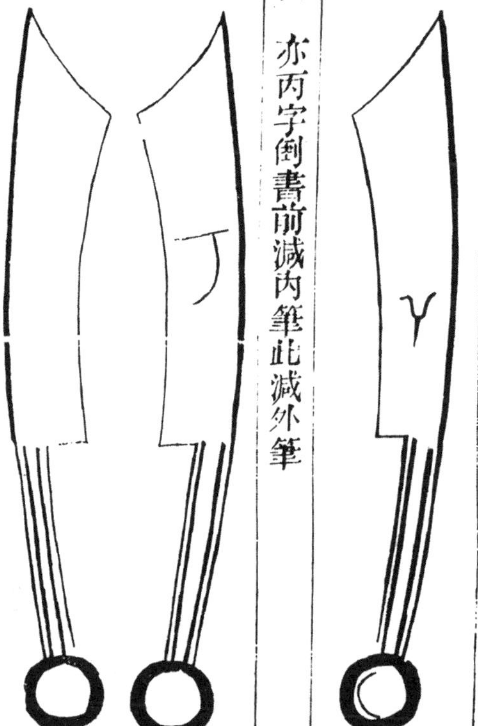

丙　亦丙字倒書前減內筆此減外筆

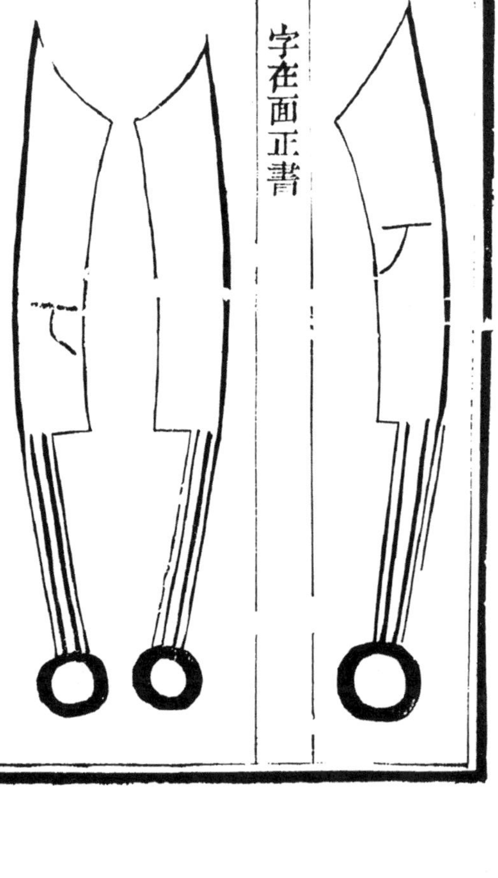

丁　字在面正書

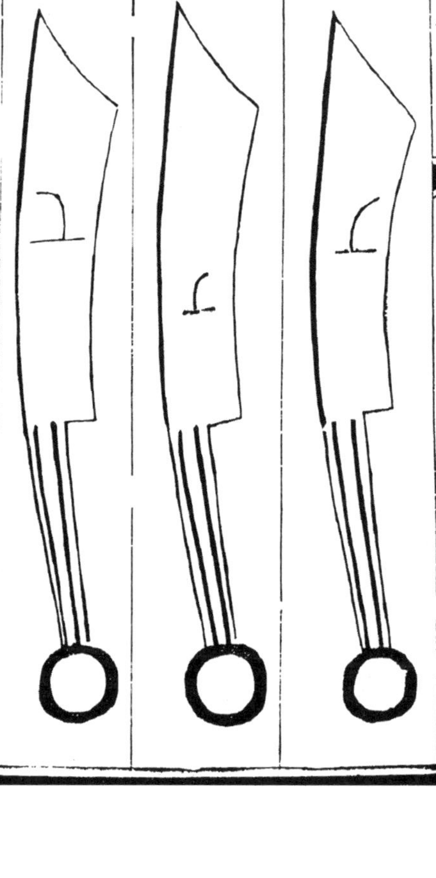

丁　字俱在背一反書二三倒書四倒書兼反書

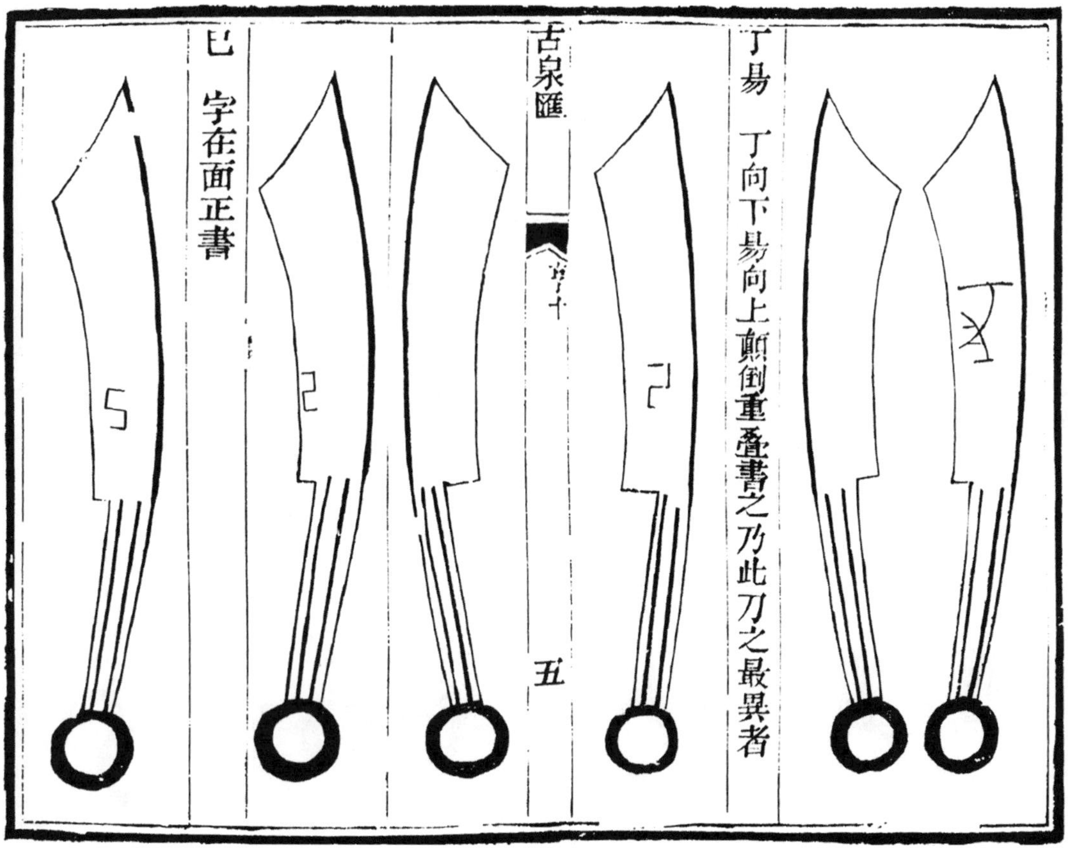
丁昜　丁向下昜向上顛倒重疊書之乃此刀之最異者
古泉匯
亨十
五
巳　字在面正書

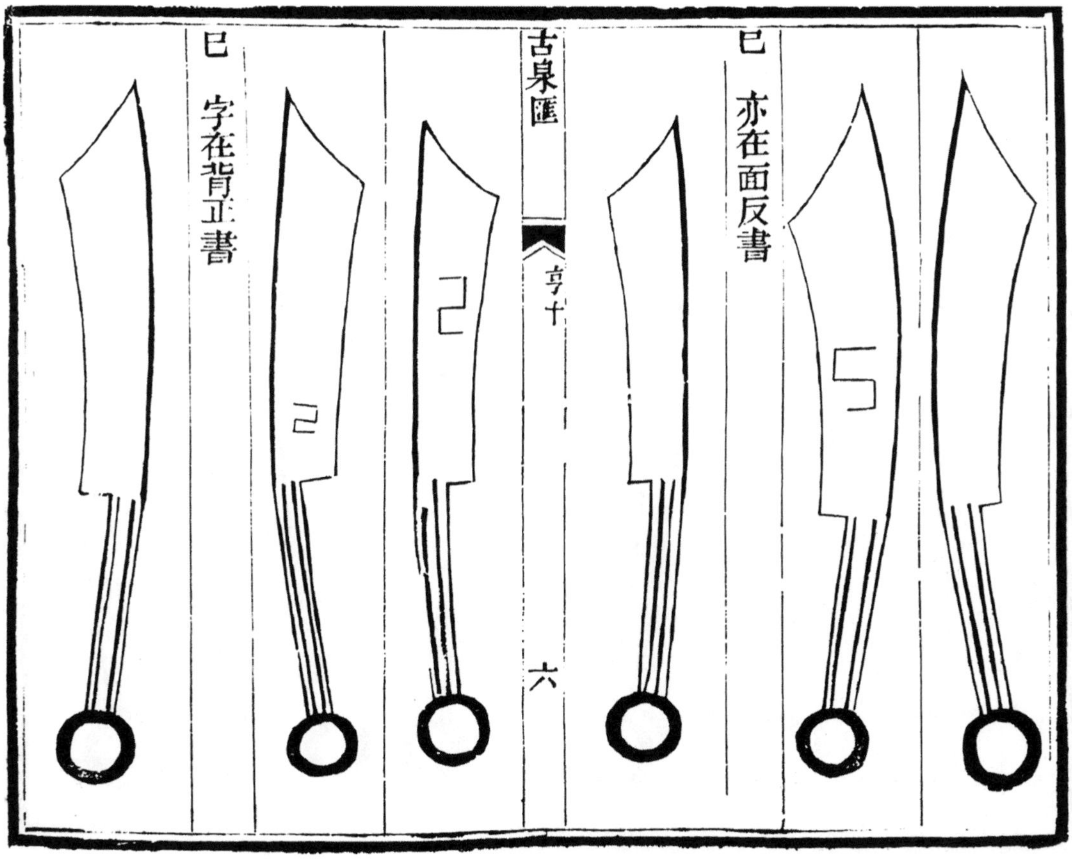
巳　亦在面反書
古泉匯
亨十
六
巳　字在背正書

壬　字在背二壬字上數點似橫畫疑鑄時銅汁溢出者以上
皆紀天干然甲戊庚辛癸五種彙考載有辛字者今未見

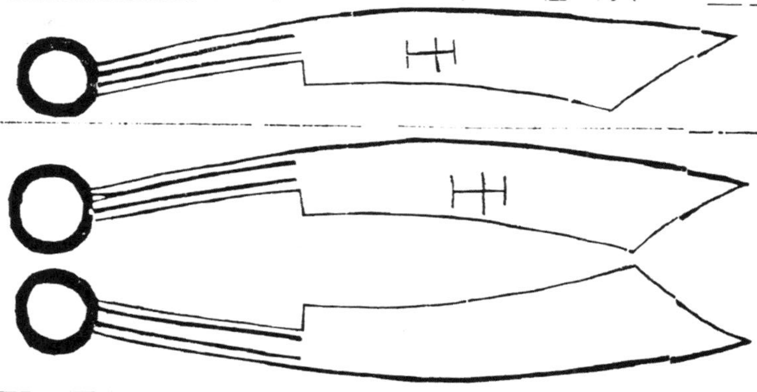

巳　字在背一二反書三正書上多一畫

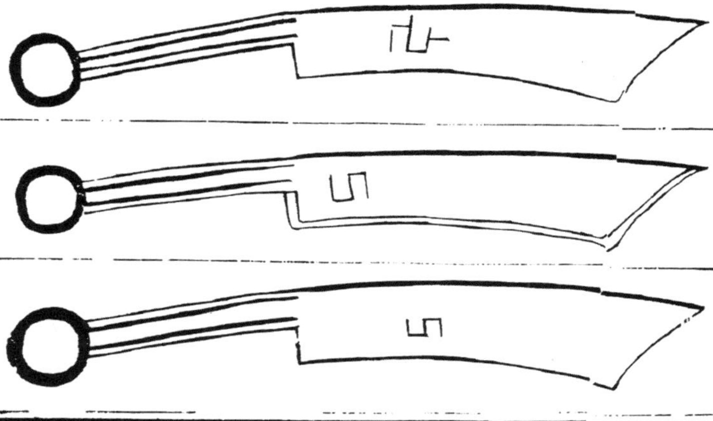

化　貨𣲖作化與齊刀同此例背字在面

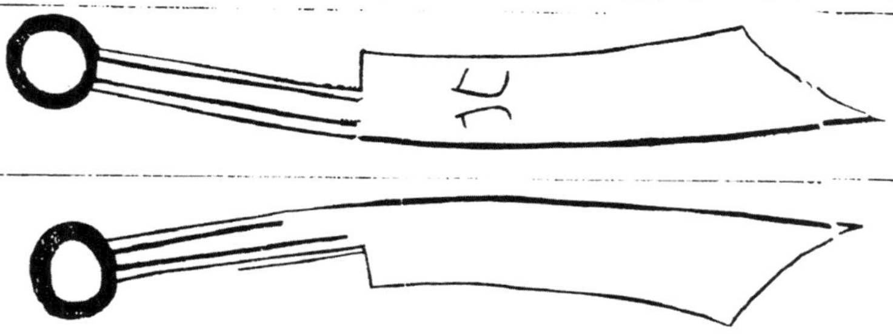

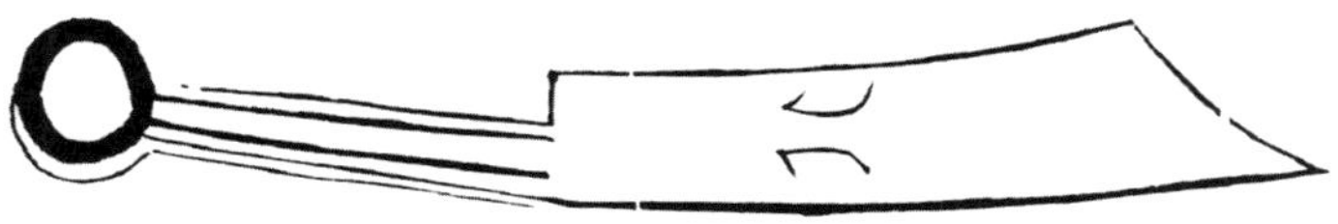

卯　以地支紀者僅見此一品

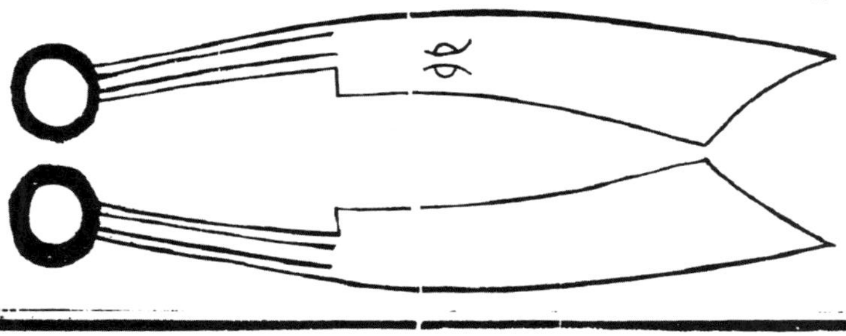

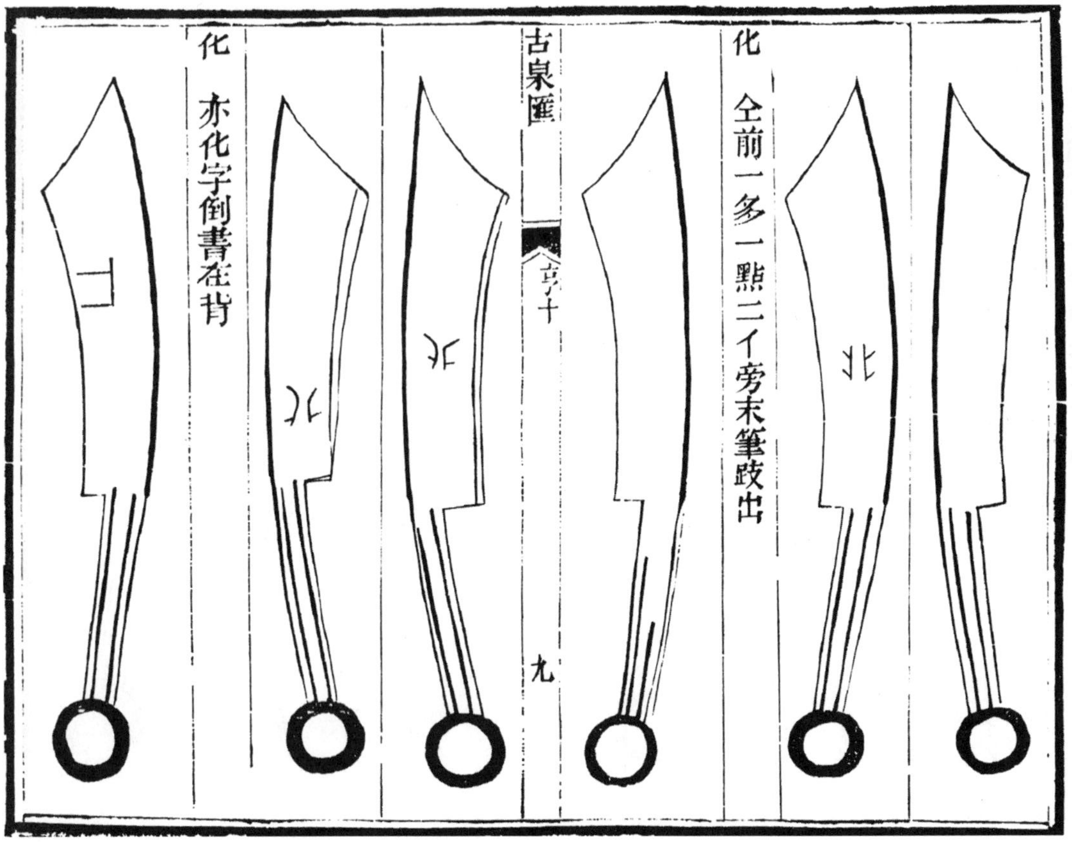

化　仝前一多一點二亻旁末筆跂出

古泉匯　亨十　九

化　亦化字倒書在背

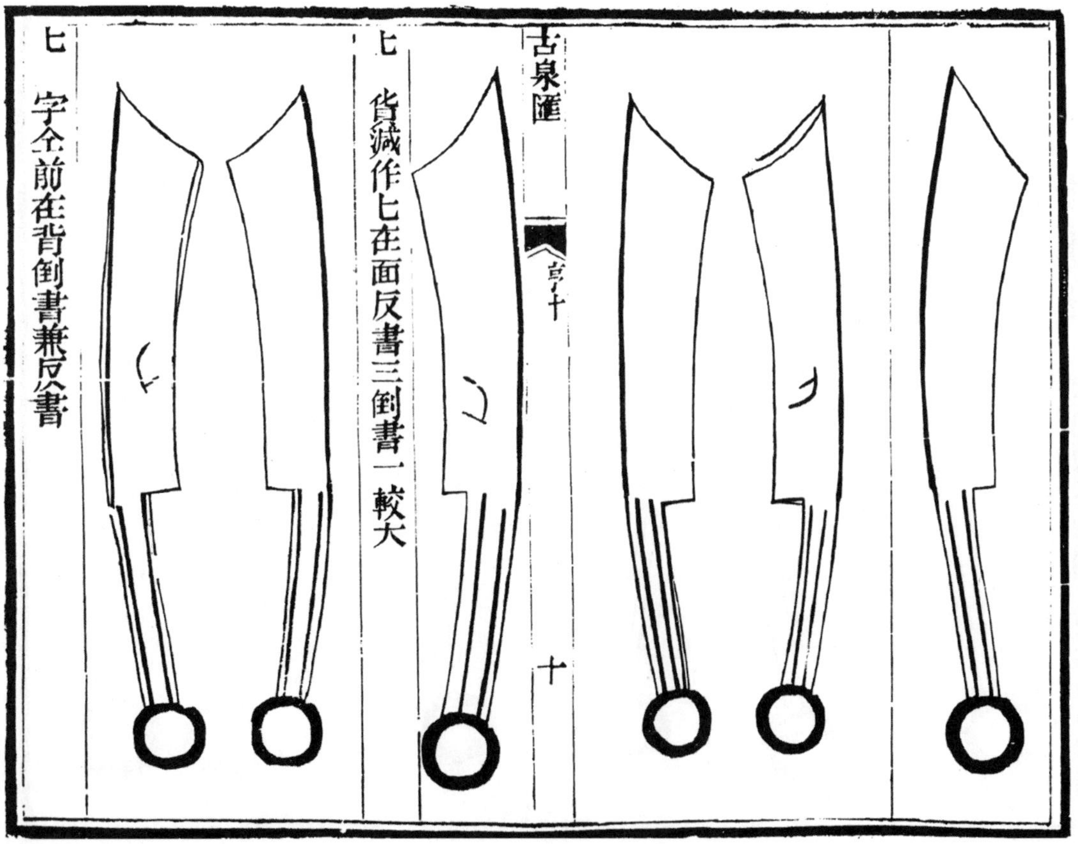

匕　貨減作匕在面反書三倒書一較大

古泉匯　亨十　十

匕　字仝前在背倒書兼反書

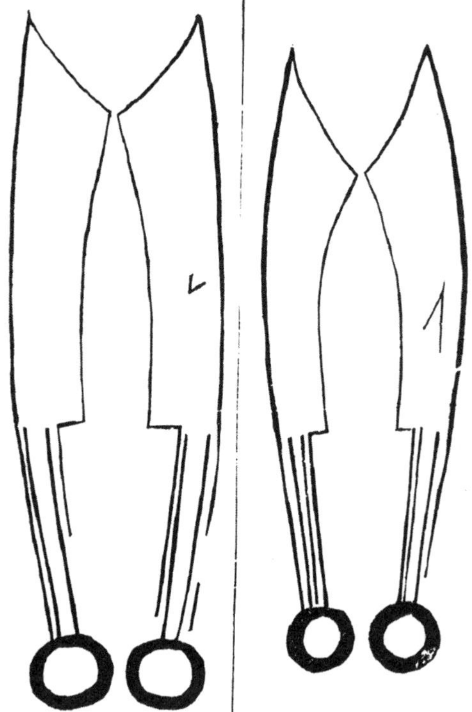

亻　貨減作亻一弍特小乃此刀之罕見者二倒書三倒書兼反書俱在面

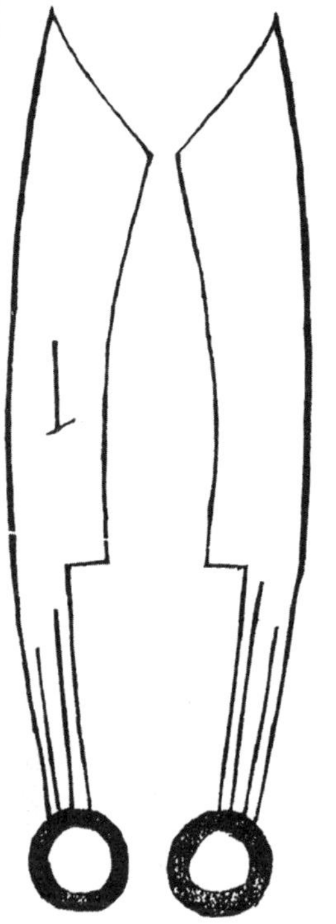

亻　同前倒書在背

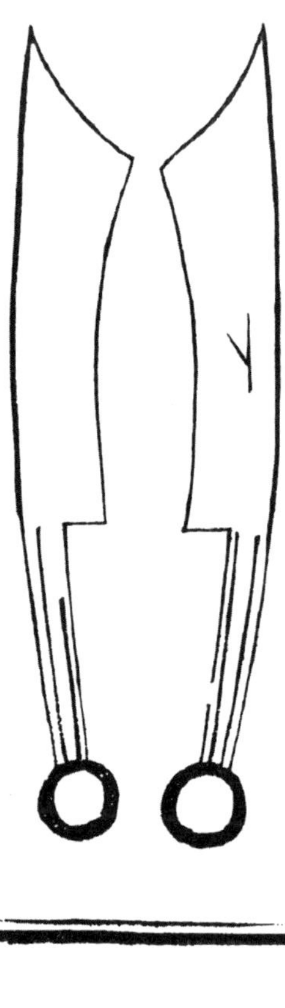

亻　直畫長亦亻字變體倒書傳形文俱在面三弍較大

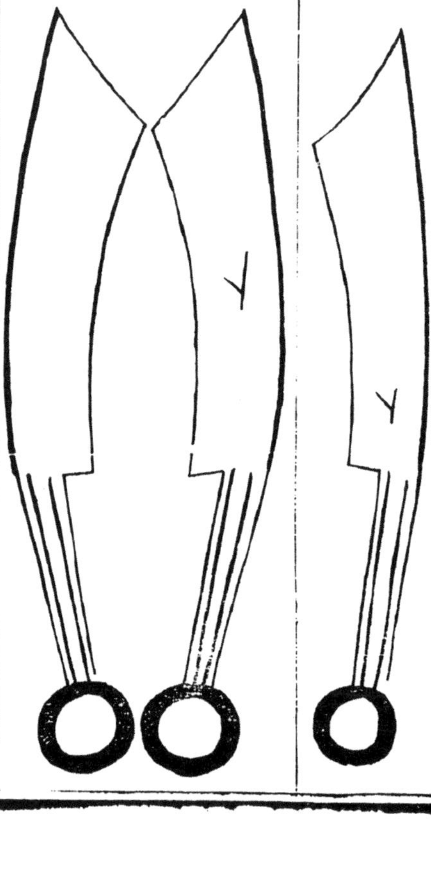

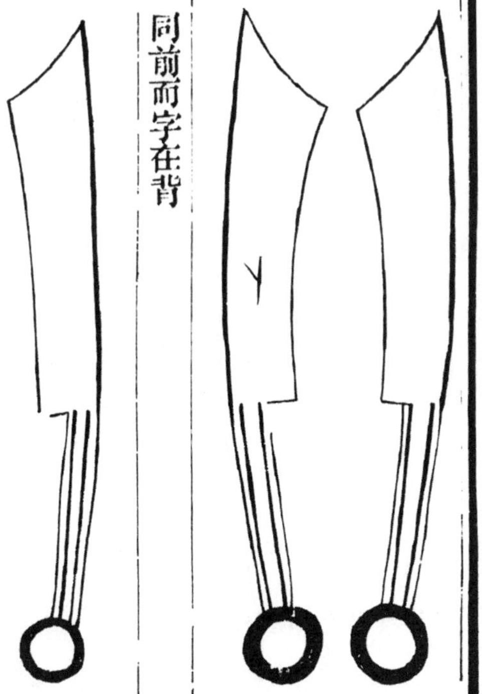

亻　同前而字在背

匕一　在背貨作匕反書兼倒書一橫書

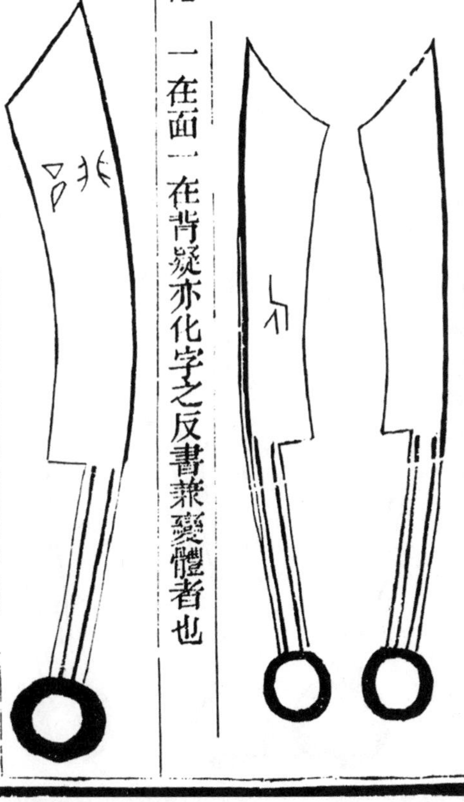

化　一在面一在背疑亦化字之反書兼變體者也

邑化　工化　二品式大一曰邑貨貨作化多二小畫爲異次作工工字在中尤異邑貨者都邑所鑄工貨者工人所鑄也

古泉匯亨集卷十一

列國刀　尖首類

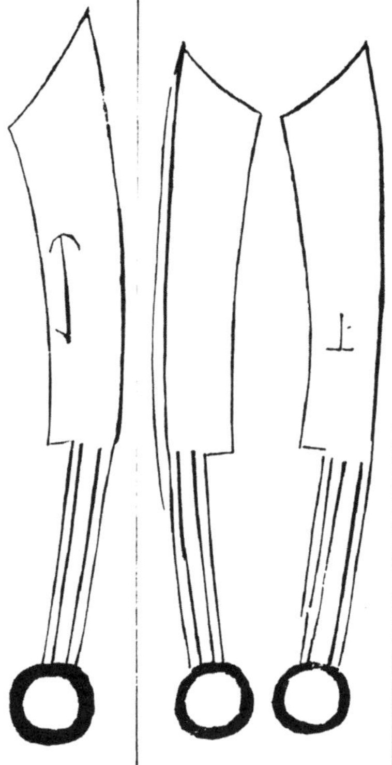

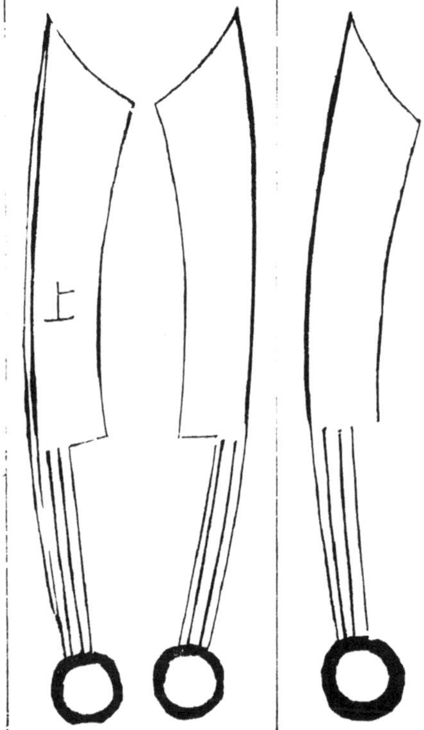

上　一正書製較小二倒書下畫曲俱在面三正書在背

中　字在面製較大

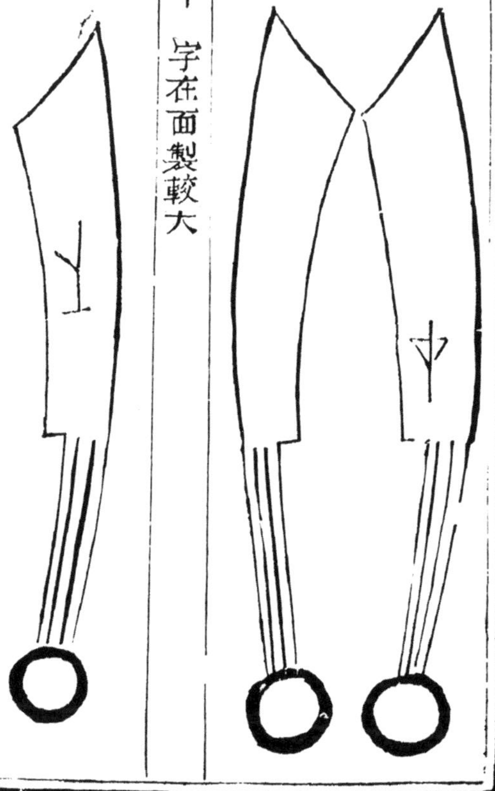

下　字俱在面倒書二上畫短三中畫長

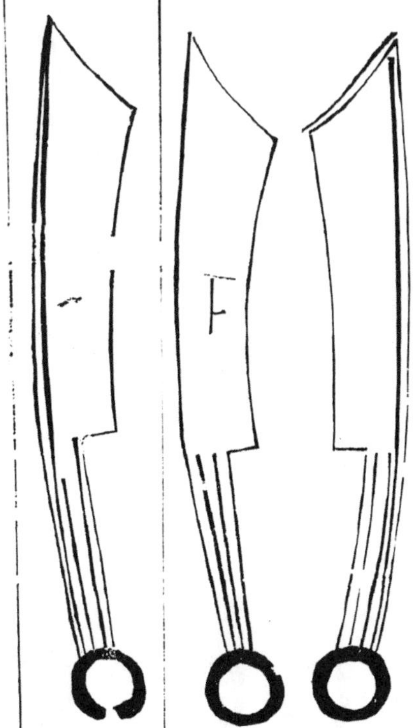

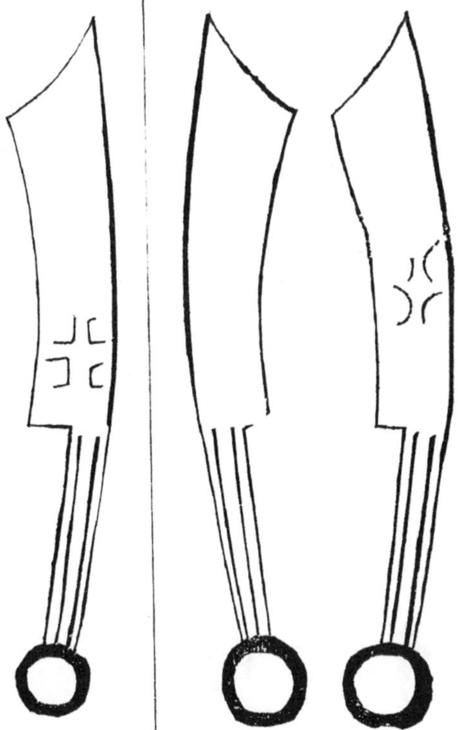

下　字俱在背正書

古泉匯　亨下　三

行　字俱在面當取行用之義

古泉匯　亨十一　四

行　字在背

非　字俱在面四變體書下多一點

非　字俱在背

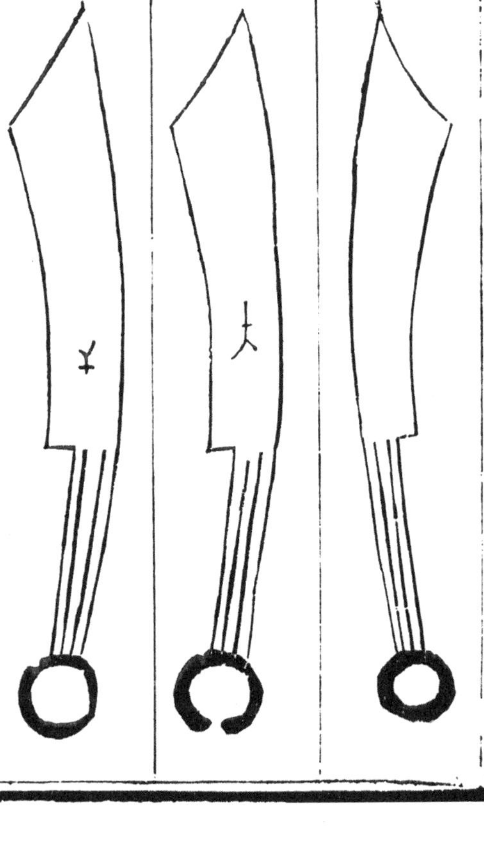

土　法字作大俱在面一二正書三四倒書四中畫短或釋作作大字亦可但齊刀背法字有省作大者與此正同取法物之義也

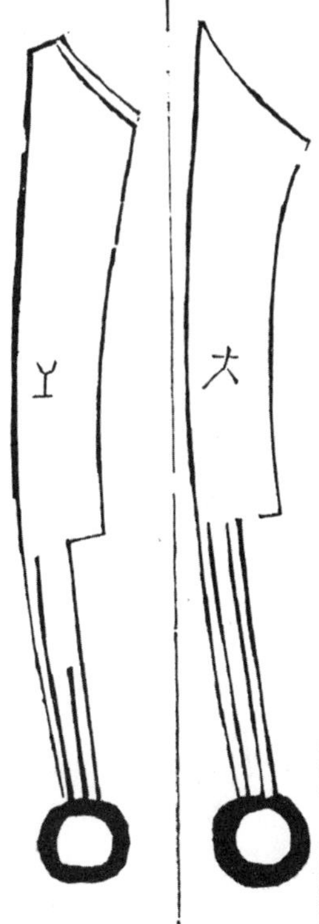

土　仝前字在背一正書二倒書中畫短

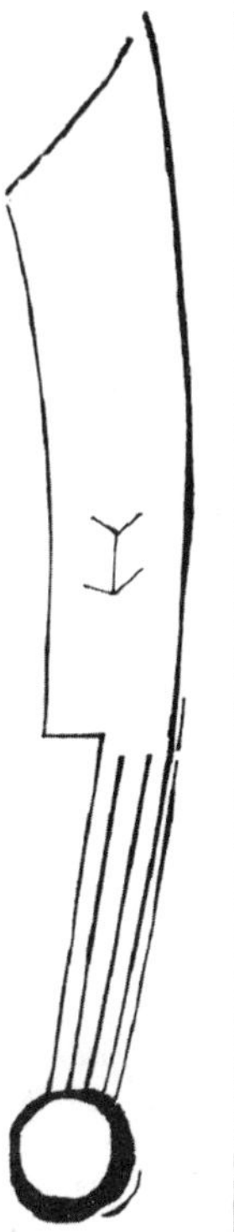

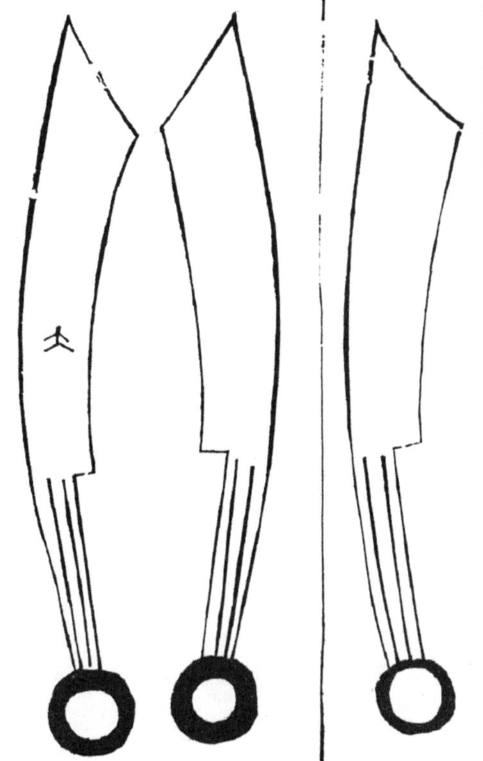

大　類法字而上畫曲乃篆書大字一在面倒書二在背正書

三四五亦倒書五多一點

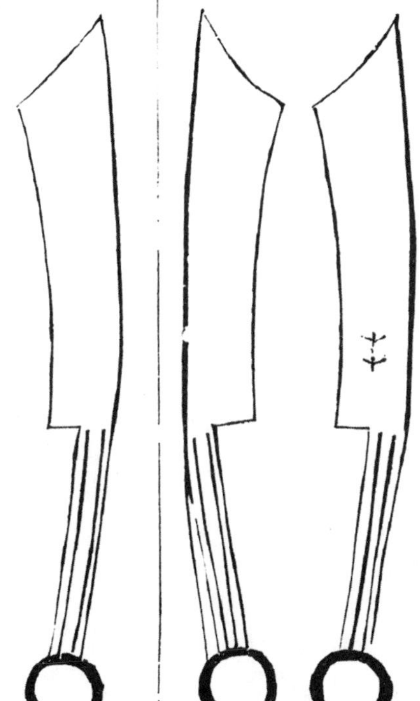

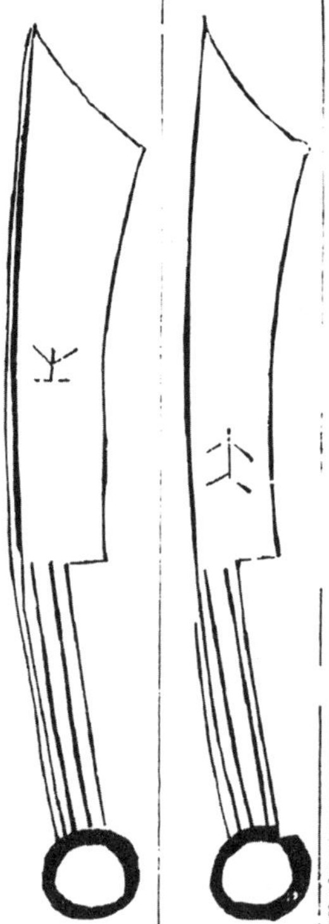

木　中直長於大字故釋爲木　一在面倒書二三在背正倒書

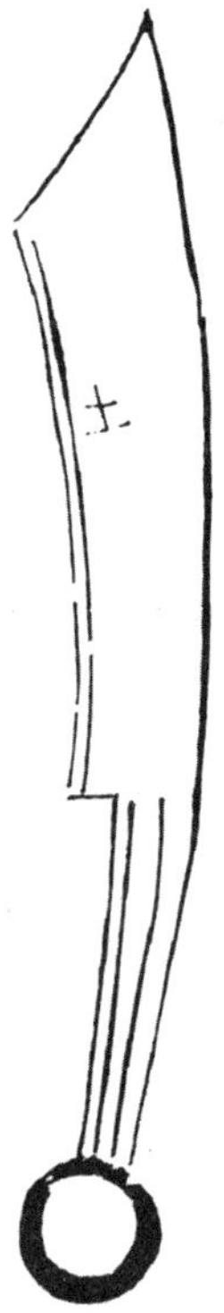

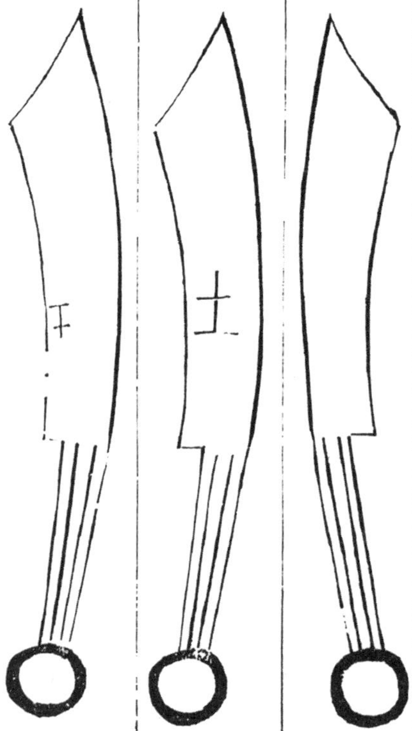

土　字在面　一二正書　三倒書　按齊刀背亦有土字者或釋爲

吉字減筆亦通

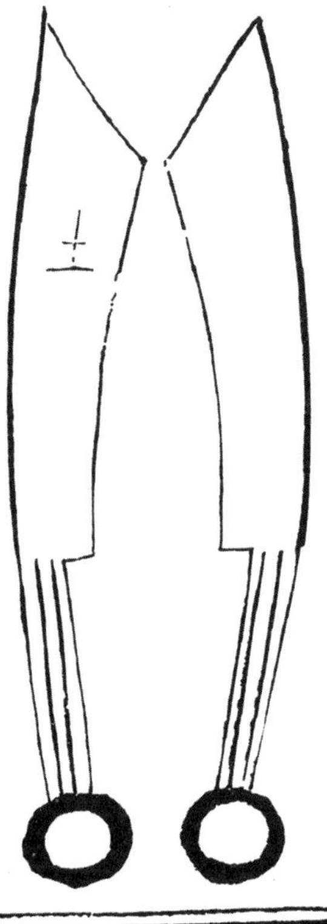

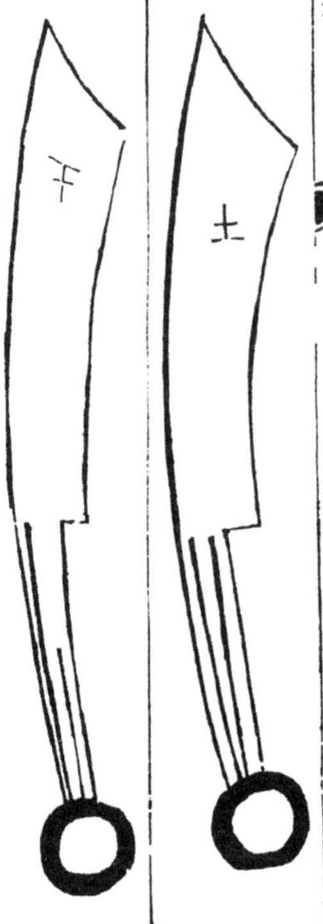

土　仝前字在背下畫微曲　一二正書　三倒書　一式稍大

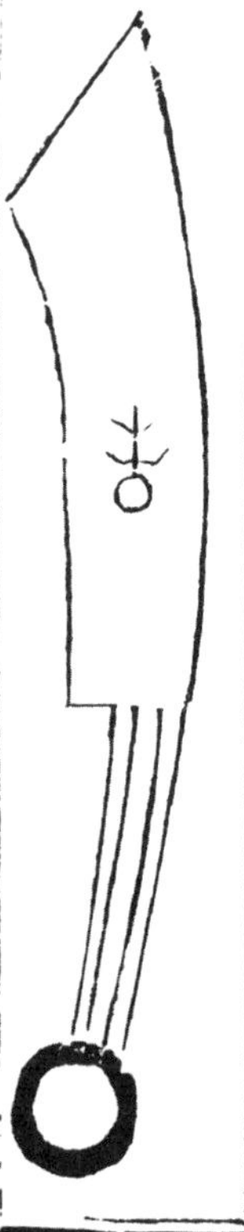

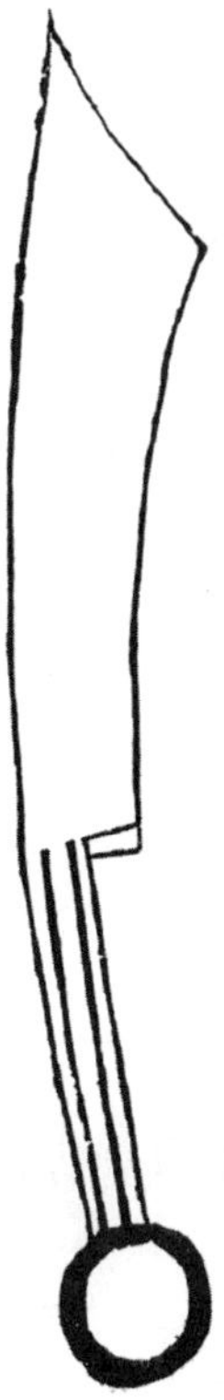

吉　取吉金之義與齊刀背文同

古泉匯　亨十一　十二

古泉匯亨集卷十二

列國刀 尖首類

昜　陽省作昜日字又省作一點倒書在面

古泉匯　亨十二　一

昜　仝前昜字並省去日字

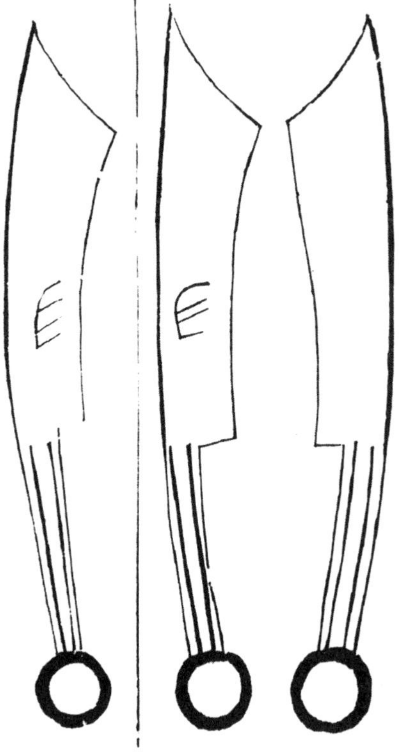

昜　仝前而字在背

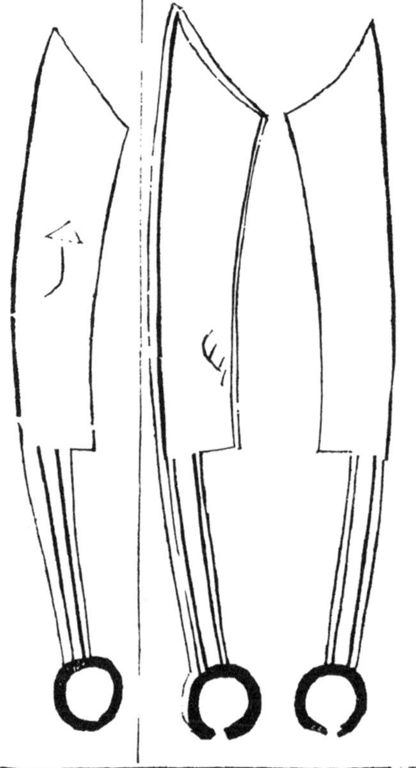

昜　仝前一斜書二正書齊刀背陽字作〻此又其減筆也此

刀陽字正書者罕見

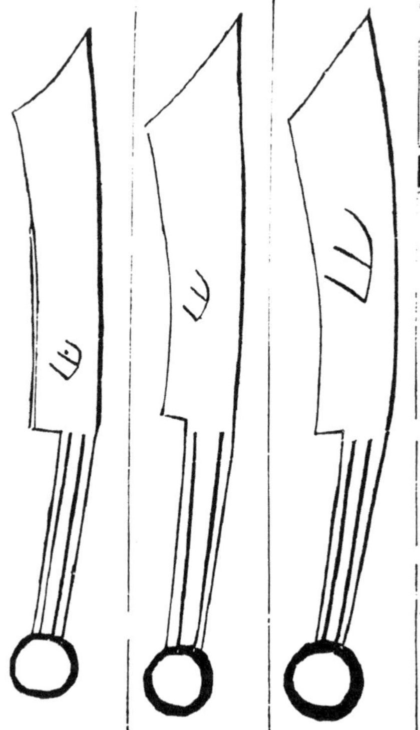

匆　陽省作〻一正書二至五皆倒書在面

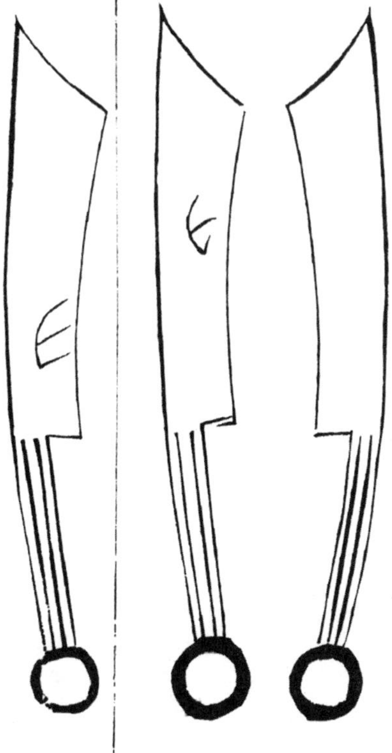

勿　仝前而字在背

古泉匯　亨十二　四

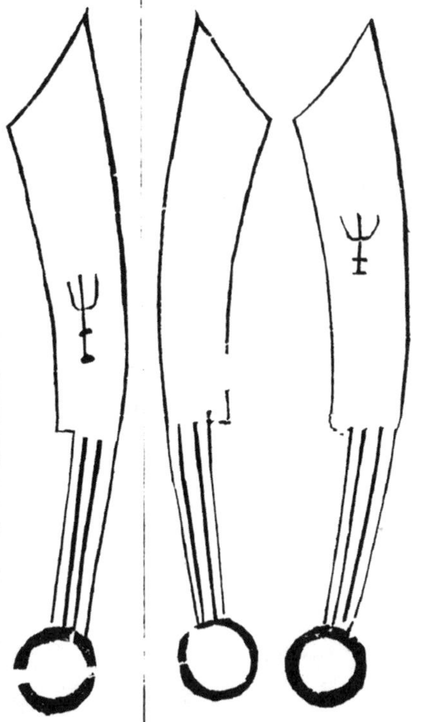

生　在面正書生字與齊刀背同取義應同

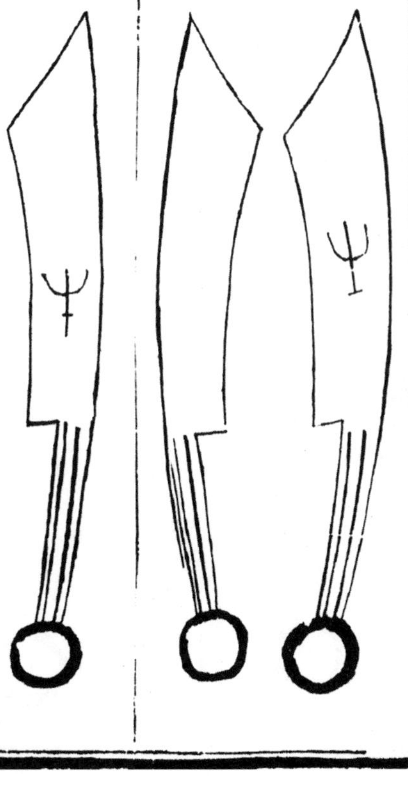

生　一減中畫次減下畫俱在面正書

古泉匯　亨十二　五

生　在背倒書此字齊刀亦有之似生字減筆亦類九字

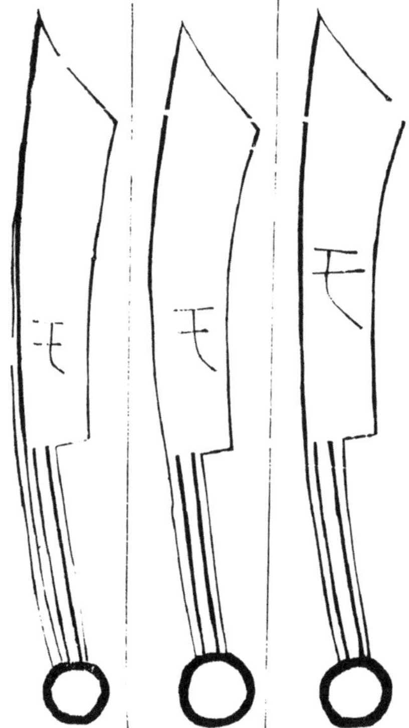

于　三品小異皆傳形注互見尖足于字布

于　同前而倒書

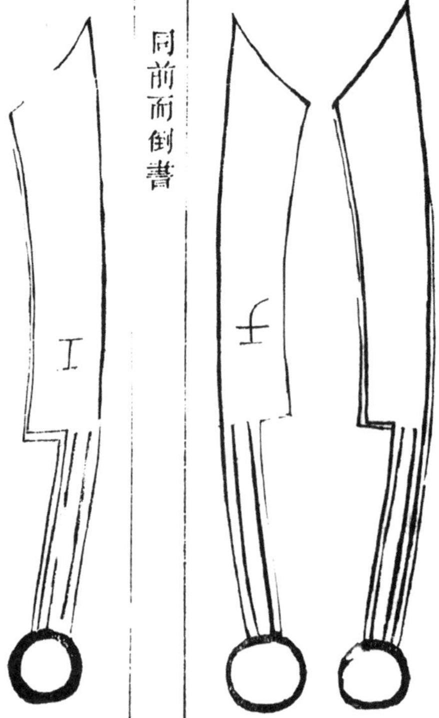

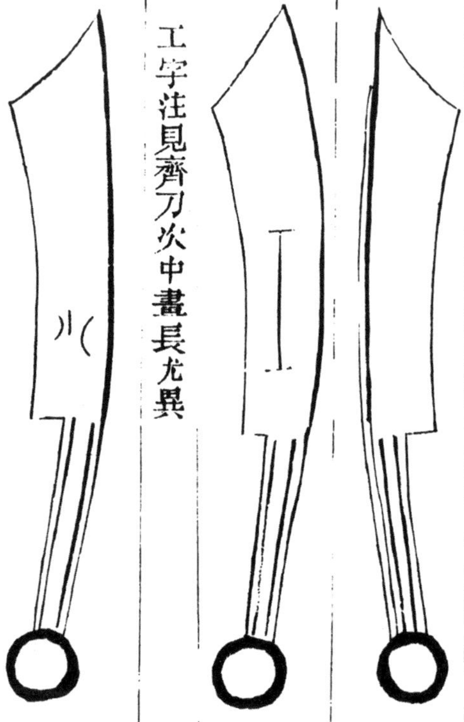

工　工字注見齊刀次中畫長尤異

水　似水字亦似八字中多一畫

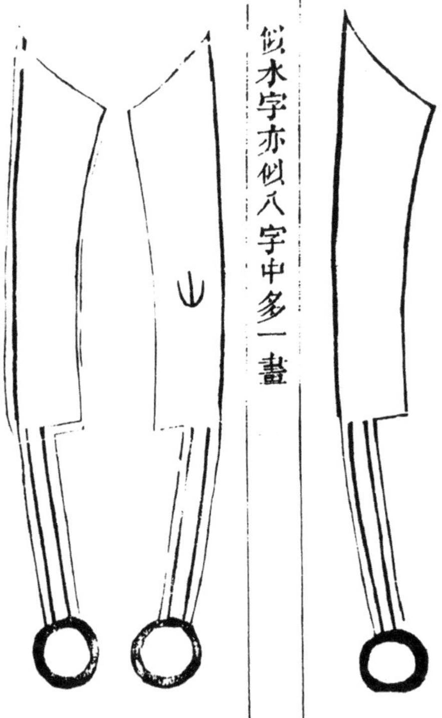

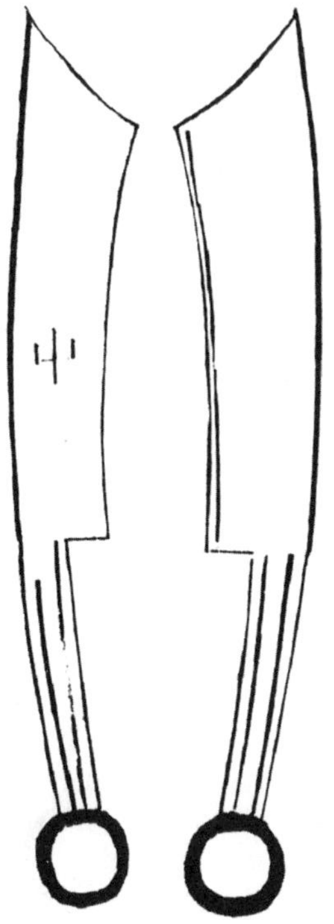

屮　字在面

山　字在背類山字而轉筆方折中畫透出附山字之末

古泉匯　亨十二　八

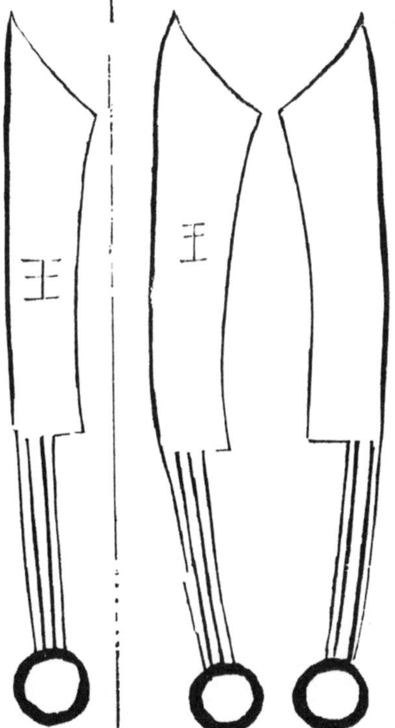

王　與方足王氏布字同中畫短與壬字異

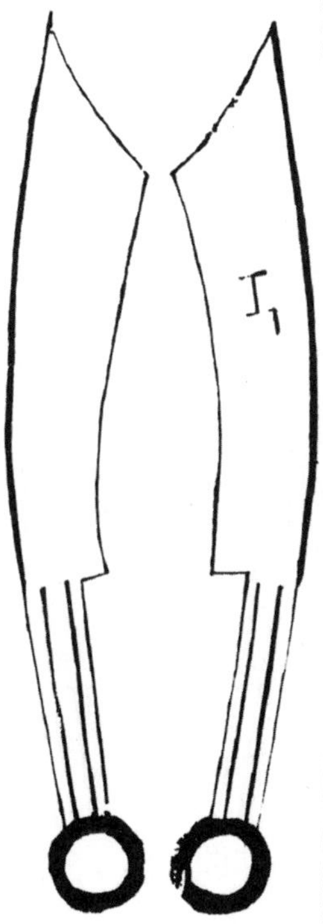

氏　王氏布氏字與此同

古泉匯　亨十二　九

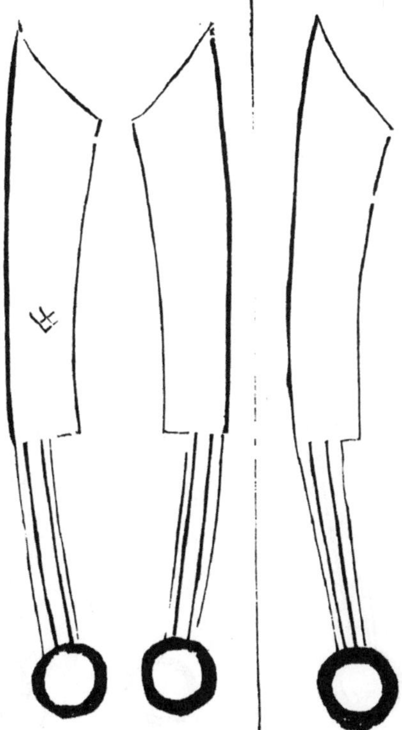

文　一在面二在背文字與文陽布同

井　或取井養不窮之義

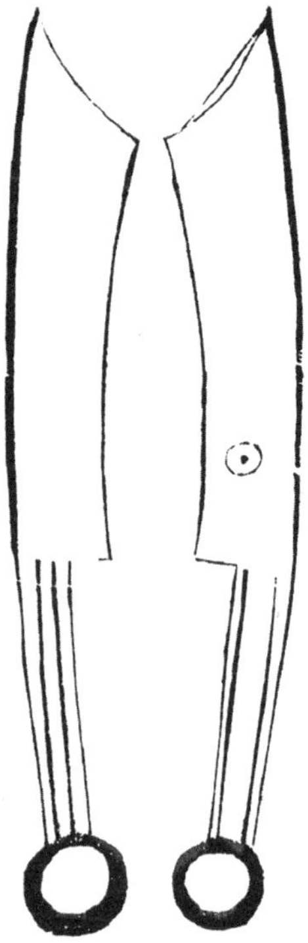

公　似公字義與公字布同亦似只字倒書

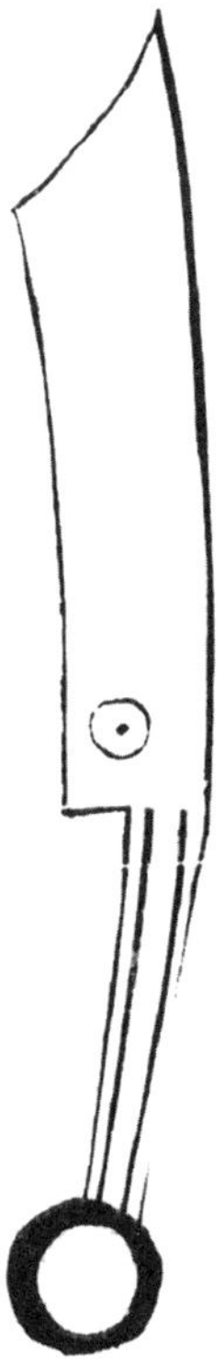

日　字俱在面

日　字俱在背

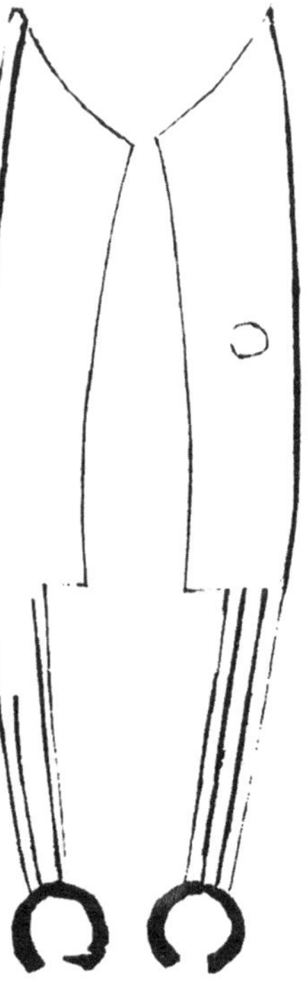

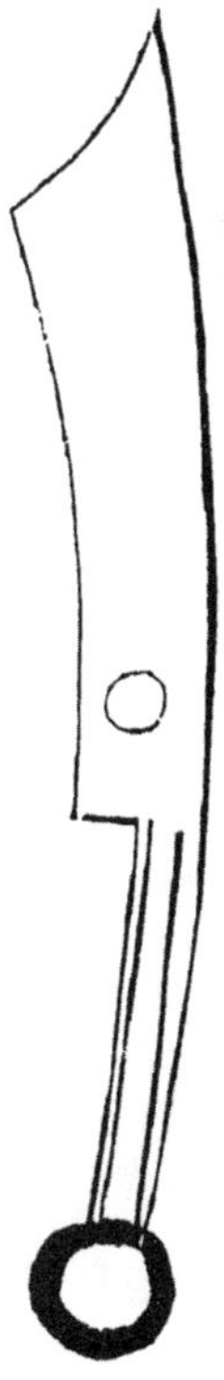

口　字俱在面似口字減筆亦似口字與齊刀同

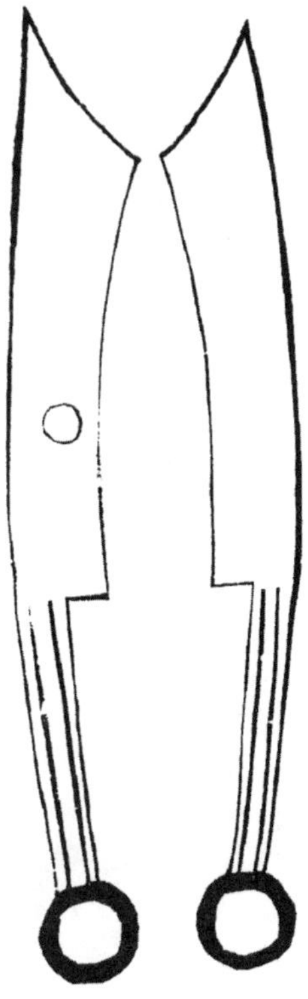

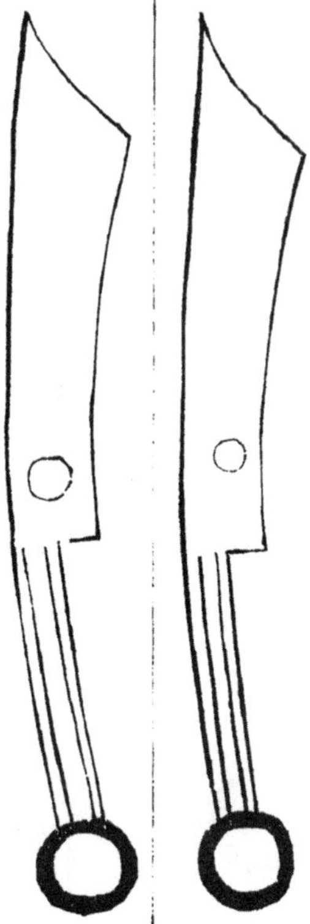

日　仝前字俱在背

古泉匯亨集卷十三

列國刀 尖首類

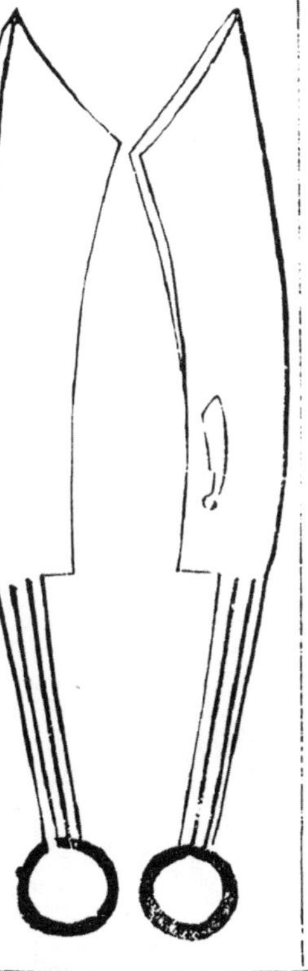

刀　凿一刀形謂之象形之字亦可此戴醕士所藏亦僅見之

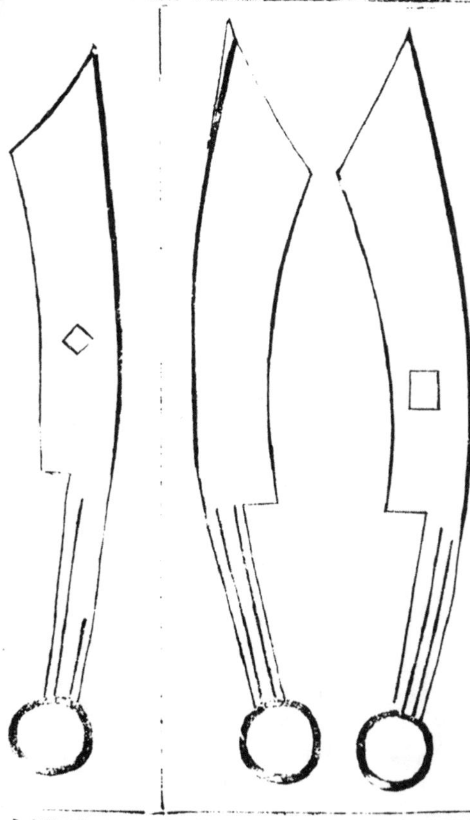

城　一較大次常品背畫方圈一正一斜象城形注見元集卷

一城字布

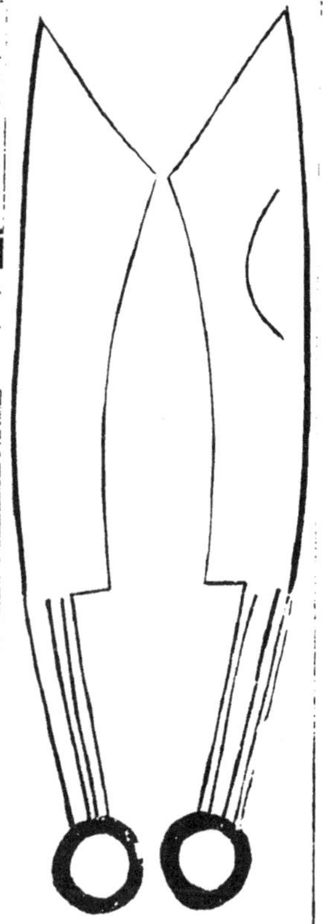

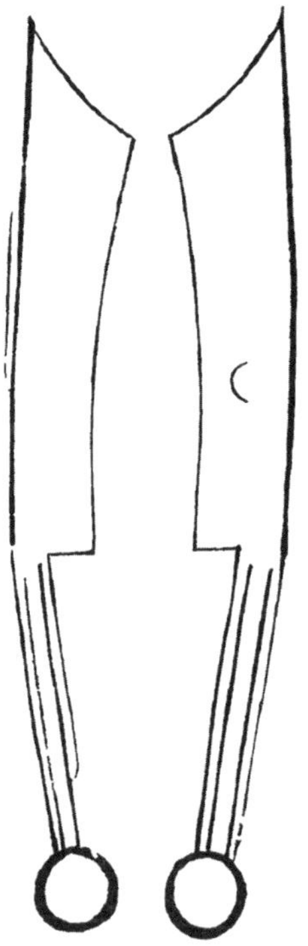

一畫曲如半規疑是貨字之最减者注見亨集卷四一較大

同前而字在背

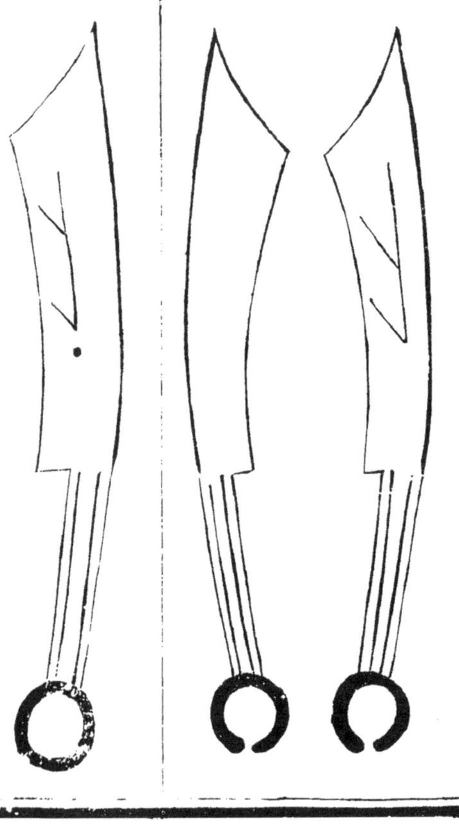

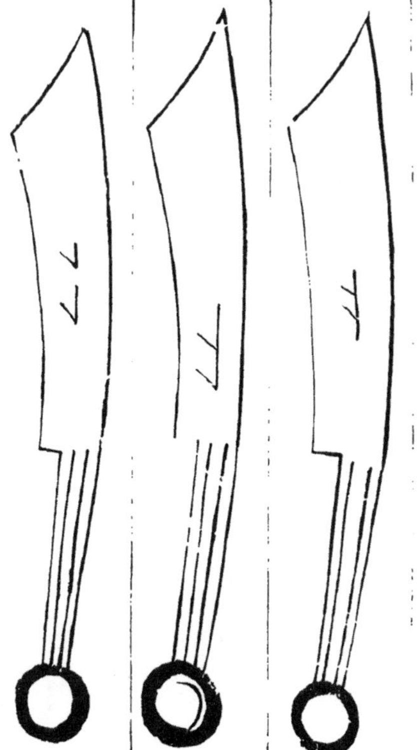

字俱在面二多一點五中畫斷爲異

古泉匯　亨十三　四

仝前字俱在背

古泉匯　亨十三　五

字同在面一二反書三倒書似萬字

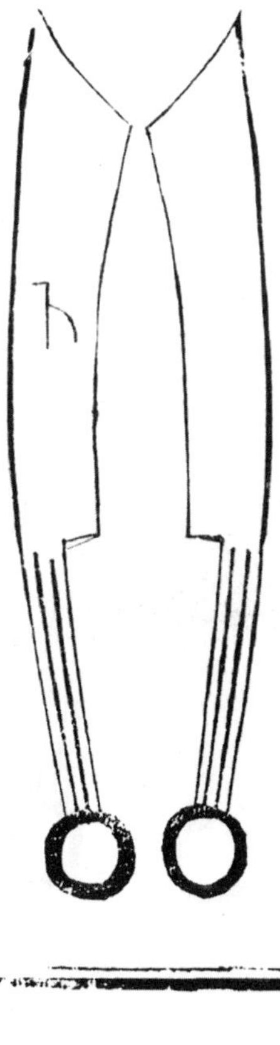

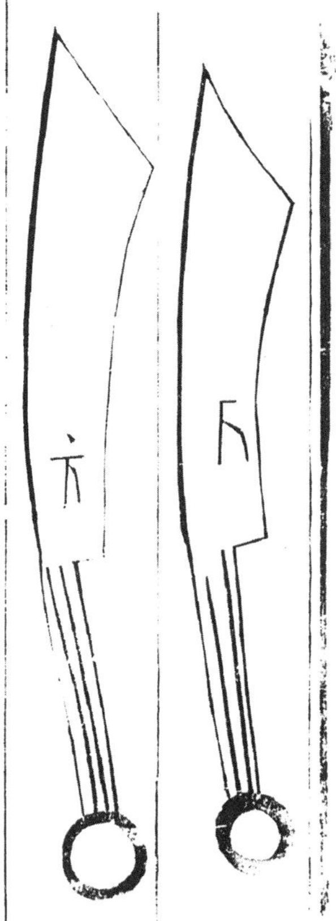

仝前而字在背三多一點

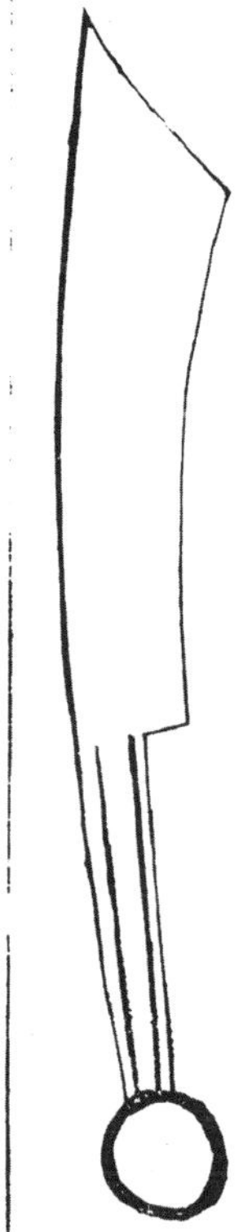

字在面似前品減橫畫反書

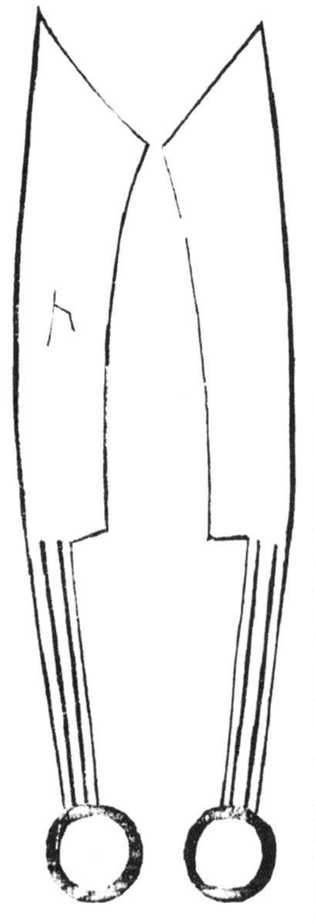

仝前而字在背二三倒書兼反書

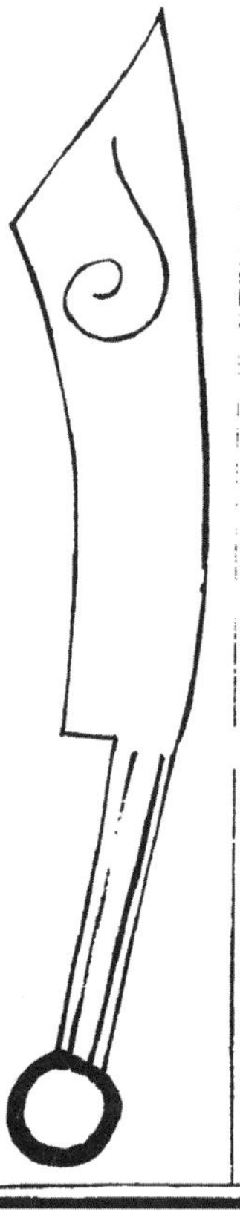

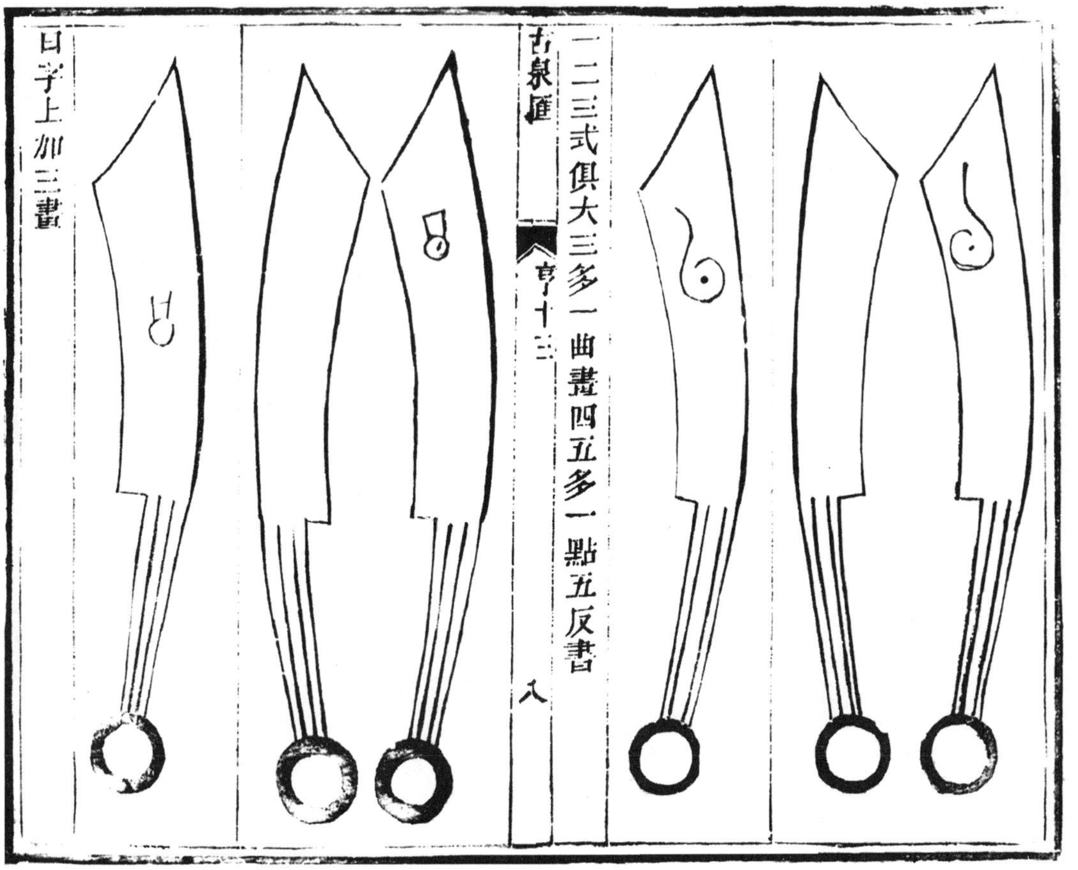

日字上加三畫

一二三式俱大三多一曲畫四五多一點五反書

古泉匯　亨十三　八

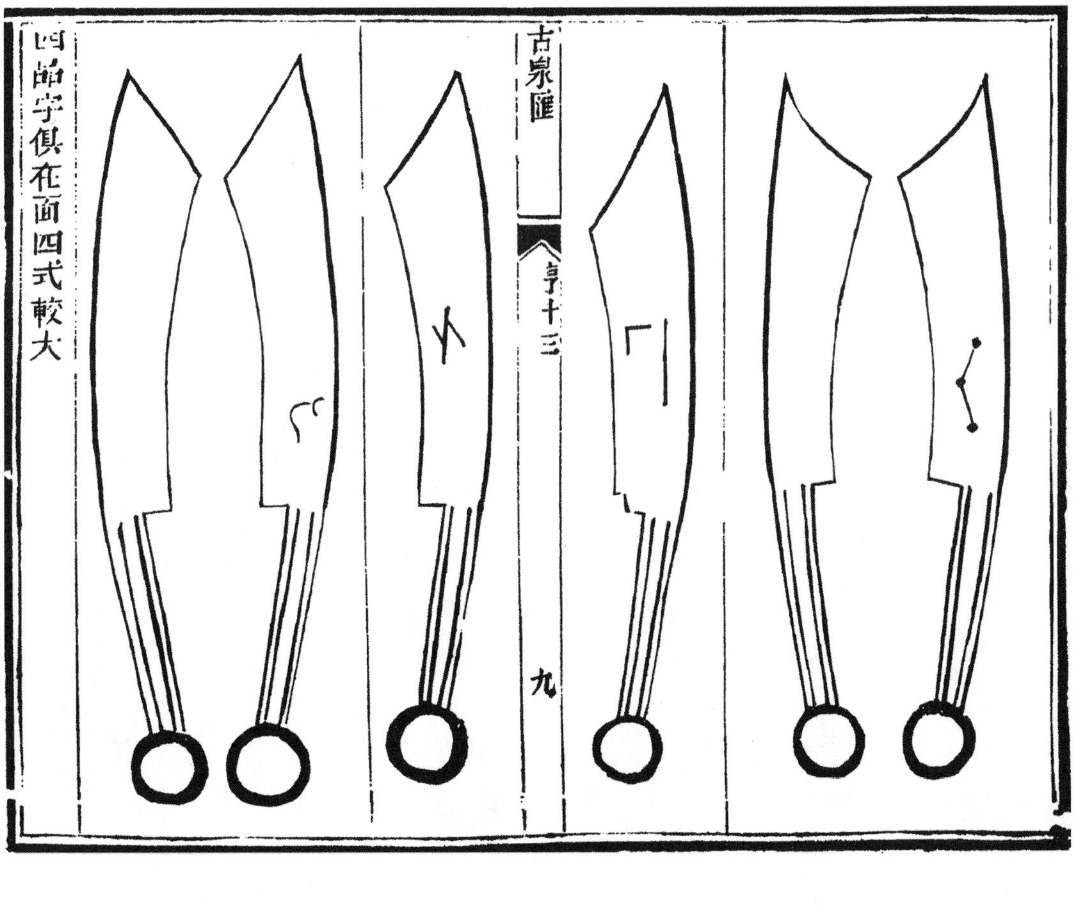

四節字俱在面四式較大

古泉匯　亨十三　九

似門字之半

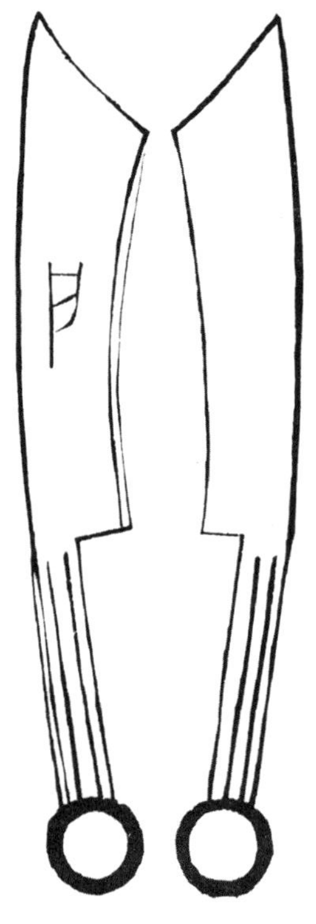

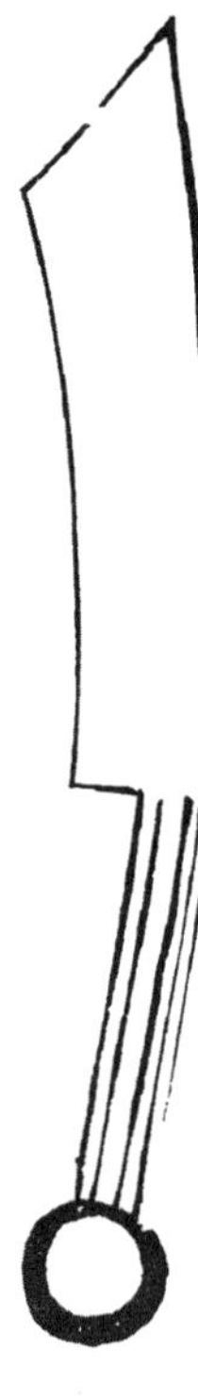

古泉匯　亨十三　十

似乙字而一二多一折筆三多二折筆一斜畫

策考載此刀有魚形者或即此

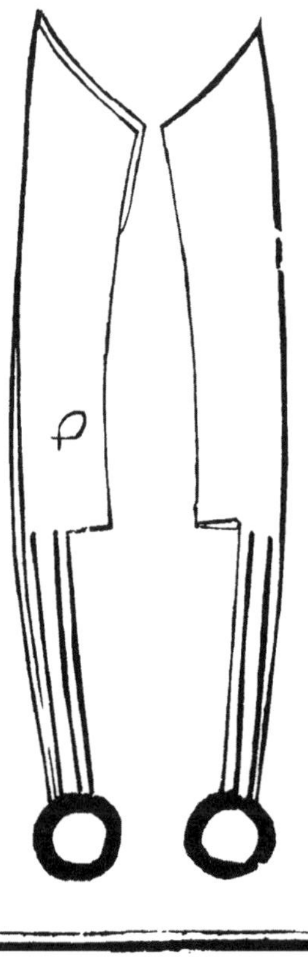

古泉匯　亨十三　十一

背作一點

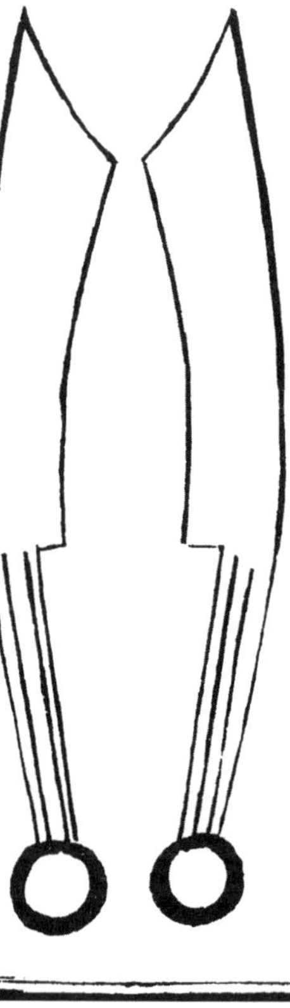

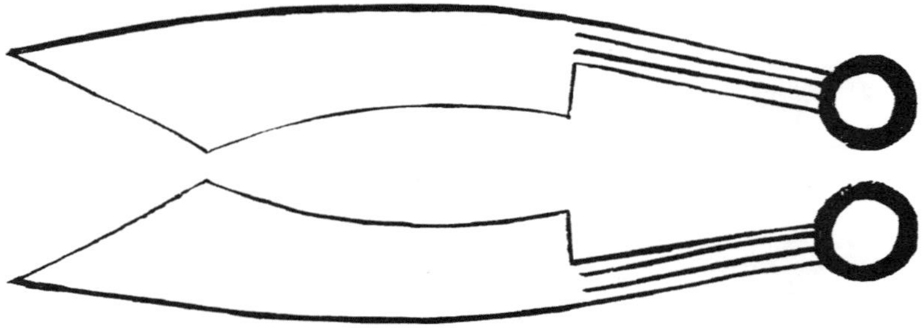

二品無文次較大自卷九至此共為一種品類繁夥亦於直隸

出土李鐵耋所得居多又按此刀亦外郭高於刀柄之直文與

齊安陽即墨明刀式同而刀柄面中二直文更高於旁二直文

尤異

附　未見尖首刀

辛字在面

上背乜

王背行

于背古

列國刀　甚品類

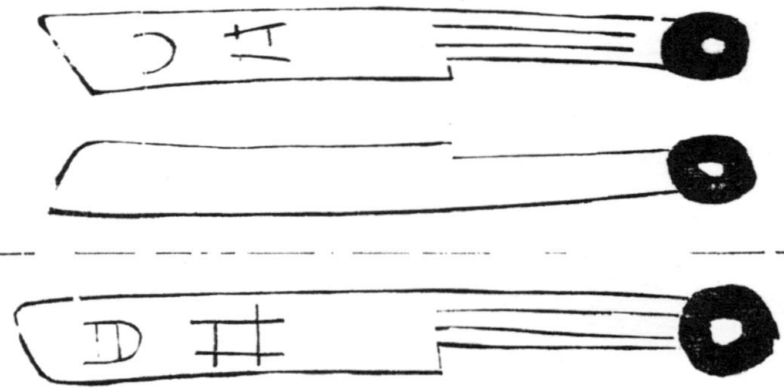

甘丹　面文甘丹即邯鄲或釋甘井注見元集卷八尖足布二

品微分大小背俱無文

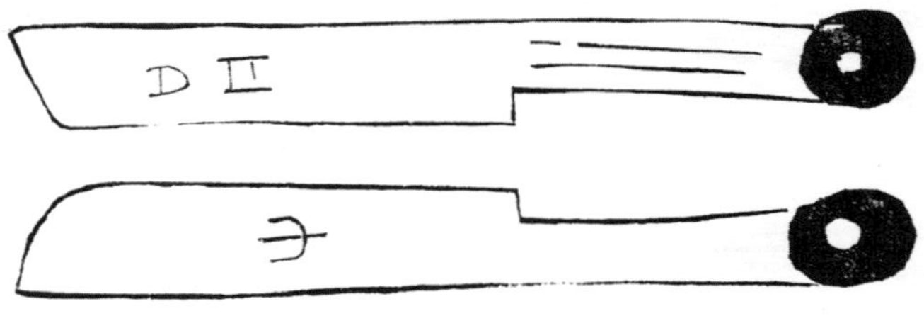

甘丹 背中 匕 一面同前背中字注見齊刀次面文丹字中有一點上橫畫不透出與尖足大布同不類井字釋作丹字背

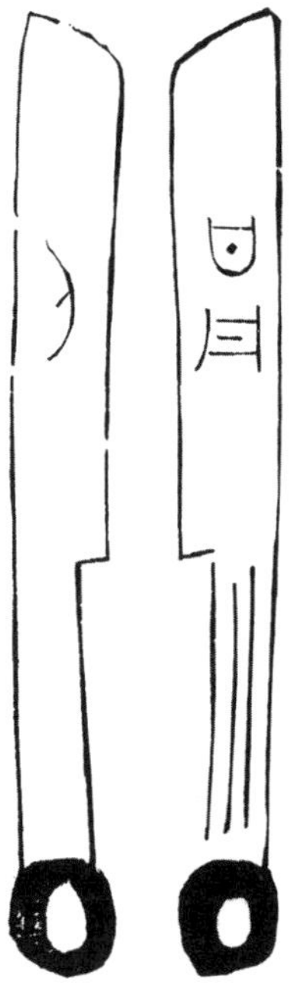

信背貨字減作匕傳形亦與齊刀同

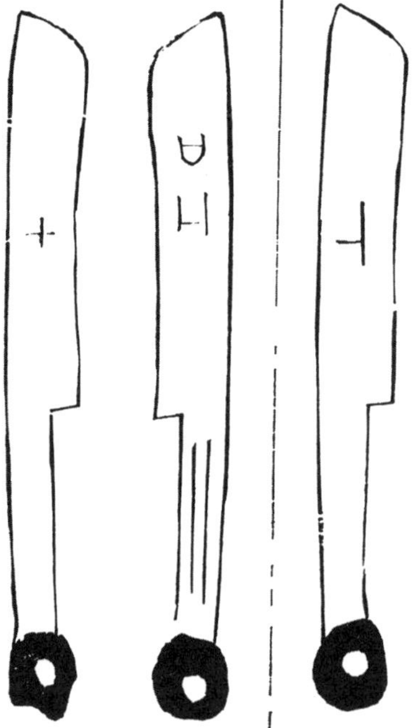

甘丹 背六 十 背文皆紀數與齊刀同六字橫書類馬字與

邑布及列國刀背文同

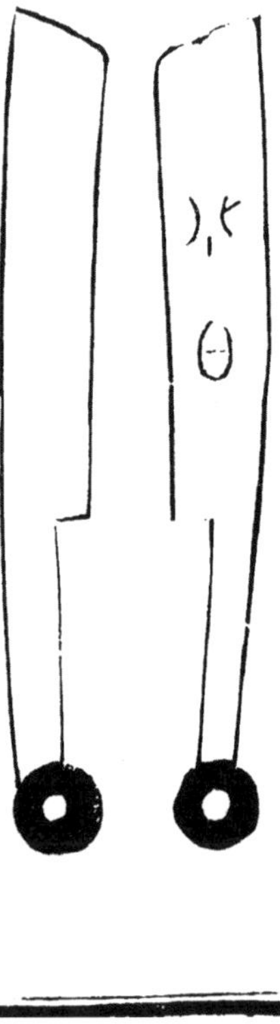

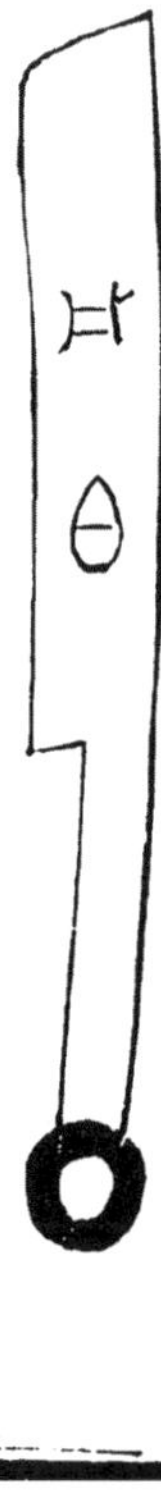

成白 一成字二皆中豎畫伯作白皆省偏旁吉金錄釋爲郕伯引史記武王子郕叔封於成數世至郕伯爲証又左傳公會杞於郕注魯地又衛師入郕注屬魯爲孟氏邑皆可証按商城布作口爪省土旁與此成字同

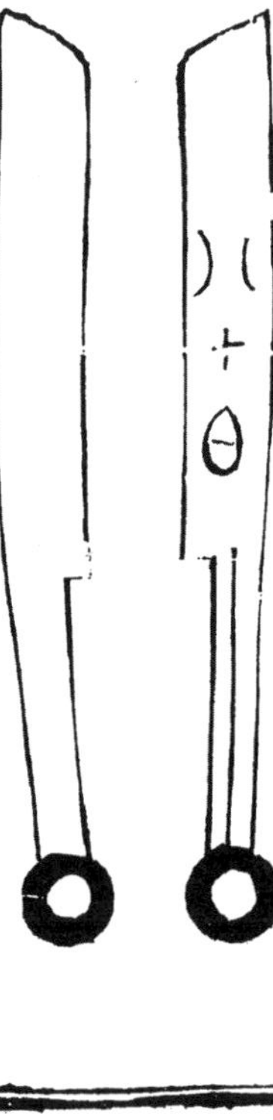

成白 此品成字作爪十不連貫實一字也與前品背俱有讞

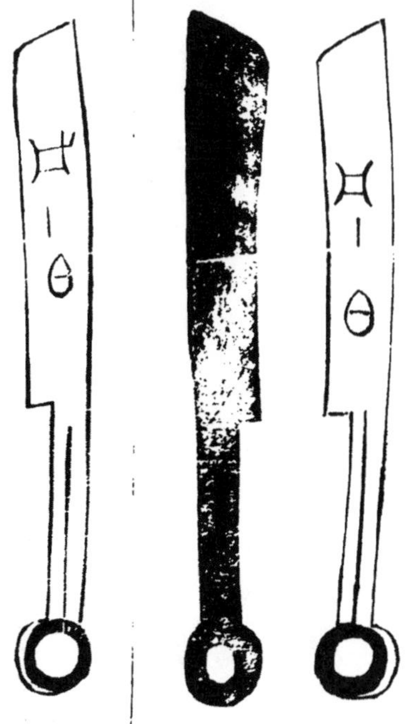

成白　二品成字下竪畫亦不連背俱平

古泉匯　亨十四　四

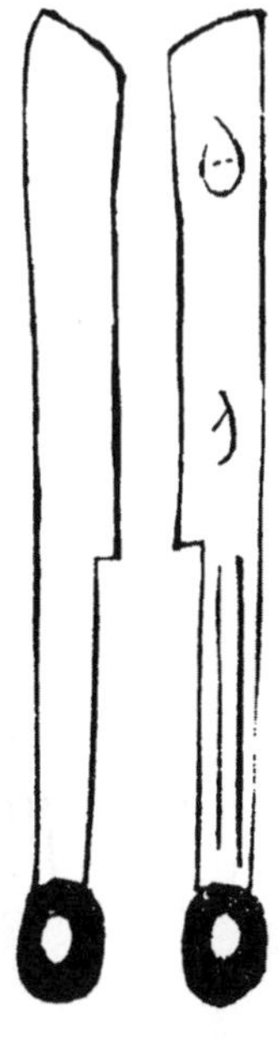

白匕　二品有大小之分面文白作白與郕伯刀同貨作匕傳

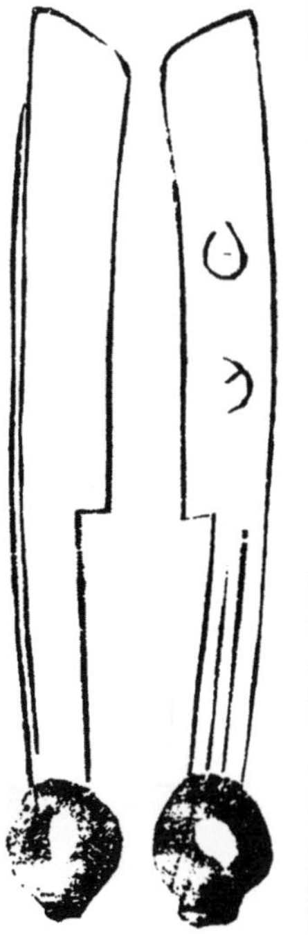

形與齊刀各邑布同皆減筆背俱無文此刀舊譜未見今與明字刀及尖首刀同出於直隸境內伯當屬侯伯言伯國所鑄之貨也若必指其地以實之則鑿矣其形製厚薄與邯鄲刀無異邯鄲屬燕此當亦近燕之地所鑄

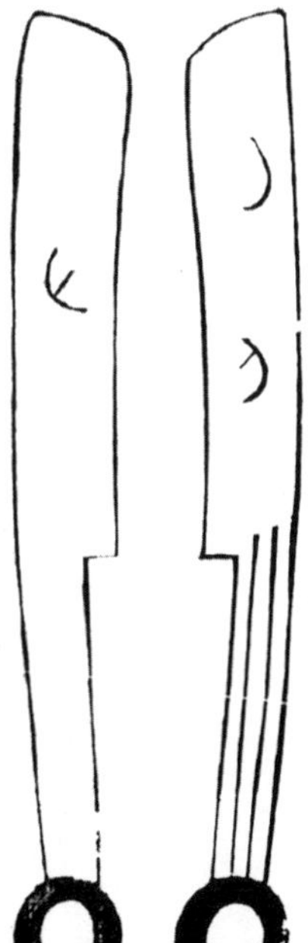

古泉匯　亨十四　五

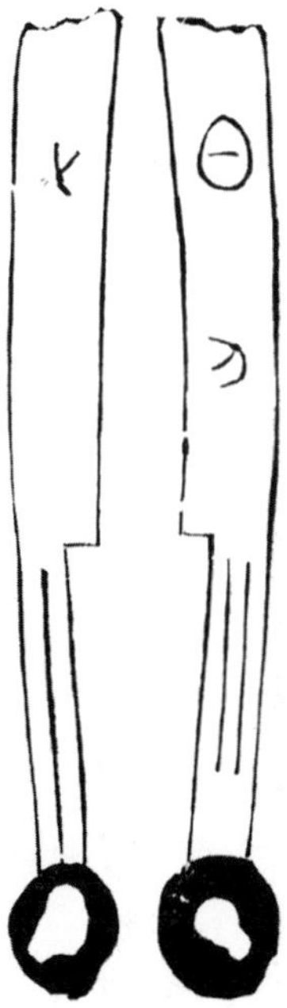

白七背匕　同前背文貨字作匕倒書傳形

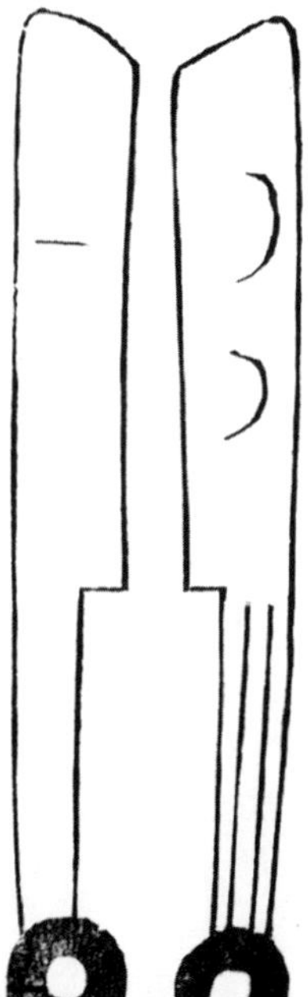

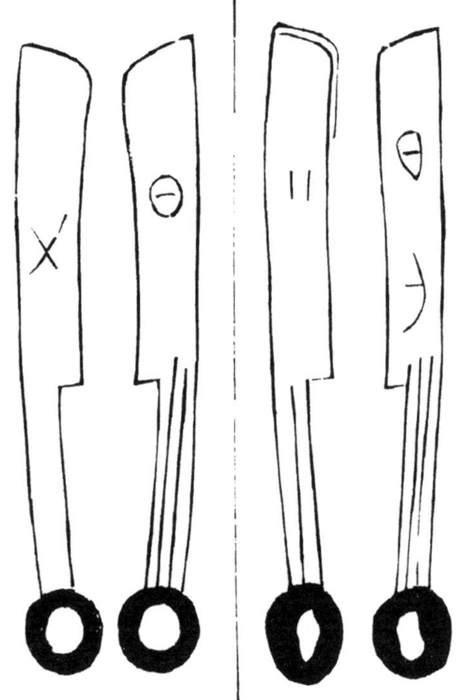

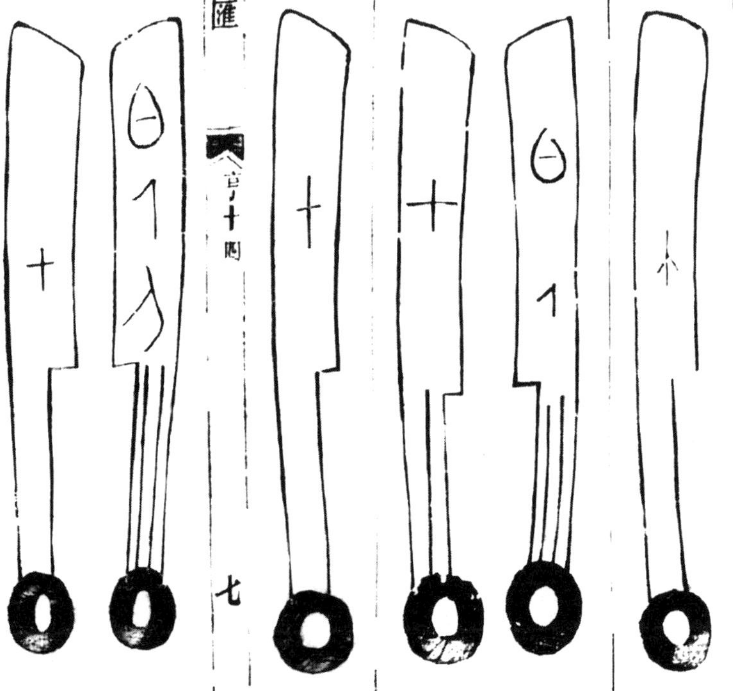

白匕　白　白亻　白化背一　二　五　六　七　十　面

文同前二伯字倒書三四六俱緘貨字九貨字作亻匕上下書之似兩字而實一字益見古篆原無一定郎如郮伯之成字下一畫亦多不逆背此類也背背紀數自一至十缺四種當亦有之五六七字與尖足布背文同注見元集

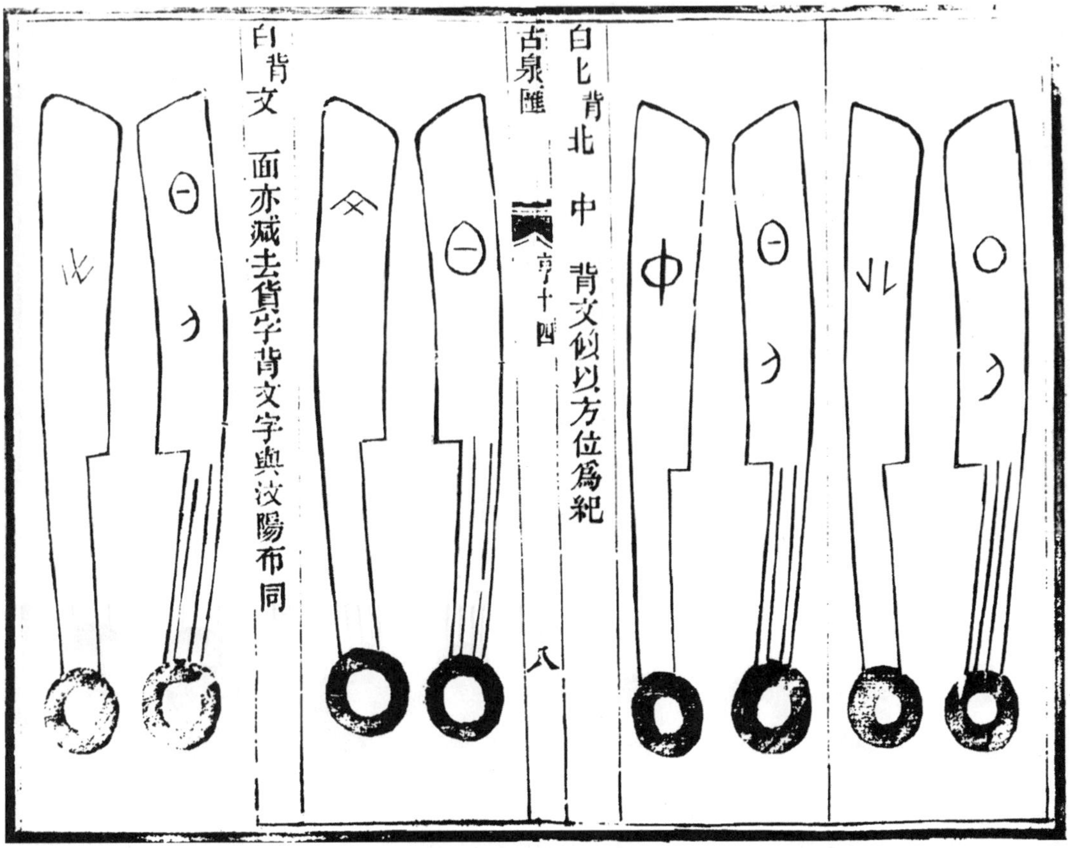

古泉匯　亨十四　八

白匕背北　中　背文似以方位爲紀

白背文　面亦减去貨字背文字與汝陽布同

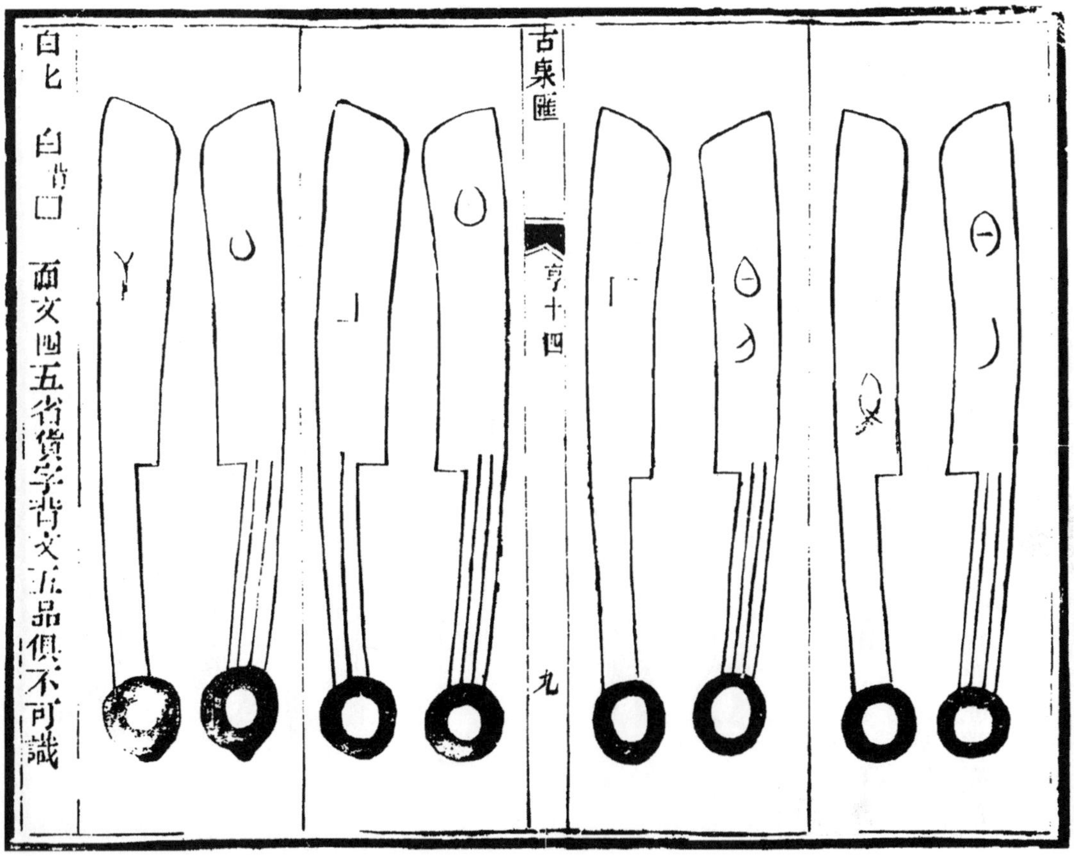

古泉匯　亨十四　九

白匕　白背口　面文四五省貨字背文五品俱不可識

此品面背無字然確係伯貨刀無疑以其製同也

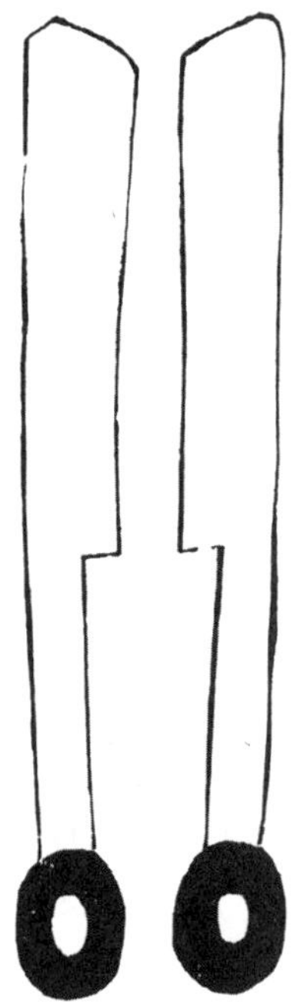

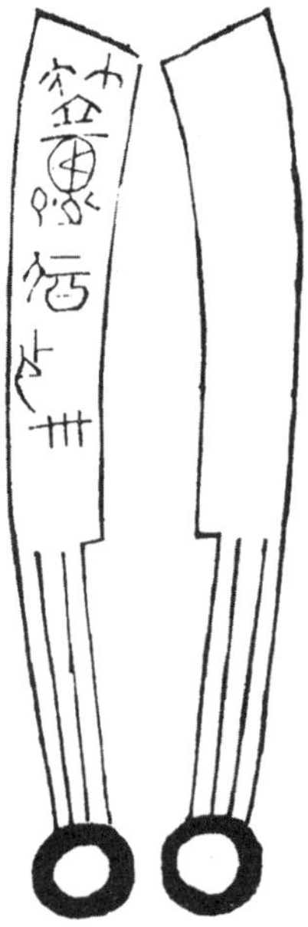

金索曰此刀博山秀峪村刨出數百枚文惟卅字可識或謂路史載有箸邱疑箸邱長三字文字考讀爲䢅辰物引春秋成十七年公孫嬰齊卒於貍脤䢅貍古逼脤辰聲同是地名乃貍辰所行之財物也兩說姑存俱未可定茲編所收皆親見者惟此刀未見從嘉蔭簃全譜摹出劉燕庭精於鑒古知其必非僞品

附　未見古異刀

午字在中

方寸七貨布五百上三字在環下四字在刀

廿白　字在面

廿廿　字在面

白背〇

并〇背右上

古泉匯利集卷一

圜法正品類共十八卷　利津李佐賢竹朋編輯

男貽□校字

周

寶貨錢，三品寶字古篆貨作化與古刀布同一二篆法小異三化字泐面內好俱周郭背平吉金錄引漢書食貨志太公爲周立九府圜法錢圜函方又荀悅漢紀周制錢有文外圜函方又鄭樵通志六書略古今殊文圖云周圜法有貨字是周初錢文本曰寶貨景王仍承用其文廣爲四貨六貨耳今觀此寶貨字與寶四六貨篆法無異決爲周制無疑後世錢用寶字始於此

寶四貨四作三畫一連內郭二連外郭此卽景王大錢一枚直寶貨之四者也

寶六貨二品篆小異與四貨均肉好周郭背俱平此卽一枚直六者也國語景王將鑄大錢單穆公諫不聽卒鑄之漢書景王患錢輕更鑄大錢文曰寶貨此錢以次迭大且迭增其直正有合於患輕更鑄俾子毋相權之說自屬景王舊制亦後代當十當百當千所由昉也嘗見寶一貨寶二貨錢似僞品故不摹

西周錢內外有郭圜孔背平舊譜未見考春秋序西周之美可尋又史記周本紀王赧徙都西周此爲周京舊物無疑

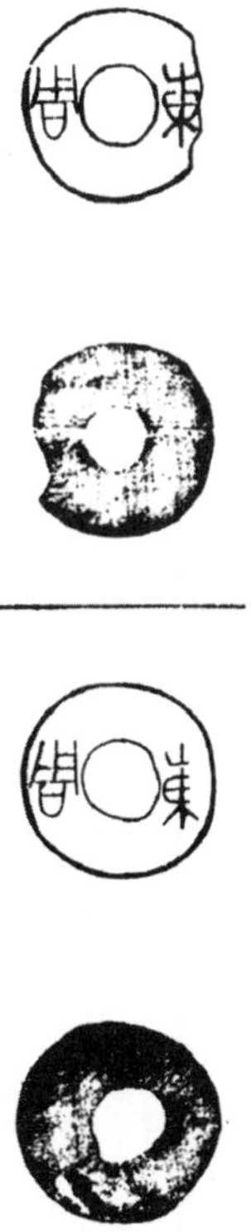

東周錢製同西周一右缺卽吉金錄所摹二東字半泐爲鮑子

年所藏平王遷洛謂之東周此當係東遷以後之物吉金錄極
此爲東周君所鑄今與西周錢對觀形模無異知皆係周京法
制也

垣字錢字在右面背俱無輪郭一字與襄垣布垣字同次上旁
少橫畫史記秦本紀垣爲七國時魏地史記音義河有垣縣漢
書地理志屬河東郡純地名與刀布同應係列國時物

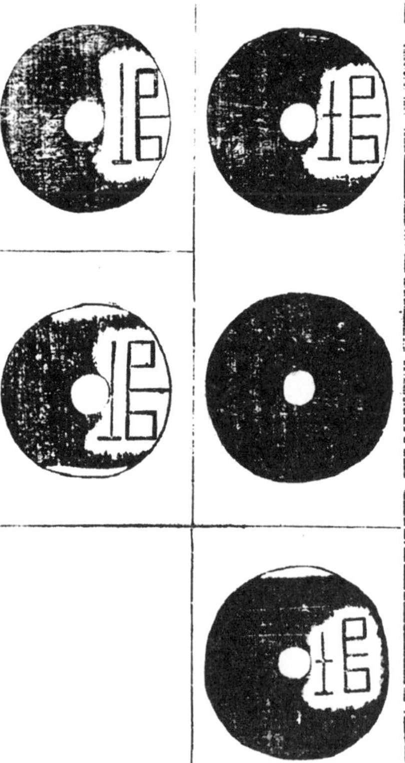

同前而式較大三四土旁亦減橫畫二上郭外多一畫四上下
多兩畫皆似銅汁溢出鼓鑄不精所致

同上而式微小字傳形爲異又嘗見一柘本傳形在右者未見
其錢故不摹

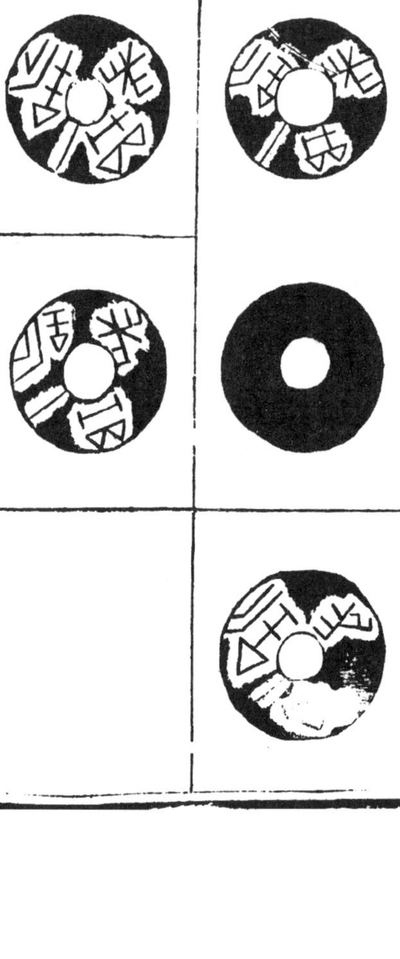

長垣一金貨面背俱平無郭與垣字錢同五字右旋讀三金字

中畫長四土字中畫短貨作化與刀布同古布多一貨金者

口一金貨其義一也

同前一垣字傳形次缺一字按長垣不見於經傳惟漢書地理志陳留郡有長垣縣然錢質古樸與古圜法同殊非漢製藁考云夏商地名無可考即春秋地名見左傳國語者亦以事附見

無事則不書故不傳者多此後可考列國者莫如班志西漢去周未三百年故地名可補古書所不逮其說近理今秦漢錢與在未有紀地名者至蜀漢五銖始背紀爲字然制作銅質與此迥殊想長垣字雖始見於漢書而地名原不始於漢故仍列於周

共字錢製與垣字同五品篆法小異四上有缺畫五上多一畫亦似鉶汁溢出者共屬鄭地注見元集卷三共邑布

共口金貨次字不可識文字考釋爲當字未確製同共字錢而形小右旋讀類長垣錢

共屯赤金錢製類長垣錢四字亦右旋讀屯者聚也漢書衛尉有入屯又從者私屯皆作聚處之義共屯者猶云共邑聚處之

地也第三字或疑為桼字通七篆說釋為赤字今从之言其銅
色赤故稱赤金也與前小品皆其字錢別種

濟陰錢濟行水旁製與垣共諸錢同漢書地理志濟陰在定陶
東屬兗州自垣字以下六種皆無輪郭似一時之製

此錢形制同前而無文當亦列國物

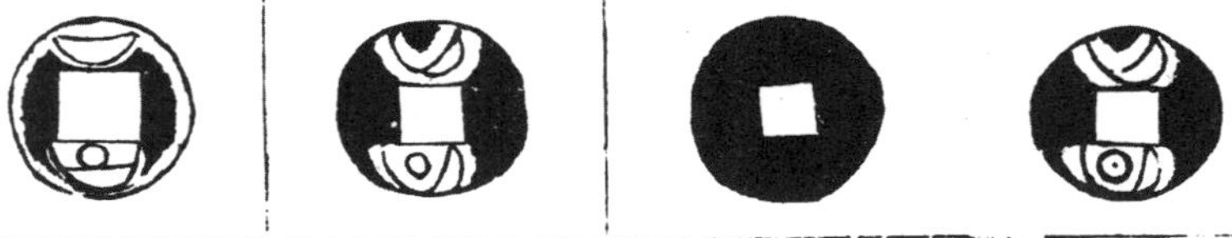

明刀錢一二無輪郭三有外郭俱孔方背平類寶貨明字與明
字刀同一二三鉄點錢亦稱刀者想與刀皆新明邑所鑄錢在
後其用亦與刀同也明邑注見亨集明刀

同前亦無輪郭一傳形次左無刀字作四畫與寶四貨四字同

一刀錢小於前品刀字與前同面內外郭孔方背平與寶貨同
曰一刀者言此一枚可直明刀一枚也次面同不篆背上言字
向左書取吉語義與古刀同非若後世厭勝吉語也按此刀與
明刀錢相類而明刀錢又與明字刀同故知為周末秦前之物
但前品已輕於明刀此品更小於前品而所值無異錢法之壞
已可概見得毋末世民貧財匱故迭輕減歟

同前而字傳形

秦

古泉滙　利一　九

秦半兩四品篆小異面無郭背平三半兩字俱缺畫四上似有銷乃出范翦斷未磨鑢者史記平準書銅錢半兩爲下幣又秦錢質如周錢重如其文顧烜謂重十二銖　西清古鑑按史記漢興以秦錢重難用今此錢較重當是秦半兩

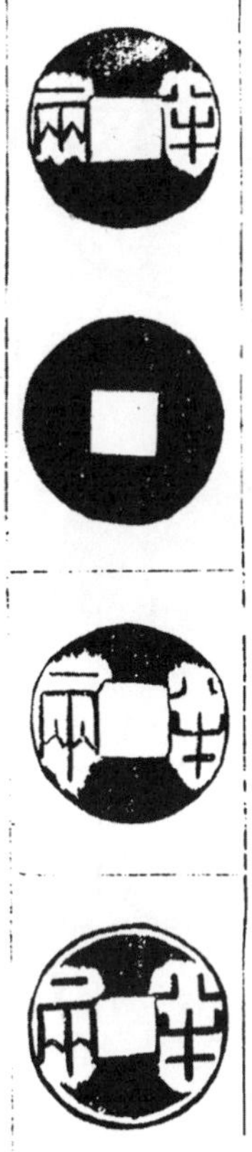

文同前製差小類八銖錢而厚重倍之仍係秦制一二字小異三有肉郭

亦厚重屬秦錢一面有重好外正內斜二面背有肉郭極細

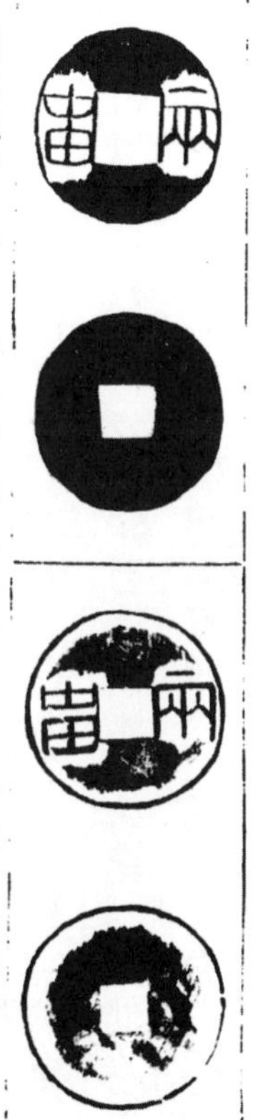

兩錙錢狀如半兩一無輪郭二面背有肉郭錙省金旁彙考據

古泉滙　利一　十

江秋史德量云漢州輔碑涅而不緇从甾武班碑景君碑皆从甾甾即錙也說文錙六銖也二十四銖爲一兩半兩者十二銖也兩錙則亦十二銖亦即半兩也省金作甾者如五朱之省金作朱乃半兩之別種

重一兩十二銖錢製如半兩而孔不方一重字下多一畫二上

多一畫十減豎畫銖俱作珠圜法以銖兩計者始於秦此重一兩十二銖其重二倍於半兩而圜孔類古圜法想係秦初之物後改輕小易其文曰半兩日趨簡易故也

同前而作十三銖則加重一銖也

同前而作十四銖則加重二銖也一重字半泐二石鈌朱旁多一畫三四字下多一字不可解或誤筆衍文合觀三種輕重不等可見初鑄制未畫一後改半兩始歸一律其爲秦初錢何疑

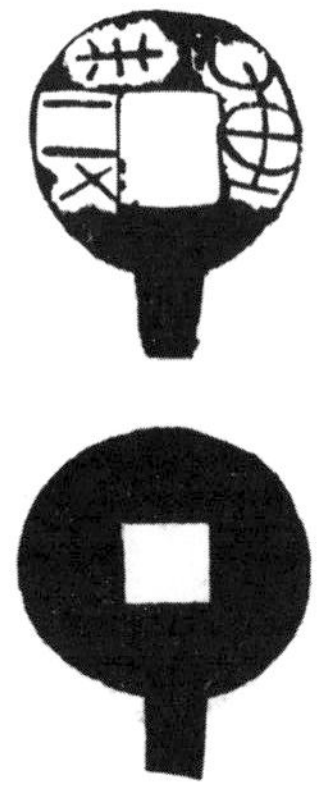

此錢亦無輪郭背平重十二銖與半兩同尤爲秦錢之明徵銖旁金旁作朱下似有柄或亦翦斷未磨者歟

此權錢面五字有外郭背平三品同第一五九皆紀數二至十當俱有之今未見重皆四兩抵半兩錢八枚蓋恐半兩盜鑄輕小故以此錢權之也此舊譜所未見今爲劉燕庭鮑子年所藏

此亦權錢第一第十第十一紀數二種面一三微有外郭背俱平形模與重四兩者同而輕小僅抵四分之一蓋重一兩者以

一權半兩二枚也

形同前俱無輪郭一二紀十六十八三紀十十當係二十也字在上下較異合前自一至二十當有二十品今所見止此叢話云曾見大半兩泉特厚重上下橫列第八十八四字今雖未見此泉然可證此類皆秦製

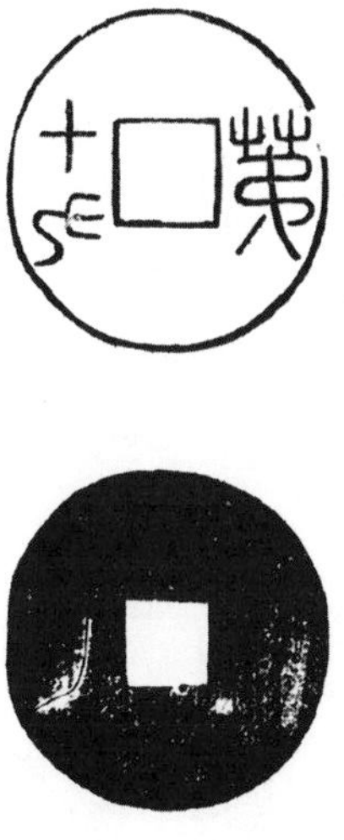

形亦同前而三品以次迭大一二無郭三內外周郭一三九字俱傳形二舍隸意已開漢隸之先聲矣

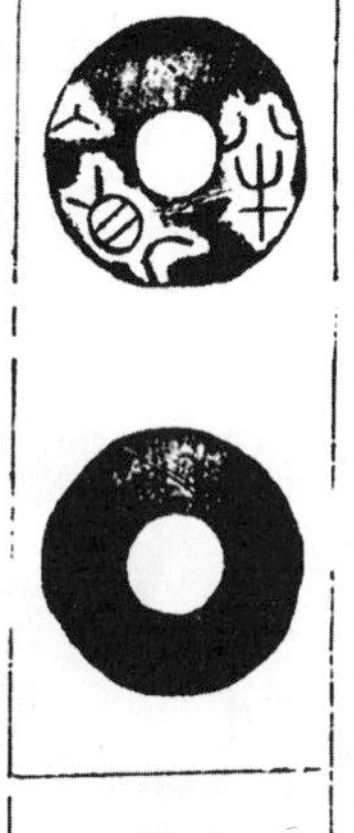

半圜錢圜孔無輪郭右旋讀圜與圓通圜古作員孟子規矩方員之至可證員卽圜圜卽圓也半圜言可抵古圜法之半如當鍰布之有乘半金也一員上缺畫下二畫似六字二員字口在下半字上有半畫此疑列國物因半字與秦錢合姑附於此

古泉匯利集卷二

西漢

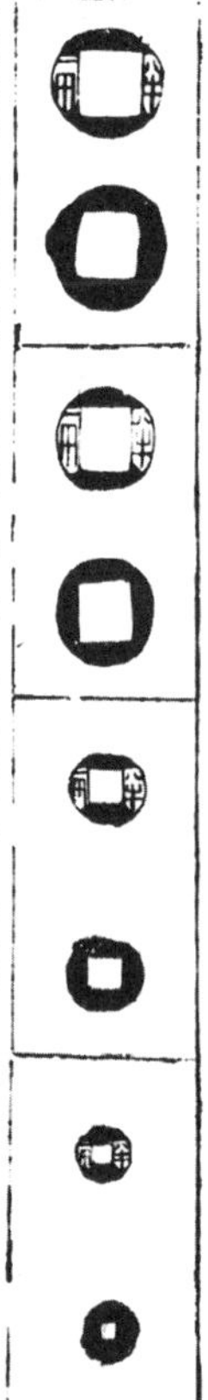

漢高帝榆莢錢半兩字仍秦之舊面背無郭四品以次迭小西漢書食貨志漢興以秦錢難用更令民鑄莢錢又史記平準書漢興更鑄錢至孝文時莢錢益多而輕是莢錢至文帝時尚用之今大者或漢初錢極小者或後鑄者歟近時陝中出土頗多擧十餘品以見其概仍不能備也

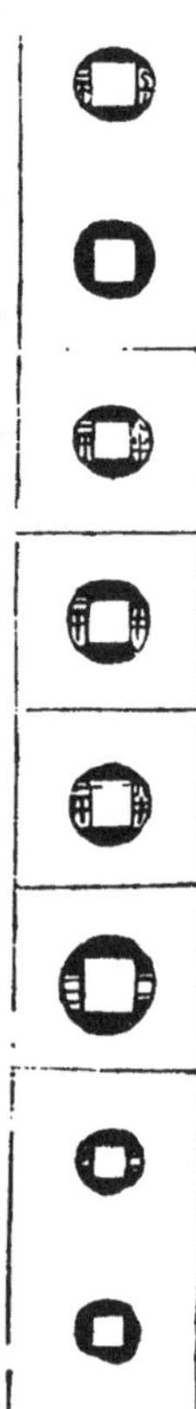

一二三半字各有鈌畫四穿上一橫畫五半兩皆鈌中畫作二三六作二二

一半字作二二作兩兩三半字渺四兩字渺

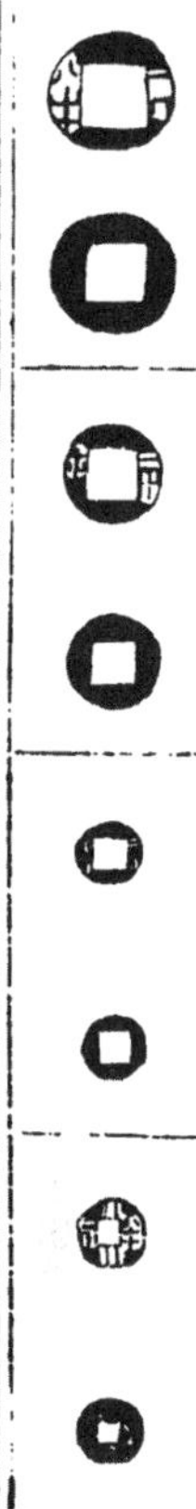

傳形三種亦以次迭小四同常品而上下有四竪畫

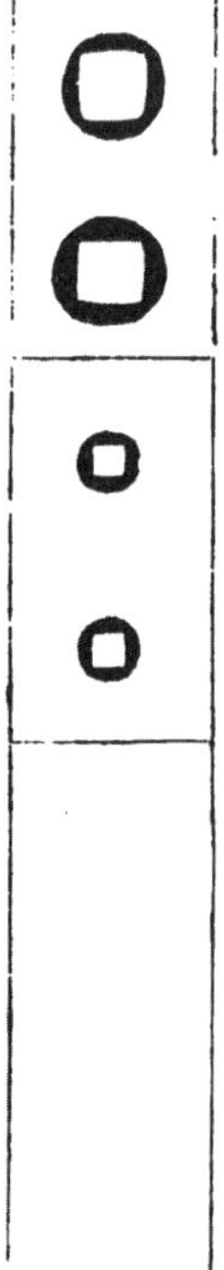

無文二品與前品同出土且形製無異其爲莢錢無疑

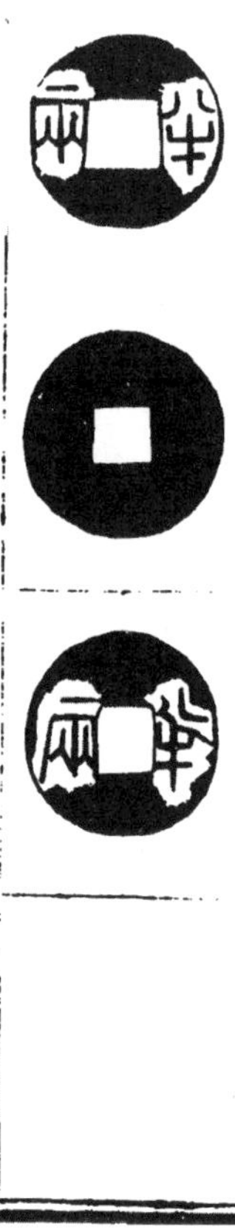

高后八銖錢字與形俱仍舊而加大按高后紀二年行八銖錢顧烜曰高后患莢錢輕又患秦錢重故更鑄八銖錢今按此錢

類秦錢之小者而薄於秦錢

一兩字鈌一畫二半字鈌兩畫上似柄乃翦斷未磨非異品也小半兩亦往往有之俱倣此

一面背有細郭次穿下二斜畫背亦有細郭三右下化字倒書

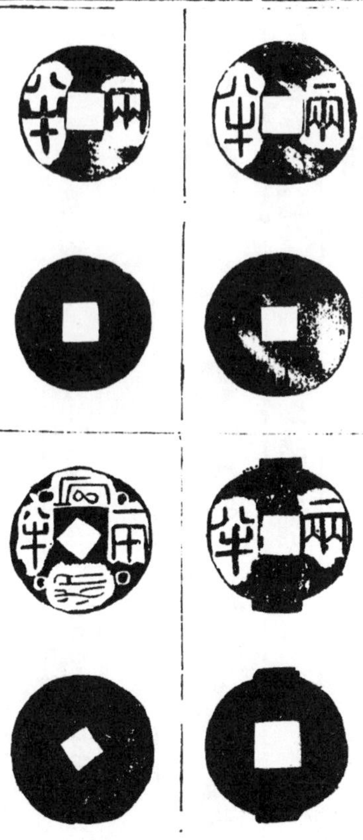

傳形四品二有未磨之銅三兩字缺橫畫四上下有字不可識

古泉滙 利二 三

四角有四星重好

顚倒文二品一兩字倒二半字倒以上皆八銖別品

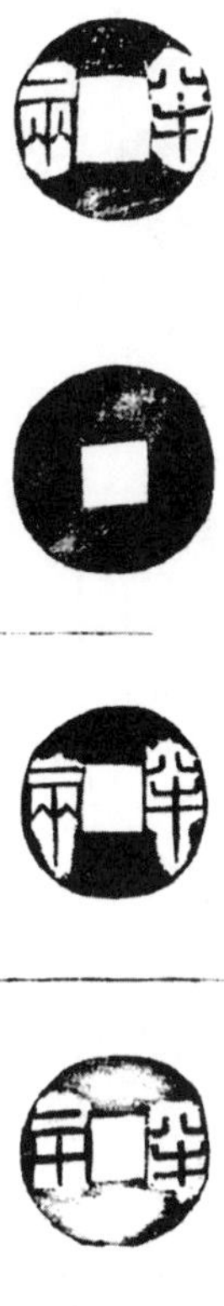

文帝無郭半兩三品篆微異形同八銖而小漢書食貨志孝文

五年更鑄四銖錢其文為半兩

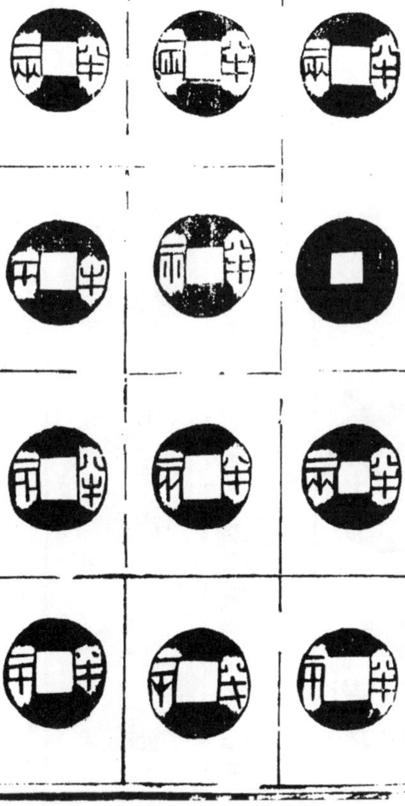

古泉滙 利二 四

各品微小於前篆各異

一半字缺二兩字缺

一形更小微大於榆莢錢次穿孔大

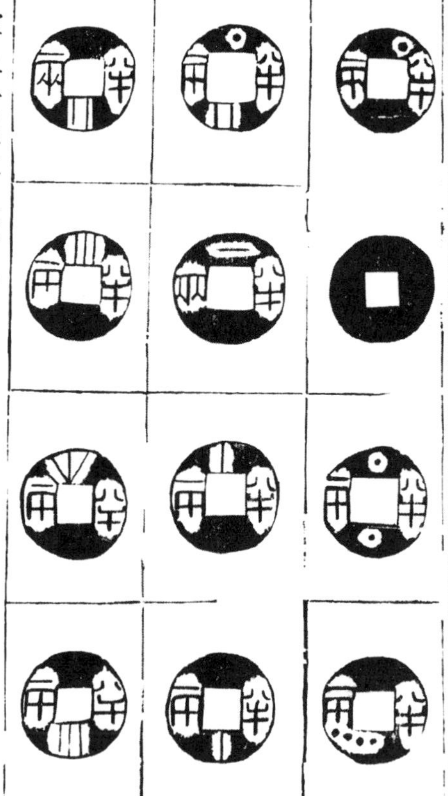

一穿上一星二上下二星三下四星四上一星下二竪畫五上

一横畫六上一竪畫七下一竪畫八下二竪畫九十上三竪畫

十一十二下三竪畫似皆紀數

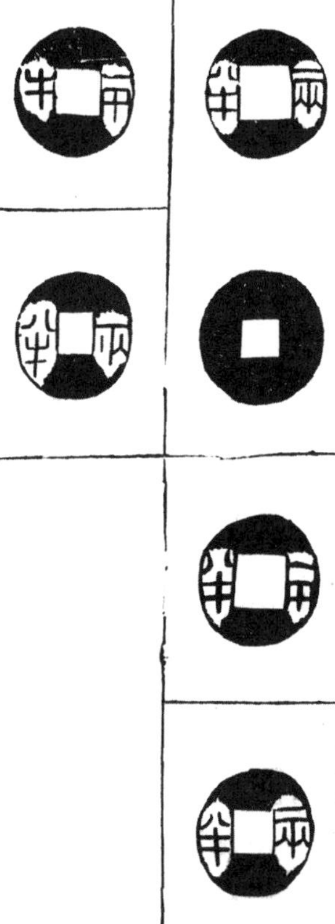

傳形五品三四五各有缺筆

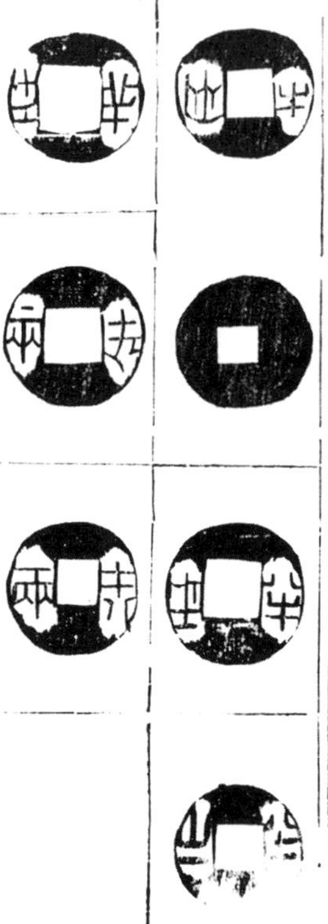

一至四半字正兩字倒五六兩正半倒各有缺筆

一作半半二兩兩三同二面右兩字倒書

一兩字在穿下二穿上多一兩字有缺畫俱向右書

穿上下複書半兩二字一右向二左向傳形

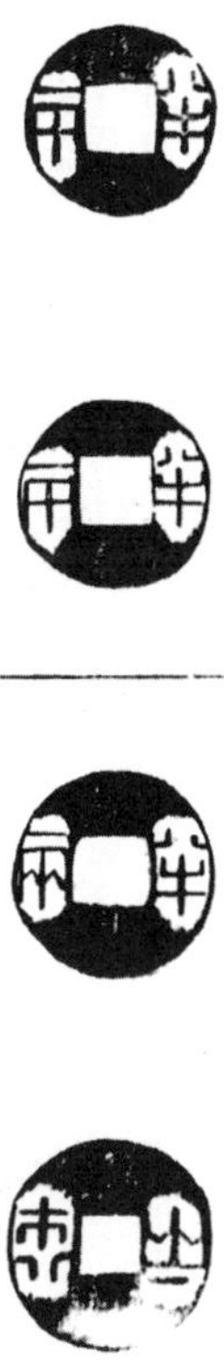

合背半兩面背同文二背文向上

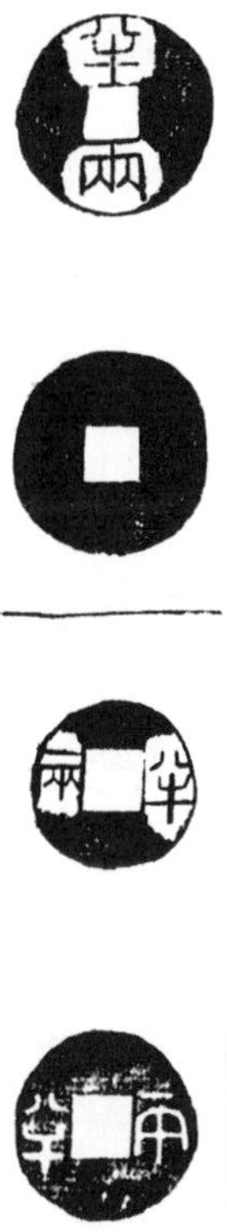

一半兩字在上下二背有陰文半兩字想鑄時銅汁較薄範字較凹流入不充滿故有此形耶

古泉滙　利二　七

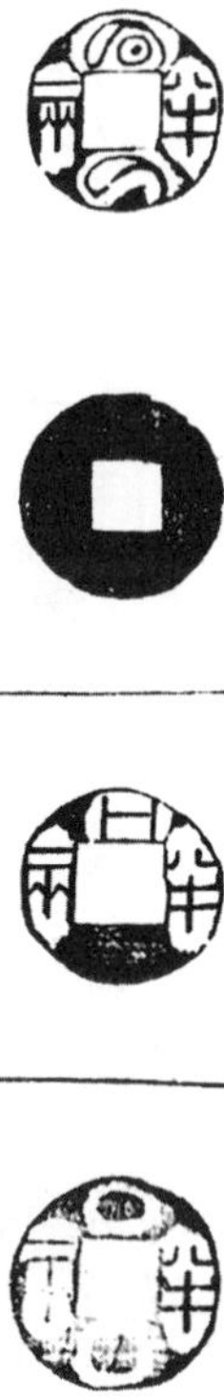

半兩上下有明刀二字與明刀泉同義不可解或當時與明刀錢並用故兩鑄其文耶並可證明刀之爲古制也次穿上工字

横背三上下銅質凸起

二兩二字義不可解當亦半字缺畫如榆莢之有二三三三也次面背無文按道光年滕縣南關出土半兩數千二品皆一時所出知爲漢制無疑考漢書吳王濞及鄧通皆賜銅山鑄錢文帝又除盜鑄令令民自鑄故錢法參差不一至今所傳別品尤多彙攷所載尚有半字作业者兩作㒳者作用者半兩作卄亽者半字下凹文三字者兩字下凹文二十川者穿上下各作乂者上下太初二字者上三畫類小字下平字向右者穿上凹文似大字者背右下一星者左右各一星者四出文者又有鐵錢一種今俱未見但摹所見者以槪其餘

古泉滙　利二　八

漢武帝三銖錢面有肉郭背平前漢書武帝紀建元元年行三銖錢顔師古曰新壞四銖造此錢食貨志半兩重四銖或盜磨錢質取鎔令銷半兩更鑄三銖重如其文此品亦滕縣出土者

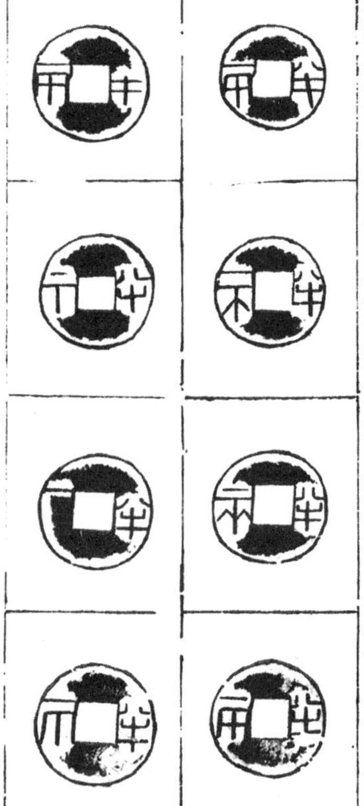

武帝半兩各種面俱有外郭以下盡同錢幣考肉郭者疑漢武時錢　西淸古鑑按漢書武帝建元五年罷三銖錢行半兩錢顔師古曰又新鑄作也今所傳半兩有郭者亦多

一較大兩字亦鈌筆次小於常品而大於榆莢

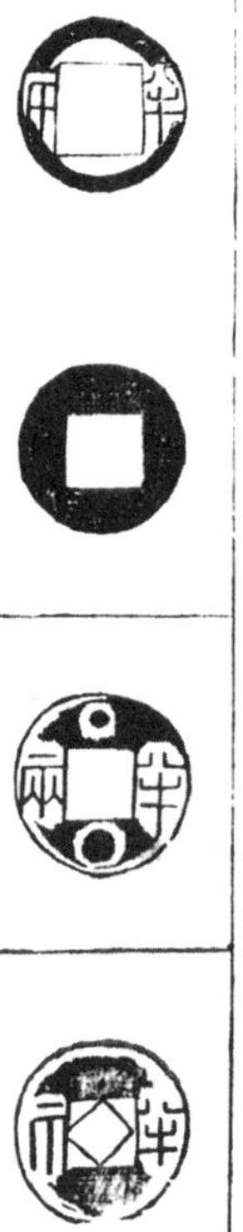

一外郭特濶與肉相半半兩字半在肉半在郭爲異二穿上下兩柱上小下大三斜孔

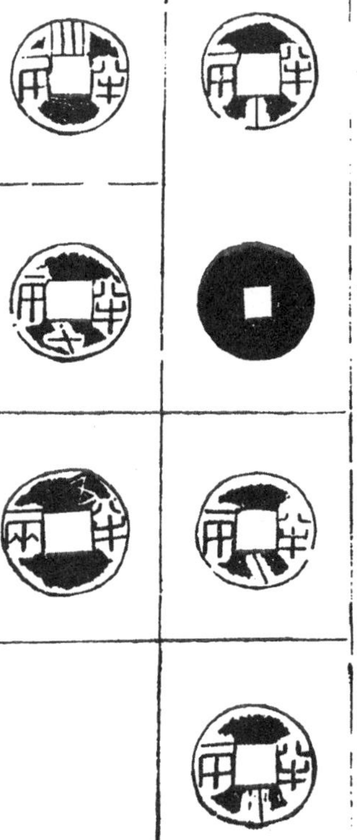

一穿下一直畫二斜畫三二直畫四穿上四直畫五穿下五字六穿上四文五字

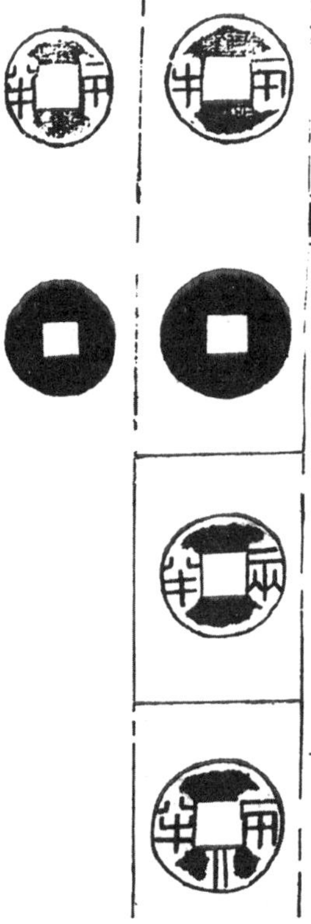

傳形各品一半字鈌筆二兩字鈌筆三穿下二直畫四形較小

題倒半兩半字向上倒書

題倒半半左半字倒書以上皆有郭半兩別種

武帝五銖錢面有肉郭背有肉好郭武帝紀元狩五年罷半兩

古泉匯　利二　十

行五銖錢食貨志言三銖錢輕更鑄五銖周郭其質令不得磨

取鋊按五銖自漢迄隋皆用之今已難辨爲某代物惟五銖字

朱旁皆圓折此錢方折作甾與三銖錢字相近定爲漢製史記

平準書武帝令京師鑄鍾官赤側錢如淳曰以赤銅爲其郭但

今不識鋊法如何竊疑半兩鑄就皆不磨鑢令五銖因民磨取

鋊故加以周郭復磨鑢之磨後其郭色新故亦因名赤側並非

別有制作也又劉青園曰在陝嘗見五銖錢近五字處近銖者

厚以二錢疊置作馬蹄狀漢書作赤仄說文仄訓側傾赤仄者

赤而且仄並非獨赤其郭也說亦可參

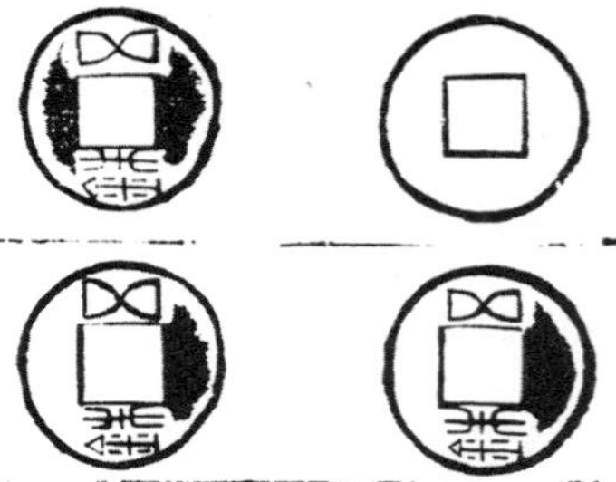

宣帝五銖二品面亦無好郭同武帝錢次面穿上一横畫二面

背同文按宣帝錢君譜無考今見本始元年及元康三年錢範

即此第一品與武帝錢小異外郭較闊又見神爵二年錢範即

此第二品穿上横畫者錢範俱見貞集

古泉匯　利二　十一

附　未見漢錢

龍幣

馬幣

龜幣　武帝白金三品錢錄曰皆銀錫非銅錢也

五鳳　宣帝錢載古金錄疑偽鑄

古泉匯利集卷三

附新王莽

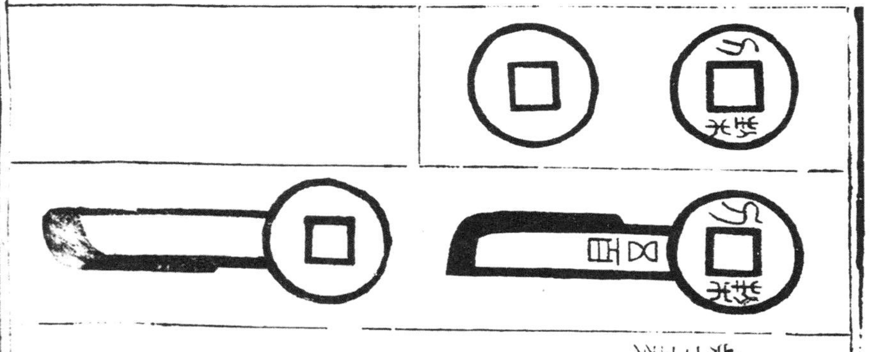

契刀五百 面背肉好周郭 王莽傳居攝二年造契刀一直五百

錯刀一直五千大錢一直五十與五銖並行上如錢下如刀

莽好法古故倣古刀爲此契字漢書作栔係誤次無刀形漢志

張晏曰左契右刀無五百字即此蓋當時原有一種也

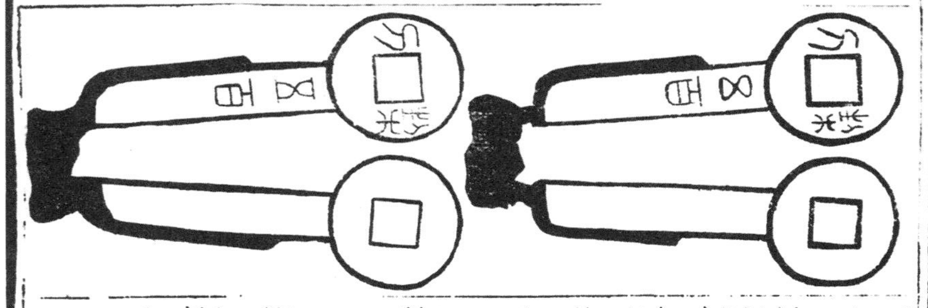

此出笵後未經翦斷者

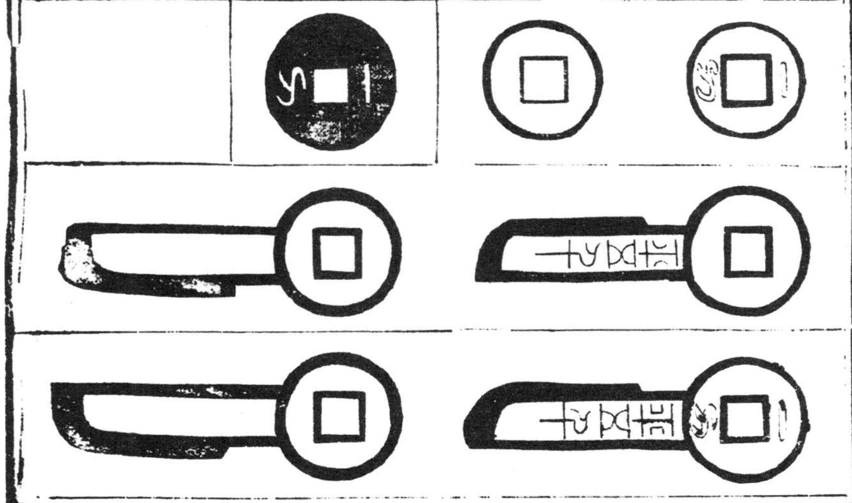

金錯刀製與契刀同一刀二字嵌金漢書食貨志王莽以黃金

錯其文曰一刀直五千後以劉字有金刀乃罷吉金錄平與直

幾同又互見契刀注次品上圜無字旁亦未磨去蓋鑄成後未經

銲牢者三有圜無刀環契刀圜同圜而平無內外郭李孝美曰

此錢或有無刀者即此面平者則古所求見也又近時斷刀

或有截去下段作圜者然截處痕迹顯然與原刀圜不同

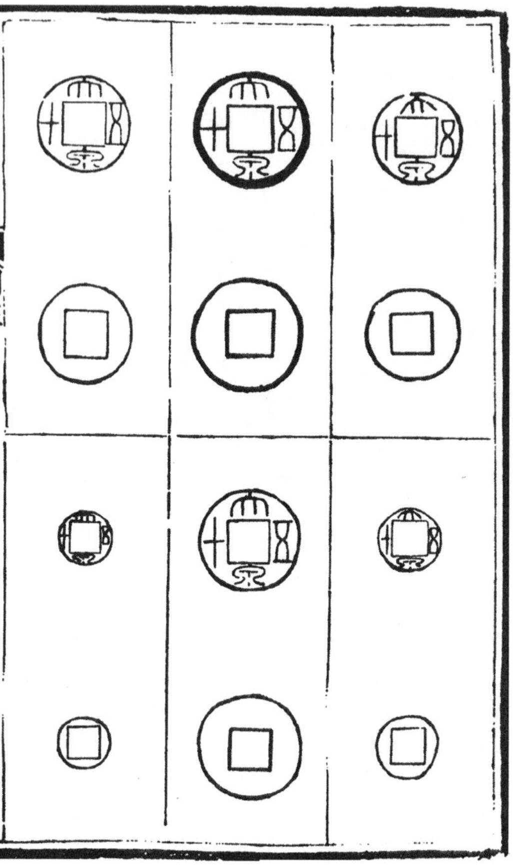

古泉匯　利三　三

大泉一至四以次迭小五至八大字異亦迭小俱面背肉好周郭注見絜刀又漢食貨志莽居攝造大泉文曰大泉五十荀悅漢紀大泉一直五十　西淸古鑑又云盜鑄者不可禁迺重其法並官私維出故自有小大

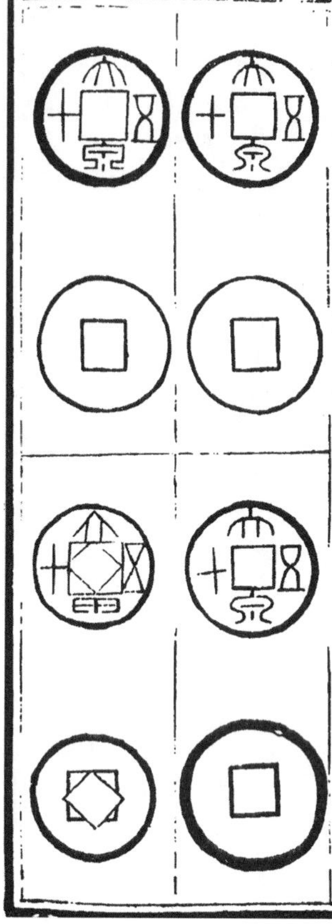

一外高內下二面小背大三泉字方折四大泉五三字俱異

二品微分大小面外郭俱重輪

一面有四出文連外內郭二背有四出文連內郭

古泉匯　利三　四

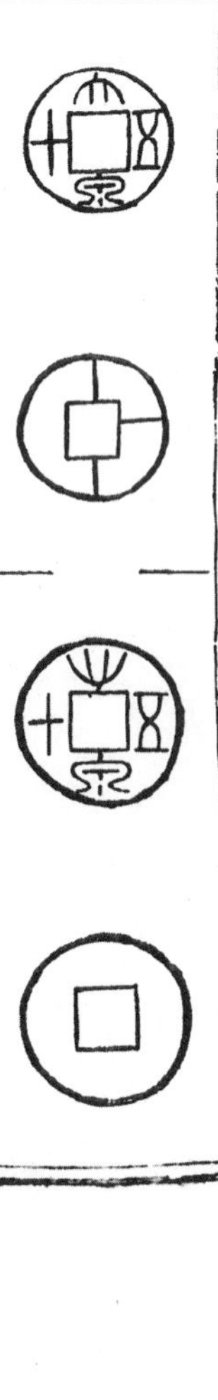

一背上下及右三直畫次大字向上倒書

陰文大泉次面背肉好俱無郭按泉範陽文需合土或合蠟翻鑄方成陽文此或用陽文範未合土所鑄抑或別有陰文範歟

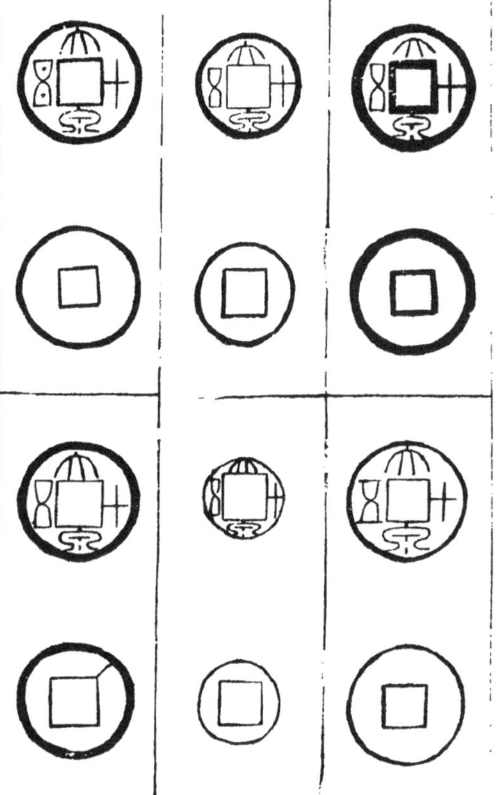

傳形大泉以次迭小一二大字微異五五字內二星六背上右

一出文

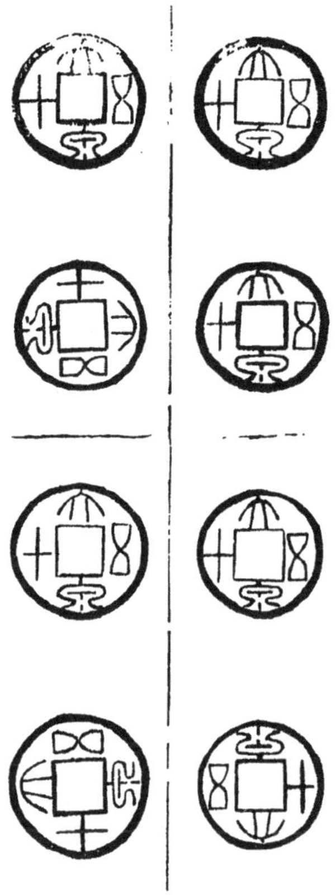

合背大泉一面背同文二背文向上三向左四向右

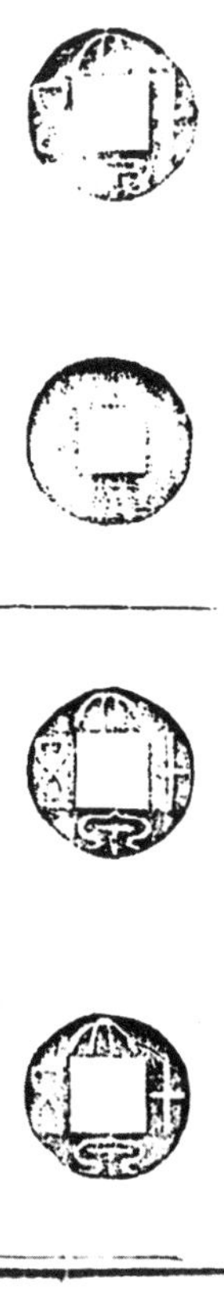

一陰文傳形背平次傳形兼合背均無郭此二泉乃鮑子年所貽拓本云係鉛土合鑄者尤奇

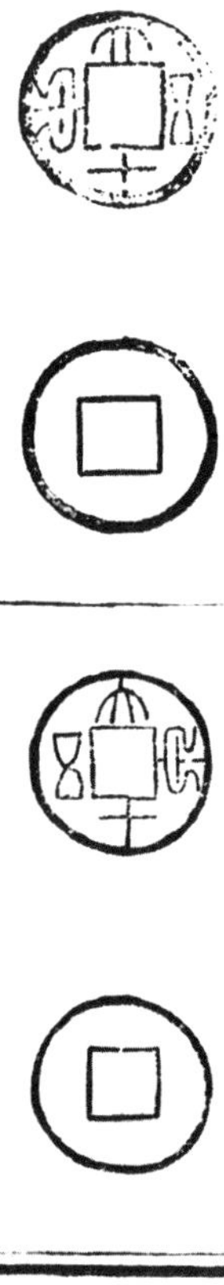

一泉字向左左旋讀作大泉十五次泉字向右右旋讀

此品背錯笵次五字內一

一合背俱四角文連肉郭二面背無文接同文無文皆合笵錯誤所致無文者以形製色澤斷之以上皆大泉別品而形製繁

賾尚不盡於此彙考載有止五十無大泉字者面右上下二出
文者背上一星者背下一星者今俱未見想當時盜鑄繁多故
種類不齊耶

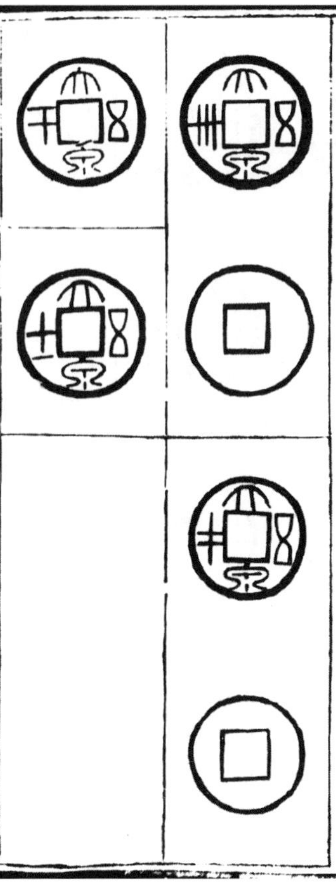

古泉滙　利三　七

一大泉五三十次二十三二十四十一初見時頗疑僞作細審
確非贋品舊譜無考惟彙考張芑堂於武林見大泉三十欲購
不果不載五字亦未解其義查鄭康成周禮注王莽大泉直十
五貨泉賈公彥疑誤彙考則云貨泉作於天鳳五年罷大小泉
之後距始作大泉時已隔八年貨布重二十五銖僅直貨泉二
十五大泉重十二銖止直貨泉十五理固宜然豈初直五十者
後不可改直十五耶且漢志改作貨泉下又云大泉行久罷之
恐民挾不止乃令大泉與新貨泉俱枚直一足初直五十繼改
十五後且直一直之多寡原因時爲變通也其說雖創而實有

據大泉自莽初年迄末年行用最久既可改直十五並改直一
獨不可迭減其直自三十二十至一十乎仍用五字者乃舊製
沿文也曰十一者仍一十顚倒書也且盜鑄既多或私減其直
以便用亦未可知不得以傳志失載遂謂無徵不信也

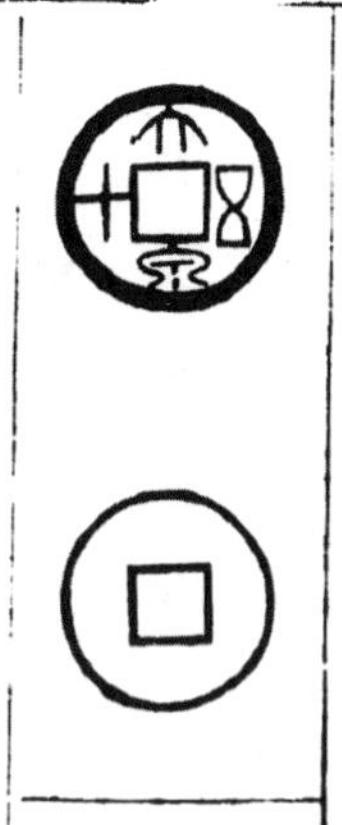

鐵大泉亦舊譜所無此鐵錢之始注互見公孫述鐵錢

古泉滙　利三　八

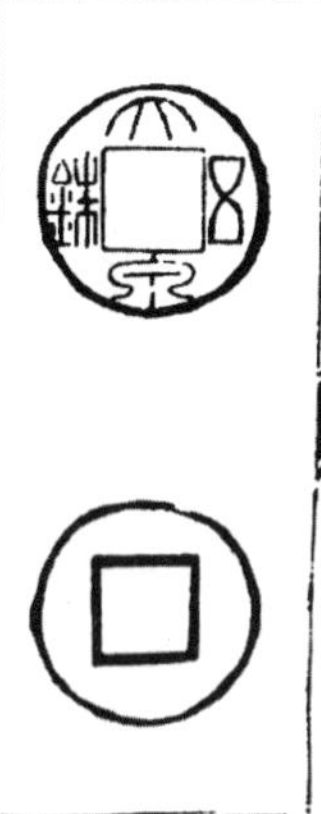

大泉五銖形模篆法與莽錢無異亦大泉別種也

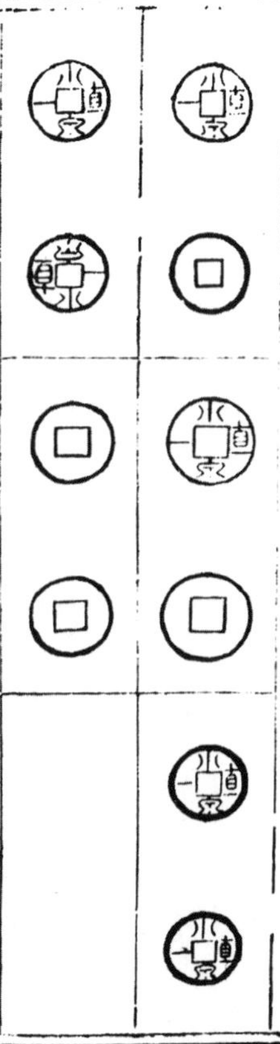

小泉至壯泉背面背肉好周郭一二微分小大三四合背四背

文向上五面背無文說文小物之微也對大言之

幺泉差大於小泉說文幺小也漢書訓幺爲小俗作么非

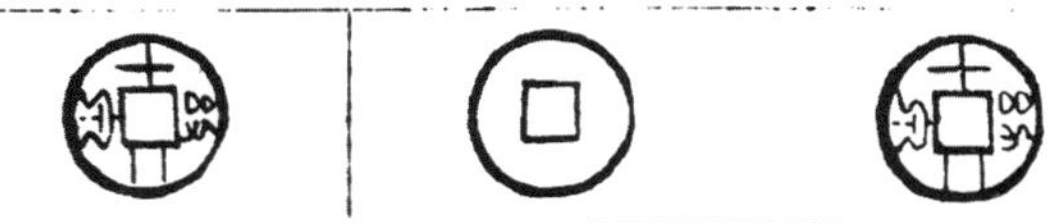

幼泉差大於幺泉次幼字微異說文訓幼爲少對壯言

中泉差大於幼泉禮記鄭注訓中爲間此取壯幼之間義

壯泉差大於中泉一小於大壯對幼言取禮記三十曰壯之義

漢書食貨志莽作錢布名曰寶貨文曰小泉直一幺泉一十幼泉二十中泉三十壯泉四十大泉五十爲泉貨六品直各如其文後因商賈不行乃但行小泉與大泉兩種故至今幺幼中壯四泉傳世者絕少

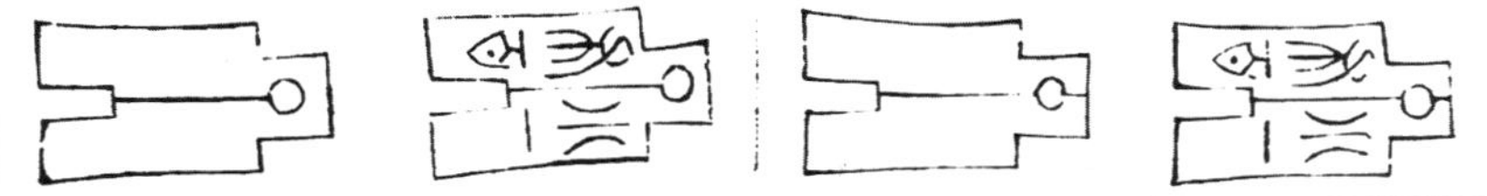

小布一百自右及左讀之十布凡二種一種中直文通於好上

一種中直抵於好下而背內好俱周郭十布盡同

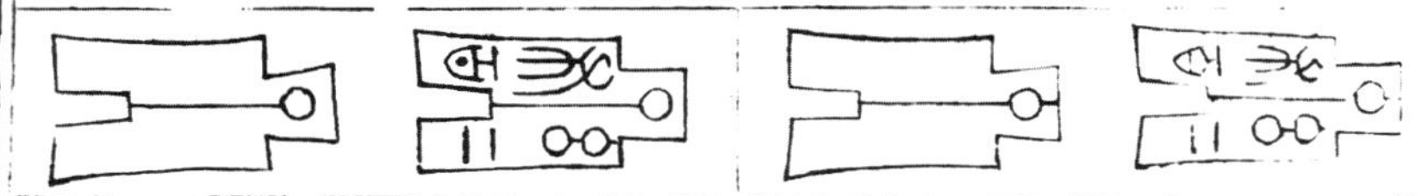

幺布二百

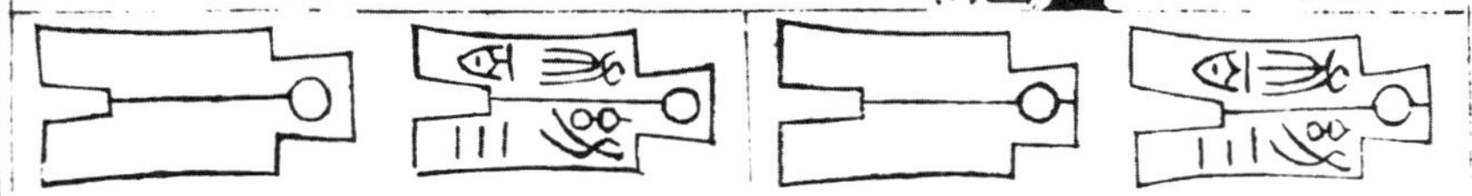

幼布三百小幺幼義見六泉

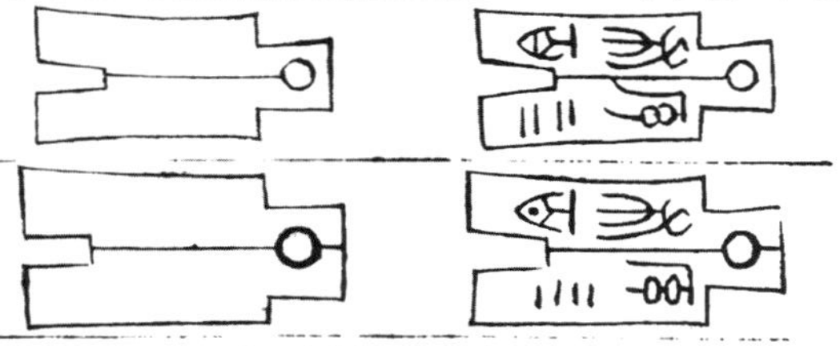

序布四百序取次序之義四字與寶貨同王莽事法古卽此可見

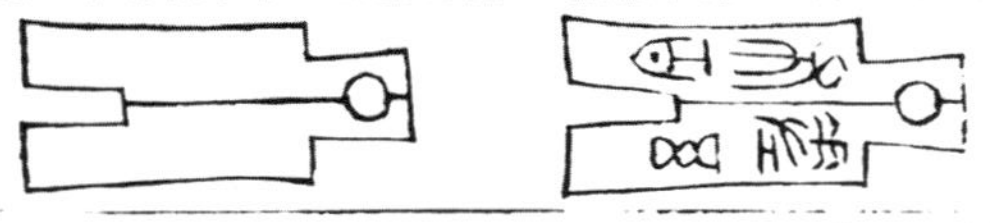

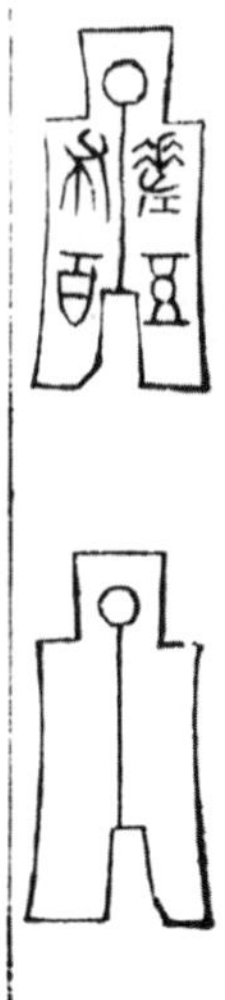

差布五百廣雅訓詁差次也此取差等之義

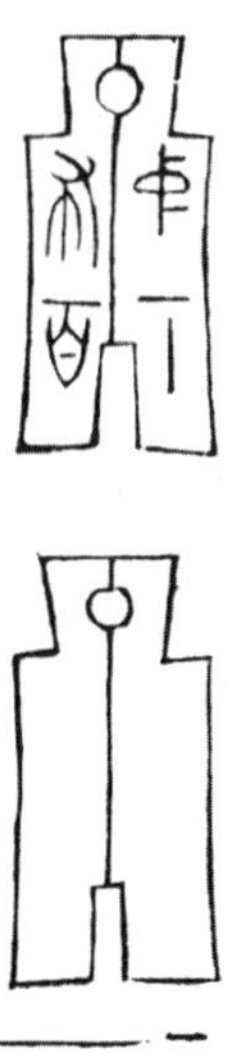

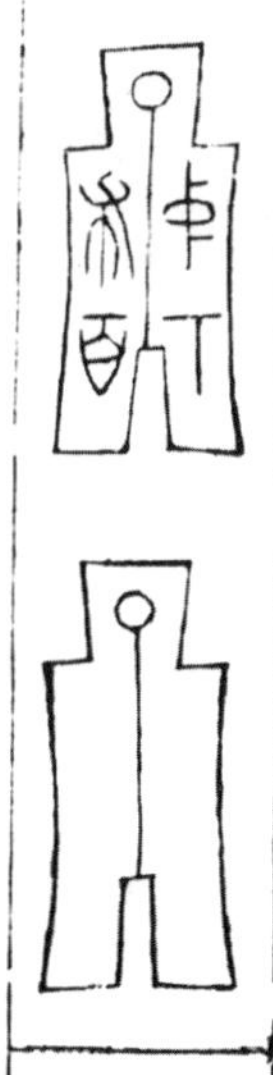

中布六百中字義同中泉六古刀布作上此倒書

古泉滙　利三　十一

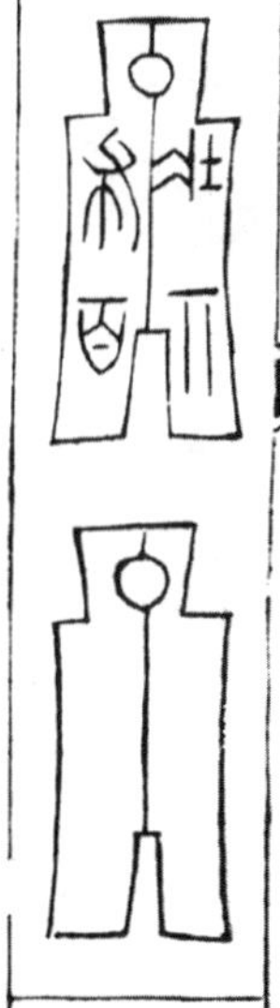

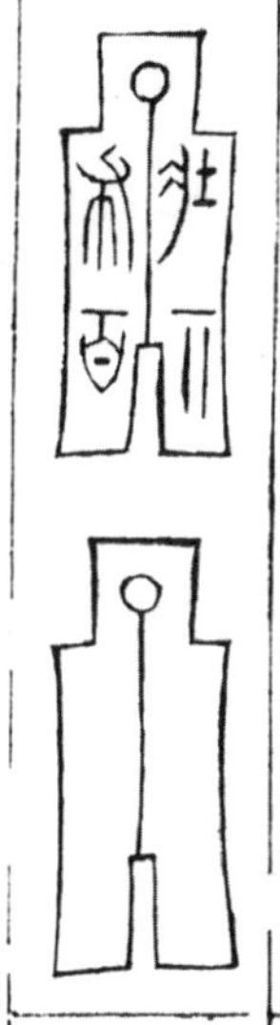

壯布七百壯義同壯泉丌从六加一畫乃古號馬積算法

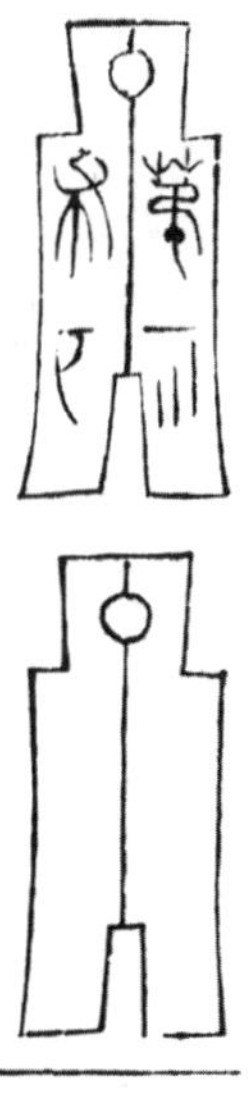

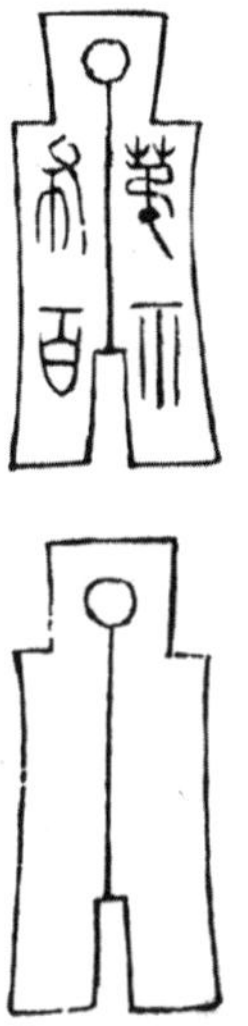

第布八百第猶云次第也八从丌增一畫

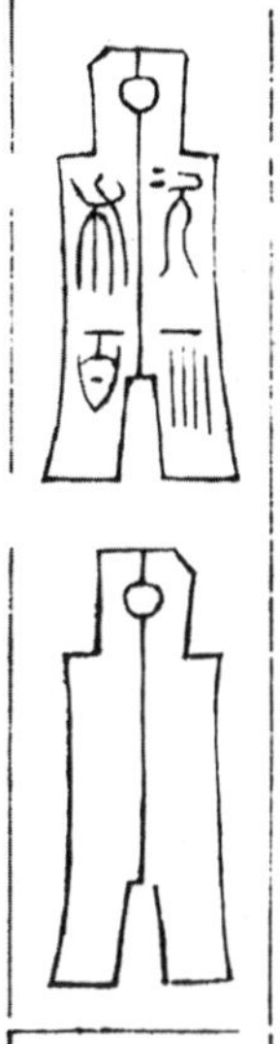

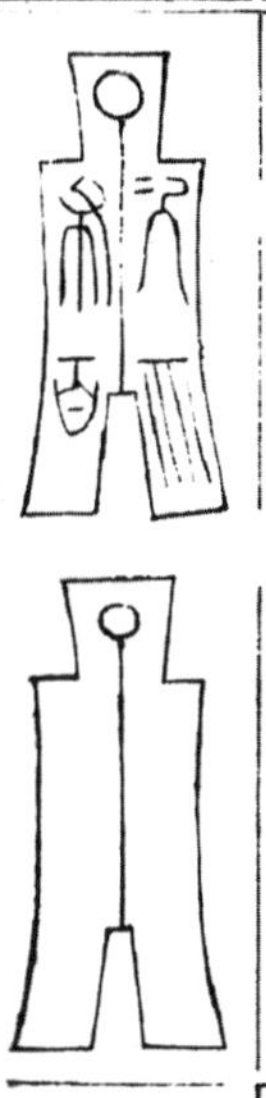

古泉滙　利三　十二

次布九百次言次於大布也九从丌增一畫

大布黄千横省木旁二三品微分小大彙考引諸家注古衡字作横横亦作黄皆可通用儃弓衡縫注讀爲横攷工記衡四寸注衡古文横皆可證又禮記緇衣狐裘黄黄徐本作横亦可證按横與平直義俱通横千者亦猶小泉之直一一刀之平五千也漢書食貨志王莽小布一百長一寸五分小布以上各相長一分文各爲其布名直各加一百至大布長二寸四分而直千矣是謂貨布十品又彙攷載司馬温公潛虛以丨‖川Ⅲ乂丅丌丌丌代一至九字今市所謂號馬者一二三皆古法四以下行變更莽布六七八九作丅丌丌丌是潛虛字漢時已有之温公當有所本愚意古邑布背文紀數與此亦同是列國已有之又不始於漢也

古泉滙利集卷四

附新王莽

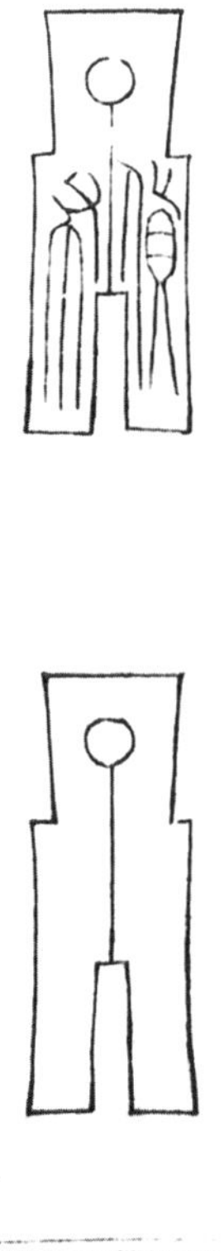

貨布形同大布亦面背肉好周郭漢書食貨志天鳳元年罷大小錢改作貨布重二十五銖直貨泉二十五王莽傳地皇元年行貨布年代先後有誤要屬新莽末年之制作也叢話云丁龍泓藏有傳形一品今未見

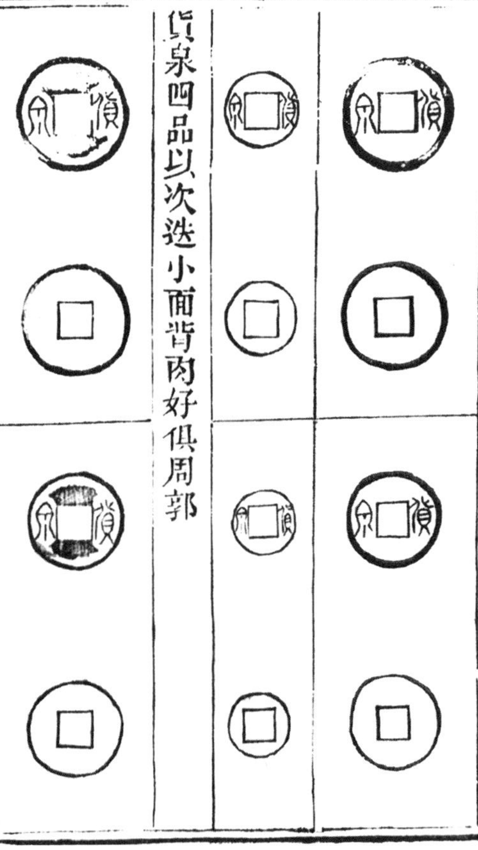

貨泉四品以次迭小面背肉好俱周郭

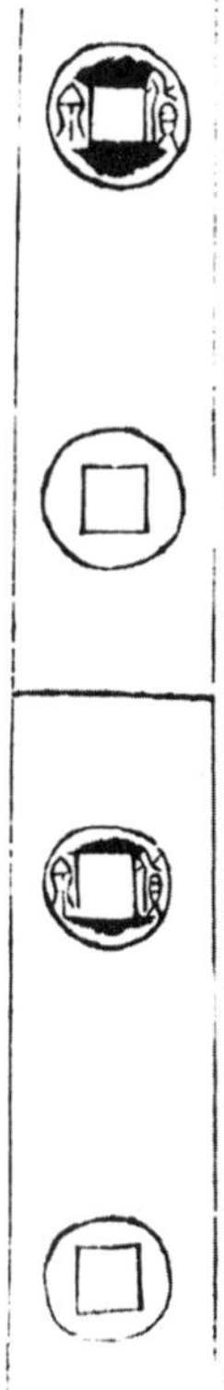

四品亦以次迭小面俱無好郭漢書食貨志天鳳元年罷大小錢改作貨泉枚直一

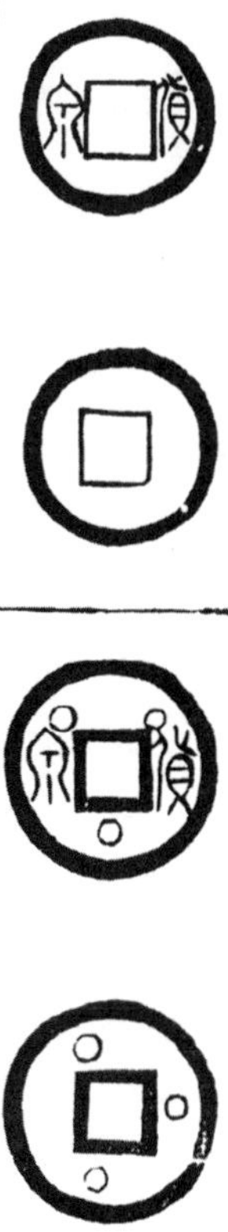

二品以次加大厚重加常品數倍似非直一者面背肉好周郭肉厚外薄次品面背俱有三〇不透

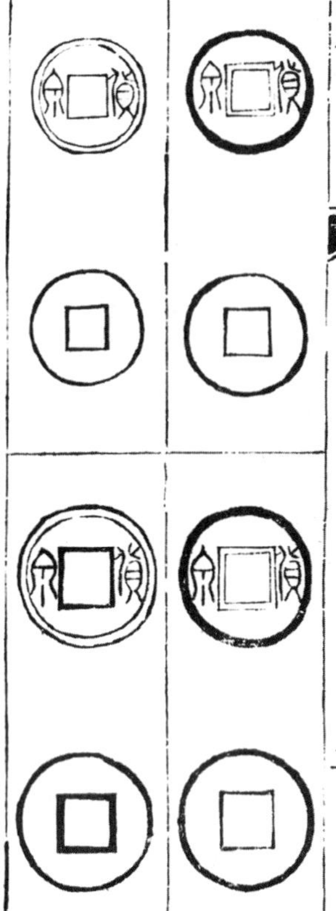

一二內郭重輪三四外郭重輪俱分小大

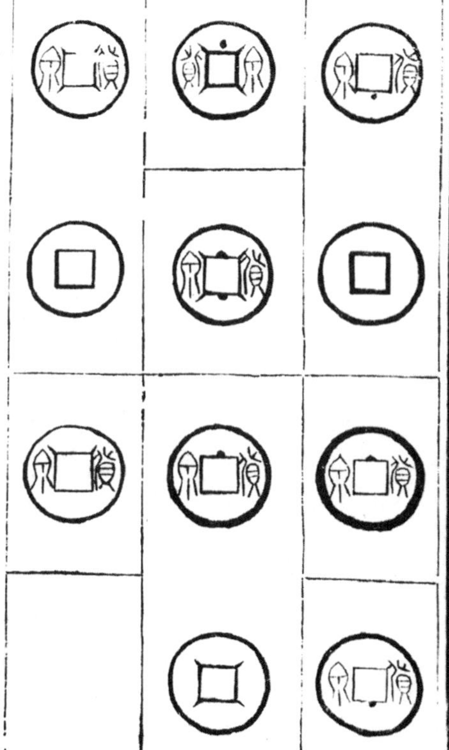

一二穿上一星三穿下一星四五穿上下各半星六四出文穿上一星七四出文上下各半星八面穿上半星背四決文九面四決文十面穿上二決文

一貨字下一決文二泉字下一決文三穿上半星貨下一決文

此品面背無外郭

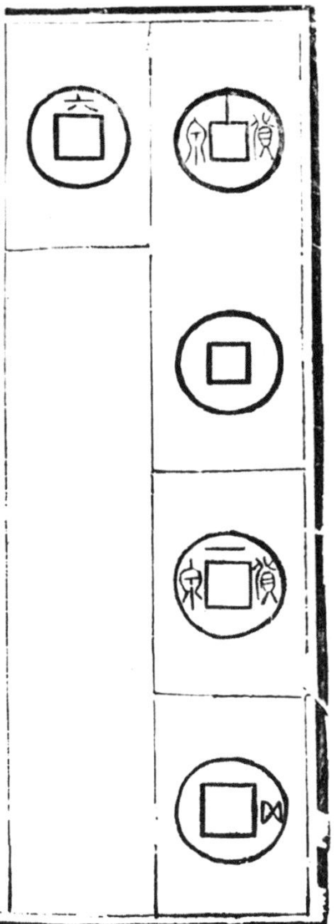

一面上一直畫二面上一字三背右五字橫書四背上六字

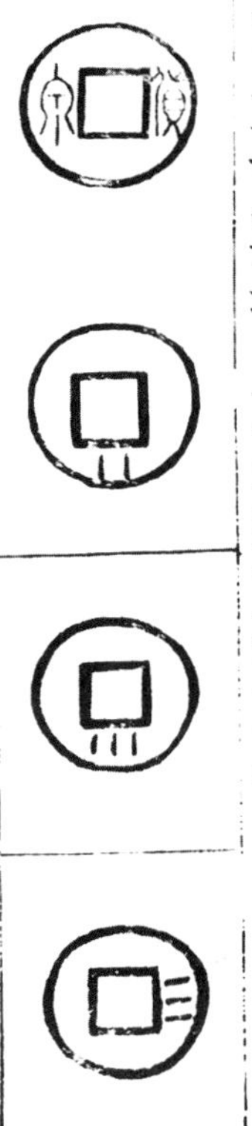

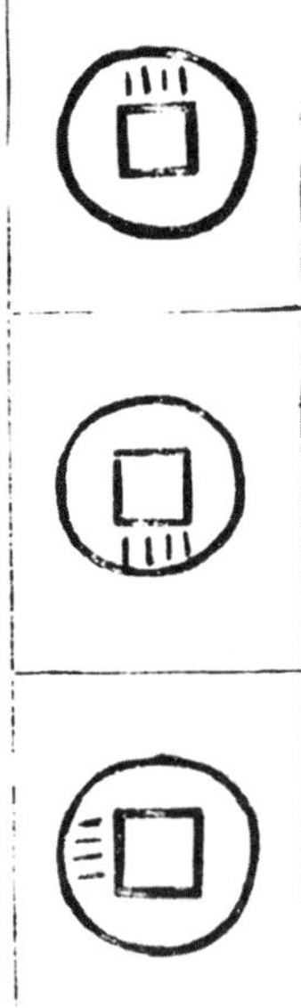

諸品大於前品背一二字在下橫書二三三字在下與右二橫書四五六四字在上下與左四五橫書

二品更大背五字一在下二在左橫書

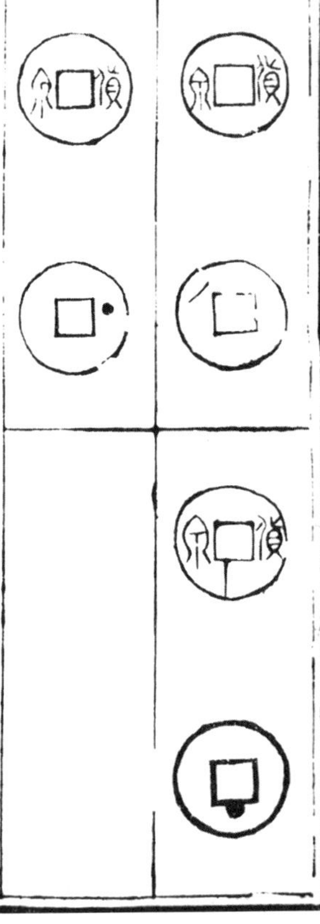

一背上左一斜畫次穿下直畫背下一星三背右一星

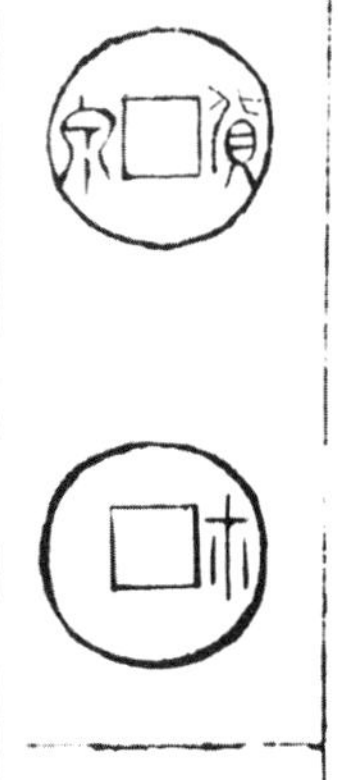

此品背右似木字義不可解或係十八紀數

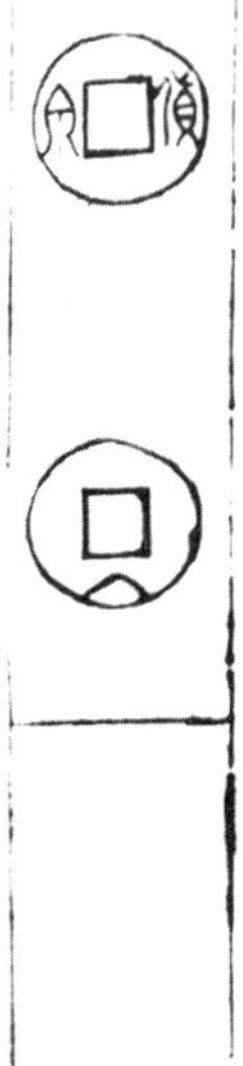

此品較小背下作半月形開元錢有此以爲文德皇后掐痕觀此又不始於開元矣

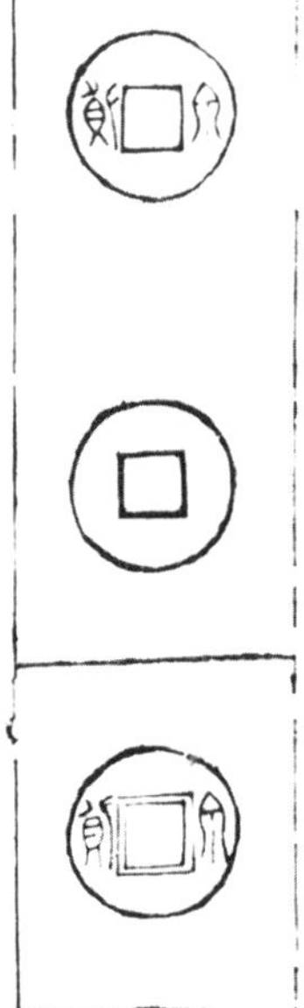

傳形貨泉二重內郭

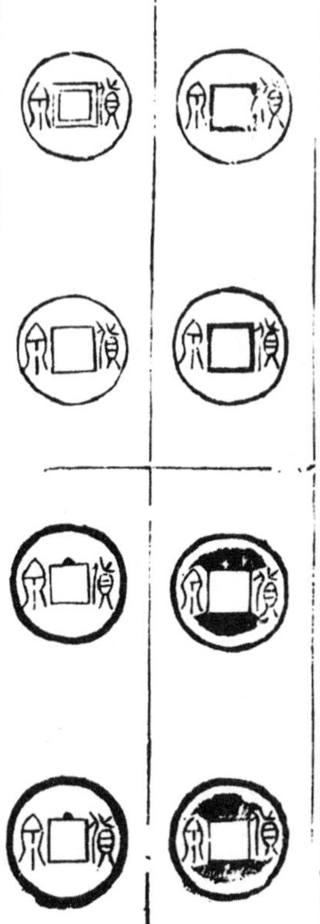

四品面背同文一有好郭二無三面重好郭四穿上半星

亦合背背向上書一有好郭二無好郭

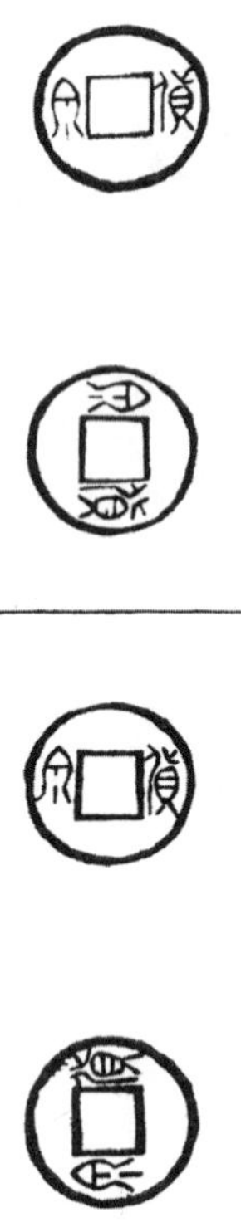

亦合背背向左右書

穿上下向左複書貨泉二字又上泉字亦向左下無字

一泉字缺二貨字缺形較大

二二貨貨兩字二形差小貨字減筆三泉泉兩字

無文貨泉二厚重與前大貨泉形同皆誤合背範所鑄按貨泉類夥與大泉同彙攷載有外高內下者字含八分者穿上凹文十字者孔作菱花者穿下兩角決文者背左有星者今未全見考光武建武十六年後始行五銖則十五年以前猶鑄貨泉可知不比後世以年號爲錢文異代不得用也故其制不一也

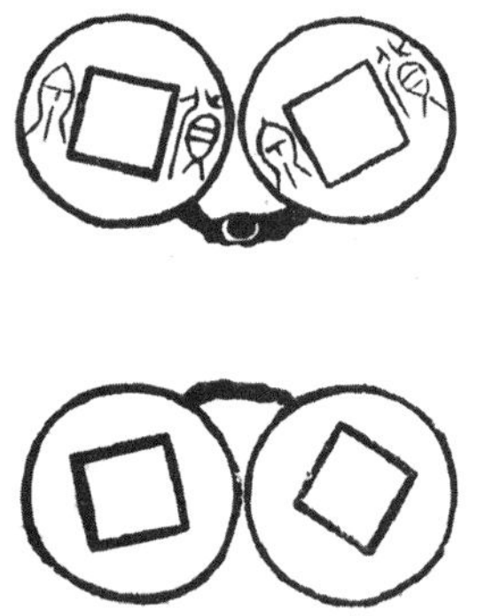

此大貨泉出笵後未經鑿斷者與未鬋栔刀同二品大小不同一面背同文二文在面背無文按貨泉别品又有左右貨泉二

字上下五鳳二字背大官水衡當十泉七字玉筯篆法自穿右回環讀之者劉燕庭引漢書宣帝紀以水衡錢爲平陵徙民起第宅應劭曰水衡少府皆天子私藏是錢或莽鑄藏於水衡者洵異品也今以未見其錢故不摹

鐵貨泉文不晰而貨字尚可辨舊譜未載審非僞品盖僞製大抵清晰也注互見公孫述錢

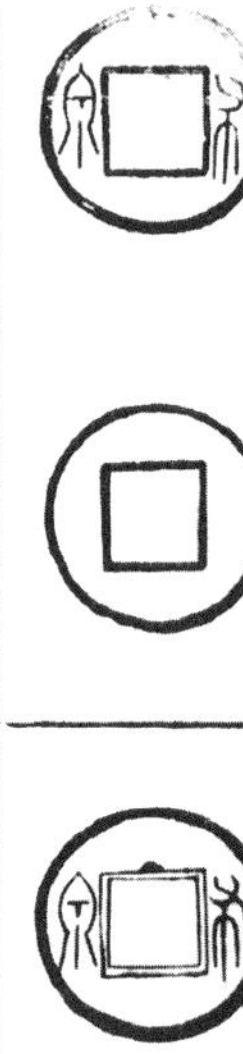

布泉面背肉好周郭二重好郭穿上半星此品泉志謂之男錢言婦人佩之則生男也

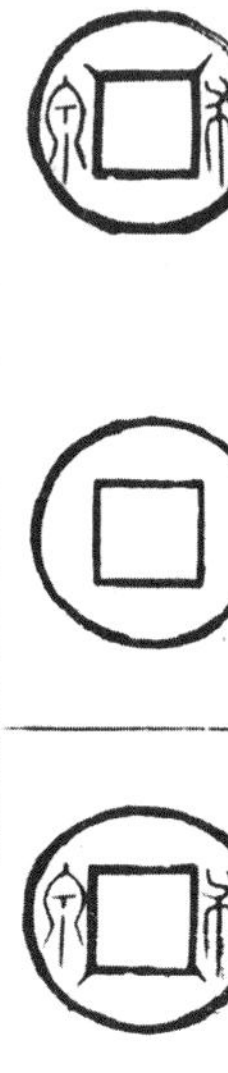

一穿上兩角決文二穿下兩決文

合背布泉背文向上按布泉史傳失載惟泉志引敦素曰字體與貨泉略同疑王莽時鑄或以爲無據今按後周亦有布泉作玉筯篆此作懸鍼迥然不同而布字與貨布同泉字中豎斷作兩筆與六泉貨泉並同穿上半星上下決文與貨泉同肉郭重輪與大泉貨泉並同彙攷謂敦素之說甚精不得以史偶失載而疑之也

附公孫述

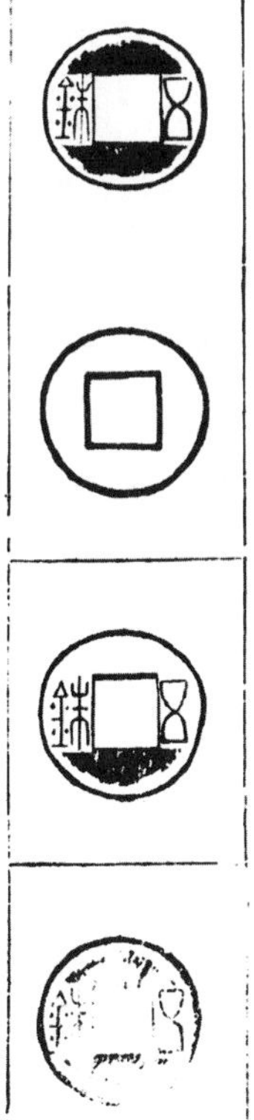

鐵五銖面俱有外郭無內郭背內外周郭二穿上一橫畫仿宋帝五銖式三穿上半星仿莽泉式後漢書公孫述傳述廢銅錢置鐵官錢四川通志公孫述以鐵錢二當銅錢一今按此泉一仿漢製一似莽製蓋其時相近故制作略同與梁鐵五銖迥異定爲公孫述物當不誣也高承事物紀原以鐵爲錢始於公孫

述之據蜀也然今鐵大泉鐵貨泉俱在似莽時已有之錢幣考疑述錢或仍莽大泉貨泉之文故當時有黃牛白腹五銖當復之謡審是則是述先鑄者仍莽泉之文後鑄者因童謡又改爲五銖亦未可知但用莽錢文向無確據今故以鐵大泉貨泉二種仍附莽泉後而以鐵五銖專屬於述

古泉匯利集卷五

東漢

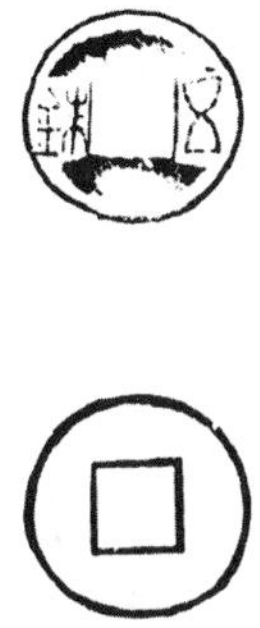

光武五銖面有外郭無內郭背內外周郭按漢及六朝皆用五銖求易區分爲某代物此錢就建武年之錢范摹出范載年號確係後漢制作漢書光武帝紀建武十六年始行五銖錢而今存錢范作建武十十年十十即二十也已在十六年後與漢書

恰合

靈帝四出五銖面有外郭無好郭背內外有郭面好有四角決文漢書靈帝紀中平三年鑄四出文錢

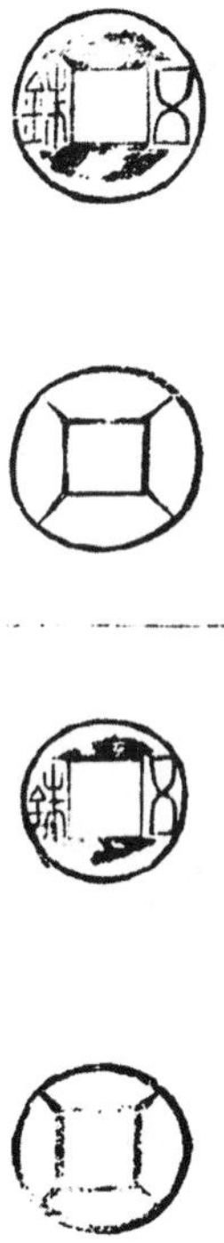

同前而背文四出大小二品張台錢錄此錢有穿面四角決文穿背四角決文董逌錢譜錢背四角有路抵於外輪今此錢面角文短背角文長與舊譜正合食貨志識者尤之曰京師破壞此錢四出也然四出大泉貨泉已有之是此兆莽時已見也蔡考載有穿上一星者面穿上二出文者面上下微有郭右上下左上三角出文者背作四文四出者皆靈帝錢別種今未盡見

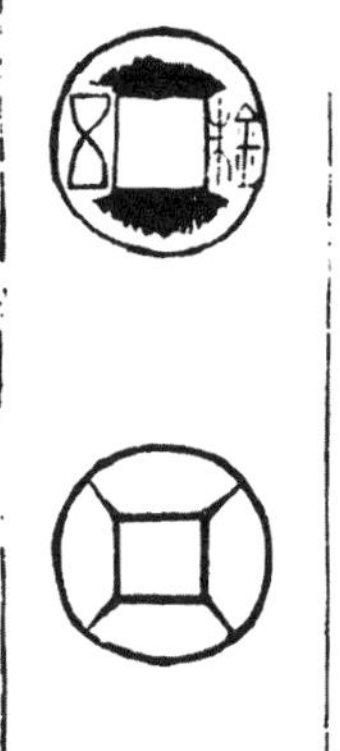

五銖傳形舊譜謂蜀錢然半兩及莽泉皆有傳形者是傳形不始於蜀也此錢背四出文自是靈帝時物

獻帝小錢無文字輪郭獻帝紀初平元年董卓壞五銖鑄小錢悉壞長安銅人銅馬之屬以充鑄焉又錢無輪郭文章不便人用此品粗惡無文疑是卓鑄按王莽爲從古鑄泉第一手精莫精於莽泉而粗莫粗於卓泉兩兩相形亦物極必反之徵也

蜀漢

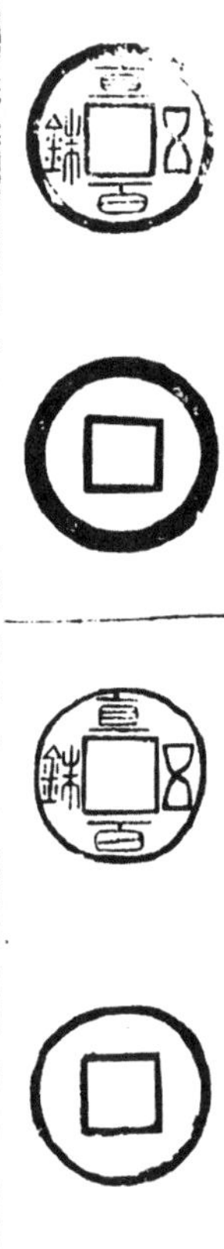

昭烈帝直百五銖大小二品面背肉好周郭 三國志劉備拔成都軍用不足備甚憂之西曹掾劉巴曰易耳但鑄直百錢平諸物價備从之數月府庫充實通典鑄一直百錢文曰直百亦有勒爲五銖者與此品正合

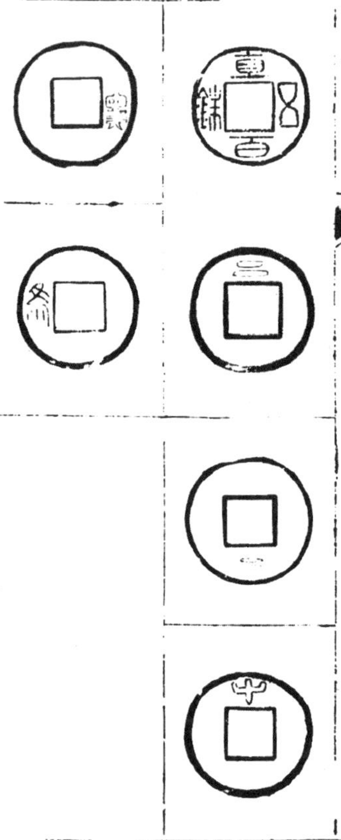

面文同前背一二穿上下二字三在上似十字又似中字之半四在右不可辨以上皆四文五穿右爲字稟考據潘毅堂云犍爲郡所鑄後漢書郡國志益州刺史部有犍爲郡此圖錢背鑄

地名所自始彙考背凹文有左下一出及輪者有上一者下左
一者八字者二直文者今未見劉燕庭又有鐵錢

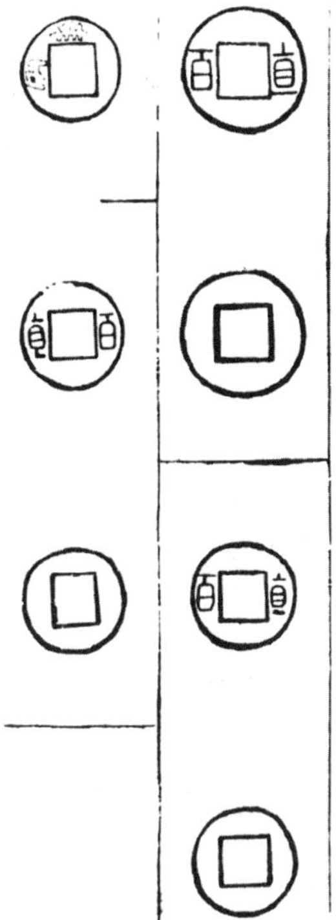

直百錢注見直百五銖一校大次三小三背上凹文卌字左似
五字背紀數四傳形叢話有直字作凹文者甚異

古泉匯　利五　四

直百在面五銖在背較異吳我鷗有背作凹文五朱者尤異

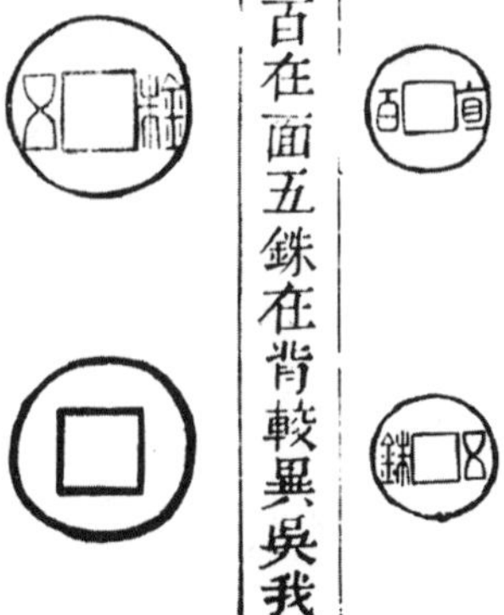

傳形五銖顧烜董逌兩錢譜俱言蜀漢鑄今以有內郭同直百五銖者定爲蜀錢無內郭者未必皆蜀製彙攷有合背背文向上者凹文紀數者一星者又有鐵錢俱未見

東吳

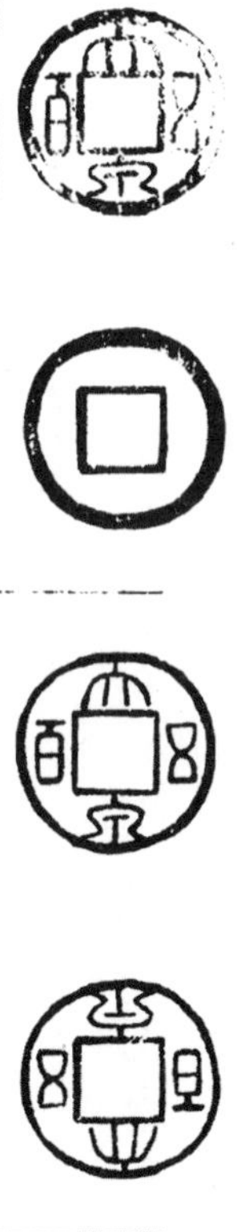

大泉五百面背肉好周郭次合背背文向上三國史孫權傳嘉禾五年鑄大錢一當五百詔使民輸銅畀直設盜鑄科泉幣圖說此錢較王莽錢稍異銅色純青今按此泉字體漫漶不清造作不精與莽大泉相去遠甚一望可知不獨百字與十字異也

古泉匯　利五　五

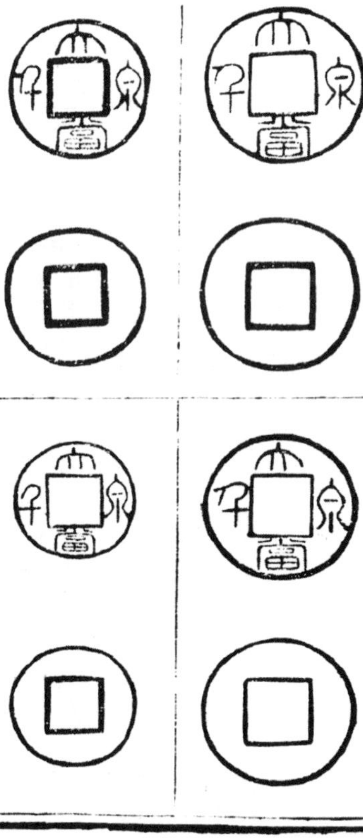

當千錢與當五百者製同四品以次造小吳志孫權赤烏元年鑄當千大泉晉書食貨志元帝過江用孫氏舊錢輕重雜行當

時旣有輕重豈無大小之分故不免參差有大小數種也晉志
又言孫權鑄當千錢錢旣太貴但有空名人間患之今觀此泉
質重不過抵五銖數枚而用以當千較蜀之直百且十倍之皆
一時權宜之計不可爲法者也王莽一刀直五千大布直一千
孫氏尤而效之皆擾亂天下者可爲殷鑒間此泉亦有合背者
今未見

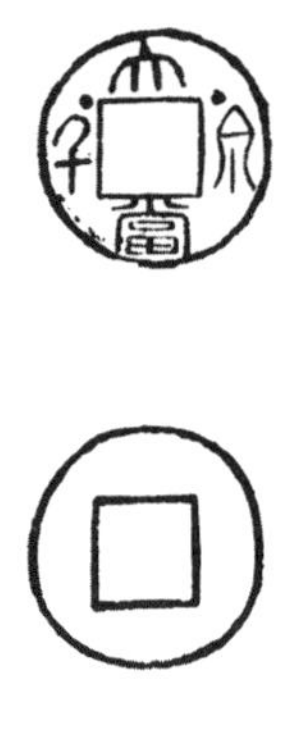

此大泉之小者當千二字上各有一星爲異劉燕庭云此泉亦
有錢者爲方彥聞履籛所藏

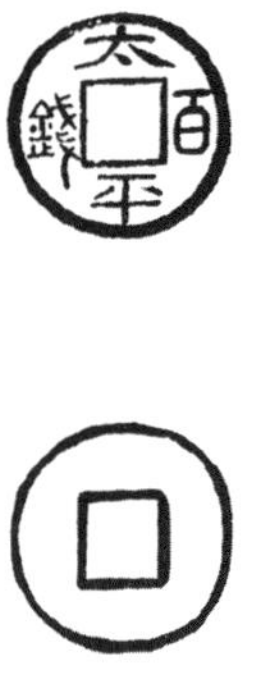

太平百錢隸書面背肉好周郭隋書食貨志梁武帝時百姓私
以古錢交易有太平百錢董逌曰未詳所鑄年代亮考引陸果
泉準斷爲孫亮所鑄證以昭烈之用直百時勢相近故一錢當
百亦同蓋當千當五百不便於民故改鑄此也翁宜泉深然其

說以謂梁初已謂爲古泉其非梁錢可知古以太平紀元莫先
於吳當五鳳三年冬十月孫亮改爲太平元年顧烜稱太平百
錢爲太平四文錢晉書元帝過江用孫氏舊錢大者謂之比輪
小者謂之四文大者指大泉當千當五百者言之小者指太平
四文錢也且有當千當五百者此郎是當百者其極小者亦猶
蜀直百之有小者耳其說創而近理今從之以年號鑄錢始此

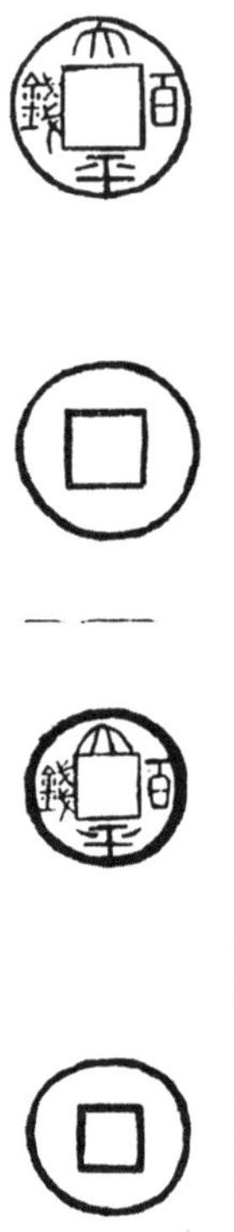

篆書者製同前二三差小四五更小篆法各異大郎太字古通

製同前錢省作金亦猶五銖之作五金也次傳形

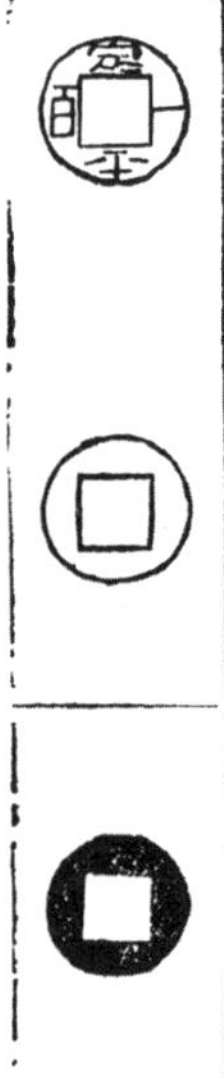

定平錢形與太平錢同亦決爲三國時物次背平

晉

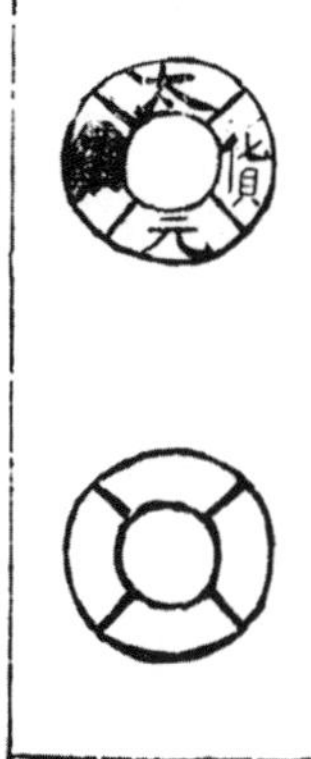

太元貨泉隸書圜好面背肉好周郭兼四出文彙考謂古太元紀年者三吳大帝晉孝武帝涼張駿也吳太元止一年方鑄大泉五百當千二種未必更鑄他錢此殆是晉物今從之仍曰貨泉者襲王莽之舊文也用四出文者襲漢靈帝之舊制也

晉沈郎小五銖錢面有肉郭無好郭背肉好周郭五銖字與漢錢同而小二面穿上一星三下一星四下半星五上一橫畫晉書食貨志吳興沈充又鑄小錢謂之沈郎錢吉金錄謂魏明帝復五銖錢至晉用之沈充第小其製仍用其文也

同前一面穿下半星背一星次傳形

古泉匯　利五　八

附趙石勒

趙豐貨錢一面背肉好周郭篆書次面無好郭字兼篆隸晉書石勒紀石勒鑄豐貨錢　西清古鑑按此錢梁初猶行之洪志文曰豐貨世謂之富錢言收此令人豐富也今世所傳者頗少彙考有豐字作豐者

附漢李壽

漢李壽漢興錢隸書在上下　西清古鑑漢興洪志以爲漢莢錢蓋緣顧烜李孝美之誤按蜀李壽於東晉成帝咸和十二年改國號曰漢改元漢興此當是李壽鑄若云漢初錢文實無據且形質篆法亦與西京不類今改之

古泉匯　利五　九

附前涼張軌

涼張軌錢面背肉好周郭涼字水旁作川中畫不連泉字中畫斷開莽泉晉書張軌傳太府參軍輔言於軌曰宜復五銖錢以濟通變軌納之立制準布用錢遂大行劉青園有三枚俱得於涼州斷為軌所鑄翁宜泉曰軌復五銖後又造此錢歟抑輔言復五銖而軌乃造此新泉歟均未可知然為前涼物無疑也

附北涼沮渠蒙遜

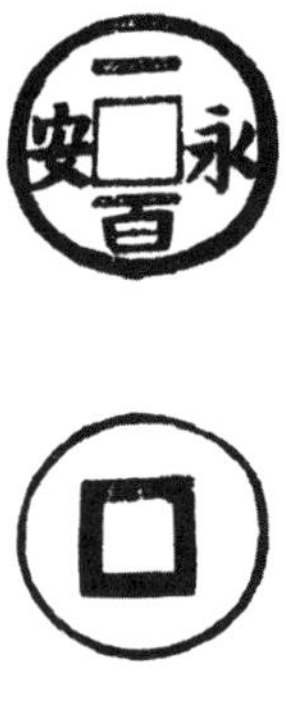

北涼沮渠蒙遜鑄面文一百紀直也又有面隸書背四出文者

鐵錢文同前永安錢近於嘉慶年京都西山出土銅者僅見一百者鐵者有一百一千二種

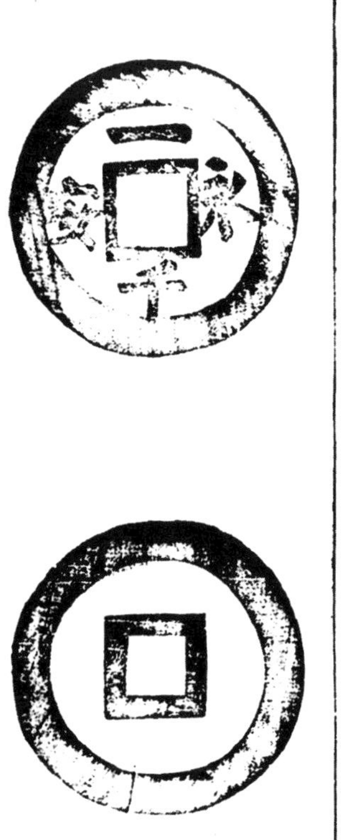

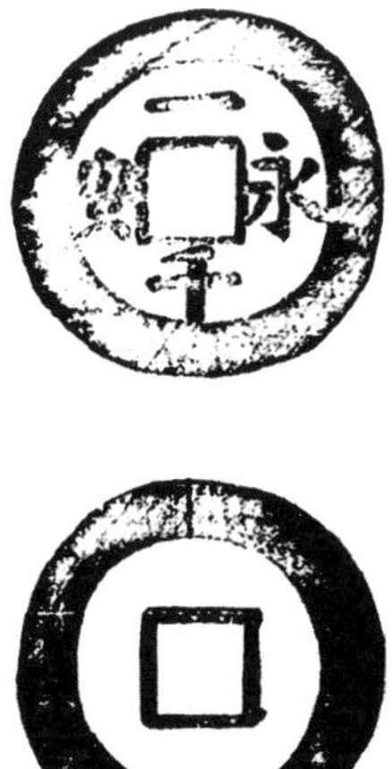

鐵大錢大小二品文曰一千此錢向無定論叢話以其類錢范貨似屬五代南唐鑄然多於北方出土自非李氏物考西晉惠帝甲子年改元永安七月又改建武為時無多未聞鑄此號錢後魏孝莊帝亦紀永安元然永安五銖諸譜可稽與此不類北

洊江渠象遷與西夏亦建號永安然續夷堅志海陵王天德初
上定都於燕營造時得古錢地中文曰永安一千乃取長安例
地名永安亦究不知何代錢也竊思金初已稱古錢則為遼以
前物可知西夏與遼同時且錢製亦與天盛鐵錢不類故翁宜
泉亦疑其非西夏錢吉金錄蒙遜於天璽二年殺段業自立稱
張掖王遷臧姑次年改元永安時東晉安帝隆安五年也晉書
載記謂其登南景門散錢賜百姓二品或其所鑄況劉書圖復
於涼州土中又臧姑舊地也此論雖創然理較長且六朝以下
錢紀元皆在上下或右旋讀無列左右者此永安在左右紀直

在上下乃襲西蜀直百五銖舊式也直一千者又仿東吳之大
泉當千也晉時去三國未遠固宜其略同歟又或疑西山出土
乃劉守光錢然果係守光所藏豈必皆守光所鑄北涼錢流傳
至燕詎不可藏耶則又勝國之見也

古泉匯利集卷六

宋

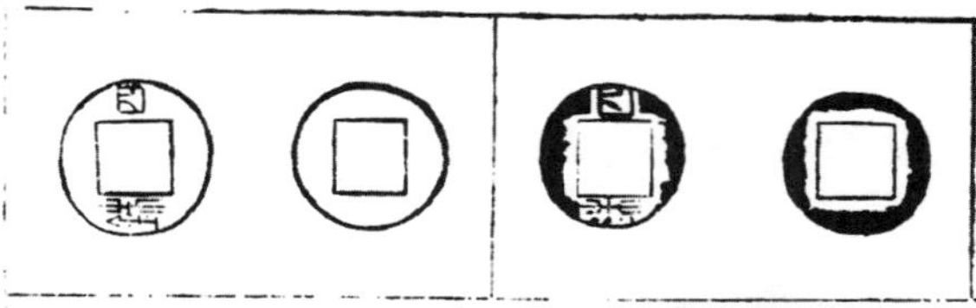

宋文帝四銖錢面背肉好周郭次無外郭字有鉄似繹輕損者
宋書文帝紀元嘉七年冬立錢署鑄四銖錢顏峻傳輪郭形制
與五銖同洪志重如其文

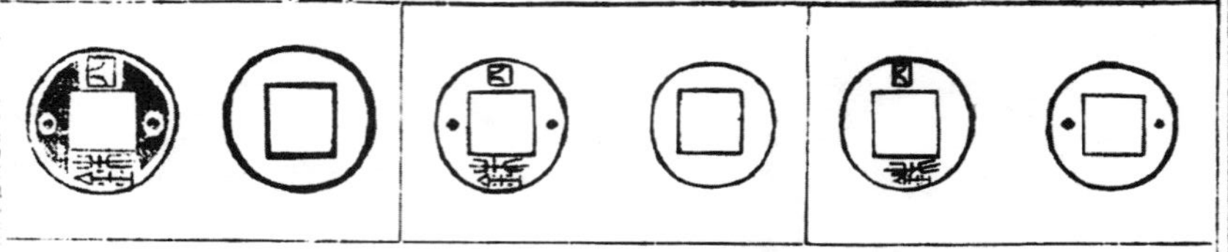

一無好郭二三面背肉好周郭一二面上下一星三背上下二
星彙考何有背穿左一星者穿右一星者

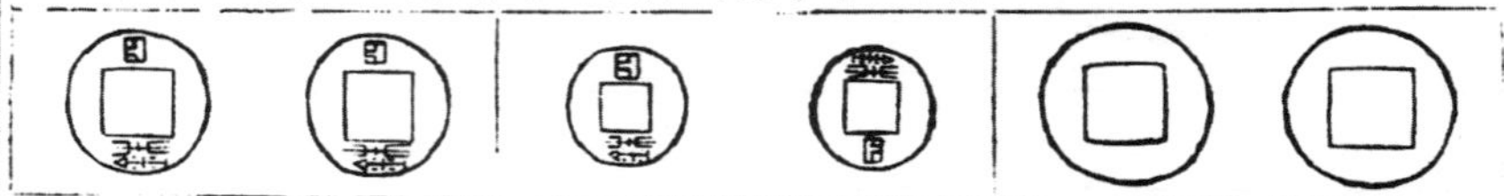

一面背同文二亦同文背文向上三無文然形製無異且與四
銖同出土者

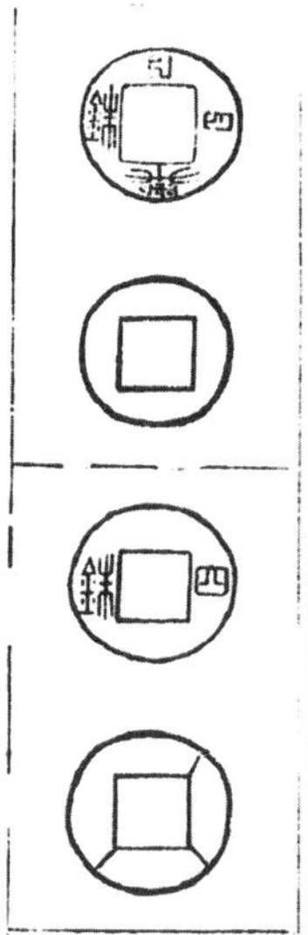

一穿上下複書四銖向右次背有三出文泉史舊有鐵四銖

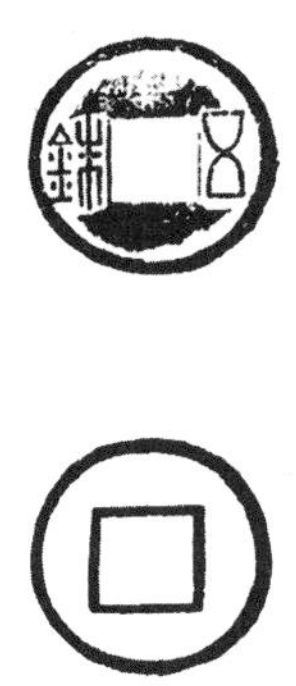

文帝當兩五銖而無好郭背肉好周郭通典元嘉年鑄四銖人間頗盜鑄翦古錢取銅帝患之江夏王義恭建議以一大錢當兩以防翦鑿上從之舊譜曰重八銖文曰五銖今此錢與五銖常品相似惟稍大耳

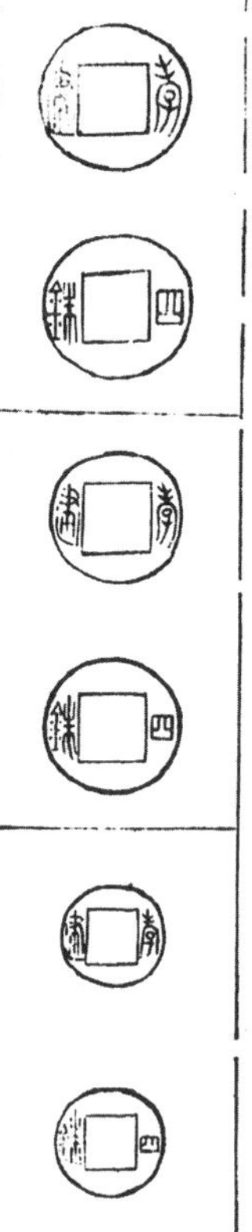

武帝錢面孝建背四銖面背肉好周郭三品以次迭小　西清古鑑按武帝紀孝建元年鑄顧烜譜云一邊爲孝建一邊爲四銖通典所鑄錢形式薄小於是盜鑄者雲起雜以鉛錫又翦古錢取銅錢既轉小稍違官式人患之故不免大小參差

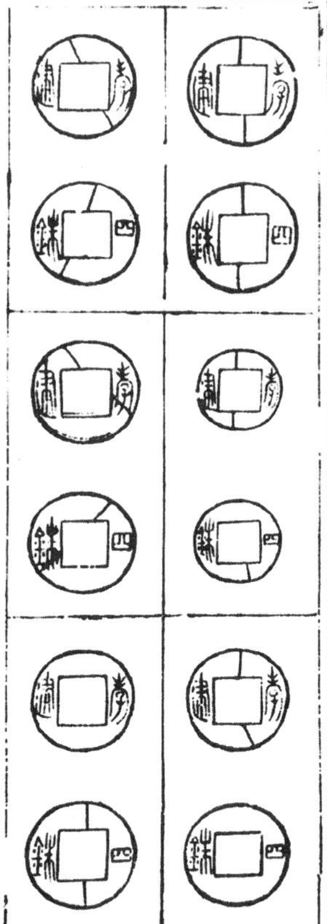

一面背上下各二直畫二面上下二直畫背下一直畫三面上一直畫下一斜畫四五面背上下各二斜畫六背上下二直畫

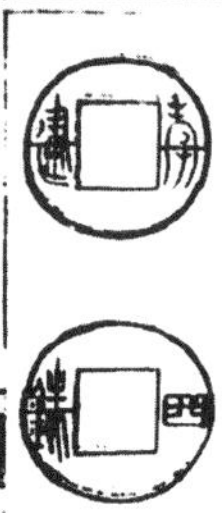

面背左右各二横畫畫即加於字上

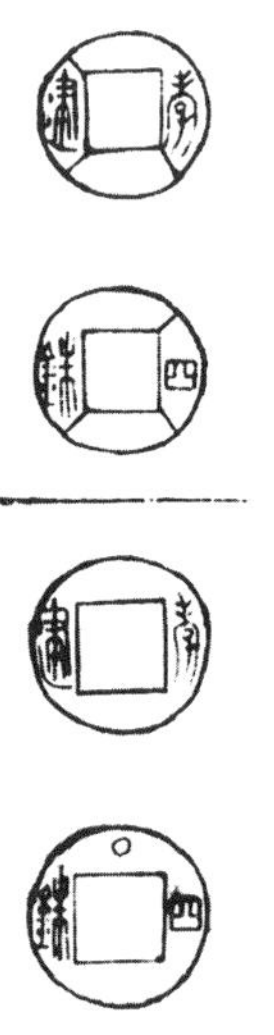

一面背各三出文二背上一〇

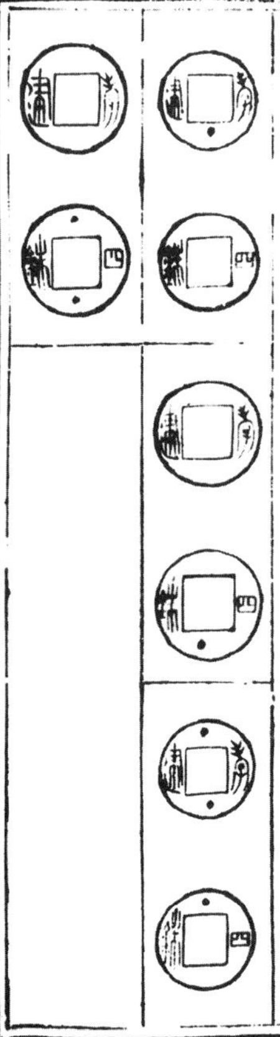

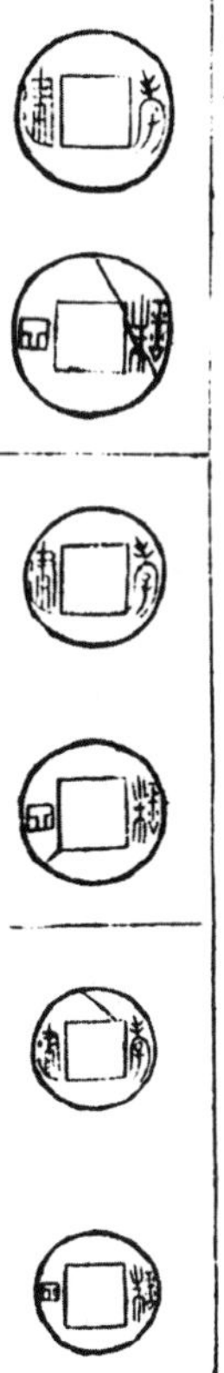
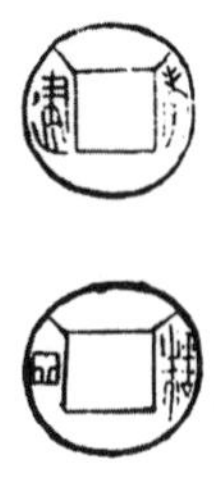

一面下一星二背下一星三面上下二星背上一星四背上下
二星

四品面俱正背向上倒書一背上一斜畫二下左出文三面上
一斜畫四面背上皆二出文

古泉匯　利六　四

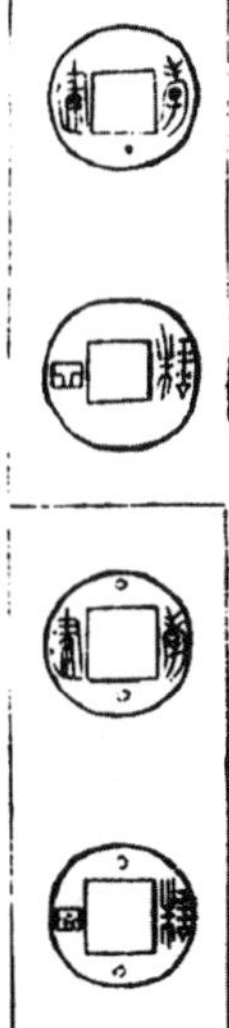

亦四銖倒書一面穿下左右共三星二面背上下左右八〇左
右圖與星俱加於字上

三品四銖俱在上下向左書一二大小異三面上一星背左右
二星

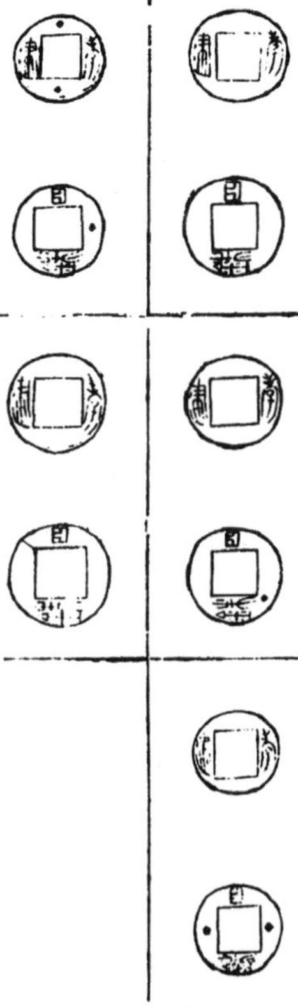

五品四銖俱在上下向右書一背右下一星三左右二星四面
上下二星背右一星五背左上一出文

古泉匯　利六　五

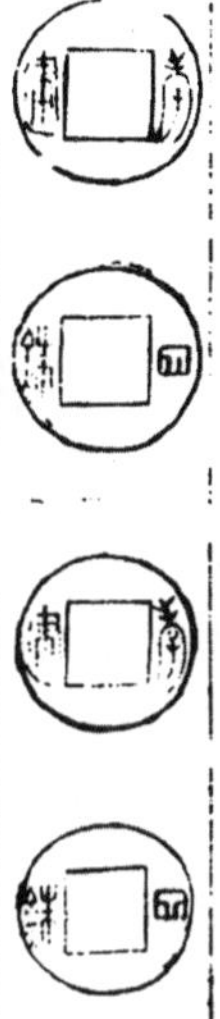

面正書背銖字正四字倒書二品大小異

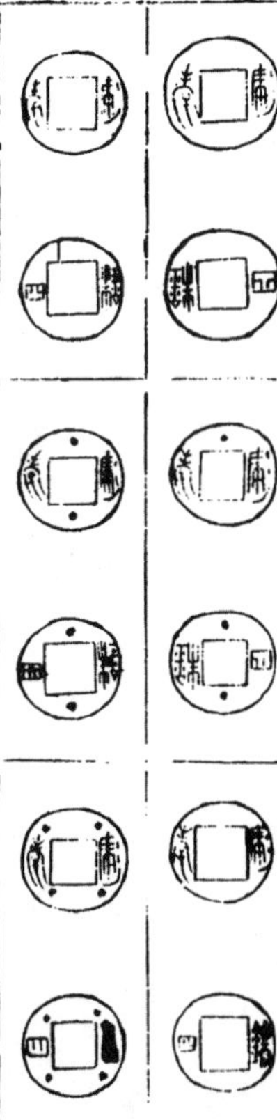

面俱傳形背一二向上書自右讀二面上一星背上下二星三
以下皆自左讀三正書四四正銖倒書穿上一直畫五背倒書
面背上下左右八星星即加於字上六背不清晰面背四隅四
星

孝建大小二品面背有好郭無肉郭舊譜曰其後稍去四銖專
爲孝建漸至薄小正合此品

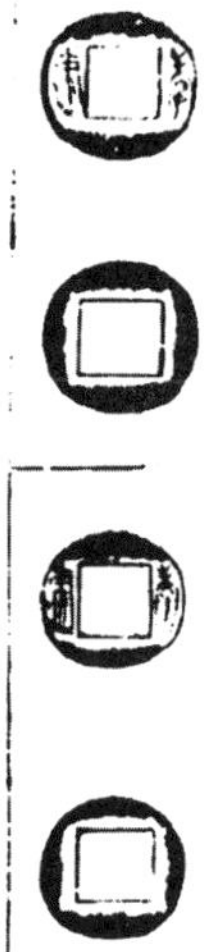

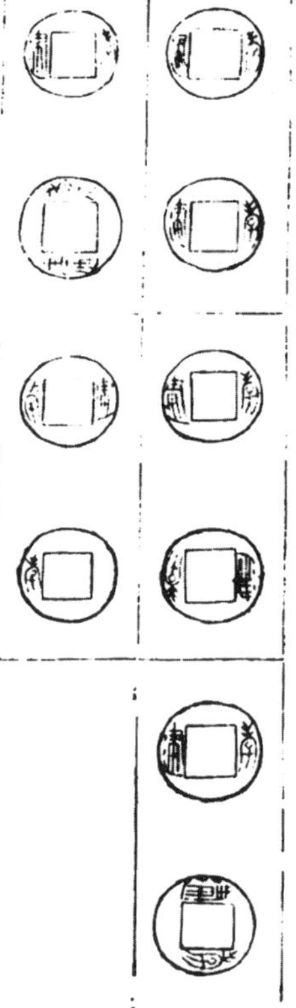

五品俱合背面背内外皆有細郭二背文向上三向左四向右

五傳形按文帝武帝錢向頗罕覯道光年毘陵出土一窖此錢
遂多考通典人間盜鑄雲起稍違官式乃立格薄小無輪郭者
悉禁斷今所見品類繁賾殆因盜鑄之多歟

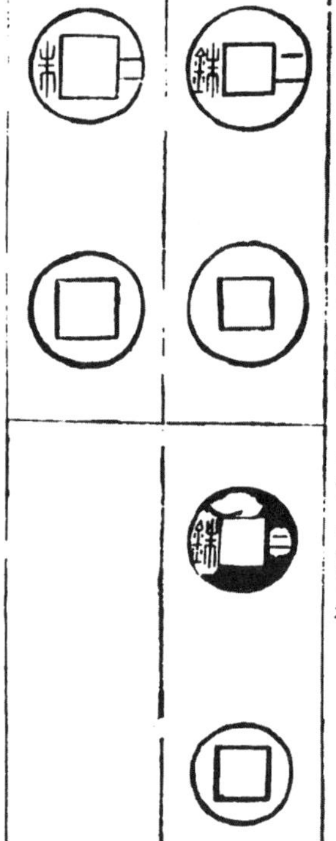

廢帝二銖錢一二三面背内外有郭二背内外郭面無郭廢帝紀

永光元年二月鑄二銖錢三月罷顔峻傳官錢每出民間即模
效之無輪郭不磨鑢謂之來子一似官鑄二或私鑄者歟三去
金作朱亦猶五銖之作五朱也

永光亦廢帝錢面有輪郭無好郭背内外俱有郭考大明八年
廢帝子業即位其次年春正月改元永光秋八月改元景和改
永光僅七閲月故此錢少

景和亦廢帝鑄製與永光錢同永光元年八月改景和十一月
被害景和年號僅用三月總計廢帝在位僅年餘而鑄錢三種
皆爲日無幾故傳世者俱少　西清古鑑輪郭肉好與二銖不
同與二銖固當爲兩種而馬氏誤合之爲一耳乂有文在上下
者

梁

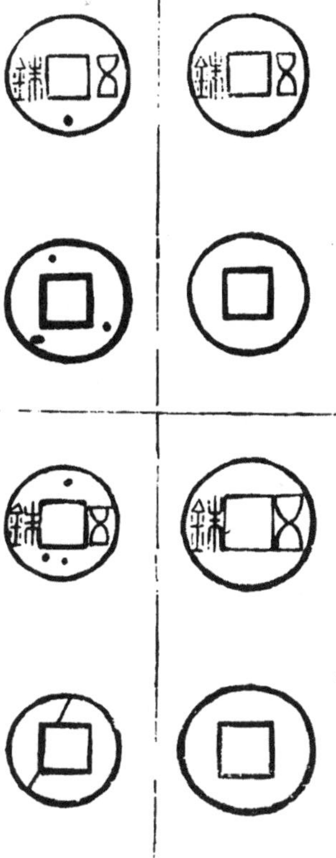

梁武帝五銖面背肉好周郭一二大小異三面下一星背上下三星四面上下三星背二斜畫隋書食貨志梁武帝鑄錢肉好周郭文曰五銖張台曰五銖錢皆無好郭惟此一種有之

古泉匯　利六

一品更小亦有好郭二背左凹文廿三蘘考又有凹文十八者皆紀數也

女錢一二面背俱無肉好郭二背左二字三背有好郭隋書食貨志武帝又別鑄除其肉好謂之女錢顧烜曰天監元年鑄公式女錢張台曰背有好郭謂之公式女錢背無好郭止謂之女錢泉志武帝新鑄亦曰女錢蓋梁之先巳有女錢矣蘘考謂除其肉好兼面背言之張台之言不合今將二種並圖之不必強分某爲公式也

古泉匯　利六　九

五銖稚錢一面有外郭無內郭背內外有郭二面背俱無郭隋書食貨志梁武帝時百姓私以古錢交易有直百五銖女錢太平百錢定平一百五銖稚錢五銖對文等號輕重不一顧烜曰源出五銖但狹小謂之稚錢按此數種梁初巳謂之古錢其非梁鑄可知今直百太平定平三種巳定爲三國物而稚錢對文無可考仍附於梁

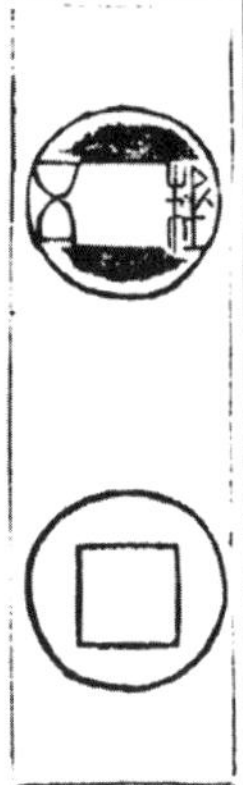

亦稚錢一面有上下郭背下二決文二三傳形面無內郭三品背俱有內外郭舊譜傳形五銖屬蜀錢但半兩大泉貨泉布泉與沈郎五銖皆有傳形者豈六朝五銖獨無傳形者乎今以與直百相類者斷爲蜀錢此與稚錢相類斷爲六朝物

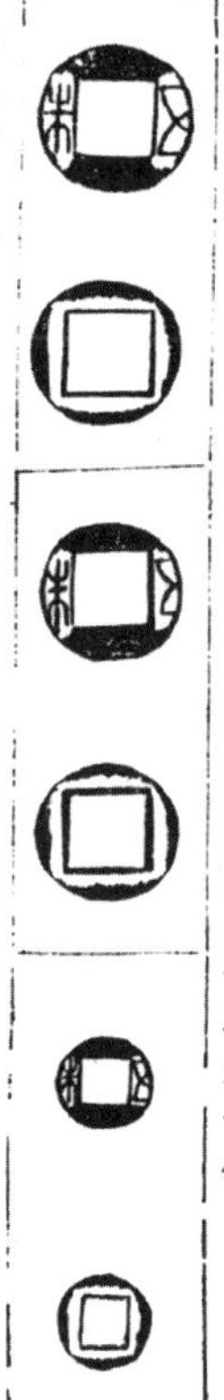

五朱對文面背俱無外郭背有內郭三品以次迭小注見稚錢

穎烜曰對文錢翦五銖之所成也民利古錢多銅翦其輪郭所餘甚輕小彙考云輪郭去盡爲對文翦取其輪則五銖二字不能完全今五字餘半銖字去金無外郭翦痕宛然與兩說恰合

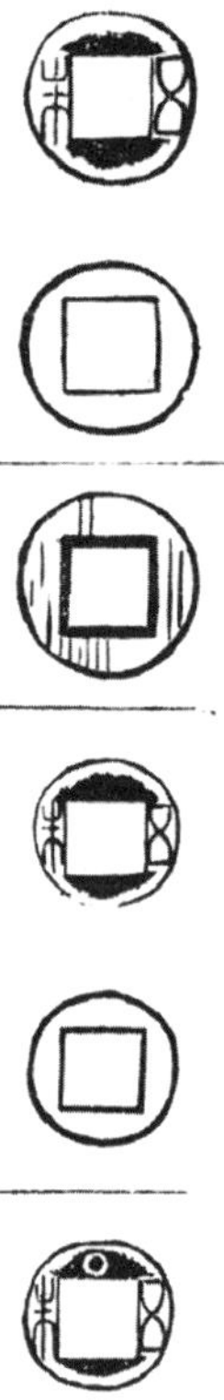

四品面背俱有外郭惟面無好郭次背有直文四面上一星去金作朱乃鑄成非翦鑿者彙考云其初翦輪爲之其後竟特鑄此種小錢耳

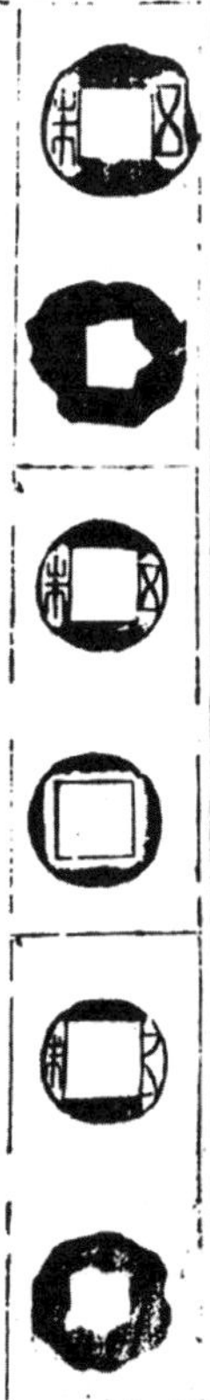

三品迭小俱無外郭二背有內郭一三背平一二五字完全三五字近好處半缺亦皆鑄成非翦者

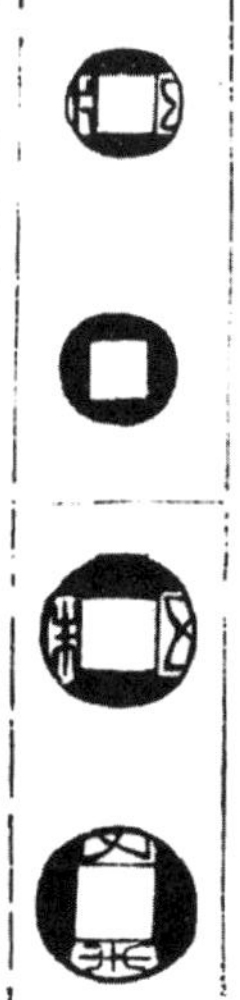

一五字朱字俱不全背平朱字並缺中橫畫或私鑄不精也二面背同文

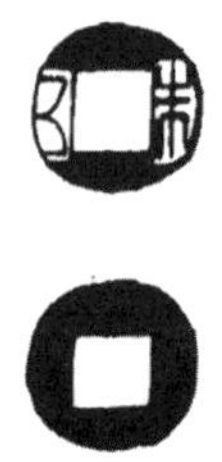

傳形五朱按五朱篆書顛倒無異不應有傳形者然此品朱字上曲畫短下曲畫長即謂之傳形亦可

武帝鐵五銖一面背內好周郭二面無好郭三面上下有好郭

一背四出文二三背四角文梁書武帝紀普通四年始鑄鐵錢顧烜曰五銖鐵錢背爲四出文彙考云文雖四出形小而厚非靈帝錢比也

敬帝四柱五銖大小二品一面有外郭無內郭背內外有郭二面背無郭俱面上下四星梁書敬帝紀太平四年鑄四柱錢陳泉考曰四柱者面穿上下各平列二星與此泉合

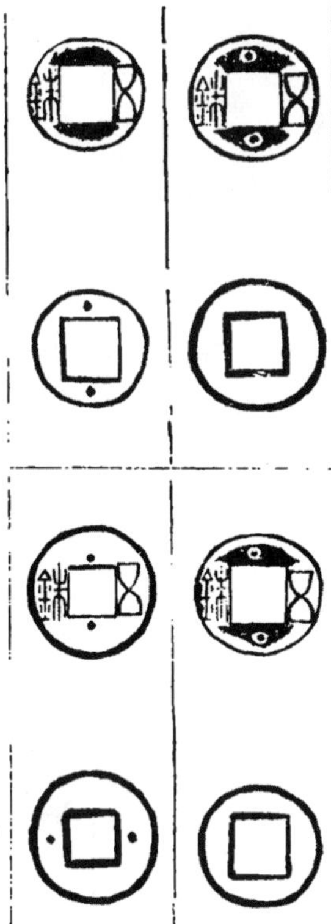

兩柱五銖背俱有肉好郭一二三面無好郭四面穿上下有郭一二二面上下二星三背上下二星四面上下背左右各二星隋書食貨志梁末又有兩柱錢洪志梁末有是錢初非鑄於梁也錢與四柱相似故類及之

後魏

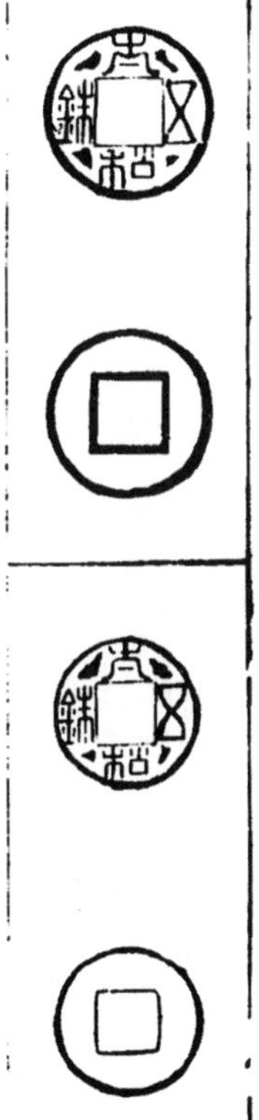

魏文帝太和錢大小二品面無好郭有肉郭背有肉好郭魏書食貨志魏初錢貨無所用高祖始詔天下用錢十九年冶鑄初備文曰太和五銖民有欲鑄聽就鑄之按太和二字篆體近隸和字且有增筆與北魏碑刻相似可徵書法之變彙考有背文上下左右四五字者

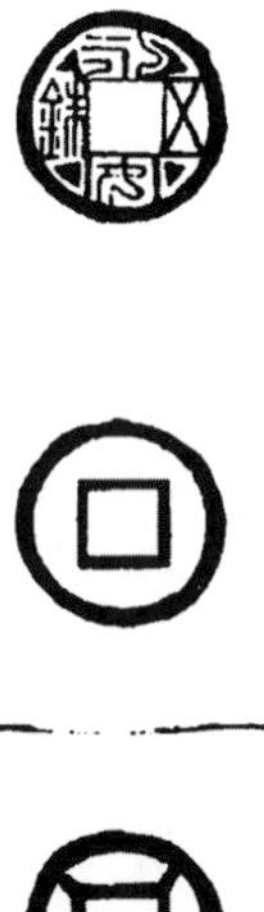

孝莊帝錢製同太和次品背文四出食貨志永安二年詔改鑄文曰永安五銖洪志按東西魏皆鑄永安五銖故存於今甚多注背文四出者名令公百爐錢

永安合背錢

永安土字錢一面背肉好周郭二面無好郭背四出文二品背上背有土字貨泉備考幕有土字者係當時所行土錢通典延昌二年徐州啟奏求行土錢是魏時本有土錢之名以其非由官鑄故以土字別之耳又通典熙平初王澄上言延昌二年徐州人啟奏求行土錢旨聽權依舊用可爲土字明證癖談北人

古泉匯　利六

謂土爲拓后爲跋魏之先出於黃帝以土德王永安之有土字表其以土德王也其說特新存以備考

面係永安土字之背文背無字或當時鑄工之誤抑後人將面文削去者歟

北齊

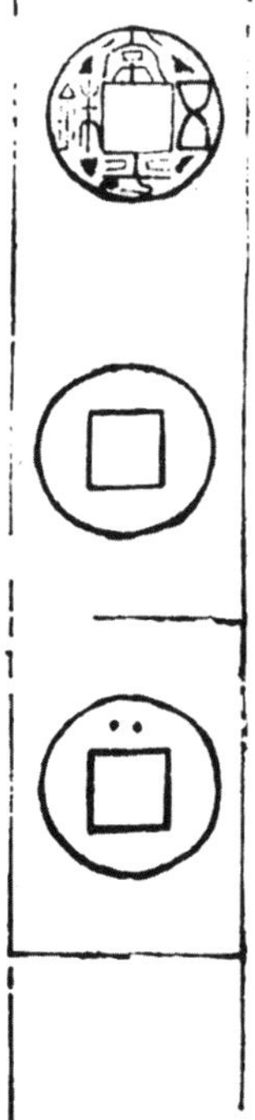

文宣帝常平錢三品面無好郭背有肉好郭二背上二星三形小背四角文北齊書文宣帝紀天保四年鑄新錢曰常平五銖劉燕庭曾見合背同文者顧湘舟又有常平銖銖皆異品

古泉匯　利六

陳

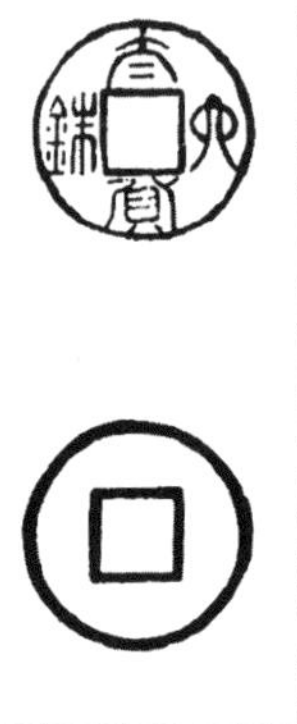

宣帝太貨錢面背肉好周郭與梁有郭五銖製同陳書宣帝紀太建十一年秋初用太貨六銖錢隋書食貨志太貨六銖一當五銖之十與五銖並行後還當一人皆不便當時謠言叉腰哭天子恭象書六字類人之叉腰耳

後周

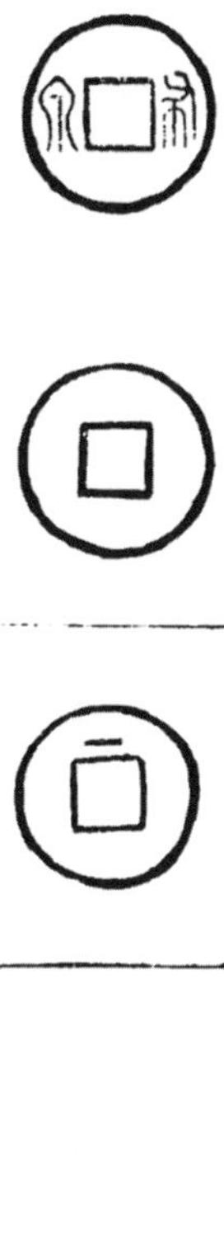

武帝布泉面背肉好周郭作玉筯篆與男錢異次品背上一畫

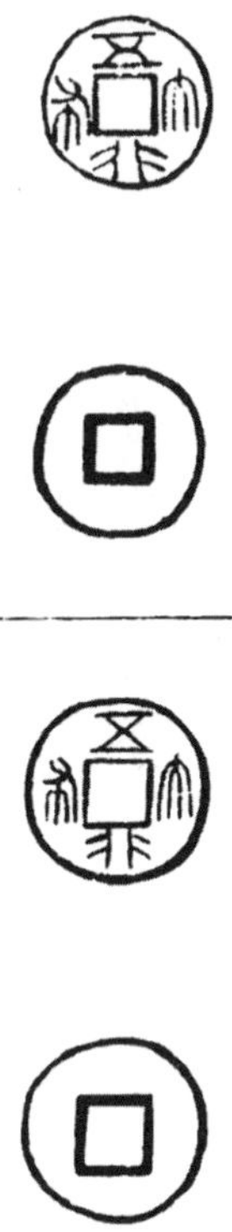

後周書武帝紀保定元年鑄文曰布泉一當五與五銖並行

亦武帝錢製同布泉三品以次迭大四背上星下月武帝紀建德三年鑄五行大布一當十與布泉並行

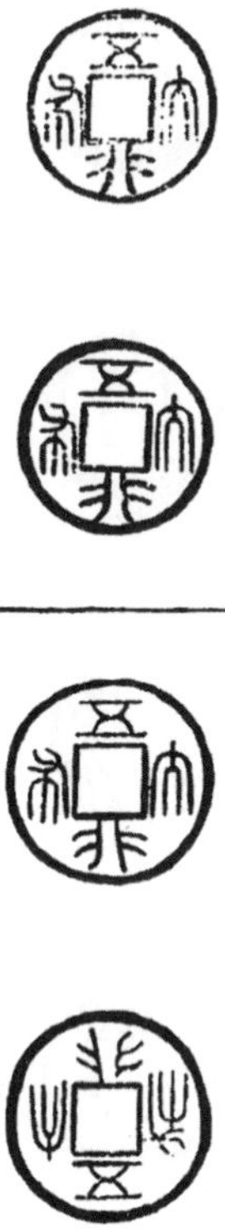

二品合背背一正書二倒書又有背文大泉五十者模糊未摹

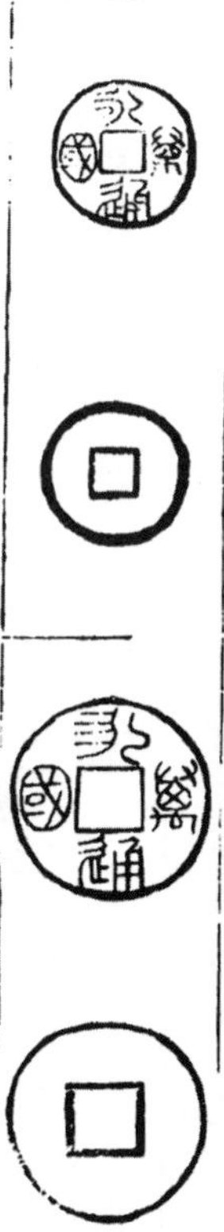

宣帝錢製亦同布泉五品迭大四五外輪潤後周宣帝紀大象元年鑄永通萬國錢一當十與五行大布並行

面背同文次潤緣較大

永通鉛錢舊譜未載此鉛錢之始

隋

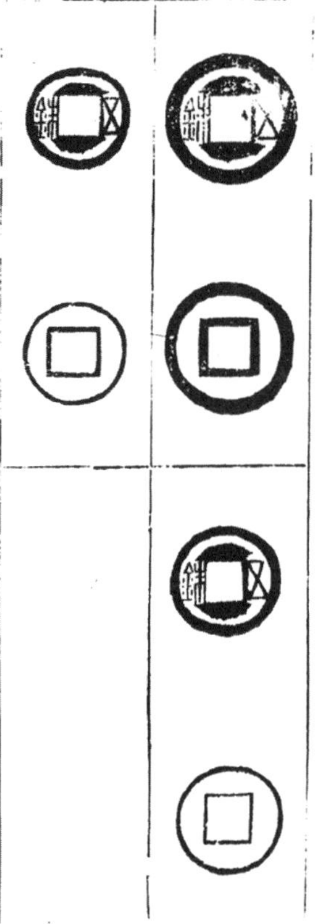

文帝五銖三品迭小面外郭較濶好郭惟右旁五字有之餘三面皆無背有肉好郭五字中交互二畫直下不曲與他五銖異

隋書高祖紀開皇元年行五銖錢食貨志高祖更鑄新錢文曰五銖和以錫鑞　西清古鑑唐書謂隋行五銖白錢緑錫鑞和鑄故錢色白人遂謂白錢耳今雖歲久晦蝕其白處猶可見

附　未見梁錢

大吉五銖

大通五銖

大富五銖　梁武帝普通年鑄三品俱鐵錢

古泉匯利集卷七

五銖別品　五銖自漢迄隋皆用之歷時久遠故鑄尤多種類紛繁難分時代今俱附六朝之後

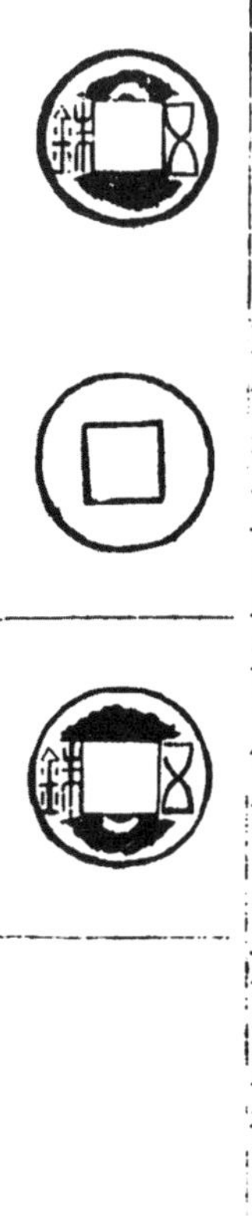

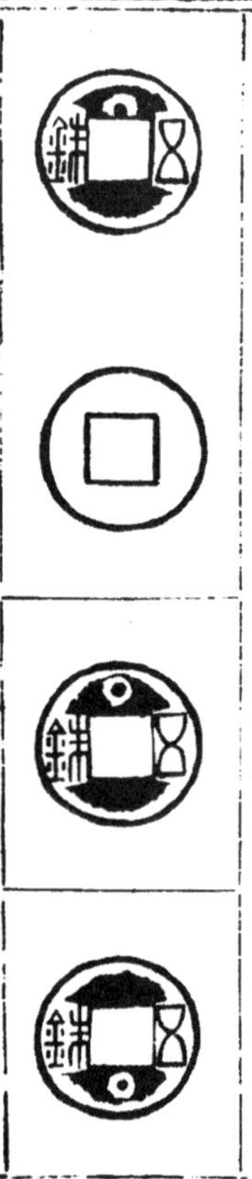

二品面無好郭背有肉好郭下俱同一穿上半星二穿下半星

一二穿上一星三穿下一星

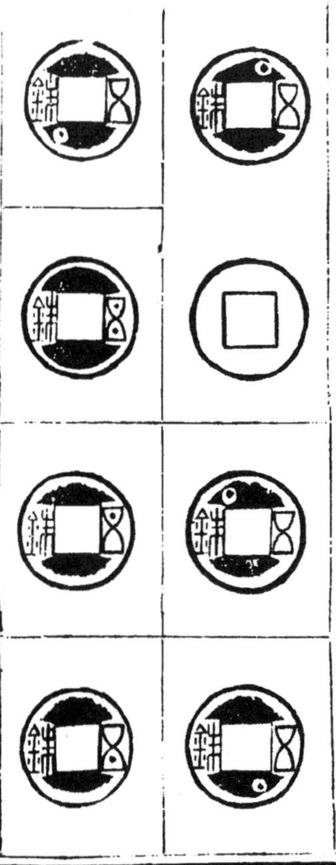

一二穿上偏左右各一星三四穿下偏左右各一星五五字內二星六七五字內上下各一星橐考尚有五字外上下二星者

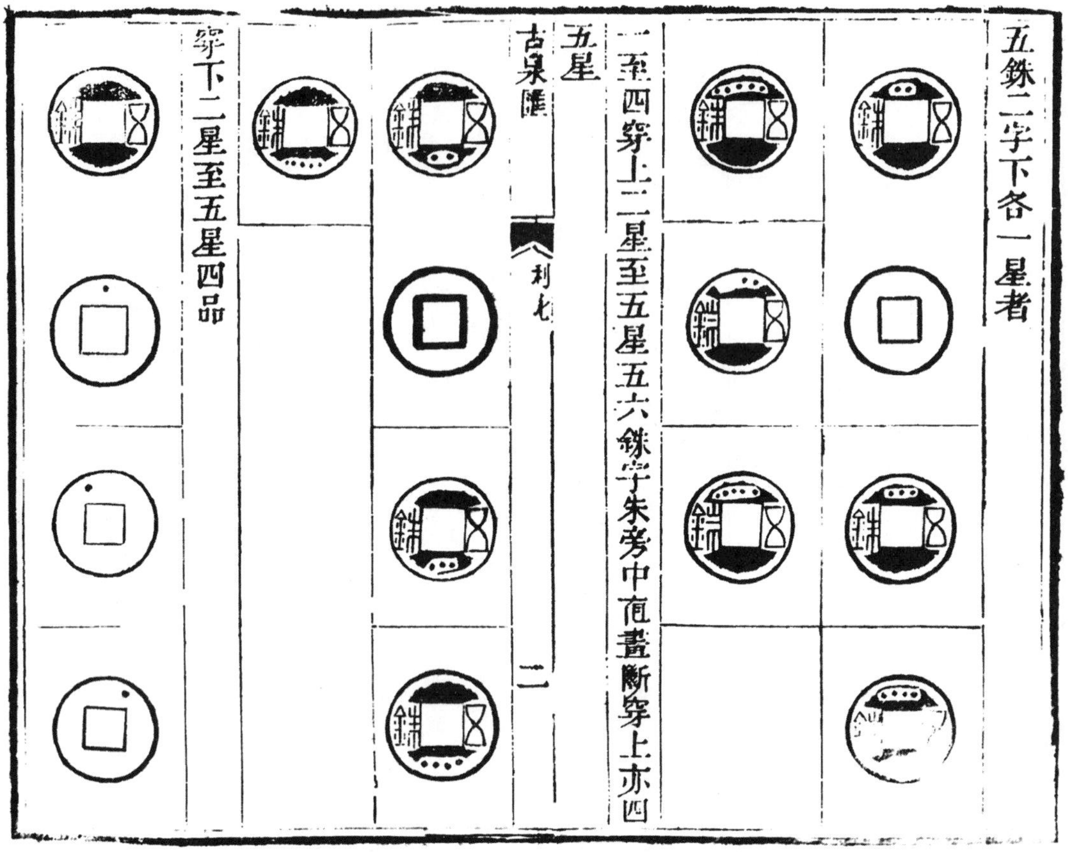

五銖二字下各一星者

一至四穿上二星至五星五六銖字朱旁中直畫斷穿上亦四

五星

古泉匯　利七　二

穿下二星至五星四品

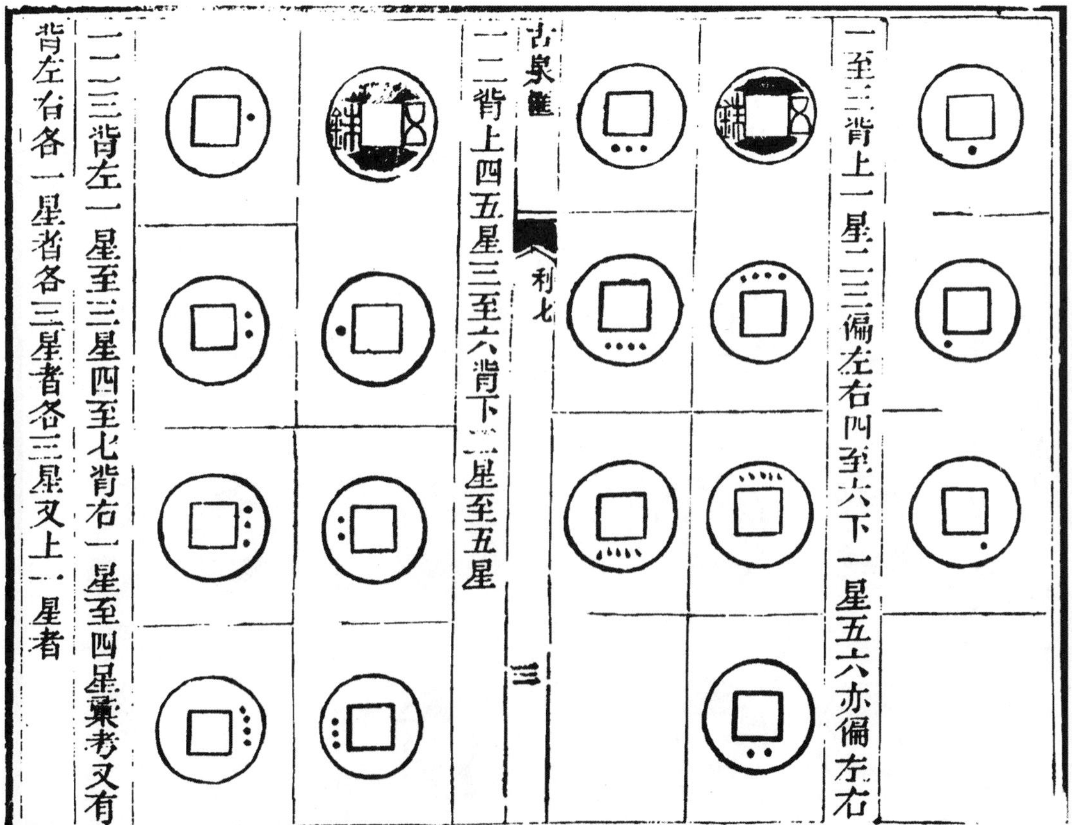

一至三背上一星二三偏左右四至六下一星五六亦偏左右

古泉匯　利七　三

一二背上四五星三至六背下二星至五星

一二三背左一星至三星四至七背右一星至四星彙考又有

背左右各一星者各二星者各三星又上一星者

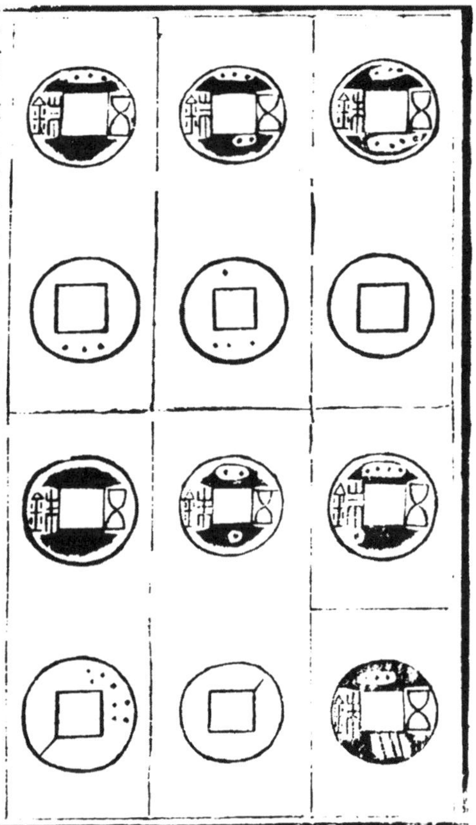

一面上下七星二上下五星三上三星下三畫四上下五星背

古泉匯　利七　四

上下四星五上下三星背上右一出文六上三星背下三星七

背左下一出文右上八星

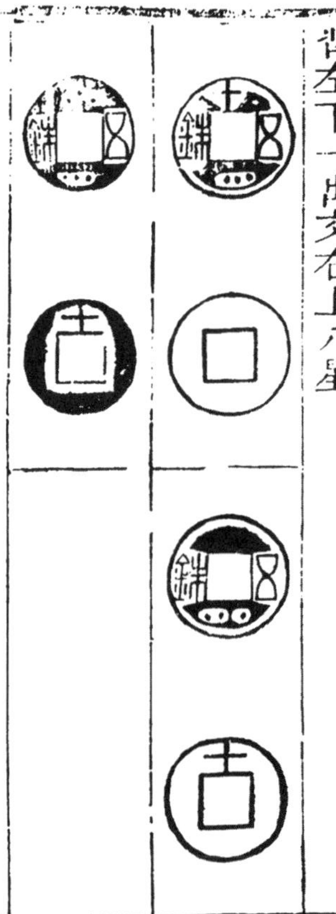

一面下三星上十字二下三星背上十字三面上下各三星背

上十字

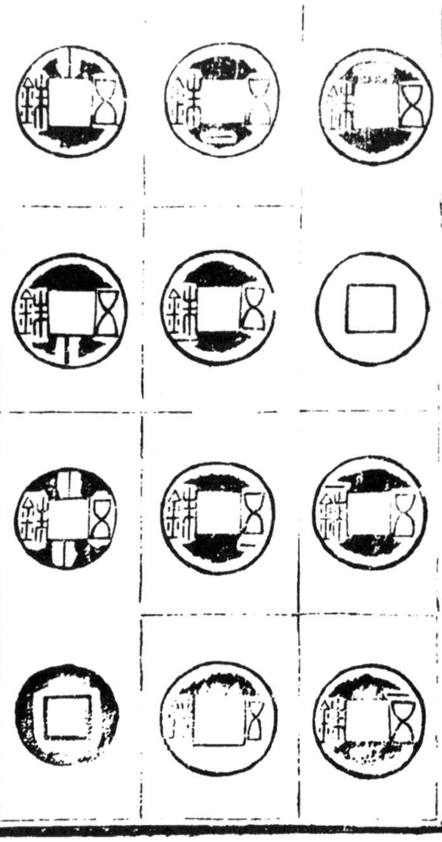

一穿上一横畫二三在左右四穿下一横畫五六在左右七下

古泉匯　利七　五

近好一畫似郭八穿上一竪畫九下一竪畫十上下各一竪畫

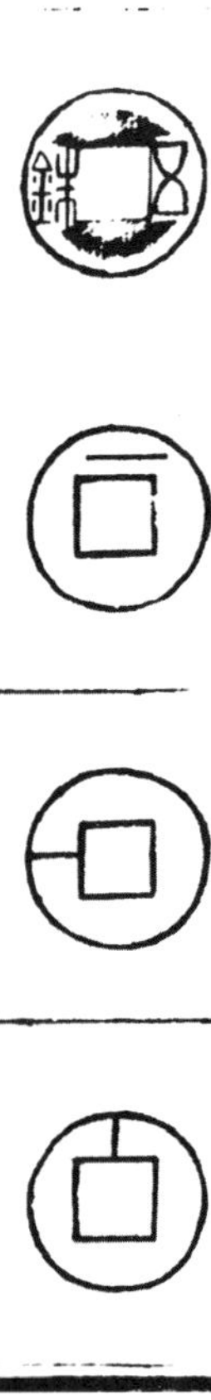

一一横畫在背上二在背左三一竪畫在背上兼考又有背下

一竪文者

一二三豎畫在面上下三背下二字四上二豎畫

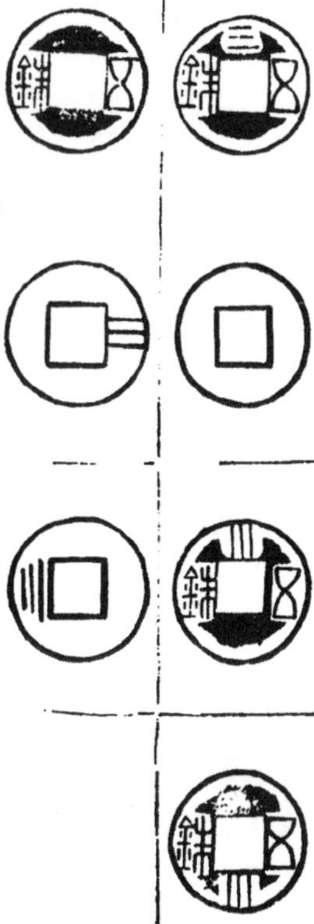

古泉匯　利七　六

一穿上三字二三三豎畫在上下四背右三字五左三豎畫

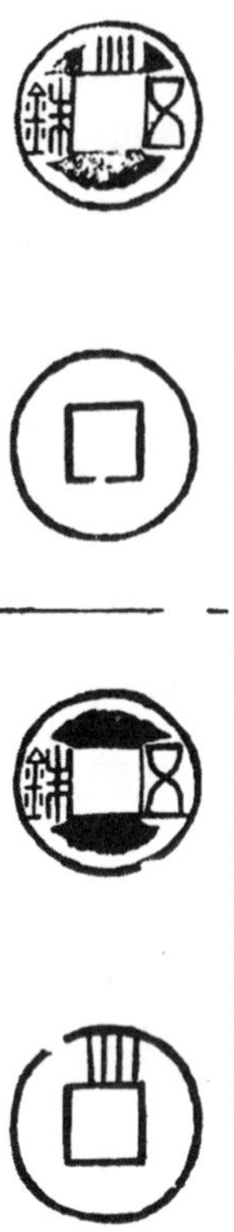

一面上四豎畫二背上四豎畫三背下四豎畫此卽古四字

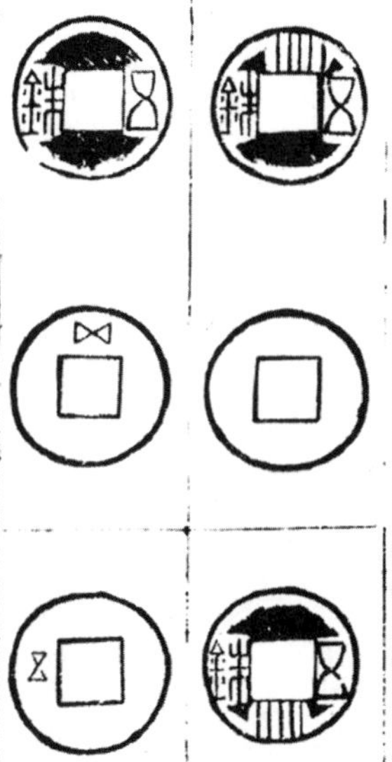

一二五畫在穿上下三背上五字橫書四背左五字

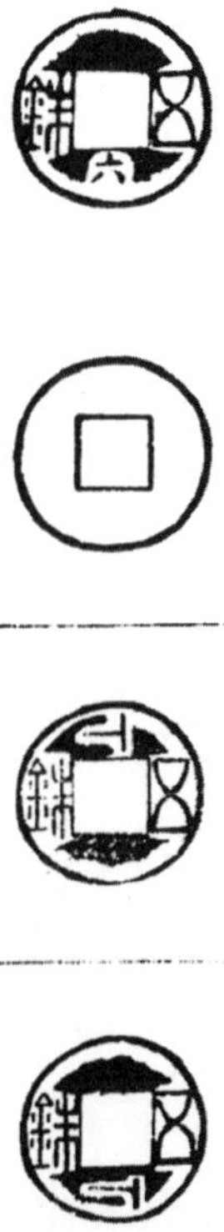

古泉匯　利七　七

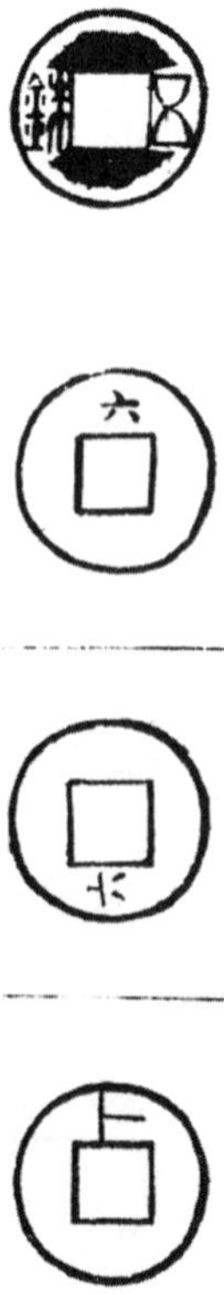

一面下六字二三六馬子與莽布同在上下四背上六字五六字在下向右七亦六馬子在上又有在下者面背馬子各有向左向右二種不備摹

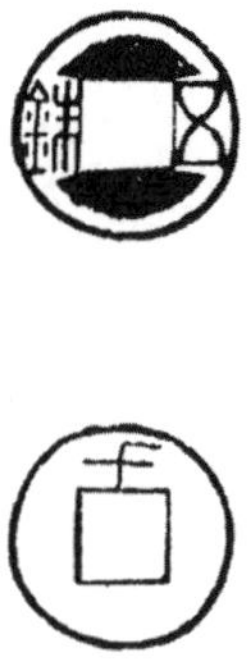

背上七字倒書彙考又有作乇者作匕者亦七馬子也

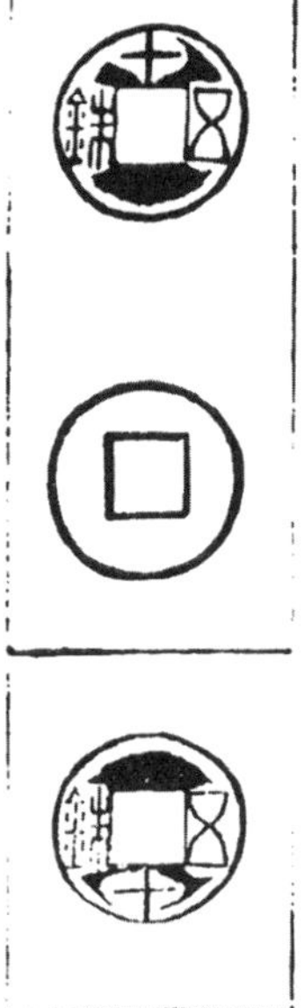

一品十字在穿上下以上紀數自一至十惟缺八九字彙考又有廿字者今俱未見

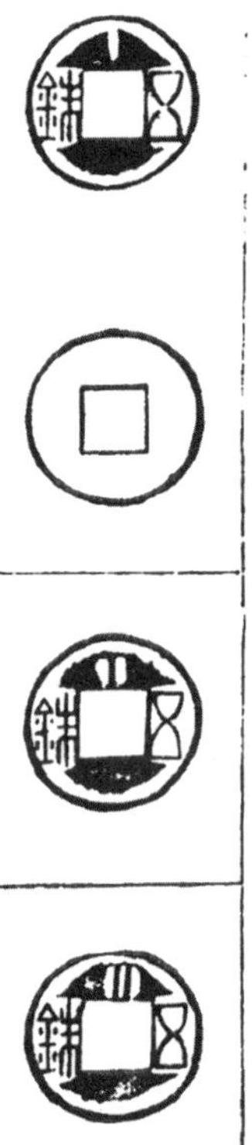

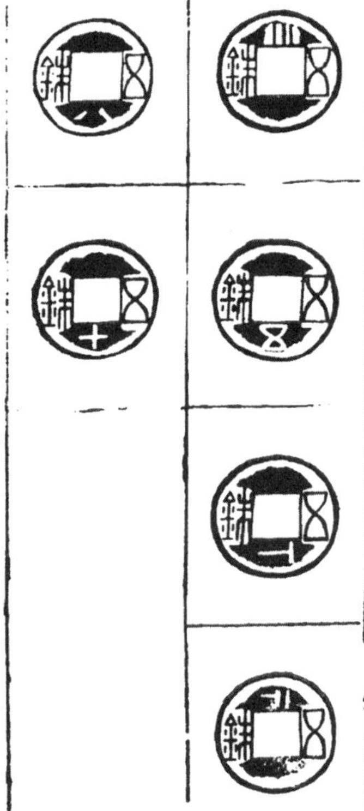

四文九品一至四一二三四在穿上五五在穿下六七六七馬子八九八十俱在穿下紀數惟缺九字彙考紀數各品皆有穿上穿下者背上下背左右者今各摹一品以例其餘

一平字在上二在下倒書三在下向左書平字皆近隸體舊譜

謂平當五銖今所見皆無當字平與一刀平五千義同倒書橫書者尤少

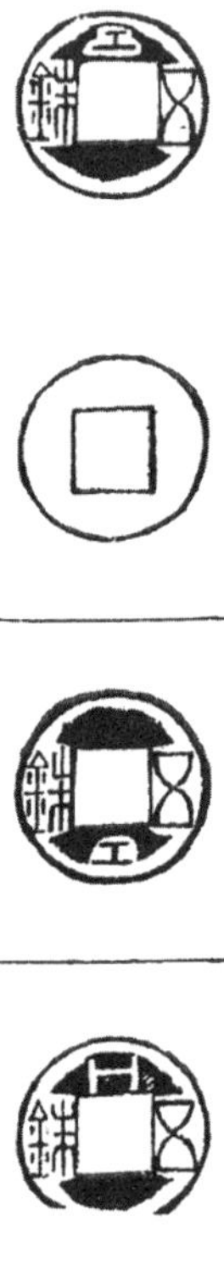

一工字在上二在下三凹文在上橫書彙考又有穿下凹文者背上者背左者凹文工在背下者背左者

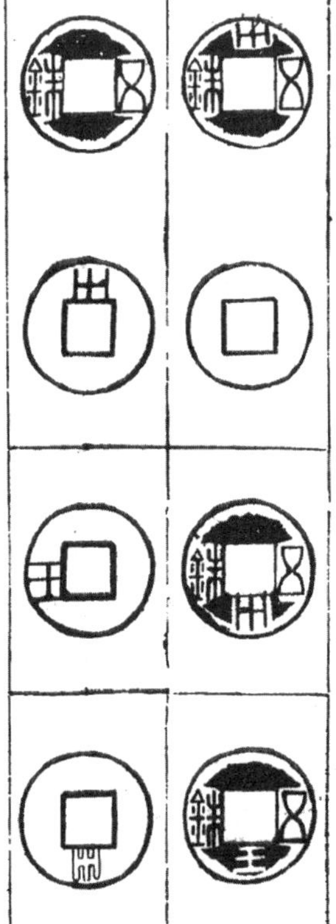

一二王字在上下橫書三凹文在下四在背上橫書五在左六在下凹文橫書彙考又有穿上凹文者背左凹文者

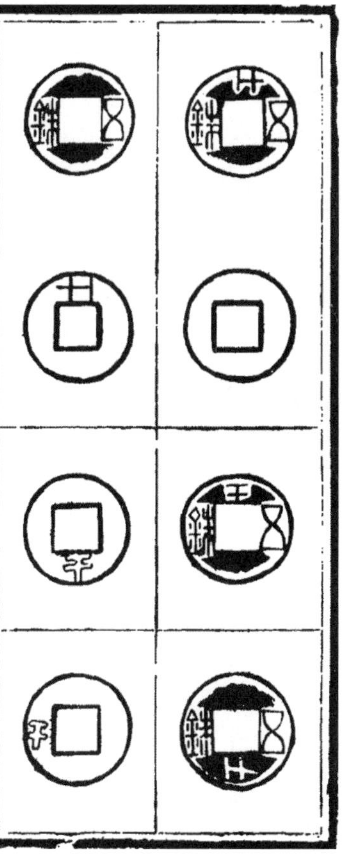

一二土字在上一向左二倒書三凹文在下向左四在背上向右五六在下與左凹文倒書彙考又有凹文在面上者在背上者在背右者背凹文左十右土者

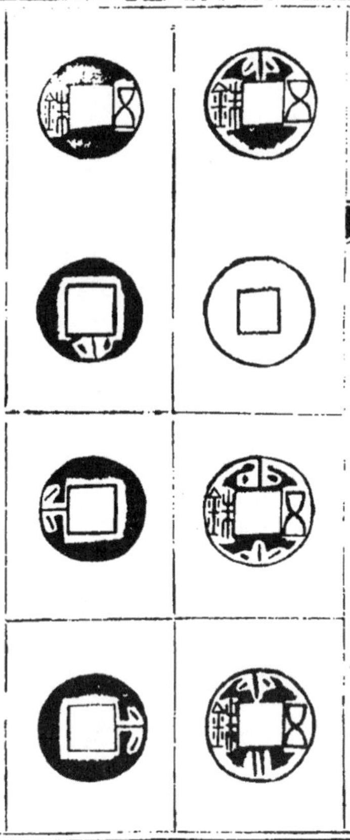

一小字在上二在上下三在上下二竪畫四在背下倒書五在左向右六在右向左彙考尚有面上小字凹文者此外又有凹文不字者凹文汁字者田字者△者

古泉匯　利七　十

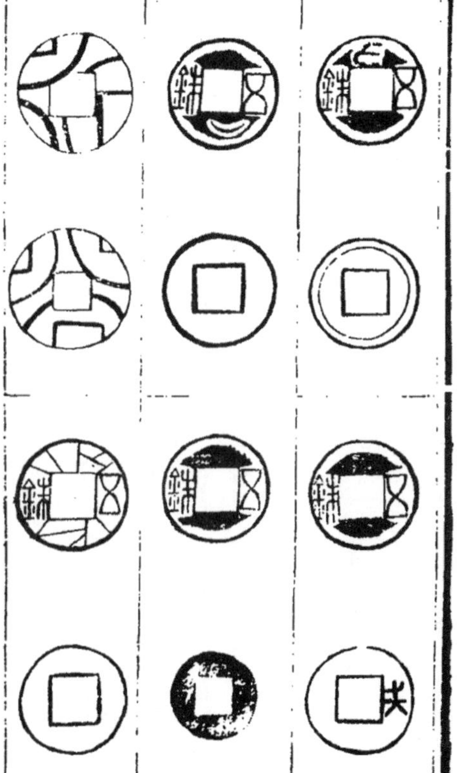

一字在面上不可識背重輪二背右似六字多一筆三面下新月形四厚重面如常品背小面平五六背文錯範七面作冰紋

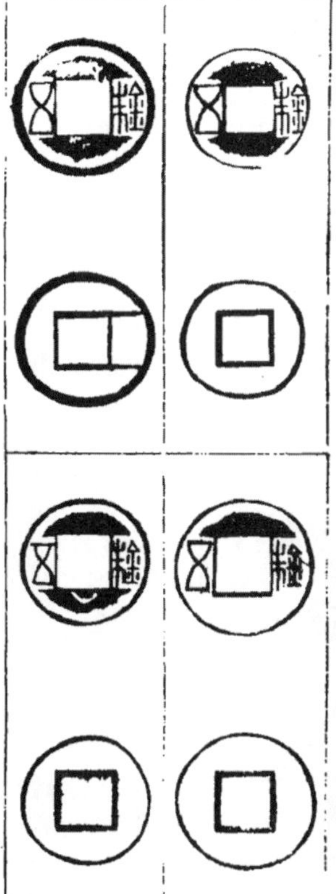

傳形五銖四品次面好下一畫類郭三背好無左右郭有上下郭連郭二直畫達於右輪甚異四面好下半星舊譜以傳形五銖謂西蜀鑄然兩漢六朝以來各種泉皆有傳形豈必五銖獨

古泉匯　利七　十一

無今數品皆與值百五銖不類故仍附六朝末

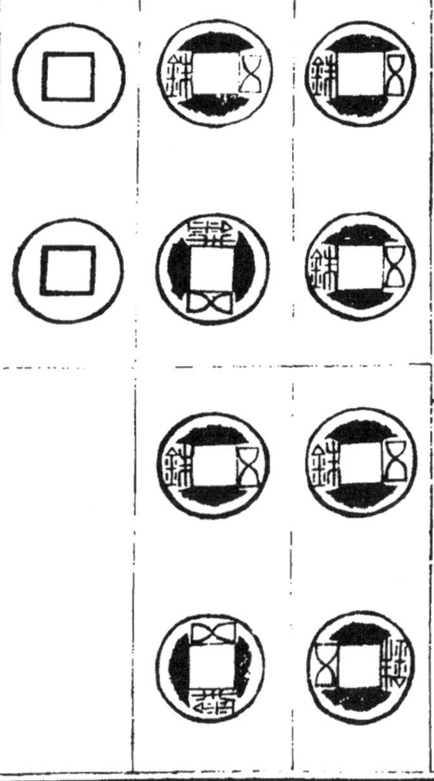

兩面同文五銖背一向下二向上三向左四向右五面背無文

而形製色澤與五銖同既有同文自當有無文者皆誤笵所致

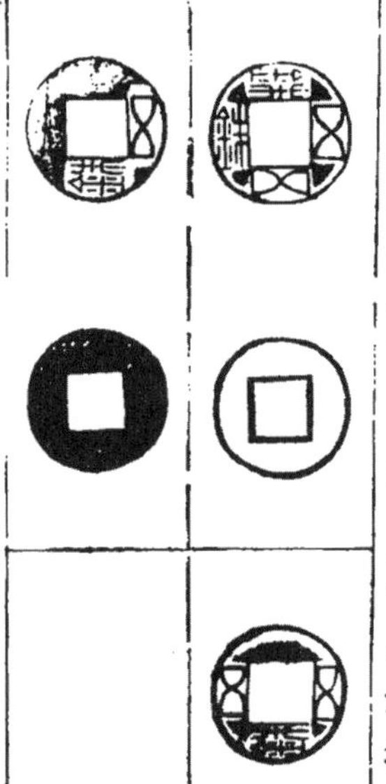

一複文穿上下橫書五銖二雙五字在左右銖在下向右三五

在右銖在下向右面背無郭類女錢

一雙五字並列二銖字朱旁中豎雙畫叢考又有金旁雙豎者

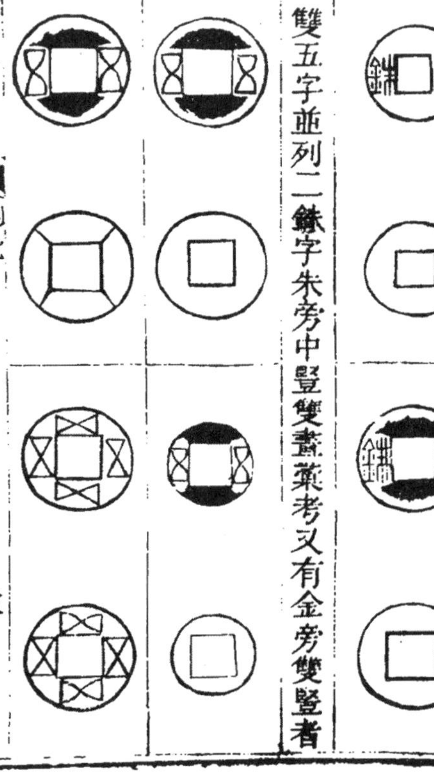

一至三皆雙五字二較小三背四出文類靈帝錢四四五字縱

橫書合背叢考太和五銖有背四五字者此其北魏遺製歟

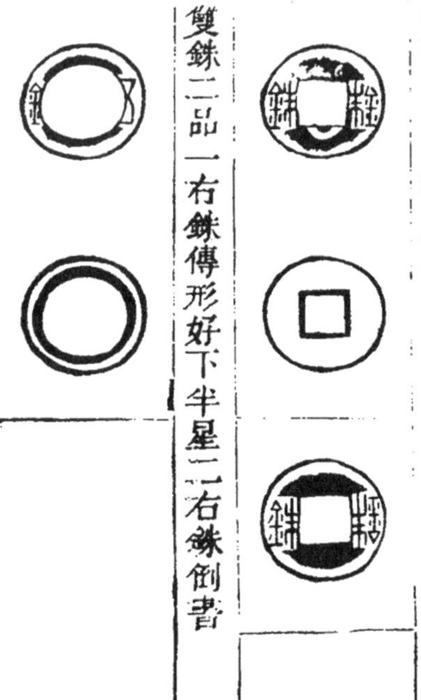

雙銖二品一右銖傳形好下半星二右銖倒書

五字餘其半銖僅餘金字五朱係翦其外以取銅此則鑿其中以取銅者舊譜綖環錢以小錢當之與鵝眼無別此品被鑿圜孔如環殆即所謂綖環歟

五金三品一潤緣似白錢而有內郭背平二無內郭背有郭三而背俱無郭五銖對文去金作朱茲去朱作金其義一也總而論之五朱之無外郭者乃初翦五銖所成有外郭者乃後仿鑄五金之圜孔無內郭者乃初鑿五銖所成有內郭者乃後仿鑄即以此品謂綖環之別種可也癖談有鐵五金

古泉匯　利七　酉

古泉匯利集卷八

唐

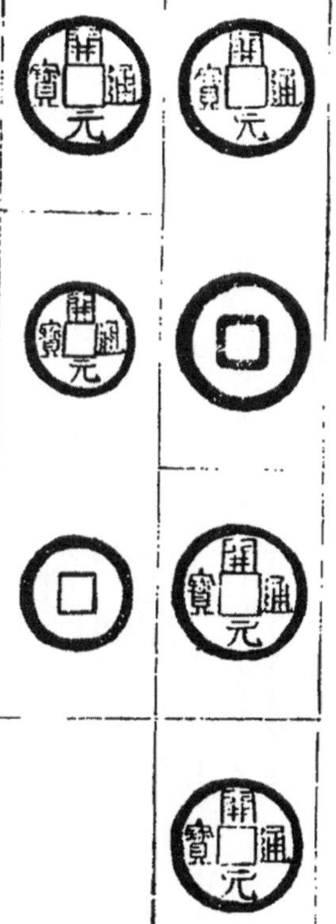

唐高祖錢一元字左挑二右挑三左右挑四不挑五亦左挑而形小六朝以前有有郭無郭之分開元以後多屬面背肉好周郭者矣舊唐書開元錢歐陽詢制詞及書字含八分及隸體先上下次左右讀之迴環讀之亦通俗謂開通元寶錢新唐書武德四年鑄其文以八分篆隸三體今流傳多隸體者吉金錄謂以三體合爲一體非別有三體也錢文通寶元寶肇於此

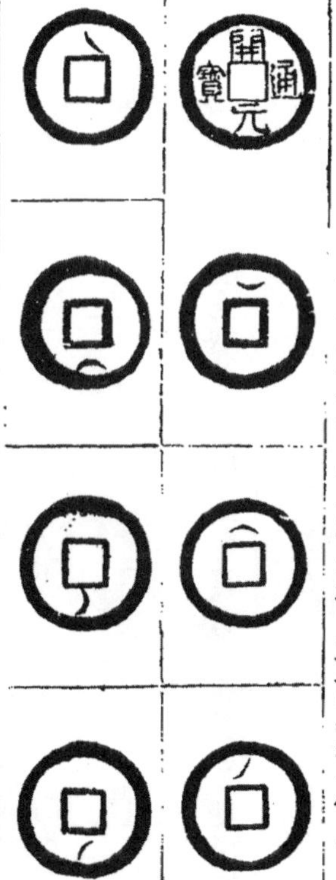

古泉匯　利八　一

各品元字俱左挑背俱作新月形鄭虔會粹云初進蠟樣文德皇后掐一甲痕故錢上有掐文今謂之月即掐文也一仰月二偃月三四月向左右俱在穿上五偃月六七亦向左右俱在穿下八九左月向內外十右月向外彙考又有穿上穿左雙月者穿右穿下雙月者上月右竪畫者孔作八角者

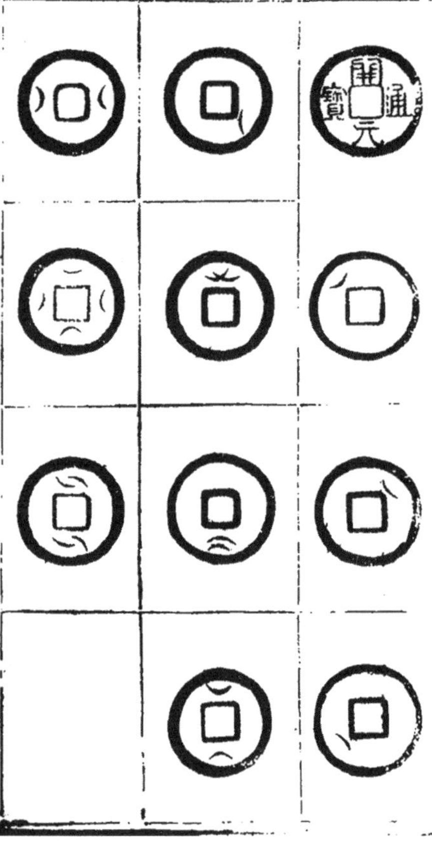

一二上月在左右三四下月在左右五雙月重疊在上六雙月在下七上下雙月八左右雙月九四面俱月十上下俱雙月

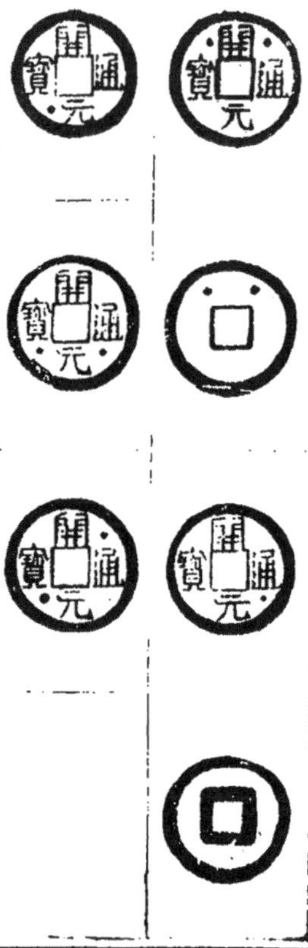

一面背穿上左右各一星二面下右一星三下左一星四下左右各一星五上右下左各一星

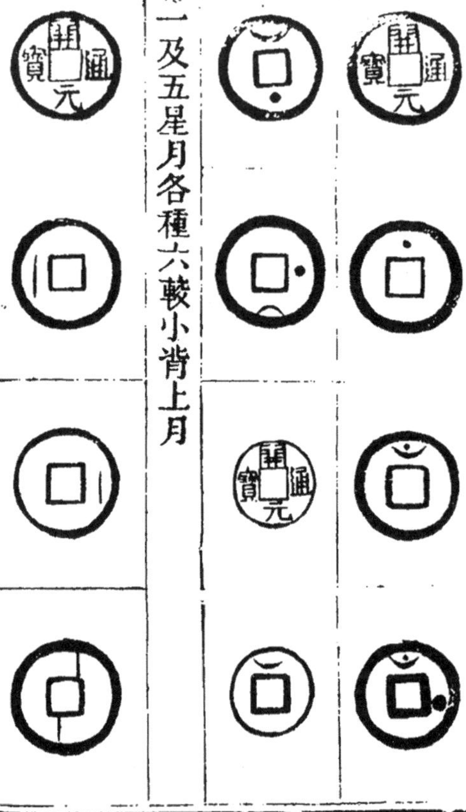

背一及五星月各種六較小背上月

背一左一豎畫二右一豎畫三上下兩豎畫四上下勻排豎畫

槃考又有穿上橫畫者上下兩橫畫者

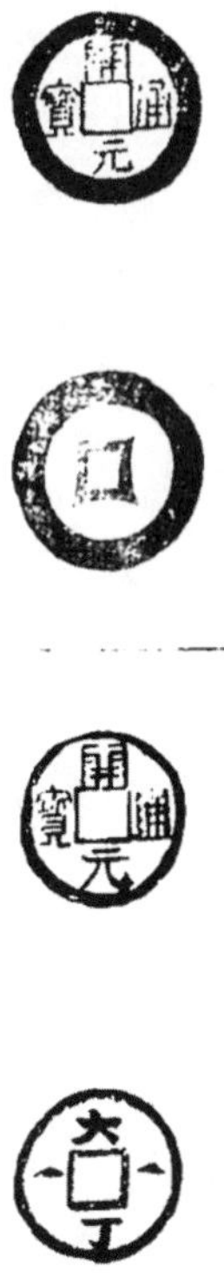

背一四角文二上似六字下丁字左右二畫

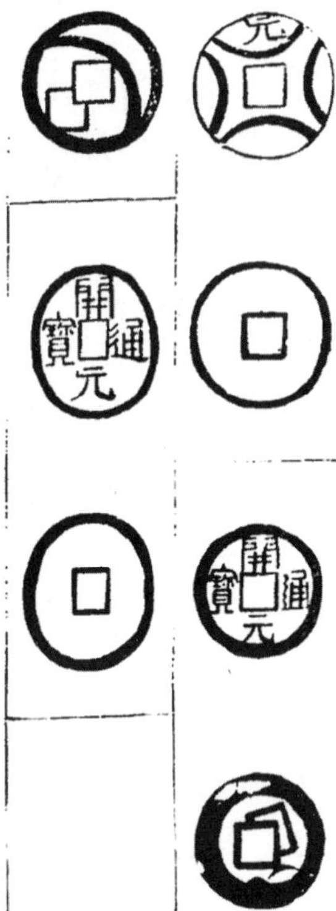

一面文錯范二三背文錯范四形長不圓

合背開元背文一正二倒三品背向右

兩面皆背文上月雖無面文然制作銅質屬開元錢無疑槃考

又有上下雙月合背者洪志唐高祖始鑄開元其後高宗乾封

肅宗乾元以至大歷建中咸通各以其年名錢然行之不久惟

開元錢唐三百年冶鑄相繼故流行至今尚多翁宜泉曰大約

制作精美銅質純淨者爲唐初所鑄其輪郭不整而字細小者

半中唐以後所鑄以會昌錢證之可見至錢質薄小窳劣文字

漫漶者則五季諸國物亦間有之

高宗錢舊唐書乾封元年造乾封通寶初開元錢俗謂開通元

寶鑄新錢乃同流俗乾在上封在右尊悟錢文之誤御用舊錢

新唐書乾封錢一當舊錢之十踰年不行復行開元錢

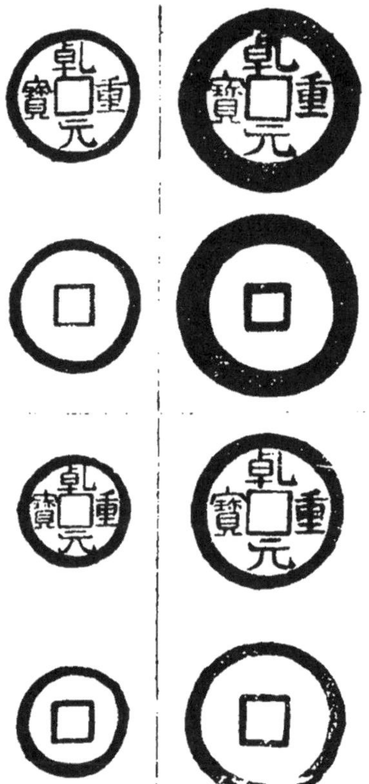

肅宗錢五品以次迭小新唐書乾元元年使第五琦鑄乾元重寶與開元參用一當十亦號十當錢洪志乾元二年新鑄小錢以一當一今大小二品確係當十當一者董逌又謂有當三折二錢且寶應二年改行乾元錢一當三重棱錢一當二又改大小錢並一當一是當時本有輕重大小之不同也小品亦稱重寶猶三銖榆莢之仍稱半兩也錢文重寶始此

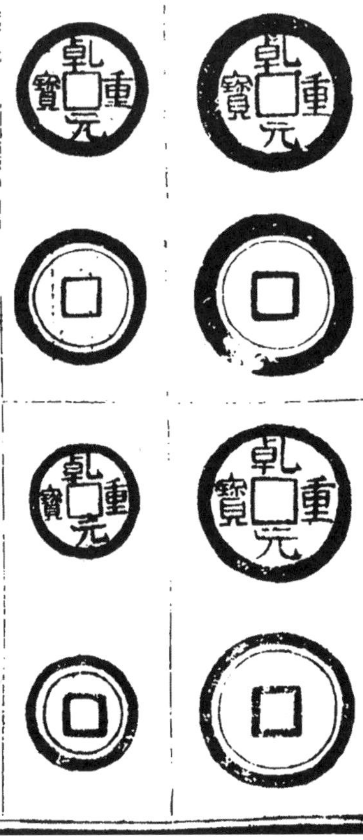

重輪錢四品亦以次迭小背俱重輪新唐書第五琦爲相後命絳州諸鑪鑄重輪錢文亦曰乾元重寶與開元並行一當五十

尋以新錢不便減當三十代宗又迭減當三當二至大小皆當一自第五琦更鑄盜鑄犯法者多不能禁止至是改令人便之

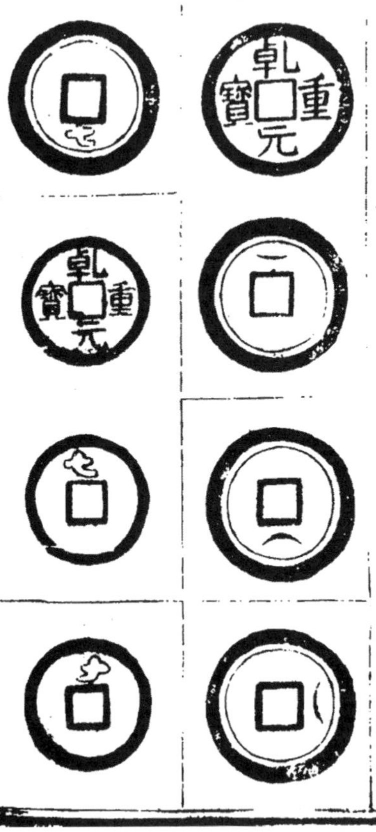

亦大重輪錢背一上仰月二下偃月三右月皆倣開元舊式四
下飛白文七五六較小背無重輪亦飛白七字在上一正一反
按泉有飛白文者僅見此

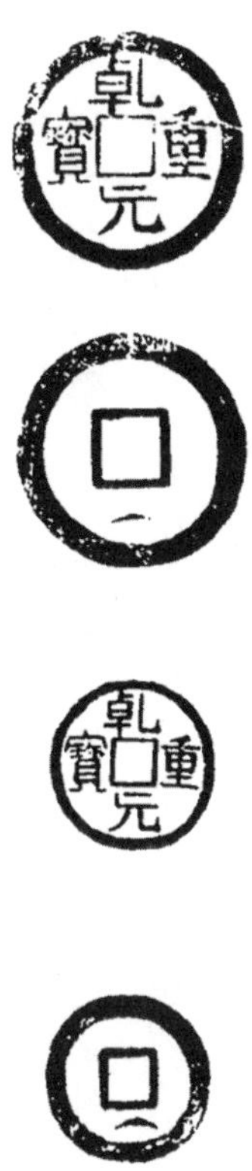

古泉匯

大小三品俱月在穿下而不重輪彙考有月在上者

一背上一星二上下左右四星

鐵乾元背不斷亦舊譜所不載也

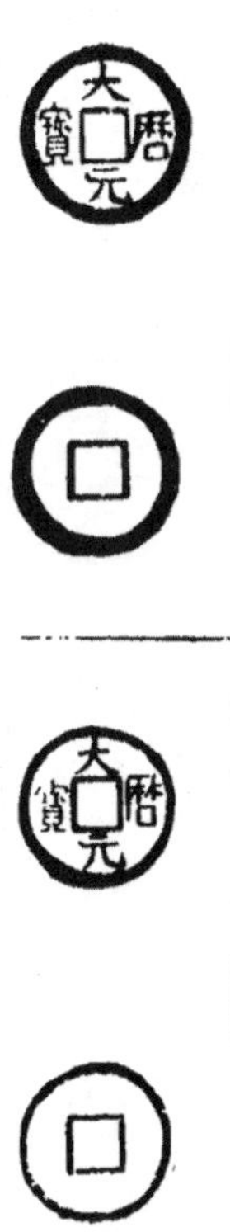

代宗錢大小二品洪志此錢史氏不敘鑄作之由考代宗實錄
大歷四年第五琦請於絳州汾陽銅源兩監增置五鑪鑄錢許
之豈非當時鑄此耶彙考云錢文自上及右沿乾封之誤通寶
義取流通元寶無所取義不過沿用開通錢文耳

古泉匯

德宗錢新唐書建中初韓洄以商州紅崖冶銅多請復洛源廢
監起十鑪鑄錢德宗許之張台曰此錢未施用輕小於開元彙
考又有建中元寶

穿上中字乃建中之省文元字乃元寶之省文唐以後錢皆有
郭此面背無郭爲異然中字與建中無異元字與大歷元寶無
異實建中錢之别品也按大歷錢今已罕見建中尤罕劉燕庭
於道光壬午二月在京師得近畿出土唐錢號中有大歷建中

並得此二枚知爲一時所鑄洵唐錢中絕無僅有之品燕庭云杜詩刻泥爲之最易得蓋當時以泥爲錢模易於鼓鑄故工人偶以此二字戲爲之非有深意然簡率至此錢法之壞甚矣工部所以致慨也

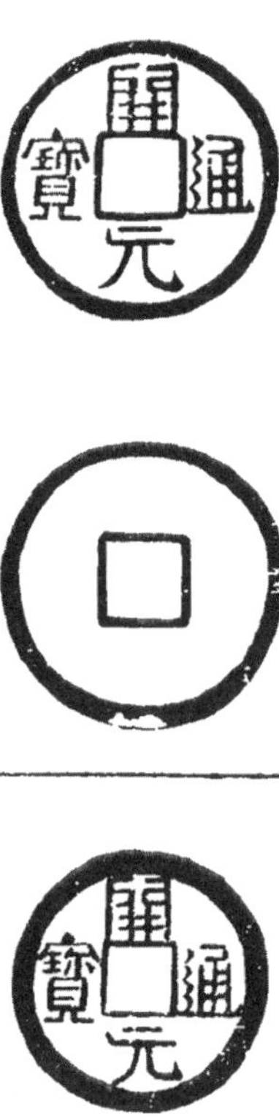

德宗大錢大小二品唐書本紀建中元年鑄錢文曰開元通寶唐食貨志建中初趙贊採連州白銅鑄大錢以一當十卽此

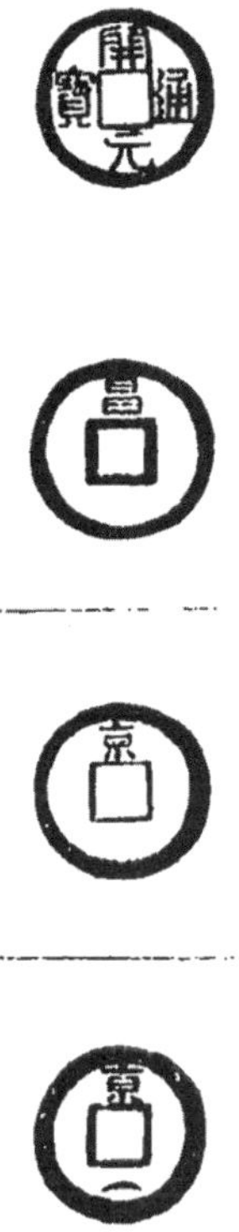

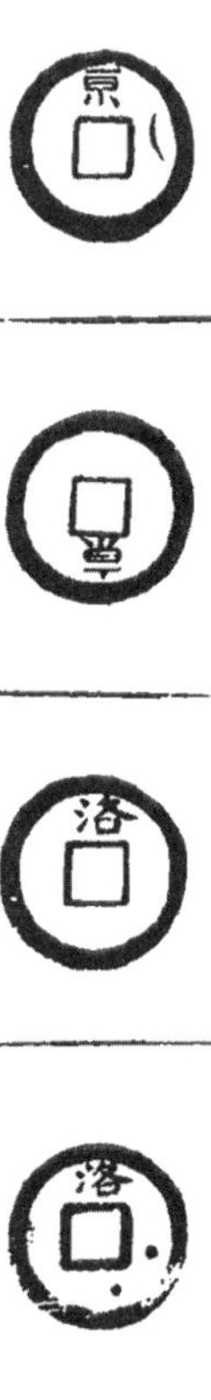

武宗錢洪志舊譜武宗會昌初廢天下佛寺以銅鐘佛像等所在本道鑄錢揚州節度使李紳乃於新錢背加昌字以表年號進之有敕遂敕鑄錢之所各以本州郡名爲背文京京師字在上有月者仿舊開元式又在下倒書者洛洛陽有雙星者彙考昌字亦有穿下倒書者洛字有在左者叢話云此范本無地名背文別鑄一印印之故字多高出輪郭因有倒順上下左右之

異舊譜謂揚字在上今僅見拓墨未判眞僞故不摹李孝美疑已行昌字未攻揚字故今不見耳

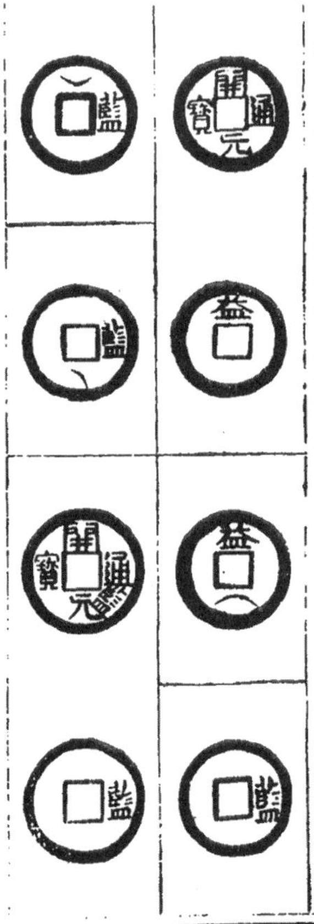

一二益西川三及六藍藍田縣益有下月藍有上下月面有藍字當係誤印益信別印地名之說不誣也彙考藍有左月

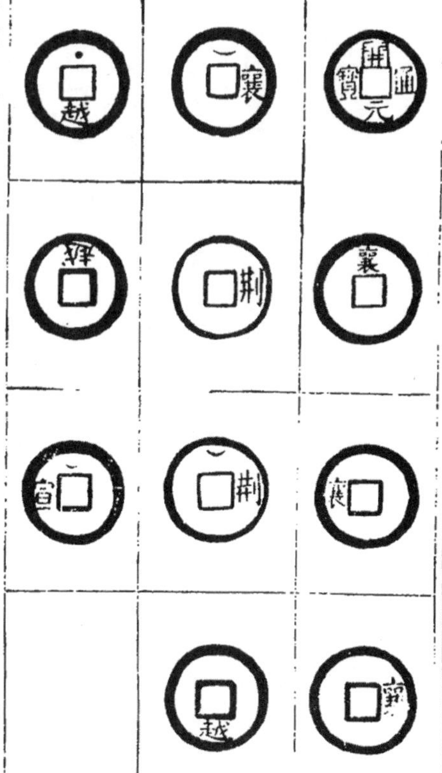

襄襄州字在上在左在右上月四品荆江陵在右上月二品越

古泉匯　利入　十三

浙東在下上星在上倒書二品宣宣州在左上月叢語有左襄

向右者襄考有左荆向上者越有右月者宣有在右者

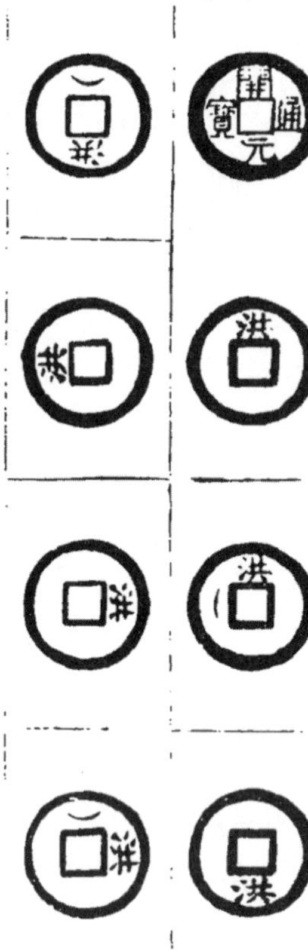

洪江西在上左月二品在下正書倒書上月二品在左向右一

品在右向左上月二品又有左洪下月者上月者下洪左月者

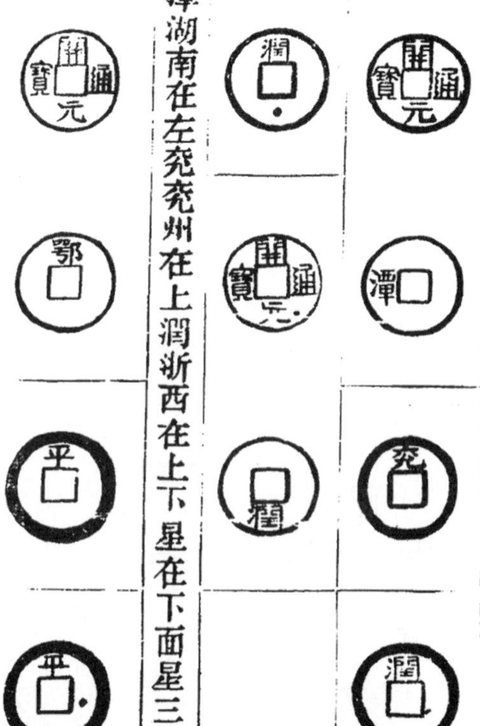

潭湖南在左兗兗州在上潤浙西在上下星在下面星三品

古泉匯　利入　十四

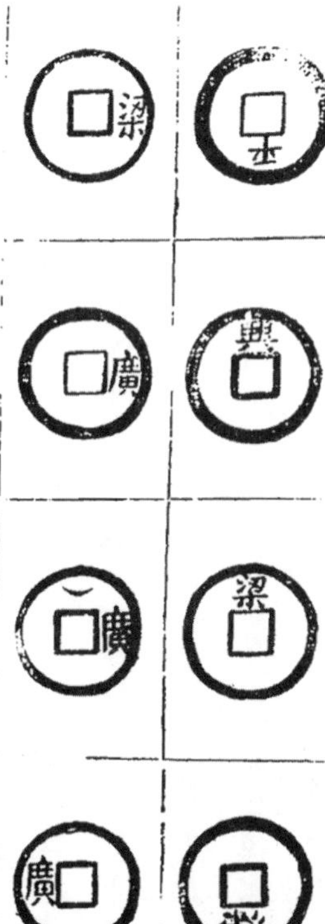

鄂湖廣在上平平州在上右星在下倒書三品興鳳翔在上梁

梁州在上在下向左在右三品廣廣州在右上月在左三品梁

考有右興向左上月者

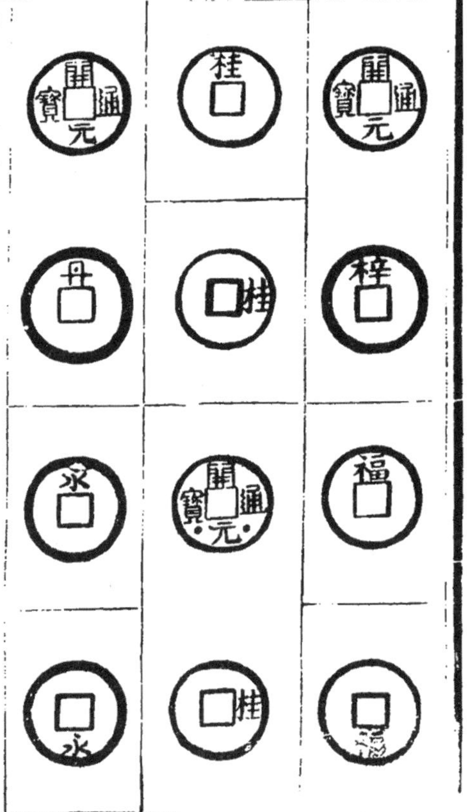

梓東川在上福福州在上下桂桂陽在上在右又面下左右二字者丹丹州在上永永州在上下惟永字爲舊譜所無舊譜謂二十二監今所見者二十三種彙考又有秦字蜀字閩字并字西字武字六種俱未見

天祐錢祐从示與張士誠錢从亻者異考昭宗於甲子年改天祐五代梁時唐李克用楊行密李茂貞李存勖俱仍稱天祐此錢未識何時鑄仍附唐末

附史思明

唐書史思明錢小大三品元左挑背有上月者俱倣開元式唐書史思明據東都鑄得壹錢一當開元百小平錢則舊譜未見惟劉燕庭有之

順天大品亦當百次亦背上月與得壹錢同　西清古鑑按史思明鑄得壹錢後既而惡其文兆不佳改曰順天元寶沈括夢溪筆談史思明鑄順天得壹錢順天乃其僞號得壹特以名錢非年號也

黃巢

大齊錢左有缺爲戴醕士所藏叢話定爲黃巢鑄黃巢僭號齊無鑄錢明文葢創論也竊考據陸累泉曰黃巢未必鑄錢南唐有大唐國二品而烈祖未復姓時國號大齊或其時所鑄其說並存俟考

附　未見唐錢

顯慶重寶　高宗

長慶通寶　穆宗

寶曆通寶　敬宗

咸通玄寶　懿宗

古泉匯利集卷九

後唐

明宗錢輪微缺　西淸古鑑按同光四年丙戌明宗卽位改元天成庚寅改元長興此錢當是長興前所鑄而五代史後唐紀皆未載顧烜曰唐至德間安慶緒僭號天成未聞鑄錢以意度之當屬後唐

後晉

高祖錢元字仿開元左挑　西淸古鑑按五代史天福三年除鑄錢令又勅曰國家所資泉貨爲重宜令三京諸道州府無問公私應有銅者並許鑄錢仍以天福元寶爲文冊府元龜三年敕公私鑄錢四年敕聞鉛錫相雜薄弱不可久行仍禁鑄洪志銅質薄小文字昏昧蓋以私鑄不精也今所見如洪志所言

後漢

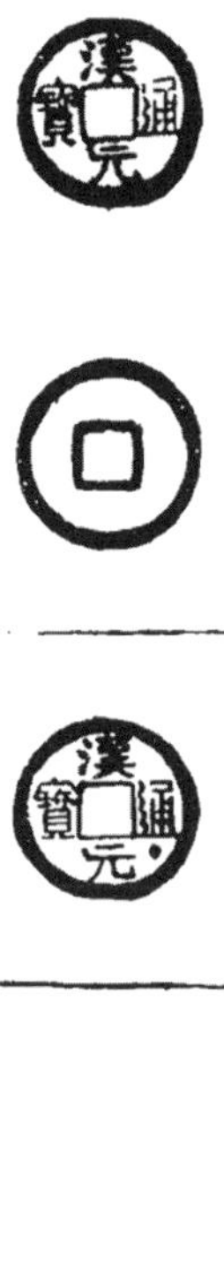

後漢高祖錢元字亦仿開元左挑次面右下一星洪志據宋白續通典曰乾祐元年膳部郎中羅周裔上言請在京置監俾銅盡爲錢以濟軍用蘇耆開譚錄漢乾祐中以晉室鼓鑄錢幣僞濫非一乃禁銅貨悉歸公帑按此錢製作頗精蓋懲天福之弊則漢代所鑄明矣葉考又有面左下一星者

古泉匯　利九　二

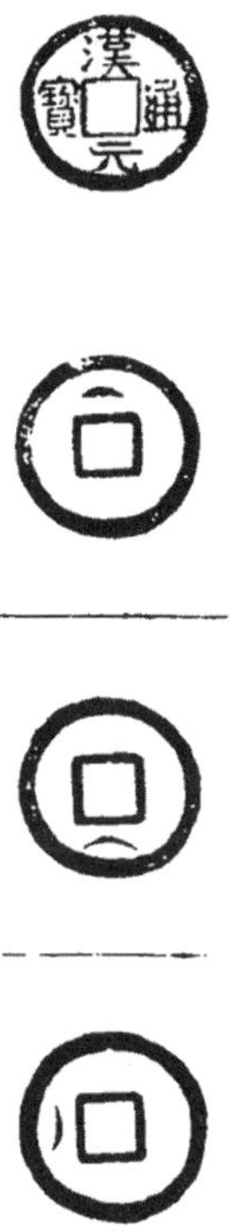

一背上月二下月三左月三種　西清古鑑後漢高祖劉知遠於天福十二年丁未稱帝不書元未聞鑄錢之令戊申隱帝立改元乾祐郎中羅中引請在京鑄錢以濟軍用疏奏不報則隱帝亦未嘗鑄錢然此曰漢元通寶與後周周元宋初宋元同特未知鑄於何時耳背有仰月文仿開元制也今所見多偃月者

後周

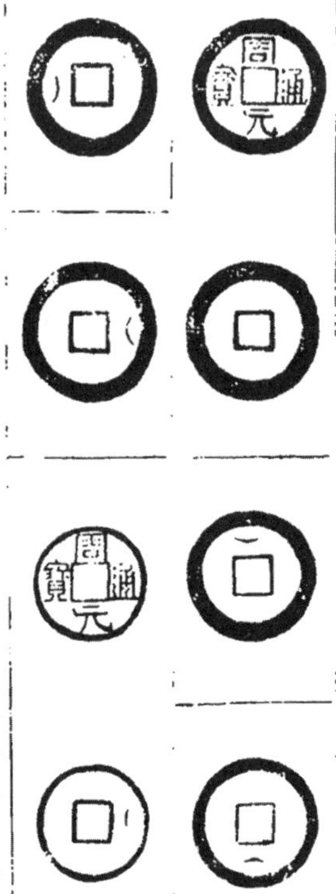

世宗錢六品次及五背上下左右月倣開元式六亦右月而小五代史周紀世宗即位之明年毀銅佛像以鑄錢蘇耆開談錄世宗鑄周元通寶錢於後殿設巨鑪數十親觀鼓鑄

古泉匯　利九　三

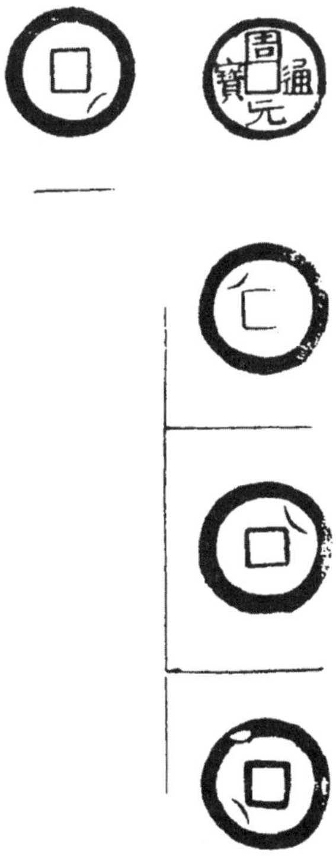

背月一二在上之左右三四在下之左右翁宜泉曰此泉背甲痕無定在蓋按八卦方位四正四隅皆有之信然葉考又有背上横文者背下横文者豎文者左豎文者右豎文者

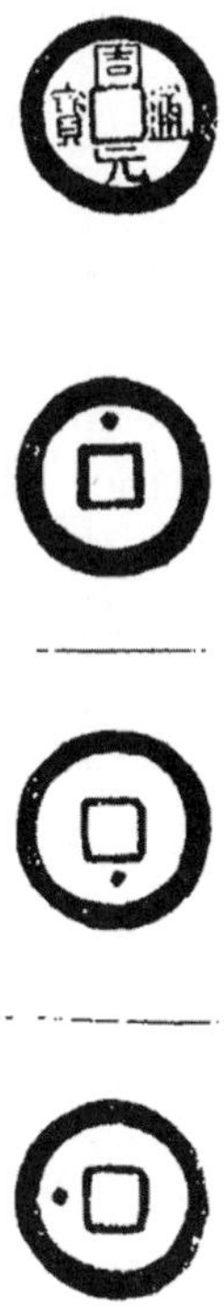

四品背星在上下左右又有大錢背右戸左四兩者

一上月下星二左月右星三下月右星

一合背二背開元通寶向上周元製倣開元故有此誤鑄者歟

鐵錢

附前蜀王建王衍

蜀高祖王建錢五代史蜀世家王建武威三年改明年爲永平

蘇適曰永平元寶前僞蜀王建鑄此泉鮑子年所藏今世罕覯

五代史王建永平五年改元通正

五代史通正元年改明年曰天漢國號漢次品背上月

亦王建錢次背上月五代史天漢元年改明年爲光天復國號

蜀藁考有天字上一星者有天字上一星背上月者又有鐵錢

王衍錢五代史曰王建卒子衍立明年改元乾德藁考亦載有
鐵錢

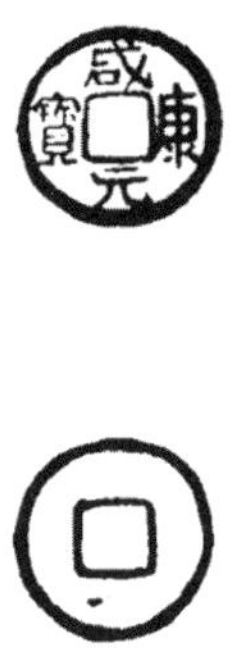

五代史王衍乾德七年改元咸康藁考此錢有背上月者一星
者李孝美曰王氏父子錢形製粗惡今所見者字不工整背或
平或有郭其平者緣輪郭淺薄不異非異製也盖製不精也

大蜀錢舊譜未載字與通正乾德諸錢相似故附於此此錢載
泉寶錄抄疑其非紀元劉燕庭曰蜀之有大蜀通寶猶南唐之
有大唐通寶大唐唐國漢元周元皆非紀元何獨疑於大蜀

附
後蜀孟昶

後蜀孟昶錢一政字从攴二三从文三面無好郭十國紀年蜀
史蜀主昶明德三年改明年爲廣政考十國春秋廣政十八年
募兵既多用度不足始鑄鐵錢十國紀年廣政二十五年鑄鐵
錢今所見皆銅錢惟吳我鷗於蜀中得一鐵廣政錢方知鐵錢
文亦廣政泉志以無字錢當之誤也

附
南漢劉龑

南漢劉龑錢五代史梁貞明三年劉龑卽位改元乾亨十國春
秋乾亨元年鑄乾亨重寶錢今見通寶重寶二品

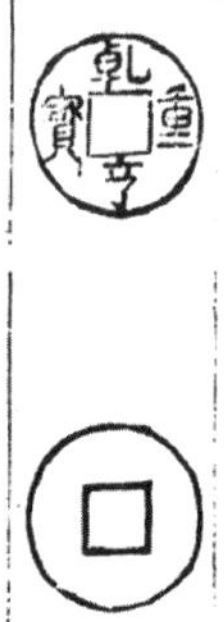

鉛錢十國紀年劉龑以國用不足鑄鉛錢一當銅錢十

附 南唐李璟

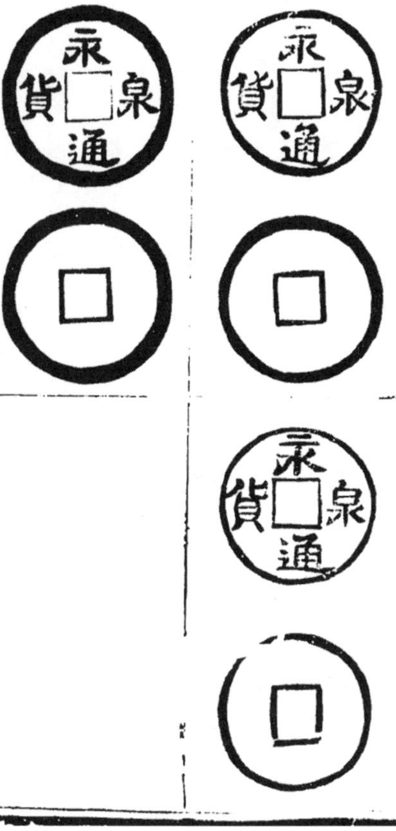

古泉匯　利九　八

元宗錢一泉字中畫右挑二形微小三潤緣五代史南唐世家李璟困於用兵鍾謨請鑄大錢以一當十文曰永通泉貨謨得罪而大錢廢洪志有八分篆書兩種今見篆書者背龍鳳文入趺勝正品者未見也

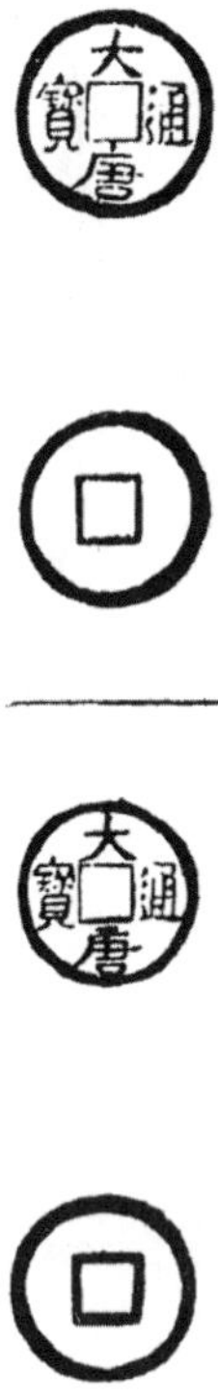

亦元宗錢次三微小三背上月南唐書元宗鑄大唐通寶與唐國錢通用數年漸弊百姓盜鑄極輕小

錢錢舊譜無考然唐國有鐵者大唐亦當有之也

亦元宗錢篆書二品微異陸游南唐書顯德六年鑄唐國通寶

古泉匯　利九　九

篆書大錢經濟類編南唐鑄當二錢文曰唐國通寶應即此

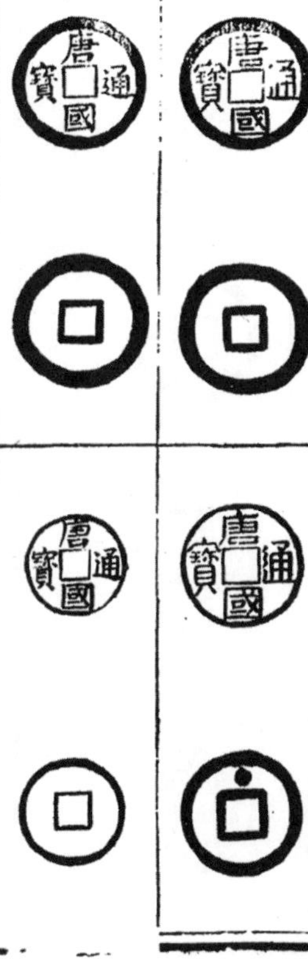

隸書眞書各二品次微小背上一星四亦小背星者洪志云少

小鐵錢十國春秋建隆元年始鑄鐵錢注小唐國鐵錢

元宗篆書開元次背凹文四王字或係後人所刻陶岳貨泉錄元宗時韓熙載請以鐵爲錢大小如開元通寶文亦如之徐鉉

篆其文比舊錢輪郭深潤既而大行公私以爲便今所見者銅錢鐵錢篆書者未見也

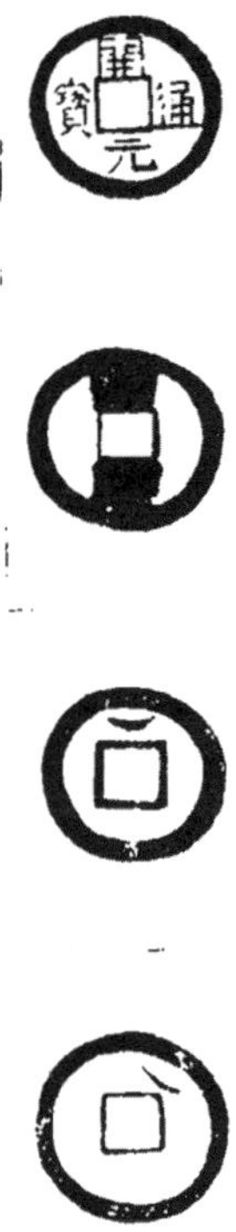

鐵開元一背不晰二上月三上右月四上下雙月吉金錄此錢與武德錢相似然唐不聞鐵冶疑南唐篆書之外又有此種

附楚馬殷

楚馬殷錢　西清古鑑五代史殷請於梁依唐太宗故事開天策府置官屬太祖拜殷天策上將軍董逌曰馬殷據湖南八州地建天策府因鑄天策府寶張台曰馬氏錢也洪志此錢銅質渾重史氏失其傳張董之說當有所憑今此錢絕少稟考又有

面背四出文者

亦馬氏錢製用唐高宗錢文背天字取天策府之義十國紀年楚史馬殷始鑄鉛鐵錢行於城中城外特用銅錢高郁請鑄錢文曰乾封泉寶以一當十洪志乾封泉寶以銅爲之而楚史以爲鐵錢豈當時鑄銅鐵二種耶今銅鐵二種俱存

乾封鐵錢背一天府二天字三策字當與天策府寶同時所鑄
故有此背文　西清古鑑按殷未嘗建號改元十國紀年言殷

錢文曰乾封泉寶足知此錢爲殷鑄湘南故事曰馬殷置鐵冶
鑄大錢用九文爲貫文曰乾封泉寶其上上乾其數上九遂通
用焉翁宜泉曰此錢重大非唐錢可比仍用唐錢文者殆取乾
字爲用九之義耶智囊補曰湖南地多鉛鐵高郁請鑄爲錢商
旅出境無所用之皆易他貨而去國用富饒今鐵錢尚有之而
鉛錢未見褧考又有背上月者亦未見

附閩王審知延羲延政

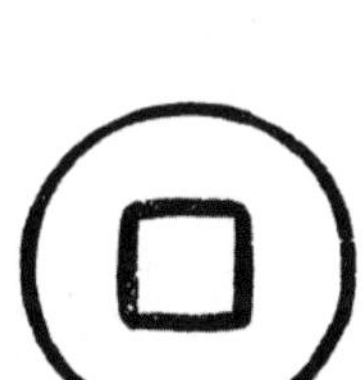

閩王審知大錢字兼眞隸次寶字篆書按唐德宗開元大錢與
此畧同然開字从門此从門元字次畫左挑此不挑通字隸書
此眞書錢質白銅此銅色昏暗知此决非唐制而字體與永隆
通寶錢相類按通考福建用鐵錢與銅錢並行如唐制陶岳曰
王審知鑄大鐵錢亦以開元通寶爲文俗謂之銠𨱇與銅錢並
行十國紀年閩史王審知爲閩王寧化縣出鉛鑄鉛錢與銅錢
並行雖舊譜無鑄大銅開元明文然旣曰並行是當時本有銅
錢一種況字體與唐錢不似與閩錢相似故余定爲閩物不嫌
武斷也

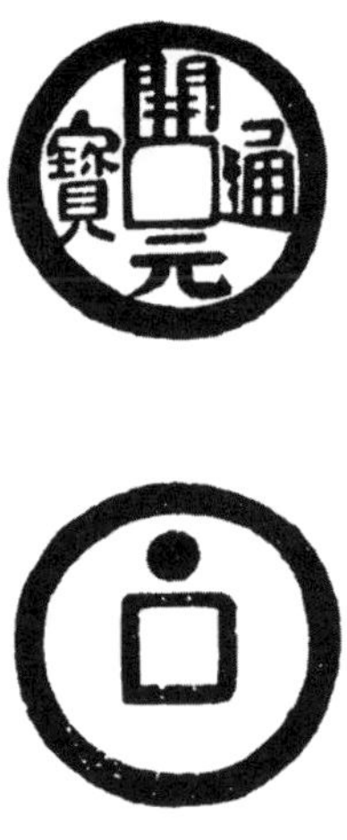

鐵大開元錢背上一星十國春秋龍德二年鑄大鐵錢以開元通寶爲文

王延羲永隆錢一隸書二眞書微小洪志永隆通寶制作不精以銅爲之五代史不載錢文十國志又遺銅品

大鐵錢背上閩字下月右星五代史閩世家王延羲改元永隆鑄大鐵錢以一當十十國紀年永隆四年鑄永隆通寶大鐵錢一當鉛錢百又有背上閩字下無月星者惟鉛錢未見

閩王延政錢按延羲弟延政稱帝於建州國號殷建元天德閩史曰天德二年鑄天德通寶大鐵錢一當百董遹曰天德重寶背穿上有殷字洪志曰亦有銅者今鐵錢及殷字者未見

附未見五代十國錢

開平通寶　梁太祖

龍德元寶　梁末帝朱有貞

永通泉寶　南唐李景

保大元寶　同上

明德通寶　後蜀孟知祥

大有元寶　南漢

永和通寶　閩王延鈞

龍啓通寶　閩王璘

應天元寶　背上万　燕劉守光

寶正通寶　吳越王錢鏐

古泉匯利集卷十

北宋

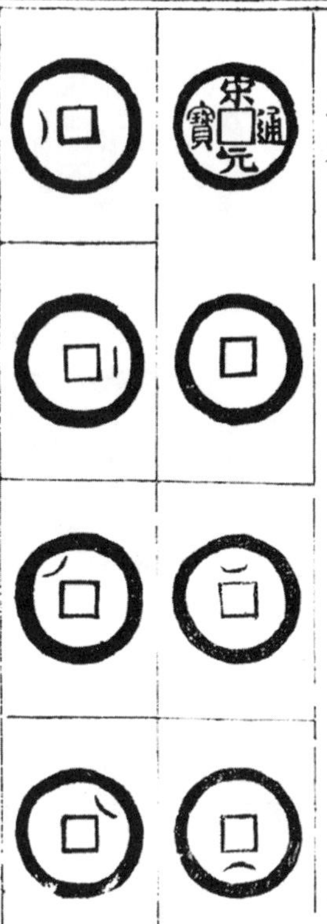

宋太祖錢二及五背月在上下左右六七在上左右俱倣開元式宋食貨志太祖初鑄錢文曰宋元通寶歐陽修歸田錄開寶中鑄錢曰宋元通寶寶元中曰皇宋通寶二錢不著年號以寶字不可重也背月又有在下左者在下右者上月下星者

古泉匯　利十　一

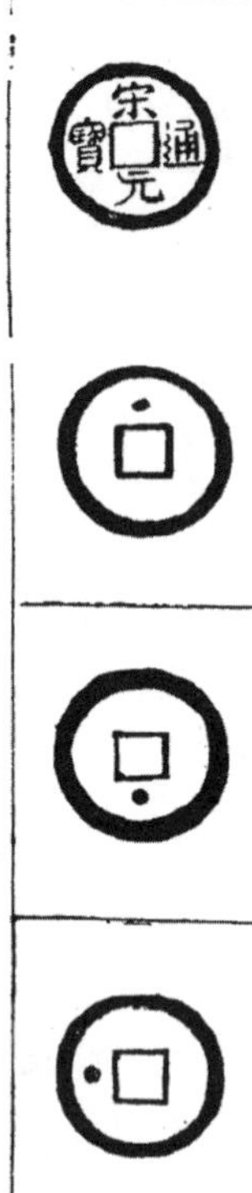

背星在上下及左彙考又有在右者吉金錄有篆書者

鐵錢通考宋初鐵錢川陝福州承舊制用之宋史食貨志錢有銅錢二等又太祖平蜀沈倫等悉將銅錢上供增鑄鐵錢故叢話名此錢為平蜀錢

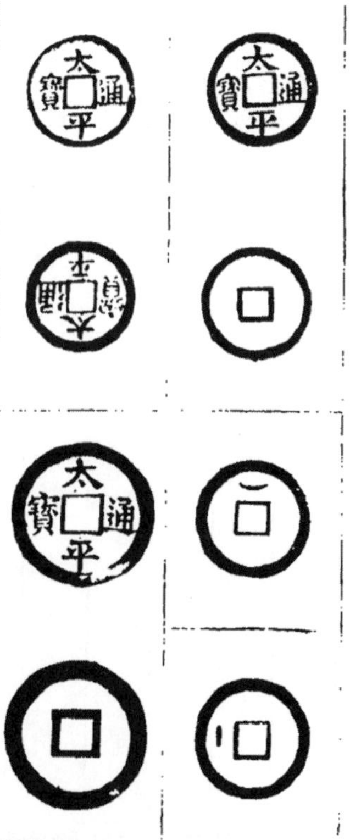

古泉匯　利十　二

太宗錢文背上月左直畫四合背五當係折二宋食貨志太宗改元太平興國鑄太平通寶錢小平錢又有左星者右星者

鐵錢玉海興國八年三月奚嶼請於建州鑄大鐵錢而今見小平錢大者未見曾敏行獨醒雜志國初江西亦有鐵錢嘗見玉笥山玉粱觀藏經卷尾題字太平興國三年新淦縣胡某使鐵錢一百二十貫寫經六十卷故叢話斷此為江西錢

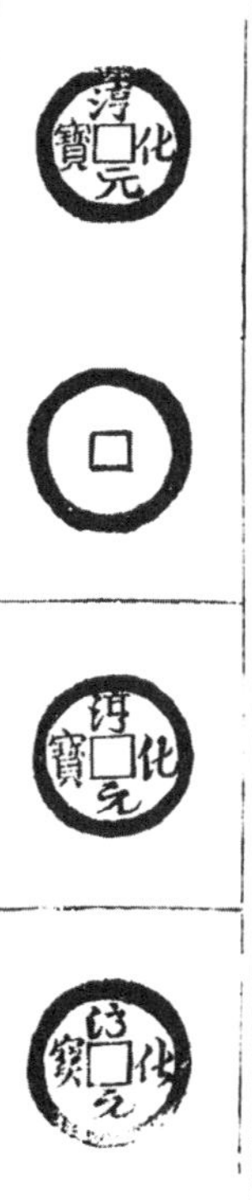

太宗御書錢眞行草三品玉海淳化元年鑄淳化元寶上親書其文自後每改元必更鑄以年號爲文趙德麟侯鯖錄前世錢未有草書者太宗始以宸翰爲之按御書錢及行草書皆始此

鐵錢次較大趙安易傳淳化中建議以蜀地用鐵錢請如劉備時鑄大錢以十當百今次品或即以十當百者歟

亦太宗御書錢眞行草三品宋史至道中鑄亦有鐵錢未見

眞宗錢次背下横畫三四折二錢厚重潤緣四背四角文宋史咸平元年鑄川陝以鐵爲之今止見銅者

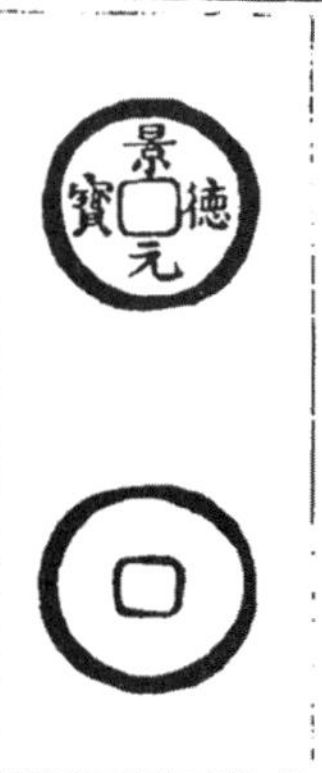

亦眞宗錢董逌曰景德元寶眞宗鑄

鐵錢宋史景德二年嘉邛二州鑄大鐵錢直銅錢一小鐵錢十並行今小者未見

亦眞宗錢次背上横畫宋史祥符元年鑄元寶通寶二等

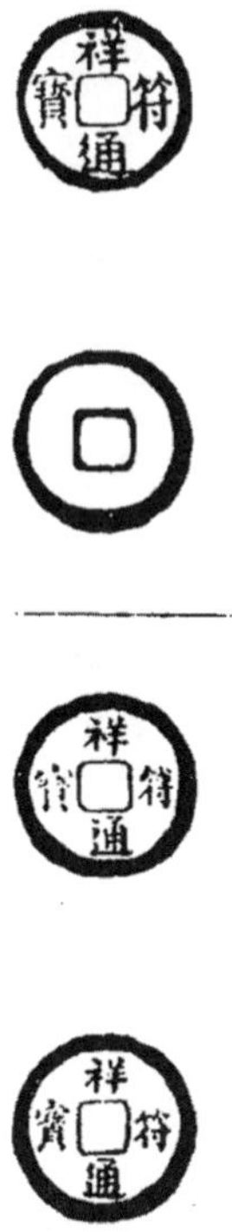

祥符通寶錢次合背

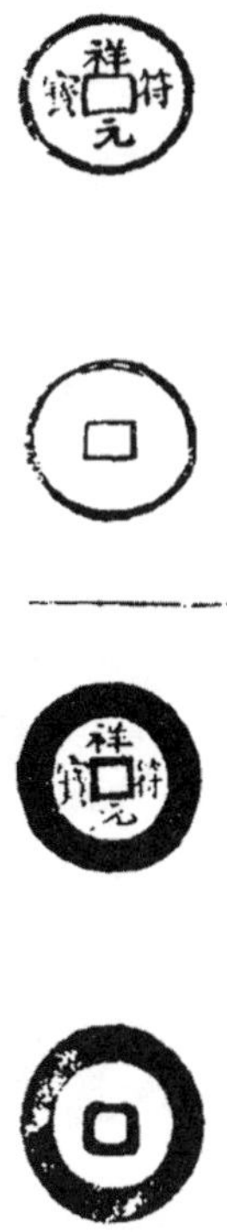

亦元寶錢一豎狹橫潤形製不圓與開元豎長者皆異品也次
潤緣粟考乂有大錢字同小平錢而外輪潤徑三分者

古泉匯　利十　五

鐵錢元寶通寶二種

大鐵錢元寶二種次品更大宋史祥符元年益州鑄大鐵錢

大鐵錢文曰通寶

亦眞宗錢一眞書次天篆書禧眞書通行書寶隸書續通鑑長
編天禧間建道場上親視以藥銀鑄大錢今止見此二種大者
未見

古泉匯　利十　六

鐵錢二品次似折二錢

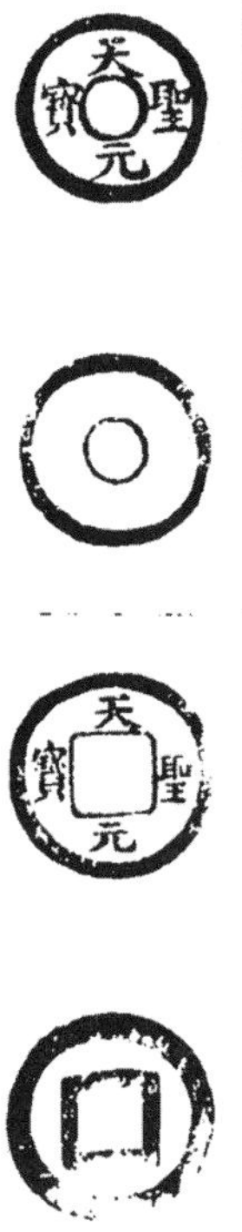

仁宗錢一篆書徐眞書三好圍四好大形亦大似折二錢宋史
天聖元年鑄天聖元寶策考有背右一星者下一星者

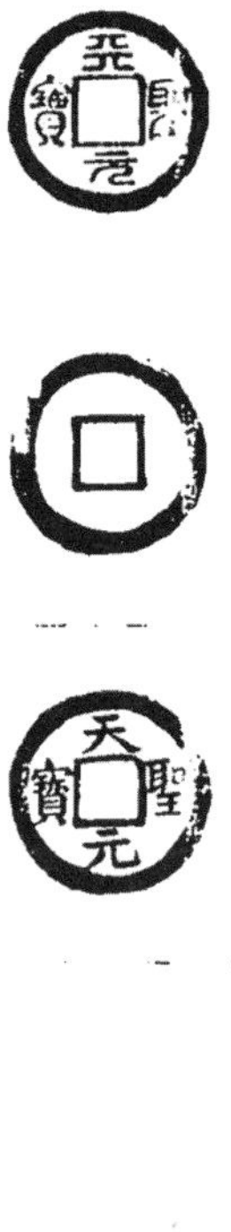

鐵錢亦元寶篆眞二種俱折二錢

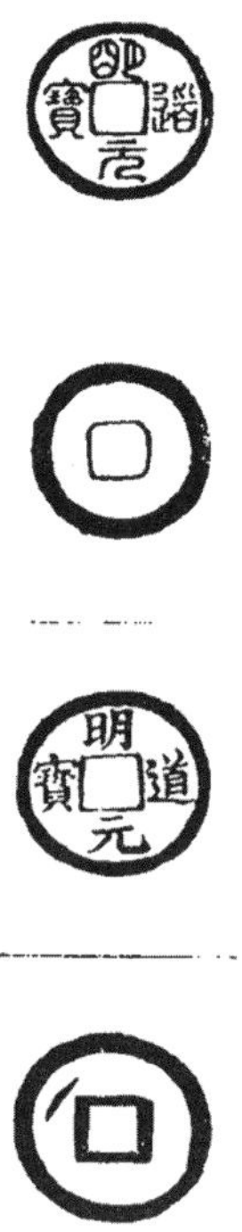

亦仁宗錢篆眞二種三背上左月仁宗天聖十年改元明道

亦仁宗錢篆眞二種仁宗明道三年改元景祐宋食貨志景祐
初許申建議以藥化鐵與銅雜鑄詔用其法

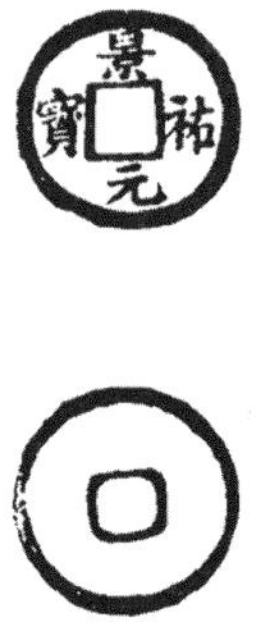

鐵錢似折二

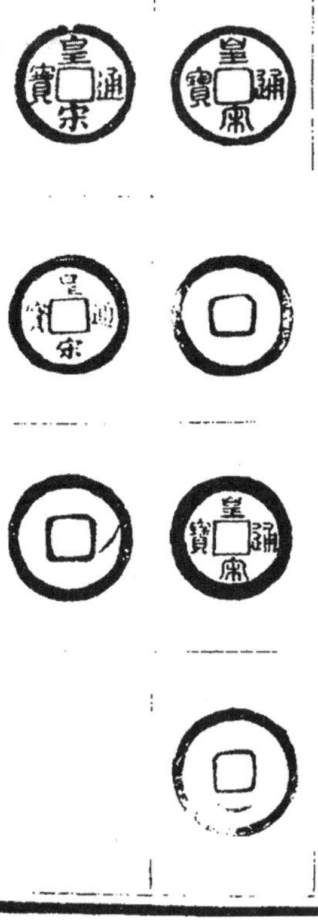

亦仁宗錢篆眞各三品篆有背下月者眞有右月者文獻通考
國朝錢文皆用元寶冠以年號及改元寶元當曰寶元元寶仁
宗特命以皇宋通寶爲文

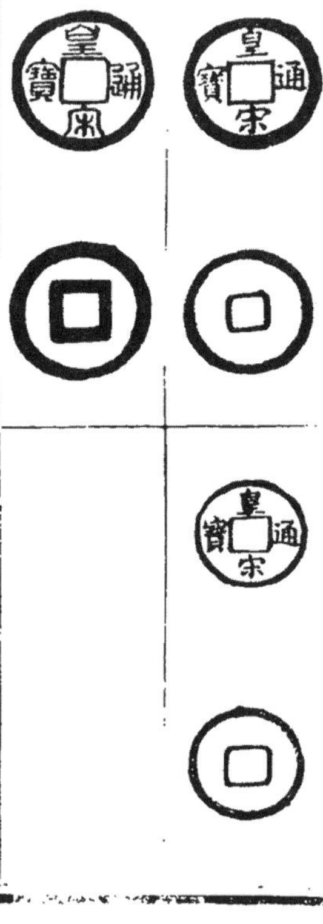

鐵小平錢眞書大小二品篆書折二錢一又有小平篆書者

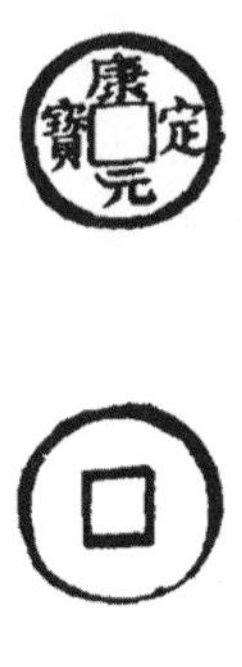

亦仁宗鐵錢永樂大典康定元年鑄錢曰康定元寶紀事本末康定元年皮仲容提點銅鐵錢事建議鑄當十錢助邊費令康定錢甚罕僅見鐵小平一種當十及銅錢均不可得

古泉匯　利十　九

仁宗大錢有右旋讀上下讀之別食貨志慶歷五年張奎等請鑄大銅錢與小錢兼行一當十約小錢三可鑄大錢一玉海慶歷八年詔大銅錢一當三泉史有小平錢亦曰重寶

大鐵錢食貨志慶歷年鑄大鐵錢於晉澤二州而江池饒帒虢又鑄小鐵錢此品係河東所鑄而小鐵錢未見

亦仁宗錢篆眞二品永樂大典皇祐元年鑄錢曰皇祐元寶又令陝西大銅錢鐵錢皆以一當十今皇祐錢甚少大者更不見

亦仁宗錢篆眞二品又篆書好作菱花者俱曰元寶玉海至和

古泉匯　利十　十

二年詔韶州岑水場銅發令漕司鑄錢又眞書有寶字上星者

通寶亦篆眞二品又篆書菱花孔者

重寶折二錢

亦重寶錢一上下讀一右旋讀背上俱虢字紀地永樂大典畢
衍備對陝西有折二錢新鑄至和大銅錢並當小銅錢二但此
品更大於前品前品確係折二則此應係當三當五之錢而舊
譜無稽一係吳子苾所藏次係鮑子年所得以贈燕庭皆得自
陝中舊虢地也宋錢紀地名始此

鐵大錢龍川志畧章楶言舊鑄至和鐵錢爲一等新鑄折二錢
錢爲一等此應亦折二錢

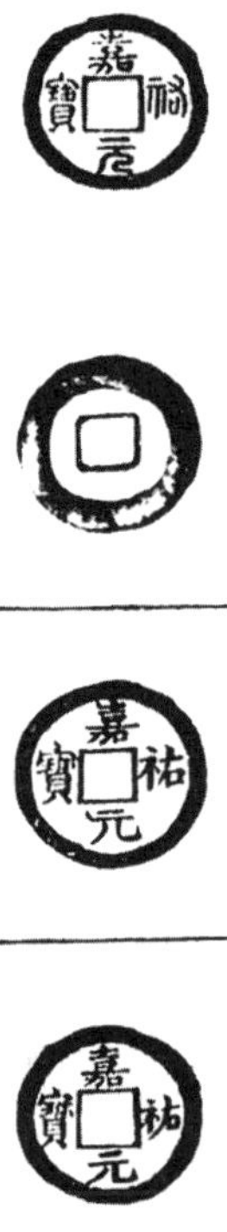

亦仁宗錢篆隸眞三品俱曰元寶至和二年改元嘉祐

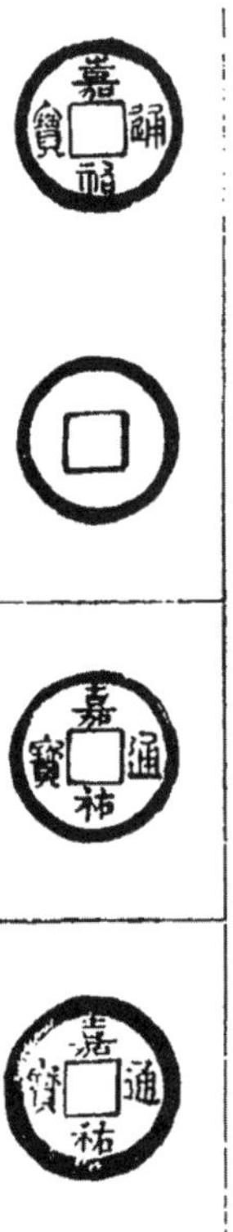

通寶錢亦篆隸眞三品李燾長編嘉祐四年以民間多盜鑄大
錢於是以現行當三錢折小錢二今未見當三錢

英宗錢篆二品眞一品皆元寶宋食貨志治平中饒池江建韶
儀六州皆鑄錢

通寶錢亦篆眞三品

治平鐵錢亦曰元寶、

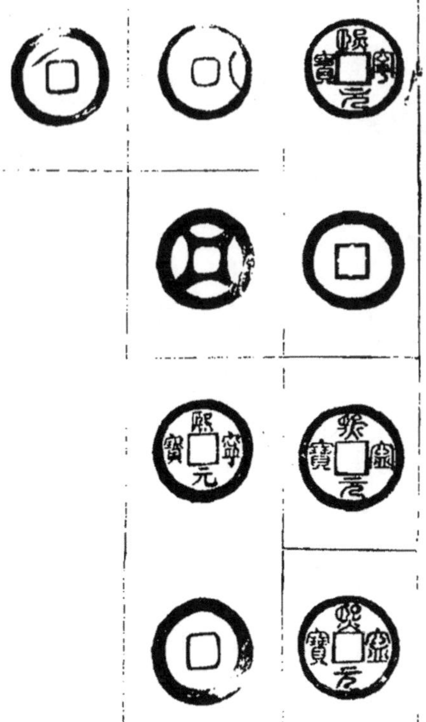

神宗錢一及三篆書四背右月五四出文六眞書七上左一畫

宋史熙寧元年鑄錢曰熙寧元寶熙寧重寶此泉熙寧二字筆

法小異者頗多不及備載摹數品以概其餘

背上衛字宋史熙寧元寶背文有衍字今見此錢是衛非衍黨

考宋地里志衛州隸河北西路有黎陽監熙寧七年置鑄銅錢

當係彼處所鑄又有濟字者

熙寧折二錢篆眞二品三背上衛字注見前宋食貨志熙寧四

年皮公弼奏行當二錢詔聽之自是折二錢行於天下

亦篆眞二品大於折二然宋史秦鳳路轉運司請鑄折五折十

錢詔惟鑄折二錢此品當仍係折二之大者又有背浙字者

篆隸二品似小平錢亦曰重寶

鐵小平元寶折三通寶二種熙寧以通寶爲文者僅見此

亦神宗錢一篆書餘行書三背上月四上星五特小歷代錢譜
元豐元年鑄元豐通寶此泉書法異體一如熙寧錢亦不備摹
又有篆書背上月者一面元豐通寶一面皇宋通寶者尤異

篆書折二錢次背上星食貨志元豐以後邊用置關徐州置寶
豐下監歲鑄折二錢二十萬緡又有背上月者

行書折二錢次背上月

亦篆行二品篆者背下一畫行者上星又有背無文者未摹此
背折二錢之大者

鐵小平錢亦篆行二品行者小

大鐵錢亦篆行二品

古泉匯利集卷十一

北宋

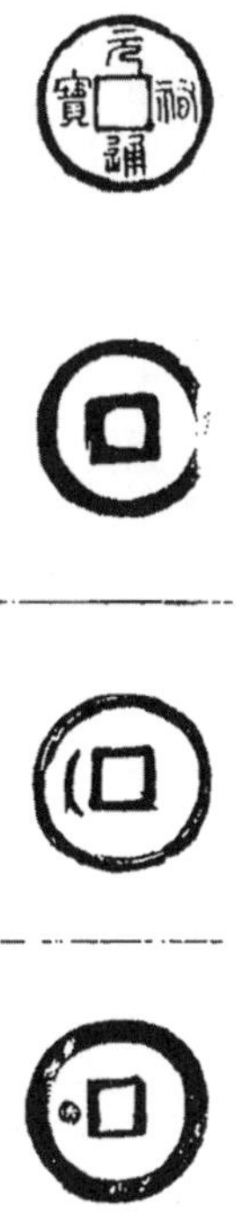

哲宗錢篆書次背左月三左星食貨志元祐八年詔鑄小銅錢

古泉匯　利十一　一

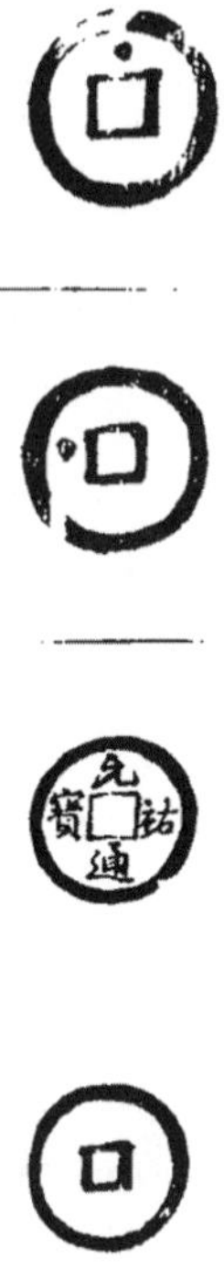

行書錢次背下斜畫三左竪畫四上星五左星六小是錢篆行二品筆法小異者不備摹舊譜謂司馬温公蘇文忠所書彙考有背上陝字者下上字者一字者又有面篆書背天聖元寶者

折二錢篆行二種次微小背左竪畫三四亦有大小本紀元祐八年熊二廣鑄折二錢此應八年以前所鑄

亦篆書小平錢背文十口

古泉匯　利十一　二

鐵小平錢折二錢各篆行二體宋食貨志元祐八年令公私給納貿易專用鐵錢吉金錄鐵折二錢較大於銅錢自元豐及聖宋皆同

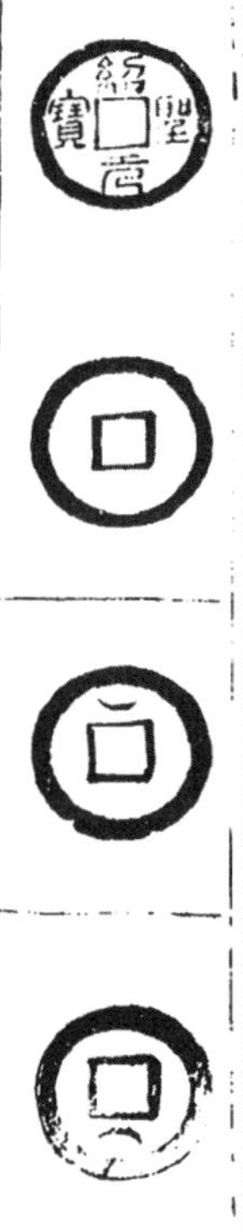

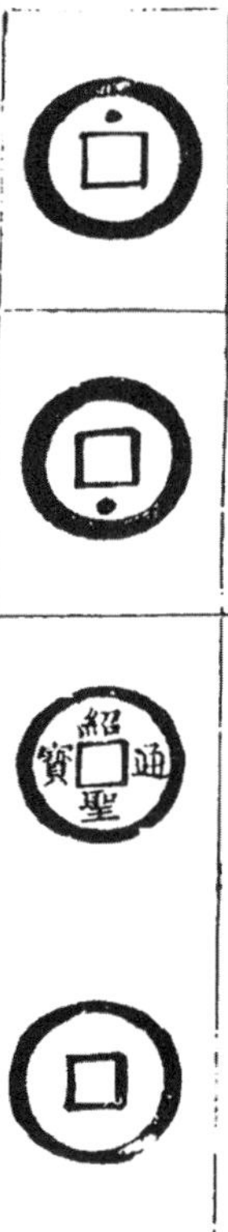

亦哲宗錢元寶篆行二體背星月俱在上下又通寶一品叢通

曰紹聖元寶通寶宋哲宗鑄彙考通寶錢背上有上字者

折二錢篆行二體歷代錢譜紹聖元年鑄紹聖元寶小錢折二

凡二等折二亦有背文月星者

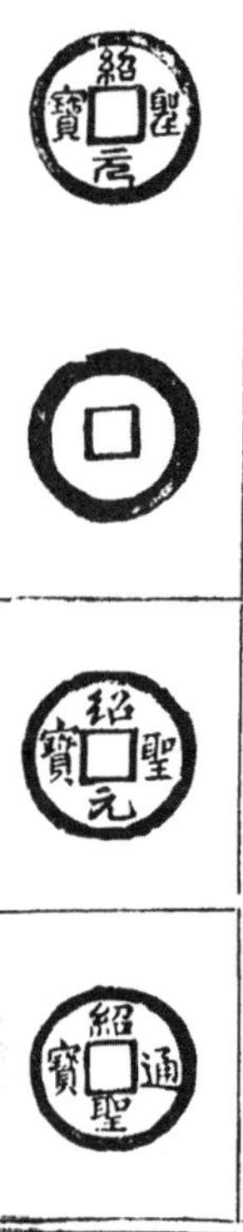

鐵小平錢元寶篆行二體通寶一種折二元寶錢亦篆行二體

續文獻通考紹聖間以鉛山膽泉浸鐵爲之令泉司鼓鑄和銅

三分錢不耐久彙考又有紹聖重寶大鐵錢

亦哲宗錢小平折二篆行書各二品歷代錢譜元符元年鑄文

曰元符通寶其錢有小錢折二篆書真書凡四等

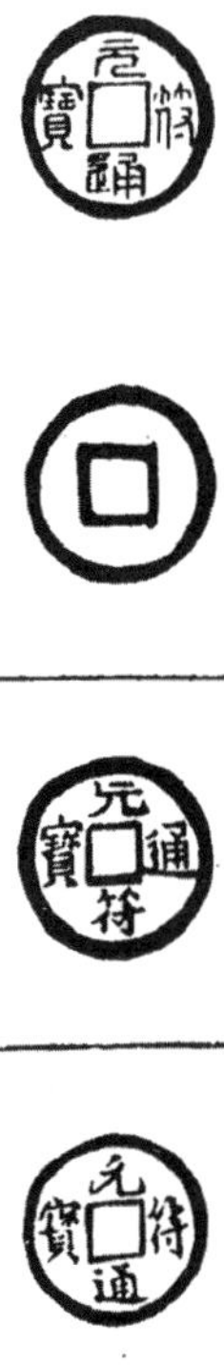

鐵小平錢一篆書二隸書三行書一三右旋讀二上下讀

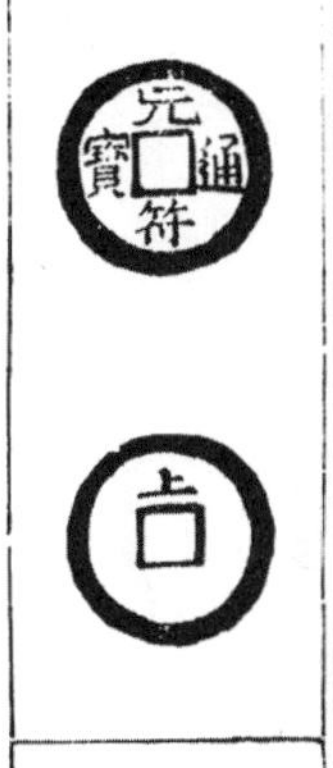

亦隸書鐵錢背文上

鐵折二錢亦篆行二體本紀元符三年令陝西兼行銅鐵錢陳

萊孝曰元符折二亦有鐵錢

古泉匯　利十一　五

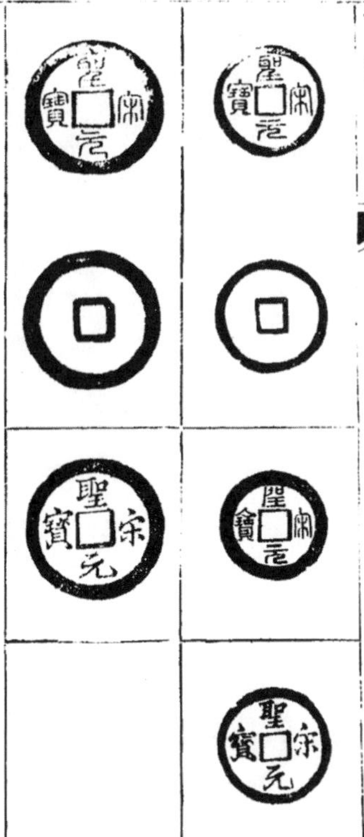

徽宗錢小平篆二品行一品當五篆行各一品宋食貨志徽宗

建中靖國中令陝西及江池饒建州以所鑄小平錢增料及鑄

當五大銅錢以聖宋通寶爲文今所見者皆元寶

小平錢背文唐國通寶向右甚奇錢質甚薄細審並非兩錢粘

合者其義殊不可解

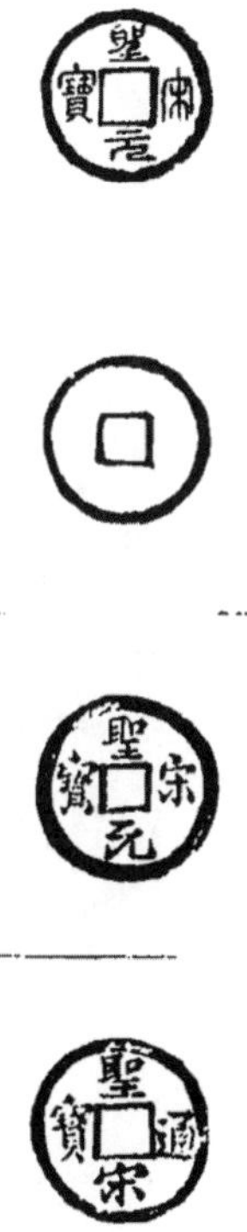

鐵小平錢篆書曰元寶行書元寶通寶二品

古泉匯　利十一　六

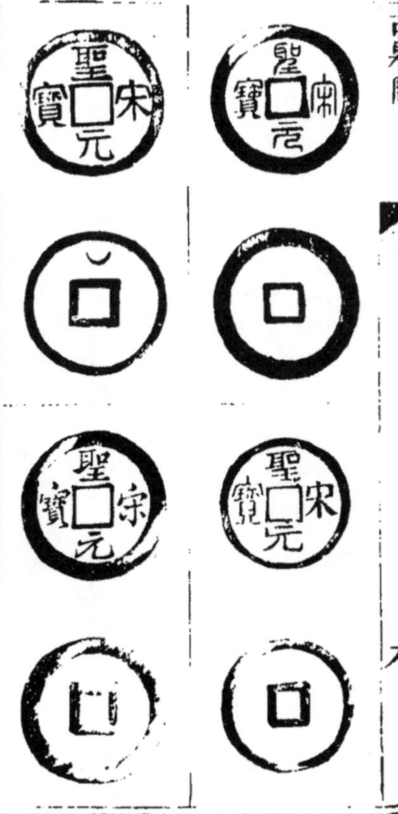

鐵當五錢篆隸行書三體隸書有背上月者宋食貨志鐵錢第

鑄於陝西

徽宗御書小平錢次背菱花孔玉海崇寧元年戶部言江饒池雉四監歲額上供新錢稗史彙編宣化中太宗始以宸翰爲之崇寧大觀蓋襲故事也

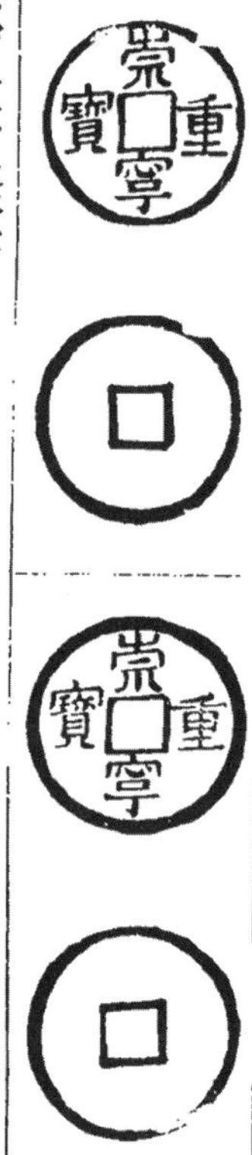

崇寧重寶隸書通寶眞書四品以次迭大係折二當三當五錢

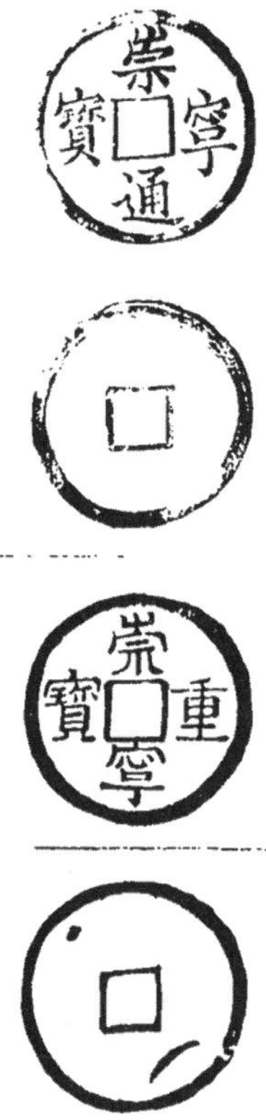

當十錢一眞書通寶大隸書重寶三背左上星右下月宋食貨志崇寧三年命民以所有折二錢換納於官改鑄當十錢永樂大典崇寧初行當十大錢帶輕物重令東南改爲當五私鑄不可禁乃一切改爲當三輕重適中然後定是當時行用本無一定故至今流傳大小參差書史會要徽宗書自號瘦金體今徽宗各錢皆瘦金書也

一合背大錢次背文向右又有合背無文者

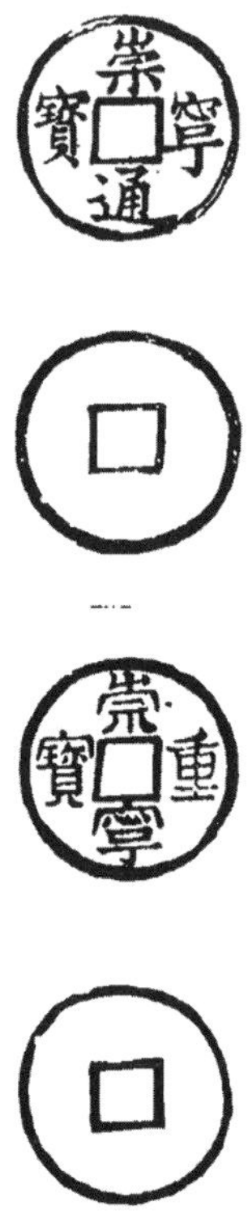

大鐵錢三品一通寶眞書二三重寶隸書通考洪中孚言敵以中國鐵錢爲兵器若雜以鉛錫則脆不可用請鑄夾錫當三當

十鐵錢從之陳萊孝曰俱有小平錢

亦徽宗錢小平篆書次背右上一畫食貨志大觀元年蔡京主
用折十錢若產錫地始悉兼鑄小平錢

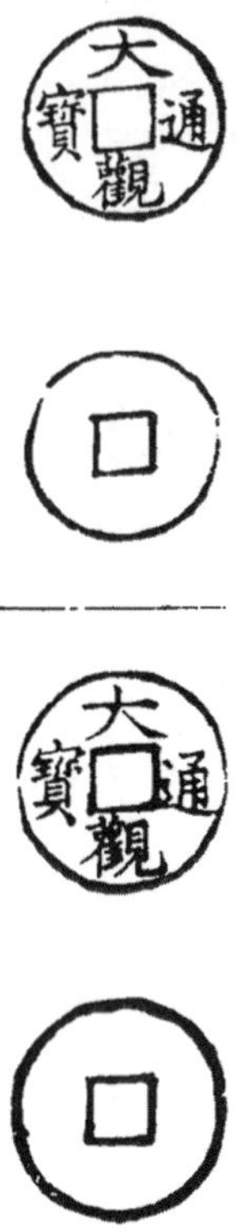

古泉匯　利十一　九

當二當三當五三種有背篆文兩重者永樂大典大觀通寶有
小錢折二當三凡三等詔河北鑄夾錫當五錢

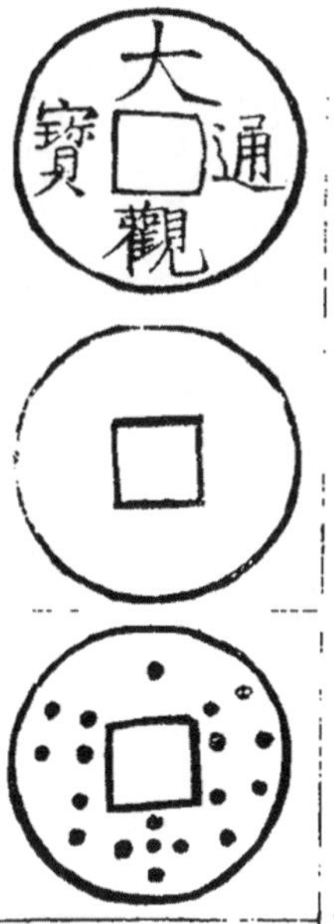

當十錢次背上下左右共十九星本紀大觀四年罷改鑄當十
錢則此品皆四年以前蔡京爲相時所鑄蔡絛國史補魯公秉
政考古人子母相權之說作大錢一當十始亦流通然利所在
多盜鑄大觀三年魯公既罷朝議改爲當三則折倍爲

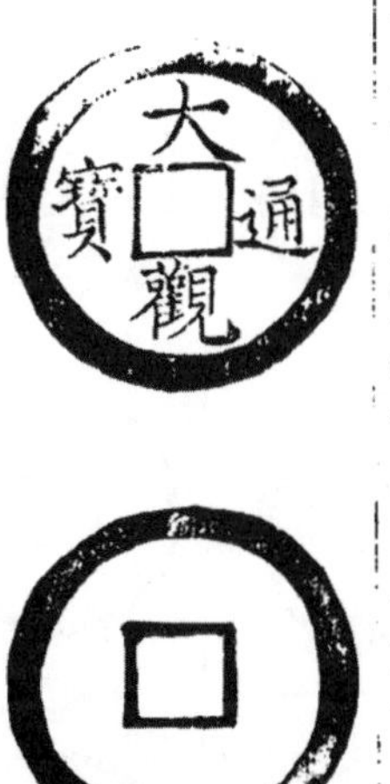

此品濶緣較大於當十常品

古泉匯　利十一　十

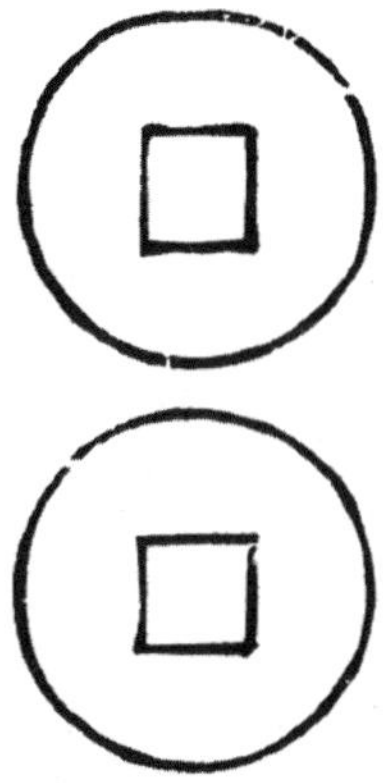

當十合背三品一字俱向下二背文向上三兩背無文然確係

大觀之背稟考又有當五合背錢背文向左

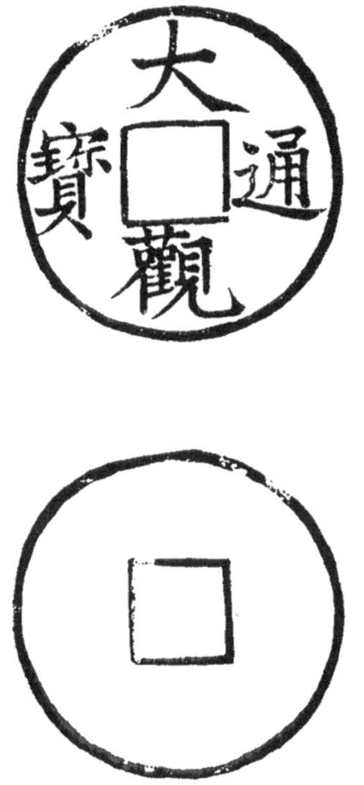

此品更大似不止當十史無明文然字亦瘦金體確屬當時御

書者

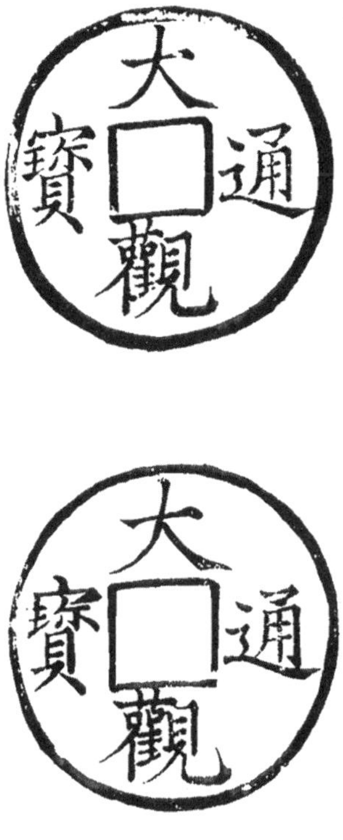

極大錢亦合背此吳我鷗得於西川以贈燕庭者洵奇品也第
未知當時行用若何

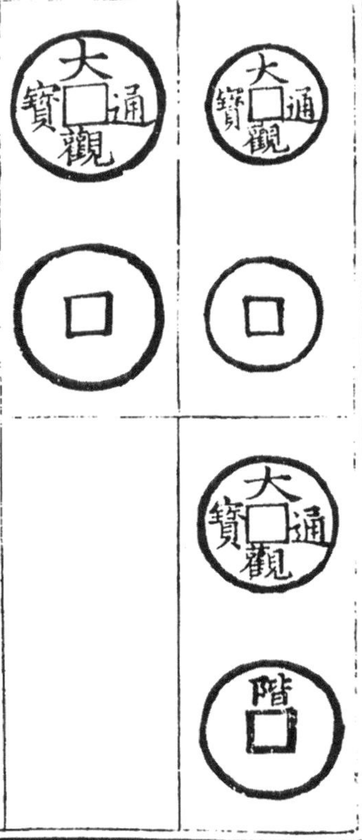

錢錢似小平當二當三三種大背上階字宋食貨志大觀二年
許鑄使鐵錢本紀大觀四年罷河東河北京東鑄夾錫錢階
字者舊譜無徵當亦地名

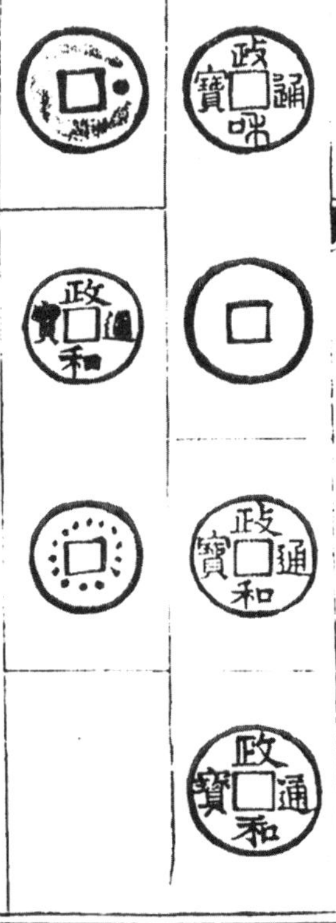

亦徽宗錢一篆書二三隸書政字小異四五背星　西清古鑑
按食貨志政和元年詔往歲圖利之臣鑄當十錢公私爲害行
之幾十年其法日弊見在當十錢可作當三張商英請收當十
錢毋用擇其惡者鑄小平錢從之此錢是也

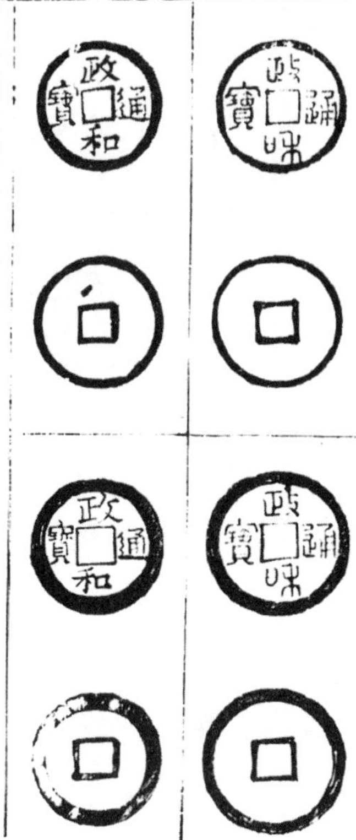

折二錢篆隸小大各二品宋食貨志政和中令江池饒錢監盡以小平錢改鑄當二以紓用度此應是小錢改鑄者

背上下雙月左右雙柱

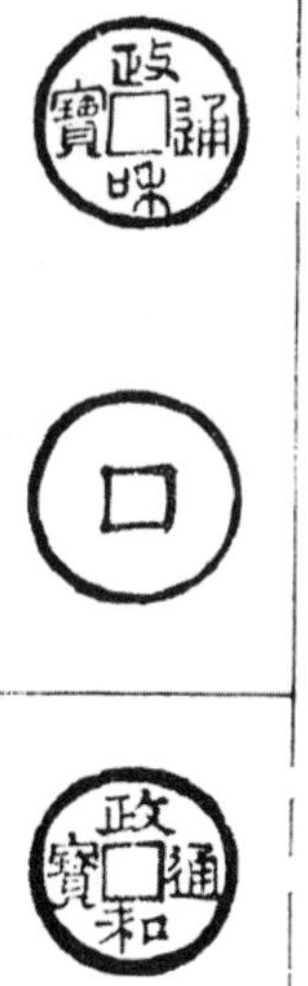

鐵錢篆隸二體一　如銅錢陳萊孝曰政和鐵錢種類多如銅錢

折二鐵錢篆隸眞書三品篆隸曰通寶眞曰重寶宋食貨志政和元年錢輕物重細民艱食詔陝西舊行使鐵錢地方依元豐大鐵錢折二公私通行夾錫錢同之

銀政和錢無可考然字與小平隸書銅錢無異自係當時之製

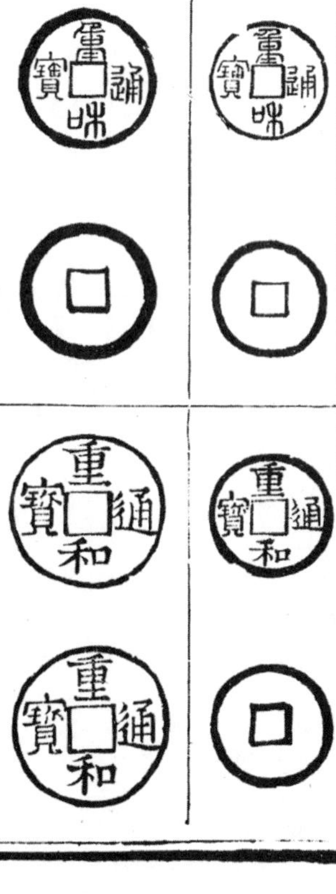

亦徽宗錢一二小平篆隸二體三折二四合背據史徽宗改元重和僅一年故此錢甚少永樂大典重和通寶有小錢折二並

篆書今更有隸書者

亦徽宗錢篆隸二體俱曰元寶宋食貨志稱東南錢額不敷宣和以後尤甚乃令饒贛錢監鑄小平錢

亦小平錢篆隸二體皆曰通寶

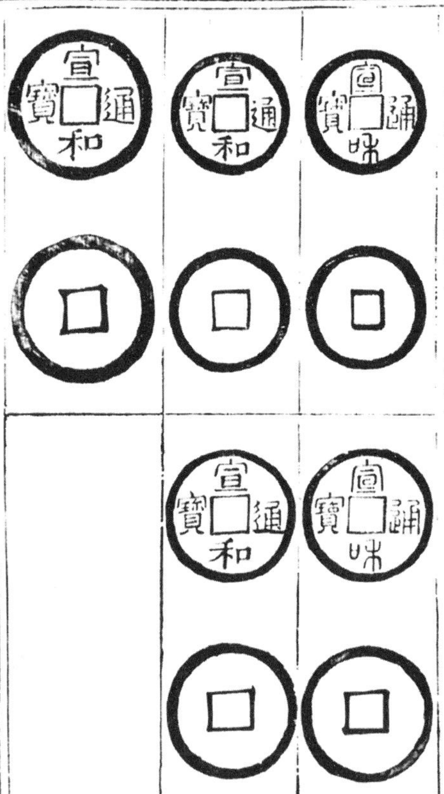

折二錢篆書二品隸書三品俱以次迭大　西清古鑑按食貨志鑄小平錢後令江池饒監改鑄當二錢此錢即當二也

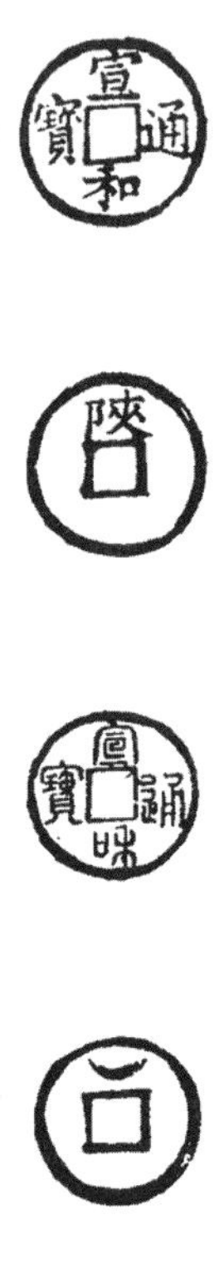

眞書小平背上陜字紀地次篆書背上月

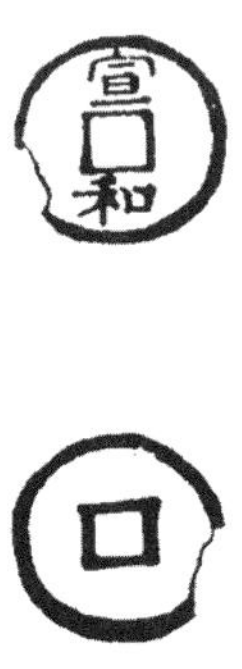

隸書宣和左右無字

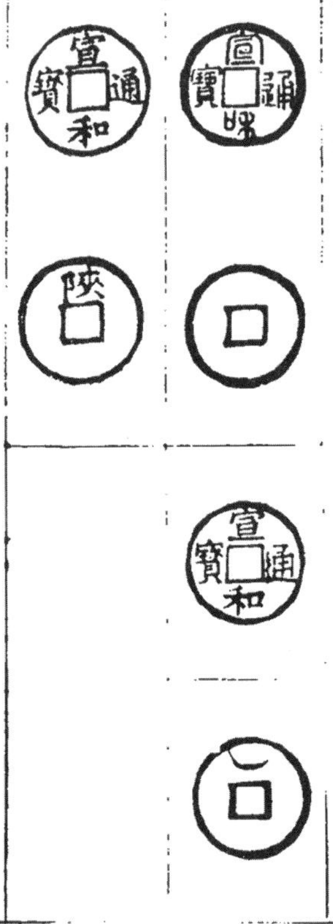

小鐵錢篆隸眞書三體隸書有背上月者眞書者背上陜字與銅錢同宋宗室子湎傳蔡京鑄夾錫錢民病壅滯子湎除陜西轉運副使請鑄小鐵錢以權之範格以進徽宗大悅御書宣和

通寶爲錢文旣成子淪奏令民以舊銅錢入官易新鐵錢旬日
易得百餘萬緡

鐵折二錢篆書應亦有隸書者

欽宗錢篆書者曰元寶眞書者曰通寶據宋史靖康中鑄錢曰
靖康元寶又鑄靖康通寶均有小錢有折二篆隸眞書三體

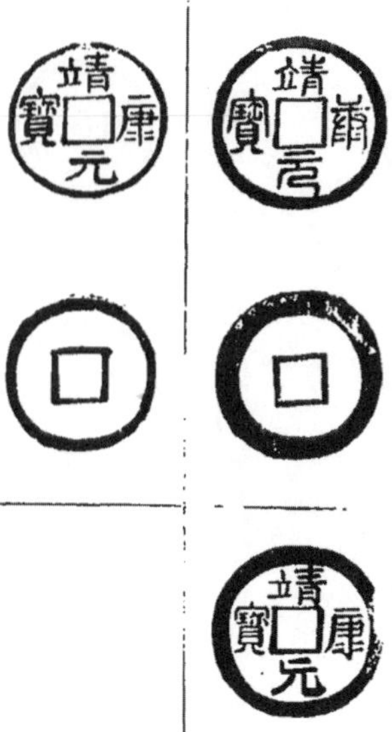

折二錢篆書一品隸書大小二品又有大錢似當十背上穀字

者劉燕庭疑非宋鑄

小鐵錢眞書彙考又有篆書者

附　未見北宋錢
雍熙元寶太宗
端拱元寶太宗
靖國元寶徽宗

古泉匯利集卷十二

南宋

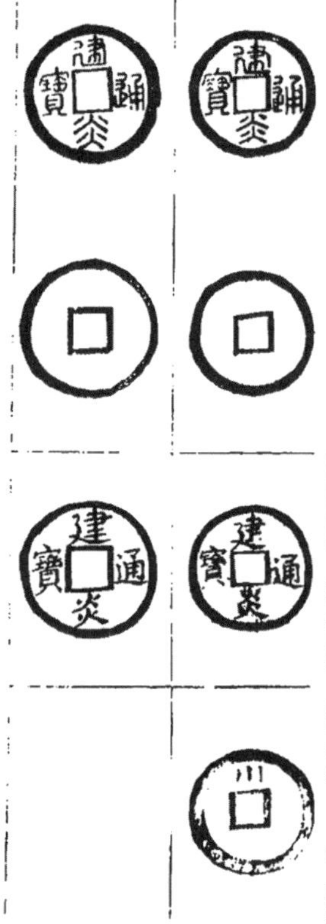

宋高宗錢一篆書二三真書三背上川字四五徵大亦篆真書皆小平錢　西溝古鑑靖康二年康王即位於南京改元建炎本紀元年鑄建炎通寶錢川字當係西川所鑄本紀二年邛州鑄錢增印錢引卽此又有背文十二左右七星者面文元寶者

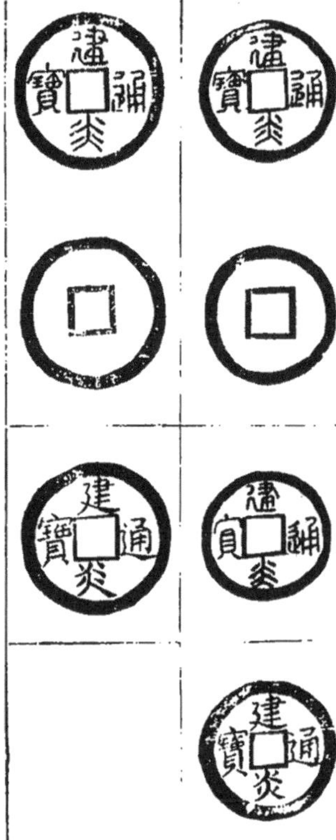

篆真書次寶字皆篆前三品似當二後二品似當三永樂大典

建炎錢有折二折三高宗本紀建炎元年始通當三錢於淮浙荊湖諸路

篆書重寶吉金錄亦以爲當三錢

鐵錢宋史邛州惠民監鑄鐵錢建炎二年罷吉金錄有真書者

亦高宗錢元寶通寶二品宋史本紀紹興元年鑄紹興錢食貨志二十二年復嘉之豐遠邛之惠民二監鑄小平錢彙考有楷書元寶者通寶背上月下星者

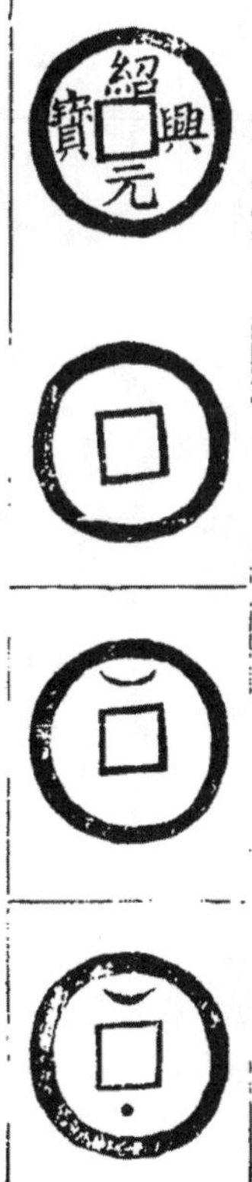

當二錢篆眞二體俱曰元寶背各有上月者上月下星者玉海
中興會要紹興元年工部進眞篆當二小平錢鐵錢樣詔下鑄
錢司此卽當二錢

古泉匯　利十二　三

通寶錢三品以次迭六皆眞書前二品似當二末似當三宋食
貨志紹興二十三年詔利州鑄折二錢後再鑄折三錢

小鐵錢次背上利字宋食貨志紹興九年詔陝西諸路復行鐵
錢十五年置利州紹興監利字者自係利州所鑄

大鐵錢一元寶二通寶背上利字皆折二錢三元寶篆書似折
三錢利字注見前

古泉匯　利十二　四

孝宗錢篆眞二體通考隆興元年詔鑄當二小平錢如紹興之
初自乾道迄嘉泰開禧皆如之今未見隆興小平錢

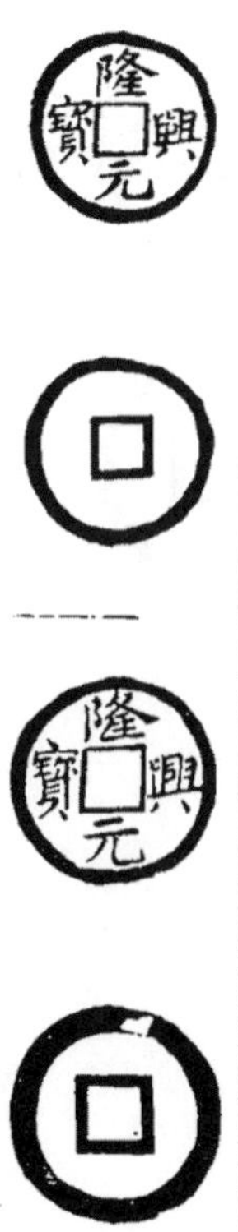

鐵小平折二錢亦眞書背曰元寶又有通寶折二錢

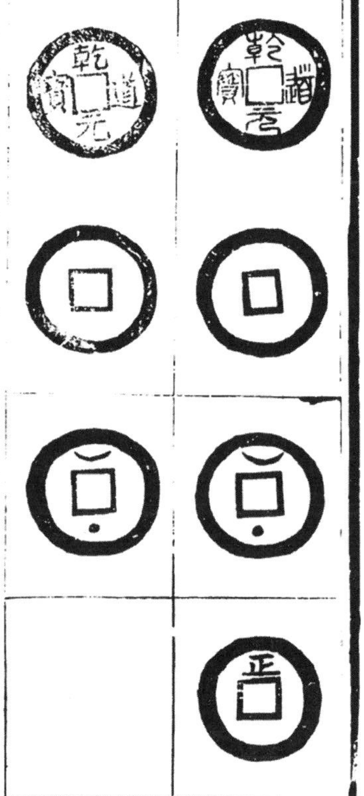

亦孝宗錢篆眞二體背俱有月星者篆有背上正字者皆當二
小平錢未見本紀乾道元年鑄當二錢食貨志六年併鑄錢司
歸發運司尋復置

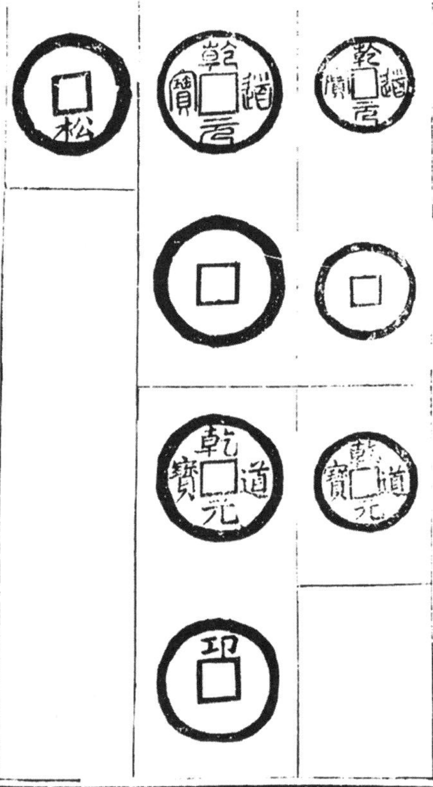

鐵小平折二錢各篆眞二體眞書折二背邛字注見建炎鐵錢

松字者樂考斷為舒州宿松監鑄又有同字者

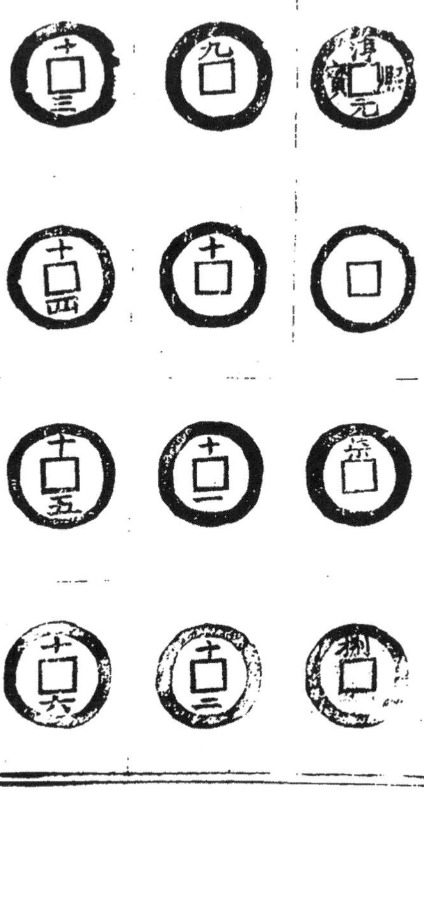

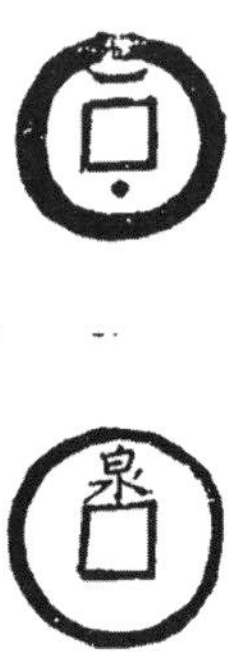

亦孝宗錢二及十一背皆紀年數十三月星十四泉字本紀淳
熙元年罷錢鎝改鑄銅錢永樂大典據宋史淳熙元年鑄錢曰
淳熙元寶七年後因盜鑄者多遂令諸監逐年於背上鑄年數
以別之其弊遂止故紀年自柒字起陳萊孝曰錢背紀年始此
恩按七八作柒捌錢文𠛬增筆寫亦始此玉海中興會要乾道
三年以左藏庫銅下嚴州神泉監鑄錢泉字者係神泉監所鑄

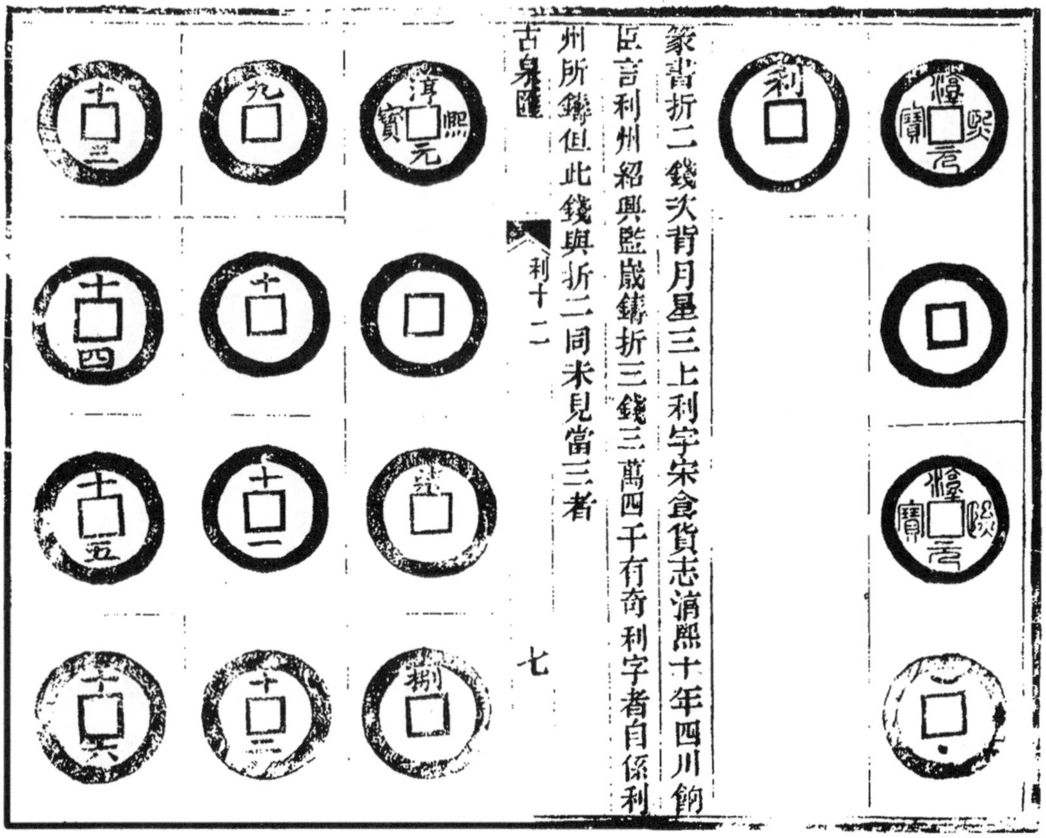

篆背折二錢次背月星三上利字宋食貨志淯熙十年四川餉
臣言利州紹興監歲鑄折三錢三萬四千有奇利字者自係利
州所鑄但此錢與折二同未見當三者

古泉匯 利十二 七

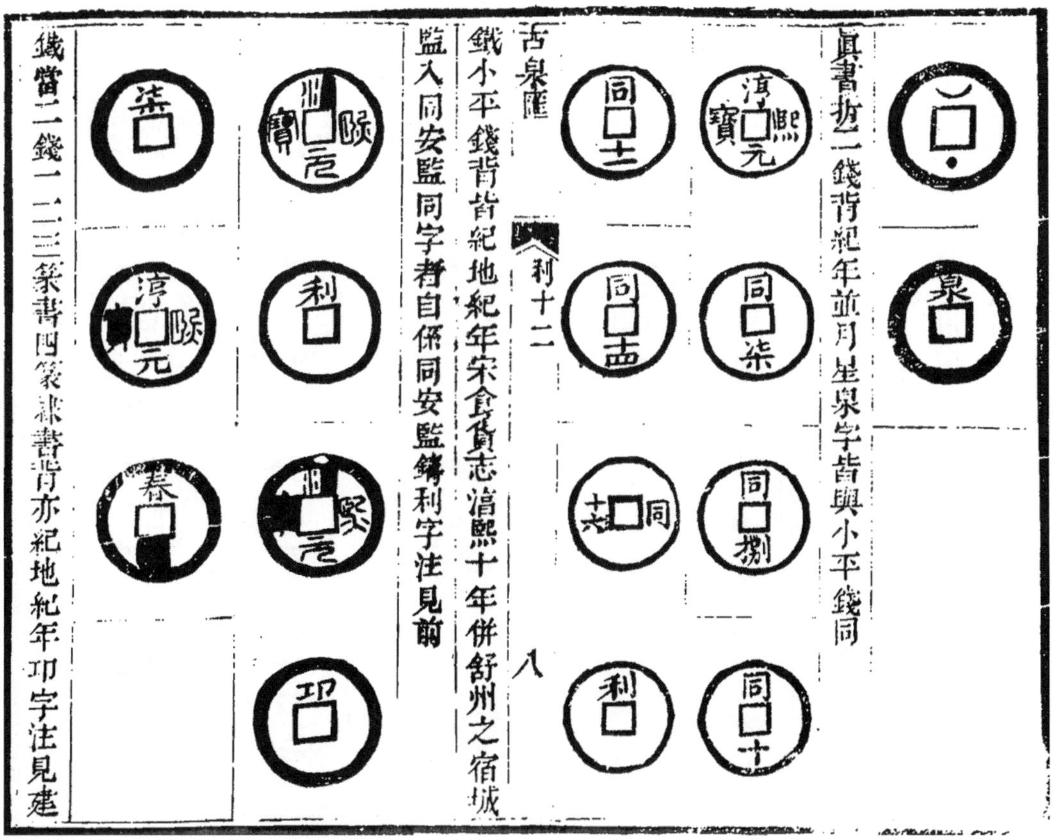

眞書折二錢背紀年並月星泉字皆與小平錢同

古泉匯 利十二

鐵小平錢背皆紀地紀年宋食貨志淯熙十年併舒州之宿城
監入同安監同字者自係同安監鑄利字注見前

八

錢當二錢一二三篆書四篆隸書背亦紀地紀年邛字注見建

炎鐵錢利字注見紹興鐵錢春字者乃蘄州蘄春監所鑄

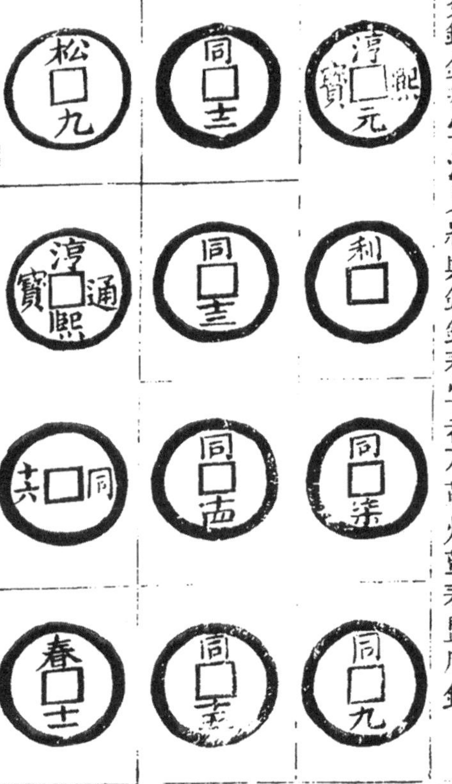

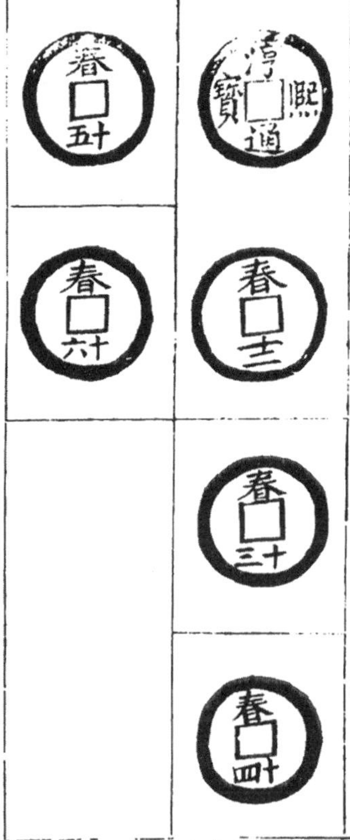

錢當二真書錢元寶者右旋讀通寶者上下讀及右旋讀二種

背利字利州鑄同字同安監鑄松字宿松監鑄春字蘄春監鑄

紀年自柒至十六皆有之玆第纂所見者不求備也下倣此彙

考背有卬字者上舒下同者上春下卦者下拾者五字者伍字

者考紀年始於柒五字殊不可解

大鐵錢似當三背上仰月二星

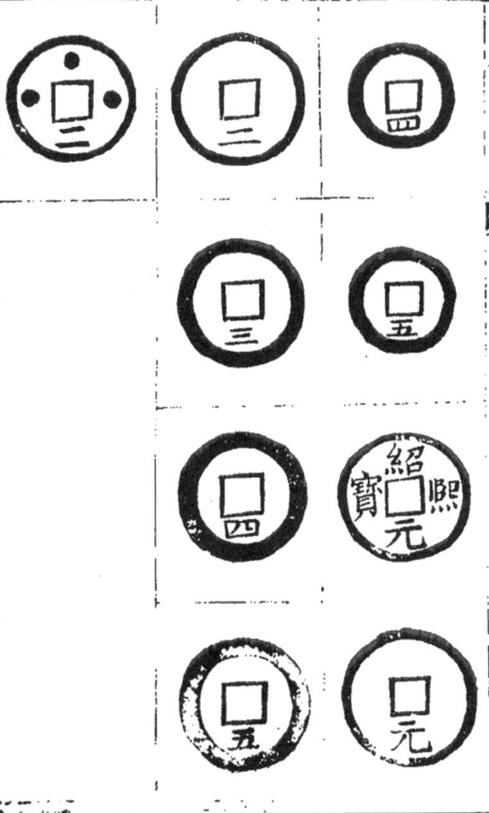

亦孝宗錢背文元至五小平與折二錢背同按孝宗改元紹熙
凡五年末品亦二字上及左右有三柱

篆書小鐵錢文曰通寶背上同字春字下俱三字

古泉匯　利十二　十一

真書小鐵錢俱曰元寶背紀地紀年同前末品漢字按湖廣通
志漢陽鐵錢監在漢陽縣大別山下宋皇甫煥奉命鼓鑄於此
自屬漢陽監錢

亦真書小鐵錢文曰通寶背上同字春字下俱二字

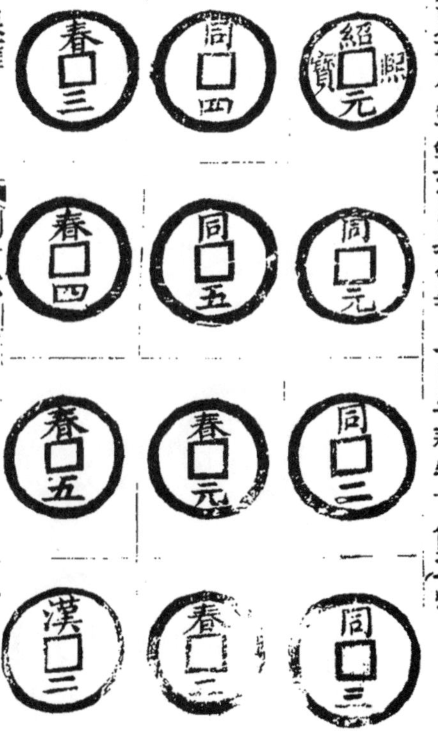

古泉匯　利十二　十二

真書折二鐵錢俱曰元寶背同春紀年自元至五全漢下二字

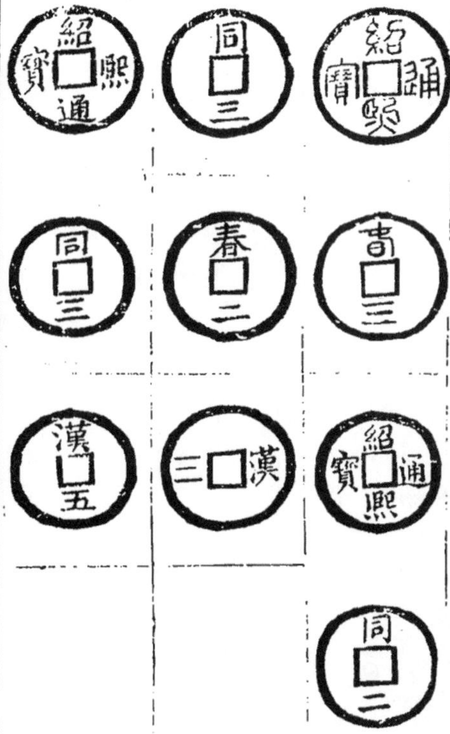

亦鐵折二錢俱曰通寶一篆書餘真書上下讀右旋讀兩種背文與前略同宋食貨志紹熙二年詔蘄春同安兩監歲鑄鐵錢各十萬背文同春兩字者多

大鐵錢背上俱仰月雙星下與左右皆紀數與紀年者不同劉燕庭得此數品於蜀中云是當五錢

古泉匯利集卷十三

南宋

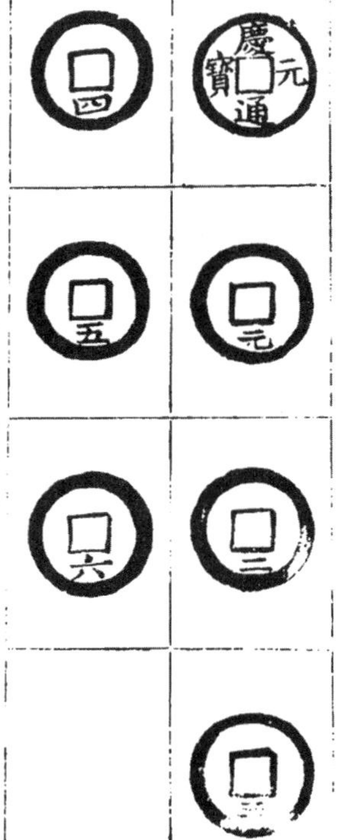

寧宗錢背文自元至六俱全按寧宗改元慶元凡六年集考有背無字者

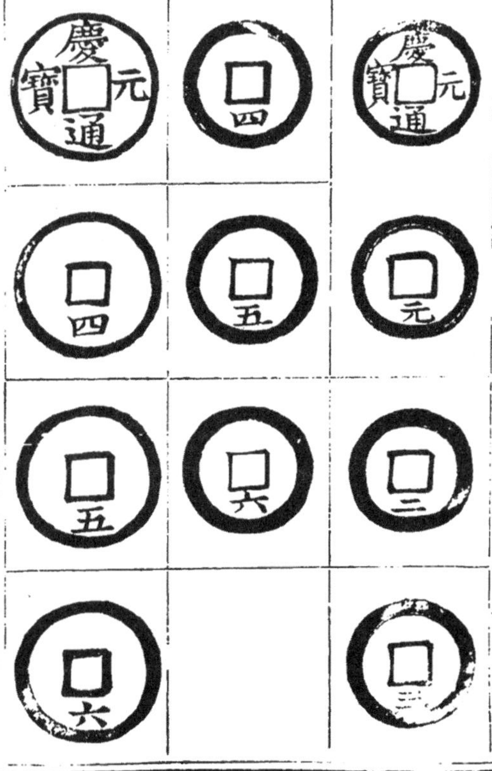

折二錢背自元至六全當三錢四五六三種食貨志慶元三年
復神泉監以銅器鑄當三錢即此吉金錄尚有背下三字者

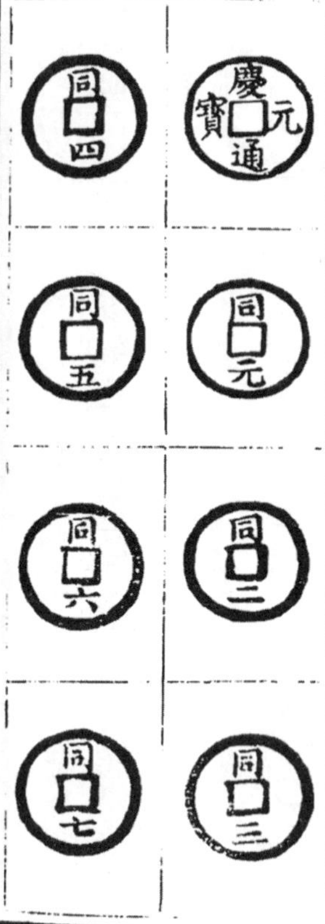

古泉匯　利十三　二

此泉形製重大背文繁多爲宋錢中僅見者吉金錄據宋史慶
元元年鑄當五錢故疑前大錢爲當五然別無當三錢今仍以
前品爲當三而當五錢未見此錢曰五十料應係當五十者曰
元年改鑄或當時鑄當五未久即改鑄此錢歟爲鮑子年所藏

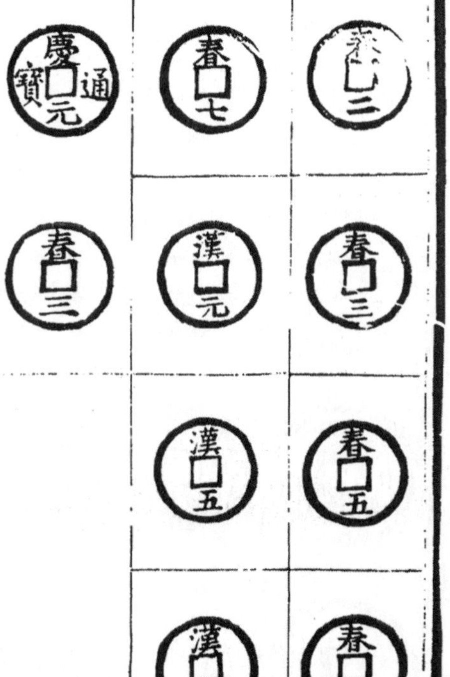

鐵小平錢背同安監者自元至七全蘄春監者缺元字漢陽監

古泉匯　利十三　三

者三種面俱右旋讀末品上下讀背亦春三按慶元紀元僅六
年此同春七字者費解本紀慶元六年十二月癸夘詔改明年
爲嘉泰元年考十二月屬癸未朔則癸夘屬二十一日已届歲
杪各監遠隔數千里新春尚未奉詔故仍以爲慶元七年也棠
考背文有春元者漢有二三四字者亦有面文上下讀者

鐵折二錢篆書背文不斷

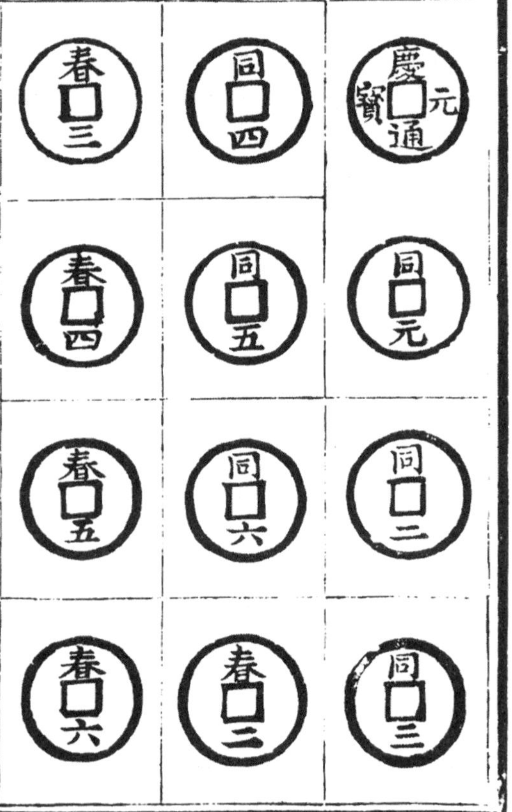

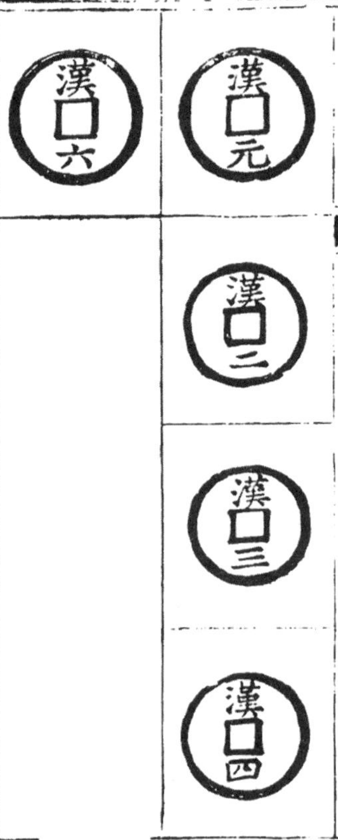

鐵折二直書錢背文同安監者紀年全蘄春監者缺元字漢陽
監者缺五字彙考兼有春元漢五兩種

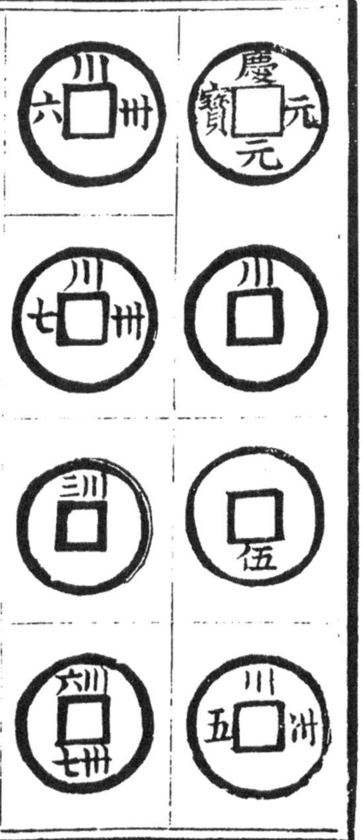

大鐵錢面文元寶背上川字乃西川所鑄注見建炎川字錢劉
燕庭得此諸品於蜀中尤可證其下伍字似紀直或紀年其上
川三川六者似紀地兼紀年其左右及下數目字皆紀範次第

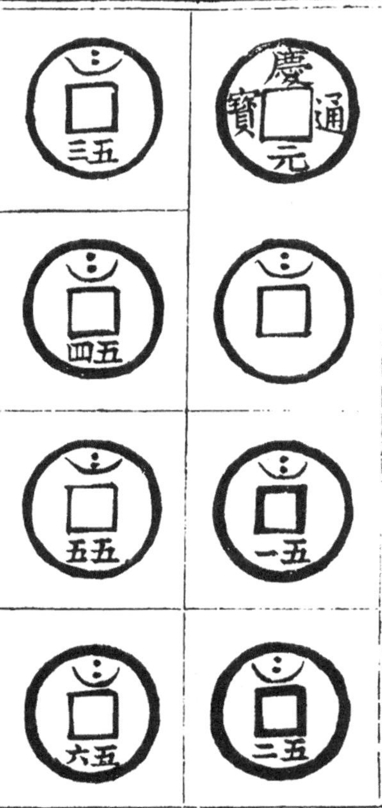

大鐵錢面文通寶背上仰月二星下五一至五六全俱冠以五
字應係當五錢一至六似皆紀年也亦劉燕庭在川所得

亦寧宗錢背文自元至四仝慶元改嘉泰見前又有背無文者

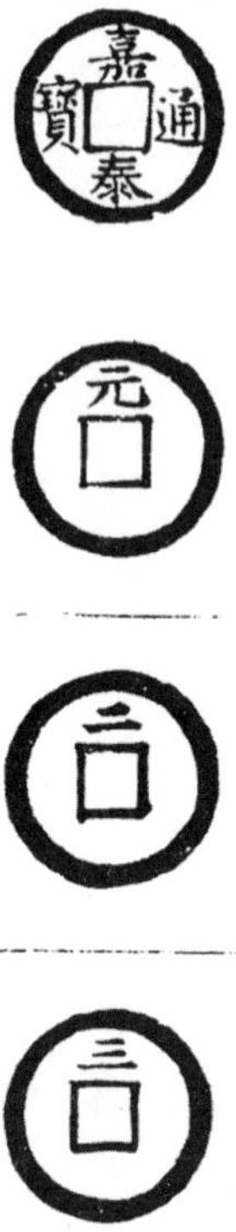

古泉匯　利十三　六

折二錢背文自元至五全按本紀嘉泰四年十二月已亥詔改明年爲開禧元年紀年不應有五字翁宜泉曰亦猶慶元之有七字也注見前末品春三獨異按宋銅錢無紀監名者有之自此錢始戴醕士有銅嘉定錢背文同三者謂之試笵錢蓋鐵笵初成先以銅汁試鑄者故不常有也

大錢背無文　西清古鑑此錢蓋當三與慶元當三錢同

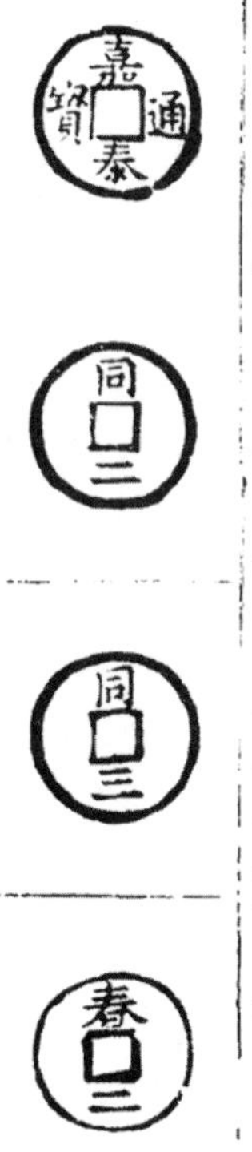

鐵小平錢背紀同春共三種鈌元字彙考俱有之又有面元寶背同元者

古泉匯　利十三　七

鐵折二錢俱曰元寶背同春三種利字四種注見紹興小鐵錢利元者亦紀年元五者元上者紀年兼紀次第端平錢有上中下者與此同六十者亦紀次第也

鐵折二錢背文同春漢共七種本紀嘉泰三年四月出封樁庫
兩淮交子一百萬命轉運司收民間鐵錢七月罷同安漢陽
蘄春三監鑄錢九月命鐵冶司毀私錢改鑄故今見鐵錢紀年

古泉匯　利十三　八

者止於三字

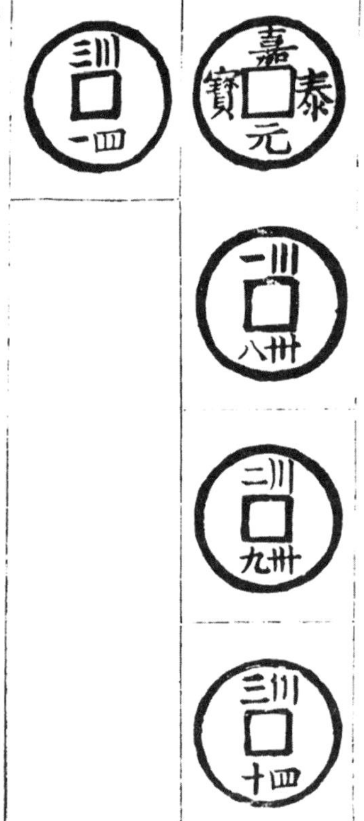

鐵大錢似當三背上川字西川所鑄一至三皆紀年下卅八至
四一則紀範數也

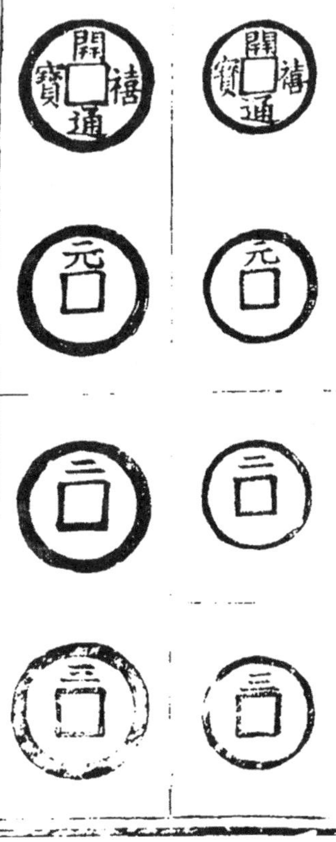

亦寧宗錢改元開禧注見嘉泰折二錢董逌曰開禧有元寶通
寶今銅錢未見元寶者策考又有背無文者

古泉匯　利十三　九

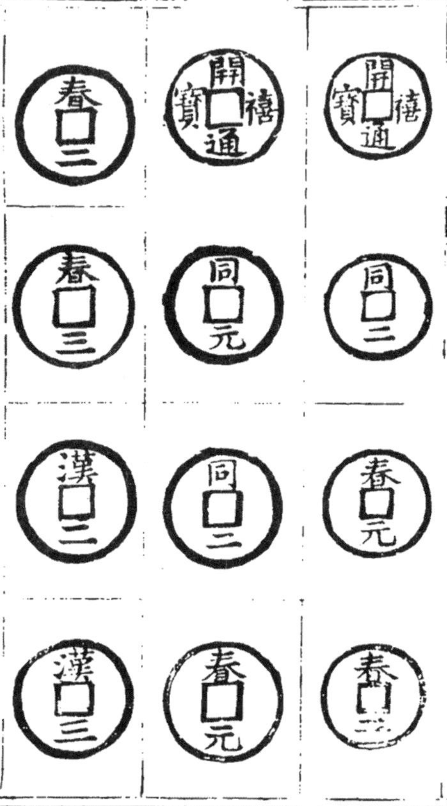

鐵小平錢同春三種折二錢同春漢七種本紀開禧元年復同

安漢陽蘄春三監彙考有同三折二錢

鐵當三錢背利字利州鑄定字定城監鑄宋史紹熙三年五月命漢陽荊門軍行鐵錢六月廢光州定城監或旋廢旋復故仍鼓鑄川三者四川鑄兼紀年背下數目則紀次第也

亦寧宗鐵錢背上利壹川壹下俱篆書五字朝野雜記嘉定元年四川初行當五大錢利州紹興監錢以聖宋重寶爲文背鑄利一二字又鑄五字云云與此一品恰合一字俱增筆作壹亦似紀數五字則紀直也次三二品亦同時西川所鑄

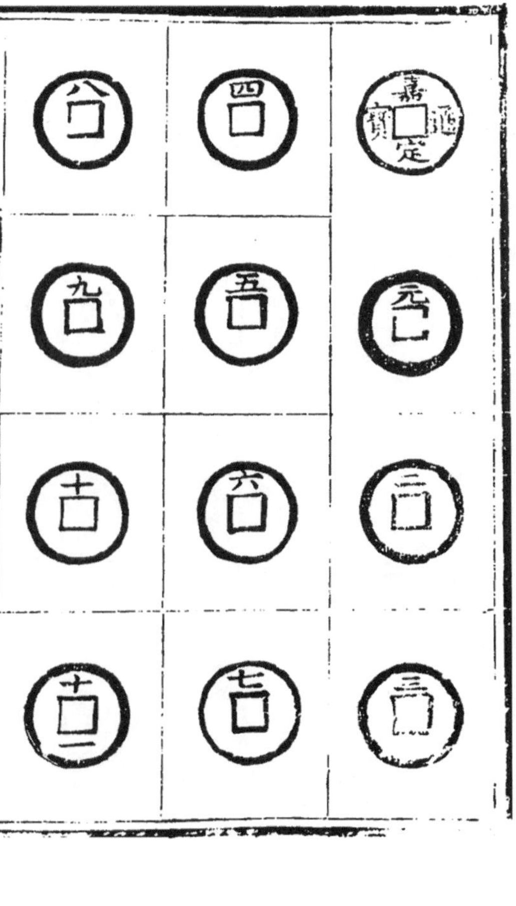

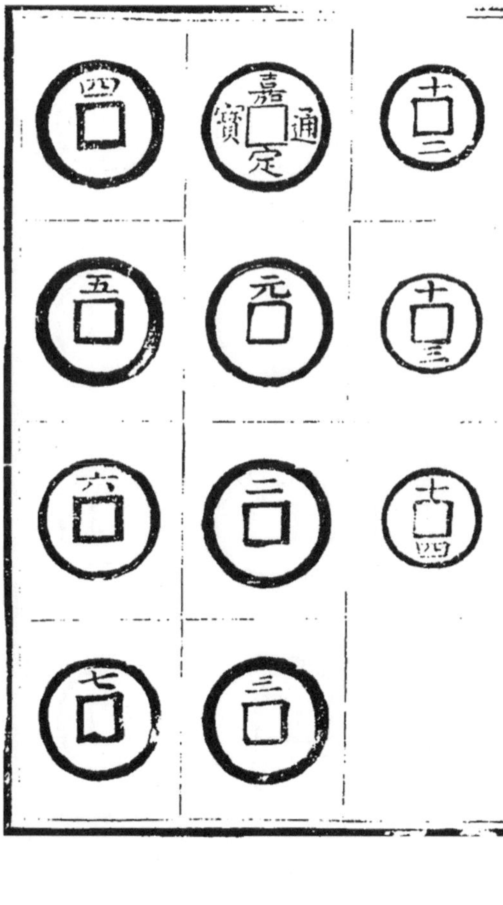

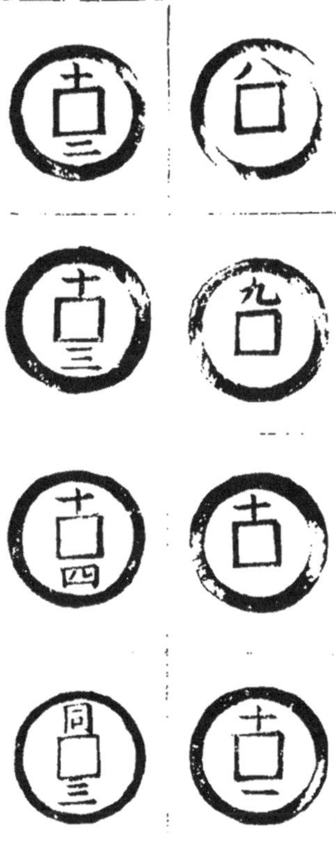

亦字宗錢小平折二兩種背文俱自元至十四　西清古鑑按
開禧四年改元嘉定古金錄嘉定十八年理宗始即位錢應自
元至十七玆缺三種末品背同三係試範錢注見嘉泰折二錢

當十大錢背文折十次左右各七星錢幣考嘉定元寶有背文
折十者史不載永樂大典嘉定元寶錢其文眞書背有折十兩
字其錢極大與此圖正合

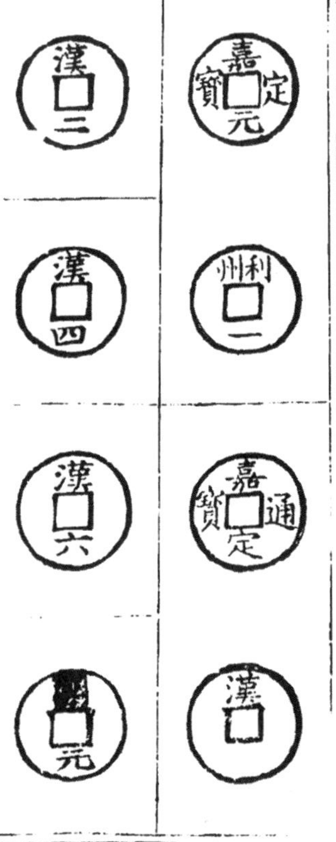

鐵小平錢元寶一品背上紀地下一字蓋紀直也漢字下無字
者一品紀年者三品紀年上字不晰者一品彙考尚有春八者
漢三者漢八者

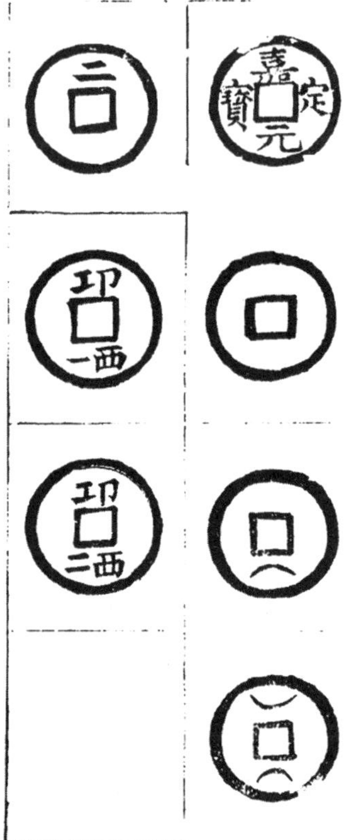

錢折二錢俱曰元寶一背無文二下月三上下月四上二字南
宋鐵錢皆紀地此無地名爲異五六邛西一邛西二邛州所鑄
朝野雜記嘉定元年四川初行當五錢邛州惠民監錢以嘉定

重寶爲文背鑄西二二字叉鑄五字其料並同當三錢按雜記
所言係當五錢見後此二品無五字似折二或當時本有二種
歟

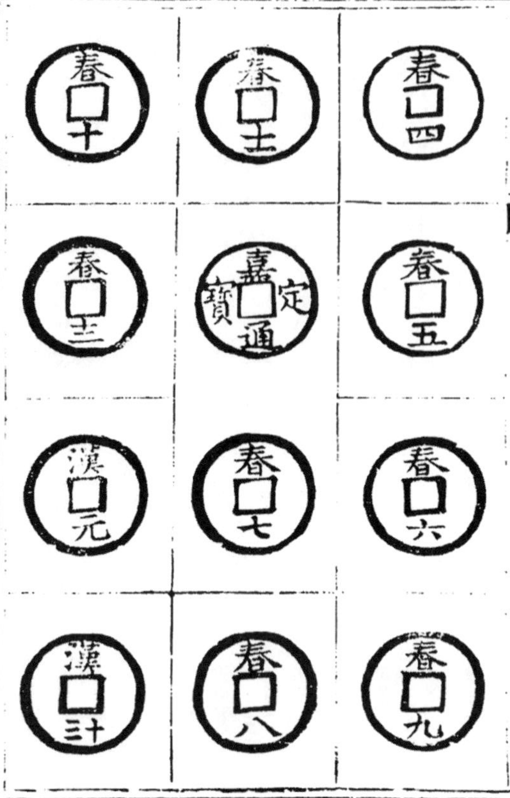

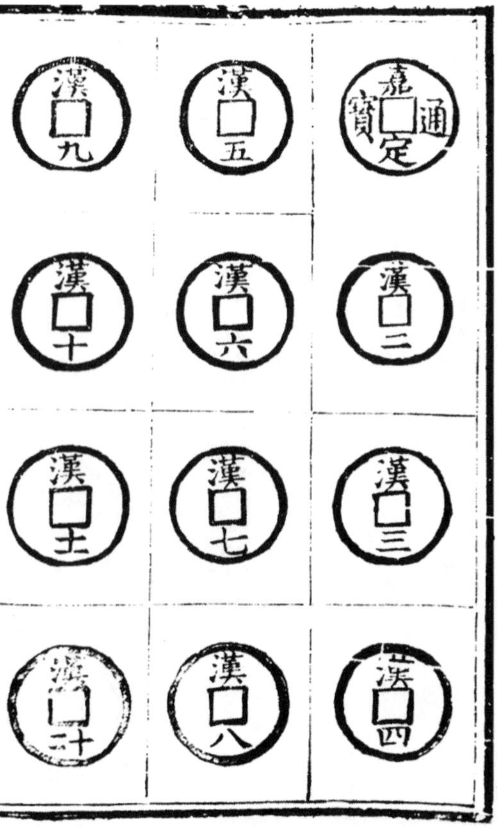

錢折二錢背同字三種本紀嘉定七年復罷同安監鑄錢故同
字者少春字自元至十二漢字自元至十三面文各有右旋讀
上下讀二種

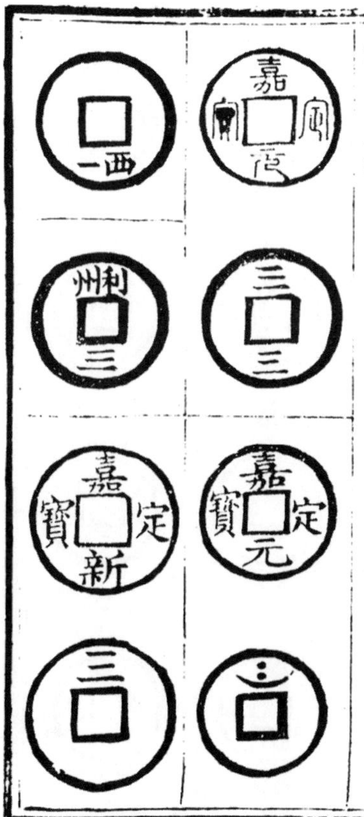

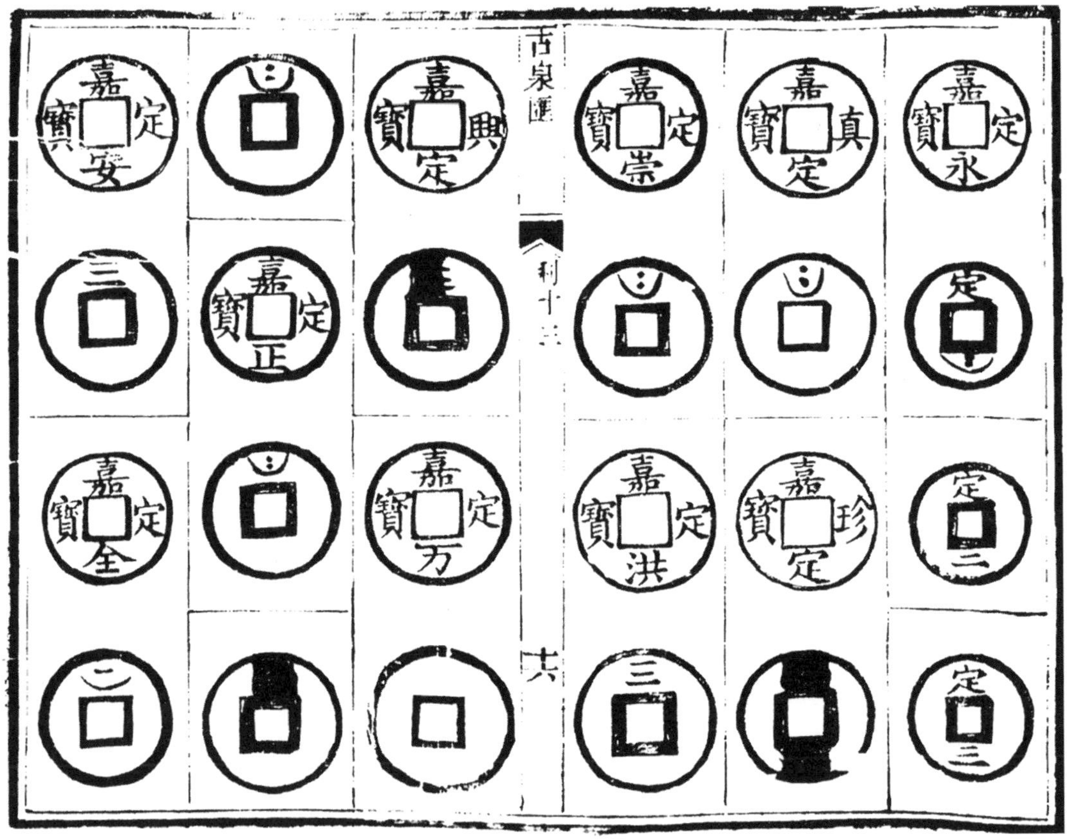

錢當二錢一篆書餘俱真書面文元寶新寶永寶真寶珍寶崇寶洪寶興寶万寶正寶安寶全寶之寶共十三種背文三字者紀直二三者一紀直一紀數按嘉定折三錢舊譜無考然此譜品大於折二小於當五且當五錢背紀五字此多紀三字故知爲當三無疑星月者倣舊式利州者紹興監鑄定字者允州定城監鑄

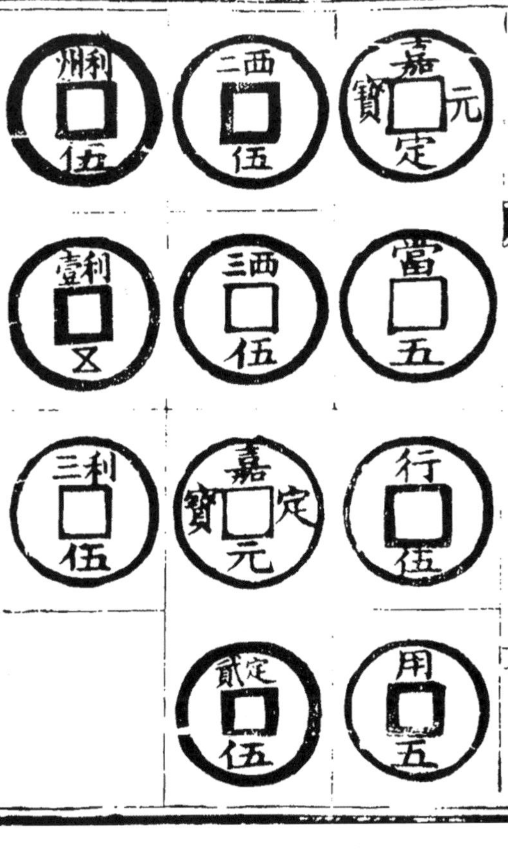

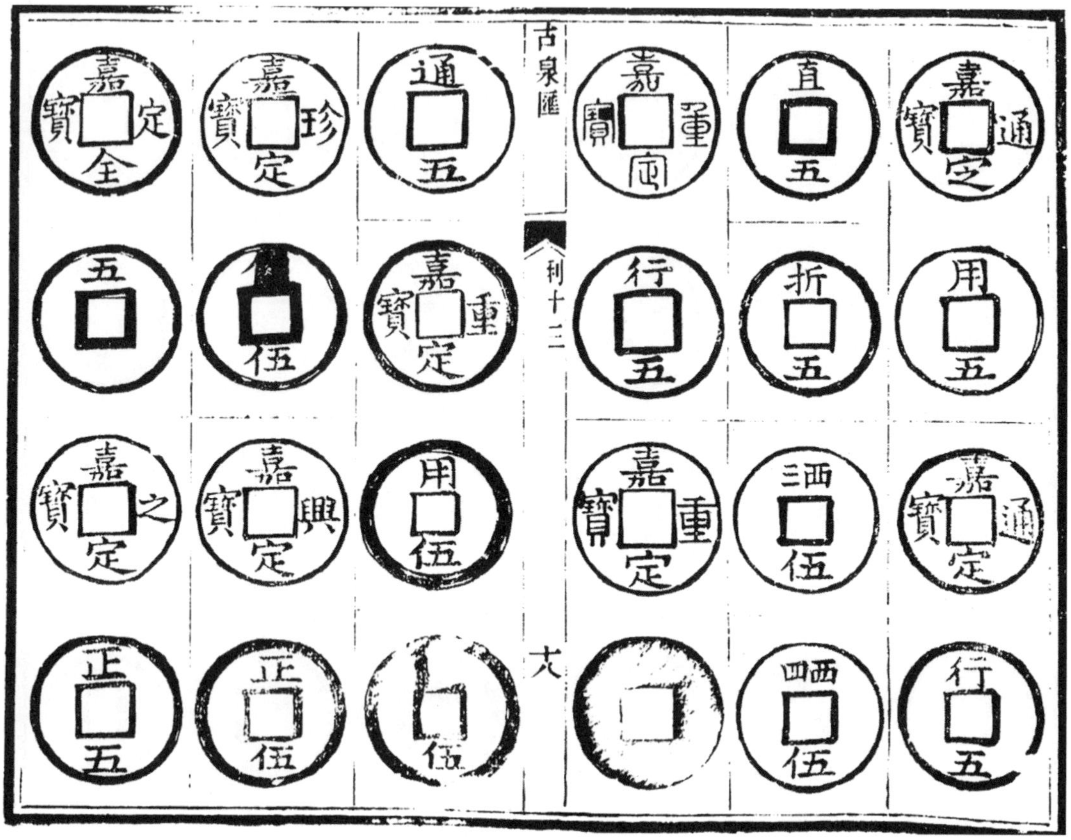

鐵當五錢面文元寶通寶重寶珍寶興寶全寶之寶至寶共八種重寶篆隸真三體餘皆真書背文當五行五用五直五折五通五正五背當五之義凡五字背紀直也西二三定二利壹三等背紀地兼紀範數惠字者惠民監鑄按宋史紹興三十一年復置邛州惠民監通考嘉定元年卽利州鑄當五大錢三年又於紹興惠民二監歲鑄共三十萬貫其料並同當三錢

古泉匯利集卷十四

南宋

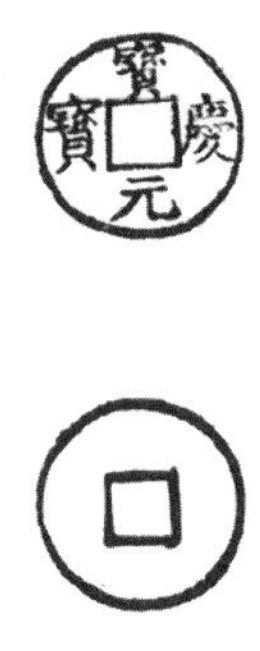

理宗錢宋史本紀寶慶元年七月詔行大宋元寶錢無鑄寶慶錢明文且歐陽文忠歸田錄曰開寶鑄錢曰宋通元寶寶元中曰皇宋以文不可重也此就北宋言之然南宋寶慶曰大宋寶祐曰皇宋固循舊例也不應有寶慶錢翁宜泉曰是鑄於元年七月未頒大宋錢式之前者然哉

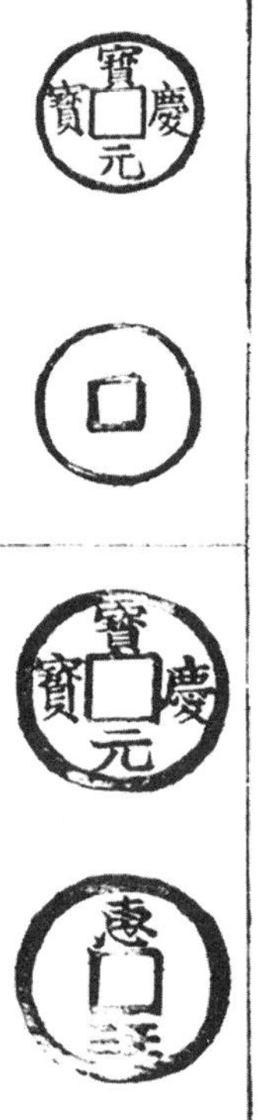

鐵小平錢一折三錢三惠紀監名注見嘉定錢正三及三字皆紀直也末背無文

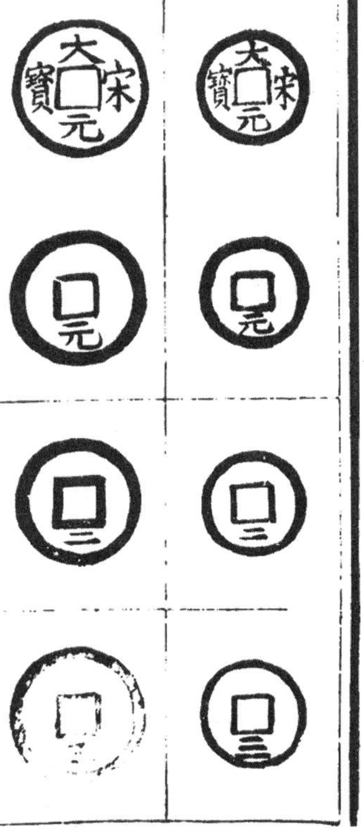

亦理宗錢小平折二兩種背元二三俱全宋食貨志寶慶元年新錢以大宋元寶爲文集考二種俱有背無文者背上星者

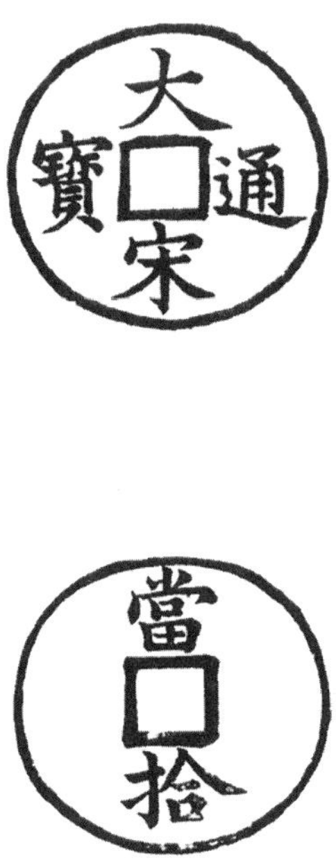

大錢背文當十宋史不載爲呂堯仙所得宋錢之罕見者

鐵錢一二小平背上春下紀年三折二四以下折三背泉字西
字及利州皆紀地注並見前三字皆紀直

古泉匯　利十四　三

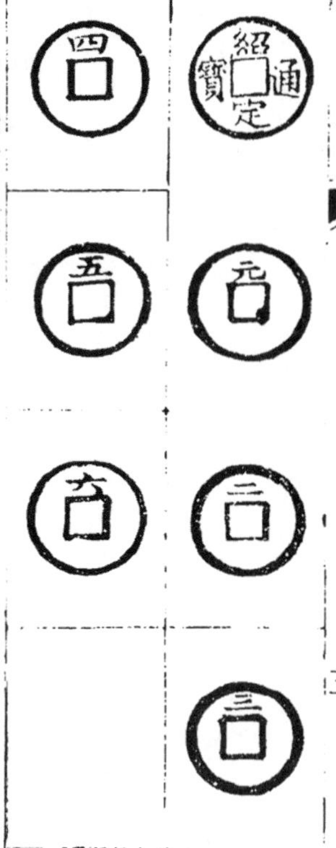

亦理宗錢背自元至六全　西清古鑑按寶慶四年改元紹定

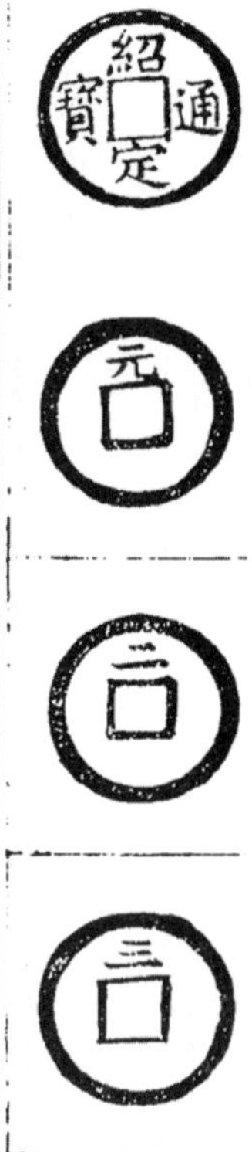

折二錢背亦自元至六全末背無文

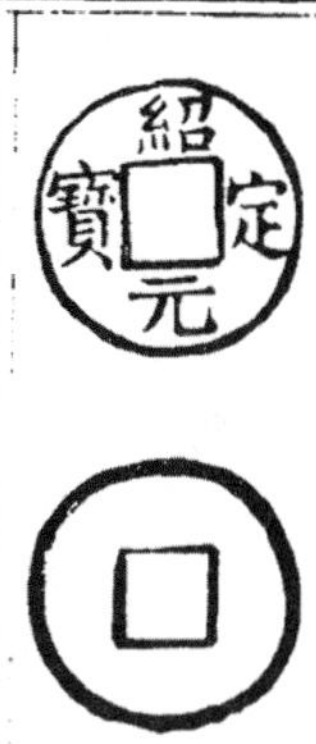

大錢似當三文曰元寶亦舊譜所無

古泉匯　利十四　四

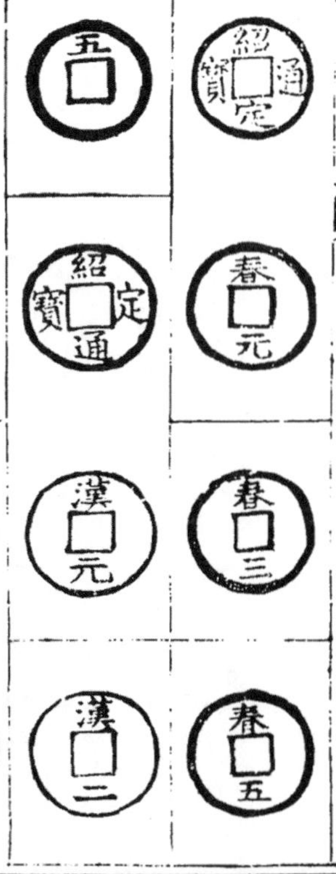

鐵錢小平背春字三種五字一種漢字二種折二一種背不晰

面俱通寶當三一種曰元寶鐵錢背多紀地此五字專紀年當三背無文俱與彙考小平錢春漢二種均自元至五全又有紹定萬歲錢

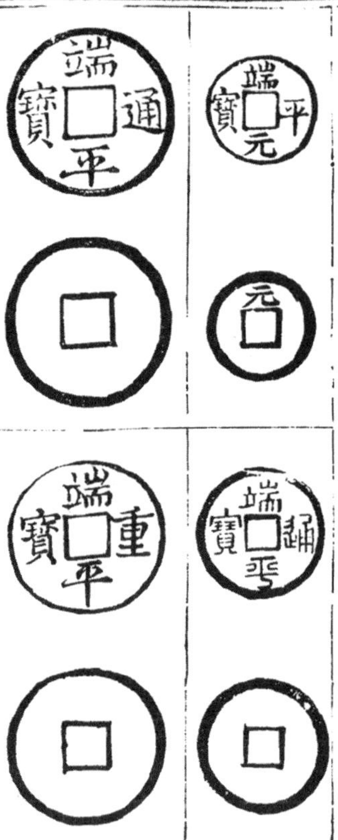

亦理宗錢小平曰元寶背元字紀年折二曰通寶當五曰通寶重寶折二篆書餘真書　西清古鑑按紹定七年改元端平錢幕韻編有背二字三字者泉史重寶有極大者

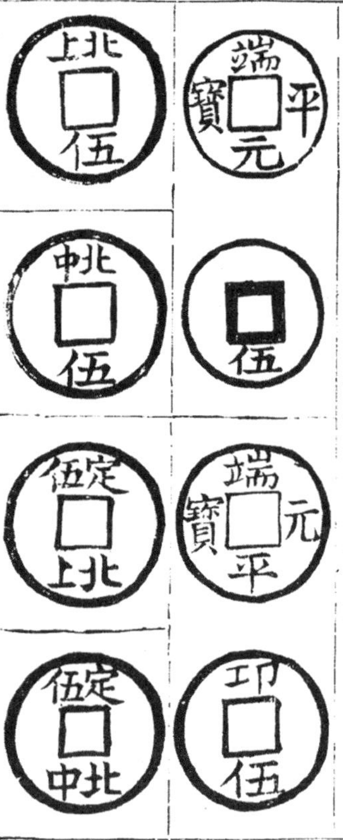

鐵當五錢文曰元寶一右旋讀餘上下讀背伍字皆紀直卬地名定監名俱見前北東紀監之方位上中下紀範之次第也

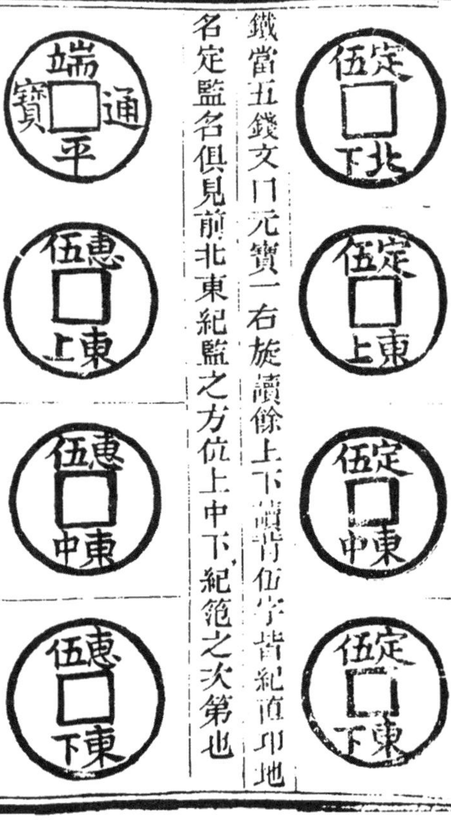

亦鐵當五錢文曰通寶背惠字惠民監鑄東西上中下紀方紀次第與前同

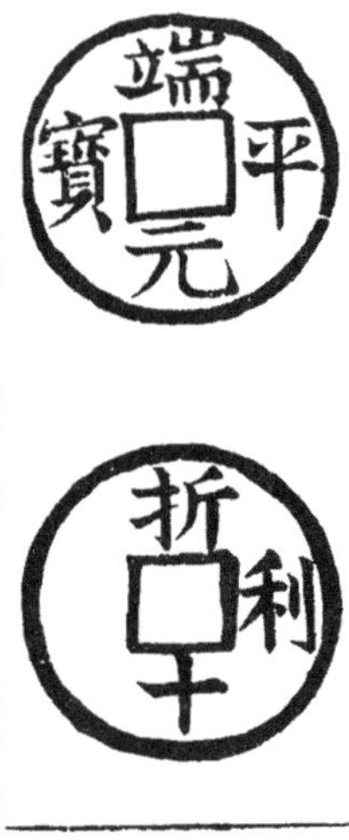

錢當十錢仿大宋當十錢式而差小背文折十穿右利字盖利
州所鑄

亦理宗錢背文自元至四仝按端平三年改明年爲嘉熙元年
粜考有背無文者又有鐵錢

折二錢背亦自元至四仝宋食貨志新鑄當二並小平錢以嘉
熙通寶爲文當三錢以嘉熙重寶爲文粜考折二錢亦有背無
字者背下一字者又有鐵錢

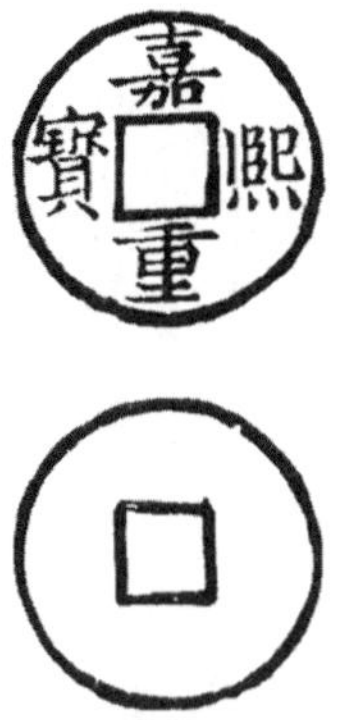

當三錢注見前泉史又有大錢逾此錢三倍較當十者更過之
陳萊孝曰嘉熙重寶亦有大小二種背文年數皆止於四

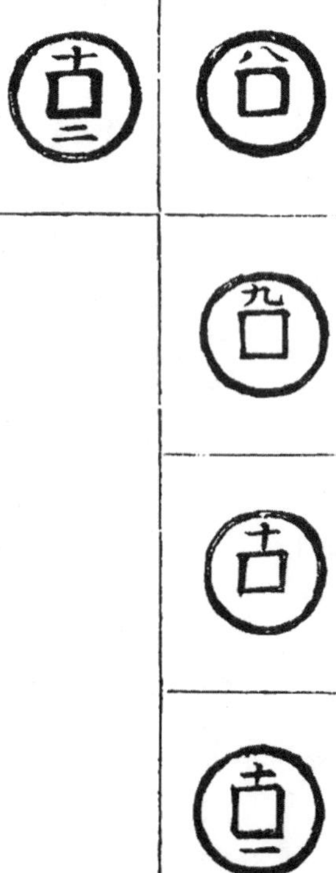

亦理宗錢背文自元至十二仝按理宗改元淳祐凡十二年粜

考又有背無文者

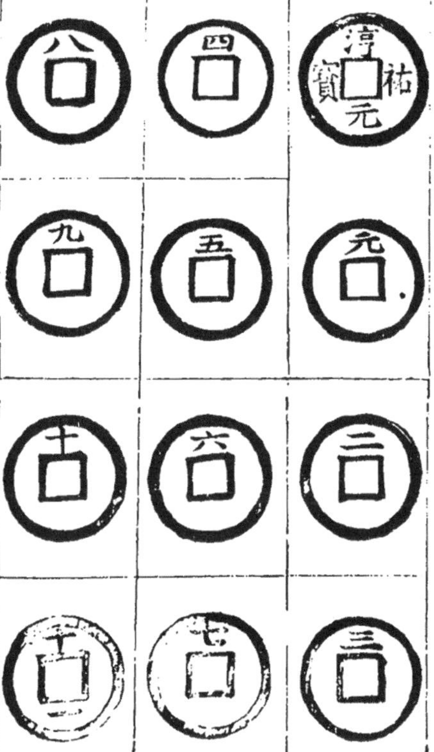

折二錢背亦自元至十二全

大錢背上慶字左右當二十文舊譜未載爲劉燕庭所藏燕庭

疑慶字爲監名然無可考且銅錢皆不紀監名姑闕疑可也

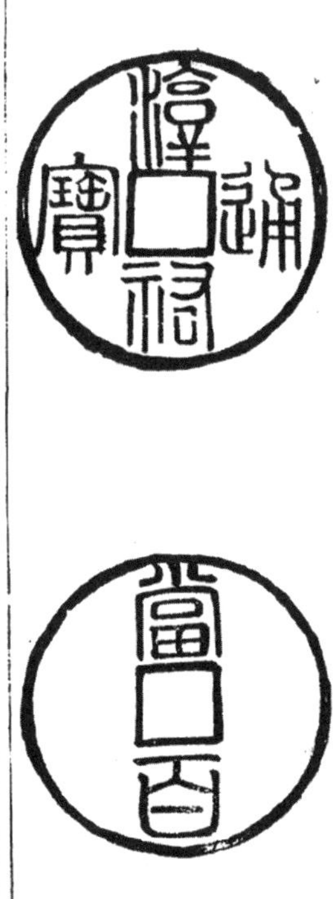

篆譜大錢背文當百吉金錄據陳興伯云宋自開寶以來各路置錢監有折二折三折五之殊自蔡京當國專以利惑人主崇寧大觀當十錢通行論者擬之景王大錢然未聞當百也理宗

朝軍興旁午殆以是承其乏也

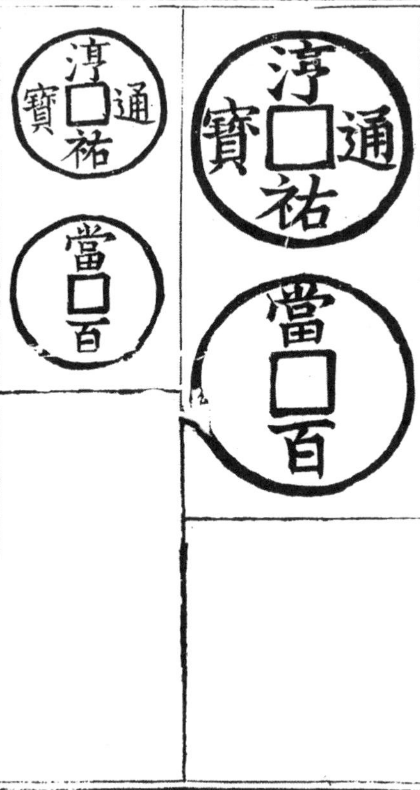

眞書當百大錢大小二品小者形與當二十者同而所直懸殊

錢法之壞可見泉幣圖說又有淳祐重寶錢

鐵大錢背亦當百與銅錢同字不斷

古泉匯　利十四　十二

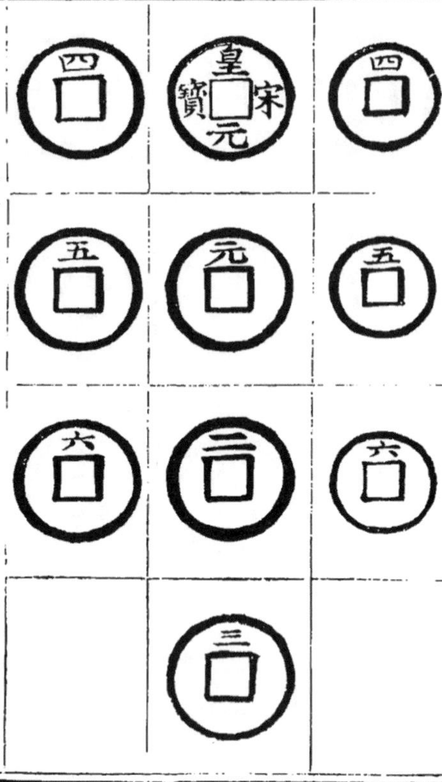

亦理宗錢小平當二兩種背文俱自元至六仝宋食貨志寶祐

元年新錢以皇宋元寶爲文蓋亦以寶字不可重也

右鐵錢面穿下字不斷背平按北宋亦鑄皇宋錢皆上下讀此

右旋讀故定爲南宋物彙考折二錢亦有鐵者

亦理宗錢小平折二兩種　西清古鑑按本紀開慶元年行開

古泉匯　利十四　十三

慶通寶錢吉金錄按理宗改開慶僅一年又改景定故背文止

元字彙考又有鐵錢背上漢字者

亦理宗錢背文自元至五仝續通考景定元年詔鑄新錢以景

定元寶爲文

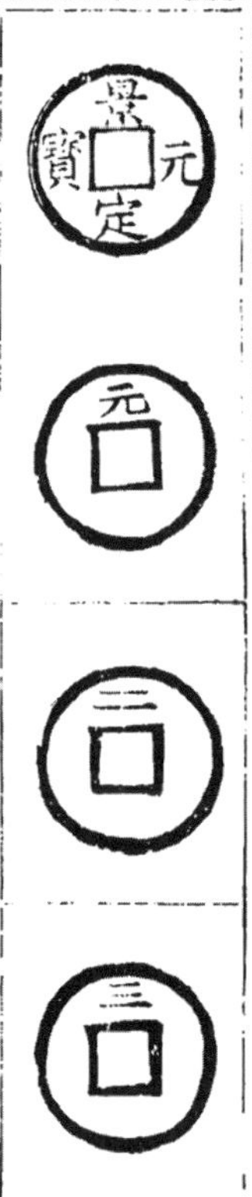

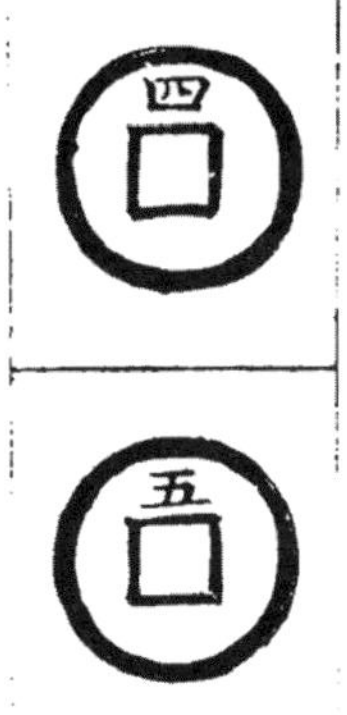

折二錢背文亦自元至五全按景定紀元僅五年六年即傳位度宗也宋自開國以來代有鐵錢止於景定景定元寶小平鐵錢曾見拓本以後不復見鐵錢矣

古泉匯　利十四　十三

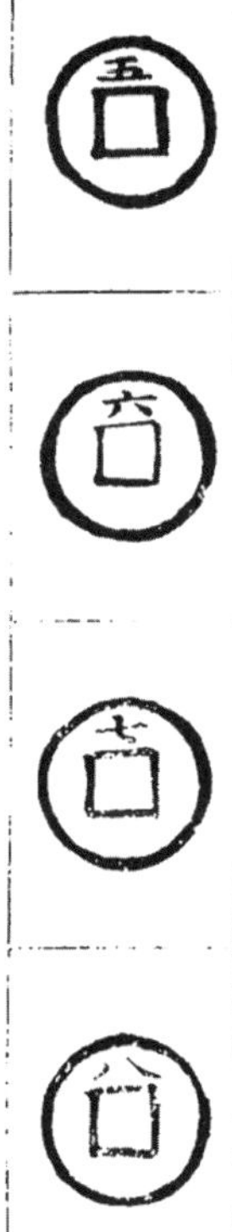

度宗錢背文自元至八缺四字

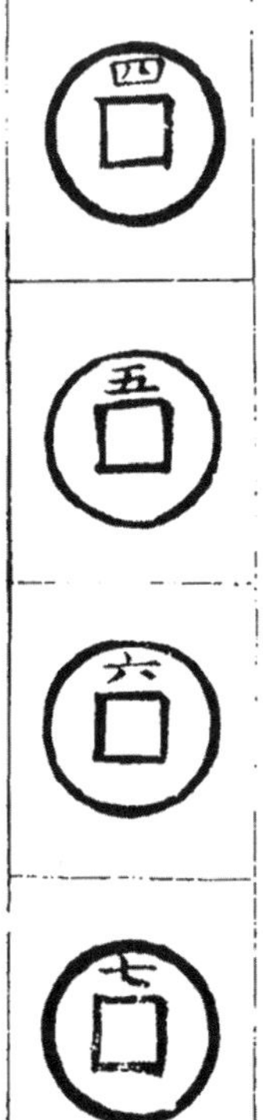

折二錢背文自元至八全永樂大典宋史咸淳元年鑄錢文曰咸淳元寶有小錢折二折三凡三等今未見折三者

古泉匯　利十四　十四

恭宗錢小平折二二品背皆無文宋史幼主德祐元年鑄德祐元寶按此錢傳世甚少

端宗錢背亦無文泉幣圖說景炎通寶端宗福州鑄宋史不載

此錢更少曾於友人處見之

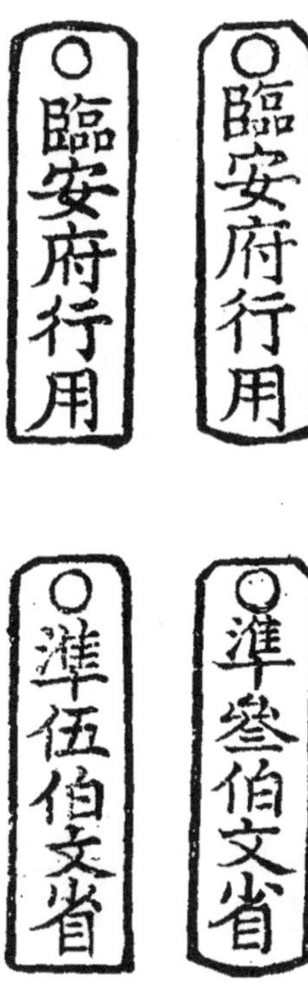

南宋銅錢牌面文同背文準三百五百者又有壹百貳百者未見宋史職官志建炎三年詔改杭州爲臨安府此牌金石契謂高宗行軍缺用此權濟一時非常法也故史不書其事愚按史既失載未必定屬高宗然爲南宋物無疑故附南宋末其形造加曰準者與一刀平五千平字義同曰省者棄考云遍考漢隱帝時舊制錢出入皆以八十爲陌王章爲三司始令入者八十出者七十七謂之省陌粤西金石略宋修桂州城圖記支用錢四萬四百八十貫三百五十三文省關子七百六十六貫文省宋史理宗本紀景定五年詔行關子銅錢法每百作七十七文足王秋澗集中統元寶壹貫文省貳貫文省注文省如七十足陌八十足陌鈔文故作文省參考諸說是省者錢數不足之謂也可與此牌互證

附未見南宋錢

招納信寶　紹興元年劉光世鑄

古泉匯利集卷十五

遼

遼太祖錢　西淸古鑑按遼耶律阿保機於後梁末帝龍德二年改元天贊遼史食貨志鼓鑄之法先代撒刺的以土產多銅始造錢幣太祖襲而用之遂致富強以開帝業劉燕庭云有眞書者

景宗錢　西淸古鑑景宗保甯十一年改元乾亨是爲宋太宗太平興國四年食貨志景宗以舊錢不足於用始鑄乾亨新錢錢用流布按南漢亦有乾亨錢文皆上下讀此右旋讀

聖宗錢鍾官圖經乾亨四年九月聖宗嗣位明年改元統和當宋太平興國八年以上二品元字皆左挑倣開元式

亦聖宗錢背平按統和二十九年改元開泰此品爲戴醕士藏

亦聖宗錢　西淸古鑑開泰九年改元太平則宋天禧五年也食貨志聖宗鑿大安山取劉守光所藏錢散諸五計司兼鑄太平錢新舊互用此錢亦右旋讀與宋太宗錢異元字亦左挑

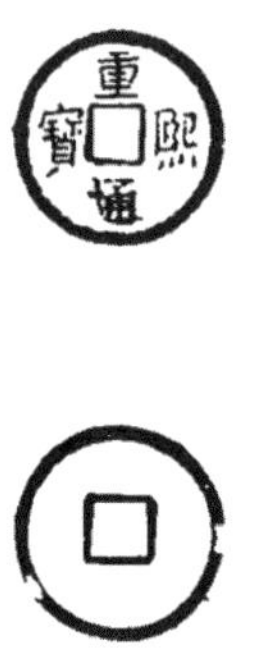

興宗錢　西淸古鑑按宋仁宗明道元年爲遼興宗景福元年次年改元重熙興宗本紀重熙二十二年長春州置錢帛司

道宗錢鍾官圖經按道宗於重熙二十四年八月嗣位改元清寧爲宋至和二年遼食貨志不載清寧錢制

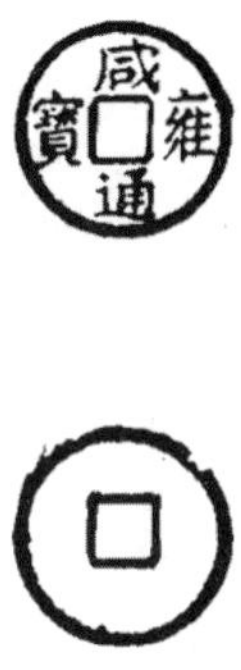

亦道宗錢遼史清寧十年冬改明年爲咸雍舊譜曰宋治平二

古泉匯 利十五 三

年耶律洪基鑄

亦道宗錢元寶通寶二種按咸雍十年冬改明年爲大康當宋熙寧八年遼史大作太

亦道宗錢元寶通寶二種安字各異按大康十年冬改明年爲大安當宋元豐八年也

亦道宗錢遼史食貨志道宗世錢有四等曰咸雍曰大康曰大安曰壽隆而泉志以爲壽昌錢大昕潛研堂金石跋曰安德州靈巖寺碑云壽昌初元歲次乙亥洪遵泉志有壽昌元寶錢引東北諸蕃樞要云契丹主天祐年號壽昌又引北遼通書云天

古泉匯 利十五 四

祚即位壽昌七年改元乾統今遼史作壽隆初疑泉志之誤然所見遼時石刻稱壽昌者多矣無云壽隆者東都事略文獻通考皆宋人書亦稱壽昌其以爲壽隆者遼史之誤也況遼人謹於避諱光祿卿改崇祿避太宗諱也女真改女直避興宗諱也追稱重熙爲重和避天祚嫌名也凡石刻遇光字皆缺畫或作先道宗者聖宗之孫而以壽隆紀元犯聖宗之諱此理之必無者矣竊考引正閏考亦云遼道宗年號壽昌見東都事略范成大攬轡錄又云壽昌元年爲宋紹興二年今未見壽隆錢

天祚帝錢洪志天祚改元乾統注見前董遹曰宋崇寧元年延基鑄稱誤作基策考乾統元年爲建中靖國元年崇寧元年乃乾統二年也

亦天祚帝錢元寶通寶二種遼食貨志天祚之世更鑄乾統天慶二等新錢　西清古鑑天祚帝乾統十年改元天慶則宋徽宗政和元年也按遼錢皆右旋讀惟開泰及天慶通寶作上下讀又有通寶背上月者遼代典章文物半不可考即史亦多云未詳即如大安錢今世尚有而志以爲肉好銖數無所考修史者之疏略可見且遼志鑄錢歲五百貫較之宋神宗時歲鑄六百餘萬貫多寡懸殊故今北宋錢多而遼錢甚少所可稽者僅此

附

僞齊劉豫

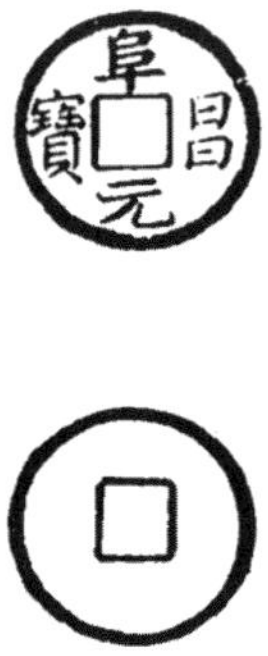

僞齊劉豫錢篆真二種俱曰元寶三品微大似當二宋高宗本紀建炎四年七月金人立劉豫爲帝國號齊九月劉豫僭位於

北京叛臣傳建炎四年劉豫即僞位十一月改明年爲阜昌按阜昌元年即宋紹興元年也金史食貨志金初用遼宋舊錢天會末雖劉豫阜昌元寶阜昌重寶亦用之吉金錄豫係景州阜城人知濟南府叛降金金人冊立爲帝改元阜昌紹興七年金人執而廢之凡八年滅爲時甚暫故錢絕少

亦元寶錢似當三永樂大典金史天會八年濟南劉豫爲帝改元阜昌當時所鑄錢凡六品大重寶次通寶小元寶並皆真篆制作頗精今所見元寶亦有大者

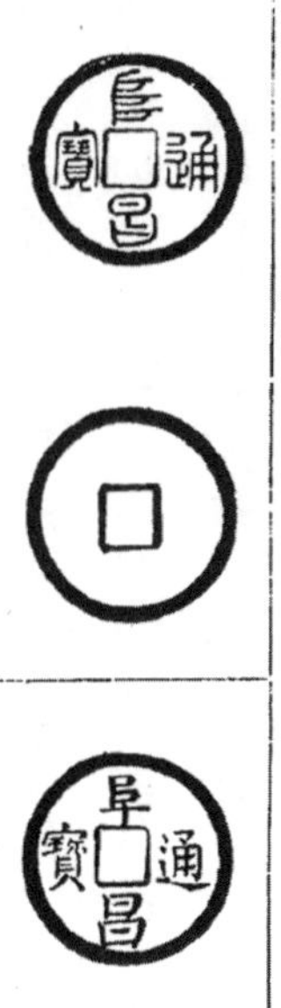

二品正合

通寶錢一篆書次真書似當二金史所稱六品錢次曰通寶此

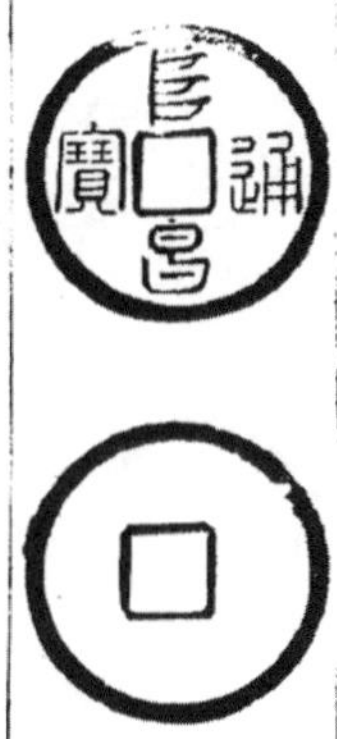

亦通寶錢篆書似當三

重寶錢篆真二品似當三或當五

附西夏李乾順仁孝純祐安全遵頊

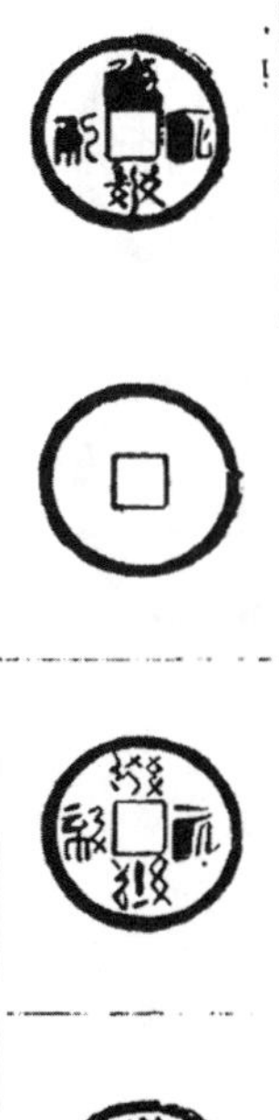

西夏梵書錢三品洪志梵字錢不可辨大抵類展馱吐蕃錢此錢今所見者尚不止三品皆不可識吉金錄據劉青園曰涼州出土古錢數甕其中唐宋遼錢及西夏元德天盛乾祐天慶皇建光定諸品皆有而此種梵字錢亦有數品又嘗於涼州大雲寺訪得古碑碑陽正作此等字碑陰楷書則天祐民安五年乃

知此錢爲西夏梵書劉燕庭曰曾以所藏西夏天祐民安碑字證之筆法無異其爲西夏錢無疑按天祐民安紀元尚在元德以前則此錢當是西夏開國時物尚與中華文字不通迨後改用漢字始有元德以下諸品也

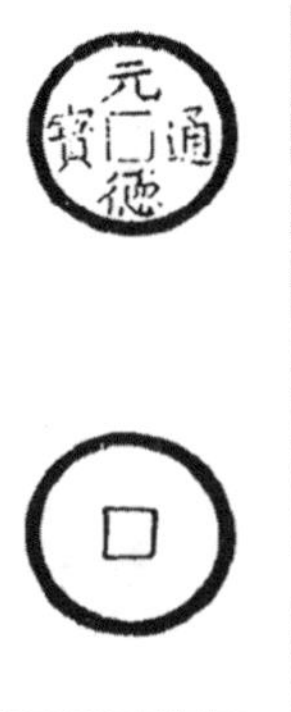

崇宗李乾順鑄錢官圖經按元德爲夏崇宗年號西安載記紹與二十八年爲夏仁宗仁孝天盛十年始立通濟監鑄錢元德

中並未聞鼓鑄然史冊疏略往往有之況西夏僻在偏隅文物
未備耶未必天盛以前即無鼓鑄也

仁宗李仁孝錢　西清古鑑夏人慶六年改元天盛時則南宋
高宗之紹興十九年而金煬王之天德元年也宋史西夏紀天
盛十年立通濟監鑄天盛元寶錢今銅錢少而鐵錢多

鐵錢制作文字與銅錢同

亦仁宗錢吉金錄按天盛二十一年改元乾祐五代漢隱帝亦
號乾祐然羅中請在京置監鑄錢疏奏不報是未嘗鑄也此錢
制作精妙類西夏錢故附於茲

鐵錢與銅錢同今亦銅者少而鐵者多

桓宗李純祐錢吉金錄按仁孝子嗣立改元天慶遼天祚帝亦
有天慶錢與此異

襄宗李安全錢按桓宗弟即位應天四年改元皇建

神宗李遵頊錢按遵頊於皇建二年僭位改元光定

金

煬帝錢文品背四面月金食貨志金初用遼宋舊錢並製交鈔
海陵王正隆二年始議鼓鑄中都置錢監曰寶源曰寶豐京北
置錢監曰利用文曰正隆元寶　西清古鑑金煬王貞元四年
改元正隆則宋紹興之二十六年也

古泉匯　利十五　十一

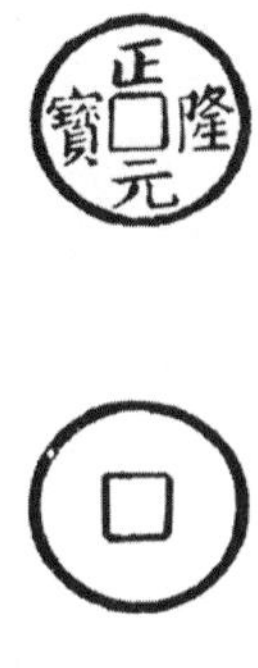

鐵錢與銅錢同文

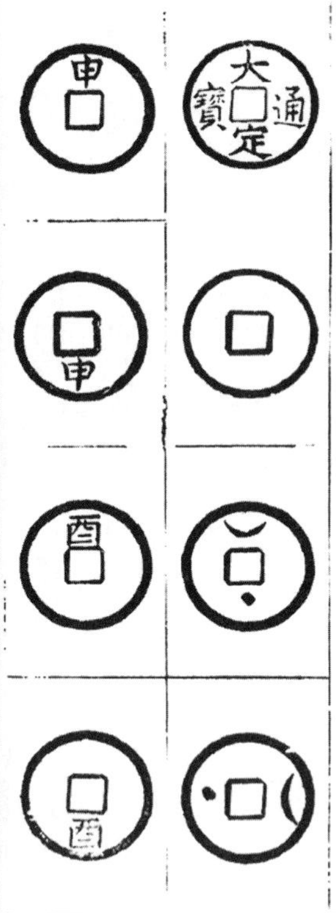

世宗錢背月星申酉字共七種　西清古鑑按史大定十五年
增鑄新錢十八年代州立監錢文曰大定通寶二十七年曲陽
縣鑄錢別爲一監二十八年京府及節度州增置流泉務金代
鼓鑄是時最盛背文申酉亦紀年也彙考有背上月下星者四
面月者上作小圈者⊙形者

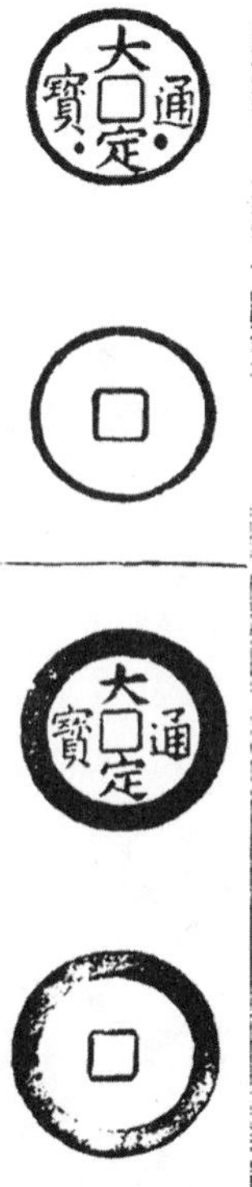

一面下左右二星文較大濶緣似當二錢金食貨志大定錢世

古泉匯　利十五　十二

傳其料微用銀故品銅色純白殆和銀所鑄

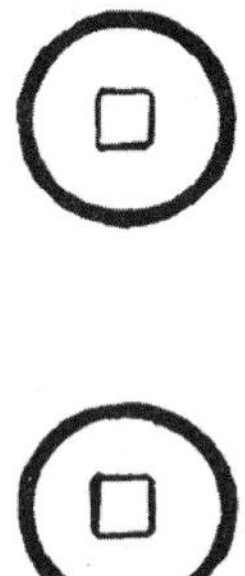

同文二品一面背正背二背倒背三面背無文然形制銅色與
大定錢無異又有面文正背文向左者

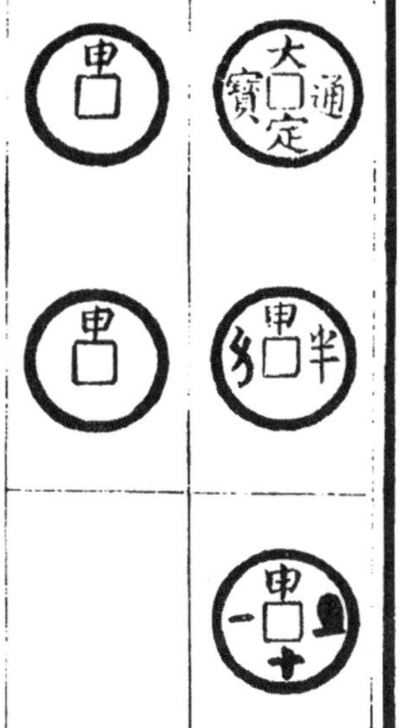

一背上申左右半分二上申下十左一右不晰三穿上兩面申字亦大定之合背同文者也泉考又有申半分錢穿下雙圈者又有上半下分左右二圈者四旁卦象者劉燕庭有面申背酉俱在穿上者

面文大定無通寶字背上下左右四圈

一背文聖宋元寶篆背錢質純薄非兩枚粘合者與聖宋錢背文唐國通寶者同均不可解次品背正隆元寶泉考又云有大定背文崇寧者金代錢制多仿宋徽宗錢於此益信

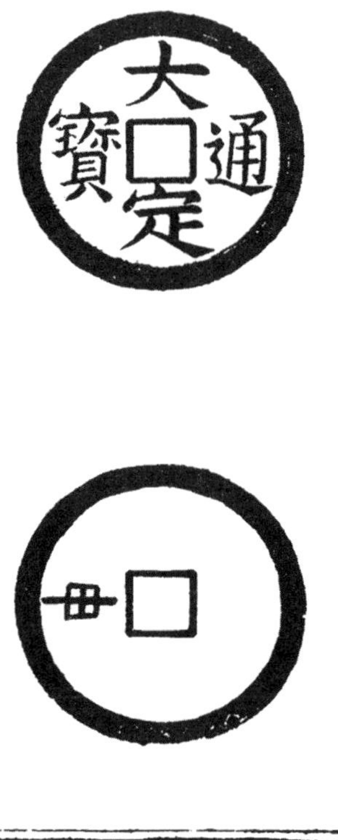

大錢背申字在左向右書形製之鉅爲金錢所僅見史無明文不知行用若何爲吳我鷗所藏又有背上齊字者不可解

鐵錢與銅錢同金史不載

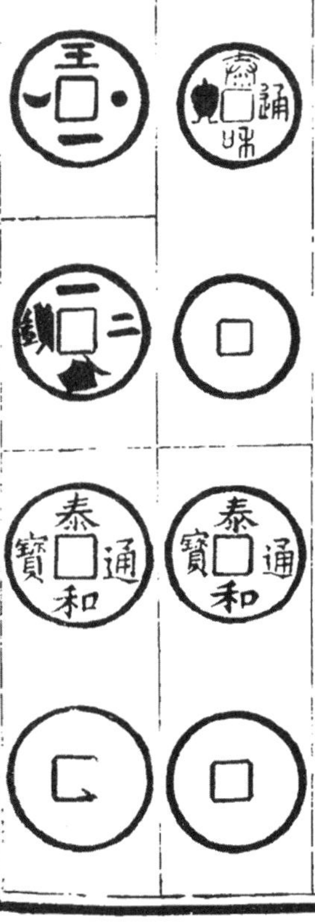

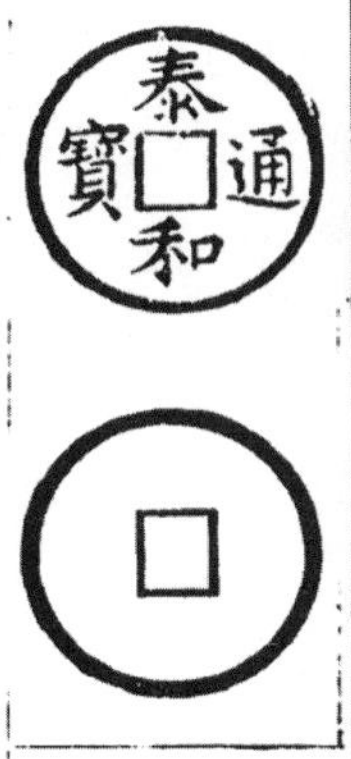

章宗錢六品以次迭大一小平錢篆書餘真書二三四似當二五六似當三按史稱鑄大錢此外無明文鍾官圖經有泰和通寶錢似當二而小平當三兩種則諸譜未載然是錢確非僞品可補史冊之缺三背文上王下一不可解左右星月則仿舊式然仰月在左亦創見也四背不嘶上下似一分左右似二錢或記直耶

古泉匯　利十五　十五

合背錢亦似當二

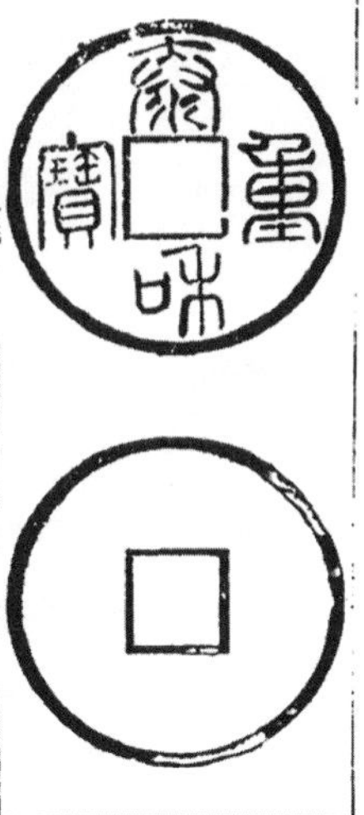

當十錢　西清古鑑按食貨志稱泰和四年鑄大錢一直十篆

文曰泰和重寶與鈔並行此錢是也

古泉匯　利十五　十六

一合背次面背俱四曲文向外窠考有合背背文向上者吉金錄有面文傳形背四曲文者

此品更大於當十者史亦不載未識行用若何

宣宗錢諸譜未載彙考亦云未見惟據淵鑑類函金宣宗鑄貞祐通寶錢又按食貨志貞祐四年或請鑄當百大錢後亦不用或宣宗時亦曾鑄錢與鈔並行歟

附未見遼金西夏錢

應歷通寶　應歷重寶遼穆宗

康國通寶遼德宗

感天元寶遼感天皇后

天授通寶夏景宗

大德元寶夏崇宗

乾定元寶夏獻宗

承安寶貨金宣宗

古泉匯利集卷十六

元

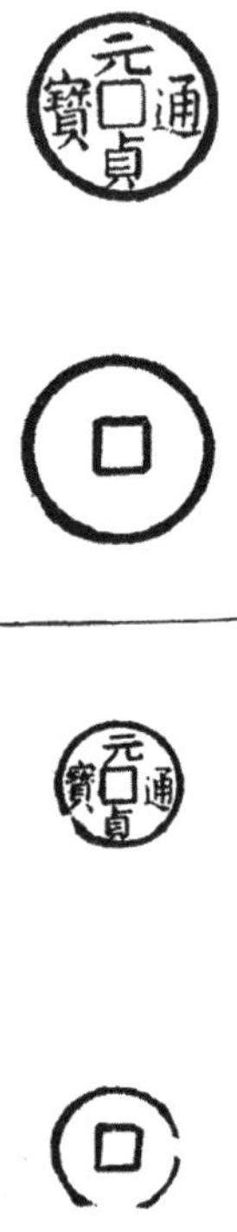

成宗錢大小二品皆曰通寶按成宗於至元甲午嗣位乙未改元元貞彙考有徑七分五分兩種即此

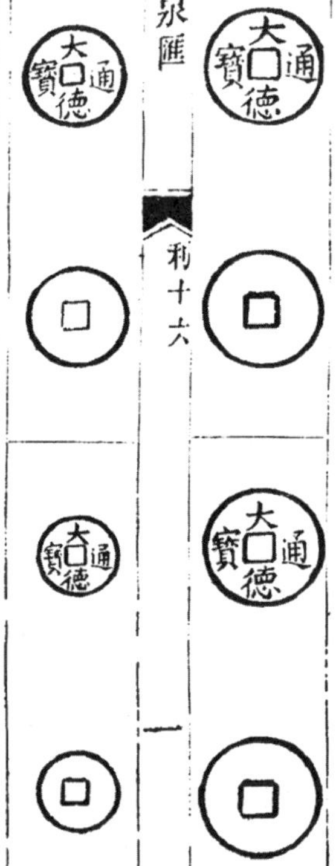

亦成宗錢四品以次迭小皆通寶按成宗元貞僅二年即改元大德西夏崇宗亦號大德然此錢頗似元錢彙考又有當二者

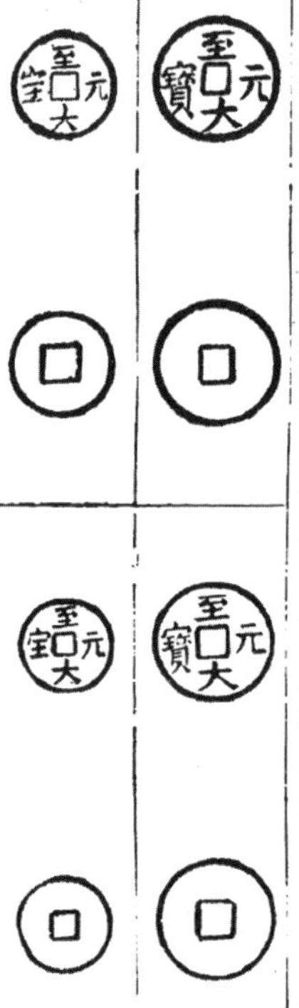

武宗錢四品亦以次迭小皆曰元寶按武宗紀至大二年大都

立資國院山東河東遼陽江淮湖廣川漢立泉貨監三年命以
歷代錢與至大錢參用

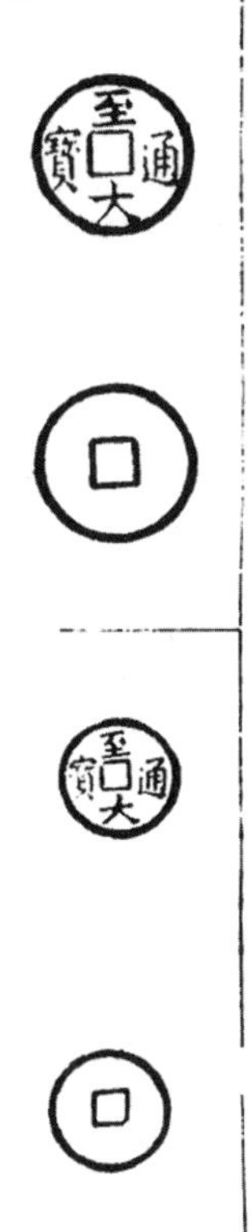

大小二品皆曰通寶元食貨志武宗至大三年初行錢法立資
國院泉貨監其錢曰至大通寶者一文準至大銀鈔一釐茲品
是也但今元貞大德諸品俱在是至大以前已有鼓鑄也

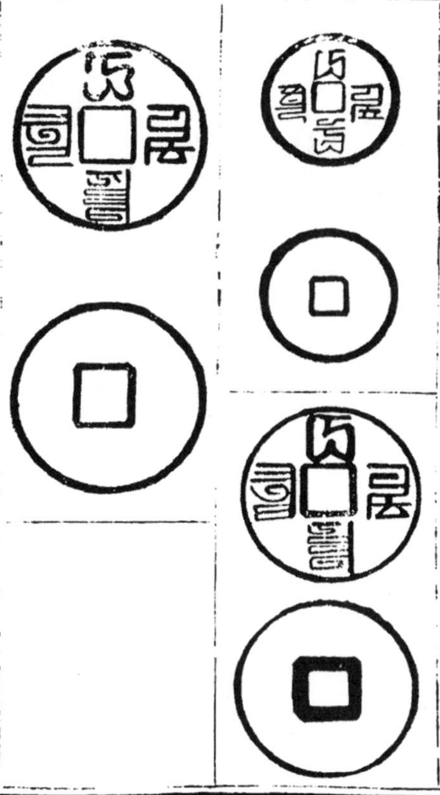

蒙古篆書大元通寶錢三品以次遞大一似當三次當五三則

當十也通字在左寶字在右與至元通寶同蓋蒙古字皆自左
向右讀也元食貨志至大三年立監鑄錢曰大元通寶者一文
準至大通寶十文其當五當三折二舊數用之明年皆廢不行
彙考據葉子奇曰元朝止行鈔法獨至大官裡行至大二等錢
當五以蒙古字書小錢以楷書按子奇未諳蒙古字爲大元通
寶故云然然大元之確是至大年鑄自可信耳惟折二者未見
又有大錢篆書大元國寶背文至元者

仁宗錢元寶一品極小通寶大小二品又延祐三年一品按仁
宗皇慶三年改元元祐劉燕庭云有延祐三年錢背大昊天寺
四字應是當時鑄錢施於寺中者

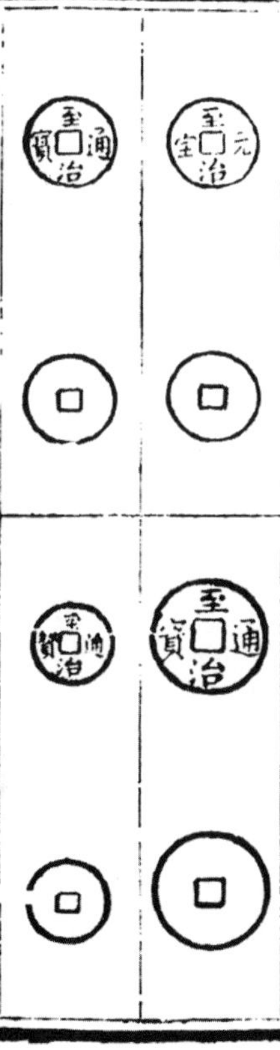

英宗錢元寶一品通寶三品以次迭小元史仁宗延祐七年太
子碩德立改元至治

二品曰至治元年形同而字小異

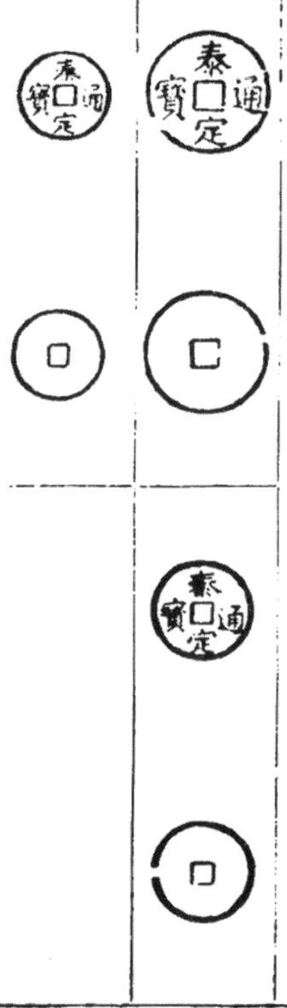

泰定帝錢三品以次迭小元史至治三年泰定帝卽位次年甲
子改元泰定

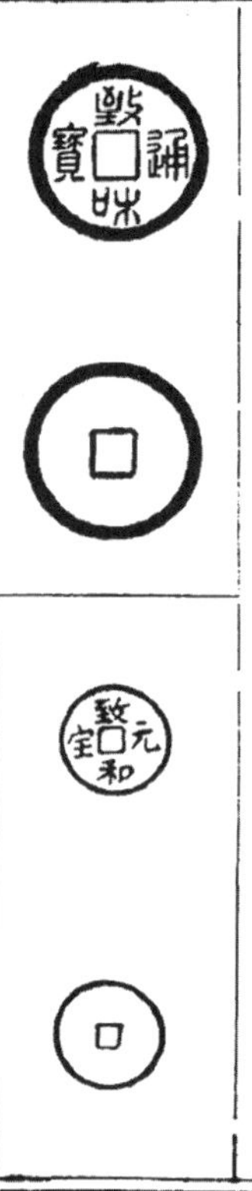

亦泰定帝錢小平錢篆書曰通寶小錢真書曰元寶元史泰定
帝於戊辰年改元致和旋殂時僅半載故錢更少

文宗錢一元寶次通寶三四背太乙護聖五面壬申背護聖三
以下穿作四曲文元史天曆三年庚午改元壬申乃至順三年
也叢話元時用鈔不甚鑄錢或爲供養之用往往得諸古刹
大小似以意爲之今觀太乙護聖確屬廟宇之物元時各代多
有小錢當亦此類

順帝錢元寶通寶二品元史順帝於癸酉年改元元統此錢諸
譜俱未載

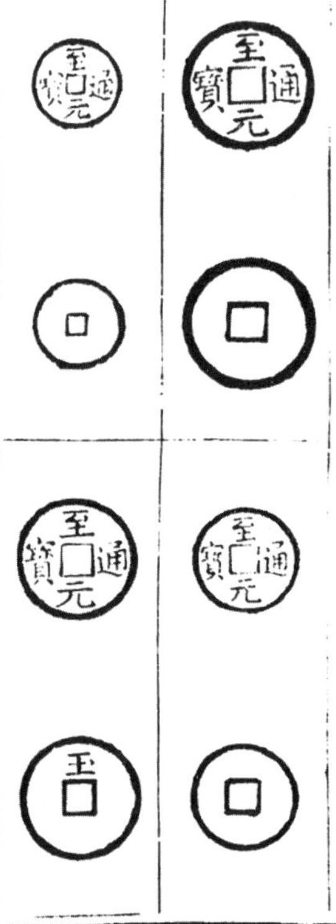

亦順帝錢大小三品又背玉字一品元史順帝於元統二年改
明年爲至元

小錢一元寶背戊寅次至元戊寅三背文香殿順帝改元屬乙亥戊寅則至元四年也背文香殿與前至字者當亦寺觀所鑄吉金錄按至元六年改至正至正十一年始詔鼓鑄則至元年不應有錢然形模字文與至正錢無二而戊寅又爲至元四年之年于蓋元以鈔法爲重錢幣多略而不書卽至大至正等錢近世所見者品類不少食貨志俱未詳也又按世祖中統四年改明年爲至元至元十五年亦爲戊寅然彼時尚稱帝於斡難河一年後始滅宋入中國其時或未暇及此愚按元史盧世榮傳至元二十二年世榮奏鈔法虛歛莫若依漢唐故事鑄至元錢世祖曰便益之事當速行之四閱月所行不符所言罷之是世祖試行僅四月其錢未必有傳世者故依吉金錄定爲順帝錢且元史仁宗皇慶元年下詔廢錢監至正始復開鑄今元祐以下諸品除小錢多廟宇供養所用不載史冊外至小平錢自是行用之物色澤俱古並非僞作其或當時民間未斷私鑄耶抑或官監原未盡廢而史佚之耶不可知已

古泉匯　利十六　六

至元蒙古字錢二品似當二當三者按蒙古書錢二種此曰至元通寶至字與大元通寶大字迥異彙考證之蒙古字韻確是至字非大字左通右寶與大元錢同舊譜以爲一種誤也

古泉匯　利十六　七

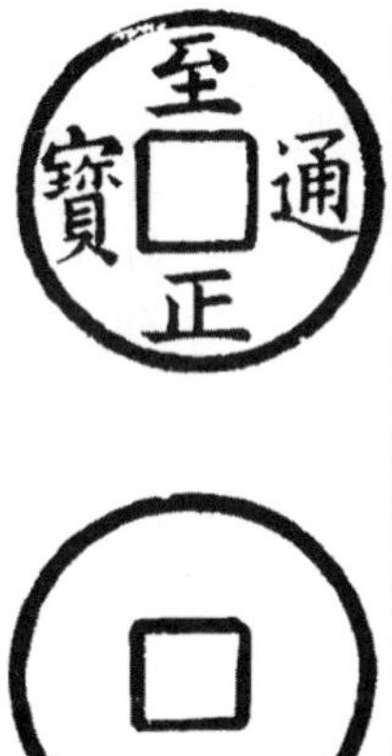

亦順帝錢一小平二小錢三當十元食貨志至正十一年置寶泉提舉司掌鼓鑄至正通寶錢按背無字者僅見此三品

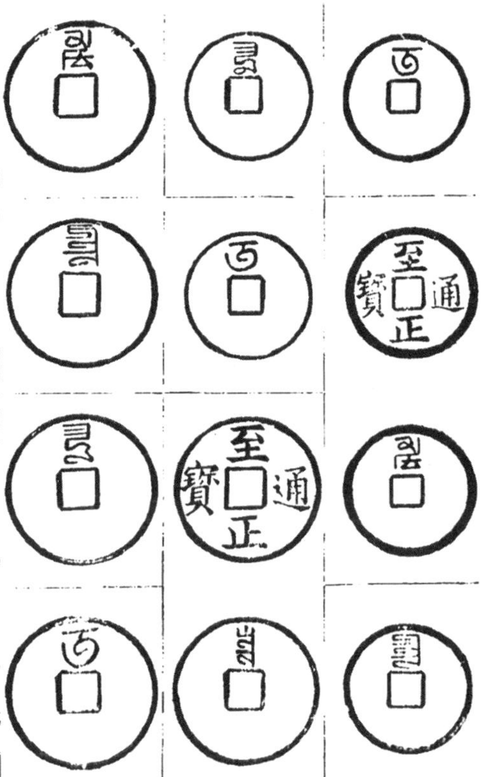

至正錢三種一至四小平五至八當二九至十三當三背上俱
蒙古字彙考釋爲寅卯辰巳午紀年也小平當二俱鉠寅字者
諸品疑至正十年庚寅至十四年甲午所鑄考史云十年十一
月詔鑄至正錢是開鑄雖起於寅年而已屆冬月爲時甚暫故
寅字錢絕少

當二當三錢二種背上蒙古字彙考釋爲二三下眞書二三字

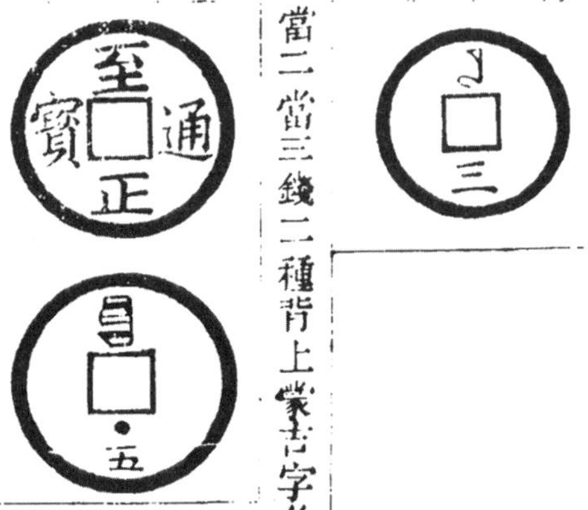

當五錢背上蒙古字不斷下一星眞書五字紀直也

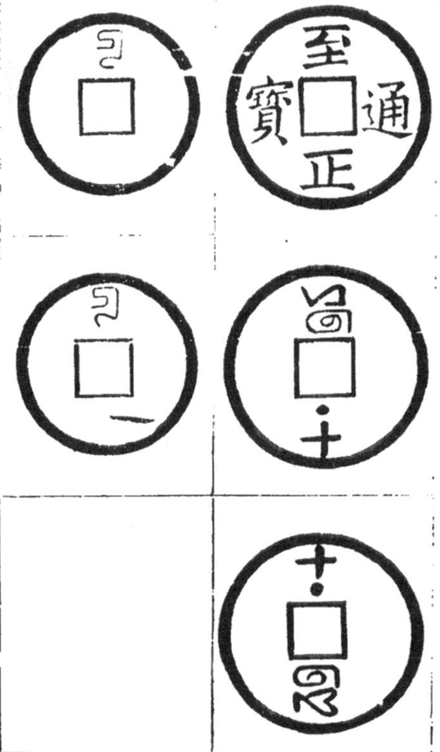

當十錢一　背上蒙古字彙考釋爲戊應是戊年所鑄下一星眞書十字次品背同而倒置之三四五背上字彙考釋爲十四背下一畫五横列壹兩重三字形較大諸品皆有十字自係當十錢彙考又有背下一星眞書五字背上五字作𠄡與午同者

古泉匯　利十六　十

權鈔大錢三品以次遞大面文至正之寶同背上吉字右權鈔同左曰一錢一錢伍分貳錢伍分所直亦遞增吉殆取吉貨之義又有背左伍分二字乃權鈔之最小者

古泉匯　利十六　十一

背文伍錢乃權鈔之最大者泉史按元初頒中統鈔是以鈔權錢也既又頒至元鈔一當中統鈔之五是以鈔權鈔也至正之

寶勸數於幕所權者即至正銀鈔也始以鈔權錢繼以鈔權鈔終以錢權鈔鈔法大壞遂致交困至大通寶一文準銀鈔一釐以此核計權鈔伍錢當値至大五百文而食貨志不載

面上下兩字背穆清銅寶應亦寺觀之錢香殿護聖之類也劉燕庭云又有面文至正元年者上至右正左元下年上及右左及下讀之

附　僞宋韓林兒

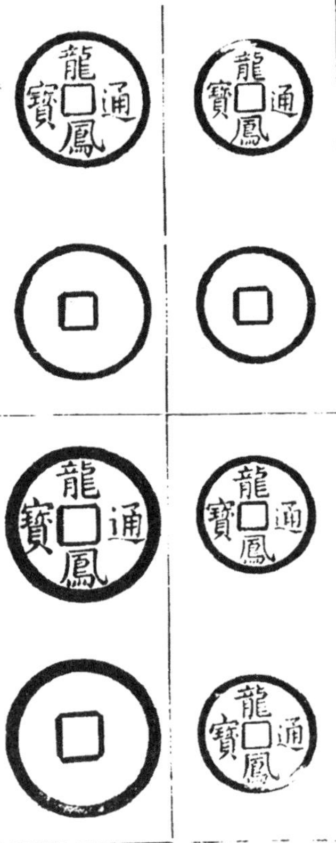

龍鳳錢一小平二合背三當二四當三元史至正十五年韓林兒立爲帝又號小明王建都亳州國號宋改元龍鳳

附　僞漢陳友諒

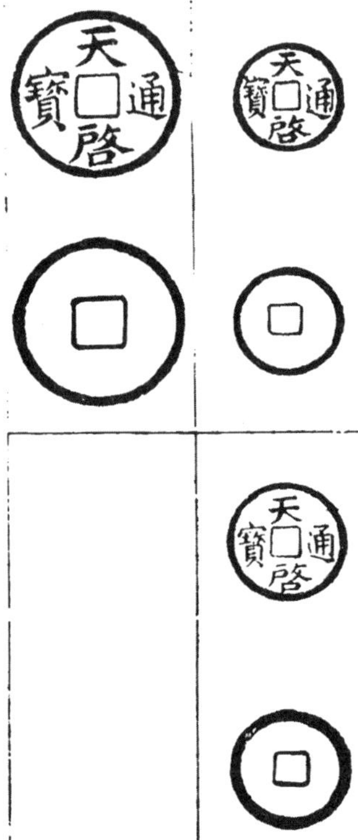

陳友諒錢小平當二當三共三品陸深豫章漫鈔戊戌徐貞一下陳友諒始據江西改元大啓明年己亥爲天啓二年四月又

改天定五月友諒自稱大義元年按戊戌爲元至正十八年至二十年壽輝被友諒篡殺此錢尚在未篡以前故亦以爲徐壽輝據江西所鑄又考据建元考曰天啓天定改於壽輝末年疑即友諒所改故即斷爲友諒錢又考竹窗辨頤雜錄明時寶源局出舊貯天啓錢數十文古色陸離詢之羣臣莫知其由是明天啓以前早有此錢考梁蕭莊魏元法僧并南詔俱有此年號然皆不聞鑄錢且此錢仿元錢式與天定大義諸錢無異故知爲元末明初之物

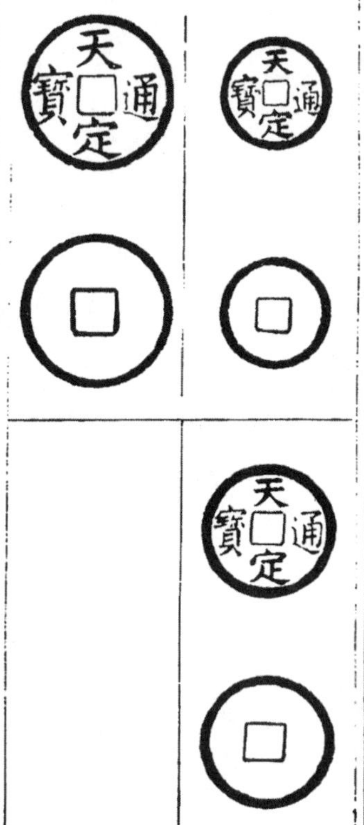

亦陳友諒錢小平當二當三三品注見前又百祿權衡庚申外
史云陳友諒之篡徐眞一也僭號大漢改元天定大義

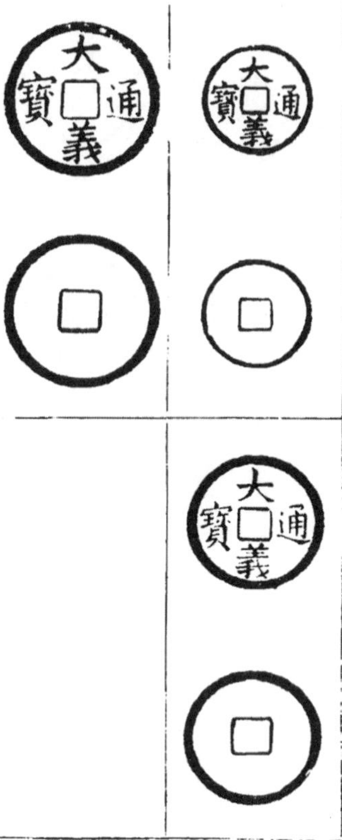

亦陳友諒錢小平當二當三三品注見前又茶嚴逸考元至正
二十年陳友諒稱帝於江州僭號漢改元大義鑄錢曰大義通
寶

別僞周張士誠

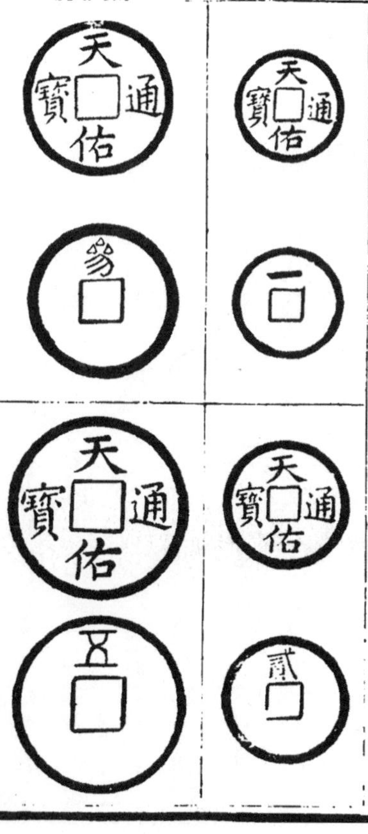

張士誠錢小平當二當三當五四種背文一二三五皆紀直也

翁宜泉曰古小錢文面背兩種書者茲面楷背篆殆仿至正背
篆古字而沿爲篆書歟輟耕錄張士誠據高郵改至正十六年
爲天佑三年國號大周以承天寺爲宮毀銅佛像爲錢按天佑
史作祐今錢作佑與元末諸錢相類鍾官圖經彙考錢錄諸譜
均定爲張士誠物錢錄曰史作祐誤錢幕韻編有背上壹字者

附　未見元錢并元末僞錢

皇慶通寶元仁宗

天統元寶夏明玉珍

明

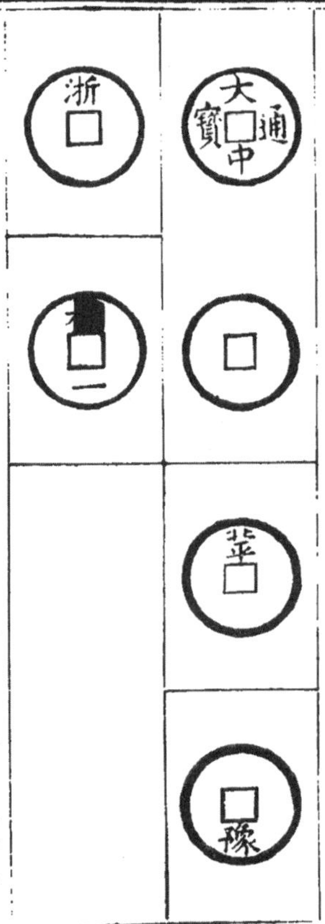

明太祖錢二三四背皆紀地五背上字不晰下一字似紀直皇明法傳錄元至正二十一年太祖置寶源局鑄大中通寶錢王

漁洋池北偶談明太祖初建國號意在大中既而祈天乃得大明故當時錢又有大中通寶春明夢餘錄洪武元年改大興府爲北平府豫則河南浙則浙江也又有背左廣字者

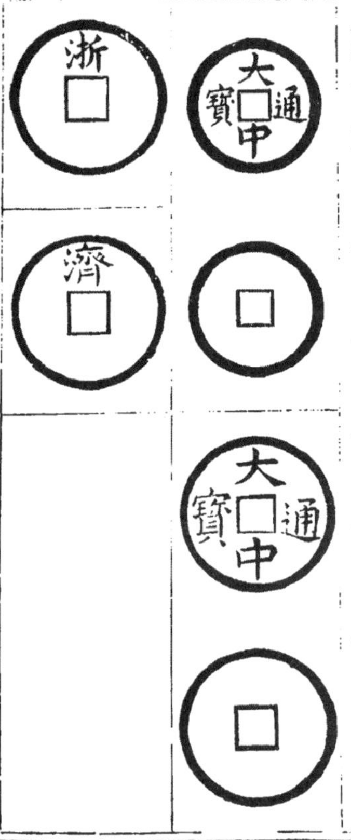

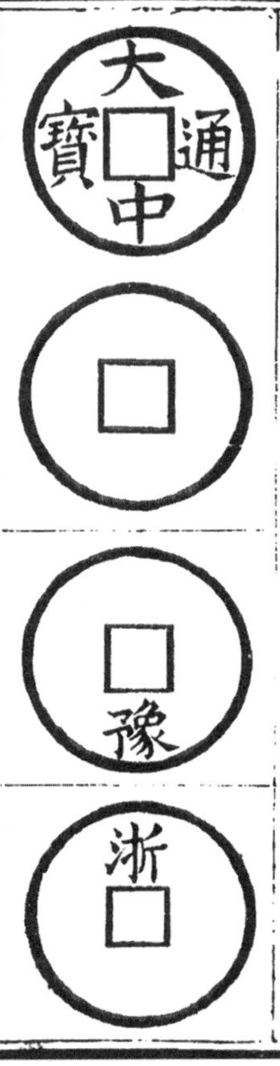

似當二次及四當三背浙字見前濟則山東也

當五錢次背豫字在下三浙字在上　西清古鑑按明會典太祖初置寶源局於應天鑄大中通寶錢及平陳友諒命江西置貨泉局頒大中通寶大小五等錢式考五等錢則小平當二當三當五及當十也

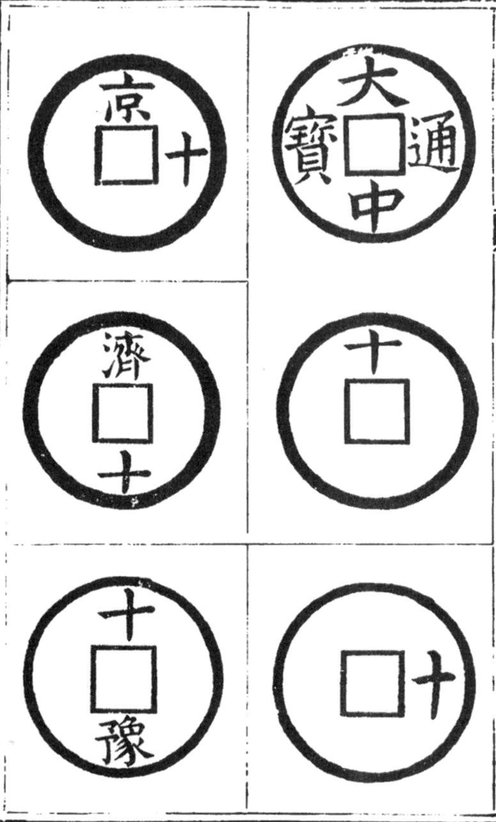

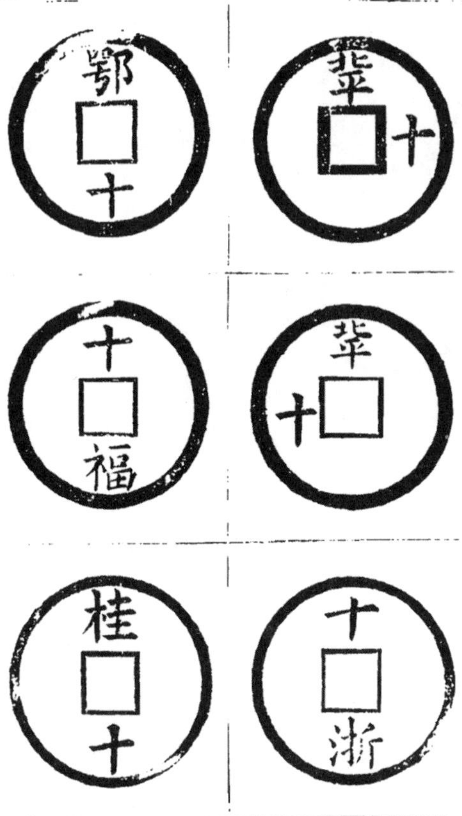

古泉匯　利十七　三

當十錢背紀地兼紀直京則南京鄂則湖廣福則閩中桂則廣西也餘見前又有上十右廣者

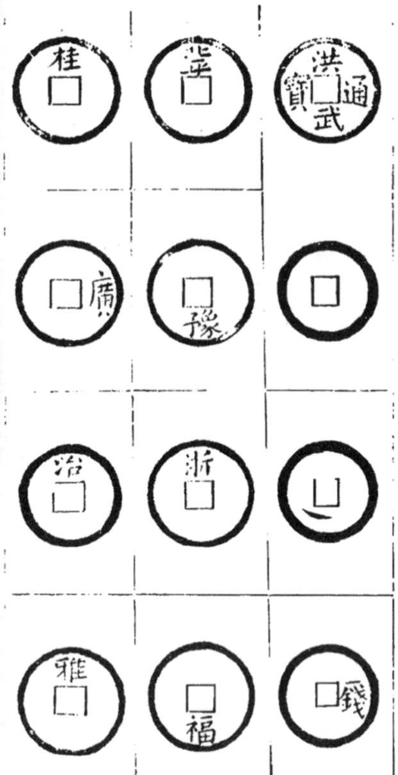

亦太祖錢背次下一畫三右文一錢四以下紀地同前廣乃廣東治雅二字義未詳雅或雅州所鑄耶明食貨志太祖即位頒洪武通寶錢凡五等當十當五當三當二當一當十重一兩餘遞降至重一錢止各行省皆設寶泉局與寶源局並鑄俟恂曰重各如所當之數小錢重一錢又有京字者濟字者

古泉匯　利十七　四

當二錢二錢者重二錢也二福者閩中所鑄之當二紀地兼紀直也當二紀地者僅見此

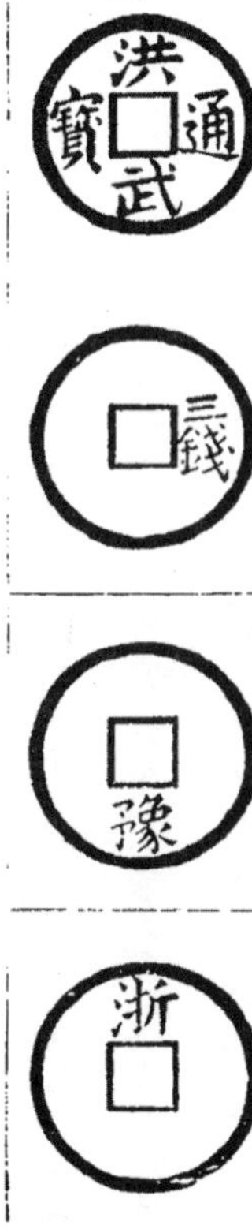

當三錢背紀重並紀地與前同又有右廣左三者

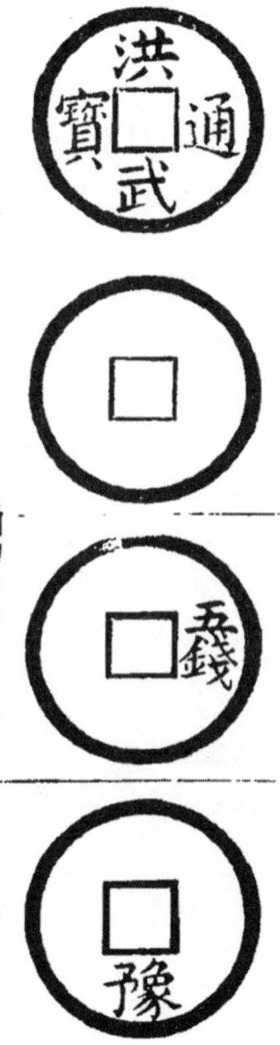

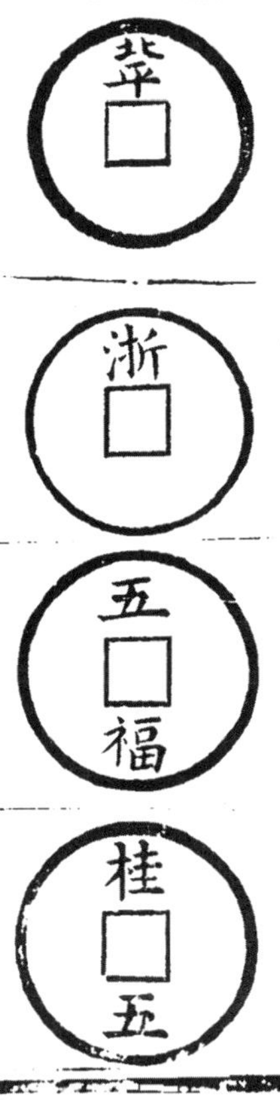

當五錢背紀重紀地紀直同前

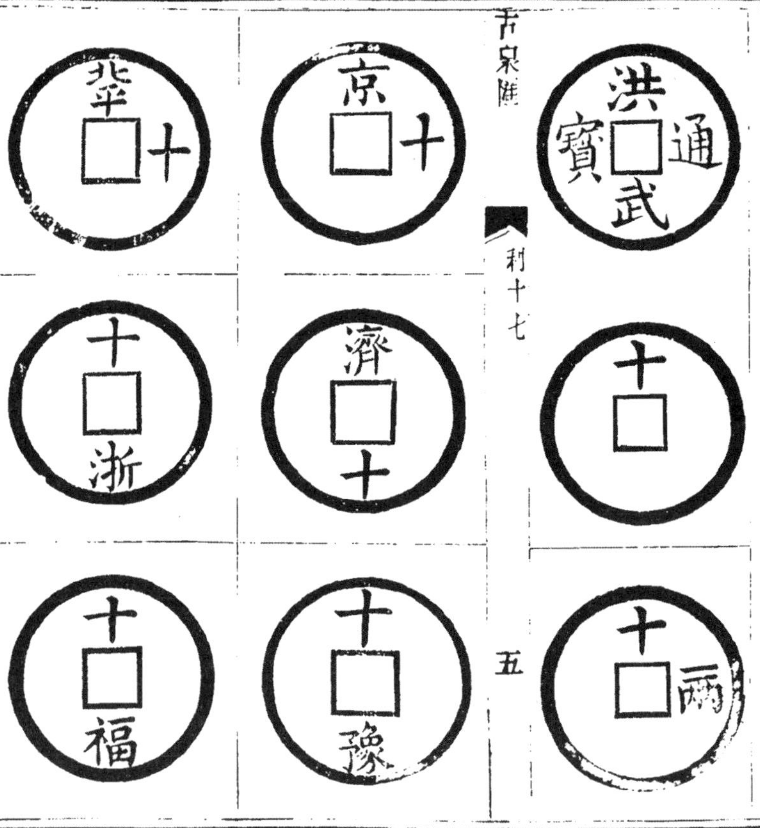

當十錢背一紀直二兼紀重三以下紀直兼紀地與前品略同末品潤緣較當十錢重大過之然五等錢予當十爲止不聞此外更有倍直者則仍屬當十也又有上鄂下十者上桂下十者上十下滇者

惠帝錢背平考建文年無鑄錢明文叢話曰明史稿嘉靖六年補鑄洪武至正德九號泉每號一百萬統一錠五千文景泰以出廟獨無泉文按洪武至正德去景泰尚有十號洪武建文永樂洪熙宣德正統天順成化宏治正德也此云九號未知何號獨不補鑄陳氏圖經云無建文而今有是泉足正其誤愚所見建文天順成化宏治四種各有小錢背俱平

成祖錢會典永樂六年鑄永樂通寶明食貨志成祖九年鑄永樂錢彙考有小錢背平如建文錢式疑是補鑄錢又有大小五種錢略如大中洪武之制

古泉匯　利十七　七

仁宗錢邱濬大學衍義補聖祖剏大中通寶洪武通寶太宗鑄永樂通寶宣宗鑄宣德通寶百年間僅此四種錢然今建文洪熙錢俱在建文錢薄小猶曰補鑄茲則與明錢無二　西清古鑑亦載之而史冊遺之何也或補鑄亦有小平不僅小錢耶

宣宗錢會典宣德八年鑄宣德通寶錢九年令南京工部并浙江等布政司鑄錢

英宗錢史亦不載然制作文字與明錢無異或亦嘉靖年補鑄　西清古鑑有此品

亦英宗錢薄小背平疑嘉靖中補鑄　西清古鑑所載較大於此按天順係英宗復辟年號

古泉匯　利十七　八

憲宗錢一小平次薄小三背下一字補鑄錢不一律殊費解

西清古鑑載小平錢

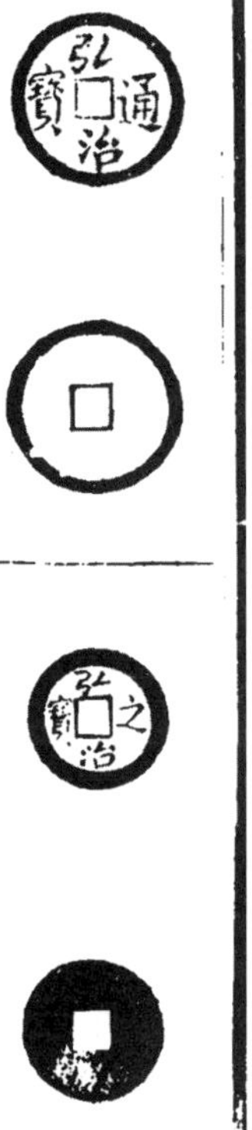

孝宗錢一　小平錢　西清古鑑載入次小錢背平乃補鑄者按
明史稱宏治十六年以後鑄宏治錢古金錄有合背者

武宗錢次背上小劉明會典嘉靖二十三年鑄洪武至正德九
號錢此錢當係補鑄之一正德年固未聞鼓鑄也又西夏李乾
順亦稱正德然此似明錢與西夏錢不類策考又有上月下星
者上星者上星月者

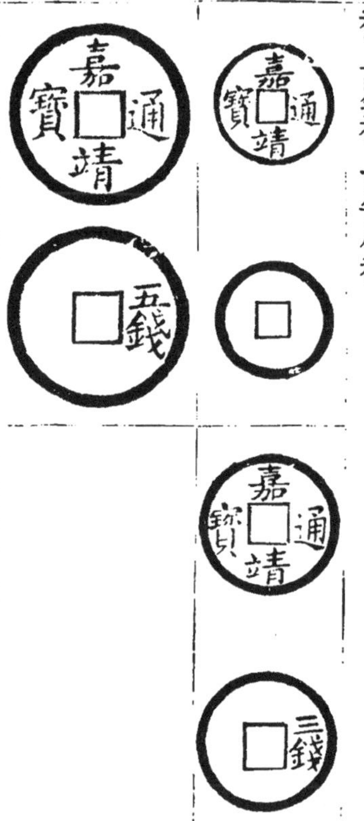

世宗錢小平當三當五三種背文三錢五錢皆紀重　西清古
鑑按會典嘉靖七年鑄嘉靖通寶錢有金背火漆鏇邊三種
國朝典彙嘉靖十三年命工部造嘉靖通寶依洪武折二當二
當五當十式今未見當二者諒亦有之小平錢有合背

當十錢一背上十字紀直右一兩紀重此所謂仿洪武錢式者
二微小大於當五者三較大而薄想俱當十錢以當時不聞當
十之外別有大錢也又有右一兩上無字者

穆宗錢　西清古鑑按會典隆慶四年鑄考明初錢鈔互用宏治後多用銀而鈔法不行惟俸錢獨支鈔至是始以新鑄隆慶錢給官俸云

神宗錢背上一星一圈上月下星工字公字天字數種　西清古鑑按會典萬歷四年命戶工二部準嘉靖錢式鑄萬歷通寶錢金背火漆一文重一錢二分五釐鏇邊一文重一錢三分又命十三布政司南北直隸俱開局鑄錢今工字者自屬工部所鑄公字天字未詳當時既各省開鑄明史又云時王府皆鑄造私錢或各以爲識別耶彙考又有戶字者通字下一星者背下

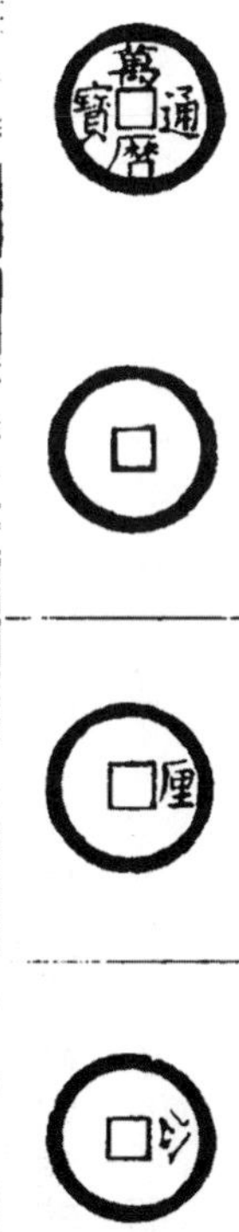

一星者背上仰月者左下斜月者正字者土字者三品較小次背右厘字當是一文準銀一釐三公字在右內向

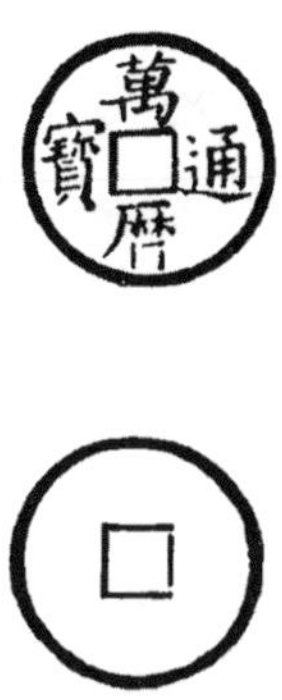

此品字敢工式較大似當二外緣獨狹吉金錄謂是鏇邊錢劉燕庭云曾見一錢如金背者文曰萬歷年造

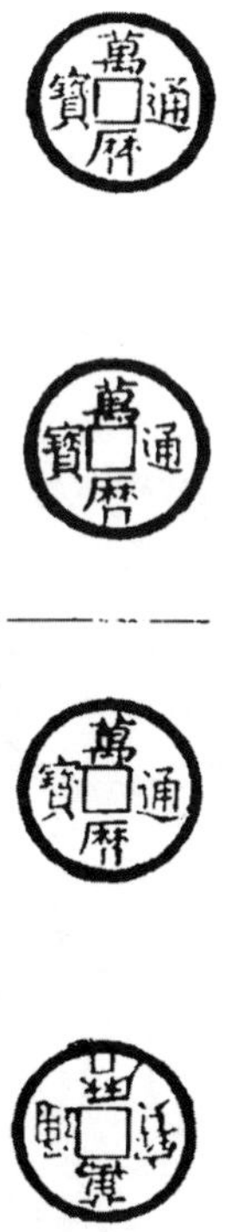

合背錢一面背文俱正二背文倒

萬歷銀錢背礦銀二字舊譜未載劉燕庭曰是當時開礦之地偶錮鑄此

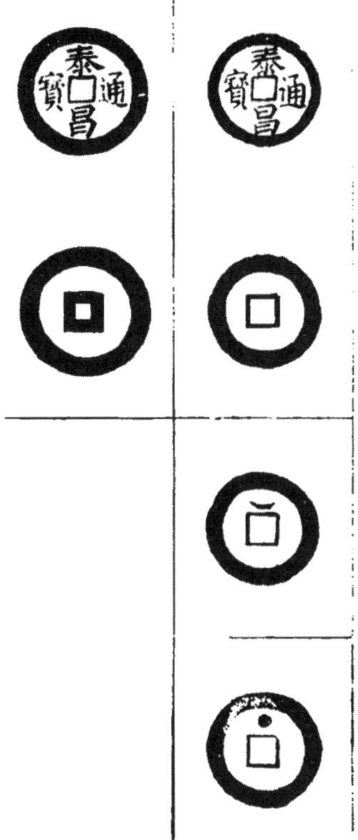

光宗錢一　小平次三背上月星四厚重似當二按萬曆四十八年八月光宗即位九月熹宗即位光宗僅在位一月竹窗解頤熹宗見先朝所鑄不見泰昌命錢局將天啓泰昌並鑄

合背錢次上下泰昌左右星月無通寶字彙考又有面泰昌背星月者面泰昌背泰字向下昌字向上右通向左左寶向右者

面文泰昌背文萬歷二品二背文劍彙考有四昌字外向者

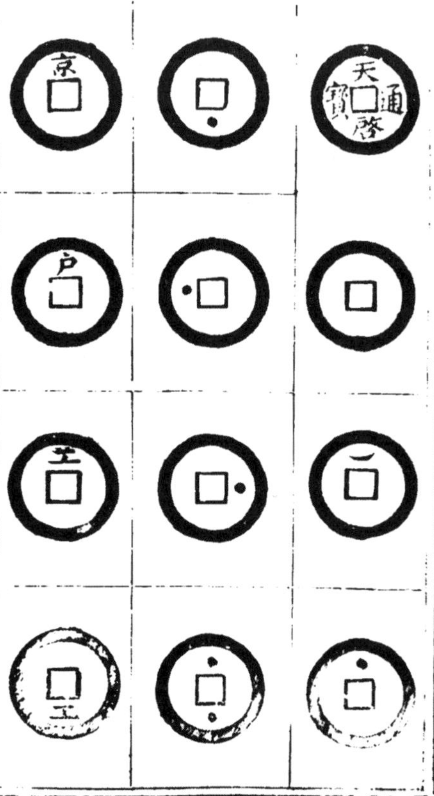

熹宗錢背上月一品一星在上下左右四品又上下二星又上京字戶字上工字下工字共五品京則京都戶工則兩部所鑄

春明夢餘錄國初錢法專屬工部寶源局天啓二年始設寶泉局屬於戶部故有戶工字又按梁蕭莊魏竺法眞及南詔與陳友諒皆有此年號而茲錢確屬明制又有星月者下一畫者

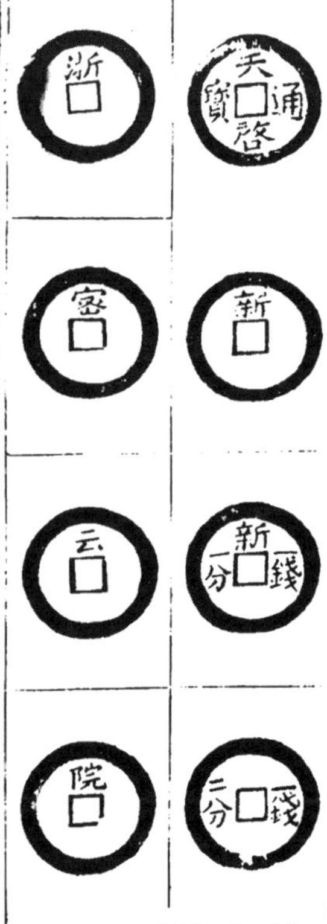

又七品新則新設泉局所鑄一錢一分與二分者紀重也浙則
浙江密則密雲云則雲南院未詳俟怡鼓鑄事宜天啓年諸局
相繼報罷止存湖廣川陝密雲寧大遼東數處故密雲者背爲
密字雲南者若作雲字與密雲無別故作云字以別之彙考又
有右壹左錢者一錢或在左或在右或上下者上福字者右奉
上旨字者上樞字者鎮字者面天啓永寶背右壬字者

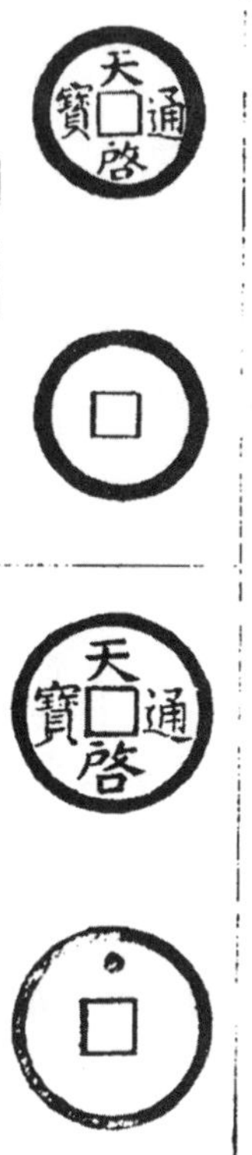

古泉匯　利十七　十五

二品迭大似當二次背上一星
一面背同文次面背皆天啓背文三兩天字在上下內向背兩
啓字在左右外向四面天啓背泰昌均當時工人之誤彙考又
有兩天字相對兩通字一正一倒者兩天字及兩戶字兩工字

相對者面天啓通寶背四天字內向者面天啓背萬歷者

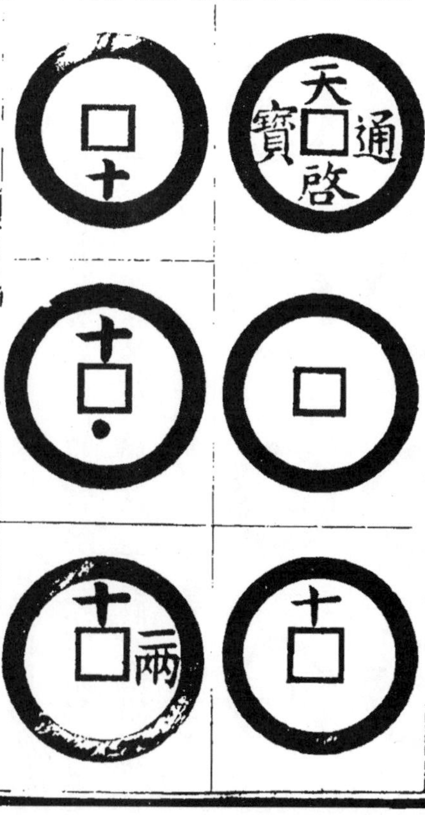

古泉匯　利十七　十六

大錢背十字者紀值一兩者紀重府密鎮皆紀地也明食貨志
天啓元年王象乾請鑄當十當百當千三等大錢於是兩京皆
鑄大錢後有言大錢之獘者詔南京停鑄收大錢改鑄又云南
北二局外有宣密二鎮云云府係宣府鑄密則密雲鑄鎮則二

鑄也彙考又有背文一兩無十字者十兩無一字者上府下十者上十下丙者顧湘舟有右壹左兩徑三寸者豈當百錢歟

小銀錢與萬歷礦銀錢同而背無文此二種錢諸譜未載然形質非近代僞作也

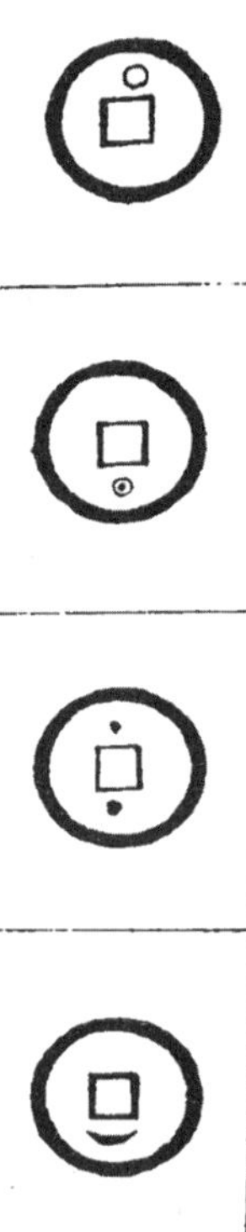

莊烈帝錢明史稿崇禎元年鑄背星月及圈數種

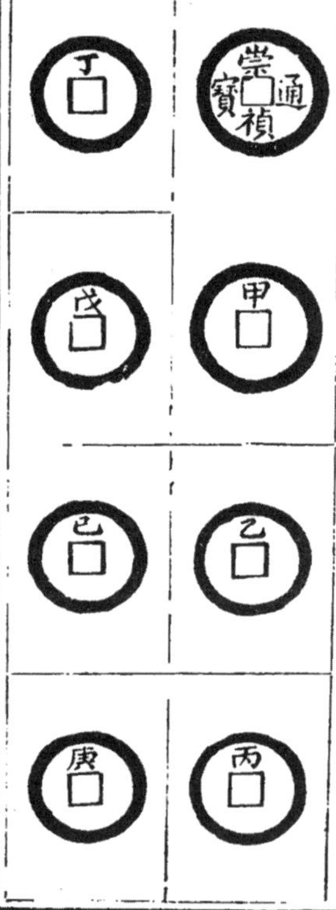

背文紀天干鈇辛壬癸三種彙考謂海寧陳氏譜俱有之

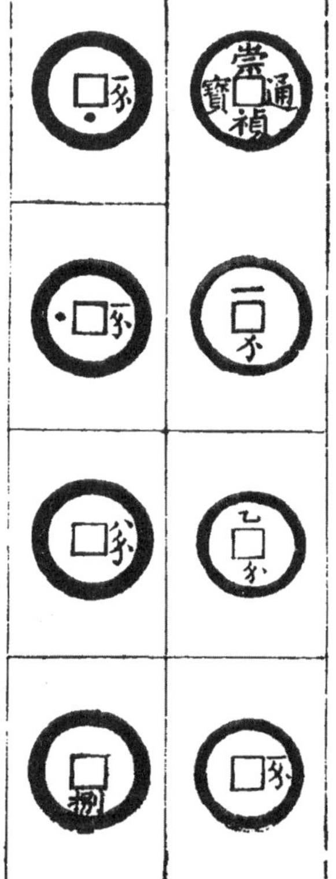

背文錢作尓俗書白石神君碑陰用錢一貫作尓是宋以前已有之　西清古鑑崇禎錢式每文重一錢南都所鑄輕薄每重八分一尓自係紀重八尓不可解或郎八分歟捌字者義同

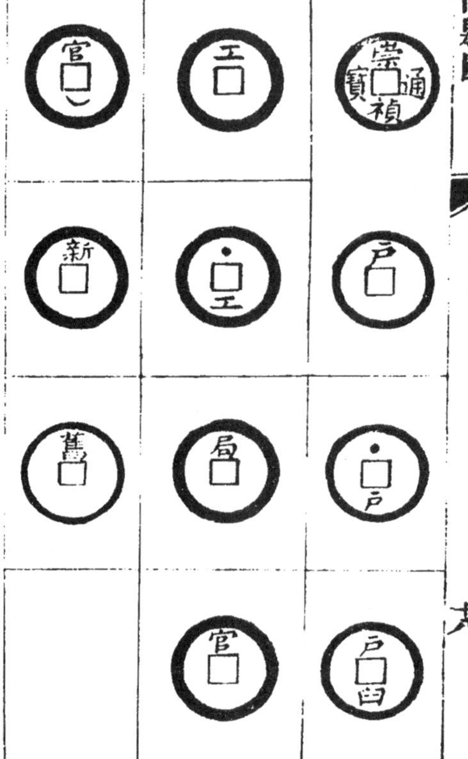

背文戸戸部工工部局則寶源寶泉諸局官則官局新則新設

局舊則舊局戶曰即戶部舊局俗書作曰又有行字勅字者

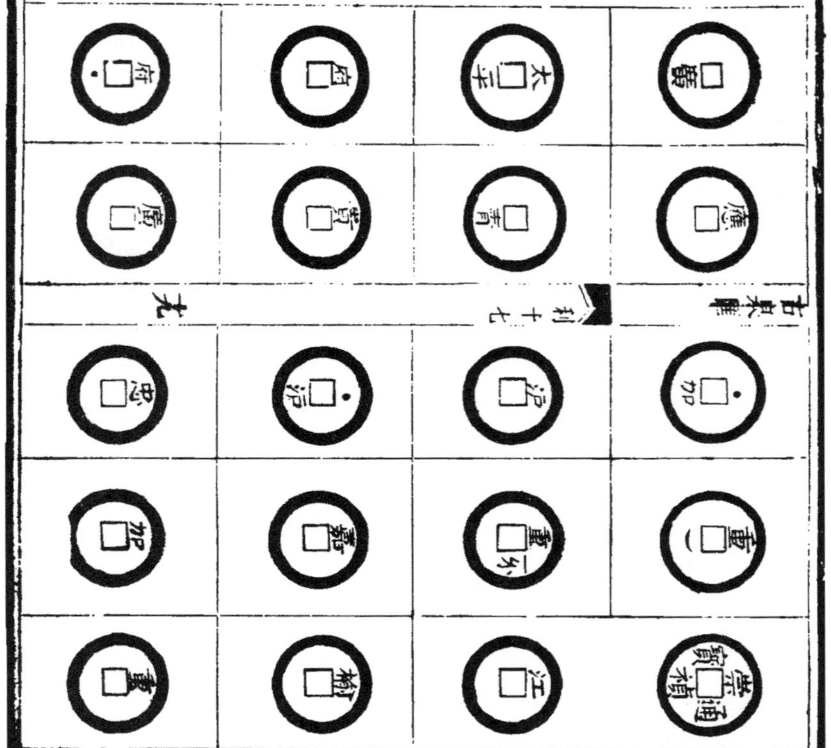

背文紀地江寧榆林衢重慶嘉州加亦嘉字減筆者
鷥瀘州俗書作泸忠州應天書丙成詩州或書浦或書內賜貝
貴州廣東太平府字亦紀地不能確指其處纂考書
字有在上者貴字有在下者府字有在下者又有上鄭字者

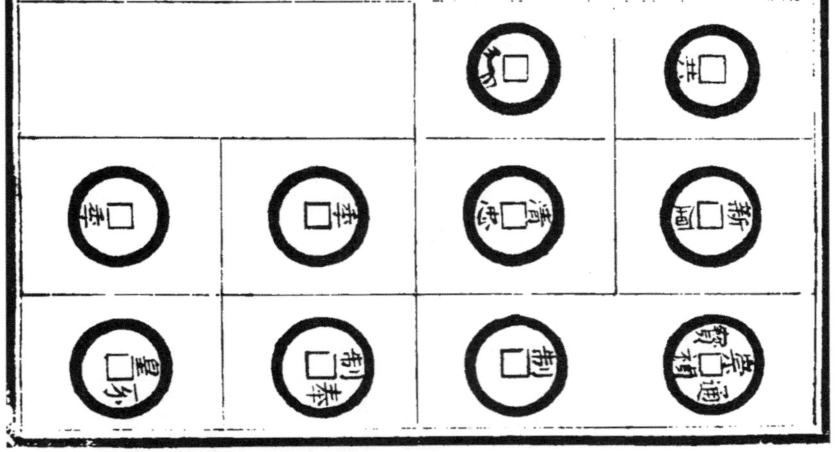

背文制字奉制字義同稱云皇朝法制也新匣即新局直鑄
一釐之錢俗誤作匣消忠以下未詳何義末品奔馬形利集
不載花紋錢此品據錢錄曰仿漢地用莫如馬之義錢幣考崇
禎末鑄錢有馬形民間謠曰馬亂天下論者謂闖賊從馬又士
英柄政亡國之兆是此錢並非厭勝故收入正品

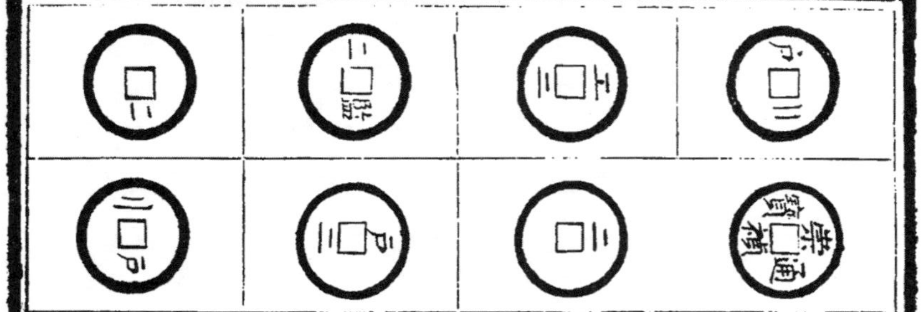

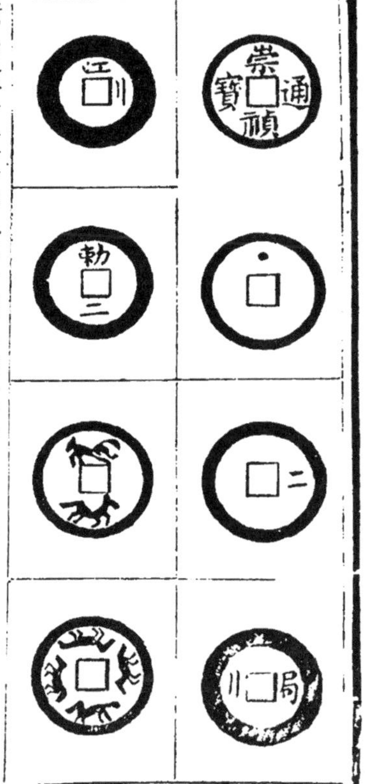

諸品微分大小皆當二錢二字或作川似俗馬子紀直也末二
品上下兩馬形又上下左右四馬形

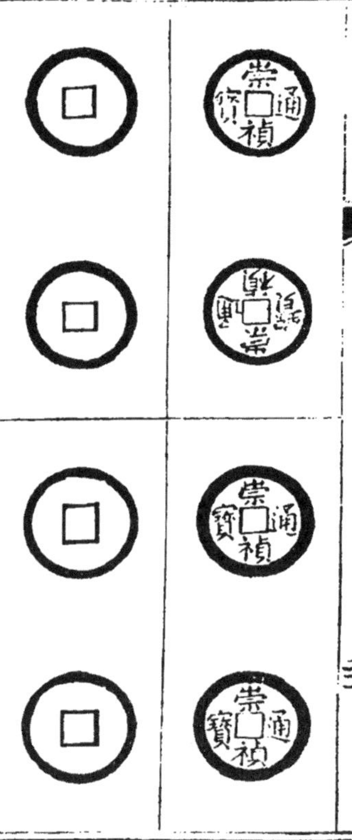

合背錢一　小平背倒書二當二面背正書三四亦小平當二兩
種俱面背無文然制作銅質確係明錢之兩幕故附於崇禎之
末

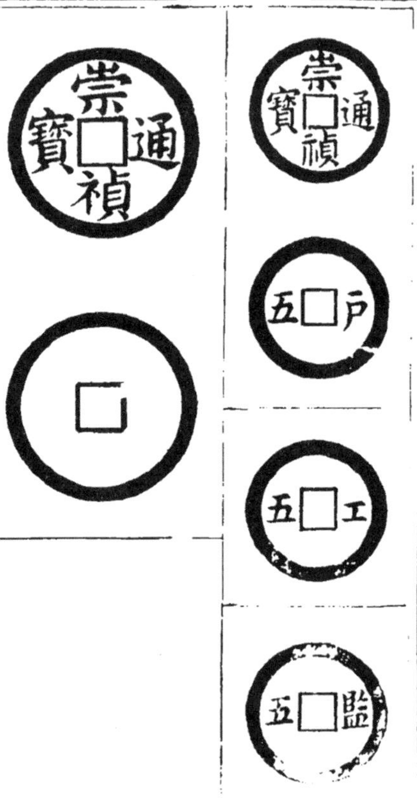

當五錢三種背紀直紀地當十錢背無文明食貨志末年敕鑄

當五錢未及鑄而明亡今現有之是會鑄也彙考聞有當十錢
今此品極大與天啓當十無異爲劉燕庭所藏亦僅見者

面上崇左寶向下背下通左禎向右亦工人之誤又有面崇禎
背天啓者

附　未見明錢

景泰通寶　代宗

古泉匯利集卷十八

附明藩魯王

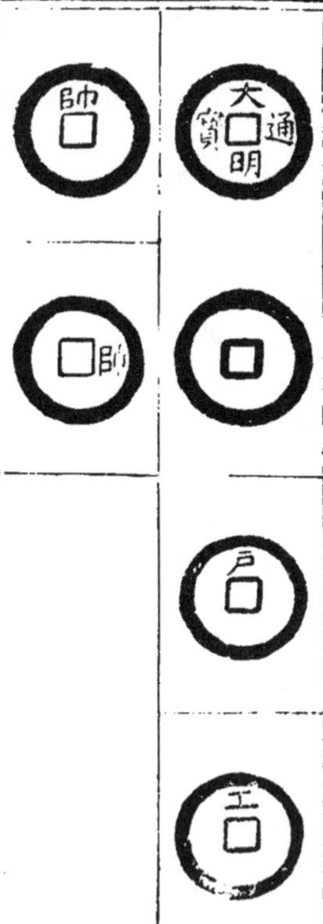

魯王錢背戶字工字帥字錢幣考謂明初鑄然考隆慶年楊家相請鑄大明通寶萬曆中郝敬亦請鑄大明通寶部議俱格不

古泉匯　利十八

行自係祖制所無錢錄以會典稱嘉靖六年諭收新錢聽候鑄大明通寶取用故附於嘉靖之後然曰聽候取用是尚未鑄也策考引春明夢餘錄曰其錢之名嘗改爲大明通寶使萬世行之無阻此啓禎時語是嘉靖時無鑄大明錢之明證惟黃宗羲行朝錄魯王紀年稱崇禎十七年魯王回越鑄大明通寶錢其戶工二種尤與天啓崇禎錢相似故決爲魯王鑄其帥字者或明亡後諸帥所鑄按明錢止此我

朝大統既集勝國條燼及叛逆僞品豈容復紀然自新莽後僞品錢幣董譜洪志搜羅靡遺茲循例詳載其日以備稽考而不

摹其形

附福王

宏光通寶小平錢背無文眞書八分書二種　•　一星在背上　鳳字亦在背上

宏光通寶背右貳當二錢

三藩紀事本末福王神宗孫甲申三月馬士英迎王至南京即位改明年爲宏光元年十月命鑄宏光通寶錢又有背上圖者上下二星者背下厘字橫書者

附唐王

隆武通寶小平錢背無文　戶在背上　工在背上

古泉匯　利十八

隆武通寶當二錢背無文　隆武通寶鐵當二錢　二

三藩紀事本末唐王聿鍵順治乙酉閏七月僭位於福州僭改元隆武鑄隆武通寶錢

附永明王

永歷通寶小平錢背平　:　背上下兩星　戶在背上以下十二種同

御　敕　督　部

道　府　留　粵

輔　明　定　國

兀在背下　二

永歷通寶當二錢背無文篆眞二種
永歷通寶背上壹下分二品一似當五一似當十
三藩紀事本末永明王神宗孫張獻忠陷衡州王避於梧州於丙戌諸將立之僭改元永歷其錢有大小四種又有小平背工字者五厘者

附　李自成

永昌通寶小平錢背平　永昌通寶當五錢背平
綏寇紀略甲申正月李自成稱王於西安僭國號曰順改元永昌鑄大錢直白金一兩次當十錢當五錢平物價今惟見小平當五兩種

附　張獻忠

大順通寶小平錢背平　戸在背下　工在背下
茶巖逸考甲申冬張獻忠僭偽號於成都稱大西國即王位僭元大順鑄大順通寶錢

附　孫可望

興朝通寶背下工小平錢　興朝通寶背下工當二錢
興朝通寶背上五下厘當五錢　興朝通寶背上壹下分當十錢
茶巖逸考孫可望爲張獻忠義子獻忠伏誅可望入滇自稱東平王鑄錢曰興朝通寶

附　吳三桂世璠

利用通寶小平錢背無字　厘在背右　貴在背上
利用通寶背右二左厘當二錢　利用通寶背上五下厘當五錢
利用通寶背右一下分當十錢大小二種
昭武通寶小平錢背平　工在背下
昭武通寶背右壹左分當五錢亦似當十篆書
洪化通寶小平錢背平　戸在背右　工在背右
錢錄吳三桂初封平西王鎭滇南即山鑄錢文曰利用通寶甲

寅即僞位改元昭武鑄昭武通寶其子世璠改元洪化鑄洪化通寶翁宜泉曰四川鹽神廟神腹內得僞周吳逆昭武二年巳未大統歷末載紀年周元年甲寅戊午爲周五年即昭武元年則僭號昭武乃戊午非甲寅也利用小平錢有背上雲字者

附　耿精忠

裕民通寶小平錢背無文　裕民通寶背右一分當二錢
裕民通寶背右壹左錢　浙在背右一錢在左俱當十錢
茶巖逸考耿精忠叛據閩中鑄裕民通寶錢錢錄曰利用裕民乃錢名非紀元也按興朝亦然裕民錢有背貳分者

附外國錢

高麗

高麗海東錢通寶篆書真書各一品重寶一品　西清古鑑宋
史高麗一曰高句麗地產銅崇寧後始知鼓鑄有海東通寶重
寶三韓通寶二種錢按海東重寶亦有篆書者洪志曰篆文甚
精

高麗三韓通寶重寶二品注見前　西清古鑑按朝鮮史略三
韓馬韓辰韓弁韓也按此錢亦有篆書者

高麗東國通寶錢真書重寶錢隸書按海東三韓東國各有通
寶重寶二種翁宜泉曰是時宋崇寧有通寶重寶二品蓋仿中
國為之益信其鑄於崇寧時矣董逌曰有東國篆書者

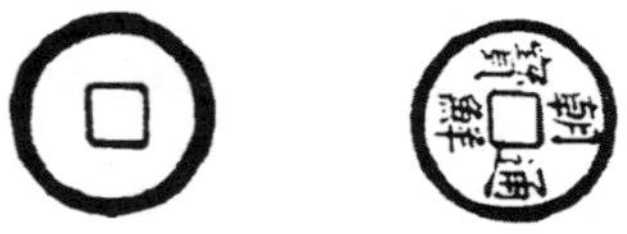

高麗朝鮮錢　明史外國傳朝鮮箕子所封國也高氏據其地改
號曰高麗太祖二十五年請更國號命仍古號曰朝鮮錢辭考
洪武初李氏有國始更朝鮮則此錢明代所鑄也劉燕庭云有
隸書真書二種

高麗常平小平錢近代所鑄品類頗多面文盡同幕一以概其
餘背文異者備列其目於後

上戶下六左）　上戶下入布二左。
上戶下入布六左　上戶下天左三
上禁下盈　上禁下四左）
上捻下六左（

當二錢更夥面文亦同背文詳後

上戶下宙　上戶下洪　上戶下昃　上戶下宿
上戶下來　上戶下往　上戶下冬　上戶下成
上工下二　上營下荒　上營下月　上營下盈
上營下辰　上營下宿　上營下列　上營下張
上營下寒　上營下來　上營下水　上營下火左四

上營下木左四　上營下土左四
上摠下日　上開下二　上開下宇　上開下宙
上開下荒　上開下日　上開下列　上開下張
上開下寒　上開下暑　上訓下一　上訓下十右二
上訓下宇　上訓下荒　上訓下寒　上訓下暑
上訓下日　上訓下辰　上訓下宿　上訓下列
上宣下二　上宣下辰　上宣下閏　上宣下餘
上宣下律　上全下洪　上全下收　上統下異右三
上咸下洪　上咸下宿　上咸下異　上咸下月

上閒下二　上成下二　上所下盈　上當下左右二
上守下二　上圻下二　上誠下二　上賑下二左）
上禁下洪　上平下二　上海下二　上江下二
上宣下冬

常平背文不可殫紀僅就所見者載之不能備也劉燕庭曰或以官名紀以地名紀穿上之一字也以干文紀以五行紀以數紀穿下之一字也以卦紀左右之字也戶乃戶曹工乃工曹摠乃總戎廳訓乃訓練都監宣乃宣惠廳統乃水軍統制賑乃賑卹廳禁乃禁衛營皆紀官也開乃開城府全乃全羅道咸乃咸鏡道黃字海字乃黃海道江乃江原道皆紀地也餘未盡詳約可類推

日本

日本和同錢載洪志者上下讀茲右旋讀劉燕庭按日本和漢三才圖會和同開珎日本元明天皇鑄日本大成年代廣紀四十三代元明唐景龍二年立改元和銅令銅省作同寶省作珎

錢仿開元即摘取開元首尾二字爲文也

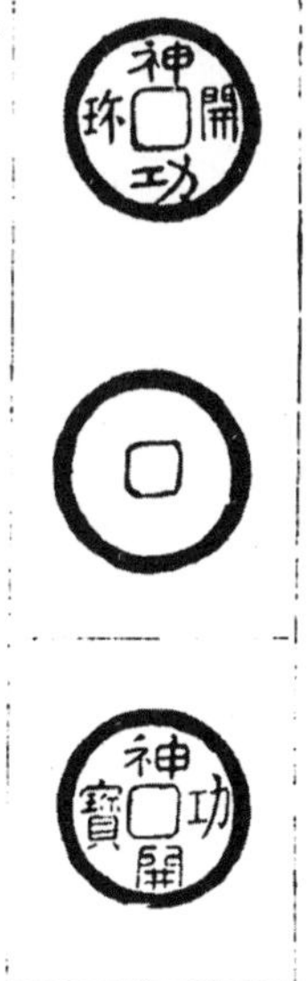

日本神功錢一右旋讀寶亦作珎二上下讀寶不省筆劉燕庭按和漢三才圖會神功開寶称德天皇鑄唐永泰元年立舊錄曰其國延歷中鑄爲宜泉曰延歷乃日本天皇紀元蓋當中國唐世元和年故錢仿開元珎或寶之省筆猶書寶作珤也即讀爲寶亦可

古泉匯　利十八　札

日本萬年錢舊譜日本錢四品一曰和同開珍二曰神功開珍三曰萬年通寶四曰隆平永寶和漢三才圖會廢帝鑄新錢三種金爲開基勝寶銀爲太平元寶銅爲萬年通寶

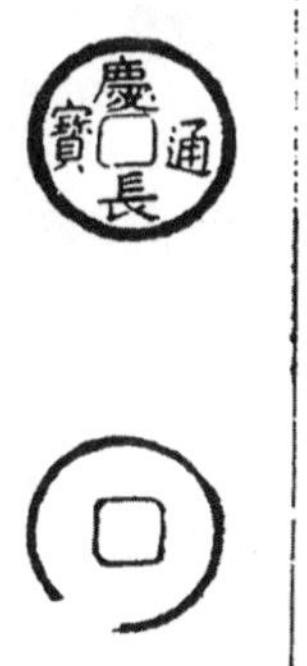

日本慶長錢劉燕庭曰日本大成年代廣紀第百八代後陽成萬歷十五年立二十四年改元慶長

日本寬永錢背有作水波紋者劉燕庭曰日本大成年代廣紀日本第百九代水尾萬歷四十年立天啓四年改元寬永第百十代明正崇禎三年立仍寬永不改元今見此錢甚多面文同而背異備列於後

古泉匯　利十八　十

文　足　仙　佐　長　小

京　女　元　仇　一　二

十　以上皆銅質背字俱在穿上

久　千二品鐵錢字亦在上

背文多紀地案文則文殊足則足利仙則仙臺佐則佐伯佐土佐倉長則長門長府長刚長嶋小則小倉小泉小濱久則久留里久保田皆地名或城名也一二十千皆紀數惟京字女字元字仇字未詳應亦地名

日本寶永通寶大錢字類寬永錢背潤緣上下左右四凹圓圖內永久世用四字世字下別有一小凹圓圖內珍字細入毫芒幾不可辨制作甚奇似當五或當十錢案元號略引日本大成年代廣紀第百十四代東山康熙二十七年立四十三年改元寶永

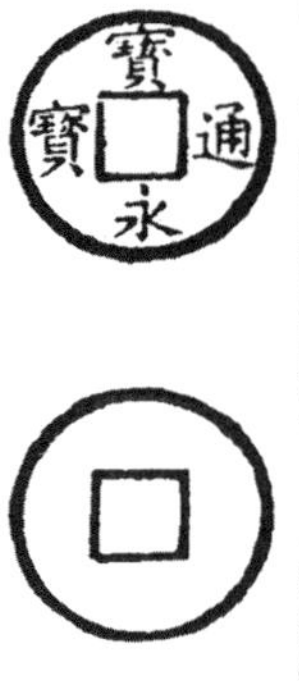

寶永錢小於前品似磨去外郭者

日本錢錢按大成年代廣記天明四年仙臺角錢即鐵方郭之仙臺通寶也圖錢背外圓內方外方者僅見此考天明改元當乾隆四十六年

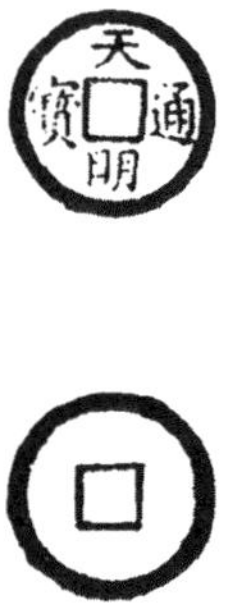

日本天明錢注見仙臺錢

安南

安南太平興寶錢背上丁字劉燕庭考大越史記丁部領以宋開寶元年平十二使君建國三年改元太平號曰丁朝而文太平紀年背文丁紀國號也

安南天福鎮寶錢背上黎字大越史記黎桓以丁廢帝太平十一年自立即宋太平興國五年改元天福號曰黎朝於甲申五年即宋雍熙元年鑄天福鎮寶背文黎亦紀國號

安南順天錢上下讀與史思明錢右旋讀者不同明史安南傳黎利紀元順天建元考黎利於明宣德八年改順天元彙考以其形制與紹平等錢相類決爲黎氏物又有作通寶者

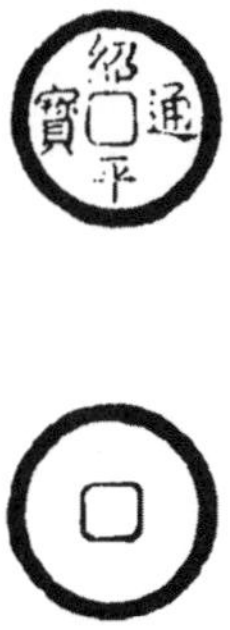

安南紹平錢通寶豐寶二種明史安南傳黎麟改元紹平六年

古泉匯 利十八 十三

安南大寶錢明史安南傳黎麟改元大寶三年

安南大和錢大小二品按建元考黎濬以正統中嗣立改元大和延寧彙考大和史誤作大利

安南延寧錢注見前又明史安南傳黎濬改元延寧六年

安南天興錢鍾官圖經按濬庶兄琮弒主自立改元天興此錢或疑爲金哀宗錢以其形製與安南錢同故定爲黎琮物

古泉匯 利十八 十四

安南光順錢明史安南傳黎灝改元光順十年

安南洪德錢明史安南傳黎灝改元洪德二十八年彙考按洪

德元年乃成化六年庚寅

安南景統錢建元考黎暉以丁巳嗣立改元景統劉燕庭案元號略暉於宏治十年立改景統在位七年

安南端慶錢建元考黎誼宏治末年立改元端慶

古泉匯　利十八　十五

安南洪順錢明史安南傳黎明在位七年改元洪順

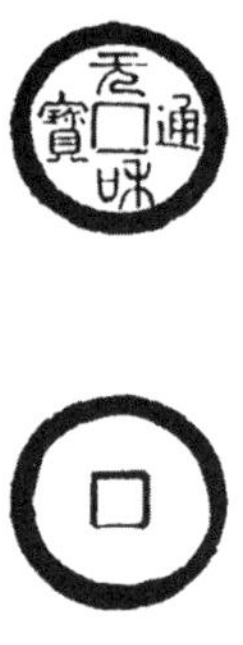

安南元和錢建元考黎寧立於嘉靖十三年改元元和又按日

本亦有元和年號彙考列此於安南姑從之

安南明德錢背左右番字類草書春明夢餘錄嘉靖六年莫登庸弑黎廬自立僭號大越改元明德

安南大正錢錢幣考莫登庸禪位於子方瀛鑄大正通寶

古泉匯　利十八　十六

安南景興錢劉燕庭據安南新刊越史記前列史臣名姓有吳時仕爲景興丙戌科黄甲景興之爲安南僞號確有實據又按馮紹基年號考證景興係安南黎維褍號今此錢入中國者甚多面背文亦繁茲摹一品餘識目於後

景興通寶篆行　背上背仁●二品　背上京　背上背下中二品

背上大　背右山左西　背右山左南　背右庚左申
背上辛下酉　背上壬下戌　背上上　背右太
景興巨寶　景興大寶　景興太寶　景興中寶
景興內寶　景興永寶　景興順寶　景興泉寶
景興至寶　景興重寶　景興正寶　景興用寶
面文巨寶以下背文亦有不同者不備載
昭統通寶背右山左南　背上中　背上正
昭統錢無可考然背文與景興錢無異當亦安南所鑄劉燕庭謂是乾隆初年所鑄

嘉隆通寶　泰德通寶　光中通寶
三種亦安南錢蔡廷蘭海南雜著黎氏爲莫登庸所篡莫氏再傳爲黎維潭所逐迄明世二姓分據焉後黎氏失國阮光平爲國王據流寓者言黎氏末年國分爲三嘉隆據隴奈姓阮泰德據新州光中據順化姓名未詳嘉隆泰德光中皆年號也
景盛通寶　寶興通寶　明命通寶
三品亦安南錢海南雜著西山賊於光中入山後仍稱西山王有景盛寶興諸年號又道光十六年爲越南國十七年有明命年號今此錢有銅鉛二種

保泰通寶
保泰錢背有星月各種劉燕庭據述菴文鈔書王公讚事云前國王黎氏年號保泰則此錢亦安南鑄但未考何時耳
高昌

彙考據北史西域傳高昌賦稅則計田輸銀錢故泉寶錄斷此爲高昌國鑄但今見銅錢而銀錢未見

古泉匯貞集卷一

異泉雜品共十四卷

利津李佐賢竹朋編輯

男 貽德 貽㒤 校字

無考正品

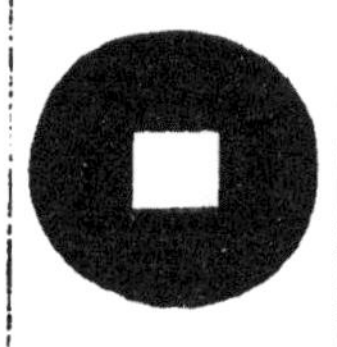

寶貨錢面背無郭洪志以爲周景王錢吉金錄以周宣王命史籀爲大篆秦李斯始改小篆此係小篆斷爲秦以後物又漢書王莽傳造寶貨後百姓不從莽時錢物統謂之寶貨故疑爲莽鑄今按周景王寶貨寶四六貨等錢皆籀文與此迥異吉金錄之說似乎可信但吉金錄所摹者有郭莽錢皆肉好周郭此品無郭形制不類則仍兩存其說以俟考

㫐金一朱面背肉好周郭㫐金在左右一朱在上下横列朱即銖省與秦錢十二銖作朱同

㫐金四朱面有肉好郭背平四字左旋書錢以銖計始於秦文旋轉書亦與秦十二銖十四銖等錢同自係秦以後物四字與㫐金錢牌並同然牌作圓好不透背龍文此孔方而透背無花紋則又非藕牌所成注互見卷三錢牌

小泉直一文與莽錢同而字畫粗濁不類吉今錄斷爲宋廢帝鵝眼錢然顧烜云廢帝景和年放百姓鑄遂轉輕僞亦有錢形大如鵝眼而並不言其文字今觀景和錢與孝建各品有極輕小者或即鵝眼之類若以此小泉當之仍無確據也

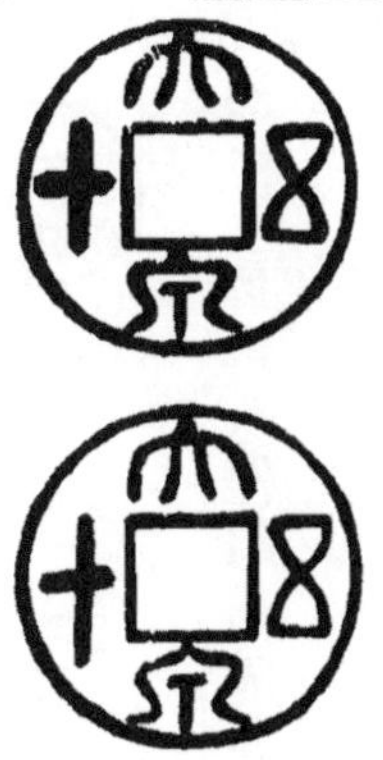

大泉五十文同莽泉一背無文次及五背合背以次迭大莽泉皆鐵線文此玉筋文筆畫較粗莽泉泉字中直畫斷此不斷莽泉制作精妙此惡劣或係當時私鑄或後世物而襲其文者皆未可定然決非莽泉也此種泉合背者多背無文者僅見此小品一枚

古泉匯　貞一　三

大小二品亦曰大泉五十好俱作四曲文一背上下星月亦若莽泉

大泉五十背大泉貨泉貨泉字似莽泉大泉五十則迥異

古泉匯　貞一　四

貨泉二品字畫粗濁異莽泉一字近穿孔二面上下雙柱背上仰月下星左右雙柱

貨布小品貨減作貝字畫粗形制小背平均與莽布異

太元隸書貨泉篆書形質不甚古樸應非晉代物

穿上大字穿下模糊右文全泐左銖字尚可辨疑是梁大吉五銖之類但大吉大通大富各五銖舊譜皆云鐵錢此銅質不合

天平元寶錢考東魏孝靜帝紀元天平然當時錢紀年者少且

此錢亦不似六朝制作也

五行大布背大泉五十文俱漫漶不類周錢

開元小錢真書與唐錢隸書者異開元大錢上下隸書左右真書按唐白銅大開元隸書與小平錢同開元字畫粗劣背隸書此錢迥異唐錢開元二字似閩錢而通寶二字摹倣金體書類大觀錢或係宋時仿鑄者大正品錢面文作兩體書者僅見此品

周元通寶真書錢次背下正字按周元皆摹開元隸書此真書且字跡庸劣當係僞錢

太平通寶錢平字隸書背上一星次二星

文全前俱真書背上一畫下二畫各異

亦太平錢而形較小一通寶二聖寶二豐寶銅尙較粗字體亦拜宋太宗鎮遼聖宗及安南昔丁字錢皆不類翁考據謬孝曰前代紀元用太平字者凡九此以取太平意殆無庸以年號錢疑也憑援此數品各異或取太平意或亦有紀年者要難區分也

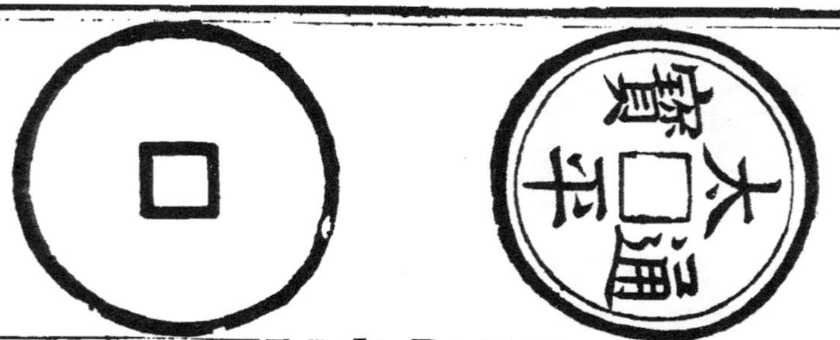

太平大錢一品次面重輪銅貨字體俱粗或取太平二字類吉語非正用品然文與正品同究不得目爲厭勝也

至道元寶道字纖體不列宋太宗錢

咸平元寶薄小不列宋真宗錢

祥符元寶圜好不列宋真宗錢

天聖元寶小錢一篆書次天聖通寶錢篆書俱不列宋仁宗錢

治平聖寶小錢次圓孔俱不似宋英宗錢考明史徐壽輝又名貞一都蘄水建元治平故古金錄以此為徐氏物但陳友諒舉兵應壽輝又改元天啟天定大義是友諒與壽輝已合而為一制作不應兩歧彙考以此錢與天啟等錢懸殊決其非一時之制今姑存其說而未能臆斷此錢又有作豐寶者

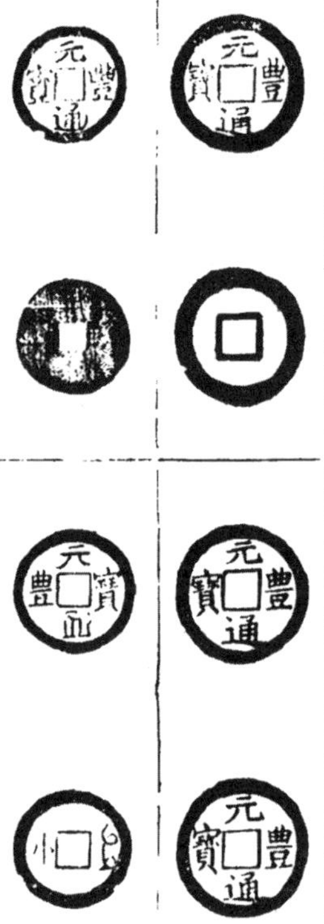

熙豐通寶薄小不似宋神宗錢

元豐通寶一豐字作豊次合背三元通行書豐寶隸書四傳形背字不可識均非宋神宗錢

元祐通寶小錢一元篆書餘真書次行書俱不似宋哲宗錢

紹聖元寶背上正字不似宋哲宗錢

元符通寶小錢元寶篆書符通行書不似宋哲宗錢

正隆元寶正隆真書元寶篆書與金煬帝錢不類

宜子孫錢上七星背長生左右雙鉤形二品亦壽卿藏甚精美
壽卿謂可作小漢器觀上環缺

辟兵莫當富貴未央錢見前譜此鉛質爲異下環亦缺

錢上宜酒食下樂無口六字向左書左七星及鉤形右工字加
二點背縱橫花紋不斷亦似漢製以上二品子年新獲

家國永安大錢背下斜月

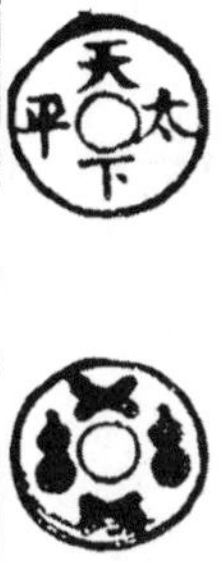

明定宋寶錢明定貞書宋寶篆書劉燕庭云色澤甚古確是宋
元時物次紹宋元寶紹行書餘篆書

金世圓寶大世通寶世高通寶三品

永盛永壽二品俱通寶永盛背左巳字永壽尚有行書者

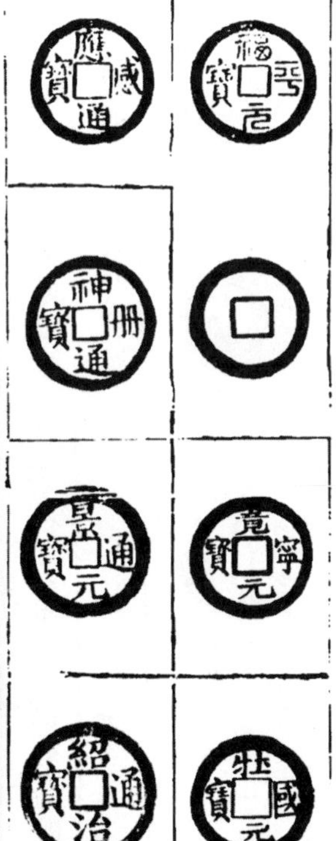

福平竟益壯國俱曰元寶應感神冊景元紹治保立俱曰通寶又丹巡貼寶合背錢惟壯國之稱甚奇按無考錢甚夥擇其字畫明淨制作精良者拓數種以概之餘列目於後

附　未摹無考錢

乾元通寶（非唐錢）　天元通寶　定元通寶　正元通寶
太元通寶　皇元通寶　紹元通寶　紹元豐寶

聖元通寶　立元通寶　熙元聖寶　治元通寶
元通至寶　元通通寶　元隆通寶　元貞通寶
祥元通寶　祥聖通寶　祥光隆寶　太和通寶
太聖通寶　大治元寶　大治通寶　天符元寶
天瑞元寶　天宋宋寶　永治通寶　永治之寶
永定通寶　永定之寶　永定久寶　宣定通寶
一定通寶　建康豐寶　建順通寶　開建通寶
平南通寶　平安通寶　安法元寶　乾符元寶
皇恩通寶　治和通寶　正和通寶　玄聰道寶

回隆通寶　寶氏通寶　廣和通寶　崇明通寶
堅利通寶　咸勳通寶　九祐通寶　嘉興通寶

附　未見無考錢

漢元聖寶（非周錢）　宋元通寶　天禧通寶　皇宋通寶
聖宋通寶　政和通寶　宣和祐寶（俱非宋錢）　元慶通寶
元順通寶　定元通寶　政平通寶　政定通寶
熙古法寶　熙統通寶　熙平通寶　宣平通寶
宣仁元寶　重光通寶　長年通寶　保泰通寶
紹符元寶　咸熙元寶　皇熙宋寶　開定通寶

大生通寶　鎮國通寶　安康通寶　光大通寶
炎興通寶　明治通寶　鳴鳳元寶　天資通寶
興慶通寶　永盛通寶　正和通寶　聖通元寶
咸烈元寶　天符元寶　咸紹通寶　咸元通寶
文統通寶　文定通寶　景恩通寶　光武通寶

無考錢尚不止此然此已得其大概就中錢文有不可解者非盡紀年也翁宜泉有總論一則其畧曰外國錢多仿中國唐宋以後厥品攸繁如開元乾元漢元周元宋元太平咸平祥符天禧天聖皇宋治平熙寧元豐元祐紹聖元符聖宋政和正隆大

定諸錢外國多仿之然非當時外國所鑄乃有近世私鑄者何也中國歷代錢流行外國第知仿其錢文鑄之至其爲中國何代錢不能知亦不暇計也所以開元漢元太平諸品斷非唐宋五季所鑄也此外又有景元祥元治元天元熙元聖元紹元正元諸錢錢文四字全無文義皆外國人誤自上及下讀之穿右一字概易以通字又誤以右一字與左一字强讀成文如符寶聖寶宋寶祐寶平寶豐寶之屬大抵皆出北宋錢文乃外國無知小民盜鑄之品其錢極薄小若以此等錢文考及歷代外國紀元以爲某朝某國物奚異癡人說夢歟曾有人在安南目擊

其國中所行盜鑄錢價較官錢極賤皆薄小百不盈寸是此等錢皆安南等國盜鑄可知矣又考朱景英海東札記臺東多用宋錢如太平元祐天禧至道等年號錢質小薄千錢貫之長不盈尺與翁論亦合約而言之其質厚重而字工整者或外國之年號錢質輕小而字惡劣者外國之盜鑄錢卽以此爲無考錢之定論可也

古泉匯貞集卷二

無考別品

古圜法面文四寶宜用宜用六字回旋讀背平此品吉金錄釋爲四寨宜男宜田今觀第二字似寶字言此一枚可値貨化之四也與寶四貨義同四六釋作田字用字言宜於田賦宜於日

用也田字中畫透出疑筆誤此錢形質古樸當係秦以前物

四曲文錢右文字左不可識上下四曲文面背無郭類半兩當係漢以前物洪志已載之

長安錢右長下安上及左無字布背特奇面背無郭類半兩考
漢書莽詔長安及五都立五均官此錢應係長安所鑄但古刀
布紀地漢錢無紀地者疑是漢以前物地名雖見於漢書未必
始於漢時也然不可考矣泉爲呂堯仙所得

二泉一十類莽泉但莽泉作么泉一十此改么作二舊譜所無
或莽時會鑄此品抑後人僞鑄皆未可知槩考又大泉二十者

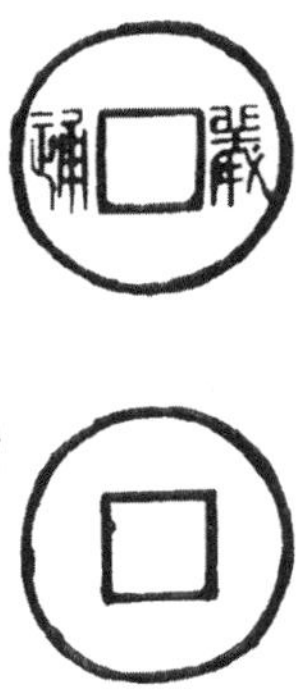

義通二字左右並列劉燕庭得此於西安亦舊譜所無戴醕士
斷爲公孫述錢云義者貨利之對也通取泉源流通之義對莽
貨泉言尚義不尚貨也其說特創仍未可定

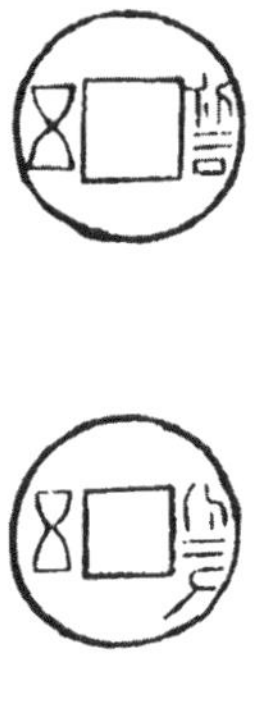

左五字類五銖錢右不可識面背同疑五銖之別種

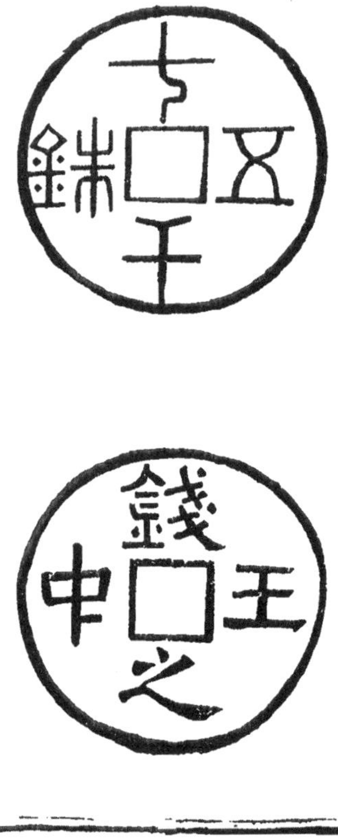

面篆書五銖十千言其值也背隸書錢中之王言其大也當係
一枚可值十千乃錢中之最大者也顧烜曰中王之錢橐韭衣
庫即此品但橐韭衣庫之文今未見

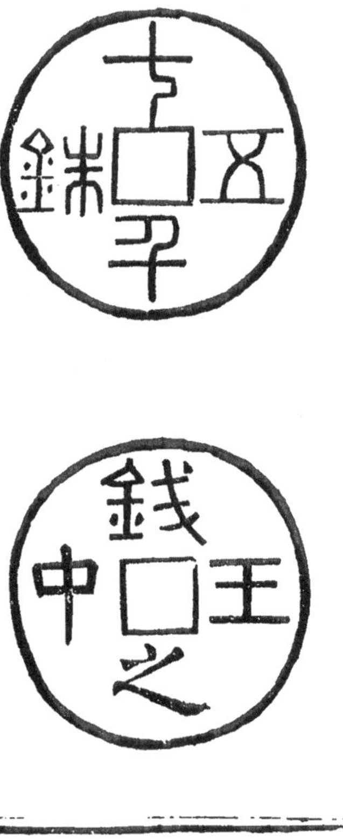

文同前而千字錢字中字俱異

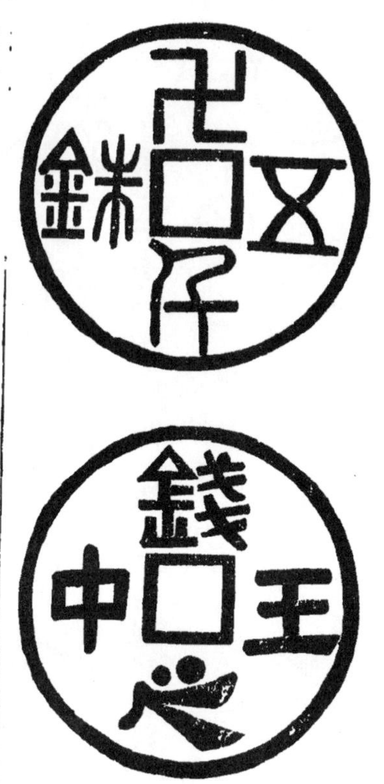

面篆書五銖卍千背隸書文同前敦素曰卍字古萬字也此錢
最大一當五銖之千萬其說較長

古泉滙　貞二　四

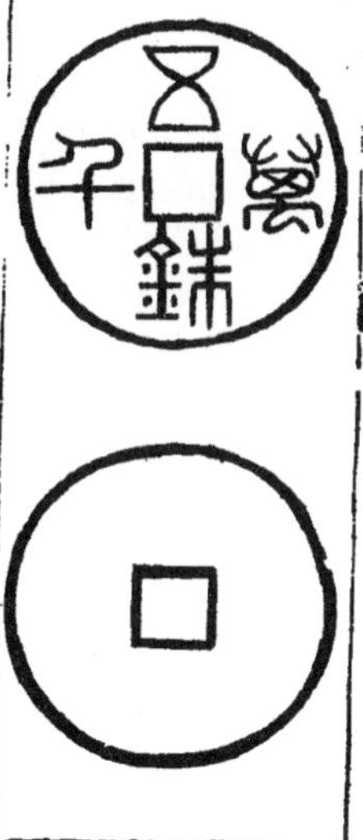

亦萬千五銖而形較小背無文

永通萬國一背上月旁有柄非正用品次背常平銖朱與北齊
北周錢不類似後鑄

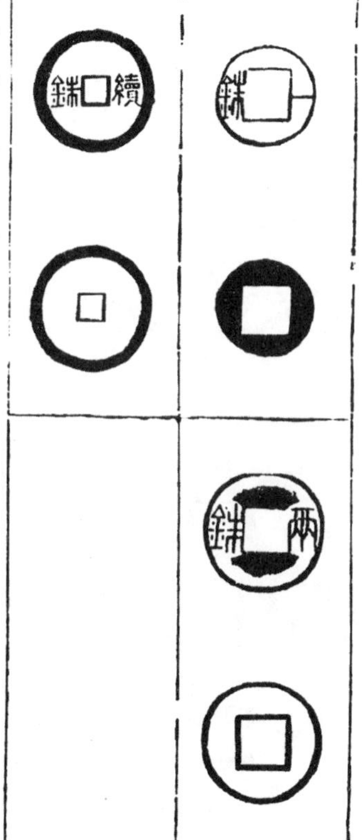

一一銖面背無郭類女錢次兩銖面無好郭三續銖形同兩銖

古泉滙　貞二　五

一銖爲舊譜所無然確是六朝以前物兩銖據顧烜曰劉氏錢
譜所載原始未聞是梁以前已有之矣續銖據泉志引舊譜曰
形類五銖要皆古五銖之別品也

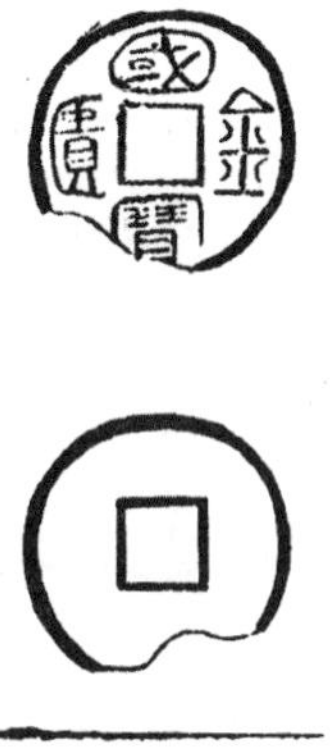

國寶金匱錢面背肉好周郭近於西安出土爲劉燕庭所得曰
國寶似正用品曰金匱或取珍藏之義歟

宣泉兩字在上下面背周郭亦似六朝以前物

騶虞峙錢形類常平五銖錢字與大平百錢同騶虞取義未詳峙考爾雅釋詁共具也書峙乃糗糧詩以峙其粻注峙積也

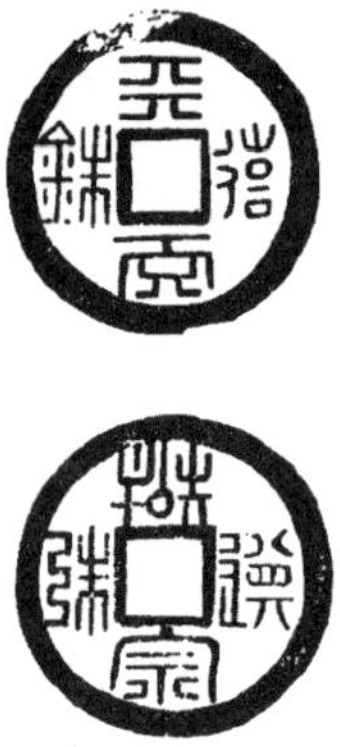

面上天字左銖字背下宗字餘不可識然唐以後錢無計銖者

政和通寶背太平小打次太平小打背王字政和紀年太平非紀年乃借作吉祥語小打二字甚新考古淸明時有白打之戲用白打錢此錢或白打所用歟

王字錢左右二柱背上月王字與前品背文同故類及之

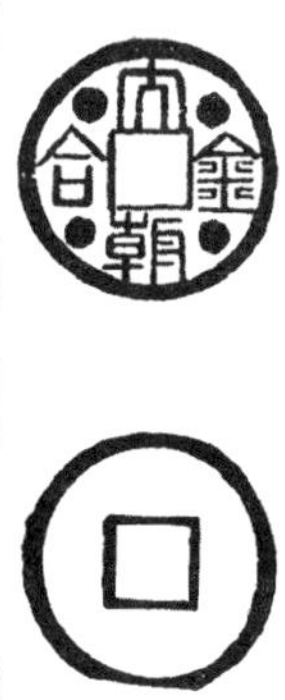

大朝金合錢泉志列不知年代品彙考據金石目錄云大朝之稱唐世無之屢見元刻如大祐國寺碑云大朝乙巳年慈恩寺塔內陁羅尼幢云大朝丙午蒙古世祖元年庚申始改元中統前此並無年號乙巳乃太宗后稱制之四年丙午乃定宗元年也金國志明昌五年何大雅說王曰不若求援於大朝已稱蒙古爲大朝矣金泰和八年韓道昇五音篇每序大朝字空格寫宋史蔡州之役孟依大朝以定夾攻之策然則大朝當爲蒙古未改國號大元以前稱明矣此錢宋初已入洪志故又疑爲遼錢彙考又有大朝通寶錢

大夏眞興錢頗湘舟所得云是夏赫連勃勃物劉燕庭云六朝錢皆有銖兩遺意此恐未確愚按錢文似近代物姑附於此

天啓元年錢仿至治元年錢式背文一錢仿洪武錢式然上有柄則固非正用者矣

古泉滙　貞六二　八

一兩伍兩二品背俱龍文伍兩者背不斷然形尤古樸亦數百年前物也

二一錢合背背向左書次三字在右

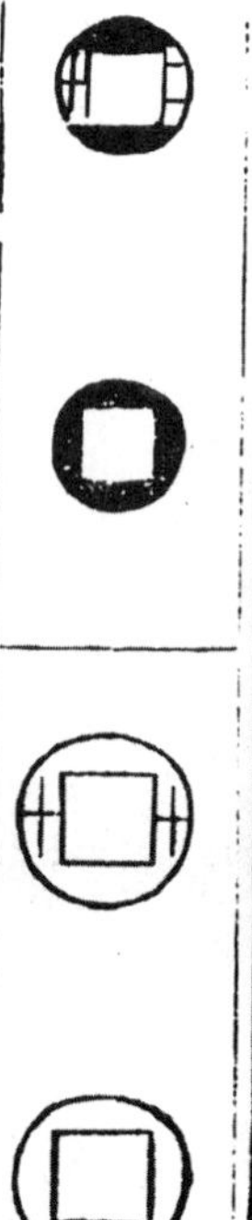

二二十面背無郭次十十三廿字俱有郭十十與廿皆二十也泰權錢有第十十者與此同方小東云馮氏金索載建武五銖錢笵背文作建武十十年亦相合然則以十十爲二十皆本秦制矣

古泉滙　貞二　九

五行錢木土二品金水火三種當亦有之應係卜筮所用

而文乾背元亨利貞俱篆書

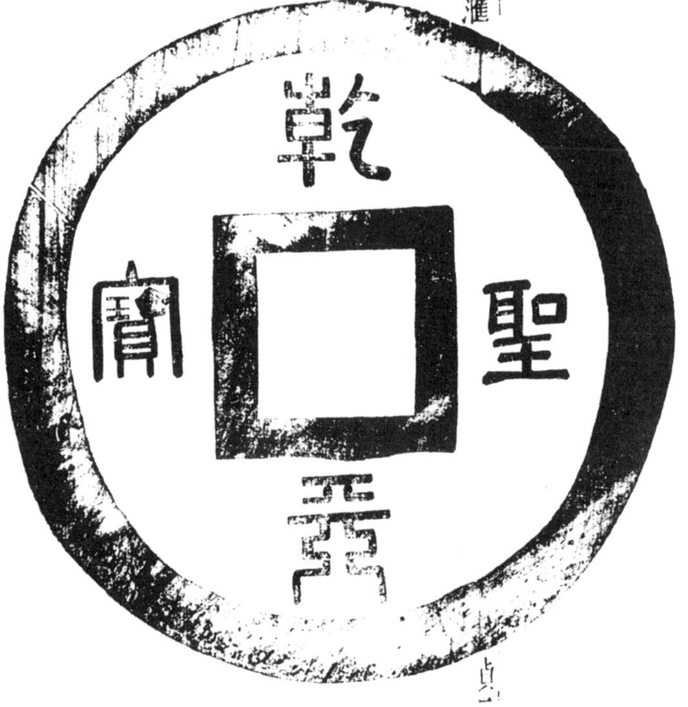

元亨利貞真書錢二品迭大

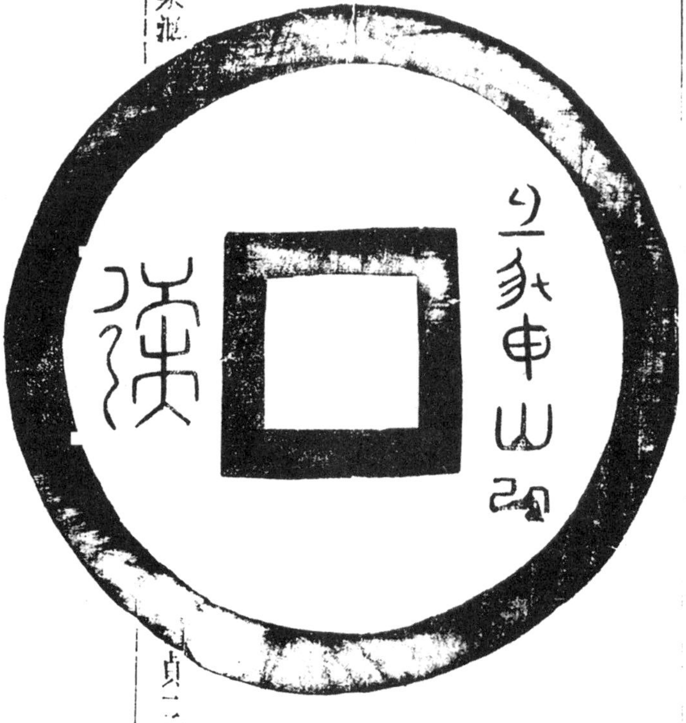

乾天聖寶錢背左右惟申山二字可辨餘不可識據友人云此漁翁從水澤網得者錢制之大無踰於此

無文大錢形製色澤頗類大泉當千然彼有內郭此無殊難斷爲何泉之背

面文立口結約背思君爲门右旋讀上柄中有斜正重好四隅八柱與辟兵千金等錢制作無異自屬漢時物以下諸泉皆厭勝之類但與吉語生肖諸品不伴故附於此

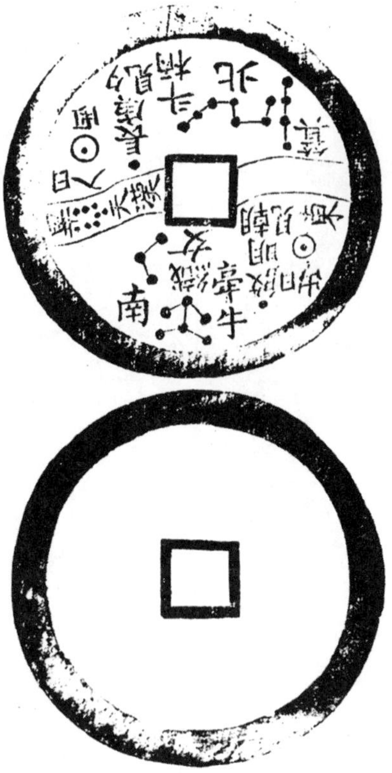

天文錢畫日星河漢之形

風花雪月背後花紋

國王父母錢彙考按元延祐三年安民詩碑內有天地日月國王父母之語元貞二年秦成起宅記碑亦同劉燕庭曰此錢色澤字畫俱古非近代物此語恐非始於元時也

意馬心猿錢上意字下馬形背猿形取意馬心猿之意與打馬格錢不同

古泉匯貞集卷三

夔龍奇品

錢牌一曰艮金一朱二艮金四朱俱旋轉書圜好不透錢之外

爲牌形長角方偏體雲龍文背無錢形文與面同彙考謂緒文極古如商周彝鼎之花紋疑是漢武帝白金三品之龍文者但係銅質制作不合未能遽定此二品皆劉燕庭所藏並云曾見瞿木夫有艮金四朱圜錢中孔不透乃此牌翦成者彙考又載倪迂存有艮金二朱錢

藕心錢面文元延四年王政背文都昌侯面背微闊兩側較狹頂有圓孔可橫貫按藕心錢載宣和博古圖所繪四品與此小異大同李孝美稱其上下通缺若藕梃中破狀與此正合但未知其爲何世物惟丹鉛錄及潛確類書以爲漢製而無確據今此品曰元延四年隸體精嚴其爲漢京故物無疑也

古泉滙 貞三 三

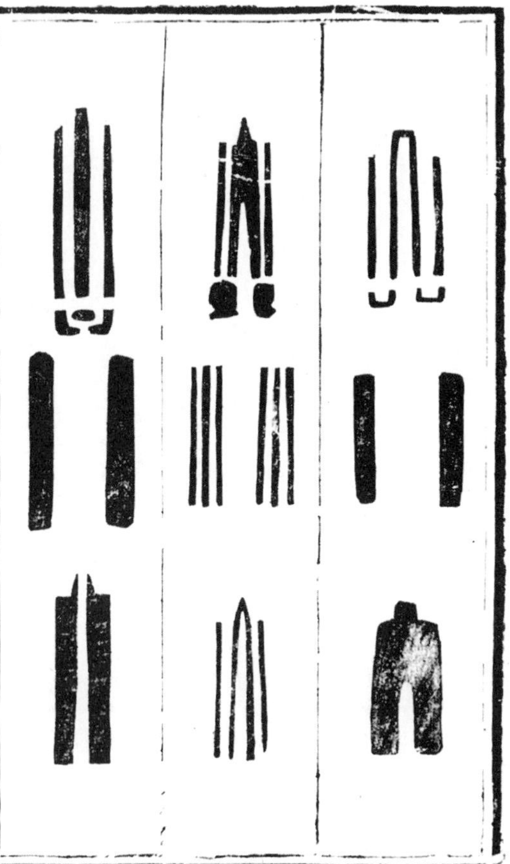

古泉滙 貞三 四

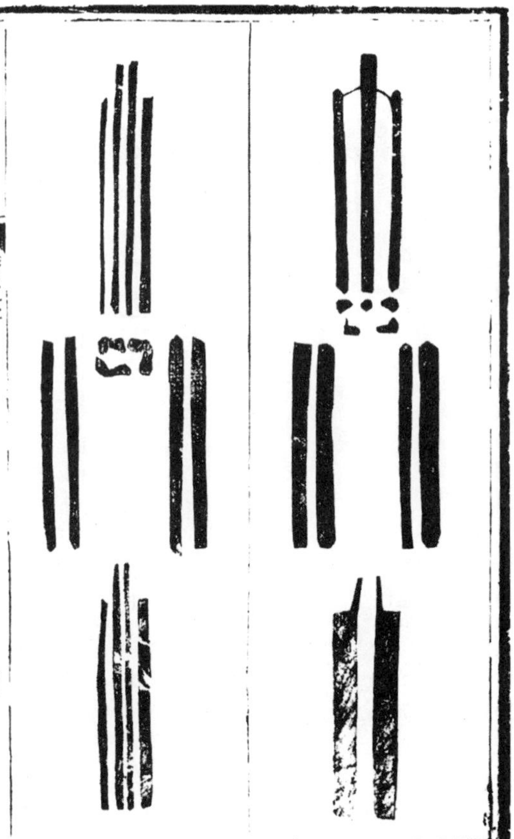

小大十一品俱無款識中頂高出皆有孔可橫貫

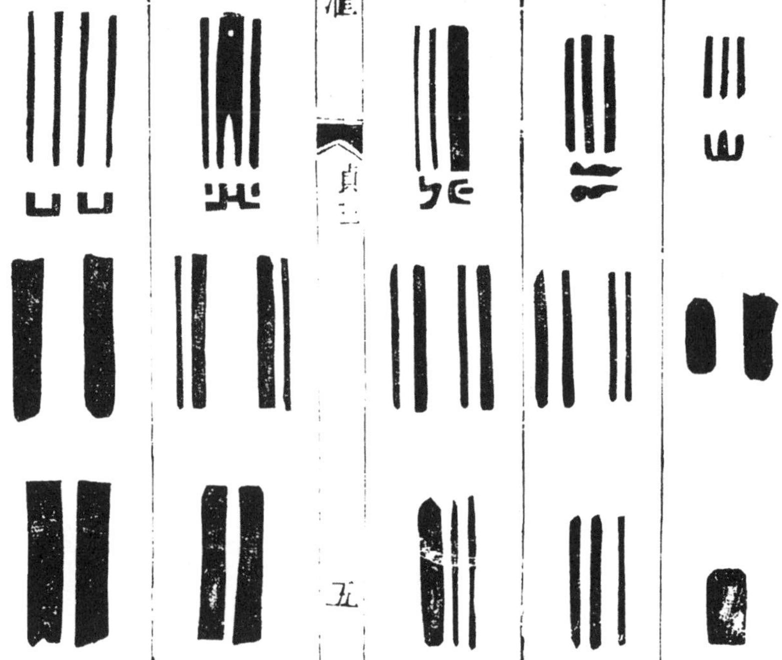

五品亦迭大俱無款上下皆截齊無頂亦無穿孔按稱心錢今世所傳尚多茲謹就所存者圖之博古圖有凸起八巨文者較此諸品更大今未見

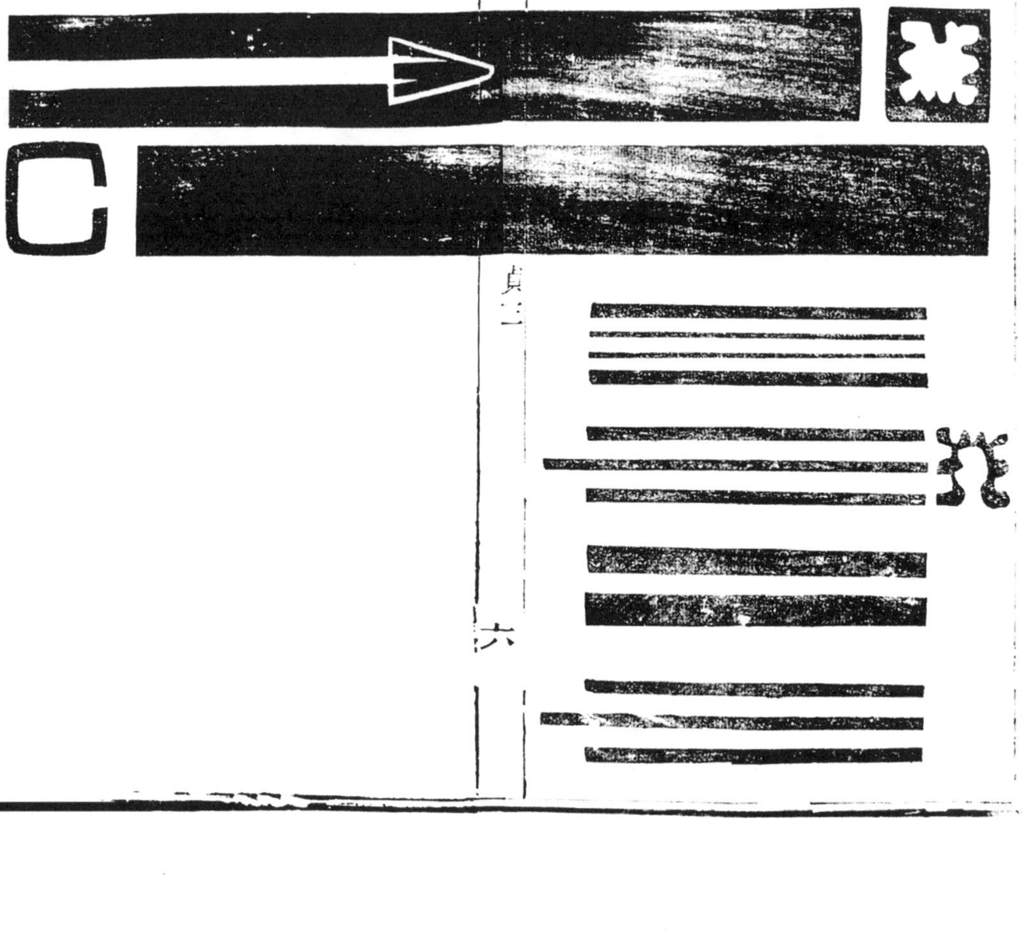

此品微大亦無欵而有外函錢函俱方函面正中凸起尖乳乳之中間一孔至末背及左右俱平錢之長及函之半函上口八齒齒之凹凸與錢之凹凸恰好符合錢自上納入函中及乳而止下半全空未知取義如何考積古齊鐘鼎款識有漢尚方銅器四方中空面中間一乳乳下分歧至末有紐合之上口內四齒背有三孔與此函形製略同惟彼有尚方等字此無字背無孔乳下分歧末無紐合處微異然確屬一時之制亦尚方所製也鐘鼎款識考漢書尚方令掌上手工作御刀劍諸好器物故斷爲漢器茲合參前元延錢益可信爲漢京制作無疑矣

古泉滙　貞三　七

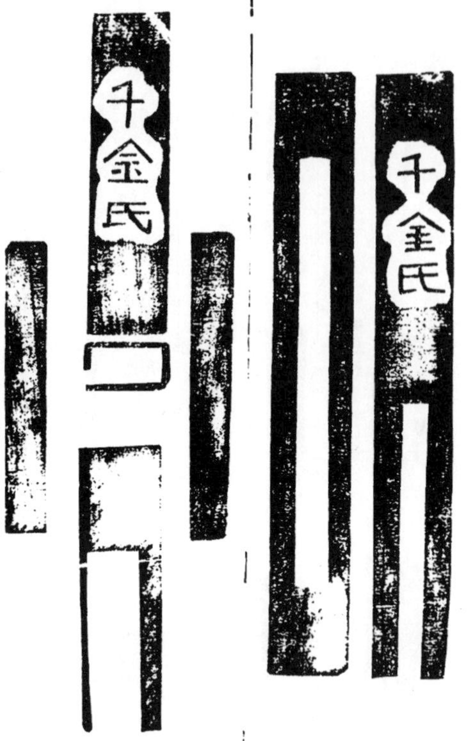

二品亦藕心之外函面文俱千金氏一面從中至下分歧如前品背有長孔爲異係友人所存上下兩側未拓亦約略可知次面無孔背之分歧過半函內之錢俱已不存矣

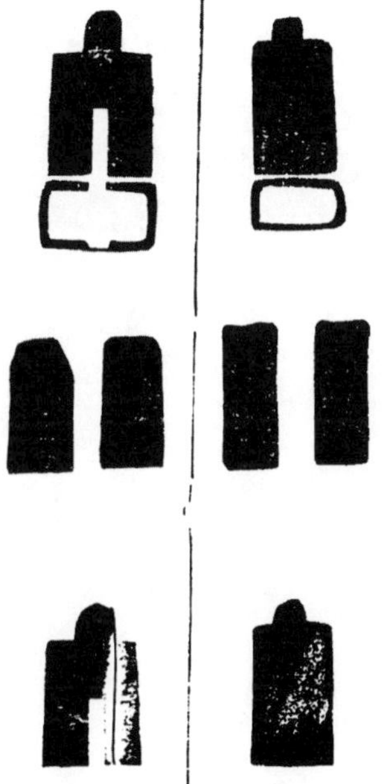

古泉滙　貞三　八

二品亦藕心之外函上俱有紐中空如鐘次面背皆自中至下分歧如古布形楊升菴文謂藕心爲古刀布之變良有以也無孔前函上下截平乃納有項之藕心者此函有上紐乃納截平之藕心者

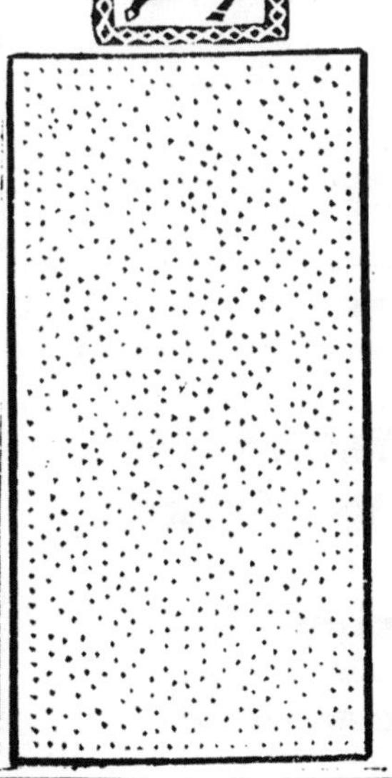

厭勝錢第一層龍紐二層獸形似馬而有翼三層徧體粟文背似螭文兼飛鳥形按博古圖載厭勝五品與此相類據封演錢譜漢武造白金三品其文曰龍曰馬曰龜今此錢一體間龍馬

並著有類於此然下體幡屈隱起粟文似非漢武之制又李孝美圖譜有承安五男輪郭皆著粟文與此少類李孝美號爲厭勝錢則是錢殆亦用爲厭勝者博古圖於第三四品上註漢字此今世稱漢厭勝所由來也

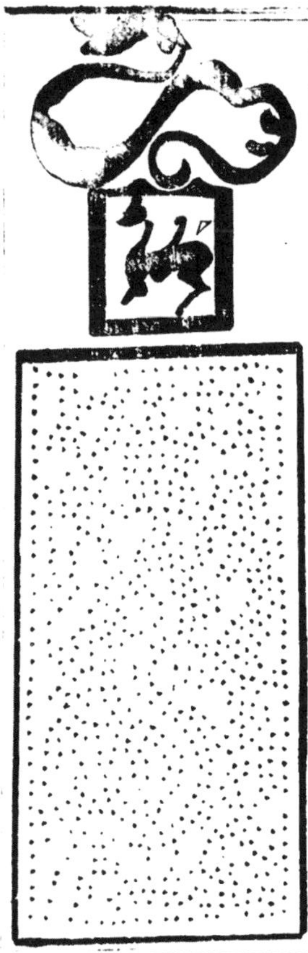

此品面與前品同背第三層一人端坐二人拱侍形又螭文兼雙龍形

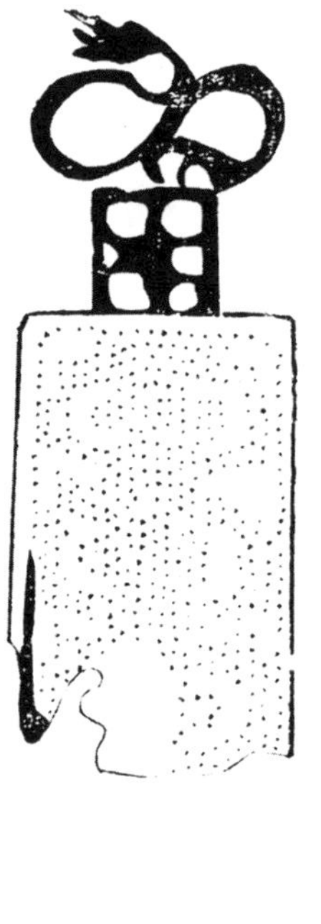

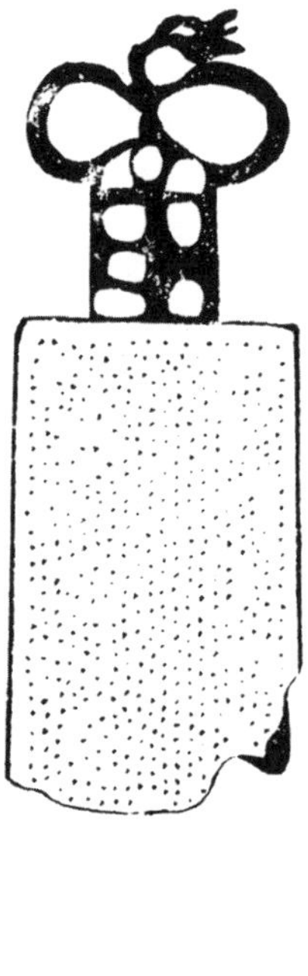

此品較小上龍紐同前二層不斷三層粟文面背俱同錢幣考曰今所見狀如懸牌者其中鏤空兩面背有乳密布如錐木上繫組處爲盤螭疑古漢物即此

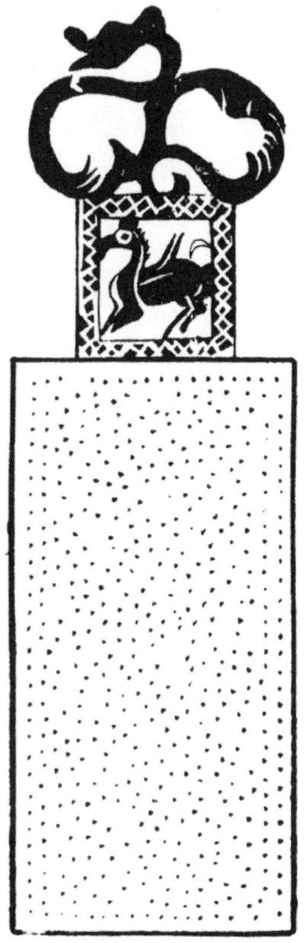

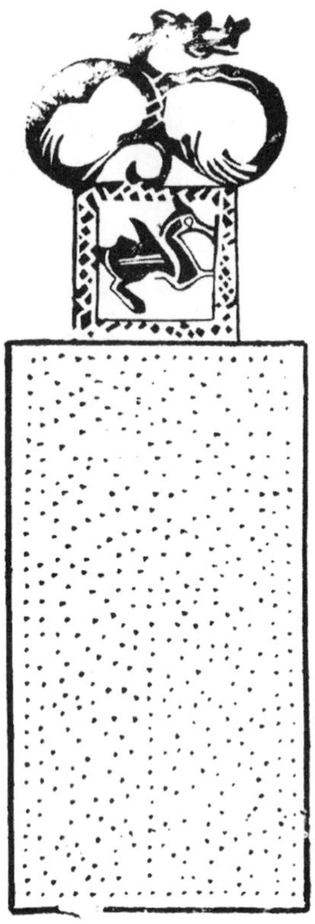

此品大於前品上亦龍紐二層獸形三層亦粟文徧體兩面無異

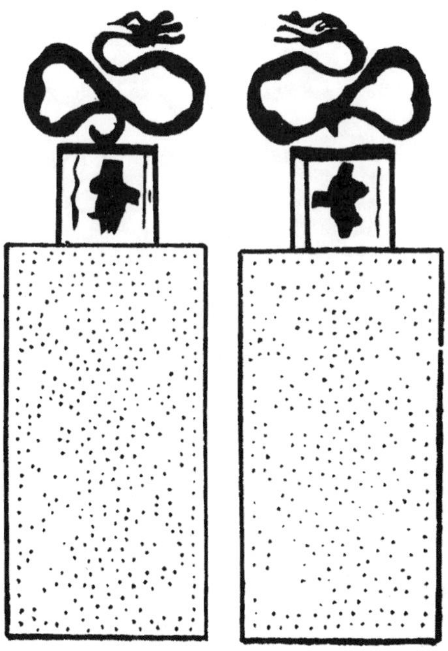

此品亦小形同前惟二層無獸形面背粟文屈曲鏤空錢考云見黃小松拓本兩面玲瓏爲鏤花文並透始知博古圖所載粟文疎密不等者以有玲瓏花紋故也此品正合

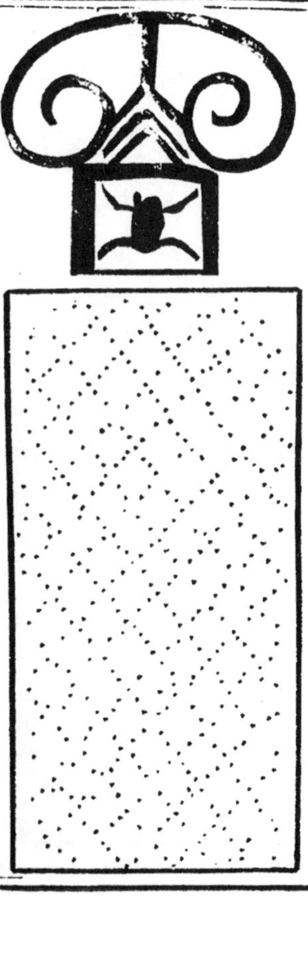

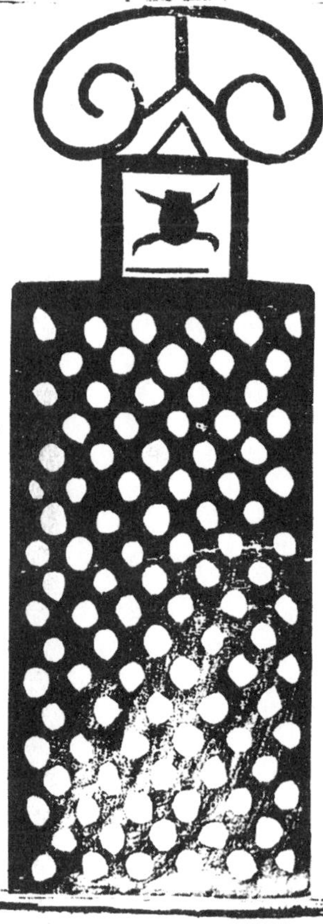

此品最大上作牛環二層似蟆狀三層面粟文背交互斜紋錢長限於格縮小四分又曾見此式面亦粟文背作羊形者亦猶漢洗之有吉羊也

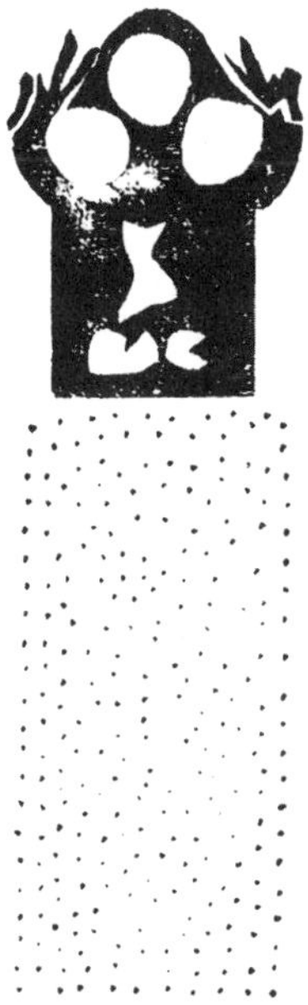

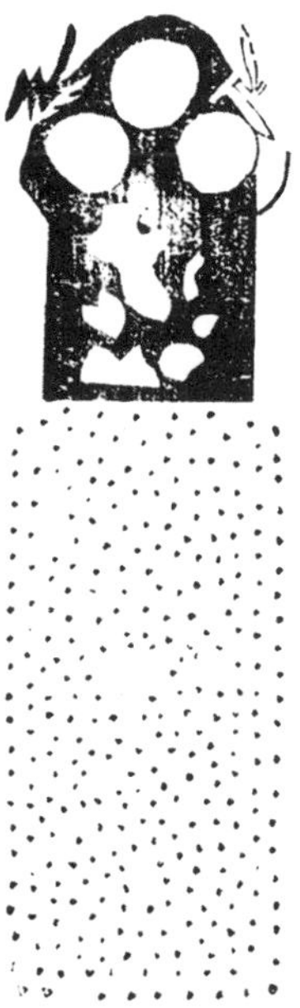

此品較小上作雙螭紐二層不鏤三層亦面背粟文但無外郭爲異

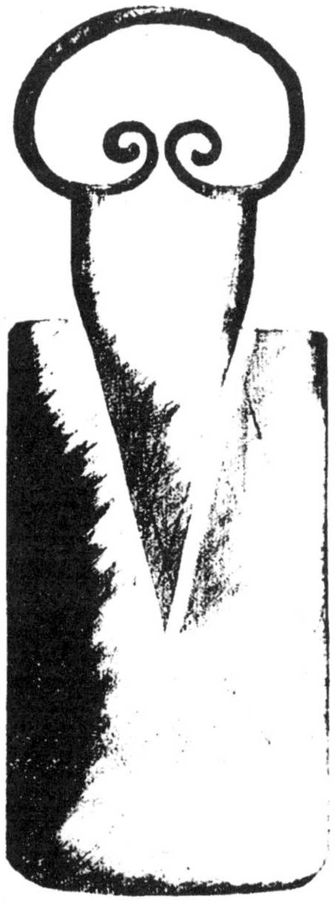

此品上亦牛環紐二層無文三層面粟文不透背似空首大布形竊意藕心與此皆未必是錢然自宣和譜已名之曰錢由來已久則亦錢之而已矣

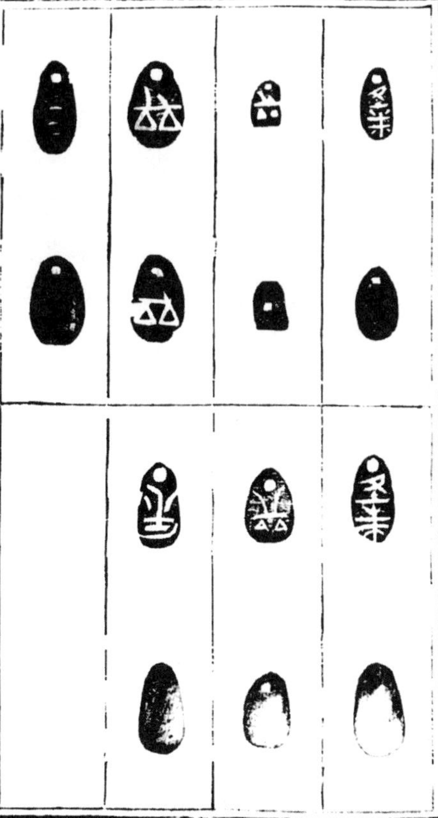

蟻鼻錢大小七種文不易辨洪志舊譜曰此錢上狹下廣背平面凸有文如刻鏤不類字世謂之蟻鼻錢上俱有孔或透或不透一二品貨布文字考釋爲當各六銖三四品釋爲當半兩六作上銖作朱古刀布圜法皆有之惟當各半兩等字無據且上類穿孔有透者未必是字訓作丁轉作當更未可信姑存此說可耳五合背六與陶陽布匋字仝而倒書七三字古金待問續錄固始縣期思里多得此錢於沙礫中固始縣志期思里出蟻鼻錢俗名鬼頭錢世傳孫叔敖所製亦未可信翁宜泉謂宜以銳處爲下則面目口鼻可覩於鬼頭之說名合音應說非定論也

按奇異泉尚不止此有形類干戈枝其上下者世稱太昊氏棘幣有圜者類磬又似橋横者俗名磬錢有形如梳者俗名鑣子錢有形如半月者名半月錢有以魚符名魚錢者有以海貝名貝錢者古譜不載皆無確據概删不錄

古泉匯貞集卷四

厭勝正品

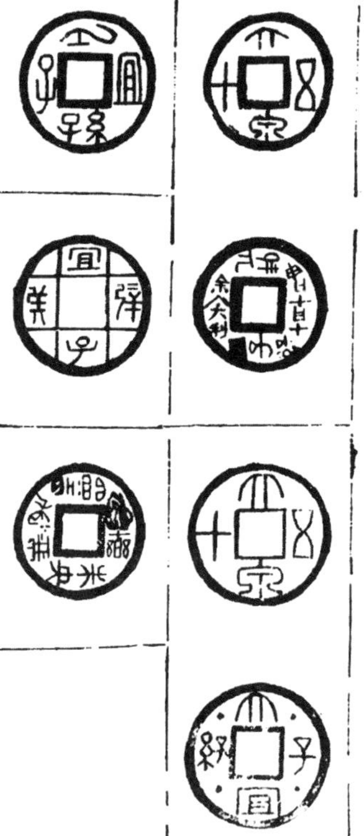

面文大泉五十背一十月十日申時作余人大利宜子孫左旋

讀二大宜子孫字傳形四隅四星三上鉤形下宜子孫考積
古齋鐘鼎款識有漢鉤內長壽字此鉤形隱寓長壽之意四井
文內宜子辟兵五右樂字向上下未央向左餘不晰又有上泉
字左大利俱倒書下七星者

面仝前背一辟兵在下與右斗文在上左次辟兵在上下大在
左右似吉字半泐俱向右書

面仝前背一四鉤形次上下鉤左大字右泉字漫漶俱向右書
三上下鉤左不斷右雙鶴形向右四面左右星斗文加於字上
背上鉤左右與下千万泉乃千萬長壽泉鉤皆取長壽意

面仝前背一日利富貴次日利美富俱四出文

面仝前一背竈鶴形上星次艹文內曲直文以上泉字中直畫
俱斷字體形製皆與莽錢無異知為漢厭勝泉

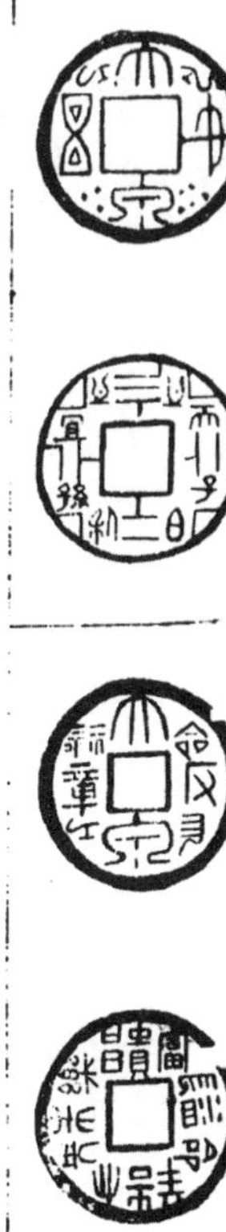

一面傳形上雙鉤下星文背天子宜孫日利又曲直文天乃添省次面大泉左右反章四隅祿命長鉤形背富貴昌樂未央大吉羊命盖長羊祥省泉字中畫亦斷然形模似近代仿莽泉者

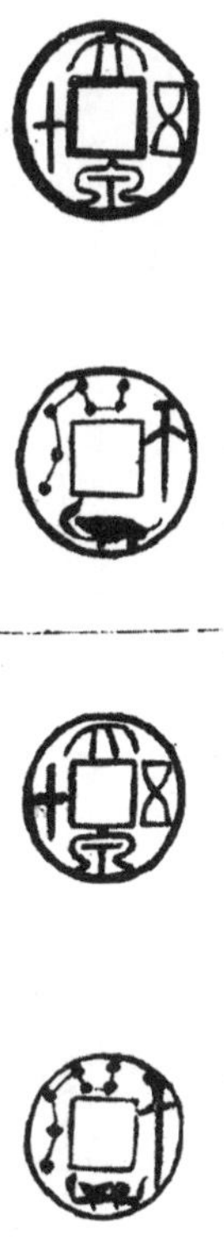

古泉滙　貞四　三

大泉五十三品迭小背皆斗劍龜蛇以下各泉字畫較粗泉字中直不斷與莽錢殊乃後鑄而襲其文者董遹錢譜有此品

面同前背一北斗龜蛇次卓劍龜蛇

一面仝前背雙劍龜蛇二大泉半兩背斗劍龜蛇

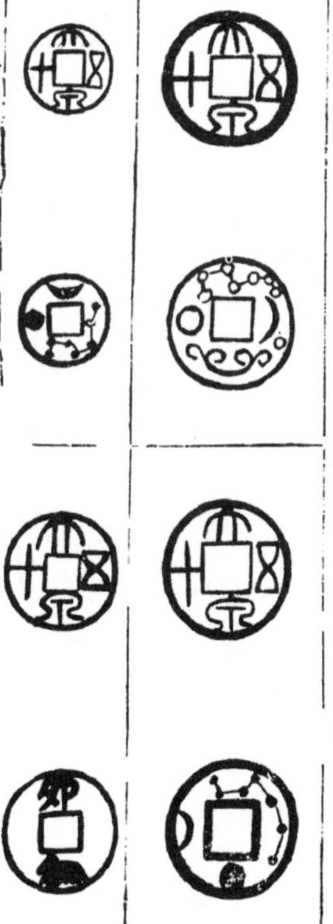

古泉滙　貞四　四

面同前大小三品背皆日月星斗四卯兔乃兼生肖錢

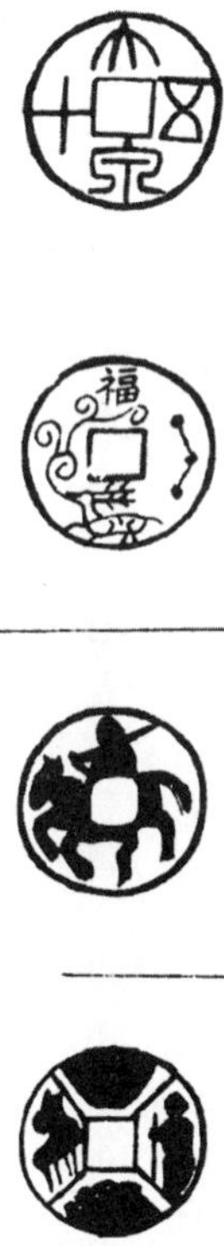

面同前背一福字鹿形右三星次人乘馬形三人物形餘不晰

傳形大泉背一星斗龜蛇二上一字不辨下獸左人右亭

大泉五十大品背一四人形二福鹿花紋三面傳形背雙龍

一及六面文俱同前七大泉長樂背花紋各異一上斜紐二及五上俱寶蓋三下蓮房四虎形五獸形六上鳳踏花形七上下

有柄左右雙鳥雙魚形以上諸泉雖非莽鑄亦非近代物

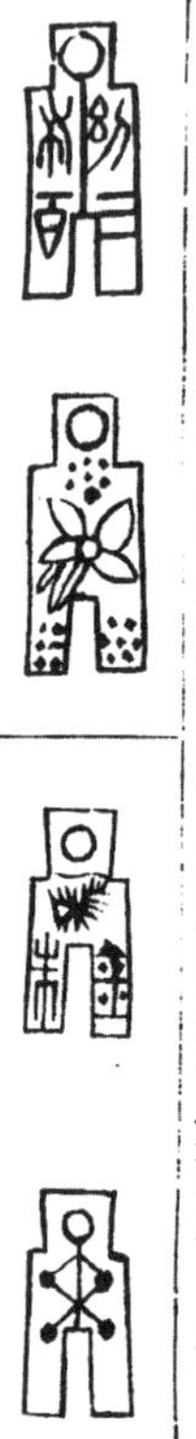

一幼布三百背花紋次亦莽布形面左朱右金上花背交互文

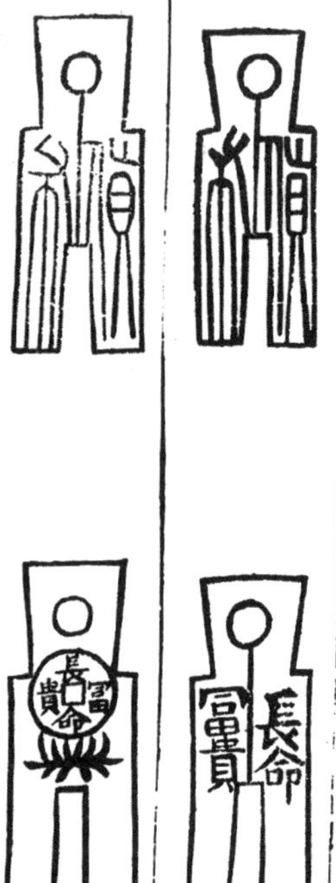

貨布背長命富貴次長命富貴圜錢形下有花紋三面有花紋

背同次品惟次品貨布二字似莽泉

面上大泉五十下貨布中作七星龜蛇狀背上錢形下花紋

古泉滙　貞四　七

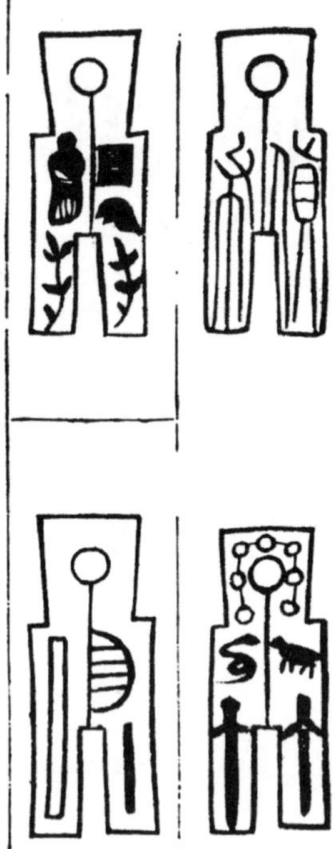

貨布似莽製一背星劍龜蛇二左人右不斷三梳形兼直文

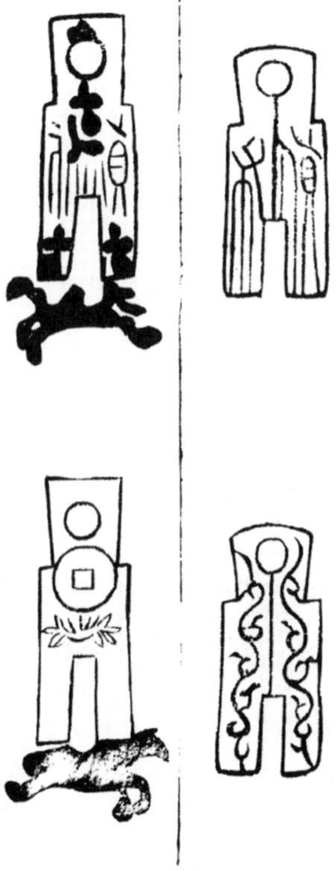

貨布一面上北斗背二人對立下龜鶴形二背花紋三面上下

花足下獸形似碑碣龜趺狀背圜錢形下花

古泉滙　貞四　八

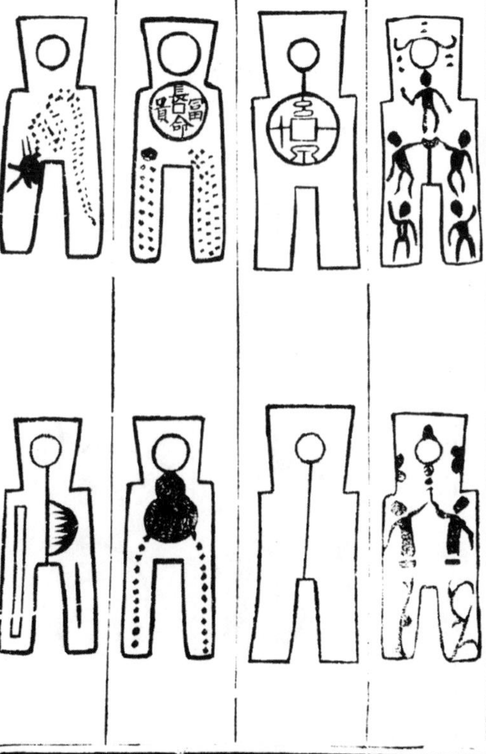

一面寶盉五男形背二女形下花枝此品載金石契二面幺泉一十閃泉形背無字三面長命富貴錢形背似人形下粟文四面龍形背桃形兼直紋四品皆無貨布字以形同貨布附於後

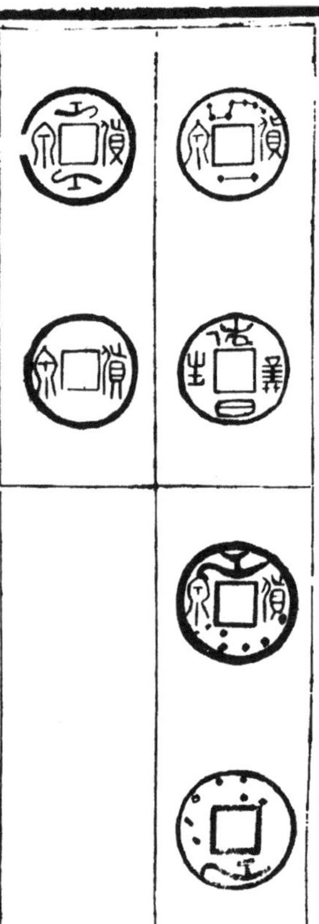

貨泉一面星斗背倒書上下日利左右字不可識次上鉤下七

星背下鉤上七星三合背面上下鉤

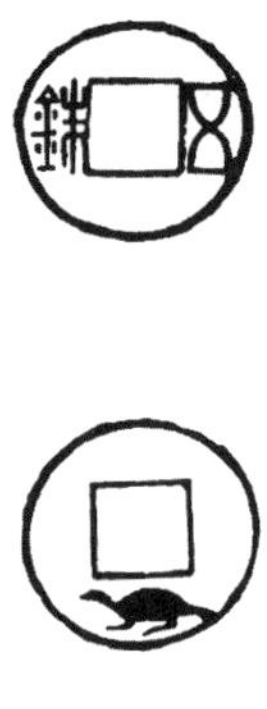

鐵五銖與公孫述錢無異背下龜形

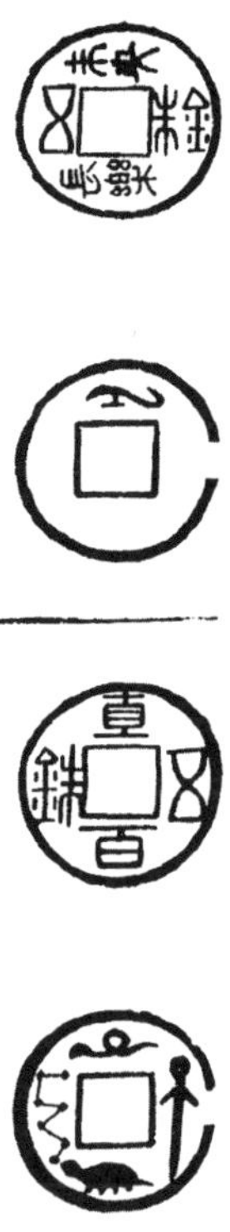

五銖傳形上下長樂未央向右書背匕鉤形次直百五銖背斗劍龜蛇類大泉五十面俱類蜀漢錢

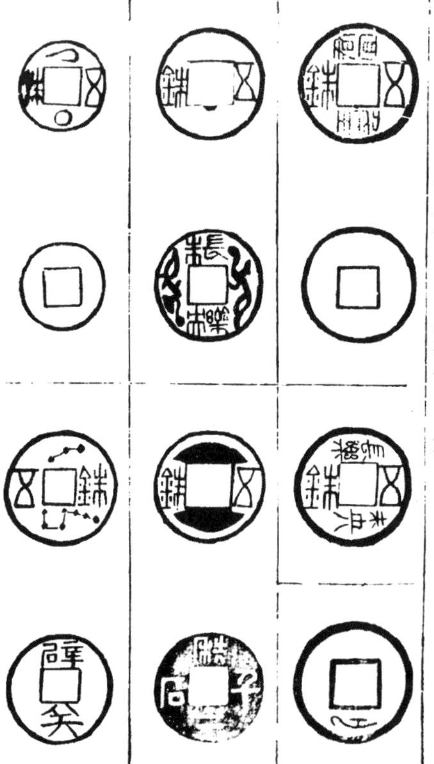

五銖一面君宜侯王在上下向左右書文與漢洗同　西淸古鑑云猶詩稱宜君宜王耳二面長樂未央在上下向左書背下鉤形三面穿上一畫下半星背亦長樂未央左右龍形文與漢瓦同三背秩二千石黃金錯其文自莽金錯刀外未有字錯金者僅見此品二千石漢官名五面上鉤下〇鉤形與莽大泉同六面自左讀上下星斗背辟兵亦與大泉同皆似漢厭勝品

五銖面下刀形背一四出兼星文二合背背向左又星斗文

大平百錢背水波紋不似正用品洪志奇品有此

古泉滙　貞四　十一

永安五男背一無文餘俱四出文五男蓋祝多男之義與五男二女錢同或謂此永安五銖之別種三及五迭大背似青龍白虎朱雀元武之形舊譜謂之四神錢

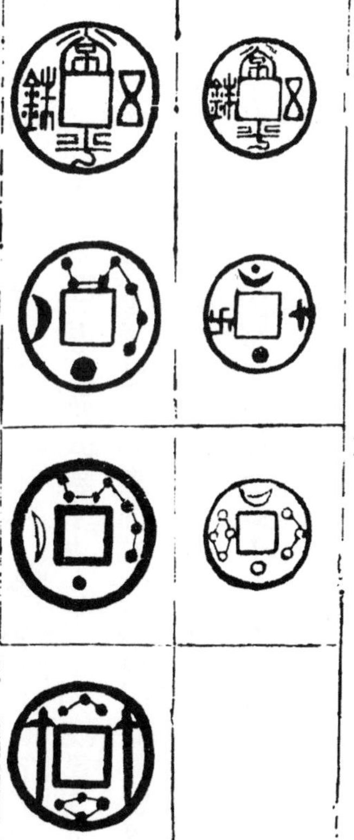

古泉滙　貞四　十二

常平五銖背一上下日月星左右十卍二字次及四皆日月星五星文雙劍三以下較大凡日月星者舊譜謂三辰錢

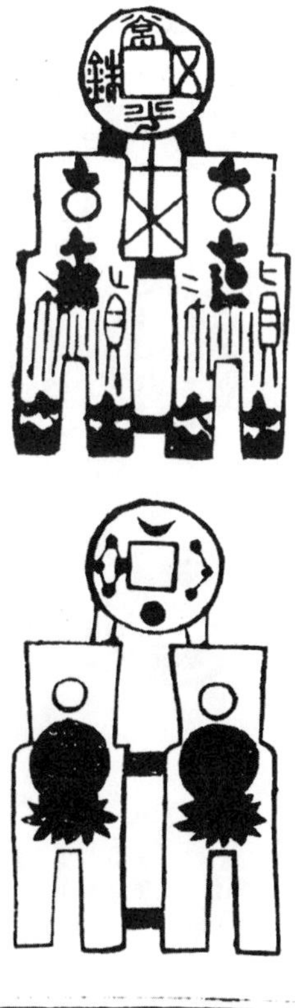

常平五銖錢牌背亦三辰錢之下雙貨布並列面背花紋兼圓錢形

常平銖朱背右人左童子下獸形上似本命二字此錢與常平錢不類應係後鑄背文乃生肖之別品

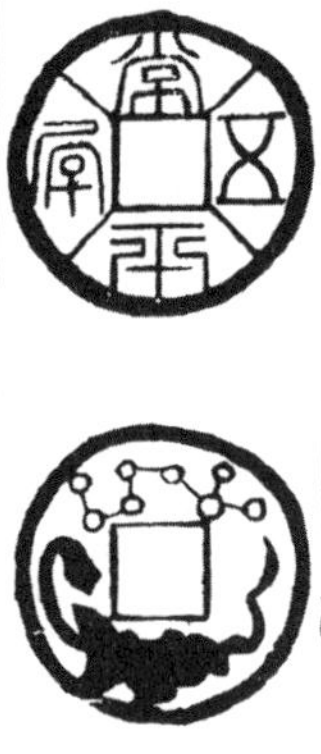

常平五辰亦常平五銖之別種　一二背雙劍龜蛇　一正二倒二較大星斗龜蛇舊譜此類謂之元武錢

古泉匯貞集卷五

厭勝正品

五行大布　一二背俱斗劍龜蛇　一微小洪志名元武錢　三雙劍龜蛇　四日月北斗　五六花草狀洪志有大品雀銜花者亦此類

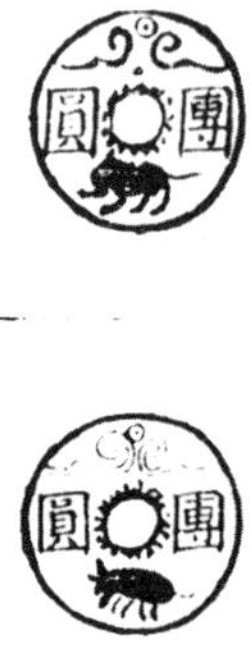

面文同前　一孔方餘孔俱圓背左右皆團圓字　一上下模糊　二上雙歧花紋下牛形　三四上雙雲頭下虎形兔形　棄考有羊形者又曾見猪形者然則十二辰當俱有之此正品兼生肖類者

面同前背上巫雲俱同一子時下鼠形二丑時牛形三寅時虎形四似龍形不晰左右無字爲異五方孔申時猴形與四均不晰此亦兼生肖錢吉金錄有午時者彙考有卯酉戌時者

古泉滙　貞五　二

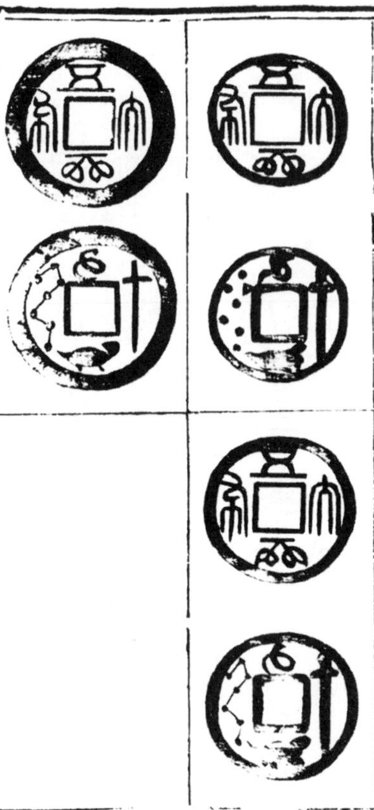

面仝前行字變體二品迭大背皆斗劍龜蛇彙考以此背類六泉五十疑爲同時鑄

面背俱同前惟上下有柄中穿不透次上柄作雙鳳頭

古泉滙　貞五　三

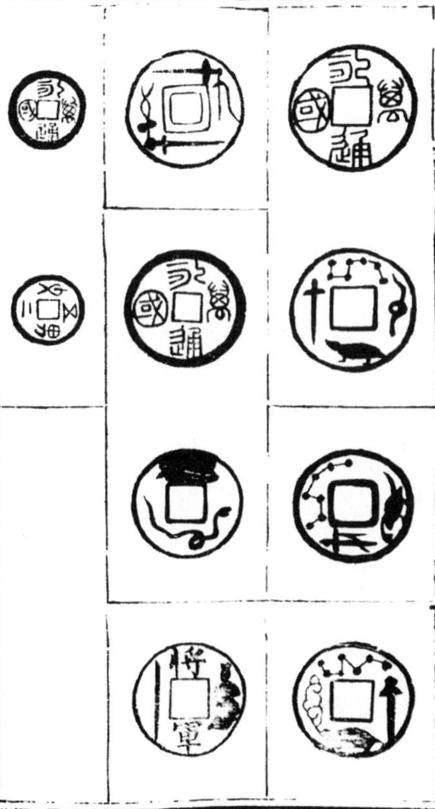

永通萬國背一二斗劍龜蛇二向右三斗劍龜四雙劍五上不

晰下蛇形六將軍右人左立戈形七絶小背五男二女向左

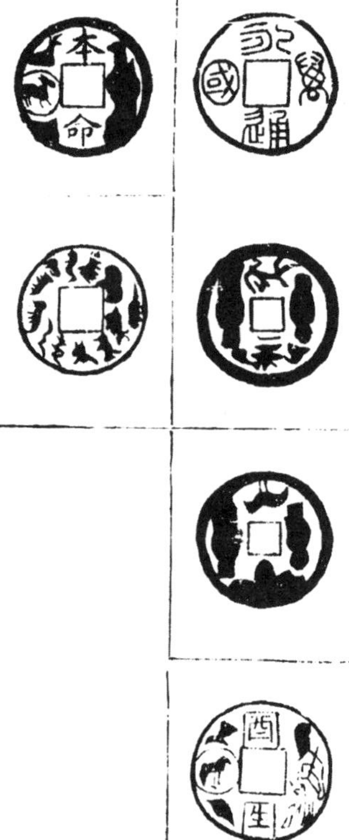

面同前背一二兩人倒立兼龍形鷄形三酉生人對鷄形四本命人對犬形五十二辰形皆屬兼生肖錢

大開元通寶重好郭背花紋

順天元寶似史思明錢背及外郭俱花紋

永通泉貨隸書背龍鳳文形質古樸洪志入十國品中

天府策寶背交索文

周元通寶背一兩人形二兩人下龜三一人龜鶴四右人上鶴下龜五右人左龍六右人仗劍左龍世謂降龍錢七八雙龍戯珠九十龍鳳十一雙鳳按諸背文多凸起形質甚古此外品類繁多又有秘戲者不備摹

宋元通寶背一右一人仗劍左龍仿周元降龍錢式二作龍螭屈蟠狀而不斷

古泉滙　貞五　六

太平通寶一篆書背天福百壽次眞書背龍虎形三小背平安

吉利四無通寶字背雙葫蘆向左

錢牌中作太平通寶左右開元通寶背無文色澤俱古非近代物

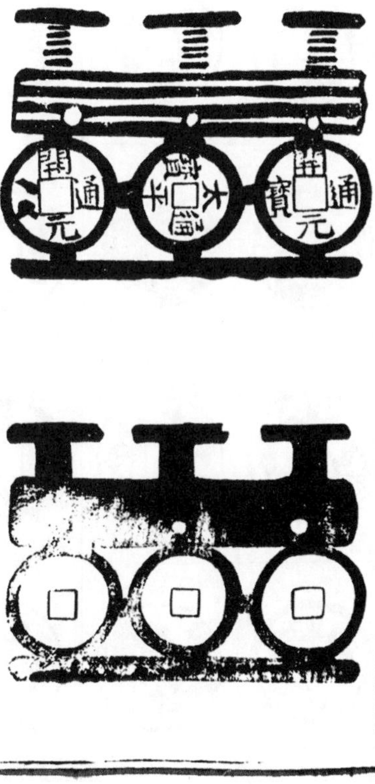

古泉滙　貞五　七

太平通寶錢背亦龍虎形上有柄面背福祿字似近代仿鑄

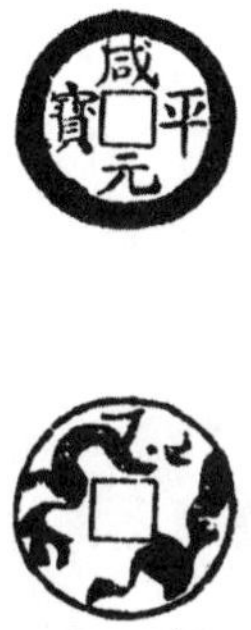

咸平元寶背龍鳳亦仿周元錢式

天聖元寶背上類虎形而不斷下花草形

熙寧元寶背斗劍龜蛇向左亦仿大泉式

崇寧重寶一二隸書三四眞書背一雙龍形二雙龍抱珠三迺

寶背四曲文四錢加環文四雙角文

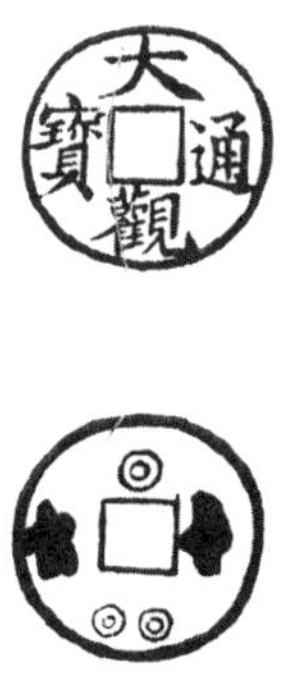

大觀通寶背上下三◎左右不斷

面文仝前外俱重輪一背亦重輪四出文似纓絡兼四花朶文

次上星右星官左噓氣上本命星官下獸形亦係兼生肖錢

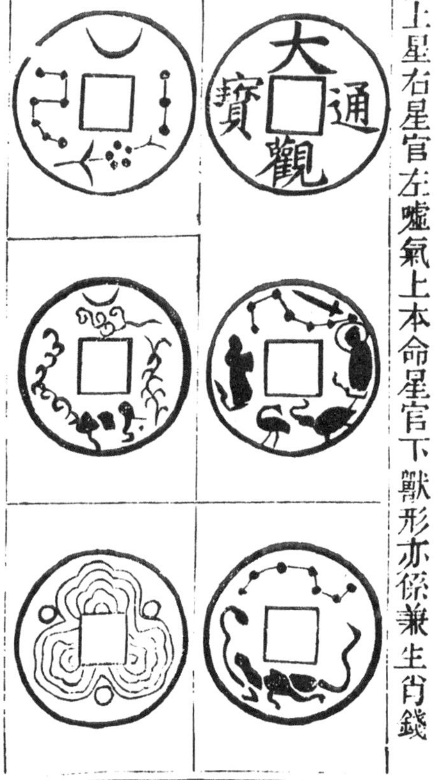

面文同前背上斗劍下龜鶴左星官右童子次上星下龜蛇三

花月星斗四上雲端新月下花紋五雲紋

面同前背一雙龍逐珠文次雙獸銜魚文三雙魚啖花文四五

古泉滙　貞五　十

珊枝承蓋一正一倒

面同前背一方勝次雙板三犀角四雙角以上諸品制作精美

與徽宗錢無異應俱屬當時物

此品作犀角形絕奇面文亦大觀通寶孔方類錢背上下九星

大錢有犀角文者此又其變體也友人所藏云自土中掘出者

古泉滙　貞五　十一

大觀鐵錢背亦犀角文按鐵錢歷代多有若鐵厭勝錢惟見五

銖背龜形者及此品

宣和通寶背上下日月左右湖蘆

正隆元寶背左右雙劍上下不斷應係龜蛇面文較粗不似金錢然色澤極古

大定通寶背雙鶴下魚形次申字乃太定錢之背文非生肖錢也下葫蘆形向右接葫蘆形昉於太平錢宣和大定俱仿之雙鶴形昉於大泉五十此亦仿舊式也

泰和在上下左右葫蘆亦仿太平錢背左右方勝雙板

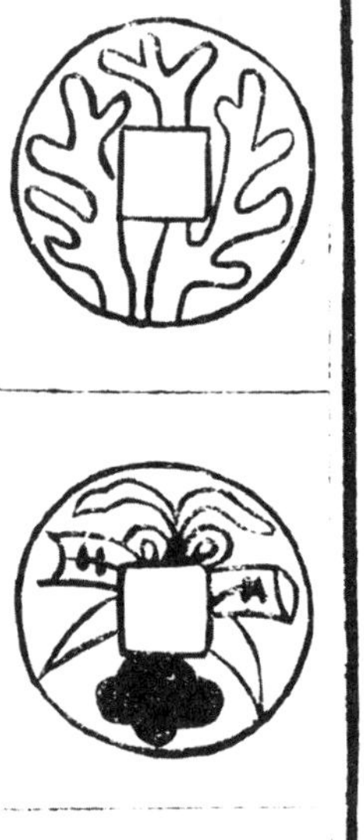

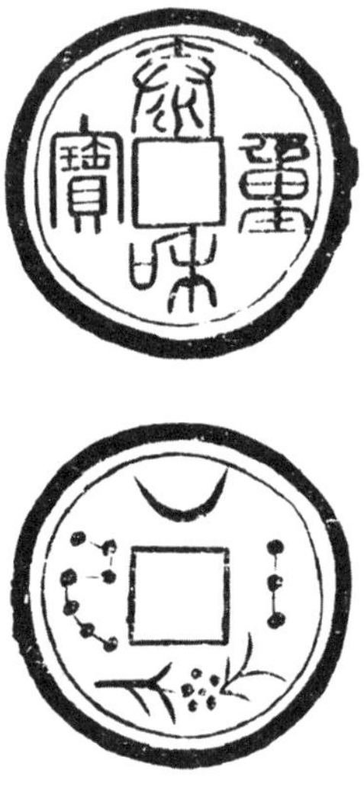

泰和重寶背一人形次方勝三珊枝四雙角五花月星斗惟五面背重輪次以下背文皆仿大觀錢式

大元錢面背左右雙鶴背下魚形仿大定錢式

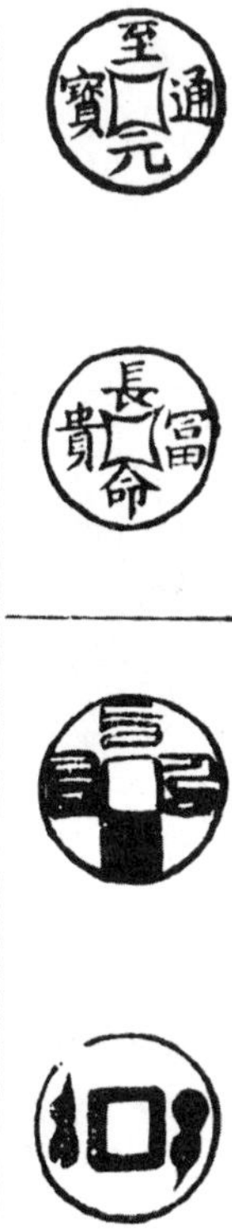

至元通寶背一橫劍二橫劍下月形三長命富貴四顛倒葫蘆
三四並大四蒙古書

正德通寶背龍文次較大龍鳳文

正德大錢背一雙龍文二雙鳳文雙龍者似近代所鑄雙鳳則
確屬明錢然池北偶談於慈仁寺見正德錢幕文如蟠螭狀是
正德錢之作龍文已久矣

古泉滙貞集卷六

厭勝吉語

辟兵錢面文辟兵莫當背除凶去央俱右旋讀辟卽避省央卽
殃省一上柄獸形中有重好下有環次上柄下環洪志舊譜同
方穿之中更有小穿邪正发之若八角其間有八柱其郭外有
小柄卽此錢惟無下環耳按辟兵與大泉背文同漢印有文曰
除凶去殃者見汪訒菴古印存此錢自屬漢厭勝品

而背文俱同前一二有上柄三無柄一重好文左旋二右旋三
左旋均無下環與洪志符合皆似漢製

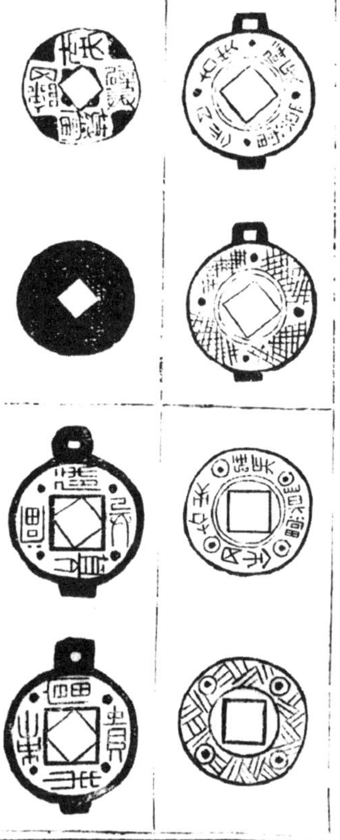

三品文同前而俱在面右旋讀類鏡銘一有上柄方圓重好面

背八柱二惟無柄餘同三面無柱無外郭背平四面亦倅兵莫
當背曰富貴未央上有柄下有環已截去面背亦八柱鮑子年
有鉛錢面背文及制作均與此第四品同惟無上下柄

千金錢面文日入千金背長毋相忘俱右旋讀一上柄下環次

上柄俱重好郭面背八柱與倅兵錢制作無異考漢瓦漢鏡皆
有長毋相忘之文此白係漢製洪志亦載之

面文同前背曰佩此宜富下似有環截去者

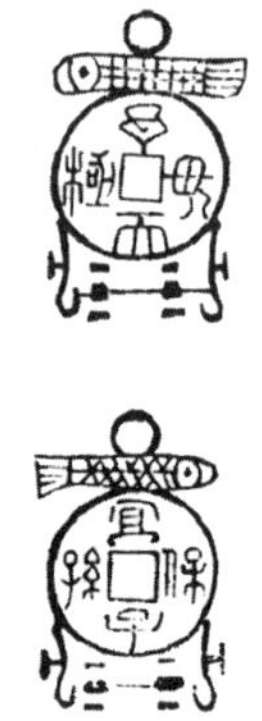

面文予天毋極背宜子保孫上柄魚形下雙鉤兼垂旒形按漢
瓦有予天無極者此亦漢錢

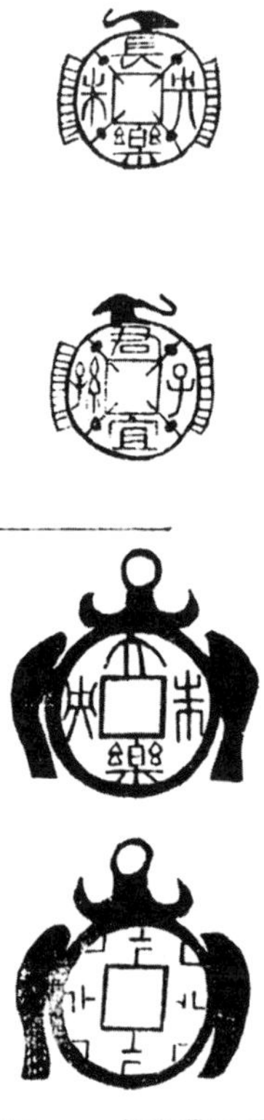

一長樂未央與漢瓦同文背君宜子孫與漢洗同文上長鬚鉤
形左右抱珥面背四隅八星兼四出文文透穿內絕奇二大泉
未央背曲直文與大泉五十同有上柄可貫左右抱珥魚形

豐樂錢背四出文洪志舊譜四字皆科斗書李孝美曰天清豐樂與此恰合惟洪志文俱向下此清字不斷天字向右爲異

古泉滙　貞六　四

萬歲錢洪志面文繆篆皇帝萬歲背忠孝傳家與此第一品符合次真書左旋讀三上下讀同一四右旋讀外郭重輪三四背有人物形按漢書高帝紀羣臣皆稱萬歲天子稱萬歲始此

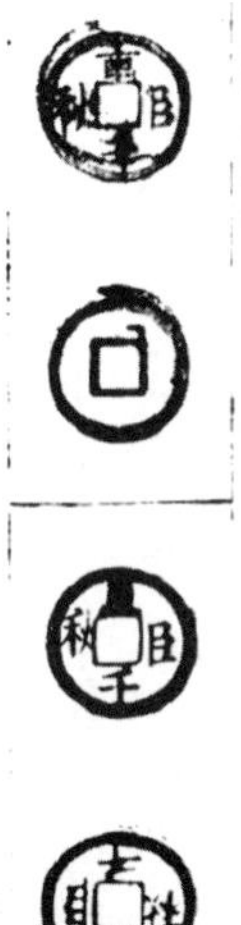

萬歲錢千秋錢小品一文同前惟萬作万二合背三背文重臣千秋向左四重臣千秋五合背二一五背文俱向上

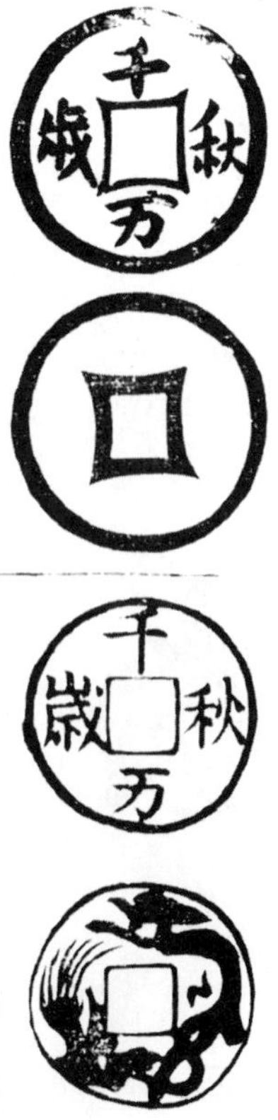

千秋萬歲大錢萬作万次背龍鳳形

古泉滙　貞六　五

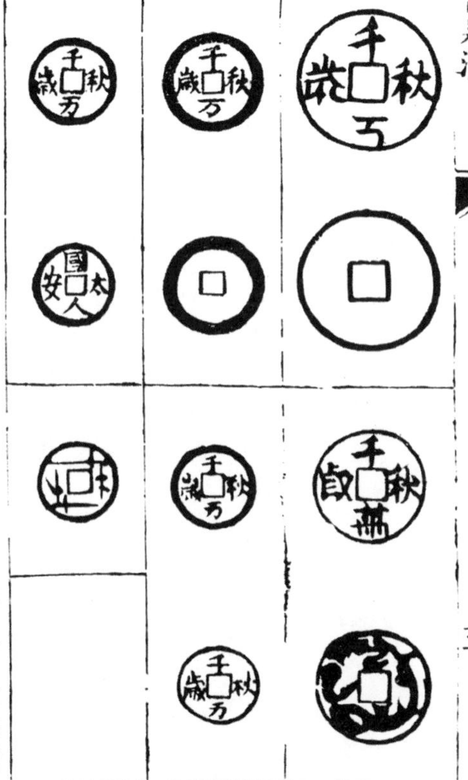

仝前迭小次萬字作萬背龍文四合背五背國泰人安六雙劍

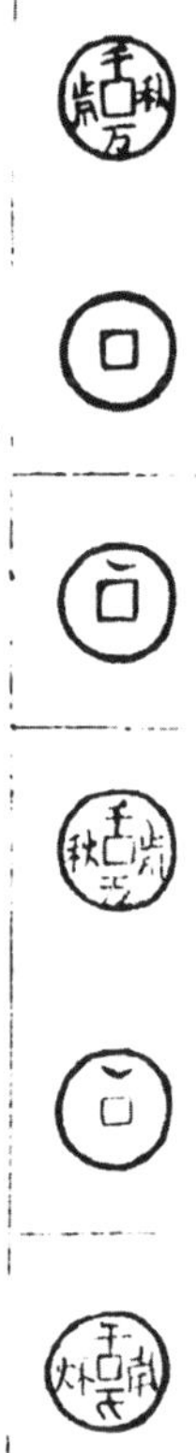

四品更小三左旋讀四傳形二以下背上月按洪志千秋萬歲大錢背龍鳳文者入奇品小品因李孝美有虜使入貢人多博易得之之語董遹遂定爲遼錢劉燕庭云李孝美言得諸貢使然非謂遼錢必以此四字爲文也此錢與遼錢不類未可遽定愚按洪志小品皆作萬上下讀今所見皆作万右旋讀洪志已未可盡信漢魏六朝軏皆有千秋萬歲之文自屬吉語非正用品且此錢與皇帝萬歲重臣千秋錢無異故類記於此

古泉滙　貞六　六

面文同前一二背國泰人安一下雙人形二三雙魚形泰作太

郭勳錢文曰大勝哉得泉財益富昌宜牛羊背保父母利弟兄宜子孫去不詳詳卽祥也中好三重上下有柄柄下有郭勳印

田龍錢式與前同一面花紋一面文保父母利弟兄宜子孫去不羊羊亦祥省下有田龍印此與上品中好俱不透

古泉滙　貞六　七

王貴錢亦上下柄面文和父母保弟兄宜孫子口命長應是壽命長壽字及背花紋均不斷中穿透下有王貴印

傳侯錢制作及兩面文俱與郭勳錢同惟無上柄下有傳侯印以上四品皆以錢爲印紐者非錢而具錢形其宜子孫益富昌等文漢銅器往往有之下名印亦皆似漢人私印其爲兩京物無疑

父慈子孝面背同文次背文兄友弟恭

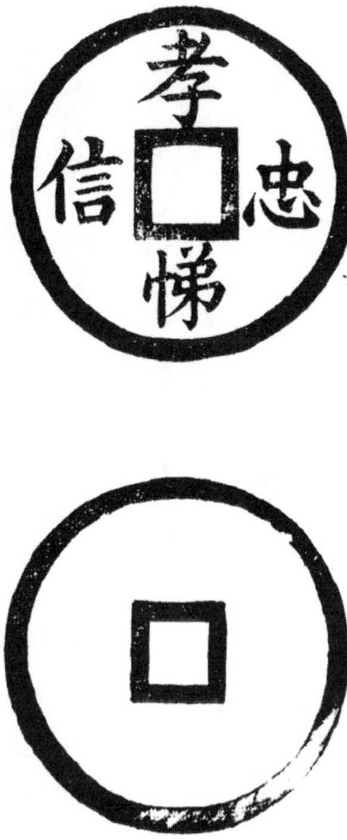

古泉滙　貞六　八

孝悌忠信大錢

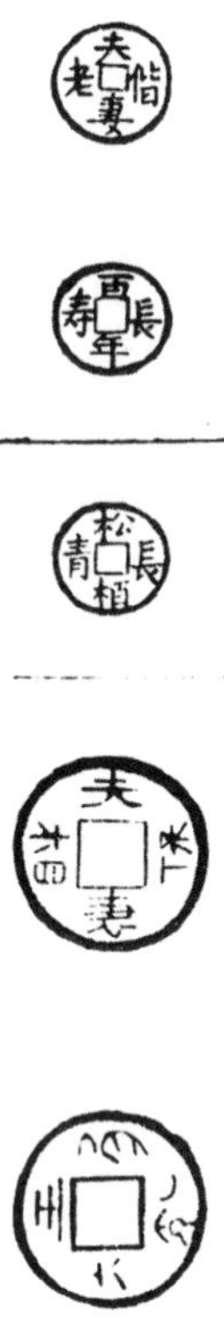

一夫妻偕老背百年長壽二背松柏長青三夫妻相保相保二

字向外背不可識

如魚似水錢次上下有柄

弄璋添喜錢背桑弧蓬矢

早生貴子背天開文運次面同上背下篆書元字餘不斷　西

漢古錢按公羊傳母以子貴則貴子其說已古非近代語也

古泉滙　貞六　九

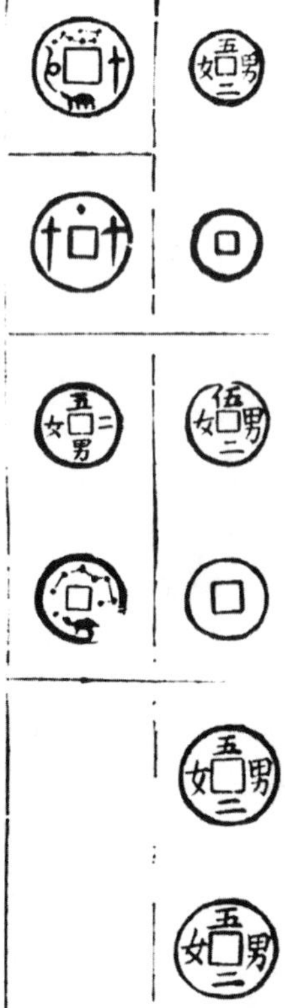

五男二女錢一較小次五作伍三合背四背斗劍龜蛇五雙劍

六上斗下龜洪志載合背錢金石契據朱子明詩傳遺說曰今

人言五男二女亦有所本詩疏武王有五男二女蓋出于此五

男者左傳邘晉應韓爲武之穆與成王則五矣大姬下嫁陳胡

公則一也詩何彼襛矣王姬下嫁齊侯之子則二也

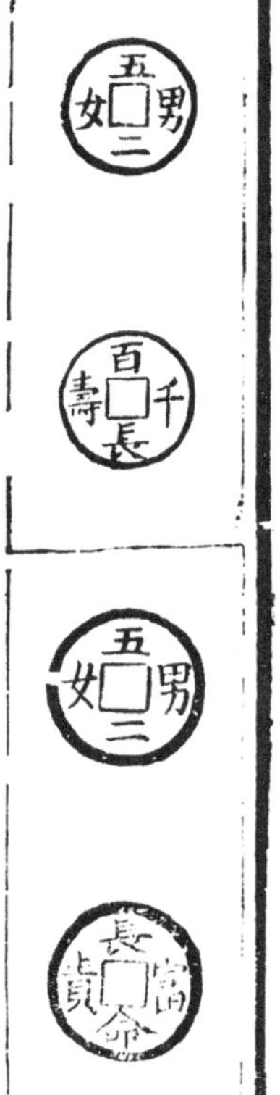

同前背一百千長壽次長命富貴三面上長牌凹文五男二女
下斗劍龜蛇左右二女形背五男形四合背上有柄鳳踏花形

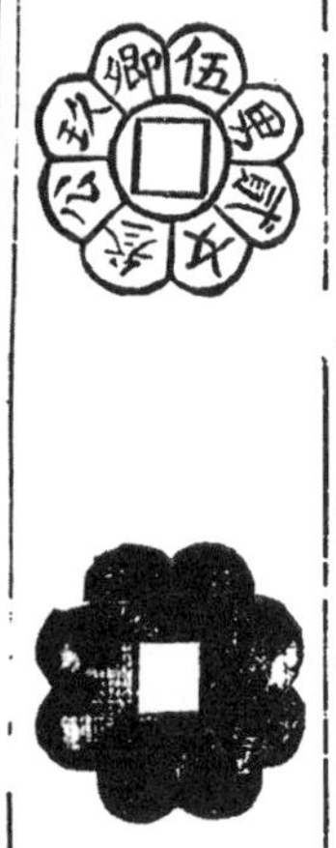

此品洪志謂之福慶錢據舊譜文曰伍男貳女叁公玖卿郭邊
作連珠文二三五九皆作大字正合此式泉考云唐武后時鑄

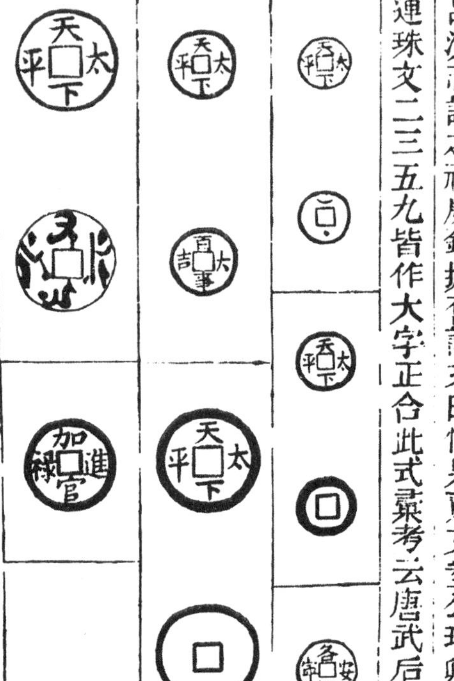

天下太平錢七品迭大背文一星月三各處安富四百事大吉
六四人形七加官進祿洪志載四品其第三與此第六品符合
背唐書李希烈既平淮西節度使陳仙奇進錢一文大如開通
之狀文曰天下太平云於希烈庭中得之是唐以前已有此

大錢鏤空圜好上下兩錢形文曰天下太平長命富貴背曰加
官進祿金玉滿堂左右雙鹿形取諧聲進祿之義

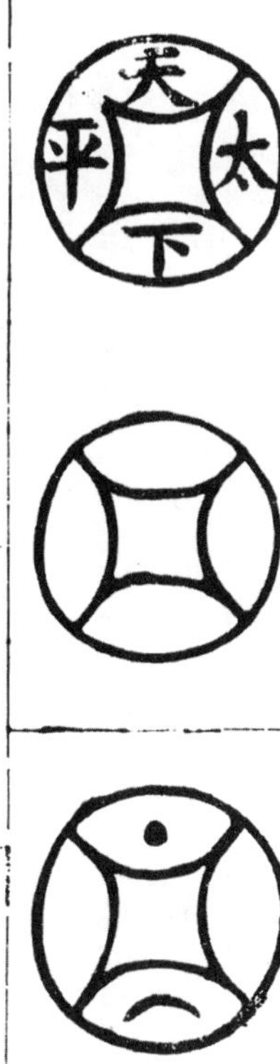

古泉滙　貞六　十二

大錢亦曰天下太平面背四曲文次背上下星月形類無考之
大泉五十或同時所鑄三天下太平國泰人安面重好右旋讀
徑字界以連珠圈背人與獸形

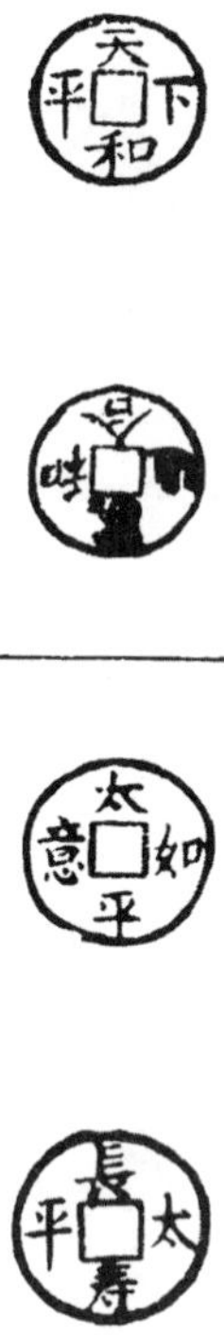

一面天下和平背倒書惟和合二字可辨次錫錢面太平如意
背長壽太平

風調雨順背五谷豐登穀作谷與前國作囯泰作太同

日月錢一較大面日月合璧背三陽開泰次差小面日月金光
背花紋

古泉滙　貞六　十三

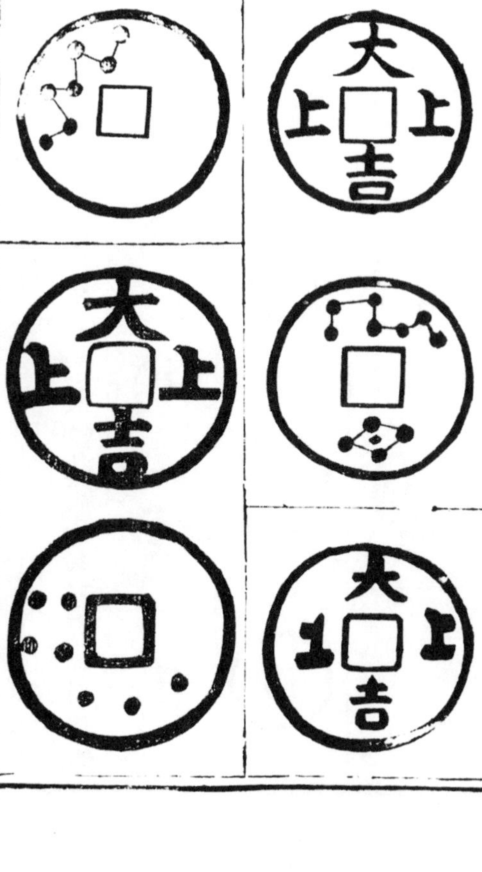

大吉錢五品迭大面背大吉上上次上上二字相背書背一上下星斗次左上北斗三北斗在下四周圍七星五左右星斗

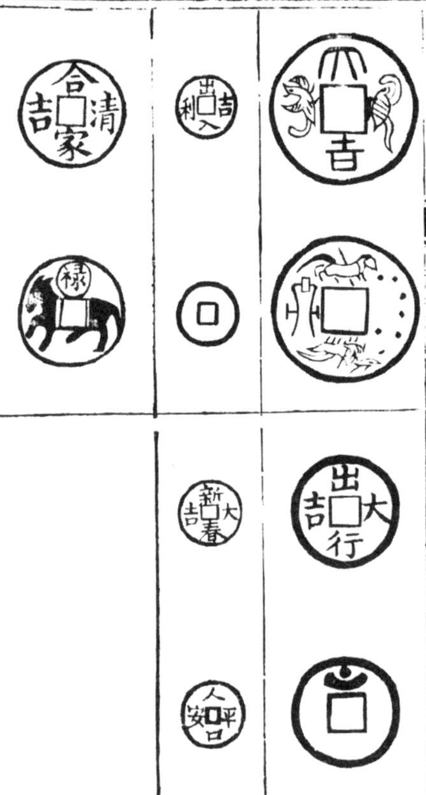

一大吉左右龜蛇及飛鳥形背北斗長壽鉤及獸形次出行大吉背星月三出入吉利四新春大吉背人口平安五合家清吉背祿字及馬形取數術家祿馬之義王圻稗史類編博戲中私鑄錢有合門清吉或家字訛爲門字耶又安陽縣志元至正八年靈泉寺香爐有保佑合家清吉字

除災去凶錢仿漢厭勝式四隅入柱重好背平然字體形質與漢錢不類

一萬災永滅背龜鶴形次萬病不侵萬災永滅錢有上柄者

驅邪辟惡錢背斗劍龜蛇又有驅邪降福錢大同此背龍虎文

辟邪二字在上下左右符篆背花紋不可辨

承華普慶錢金史章宗紀明昌五年尚書省奏宜易慈訓殿爲承華殿從之地理志承華者太子所居之東宮也彙考斷爲東宮慶典特鑄頒賜者又按日下舊聞元史百官志至大元年立承華普慶寺此錢或寺中物歟

龍飛鳳舞錢背龍鳳形

古泉匯貞集卷七

厭勝吉語

福生通寶背星月人與鹿形雖曰通寶福生仍取吉語非年號也次百福齊生上有柄背龜形花紋面文與萬災永滅錢恰對

一二壽山福海背一壽命千秋次上未字下羊形兼生肖三面背方牌內福如東海壽比南山兼繪人與山海形四文同前而不繪形近歷下宋人墓中掘出瓷器有福如東海壽比南山字

一福祿壽星背岡陵松栢次增福添壽背人形不斷又香案形

福祿壽星亦有面背同文者

面文福壽延長背畫雲日海山走獸之形又有福壽延長字在

四隅上下左右畫符背作星官兎形者

福德長壽錢真書背上本命星官右人左鼠形按邢澍寰宇碑

錄東魏福德長壽四字正書在河南洛陽龍門山是此語六朝

已有此錢或即六朝制作歟

面文同前而行書背上牛形左星官右童子又曾見面行書背

蛇形者猴形者面真書背犬形者豬形者上本命星官方牌或

有或無左右或星官童子大同小異不能備摹摹二品以概之

此類皆吉語兼生肖錢譔十二生肖皆有之

上下福德二字真書左右貨布篆書背上本命星官右星官左

人及生肖形

左右福德字上辰字下龍形亦肖生之一

一面同上背長壽下巳上蛇形二面背福德長壽同次品上下
戌亥及犬豬形二品背皆倒書此亦兼生肖錢但面背兼兩生
肖者惟見此二品

一福壽長永背右人左樹下鼠形亦兼生肖次福壽永長背正
大光明

福祿保祐錢祿作鹿形取諧聲背上本命左右星官下獸形

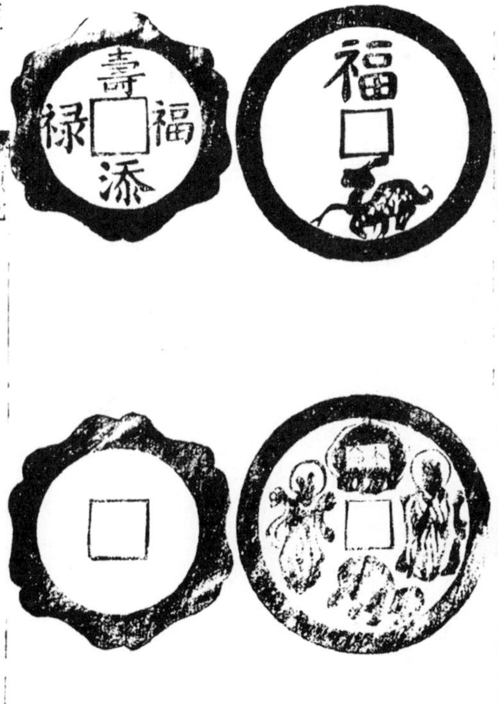

一上福字下亦鹿形背上本命左右星官下獸形次壽添福祿
外緣作六出形三上下左右類符篆面背皆同四隅面福祿祿
神背長命富貴倒書

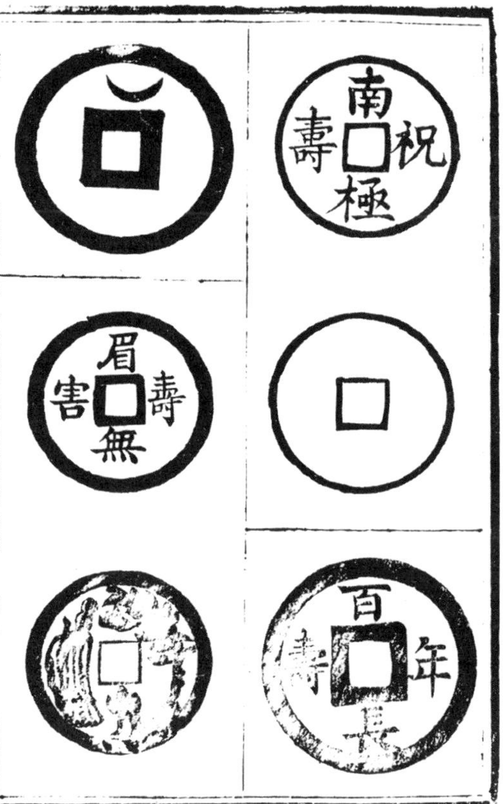

一南極祝壽次百年長壽背上月三眉壽無害背左右人與樹形下兼生肖猴形

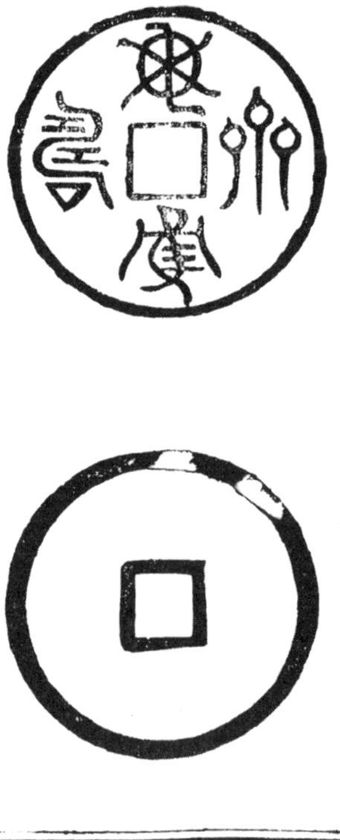

龜鶴齊壽篆書厲鶚樊榭山房集載此錢文又渤海藏真帖米元章詩龜鶴年壽齊羽介所託殊云云此語或宋以前已有之

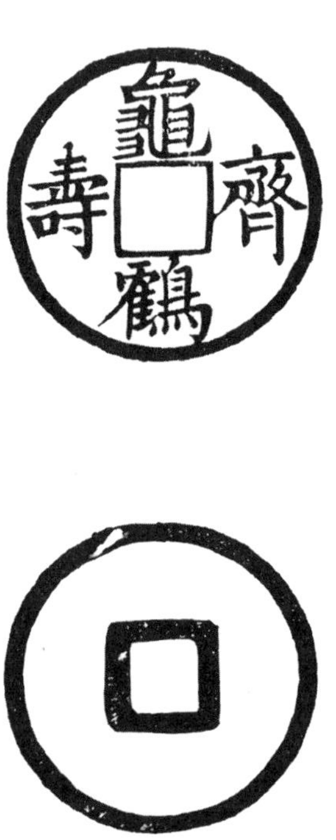

文同前而真書錢幣考四字壯勁類大觀錢即此品

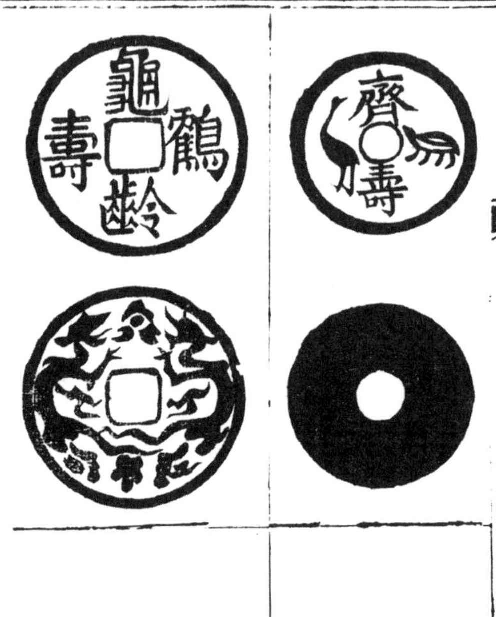

二文同前惟龜鶴二字象形爲異圓好背平類古圖法文龜齡

鶴壽取義同前背雙龍形

長壽二字篆書在左右上下二字類符篆彙考疑爲富貴字背

上北斗下龜蛇此錢又有上有柄者

古泉匯　貞七　八

長壽富貴一至三面背背上本命星官左右兩人類星官童子

下一牛形文蛇形三犬形四五面草背背二八及樹形下牛形

猴形背生肖之屬

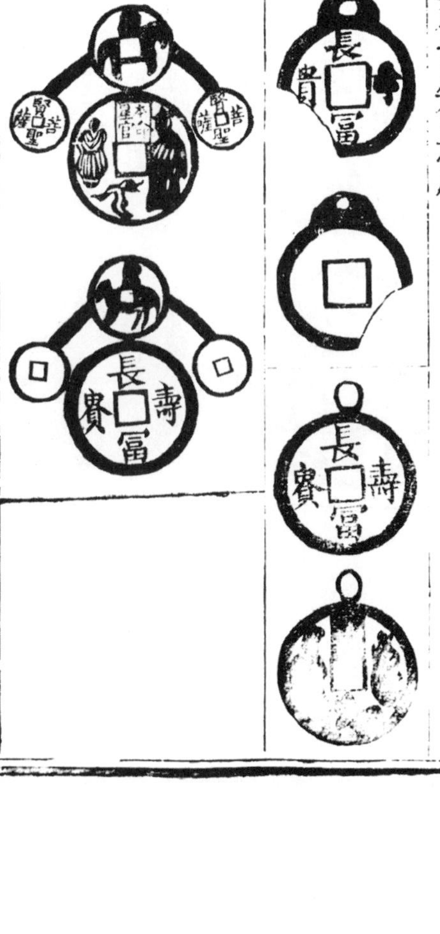

古泉匯　貞七　九

面文俱同前一二有上柄二背亦本命星官左右人形下似生

背不斷三面同二背下龍形上柄三錢形中類馬錢左右文賢

聖菩薩背亦長壽富貴

百千長壽背進字鹿形取進祿之義

長命富貴小錢次合背三長命向下富向上貴向右旋轉背五
背星月六背金玉滿堂七圓好背左右子丑上下兩生肖形
西清古鑑按崇高莫大乎富貴富貴二字相聯屬始此又風土
記端午造百索繫臂名長命縷又曰金玉滿堂老子道德經語
也董逌謂有所謂異錢制作近古其文曰長命富貴金玉滿堂
忠孝傳家五男二女天下太平云云今長命富貴錢倘多大小
不等或有近代仿鑄者

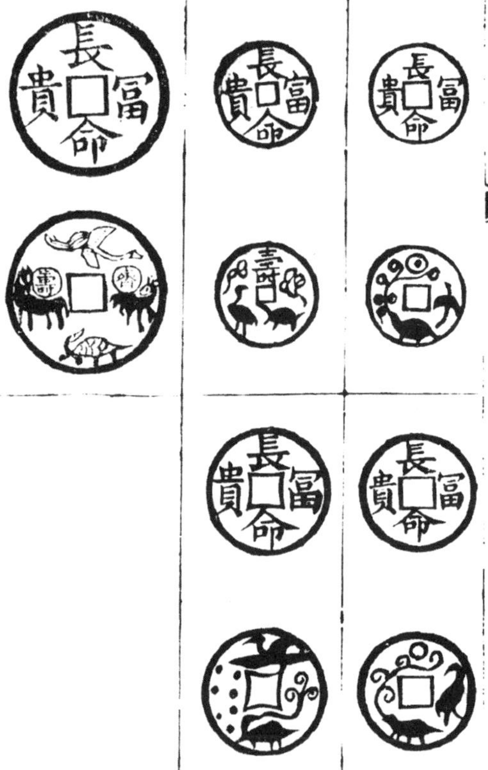

五品迭大面文俱同前背一二上俱日光下龜鶴形三上壽字
雲氣下亦龜鶴四上下龜鶴左北斗五亦上下龜鶴左右齊壽
二字又鹿馬形隱寓龜鶴齊壽兼祿馬之意凡富貴字富皆無
點惟此第三品畐字有點

面文同前背地支十二字生肖形

大錢丙作六錢形文曰長命富貴壽山福海金玉滿堂壽如松
栢福祿齊壽永保千秋背地支十二字兼生肖形同前惟前作
圓格此作方格

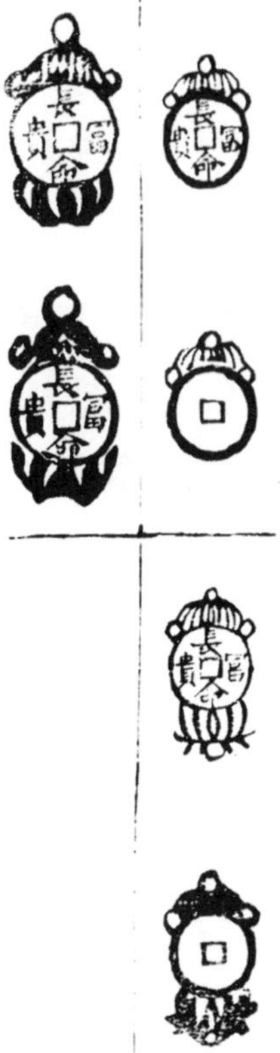

亦長命富貴錢上俱有荷葢柄二三下有蓮座三文合背

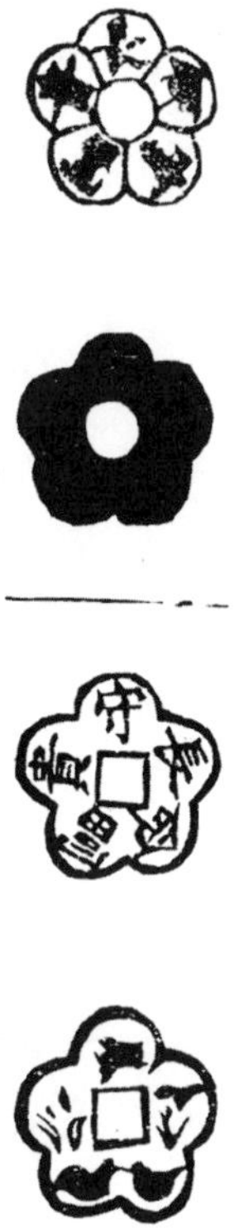

一長命守富貴背平二守長命富貴背有花紋俱五出梅花式

古泉匯　貞七　十二

第一品載洪志據云景龍中睿宗女荆山公主鑄此錢用以撒帳勑近臣及修文館學士拾錢銀錢散貯絹中金錢每十文郎繫一綵條李孝美曰見此錢於汝海王霖家形製文字皆如洪譜但差大而銅鑄耳此二品想俱唐以後仿鑄者

長命百歲背富貴長久四字分於面背較異

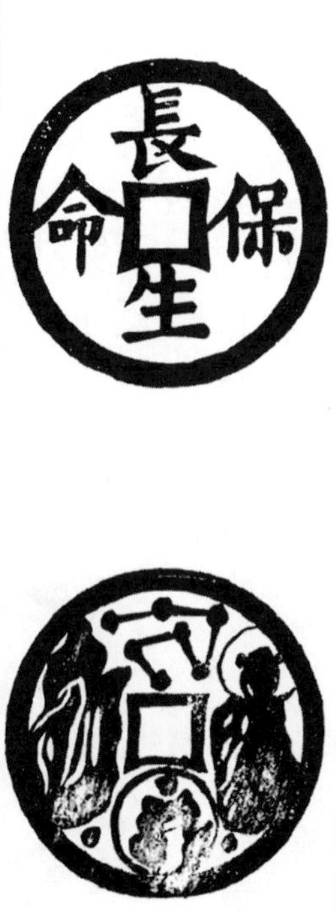

長生保命錢背文藥考云上北斗下月宮兎搗藥形右爲嫦娥左爲眞武仗劍此品恰合惟左不晰按宣和畫譜載五代陸晃畫長生保命眞君像宋周文矩畫長生保命天尊像此長生保命四字見於載籍之始

古泉匯　貞七　十三

長樂益壽延年貴富背龍鳳龜麟形

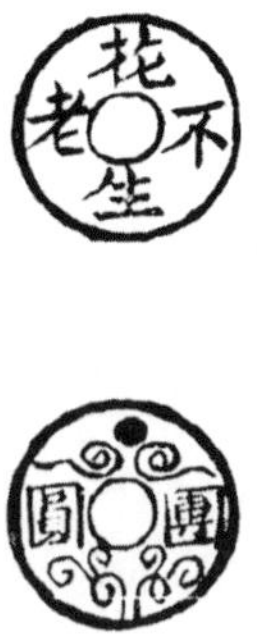

花生不老背左右圖圖字類五行大布錢式稗史類編有長生不老錢背同此長或花之譌耶抑其别種耶

勝花藏葉背有花紋若葉劉燕庭疑爲佛藏錢今與花生錢類及之

一狀元及第第古第字面背無郭形類半兩錢質甚古次狀元及第背獨占鰲頭朵考有背早生貴子者雙龍文者金榜二字左右虎形者

三元及第背五子登科

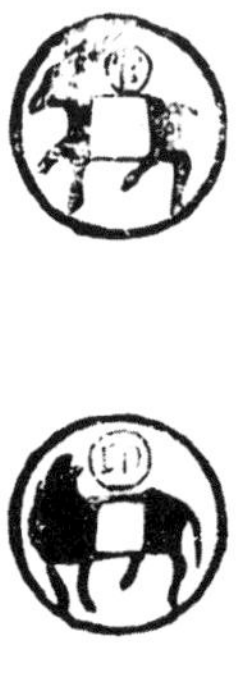

面官字鹿形背印字馬形取官印祿馬之義

宜利大富錢四隅鳥形背上鶴下龜形左花紋似龍形右花紋似人形均不斷

金玉滿堂篆書向內徧地作羅紋背雙螭顛倒形樊榭山房集載此品上有柄注云見長命富貴錢

地不愛寶錢背龍鳳文

面利市仙官背招財童子輟耕錄利市之說易說卦巽爲近市三倍此最古者眞文彦圖繪寶鑑宋嘉禾好爲利市仙官此稱已久矣又有利市大吉錢招財利市錢

古泉匯貞集卷八

厭勝生肖

生肖錢上地支下象物形自子至亥惟巳酉二種未見稗史類編命錢面有十二生肖字張端木曰此錢舊稱命錢有地支十二字又有生肖形生肖之說始於淮南子則此錢不必出於近世也今此錢有一字者兩字者四字者十二辰全者大小不等品類尤繁

地支亦在上肖物當穿之中與前異缺寅辰午未酉五種

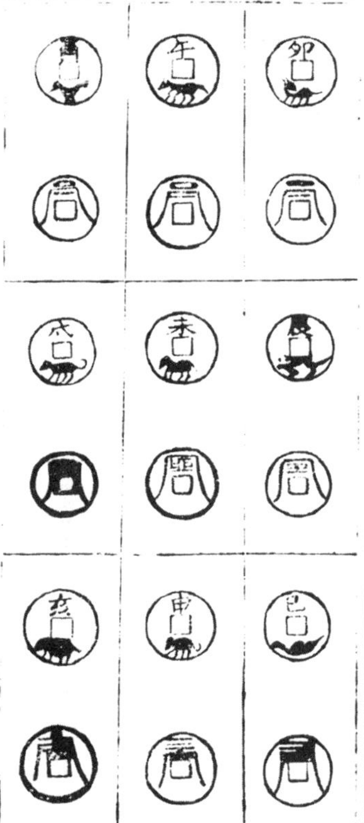

上地支下生肖十二品全背似符篆篆亦小異而多模糊

面同前而圓好背上星下劍鈌丑生一種

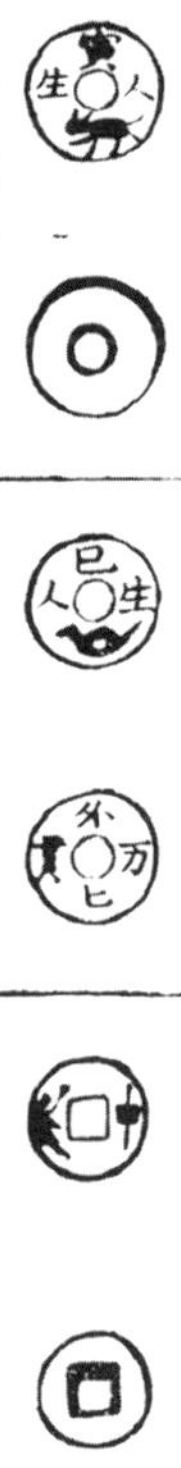

一寅生人下虎形二巳生人下蛇形背不七万貫類庫錢背圓好三右中字左猴四兔形五右人左蛇無字皆方孔共五類

一子丑寅卯二辰巳午未三申酉戌亥背各四生肖形

一子午卯酉二辰戌丑未三寅申巳亥背亦各四生肖形

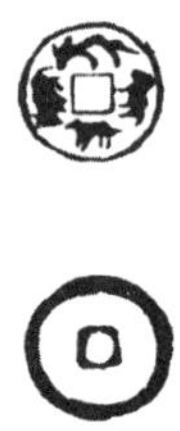

亦辰戌丑未錢但肖形而無字以上皆生肖錢之最小者泉彙考

日太平廣記天復中豫章人掘地得一小匱發之得金人十二首戴十二辰屬精嚴殆非人工觀此則生肖錢或即始於唐代

子生錢一左右花紋二銀錠形背上星右星官左鼠形但同

丑生錢一方孔次圓好而左右花紋不晰背人及牛形亦不晰

卯生錢左右犀角形背上北斗右星官左兔形

辰生錢左右方勝背上星左星官右不晰次背平

午生未生二品左右俱花紋背星官馬形及羊形

申生左右葫蘆形背上星左右星官猴形

一戌生左右旋螺花紋次亥生雙犀角文背俱上一星左星官

下犬與猪形以上十二品皆有生字缺寅巳酉三種

一上巳字中蛇形次午字中馬形背中似符不晰右有星文

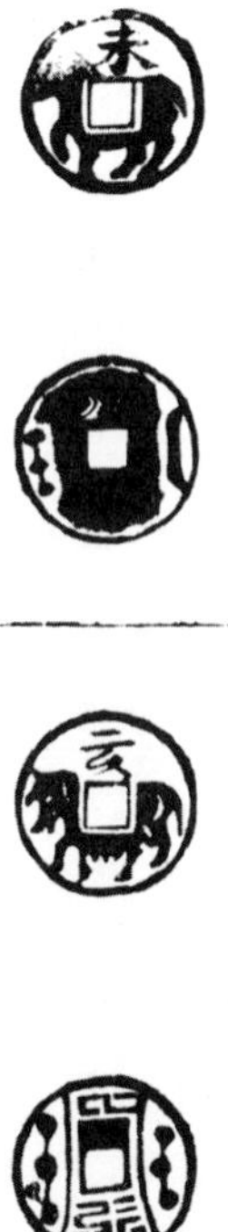

一上未字中羊次亥字猪形背同前以上四種缺八種

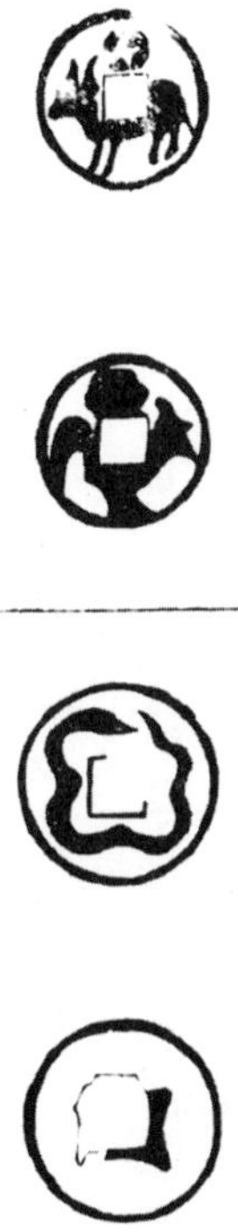

一牛形上圓圈背闇湛不可辨次蛇形均無字亦生肖之别種

也又曾見虎形犬形者穿俱在物之中

子丑寅午未五種俱圓好在上下各生肖形子未兼有星官像

背符左右星斗各異

二品穿亦在上一未字背羊形次較小酉生雞形背符

二品較大穿亦在上一面背午字面人鶴及馬形二面背酉字
面人鵨雞形背左右符俱同

一子生人錢一萬三千貫第三庫背不晰次丑生人錢二十八

萬貫第十二庫三寅生人錢八萬貫合納弟九庫背俱二人形
上下不晰惟卯生人者未見

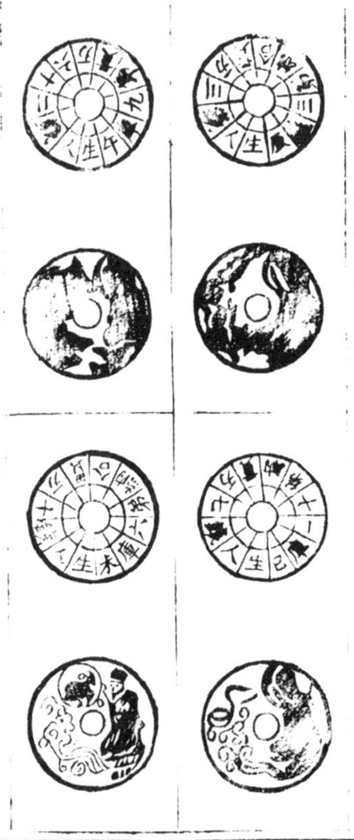

一辰生人錢五萬貫合納第三庫二巳生人錢七萬貫納第十

一庫三千生人錢二十六萬貫第九庫四未生人錢十萬貫合
納第六庫背俱星官兼龍蛇及馬形羊形午生兼童子形

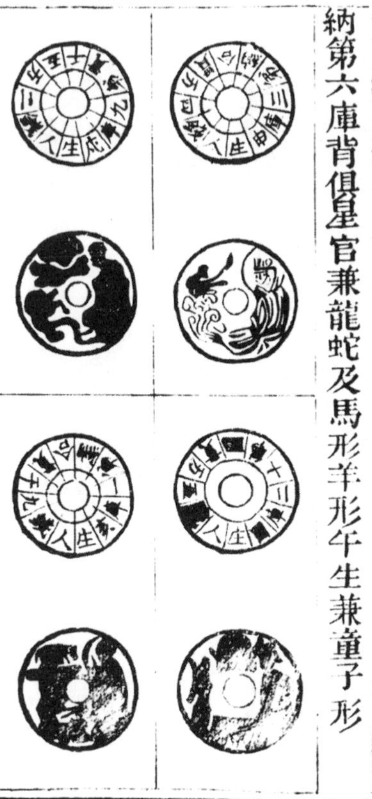

一申生人錢四萬貫合納第三庫二酉生人錢五萬貫納第十

二庫三戌生人錢二萬五千貫第九庫四亥生人錢九千貫合
納第一庫背一星官猴形二右星官左似童子上似雞形三四
星官上似犬形猪形二以下均漫漶不清

寅字在上下虎形右人左鵁背符方圓重好此類者僅見此一
品

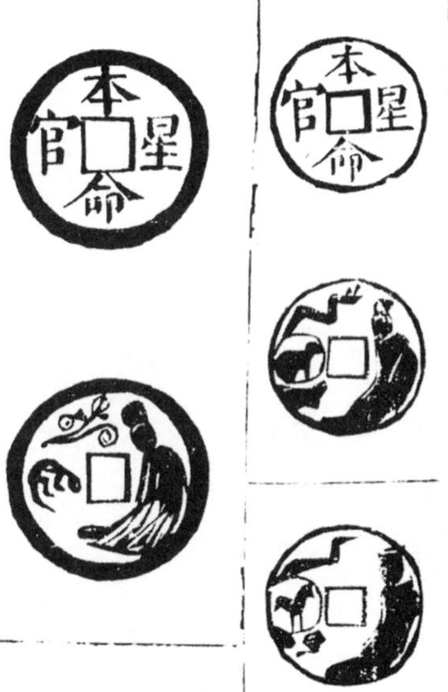

面文俱本命星官背右俱人形一左馬形二鷄形三鼠形式較
大

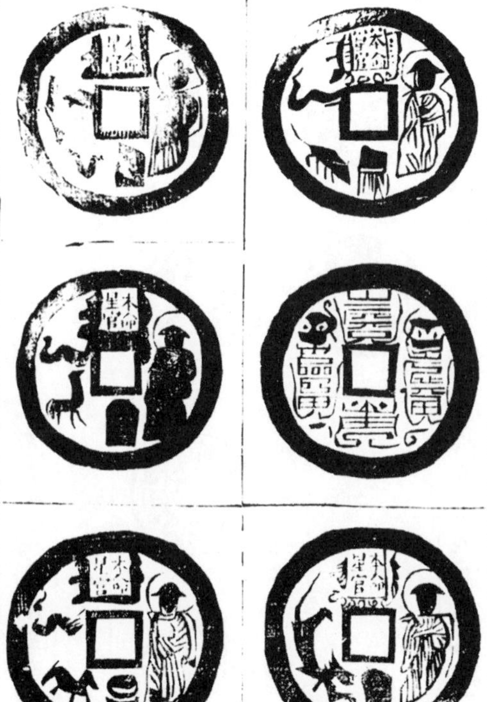

面上方牌內本命星官四字下列丹鼎右人形左上展旗形下生肖形背上下符篆左右虎頭符篆各品俱同惟生肖各異茲摹所見者鼠龍蛇鷄犬猪六種缺六種

三品均上牌本命星官右人形一下蛇形二犬形背俱上星左符右人驅鬼狀三猴形背上虎頭下與左右皆符一二圓孔三方孔二外郭花紋

上亦本命星官右人下猴形背符在左右

大小二品上俱本命星官右人下犬形猴形背俱上斗左右符

面上俱本命星官右香花供養左人形下兔形龍形猴形三種

背俱右人左似蛟螭之形

上亦本命星官右人左馬形背左右二人下獸形

上香花二字次北斗左右人形下犬形背三符

古泉匯貞集卷九

厭勝生肖

地支生肖錢面內層十二支全外層象物形背內層兩儀中層八卦外層畫卦按八卦錢載錢幣考

此品內層畫八卦外層十二生肖形背星官北斗雲氣龜蛇

此品面三重內支辰兼花紋中十二生肖形外八卦間七星艮震之間有七星二字背兩重內上華蓋類符左右星月下長生中央盖五字又鳥形外花紋

此品兩層內支辰外生肖背內畫卦外八卦

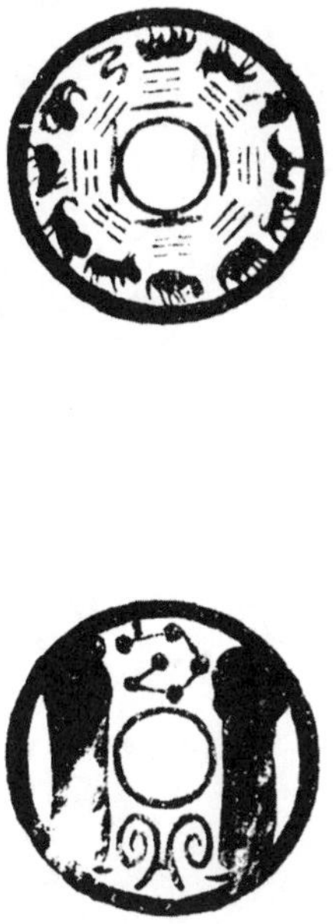

此品面畫卦及生肖形背上星左右符不斷以上皆兼八卦錢

古泉匯　貞九　三

此品面二重內支辰外生肖背左有勅令字下類符右人托塔形下獸形

此品三重內支辰中花紋外生肖背星官童子上樹下鶴形

古泉匯　貞九　四

一連珠內生肖形背上本命星官下丹鼎龜鶴左右星官及人形二內層支辰外層連珠內生肖背上壽星下龜鶴左壽星右童子對立此品亦載錢幣考

一面兩重內支辰外生肖背上樹下龜鶴右似佛像左童子拱拜次面背俱仝前而上下有柄可貫

面三層內支辰中花紋外生肖背上長牌張天師左右作天師驅鬼狀

面亦三重與前品小異大同背一人仗劍甚偉一人執兵侍立二鬼跪伏狀

面二層中篆二人上題黃氏女外連珠內生肖形間以支辰十二字背上題舉意司闕王左一人坐右二人侍一人跪伏形

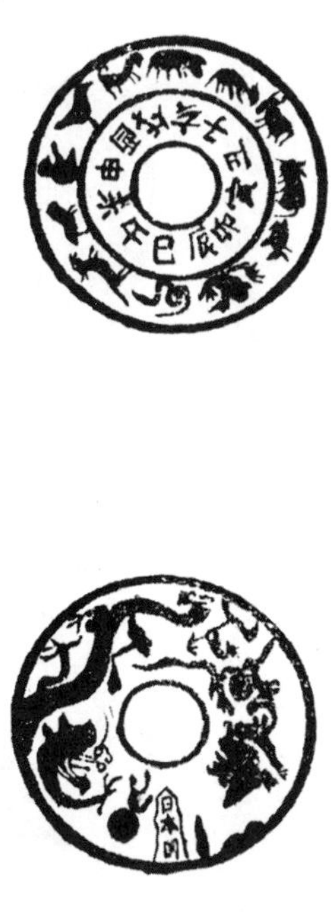

面二層內支辰外生肖背下日本國三字左龍右虎形

古泉匯　貞九　七

面與前品略同背二人對立形上下剝蝕不可辨

面三重內支辰中花紋外生肖背上冠形內有加官進祿字下似鹿形按金史元妃李氏傳有加官進祿語此錢戊字缺筆作

弍翁宜泉曰所見數十枚無不同者考唐會昌三年壬戌陀羅尼幢戊作弍遼天慶經幢戊戌戌字亦作弍均與此錢同

古泉匯　貞九　八

面式略同前品背雙龍形

面式亦類前品而中層無花紋面背外郭重輪爲異背雙獸馳

遂形

此品內外面背俱重輪內兼方孔中層支辰外層生肖背作花
枝旋繞形以上支辰皆匀排

此品支辰及生肖錯綜勻排與前品異內子丑寅卯四連珠內
應是鼠牛虎兔之形外辰至亥八字八連珠內亦應各肖形而
均剝蝕不清晰背樹下人形以下支辰多係錯落者

此品面式仝前而子至未八辰及生肖在外申酉戌亥四生肖
在內背上北斗下龜蛇兼鶴形左右二人形

此品錯綜連珠十二生肖同前惟空處作甲子乙丑至乙亥共
十二花甲內戌戌應是甲戌之譌背星官童子及樹形不斷

此亦連珠內生肖形而無字間以雲頭花紋背人坐樹下對面
童子及龜鶴形以下背無字

古泉匯　貞九　十一

此亦連珠內生肖內外各六與前小異空處亦兼雲紋背樹下

星官龜鶴對一人侍立形

面式略同前品背畫蓮花蘆荻雙雁之形

古泉匯　貞九　十二

此面二層外畫生肖內上一人並展旗形左雲端降下四人形
右數人侍立形背畫多人乃揭鉢圖

大小二品面俱生肖形背皆九子形

面亦生肖背右二人似張益形左一人對立上猷形類犬下糢糊不辨

大小二品面俱生肖背一上虎頭左右符篆二左右亦符下有雲頭文此生肖錢之最小者按生肖錢近世所傳甚多所見尚不止此摹數十品以概其餘不能備亦不求備也

古泉匯貞集卷十

神聖仙佛

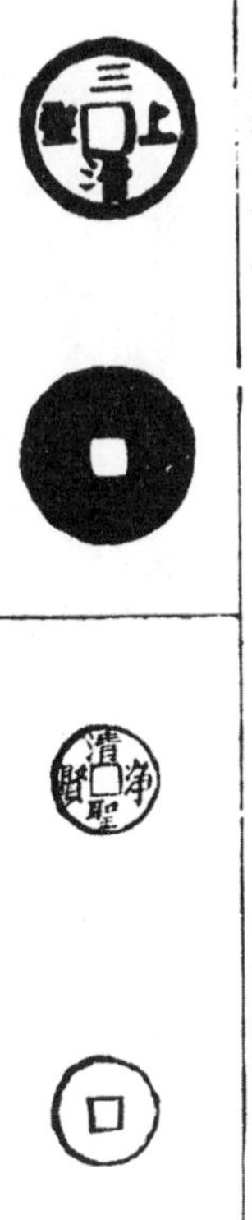

一三清上聖背平次清淨聖賢式差小似道家所鑄

二天齊聖帝次靈應眞武背右眞武像左童子上北斗下龜蛇春明夢餘錄眞武遇天神授以寶劍入武當山修煉功成奉上帝命往鎮北方統攝元武之位今世呼眞武爲天齊大帝

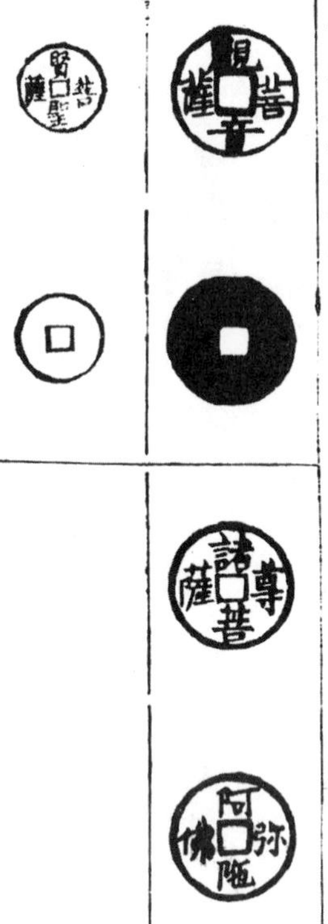

菩薩錢三品一觀音菩薩二諸尊菩薩背阿彌陀佛三賢聖菩薩式差小

一南無阿彌陀佛次供養諸佛

佛法僧寶一篆書二眞書背月星

萬國佛錢上○內花紋不可辨餘地作水紋二品同背星官龜鶴俱同惟一上兔形次鷄形爲異亦屬兼生肖錢而生肖物乃起高於他物洪志云慶善郎中守儀眞得之郡圃土中自是宋以前物故劉燕庭斷爲六朝厭勝品彙考載有鼠形者劉燕庭有蛇形者然則十二生肖當俱有之

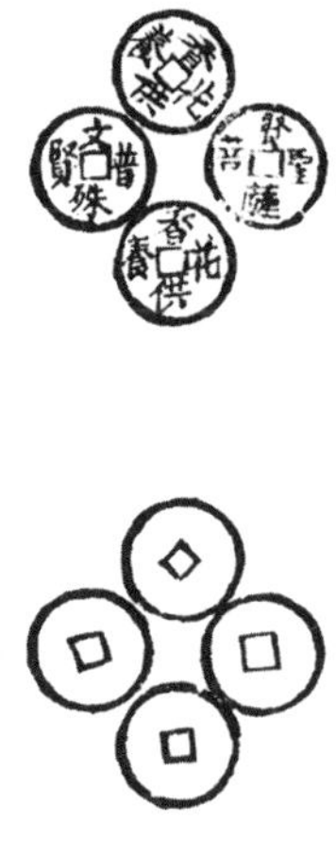

上下俱香花供養左文殊普賢右賢聖菩薩四錢形合而爲一式絕奇

亦香花供養錢一上下讀一右旋讀

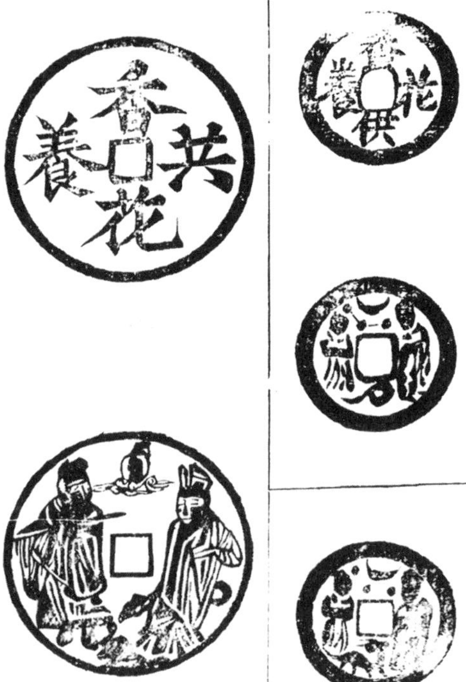

面文同前三品極大供字省作共背一二星宮童子上月星傾同下蛇形犬形爲異亦係兼生肖錢三背上雲日左右二人下似龜蛇面文類六朝石刻應是唐以前物

大錢上一長牌亦書香花供養左右兩人對立下不斷背似符亦不斷又有上香花兩字左右兩人下犬形者

面清淨道德背左右二人係道家錢

樞神大錢上北斗樞神二字右爲眞武仗劍左一人侍立下龜蛇形背上一人左右四人執器夾侍下兩人舉一物不晰

一神通感應背兌字應係占卜錢八卦當俱有之次陰陽靈應

陰陽神靈課錢次背星月考黃瑜雙槐歲抄仝寅學易占斷奇中英廟北狩陰遣使問寅筮得乾之初九奏曰大吉英廟復辟

將官寅固辭乃命工鑄陰陽神靈四字爲筮錢十八文以賜寅考有背課命二字者左右日月者上月下星者所見不一未必皆英宗所鑄然爲明時筮卜錢無疑以有神靈二字附於此

天罡符咒錢面文天罡天罡斬邪滅亡吾有令劍斬鬼不存急急如律令上清攝背文神清神清捉鬼降妖此符到處滅鬼不存急急如律令雷霆攝左右俱符次品文同惟上有柄可貫內

外郭重輪小異彙考罡即古綱字道家書作罡從省王士禛香祖筆記急急如律令漢公移常語張天師漢人故承用之

太上咒錢面文太上咒曰天圓地方六律九章符神到處萬鬼滅亡急急如律令奉勅攝此符神靈外有方格背右星官履龜蛇形上符左下一人次較小面無方格文同前背左下二人彙

考據云篆七籤太上者大道君誕於西那天鬱察山浮羅嶽丹元之阿

亦太上咒錢面右符左咒咒文同前惟好下多八字曰此符神口二十五人背兩人形不斷

大悲神咒小錢

斬鬼大將錢背人形彙考云背爲武士介胄甚偉右手持劍好適當人之中心與此品恰合

魑魅魍魎錢背上下勅律二字左右北斗龜蛇俱向右

詩仙錢有好兩人對立背文價重篇篇玉聲傳字字金江山爲
我助無日不高吟次詩仙伴飲無好一人獨坐背笑傲詩千首

古泉匯　貞十　九

沈酣酒百杯若無詩酒敵除是謫仙才

醉仙錢一有好二人對飲次無好一人獨酌背文同詩仙伴飲

琴仙錢一有好一人坐一童侍背文膝上按焦桐皆分一曲終
知音有誰是明月與清風次三無好俱一人趺坐橫琴三上有
柄可貫背文俱同上

古泉匯　貞十　十

碁仙錢兩人對局背文局上閒爭戰人間任是非空交採樵客
柯爛不知歸

一壺仙二三四壺中仙一有好四有柄可貫而俱畫仙人並揖

壺形背文有時壺內去去郎一千年榮辱悲懽外須知別有天
四品俱同

拔宅仙一有好仙人并宅形次三無妒亦無宅形背文一夕玉

古泉匯　貞十　十一

皇詔爲君功行成分明五雲裏拔宅上三清三品俱同

散仙錢中畫仙人背文塵分不我留身許白雲浮欲問真遊處
三山與十洲二品同分乃敍字省

王母錢面俱畫王母一背云爲種蟠桃樹千年一顆生是誰來竊去雅問董雙成次云王母叫雙成丁寧意甚頻蟠桃誰竊去須捉坐中人三面王母蟠桃背不晰非選仙錢因王母字附此

雙成錢面俱畫雙成背文與王母錢同自詩仙至此乃選仙錢

古泉匯　貞十　十二

非錢也考天香樓偶得今人集古仙作圖爲博戲用骰子比色先爲散仙次陞上洞漸至蓬萊大羅等列則衆仙慶賀比色時則重緋四爲德六與三爲才五與二爲功最下者么爲過有過者謫作採樵思凡遇德復位此戲北宋已有之王珪宮詞云盡日閒窗賭選仙即謂此也然則此品乃賭具樗蒲雙陸之類也但具錢形故亦謂之錢此外尚有酒仙呂傳龜鶴仙等錢不備摹又有長銅牌面背仙人詩句與圓錢同亦屬此類以其非錢形亦略不摹

古泉匯貞集卷十一

無字花紋

鼎足錢面背各有三足凸起色澤甚古考洪志有黃河錢據舊唐書曰元和元年靈武李蘇奏黃河岸塌處得古錢三千三百方孔三足圖作三足在下歧出今未見歧出者惟見此品類鼎足豈其別種耶抑即黃河錢而洪志圖繪有誤耶

此錢內外重輪中有方孔上有尖頂甚銳下有方座背平次品同上但無尖頂三亦有尖頂而內無重輪有四畫自內郭達於外郭諸品形制絕奇而諸譜未載

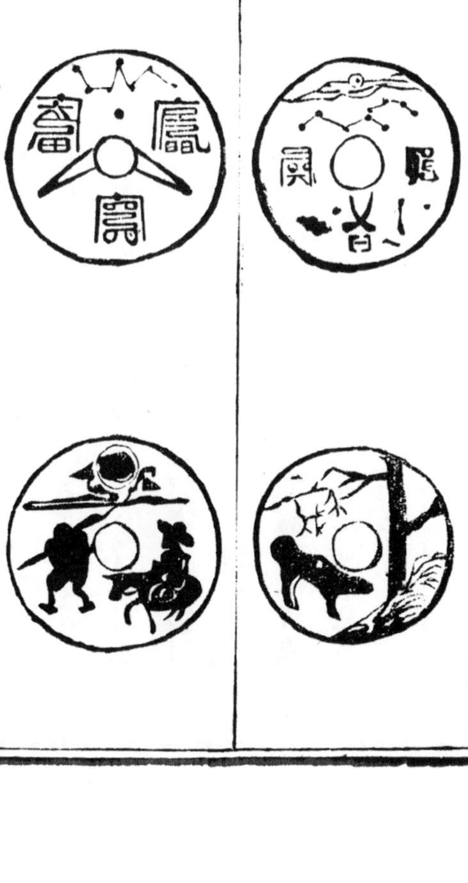

月星錢一上雲月星辰左右符下雙角各物形背樹下獸形與生肖各獸不類二北斗三符兼竹葉紋背上雲月中似兎形下一人前導一人策蹇狀

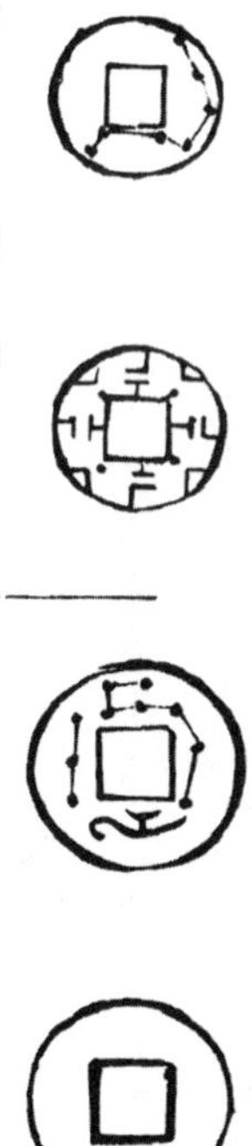

北斗錢一面七星背曲直文二面星斗下長壽鉤按洪志有靑溪宅錢據南齊祥瑞志泰始中於淸溪宅得一錢文有北斗八形今此錢與洪志不合應係後世仿鑄者

斗劍龜蛇錢似大泉五十之背文好作四曲文

七夕錢面背略同洪志舊譜曰面背皆有周郭文爲牽牛織女相對形牽上爲花牽下爲草今此品上類樹形下花草不清餘皆與洪志相符

左一人拄杖右龜鶴隱寓龜鶴齊壽之意背雙鳳形

左右人與鹿形上下龜鶴形花紋玲瓏面背同

無文錢上柄似欄楯趺坐人類佛像下有直柄面背同

上雲月下花草右設香几左一人作鞠躬像背五子上一左右各二人執旗者揺鼓者牽車者上一物亦童子戲具

面一人仗劍作降龍狀背一人執器作驅鬼狀上類旗旛之形

面周處仗劍斬蛟形背畫田氏兄弟三人哭紫荊樹故事

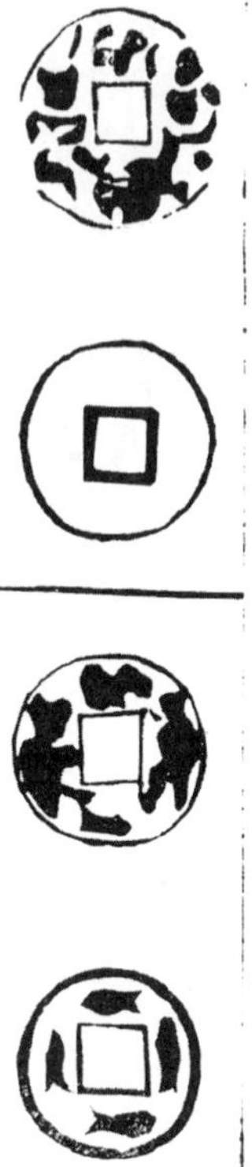

雙童錢面二童子逐犬形背四魚形

此品面背玲瓏內外重郭吉金錄云上一人肩負長柄右一人荷擔左一人持斤下兩人橫列中有魚形缺而不全

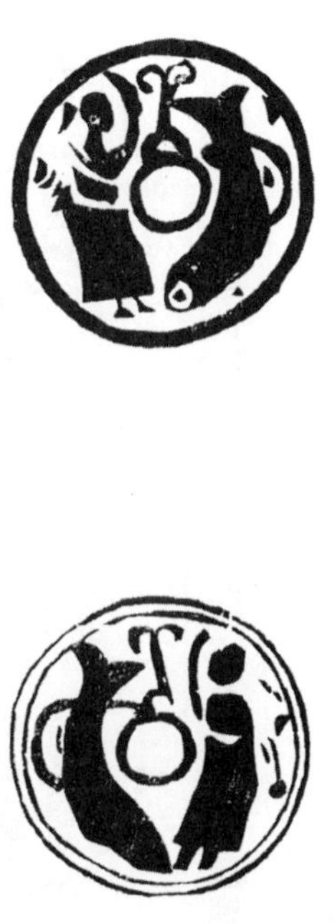

二品亦空鏤一人魚頭倒形二兩人一魚形按武梁祠漢畫像有人魚雜處者

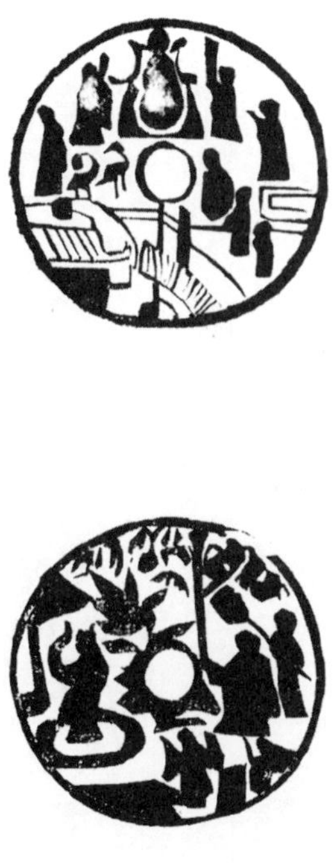

此品畫宮室欄楯人物之形背畫人物樹木之形亦類武梁祠

漢盡

亦類前品面外郭重輪面背玲瓏　西清古鑑云臺閣錢空鏤
為樓閣人物之象即此

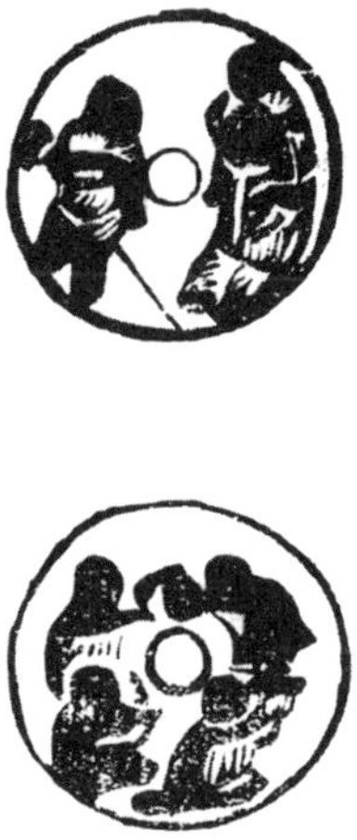

七子錢作童子嬉戲狀面三背四

馱經錢面三人形背馬馱經狀

雙龍錢較大外郭三重內郭兩重

鐵錢作雙龍抱球形內重好郭亦面背空鏤此類錢不及備載
以其鐵質較異故錄之

龍鳳錢李孝美曰面文龍鳳背爲雙鶴鸂鶒盤繞之狀即此品

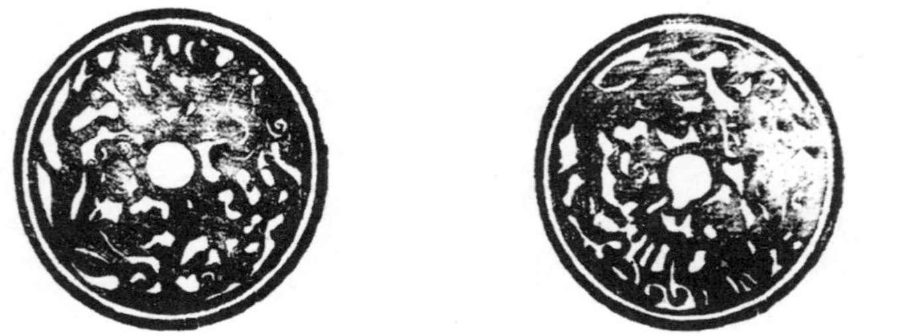

古泉匯 貞十一 九

此錢甚古樸似雙螭形亦雙龍錢之別種

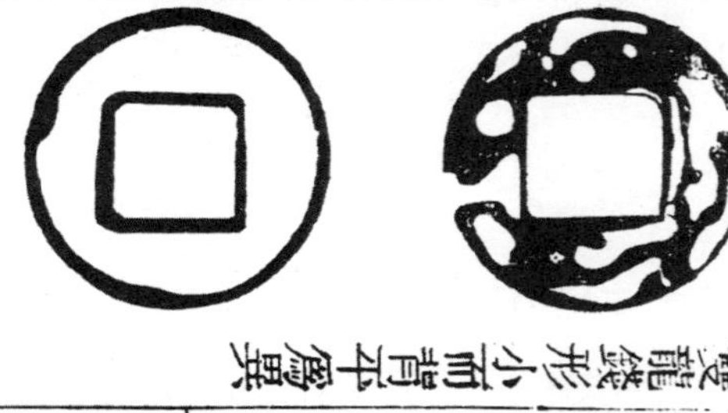

亦雙龍錢形小而背平爲異

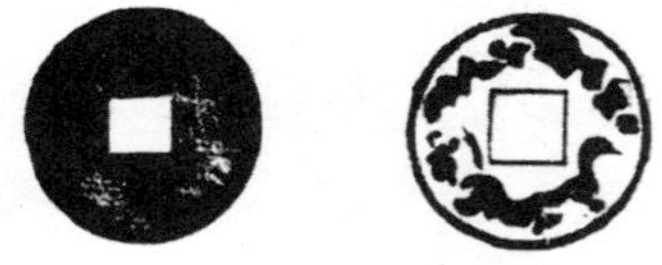

雙鳳銜花錢亦空鏤重外郭又曾見此品郭外有六鳥形上二
較大下四較小旋繞向上尤異

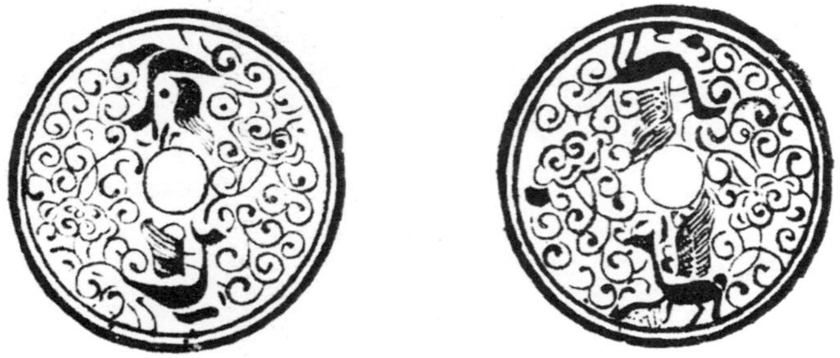

古泉匯 貞十一 十

鏤空雙鳳錢外郭重輪洪志所載較小於此背平亦異

鏤空龍鳳錢較大

此品亦空鏤雙獸顛倒上有金錢

此品亦似蛟螭盤屈之形背平

雙魚錢大小二品一外郭重輪按泉志有鯨文錢一面有雙魚

宛轉之文又有輕影錢亦雙魚文引洞冥記漢武昇望月臺有三青鴨化爲三小童各握鯨文大錢五枚置帝几前身輕影動名輕影錢然二種皆小而方孔此圓孔而大應係後世仿鑄

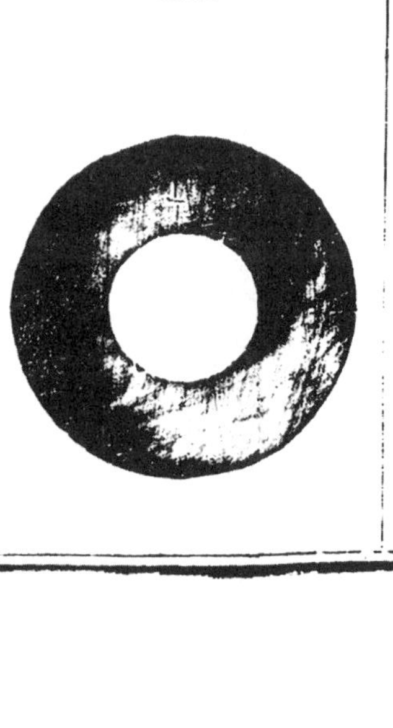

三魚錢一巨孔背平二及四空鏤四重輪皆雙魚錢別種

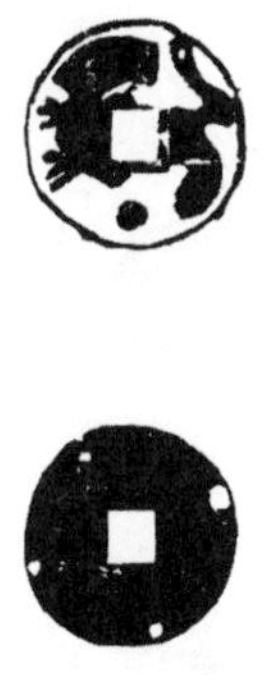

面三足獸形背平

雙雀錢面背同外郭六出

古泉匯　貞十一　十三

花紋錢四種二三四背俯好

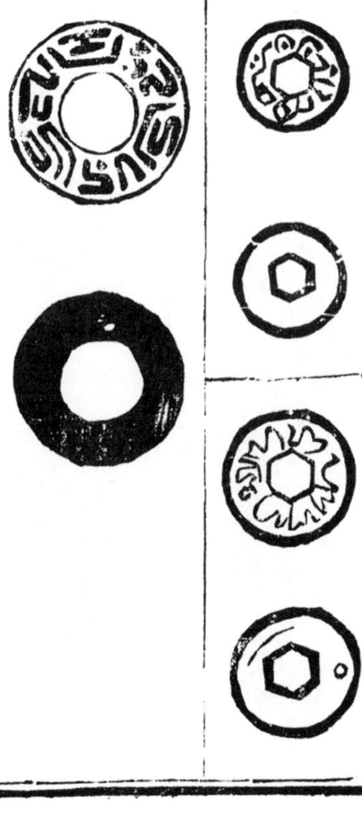

花紋錢五品亦似梵書三四穿孔六出五背平

古泉匯　貞十　十四

小錢二品上柄下座旁有抱珥

大錢二品上俱作鳥形

古泉匯貞集卷十二

打馬格錢

將馬錢一人乘馬形在背二馬在面考通志藝文略有謝景初打馬格宋廸打馬格李易安打馬錄鄭寅打馬圖宋陳振孫書錄解題有無名氏打馬格局一卷鄭寅打馬圖一卷用五十馬李易安打馬賦一卷用二十馬三者各不同大約與古樗蒱相類事物紺珠曰打馬用銅爲錢樣上刻良馬布圖四面以子擲打之然則馬錢猶仙錢均非錢也以其具錢形附於譜後

二品兩人交鋒狀上有將字雖無馬形亦將馬別種次背花紋

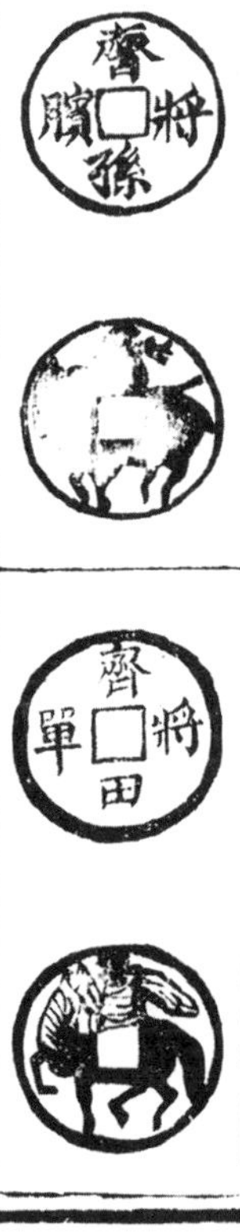

齊將孫臏齊將田單二品背俱人乘馬形

燕將樂毅趙將廉頗二品一較大背同前

魏將吳起梁將張弇二品背俱同前

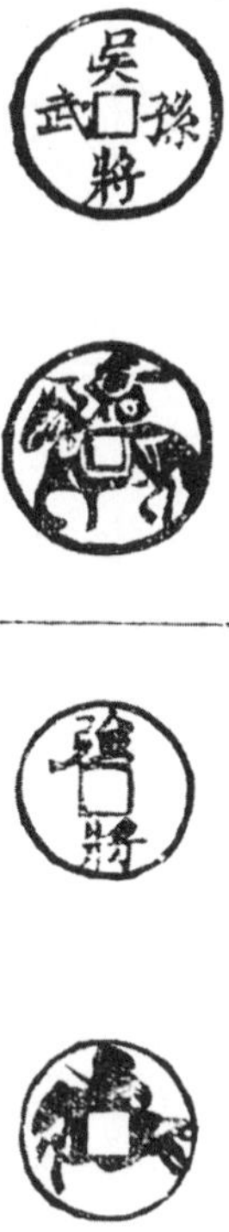

吳將孫武錢又強將錢較小背俱同前

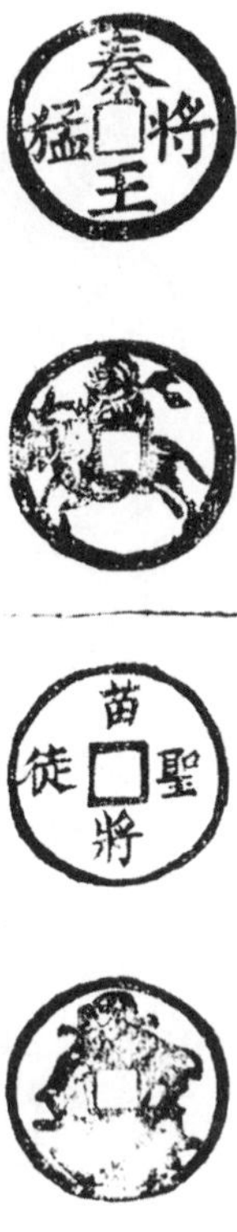

秦將王猛錢背同上苗將聖徒錢背人形無馬較異二品微大

漢將韓信漢將班超漢將彭越漢將衛青後漢耿弇共五品背俱同前

蜀諸葛亮錢背馬形下有將字爲異蜀將馬超錢背人乘馬形

唐將尉遲背同前唐將千里背馬形

鎮東將軍破虜將軍虎牙將軍三品背俱人馬形建威將軍背無馬然亦打馬格所用

一晉侯之駿二而太叔背乘黃三鄧公特勒四伏波惟一背只一馬形餘背人馬形

并騎青駒趙騎特勒吳騎渥洼吳騎共四品又魏騎騾足鐵錢一品背俱同前

燕將散騎泰將散騎漢將散騎淮陰散騎四品背俱馬形

武安飛練大菀金馬天駟橫行颯露紫馬四品背馬形下俱倣

此以前多係將馬之屬以後多係名馬之名

逐日一品追風三品追風之馬二品追風鐵錢一品三背平錢

錢背駿騎捷勝四字

飛雲躡雲二品一篆書次合背

追電大小二品次背上有馬字下有花草形走電之馬一品絕

景一品俱篆背

一黄芝二飛黄合背三青驄四黑驥五烏騅馬騅字當穿之中背亦有烏騅字六烏騅合背二與六面背俱有馬形

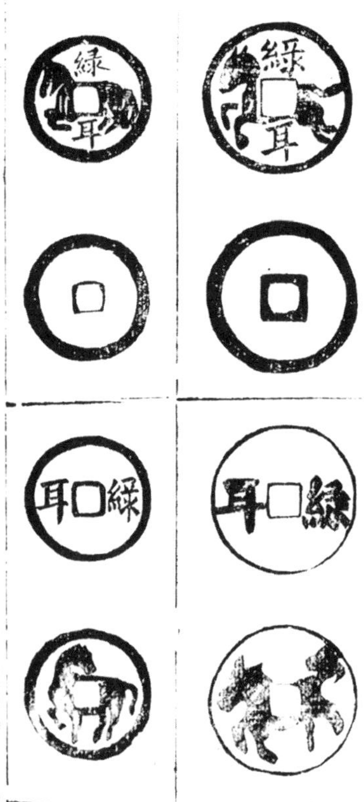

綠耳馬五品一三馬俱在面五面文向右

白鶴一品面有馬形背有曹家二字白驥一品合背面背俱有馬形

一白驥二白義郎騄之省三白㶊㶊古犧字四白蟻馬俱在面四背有至正通寶字或即元時所鑄然確屬打馬錢故類及之

一紫燕篆書次上紫字下模糊似璘字

赤兔赤驥二品驥作冀

汗血三品二三合背面背俱有馬形

一龍駒二俊馬龍居居郎駒之誨俱小三龍駒之馬篆書四五龍駒兼馬形面背俱同五上有柄六龍媒馬在面

一魚目兼馬形合背次飛兔

一二三俱千里二馬在面三合背面背俱馬形四日行千里五

千里之馬

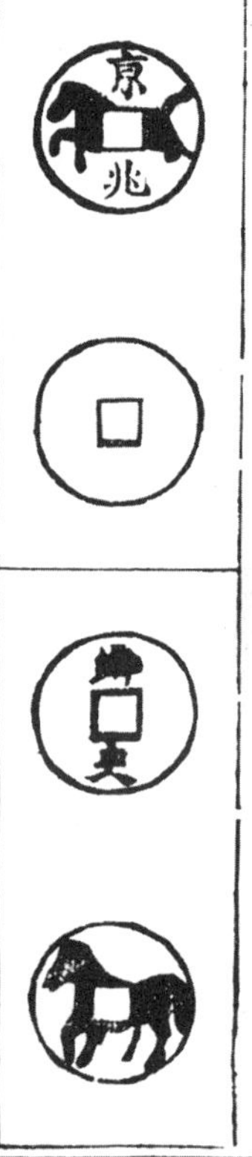

一京兆馬在面次御史

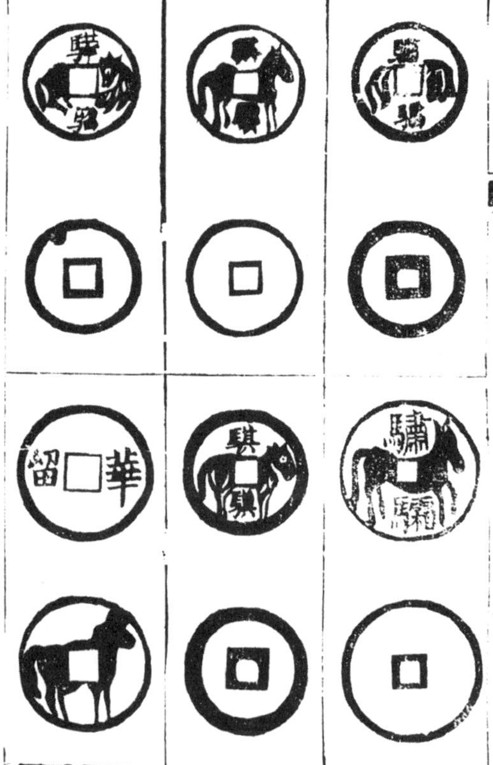

騧驈騏驥驊騮俱小大各二品末品省偏旁作華留一爻五馬

俱在面

一二三俱騕褭四騧騟馬俱在面三合背

俞俞大小二品按穆王八駿曰赤驥盜驪白義渠黃驊騮騟輪

騄耳山子俞俞乃其省文

盜驪山子二品注見前驪即驪省山子背上馬下駒形

一驟騎背上有馬字二挑騌三滿梢四渥洼馬在面以上皆馬錢之有題字者

一人乘馬行背馬形乃將馬之無字者二三馬形三背上月四五六俱馬形合背

古泉匯貞集卷十三

泉笵

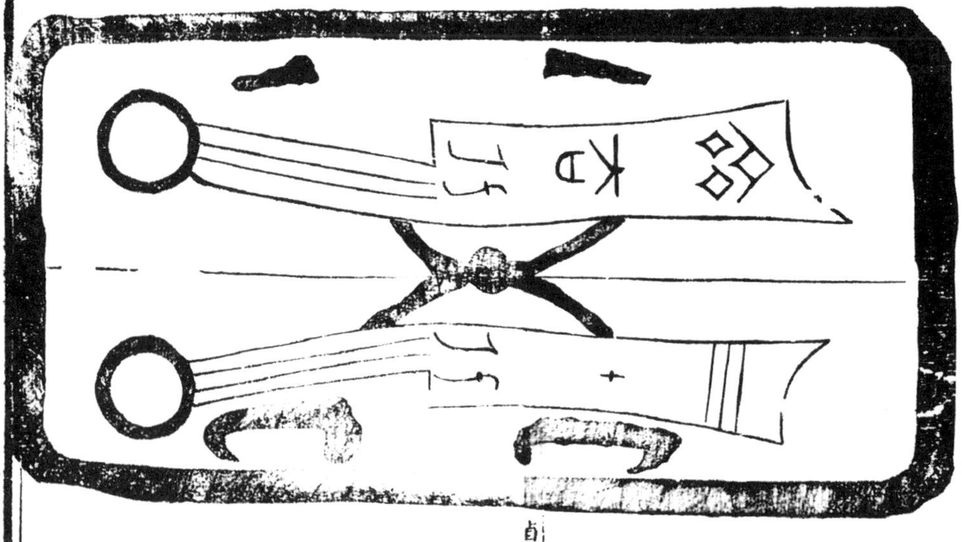

齊刀銅笵形長方而殺其角中列齊刀面背各一兩刀之間分中處凸起圓柱柱之外有分枝達於刀背柱之上下有一直線中分達於上下之緣兩刀之外近緣處一邊有二丁凸起一邊有兩凹恰好牝牡相乘背平無文從省不摹下俱倣此按錢笵古譜無徵　西淸古鑑云前此圖志俱未收錄惟我朝朱彝尊曝書亭集有之命之曰錢笵者範金必先合土寘笵於此摶土以笵上覆之則錢函方圓皆爲凹文然後煎銅澆其上則錢爲凸文而錢文以成故謂之笵今觀此品外高中下圓柱之高與外緣齊鑄錢之法當以蠟和土置於笵上印成笵式則凸者變凹凹者變凸遂置銅笵不用而將印出之土笵從中線剖分爲二一正一背復對合爲一則泉之面背已成而慮其參差不齊也則有近邊凸起之丁與凹處如合符節兩兩綰定則錢之面背自正而不斜土笵既剖則圓柱各分其半變爲空竅從空竅灌入銅汁順其分枝之路可達於中空之泉形候銅汁既冷剖去土笵翦斷分枝入銅處而泉成矣凡陽文笵用法皆同記於此以例其餘此與下寶六化笵均爲劉燕庭所得乃從來譜錄所未載者

古泉滙　貞十三

三

古泉滙　貞十三

四

寶六化石笵陰文並列二行共十錢俱面文中通一道近錢處各開一小口皆入銅汁之路也此笵於膠西出土其質堅凝似石非石似以石屑陶冶而成之者以其類石故以石笵名之笵形長方而椭其上似柄柄中開口處較濶以便銅汁可入其無背文者以此錢背平無需更作背笵但用平板覆於笵上銅汁灌入便可成錢較陽文笵用力少而成功速大抵錢笵不過陰陽文兩種陽文者笵金必先合土前品是也陰文者笵金不必合土此品是也外此均可類推

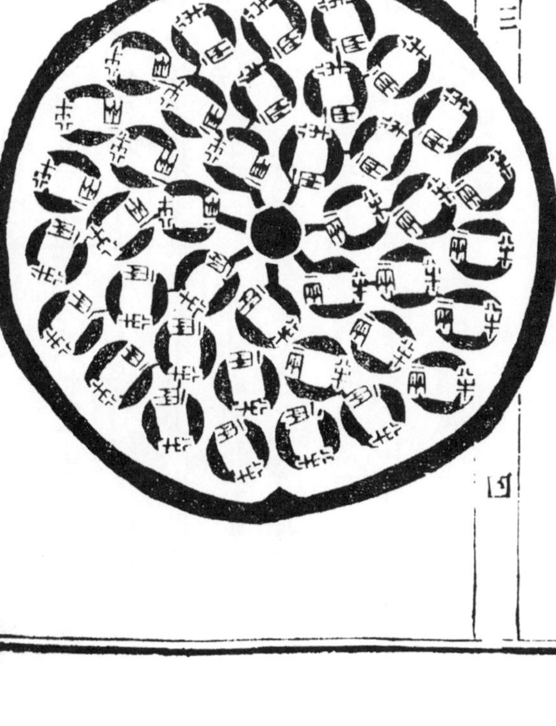

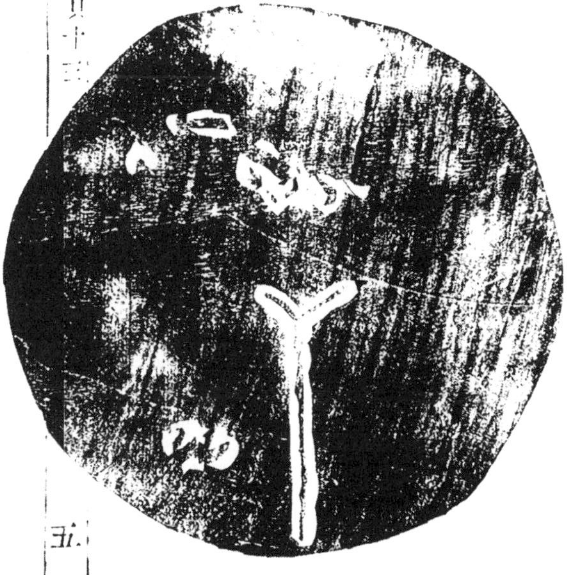

榆莢半兩銅笵式圓如鏡陽文錢三層羅列共三十九枚俱面文中有圓柱凸起圓柱之外分枝凡七達於各錢自內層達於中層外層各有分枝細路相通近外緣有尖丁一笵底有直紋貫於正中分爲兩歧不得疑爲鏡面此亦合土之笵但與他笵不同他笵合土後將土模剖分合併而後鑄錢此笵合土後無庸剖分但用平板蓋於土模之上中鑿一孔與中柱正對中柱合土後凸者變凹便可灌入銅汁各錢路路相通一次可得數十錢此陽文笵之最簡易者

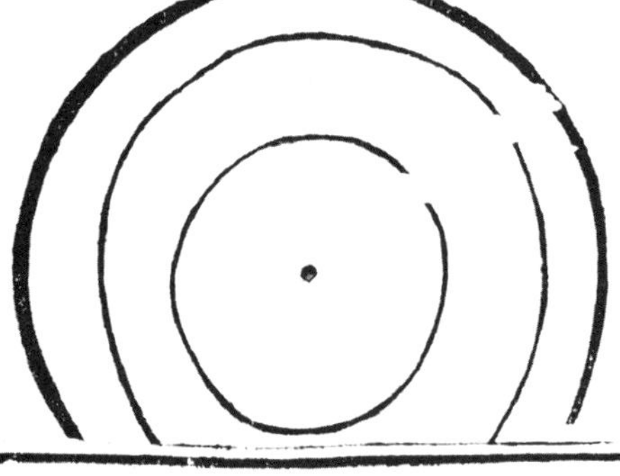

榆莢半兩錢銅笵陽文尚餘五枚各枚相通有分枝處與前笵同當亦圓式者次品尚餘六枚陰文當與寶六化笵式同

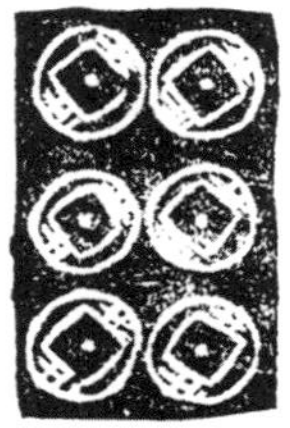

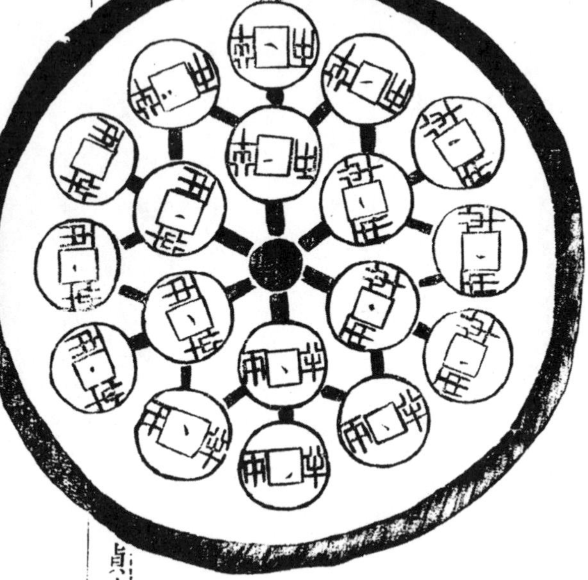

半兩銅笵二品倶圓式錢面陽文一列錢一重共九枚中圓柱分枝達於各錢與前笵同背文三重限於格摹其大半餘可想見次較大列錢二重共十八枚中柱分枝倶同背有細郭從省不摹二品與榆莢圓笵同其用法當亦無異注互見前

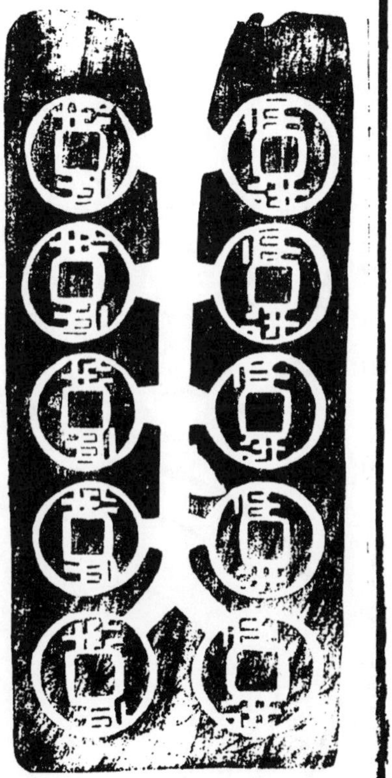

半兩銅笵兩行分列共十錢倶錢面陰文笵式與寳六化笵相似其用法亦同

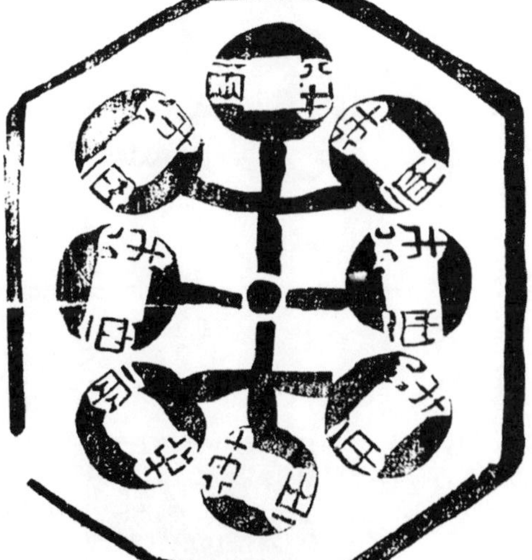

半兩銅范上下左右列錢八枚俱錢面陽文式外六角中材分
枚與楡莢錢范同

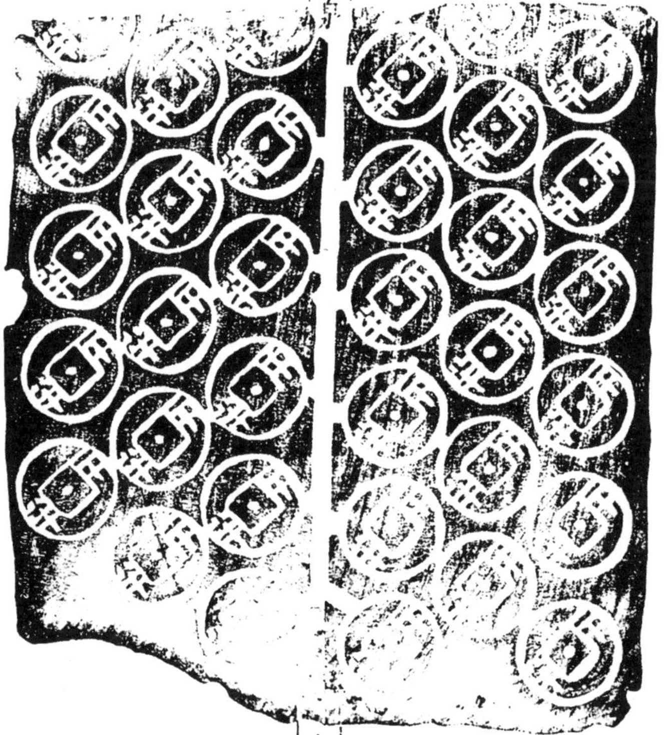

半兩錢石范上段有缺下段六行尚存三十四錢俱錢面陰文
中有流道范質及用法均與寶六化范同

同前尚餘十錢

同前亦餘十錢按半兩石范舊譜所無近代多於陜中出土皆
陰文者

同前一餘四錢二僅餘一錢

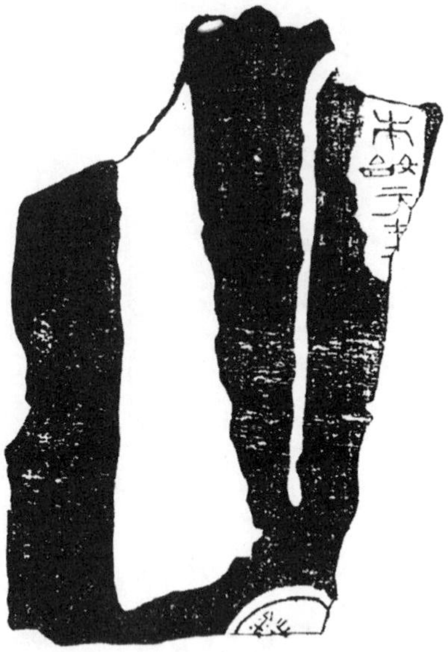

漢五銖錢範陽文下僅餘銖字旁有本始元年字反書範似

土質塼埴而成者五銖錢自漢迄隋歷朝用之漢錢自靈帝四出五銖外餘無可考向來譜錄亦未能確指某五銖為某代物觀此以下四範皆有宣帝年號可決此五銖為漢制無疑

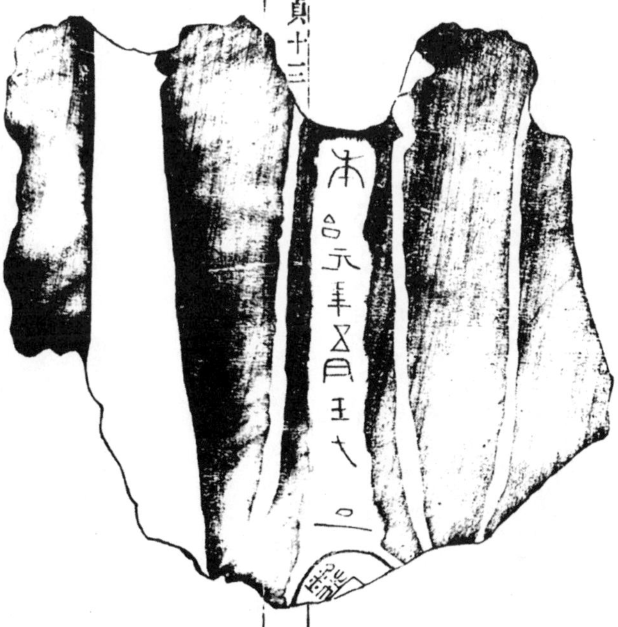

同前下亦僅餘銖字中有本始元年五月壬口口字一行亦反書壬字下應係人名末一字或係造字此類範又曾見二枚一款本始三年九月甲子一款本始三年十月丁未造僅餘上款錢式不存故不摹

同前尙餘陽文五銖二枚上欵元康三年二月乙亥造五月丙申就成字兩行反書

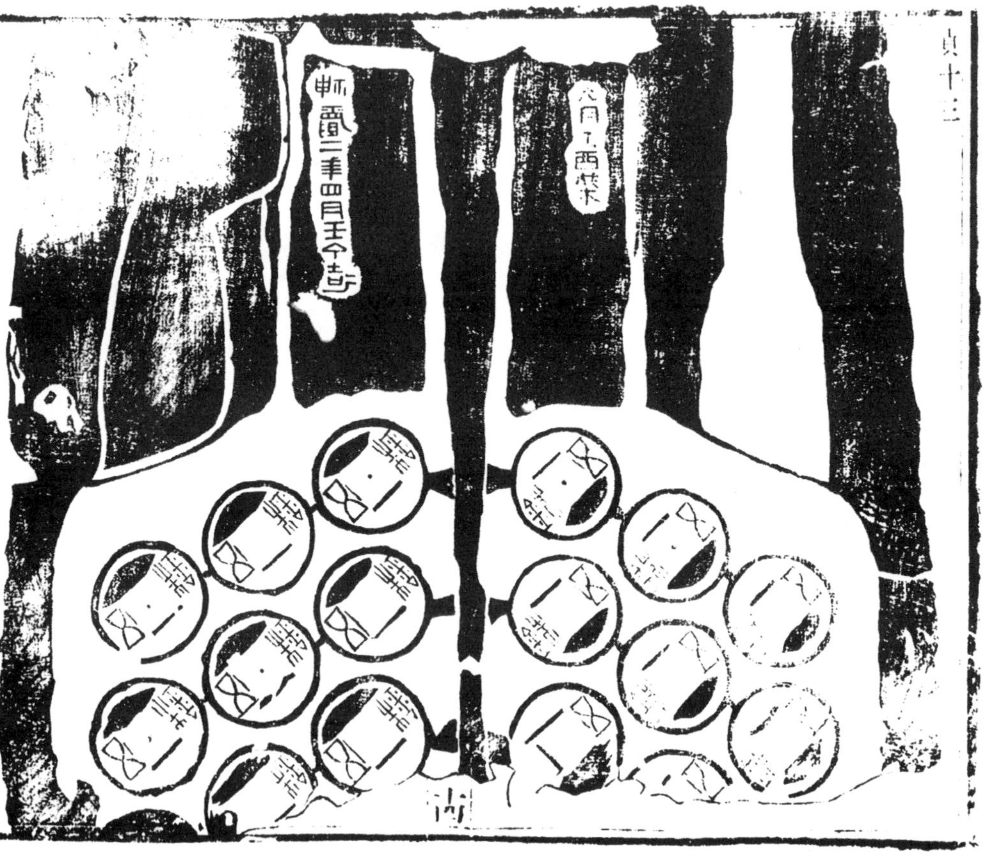

同前存陽文五銖十五枚面好上有郭好內間有小星背欵兩

行神爵二年四月丙午造九月丁酉下似梁字亦反書

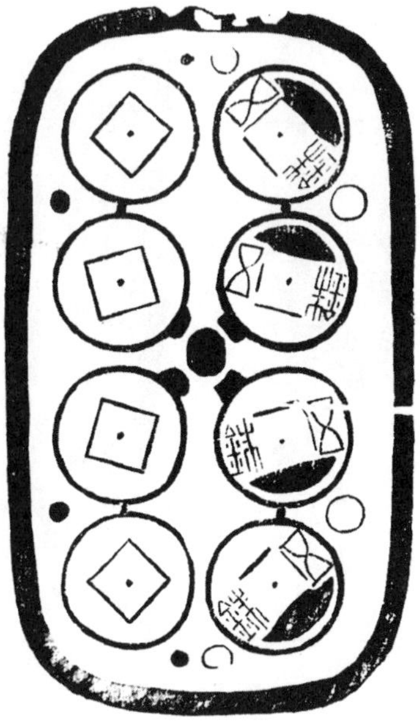

五銖銅笵陽文右面左背各四枚中圓柱分枝上下左右圓丁
圓竅各四底有十字文此錢雖無欵識然好上有郭好内有小

星與前品自屬一時之制

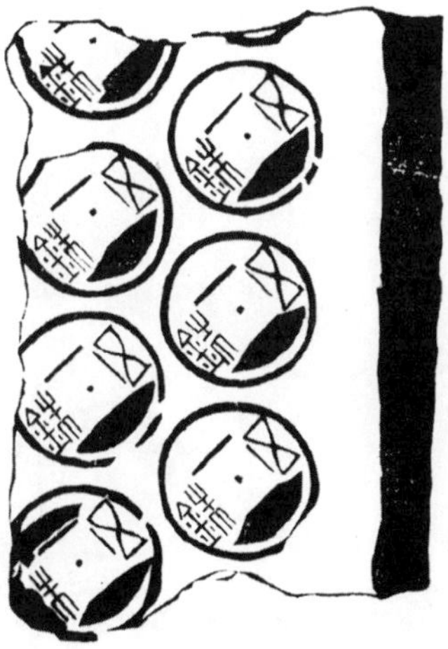

五銖錢颿笵亦面文好上有郭好内有小星尚餘六錢又不完
者一底平

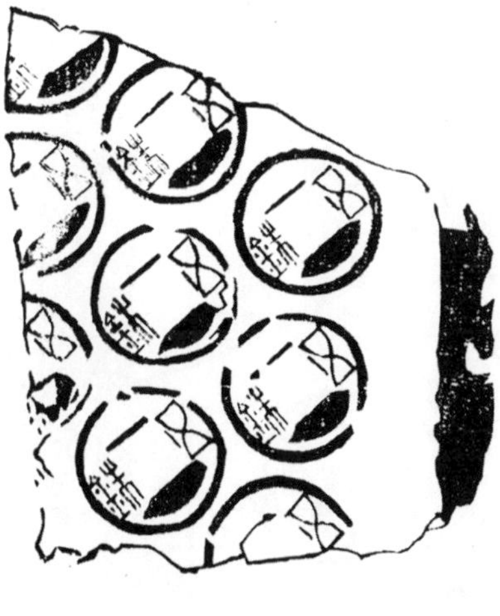

絜刀銅笵兩面陽文正背各一枚左右共十三錢各四亦合土後剖
分合併鑄錢背底款一行惟八千萬三字可辨餘半漫漶似長

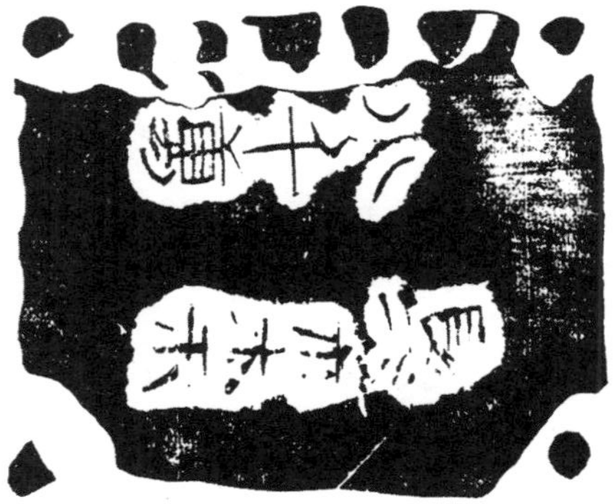

同前倘餘五錢又不完者四枚

絜刀殘甎笵陽文倘餘絜刀一枚又不全三枚亦合土之笵中
有分披處猶存左半已缺此其右半也

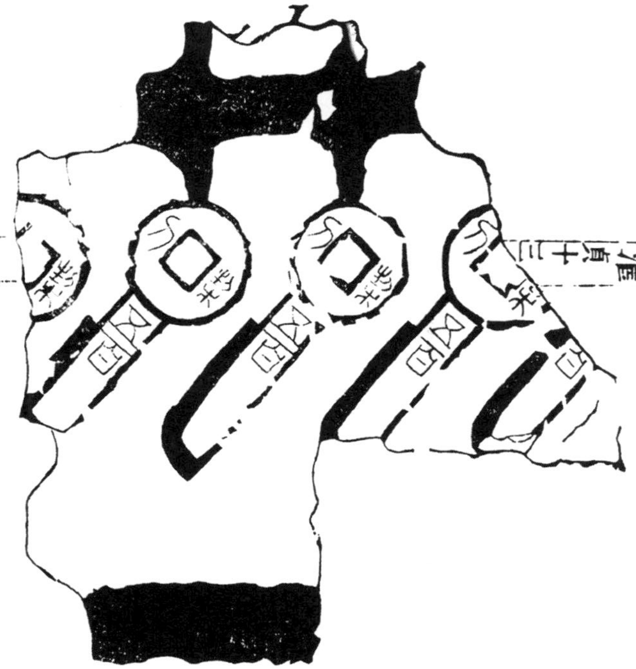

樂未央四字四隅有四足

大泉銅範陽文面背各二中柱四隅凸凹處相對背大吉二字

古泉滙　貞十三　九

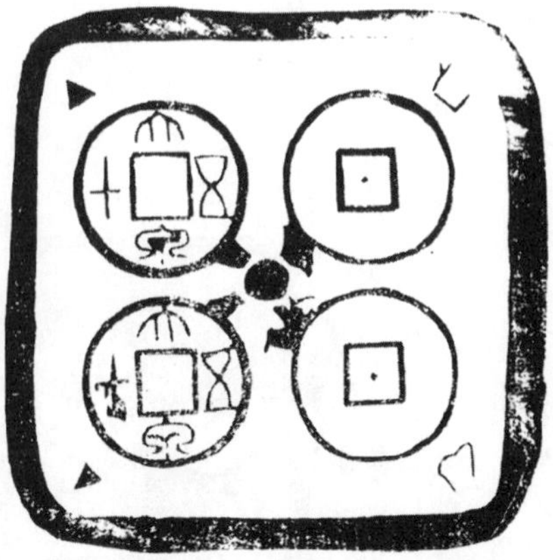

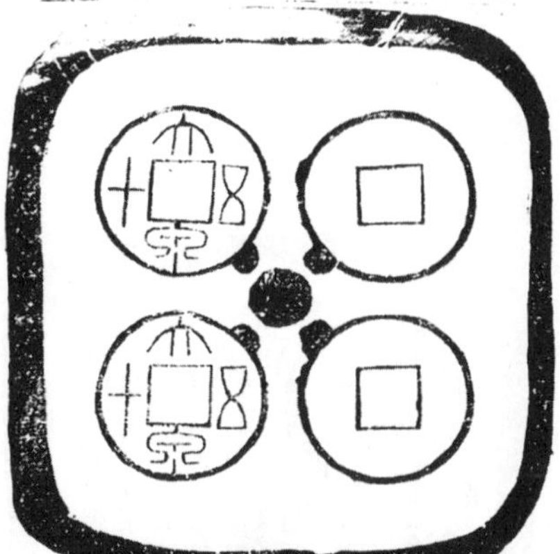

同前凸凹處未拓不摹背大利二字反書

同前而錢面在右背在左上下左右皆有凸凹處相配背日利

古泉滙　貞十三　十

千萬四字以十字界之

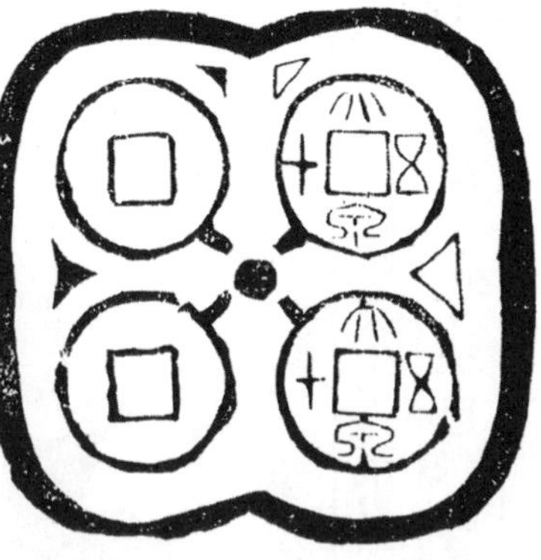

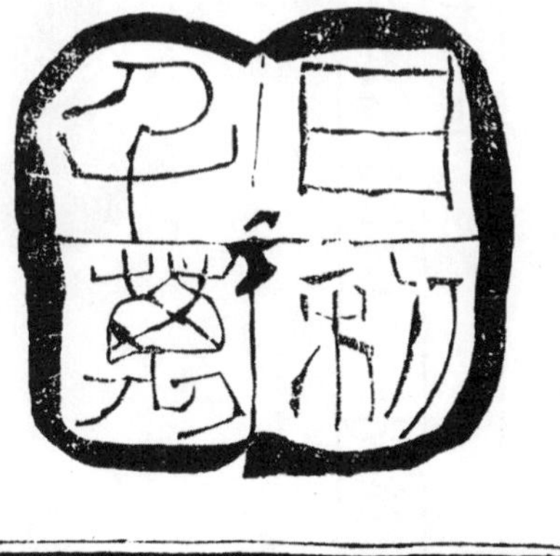

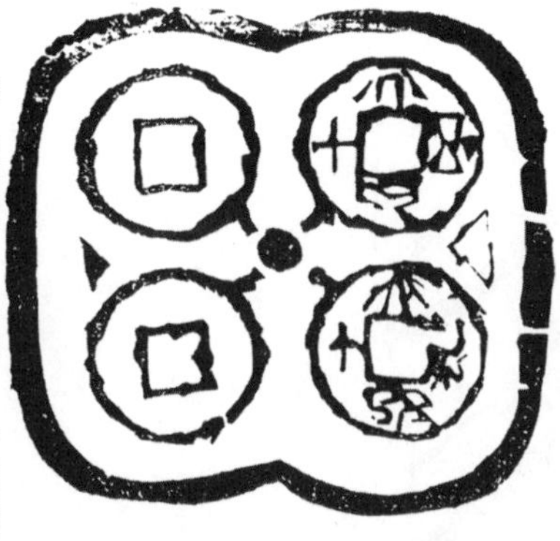

同前而上下凸凹處不斷背向上書

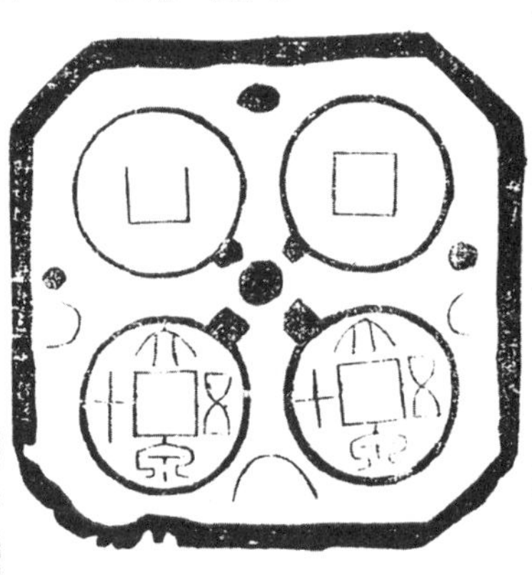

同前両錢面在下背在上圓丁在上圓竅在下各三背大利千

万四字反書向上万字糢糊

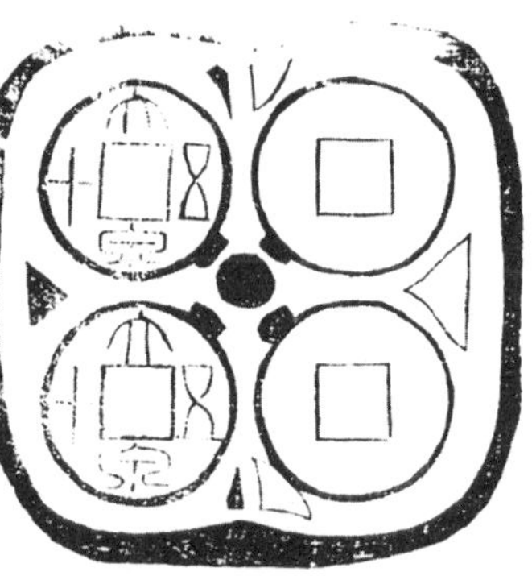

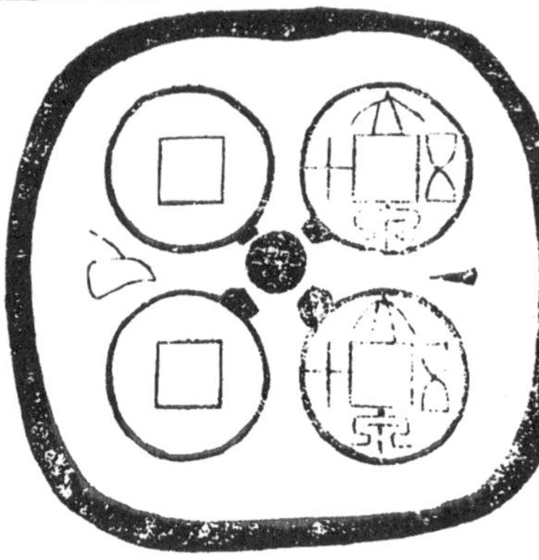

二品同前面文一在左次在右凸凹丁竅亦相對待背俱平

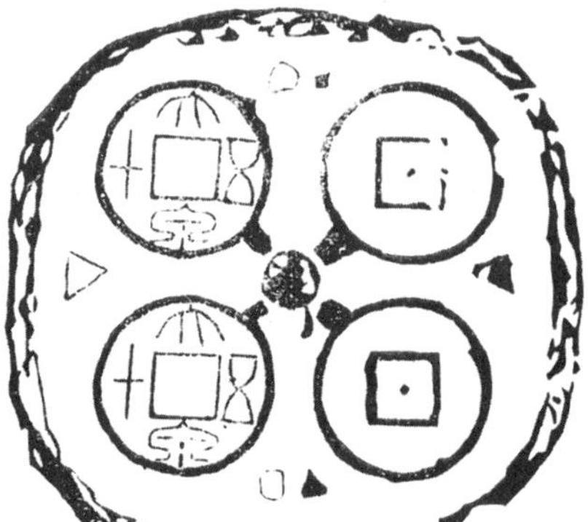

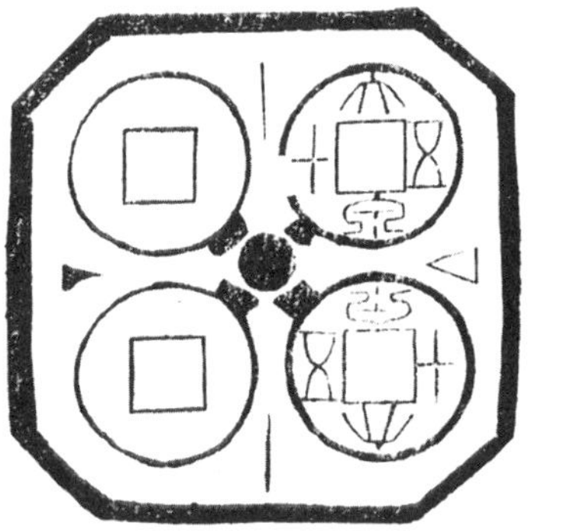

同前面文一在左次在右一正一側外形八角凸凹俱相乘

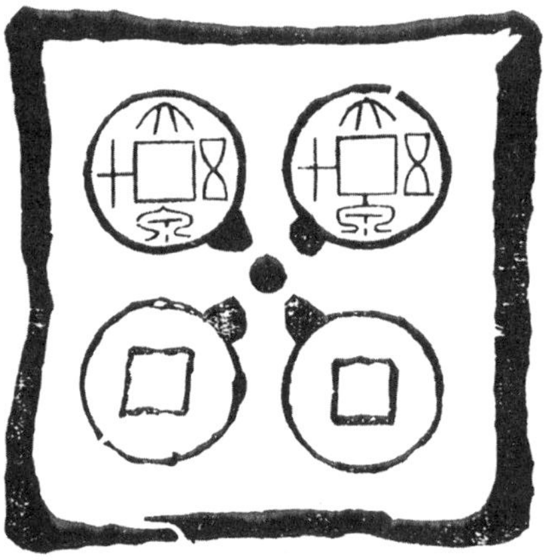

同前面文在上外方式凸凹處漫拓不摹

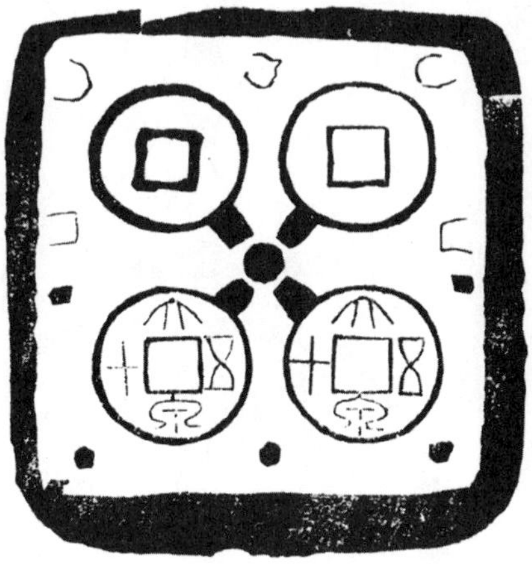

同前方式而楷其角面文在下凸凹共十處背有細郭略不摹

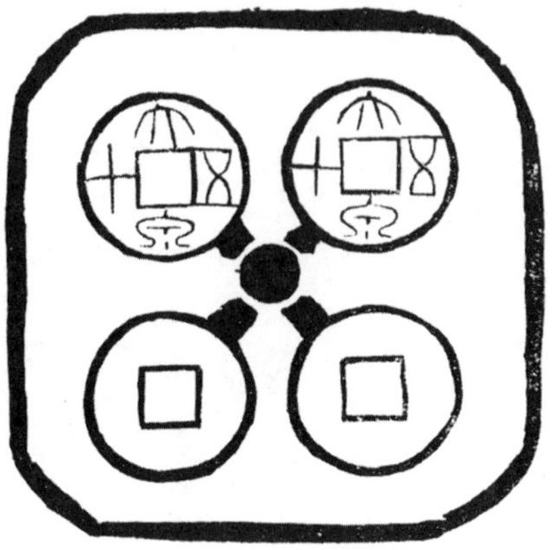

同前面文在上外入角凸凹處略未摹

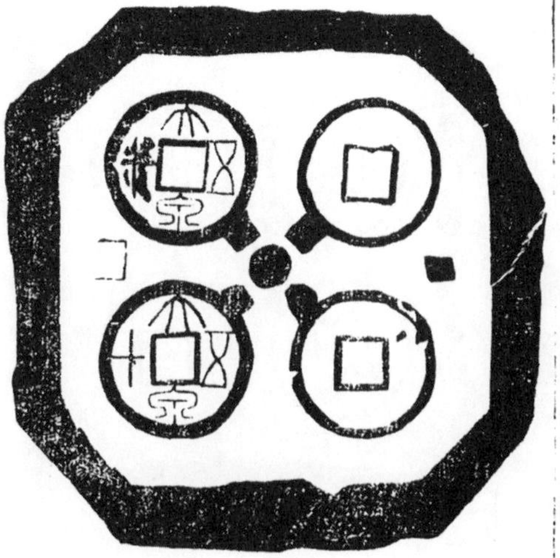

同前面文在左外緣闊而式大

亦大泉銅笵形長而橢其角中列六錢面三在右背三在左中柱與兩旁凸凹相配處均與方形者同底有十字文

同前惟兩旁凸凹形微異背平

大泉陰文瓿笵一列八錢面一八錢背中流道與寶六貨笵同

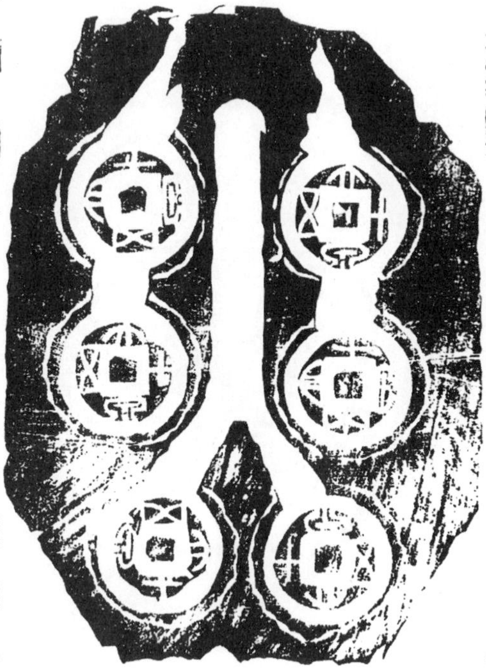

同前而鐵質分列六錢俱面文流道三枝每枝各通二錢底平

大泉殘銅笵一角載叢話疑其鎔銅入笵則笵銷鎔不能鑄錢然歷觀各陰文笵實皆鼓鑄所用無容致疑詳肖集鮑子年笵說

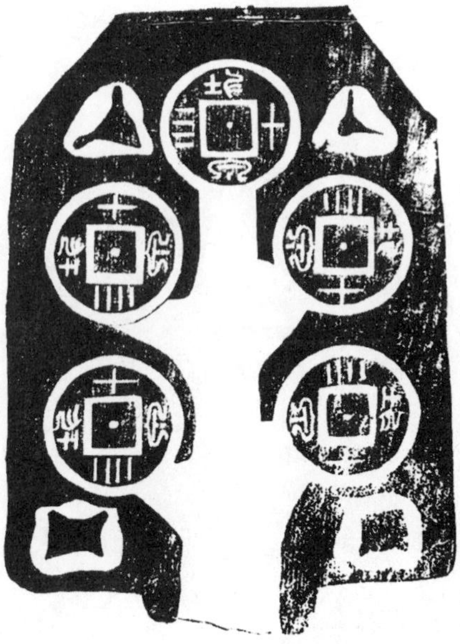

壯泉銅笵陰文列面文凡五中通流道與各陰文笵同上下尖方丁凡四想背笵當有四凹竅與此相配惜未見耳

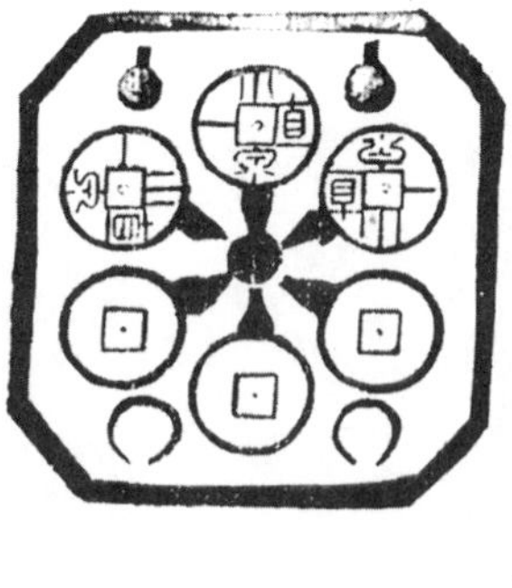

小泉銅笵陽文面背各三分列上下凸凹相配與大泉陽文笵同

古泉匯貞集卷十四

泉范

大布銅笵陽文布二二正一背面文在右左圓丁右圓竅各二

圓柱流道在下底平

同前惟面文在左丁與竅尖形在左右上下亦各二

同前而式較大丁竅作圓形

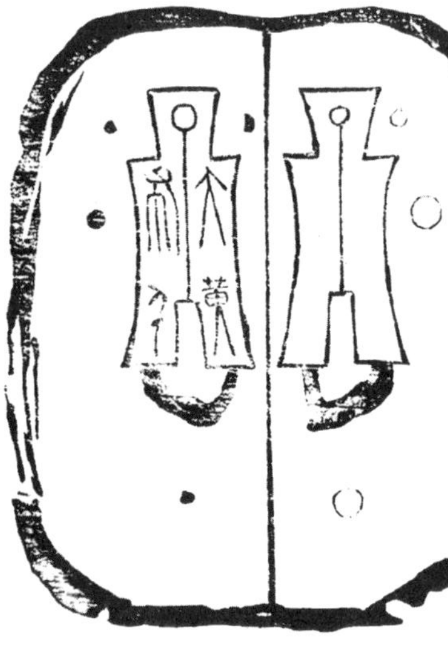

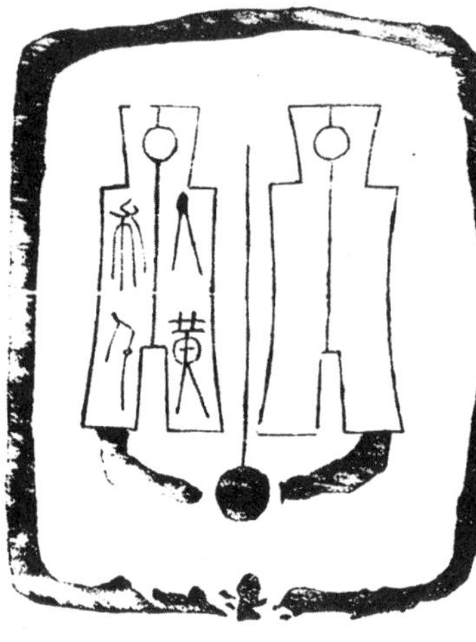

同前而外緣左直右曲丁竅[illegible]拓未摹

大布殘甎範陽文尚餘五枚又殘缺者三枚中流道分支處尚
可辨底平

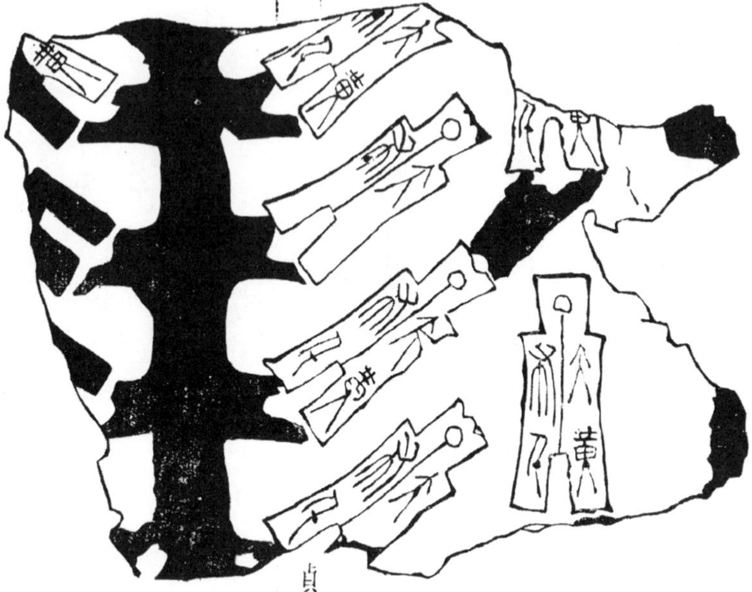

大布陰文銅範布面文一流道在下四隅有五圓竅想背範必
有五圓丁與此相合右側三齒蓋合背範須用繩縮住此齒所
以縮繩者範底千萬二字反書其範陰文者皆列數泉此僅一
泉之面殊罕覯然觀齒與竅及底字皆全並非剩餘者

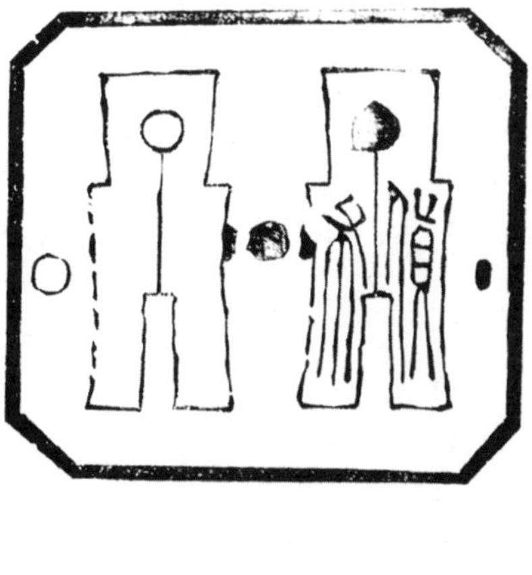

貨布銅範陽文右面左背中柱兩旁圓丁圓竅外形八角背平

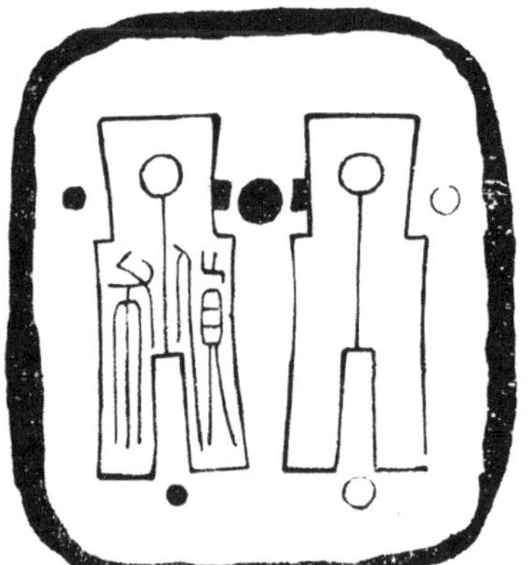

同前面文在左圜丁二亦在左圜緻二在右外形長方而橢其

角按彙考載大布笵三品貨布笵則宜泉所未見也

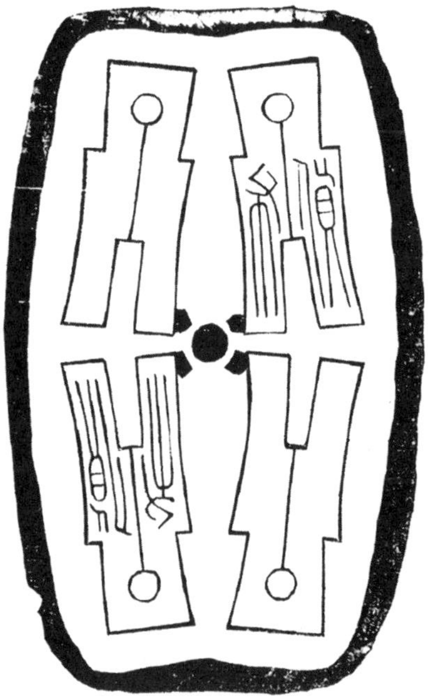

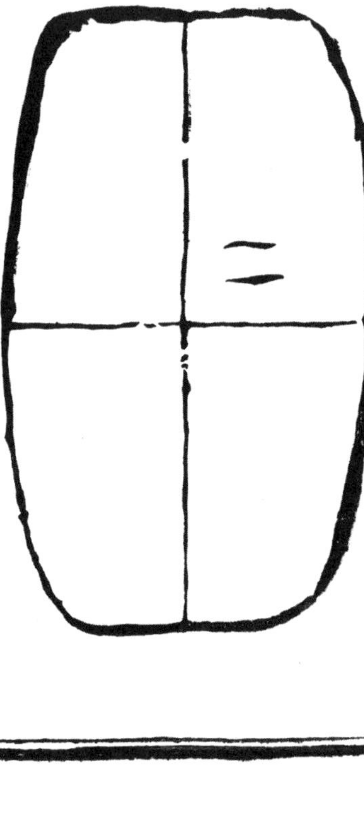

亦貨布銅笵陽文列面背各二右面文在上向下左在下向上

均與背文顛倒相對中有圓柱凸凹處漏拓未摹外形長亦橢

其角背十字文右上有二字當係紀笵次第

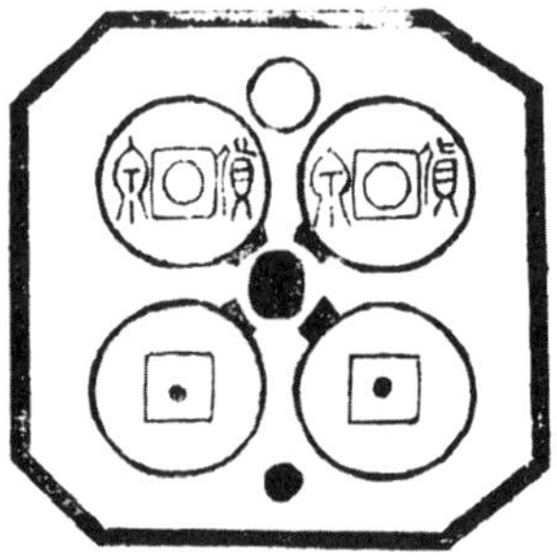

貨泉銅笵陽文列錢四枚兩面在上兩背在下中有柱上有圓

竅下有圓丁錢好內小圓圈背好內小星俱牝牡相乘外形八角背大吉二字向上

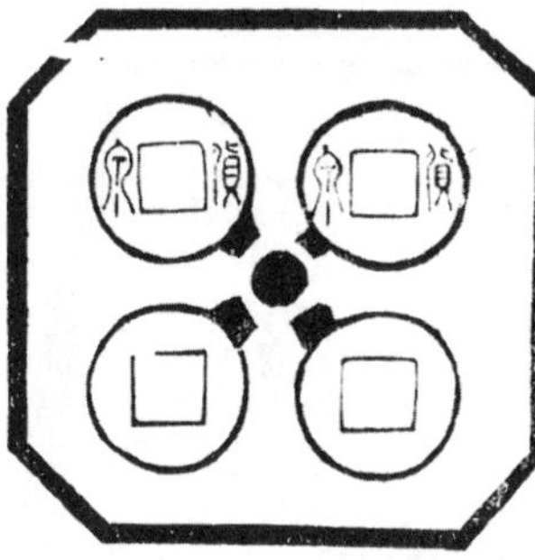

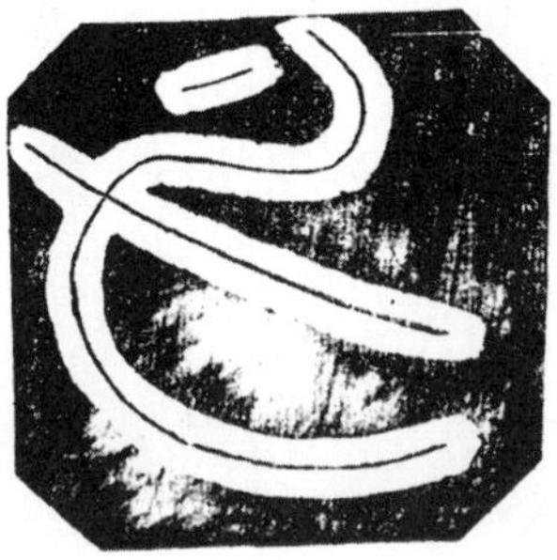

同前而凸凹處未拓故不摹底九字斜書

古泉匯　貞十四　七

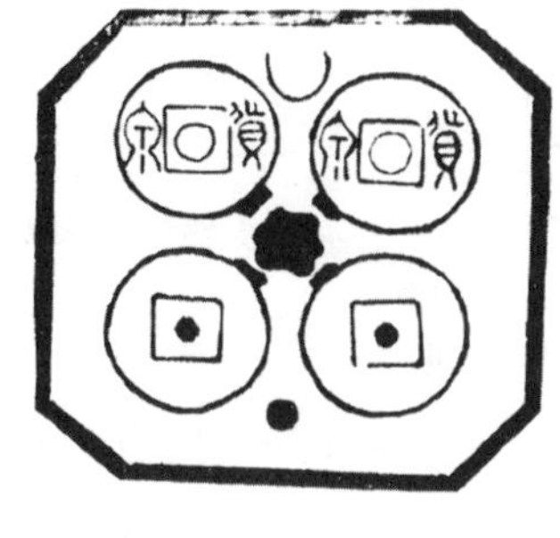

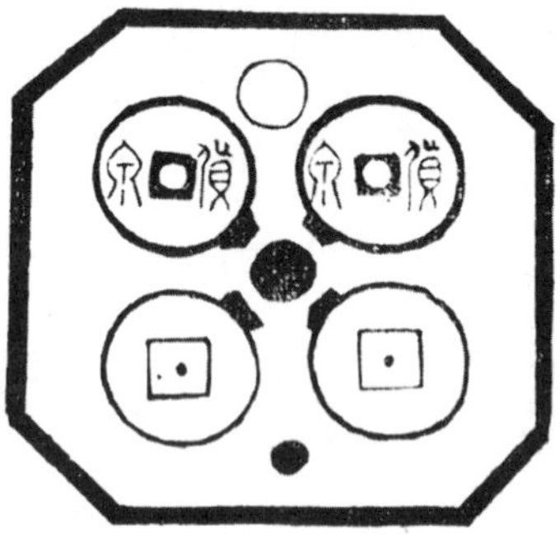

二范形製與底文大吉范同惟底平無文次品面好內無小圓圖爲異

同前一上下左右凸丁凹竅各三俱作方形次列六泉面背相間亦中柱分支上圓竅下圓丁各二

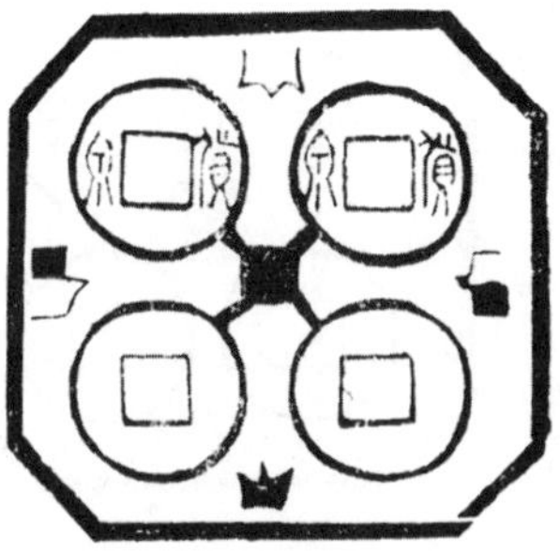

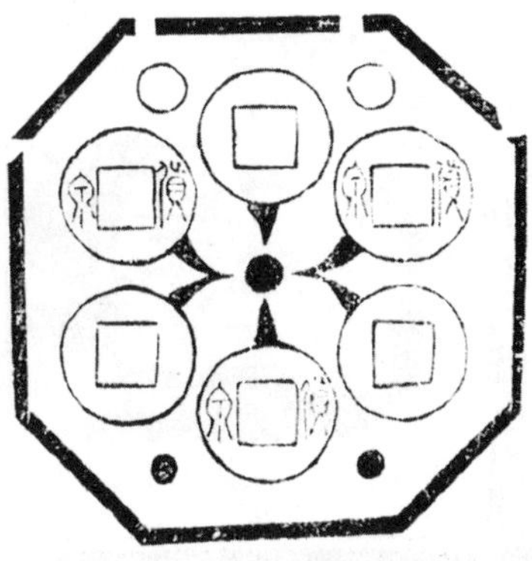

古泉匯　貞十四　八

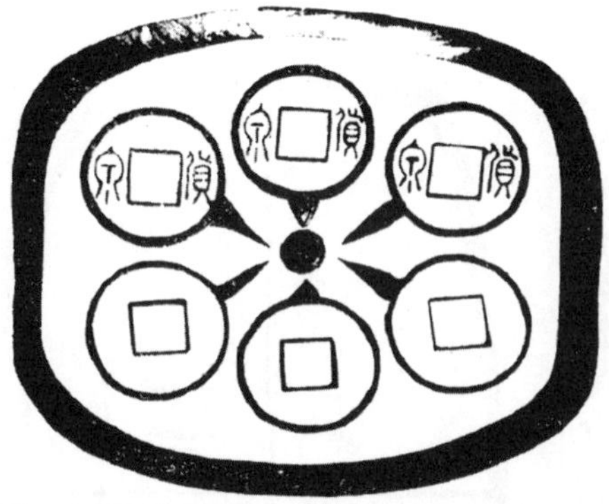

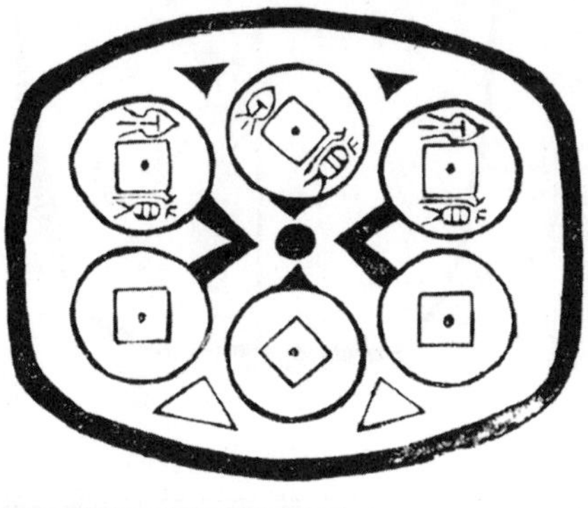

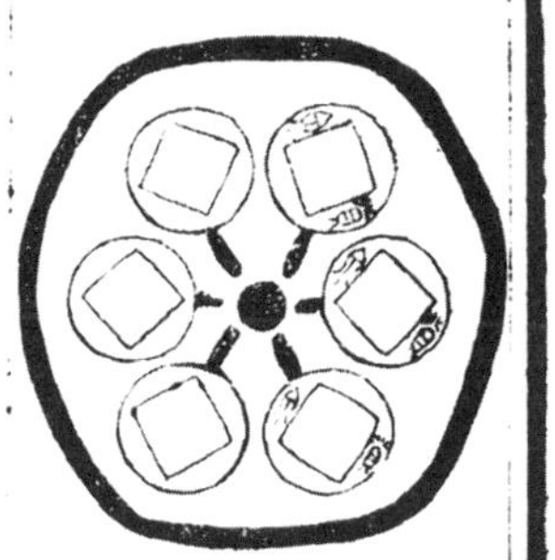

亦貨泉范俱列六泉三面三背一面文在上中柱分支圓丁與
竅漏未摹次面文斜置丁與竅俱尖三形小面文在右亦斜置
凸凹未拓背俱平外形俱長而四角微殺

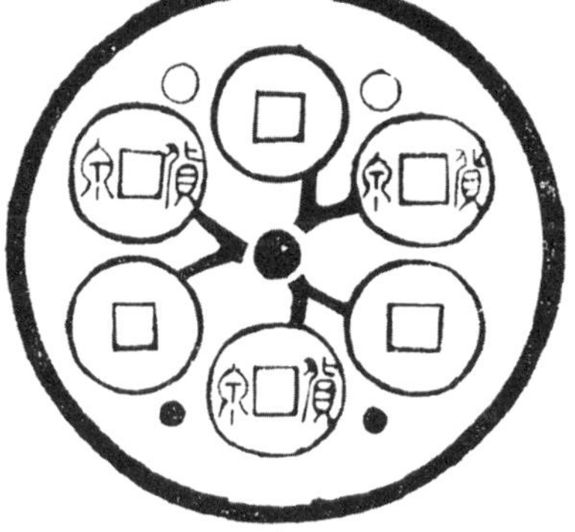

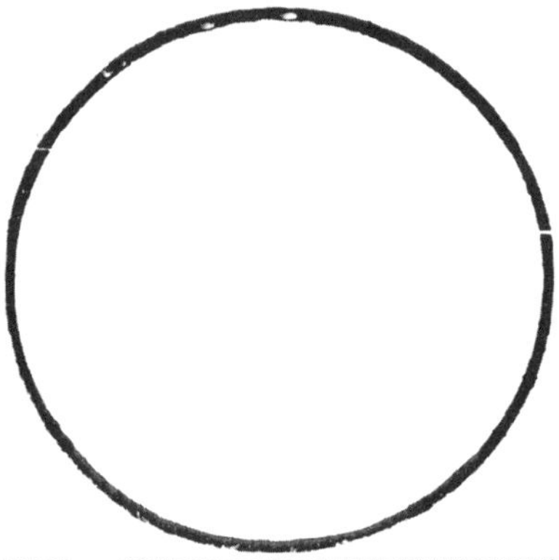

同前而形圓如鏡中列六泉面背相間上下凸凹丁竅各二底

有外郭不平與鏡異

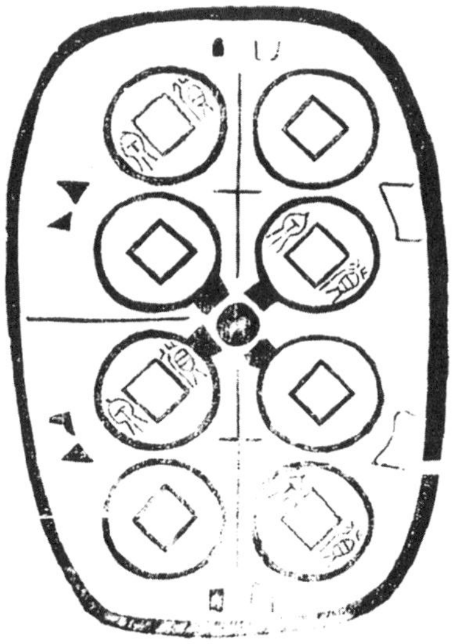

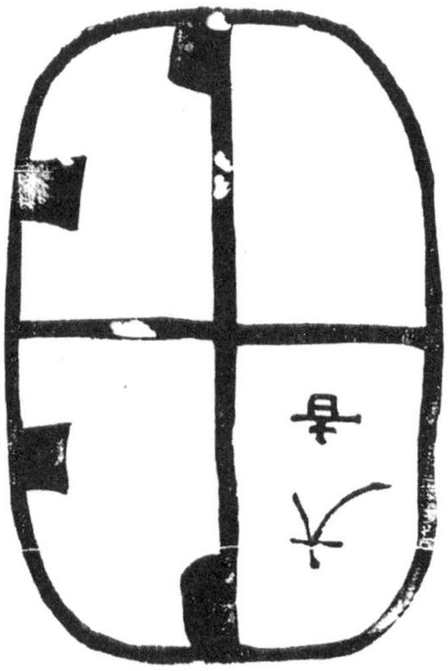

亦貨泉范陽文六枚面背相間中柱同前上下方丁方竅各二
左右尖丁竅各四背十字文右下大吉二字倒書左凸起方丁

凡四

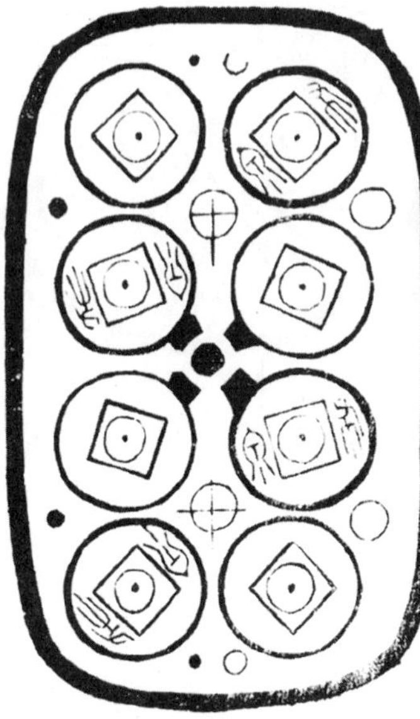

布泉銅笵陽文八枚面背相間中柱同前上下左右圜丁敫各

四外形長而橢其上下底斜文內有㘸二四文字母之義與笵

同猶云錢所從出也非子母相權之謂也二乃笵之次第

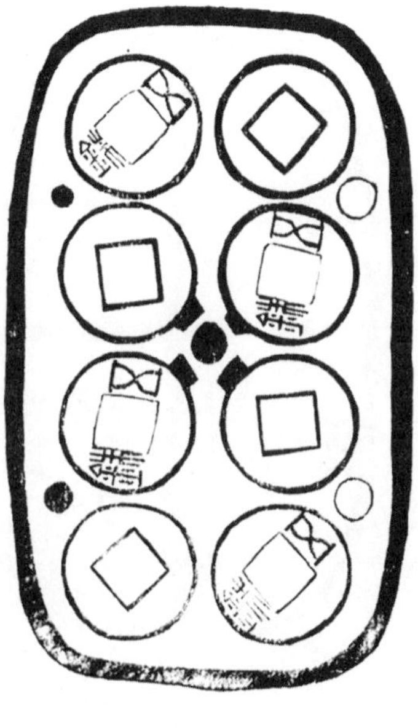

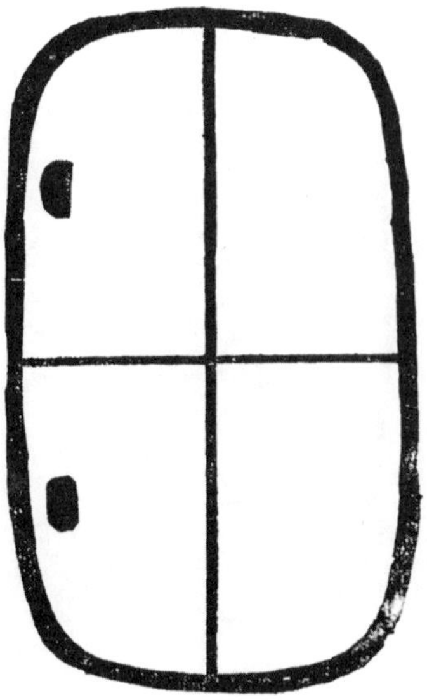

五銖銅笵陽文列錢八枚亦面背相間中柱及左右出凹俱類

前品惟上下無丁敫底十字文左右隆起方銅二又有面同此

笵而底無十字者又曾得一拓本面列八泉類此而四面在左四背在右底十字中題欵云建武二年三月丙申太僕監掾蒼考工令通丞或令使鳳工周儀造字二行與錢錄所載略同惟彼作十六年周錢造此作二年周儀造未見其笵故不摹

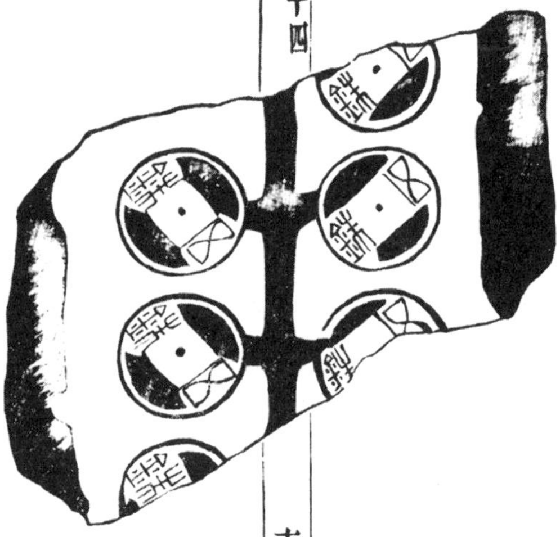

五銖殘甎笵陽文二行尚餘三枚又不完者三枚底平按此類殘笵近時陝中出土者甚夥所見尚有列錢四行者六行者八行者錢文有數枚至五六十枚者其大者限於格不能摹小者繁頤亦不及備摹摹此一品以概其餘

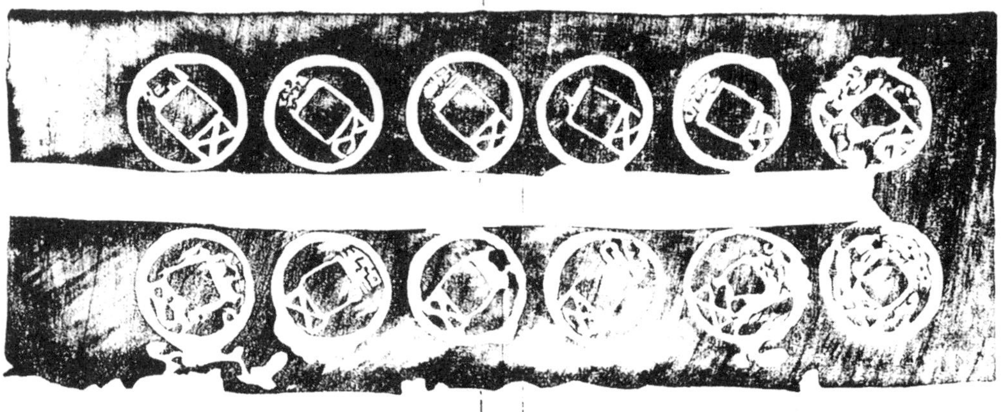

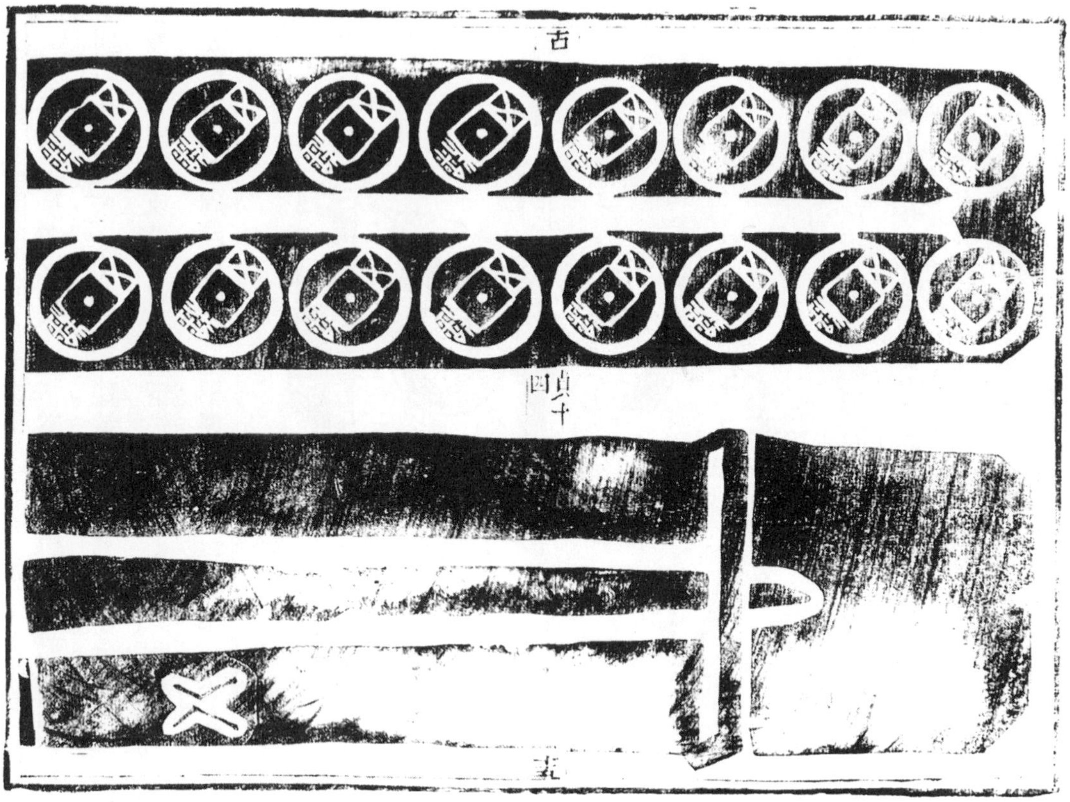

五銖銅笵二品俱陰文列錢二行中通流道一十二枚次十八枚背面文一背平次背有二足隆起類展齒而中空又有八字亦紀笵次第

古泉匯　貞十四　十六

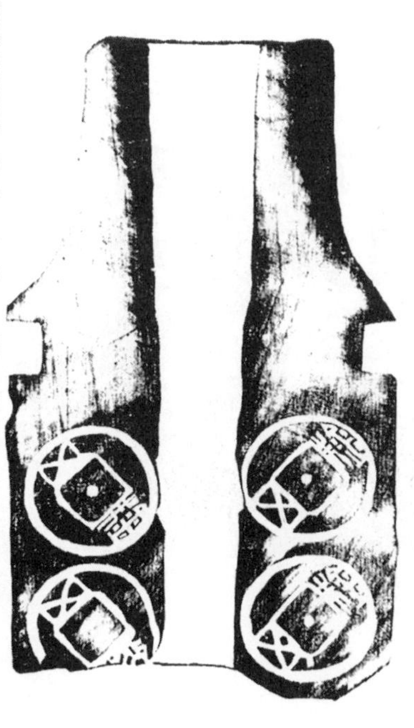

五銖殘銅笵二品製俱同前一餘錢四枚一餘兩枚

亦五銖陰文笵一面文二枚外作連珠形次面文一外形方而

下缺上俱有柄底俱平想有背笵合之以鑄錢者但中無流道
不知用法如何

小五銖殘瓶笵陽文穿上一畫類郭尚餘完者缺者各四枚俱
錢之面底平五銖笵所見不可枚舉小者僅見此乃鮑子年所
藏

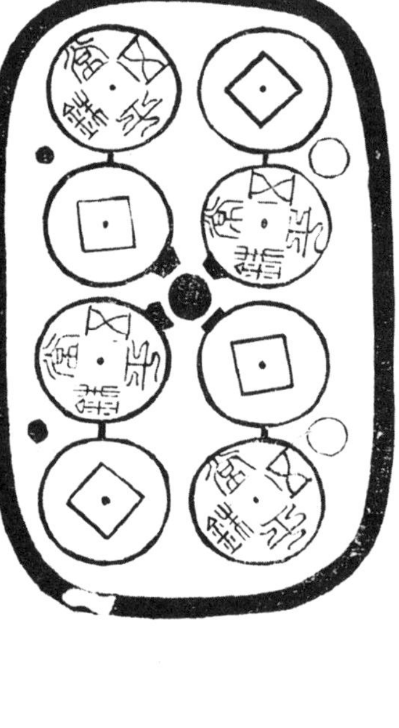

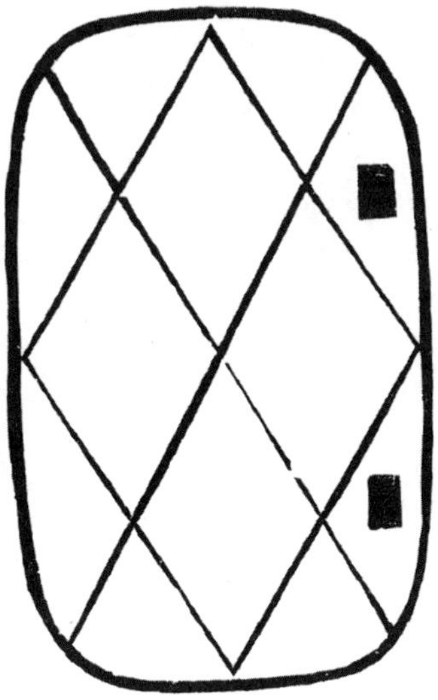

常平五銖銅笵中柱左丁右竅各二中列兩行陽文八枚面背相間均與五銖笵同底有斜文與布泉笵同右有凸起方銅二

古泉匯　亨十四　十九

此笵未經寓目乃葉東卿年丈所貽拓本當非贋品也

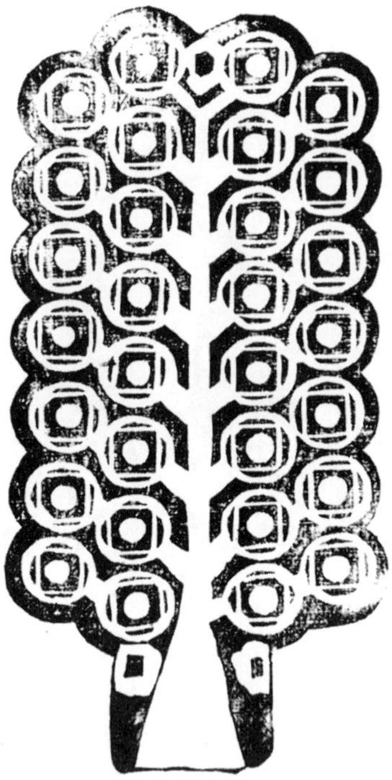

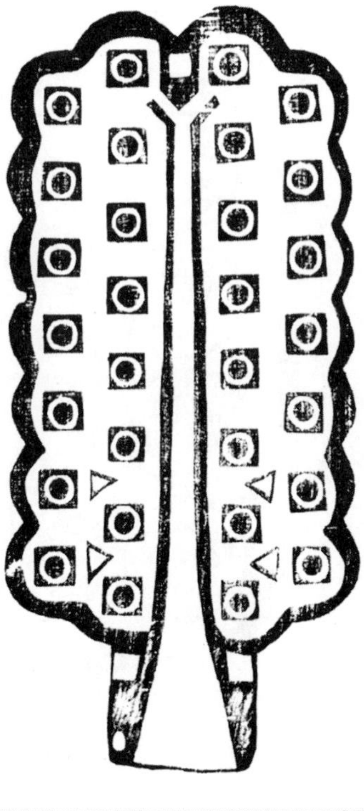

無文錢銅笵面背各一列錢四行計三十枚面笵中流道分支上下凸起方丁三各錢方孔中有小圓竅外緣作雲紋下有柄

古泉匯　亨十四　二十

背笵上下方竅三好內俱有圓丁均與面笵配合兩笵之底俱有外郭作雲紋從略不摹此笵雖無文然色澤古雅確屬唐宋以前物或即六朝鵞眼荇葉之類歟

附　未見錢笵

一刀平五千笵

五朱錢笵

五行大布笵

自跋

是編起於咸豐九年成於同治三年六閱寒暑始獲竣事計元亨貞集各十三卷利集十八卷益以首集四卷共得易卦之數雖不敢云攟摭無遺然古譜異泉今世不存

者固多闕如至當代藏泉家珍奇之品摹搨始備縱有遺亦寥寥無幾矣余之編斯譜也蓄志已十餘載矣初以官轍分馳弗遑從事歸田後又遲之數季始得以釣游暇日攷古成書蓋夙願之償若斯之

難也斯固接衆善堪自慰者也雖然卑生未讀書稽古上之不能立德立功聲施後世次之不能著書立說羽翼經傳徒以此阿堵中物消磨歲月縱有一知半解可以信今而傳後究何關於治術又何裨

於學術乎是又自省焉而不禁感愧係之者矣

同治三年春竹朋文誌

跋

與竹朋先生別四載矣今年五月忽得先生書云泉譜已告成爲狂喜者數日念我朝泉譜惟翁氏宜泉劉氏燕庭集其大成翁氏竭數十年心力致證至精閱其見一泉幕即能知其面文之於十不爽一其於北宋泉一點一畫罔不析及毫釐顧其譜未曾繪圖復僅有稿本展轉鈔寫實乃未成之書劉氏之譜一百卷圖備矣而注釋尚略且皆未克梓行於余之勸先生著譜也甚力亦嘗代惟先生有此清暇兼有此識力也豈書成甫數卷先生即以事歸里不獲時時獻疑念之抑悵惘又需時事變遷戢竟不克如願仍蹈翁劉之轍終無

以為歷來譜家補憾詎非快事哉今幸有志竟成余雖不得與校字之役而私心竊慰知世之讀斯譜者必皆如余前序所云後來者不可知而空前一語洵足以當之矣獨可惜翁劉諸君竟無由一見也

同治二年六月鮑康又識

亙尚緐

光緒紀元乙
亥八月刊成

竹朋刊成泉匯之次年余即出守夔州甫
二載以官興索漢還解組旋京都時竹朋
尚里居都中同游日以少僅胡石查王廉生
鄉農部孫春山駕部吳清卿太史時一過
從晤談金石而已潘伯寅少農鑒別獨精
收藏宏富雖不甚藏泉頗促余著譜甚力
余念無以出泉匯之右未敢下筆伯寅復促
余刻泉說爰增訂為百六十餘則伯寅復屬
徐小匋寫以精楷余因檢舊稿凡錯誤泉
幣者輯為詩文各一卷亦擬付梓於後冀博
同好諸君一笑不必盡與泉匯合所謂此亦
一是非也惟余新獲之泉及諸家拓本所有
在泉匯之外者遂致書竹朋盍作補遺竹朋
亦以近得甚多並陳壽卿太史之泉托為前
譜所未載者凡八十餘種尤不可不彙為巨觀
書來欲並兩人同輯余則何乞竹朋了手

序　一

屬稿廉生鄉岐余但任校刊之役石查廉生
余戚陳寅生暨恩綬卿皆贊其成有論斷與
余不合者亦郵函商改計增益八百餘品可謂
富矣然造物無盡藏異日土中所出嗜古家所
收正恐不知凡幾孰能一一而盡載之所望於
後之同志者隨時補編俾日新而月異則幸甚
同治癸酉七月歙鮑康序

序　二

竹惆以續泉匯十二卷寄余屬刊泉興范凡
五百餘品余老嬾置案頭經歲矣裕不欲增
益一字此書每手寫樣本以不能無所定
正有異說以附載之適余有朔易刻詩集成
内見何鋭海以舊藏刀布六百餘遠道貽余
方足尖足布納種余分餉同人朔尚選存三百餘
筆畫參差與不相肖補之殆不稼其補
嘉山乃銳意為選百餘品並拓其自藏者卅
餘品屬入補遺爰重訂為十六卷圖泉以補入
鄙藏數千計得九百八十餘品合之前譜近六
千品矣惟明刀尖首刀可補入者尚不足姑候異
日光緒紀元乙亥八月方告成藉以償夙諾余友
尚有寄示拓本為是編所未備者頗以未覩原
泉不敢遽入庶不失信以傳信之意方今地不愛
寶泉幣愈出愈奇他年有續三續正方興尚
未已也康文序

序　三

續泉匯目錄

元集三卷　古布

卷一　方足布

目錄　一

齊之去化 背異共五品　齊去化 變體背異共二十七品
節墨巴之去化 變體一品背異共十　節墨巴去化 變體背異共四品
安陽之去化 變體背異共五品
卷二 明刀
明 異製變體背異共十八品　明 背異共七品
明 背左下文各異共五品　明 背右下文各異共十品
明 背外口又傳形變體共十八品　明 背口十
明 背口卅　明 背6下文各異共九品
卷三 列國刀

續泉匯 目錄 四

六 在背　丁 在面
七 在面又變體共二品　下 在背
非 在面　乘 在面
去 在背異面二品變體　于 在面
千 背〇　日 在面變體
一万 在背　口 在面
口口 在面　口 在面又合背共二品
口 在面共二品以上尖首類　甘丹 背異
成白 變體共二品　白化 字滿背異

十 在背異製以上異品類
利集三卷　圜法正品
卷一 周至隋
寶化 異製共二品　寶四化 變體共二品
東周　共屯赤金
明刀　一刀
半睘　兩兩
半兩 上下一二三畫廿一共三品　半兩 傳形各異共四品
半兩 鐵錢　三銖 下二畫

續泉匯 目錄 五

半兩 有郭字異　錯刀胚
大泉五十 錢坯變體異製傳形共五品　大布黃千 合背
貨泉 異製背異共五品　貨泉 連錢
貨泉 錢坯異製傳形共五品　泉泉
貨泉 錢範錢共二品　五銖 背異
直百五銖 背異共十八品　四銖四銖
孝建四銖 變體異製面背上下面背上四星背倒書傳形向左向右兼數左右星倒傳〇及星共十七品
孝建 合背異製二品上下左右星傳形　五銖 背有郭
五朱 對文方形共三品　五朱 變體

卷二唐至宋

卷三金至明　附外藩

至正通寶背異異製共四品　支鈔半分
龍鳳通寶背異　大中通寶背異異製共四品
洪武通寶合背背異異製共七品　永樂通寶
景泰通寶　嘉靖通寶
萬歷年造　天啓通寶背異合背共三品
天天天天合背　寶寶寶寶合背
天啓通寶合背異製共三品　崇通背禎寶
永歷通寶背異共二品　三韓通寶
常平通寶背異異製共一百四十六品　隆平永寶

久安通寶
貞集五卷　異泉雜品
卷一　無考　奇品　厭勝　生肖　神仙　花紋
四朱四文共二品　周元通寶
元豐通寶背異　趙宝重興
開丹聖寶　定天之寶
聖歷元寶　緖館通寶
五十　口口口口合背
漢厭勝栗文錢異製共二品　棘幣異製共二品

大泉五十背異共三品　貨布連紋異製
五銖傳形背異共二品　開元通寶背異
乹封泉寶背異　天策府寶背異
大定左右犀角　泰和重寶背異共二品
正德通寶背異　王僕印紐錢
天清豐樂　我宜子孫常樂未央
宜子孫　辟兵莫當背富貴未央鉛錢
宜酒食樂無口　家國永安
天下太平　平安吉利

歲朝把筆背百事大吉　合家歡樂背百世同居
万病不侵　棠棣聯芳
五男二女背七子團圓　福祿壽星合背
江山共老背日月同年　連中三元
金榜題名背異共二品　有有
西生人　虎形
犬形　本命生日
一切聖賢　阿弥陀佛背慈悲方寸
口嚙嚙拜　詩仙

續泉匯首集

凡例

一是編以續前編故仍用前編體例元亨利貞四集分續編次仍依前譜次序

一古刀幣文字變化離奇前譜於文迥異者收之若小異者則多删汰以省篇帙茲念刀幣傳世日少凡小異者亦收之

一古泉已見前譜者則註見前譜三字次序仍照前譜各集編入其新收者則附各集各類之後

一前譜專收目見但見拓本者不收茲有數十品據拓本收入者多係嘉蔭簃泉苑所載經劉燕庭方伯鑒定又孝建四銖廿餘品亦呂堯仙中丞所收皆可信其不誣也

歷代著錄補遺

古今錢譜　計一卷豫章朱多㸅　著刻於康熙丁未重刻於道光丁未荒謬離奇不可枚舉何啻災及棗梨

泉寶錄　計六卷吳門張　敬庵著陸貫雅校輯略有增補僅五百五十六泉古幣率沿路史之說且概目爲蝌蚪書紀元則以意繪圖或取外國私鑄者實之不足深辨

泉寶所見錄　計十六卷六安沈鏘皆講虞著卷一二　國朝錢卷三古刀幣僅十餘品卷四以下皆圓錢考證無大誤惟未見新莽十布據洪志以駁諸譜不免耳食其餘尚足徵信

泉幣圖說　計六卷涇縣吳文炳柳門著古刀幣只一卷餘則自秦至明歷代錢不載奇異諸品古幣亦多遵路史及洪志舊說又以平陽安陽諸幣專屬秦製新莽十布亦依洪志爲之皆未確當

泉幣彙考　計十六卷又　國朝錢三卷雜品補遺一卷山陰唐與崑西源著諸幣僅載所藏廿餘種圓錢共千品有奇卷十四以下則外國不知年代厭勝諸品考證尚稱詳愼

選青小箋　計十卷許元愷寶門著卷一載古刀幣及秦圜法卷二至卷七載漢至明錢卷八以下則厭勝品皆依所見者圖之無摹擬失眞之弊論古幣不遵路史洪志諸說尚有斷制惜所見少耳

紅藕花軒泉品　計九卷章邱馬國翰　著不繪圖卷一古幣卷二周秦錢卷三至卷八漢至明錢卷九無考及外國錢古幣亦遵路史洪志之說歷代錢復多懸擬無確據

春雨山房錢譜　計四卷甘泉謝堃佩禾著刀幣斷自三代不遵路史洪志諸說歷代錢所收殊少不出吉金錄範圍註解亦多差謬

續泉匯元集卷一

方足布

歙　鮑　康子年　同編
利津李佐賢竹朋

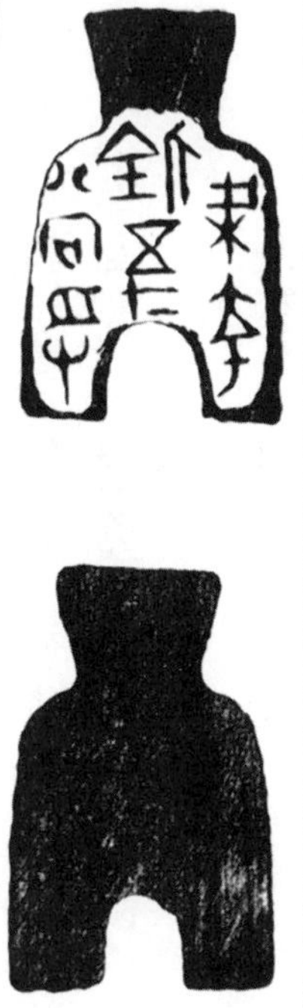

乘尣化金五二十何爰　見前譜此李字作李不減筆

甫反化一金　見前譜此化字居中足徵化金屬兩字釋作釿
者誤次面有細郭蒲阪二字篆小異

汞一金化　見前譜此面有細郭次穎字泐

汞金二化　前譜穎一金化方肩制差小此圓肩式差大曰穎
金二化二化與二金其義一也與安邑二金布同乃以一當二
者即景王寶三寶六及後世當五當十之權輿也此布吳清卿
新獲於長安

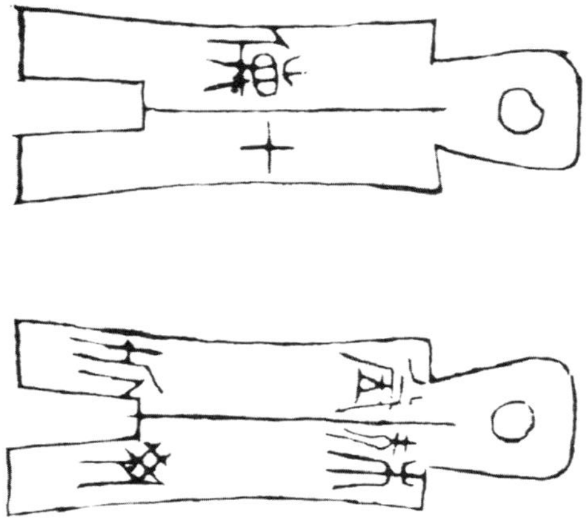

京化一金　見前譜此篆小異

十貨背十貨　此殊布之背文兩面同文乃錯範

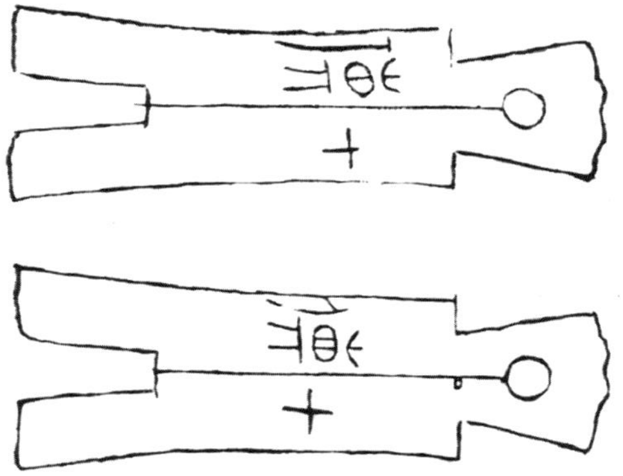

殊布當十化背十貨　見前譜此篆小異次十字半泐

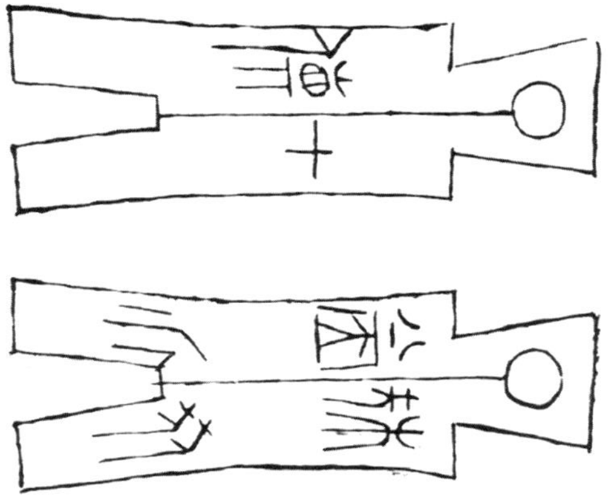

四布背當十化　見前譜此四字方肩

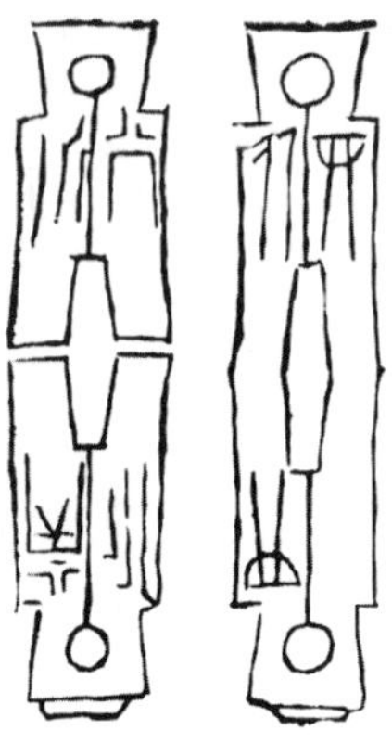

四布四口背當十化當十化　見前譜此四字亦方肩下方布

續泉匯

〈元一〉五

字泐

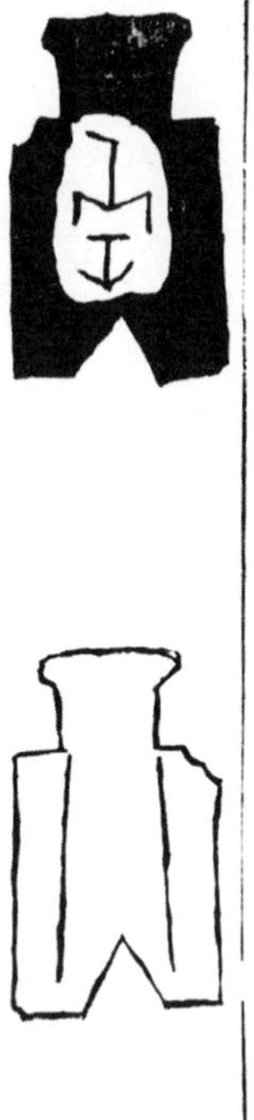

垂　見前譜此品篆異

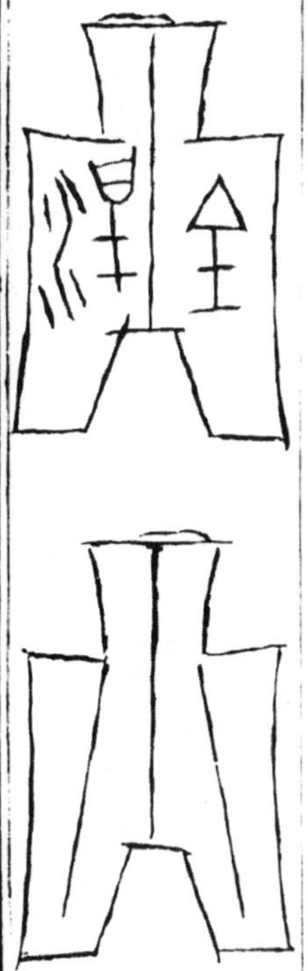

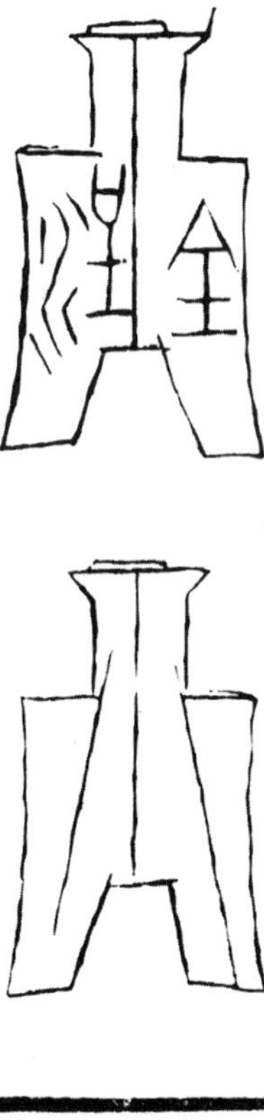

涅金　見前譜此涅字水旁方折次曰从口

續泉匯

〈元一〉六

字不可識　見前譜此左方字小異背一平次三直文錯范

差陰　見前譜此篆異

盐昌　見前譜此篆小異

盐昌　同前品而鉛質較異王廉生藏審非僞作

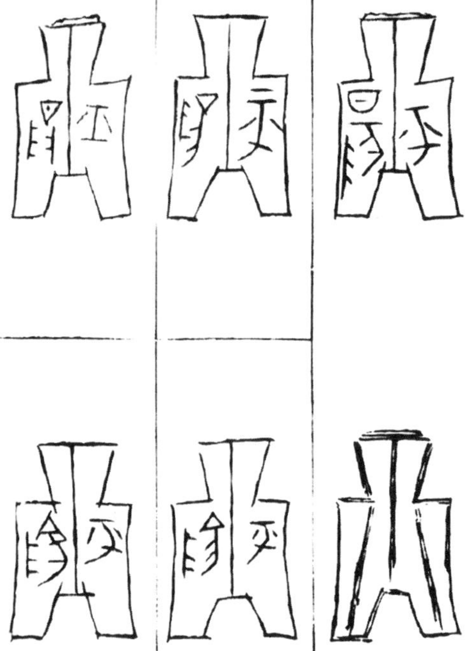

平陽　見前譜此六品篆小異

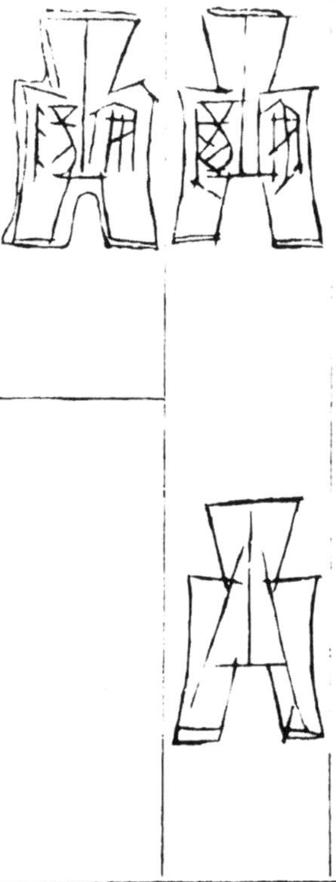

安陽　見前譜此二品篆小異

宅陽　見前譜此陽字異次宅字異

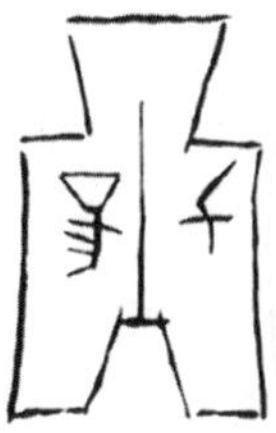

乇陽　見前譜此篆異

魯陽　見前譜此傳形異

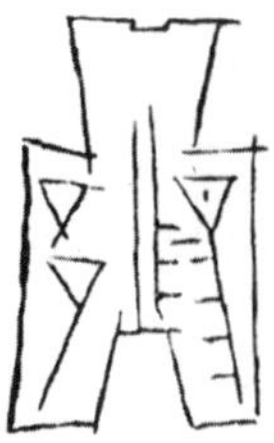

陽邑　見前譜此篆字各異

平陰　見前譜此篆小異㳄陰缺阝旁

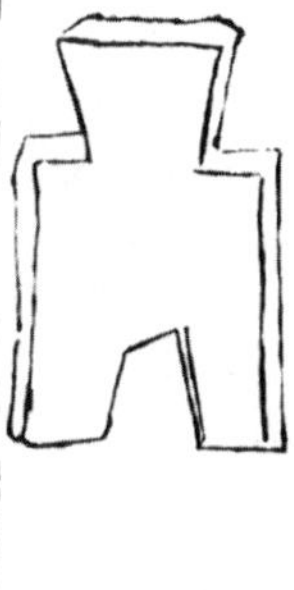

戈邑　見前譜此背無文

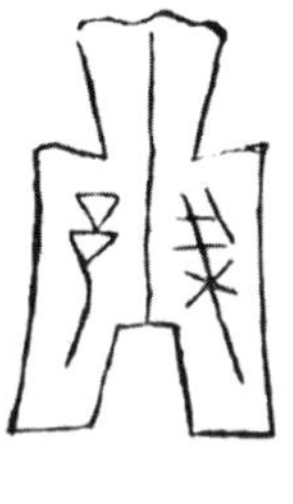

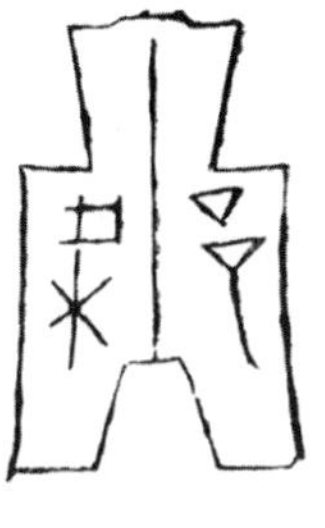

乘邑　見前譜此小大二品一乘字斜書一自左讀篆小異此

布大者較罕

邾　見前譜此小異

虒邑　見前譜此虒字異背文一紀數

續泉匯　元一　十一

鄔　傳形見前譜此篆異

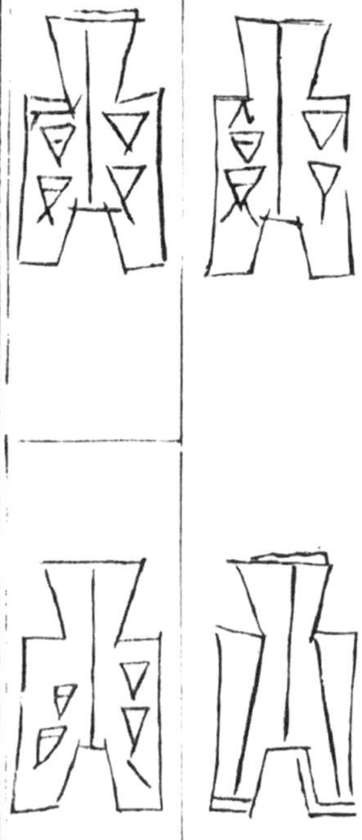

郎　見前譜此一二篆異三缺上畫

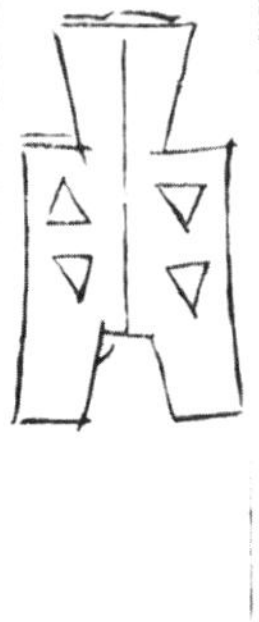

郘　詩生民郘有郘家室注郘后稷之母家也或以其地封后稷歟屬今陝西武功縣地名甚古想列國時仍因之次篆小異

胡石査所藏

續泉匯　元一　十二

王毛　傳形毛字減中畫

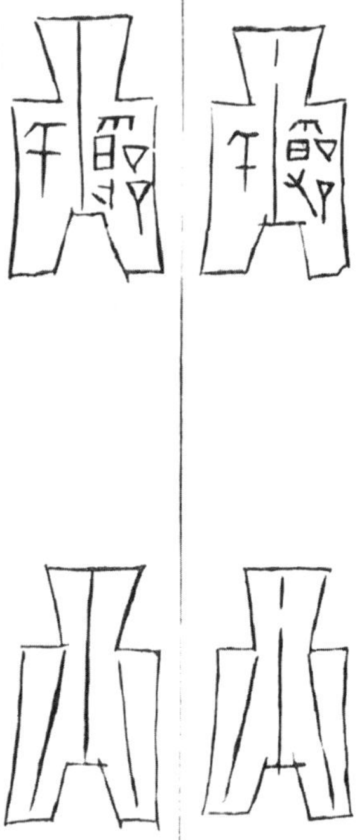

郚氏　見前譜此三品篆各異形製迭大

郁氏　說文汝南上蔡亭名然漢碑有郁閣頌在陝西略陽縣
是此地名自漢以前已有之

續泉匯　元一　十三

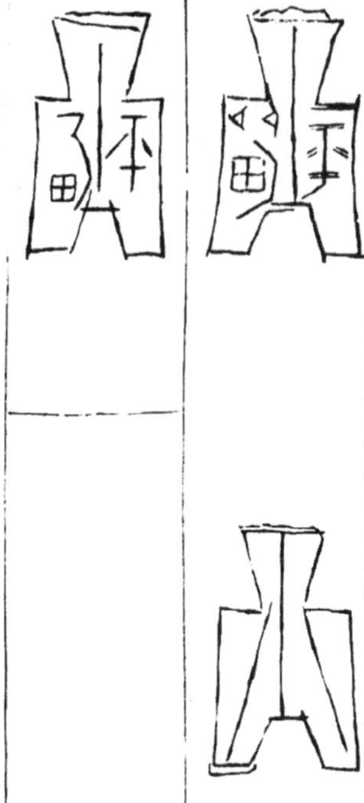

平原　見前譜此平字豎畫方折次原字減筆

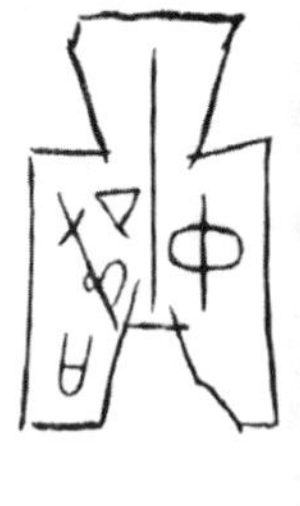

中都　見前譜此二品篆小異

高都　傳形見前譜此都字小異

續泉匯　元一　十四

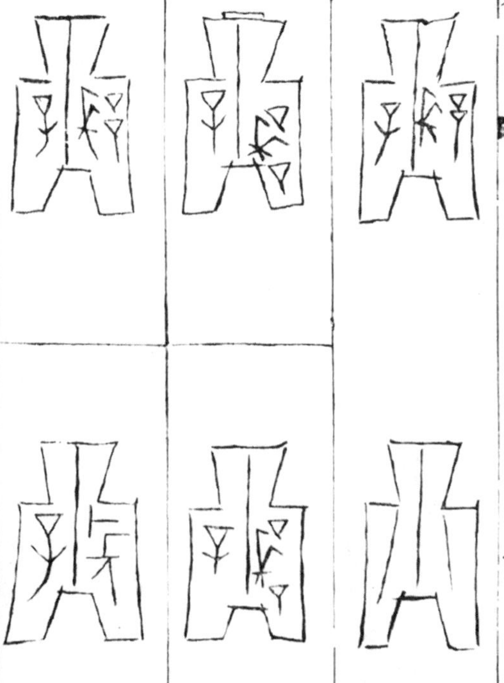

郻子　見前譜此前三品郻字異四子字異五郻減阝旁亦猶高都之作高者也古文凡地名或加阝旁與否多隨意增減往往如是

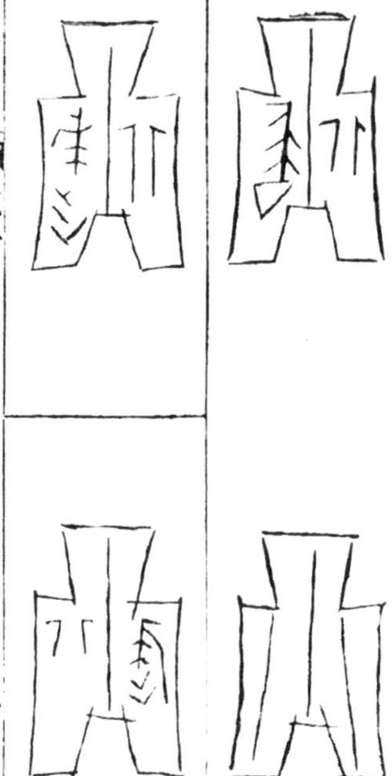

北屈　見前譜此三品屈字各異三傳形

周是　傳形見前譜此周字異

貝邱一　貝丘二　見前譜此一品一字在下二三篆各異

敷垣　見前譜此敷字異

湼　見前譜此水旁作三直畫

關　見前譜此篆異次減筆作門

于爻　于字倒書爻疑郊省兼省阝旁于郊者于國郊外所鑄
也注互見尖足于字布又左傳僖二十四年邘晉應韓武之穆
也注河內野王縣西北有邘城此布王廉生所藏

交背十　此亦似交字減邑旁然上多一畫背十紀數古無私
鑄之禁故國中郊外悉聽鼓鑄此或郊民所爲歟

無文布乃錯範所致圜法每有之古布罕見

續泉匯元集卷二

尖足布

武安背　武安布見前譜此背文異九字加一曲畫不可識
或即八九二字合書者歟凡尖足布多紀數注見前譜

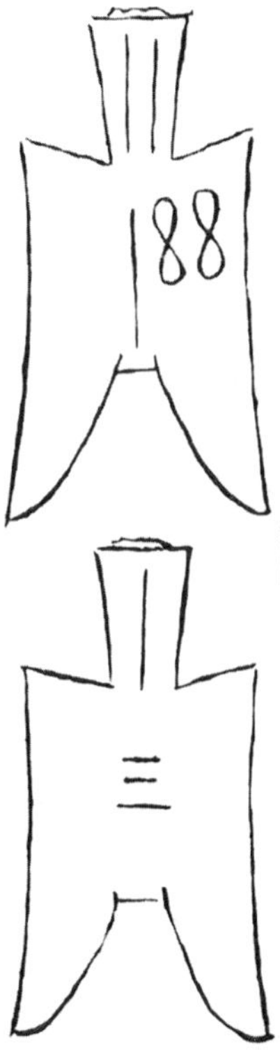

鐖背三　前譜有鐖字小布又有鐖氏大布若大布僅一鐖字
者因未之見也背三紀數

榆八匕背九　見前譜此變體背紀數

邪山背二　邪山大布見前譜此面文小異背二字橫書異

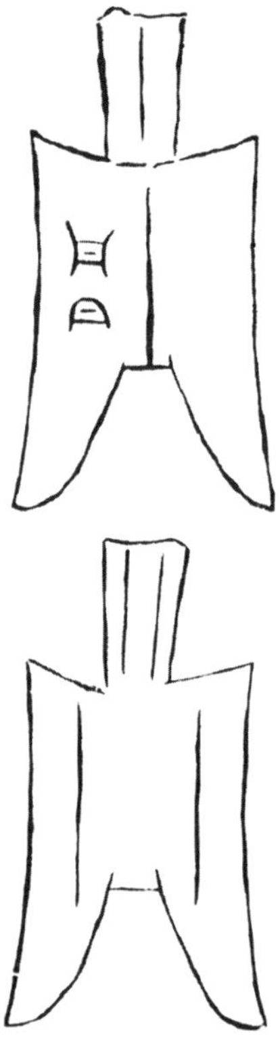

續泉匯　元二　二

關背八　關字大布見前譜此背文八異按各布形制鮮有三種者獨此布方足尖足圓足俱有之方足惟有小者尖足圓足則小中大三品俱全彙考有背文八古者由八八者又有合背同文者今俱未見

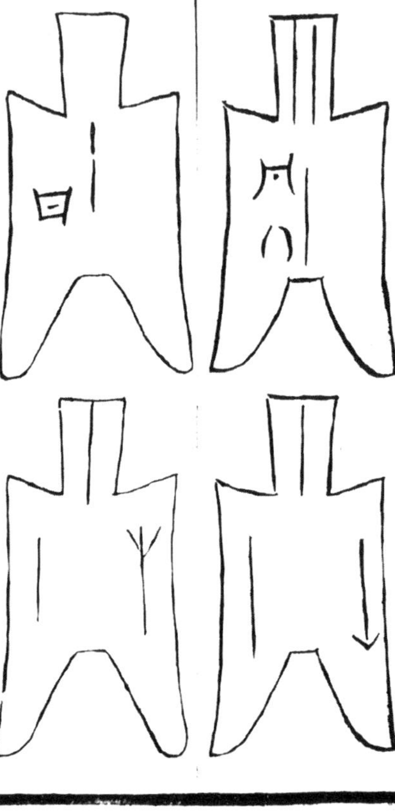

甘丹背六　見前譜此甘丹二字中作二橫畫次背六紀數在左下異三僅存丹字

續泉匯　元二　三

圜足布

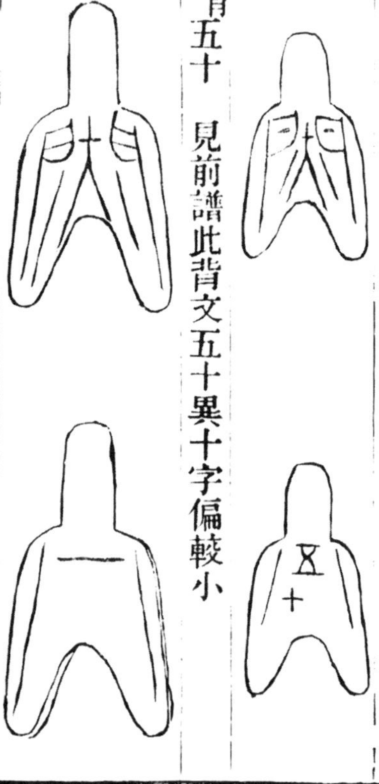

關背五十　見前譜此背文五十異十字偏較小

關背 一　見前譜此背文亦異按古布圓足者罕覯惟關字布倘屢見共計大中小三種前品其小者此其中者背俱有紀數之字與尖足布同

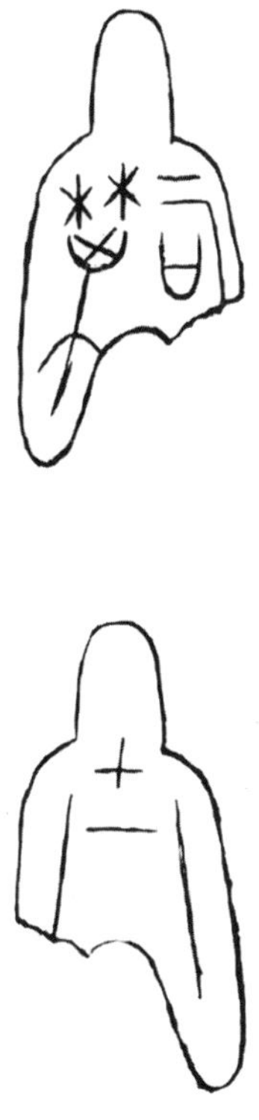

萬石背十一　見前譜此傳形爲異背亦紀數按萬石布傳世甚少傳形者尤絶無僅有者也彙考載二品一背文八十四係潘穀堂所藏一背文八廿五係黃小松拓本廿作廿今皆未得見至面文釋作林禺一石其誤不足辨矣

續泉匯 元二　四

空首布

安藏　見前譜此僅存藏字潘伯寅得安藏布二品以貽子年一只安字一只藏字惟安字一品其下倘隱隱有字畫故只載

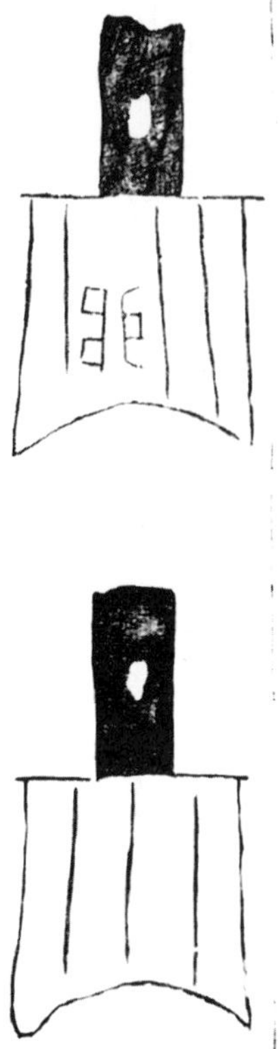

其一

官考　見前譜此考字異

續泉匯 元二

一　一畫倍中豎作十字亦可與上皆空首布之小品

五

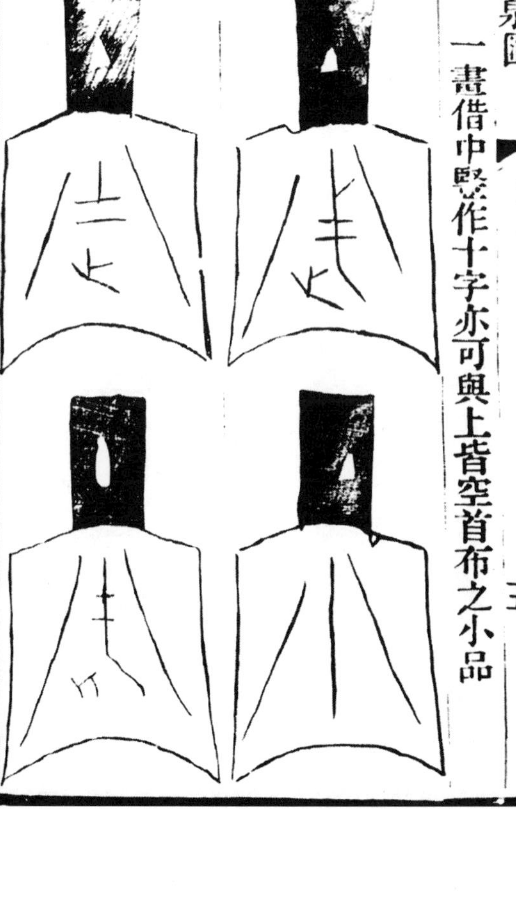

武　見前譜二品篆文各異三變體書皆此布之中品按武字布大小三種中品者頗多各布皆平肩惟此兩肩下垂與齊金盧化式同乃此布中之變體

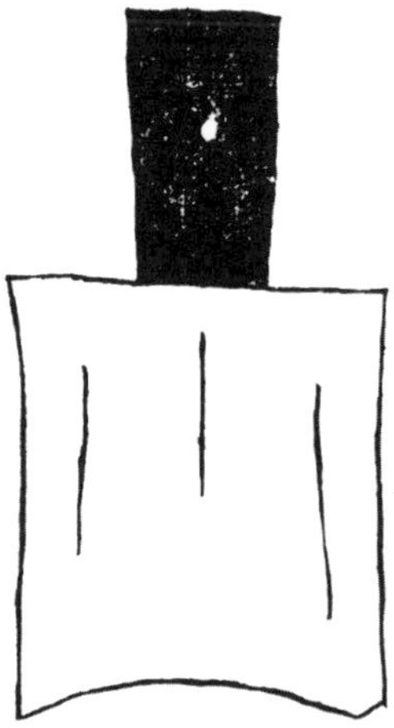

止　字在右按止字義無可取當是武字減去戈字與前譜去止存戈者同義又或係同是之是減去上半亦可通皆地名此種式大乃空首布之常見者背皆三直文前譜只摹一以概其餘茲仍用前例

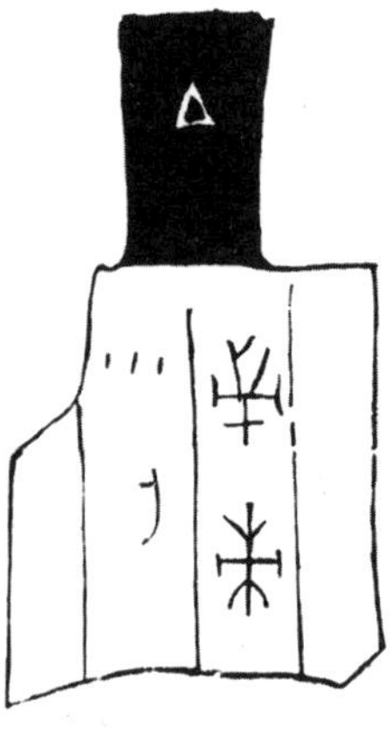

棘甫小匕　此布各譜録未見爲楊幼雲繼振所得釋爲棘蒲小化引班志封柴武子爲棘蒲亭侯又今趙州有棘蒲社見杜釋爲證今姑仍其説以俟考按空首布一字者多兩字者少四

字者向惟見齊巛金化一品陳壽卿謂齊巛宜合讀爲濟疑爲三字此布則確屬四字乃空首布之僅見者近年某處出空首布甚夥盡爲幼雲所得子年寄示拓本選出廿七品爲前譜所缺依次補入此品則其最奇者聞昔年劉燕庭於汴中所得此種布今亦悉歸幼雲何於此布結緣獨如是之深耶殊令人健羨不已

向　見前譜此在左右中口字作△異

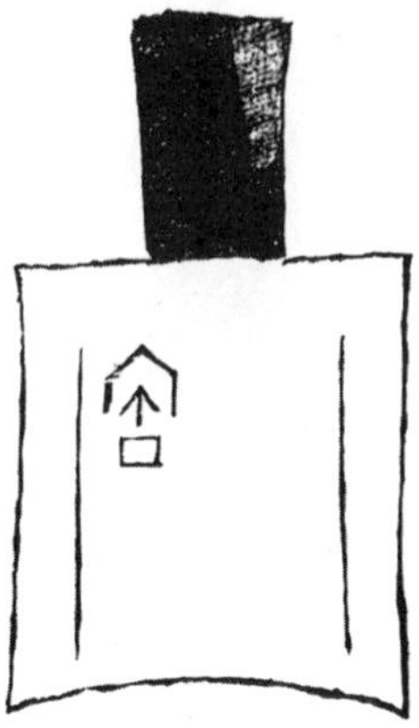

寶　字在左此品與前譜釋爲合字者大同小異近觀阮氏鐘鼎款識京姜鬲內永寶用之寶字作[illegible]又筠清館金文邛君婦壺內寶字作[illegible]均與此相類故改釋爲寶取貨寶之義

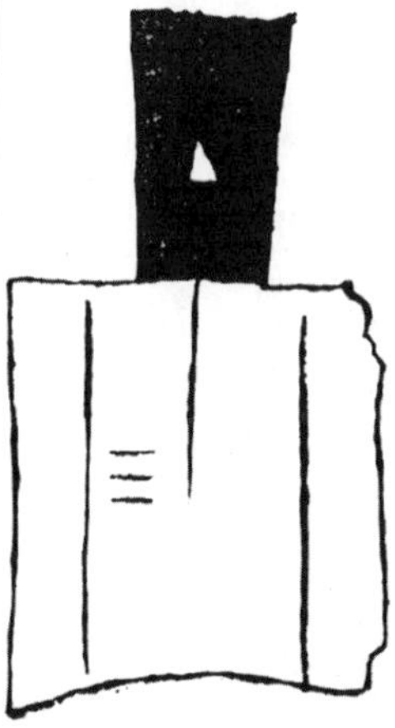

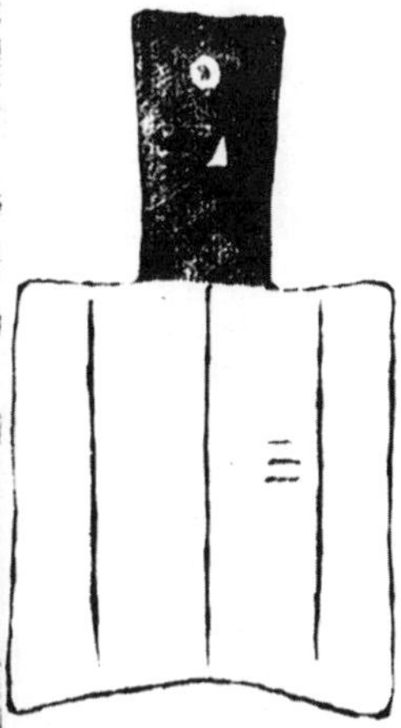

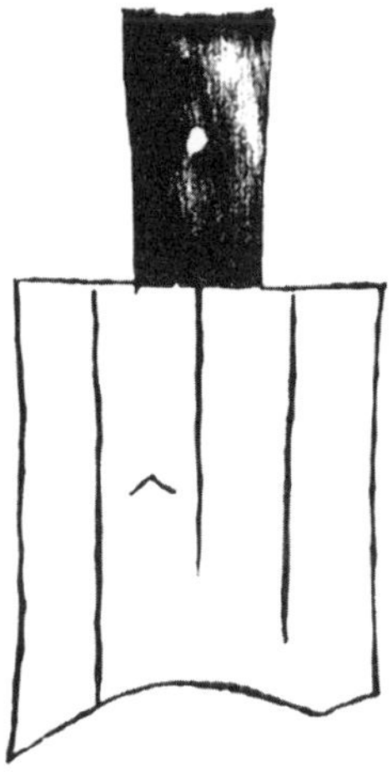
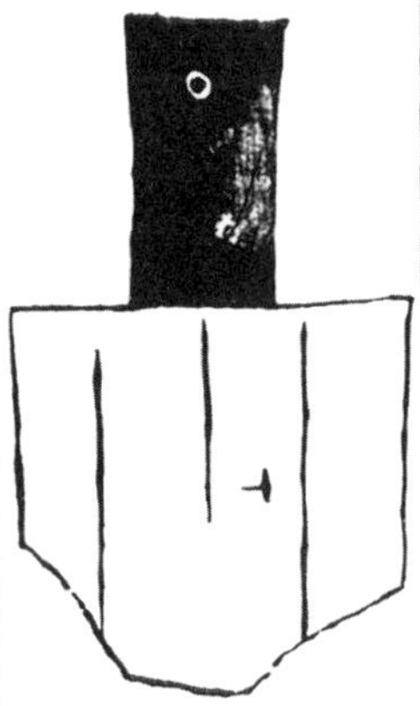

續泉匯　一九二　十

一　二　三　三　六　六　七　七　一二字在左一見前
譜此橫書三四五六字在左右六見前譜此一在左一橫書七
八字在左右亦橫書合計兩譜紀數只缺九字

五二　上似五字減上畫下二字皆紀數姑附於紀數布之後

續泉匯　一九二　十二

午　見前譜此字在右倒書

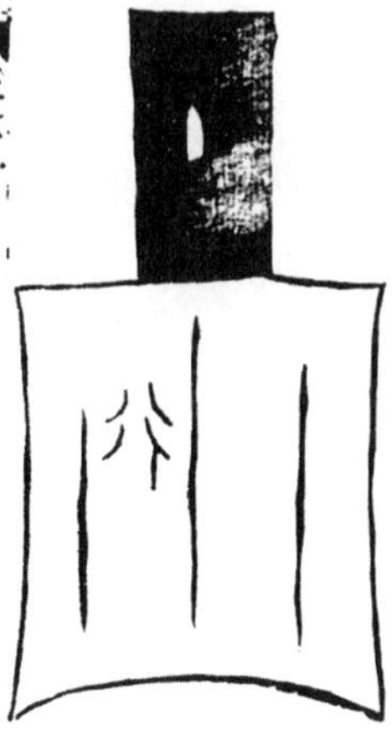

行　見前譜此字俱在左一小異次缺一畫

貝　見前譜此字在左爲異

續泉匯元集卷二

空首布

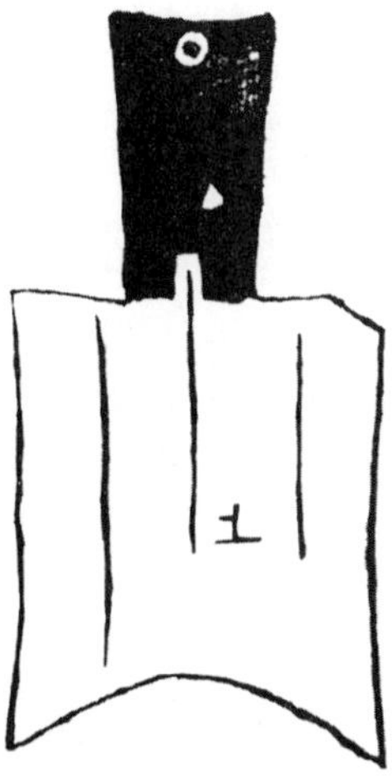

上　見前譜此字在右爲異一正書次反書列國刀有上中下字空首布僅見上下二品

于　見前譜此反書注互見尖足于字布

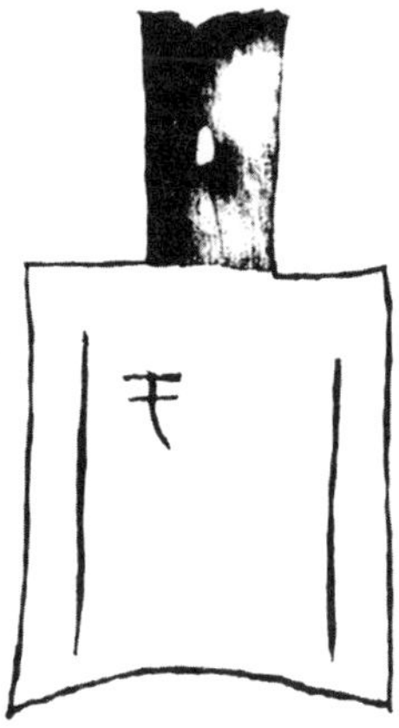

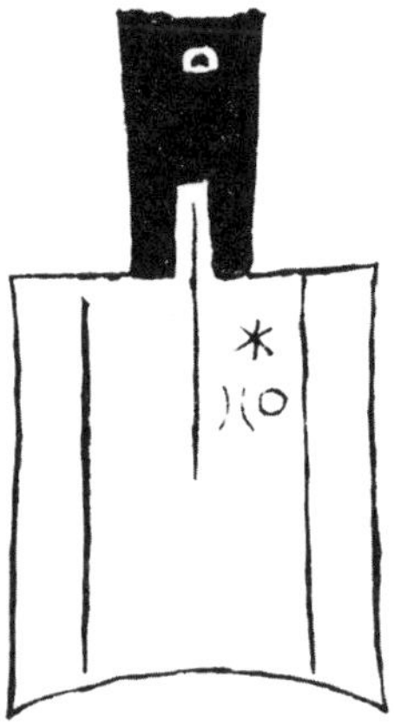

松　見前譜此字分爲二木旁置上公字作□尤爲奇異古文往往有偏旁點畫顛倒錯落者如方足布之涿字水旁移上作𣵠亦此類也

侯　見前譜此亦在右而反書

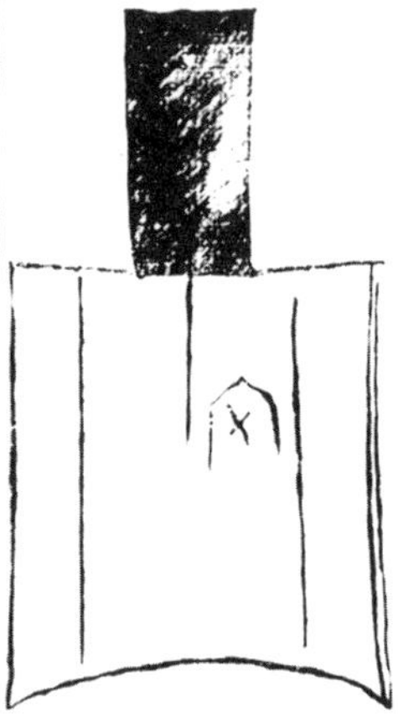

室　見前譜室字減筆字在右爲異次更減

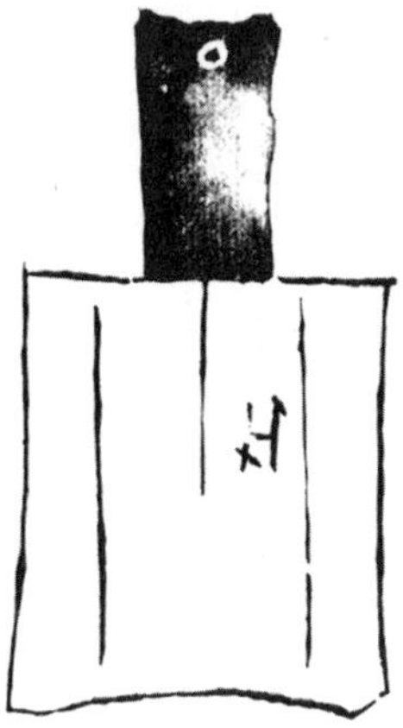

伐　傳形見前譜此字在右爲異

易　見前譜此一省阝旁又日中省一點次省日字傳形尤異

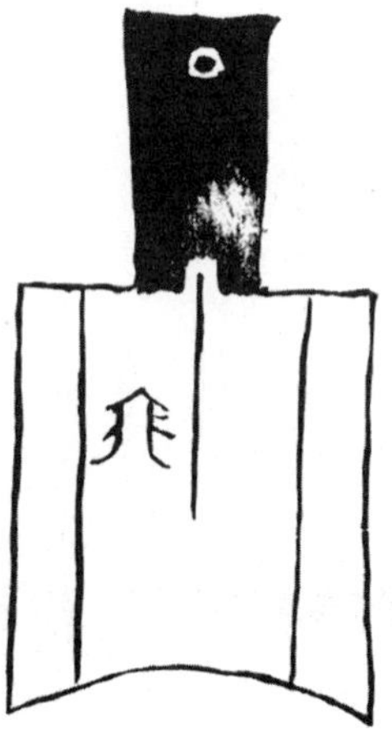

乘　此品繼幼雲釋爲乘之省文謂古有乘邱此亦紀地說亦可通

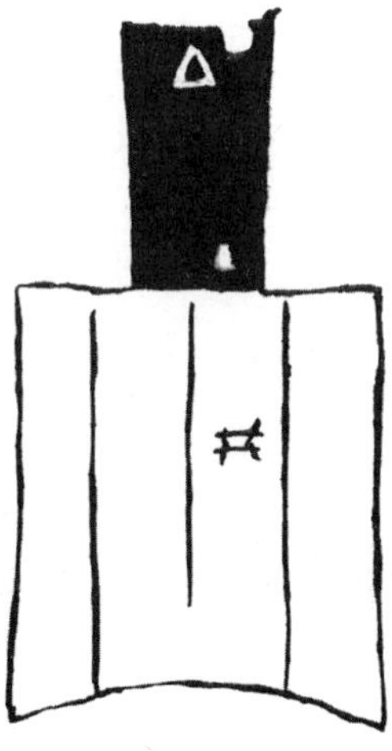

井　井字然甘月大布作円甘井刀有作丼者亦有作井省、者此疑亦是邯鄲所鑄

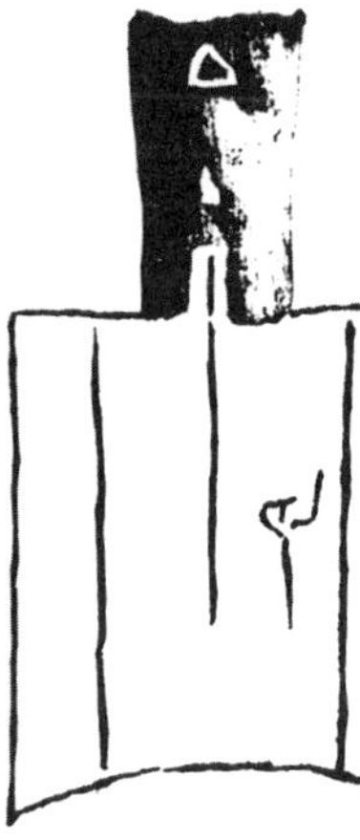

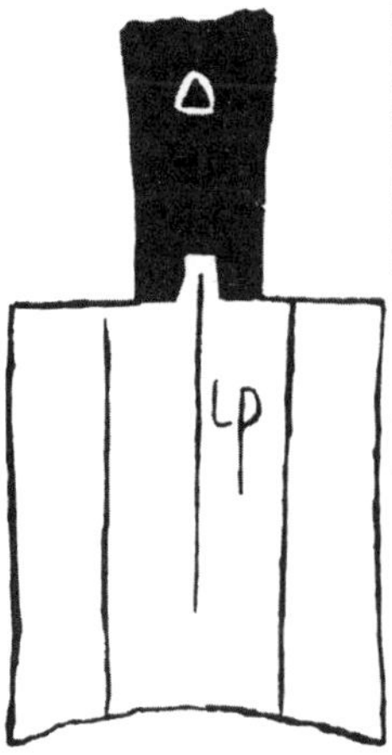

烏　與前譜方足郚字布相似或烏之減筆字在右次傳形或
釋作卬

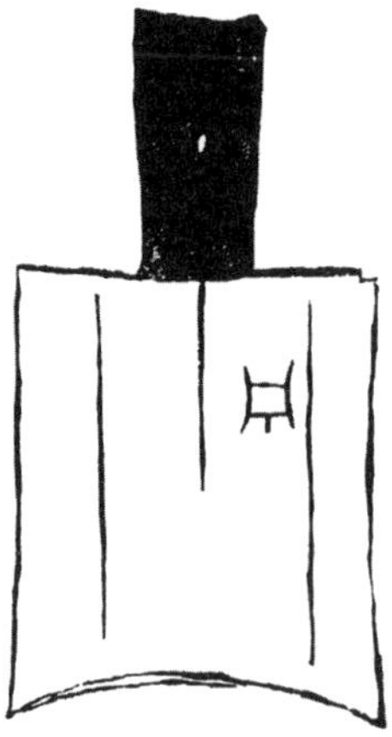

城　字在右象形之城註見方足城字布

不　字在左考卽墨縣志有古不其城在勞山之西此布當卽
不其故物

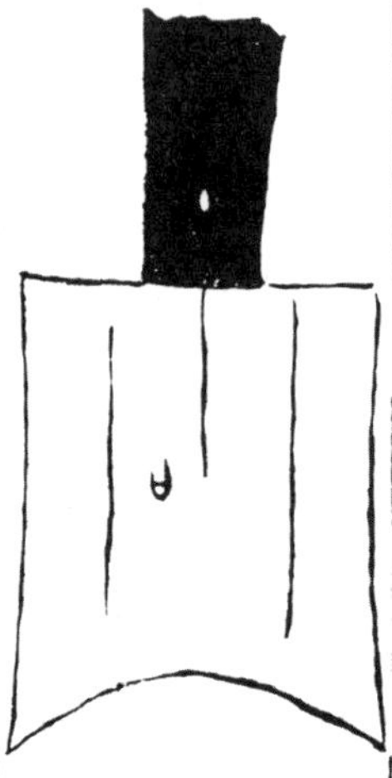

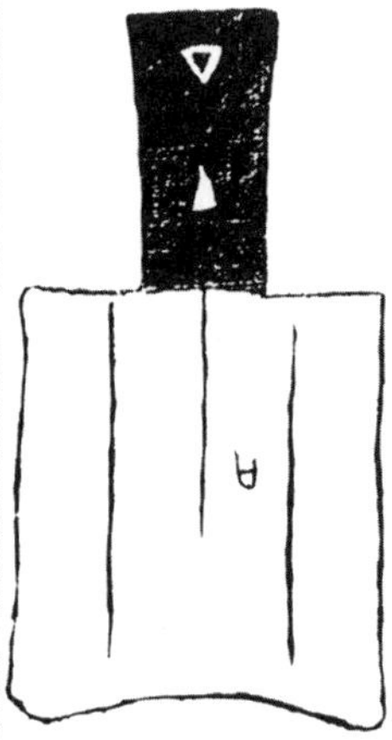

口　字在左右前譜亼字布下从口此疑亼字減筆二上多畫又似日字

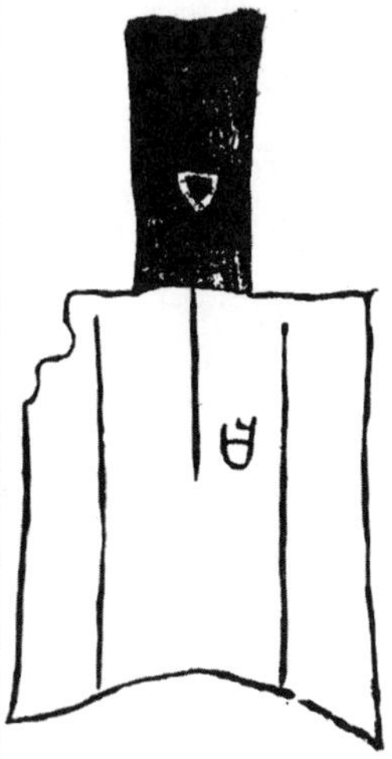

日　日字減筆齊刀背文及尖首刀文均有之

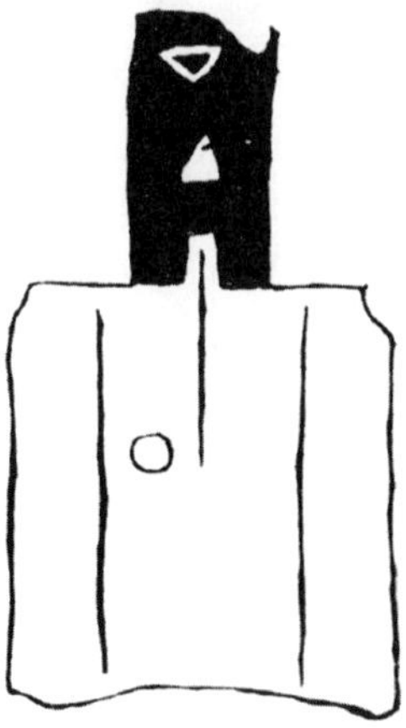

屮　齊刀背文及尖首刀文皆有作屮者中畫圓折此中畫方折微異類七字

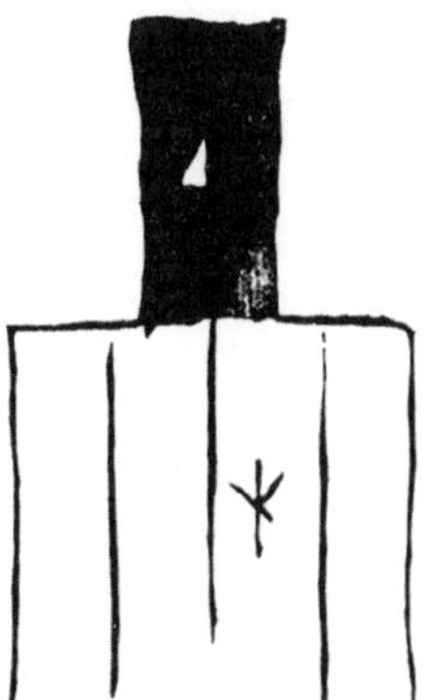

禾　禾字取義未詳

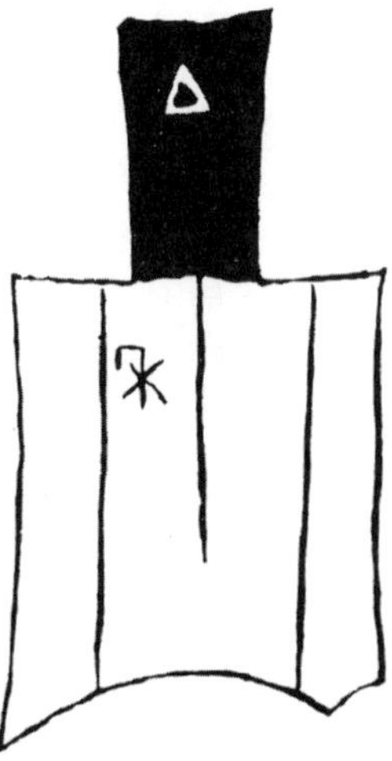

△　△似減筆字或與前禾字布共作私字一分爲二者歟圓足布有私宰者此取義將毋同

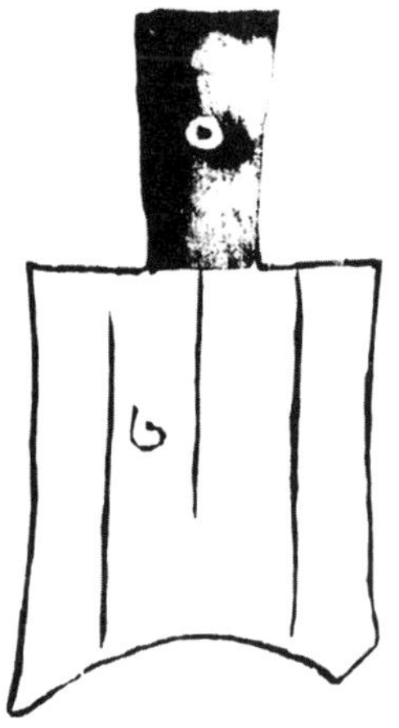

皿　皿字取義未詳

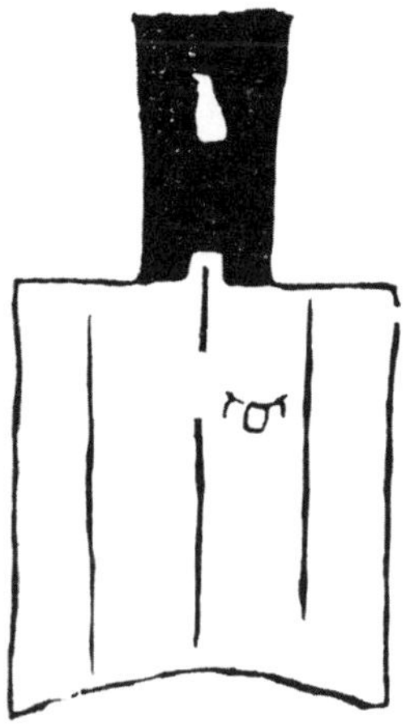

白　白字下多一畫未識取義云何

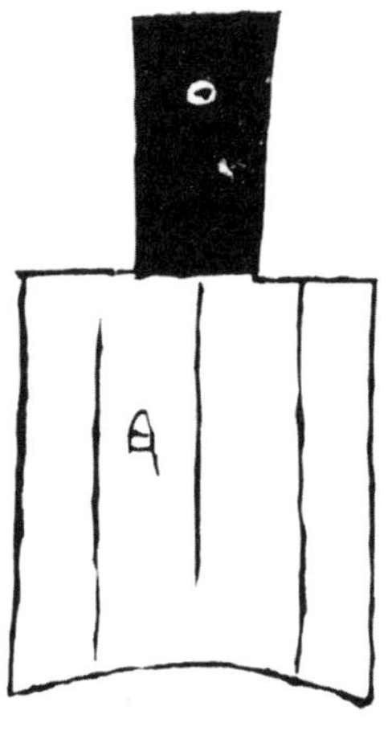

□　類四字横書而下畫圓橢又與四字不同

續泉匯　元三　十二

一似定字上多一點一土字上多一畫俱不可識

形與前譜極大之布相似而形極小無字此亦幼雲所得之異品也　年云此品形製較異或不必是泉

續泉匯　元三　十三

巳　巳字反書見前譜惟背有方寸二字不可識頗似方寸兩字此種布背有文者從來未見子年新得亟附於末

續泉匯亨集卷一

齊刀

歙　鮑　康子年
利津李佐賢竹朋　同編

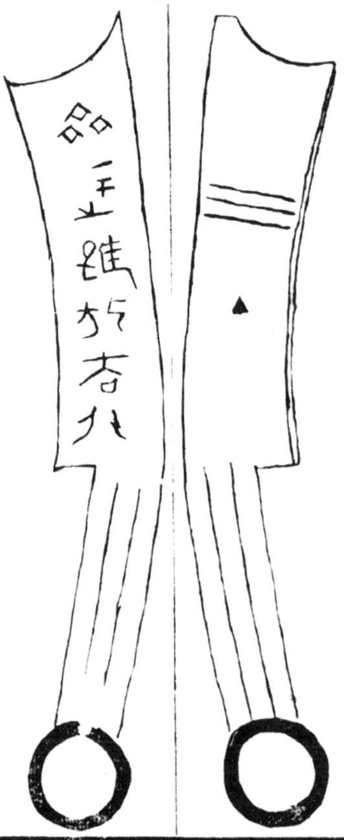

齊建邦就去化　齊建邦刀二品俱見前譜一就字異二建字有缺邦字就字俱異背三畫一星俱同

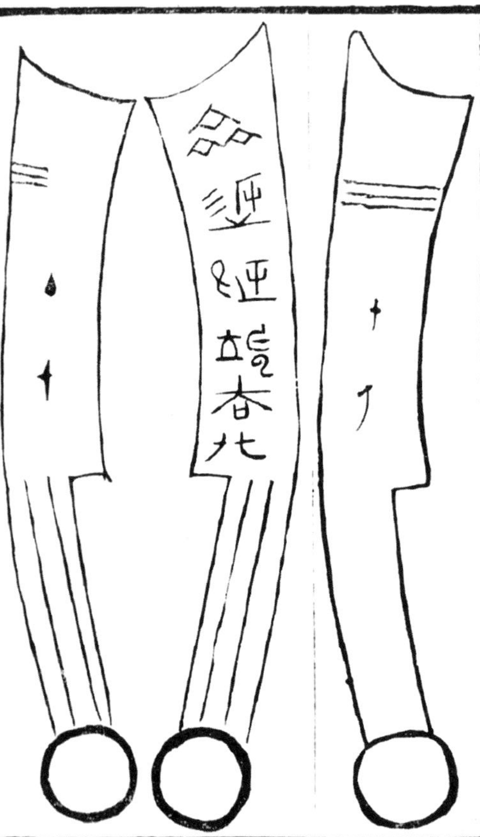

齊建邦就去化背亻　上　齊建邦刀四品面背文俱見前譜

此篆法小異

續泉匯　亨一　三

齊建邦就去化背丨　面文見前譜篆小異背三橫畫下作一

豎畫三橫畫疑非文字或制作如此陳壽卿謂取卜世三十之

義今觀此刀下作一豎連上讀作三十其說近似可以並存

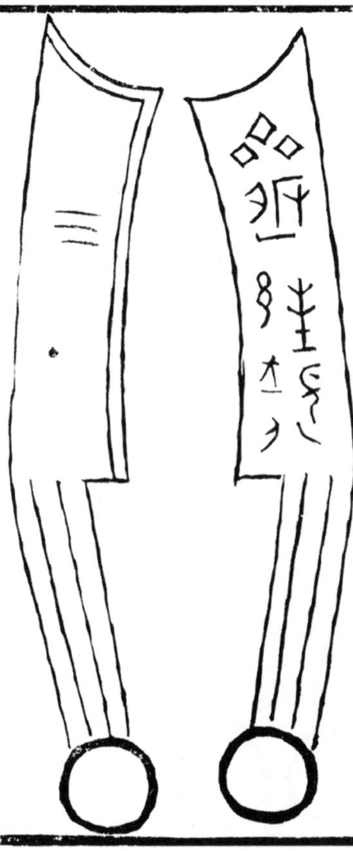

齊建邦就化　此品面文減去法字乃絕無僅有者背三畫同

前陳壽卿所藏

續泉匯　亨一　四

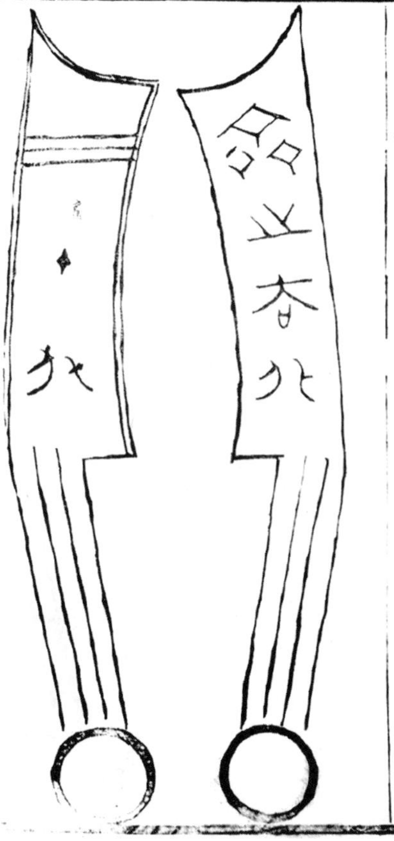

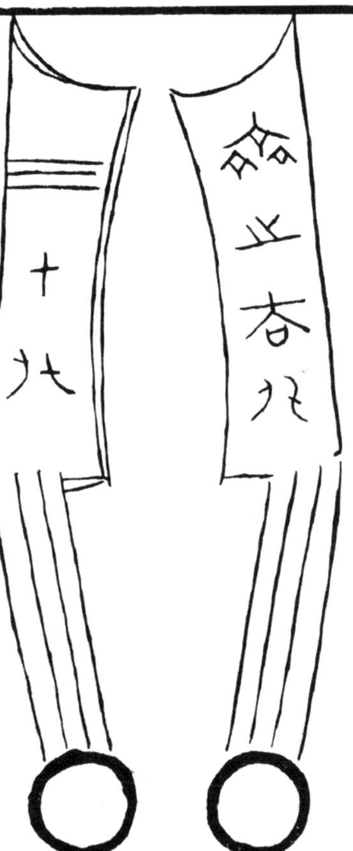

齊之去化背化　二品見前譜此面背兩化字俱小異

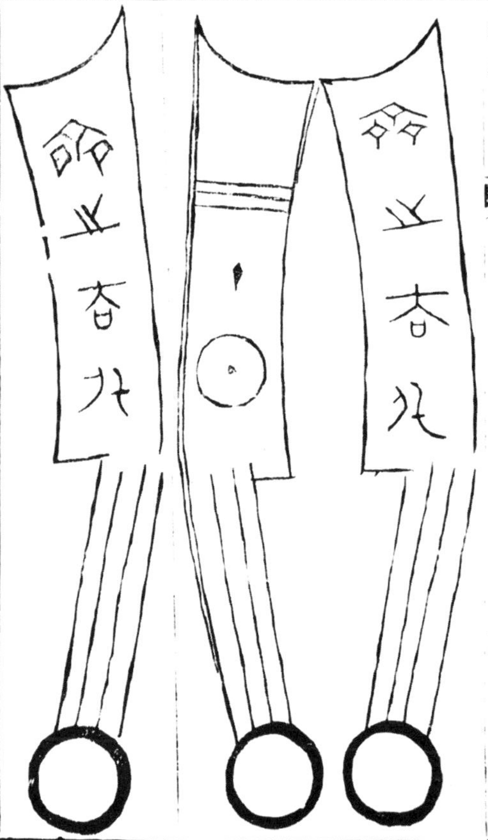

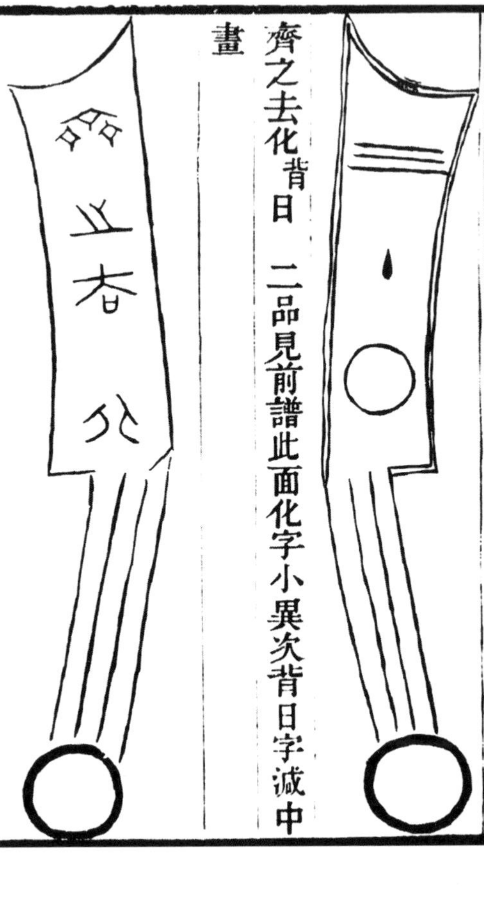

齊之去化背日　二品見前譜此面化字小異次背日字減中畫

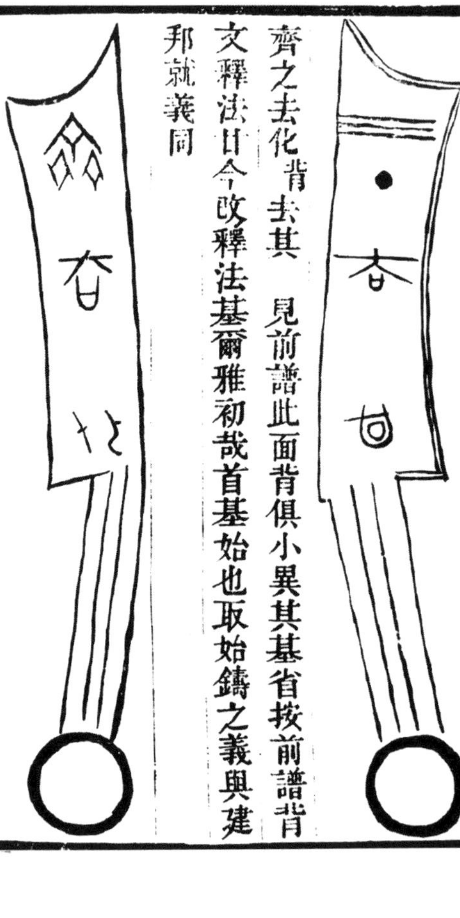

齊之去化背去其　見前譜此面背俱小異其基省按前譜背文釋法廿今改釋法基爾雅初哉首基始也取始鑄之義與建邦就義同

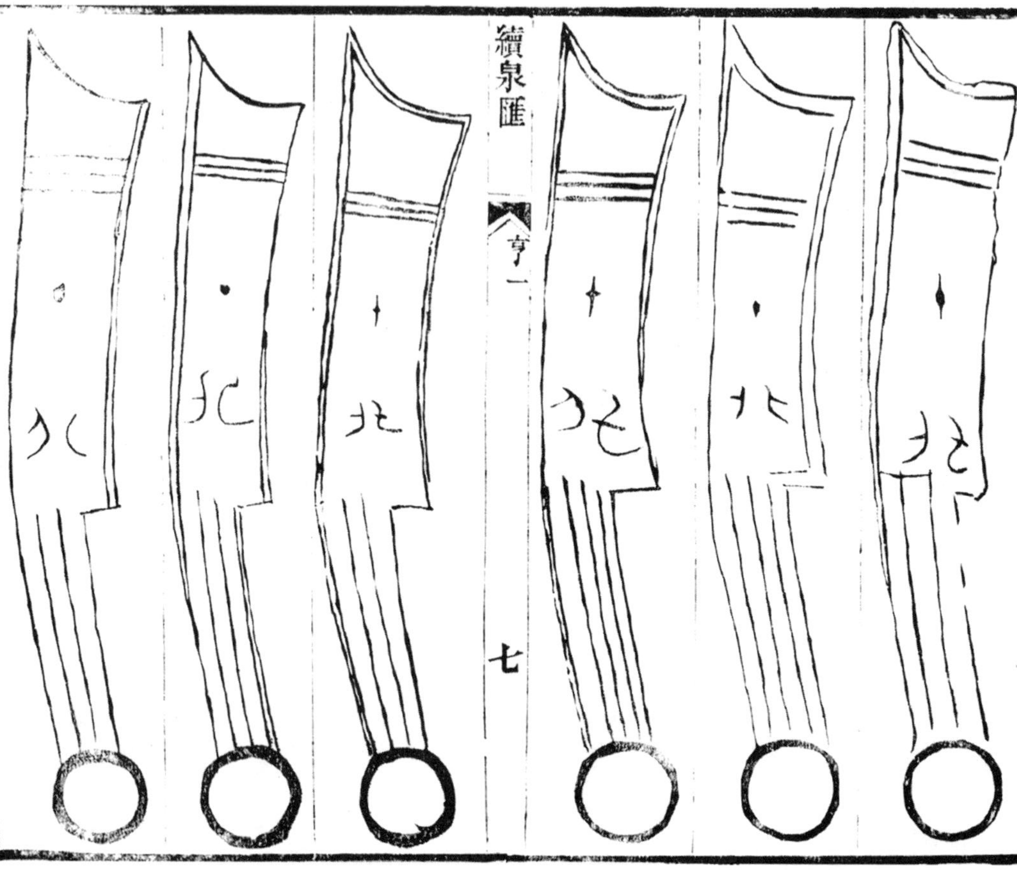

齊去化背化　六品見前譜此背化字各異三四三畫下作十字亦可證三十之說

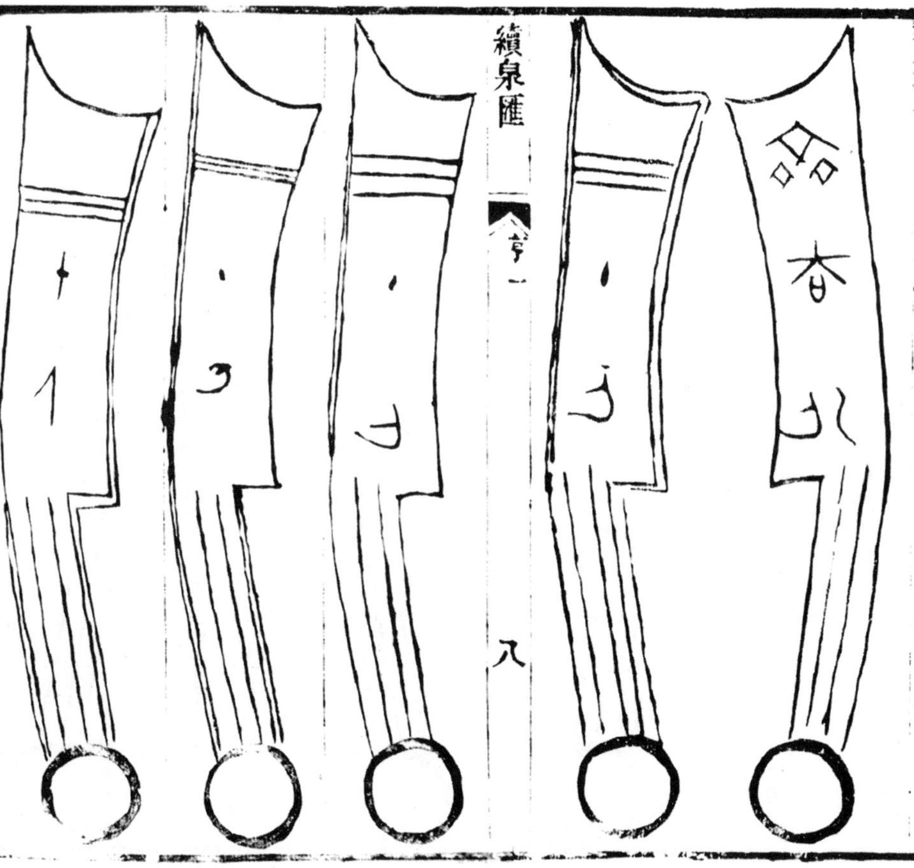

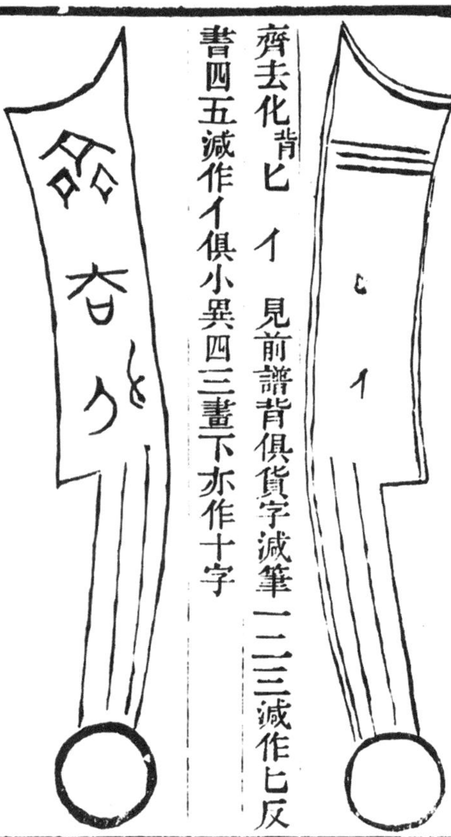

齊厺化背匕　亻　見前譜背俱貨字減筆一二三減作匕反書四五減作亻俱小異四三畫下亦作十字

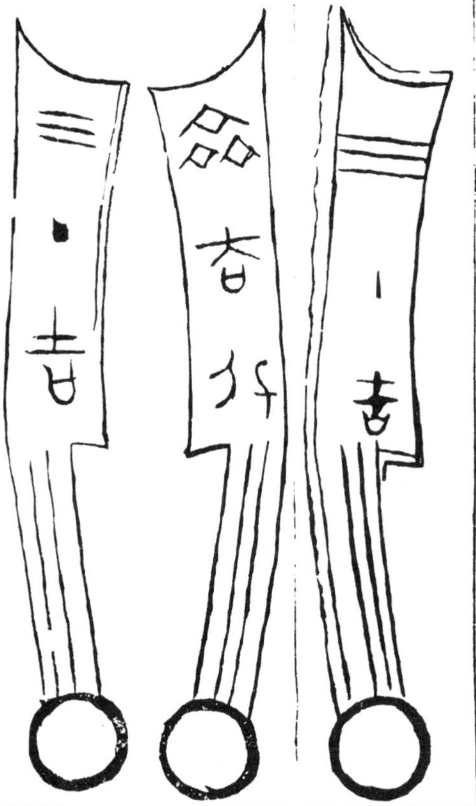

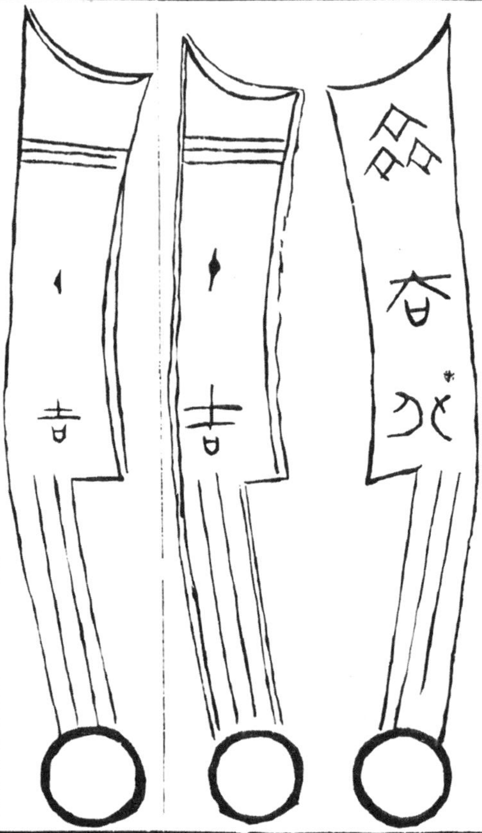

齊厺化背吉　見前譜一二字畫較粗背吉字以次迭大三四五字畫較細背三四以次迭小五吉下口字不完

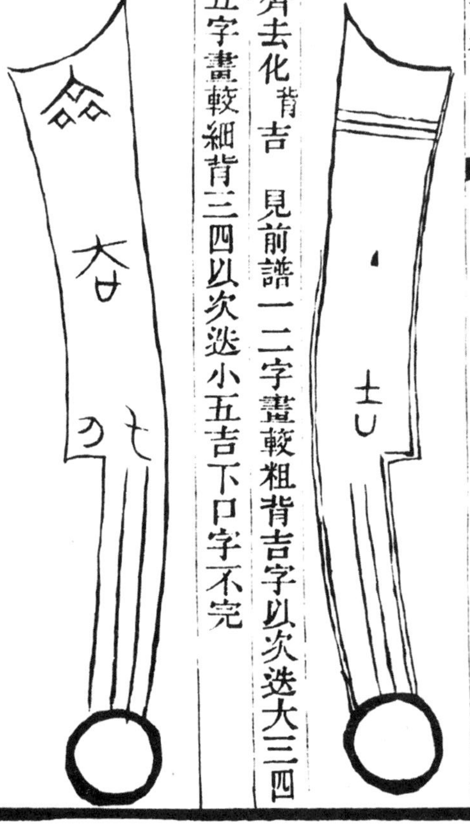

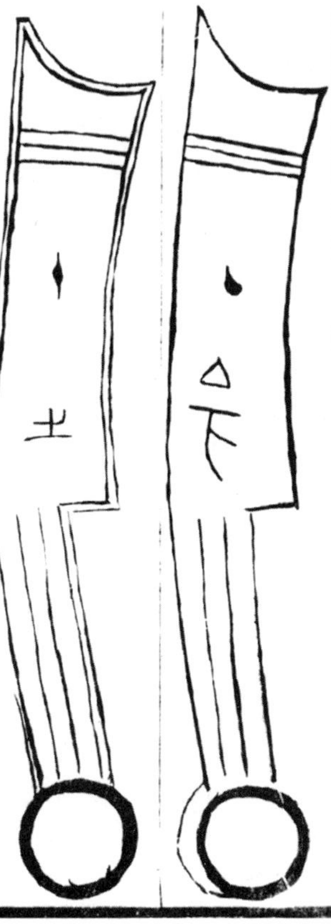

齊去化背易　𡳿　見前譜一背易字傳形爲異次背𡳿字不完

續泉匯　亨一　十一

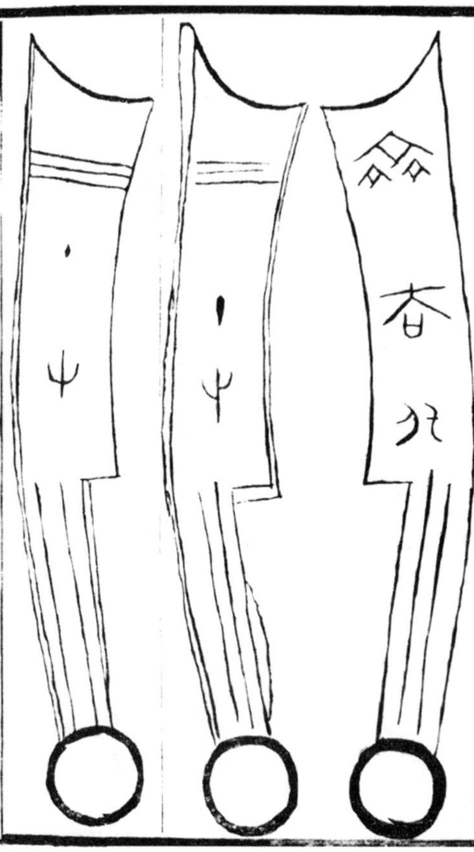

齊去化背中　見前譜此三品背小異一橫畫作兩筆次中畫短三橫畫斷

續泉匯　亨一　十二

齊去化背十　見前譜背㚇六字減筆橫書此向右爲異陳壽卿謂似卜字

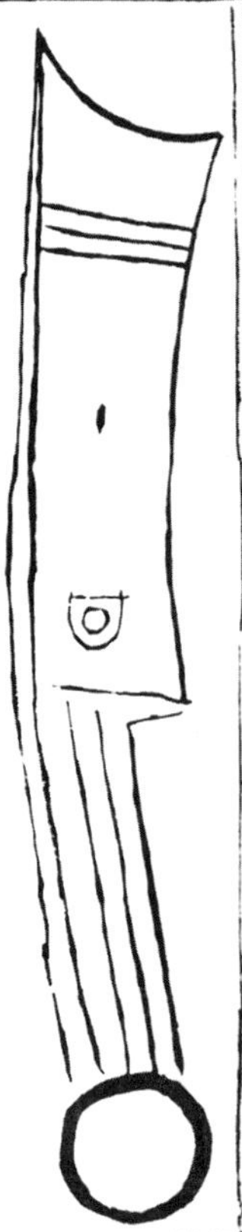

齊去化背其　見前譜背文前釋作廿今改釋基減筆注互見

齊之法化刀背文法基

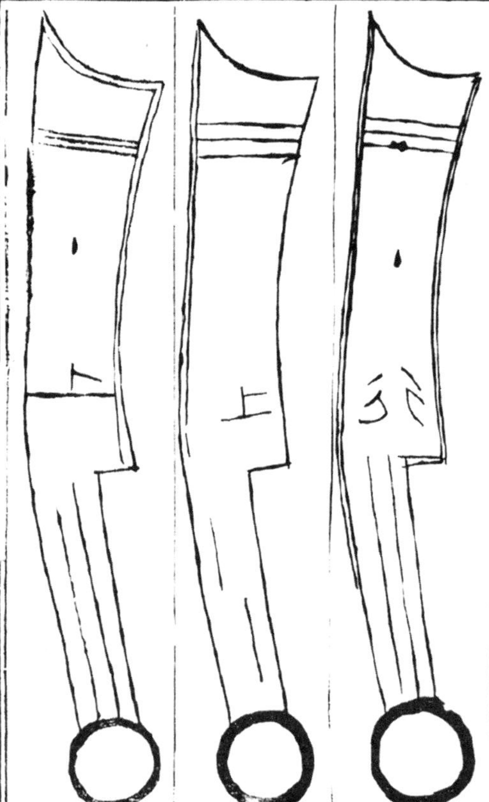

齊去化背行　上　見前譜此背一行字小異二三四俱上字

二小三四上下畫俱斜

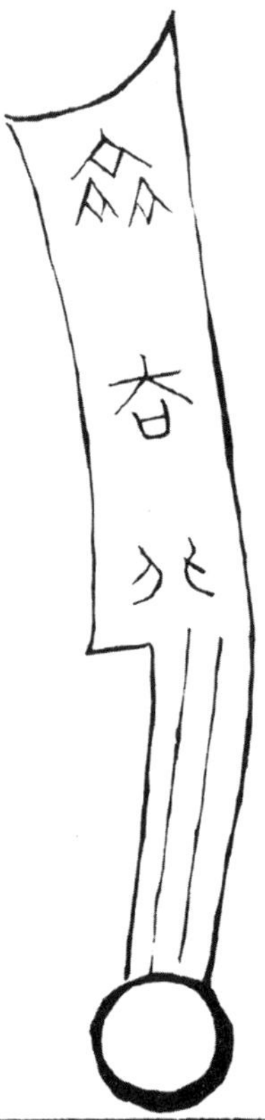

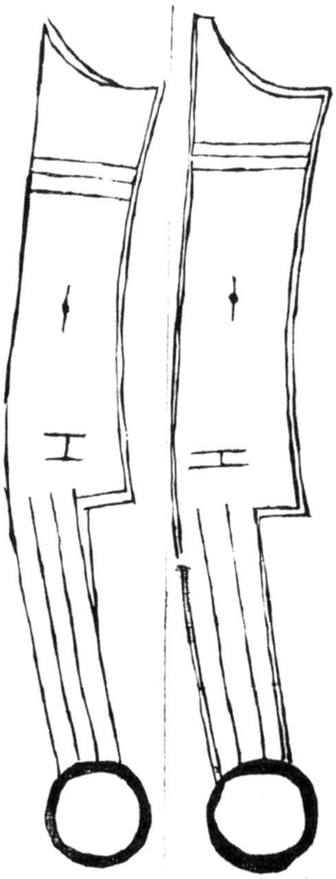

齊去化背工　見前譜一背工字小次工上畫長背三畫下俱

作十字

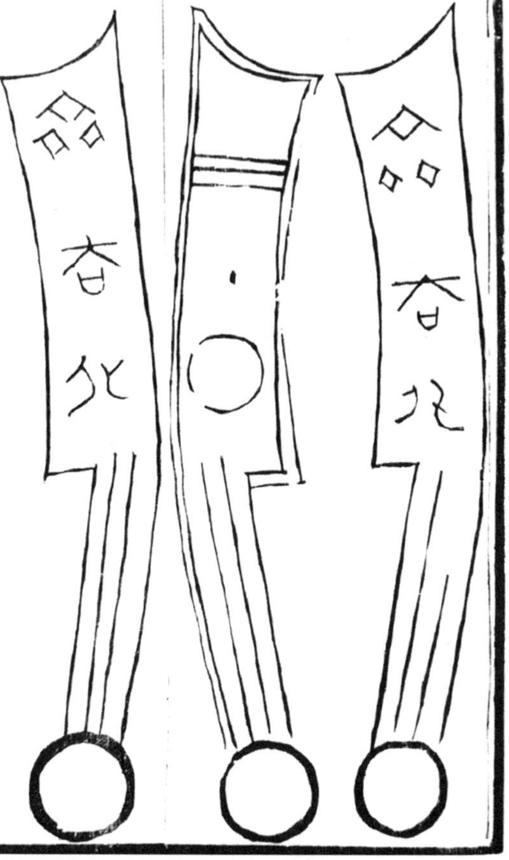

續泉匯 亨一 十五

齊去化背日 土 見前譜此一面齊字異背日字減中畫次背土字較小

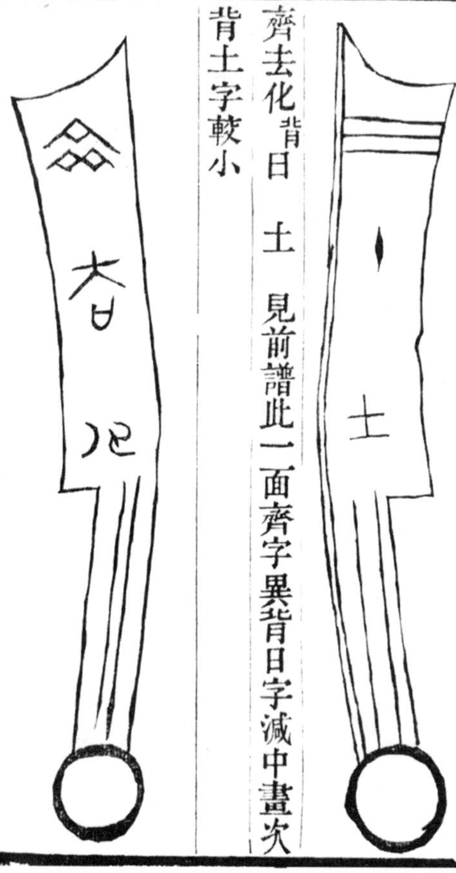

齊去化背正 面文見前譜背文正字僅見

續泉匯 亨一 十六

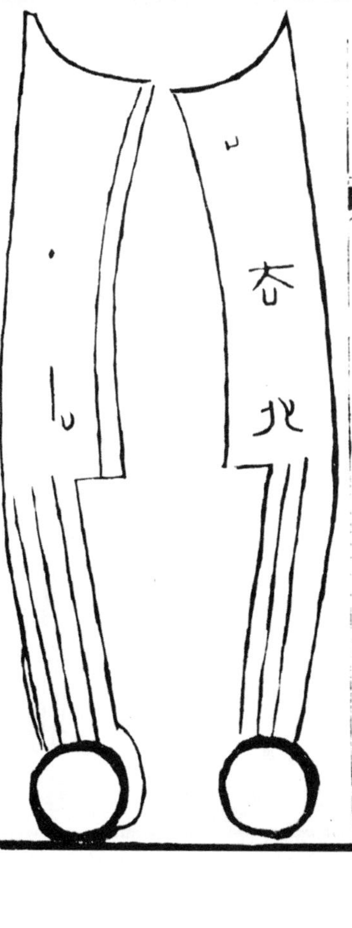

齊去化 面文見前譜此一化字異背文俱不可識

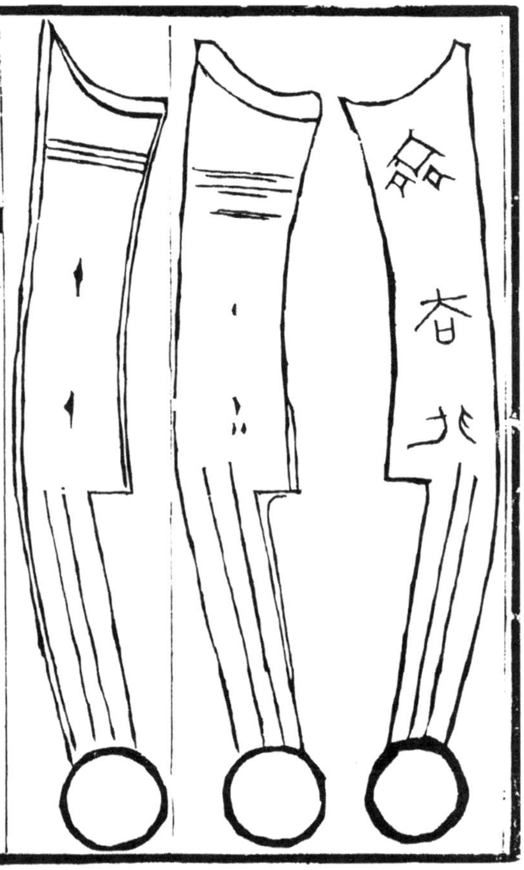

齊去化　面文見前譜背俱不成字

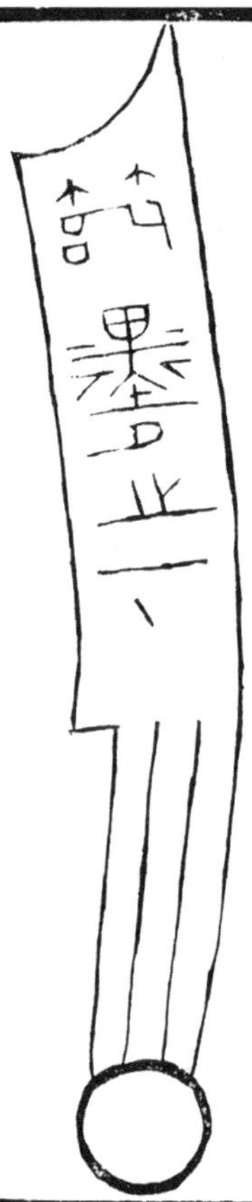

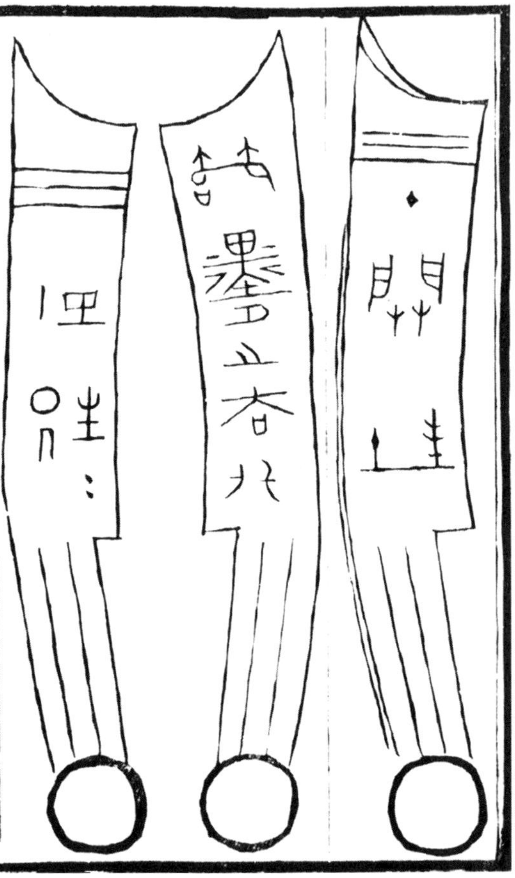

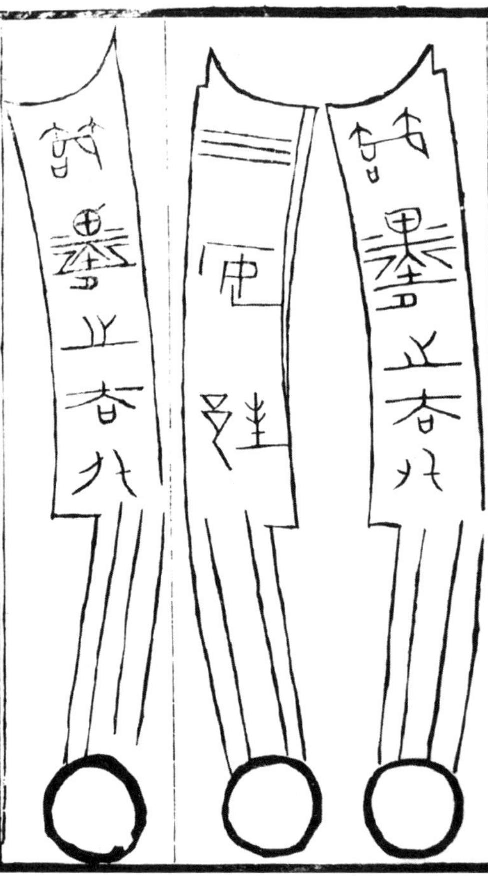

節墨巴之去化背開邦　安邦　見前譜此面文一法字半泐化字全缺二之字有缺筆三上有缺角背文俱小異二安字缺上畫

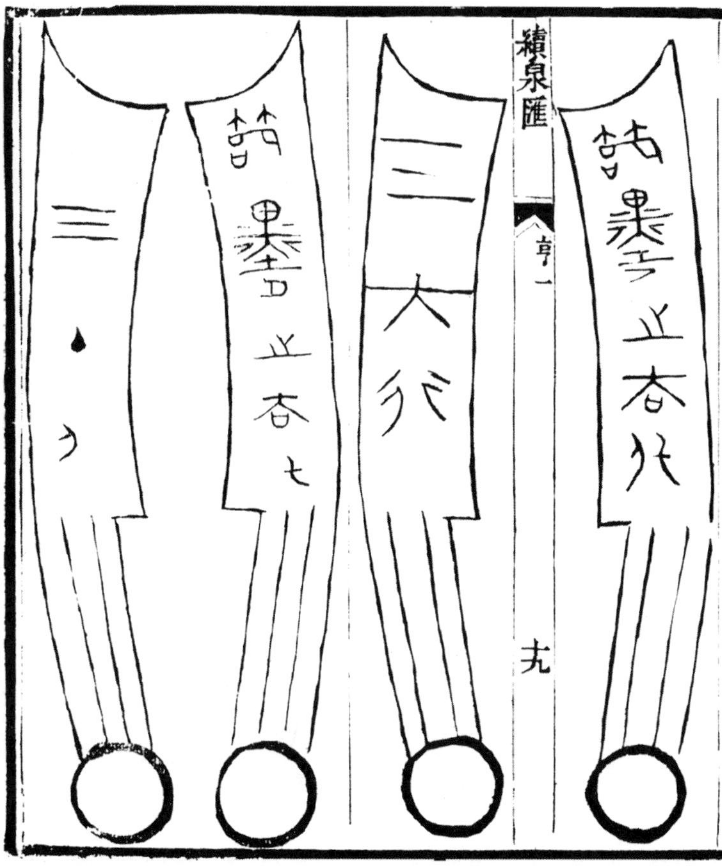

續泉匯　亨一　九

節墨巴之去化背大行　化亻　見前譜此小異二面背化字皆半缺三省作亻

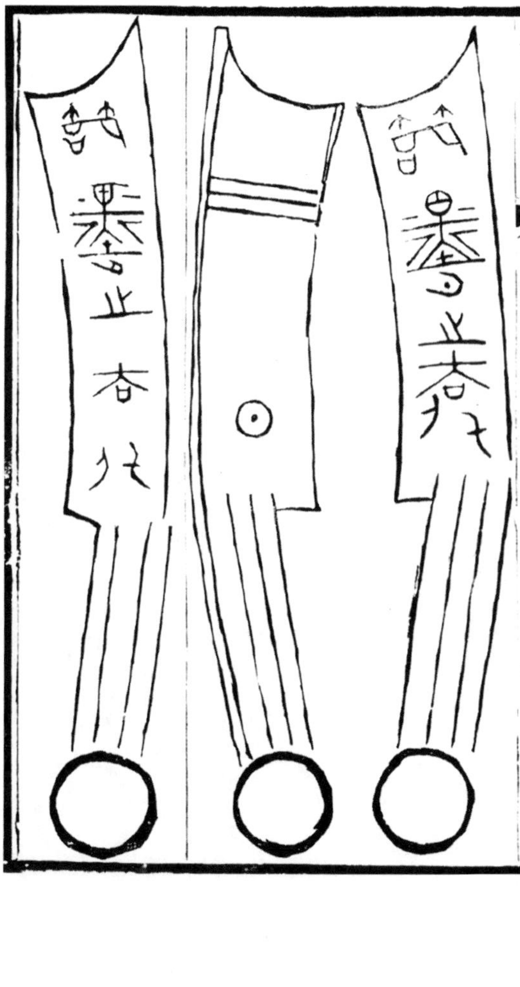

續泉匯　亨一　二十

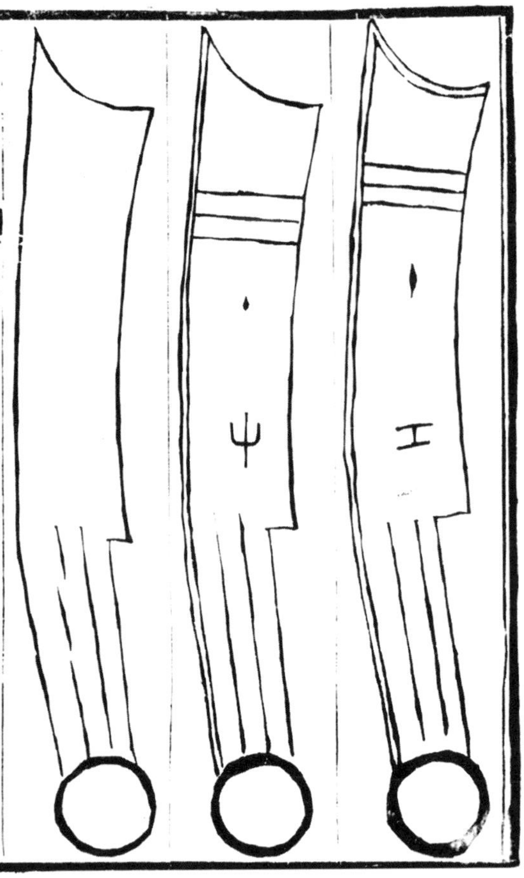

節墨巴之去化背日　工　屮　見前譜面一化字異背一二
三俱小異四無文

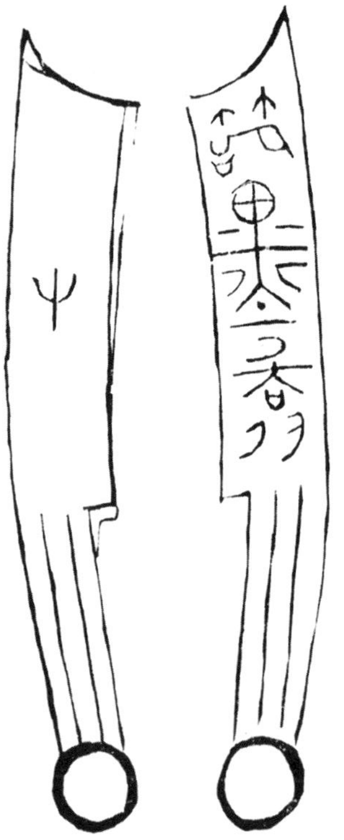

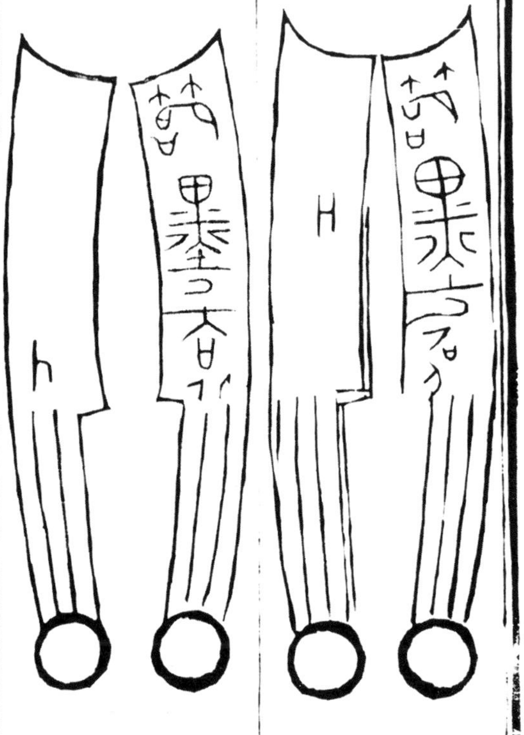

節墨巴去化背屮　工　丁　節墨小刀見前譜此四品面化
字俱異背一屮字二三工字丁字則横書四無文俱前譜所無
按此品小刀罕見

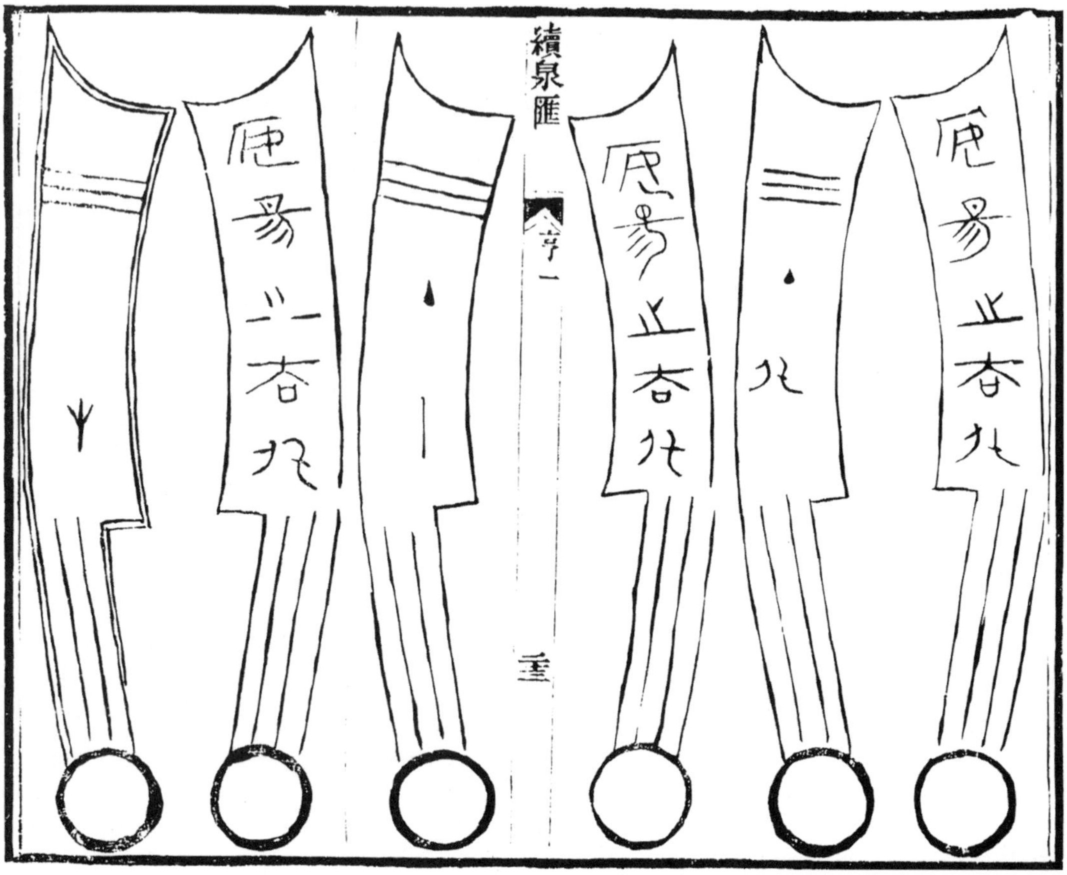

安易之去化背化　丨　屮　見前譜此面易字俱小異三之字泐背一化字三屮字俱小異

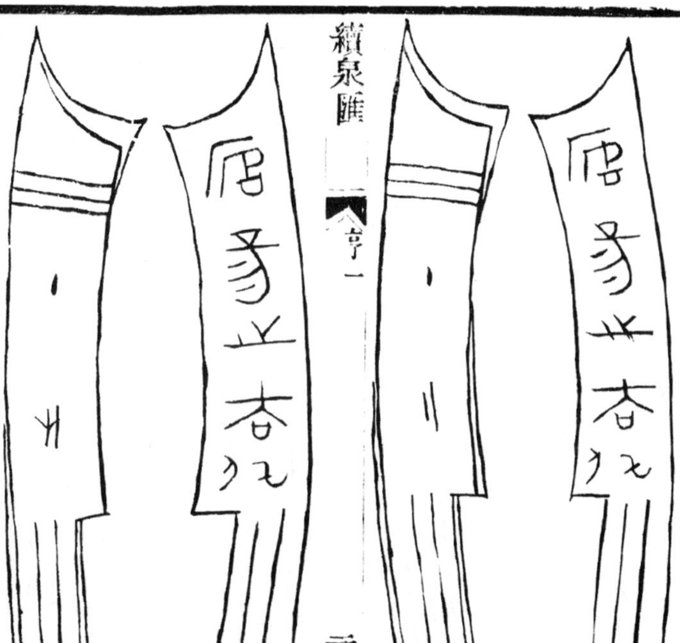

安易之去化背二　土　面文見前譜背二次土俱橫書前譜未見按此種刀與節墨刀齊之法貨刀皆刀頭背緣高於刀柄與齊法貨刀制作微異

續泉匯亨集卷二

明刀

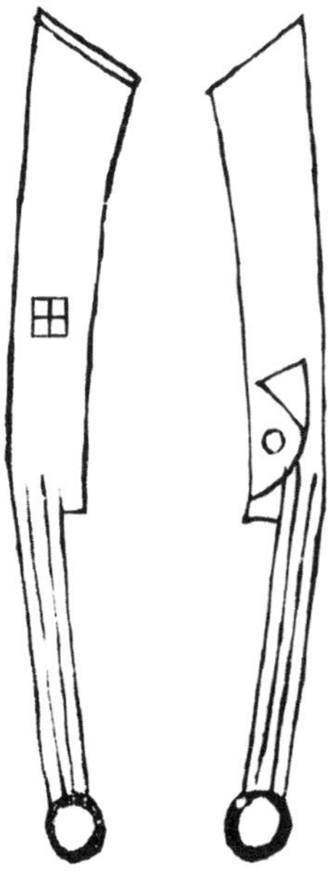

明背田　面文見前譜背文異空首布有田字者與此取義應同此品制尤狹小與諸明刀不類明字作方折尤不數覯

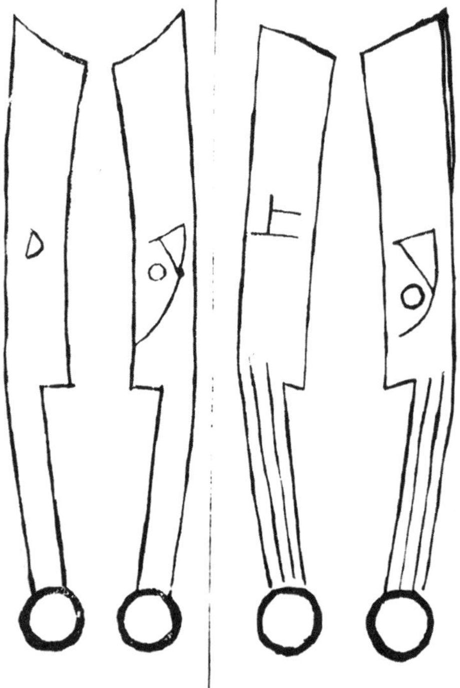

續泉匯亨集卷二

明刀

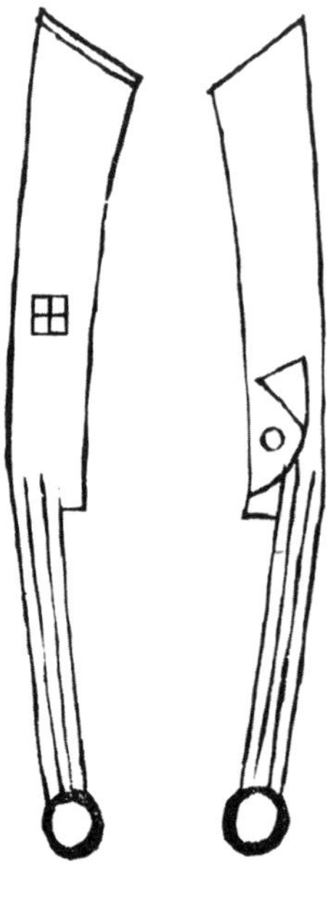

明背田　面文見前譜背文異空首布有田字者與此取義應同此品制尤狹小與諸明刀不類明字作方折尤不數覯

續泉匯　亨二　一

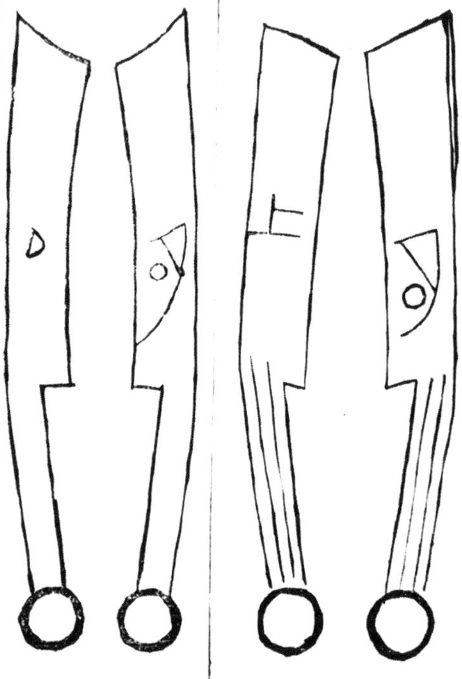

明背上　刀　面文見前譜二品明字亦方折背一上字次似
口字於義無取應是刀字變體與明刀一刀泉可互證

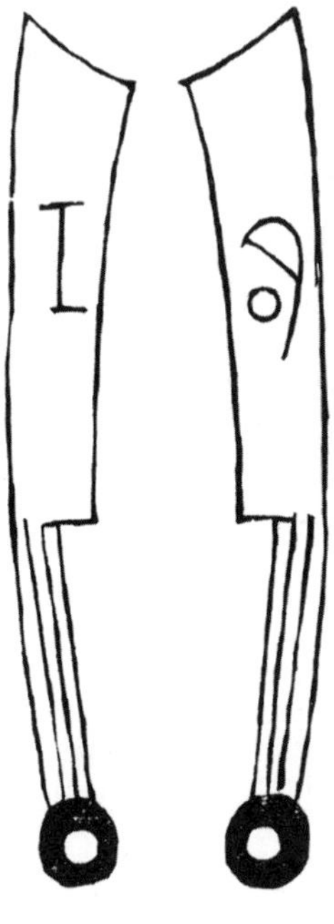

明背工　面文見前譜背工字不完

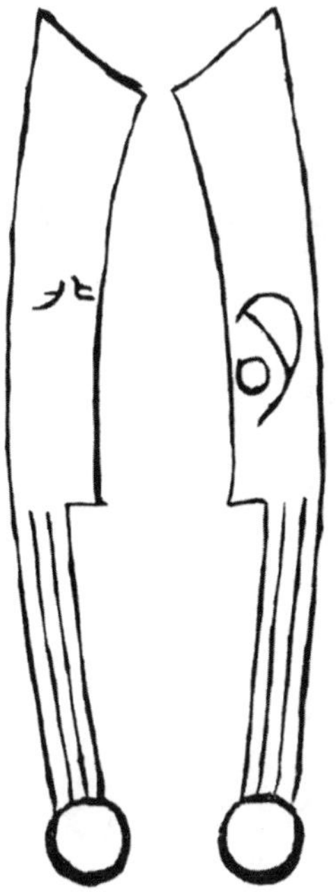

明背化　面文見前譜背化

明背匕　面背俱見前譜此小異以上六品明字俱異此類刀
中之變體也

明背五　見前譜以下面文俱同此背五字較小刀形方折

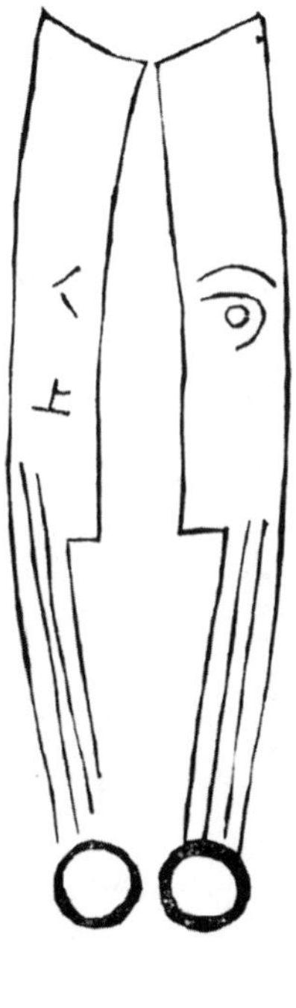

明背上　此上字上有二畫

明背口　背文一似化字横書亦似北字次似行字但多一畫

明背口　背文俱不可識刀形俱方折

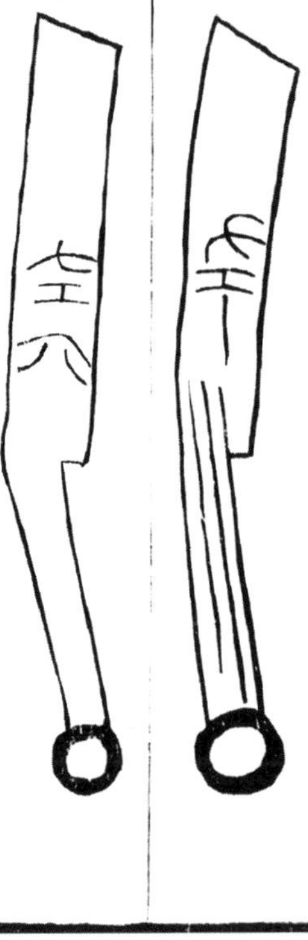

明背左丨　左六　背文紀數篆法異

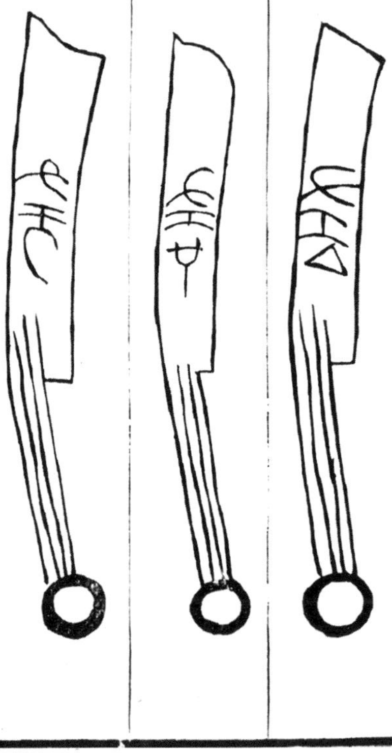

明背左口　左口　背左字下一似口字倒書二三均不可識

三左字下畫長出進下一字尤異明刀背文一字者少兩字者
凡四類惟左右兩類更多

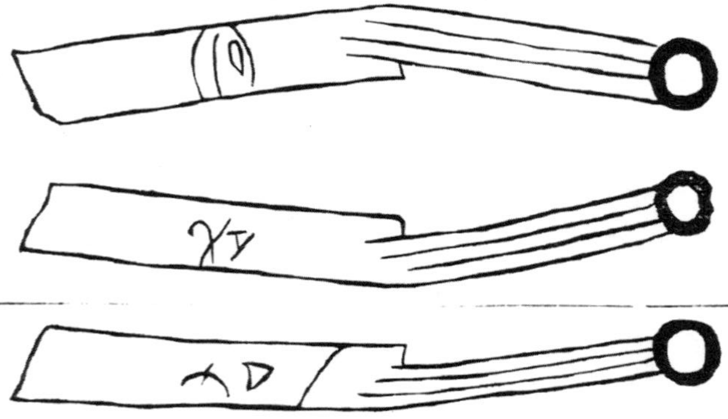

續泉匯　亨二　六

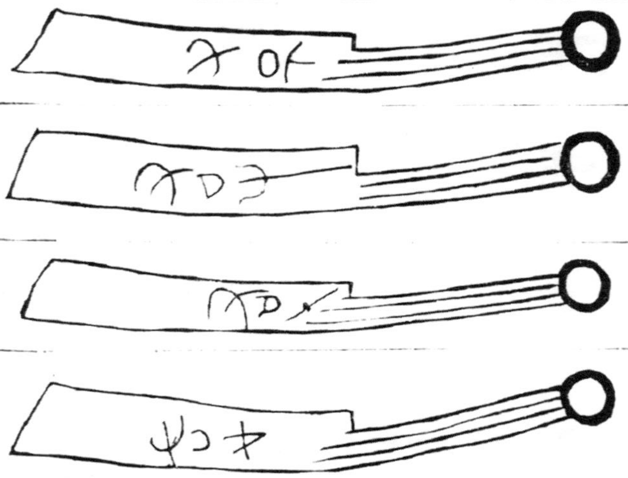

明背右　右一　右六　右九　右十　右廿　背一右字餘
皆紀數篆法小異

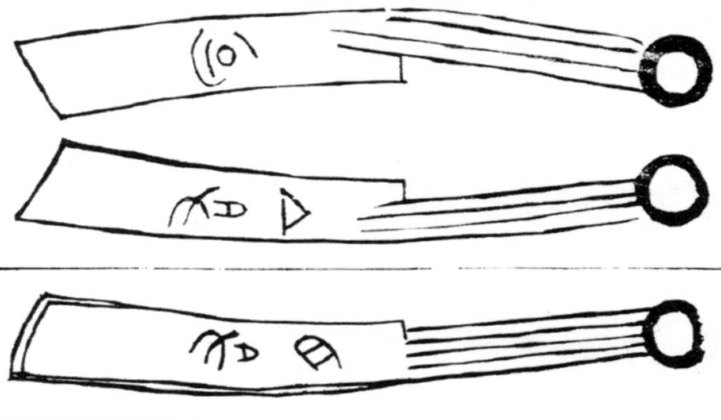

續泉匯　亨二　七

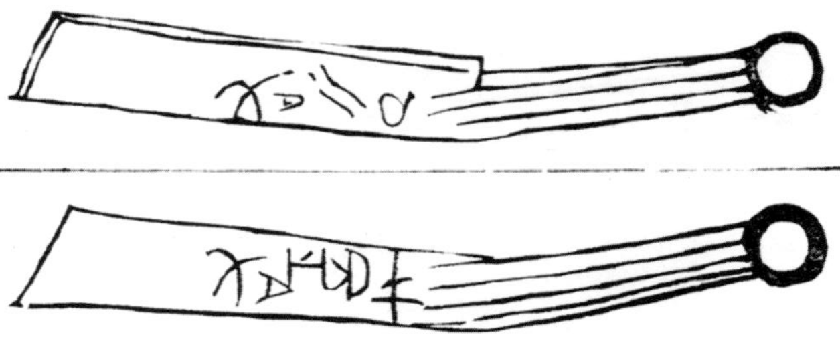

明背右口　右月　右二口　右口廿　背一右口見前譜此
小異二右月三亦似右口而中多二斜畫四右下字不可識未
係廿字紀數

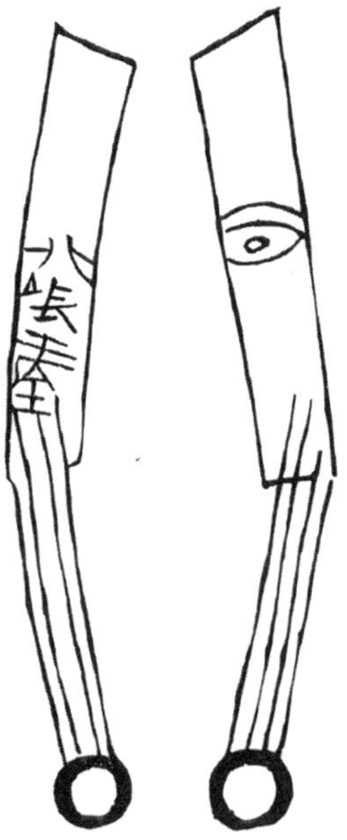

明背外口　背外字下文不可識

明背外口　五品俱同前但傳形爲異此種刀前譜所載不少惟傳形者罕見王廉生所收獨多選數品補之

明背口十　口卅　二品與前品相近亦多不可識次已折

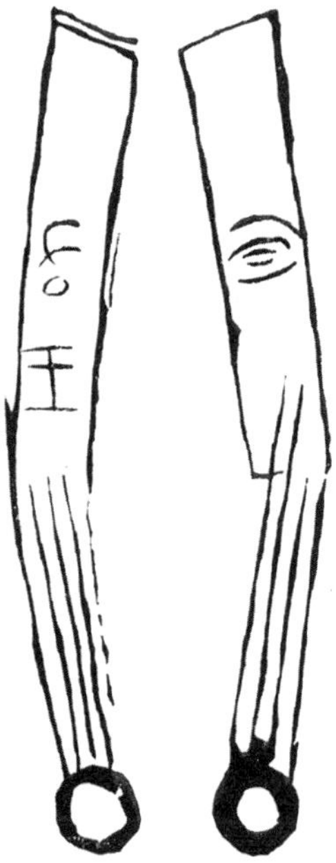

明背口王　背口王以上數品亦廉生藏

明背口　背小異俱不可識

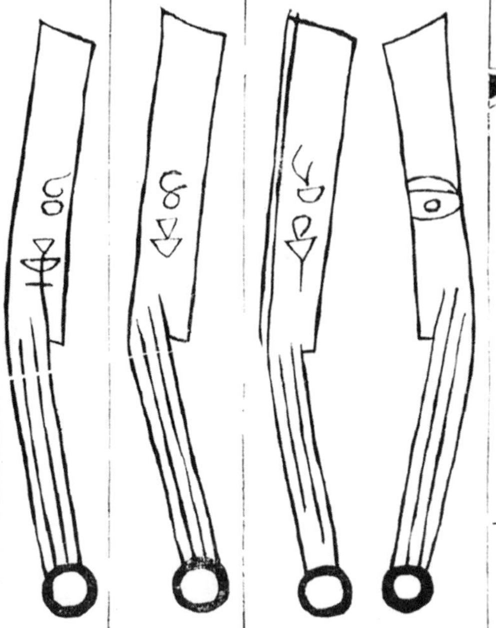

明背口邑　背口邑篆法小異

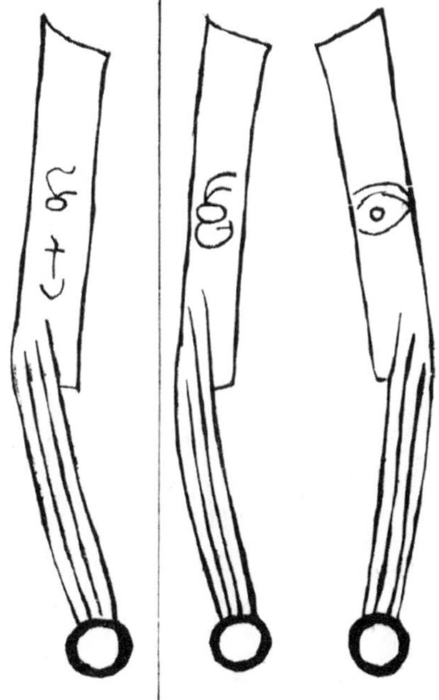

明背口口　背文俱不可識子年所藏明刀尚多背文不及備

摹矣

續泉匯亨集卷三
列國刀 尖首類

六 六字在背向上書見前譜此稍異

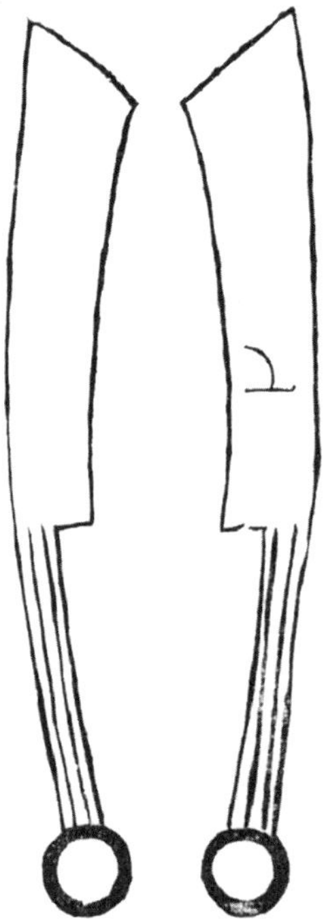

丁 丁字倒書兼反書見前譜此在面爲異

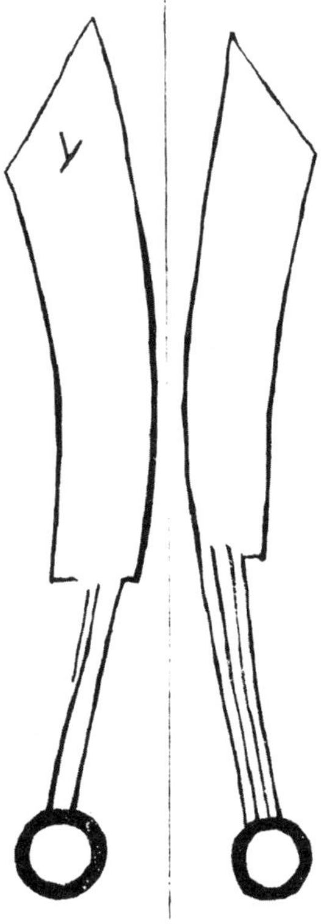

匕 亻 貨省作匕亻俱見前譜一正書在面一在上爲異

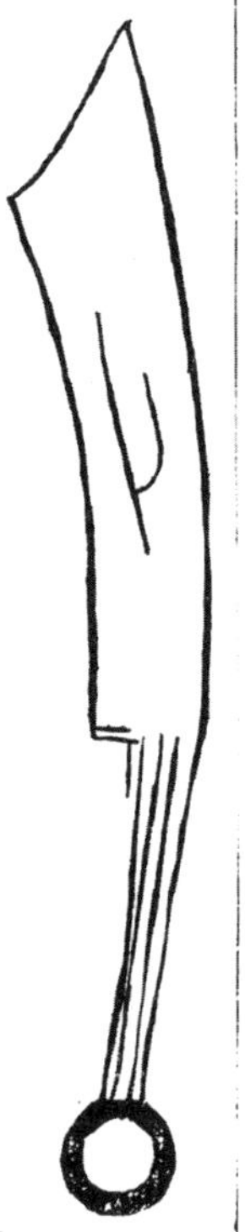

此字在面亦似匕亻之減筆

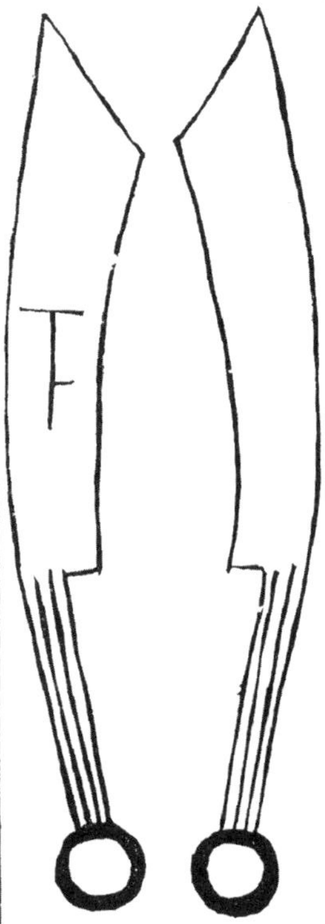

下　字在背見前譜此小異

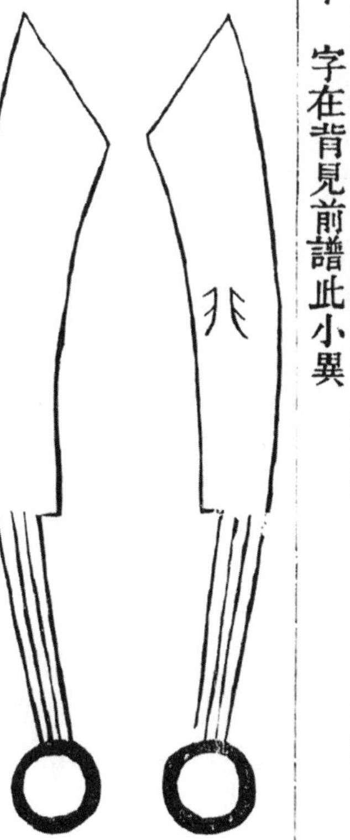

非　字在面見前譜此正書爲異

續泉匯　亨二　三

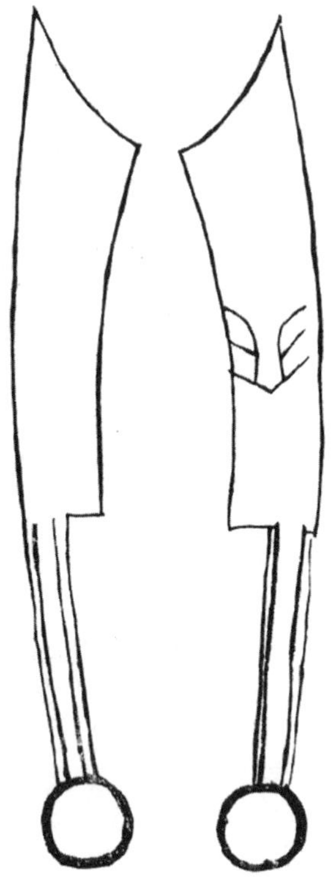

乘　與前非字同此倒書而上畫連亦幼雲所藏釋爲乘字注

互見空首乘字布

土　法字減作大見前譜此在背之上爲異

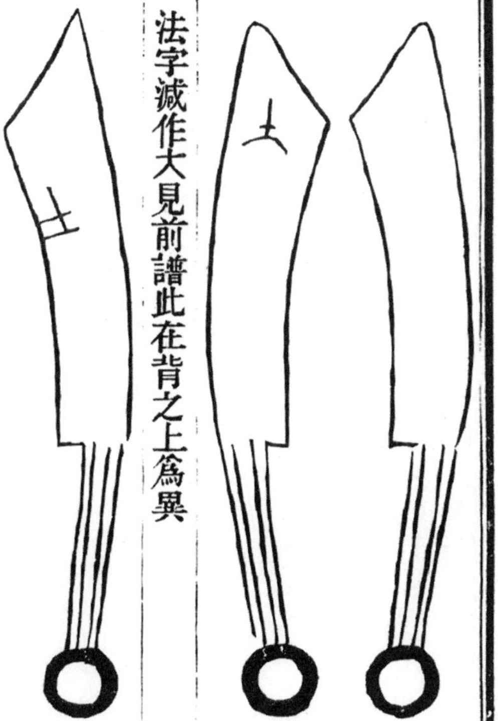

續泉匯　亨二　四

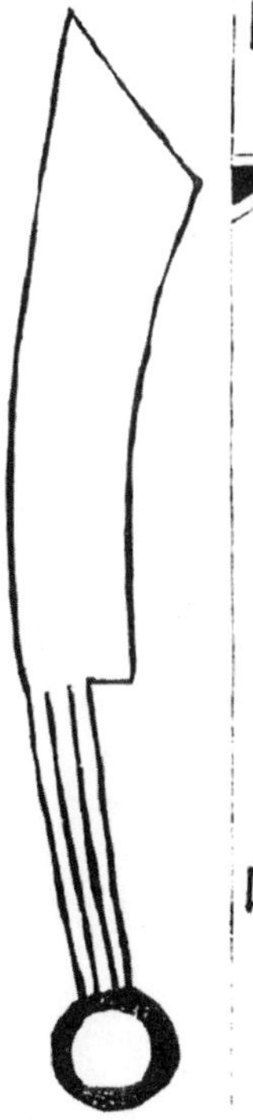

土　字在面見前譜此小異

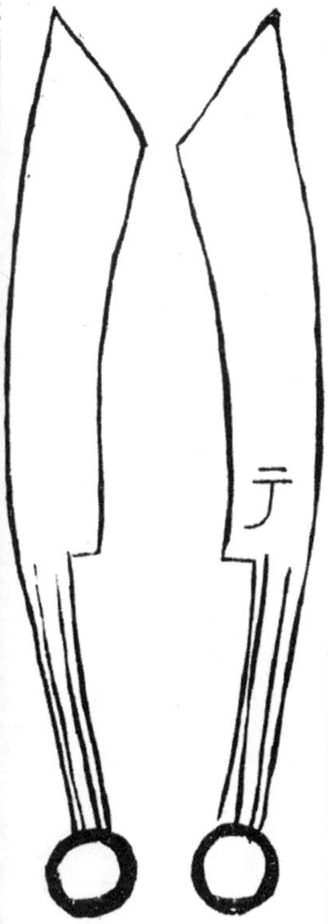

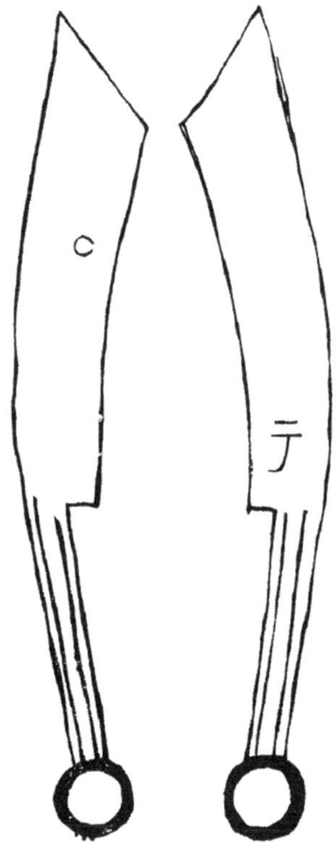

于　于字在面而中畫短注互見前譜空首于字布次

背日　面文同上背疑日字減筆

日　面文似象形之城然中多一點自非城字或日字減筆

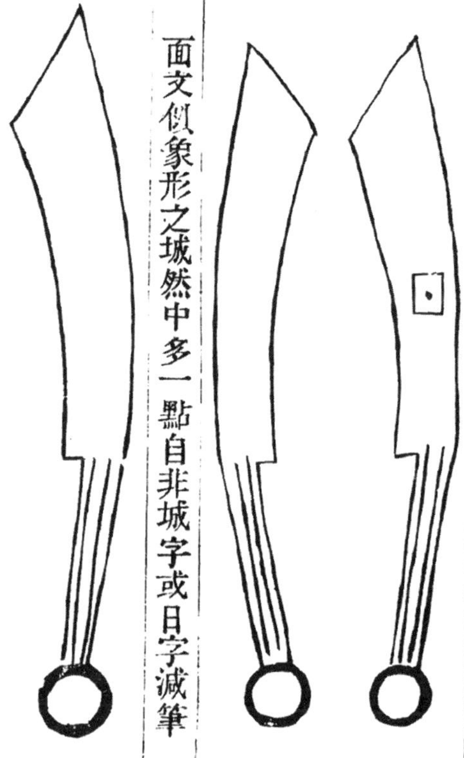

見前譜字疑一萬兩字此反書爲異

第一字見前譜此小異第二字作一曲畫俱在面不可識

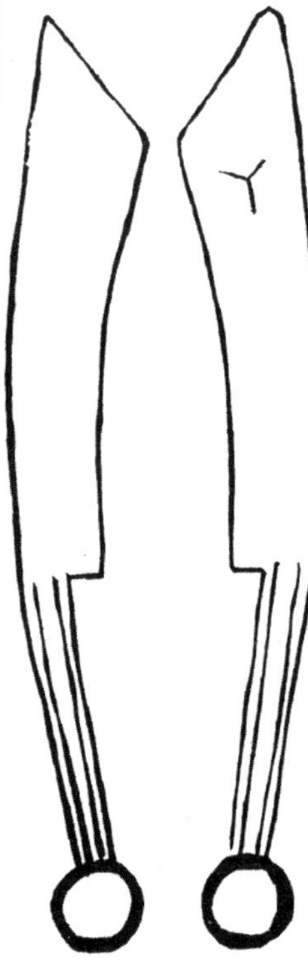

二品字不可識一在面二合背缺環按合背同文之泉漢以後圜法多有之刀布無有也惟前譜乘邑布及此刀各一見皆絕無僅有之泉

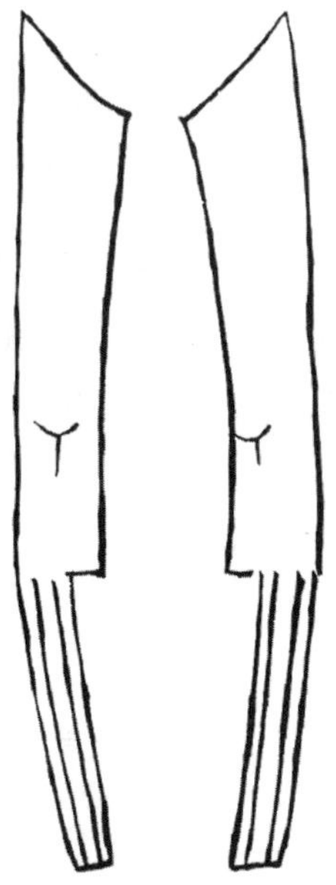

二品字俱在面不可識

列國刀異品類

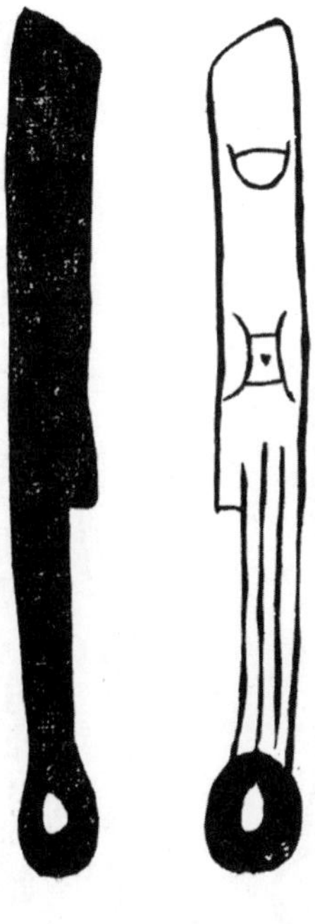

甘丹　面文見前譜此丹字內亦有一點可證其非井字此類刀背俱有外郭此背平爲異

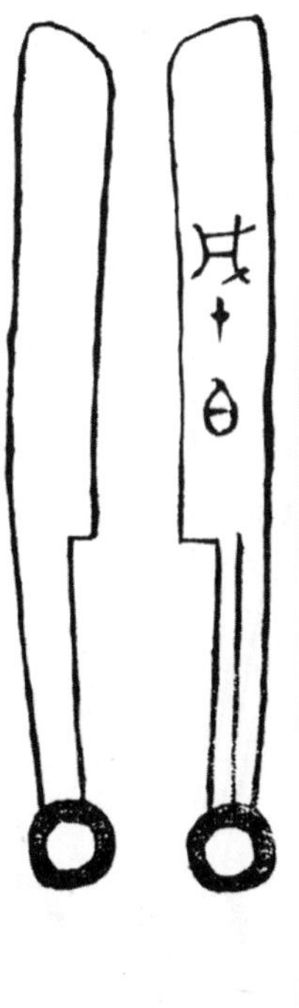

成白　郕伯滅筆見前譜此成字異

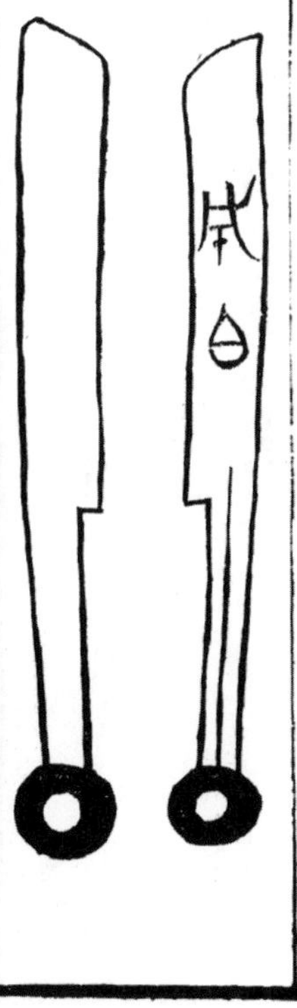

成白　見前譜此品成字亦異

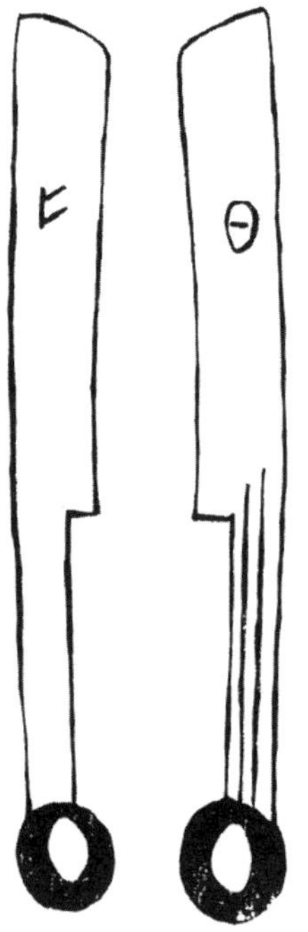

白背卜　此亦白化刀而化字全泐背卜與尖首刀同

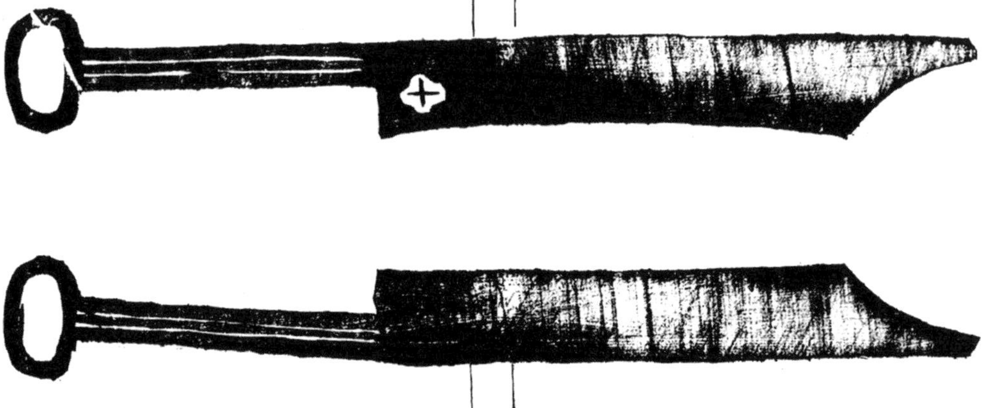

此品形製極大不審其究是泉否因背下有十字與尖首刀相類姑附於末　子年云環肩似削

續泉匯利集卷一

歙鮑康子年
利津李佐賢竹朋　同編

周

寶化錢見前譜此寶字篆法離奇化字有缺筆次較常品微大而小於三化有外郭與三六化同異品也陳壽卿所藏

寶四化亦見前譜此寶字小異次三字缺筆

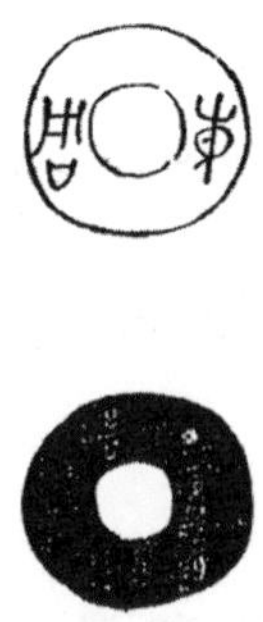

東周錢見前譜此兩字皆有缺筆字畫亦細

共屯赤金錢見前譜此製較小內外無郭背平與前譜同而共字似分作兩字屯字缺筆爲異

明刀錢見前譜此缺筆似兩刀字或謂圜法不應以刀名當釋作明化然安知非去刀爲圜法之時改其形仍其名歟

一刀錢見前譜此面無郭爲異

半圜錢見前譜係吳子苾舊藏睘字有缺筆故釋爲員借逼睘子年新獲此品睘字顯然無須借逼員字其爲圜字減筆無疑

西漢

高后八銖錢文曰兩兩係工人之誤仍半兩之別品也

文帝半兩見前譜此穿上二直畫次穿下一直畫二斜畫三穿下廿一皆紀數

半兩傳形見前譜三品微異大於榆莢錢薄小於四銖錢次三穿孔尤大面背無郭仍係文帝時所鑄

亦半兩傳形同前而製如常品兩字作㒳異

鐵半兩舊譜無徵製與文帝錢同觀此知鐵錢又不始於公孫述矣

武帝三銖錢見前譜此穿下有三直畫異

武帝有郭半兩二字皆有缺筆

新王莽

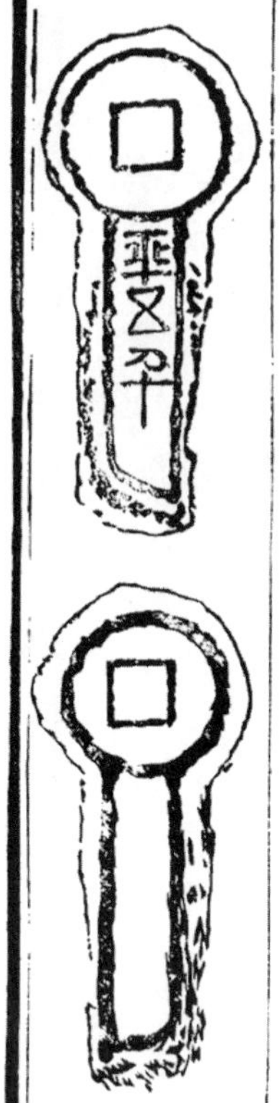

金錯刀見前譜此未錯金未翦邊俗呼刀胚道光末年秦中忽出土百餘率爲子年及劉燕庭收去

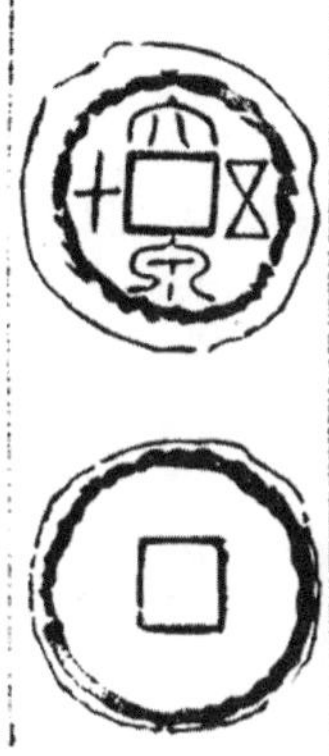

大泉五十見前譜此亦未翦邊者

大泉五十四字俱左旋讀

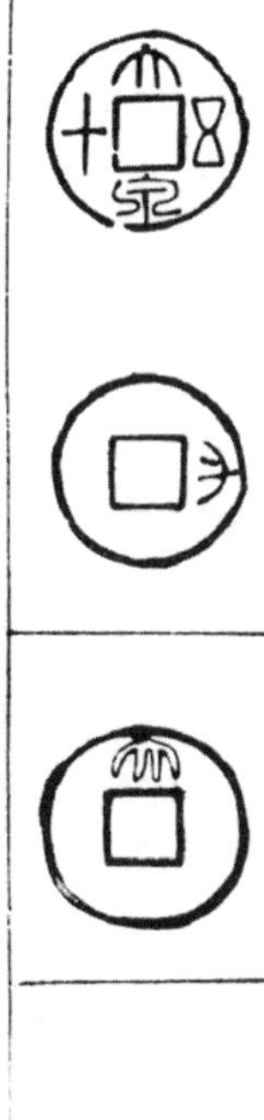

大泉背右有大字向左書次上有凹文大字

大泉傳形四角四星

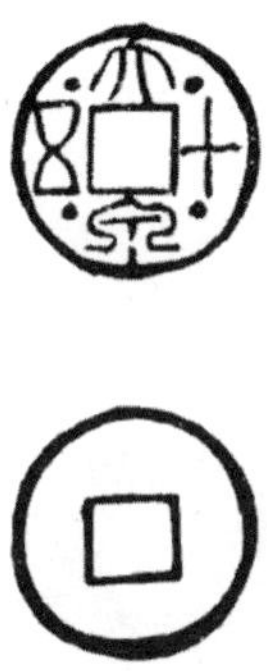

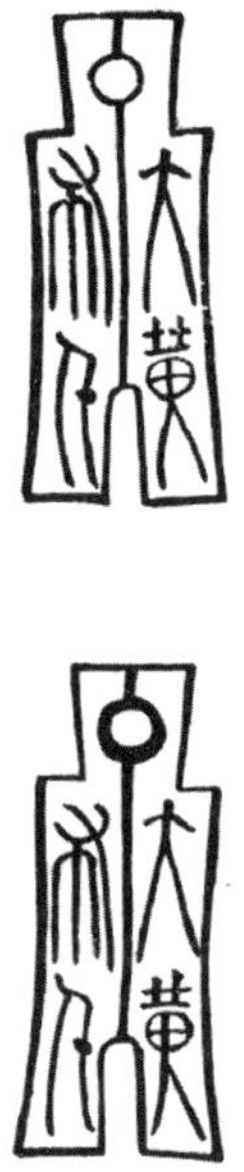

大布見前譜合背同文者僅見此

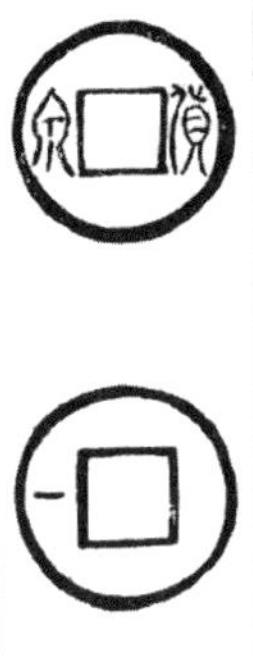

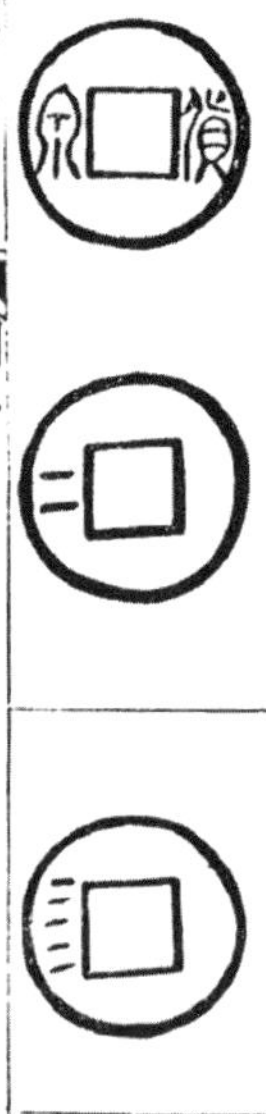

厚貨泉一二一背左一二字三背左五畫四五背上入左入以次

迭大按紀數貨泉子年在秦得十餘種分贈劉燕庭詳見前譜

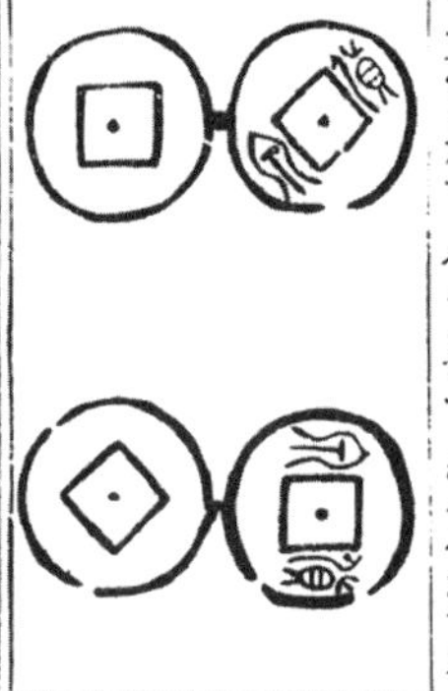

貨泉出範未翦斷者見前譜此合背同文製亦小

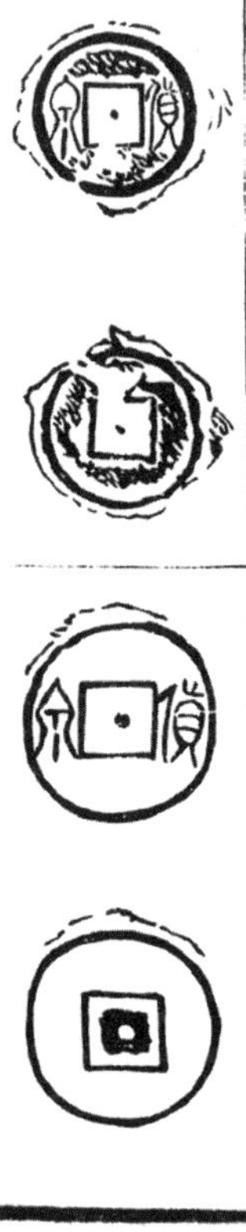

貨泉未穿孔未翦邊者次尤厚大

貨泉面上下各七星背下亦七星

貨泉傳形見前譜此無好郭異

大貨泉見前譜此面無內郭外郭三重背有內郭外郭重輪

泉泉即貨泉之別品見前譜此泉字異亦似貨貨

鐵貨泉見前譜字不晰此子年所藏筆畫獨淸

續泉匯　利一　八

鉛貨泉按莽泉有金錯刀及銅鐵鉛泉惟少銀質幾於五金俱
備矣

東漢

靈帝五銖背文四出見前譜此銖旁从金類三銖錢背有四星
異

蜀漢

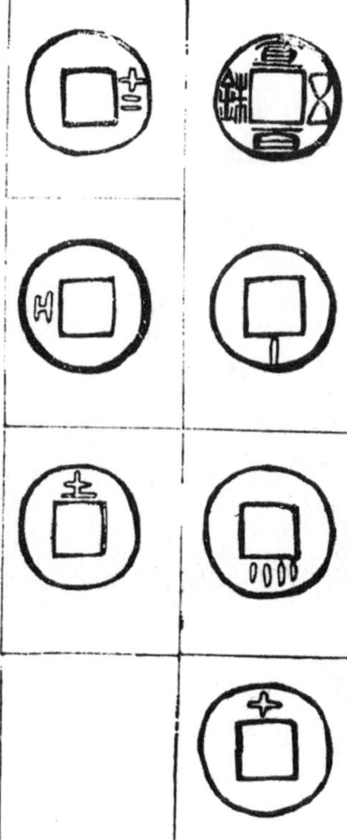

直百五銖見前譜此一背下一豎畫二背下四豎畫三背上十
四背右十二皆紀數五背左工字橫書六背上土字或郎十一
俱凹文按直百五銖往往背有凹文當係各鑪私記

續泉匯　利一　九

宋

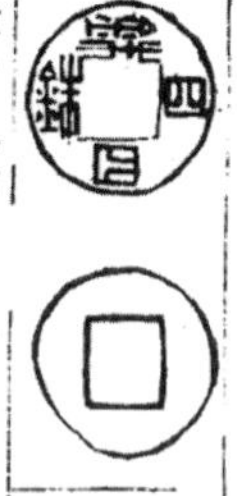

上下複書四銖見前譜此複書向左以下孝建四銖俱見前譜

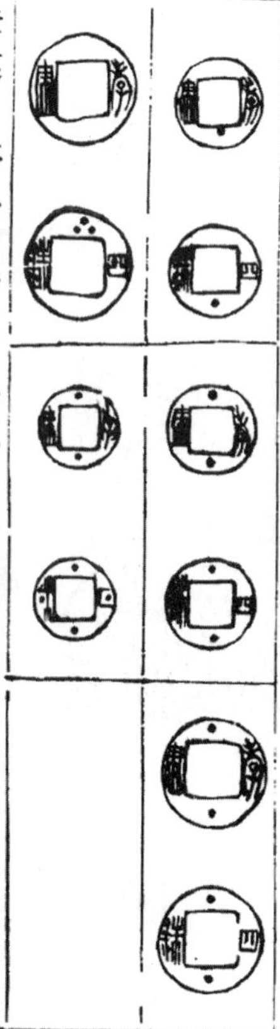

孝建四銖五品俱向下書一面背穿下各一星二三穿上下各

二星四背上三星五面背各四星左右星加字上字不完

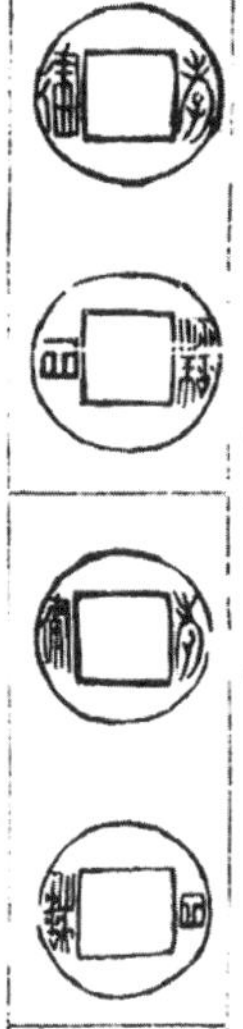

二品一面正背倒書二背倒書並傳形

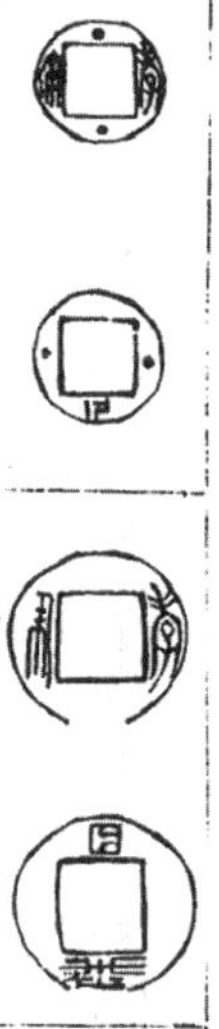

一四向左銖字缺面上下背左右四星製小次四向左銖向右

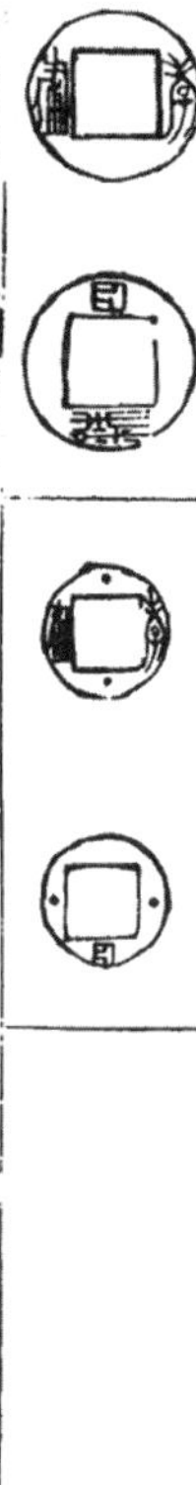

二品四銖俱向右次銖字缺面上下背左右四星製小

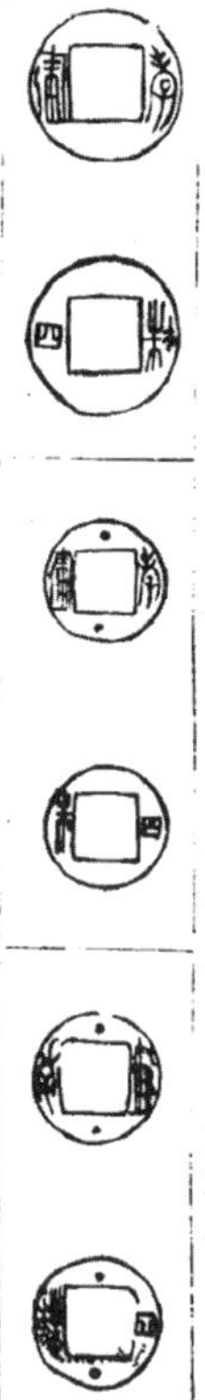

一背四正銖倒書次面背正書銖作朱面上下二星三面正背倒書俱傳形面背上下各二星

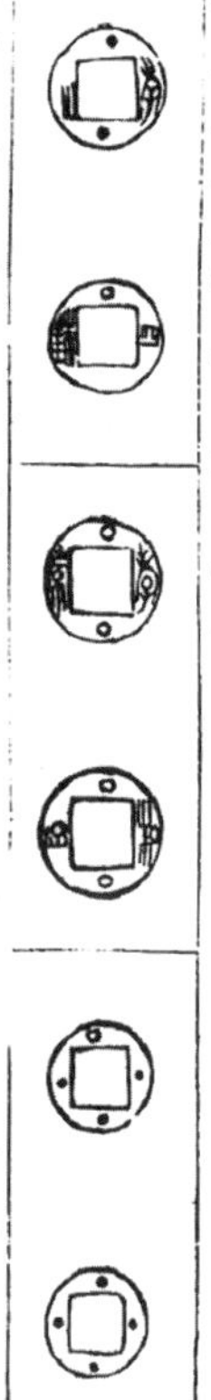

一面上下二星背上一○次面正背倒書上下左右各四○○加字上三面上一○下及左右三星背上下左右四星字夷漫

三品俱孝建合背一製微大次背缺建字面背上下左右各四星星加字上三兼傳形按孝建四銖昔年頗罕道光廿餘年毘陵出土若干此泉遂多盡爲呂堯仙所得此廿一品乃前譜所遺今按堯仙拓本摹入以補未備泉史有鐵四銖今未見

梁

五銖見前譜此五字中二畫似白錢背四決文類漢靈帝錢而面背肉好周郭自屬梁制

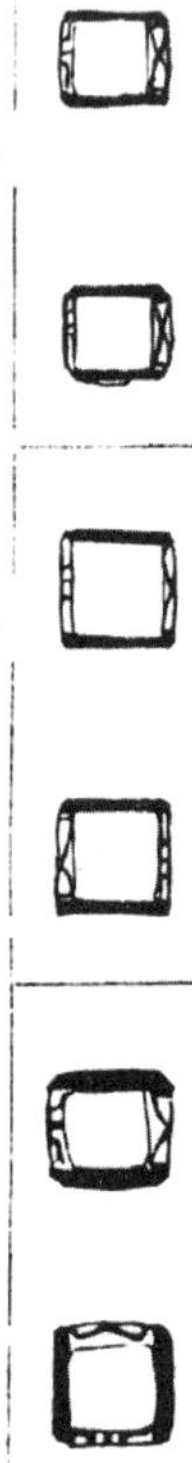

五朱對文大小三品內外俱方爲異係鑿五銖所成一五字餘半次所餘無幾背文左讀三背文橫置上下按環鑿錢一分爲二內外皆圓形當係以圓鑿鑿成此則以方鑿鑿成者近於濰縣市上得之乃對文之別品也錢方者惟仙臺通寶中國所無僅見此

五朱見前譜此朱旁多一豎畫異

後周

永通萬國見前譜此鎏金異按五銖開元俱有鎏金者不備載

隋

白錢見前譜五字中二畫直此畫曲不類隋製然外緣澗五字

一邊有郭與他五銖異自係白錢別品

五銖別品

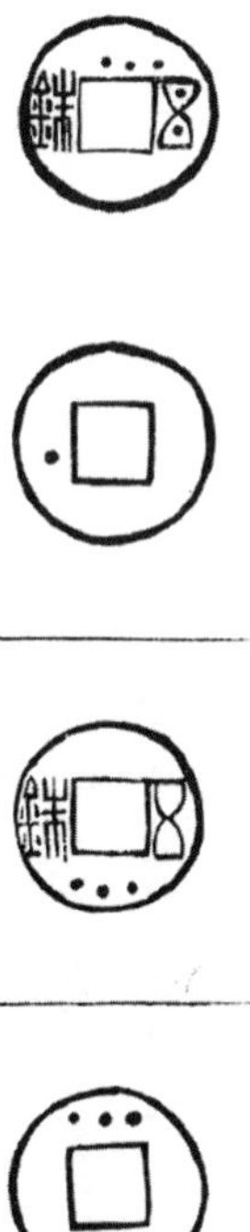

五銖俱見前譜此一面穿下一星背上右各一星二穿下二星

三穿上三星五字內二星背左一星四穿下三星五背上三星

六穿上下各三星七背右五星爲異

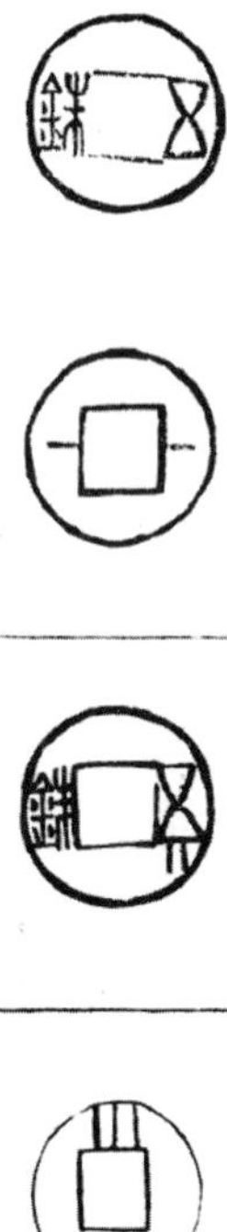

一背左右各一畫次五字下二豎畫三背上三豎畫無外郭四

穿下三字背平五穿上五字皆紀數

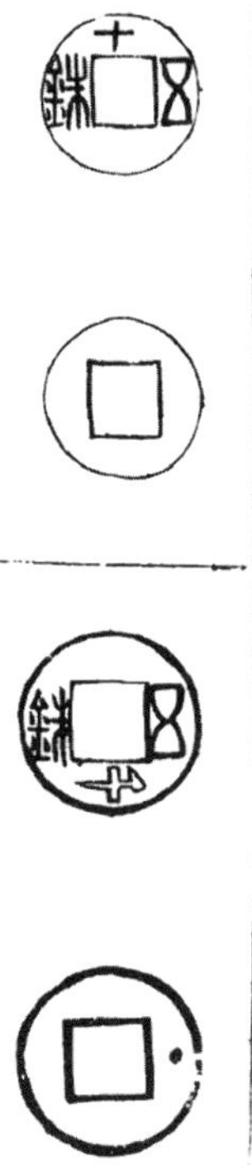

一穿上十字無外郭次穿下凹文千字背右一星

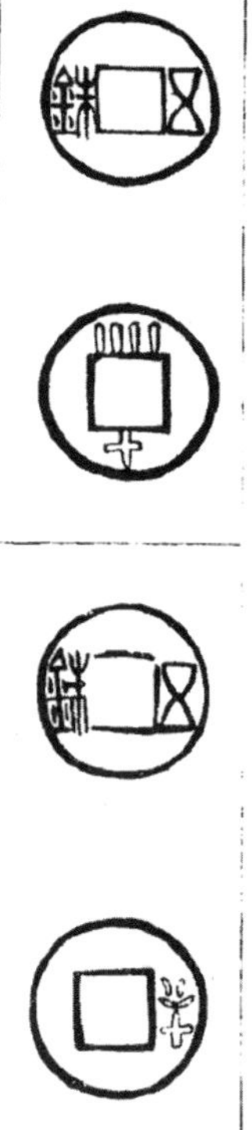

一背上凹文四畫下十字次背右凹文十八六字倒書以上亦皆紀數

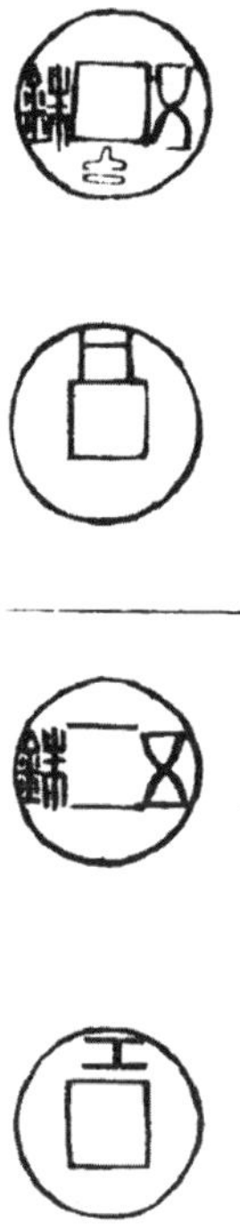

一穿下凹文二馬子背上工字橫書次背上工字正書

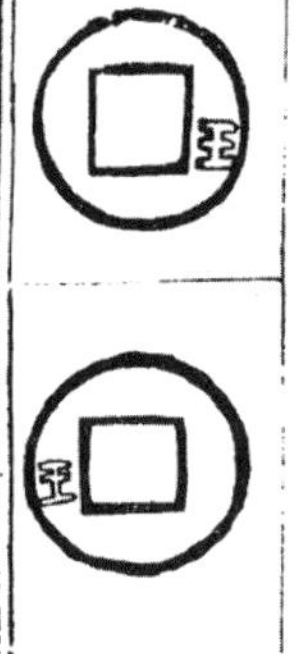

一背上土字面背無郭次穿上王字橫書三背上王字正書四背右凹文王字五背左凹文王字

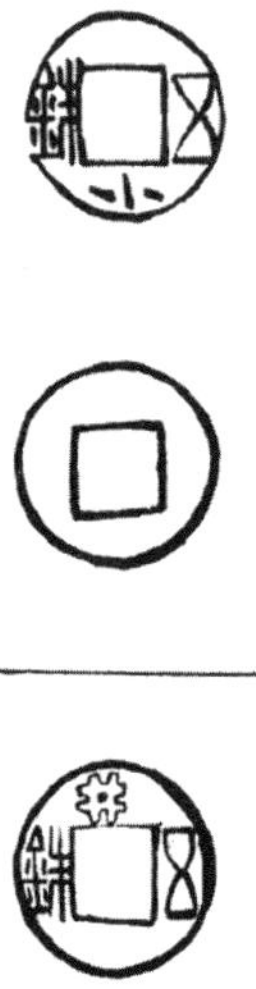

一穿下小字次穿上凹文卄字

五銖傳形穿上王金向右書

雙五見前譜此右五字內有一直畫式較小

五金見前譜此二品金字俱有缺筆

補遺

蜀漢直百見前譜此形製極薄小予年得之蜀中者前人未之見也

鐵五金作金亦于年宦蜀所收

陳太貨六銖見前譜此形製較小面背俱四出文異瑧吾山所藏

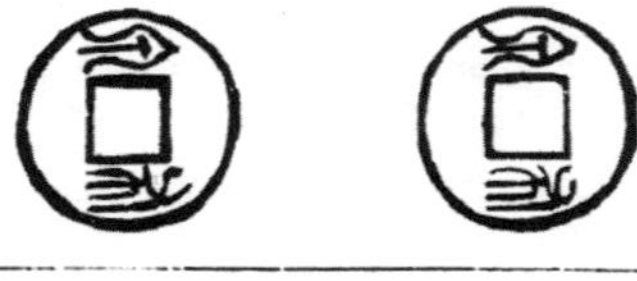

後周布泉見前譜此今皆同文異

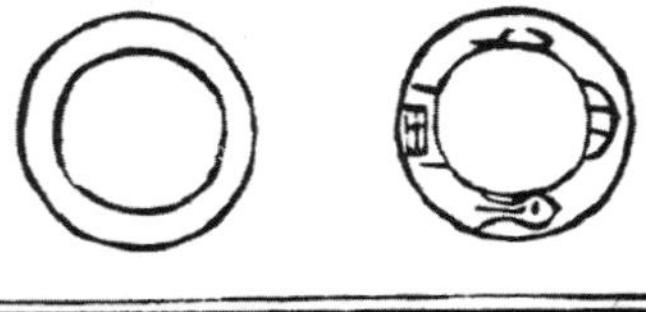

吳大泉當千　按縱環錢所見皆五銖獨鍾麗泉藏有大泉當千一品亦以圓鑿成者卷中漏載特補於末

太平百金　定平一百俱見前譜此極小異亦予年蜀中新獲

續泉匯利集卷二

唐

開元錢見前譜此背上下雙月右一畫次上疊月三右一〇異

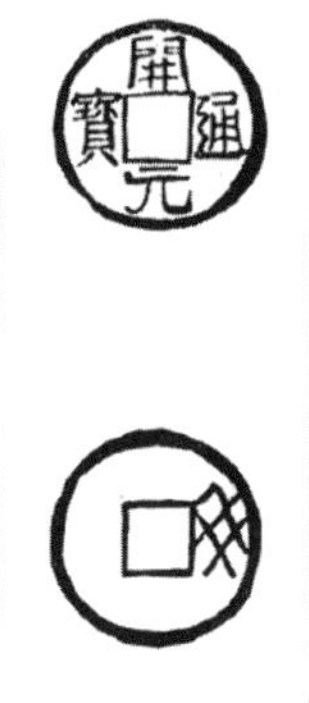

面同前背右文不可識

陰文開元無外郭背平

此外郭有花紋甚細或後世好事者爲之不必屬當時之制然

旣有此品亦可存以備格

乾元重寶錢見前譜此背上下左右四月異

鐵乾元背平

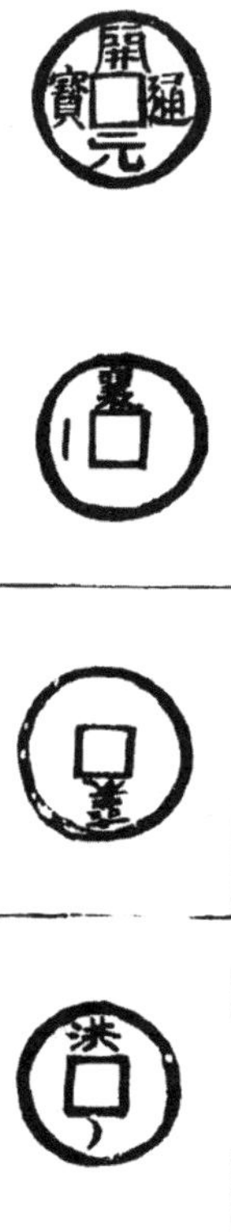

會昌開元錢見前譜此背裏在上左一畫次裏在下倒書三洪

在上下立月四福在右

一背益在上次越在下俱見前譜此鉛鑄爲異子年所藏

附
史思明

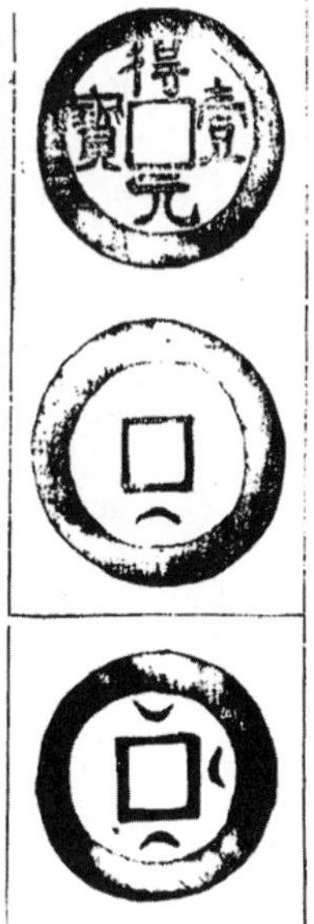

得壹元寶錢見前譜此背下偃月次上下右三月異

續泉匯　利二　三

順天元寶錢見前譜此背下偃月異

後漢

漢元錢見前譜此背上月星各一爲異

後周

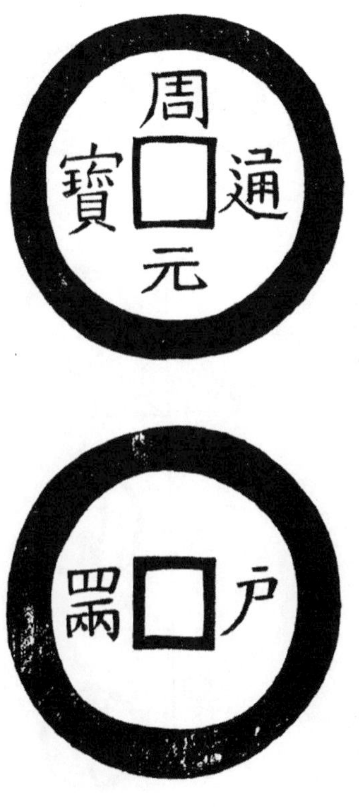

續泉匯　利二　四

周元錢見前譜此品絕大按世宗朝大錢重一兩者見㮣考重四兩者未聞此品背有戶字自係戶部所鑄其非私鑄可知或當時鑄此錢式未經行用者歟　子年云流俗最重周元錢此品字體稍遜背文類明制疑出後人仿作

附
南漢劉龑

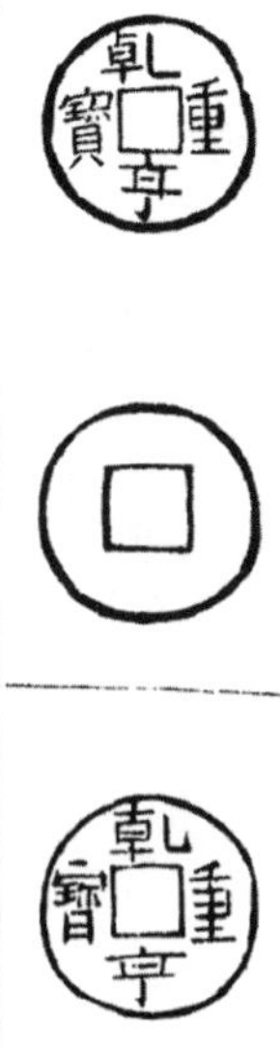

乾亨重寶錢見前譜此二品亨寶二字小異

附　後唐李璟

保大元寶錢按王圻稗史彙編云南唐元宗鑄永樂大典事林廣記保大元寶江南王李璟鑄董逌錢譜張端木錢錄皆載之而泉志不載是以劉燕庭頗疑其僞然收入泉苑或先疑而後信歟余未見此錢茲從泉苑摹出備品以待知者

附　楚馬殷

乾封泉寶錢見前譜茲泉寶二字小異

附　閩王審知王延羲

大開元錢見前譜此寶字微異開字从門元字不挑知非唐時物

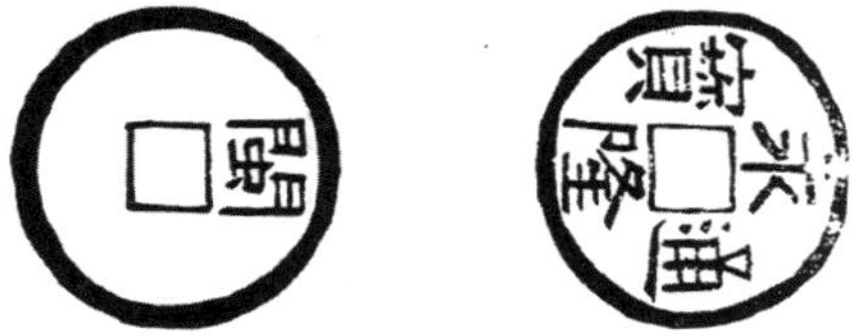

永隆隸書錢見前譜此較大銅者背無字鐵者背有閩字及星月此閩字與鐵錢同而無星月

北宋

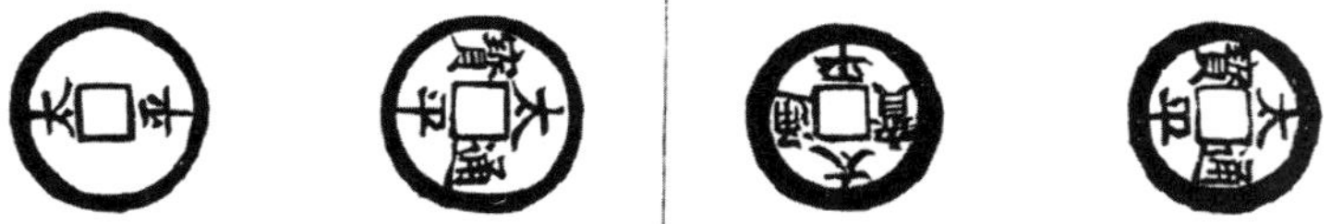

太平合背錢見前譜此背文向左旋只太平二字倒書孫春山所藏

康定錢前譜載鐵者此銅質千百中不一見也

慶歷錢見前譜較大此小平錢文亦曰重寶且慶歷上下讀亦異右旋者背磨夷

元豐錢見前譜按元豐三體書錢所見正書者字較遜豐作豊

續泉匯

色亦赤頗疑不盡宋鑄獨子年此品作豐色質俱確係北宋錢

此背文錯范

元豐折二錢見前譜此左旋讀鉛質甚異亦子年舊藏

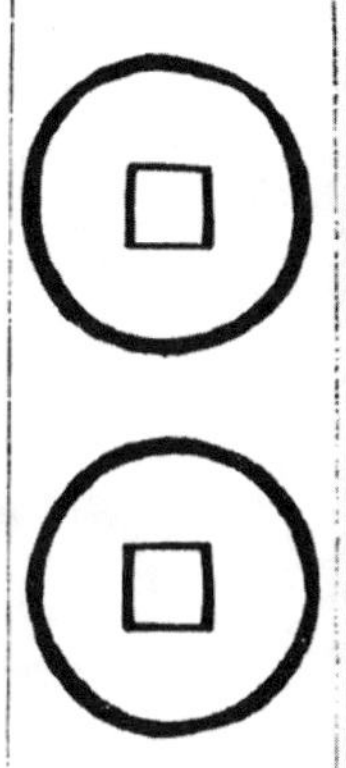

此錢兩面無文然銅質形製確係崇甯大錢之背

南宋

徐夢莘三朝北盟會編紹興元年三月劉光世鑄招納信寶錢

續泉匯

招納歸附熊克中興小紀紹興元年金逵蘭居祁州其眾留承楚大帥劉光世欲擕貳之乃以金銀銅鑄三色錢文曰招納信寶獲金人則燕餞而遣之未幾踵至得眾數萬彙考據永樂大典面納字在右背穿上使字下押與此合

鐵乾道折二錢見前譜此背松字在左下仰月異

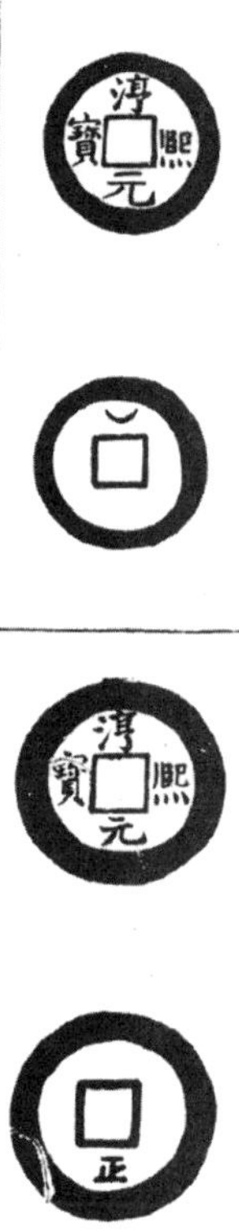

淯熙小平錢見前譜此背上月次折二錢背下正字爲異正字義不可解彙考收淯熙錢五六十品獨缺此種又有小平篆書錢今未見

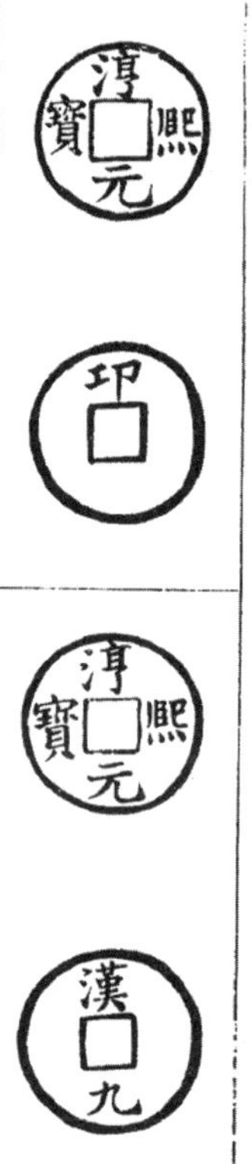

鐵淯熙折二錢見前譜此背上卬面正書次背漢九爲異

紹熙折二錢背三字見前譜此左一監書異

鐵紹熙小平錢見前譜此背漢四異

鐵紹熙折二錢見前譜此背漢四次漢五異

鐵紹熙大錢見前譜背上舊釋星月子年以爲郎三字之記此背左右四五次四九三五十異

鐵慶元折二錢見前譜此背漢五次漢七異

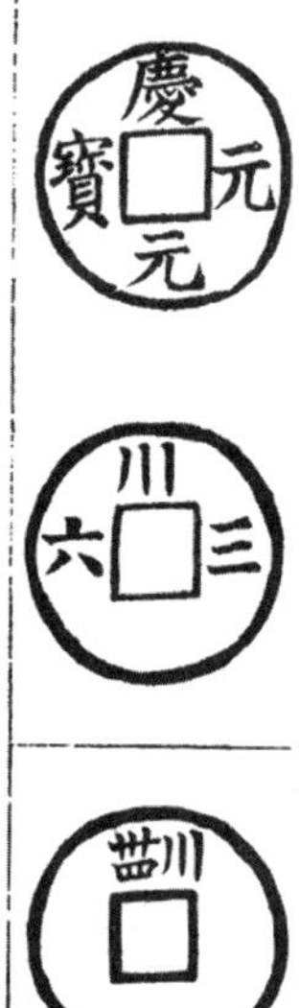

鐵慶元元寶大錢見前譜此背上川左右三六次上川卌四並書異

鐵慶元通寶大錢見前譜此背上三下五十次上利元下五六異其說亦見前譜子年宦蜀續獲南宋鐵錢有劉燕庭所未備者悉補載之

鐵嘉泰元寶折二錢見前譜此背漢元異

鐵嘉泰通寶折二錢見前譜此背同三異

開禧折二錢見前譜此背無文

鐵開禧折二錢見前譜此背同三次漢元異

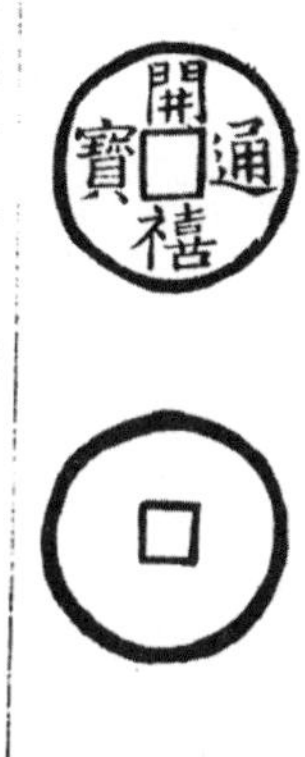

亦鐵折二錢上下讀背無文

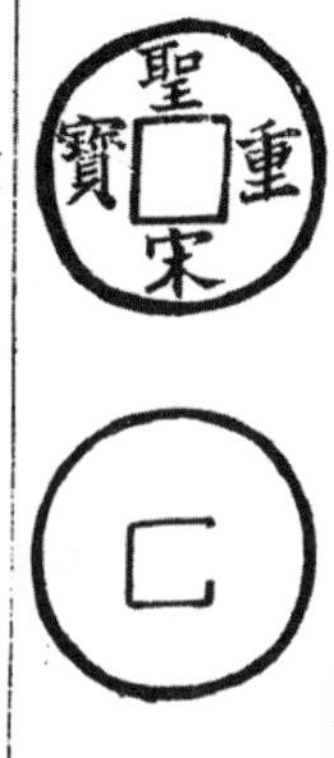

鐵聖宋重寶大錢見前譜此背無文

鐵嘉定折二錢見前譜此背春元次春十五異

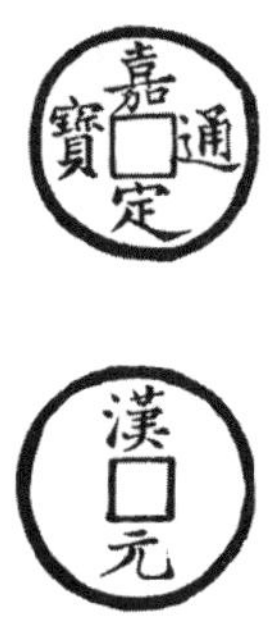

亦鐵折二錢上下讀背漢元異

鐵嘉定崇寶錢見前譜此較小背上⺀子年謂卽二字之記以當二背作⺀者證之良是

續泉匯　利二　十三

鐵嘉定全寶錢見前譜此背上三異

鐵嘉定隆寶錢前譜未備背上三亦子年蜀中所得按嘉定各種大鐵錢張叔未尙有大寶一種今未見

鐵大宋元寶小平錢見前譜此背下偃月異

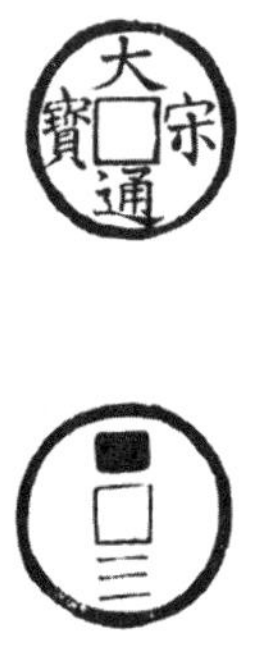

鐵大宋通寶小平錢背上不斷下三字按大宋錢通寶者殊罕見

續泉匯　利二　十四

鐵大宋折三錢見前譜此背定三異

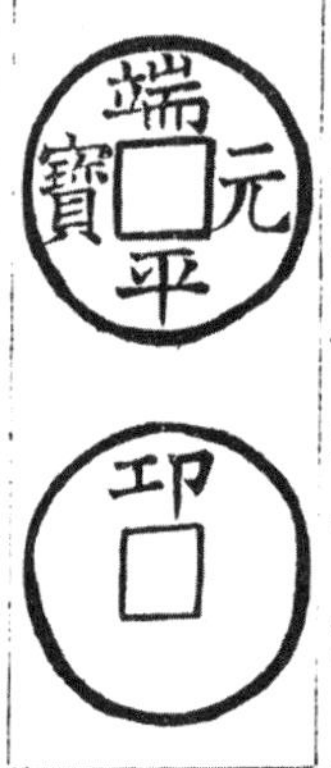

鐵端平大錢見前譜此背上卭復鋈金爲異　子年云成都市肆南宋鐵錢纍纍千百獨端平一種艱覯

續泉匯利集卷三

金

大定小平錢見前譜此背文異上下陽陰二爻左右日月形似取乾坤日月之義　子年云錢背星月唐以來盛行此則疑非用品

面背申酉二字無年號可稽然確係大定兩種錢錯笵誤合爲一者猶前譜之有申申錢也

泰和通寶錢見前譜此背異上仰月左右及下二分半三字類前譜之有一錢二分也

泰和當十合背錢見前譜此背文向上次向左異

元

大德通寶錢見前譜此制微大

皇慶屬仁宗年號僅二年其錢不經見今爲胡石查所藏與各元錢相似確屬眞品　子年云石查酷嗜元錢所藏精且多

延祐三年錢見前譜背大昊天寺異泉苑云大長公主捨業陰坊爲大昊天寺故址在京西便門外此錢當是鑄以施寺中者

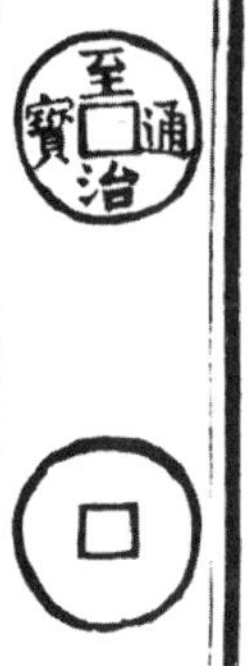

至治通寶錢見前譜此制微大

至順通寶錢穿作四曲文見前譜此背上下月星異亦石查藏

至元錢見前譜此較大似當二次小平錢文曰半分背上文字

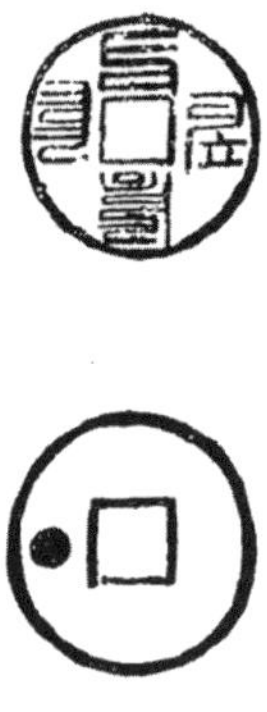

至元蒙古字錢見前譜此背左一星異

至正小平錢見前譜此背上蒙古書寅字

至正當三錢見前譜此背下三字上無蒙古字次背上立月異

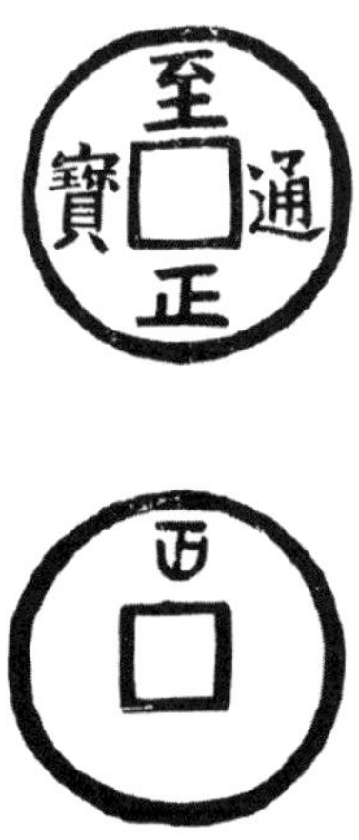

至正當五錢見前譜此背上蒙古書午字

此錢無年號然曰支鈔半分自係權鈔錢別種決爲元錢無疑

附　僞宋韓林兒

龍鳳錢見前譜此背上一永字下仰月

明

大中小平錢見前譜此背上鄂字以下大中錢俱見前譜

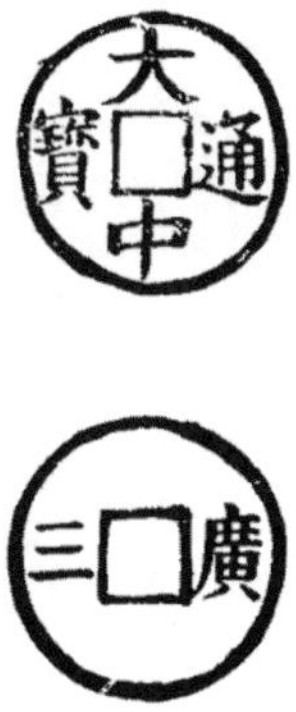

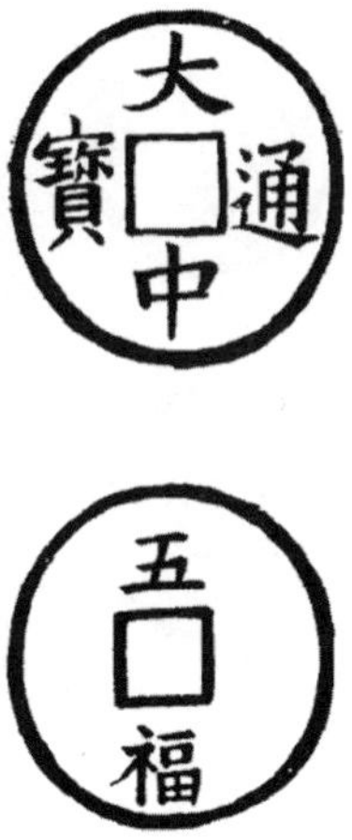

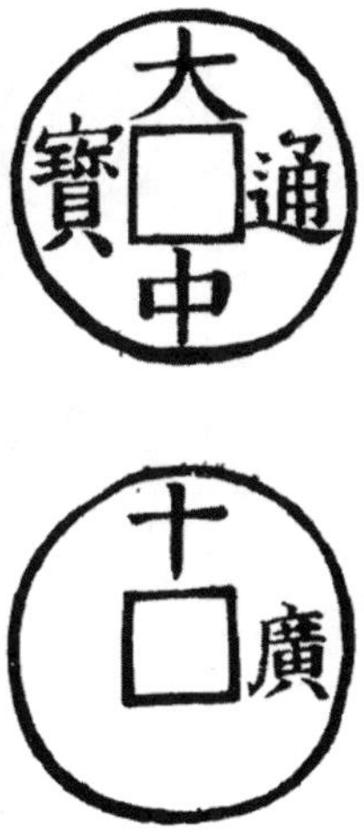

大中當三錢此背文廣三橫列次當五錢此背文五福

大中當十錢此背文十廣廣在右以上皆紀地名

洪武小平錢見前譜此合背次背向上以下洪武錢俱見前譜

洪武當二錢此背上浙字

洪武當三錢此背上北平疊書次左右廣三橫列

洪武當十錢此背文鄂十次十滇以上皆紀地

永樂錢見前譜此行書

景帝景泰通寶錢按世宗補鑄洪武以下九號錢獨景泰以出廟不補鑄子年所藏此品確係舊錢又非改刻特載以質博雅

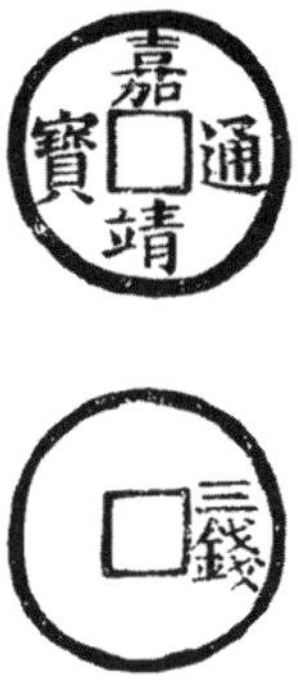

嘉靖折三錢見前譜此較大背左三錢而形類當五

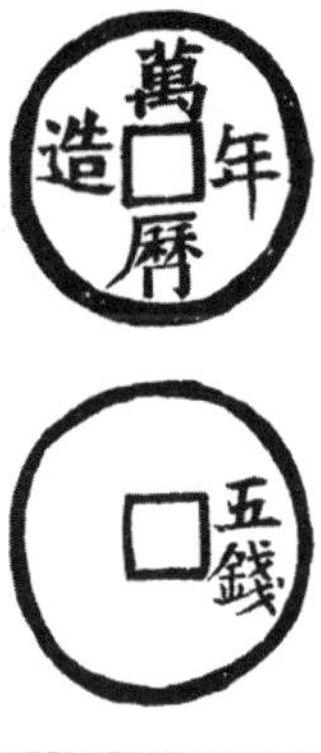

萬歷錢背通寶此日萬歷年造舊譜無徵背文五錢與洪武嘉靖等錢無異自係當時當五錢

天啓小平錢見前譜此背鎭字則宣密二鎭所鑄

天啓合背錢見前譜此背向上次背四昌字向外與前譜背泰

昌通寶者相類自是當日工人臆造非行用之品亦石查所藏載之以新耳目

四天字合背錢無年號可據而制作銅質與天啓錢無異且棄考載有面天啓通寶背四天字向內者可斷此爲天啓別品次

四寶字合背錢右旋讀尤異亦絕類天啓錢之寶字疑係一時所鑄附載於此俱石查藏

天啓當十錢見前譜此合背罕見

續泉匯　利三

天啓大錢背十一兩見前譜此外郭重輪外高中低　九

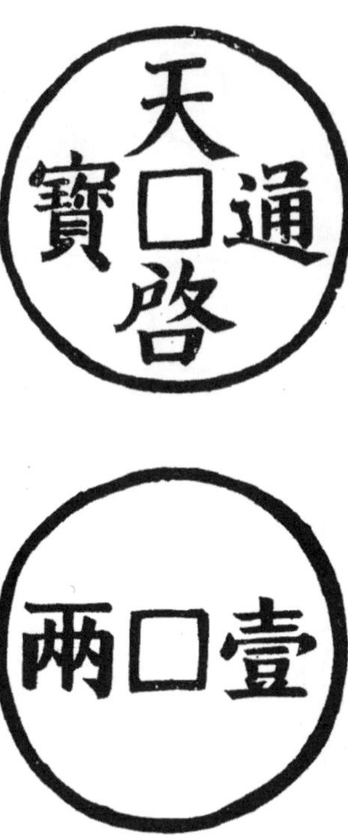

天啓大錢形製倍於當十錢背文壹兩左右列明錢之僅見者

彙考云食貨志天啓元年兵部尙書王象乾請鑄當十當百當

千錢于是兩京皆鑄大錢張端木云當百錢有一兩字與此品恰合

崇禎錢面崇寶二字背禎通二字橫書向左此合背錢之最異者何鏡海所藏宜子年云無理割裂亡國之徵也

附　永明王

永歷通寶背上二下壬小平錢　背上五下厘當二錢

續泉匯　利三　十

附　外國錢

高麗

三韓通寶見前譜係正書此篆書異

常平小平錢見前譜茲摹其一餘背文列後

上戶下六左三　上戶下黃右八

上捻下二左〇　上捻下三右〇

上捻下七左〇　上捻下九右〇

上平下十　上經下六

上經下十左三　上經下十左四

上開下天右二　上開下九左〇

上營下二左⊃　上訓下六

常平當二錢見前譜亦只摹一品餘背文列後

上戶下天　上戶下地　上戶下元　上戶下宇

上戶下荒　上戶下日　上戶下月　上戶下盈

上戶下辰　上戶下張　上戶下暑　上戶下秋

上戶下吕　上戶下歲　上戶下昃　上兵下二

上武下二　上忠下二　上備下二　上冏下二

上營下二　上營下天　上營下地　上營下日

上營下宙右ㄥ左〇　上營下月左〇　上營下暑

上營下往　上營下昃　上營下金　上營左金

上營下金左二　上營下金左三　上營下金左四

上營下金左五　上營下水左三　上營下火左二

上營下火左三　上營下火左五　上營下土左二

上營下土左三　上營下土左五　上營下土

上捻下二　上捻下天　上捻下洪　上捻下荒

上捻下盈　上捻下昃　上捻下寒　上捻下往

上開下二右⺁　上開下二左⊃右〇　上開下天

上開下地　上開下元　上開下宇　上開下宙右左〇

上開下黃　上開下宿　上開下盈　上開下來

上訓下二　上訓下天　上訓下地　上訓下元

上訓下黃　上訓下宙　上訓下洪　上訓下月

上訓下昃　上訓下來　上訓下張　上訓下昃

上訓下士右五左⊃　上宣下宙　上宣下張

上宣下來　上宣下往　上全下宙　上全下荒

上全下日　上全下昃　上全下列　上全下來

上全下暑　上全下往　上全下秋　上全下冬
上全下藏　上統下天　上統下洪　上統下來
上統下天右三　上統下宙右三　上統下宙右壬
上統下洪右三　上統下荒右三　上統下日右三
上統下月右癸　上統下列右三　上統下寒右三
上統下往右三　上統下往右癸　上統下秋右三
上統下閏右壬　上統下昃右三　上成下元
上成下宙　上成下日　上成下辰　上成下列
上賬下二　上賬下二右◎　上賬下二右（

上賬下盈　上水下二　上黃下二　上抄下二
上海下二右●　上尙下二　上尙下左右二
上向下二　上向下往　上向下水　上向下右
上向下二右○右○　上向下左右二　上圻下二右●
上平下辰右二

日本

日本四品錢前譜缺隆平永寶茲從泉苑摹入劉燕庭云按日本和漢三才圖會醍醐鑄隆平永寳大成年代廣紀六十代醍醐唐光化年立

久安亦日本錢劉燕庭云按大成年代廣紀七十六代近衛宋紹興十二年立天養二年改元久安

續泉匯貞集卷一

歙　鮑　康子年
利津李佐賢竹朋　同編

無考正品

四朱陰文小錢二品次尤小背平殊厚重圓孔面大背小字書方整用品錢無作陰文者此錢製甚精陳壽卿新得於齊地前人所未見也

周元極小錢亦曰通寶按周元錢品類繁多世多重之此等小錢頗與當時錢不類

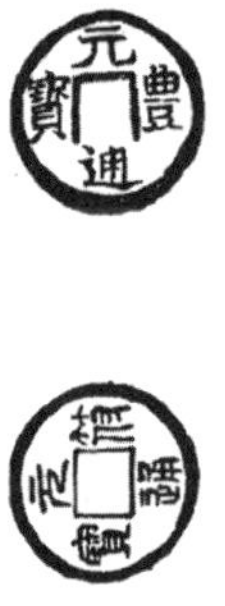

元豐通寶隸書不類宋錢背元符通寶橫置則確係宋錢不可解或外國仿鑄而以元符錢作幕者歟

趙宝重興錢背壬申不晰舊譜無徵考七國之後惟前有劉曜以趙爲國號未聞鼓鑄後有石勒亦號趙曾鑄豐貨錢此與豐貨錢形製不類外此別無號趙者按石宏石虎石鑒等屢改年號或伊等所爲文曰重興殆謂又新鑄作歟　子年云唐以前錢無正書前譜之永安一百一千亦未必果屬涼鑄此品制作簡陋絕無古意寶字作宝背文紀年其爲外國私鑄無疑

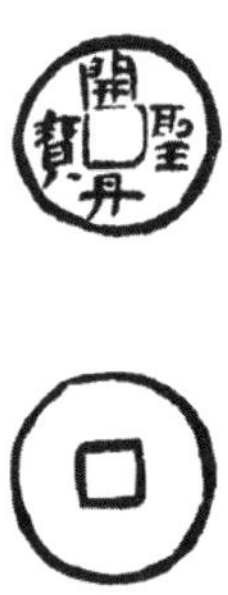

開丹聖寶錢諸譜未載按遼本契丹改稱遼聖宗耶律隆緒統和元年當宋太平興國八年復號大契丹此錢文曰開丹或取契丹開國之義歟　子年云外國錢多以聖寶爲文此品制甚簡率亦必外國所鑄

定天之寶小錢制作文字與元錢酷肖亦厚重

聖歷元宝小錢圜孔亦絶類元錢惟襲用武周年號不可解以
上二品俱胡石查藏

無考別品

箱館通寶錢背文安圜孔鐵質或疑安南所鑄然未可定箱館

二字亦未解

五十錢穿上一星五字中畫直而不曲非莽大泉所改前譜有
二十十十等錢皆此類也

兩面文字俱不可識類蒙古篆書石查所收元錢有此一品

變體奇品

漢猒勝錢面粟文同常品上有巨万字背作羊形異按漢洗大
吉羊三字者兼畫羊形此錢與洗當屬同時之製取吉祥之義

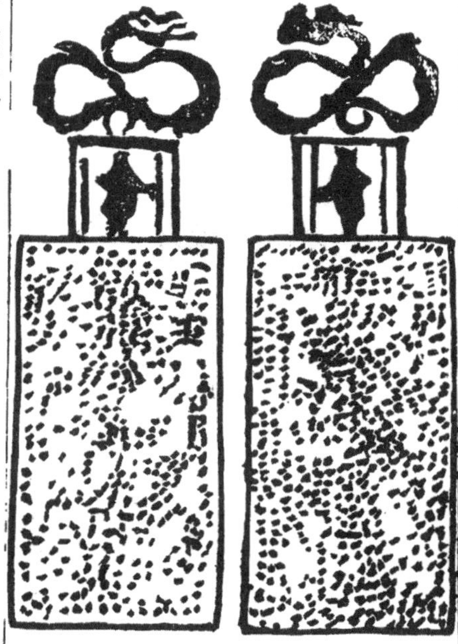

此品形製較小

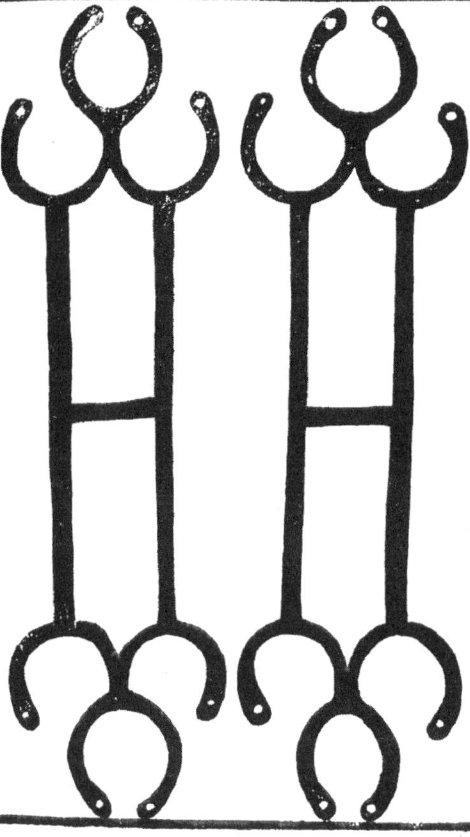

此品未必屬泉幣然舊譜有神農棘幣之說雖不可信亦無妨
姑存以備異品子年舊藏

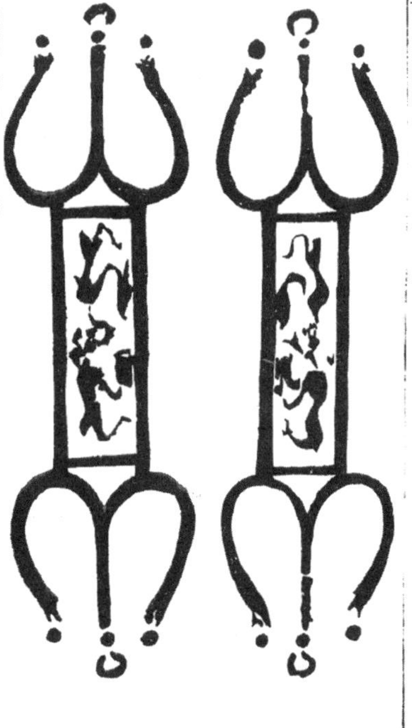

此品亦其小者
厭勝正品

大泉五十背文石查釋作宜泉万倍口之土星長壽大利云七
星卽星字鉤文卽長壽二字倍利叶韻姑存其說子年舊藏

大泉五十背長宜子孫傳形隸書次宜官秩吉在下及右上及
左有星斗形

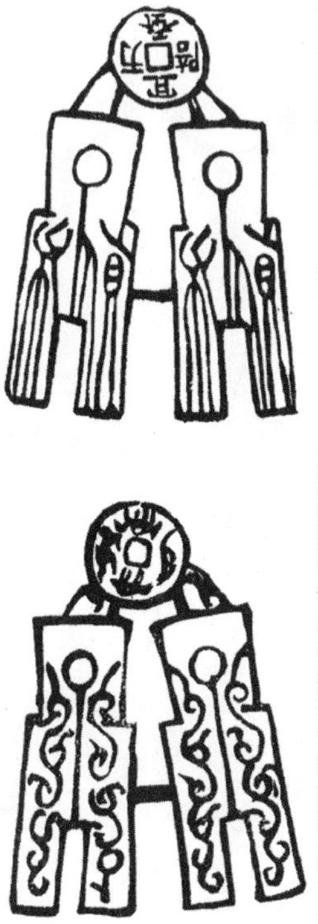

兩貨布連綴背作龍文上有小錢曰宜蚕万陪倒書泉背四生
肖形

續泉匯 貞一 七

五銖傳形上下有龍鳳文背宜我子孫篆書

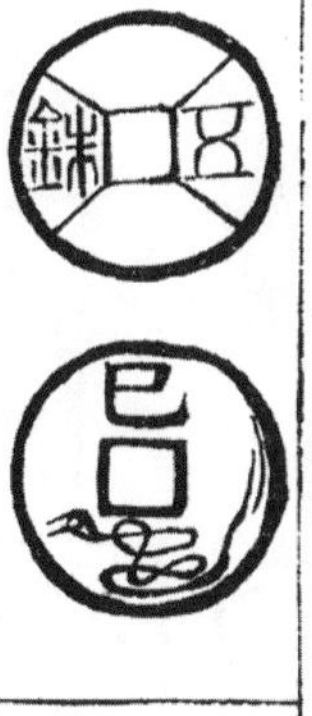

五銖大於常品面四出文背上巳字下蛇形生肖類也

開元通寶背龍鳳錢頗類周元錢製

續泉匯 貞一 八

乾封泉寶背文福德長壽形製絕大色澤甚古非近代僞鑄

天策府寶背龍鳳形亦古樸非僞鑄

大定錢左右犀角及雙角形背上下方響及銀錠形左右不斷

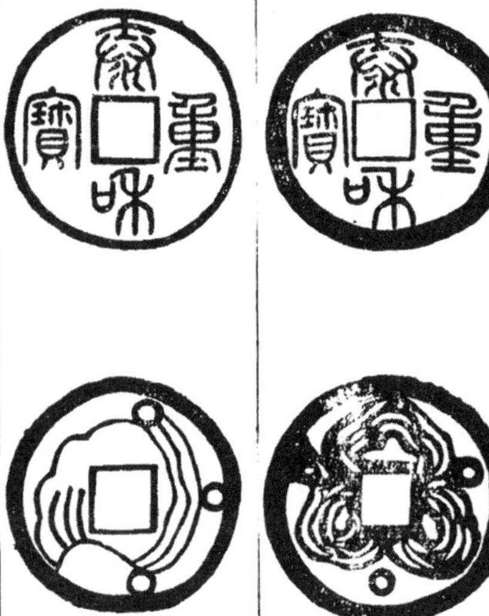

泰和重寶大錢一背雲頭次犀角形仿大觀錢製

正德雙龍錢前譜載有大者似皆非明錢今傳世龍文龍鳳等錢大小不等錢幣考已疑其僞彙考所載於龍鳳之外又有花紋星月龜蛇七星等製不可枚舉明時歷代錢並無許多品式何以正德獨異其爲後鑄無疑　子年云正德正用品絕無僅有而龍鳳等品如是之多流俗所珍不足論也

厭勝吉語

王僕印紐錢面文大勝哉得泉財益富昌宜牛羊背篠爻母利弟兄宜子孫去不詳與前譜郭勳錢悉同子年新獲皆漢錢也

天清豐樂錢見前譜吳我鷗所藏清字不斷此則壽卿新得者

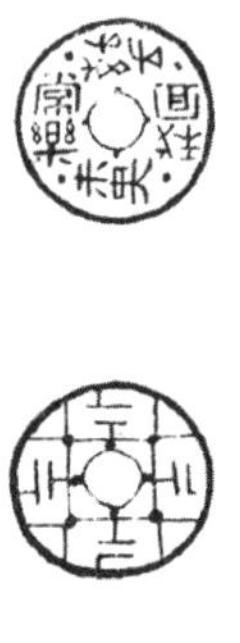

我宜子孫常樂未央錢四角四星圓孔背曲直文兼連珠亦似印紐錢特印失耳

宜子孫錢上七星背長生左右雙鉤形二品亦壽卿藏甚精美

壽卿謂可作小漢器觀上環缺

辟兵莫當富貴未央錢見前譜此鉛質爲異下環亦缺

續泉匯　貞一　十二

錢上宜酒食下樂無口六字向左書左七星及鉤形右工字加

二點背縱橫花紋不斷亦似漢製以上二品子年新獲

家國永安大錢背下斜月

天下太平錢見前譜此背銀錠壺盧異

一平安吉慶次歲朝把筆背百事大吉皆撒帳吉語之類唐宋

以後物也

一合家歡樂背百世同居次万病不侵上有柄

續泉匯　貞一　十三

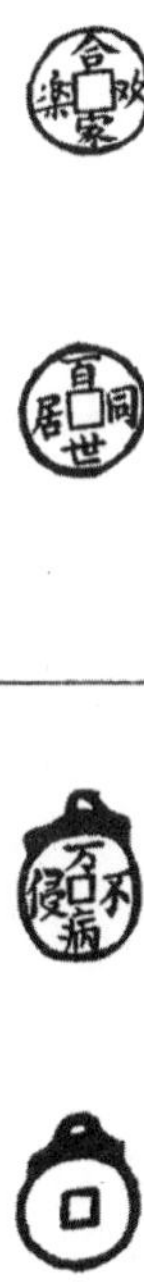

一棠棣聯芳次五男二女見前譜此背七子團圓異

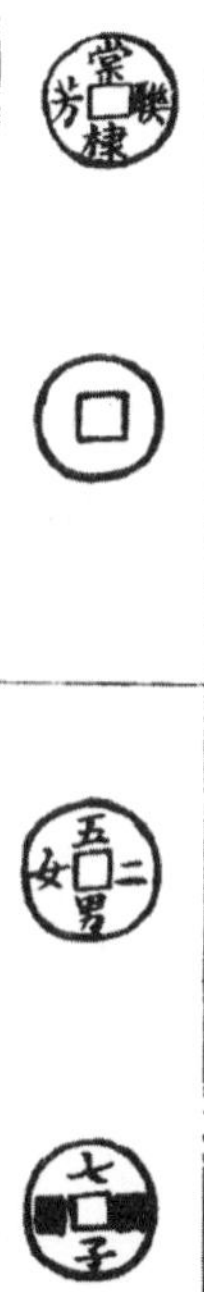

一福祿壽星合背錢次江山共老背日月同年

一連中三元次金榜題名背青雲獨步三面文同上背風雲際

會

有有二字反書在左右或取富有之義

厭勝生肖

面酉生人下雞形背才五万貫向右書此生肖庫錢之類

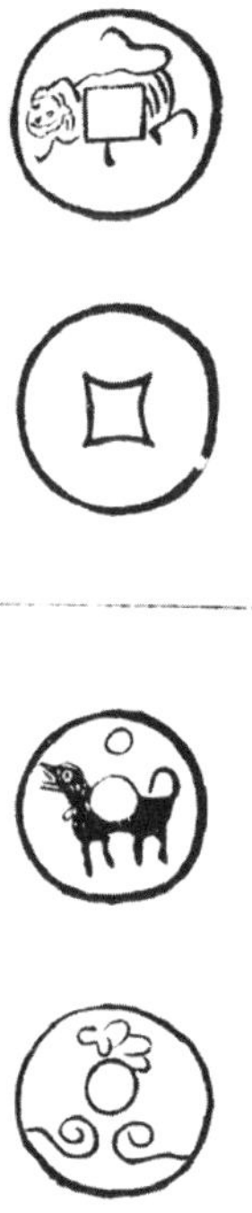

一虎形方孔次犬形圓孔背作雲頭皆無字乃生肖之別種

此品雖無生肖形曰本命生日則亦生肖之類子年所收生肖錢種類殊多不復摹

神靈仙佛

一一切聖賢圓孔次阿弥陀佛背慈悲方寸

此品面文未解背符不識鍾麗泉藏謂即伊滅靈撒之類外夷錢也

選仙錢面五絕一首沏五字背人執筆題詩像此種錢尚有大者式方長下横列嗣功堂三字以狀不類錢不載

打馬錢

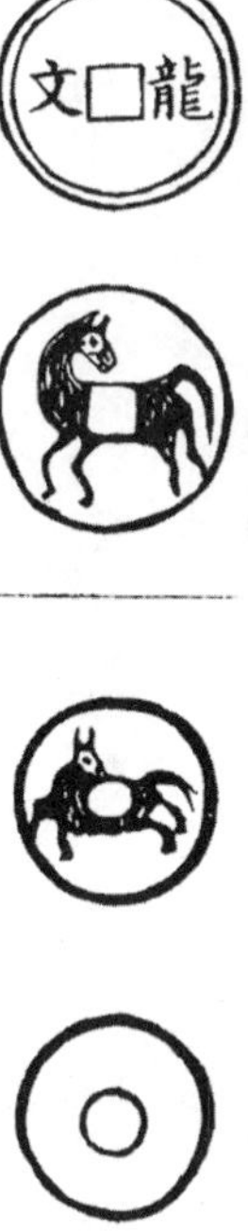

打馬格錢四品一什伐赤馬次白蹄烏馬三龍文外郭重輪背俱馬形四馬形圜孔按馬錢劉燕庭所收最多兼有鐫者子年所藏並吉語錢亦復不少以非正用品固無須備載矣

續泉匯貞集卷二

泉范

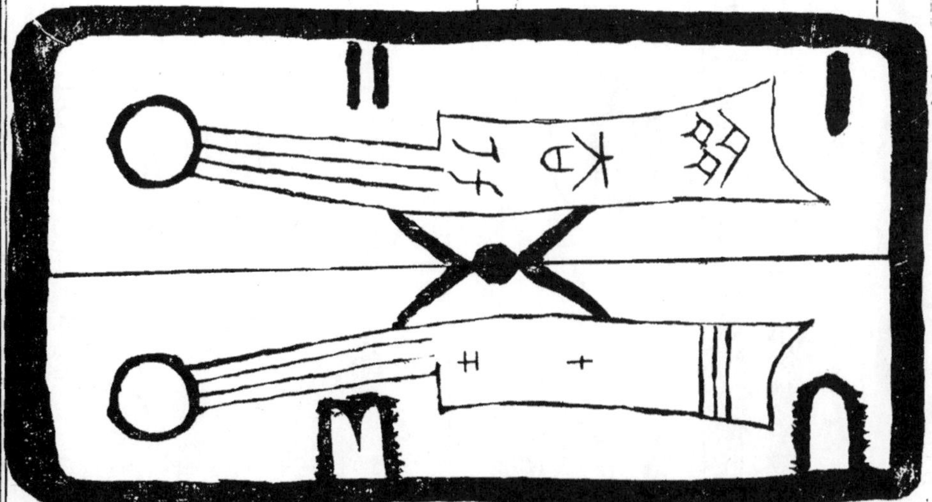

齊刀銅范見前譜茲品形製大小皆與前品同惟背文工字中畫下方長出類土字倒書而左右丁𥫗牝牡相乘一在上一在中在中者丁𥫗俱雙與前品異范背平無文不摹凡背平無文者仿此按泉范最古者自齊刀始昔年惟劉燕庭有之歎為希世之珍今於同治丁卯青齊地又出此范為陳壽卿所得並燕庭舊范亦歸壽卿竟無獨而有對且二千餘年之物不知幾經刼灰而兩美復合篆文形製毫無蝕損豈有鬼神可護耶

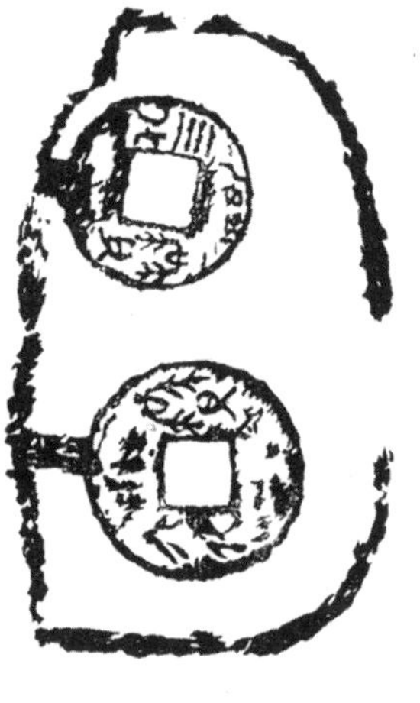

𡭊三化寳六化殘銅范餘寳三寳六各一枚兩泉並列而顛倒其文下缺幾枚不可知矣背無文省不摹此陳壽卿於濰邑市肆殘銅中搜得者按前譜之寳六化范今亦為壽卿所得又得

此范合之齊刀二范所見周范凡四今俱聚於一處眞可謂極宇內泉范之大觀矣

秦半兩殘土范大小二枚亦前人所未見此等土范乃經火煅成者故前譜亦謂之瓴范

漢高后半兩土范亦僅一見按泉范從古無徵自朱竹垞始斷為鑄泉之范然所見只王莽陽文銅范而陰文石范鐵范土范仍未見也近於道光年長安出土甚夥皆兩漢六朝物標新領異愈出愈奇多為陳壽卿所收因備錄之以廣見聞　子年云陰文土范易於作偽但此數范卻精

續泉匯　貞二　四

漢文帝無郭半兩銅笵見前譜茲列陽文泉六枚爲異亦合土之笵圜銅笵前人或疑爲泉鏡殊不知鏡與笵形製迥殊鏡之中必有紐紐有穿孔可繫縚繩笵之中惟有柱並無紐笵之中連於四面各有流道可通銅汁泉鏡則並無流道可通此形製之易辨者况鏡之緣與紐淺笵之緣與柱深若淺則不能合土以鑄泉也此不得以笵爲鏡之徵附記於此

續

貞三　五

半兩陰文銅范見前譜茲並列十二泉中通流道此無庯合土郎以范鑄泉者背有二足隆起如屐齒而中空與前譜有足五銖范同

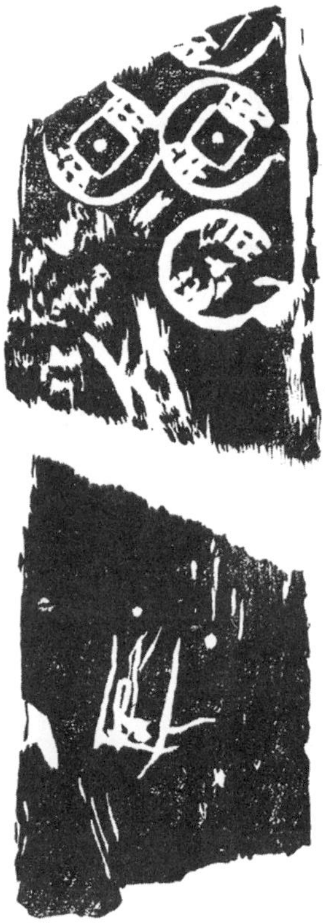

續泉匯　貞二　六

半兩殘石范見前譜石范皆陰文當以石屑合土而成者其堅類石故以石范名之茲僅餘三泉又半泉背有石花紋

亦殘石范同前茲僅存四泉

亦殘石范同前尚餘四泉又不完者二泉

續泉匯　貞二　七

亦殘石范同前尚餘四泉模糊不完面背俱中通流道

亦殘石范尚餘九泉又不完者三中通流道背有石花紋

亦殘石范尚餘十泉又不完者五泉中通流道凡有流道之范皆以銅汁灌入即成泉無庸合土者

亦殘石范同前尚餘八泉又不完者三

半兩合背同文殘石范面背各餘四泉合背泉時有之合背范則創見

同前面背各餘四泉又四半泉

同前面餘六泉又半泉二背餘三泉又半泉一

同前面十泉不完者三背四泉又半泉

同前面餘三泉背半泉石泉書屋所藏乃壽卿所贈

同前面餘兩泉又五半泉背餘兩泉又六半泉半兩兩面有文者只見此六範從來著錄家所未有也

亦半兩石范面分列六泉中通流道其三上下作六小橫畫鑄成當似小穿餘三一作千秋半兩一作龍文一無文此三種或

疑幕文愚意非幕也半兩背皆平此范有流道但用銅汁灌入覆以平板泉即成其千秋龍文殆此泉兼厭勝者歟無文半兩余尚有之餘皆未見然有此范必有此泉獲古之緣俟諸異日

同前面餘二泉亦通流道背萬字缺下半按范底有字莽泉屢見西漢以前范傳世既少底有字者僅覯此品此固當世藏泉家所未見亦從古著錄者所未聞也以上半兩范各奇品於同治已巳年濰東出土盡爲陳壽卿所得

榆莢半兩殘石范左右尚餘三行共六泉又不完者五泉中通流道背亦似流道不可解

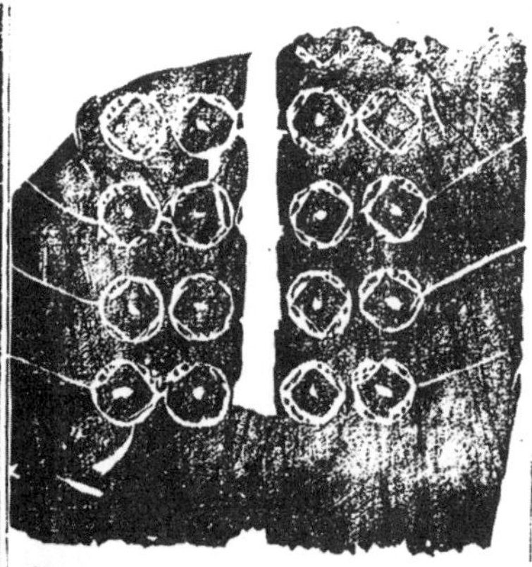

亦半兩莢泉殘石笵尙餘四行十六泉又不完者二泉中通流
道字已半泐背有石花紋

同前尙餘四行二十八泉又模糊及不完者七泉形製益小中
通流道字已全泐

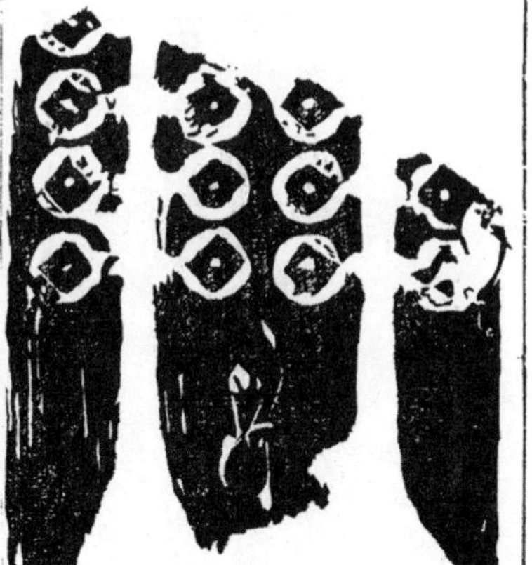

亦半兩莢泉殘石笵尙餘八泉又不完者四泉字全泐流道雙
行爲異背四銖半兩五泉僅有一完全者中通流道一行如常

品石笵兩面有文者舊譜未見若兩面兩種泉者更所未聞也

同前伺餘十泉又不完者二泉字亦全泐背四銖半兩二泉中通流道四旁均有出文尤異按兩種泉同出一範理不可解疑是莢泉既廢之後即於範背改刻四銖半兩者茲二範皆萊州近年出土眞可謂地不愛寶矣亦悉爲壽卿所得

補遺

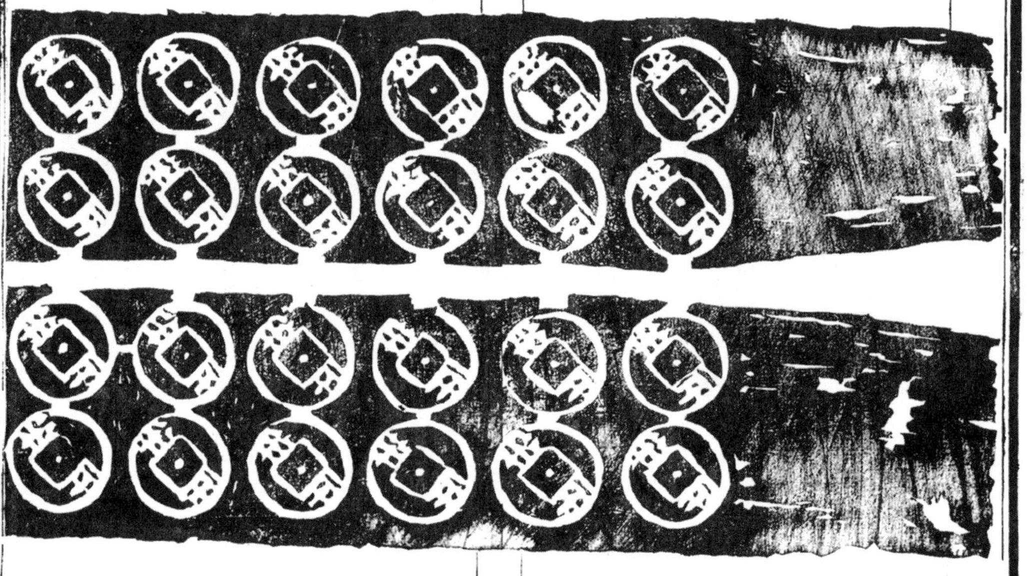

同前四行共二十八泉中有流道分兩段摹之按半兩石范大卒殘缺子年續得此范獨完整乃葉丈東卿故物出自燼餘亟拓附後

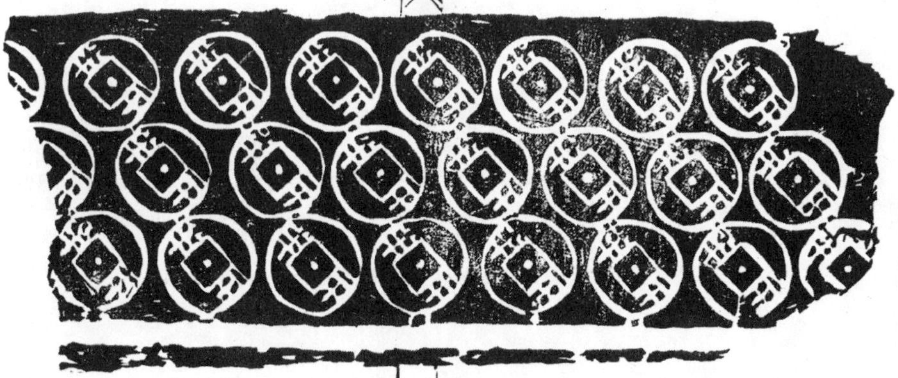

亦半兩殘石范尚餘三行二十一泉又不完者三泉旁有流道

以上石范皆以石屑合土成之者似石非石故陳壽卿仍呼爲土范獨子年此范則確然堅石厚一寸餘特補載於末

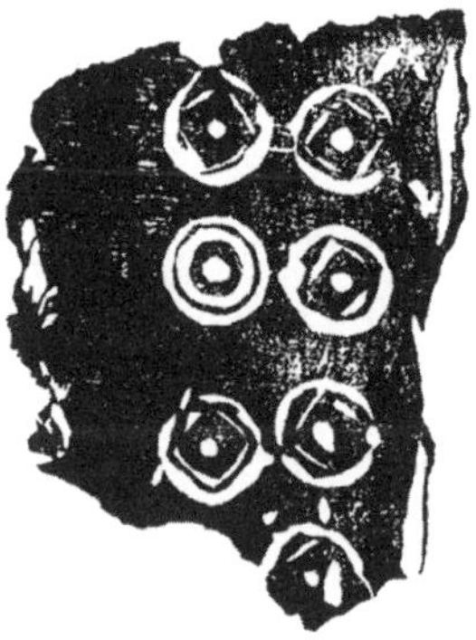

亦萊泉殘石范僅餘六泉又不完者一字全泐背四銖半兩一又不完者四與前所載同亦壽卿新獲再附卷後

續泉匯貞集卷三

泉范

漢宣帝五銖殘土范泉形已缺僅餘上款本始四年十月丁下有缺字反書前譜載本始元年二范與本始三年二范因其泉缺略不摹今合觀諸殘范雖缺泉形確屬五銖范無疑故仍存之以備格

續泉匯　貞三二

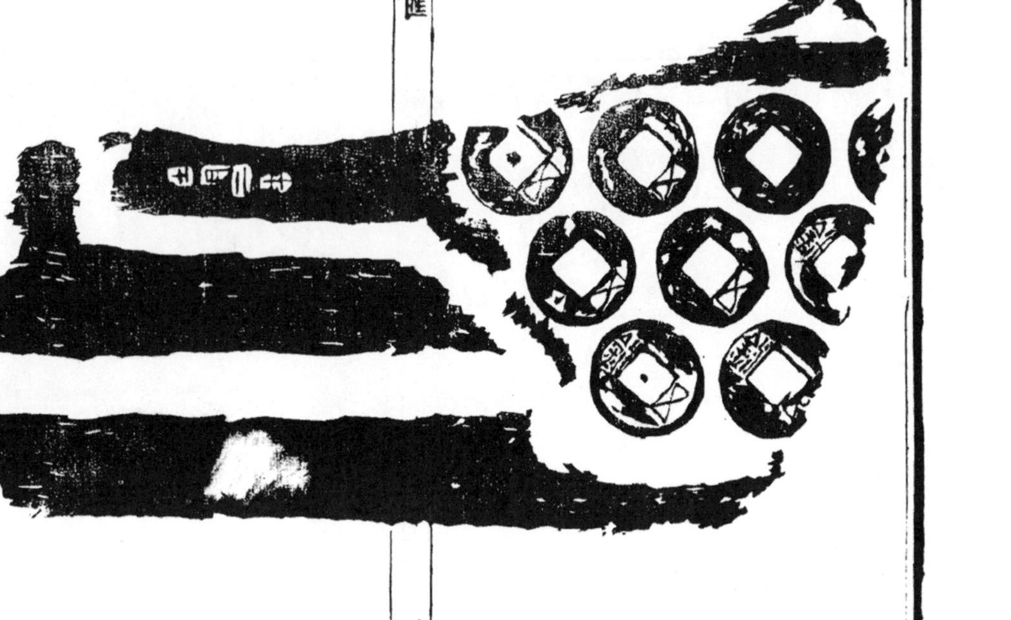

同前尙餘陽文六泉又三半泉款餘地節二年字尙隱隱可辨

續泉匯　貞三三

同前僅餘陽文半泉款地節二年十月口口造

同前泉已缺款餘地節四年十月六字下不斷

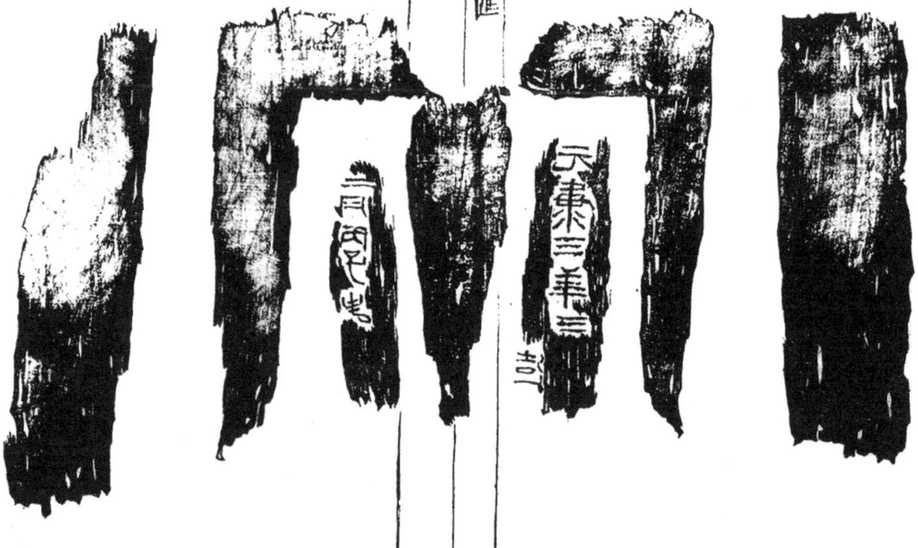

宣帝元康殘土范見前譜此范泉已缺款一行作元康三年三
下有缺文又有造字二行作二月丙子下不斷俱反書

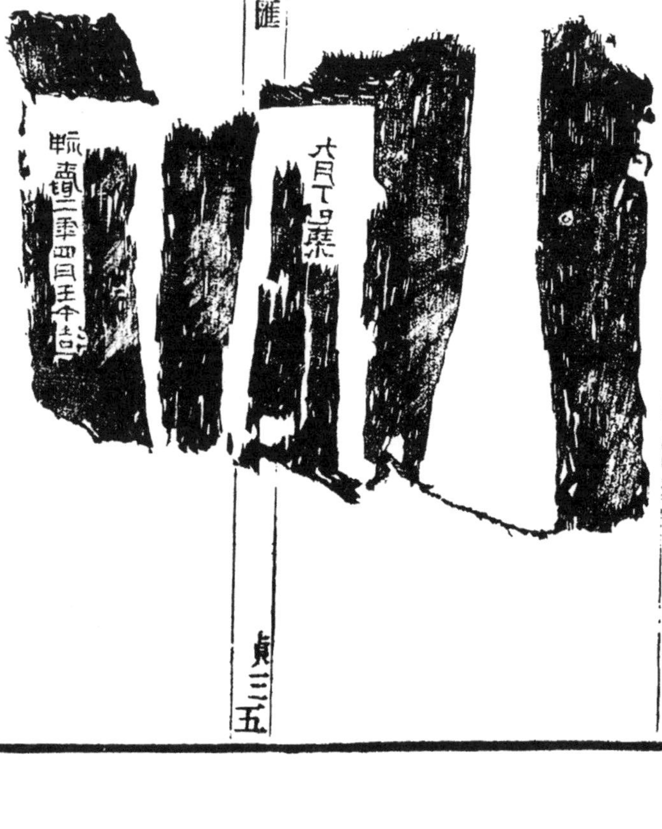

宣帝神爵殘土范見前譜玆泉已盡缺款餘二行日神爵二年
四月壬午造九月丁巳築

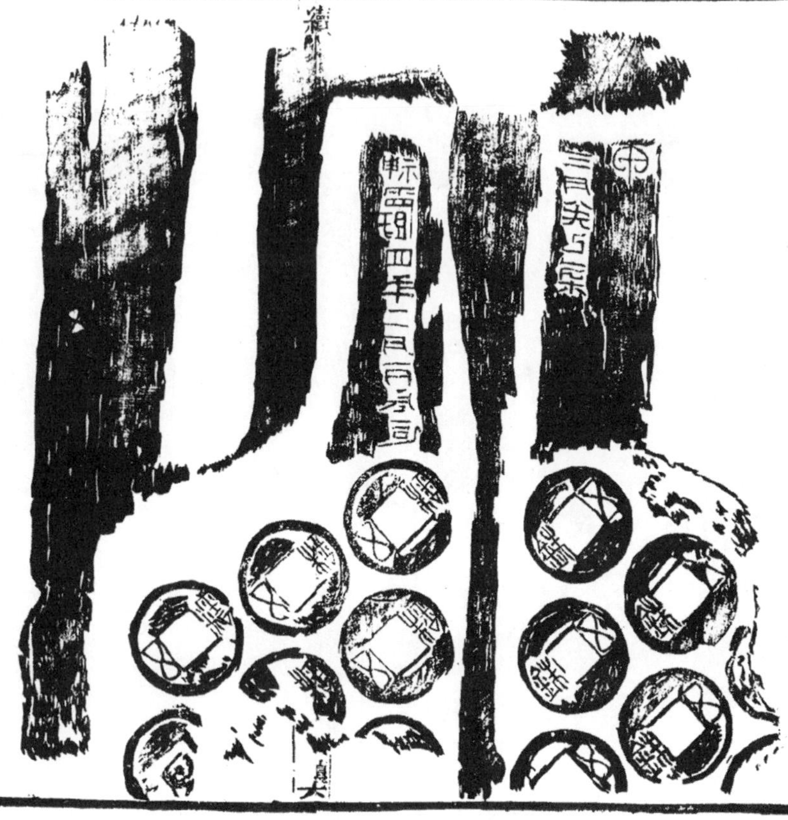

同前尙餘陽文八泉又不完者六泉上款二行半神爵四年四月丙辰造三月癸巳築又一甲字

五銖殘土范泉已缺尙餘二月戊申築五字反書

同前泉亦缺尙餘九月丁口築五字反書

同前泉亦缺倘餘款年八月甲寅造六字反書上多一年字而
年號及年數仍缺以上三殘笵雖無泉形然字皆反書以宣帝
各土笵對校形製亦無異當係同時之物故仍附於宣帝笵後
不嫌武斷也又有海豐吳氏藏笵泉亦缺上款餘八月丁未築
字與此三笵形與字俱同從略不摹

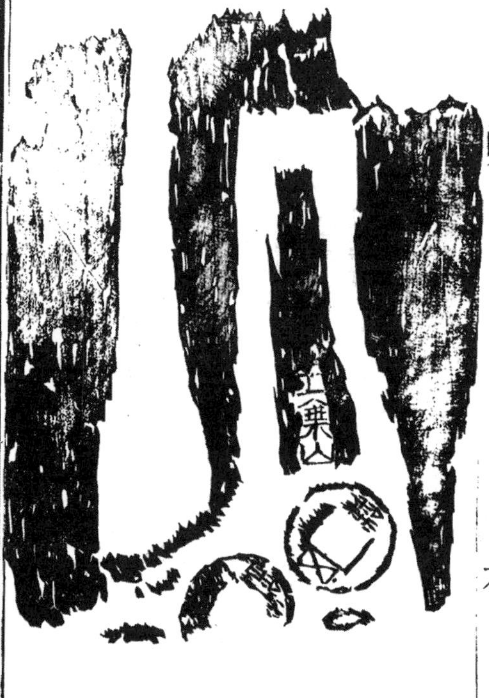

三范同前一餘二泉又半泉上款無年月惟工長壽三字次餘
一泉又半泉上款工乘山三字殆禮所謂物勒工名以考其成
者歟三餘二泉又二半泉上款工字下類王字不晰或亦人名
餘字盡模糊不辨此等范泉皆陽文然無年代可稽幸與漢五
銖諸范參考其字皆反書與宣帝泉范盡同又宣帝泉面穿上
有一横畫類好郭此諸范亦穿上一横畫形製相同故知皆西
漢物

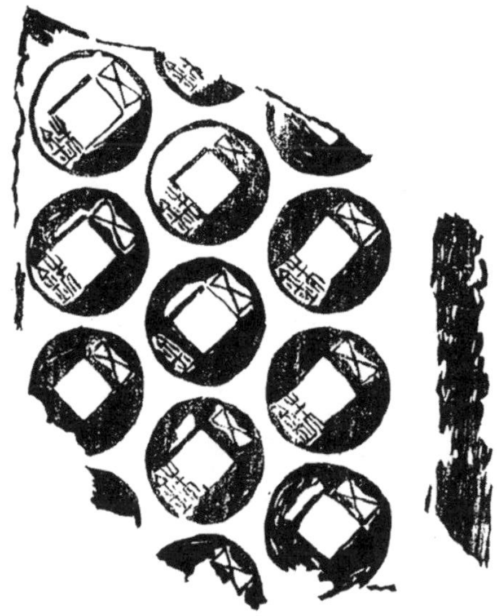

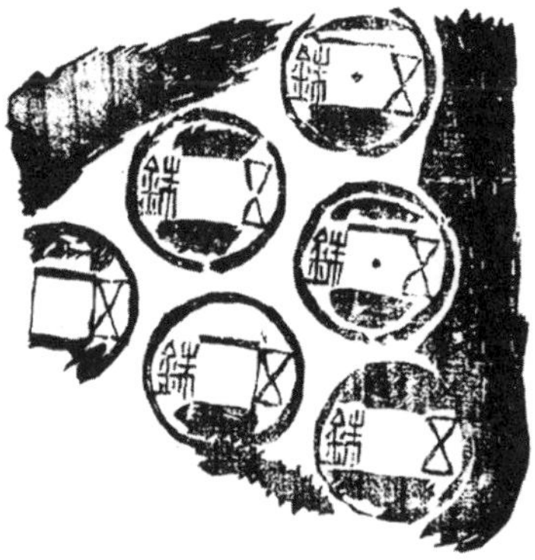

同前四殘范一餘十泉二半泉次餘四泉二半泉三餘八泉四半泉四餘五泉一半泉皆穿上有横畫自屬西京之制

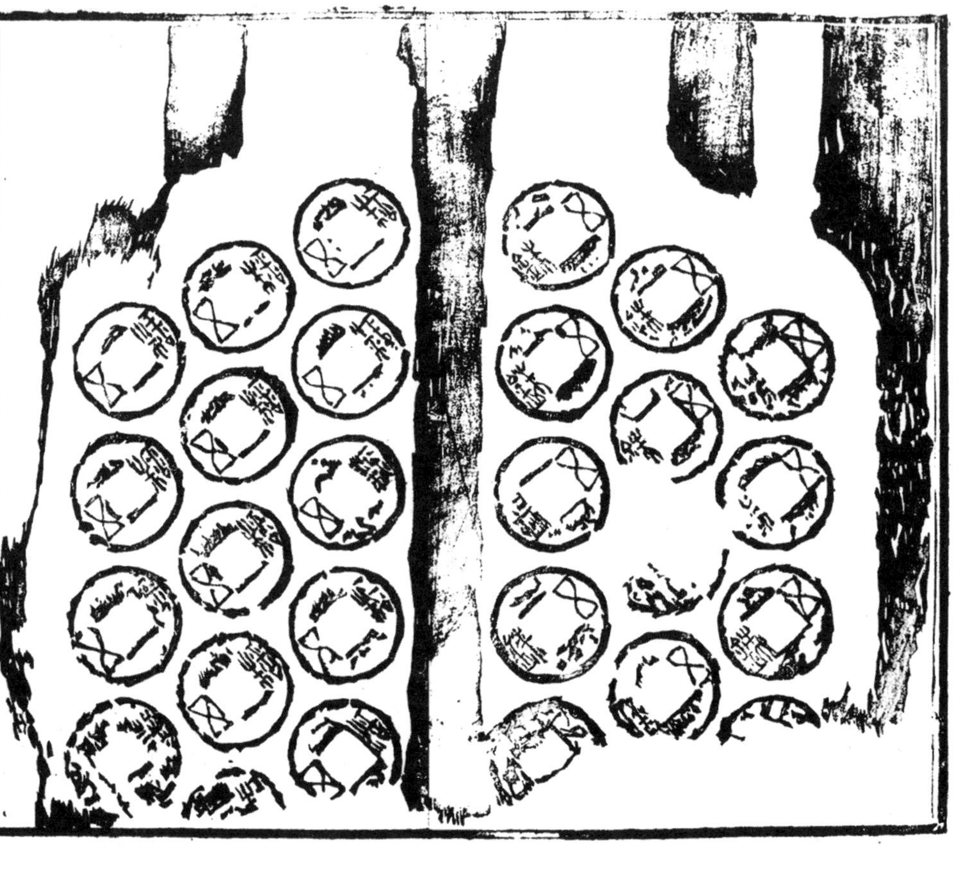

同前尙餘廿二泉又五半泉上段無字限於格未全搴

同前倚餘廿九泉又三半泉

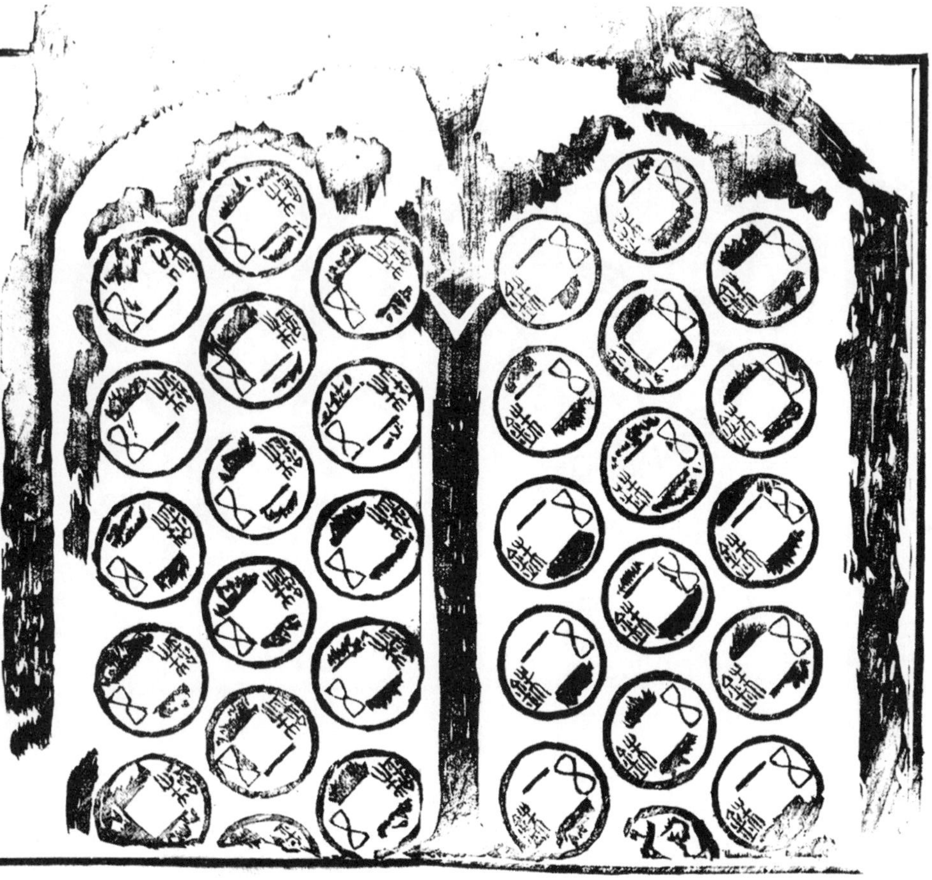

貞三十四

同前倚餘廿二泉又五半泉

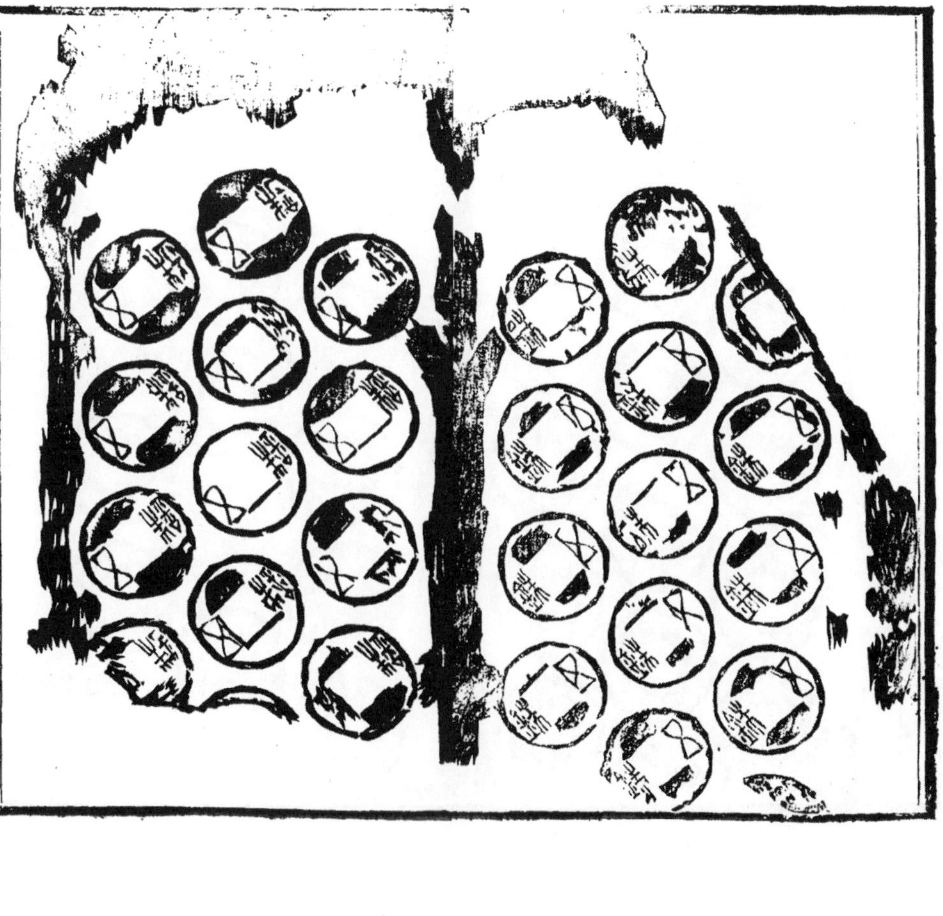

貞三十五

續泉匯

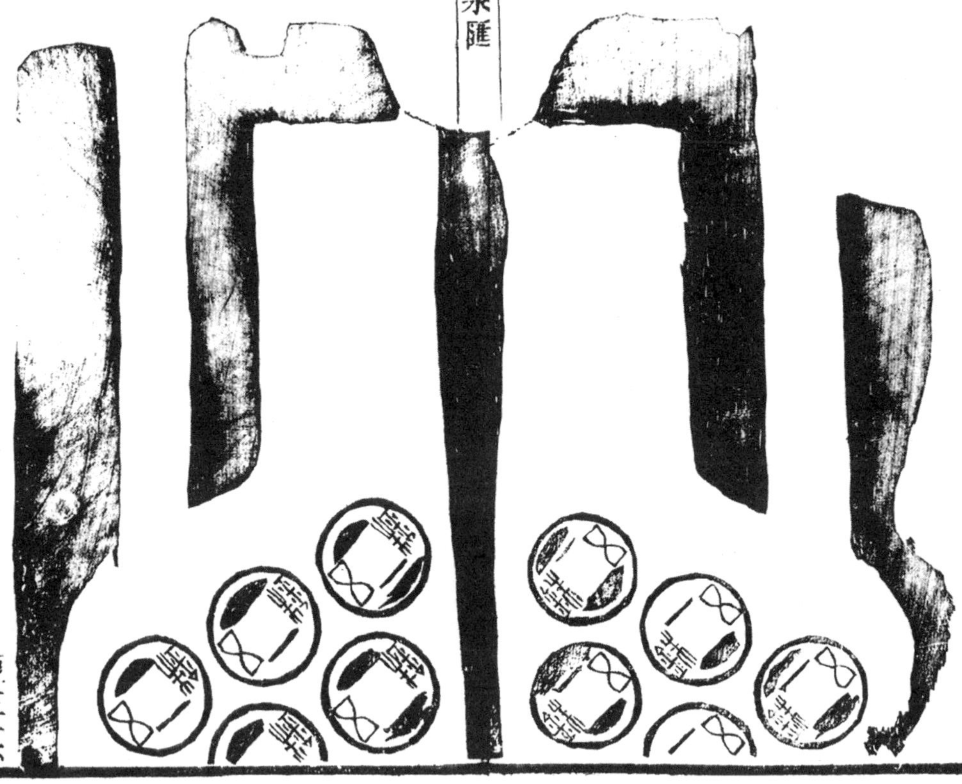

貞三十六

同前尚餘三十三泉又五半泉范式大分兩段摹之

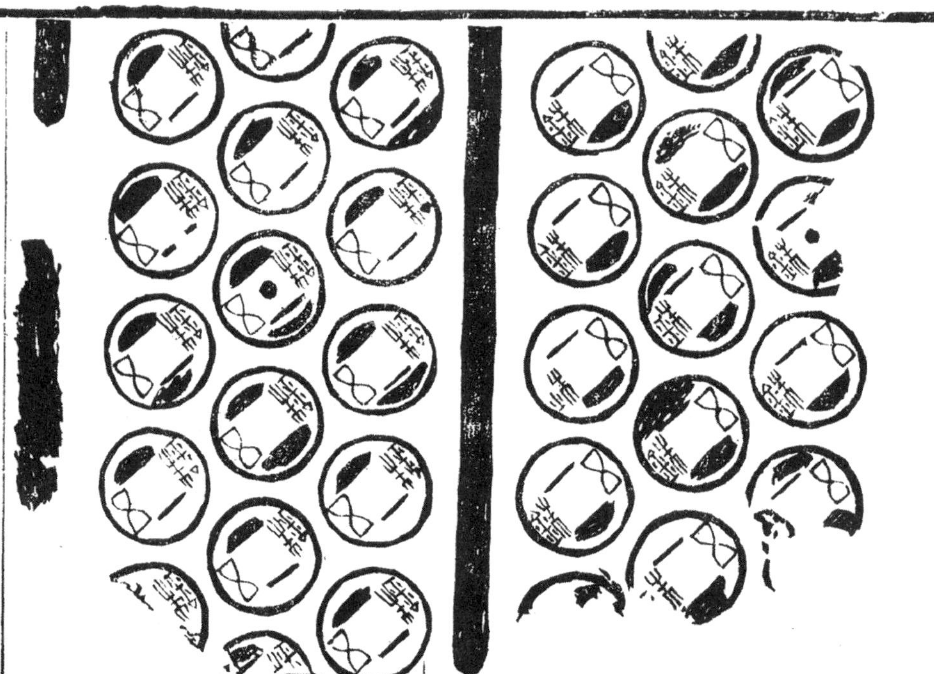

貞三十七

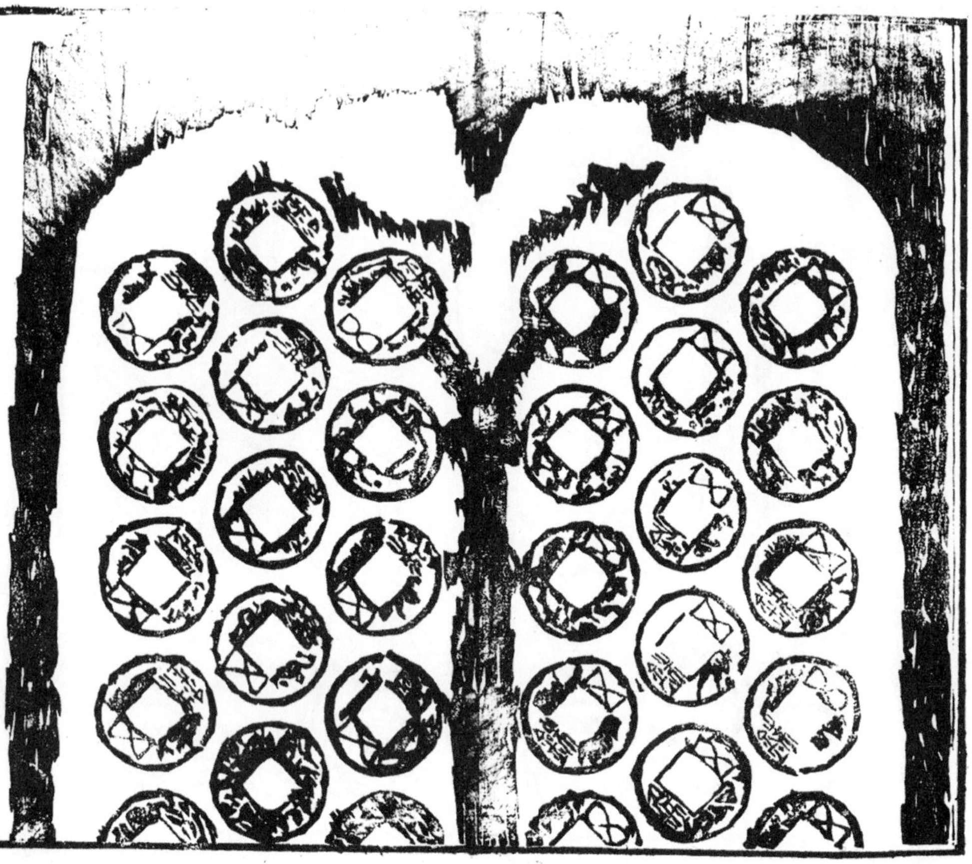

貞三十八

同前尚餘四十七泉又五半泉式大亦分兩段摹

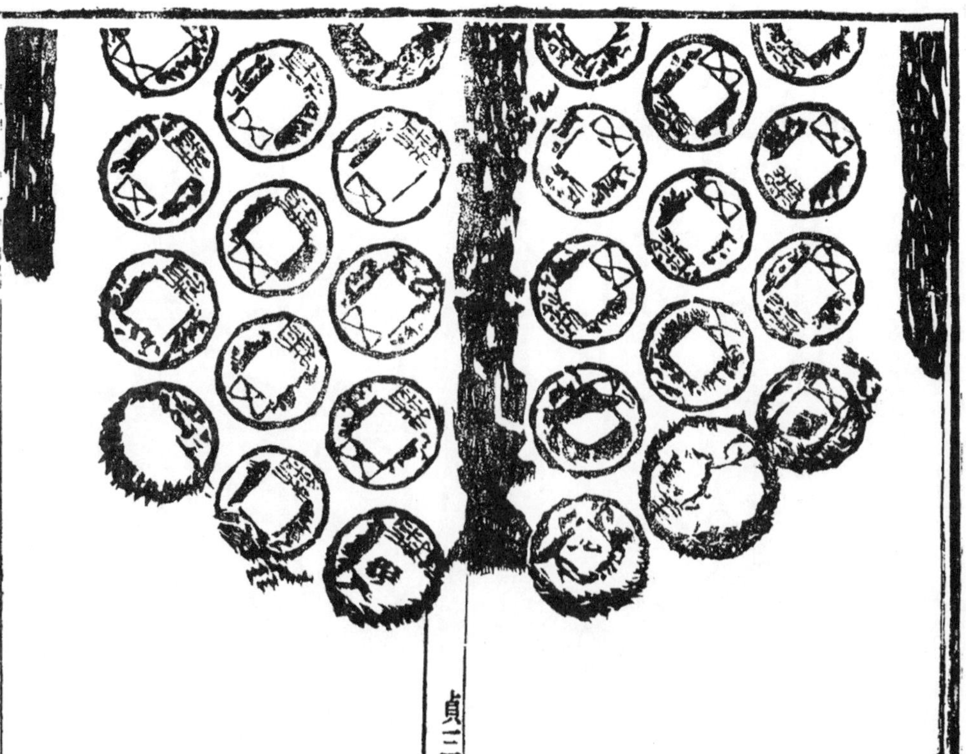

貞三十九

同前徇餘泉及不完者共廿二枚字多模糊然亦西漢泉

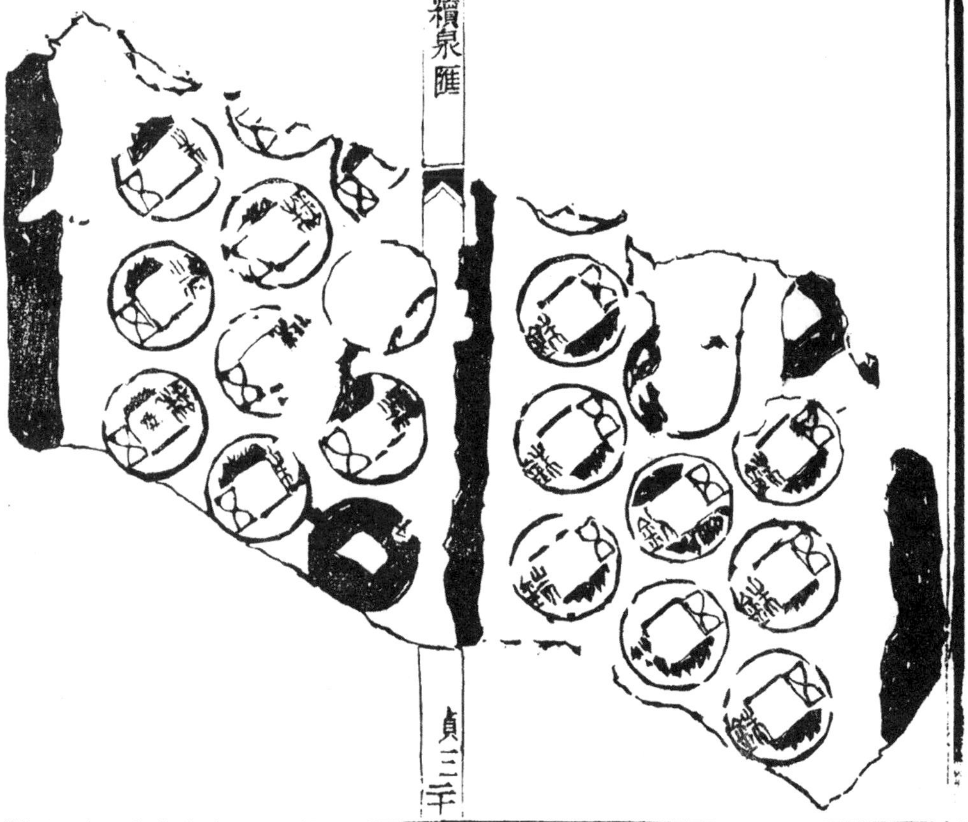

同前尙餘十三泉又一半泉共三行似大范之半

同前一存五泉又不完者四次存七泉又不完者五以上十三范亦皆陽文須合土鑄泉者既無年號亦無工名難定時代然制作與元康地節等范均同且穿上橫畫亦同故均斷爲前漢之制

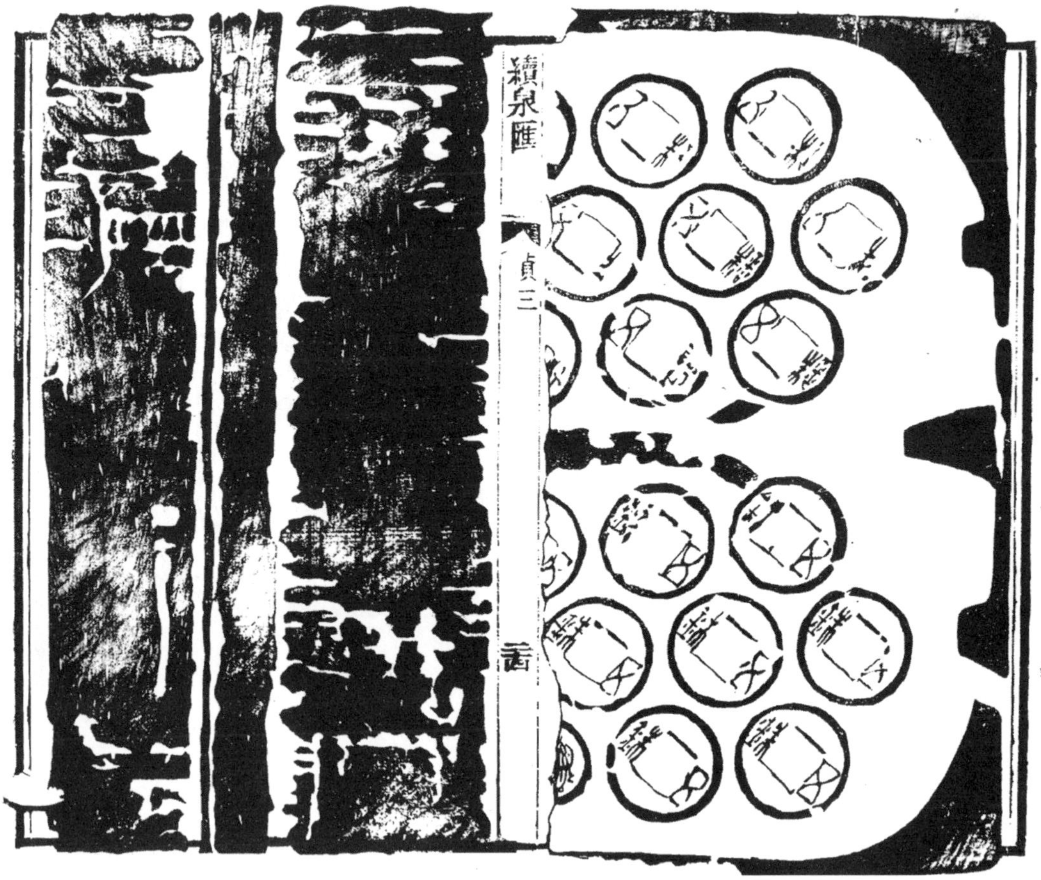

五銖銅殘范底有隆起橫梁想下段亦有一梁今不可見穿上一橫畫自是西漢物此范後出卽附卷末

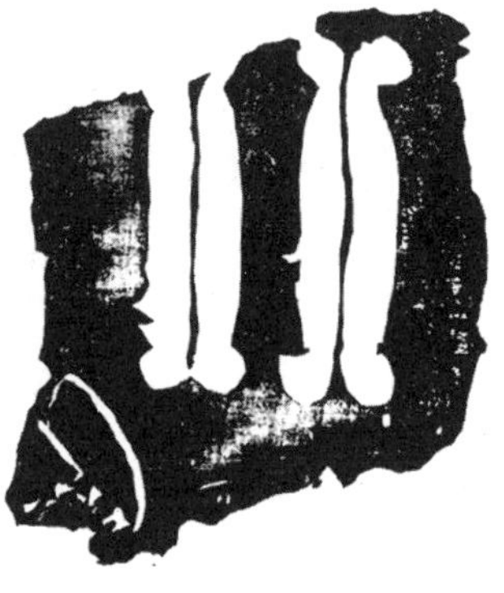

五銖陰文殘石范餘三泉又半泉背文殊異光緒紀元乙亥出齊地爲壽卿所得拓寄墨本輒補載之

續泉匯貞集卷四

泉范

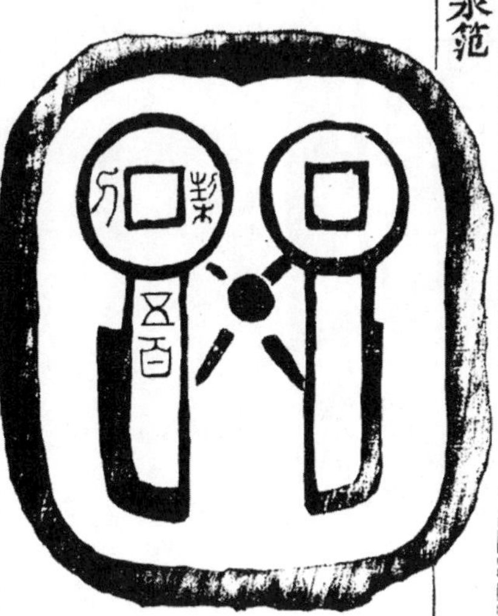

梨刀陽文銅范見前譜茲面文在左為異背無文不摹吳退樓所藏

梨刀殘土范見前譜茲僅餘上半按王莽鑄泉之精為古今第一故其泉范亦至精然銅者多土者近年始見

莽刀范無字或梨刀或錯刀尚未可定殆范之未完者歟

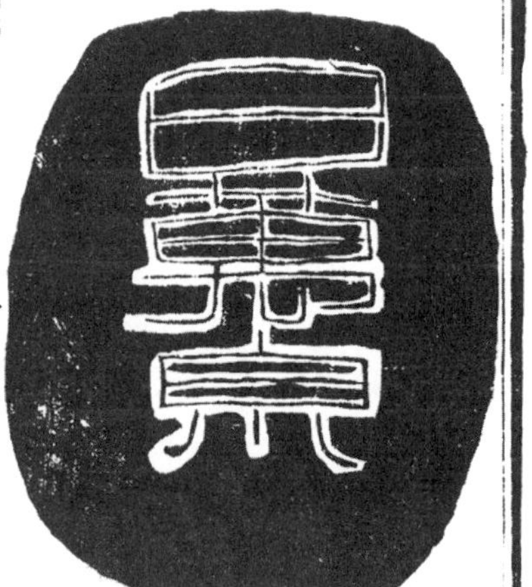

大泉陽文銅范左右列泉面背各三枚中通流道如常品底有日萬泉三字爲異此翁宜泉故物今亦歸吳退樓

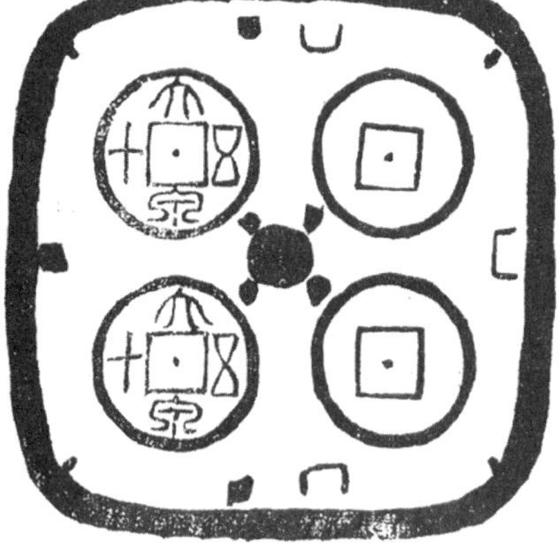

大泉陽文銅范見前譜以下俱同茲左列泉二右列背二丁竅各三恰好相乘底無文

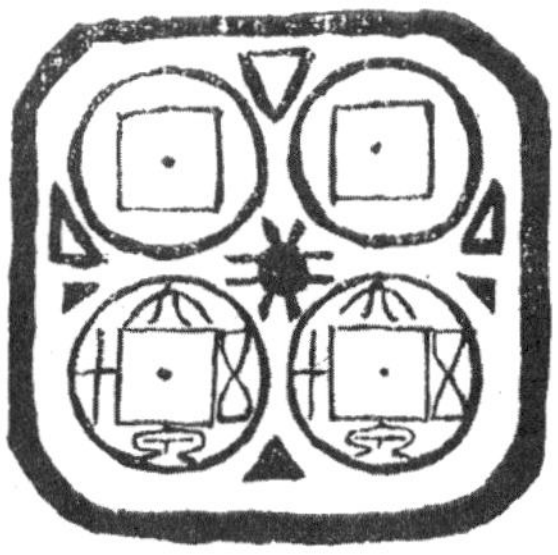

同前泉二在下背在上丁竅亦各三上下相乘此大泉式之最小者子年所藏

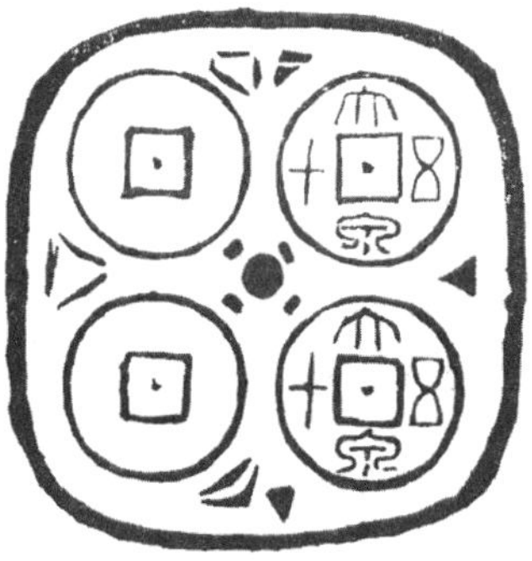

同前兩泉在右背在左丁竅各三左右相乘底陽識好哉又陰文四出

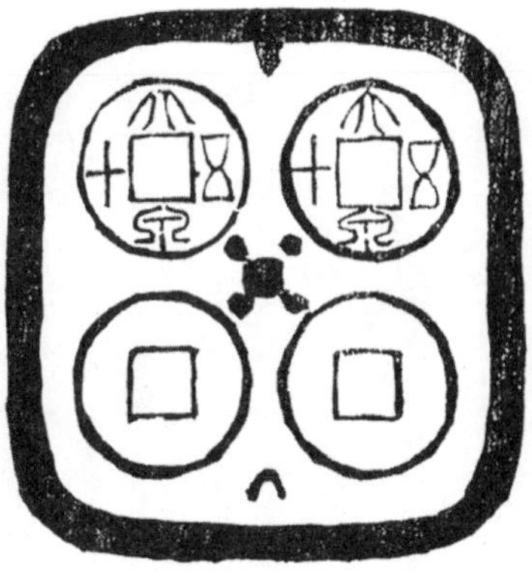

同前面背上下對列丁窽各一亦上下列底有鳳形初見拓本
頗疑其僞諦審其器方信其眞

大泉陰文銅笵一角見前譜厚近寸許極精堅無須合土即可
鑄泉者此種銅笵所見皆頗緻子年近獲數枚惜均只一半泉
無完者不能悉其制作

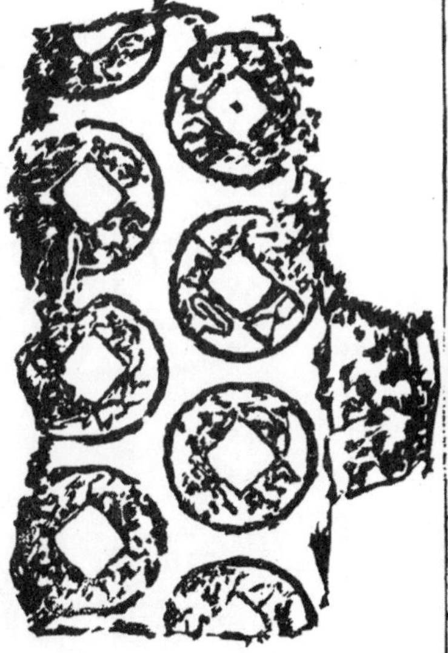

大泉殘土笵尚餘六泉又不完者二泉前譜二瓶笵皆陰文此
陽文亦合土始能鑄泉者陽文大泉土笵始見此

同前亦殘土笵俱陽文一不完者一泉又模糊二半泉次僅餘
一泉亦不完

大泉陰文鐵范見前譜茲左右列六泉中通流道底方丁隆起

甚大

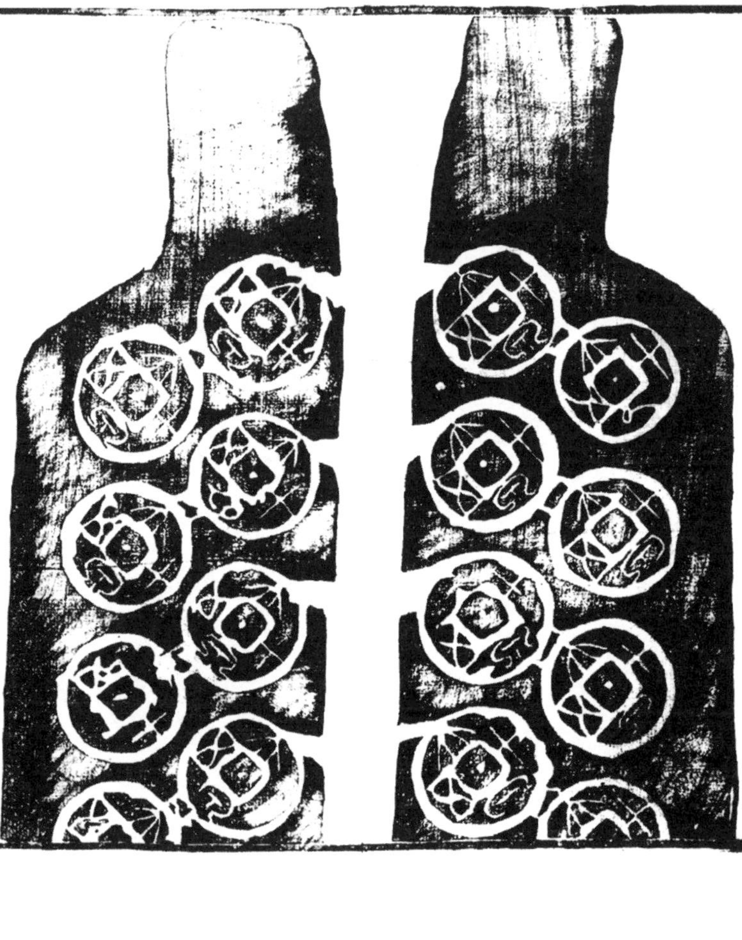

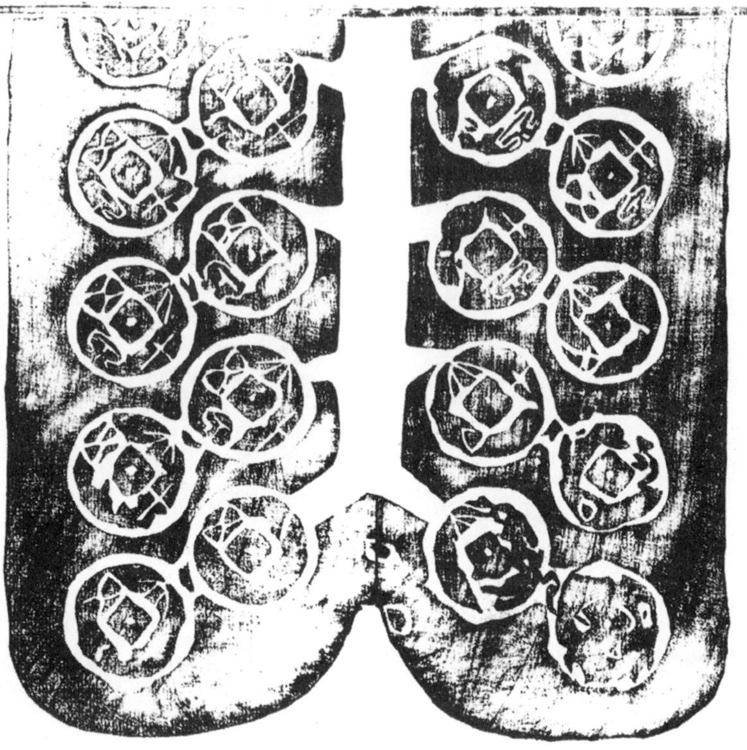

大泉鐵笵同前茲較大流道中分左右各兩行並列陰文三十
二泉無須合土者式限於格分兩段摹之

貞四　九

古泉匯

貞四　十

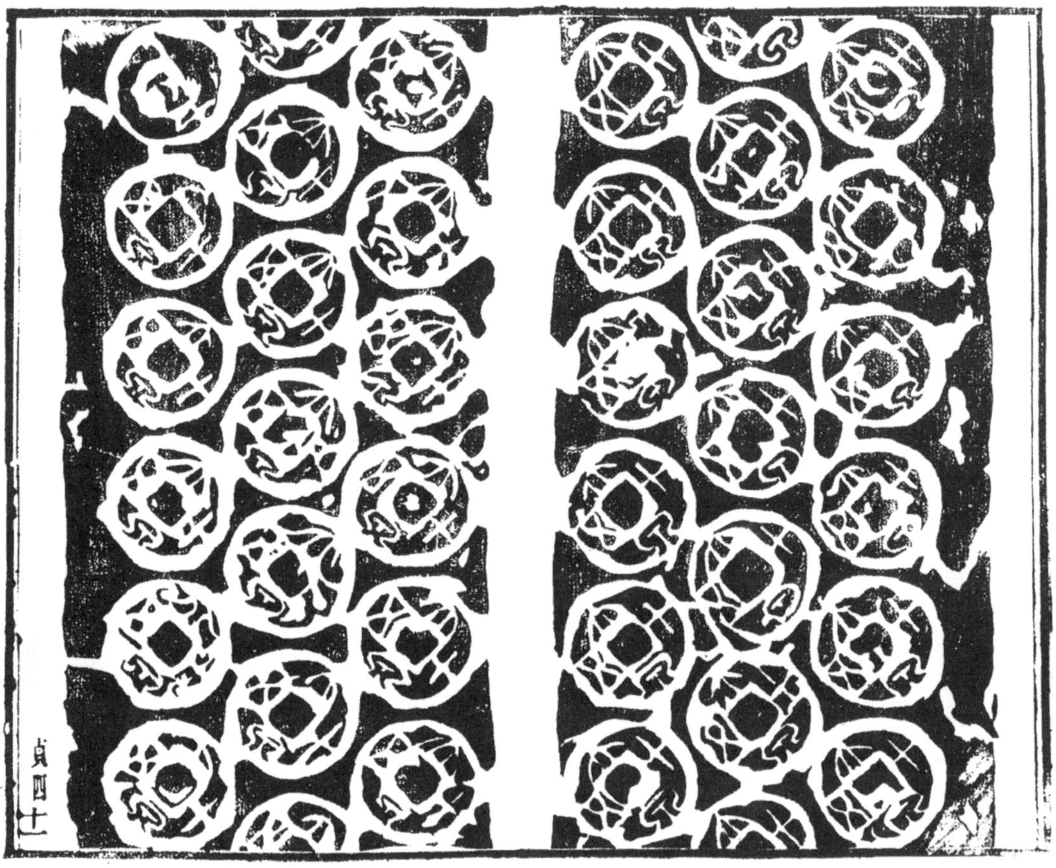

貞四十一

貞四十二

同前左右並列六行陰文泉共五十八枚範之大無逾於此者
矣限於格分三段摹之

小泉陽文殘土范尙存四泉又半泉餘剝蝕此種土范亦僅見

大布黃千陽文銅笵面在右背在左各一見前譜茲方式而橢
其角丁䆞左右各三底平

同前而式銳下杜與流道亦在下左右丁䆞各二

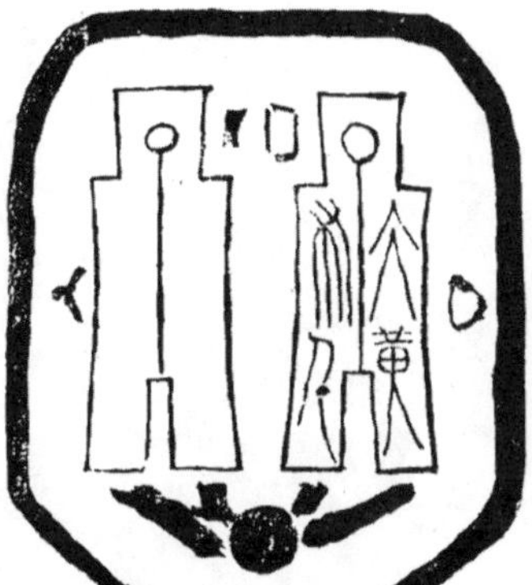

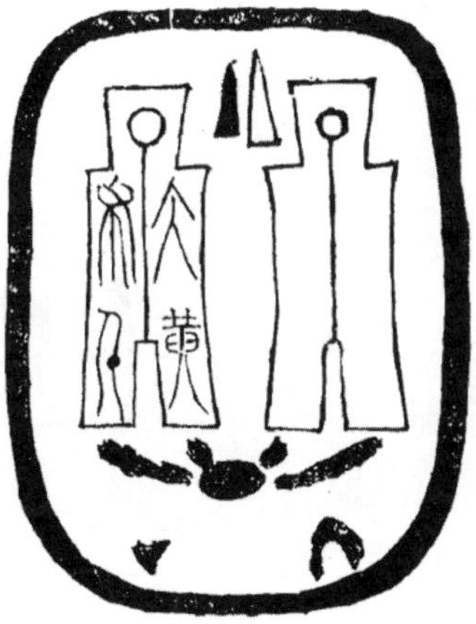

同前而形長圓布在左背在右丁䆞在上下各二底有外緣未
摹

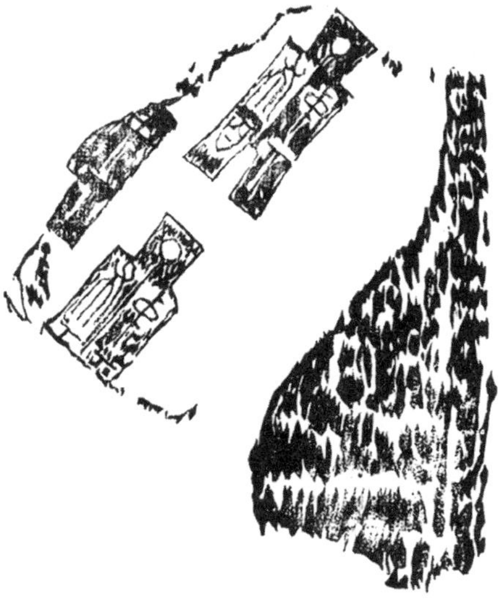

中布六百陽文土範尚餘一布又不完者二布按莽十布應俱
有範今傳世者惟存大布餘皆無存此中布僅見亦陳壽卿藏

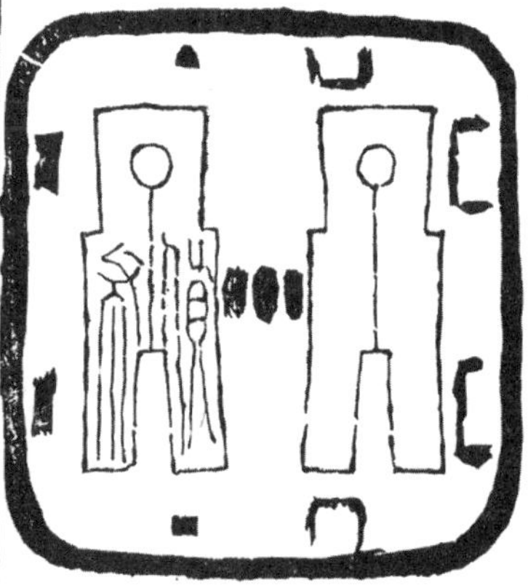

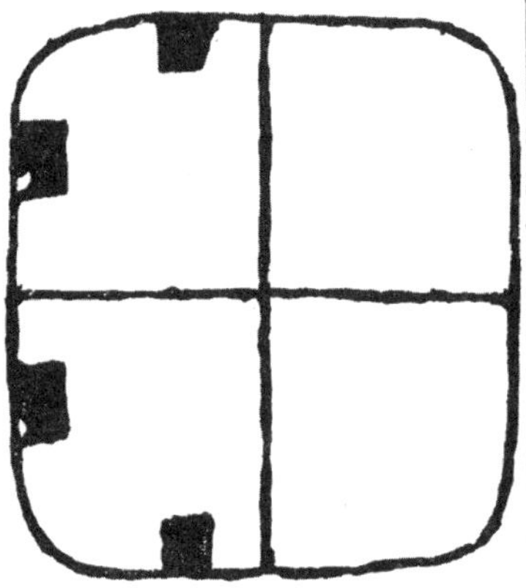

貨布陽文銅範見前譜茲面背各一面左背右丁竅左右各四
牝牡對待底十字文左有四丁

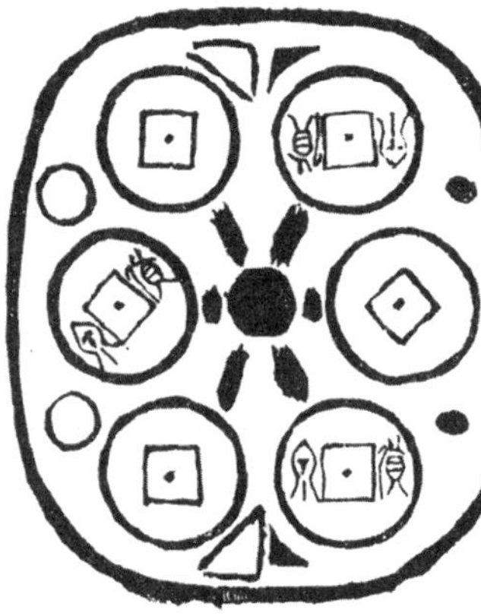

貨泉陽文銅範見前譜茲面背各三泉參差相間面文一正一
倒一斜左右丁竅各四亦相乘底平

知後漢多仿莽制

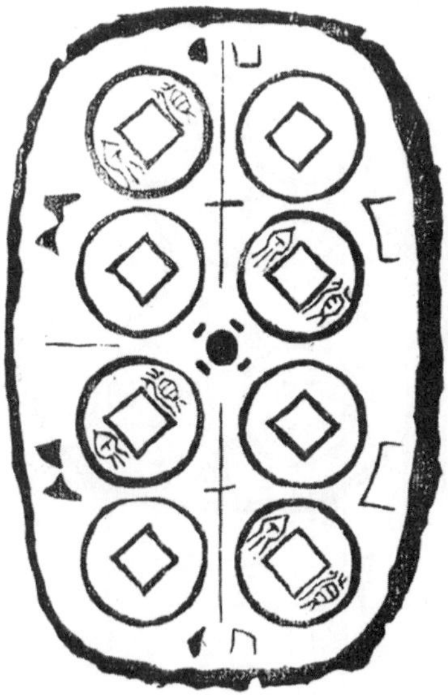

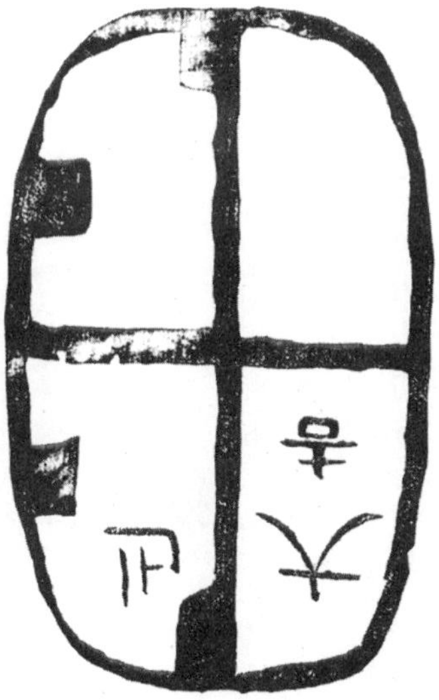

同前文俱向下斜書底有十字文並大吉二字與前譜同又多一字不可識

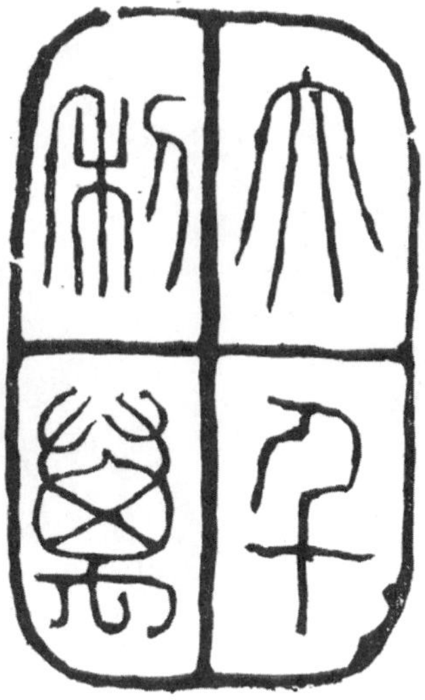

同前面背各四泉亦參差羅列文俱向下一斜書者底十字文篆書大利千萬四字乃范之兼吉語者範式與建武等范同可

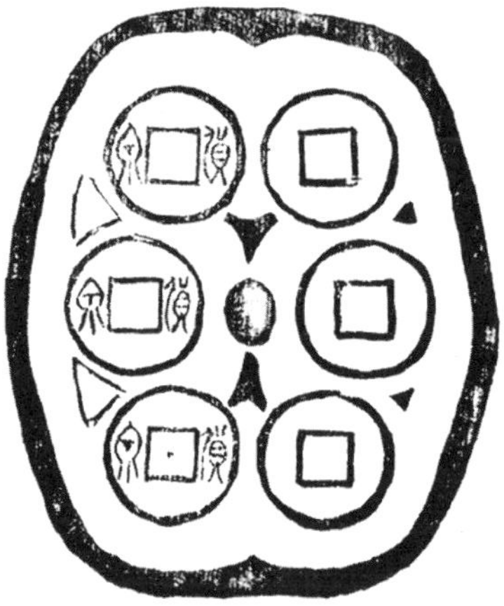

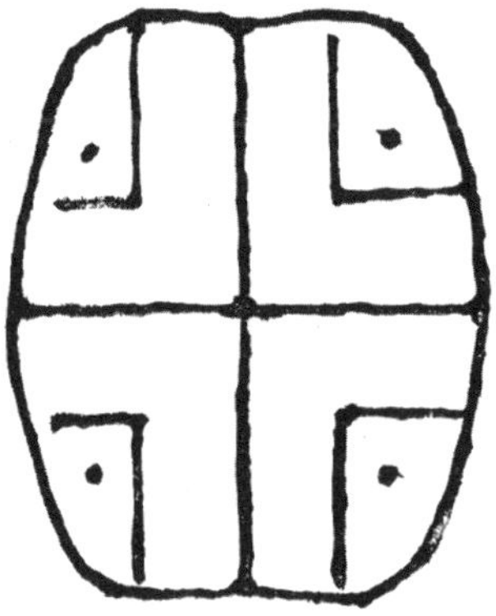

同前面背各三泉面左背右丁竅各二背十字並四曲文四星
亦歸安吳氏兩罍軒藏器

補遺

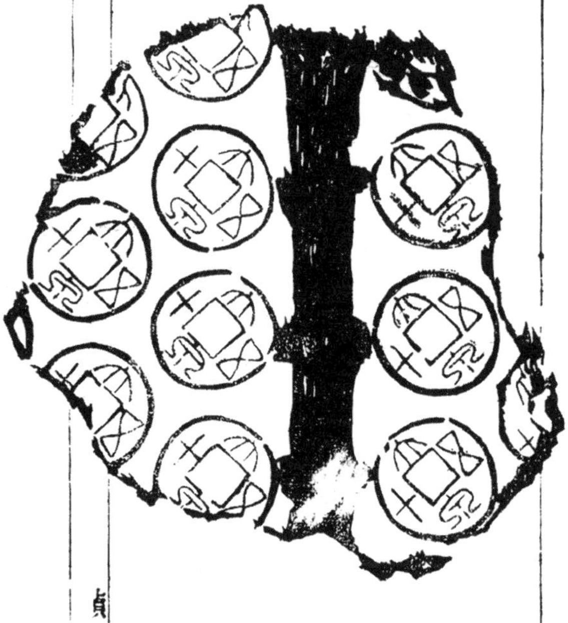

大泉陽文殘土范一尙餘六泉又不完者六次尙餘四泉又不
完者五此種范罕見壽卿續獲六枚選其大者載之餘不備摹

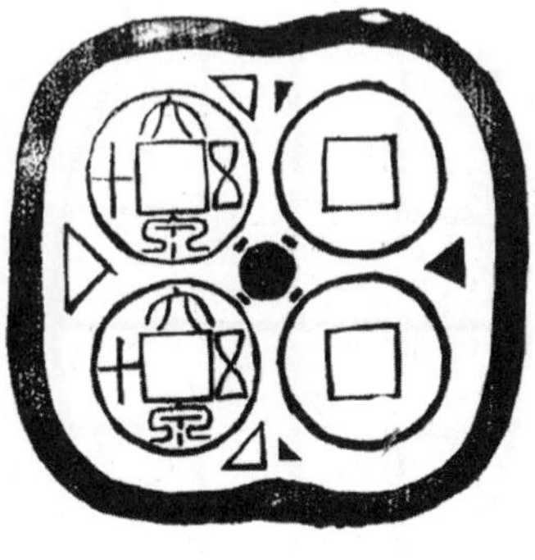

續泉匯　貞四　廿二

大泉陽文銅范兩泉在左兩背在右丁亥各三亦大泉式之最
小者

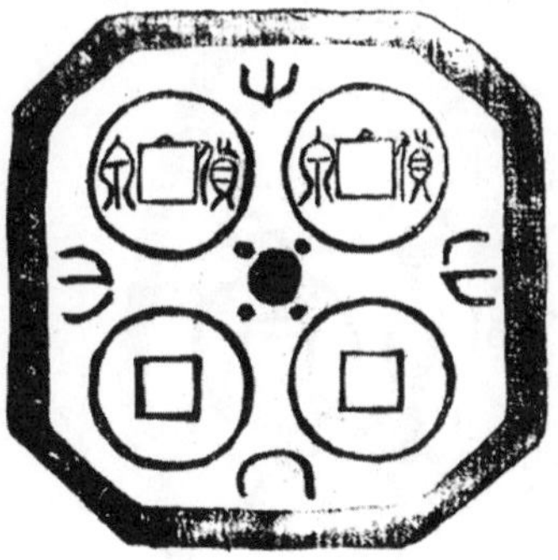

貨泉陽文銅范兩泉在上兩背在下丁亥亦各三惟泉面穿上
半星爲異以上二范子年續獲即補列於末

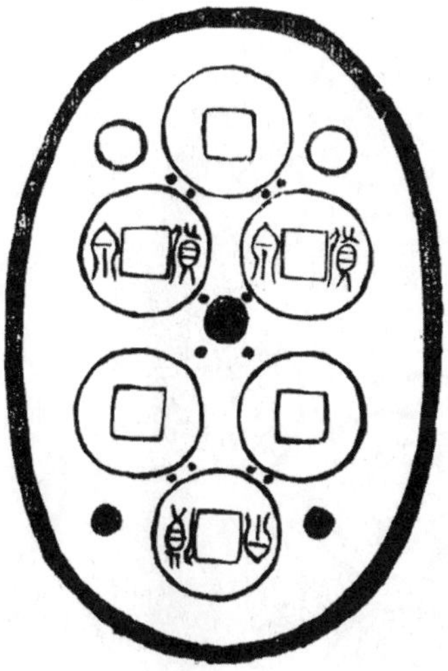

續泉匯　貞四　廿三

同前面背相間各三泉文二正一倒丁亥各二形製特異潘伯
寅新得亦補載之

續泉匯貞集卷五

泉范

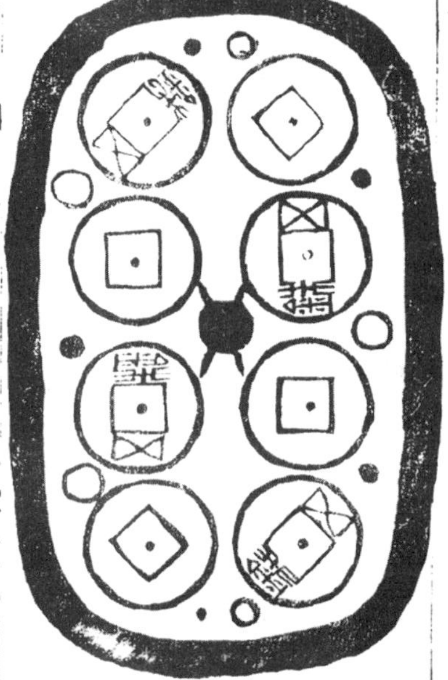

漢光武帝五銖陽文銅范形長而橢其角列五銖面背各四錯落相間左右丁縠各五亦相間又相乘背十字文左列隸書款二行建武十十年三月丙申太僕監掾蒼考工令通丞或令史鳳工周儀造十十兩字中畫不顯合觀似二字左似山字文

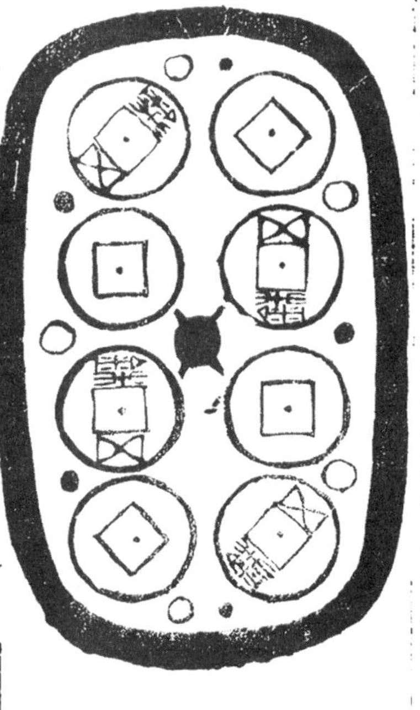

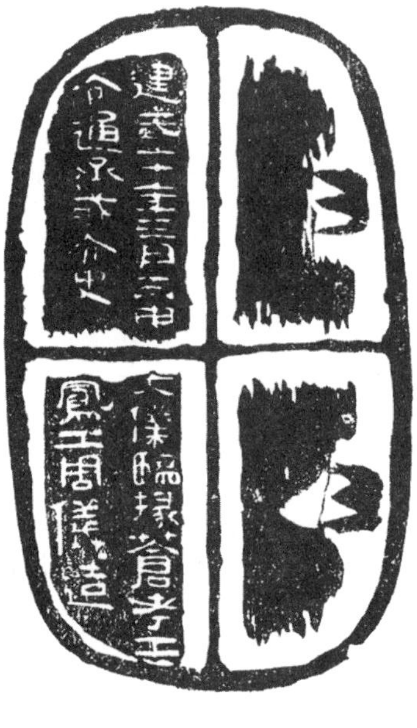

同前面文無異背小異前建字及十十字均不斷此俱淸楚易見此范張端木錢錄蔡鐵耕癖談馮雲鵬金索翁宜泉古泉彙

考俱載之錢錄作十六年業考從之蓋因漢書光武紀有建武
十六年始行五銖錢之說而附會之今諦審二范實非十六金
索釋爲十十載旻且引汾陰宮銅鼎十十枚爲證謂十十即二
十也余按前譜秦權錢有第十十者亦可互證積古齋款識建
武十十年太官鍾壺款識工伍興造考工令史由丞或令通太
僕監掾蒼省與此略同丞或二字屢見釋作齊國者誤也癖談
謂太僕監掾官名太僕屬官有五監長丞見漢書百官公卿表
掾又其屬漢書音義云正曰掾副曰屬考工令官名見續漢書
百官志令史官名亦見百官志業考謂工賤故書姓而蒼通或
鳳皆書名也說俱可採至金石契初收貨泉范僞仿此款後已
改正余又見僞五銖范亦假此款竟作二年不足辨矣

續泉匯　貞五　三

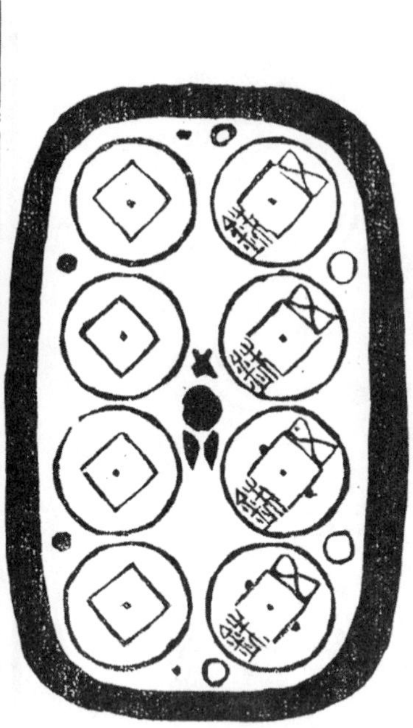

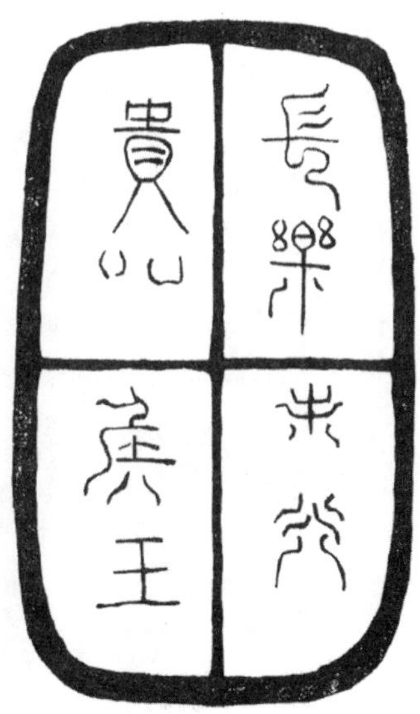

五銖陽文銅范與前范式同平列八泉四面在右四背在左左
右丁竅各四兩相對待右四泉上二枚穿上橫畫似仿宣帝泉
制下二枚穿上下半星則仿莽貨泉布泉之制當在莽泉以後
背十字文內長樂未央貴如矦王八字漢器中吉祥語常見者

續泉匯　貞五　四

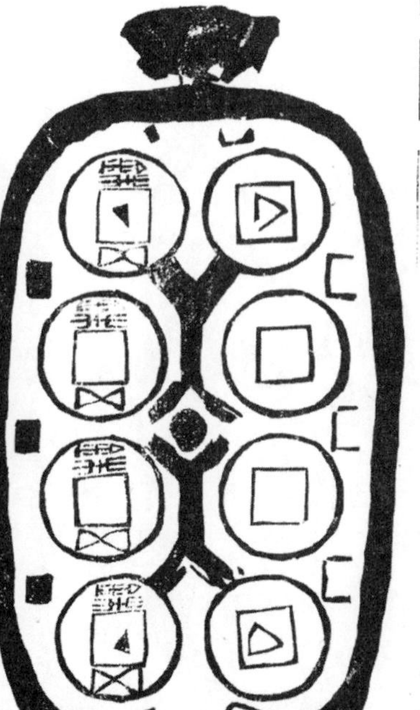

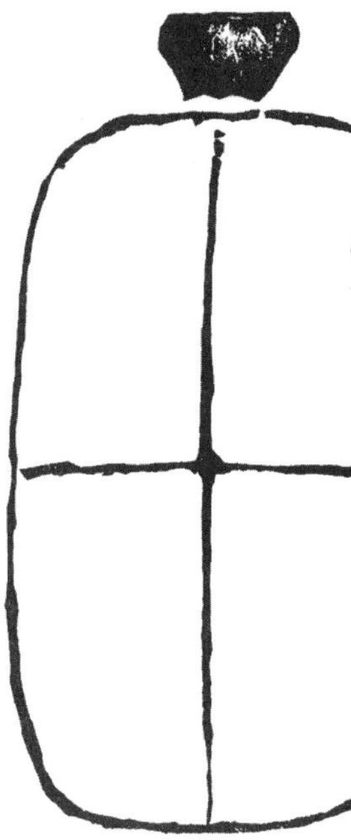

五銖有柄陽文銅范左右平列八泉四面在左向左背四背在右丁竅左右各四相對如前底十字文上有柄爲異此范所見

凡四無纖毫異摹一以概其三以上二范均與建武范式同故並附於後亦皆壽卿所藏壽卿藏范百二十續編悉補載之合之前編所收同人所得集泉范之大成矣壽卿續獲一五銖陰文銅范版兩行列十二泉流左有轉出之角有長方孔版角又有四柱當有合幕版者背二龍文均爲創見已據以入錄壽卿書來復疑之屬删去附記於是　子年云此范上下四泉穿內有丁竅各二亦屬創見

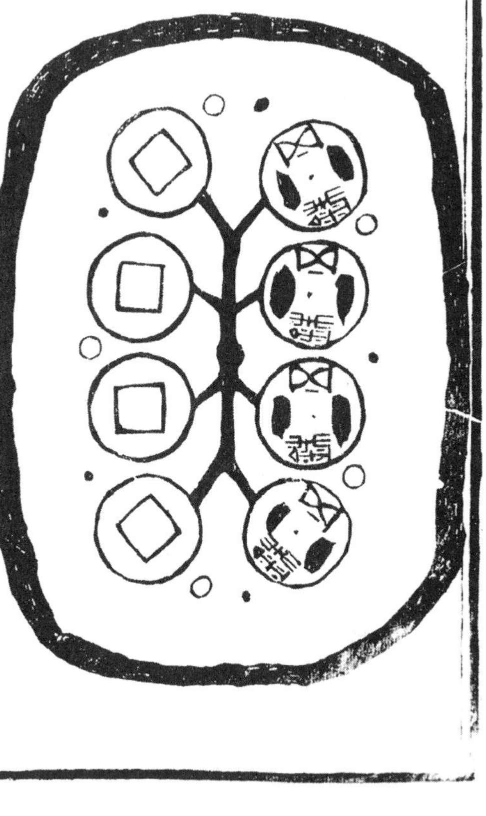

五銖陽文銅范面背亦各四泉四面在右丁竅相乘與前各范略同惟范大而底小爲異底十字文左有建武年款誤以十十

年爲二年係僞刻故不摹

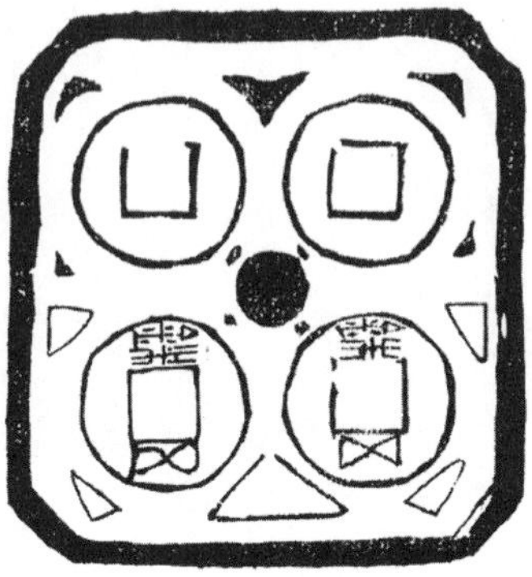

五銖陽文銅笵面背各二泉面文在下向左丁篆亦相乘背文

五銖多成利年長生八字反書壽卿新獲殊爲罕見壽卿云笵

正文者鑄成則反書而左行矣

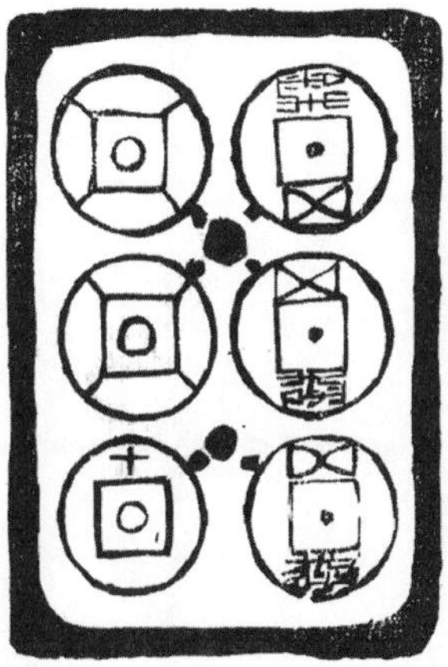

漢靈帝四出五銖陽文銅笵平列面背各三泉面在右一向左

書二三向右書背在左一二四出文三上十字

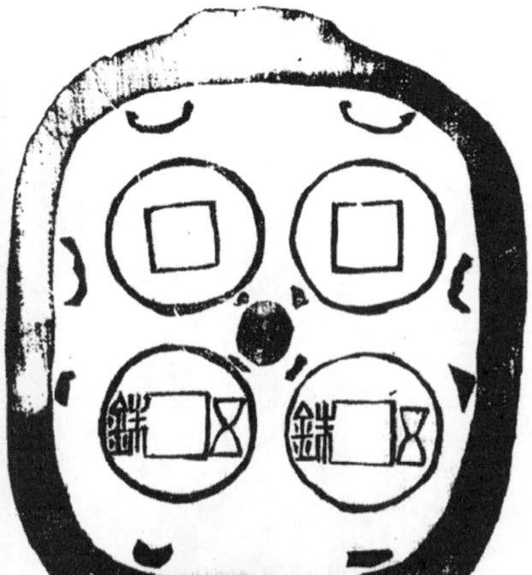

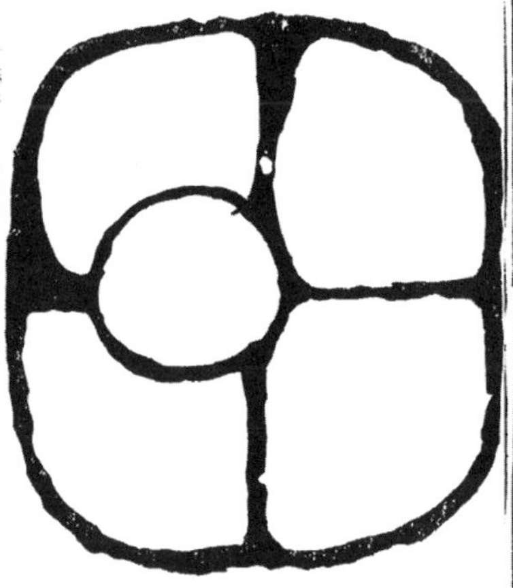

五銖陽文銅范兩泉在下兩背在上丁冢各四亦相對待濶緣處有十字文

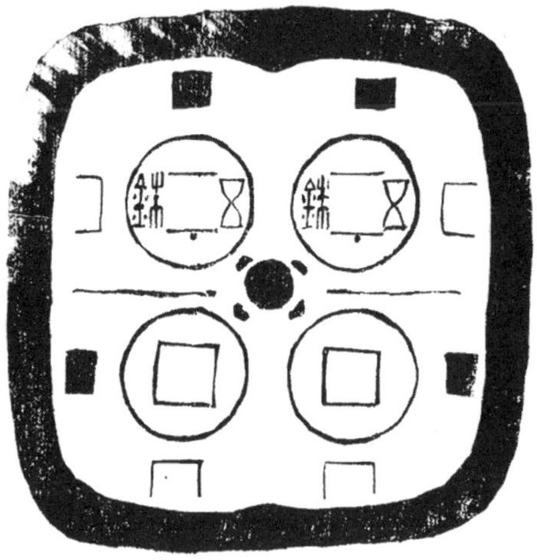

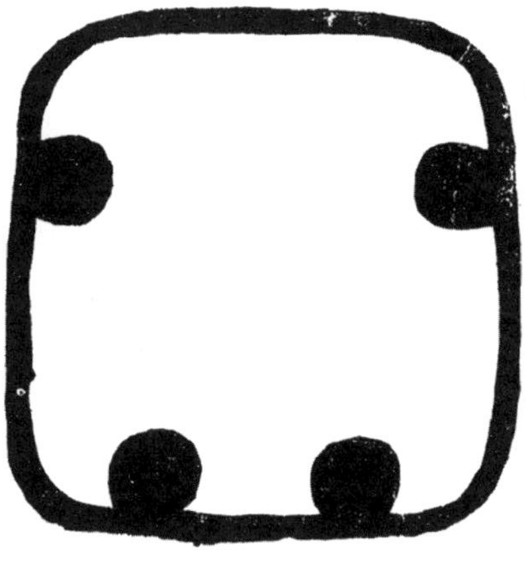

同前兩泉在上兩背在下上下丁冢牝牡錯落相乘面文篆下半星背有四丁

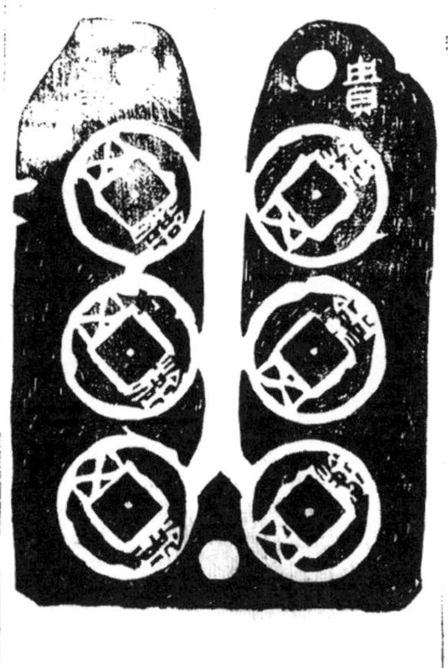

五銖陰文銅范平列六泉中分流道無須合土即可鑄泉上有

貴富二字乃范之兼厭勝者凡吉語多在范底此在面上創見

同前亦列六泉上有陰文十六二字背有隆起處似鈕

同前面列八泉字俱向右末一泉獨向左已巳年與半兩范同

出膠東

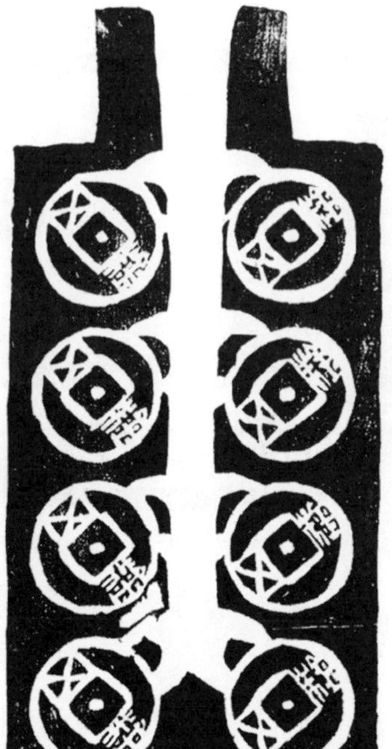

同前面列八泉字俱向下斜書

同前倘存六泉又二半泉字俱向下反書末一泉獨正書陰文
範無不反書以鑄成則正文也若陰文正書鑄出即爲傳形五
銖漢以前泉率有傳形復證以此範足見五銖傳形一種正不
必專屬之蜀漢矣

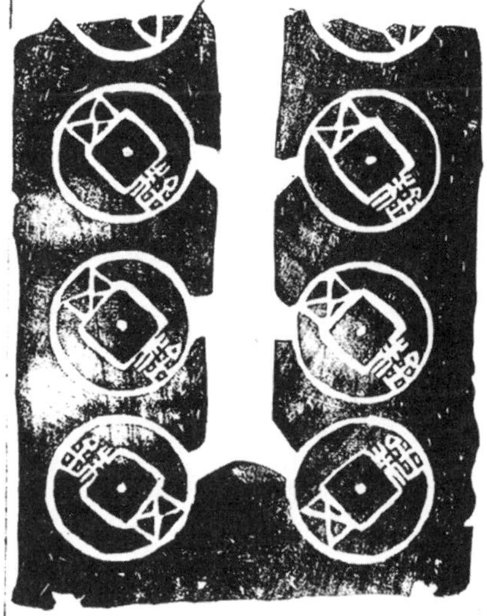

貞五　七十四

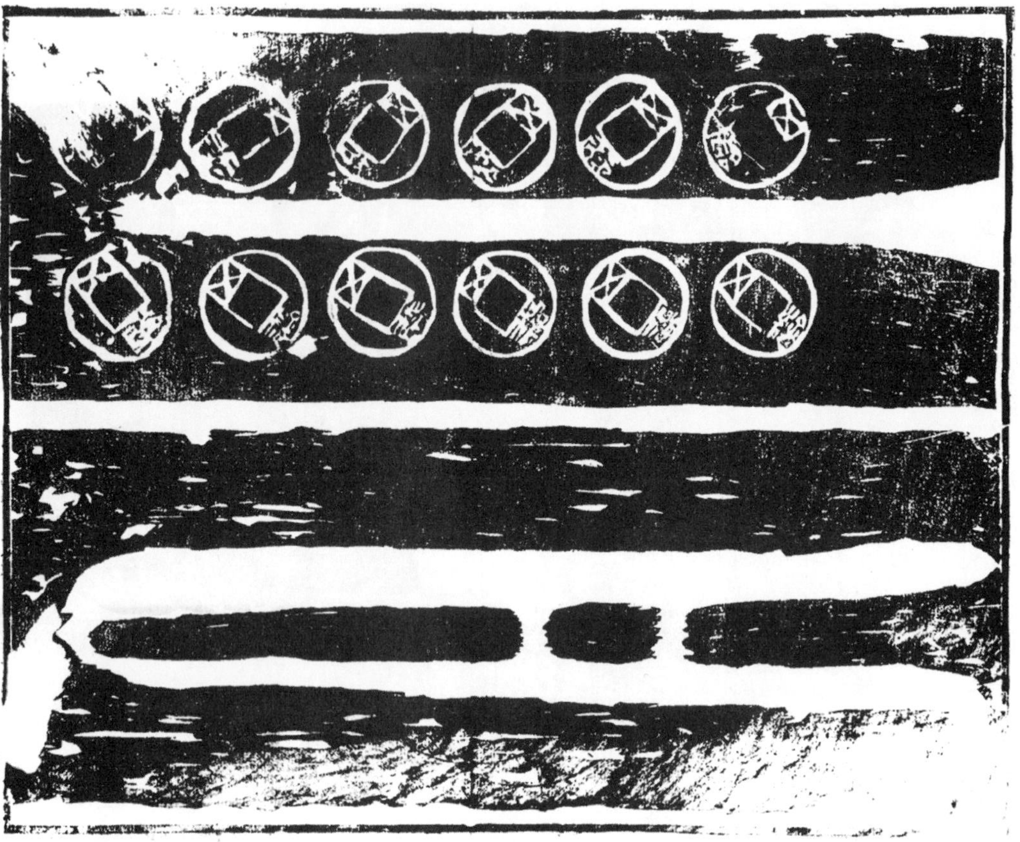

五十六

二品俱同前面列陰文十二泉一泉文俱向內底有隆起之銅似兩丁相對次文俱向外底隆起銅似脊作三段

五銖陰文殘銅笵僅餘三泉斜書一正二倒

續泉匯《貞五》

夫

同前亦殘銅笵尚餘五泉又半泉俱不完

同前亦餘五泉叉半泉字多模糊不辨

五銖陰文一泉范式如蓮瓣最奇底有一直文

五銖陽文殘土范見前譜尚餘二泉制較小類稚錢而精

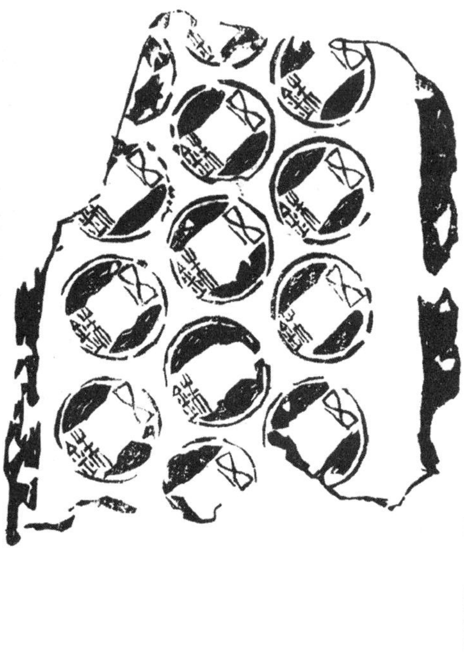

續泉

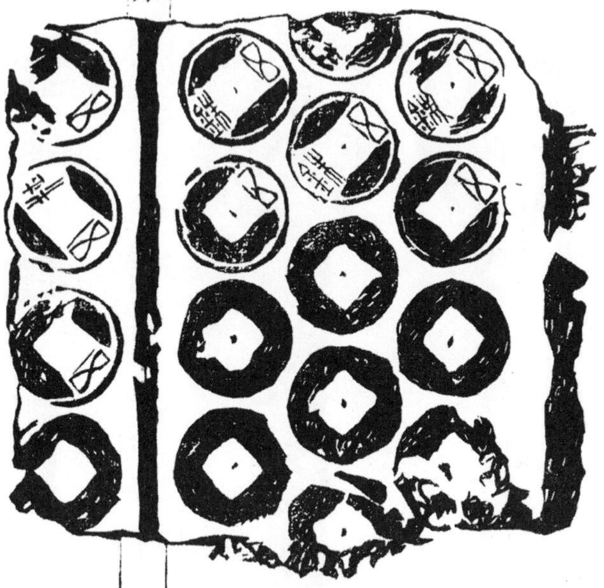

貞五九

同前茲一尚存七泉又不完者六次尚存十泉又不完者七字
僅八枚可辨餘皆模糊此等土范多於長安出土所見尚不止
此特擇字之清晰者摹之不晰者從略

續泉匯

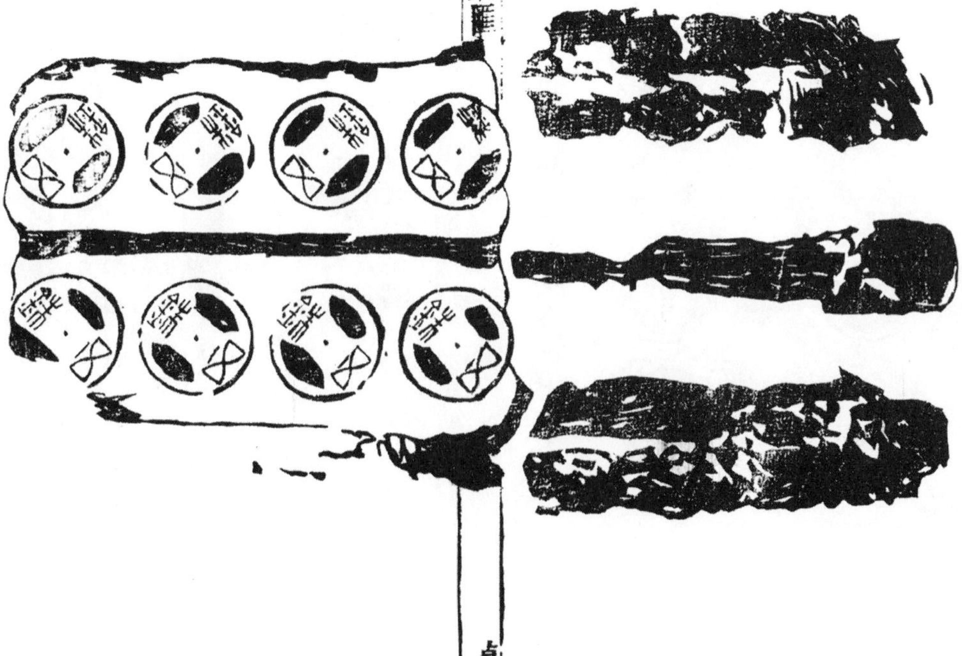

貞五十

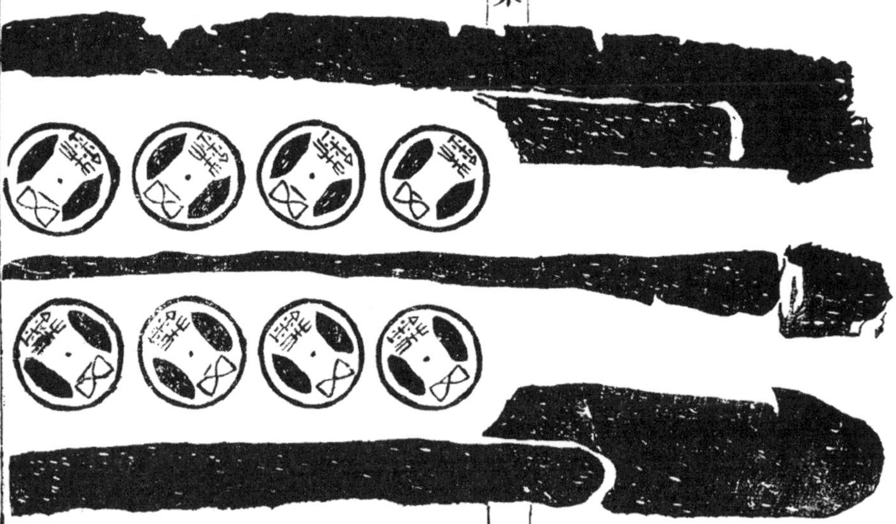

同前尚存七泉又不完者一以上四土笵亦似前漢物而穿上無橫畫之確證據故不能定其時代

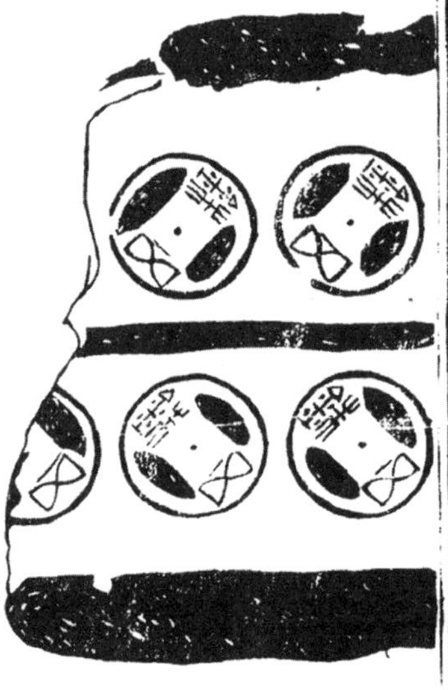

同前尚存十二泉又不完者一仍係不全之笵分兩段摹之穿上亦無橫畫

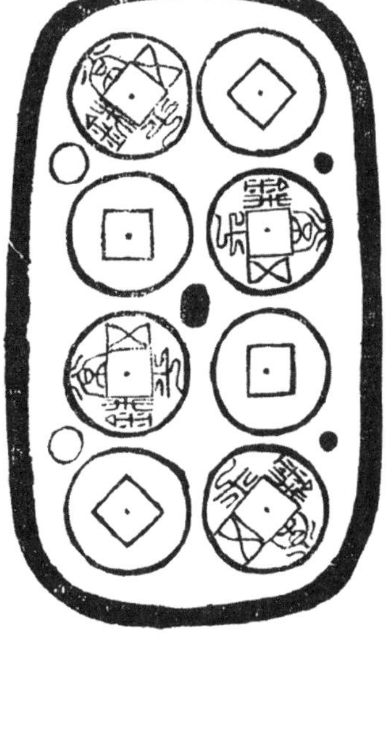

常平五銖銅笵見前譜泉八枚面文二正二斜左右丁竅背有斜文均同惟前笵俱向一面書此俱向內書背無方銅丁爲異

續泉匯　貞五

按北齊宣帝泉鑄造最精故此笵亦精緻有餘與莽布泉笵相似

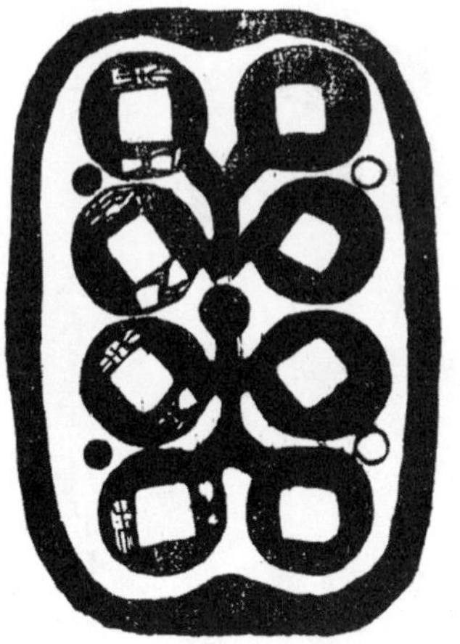

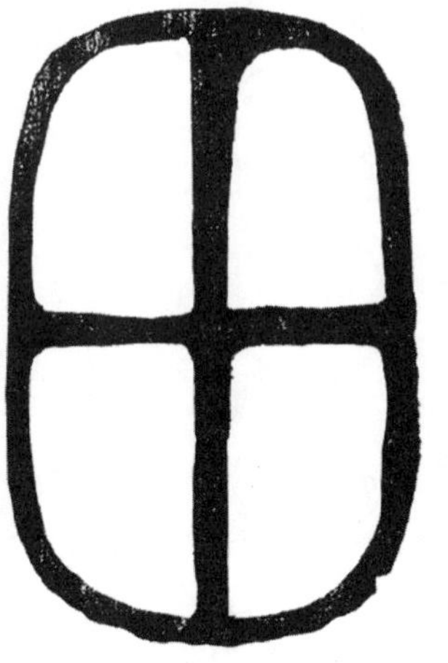

五銖銅笵形製較小亦類穉錢左列泉四右列背亦如之丁竅各二左右對待底作十字文皆仿東漢泉制惜不精緻自屬私鑄之物

續泉匯　貞五

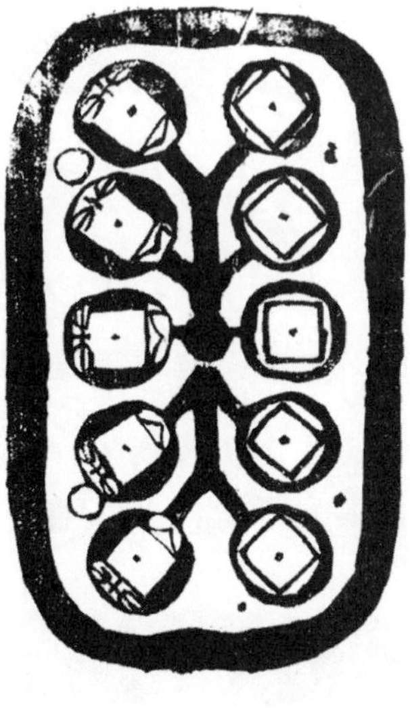

五朱銅笵列十泉面背各五面在左背在右左右丁竅相乘俱
與諸笵相同惟底作人形則諸笵所未有者稚錢笵不精此笵

去五存朱趨於簡易皆非官制舊說定爲梁泉前譜從之其實
均六朝私鑄特自梁時已有之不必盡屬梁時所鑄也

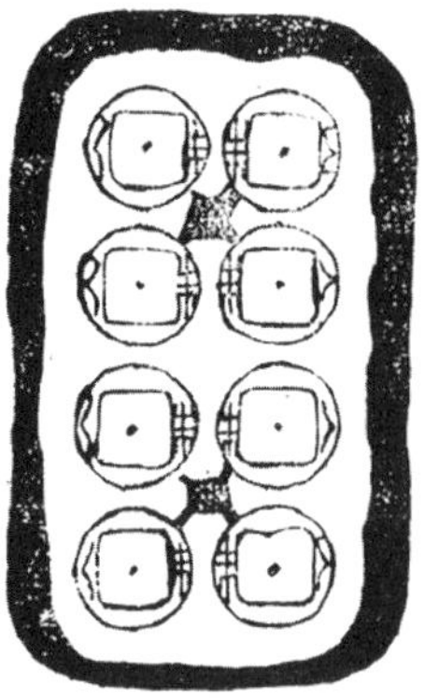

同前形製益小八泉俱作面文四正書四反書爲異此種當係
仿環鑿五銖之笵環鑿在前此應在後皆私鑄所用

續泉匯補遺卷上

歙　鮑　康子年
利津李佐賢竹朋　同編

方足布

安邑化二金　見前譜斤字傳形異按安邑一金二金正書背

有安字者昔頗罕覯晉中新出土數千土人計斤論直尋氏所
收不少流傳都下筆畫各異其倒書一種胡石查近收數十枚
亦無一相肖者均不及備摹只斤字傳形爲最異特著之以見
讀釿一說未足深據潘伯寅拓示倒書一品背有陰文安字未
見原泉似出僞刻故不載

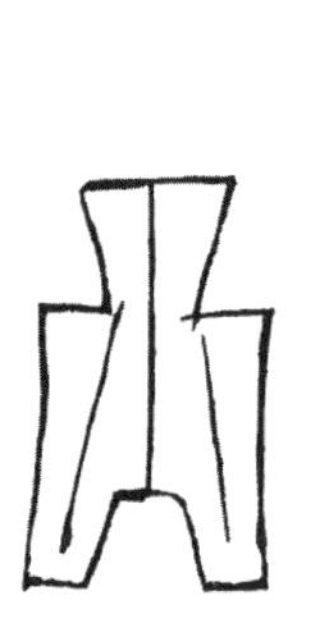

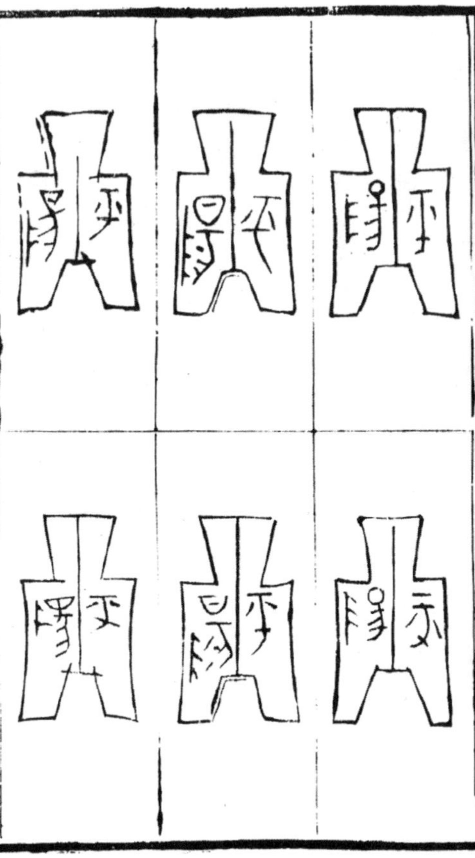

續泉匯　補遺上　二

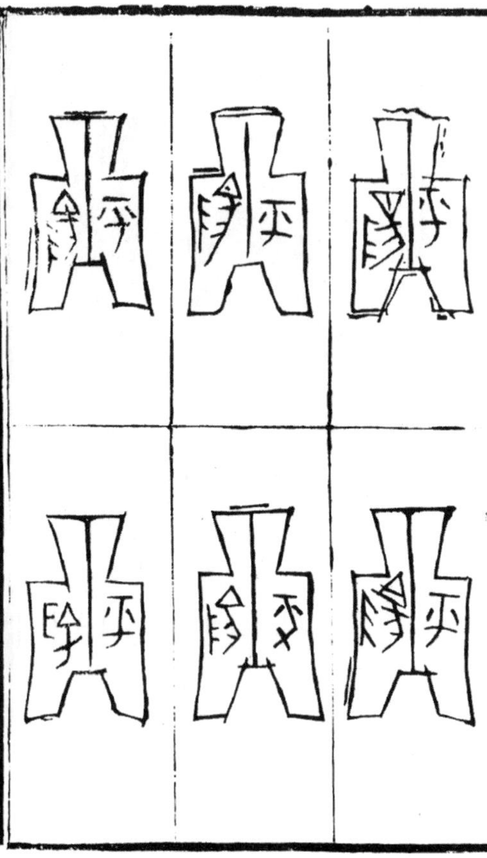

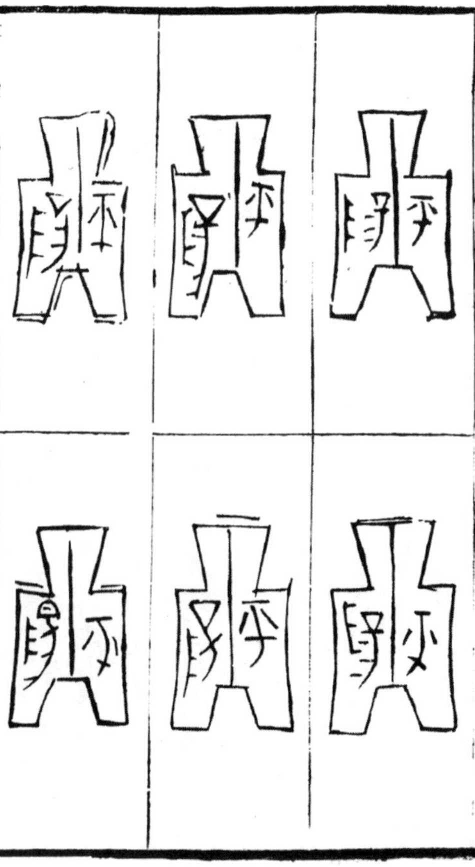

續泉匯　補遺上　三

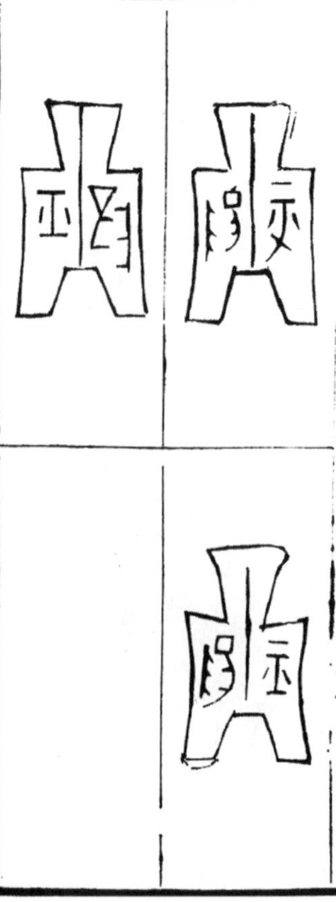

平陽　見前譜背俱三直文仍只摹其一此一二平陽字俱異
三四平字異五至廿二共十八品俱陽字異七八陽字从屮▽
十九从日廿廿一从口俱罕見从口者孫春山藏廿二傳形

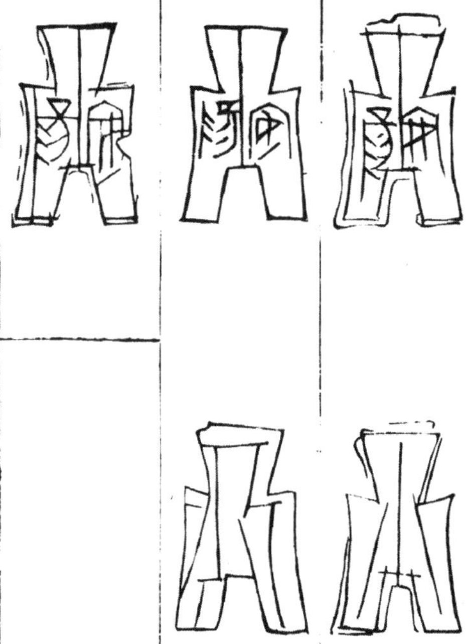

安陽　見前譜此安字借中直畫成文次陽字从立背錯范三
陽字一直畫徹上下俱異春山藏

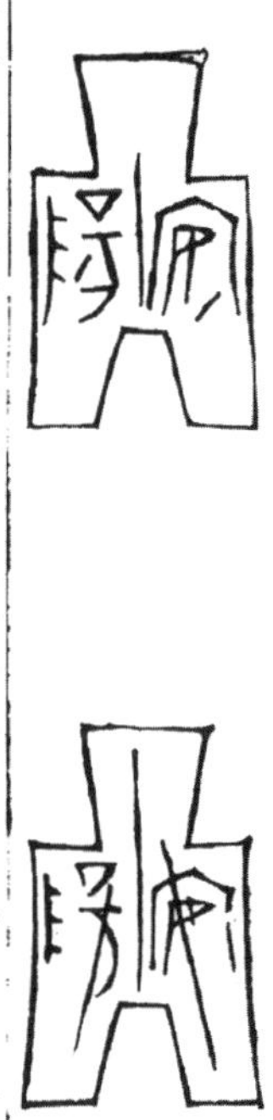

安陽合背同文繼幼雲藏此與前譜乘邑布合背者俱只一見
兩布背俱有三直文幼雲謂係製范之後更印面文於范背然
後覆以幕文故字迹掩於三直畫下且爲壓力所逼半就模糊
說亦近理

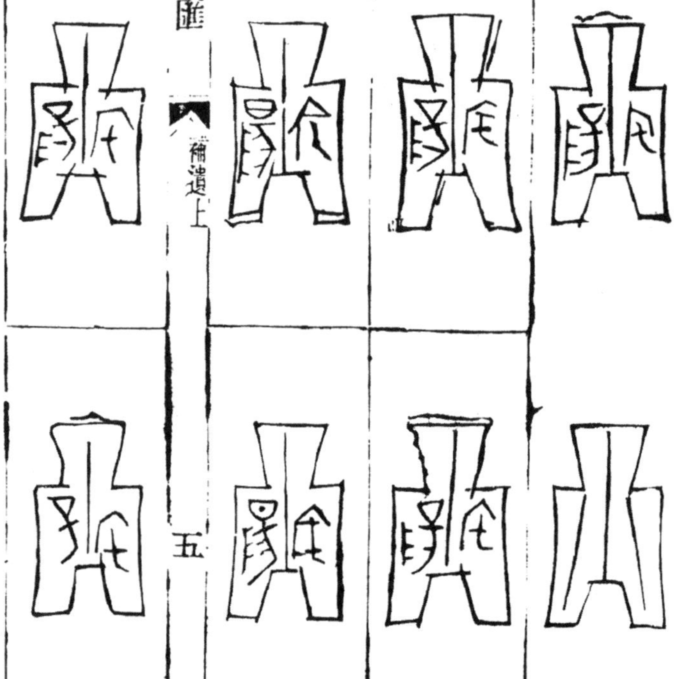

宅陽　見前譜此一二宅陽二字俱小異三四五六俱宅字異
七陽省作子尤異春山藏

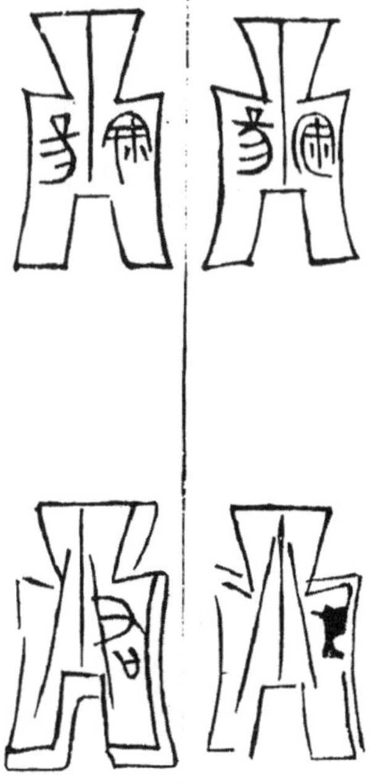

匋陽　見前譜此俱匋字異一陽字偏中背三直文次背左字
不晰三背右字俱在右

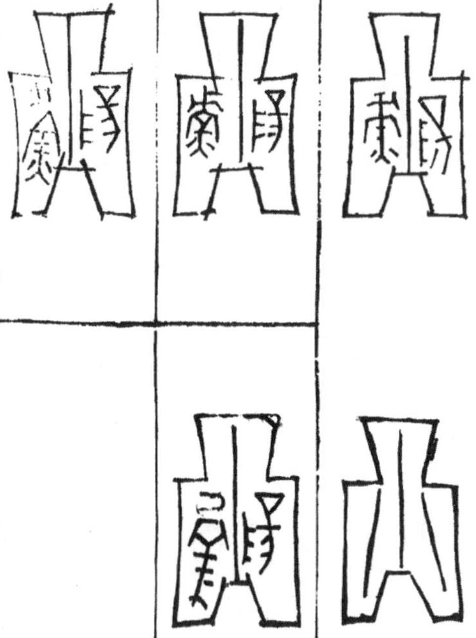

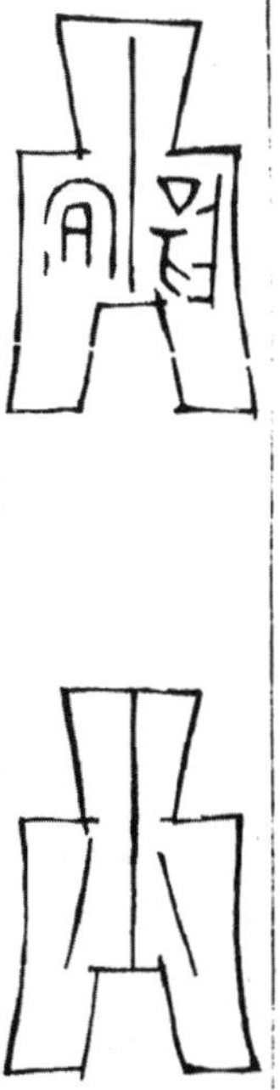

魯陽　見前譜此四品俱魯字異

宜陽　見前譜此布流傳最少傳形尤異制亦較大潘伯寅藏
宜字下半泐與前譜所載同或疑仍安陽之泐但安又不作宀

陽邑　見前譜此篆微異邑字傳形春山藏

戈邑　傳形見前譜此戈字異背文亦異此種視左讀者制略
短肩亦稍方直

戈邑　自左讀見前譜此戈字異次省邑字尤異與傳形一品
俱春山藏

邾　見前譜此朱字異面亦有二斜文與背文同尤僅見按乘
邑安陽有兩面俱有面文者此則兩面俱有背文皆布中之異
品也

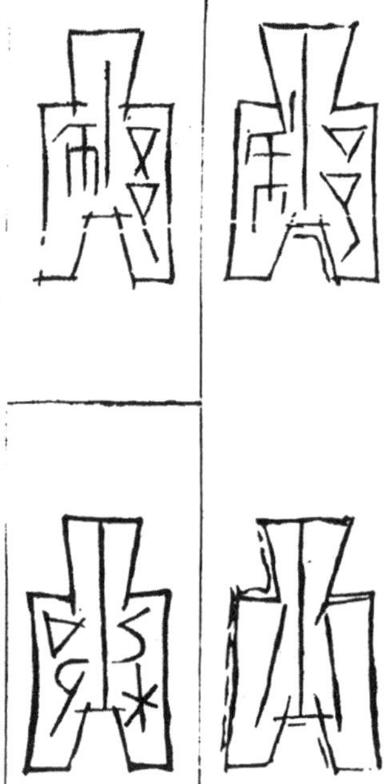

邾　此二品亦邾字變體三傳形尤異

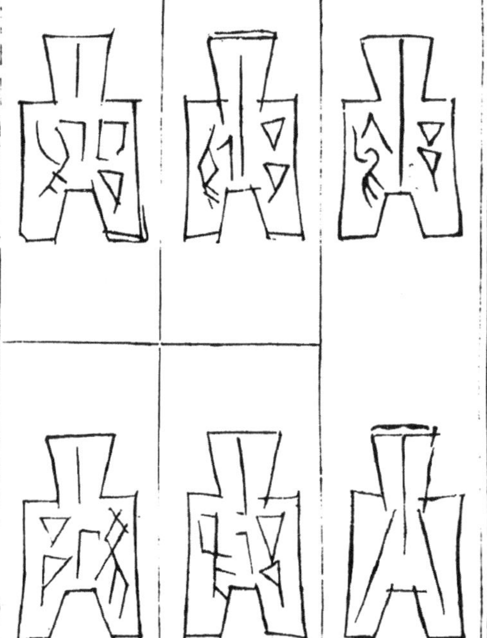

鄔　見前譜此五品俱烏字異五傳形

鏃邑　見前譜此鏃字異背文十紀數

鄷　見前譜此豐字異

郎　見前譜此缺首畫異

木邑　見前譜此傳形異亦伯寅藏

于邑　見前譜此于字異

子邑　此布罕見子邑亦無考幼雲所藏

王氏　見前譜此王字異

土毛　見前譜此毛字異

皮氏　見前譜此倶皮字異二背文一紀數

郭氏　見前譜此郭字異

中都　見前譜此都字省邑旁異筆畫尤簡

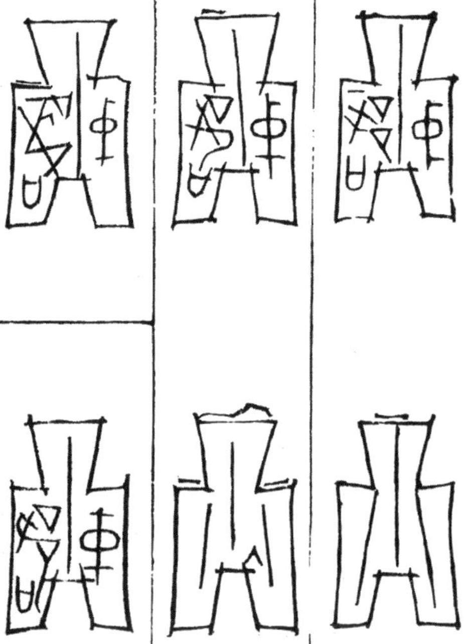

中都　此六品倶都字異次背文六紀數

高都　見前譜此兩字倶異三口倶作廿尤不恒見亦春山所藏

高都　傳形省邑旁次自左讀倶見前譜此都字各異　子年云中都高都倶有省邑旁者尤足見當日畫范之簡易若范金合土一布製一範斷無若是之草草者也

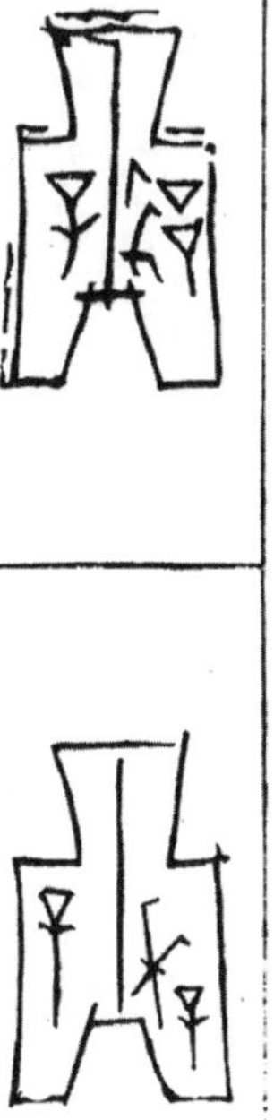

郚子　見前譜此俱郚字異古字往往加邑旁此一作[illegible]三作
子尤異

續泉匯〈補遺上〉

十四

莆子　見前譜此篆小異艸作[illegible]

北屈　見前譜此屈字異

屯留　見前譜此留字異

馬㫐呂背三　自右讀見前譜此篆異陳壽卿則云○○竟不
可識

續泉匯〈補遺上〉

十五

馬㫐呂　此二品亦篆小異次傳形

續泉匯補遺卷下

方足布

貝丘　見前譜此丘字異

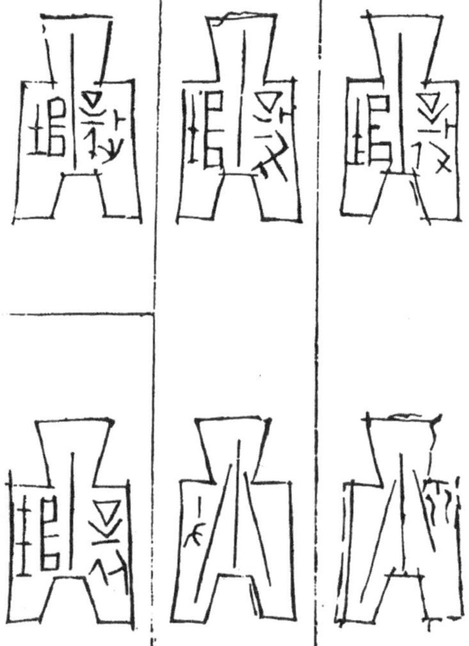

歡垣　見前譜此一二三俱歡字異背文ㄚ八九俱紀數四亦歡字異五歡垣兩字俱異六七俱垣字異按方足布惟歡垣一種背文最多

处如　見前譜此篆異陳壽卿云兩字俱省口

涿　見前譜此小異壽卿云宜釋作洮

關　見前譜此字書殊省

尖足布

差陰　見前譜此小異背平孫春山藏卽附此壽卿釋作平陰

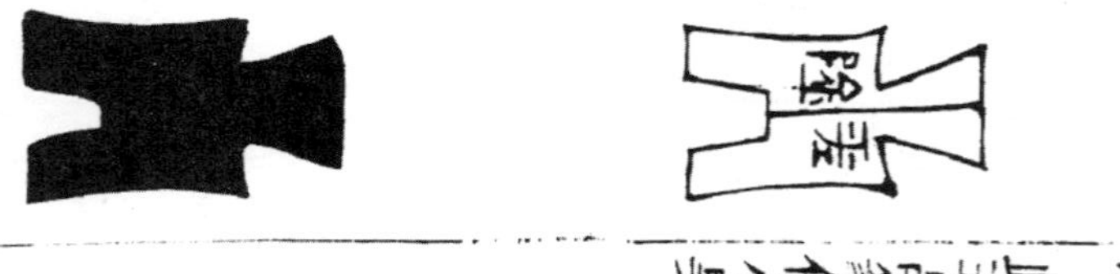

闕　此五品篆俱小異

續泉匯　補遺下

三

大陰　見前譜此背七紀數

晉陽八匕　此晉字異文背九紀數

續泉匯　補遺下

晉陽八匕　見前譜此篆甚異背五紀數繆幼雲藏

四

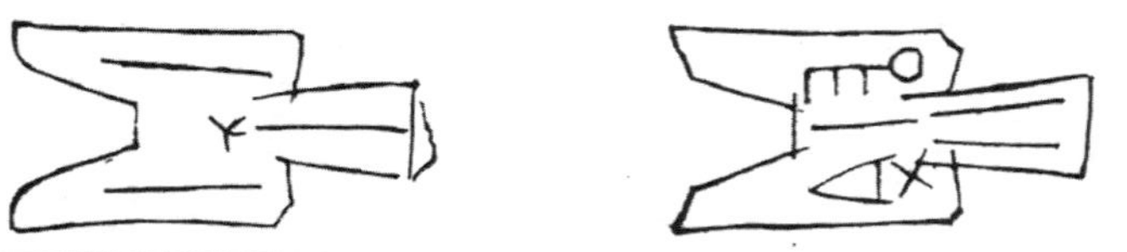

晉陽　見前譜此篆小異背七紀數

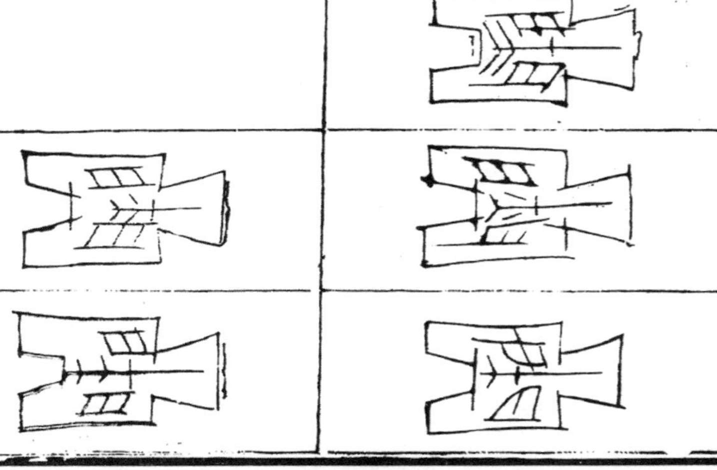

武安　見前譜此武字異

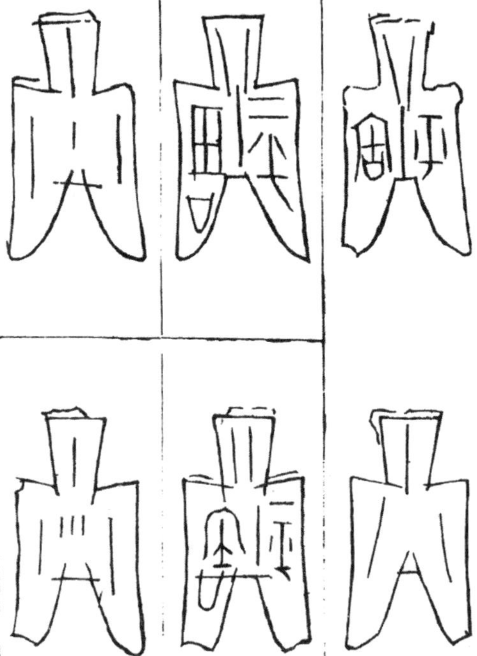

續泉匯　補遺下　五

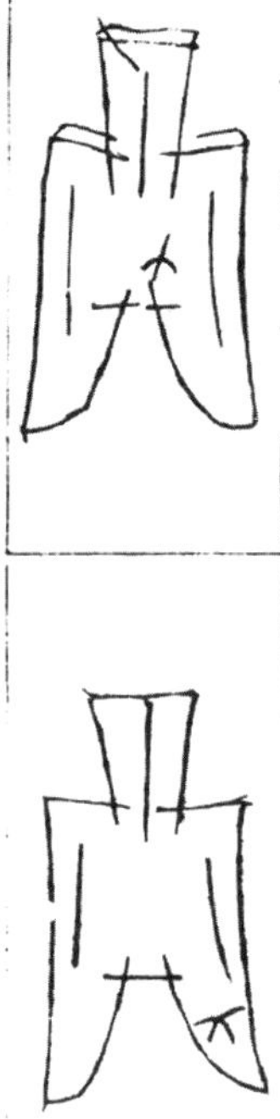

平周　見前譜此一二三俱周字異四五六七背文一二三七九
俱紀數九字在右角亦前譜未備

平州　見前譜自右讀者平字皆右折此獨左折異背並紀數

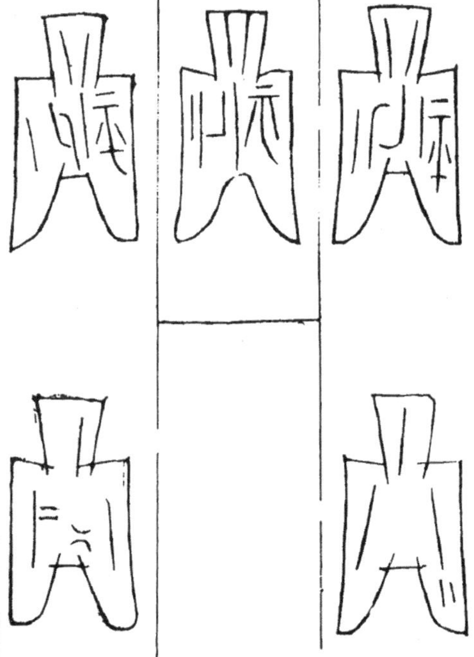

續泉匯　補遺下　六

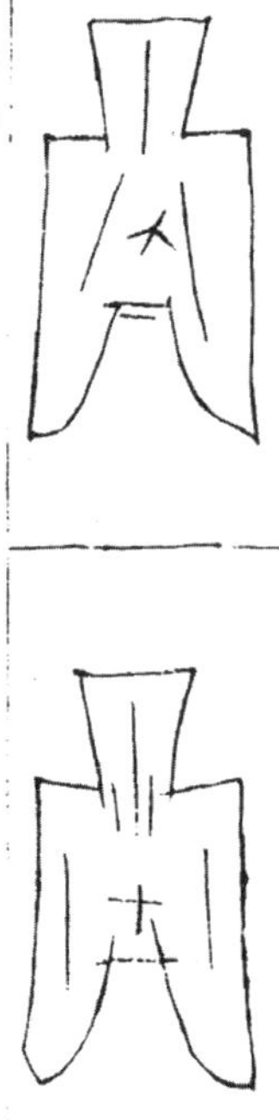

平州　一平字異背川在右角二亦平字異三州字斜勢背二八
四五背文七十俱前譜未備

邪山　見前譜此邑旁倒置異

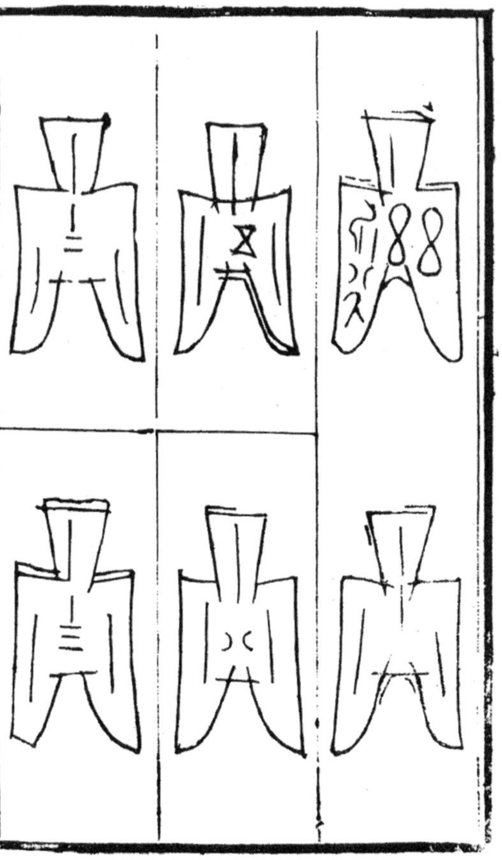

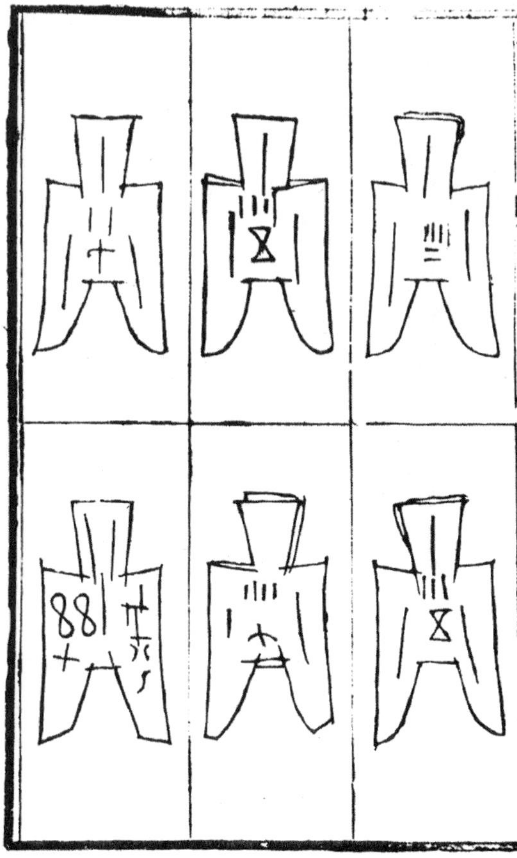

鐵氏八匕　見前譜此背文丨五八十二十三四二四五四五四九廿共十品紀數爲前譜所未備十一傳形氏字異按尖足布率有背文前譜載三百十六種兹復補載廿五種

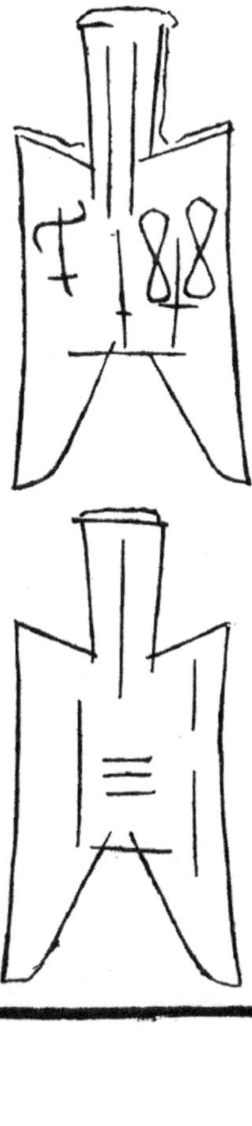

鐵氏　見前譜此篆小異背三與補載一品同幼雲藏

關八匕　見前譜此關字異背川紀數亦春山所藏

榆八匕　見前譜此亦榆字變體書與前所載者復少異伯寅所藏

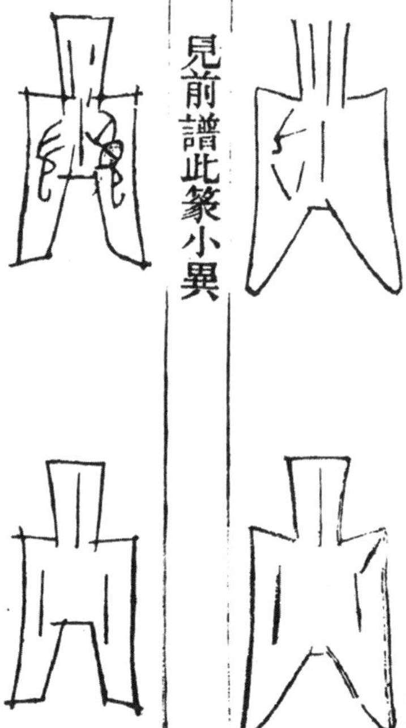

八乜　見前譜此篆小異

字不可識幼雲藏王廉生釋作長葛左讀春秋隱五年宋人伐
鄭圍長葛注鄭邑

字不可識春山藏

圜足布

關　見前譜此背文卌六異亦春山藏

空首布

安藏　見前譜此篆各小異背俱三直文不備摹前二品壽卿
所藏後一品毛子靜所藏

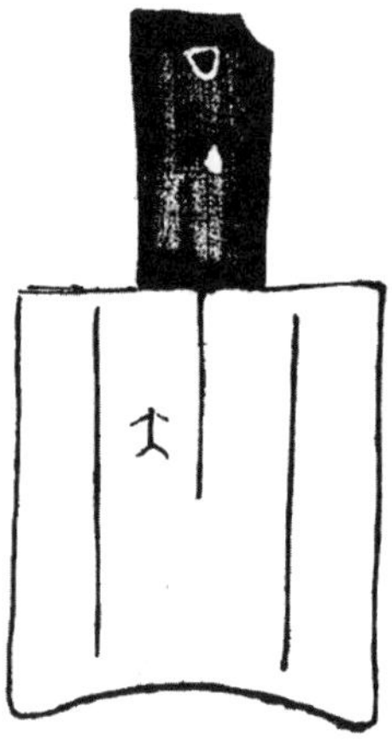

大　字在左按尖首刀多有作大字者空首布罕見此伯寅新得

癸　見前譜此在左異

口　字在右似于字倒書但古字勾趯不應若是之尖

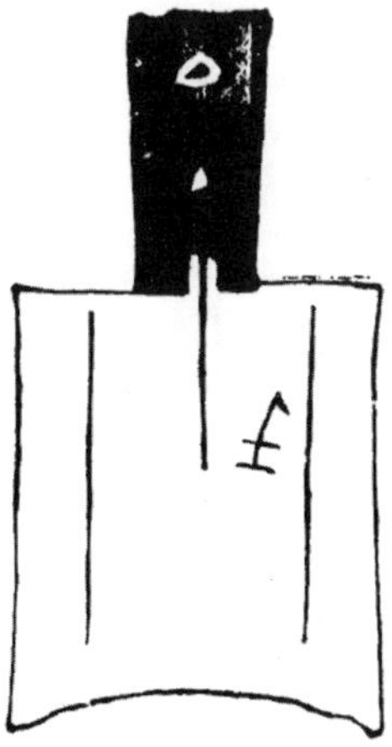

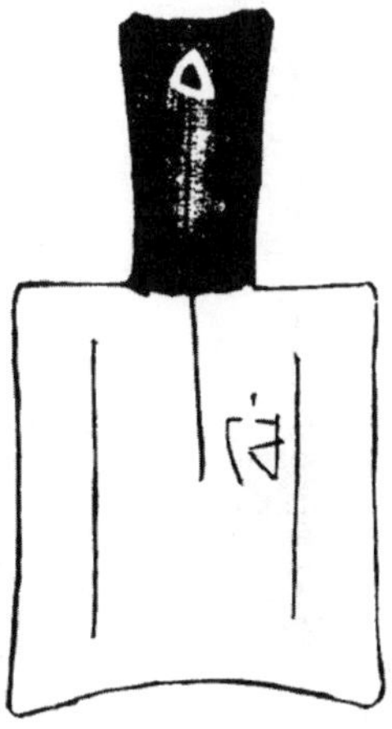

字在右不可識以上二品亦伯寅藏末一品幼雲亦有之

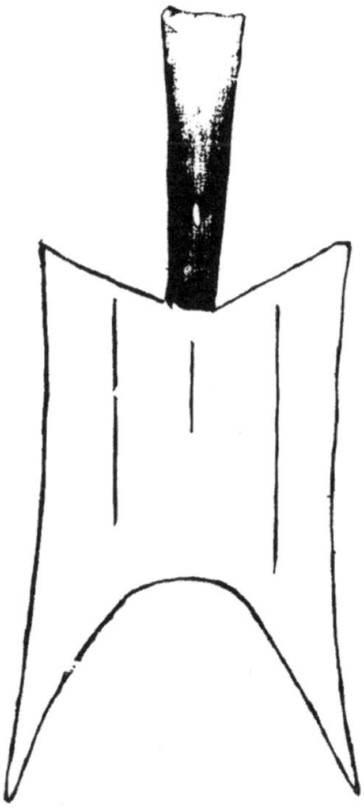

一　字在中此種大布流傳甚少幼雲新獲五枚有文者三特
補載之餘不備摹伯寅續收數枚亦無文字

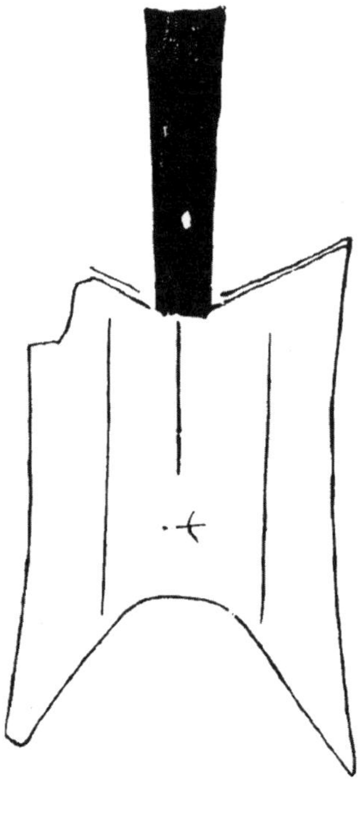

七　字在中近下與前一品俱紀數背不摹

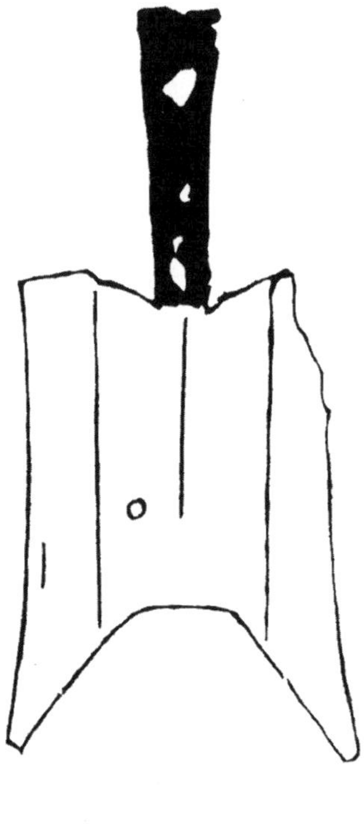

〇　在左以上二品肩俱稍缺幼雲所收空首布百十有餘種
二百數十枚同時藏泉家罕有及之者

續元集卷三載幼雲之空首布兩面無文者一枚製小而方與常品異壽卿云此種布最古是上古無文字時之品但獉狉之世安用泉爲前譜尙載有無文字極大者濶三寸長五寸許上下並方首空處下通及腹亦長二寸餘似直是一鏟固不必强名之曰泉也子年識

壽卿書來云刻泉宜以原拓上版𡰥是惟竹朋寄來稿本往往並無原拓摹刻自易失眞補遺二卷原拓備矣而布文瘦細復繡澀模糊刻工難之幸出胡石査陳寅生所摹尙存形似也子年又識

跋

同治甲子予有古泉匯之刻收泉五千有奇竊以爲無可增矣庚午秋訪陳壽卿京卿于濰陽得觀所藏泉範自周秦至六朝標新領異百品有餘就中泉匯已收者少而未收者多始歎造物之無盡藏而曏昔之見聞猶未廣也壽卿慨然以全拓本見贈余遂欣然有續泉匯之志雖然專續貞集未足成書𢌞將近年新獲之泉良朋拓贈之泉廣搜

博覽又取故友劉燕庭方伯泉苑呂堯仙中丞搨本選擇數十品益之共得五百餘品昔鮑子年觀察已賦遂初僑寓都門往返札商共成此舉子年曰續譜與前譜應出一手委余創稿余竭一旹之力編爲十卷仍寄子年斟酌損益之而書已成過此以往其有可復增耶曰無可復增耶然箸以爲無可增者今日又可增古今日爲無可增者他日不更有可增耶是泉譜僅識小之一端

耳而已莫殫參究如此推之簡册之宏富事物之繁賾蜀志博學多識者安在可得少自足哉

攜史李佐賢跋

(K−2962.01)

責任編輯：范鵬偉

封面設計：黄華斌

科學出版社互聯網入口

歷史分社：010−64011837　銷售：010−64031535

E−mail：yangjing@mail.sciencep.com

銷售分類建議：歷史/古籍

www.sciencep.com

ISBN 978-7-03-059905-6

定　價：389.00 元